DOMINE EL GED

PETERSON'S

A **nelnet** COMPANY

PETERSON'S
A nelnet COMPANY

Acerca de Peterson's, una Nelnet compañía

Peterson's (www.petersons.com) es un proveedor líder de información y asesoramiento educativo que ofrece libros y recursos en Internet dedicados a la investigación educativa, la preparación de exámenes y la asistencia económica. Su sitio Web ofrece bases de datos y herramientas interactivas para comunicarse con las instituciones educativas, instrucción y pruebas de práctica en Internet y herramientas de planificación para conseguir asistencia económica. Peterson's presta servicios a 110 millones de clientes interesados en el área de la educación anualmente.

Para obtener más información, comuníquese con Peterson's, 2000 Lenox Drive, Lawrenceville, NJ 08648; 800-338-3282; o visítenos en Internet en www.petersons.com/about.

Gracias a Robin Torres-Gouzerh quien escribió partes del capítulo 4, capítulo 8 y las pruebas de práctica.

ISBN-13: 978-0-7689-2515-9
ISBN-10: 0-7689-2515-0

Impreso en Estados Unidos

10 9 8 7 6 5 4 3 2 1   09 08 07

Segunda edición

Contenido

Prólogo vii

PARTE I: INTRODUCCIÓN

Capítulo 1: Una perspectiva general del GED 3

¿Qué es el GED? 3

¿Qué materias se evalúan en la batería de pruebas de GED? 5

¿Dónde se puede presentar las pruebas GED? 6

Capítulo 2: Consejos y estrategias para las pruebas 9

Preparación para presentar las pruebas 9

Naturaleza de las preguntas 11

Cómo prepararse para presentar las pruebas 14

¿Cuál es el puntaje mínimo para aprobar el examen? 15

Consejos para el maestro 15

Cómo utilizar este libro 16

Consejos para adultos sobre cómo estudiar 17

PARTE II: PRUEBA DE DIAGNÓSTICO

Capítulo 3: Prueba 1 de ejemplo de GED 45

Instrucciones para realizar la Prueba de diagnóstico 46

Prueba 1: Redacción 53

Prueba 2: Estudios Sociales 71

Prueba 3: Ciencias 91

Prueba 4: Español: lenguaje, lectura 109

Prueba 5: Matemáticas 121

Clave de respuestas para la Prueba 1 de ejemplo de GED 138

Análisis de errores para la Prueba 1 de ejemplo de GED 141

Explicaciones de las respuestas para la
Prueba 1 de ejemplo de GED 142

PARTE III: REPASO DE REDACCIÓN

Capítulo 4: Todo sobre la Prueba de Redacción de GED **171**

Presentación General de la Prueba de Redacción 174

Ortografía 177

Lista de palabras peligrosas 181

La puntuación, la acentuación y el uso de las mayúsculas 187

Lo esencial de la gramática española 194

Ejercicios de repaso 208

Últimos consejos 217

Practique con preguntas de redacción como las del GED 217

Clave de respuestas y explicaciones 230

Analisis de errores para las preguntas de
    práctica de redacción 230

Capítulo 5: Todo sobre la Prueba de Ensayo de GED **235**

Pregunta de ensayo de ejemplo 236

Cómo planificar el ensayo 241

Los esquemas son importantes 244

Cómo escribir el ensayo 246

Temas de ensayos de ejemplo para practicar 249

PARTE IV: REPASO DE ESTUDIOS SOCIALES

Capítulo 6: Todo sobre la Prueba de Estudios Sociales de GED **253**

Historia 256

Economía 266

Educación Cívica y Gobierno 275

Geografía 285

PARTE V: REPASO DE CIENCIAS

Capítulo 7: Todo sobre la Prueba de Ciencias de GED **301**

Presentación de la Prueba de Ciencias de GED 301

Ciencias Biológicas 306

Química 318

Física 329

Ciencias de la Tierra y el Espacio 340

PARTE VI: REPASO DE ESPAÑOL: LENGUAJE, LECTURA

Capítulo 8: Todo sobre la Prueba de Español:
lenguaje, lectura de GED **359**

Presentación de la Prueba de Español: lenguaje,
lectura de GED 359

Lectura crítica 361

Lectura de las áreas de contenido 370

Lectura de tablas, gráficas, mapas e ilustraciones 374

Documentos relacionados con el ámbito del
trabajo y la comunidad 390

Práctica con documentos 391

Fragmentos para lectura de práctica 405

PARTE VII: REPASO DE MATEMÁTICAS

Capítulo 9: Todo sobre la Prueba de Matemáticas de GED 441

Presentación de la Prueba de Matemáticas de GED 441

Fracciones 455

Decimales 473

Porcentajes 485

Métodos fáciles para multiplicar y dividir 495

Potencias y raíces 506

Tabla de medidas 512

Números denominadores (medidas) 515

Estadística y Probabilidad 527

Gráficas 535

Planilla del sueldos 546

Series 554

Operaciones con expresiones algebraicas: Vocabulario 559

Ecuaciones, desigualdades y problemas de Álgebra 573

Geometría y Trigonometría 593

Geometría de coordenadas 617

Practique con preguntas de Matemáticas como las del GED 629

PARTE VIII: PRUEBAS DE EJEMPLO COMPLETAS

Capítulo 10: Prueba 2 de ejemplo de GED **651**

Instrucciones para presentar la prueba de ejemplo 651

Prueba 1: Redacción 659

Prueba 2: Estudios Sociales 675

Prueba 3: Ciencias 689

Prueba 4: Español: lenguaje, lectura 703

Prueba 5: Matemáticas 716

Clave de respuestas de la Prueba 2 de ejemplo de GED 731

Análisis de errores para la Prueba 2 de ejemplo de GED 734

Explicación de las respuestas para la Prueba 2 de ejemplo
de GED 735

Evaluación de sus conocimientos 764

Capítulo 11: Prueba 3 de ejemplo de GED **765**

Instrucciones para presentar la prueba de ejemplo 765

Prueba 1: Redacción 773

Prueba 2: Estudios Sociales 789

Prueba 3: Ciencias 805

Prueba 4: Español: lenguaje, lectura 822

Prueba 5: Matemáticas 836

Clave de respuestas de la Prueba 3 de ejemplo de GED 849

Análisis de errores para la Prueba 3 de ejemplo de GED 851

Explicaciones de las respuestas para la Prueba 3
de ejemplo de GED 852

Evaluación de sus conocimientos 880

Hojas de respuestas adicionales para la
Prueba de diagnóstico de GED 881

Apéndice

Constitución de los Estados Unidos de América 889

Prólogo

¡Felicitaciones! Usted tomó la decisión de obtener el diploma de la escuela secundaria al prepararse para presentar la Prueba para obtener el diploma de equivalencia de la escuela secundaria de GED. El diploma de la escuela secundaria es un documento importante. Con un diploma, puede aprovechar las oportunidades educativas y de capacitación que se extienden más allá del nivel secundario y aumentar el potencial de ganancias en hasta un 50 por ciento.

Desde 1942, el programa de las Pruebas de GED ha permitido que más de 14 millones de adultos obtengan sus certificados de educación secundaria. Si sigue los consejos de este libro, usted también podrá obtener el diploma de equivalencia de la escuela secundaria y aumentar las oportunidades de éxito profesional y personal.

Domine el GED intenta ayudarle a tener una visión clara sobre qué puede encontrar en el examen y cómo prepararse para el examen de GED. Le proporcionará una explicación justa y razonable de los procedimientos de evaluación, información sobre puntajes y pistas útiles para el momento de presentar la prueba. No le brindará las preguntas o respuestas del examen real. Sin embargo, la Prueba de diagnóstico, las dos Pruebas de práctica completas y las preguntas de práctica para cada área le brindarán una compresión del tipo de preguntas que puede esperar. Encontrará que este libro es una guía útil para presentarse y aprobar el examen de GED con la menor cantidad posible de disgustos y dolores de cabeza.

PARTE I

INTRODUCCIÓN

CAPÍTULO 1   Una perspectiva general
del GED

CAPÍTULO 2   Consejos y estrategias para
las pruebas

Una perspectiva general del GED

RESUMEN

- Aprenda sobre el GED
- Conozca las materias evaluadas
- Infórmese sobre dónde se puede presentar la prueba

¿QUÉ ES EL GED?

Las Pruebas de Desarrollo Educativo General (*General Educational Development, GED*) son una serie de exámenes diseñados para determinar si las destrezas de cálculo, lectura y escritura de una persona son iguales a las de aquellos estudiantes que forman parte de los dos tercios de más alta calificación que se gradúan de las escuelas secundarias de Estados Unidos. El Consejo Estado Unidense para la Educación (American Council on Education), una organización educativa sin fines de lucro con sede en Washington, D.C., patrocina estas pruebas, diseñadas y desarrolladas por el Servicio de Administración de las Pruebas de GED.

Desde 1942, millones de adultos han obtenido sus certificados de educación secundaria al aprobar las Pruebas de GED. Aproximadamente 900,000 adultos presentan estas pruebas cada año y más de 600,000 de ellos obtienen sus diplomas de equivalencia de la escuela secundaria. Aunque los porcentajes varían ampliamente de estado a estado, alrededor del 70 por ciento de las personas que presentan la prueba aprueban el examen de cinco partes. Los cincuenta estados, el Distrito de Columbia, nueve territorios y posesiones de Estados Unidos y diez provincias canadienses utilizan los resultados del GED como base para proporcionar los diplomas de equivalencia de la escuela secundaria. Las pruebas se toman en centros oficiales de administración de las Pruebas de GED determinados (existen alrededor de 2,900 centros) bajo la supervisión de oficinas estatales o provinciales (en Canadá). Cada estado o provincia establece la calificación mínima necesaria para la aprobación. Además, las instituciones correccionales y de salud, tanto federales como estatales, y los servicios militares también ofrecen estas pruebas a las personas a su cargo.

¿Qué evalúan las pruebas? Según el Consejo Estado Unidense para la Educación, las pruebas evalúan "conceptos amplios y conocimiento general y no el modo en que ellos (quienes presentan la prueba) recuerdan detalles, definiciones precisas o hechos históricos. Así, las pruebas no penalizan a los candidatos que no tienen experiencia académica reciente ni a aquellos que adquirieron su educación informalmente".

Las Pruebas de GED

La presente edición de este libro es una versión ampliamente actualizada que pretende preparar a los lectores para las Pruebas de GED de un modo completo. Después de numerosas consultas con el Servicio de Administración de las Pruebas de GED del Consejo Estadounidense para la Educación, se realizaron correcciones para reflejar los cambios realizados en las pruebas y en los estándares de las diferentes áreas académicas.

Entre los cambios se encuentran:
- Mayor énfasis en las destrezas empresariales que se aplican ampliamente a todas las áreas académicas y las posibles necesidades laborales del tercer milenio
- Mayor utilización de gráficas y otros medios visuales para presentar la información
- Mayor énfasis en los enfoques y las destrezas prácticas y lógicas relacionadas con las materias académicas
- Mayor reconocimiento del impacto creciente de la tecnología en la vida diaria

Domine el GED

Éste es un libro fácil de usar con un formato directo y claro. Las siguientes son algunas de sus características:

Las secciones de Matemáticas proveen explicaciones sencillas de los procesos matemáticos sabiendo que muchos estudiantes tienen dificultad en esta área. Las respuestas explicativas se redactan con cuidado para que se transformen en una guía para el estudiante y le permitan entender los conceptos que pudieron haber sido difíciles de entender en el aula. También cuenta con una sección que presenta paso a paso en forma clara cómo usar la calculadora científica especial de manera eficaz, ya que se la usa en una parte de la Prueba de Matemáticas de GED.

La sección de Español: lenguaje, lectura brinda la oportunidad de mejorar estas destrezas, necesarias para un buen rendimiento en lectura y en todas las otras áreas académicas. Los fragmentos escogidos incluyen una amplia variedad de textos de lectura.

Las secciones de Redacción y Estudios Sociales incluyen ilustraciones gráficas que responden a las tendencias y a los cambios actuales en el currículo y las exigencias del GED.

El libro posee una sección extensa denominada "Documentos comerciales" que ayudará al lector a familiarizarse con fragmentos de textos comerciales, prácticos y laborales. Esto le permitirá trabajar con mayor facilidad con los textos de este tipo en todas las pruebas nuevas de GED.

El libro ofrece sugerencias breves pero variadas llamadas "Consejos prácticos" que serán de gran ayuda para mejorar el rendimiento del lector en las áreas específicas evaluadas en las Pruebas de GED.

Se ha incluido una lista de números telefónicos de los centros de contacto de GED en Estados Unidos y sus territorios y en Canadá para conveniencia del lector.

¿QUÉ MATERIAS SE EVALÚAN EN LA BATERÍA DE PRUEBAS GED?

La batería de pruebas GED del idioma español consta de cinco pruebas individuales:

Prueba 1, Redacción, tiene dos subdivisiones: la Parte 1, la Sección de opción múltiple, que consiste en 50 preguntas en las que se deben identificar errores en la estructura de las oraciones, el uso, los aspectos prácticos (de la redacción) y la organización; y la Parte II, la Prueba de Ensayo, que es un ejercicio de escritura para determinar el nivel de destreza en la redacción.

Prueba 2, Estudios Sociales, tiene 50 preguntas de historia, economía, geografía y educación cívica y gobierno. Las preguntas están diseñadas para evaluar su comprensión de los principios básicos de cada área pidiéndole que interprete textos, caricaturas, gráficas y tablas. Usted deberá tener la capacidad de sacar conclusiones e identificar las relaciones de causa y efecto sobre la base del material presentado. Aunque se necesita algo de conocimiento específico para responder a ciertas preguntas, la mayoría de ellas sólo requieren un conocimiento general amplio. El estudiante que lee con frecuencia el periódico o alguna de las revistas semanales más destacadas no debería tener mayores dificultades con este segmento.

Prueba 3, Ciencias, es probablemente el segmento más difícil de los cinco. Las 50 preguntas se obtienen de las áreas de las Ciencias Biológicas, Ciencias de la Tierra y el Espacio y Ciencias Físicas (Química y Física). Algunas de las preguntas requieren conocimiento específico, pero la mayoría de ellas evalúan la comprensión de ideas y principios científicos básicos. Responder a las preguntas requiere una combinación de una excelente destreza para leer, conocimiento específico y habilidad para interpretar datos científicos.

Prueba 4, Español: lenguaje, lectura, tiene 40 preguntas basadas en aproximadamente fragmentos literarios, biográficos, ensayísticos, etc., extraídos de periódicos, revistas, novelas, cuentos, poesías, obras teatrales y documentos comerciales o legales. Los textos literarios en prosa consisten en fragmentos representativos escritos antes de 1920, el período entre 1920 y 1960 y posteriores a 1960.

Prueba 5, Matemáticas, es la parte del examen que más atemoriza a los candidatos del GED. No debería ser así. La mayoría de las 50 preguntas se pueden resolver utilizando las operaciones aritméticas básicas de adición, sustracción, multiplicación y división.

IMPORTANTE:

Debe aprobar ambas partes para poder recibir crédito para esta Prueba. En otras palabras, si no aprueba la Prueba de Ensayo o la sección de opción múltiple, debe presentar toda la Prueba de Redacción otra vez.

IMPORTANTE:

Debe aprobar ambas partes para poder recibir crédito para la Prueba de Matemáticas de GED. En otras palabras, si no aprueba la Parte I o la Parte II, necesitará presentar la Prueba de Matemáticas de nuevo.

Existe una gran cantidad de preguntas de álgebra, medidas y geometría en la prueba, así como de teoría numérica, análisis de datos y probabilidades. La mayoría de las preguntas se presentan como problemas escritos. Encontrará preguntas relacionadas con situaciones de la vida real o que le solicitan interpretar la información presentada en gráficas, tablas o diagramas.

Se permitirá usar una calculadora en la Parte I de la Prueba de Matemáticas, pero no así en la Parte II. Para que se acostumbre al uso de la calculadora, tendrá la oportunidad de practicar con algunos ejemplos cuando realice la prueba real. También se le dará una hoja con fórmulas importantes para ayudarle a resolver los problemas del examen. El papel borrador que utilice durante la prueba se retirará junto con ésta.

¿DÓNDE SE PUEDEN PRESENTAR LAS PRUEBAS DE GED?

Al comunicarse con uno de los números telefónicos que aparecen a continuación, recibirá información sobre la ubicación del Centro Oficial de Administración de las Pruebas más cercano a su domicilio, los requisitos necesarios para presentar las Pruebas de GED en su estado o área y los costos relacionados.

ESTADOS UNIDOS

Alabama
(334) 353-4889 ó
(334) 353-4886 [sólo dentro del estado]

Alaska
(907) 465-8714

Arizona
(602) 258-2410 [pruebas]

Arkansas
(501) 682-1978

California
(916) 445-9405 ó
(800) 331-6316 [sólo dentro del estado]

Colorado
(303) 866-6613 [pruebas]
(303) 866-6743 [clases]

Connecticut
(860) 807-2110

Delaware
(302) 739-3743 [sólo dentro del estado]

Distrito de Columbia
(202) 274-7173

Florida
(800) 237-5113

Georgia
(404) 679-1621 [clases]

Hawaii
(808) 594-0170 ó
(808) 586-3124

Idaho
(208) 332-6980

Illinois
(217) 782-0083

Indiana
(317) 232-0522

Iowa
(515) 281-3636

Kansas
(785) 296-3191

Kentucky
(502) 573-5114

Louisiana
(225) 342-0444 ó
(225) 226-7631

Maine

(207) 624-6754

Maryland

(410) 767-0538 [pruebas]

Massachusetts

(800) 447-8844 ó
(781) 338-3300

Michigan

(517) 373-1692

Minnesota

(651) 582-8437

Mississippi

(888) 4ABE GED ó
(601) 432-6481

Missouri

(573) 751-3504 [pruebas]

Montana

(406) 444-4438 [pruebas]

Nebraska

(402) 471-2475 [pruebas]
(402) 471-4830 [clases]

Nevada

(775) 687-9104 ó
(775) 687-9167

New Hampshire

(603) 271-6698 [pruebas]

New Jersey

(609) 777-1050 [pruebas]
(609) 777-0577 ext. 5 [clases]

New Mexico

(505) 827-6507

New York

(518) 474-5906 [pruebas y registros]
(212) 803-3333 [clases en Brooklyn, Bronx, Manhattan, Staten Island y Queens SOLAMENTE]

North Carolina

(919) 807-7137 ó
(919) 807-7138
para tomar clases, comuníquese con el Instituto de Enseñanza Superior local de NC

North Dakota

(701) 328-2393

Ohio

(614) 466-1577

Oklahoma

(405) 521-3321 ó (800) 405-0355

Oregon

(503) 378-8648 ext. 369 ó 373

Pennsylvania

(717) 787-6747 [pruebas]
(717) 783-6871 [clases]

Rhode Island

(401) 222-4600

South Carolina

(803) 734-8347

South Dakota

(605) 773-3101

Tennessee

(615) 741-7054

Texas

(512) 463-9292

Utah

(801) 538-7870 [información de pruebas] ó
(801) 538-7921 [resultados de las pruebas y notas]

Vermont

(800) 322-4004 ó (802) 828-5161

Virginia

(800) 237-0178 [pruebas]
(804) 786-4642 [clases]

Washington
(360) 704-4321

West Virginia
(304) 558-6315 ó
(800) 642-2670 [línea directa]

Wisconsin
(608) 267-2275

Wyoming
(307) 777-6911 [pruebas] ó
(307) 777-5396

TERRITORIOS Y OTRAS JURISDICCIONES DE ESTADOS UNIDOS

Samoa estadounidense
011 (684) 633-5237

Guam
011 (671) 735-5611 ó
011 (671) 735-5566

Islas Marshall
011 (692) 625-3394 ó
011 (692) 625-3236

Micronesia
011 (691) 320-2647

Islas Marianas del Norte
(670) 234-5498

Palau
011 (680) 488-5452

Puerto Rico
(787) 759-2000

Islas Vírgenes
(340) 776-3484

CANADÁ

Alberta
(780) 427-0010

British Columbia
(250) 356-8133 ó
(250) 356-2451

Manitoba
(877) 716-3889

New Brunswick
(506) 453-8251 [inglés]

Newfoundland
(709) 729-2405 ó
(709) 729-4310

Territorios del Noroeste
(867) 920-8939 [pruebas]

Nova Scotia
(902) 424-4227 ó
(902) 424-5162

Ontario
(416) 484-2737 ó
(416) 484-2600

Prince Edward Island
(902) 368-5988 ó
(902) 368-5978

Quebec
(418) 646-8363

Saskatchewan
(306) 787-5597

Yukon
(867) 668-8740

Del *Consejo Estadounidense para la Educación*. Uso autorizado.

Consejos y estrategias para las pruebas

RESUMEN

- Aprenda cómo prepararse para la prueba
- Examine la naturaleza de las preguntas
- Encuentre consejos sobre cómo presentar la prueba
- Sepa qué puntaje necesita para aprobar
- Encuentre consejos para el maestro
- Aprenda cómo utilizar este libro
- Encuentre consejos para estudiantes adultos

PREPARACIÓN PARA PRESENTAR LAS PRUEBAS

Existen dos tipos de pruebas, la más difundida se llama prueba de *capacidad*. Con ella, se mide lo que usted sabe en lugar de la rapidez con la que puede dar una respuesta. En este tipo de prueba, generalmente tiene libertad de tiempo para completar un número específico de tareas o para responder a un número específico de preguntas. El segundo tipo de prueba se llama prueba de *tiempo*. En ella, competirá con los otros candidatos para ver quién puede responder a la mayor cantidad de preguntas correctamente en un plazo de tiempo limitado. La Prueba de Aptitud Escolar es un ejemplo de este segundo tipo de prueba, en la cual el tiempo se respeta estrictamente porque es esencialmente una competencia entre aspirantes universitarios para determinar quiénes obtendrán las mejores calificaciones y podrán ingresar a la universidad deseada.

La batería de pruebas GED es una mezcla entre una prueba de capacidad y una prueba de tiempo, con más énfasis en lo que usted sabe que en qué tan rápido puede responder a las preguntas correctamente. En el GED compite sólo contra usted mismo. Por supuesto, debería apuntar a obtener el puntaje más alto posible, pero recuerde que no está compitiendo con ninguna otra persona.

Aunque el GED no es precisamente una prueba de tiempo, existen límites para la duración de la prueba. Por consiguiente, es importante que aprenda a regular su tiempo. La persona que supervisa el examen le comunicará o escribirá en la pizarra los minutos asignados a cada prueba para que usted sepa cuánto tiempo tiene disponible. Si es posible lleve un reloj al examen para que pueda controlar su progreso.

capítulo 2

En la mayoría de las pruebas, las preguntas más fáciles aparecen al principio y debería poder responderlas rápidamente. Las últimas preguntas probablemente serán más complejas y difíciles, por lo que necesitará más tiempo y esfuerzo para resolverlas. Siempre responda primero a las preguntas de las que esté seguro, luego vuelva y utilice tiempo adicional para las que le parezcan más difíciles.

Cada una de las preguntas del GED incluye cinco respuestas posibles y sólo una es correcta. Si está seguro de la respuesta correcta, no pierda tiempo considerando las otras posibilidades y continúe con la respuesta siguiente.

Preste atención a palabras tales como "pero", "no", "sin embargo", "siempre", "solamente" y "nunca" ya que generalmente son palabras clave que indican ideas importantes. Esté alerta ante los adjetivos que indican superioridad o inferioridad, tales como "el mayor", "el menor" o "el más bajo", porque podrían indicar la necesidad de una respuesta negativa.

El nuevo examen de GED contiene un total de 240 preguntas de opción múltiple y 1 ensayo para realizar en 7 horas y 15 minutos. La tabla que se encuentra a continuación muestra cómo es una típica batería de pruebas GED.

FORMATO DE LA BATERÍA DE PRUEBAS GED

MATERIA	NÚMERO DE PREGUNTAS	TIEMPO PERMITIDO
Prueba 1. Redacción 　Parte I. Opción múltiple 　Estructura de las oraciones (30%) 　Uso (30%) 　Aspectos prácticos (25%) 　Organización (15%)	50	80 minutos
Parte II. Ensayo	1	45 minutos
Prueba 2. Estudios Sociales 　Historia (40%) 　Economía (20%) 　Geografía (15%) 　Educación Cívica y Gobierno (25%)	50	75 minutos
Prueba 3. Ciencias 　Ciencias Biológicas (45%) 　Ciencias Físicas (Física y 　　Química) (35%) 　Ciencias de la Tierra y el Espacio (20%)	50	85 minutos
Prueba 4. Español: lenguaje, lectura 　Literatura (75%) 　　Prosa, poesía y obras teatrales 　No ficción (25%) 　　Reseñas, documentos comerciales y biografías	40	70 minutos

Prueba 5. Matemáticas	50	100 minutos
Medidas y Geometría (20% a 30%)	• 25 preguntas con el uso opcional de calculadora	
Álgebra (20% a 30%)`	• 25 preguntas sin el uso de calculadora	
Operaciones y Sistemas Numéricos (20% a 30%)		
Análisis de datos (20% a 30%)		

NATURALEZA DE LAS PREGUNTAS

Prueba 1: Redacción

La Prueba de Redacción tiene dos partes básicas: Parte I, Sección de opción múltiple y Parte II, Prueba de Ensayo.

I. **Sección de opción múltiple**. Aquí, las preguntas se basan en párrafos de aproximadamente 12 a 18 oraciones de largo y son de tres tipos: corrección de oraciones, revisión de oraciones y cambios de estructuras. Algunas de las oraciones son correctas, mientras que otras contienen errores de los siguientes tipos:

1. Estructura de la oración: Evaluará su habilidad para reconocer errores tales como oraciones fragmentadas, falta de conectores, uso indebido de comas para unir frases, subordinación incorrecta o modificadores colocados en el lugar incorrecto. Habrá aproximadamente 15 preguntas de este tipo.

2. Uso: Cubrirá posibles errores de concordancia entre sujeto y verbo, de tiempos verbales y de referencia de los pronombres. Esta área estará representada por aproximadamente 15 preguntas de este tipo.

3. Mecánica: Incluirá preguntas que evalúan las reglas de uso de las mayúsculas, la puntuación y el uso correcto de homónimos, posesivos y contracciones. Los aspectos prácticos se evaluarán con 12 a 13 preguntas.

4. Organización: Incluirá preguntas sobre la claridad de la transición entre los párrafos, las divisiones de texto, las oraciones relacionadas con el tema y la unidad y coherencia generales del texto escrito. Habrá alrededor de 7 a 8 preguntas en esta área.

II. **Ensayo.** Tendrá 45 minutos para escribir un ensayo sobre un solo tema, en el que tendrá que presentar una opinión o explicación de una situación de la cual se estima que los adultos tienen algún conocimiento general. Tendrá que escribir la composición de acuerdo con sus observaciones, conocimiento y experiencia personales.

El ensayo se calificará con una escala de cuatro puntos. Dos jueces evaluarán todos los ensayos para garantizar una corrección totalmente efectiva. Se le otorgará un puntaje de "4" a un ensayo escrito correctamente, bien organizado y que contenga pocos errores de escritura, y un puntaje de "1" a uno que no haya respondido a la pregunta, que no esté bien organizado y que contenga muchos errores gramaticales. (Obtener un puntaje de "1" dará como resultado la desaprobación de la prueba.)

IMPORTANTE:

Debe aprobar ambas partes (opción múltiple y ensayo) para poder recibir crédito para aprobar la prueba de Redacción de GED. Si no aprueba una de las partes, debe presentar las dos de nuevo.

Prueba 2: Estudios Sociales

El tema de la Prueba de Estudios Sociales se relaciona con historia (tanto de Estados Unidos como del mundo), geografía, economía, educación cívica y gobierno.

A menudo, las preguntas pueden combinar más de un área. Por ejemplo, una pregunta sobre leyes para limitar la lluvia ácida podría combinar conceptos del área de gobierno, economía y geografía. Cuando evalúe una posible respuesta, deberá considerarla en su relación con un individuo o con un miembro de un grupo, tal como una familia, la comunidad local, una nación o la comunidad mundial.

Las preguntas de Estudios Sociales no se basarán únicamente en la memoria sino que también deberá hacer uso de sus destrezas para tomar decisiones cotidianas. A menudo, incluirán un texto corto para leer o una figura, como un mapa, una caricatura o una gráfica. Los problemas medirán su capacidad para entender las preguntas, aplicarlos a otras situaciones, analizar sus partes específicas y evaluar su exactitud.

Si encuentra dificultades para leer las gráficas, los mapas o las tablas correctamente, lea la sección "Lectura de tablas, mapas, gráficas e ilustraciones", que encontrará en la parte "Repaso del español: lenguaje, lectura" de este libro.

Prueba 3: Ciencias

El tema de las preguntas de ciencias se relaciona con las Ciencias Biológicas, Ciencias de la Tierra y el Espacio y Ciencias Físicas (Física y Química). Los temas más importantes incluyen cambios, conservación de masa y energía, interacciones, relaciones, tiempo y espacio, temas ambientales y de salud y de ciencia en su relación con la vida cotidiana.

Las preguntas de la Prueba de Ciencias están divididas entre Ciencias Biológicas (45%), Ciencias Físicas (35%) y Ciencias de la Tierra y el Espacio (20%). La mayoría de ellas requieren más capacidad para pensar que memoria, con énfasis en las destrezas comunes y cotidianas como, por ejemplo, saber tomar decisiones. Los tipos de preguntas que pueden incluirse en la prueba son los siguientes:

1 ¿Comprendió la idea presentada?

2 ¿Puede aplicar algo de lo que recién aprendió a otro uso totalmente diferente?

3 ¿Cómo funciona algo? ¿Puede analizar los pasos?

4 ¿Puede decir si un enunciado es correcto?

Tendrá que leer los diferentes tipos de gráficas o tablas para responder a muchas de las preguntas. Si encuentra dificultad en esta área, lea la sección "Lectura de tablas, mapas, gráficas e ilustraciones", que encontrará en la parte "Repaso del español: lenguaje, lectura" de este libro.

Prueba 4: Español: lenguaje, lectura

El material de lectura de esta prueba será de alguno de los siguientes tipos:

1 Literatura (75%): Buenos ejemplos de ficción contemporánea, literatura clásica, poesía y obras teatrales que probablemente se leerán por muchos años más. Los textos de prosa consistirán en obras escritas antes de 1920, entre 1920 y 1960 y después de 1960.

2 No ficción (25%): Ejemplos de documentos relacionados con el ámbito del trabajo y la comunidad (tales como formularios o directivas empresariales, contratos legales, directivas o instrucciones para empleados, etc.), artículos o comentarios sobre películas, teatro, televisión, música, eventos deportivos o de baile y textos biográficos.

Habrá aproximadamente seis preguntas después de cada uno de los textos de lectura. Dichas preguntas sólo evalúan su capacidad para entender los textos, aplicar el conocimiento a otras situaciones y analizar los elementos de estilo y estructura en los textos de lectura.

Prueba 5: Matemáticas

La sección de Matemáticas consiste en problemas de las siguientes áreas:

1 Medidas: perímetro, área, volumen, razón de movimiento, tasa de interés, tiempo y dinero.

2 Geometría: líneas paralelas y perpendiculares, teoría de los triángulos, pendiente, teorema de Pitágoras, triángulos rectángulos, isósceles, semejantes y congruentes. Además, habrá problemas de trigonometría.

3 Operaciones y Sistemas Numéricos: secuencias con fracciones y decimales, comparación de datos, exponentes y anotaciones científicas.

4 Análisis de datos: cálculo de la media, la mediana, el radio y probabilidad simple; interpretación de gráficas y tablas.

Se hace énfasis en la capacidad para pensar. En la prueba, y a fin de limitar la cantidad de conocimientos que necesita memorizar, recibirá una página de fórmulas matemáticas para usar de referencia. Además, se le entregará una calculadora para usar en la Parte I de la prueba, pero en la Parte II tendrá que responder a las preguntas sin ella.

IMPORTANTE: Deberá aprobar las Partes I y II para obtener el puntaje necesario en la sección de Matemáticas de GED.

CÓMO PREPARARSE PARA PRESENTAR LA PRUEBA

Es normal que no le guste la idea de presentar pruebas. La mayoría de los adultos le temen a las pruebas porque evocan malos recuerdos de la infancia, cuando las pruebas que daban los maestros y las maestras eran siempre una tarea pesada y, a menudo, un castigo. Por consiguiente, es importante entender que las pruebas son, en esencia, formas de medir lo que aprendió y no castigos. Si le teme a las pruebas, la mejor forma de combatir ese miedo es presentar pruebas lo más frecuentemente posible ya que, en estas situaciones, el contacto frecuente es provechoso y puede reducir la ansiedad. Las pruebas de práctica, tales como las que incluye este libro, le brindan la oportunidad de simular en privado lo que tendrá que enfrentar cuando realmente presente la batería de pruebas GED.

Cuando considere que está preparado para presentar el GED, tenga en cuenta los siguientes consejos para realizar la prueba.

1. Lea atentamente todas las preguntas antes de intentar contestarlas. Si no entiende lo que le piden, solicite ayuda a la persona que supervisa el examen.

2. Responda a las preguntas más fáciles primero. Si no sabe cómo responder a una pregunta en particular, continúe con la próxima y vuelva a la pregunta difícil luego.

3. Trate de evitar errores por descuido, que pueden ocurrir si interpreta mal lo que se le pidió. No haga más de lo que le piden y no piense que la prueba tiene la intención de engañarlo porque probablemente no sea así.

4. No deje ninguna pregunta sin responder. En el GED, no se penalizan las preguntas incorrectas, por ello, responda a todas las preguntas. Aun cuando no sepa a ciencia cierta cuál es la respuesta correcta, tiene un 20 por ciento de posibilidades de responder correctamente. Si elimina aquellas opciones que son claramente ridículas, aumenta sus posibilidades de escoger la respuesta apropiada.

5. Lleve goma de mascar o caramelos duros a la prueba. Crease o no, según varios psicólogos destacados, mascar goma o chupar un caramelo duro lentamente tiende a relajar los nervios. No se permite fumar en la sala de la prueba.

6. Asegúrese de entregar todos los papeles y que todos tengan su nombre o su número de identificación y toda otra información requerida. Sus respuestas no podrán calificarse a menos que entregue su hoja de respuestas con la identificación correcta a la persona que supervisa la prueba al final de ésta.

7. Sea cuidadoso y asegúrese de haber completado todos los espacios en blanco exactamente como era su intención. Por ejemplo, ¿contestó la pregunta 5 marcando la casilla reservada para la pregunta 6? ¿Eligió una respuesta "correcta" cuando se pedía que conteste con la respuesta "incorrecta"? ¿Contestó todas las preguntas?

¿CUÁL ES EL PUNTAJE MÍNIMO PARA APROBAR EL EXAMEN?

Los puntajes de GED son puntajes estándar para todas las pruebas. El puntaje en bruto (o cantidad de respuestas correctas) se convierte en un puntaje estándar para que todas las pruebas y todas las formas de la batería de GED se evalúen de la misma manera. Los puntajes estándar se basan en el rendimiento de los estudiantes del último año de la escuela secundaria en estas pruebas.

Para aprobar el GED, el candidato tiene que obtener un cierto puntaje mínimo en cada una de las cinco pruebas. En general, eso significa que la persona que responde correctamente a un poco más de la mitad de las preguntas de cada prueba probablemente obtenga el puntaje mínimo para aprobar el examen.

Para tener la certeza de que obtendrán un certificado o diploma de GED, los candidatos deben aspirar a un puntaje sustancialmente superior al puntaje mínimo en todas las pruebas que puedan. Sin embargo, aquellos que no aprueben una o varias pruebas pueden realizar nuevamente sólo aquellas secciones en las que no pudieron alcanzar el puntaje mínimo para aprobar el examen. Podrá obtener información sobre cómo volver a presentar las Pruebas de GED en el Departamento de Educación de cada estado o provincia. (Consulte la lista de números telefónicos para cada estado o provincia en las páginas 6 a 8.)

CONSEJOS PARA EL MAESTRO

A menudo, los maestros o maestras de GED tienen poca o ninguna orientación sobre la naturaleza de las pruebas que sus estudiantes tienen que presentar. Sería una buena idea, por supuesto, si pudieran ver y presentar el examen para saber específicamente los tipos de preguntas que sus estudiantes tienen que responder. Lamentablemente, las reglamentaciones actuales de GED no lo permiten. Si usted, como maestro o maestra, presentara la prueba, estaría violando la política del Servicio de Administración de las Pruebas de GED y las leyes del estado donde enseña.

Existe una alternativa. Podrá obtener las *Pruebas oficiales cortas de práctica* distribuidas por Steck-Vaughn. El número de teléfono para comprar copias es 800-531-5015. Estos materiales fueron desarrollados por el Consejo Estadounidese para la Educación para brindar a maestros y maestras toda la información sobre las pruebas sin poner en peligro la seguridad de la prueba.

Puede comprar las pruebas de práctica y el manual o, lo que es mejor aún, solicitarle al administrador de la escuela que los adquiera en grandes cantidades. Haga que sus estudiantes realicen las pruebas de práctica para familiarizarse con ellas y como indicador del nivel de preparación para la prueba completa.

Otra fuente de información es el *Programa, Políticas y Centros de Administración de las Pruebas de GED*, también publicado por el Servicio de Administración de las Pruebas de GED. Explica en detalle las políticas y requerimientos de emisión de diplomas de GED en cada estado (no hay requerimientos absolutos ni uniformes en todo el país) y el modo de solicitar permiso para presentar el examen junto con los costos relacionados de cada estado. Esta fuente también ofrece las direcciones de los centros oficiales de prueba donde se da la batería de pruebas GED y el nombre del jefe examinador de cada lugar.

CÓMO UTILIZAR ESTE LIBRO

Este libro le permitirá familiarizarse con las Pruebas de GED y las condiciones de evaluación. Los candidatos que saben cómo será la prueba tienen muchas más posibilidades de aprobar el GED que aquellos que no saben nada sobre ella. Presentar cualquier tipo de prueba sin preparación o conocimiento previo causa temor y este miedo puede obstaculizar el rendimiento de incluso las personas más experimentadas en el tema.

Las pruebas de práctica de este libro son lo más parecido posible a las Pruebas de GED. Cubren cada una de las cinco áreas y utilizan los mismos tipos de preguntas, las mismas instrucciones y los mismos límites de tiempo que la prueba real. Si realiza estas pruebas de práctica, sabrá cuánto sabe (y cuánto no sabe) sobre las Pruebas de GED y de esta manera podrá concentrar sus estudios en las áreas que más necesite.

Como se mencionó anteriormente, necesitará una calculadora para la primera parte de la Prueba de Matemáticas de GED. Aunque le proporcionarán una calculadora modelo Casio FX-260 Solar en el lugar de la prueba, sería útil que, mientras esté estudiando para el GED, tuviera acceso a una, sea este modelo o cualquier otro apropiado. El modelo mencionado anteriormente puede adquirirse en varios negocios minoristas grandes o por correo en: ACE Fulfillment Center, Department 191, Washington, D.C. 20055.

Comience realizando el Examen de diagnóstico y siga paso a paso el procedimiento que se describe a continuación.

1. Lea atentamente todas las instrucciones y sígalas al pie de la letra.

2. Respete los límites de tiempo de cada prueba.

3. Coloque sus respuestas en la hoja de respuestas recortable provista para la prueba.

4. Cuando haya completado todo el examen, compare sus respuestas con las respuestas correctas que se encuentran al final de la batería de pruebas.

5. Cuente la cantidad total de respuestas correctas de cada una de las cinco pruebas y coloque este número en el casillero provisto en su hoja de respuestas.

6. Sume los cinco subtotales para obtener su puntaje total de la batería de pruebas.

7. Utilice la Tabla de análisis de errores que se halla después del Examen de diagnóstico para ver cuáles son sus puntos fuertes y débiles. Esta tabla divide cada prueba de la batería de pruebas de diagnóstico GED por áreas de contenido. En la columna denominada "Preguntas", haga un círculo en el número de cada pregunta

que no respondió correctamente. Cuente la cantidad de círculos de cada área de contenido y escriba el número total que falta en la columna que dice "Números incorrectos". Un número alto de respuestas incorrectas en un área en particular indica la necesidad de estudiar más sobre esa área.

8 Comience su revisión leyendo las "Explicaciones de las respuestas" de todas las preguntas que contestó mal.

9 Luego continúe con las "Revisiones de destrezas" provistas en las Partes 2, 3, 4, 5 y 6 de este libro. Preste especial atención a las áreas en las cuales su análisis de errores le demostró que tenía debilidades.

10 Realice las dos pruebas de ejemplo que se encuentran al final de este libro, siguiendo el procedimiento descrito en los Pasos 1 a 8.

CONSEJOS PARA ADULTOS SOBRE CÓMO ESTUDIAR

elaborados por la Dra. Marilyn Goldberg

1 Comprenda cómo estos consejos le ayudarán a estudiar y aprobar el GED.

2 Adquiera confianza en sí mismo. Reconozca sus fortalezas. Sepa que puede lograrlo.

3 Conózcase para encontrar el método de estudio más adecuado para usted.

4 Utilice los recursos de su comunidad.

5 Descubra cómo están organizadas las ideas para poder comprenderlas.

6 Comprenda lo que lee en los textos y las guías de estudio.

7 Aprenda cómo obtener mayor beneficio de los maestros y maestras y de las clases.

8 Aprenda a memorizar lo que será necesario para la prueba.

9 Organice bien su lugar y material de estudio.

10 Administre bien su tiempo.

1. Comprenda cómo estos consejos le ayudarán a estudiar y aprobar el GED.

Estos consejos son para usted

Estos consejos fueron escritos para usted, que hace un tiempo atrás abandonó los estudios secundarios y ahora se da cuenta de que necesita un diploma de la escuela secundaria para lo que quiere hacer. Usted es lo suficientemente inteligente como para aprobar el GED, pero probablemente tenga que estudiar mucho para lograrlo.

Estos consejos lo ayudarán a convertirse en un ganador. Siga las instrucciones y lo logrará.

Para que le sea fácil seguirlos, los consejos tienen las siguientes características:
- Están redactados en el lenguaje más claro posible.
- Cada consejo comienza con una palabra que denota una acción para que sea más fácil comprenderlo.
- Diferentes consejos repiten ideas similares, sólo cambia un poco la redacción entre uno y otro. Este tipo de repetición le ayudará a aprender las ideas.
- Es fácil comprender la mayoría de los consejos; sin embargo, hay algunos que son más difíciles que otros. No se dé por vencido si no comprende un consejo inmediatamente. Léalo de nuevo en otro momento. Si continúa intentándolo, llegará a comprender la idea.

Cómo utilizar los consejos para aprobar el GED

- No espere aprender todos estos consejos de una sola vez. Concéntrese en sólo uno o dos por vez. No puede aprender todos estos consejos de inmediato porque son muchísimos. Si no dispone de mucho tiempo:

  —Elija los consejos que signifiquen algo especial para usted.

  —Elija los consejos que sienta que serán más útiles.

Una vez que haya logrado dominar un consejo, no necesitará volver a consultarlo.
- Escriba cualquier consejo que considere especialmente importante en una ficha de 3 × 5 pulgadas o en un papel pequeño. Léalo frecuentemente hasta que finalmente lo recuerde.

  —Coloque la ficha en su cartera o bolsillo y léala en cualquier momento (mientras camina, viaja en autobús, se viste o desayuna).

  —Si escribe consejos en varias fichas, colóquelas en un sobre o fichero. Deséchelos a medida que los vaya aprendiendo. Pronto tendrá el sobre o fichero vacío y se sentirá bien por haberlo logrado.

Ideas principales que debe buscar en los consejos

Encontrará estas ideas principales en todos los consejos.
- Asuma la responsabilidad de su propia vida y aprendizaje.

  —Usted presentará el GED porque así lo desea, no porque alguien lo obligue a hacerlo. Es adulto, lo que significa que tiene poder para tomar sus propias decisiones y escoger su forma de vida actual y futura.

  —Utilice ese poder para decidir qué es lo correcto para usted. Decídase a estudiar y confíe en su capacidad para triunfar.
- Conózcase a sí mismo.

  —Durante el tiempo que asistió a la escuela e incluso después, desarrolló muchos hábitos de aprendizaje y estudio que puede aprovechar.

- Formúlese preguntas tales como:

—¿Disfruté de algo en la escuela? Si la respuesta es afirmativa, piense ¿por qué? Si la respuesta es negativa, piense ¿por qué no?

—¿Obtuve buenas calificaciones en algunas materias? Si la respuesta es afirmativa, pregúntese ¿cómo?

—¿Recuerdo bastante lo que aprendí? Si la respuesta es afirmativa, piense ¿por qué? Si la respuesta es negativa, piense ¿por qué no?

—¿Cuánto me conozco realmente? ¿Cuánto quiero conocerme realmente? ¿Qué puedo hacer para conocerme mejor?

- Adquiera confianza en sí mismo.

—Continúe repasando los consejos sobre cómo adquirir confianza que se encuentran en las páginas a continuación. Pueden ser los más importantes.

- Siéntase muy cómodo con el examen de GED.

—Aprenda todo lo que pueda sobre el GED y sobre cómo presentarlo bien.

2. Adquiera confianza en sí mismo. Reconozca sus fortalezas. Sepa que puede lograrlo.

La confianza en su capacidad para aprobar el GED puede ser la parte más importante de su programa de estudio.

Recuerde: Si piensa que no puede, entonces, en efecto, no podrá. Si piensa que puede, entonces, probablemente pueda.

Debe decirse a sí mismo: "puedo hacerlo" y entonces lo logrará. Será un triunfador.

CONSEJO   **Aprenda a decir cosas buenas sobre sí mismo.**

- ¿Dice cosas buenas sobre sí mismo (como "puedo hacerlo" y "estoy bien")?
- Si dice: "puedo aprender esto" o "me siento bien de aprender esto", escúchese atentamente. Siéntase feliz por lo que está escuchando.
- ¿Dice cosas malas sobre sí mismo?

Si dice: "no puedo aprender esto", "odio aprender esto" o "no soy lo suficientemente capaz como para aprender esto", cambie el mensaje. Sea positivo. Recuerde las cosas que hace bien.

Algunos mensajes que debe cambiar

Si dice:	*Diga en cambio:*
Nunca hago nada bien.	Lo haré bien.
Nunca tengo un respiro.	Organizaré mis propios descansos y triunfaré.
¿Por qué debería intentarlo si de todos modos no funcionará?	Haré el mayor esfuerzo posible y lo lograré.
Lo intenté, pero no funcionó.	Lo intenté, pero esta vez me esforzaré más.
No soy bueno para...	Soy bueno para...

Consejo   Recuerde sus éxitos.

Escriba algo que haya hecho bien. _____

Consejo   Recuerde cómo se sintió después de haber triunfado.

Escriba cómo se sintió. _____

_____

Consejo   Considere sus fortalezas. Acuérdese de las cosas buenas que reconoce en usted.

Las fortalezas que se indican a continuación muestran la capacidad de una persona de pensar y controlar su vida. Son cosas comunes que probablemente ya haya hecho y sobre las que nunca se ha puesto a pensar.

Marque los puntos que considera que le corresponden. Cuantas más de estas fortalezas tenga, más confianza debería tener en sí mismo.

____   Soy curioso.

____   Disfruto de pensar sobre las cosas.

____   Me pregunto por qué las cosas suceden de tal o cual manera.

____   Recuerdo las cosas que pensé ayer y las cosas importantes que hice la semana pasada.

____   Hablo con facilidad con mis amigos y familia.

____   Me sorprende la cantidad de información que se ha obtenido sobre nuestro mundo.

____   Disfruto mucho de las cosas lindas de nuestro mundo.

____   Puedo reconocer aquello que es verdaderamente importante en la vida y lo distingo de lo trivial.

____   Escribo y uso listas (por ejemplo, listas de provisiones y compras).

Consejo   Acumule éxitos.

Realice una o dos tareas que considere difíciles, cualquier tipo de tarea. Diga: "puedo hacerlo" y luego HÁGALO.

Una vez que complete la tarea, colóquela en una lista. Al final, tendrá una lista de éxitos. Lea la lista frecuentemente.

Consejo   Véase como una persona exitosa.

Para lograrlo, cierre los ojos y concéntrese en visualizar las siguientes imágenes sobre usted:

• Sintiéndose confiado cuando realiza la tarea que tiene en mente.

• Haciéndola.

• Luego, sintiéndose bien porque lo logró.

• Con la frente bien alta cuando presenta el GED.

Consejo   Lea los siguientes mensajes y repita uno de ellos al menos tres veces al día, antes de cada comida.

- Me gusta quien soy y estoy contento conmigo mismo.

- Voy a ser la mejor persona que pueda llegar a ser.

- Puedo hacer lo que me proponga si es que realmente lo deseo.

- Estoy feliz de estar vivo. Voy a vivir mi vida de la mejor manera posible.

- Hoy es un lindo día. Voy a hacer que sea aún mejor haciendo algo de lo que estaré orgulloso mañana.

Consejo   Recuerde lo bien que se siente cuando aprende algo nuevo. Piense qué se dice a sí mismo cuando siente eso.

- ¡Hurra! Lo encontré. Lo logré.

- ¡Bravo! Solucioné el problema.

- ¡Fantástico! Nunca antes lo había hecho. Lo hice solo y realmente bien.

- ¡Adelante! Estoy listo para intentar un nuevo proyecto.

Consejo   Note lo que aprende y esté orgulloso de ello. Pregúntese:

- ¿Qué sabía ayer?

- ¿Qué sé ahora?

- ¿Cuánto aprendí en un día?

  Siéntase bien sabiendo mucho más ahora que antes. Piense en cuánto mejor se sentirá cuando sepa aún más.

Consejo   Reconozca el poder que surge de saber mucho. Aprenda para obtenerlo. El poder del conocimiento puede:

- hacerle ganar el respeto de sus amigos y familia.

- brindarle control sobre sí mismo (el poder más importante).

- darle control sobre los demás.

- enfocar y dirigir su energía y entusiasmo.

- darle sentido a su vida.

- dirigir su necesidad de ser útil.

- evitar el cansancio y el aburrimiento.

Consejo   Estimule su curiosidad por saber sobre el mundo.

Piense en las preguntas de las que le gustaría saber las respuestas. Luego piense en dónde podría encontrar las respuestas o quién podría saberlas.

Recopile preguntas que desee saber.

Consejo   No se desanime si no entiende algo al principio. No siempre es fácil aprender cosas nuevas.

Sea bueno para consigo mismo y tómese un descanso.

Consejo   Recompénsese cuando haya logrado aprender algo nuevo.

Consejo   Haga una cosa a la vez. No se abrume intentando hacer todo de una sola vez.

Consejo   Valórese a través del logro de sus propios objetivos y de la conclusión de las tareas que se propuso realizar.

No se juzgue por sus calificaciones en la escuela.
Si tiene buenas calificaciones, entonces disfrútelas.

Consejo   Acepte la ayuda de quienes se la ofrecen. Dígales que agradece su ayuda.

Construya su propia fuerza y valor.

Consejo   Tenga valor: formule preguntas, aún si piensa que son tontas.

Se sorprenderá de cuántas personas hubieran querido preguntar lo mismo pero no se animaron.

Consejo   Evite refunfuñar y quejarse. Eso sólo dificulta el aprendizaje.

En su lugar, intente pensar positivamente sobre los problemas. Sepa que puede solucionarlos aunque para ello necesite tiempo y algo de esfuerzo.

INTENTE ESTOS CUATRO PASOS:

1 Pregúntese: "¿Cuál es el problema?" Responda a la pregunta.

2 Pregúntese: "¿Qué puedo hacer para solucionarlo?" Responda con todas las posibilidades que pueda imaginar.

3 Pregúntese: "¿Cuál de estas posibilidades estoy dispuesto a probar?" Responda eligiendo la que más le guste.

4 Pregúntese: "¿Qué necesito hacer para que funcione?" Responda escribiendo un plan que incluya:

- todos los materiales que necesitará.
- cuándo desea completarlo.
- las personas a las que necesitará contarle sobre ello.
- exactamente qué necesitará hacer para completarlo.
- cualquier otra cosa que lo ayude a completar con éxito el trabajo.

3. Conózcase para encontrar el método de estudio más adecuado para usted.

Estos consejos deberían ayudarlo a analizarse (verdaderamente) y a comprenderse. Luego podrá escoger el método de estudio que funcione mejor para usted.

CONSEJO Sepa qué sabe (y si los conocimientos son correctos).

- Dígalo con sus propias palabras.

  —Dígalo de distintas maneras.

  —Invite a alguna persona de confianza para que revise que sea correcto.

- Escríbalo con sus propias palabras.

  —Verifique su versión con la original. (Sólo escríbalo, no se preocupe por cómo está escrito.)

- Hable y grábese. Escuche lo que grabó y revise si es correcto:

  —con el libro;

  —con alguna persona de confianza.

CONSEJO Tómese un descanso de vez en cuando para registrar su avance.

- Pregúntese:

  —¿Qué sabía cuando comencé?

  —¿Qué sé ahora?

  —¿Cuánto más quiero (o necesito) aprender?

  —Recuerde que ahora sabe mucho más que antes. (Y siéntase bien por ello.)

- Siéntase bien:

  —por todo lo que aprendió;

  —por todo lo que mejoraron sus destrezas (razonamiento, redacción, lectura, aprendizaje).

CONSEJO Encuentre la mejor forma de concentrarse. Una concentración continua es necesaria para poder estudiar bien.

Experimente con el momento, lugar, ambiente (¿música?).

CONSEJO Entienda porqué alguna información es especialmente difícil de aprender. (Luego haga algo para ayudarse.)

NOTA: No se sienta como si fuera estúpido por solicitar ayuda. Lo será si no la solicita.

- ¿Hay algún vocabulario especial que sea difícil?
  En ese caso, pídale a alguien que le ayude a entender esas palabras.

- ¿Es confusa la organización de la información?
  En ese caso, pídale a alguien que le ayude a ordenarla.

- ¿Hay demasiados detalles?
  En ese caso, organice los detalles de manera tal que tengan algún sentido para usted.

- ¿Es difícil seguir la lógica (por ejemplo en matemáticas o ciencias)? En ese caso, no dude en pedir ayuda.

- ¿Se aburre con el material? ¿Le parece repetitivo o confuso? En ese caso, busque en el tema algo que le guste.

- ¿Debería tener más información introductoria para aprenderlo? Entonces explique el problema a su maestro o tutor y encuentre material que lo ayudará.

Consejo   Descubra sus fortalezas en el aprendizaje y utilícelas.

Usted:

- ¿Memoriza los detalles fácilmente?

- ¿Aprende mejor cuando escucha, lee o debate las ideas?

Entonces, use ese método al estudiar.

Consejo   Descubra qué le causa placer al aprender y disfrútelo:

- el placer de generar una idea usted mismo

- el entusiasmo y la excitación por un nuevo proyecto

- la satisfacción de alcanzar sus propios objetivos

- el desafío de un ejercicio mental difícil

- el compañerismo que se logra al compartir ideas

- el compañerismo que se logra al compartir las dificultades y los esfuerzos de un trabajo difícil

Consejo   Motívese.

¿Qué funciona mejor para usted?

- ¿El miedo a fracasar? (Recuerde ese miedo.)

- ¿El deseo de triunfar? (Manéjese con ese deseo.)

Consejo   Descubra a través de cuáles sentidos aprende mejor y utícelos.

- ¿La vista? Entonces dibuje o realice gráficas.

- ¿El oído? Entonces diga las ideas en voz alta y grábelas.

Consejo   Sepa cómo recompensarse cuando estudia bien.

- ¿Con una pizza y una gaseosa?

- ¿Con una salida para correr o nadar?

- ¿Con amigos, sin hacer nada especial?

- ¿Con la TV?

Consejo   Reconozca cuándo está fatigado mentalmente.

Sabrá que está cansado cuando mire una página sin verla realmente o cuando se olvide de lo que pensó hace un minuto.

- Duerma una siesta.

- Haga ejercicio.

- Tome un baño.

CONSEJO **Sepa cuándo estudia mejor (por lo general, temprano a la mañana o tarde a la noche) y utilice ese tiempo eficientemente.**

CONSEJO **Sepa dónde estudia mejor.**

- ¿En la biblioteca?
- ¿En su silla favorita?
- ¿Al aire libre?
- ¿En un escritorio?

La mayoría de las personas estudian mejor cuando encuentran un lugar que les agrada y acuden allí regularmente.

CONSEJO **Propóngase objetivos realistas.**

- Determine aquello que es probable que pueda hacer.

   —Si sus objetivos son demasiado difíciles de alcanzar, se desanimará.

   —Si son muy fáciles, no llegará a aprovechar plenamente su capacidad.

- Establezca sus objetivos para:

   —hoy.

   —esta semana.

   —este mes.

- Vaya marcando los objetivos que alcanzó. Recompénsese por su éxito.

4. Utilice los recursos de su comunidad.

Hay muchos recursos disponibles dentro de la comunidad que lo ayudarán a prepararse para el GED. Dos de los más importantes son la escuela y la biblioteca local. Llame a ambos.

CONSEJO **Llame a cualquier oficina del distrito escolar cercana a su domicilio y pida información sobre el GED.**

Será derivado a la persona que le brindará acceso a libros, tutores, clases y otros tipos de ayuda para las personas que estudian para el GED.

CONSEJO **Llame a cualquier biblioteca local y pida información sobre el GED.**

Busque a alguien, posiblemente en el departamento de consultas, que le pueda informar sobre los libros y equipos que le ayudarán a estudiar para el GED.

CONSEJO **Aprenda a utilizar todos los servicios de la biblioteca relacionados con el GED.**

- libros y revistas
- microfilmes y microfichas
- cintas de video
- programas de computación
- cintas de audio

Recuerde: **Solicite ayuda al personal de la biblioteca. Ellos están allí para ayudarlo.**

Consejo   **Busque en la guía de TV los programas orientados a ayudarlo a aprobar el GED.**

Los dos canales que probablemente tengan programas que puedan a ayudarlo son:

*   PBS (Public Broadcasting)
*   TLC (The Learning Channel)

Si no tiene la guía de programas, llame a estas estaciones o llame a la compañía de televisión por cable. Pídales información.

Consejo   **Llame al establecimiento universitario local.**

Pregunte si tienen recursos disponibles que le puedan ayudar a estudiar para el GED.

*   Tal vez deba tener paciencia hasta que alguien sepa a quién derivarlo.
*   Es probable que alguien allí pueda guiarlo y le sugiera fuentes de información.

Consejo   **Busque los servicios especiales de la comunidad que estén disponibles para personas con dificultades para aprender.**

Estos servicios especiales pueden estar disponibles en:

*   Bibliotecas

    —Cintas de audio que puede escuchar

    —Equipos de lectura que le pueden ayudar a leer mejor (algunos incluso le hablarán o le leerán un libro en voz alta)

    —Programas de alfabetización

*   Escuelas

    —Programas compensatorios para los cuales podría aún reunir los requisitos para inscribirse

    —Tutores que han sido capacitados para saber cómo ayudarlo con su dificultad en particular

*   Agencias privadas y estatales que ofrezcan programas de capacitación, tales como la Oficina de Rehabilitación Vocacional

Consejo   **Busque programas de capacitación en el trabajo que le ayuden a leer y aprender mejor. Comuníquele al director de personal de su empresa (si lo hubiera) que desea presentar el GED y pídale información sobre:**

*   programas de alfabetización o capacitación para el GED;
*   los programas de la Oficina de Rehabilitación Vocacional (BVR por sus siglas en inglés),
*   programas de computación que puedan serle útiles,
*   alguna otra opción.
*   Si no hay un director de personal, pregúntele a su jefe.

5. Descubra cómo están organizadas las ideas para poder comprenderlas.

No es fácil comprender las ideas que se presentan en esta sección. Léalas y trate de comprenderlas ahora. Si al principio no las entiende, vuelva a esta sección en otro momento e intente de nuevo.

Si descubre cómo se organiza la información:

- aprenderá el contenido más eficientemente y lo recordará mejor,
- entenderá más cuando lea,
- organizará sus propias ideas mejor cuando redacte.

Las ideas siguen un orden lógico. Esto significa que, como los vagones de un tren, están vinculadas entre sí y continúan la idea anterior de modo tal que en su conjunto tengan sentido. Además, todo el hilo de ideas debe llegar a algún punto y expresar algo como una unidad.

Para organizar las ideas, todos los escritores siguen un patrón básico. Los siguientes consejos le ayudarán a comprender este patrón.

Palabras clave

Para determinar cómo están organizadas las ideas, existen ciertas palabras clave que debe conocer. Estas palabras están definidas a continuación.

IDEA PRINCIPAL. Todo párrafo, capítulo, trabajo o libro desarrolla una idea principal. Es la idea alrededor de la cual se centra todo lo redactado. La idea principal es el destino o meta de todo el hilo de pensamiento.

GENERALIZACIÓN. Una generalización expresa una idea que es veraz en cuanto a todos los detalles que se presentan posteriormente. Las ideas principales son, por lo general, generalizaciones.

Ejemplo:

> Los ríos brindan muchas ventajas para las personas que viven cerca de ellos. Puede desarrollar esta idea escribiendo sobre la forma en que distintos ríos ayudan a las personas de distintos modos:
>
> - cómo las inundaciones anuales del río Nilo suministran agua para la agricultura;
> - cómo el río Mississippi provee una "vía" para los barcos de carga;
> - cómo el río Amazonas provee peces para alimentar a las personas.

DETALLES. Los detalles completan la información para que las generalizaciones sean más claras, significativas y aceptables. Fundamentan la idea principal y constituyen la mayor parte de lo redactado.

Ejemplo:

> Las buenas familias son afectuosas. El afecto, por supuesto, se demuestra de distintas formas. En algunas familias, los miembros se saludan con un cortés apretón de manos. En otras, las personas muestran afecto con abrazos y besos cariñosos.
>
> La primera oración en este ejemplo expresa la generalización. La segunda introduce los detalles que la fundamentan. Las últimas dos oraciones proveen los detalles, es decir, "apretones de manos", "abrazos" y "besos".

ESQUEMAS. El esquema muestra visualmente las relaciones que existen entre las ideas de un texto oral o escrito.

Quizás esté familiarizado con la forma que adoptan los esquemas:

```
I . . . . . . . .
   A . . . . . . . .
   B . . . . . . ,.
      1 . . . . . . .
      2 . . . . . . .
II . . . . . . .
   A . . . . . . . .
      1 . . . . . . .
      2 . . . . . . .
   B . . . . . . . .
   etc.
```

I y II representan los niveles superiores de generalización dentro del libro, capítulo o ensayo. Las letras "A" y "B" expresan los detalles de I y II mientras que 1 y 2 expresan los detalles correspondientes a las mayúsculas anteriores. Cada nivel inferior desarrolla la información que está cada vez más cerca de lo que podemos ver, oler o contar. Cuando podemos ver o contar con precisión, decimos que la información constituye "un hecho". Los hechos significan lo mismo para todos los que los leen.

LISTAS Y ESTRUCTURAS PARALELAS. Cuando usted crea una lista, agrupa elementos que están relacionados. Los escribe en una estructura paralela (es decir, similar).

Ejemplos:

> A continuación se presenta una lista de cosas que debe hacer que está redactada con una estructura paralela o similar (una palabra):
>
> - comprar
> - conducir
> - cocinar
>
> A continuación, se presenta una lista diferente de cosas que debe hacer, que también está redactada con una estructura paralela (grupos de palabras que comienzan con una palabra que denota acción):
>
> - reparar la cerradura rota
> - enviar la cuenta del teléfono
> - pasear al perro

Observe que todos los consejos sobre cómo estudiar están redactados con una estructura paralela.

En un esquema, todos los números romanos forman una lista, todas las mayúsculas forman una lista y así sucesivamente.

IDEA SUBORDINADA. Se denomina idea "subordinada" al detalle que describe una idea principal.

Ejemplo:

Usted redacta un párrafo con la idea principal: "Las manzanas nos atraen a través de distintos sentidos". Ésta es la oración con el tema. Significa que planea hablar de la textura, el sabor y el olor de las manzanas. Comienza, por ejemplo, hablando de la textura, por lo que redacta: "Son suaves y frescas al tacto". Ésta es la idea subordinada. Luego puede continuar redactando: "Tienen un sabor dulce y penetrante". Ésta es otra idea subordinada. Estos detalles fundamentan la idea de que "Las manzanas nos atraen".

DEDUCCIÓN. Una deducción es una conclusión que obtenemos a partir de la información que uno oye o ve.

Ejemplo:

Si encuentra la frase: "Todas las bellotas provienen de los robles" y "El árbol de mi jardín da bellotas", por deducción puede concluir que el árbol del jardín es un roble.

Tenga en cuenta que no todas las deducciones son correctas. Por ejemplo, supongamos que lee lo siguiente:

"El coronel Artigas tiene una nariz larga. El coronel Pérez tiene una nariz larga. El coronel Aguirre tiene una nariz larga."

Por deducción, podría concluir que: "Todos los coroneles tienen narices largas". Esta deducción no sólo es incorrecta sino que es ridícula.

Consejos para ayudarle a comprender

CONSEJO   Encuentre la idea principal.

- Intente responder a la pregunta: "¿De qué se trata?"
- Redacte la idea con sus propias palabras.
- Relaciónela con las cosas que conoce.

  Si entiende la idea principal, no tendrá problemas para recordarla. Ya la sabrá. Además, los detalles que fundamentan la idea principal serán más fáciles de reconocer.

CONSEJO   Defina las palabras clave de una manera precisa y con sentido para usted.

- Diga y redacte estas definiciones con sus propias palabras.
- Pídale a una persona confiable que le diga si la definición es correcta.

CONSEJO   Relacione los detalles con la idea principal.

Los detalles que se relacionan con la idea principal se encuentran en:

- ejemplos;
- explicaciones;
- descripciones.

CONSEJO Realice un esquema de todo para ver:
- cómo se organiza la información;
- cómo se relacionan las ideas principales con los detalles.

CONSEJO Escriba y vuelva a escribir todas sus anotaciones en forma de esquema para así recordar y estudiar la información fácilmente.

CONSEJO Realice un esquema de los capítulos del libro para así recordar y estudiar la información más fácilmente.

CONSEJO Relacione lo que está aprendiendo con lo que sabe.
- Pregúntese: ¿Qué es lo que sé (por experiencia, de otras lecturas, de mis ideas) que se relaciona con esta idea nueva?
- Cree una imagen mental que le ayude a recordar la nueva idea.

CONSEJO Sepa cuándo realmente ha entendido bien una nueva idea.

Cuando entienda una nueva idea, será capaz de:
- crear sus propios ejemplos sobre ella;
- reconocer otros ejemplos en lo que lee o escucha;
- trazarla, como un mapa;
- usar argumentos para apoyarla o disentir.

CONSEJO Haga preguntas sobre lo que lee y escucha.
- Pregúntese después de leer o escuchar la información:

  —¿Qué debo saber sobre esta información?

  —¿Qué más puedo saber sobre ella?
- Mejore sus destrezas para preguntar.

LAS SIGUIENTES SON BUENAS PREGUNTAS QUE PUEDE HACER:
- ¿Cuáles son algunos ejemplos?
- ¿Cómo funciona?
- ¿Cuál es el tema?
- ¿Qué significa esto?
- ¿Cómo está hecho?

CONSEJO Busque aquello que sea interesante de lo que aprende.
- Busque más motivos para aprender que no sean sólo aprobar un examen.
- Piense cómo este conocimiento nuevo puede serle útil en su vida diaria.

6. Comprenda lo que lee en los textos y las guías de estudio.

Es posible que esta sección no le ayude a leer más rápidamente, pero puede sugerirle técnicas que le ayudarán a comprender mejor lo que lee.

CONSEJO Use técnicas de lectura, tales como "OK4R"

Si usted aprendió una técnica de lectura como ésta mientras estaba en la escuela, repase lo que aprendió. (Quizás se llamaba SQ3R o REAP.) Si nunca aprendió una técnica así, intente con la siguiente.

1 Resuma: Lea específicamente el título, los encabezamientos, las palabras en negrita, el primer párrafo y el último, la tabla de contenidos, las listas con viñetas, los pies de foto, es decir, todo lo que se destaque en el texto.

2 Ideas clave: Lea rápidamente el texto para comprender las ideas principales. Busque las palabras clave que probablemente estarán destacadas y repetidas. Sepa cómo definirlas.

3 Lea: Lea la información rápidamente, pero preste mucha atención a lo que lee.

4 Redacte: Redacte las ideas principales con sus propias palabras según las entiende. Revise las palabras para asegurarse de que haya captado el significado del autor. (Importante: no escriba las palabras del autor porque no es de mucha ayuda.)

5 Relacione: Vincule la información con lo que ya sabe. Recuerde una experiencia personal o una imagen significativa y relaciónela con esta nueva idea.

6 Repase: Revise la información una y otra vez, no necesariamente de inmediato, pero a la brevedad.

CONSEJO Sepa cómo "oje3ar" bien un texto.

Ojee el texto, pero realice pausas para leer más atentamente:

- el título,
- el primer o segundo párrafo y el último,
- la primera oración de cada párrafo,
- títulos y subtítulos,
- ilustraciones (y pies de foto), mapas, gráficas y otros similares,
- las preguntas al final del capítulo,
- términos y frases en negrita.

Cuando ojee un texto, mueva sus ojos rápidamente sobre las palabras. No deje de mover los ojos. Salte las palabras sin importancia y trate de mejorar la destreza de la lectura rápida. Será muy útil durante el examen.

CONSEJO Sepa cómo "leer específicamente" un texto bien.

Lectura específica significa buscar una o dos palabras específicas que, a menudo, responden a una pregunta en una prueba. Trate de mejorar la destreza de la lectura específica. Será muy útil durante el examen.

Consejo **Busque la idea principal.**

Todos los párrafos y ensayos deben tener sólo una idea principal. Generalmente se encuentra en la primera oración o en la final.

- Para encontrar la idea principal, pregúntese: "¿Qué dice el autor?" Luego responda a su propia pregunta en una sola oración.

- Redacte la idea principal en sus propias palabras.

Trate de mejorar la destreza para encontrar la idea principal. Será muy útil durante el examen.

Consejo **No intente recordar todos los detalles.**

Escoja sólo aquellos que parezcan importantes para el autor.

Consejo **Aprenda a diferenciar hechos de opiniones.**

Aprenda a diferenciar entre hechos y opinión.

Ejemplos:

Ella tiene cabello negro y ojos verdes (hecho).

Es la mujer más atractiva de la sala (opinión).

Consejo **Hágase preguntas mientras lee. Trate de predecir lo que el autor dirá.**

Así, concentrará más la atención y leerá más activamente.

Consejo **Lea activamente. Sume su pensamiento al del autor.**

En otras palabras, mientras lee:

- relacione lo que lee con algo que ya conoce.

- escuche sus propios desacuerdos y conflictos.

- piense en la importancia que estas ideas tienen en su vida.

- piense en las personas con las cuales desea compartir estas ideas.

Consejo **Hable con otros sobre la información, especialmente si no le encuentra mucho sentido.**

Pida la opinión de amigos y amigas, maestros y maestras.

Busque las ideas en otros libros.

Consejo **Lea en voz alta lo que desee recordar específicamente.**

Consejo **Hable consigo mismo, si es posible en voz alta, sobre la información.**

Hable como si se la contara a un niño pequeño. (De hecho, si tiene un hijo pequeño, cuéntesela de manera que sea fascinante.)

Consejo **Cada tanto, deje el libro de lado y resuma los temas principales.**

Si puede hacerlo, significa que recordará lo que ha leído.

7. Aprenda cómo obtener mayor beneficio de los maestros y de las clases.

Muchos de ustedes se están preparando para el GED con clases especiales o a través de un tutor o maestro privado. Estos consejos le ayudarán a obtener el máximo beneficio de los maestros y de las clases.

Puede averiguar sobre las clases para el GED si llama a la escuela secundaria o al Centro Oficial de Administración de las Pruebas de GED de su localidad. Los centros tienen como objetivo ayudarle a aprobar el GED.

Participe activamente en las clases

Consejo No tenga miedo de preguntar cuando necesite ayuda.
- Si no entiende una lección, dígaselo a su maestro. Cuando le diga que no comprende, su maestro le ayudará con mucho gusto ya que está capacitado para brindarle información de modo que la entienda.
- La mejor idea: formule preguntas y pregunte al maestro exactamente lo que necesita saber.

Consejo Lleve una grabadora a su clase o clases de apoyo.

Solicite permiso para grabar la clase, así podrá escucharla más tarde. Esto puede ser especialmente útil si tiene problemas para leer sus propios apuntes.

Consejo Sepa qué destreza o información espera aprender en cada clase.
Por ejemplo, puede esperar lo siguiente:
- agudizar las destrezas en multiplicación y división;
- practicar la redacción de ensayos;
- aprender a interpretar un mapa o una caricatura política.

Si no sabe qué metas ha de establecer para estas clases, pregúntele a su maestra o tutor. Después de clase, revise lo que ha aprendido.

Disfrute de la clase y de sus compañeros

Consejo Busque momentos emocionantes en la clase.

Estos pueden presentarse cuando alguien aprende algo nuevo o resuelve un problema difícil.

Consejo Aprenda a confiar y apreciar a los otros estudiantes.
Los otros estudiantes pueden ayudarle de la siguiente forma:
- Animarlo cuando lo necesite.
- Compartir las preocupaciones, que posiblemente sean las mismas que las suyas.
- Escucharlo cuando necesite hablar con alguien.
- Opinar sobre sus ideas.
- Estudiar con usted.

Consejo Ofrezca ayuda a otros estudiantes.

- Si puede ayudar a alguien que lo necesita, se sentirá bien consigo mismo.

- Aprenderá mejor la información si se la explica a otra persona.

Consejo Evite las personas que tienen una actitud negativa.

Algunas personas en su clase pueden hacer comentarios negativos que lo desalienten. Sólo evítelos e ignórelos. No permita que lo desanimen ni que piensen que tienen el poder para hacerlo.

Consejo Si es posible, descanse bien antes de asistir a clase para poder prestar atención.

Podrá beneficiarse más de las clases si está bien despierto y listo para aprender.

Use bien el tiempo de clase para escuchar y aprender

Consejo Siéntese en el lugar que sea más apropiado para usted, quizás cerca del frente o al lado de una persona especial o cerca del pizarrón. Pruebe diferentes asientos.

- Observe dónde aprende mejor.

- Intente en la primera fila. Su maestro sabrá que desea aprender y le responderá mejor.

- Siéntese donde pueda ver mejor las películas y videos.

Consejo Mientras escucha, busque la idea principal.

Pregúntese siempre: "¿Cuál es la idea principal aquí? ¿Qué desea mi maestro que aprenda?"

Reconozca la forma en que maestros y maestras presentan una idea principal:

- Pueden decir: "Éste es el punto principal" o "Quiero asegurarme de que entienda este punto".

- Expresan la idea principal con voz marcada y firme lenguaje corporal.

- Dedican mucho tiempo a aclarar la idea.

- Presentan una palabra especial, una "palabra clave" y la definen. La repiten con frecuencia.

Consejo Escuche lo que el maestro dice sobre la idea principal

Fíjese si el maestro:

- da ejemplos (diciendo "por ejemplo");

- describe cómo funciona algo (diciendo "éste es el paso 1, el paso 2, el paso 3" y así sucesivamente);

- compara la idea con otras (diciendo "en comparación con" o "a diferencia de");

- replantea la idea (diciendo "en otras palabras");

- brinda hechos que fundamentan la idea (diciendo "estos son los hechos" o "así es cómo sabemos que esto es verdad");

- define las palabras (diciendo "esto significa").

CONSEJO **Esté dispuesto a aceptar información nueva.**

Asuma que lo que el maestro o la maestra dice es verdad.

- Si considera que algo está mal, pregúntele a su maestro.

- No se resista a aprender la información porque no está de acuerdo.

CONSEJO **Escuche atentamente los primeros y los últimos 5 minutos de la clase. En ese momento el maestro expresará o repetirá las ideas principales de la clase.**

Tome buenos apuntes en clase

CONSEJO **Tome apuntes que pueda leer después.**

- Escriba con la mejor letra posible.

- Pídale al maestro que hable más lento si tiene problemas para tomar buenos apuntes.

CONSEJO **Escriba sólo lo que es importante.**

No intente escribir todo lo que el maestro dice. Si lo hace, se le puede pasar algo importante.

CONSEJO **Deje mucho espacio en blanco en el cuaderno.**

Será más fácil leer lo que escribe y tendrá espacio para agregar anotaciones después.

- Escriba con letra grande y salte renglones.

- Escriba en un solo lado de la hoja.

CONSEJO **Deje márgenes amplios alrededor de toda la hoja.**

Deje dos pulgadas en blanco en el margen izquierdo de la hoja. Use este espacio para escribir:

- Una o dos palabras clave.

- Sus reflexiones: dudas, preguntas, lo que ya sabe que se relaciona con lo que está aprendiendo.

Deje dos pulgadas en la parte superior de la página para poder agregar encabezados que le indiquen el contenido de la página. (Los encabezados son los títulos de la información que se presenta a continuación.)

CONSEJO **Use títulos con frecuencia en sus apuntes.**

Escriba cada título en un reglón aparte.

CONSEJO **Copie exactamente todo lo que está en el pizarrón (palabras y dibujos).**

Si no está seguro de que sus apuntes sean correctos (palabras o dibujos), marque la página de alguna manera, quizás con signos de interrogación. Luego, pregunte a otros estudiantes o al maestro.

CONSEJO **Cree su propio sistema de escritura para escribir más rápido.**

- Abrevie las palabras comunes.

- Use símbolos simples que tengan sentido para usted. Por ejemplo:

    < menor que

    > máyor que

    = igual a

CONSEJO **Marque claramente los puntos importantes.**

- subraye
- marque con asteriscos**
- USE MAYÚSCULAS
- utilice lápices o bolígrafos de distintos colores

CONSEJO **Relacione una idea de sus apuntes con otras escritas antes.**
Dibuje flechas para vincular ideas.

CONSEJO **Escriba de nuevo sus apuntes después de clase.**

- Resuma sus apuntes en pocas palabras.
- Destaque las ideas principales.

CONSEJO **No tome apuntes en ningún caso si sus notas no son buenas o si no puede leer lo que escribe.**
Use el tiempo de clase sólo para escuchar y trate de recordar.

(Grabar la clase o conversación puede serle útil.)

8. Aprenda a memorizar lo que necesita saber para la prueba.

Hay tanta información que nadie puede memorizar todo. Sin embargo, se necesita saber algo de historia, geografía, ciencias, literatura y otras disciplinas. Debe memorizar alguna información para poder recordarla cuando la necesite.

A continuación, se presenta información útil sobre la memoria.

- Recordará mejor la información si la vincula con algo que ya conoce.
- Si no entiende lo que intenta recordar, no podrá confiar en la memoria.
- La tensión, el estrés y la ansiedad confunden la memoria y no le permiten que recuerde con claridad.

CONSEJO **Relacione lo que está aprendiendo con lo que ya sabe.**
Conecte la información nueva con:

- imágenes conocidas;
- experiencias familiares;
- información conocida (por ejemplo, lo que aprendió en la clase anterior).

CONSEJO **Escriba las ideas clave.**

- Encabece las hojas de papel en blanco con una fecha importante o una palabra clave.
- Incluya luego detalles que respalden lo anterior (con sus propias palabras).
- Estudie las ideas principales junto con los detalles para recordar cómo se relacionan entre sí.

CONSEJO **Utilice todos los sentidos cuando memorice la información.**

- Escúchela: dígala en voz alta.

- Pálpela: use los dedos y la piel.

- Siéntala: preste atención a los instintos.

- Degústela u olfatéela, si es posible.

CONSEJO **Repase los apuntes después de la clase tan pronto como sea posible.**

- Destaque la información que desea recordar más.

- Solicite la información correcta a maestros o compañeros si considera que sus apuntes pueden no estar bien.

- Busque las ideas principales y las palabras clave. Repáselas una y otra vez.

CONSEJO **Invente su propia ayuda de memoria o use las sugeridas por su maestro.**

- Invente siglas, es decir, palabras compuestas por las primeras letras de los nombres o ideas que debe recordar.

Ejemplo:

HOMES está compuesta por las primeras letras de los nombres de los Grandes Lagos: Hurón, Ontario, Michigan, Erie y Superior.

Invente rimas con ritmo (cuanto más simple, mejor).

Ejemplos:

"m" está bien antes de "b" pero no la uses antes de "v"
Cristóbal Colón los mares surcó en mil cuatrocientos noventa y dos.
La fracción por la que dividirás ponla al revés y multiplícala después (regla para dividir fracciones).

Invente imágenes que pueda ver o sentir.

Ejemplo:

Si está aprendiendo lugares en un mapa, imagínese que viaja de un lugar a otro.

Invente oraciones (cuanto más simples mejor) en las cuales las primeras letras de cada palabra le recuerden algo que no desea olvidar.

Ejemplo:

Puede explicarlo mejor, doña Anastacia Susana.
(Éste es el orden que se sigue para resolver ecuaciones algebraicas: paréntesis, exponentes, multiplicación, división, adición, sustracción.)

CONSEJO **Concéntrese en la idea principal de la lección o texto de lectura antes de irse a dormir.**

Tendrá la idea presente de inmediato cuando se despierte a la mañana siguiente.

Consejo   Repita la información que memorizará en cualquier momento, no sólo cuando estudie sino también cuando coma, espere el autobús o camine hacia su casa.

Consejo   Use fichas para anotar preguntas y respuestas que desee recordar.

- Escriba las preguntas en una de las caras y las respuestas en la otra.
  1. Autoevaluación.
  2. Vuelva a mezclar las fichas con las preguntas que no puede responder y autoevalúe sus respuestas a esas preguntas.
  3. Intercambie las fichas con compañeros o compañeras que también hayan escrito preguntas.
- Use fichas para aprender palabras nuevas. Escriba una palabra de un lado de la ficha y la definición del otro.

Consejo   Repita la información en voz alta. Al escuchar las palabras las recordará mejor.

Si estudia mejor solo, repita la información en voz alta. Si estudia mejor con otros, repítanse la información unos a otros en voz alta.

Consejo   Escriba todo lo que aprenda.

- Escriba todo con sus propias palabras para asegurarse de que entiende lo que escribió.
- Escriba como si el lector no supiera nada sobre este tema.
- Escriba como si llevara un diario de lo que aprende. Es más, escriba sus apuntes como si fuera un diario.

Consejo   Redacte lo que aprendió de la forma más breve posible.

- Vuelva a escribir los apuntes de clase en oraciones cortas o grupos de palabras.
- Vuelva a escribir las tareas de lectura en oraciones cortas que sólo mencionen la idea principal.

Consejo Cambie el orden en que repite los distintos puntos de una lista.

- Recordará los elementos de la lista si la repite:
  —del principio al final;
  —de atrás para adelante;
  —en un orden mezclado.

Consejo   Confíe en que recordará lo que estudió.

- Si estudió bien, la información está allí en su mente, lista para ser utilizada.
- Si se siente abrumado, recuerde todo lo que aprendió.
- Si confeccionó una lista de control, marque sus logros para ver su avance.

CONSEJO No permita que sus emociones le impidan aprender.

Si tiene problemas para recordar lo que estudió, pregúntese si es porque se siente:
- nervioso;
- ansioso y tenso;
- asustado;
- triste;
- deprimido;
- enojado;
- muy feliz.

El reconocer sus emociones le ayudará a reducir la influencia que ejercen sobre usted.

CONSEJO Para recordar mejor una idea, aprenda por qué es importante.

Si considera que la idea es trivial o inútil, será más difícil memorizarla.

CONSEJO Use cintas de audio para ayudarle a memorizar.
- Grabe sus propias cintas. Lea o diga la información que desea aprender y luego escuche el mensaje grabado. Memorizará la información de dos maneras:
    —diciéndola;
    —escuchándola.
- Escuche las cintas mientras camina o conduce, en cualquier lugar donde tenga una grabadora a mano.

CONSEJO Asocie una lista que esté aprendiendo con una que ya conoce bien, como los días de la semana, los meses del año o el alfabeto.
- Relacione cada punto de la lista nueva con uno de la lista que conoce.
- Asocie los elementos de las dos listas que comiencen con la misma letra.
- Use la imaginación para visualizar los elementos de una lista como si fueran personas sentadas alrededor de una mesa.

9. Organice bien el lugar y el material de estudio.

Usted sabe mejor que cualquiera qué puede hacer para sentirse cómodo mientras estudia. A continuación se presentan algunas sugerencias que puede considerar.

CONSEJO Despeje el área de estudio.

Lleve al área de estudio sólo lo que necesita: papel, libros, lápices, etc.

CONSEJO Elimine todas las distracciones.

Por ejemplo: ¿lo distrae la música mientras estudia?
- Si es así, no la ponga.
- Si le ayuda a concentrarse (posiblemente porque ahoga otros sonidos), entonces, déjela.

CONSEJO   Siéntese cómodamente.
Pero no tan cómodo como para sentirse aburrido o somnoliento.

CONSEJO   Disponga de iluminación suficiente como para ver sin esfuerzo.
Recomendaciones:
- Coloque una lámpara que esté ligeramente detrás o al lado del hombro izquierdo.

- Evite las luces deslumbrantes o de techo.

CONSEJO   Determine cómo prefiere estudiar:
- cuando hay silencio;

- solo;

- por la mañana;

- en un escritorio;

- en medio del ruido;

- con otros;

- en un área especial de la casa;

- por la noche;

- en una silla.

CONSEJO   Estudie siempre en el mismo lugar.

CONSEJO   Tenga un calendario a mano.
Marque todas las fechas límite para no preocuparse de que olvida algo.

10. Administre bien su tiempo.

No hay duda de que debe hacer muchas cosas cuando tiene las responsabilidades de un adulto y, al mismo tiempo, debe estudiar para las Pruebas de GED. Estos CONSEJOS deberían ayudarle a administrar su tiempo con éxito.

CONSEJO   Prepare un calendario personal mucho antes del momento de la prueba. Escriba las fechas límite de toda las tareas que necesita completar.
Incluya todas las fechas límite. Verifique con los maestros, consejeros, tutores (todos) si es realista en su apreciación de cuánto tiene que hacer y cuánto tiempo necesita para hacerlo. Establezca las fechas límite con anticipación.

CONSEJO   No postergue el estudio. Simplemente hágalo.
- Reconozca y evite estas excusas:

  —No estoy de humor.
  —No me siento bien.
  —Estoy abrumado por todo lo que tengo que aprender.
  —No estoy seguro de qué hacer o cuándo.

- Divida las tareas grandes en varias tareas pequeñas y comience.

- Reconozca que la peor parte de estudiar es pensar que tiene que estudiar.

- Experimente el sentimiento maravilloso que se siente al terminar una tarea con éxito.

CONSEJO **Determine cuándo trabaja mejor.**

¿Trabaja mejor por la mañana temprano? ¿Por la noche? En ese momento, estudie:

- lo que es más importante;
- lo que es más difícil;
- lo que le ayudará a sentirse ganador para continuar estudiando bien.

CONSEJO **Invente su propia lista de cosas para hacer.**

Haga listas de las tareas que desea completar:

- diariamente;
- semanalmente;
- desde ahora hasta el día de la prueba.

Incluya:

la fecha límite para la tarea, la fecha de cumplimiento y la recompensa sugerida. Use un bolígrafo rojo para marcar las tareas terminadas. (Se sentirá bien consigo mismo.)

CONSEJO **Recompénsese cuando complete las tareas.**

¿Con una pizza? ¿Con ejercicios? ¿Con la TV?

CONSEJO **Informe a sus amigos y parientes sobre su programa.**

Dígales que espera que lo respeten.

CONSEJO **Divida el tiempo de estudio.**

Estudie durante tres períodos de 1 hora en lugar de uno de 3 horas.

CONSEJO **Sepa cuándo tomar un descanso que le ayudará a estudiar mejor.**

Reconozca cuándo necesita un descanso:

- cuando los ojos están vidriosos;
- cuando lee sin entender;
- cuando lee las mismas palabras una y otra vez.

Tome un descanso y haga ejercicio, duerma una siesta corta, coma (lo que necesite para mantenerse despierto).

CONSEJO **Planee su tiempo libre y de estudio.**

CONSEJO **Diga "no" a los pedidos de otras personas que requieran mucho tiempo.**

Estudiar para el GED es su tarea más importante.

¡Usted puede hacerlo!

El año pasado, más de 500,000 personas en Estados Unidos y Canadá aprobaron la prueba y recibieron sus diplomas de GED. Usted también puede lograrlo.

PARTE II
PRUEBA DE DIAGNÓSTICO

CAPÍTULO 3   Prueba 1 de ejemplo de GED

Prueba 1 de ejemplo de GED

RESUMEN

- Aprenda las instrucciones para realizar la Prueba de diagnóstico
- Ponga en práctica sus destrezas con 5 pruebas temáticas de diagnóstico
- Califique su prueba con la clave de respuestas
- Evalúe sus resultados con el análisis de errores
- Entienda las respuestas correctas con las explicaciones de las respuestas

Una vez que haya terminado la Prueba de diagnóstico, califíquese y escriba el número total de sus respuestas correctas en la esquina de la hoja de respuestas de cada prueba. Luego compare su número de respuestas correctas con el número que se encuentra en la tabla a continuación. Obviamente, usted no puede calificar su propio ensayo. Pídale a una persona cuya opinión respete que lo lea, haga la crítica y lo califique. Permita que analice las pautas para la calificación de la página 236 de este libro antes de que le asigne un número a su ensayo. Si su lector necesita más orientación, los ensayos que han sido calificados como ejemplos en las páginas 236 a 240 pueden ser útiles.

	Listo	Probablemente listo	Posiblemente listo	Todavía no está listo
Redacción	38–50	26–37	18–25	0–17
Ensayo	4	3	2	1
Estudios Sociales	38–50	26–37	18–25	0–17
Ciencias	38–50	26–37	18–25	0–17
Español: lenguaje, lectura	30–40	21–29	14–20	0–13
Matemáticas	38–50	26–37	18–25	0–17

Los resultados obtenidos en la tabla anterior le serán de ayuda para diseñar un plan de estudios. Dedíquele la mayor parte de su tiempo a las categorías "Todavía no está listo" y "Posiblemente listo". Cada tema está representado por una parte de este libro. Lea el texto y estudie los ejemplos. Intente responder a las preguntas de práctica. Analice las explicaciones de las respuestas. Revise una y otra vez la totalidad de la parte del libro en la que esté trabajando. Si todavía tiene bastante tiempo para estudiar, siga con las partes en las que su puntaje fue "Probablemente listo". Ahora puede verificar en la Tabla de análisis de errores que se encuentra en la página 141 cómo se distribuyeron los errores en la Prueba de diagnóstico. Si no tiene suficiente tiempo, concéntrese en las áreas más débiles. Si le sobra tiempo, lea las áreas de "Listo" para estar más seguro y ganar confianza.

Cuando se sienta seguro de que domina las materias que se evalúan en el examen de GED, intente con la primera prueba de ejemplo completa en la Parte VII.

INSTRUCCIONES PARA REALIZAR LA PRUEBA DE DIAGNÓSTICO (PRUEBA 1 DE EJEMPLO DE GED)

La Prueba de diagnóstico consta de 5 pruebas: Prueba 1, Redacción; Prueba 2, Estudios Sociales; Prueba 3, Ciencias; Prueba 4, Español: lenguaje, lectura; Prueba 5, Matemáticas. Cada prueba tiene un límite de tiempo y un conjunto de instrucciones diferentes.

Planifique hacer una prueba entera por vez. Siga las instrucciones que se proporcionaron al comienzo de cada prueba.

Recorte las hojas de respuestas que se encuentran en las páginas 47 a 50 y úselas para marcar sus respuestas a todas las preguntas.

A medida que vaya completando cada prueba, verifique sus respuestas con la Clave de respuestas que comienza en la página 139. En su hoja de respuestas, marque con una X cada respuesta incorrecta. Luego, pase a la Tabla de análisis de errores que está en la página 141 y encierre en un círculo él número de cada pregunta a la que respondió incorrectamente.

La Tabla de análisis de errores le muestra el área a la que pertenece cada pregunta de la prueba. Una vez que haya encerrado en un círculo todas las respuestas incorrectas, cuente el número de círculos de cada área y escriba el número en la columna que dice "Números incorrectos".

Utilice la Tabla de análisis de errores para determinar qué áreas de contenido necesita estudiar más para mejorar el puntaje del GED. Las Partes II a VI de este libro proporcionan repasos de sus destrezas y preguntas de práctica para cada área del GED. Lea el repaso y responda a las preguntas de práctica para reforzar las áreas en las que tiene bajo rendimiento.

Al final de este libro, encontrará dos exámenes de ejemplo de GED adicionales. Presente estas pruebas de la misma manera en que presentó la Prueba de diagnóstico. Son un medio de práctica valioso para el examen de GED y le ayudarán a decidir si está listo para el examen real.

HOJA DE RESPUESTAS PARA LA PRUEBA 1 DE EJEMPLO DE GED

Las respuestas correctas de esta prueba se encuentran en las páginas 138 a 140

Prueba 1: Redacción, Parte 1

1 ①②③④⑤	11 ①②③④⑤	21 ①②③④⑤	31 ①②③④⑤	41 ①②③④⑤
2 ①②③④⑤	12 ①②③④⑤	22 ①②③④⑤	32 ①②③④⑤	42 ①②③④⑤
3 ①②③④⑤	13 ①②③④⑤	23 ①②③④⑤	33 ①②③④⑤	43 ①②③④⑤
4 ①②③④⑤	14 ①②③④⑤	24 ①②③④⑤	34 ①②③④⑤	44 ①②③④⑤
5 ①②③④⑤	15 ①②③④⑤	25 ①②③④⑤	35 ①②③④⑤	45 ①②③④⑤
6 ①②③④⑤	16 ①②③④⑤	26 ①②③④⑤	36 ①②③④⑤	46 ①②③④⑤
7 ①②③④⑤	17 ①②③④⑤	27 ①②③④⑤	37 ①②③④⑤	47 ①②③④⑤
8 ①②③④⑤	18 ①②③④⑤	28 ①②③④⑤	38 ①②③④⑤	48 ①②③④⑤
9 ①②③④⑤	19 ①②③④⑤	29 ①②③④⑤	39 ①②③④⑤	49 ①②③④⑤
10 ①②③④⑤	20 ①②③④⑤	30 ①②③④⑤	40 ①②③④⑤	50 ①②③④⑤

Prueba 2: Estudios Sociales

1 ①②③④⑤	11 ①②③④⑤	21 ①②③④⑤	31 ①②③④⑤	41 ①②③④⑤
2 ①②③④⑤	12 ①②③④⑤	22 ①②③④⑤	32 ①②③④⑤	42 ①②③④⑤
3 ①②③④⑤	13 ①②③④⑤	23 ①②③④⑤	33 ①②③④⑤	43 ①②③④⑤
4 ①②③④⑤	14 ①②③④⑤	24 ①②③④⑤	34 ①②③④⑤	44 ①②③④⑤
5 ①②③④⑤	15 ①②③④⑤	25 ①②③④⑤	35 ①②③④⑤	45 ①②③④⑤
6 ①②③④⑤	16 ①②③④⑤	26 ①②③④⑤	36 ①②③④⑤	46 ①②③④⑤
7 ①②③④⑤	17 ①②③④⑤	27 ①②③④⑤	37 ①②③④⑤	47 ①②③④⑤
8 ①②③④⑤	18 ①②③④⑤	28 ①②③④⑤	38 ①②③④⑤	48 ①②③④⑤
9 ①②③④⑤	19 ①②③④⑤	29 ①②③④⑤	39 ①②③④⑤	49 ①②③④⑤
10 ①②③④⑤	20 ①②③④⑤	30 ①②③④⑤	40 ①②③④⑤	50 ①②③④⑤

Prueba 3: Ciencias

1 ①②③④⑤	11 ①②③④⑤	21 ①②③④⑤	31 ①②③④⑤	41 ①②③④⑤
2 ①②③④⑤	12 ①②③④⑤	22 ①②③④⑤	32 ①②③④⑤	42 ①②③④⑤
3 ①②③④⑤	13 ①②③④⑤	23 ①②③④⑤	33 ①②③④⑤	43 ①②③④⑤
4 ①②③④⑤	14 ①②③④⑤	24 ①②③④⑤	34 ①②③④⑤	44 ①②③④⑤
5 ①②③④⑤	15 ①②③④⑤	25 ①②③④⑤	35 ①②③④⑤	45 ①②③④⑤
6 ①②③④⑤	16 ①②③④⑤	26 ①②③④⑤	36 ①②③④⑤	46 ①②③④⑤
7 ①②③④⑤	17 ①②③④⑤	27 ①②③④⑤	37 ①②③④⑤	47 ①②③④⑤
8 ①②③④⑤	18 ①②③④⑤	28 ①②③④⑤	38 ①②③④⑤	48 ①②③④⑤
9 ①②③④⑤	19 ①②③④⑤	29 ①②③④⑤	39 ①②③④⑤	49 ①②③④⑤
10 ①②③④⑤	20 ①②③④⑤	30 ①②③④⑤	40 ①②③④⑤	50 ①②③④⑤

Prueba 4: Español: lenguaje, lectura

1 ① ② ③ ④ ⑤	11 ① ② ③ ④ ⑤	21 ① ② ③ ④ ⑤	31 ① ② ③ ④ ⑤
2 ① ② ③ ④ ⑤	12 ① ② ③ ④ ⑤	22 ① ② ③ ④ ⑤	32 ① ② ③ ④ ⑤
3 ① ② ③ ④ ⑤	13 ① ② ③ ④ ⑤	23 ① ② ③ ④ ⑤	33 ① ② ③ ④ ⑤
4 ① ② ③ ④ ⑤	14 ① ② ③ ④ ⑤	24 ① ② ③ ④ ⑤	34 ① ② ③ ④ ⑤
5 ① ② ③ ④ ⑤	15 ① ② ③ ④ ⑤	25 ① ② ③ ④ ⑤	35 ① ② ③ ④ ⑤
6 ① ② ③ ④ ⑤	16 ① ② ③ ④ ⑤	26 ① ② ③ ④ ⑤	36 ① ② ③ ④ ⑤
7 ① ② ③ ④ ⑤	17 ① ② ③ ④ ⑤	27 ① ② ③ ④ ⑤	37 ① ② ③ ④ ⑤
8 ① ② ③ ④ ⑤	18 ① ② ③ ④ ⑤	28 ① ② ③ ④ ⑤	38 ① ② ③ ④ ⑤
9 ① ② ③ ④ ⑤	19 ① ② ③ ④ ⑤	29 ① ② ③ ④ ⑤	39 ① ② ③ ④ ⑤
10 ① ② ③ ④ ⑤	20 ① ② ③ ④ ⑤	30 ① ② ③ ④ ⑤	40 ① ② ③ ④ ⑤

Prueba 5: Matemáticas, Parte 1

1 ① ② ③ ④ ⑤

2 ① ② ③ ④ ⑤

3 ① ② ③ ④ ⑤

4   (grid)

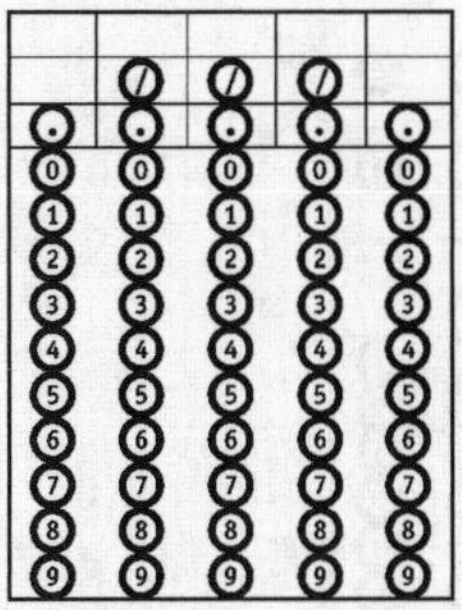

5   (grid)

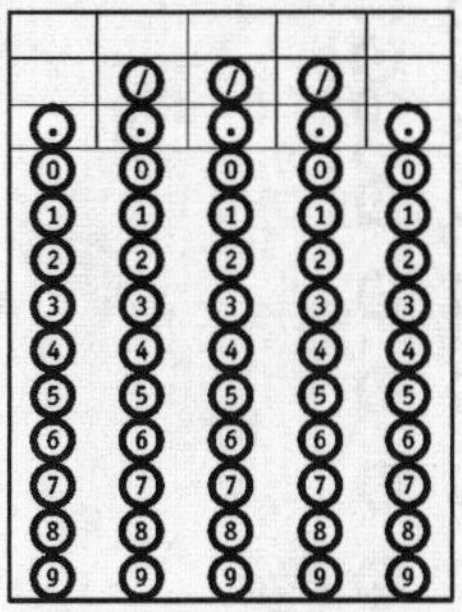

6 ① ② ③ ④ ⑤

7 ① ② ③ ④ ⑤

8 ① ② ③ ④ ⑤

9 ① ② ③ ④ ⑤

10 ① ② ③ ④ ⑤

11 ① ② ③ ④ ⑤

12   (grid)

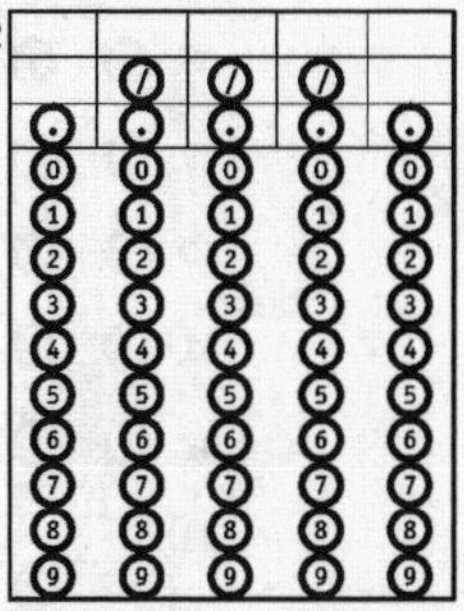

13   (grid)

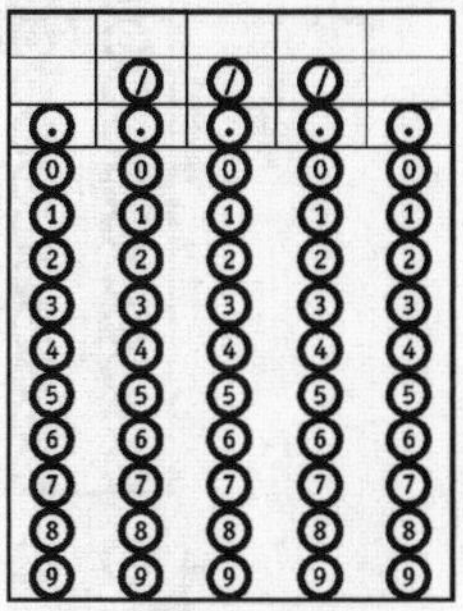

14 ① ② ③ ④ ⑤

15 ① ② ③ ④ ⑤

16 ① ② ③ ④ ⑤

17   (coordinate grid)

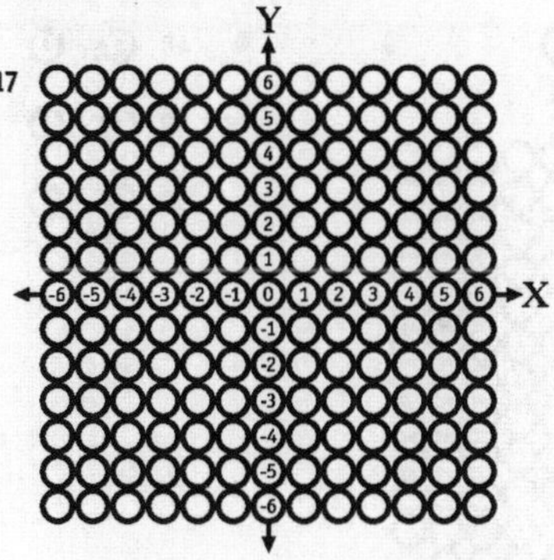

18 ① ② ③ ④ ⑤

19 ① ② ③ ④ ⑤

20 ① ② ③ ④ ⑤

21   (grid)

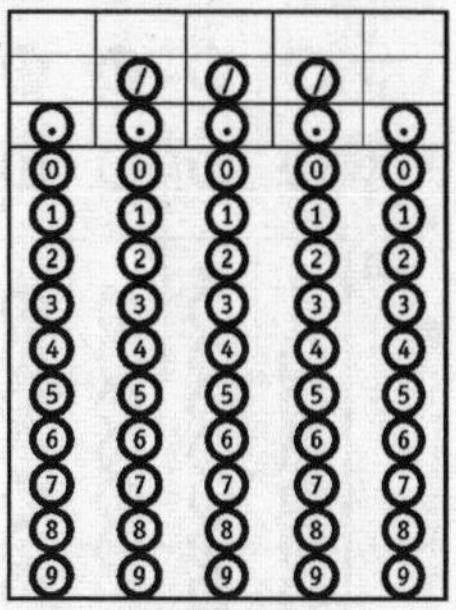

22   (grid)

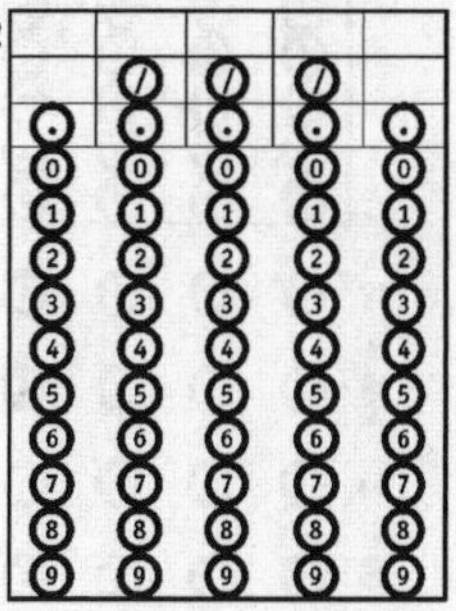

23 ① ② ③ ④ ⑤

24 ① ② ③ ④ ⑤

25 ① ② ③ ④ ⑤

Prueba 5: Matemáticas, Parte 2

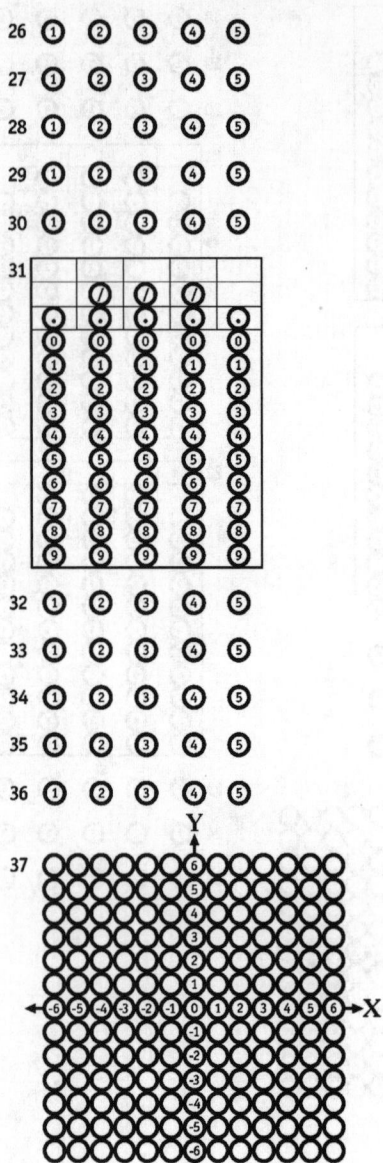

26 ① ② ③ ④ ⑤   38 ① ② ③ ④ ⑤

27 ① ② ③ ④ ⑤   39 ① ② ③ ④ ⑤

28 ① ② ③ ④ ⑤   40 ① ② ③ ④ ⑤

29 ① ② ③ ④ ⑤   41 ① ② ③ ④ ⑤

30 ① ② ③ ④ ⑤   42 ① ② ③ ④ ⑤

31   43

32 ① ② ③ ④ ⑤   44 ① ② ③ ④ ⑤

33 ① ② ③ ④ ⑤   45 ① ② ③ ④ ⑤

34 ① ② ③ ④ ⑤   46 ① ② ③ ④ ⑤

35 ① ② ③ ④ ⑤   47 ① ② ③ ④ ⑤

36 ① ② ③ ④ ⑤   48 ① ② ③ ④ ⑤

37   49 ① ② ③ ④ ⑤

                     50 ① ② ③ ④ ⑤

Redacción, PRUEBA DE ENSAYO, PARTE 2

Redacción, PRUEBA DE ENSAYO (continuación)

PRUEBA 1: REDACCIÓN

La Prueba de Redacción está dividida en dos partes. La primera parte tiene como propósito medir su habilidad para usar el español escrito de forma efectiva y clara. La segunda parte pretende medir su habilidad para escribir un corto ensayo en español.

Parte 1: Reconocimiento y corrección de errores

Tiempo otorgado: 80 minutos – 50 Preguntas

Instrucciones: Esta prueba consiste en párrafos con oraciones numeradas. **Algunas** oraciones contienen errores de estructura, de uso, o de mecánica (ya sea puntuación, ortografía o el uso de mayúsculas). También habrá preguntas que le pedirán revisar la organización de un texto. En ese caso, tendrá que mover una frase o un párrafo en el texto, o tendrá que eliminar o sustituir una oración. Después de haber leído el párrafo íntegro para entender su sentido general, lea atentamente las oraciones numeradas que contienen las preguntas, y conteste a las preguntas de opción múltiple. La mejor respuesta es la que produce una oración que concuerda con el tono, el punto de vista y el tiempo verbal que se emplean en el párrafo. Marque sus respuestas en la hoja correspondiente rellenando los círculos con el número de la respuesta que considera correcta.

Marque sus respuestas según el modelo siguiente:

Ejemplo:

P *Eso fue <u>hace meses, ahora</u> mis hijas están mucho mejor.*

¿Cuál es la mejor manera de escribir la parte subrayada del texto? Si cree que la oración es la mejor, escoja la alternativa (1).

(1) hace meses, ahora

(2) hace meses. Ahora

(3) hace meses: ahora

(4) hace meses; ahora

(5) hace meses ahora					① ② ③ ● ⑤

La opción (4) es correcta porque corrige el error; una vez revisada, la oración mas apropiada es "Eso fue ***hace meses; ahora*** mis hijas están mucho mejor". Las cláusulas están directamente relacionadas pero son también independientes. Por lo tanto, el uso de la coma no es un error pero el uso del punto y coma es más apropiado. Con un punto y seguido, opción (2), las oraciones serían demasiado breves. Como la opción correcta es (4), rellene el (4) en su hoja de respuestas.

Las preguntas 1 a 7 se basan en el siguiente fragmento.

El Panamericanismo

A

(1) El ideal del Panamericanismo es el de la colaboración verdadera entre todos los países americanos. (2) Se ha tratado de formar una unión de aquellos países que contiene una población latinoamericana, y de hacer que, con amor de verdaderos hermanos, cada uno trabaje para sí y también para los demás. (3) Un ejemplo concreto de este tipo de unión es la creación de MERCOSUR, un acuerdo de exportación de bienes y de cultura entre México, Chile y Estados Unidos. (4) El fin de tal unión es la solidaridad de las Américas, es decir, el ideal de la "Política del Buen Vecino" del Presidente Roosevelt.

B

(5) La idea de una unión panamericana la tuvo primero Simón Bolívar. (6) Él mismo ofreció formarla, pero ¡triste suerte! no pudo hacerlo por falta de colaboración. (7) El asunto quedó olvidado por mucho tiempo. (8) Al fin, hace más de cincuenta años, nació la Unión Panamericana y entonces los que sentían amor por esta obra empezaron a trabajar en todos los países. (9) Este cambio de comportamiento regional fue favorable siempre y cuando los países en cuestión estaban siendo los que lo controlaban y no lo contrario. (10) Pero aunque nadie se atrevería a negar los altos ideales del Panamericanismo, no se hizo gran progreso hasta los últimos años. (11) Con el viaje del Presidente Hoover a Sudamérica, aquella gente del sur empezó a pensar más en sus hermanos del Norte de las Américas. (12) Ahora nos falta llevar esa solidaridad a la vida y al alma de cada americano.

C

(13) En esto ya se ha hecho cierto progreso. (14) Especialmente en el dominio de lo cultural. (15) El "Día de las Américas", el catorce de abril, ya es un día tan importante que podría llamarse el "Thanksgiving" de las Américas. (16) Pero hay que hacer más. (17) Ahora es aún más necesario que todos aprendamos a hablar el español y el inglés. (18) Por supuesto, esto se debe al hecho de que no hay mejor modo de comunicarnos de comprendernos y de conocernos. (19) En México, todo el mundo desea aprender el inglés, y por acá en Estados Unidos me parece que ustedes tratan de hacer lo mismo en cuanto al español. (20) Sólo así podremos llegar a la verdadera solidaridad en la política, en la vida, en el alma.

1. Oración 2: **Se ha tratado de formar una unión de aquellos países que contiene una población latino-americana, y de hacer que, con amor de verdaderos hermanos, cada uno trabaje para sí y también para los demás.**

   ¿Qué corrección se debe hacer en la oración 2?

   (1) cambiar <u>contiene</u> por <u>contuvo</u>
   (2) añadir una coma después de <u>para sí</u>
   (3) cambiar <u>contiene</u> por <u>contienen</u>
   (4) eliminar la coma después de <u>latinoamericana</u>
   (5) No es necesario corregir esta oración.

2. Oraciones 2 y 3: **Se ha tratado de formar una unión de aquellos países que contienen una población latinoamericana, y de hacer que, con amor de verdaderos hermanos, cada uno trabaje para sí y también para los demás. Un ejemplo concreto de este tipo de unión es la creación de MERCOSUR, un acuerdo de exportación de bienes y de cultura entre México, Chile y Estados Unidos.**

   ¿Qué palabras incluiría la forma más efectiva de combinar las oraciones 2 y 3?

   (1) para los demás o podrían estar creando
   (2) para los demás, como, la creación
   (3) para los demás como por ejemplo la creación
   (4) para los demás, como por ejemplo la creación
   (5) para los demás y pueden crear

3. Oración 9: **Este cambio de comportamiento regional fue favorable siempre y cuando los países en cuestión estaban siendo los que lo controlaban y no lo contrario.**

   ¿Cuál es la mejor manera de escribir la parte subrayada de la oración? Si la redacción original es la mejor, escoja la alternativa (1).

   (1) estaban siendo los que lo controlaban

   (2) serán los que controlan

   (3) hayan sido los que controlaban

   (4) lo controlen

   (5) eran los que tienen el control

4. Oración 12: **Ahora nos falta llevar esa solidaridad a la vida y al alma de cada americano.**

   ¿Qué cambio se debe hacer a la colocación de la oración 12?

   (1) poner la oración al principio del párrafo C

   (2) poner la oración 12 después de la oración 13

   (3) eliminar la oración 12

   (4) combinar las oraciones 11 y 12

   (5) No es necesario corregir esta oración.

5. Oraciones 13 y 14: **En esto ya se ha hecho cierto progreso. Especialmente en el dominio de lo cultural.**

   ¿Cuál es la mejor manera de escribir la parte subrayada de las oraciones? Si la redacción original es la mejor, escoja la alternativa (1).

   (1) progreso. Especialmente

   (2) progreso especialmente

   (3) progreso, sobre todo

   (4) progreso, y especialmente

   (5) progreso, especialmente

6. ¿Cuál de estas oraciones sería más efectiva al comienzo del párrafo C?

   (1) Muchas de estas poblaciones quieren que este cambio tome lugar.

   (2) Sin embargo, escribir estos cambios en papel o cambiar lo que ya ha sido escrito no es suficiente si queremos que el cambio de mentalidad alcance a cada una de las personas de nuestro continente.

   (3) Puede pasar que la gente cambie de mentalidad y puede que no.

   (4) El Panamericanismo podría funcionar si los interesados se pusieran de acuerdo en las diferentes festividades y en los idiomas que se hablan.

   (5) Si no se adoptan estos cambios, la gente no tendrá curiosidad en aprender otras lenguas.

7. Oración 18: **Por supuesto, esto se debe al hecho de que no hay mejor modo de comunicarnos de comprendernos y de conocernos.**

   ¿Qué corrección se debe hacer en la oración 18?

   (1) Eliminar la coma después de Por supuesto

   (2) Cambiar al por el

   (3) Añadir coma después de comprendernos

   (4) Cambiar se por sé

   (5) Añadir coma después de comunicarnos

Las preguntas 8 a 13 se refieren a la siguiente comunicación personal.

Carta a un amigo

Amigo mío:

A

(1) Prometí escribirte después de llegar a San Antonio. (2) El día que salimos de Chicago nos levantamos a las seis pensando estar listos para marcharnos a las ocho o a las ocho y media. (3) Acabamos por salir de Chicago a las diez por culpa de nuestro vecino, juan de la montoya. (4) Había dejado su coche parqueado detrás del nuestro y nos estaba bloqueando. (5) Sin embargo, hicimos el viaje en tres días y no tuvimos que viajar de noche. (6) Si recuerdo bien, puede que sea la primera vez que hayamos hecho el viaje desde Chicago hasta San Antonio en menos de cuatro días y sin embargo tal vez sea la excepción sería aquellas Navidades durante las que te vinimos a visitar cuando vivías aquí. (7) Llegamos a San Antonio a las seis de la tarde. (8) Mi tía, que se había quedado todo el día en casa esperándonos, nos preparó una buena comida mexicana con enchiladas y migas. (9) Después de comer, mi tía, mis padres, María y yo hablamos hasta las once y media y luego nos acostamos.

B

(10) Temprano me fui a ver a un amigo mío que vive en el campo. (11) Pasé casi todo el día con él. (12) Siempre me ha gustado el campo, aunque mi padre me dice que es una cosa ir a visitar amigos en el campo y otra muy diferente tener que trabajar como se trabaja allí. (13) Es verdad que mi amigo Pedro estuvo trabajando todo el día ya que parece ser que tiene que laborar sus tierras mucho más en el verano que en el invierno. (14) Debería de haberlo llamado antes de aparecerme en su casa. (15) Tal vez Pedro se habría sentido obligado de tomar una pausa en su trabajo.

C

(16) Los norteamericanos que vienen por primera vez a San Antonio piensan en seguida en ir a ver el Álamo. Todo el mundo recuerda lo que pasó en este lugar, "recuerdan el Álamo", pero me parece que también se debe recordar la parte que tuvieron los españoles en la construcción de centros de civilización en una gran parte de Tejas.

(17) Aquello resultó ser uno de los aspectos más interesantes de la historia de los españoles en Tejas. (18) Me hacen pensar en eso las hermosas misiones que se encuentran en San Antonio. (19) Una de ellas, la misión de San José de Aguayo, es la que pienso ilustra más este periodo de la historia de por acá. (20) También me parece a mí que es la misión más hermosa de Tejas.

(21) Bueno, es tarde y debo de irme a descansar. (22) He prometido acompañar a María a visitar mañana la parte mexicana de San Antonio.

Cuídate, tu amigo, Ramón.

8. Oración 3: **Acabamos por salir de Chicago a las diez por culpa de nuestro vecino, juan de la montoya.**

   ¿Qué corrección se debe hacer en la oración 3?

   (1) añadir una coma después de <u>Chicago</u>

   (2) cambiar <u>juan de la montoya</u> a <u>Juan de la Montoya</u>

   (3) cambiar <u>Acabamos por</u> a <u>Acabaremos por</u>

   (4) eliminar la coma después de <u>vecino</u>

   (5) cambiar <u>Chicago</u> por <u>chicago</u>

9. Oración 6: **Si recuerdo bien, puede que sea la primera vez que hayamos hecho el viaje desde Chicago hasta San Antonio en menos de cuatro días y sin embargo tal vez sea la excepción sería aquellas Navidades durante las que te vinimos a visitar cuando vivías aquí.**

   ¿Qué palabras incluiría el mejor cambio a la oración 6?

   (1) con la excepción de este viaje desde Chicago

   (2) en menos de cuatro días, y sin embargo tal vez pueda ser la excepción

   (3) O este viaje o esas Navidades fue cuando hemos hecho el

   (4) en menos de cuatro días, y sin embargo teniendo en cuenta que viajamos durante aquellas Navidades

   (5) en menos de cuatro días a excepción, tal vez, de aquellas Navidades

10. Oraciones 7 y 8: **Llegamos a San Antonio a las seis de la tarde. Mi tía, que se había quedado todo el día en casa esperándonos, nos preparó una buena comida mexicana con frijoles y migas.**

    ¿Cuál es la mejor manera de escribir la parte subrayada de la oración? Si la redacción original es la mejor, escoja la alternativa (1).

    (1) las seis de la tarde. Mi tía

    (2) las seis de la tarde, pues mi tía

    (3) las seis de la tarde mi tía

    (4) las seis. Por eso mi tía

    (5) las seis de la tarde y mi tía

11. Oración 10: **Temprano me fui a ver a un amigo mío que vive en el campo.**

    ¿Qué corrección se debe hacer en la oración 10?

    (1) eliminar la oración 10

    (2) sustituir <u>Temprano</u> con <u>Por supuesto</u>

    (3) añadir una coma después de <u>Temprano</u>

    (4) poner la oración 10 al final del párrafo A

    (5) sustituir <u>Temprano</u> con <u>Al levantarme el día siguiente</u>

12. Oración 14: **Tal vez Pedro <u>se habría sentido</u> obligado de tomar una pausa en su trabajo.**

    ¿Cuál es la mejor manera de escribir la parte subrayada de la oración? Si la redacción original es la mejor, escoja la alternativa (1).

    (1) se habría sentido

    (2) se siente

    (3) se ha sentido

    (4) se sintió

    (5) se hubiera sentido

13. Oración 17: **Aquello resultó ser uno de los aspectos más interesantes de la historia de los españoles en Tejas.**

¿Cuál es la mejor manera de escribir la parte subrayada de la oración? Si la redacción original es la mejor, escoja la alternativa (1).

(1) Aquello resultó

(2) Por aquello, resultó

(3) Resultando

(4) Esta influencia arquitectural resultó

(5) No es necesario corregir esta oración.

Las preguntas 14 a 20 se refieren al siguiente fragmento.

Orígenes de la Mafia

A

(1) Existen varias hypotesis para explicar la etimología de la palabra mafia, siendo más verosímil aquella que la atribuye a la voz homófona que significa lugar de trabajo, introducida en el sur de Italia durante la invasión musulmana.

B

(2) Ésta comenzó a actuar en Sicilia en la época feudal para proteger los bienes de los nobles absentistas. (3) Durante el siglo XIX se transformó en una red de clanes criminales que dominaban la vida rural siciliana. (4) Sus miembros estaban obligados a guiarse según un rígido código de conducta, llamado *Omerta,* que exigía evitar cualquier contacto o cooperación con las autoridades. (5) Sin embargo, la Mafia no contaba con una organización centralizada ni con una jerarquía; estaba formada por pequeños grupos con autonomía dentro de su propio distrito. (6) Conseguían ocupar cargos políticos en varias comunidades utilizando métodos coactivos contra el electorado rural, y de ese modo podían presionar a las fuerzas policiales y tener acceso legal a las armas.

C

(7) En el Verano de 1981, el gobierno italiano inició una campaña antimafia que permitió realizar numerosos arrestos y procesos espectaculares, aunque también provocó el asesinato de muchos miembros importantes de las fuerzas del orden público y del ámbito judicial como represalia por las detenciones. (8) Las actividades violentas de la Mafia se mitigaron en 1993 tras la captura de uno de sus más famosos líderes, Salvatore Riina. (9) Esta captura ocurrió, en mayor parte, gracias a los planes proponidos por INTERPOL, uno de los equivalentes de la CIA o del FBI en Europa.

D

(10) Algunos de los miembros de esta organización emigraron a Estados Unidos a comienzos del siglo XIX. (11) Una vez integrados, no tardaron en aprovechar las redes del crimen organizado de este país, especialmente durante la etapa de la prohibición de bebidas alcohólicas en la década de 1920. (12) Cuando la revocación de esta ley en 1933 puso fin al contrabando de alcohol, la Mafia se dedicó a otras actividades tipicamente ilegales como el juego, la prostitución y, en los últimos años, los narcóticos.

14. Oración 1: **Existen varias hypotesis para explicar la etimología de la palabra mafia, siendo más verosímil aquella que la atribuye a la voz homófona que significa lugar de trabajo, introducida en el sur de Italia durante la invasión musulmana.**

¿Qué corrección se debe hacer en la oración 1?

(1) añadir una coma después de Sicilia

(2) sustituir homófona con homofona

(3) eliminar las comas

(4) sustituir hypotesis con hipótesis

(5) No es necesario corregir esta oración.

15. Oración 2: **Ésta comenzó a actuar en Sicilia en la época feudal para proteger los bienes de los nobles absentistas.**

    ¿Cuál es la mejor manera de escribir la parte subrayada de la oración? Si la redacción original es la mejor, escoja la alternativa (1).

    (1) Ésta

    (2) Por eso

    (3) Eso

    (4) La Mafia organizada

    (5) Los malos mafiosos

16. Oración 5: **Sin embargo, la Mafia no contaba con una organización centralizada ni con una jerarquía; estaba formada por pequeños grupos con autonomía dentro de su propio distrito.**

    ¿Cuál es la mejor manera de escribir la parte subrayada de la oración? Si la redacción original es la mejor, escoja la alternativa (1).

    (1) Sin embargo,

    (2) Más cuando,

    (3) Siempre y cuando

    (4) En cambio,

    (5) Pero Cuando

17. Oración 7: **En el Verano de 1981, el gobierno italiano inició una campaña antimafia que permitió realizar numerosos arrestos y procesos espectaculares.**

    ¿Qué corrección se debe hacer en la oración 7?

    (1) añadir una coma después de antimafia

    (2) eliminar la coma después de 1981

    (3) cambiar gobierno italiano a Gobierno Italiano

    (4) cambiar inició a iniciarán

    (5) cambiar Verano a verano

18. Oración 9: **Esta captura ocurrió, en mayor parte, gracias a los planes proponidos por INTERPOL, uno de los equivalentes de la CIA o del FBI en Europa.**

    ¿Qué revisión haría usted en esta oración?

    (1) cambiar INTERPOL a interpol

    (2) eliminar la coma después de parte

    (3) cambiar proponidos a propuestos

    (4) cambiar mayor a mallor

    (5) No es necesario corregir esta oración.

19. Oración 11: **Una vez integrados, no tardaron en aprovechar las redes del crimen organizado de este país, especialmente durante la etapa de la prohibición de bebidas alcohólicas en la década de 1920.**

    ¿Cuál es la mejor manera de escribir la parte subrayada de la oración? Si la redacción original es la mejor, escoja la alternativa (1).

    (1) Una vez integrados,

    (2) Integrando los miembros,

    (3) Una vez los miembros integrados,

    (4) Una vez, cuando los miembros se integraron,

    (5) Al integrarse,

20. Oración 12: **Cuando la revocación de esta ley en 1933 puso fin al contrabando de alcohol, la Mafia se dedicó a otras actividades tipicamente ilegales como el juego, la prostitución y, en los últimos años, los narcóticos.**

    ¿Qué corrección se debe hacer en la oración 12?

    (1) cambiar puso fin al a al acabar el

    (2) eliminar la coma después de alcohol

    (3) cambiar dedicó a dedico

    (4) cambiar otras actividades a otra actividad

    (5) cambiar tipicamente a típicamente

prueba de diagnóstico

Las preguntas 21 a 28 se refieren al siguiente fragmento.

Los problemas de la modernidad

A

(1) En la mayoría de los casos, aquellos padres que permiten a sus hijos usar computadoras piensan que si el uso es de orden pedagógico no hay mayor consecuencia. (2) Existen muchas aplicaciones en las computadoras que los niños pueden usar a una temprana edad, como aprender los colores, practicar su gramática y pueden mejorarse sus cálculos. (3) Sin embargo, un artículo publicado por la UNESCO podría probar lo contrario. (4) Peor todavía, el artículo en cuestión no solamente declara que estas prácticas tienen consecuencias para los niños, sino que las consecuencias son bastante negativas. (5) Con lo mucho que se están usando las computadoras hoy en día, uno debería de tomar la UNESCO en serio.

B

(6) Investigadores dirigidos por Theodore E. Gardner, de la Universidad de Oregon, Eugene, informaron que los niños de cuatro años y medio a seis años que pasaban la mayor parte del tiempo frente a una computadora tuvieron muchas menos probabilidades de ser aceptados por otros niños de su edad. (7) Con esta conclusión cree que los padres empezarán a tomar esta situación de forma seria. (8) Lo malo es que los resultados de la investigación no se acaban ahí. (9) Están los niños que no son aceptados y los que, una vez aceptados, no logran formar parte de la dinámica de conjunto. (10) Algunos niños tuvieron más dificultades para integrarse con facilidad a un grupo, en comparación con otros pequeños menos orientados hacia la tecnología.

C

(11) Gardner y el coautor, Jeffrey R. Measelle, también descubrieron que los usuarios frecuentes de computadoras fueron más proclives a deprimirse que los que las usaban menos. (12) Consecuentemente, los resultados del estudio debería de afectar tanto el dominio de la educación como el de la psicología. (13) Cuando se les preguntó que si creía que el uso de la computadora promovía las dificultades sociales o viceversa, Gardner dijo a Reuters Health que él pensaba que ambos factores influían un poco. (14) Aunque el presente estudio no se refirió a esta cuestión, Gardner dijo que el sospechaba que algunos niños estaban "temperamentalmente predispuestos" a ser atraídos por las computadoras.

21. Oración 2: **Existen muchas aplicaciones en las computadoras que los niños pueden usar a una temprana edad, como aprender los colores, practicar su gramática y pueden mejorarse sus cálculos.**

    ¿Qué palabras incluiría el mejor cambio a la oración 2?

    (1) pueden mejorarse los cálculos

    (2) ellos pueden mejorar sus cálculos

    (3) mejorar sus cálculos

    (4) mejorando sus cálculos más

    (5) la mejoración de sus cálculos

22. Oración 3: **Sin embargo, un artículo publicado por la UNESCO podría probar lo contrario.**

    ¿Qué corrección se debe hacer en la oración 3?

    (1) cambiar Sin embargo a Aunque

    (2) eliminar la coma después de Sin embargo

    (3) cambiar UNESCO a unesco

    (4) añadir una coma después de UNESCO

    (5) No es necesario corregir esta oración.

23. ¿Qué revisión se debe hacer en el párrafo A?

    (1) eliminar la oración 2

    (2) poner la oración 5 al final del párrafo

    (3) eliminar la oración 1

    (4) eliminar la oración 5

    (5) poner la oración 3 al principio del párrafo B

24. Oración (7): **Con esta conclusión cree que los padres empezarán a tomar esta situación de forma seria.**

    ¿Qué revisión se debe hacer en la oración 7?

    (1) cambiar <u>empezarán</u> a <u>empezarían</u>

    (2) cambiar <u>cree</u> a <u>crée</u>

    (3) cambiar <u>cree</u> a <u>se cree</u>

    (4) cambiar <u>conclusión</u> a <u>estudio</u>

    (5) añadir una coma después de <u>conclusión</u>

25. Oración 9: <u>**Están los**</u> **niños que no son aceptados y los que, una vez aceptados, no logran formar parte de la dinámica de conjunto.**

    ¿Cuál es la mejor manera de escribir la parte subrayada de la oración? Si la redacción original es la mejor, escoja la alternativa (1).

    (1) Están los

    (2) Estarían los

    (3) Están también los

    (4) Hay

    (5) Han estado

26. Oración 10: **Algunos niños tuvieron más dificultades para integrarse con facilidad a un grupo, en comparación con otros pequeños menos orientados hacia la tecnología.**

    ¿Qué palabras incluiría el mejor cambio a la oración 10?

    (1) Habían algunos niños

    (2) Varios niños

    (3) También hubo niños que

    (4) Habiendo algunos niños

    (5) No es necesario corregir esta oración.

27. Oración 12: **Consecuentemente, los resultados del estudio debería de afectar tanto el dominio de la educación como el de la psicología.**

    ¿Qué corrección se debe hacer en la oración 12?

    (1) cambiar <u>Consecuentemente</u> a <u>Por la tanto</u>

    (2) cambiar <u>debería</u> a <u>deberían</u>

    (3) eliminar la coma después de <u>Consecuentemente</u>

    (4) cambiar <u>debería</u> a <u>deberá</u>

    (5) cambiar <u>resultados</u> a <u>resultádos</u>

28. Oración 14: **Aunque el presente estudio no se refirió a esta cuestión, Gardner dijo que el sospechaba que algunos niños estaban "temperamentalmente predispuestos" a ser atraídos por las computadoras.**

    ¿Qué corrección se debe hacer en la oración 14?

    (1) eliminar la coma después de <u>cuestión</u>

    (2) cambiar <u>el</u> a <u>un</u>

    (3) cambiar <u>el sospechaba</u> a <u>él sospechaba</u>

    (4) añadir dos puntos después de <u>estaban</u>

    (5) cambiar <u>algunos</u> a <u>muchos</u>

Las preguntas 29 a 34 se refieren al siguiente fragmento.

La inmigración de marroquíes a España

A

(1) La mayor parte de los inmigrantes marroquíes que llegan a la costa española lo hacen por la mar. (2) El viaje, ya en sí largo y duro, cuesta más que todo el dinero que ganan durante un año. (3) Y no viajan como turistas, con toda comodidad y con un pasaporte en la mano, sino que en la aventura va incluida la probabilidad de tener un encuentro con la guardia civil española. (4) A menudo, las cosas se pueden complicar ya que de forma general, los clandestinos no pueden entender el Español.

B

(5) Estos riesgos aunque bien reales, no parecen afectar al número de magrebíes que trata de cruzar el estrecho de Gibraltar cada noche para llegar a España. (6) La mayoría de los inmigrantes que se atreve a dar el salto son ciudadanos de Marruecos. (7) Efectúan la travesía no solamente por la cercanía de este país con su vecino europeo, España. (8) También por la miseria que existe en este país norteafricano, que obliga a más de uno a tener que salir de su país por razones de mera supervivencia.

C

(9) Según las estadísticas, el 75 % de los marroquíes está dispuesto a emigrar por diferentes razones. (10) Considerando la importancia de esta cifra, uno debería analizar las razones que motivan este éxodo. (11) La razón más importante por la que huyen de su país es la mala situación económica: casi la mitad de la población vive por debajo del umbral de pobreza y la tasa de desempleo supera el 23 %. (12) Si se transforma en dólares estadounidenses ese umbral de pobreza equivale a menos de cinco dólares al día. (13) Estas cifras se han duplicado en la última década y según los pronósticos continuarán aumentando.

29. Oración 1: **La mayor parte de los inmigrantes marroquíes que llegan a la costa española lo hacen por la mar.**

    ¿Qué corrección se debe hacer en la oración 1?

    (1) cambiar mayor a gran

    (2) cambiar de los a de entre

    (3) cambiar inmigrantes a immigrantes

    (4) añadir una coma después de española

    (5) cambiar la mar a el mar

30. Oración 4: **A menudo, las cosas se pueden complicar ya que de forma general, los clandestinos no pueden entender el Español.**

    ¿Qué revisión se debe hacer en la oración 4?

    (1) sustituir A menudo con Frecuentemente

    (2) cambiar complicar a complicarse

    (3) añadir una coma después de ya que

    (4) cambiar Español a español

    (5) No es necesario corregir esta oración.

31. Oración 5: **Estos riesgos aunque bien reales, no parecen afectar al número de magrebíes que trata de cruzar el estrecho de Gibraltar cada noche para llegar a España.**

    ¿Cuál es la mejor manera de escribir la parte subrayada de la oración? Si la redacción original es la mejor, escoja la alternativa (1).

    (1) riesgos aunque bien reales

    (2) riesgos aunque bién reales

    (3) riesgos, aunque bien reales,

    (4) riesgos aunque bien realizados

    (5) riesgos aunque bien realistas

32. Oraciones 7 y 8: **Efectúan la travesía no solamente por la cercanía de este país con su vecino europeo, España. También por la miseria que existe en este país norteafricano, que obliga a más de uno a tener que salir de su país por razones de mera supervivencia.**

    ¿Qué palabras incluiría la forma más efectiva de combinar las oraciones 7 y 8?

    (1) España, sino también por

    (2) España, también por

    (3) España y también

    (4) España que al parecer también

    (5) España, a lo mejor también

33. Oración 10: **Considerando la importancia de esta cifra, uno debería analizar las razones que motivan este éxodo.**

    ¿Qué corrección se debe hacer en la oración 10?

    (1) cambiar Considerando a Considerado

    (2) cambiar cifra a figura

    (3) eliminar la coma después de cifra

    (4) cambiar uno a se

    (5) cambiar motivan a mantuvieron

34. Oración 12: **Si se transforma en dólares estadounidenses ese umbral de pobreza equivale a menos de cinco dólares al día.**

    ¿Qué corrección se debe hacer en la oración 12?

    (1) sustituir si a sí

    (2) cambiar se transforma a uno transforma

    (3) añadir una coma después de estadounidenses

    (4) cambiar a menos a en menos

    (5) No es necesario corregir esta oración.

prueba de diagnóstico

Las preguntas 35 a 42 se refieren a la comprensión global del siguiente documento.

Cinco recomendaciones para recibir una mejor atención médica

Entre 44.000 y 98.000 personas mueren anualmente en hospitales por desconocimiento de procesos básicos en el control de la salud individual.

Estas recomendaciones provienen del Departamento de Salud y Servicios Humanos de los Estados Unidos (HHS, siglas en inglés), en colaboración con la Asociación Americana del Hospital y la Asociación Médica Americana.

1. No tenga temor de preguntar si tiene dudas o preocupaciones.

   • Hágase acompañar por un familiar que le ayude a formular las preguntas y sobre todo, a entender las respuestas.

2. Lleve prolijamente una lista de todas las medicinas que toma y enséñelas a su médico cuando vaya a sus citas.

   • Asegúrese de anotar aquellas que compró sin receta médica.

   • Pregunte a su médico sobre los riegos de combinar ciertas medicinas con alimentos y bebidas que usted consume.

   • Lea con atención las etiquetas y las advertencias de los medicamentos que consume.

   • Asegúrese de llevar a su casa la medicina correcta. Si tiene dudas al respecto, hable con el farmacéutico.

3. Sométase a todos los exámenes y análisis solicitados. Debe estar siempre pendiente de obtener los resultados a tiempo.

   • Lleve los resultados a su médico.

   • Hable con su médico sobre los resultados y su significado. Pídale que se exprese con palabras comprensibles para usted.

   • Si los exámenes son realizados por su médico tratante, exíjale los resultados con las debidas explicaciones.

4. Hable con su doctor sobre el mejor hospital para sus necesidades de salud.

   • Infórmese acerca de los mejores hospitales y escoja el que le conviene de acuerdo con su situación de salud.

   • Cuando salga del hospital, asegúrese de comprender las instrucciones de su médico tratante y sígalas al pie de la letra.

5. En caso de cirugía, pregunte sobre las consecuencias de la misma.

   • Su médico y el cirujano deben estar de acuerdo con los procedimientos de la cirugía.

   • Antes de la cirugía pregunte a su médico acerca de las personas responsables de su atención mientras esté en el hospital.

   • Pregunte a su médico sobre el tiempo que tomará la cirugía, la hospitalización y la recuperación.

   • Hable claramente acerca de las consecuencias de la cirugía.

   • Informe a los médicos y anestesiólogos acerca de sus problemas de salud como las alergias u otra situación adversa a la anestesia.

Si necesita información adicional, comuníquese al teléfono 1-800-358-9295 o al correo electrónico: ahrqpubs@ahrq.gov.

35. Si usted tiene alergia a la penicilina y debe someterse a una cirugía ¿Qué debe hacer antes de ingresar al hospital?

(1) comprar medicamentos anti-alérgicos

(2) callar el problema

(3) hablar con el médico acerca del problema

(4) escoger un hospital más permisivo

(5) hablar con sus compañeros de trabajo sobre el problema

36. Debido a su diabetes, usted debe tomar muchos medicamentos. Cuando vaya al médico debe seguir:

(1) la primera recomendación.

(2) la segunda recomendación.

(3) las dos anteriores.

(4) ninguna de las recomendaciones.

(5) la última recomendación.

37. ¿Cuál es el objetivo de estas recomendaciones?

(1) evitar la muerte de tantas personas en los hospitales

(2) exigir que los ciudadanos se las aprendan de memoria

(3) hacer la publicidad de hospitales y clínicas

(4) destacar la importancia de ciertos cirujanos

(5) justificar las muertes en los hospitales

38. Si tiene dudas sobre el medicamento que compra ¿Cuál debería ser su actitud inmediata?

(1) ver el color de la etiqueta que cubre el frasco

(2) leer las instrucciones sobre posología (cuánto tomo)

(3) leer las instrucciones sobre advertencias y beneficios del medicamento

(4) preguntar a algún miembro de su familia sobre ese medicamento

(5) tomarlo en pequeñas dosis y esperar los resultados

39. El médico exige exámenes de laboratorio y rayos X. ¿Qué debe hacer el paciente?

(1) seguir la recomendación 3

(2) seguir todas las recomendaciones

(3) no seguir ninguna recomendación

(4) seguir la recomendación

(5) seguir la recomendación 4

40. La palabra sométase (recomendación 3) puede ser substituida por:

(1) proteste

(2) exija

(3) cambie

(4) acepte

(5) rebélese

41. La cifra de muertes: 44.000 y 98.000 se encuentra al inicio de este documento con el propósito de:

(1) asustar a los ciudadanos.

(2) prevenir a los ciudadanos.

(3) rogar a los pacientes.

(4) solicitar cambios en los hospitales.

(5) disminuir la cifra de muertes.

42. La palabra prolijamente (recomendación 2) significa:

(1) con miedo

(2) con recelo

(3) con malas intenciones

(4) con cuidado

(5) con entusiasmo

prueba de diagnóstico

Las preguntas 43 a 50 se refieren al
siguiente fragmento.

Aceleradores de partículas (Parte 1)

A

(1) Los científicos utilizan los aceleradores
de partículas para estudiar el interior de
los átomos, que componen todo lo que nos
rodea y todo vuestro universo. (2) Se trata
de instrumentos que permiten explorar
el mundo de lo infinitamente pequeño,
en busca de los elementos fundamentales
de la materia. (3) Los aceleradores
generan partículas subatómicas que se
desplazan casi a la velocidad de la luz, se
estrellan contra los átomos de la materia
que se desea bombardear. (4) La
trayectoria de las partículas atómicas que
libera la colisión puede fotografiarse o
ser memorizada digitalmente con
sensores. (5) El resultado proporciona
importantes datos sobre la estructura y
propiedades de las partículas que han
colisionado.

B

(6) La Organización Europea de Investigación Nuclear ha construido una de las
mayores máquinas de este tipo cerca de
Ginebra. (7) Consiste en una auténtica
"pista de carreras" que su longitud es de
6.5 km. (8) Las partículas viajan en un
conducto de pocos centímetros de anchura
alojado en un túnel subterráneo y
describen unas hasta 140,000 vueltas
alrededor del circuito. (9) Esto equivale a
casi un millón de km. (10) Toma lugar en
menos de tres segundos. (11) Para
alcanzar esta velocidad son guiadas por
centenares de electroimanes. (12) En cada
vuelta reciben impulsos de varios millones
de voltios y llegan a su destino con la
energía que hubieran recibido de una
aceleración de 500,000 millones de voltios.

C

(13) Aunque los aceleradores de partículas se
emplean sobre todo en la física pura, han
encontrado otras aplicaciones más utilitarias.
(14) Incluya la investigación médica e histórica.
(15) En la actualidad se tratan
experimentalmente algunos tumores
bombardeándolos con partículas de alta
energía. (16) El bombardeo convierte los
elementos estables de la materia en
radiactivos, fácilmente detectables y
mensurables. (17) De esta forma, por ejemplo,
puede comprobarse la proporción de plomo
venenoso absorbida en los dientes humanos.
(18) El Hospital de Saint Jean en Lausanne,
localizado en el norte de Francia, ha ofrecido
esta terapia a pacientes que sufren de tumores
en fase de desarrollo.

43. Oración 1: **Los científicos utilizan
    los aceleradores de partículas para
    estudiar el interior de los átomos,
    que componen todo lo que nos ro-
    dea y todo vuestro universo.**

    ¿Qué corrección se debe hacer en la
    oración 1?

    (1) sustituir <u>utilizan</u> con <u>utilízan</u>

    (2) cambiar <u>de</u> a <u>a</u>

    (3) añadir una coma después de
    <u>partículas</u>

    (4) cambiar <u>todo</u> a <u>completamente</u>

    (5) cambiar <u>vuestro</u> a <u>nuestro</u>

44. Oración 3: **Los aceleradores generan partículas subatómicas que se desplazan casi a la <u>velocidad de la luz, se estrellan</u> contra los átomos de la materia que se desea bombardear.**

¿Cuál es la mejor manera de escribir la parte subrayada de la oración? Si la redacción original es la mejor, escoja la alternativa (1).

(1) velocidad de la luz, se estrellan

(2) velocidad de la luz. Se estrellan

(3) velocidad de la luz se estrellan

(4) velocidad de la luz, dado que se estrellan

(5) velocidad de la luz y se estrellan

45. Oración 4: **La trayectoria de las partículas atómicas que libera la colisión <u>puede fotografiarse o ser memorizada</u> digitalmente con sensores.**

¿Cuál es la mejor manera de escribir la parte subrayada de la oración? Si la redacción original es la mejor, escoja la alternativa (1).

(1) puede fotografiarse o ser memorizada

(2) puede fotografiarse, o es memorizada

(3) puede fotografiarse es memorizada

(4) puede fotografiarse. Es memorizada

(5) puede fotografiarse y es memorizada

46. Oración 7: **Consiste en una auténtica "pista de carreras" que su longitud es de 6.5 km.**

¿Qué corrección se debe hacer en la oración 7?

(1) añadir una coma después de <u>Consiste</u>

(2) sustituir <u>auténtica</u> con <u>authéntica</u>

(3) cambiar <u>que su</u> a <u>cuya</u>

(4) sustituir <u>longitud</u> con <u>lonjitud</u>

(5) cambiar <u>km.</u> a <u>cm.</u>

47. Oraciones 9 y 10: **Esto equivale a casi <u>un millón de km. Toma</u> lugar en menos de tres segundos.**

¿Cuál es la mejor manera de escribir la parte subrayada de la oración? Si la redacción original es la mejor, escoja la alternativa (1).

(1) un millón de km. Toma

(2) un millón de km. Sin embargo toma

(3) un millón de km, hacia el

(4) un millón de km, toma

(5) un millón de km toma lugar

48. ¿Cuál de las siguientes oraciones serviría como una oración temática efectiva del párrafo B?

(1) Nunca se ha podido dominar al átomo de forma exacta.

(2) El átomo es algo crucial en la composición de las materias y por tanto debe de ser estudiado.

(3) Pocos son los centros en el mundo que están equipados para realizar aceleraciones de partículas subatómicas.

(4) Los átomos deben de ser estudiados si deseamos poder avanzar en el dominio de la física.

(5) Nunca antes se habían estrellado partículas contra un buen Joop.

prueba de diagnóstico

49. Oraciones 13 y 14: **Aunque los aceleradores de partículas se emplean sobre todo en la física pura, han encontrado otras aplicaciones más utilitarias. Incluya la investigación médica e histórica.**

¿Cuál es la mejor manera de escribir la parte subrayada de la oración? Si la redacción original es la mejor, escoja la alternativa (1).

(1) aplicaciones más utilitarias. Incluya

(2) aplicaciones más utilitarias e incluya

(3) aplicaciones más utilitarias, incluyendo

(4) aplicaciones más utilitarias e incluyendo

(5) aplicaciones más utilitarias. Debe incluido

50. Oración 18: **El Hospital de Saint Jean en Lausanne, localizado en el norte de Francia, ha ofrecido esta terapia a pacientes que sufren de tumores en fase de desarrollo.**

¿Cuál es la mejor manera de escribir la parte subrayada de la oración? Si la redacción original es la mejor, escoja la alternativa (1).

(1) ha ofrecido

(2) ofreció

(3) está ofreciendo

(4) ofrece

(5) ofrecerá

Parte 2: Prueba de Ensayo

Duración: 45 minutos • 1 ensayo

Instrucciones: Esta parte de la prueba de GED está diseñada para saber cuál es su nivel de redacción. Se le hará una pregunta cuya repuesta exprese una opinión sobre un tema. Al redactar su respuesta para esta parte del examen, debe incluir sus propias observaciones y experiencias y seguir estos pasos:

1 Antes de comenzar a redactar su respuesta, lea las instrucciones y la pregunta con atención.

2 Piense en lo que quiere expresar y planifique el ensayo en detalle antes de comenzar a escribir.

3 Use las hojas en blanco que encontrará con la prueba (o el papel borrador adjunto) para hacer anotaciones mientras planea el ensayo.

4 Redacte el ensayo con esmero en una hoja de respuestas por separado.

5 Lea atentamente todo lo que haya escrito y haga los cambios necesarios para mejorar la presentación de su trabajo.

6 Controle los párrafos, la estructura de las oraciones, la ortografía, la puntuación, el uso de mayúsculas y el uso de la lengua. Corrija los errores.

Dispondrá de 45 minutos para redactar la respuesta a la pregunta formulada. Escriba en forma clara con un bolígrafo para que los evaluadores puedan leer lo que haya escrito. Las anotaciones que haga en las hojas en blanco o en el borrador no se incluirán en la evaluación.

Al menos dos lectores capacitados calificarán el ensayo y evaluarán el trabajo. Tendrán en cuenta la claridad con que expresa las ideas principales, la rigurosidad con la que las sustenta y la efectividad y corrección de su redacción a lo largo de toda la composición. No recibirá ningún crédito por la redacción de un tema que no sea el asignado.

Tema de ejemplo

Algunas personas creen que una dieta vegetariana es beneficiosa. Otras creen que no es una dieta natural para los seres humanos. ¿Qué cree usted? Redacte una composición de alrededor de 250 palabras en la que exprese su opinión sobre este tema. Sea específico y utilice ejemplos de su propia experiencia y conocimiento para respaldar su postura.

prueba de diagnóstico

Use esta hoja para hacer anotaciones.

_____

_____

_____

_____

_____

_____

_____

_____

_____

_____

_____

_____

_____

_____

_____

_____

_____

_____

_____

_____

_____

PRUEBA 2: ESTUDIOS SOCIALES

Duración: 75 minutos • 50 preguntas

Instrucciones: La Prueba de Estudios Sociales consiste en preguntas de opción múltiple que evalúan sus conocimientos sobre conceptos generales de historia, economía, geografía, educación cívica y gobierno. Las preguntas se basan en textos de lectura, mapas, gráficas, tablas y caricaturas. Para cada pregunta, estudie primero la información presentada y luego responda a las preguntas. Puede consultar las lecturas o las gráficas cuantas veces sea necesario para responder a las preguntas. Registre las respuestas en la sección de Estudios Sociales de la hoja de respuestas.

Ejemplo:

P ¿Qué medio de prensa presenta con mayor regularidad opiniones e interpretaciones de las noticias?

   (1) Noticiarios de la televisión nacional

   (2) Noticiarios de la televisión local

   (3) Editoriales de periódicos

   (4) Teletipos de agencias de noticias

   (5) Programas de noticias en la radio   

La respuesta correcta es "editoriales de periódicos". Por lo tanto, debe marcar el espacio correspondiente a la respuesta 3 en la hoja de respuestas.

Las preguntas 1 a 4 se refieren al siguiente fragmento.

La cartografía moderna tuvo su origen en la Francia de la realeza durante la última parte del siglo XVII, cuando el rey Luis XIV ofreció un generoso premio para quien pudiera inventar un método capaz de determinar la longitud con precisión. Durante 2000 años, los navegantes habían intentado encontrar una manera precisa de ubicar los diferentes lugares de la Tierra. El griego Eratóstenes había calculado la circunferencia de la Tierra cuatrocientos años antes de Cristo, pero en el año 1650, todavía era difícil localizar con exactitud cualquier posición en un mapa y era particularmente difícil determinar la longitud en la tierra o en el mar. La longitud se usa para determinar la distancia de un lugar hacia el este o el oeste de un punto de referencia. Para finales del siglo XVII, se habían inventado dos instrumentos que proporcionarían una mayor precisión en el cálculo de la longitud. Éstos eran el telescopio y el reloj de precisión. Todavía restaba por crearse un instrumento más. Este instrumento, perfeccionado por John Harrison durante la última parte del siglo XVIII, se llamó "cronómetro".

1. ¿Cuál de los siguientes fue el beneficio principal del nacimiento de la cartografía moderna?
   (1) relojes más precisos
   (2) determinación de la ubicación exacta del Polo Norte
   (3) mapas mejores y más nuevos
   (4) introducción de excelentes telescopios
   (5) invención del cronómetro

2. ¿Cuál de los siguientes enunciados puede inferirse de este párrafo?
   (1) John Harrison era francés.
   (2) El gobierno francés estaba interesado en mapas precisos.
   (3) El reloj se inventó en el siglo XVII.
   (4) Dado que los mapas eran imprecisos, la gente viajaba muy poco por tierra o por mar.
   (5) El telescopio y el reloj de precisión se inventaron alrededor del año 1780.

3. ¿Cuál de los siguientes elementos se adoptó como resultado directo de la cartografía moderna?
   (1) el radar como medida de tiempo
   (2) dispositivos de registro de temperatura de plutonio
   (3) dispositivos de control de la contaminación
   (4) armamentos hechos en Francia
   (5) zonas horarias aceptadas universalmente

4. ¿Cuál de los siguientes enunciados es el que mejor se sustenta en la información presentada en este párrafo?
   (1) Los navegantes y los miembros de la corte del rey Luis XIV eran los únicos interesados en determinar la longitud con exactitud.
   (2) El rey Luis XIV ofrecía con frecuencia grandes premios por descubrimientos nuevos, pero éste fue el más grande de todos.
   (3) Durante el reinado de Luis XIV hubo relativamente muy pocos descubrimientos.
   (4) En la sociedad, todos tenían conocimiento de estos instrumentos nuevos y el público en general comenzó a viajar mucho más.
   (5) El rey Luis XIV estaba interesado en la exploración mundial.

EL CRISOL

pizza	hamburguesas
salchichas de Viena	sushi
rollitos primavera	papas fritas
tacos	waffles belgas
knish	scones
bagel	crêpes rellenos
albóndigas suecas	muffins
pescado frito	(mollete inglés)
con papas fritas	ensalada griega
pollo frito	pan árabe

Las preguntas 5 a 8 se refieren a la caricatura anterior.

5. ¿Cuál de los siguientes grupos o situaciones representa el restaurante de la caricatura?

   (1) la industria de la comida rápida

   (2) la pobreza y el hambre mundial

   (3) la crisis del petróleo

   (4) los estadounidenses

   (5) trabajadores y empleadores

6. ¿Cuál de las siguientes es una hipótesis sugerida por esta caricatura?

   (1) Los estadounidenses salen a comer con mucha frecuencia, especialmente a restaurantes baratos de comida rápida.

   (2) Los estadounidenses no están dispuestos a aceptar a los recién llegados con facilidad. Como resultado, los inmigrantes tienden a vivir en grupos aislados.

   (3) Los estadounidenses están mucho más abiertos a las innovaciones dietéticas.

   (4) Los estadounidenses tienen tendencia a comer demasiados alimentos semipreparados y refrigerios.

   (5) Una gran variedad de nacionalidades conforman la cultura estadounidense.

7. ¿Cómo llamaría a este restaurante una persona que no estuviera de acuerdo con el punto de vista del caricaturista?

   (1) "La olla de estofado"

   (2) "El plato de ensalada"

   (3) "Goulash para llevar"

   (4) "El tazón de sopa"

   (5) "Salsa suprema"

8. ¿Cuál de los siguientes enunciados es el que mejor se sustenta en la evidencia presentada en esta caricatura?

   (1) Los restaurantes de comida rápida ofrecen una amplia variedad de comidas.

   (2) Estados Unidos se compone de inmigrantes de muchas naciones.

   (3) El costo de la comida sigue en aumento.

   (4) La comida estadounidense se importa desde Europa.

   (5) Una dieta equilibrada es muy importante para la buena salud.

La pregunta 9 se refiere al siguiente enunciado.

Las naciones enviaron a los primeros exploradores por tres razones: oro, gloria y religión. Los exploradores posteriores se enviaron para obtener materias primas, puestos de comercialización y lugares para colonizar.

9. Según este fragmento, ¿cuál de las siguientes razones fue una motivación de los primeros exploradores?

   (1) deseos de fama y fortuna

   (2) deseo de tener mejores condiciones de vida

   (3) necesidad de libertad religiosa

   (4) creencia de que la monarquía siempre estaba en lo correcto

   (5) búsqueda de especias para conservar carnes

prueba de diagnóstico

Las preguntas 10 a 13 se refieren al informe de la bolsa de valores a continuación.

% var. anual a la fecha	52–semana Máx	52–semana Mín	Acción (Sím)	Div	Rdto. %	Rel. P/E Vol.	Cientos de miles netos	Cierre	Variación
−14.9	39.15	22.50	ChrlsRvrLab **CRL**	…	…	31	3274	28.5	−0.43
−6.4	5.15	1.80	Chartlnd **CTI**	…	…	dd	82	2.20	−0.05
29.4	35.40	23.40	ChrtrOneFnl **CFs**	.88f	2.5	15	10623	35.12	0.53
38.8	13.65	8.25	Chaselnd **CSI**	…	…	21	72	12.70	−0.05
−1.7	32.18	28.3	ChateuCmnty **CPJ**	2.20f	7.5	23	734	29.38	−0.23
25.4	19.15	8.76	CheckptSys **CKP**	…	…	80	1770	16.80	−0.29
17.1	58.30	42.52	ChelseaProp **CPG**	3.24f	5.6	21	1450	57.51	1.14
12.0	39.25	26.50	Chemed **CHE**	.44	1.2	33	310	37.98	−0.14
12.3	27.90	19.60	ChemFst **CEM**	.40	1.5	dd	153	26.92	0.26
−3.5	30.80	21.90	ChespkeCp **CSK**	.88	3.3	3	712	26.85	−1.00
21.8	9.45	4.50	ChespkeEngy **CHK**	…	…	5	21244	8.05	−0.13
−0.8	19.99	17.75	ChespkeUtil **CPK**	1.10	5.6	16	30	19.65	0.15
−5.1	98.49	78.60	ChevronTex **CVX**	2.80	3.3	21	21737	85	−1.98
14.3	38.75	19.05	ChicagoB&l **CBI**	.24	.8	34	131	30.53	0.27
34.9	37.25	13.67	Chicos **CHS s**	…	…	35	7042	35.70	−0.26
10.7	15.95	8.60	ChileTel ADS **CTC**	.01e	.1	…	3359	14.9	0.31
28.8	18.10	8.40	ChinaEstrnAir **CEA**	.48e	3.1	…	1	15.35	…
39.2	2.15	0.70	ChinaEnt **CSH**	.08	5.6	…	50	1.42	−0.13
−7.8	27.60	13.09	ChinaMobile **CHL**	…	…	…	6782	16.11	0.26
28.9	21.25	12.54	ChinaPete ADS **SNP**	e	…	…	114	17.35	−0.54
12.6	18.10	8	ChinaAir ADS **ZNH**	…	…	…	31	16.10	−0.20
−11.7	18.02	8.92	ChinaUnicom **CHU**	…	…	…	2027	9.86	0.12
129.2	2.20	0.25	ChinaYuchai **CYD**	.21e	9.5	…	265	2.20	0.05
23.7	39.06	8.66	ChiquitaBrd **CQB s**	j	…	dd	5858	16.71	0.44
24.7	6.24	3.25	Chiquita wt n	…	…	…	405	6.05	0.23
15.9	31.85	21.75	Chittden **CHZ s**	.80f	2.5	18	413	32	0.23
15.1	27	11.90	ChoiceHtl **CHH**	…	…	85	331	25.50	−0.37
10.5	61.80	34.16	ChoicePt **CPS**	…	…	73	2371	56	−0.85
21.1	13.40	8	Chromcrft **CRC**	…	…	…	5	13.05	…
9.4	79.50	55.54	Chubb **CB**	1.40f	1.9	cc	11353	75.51	−0.91
8.4	31.80	23.52	Church&Dwt **CHD**	.30	1.0	25	1191	28.86	−1.08
21.5	38.35	24	CibaSpctyChem **CSB**	.59e	1.6	…	137	37.78	−0.12
−24.9	11.70	4.50	CIBER **CBR**	…	…	cc	2722	7.10	0.23
1.2	26.35	24.80	CincGE deb **JRL**	2.07	8.1	…	38	25.70	−0.04
9.1	37.17	28	CINergyCp **CIN**	1.80	4.9	13	6087	36.48	−0.15
16.6	24.10	13.65	Circorlnt **CIR**	.15	.7	21	89	21.51	−0.04
−17.0	31	9.55	CircCty **CC**	.07	.3	24	11970	21.53	−0.67

10. ¿Qué acciones mostraron el cambio más grande en el precio con respecto al día anterior?

(1) Chespke Util

(2) Chicos

(3) Chicago B&1

(4) Chevron Tex

(5) Chile Tel ADS

11. ¿Qué acciones se venden al precio de venta más cercano al más alto de todo el año?

(1) Chespke Cp

(2) Chespke Engy

(3) Chespke Util

(4) Chevron Tex

(5) Chicago B&1

12. Si Juan quisiera comprar 100 acciones de Chubb, ¿aproximadamente cuánto gastaría?

    (1) $91.00

    (2) $1,000.00

    (3) $7,551.00

    (4) $10,000.00

    (5) $11,353.00

13. ¿Qué acciones son las que pagan los dividendos más elevados?

    (1) Chelsea Prop

    (2) Chemed

    (3) Chem Fst

    (4) Chespke Cp

    (5) Chespke Util

Las preguntas 14 a 18 se refieren a la siguiente información.

A lo largo de la historia estadounidense, la gente fue seleccionada de diferentes maneras para cubrir cargos en el gobierno y en empresas privadas. Algunas de estas maneras todavía se usan en la actualidad y otras han caído en desuso. A continuación se enumeran cinco métodos que se han usado para la evaluación de los postulantes y su ascenso.

1. **El "sistema de botín":** los postulantes se escogen para sus cargos en base a si son miembros de un partido político o si apoyaron una determinada candidatura.

2. **El sistema de méritos:** un organismo imparcial examina y evalúa a los postulantes para un trabajo.

3. **El "amiguismo":** las personas se ubican en cargos de alta categoría porque son miembros de la clase alta o clase media alta.

4. **Nepotismo:** los puestos se otorgan según la relación que tenga el postulante con una persona que pertenece a la empresa.

5. **Red de contactos:** las personas buscan los cargos a través de contactos sociales.

Cada uno de los siguientes enunciados describe un aspecto del proceso de revisión de solicitudes. Escoja el sistema en el que es más probable que el proceso tenga lugar. Las categorías se pueden usar más de una vez en las diferentes preguntas, pero ninguna tiene más de una respuesta correcta.

14. La madre de Juan Ramírez es la vicepresidenta adjunta de Amalgamated Tool Company. En lugar de otorgarle el puesto de ingreso que corresponde en el almacén, Juan comienza a trabajar como jefe de planta. ¿Cuál de los siguientes sistemas se utilizó para evaluar las habilidades de Juan?

    (1) sistema de botín

    (2) sistema de mérito

    (3) amiguismo

    (4) nepotismo

    (5) red de contactos

15. En 1883, el Congreso aprobó la Ley Pendleton, que establecía la formación de la Comisión del Servicio Civil. Este organismo imparcial evaluaría y calificaría a los postulantes para cargos federales. ¿Qué sistema estableció esta ley?

    (1) sistema de botín

    (2) sistema de mérito

    (3) amiguismo

    (4) nepotismo

    (5) red de contactos

16. El padre de Marcela López es el presidente de una compañía importante de petróleo. Su madre tiene participación activa en muchas organizaciones de caridad. Además, sus padres son amigos de muchas personas socialmente importantes. Al igual que su padre y su abuelo, Marcela asistió a Wooded Hills, una escuela secundaria privada, costosa y exclusiva. Cuando Marcela se graduó en una universidad de la Ivy League, un amigo de su padre le comentó sobre un excelente cargo en una empresa bancaria de inversión. ¿Bajo qué sistema obtuvo Marcela este puesto de trabajo?

    (1) sistema de botín

    (2) sistema de mérito

    (3) amiguismo

    (4) nepotismo

    (5) red de contactos

17. En 1939, el Congreso aprobó la Ley Hatch, que establecía que no se podían solicitar contribuciones políticas a los empleados federales y que éstos no podían participar activamente en asuntos políticos. La ley se aprobó para disminuir la influencia

    (1) del sistema de botín.

    (2) del sistema de mérito.

    (3) del amiguismo.

    (4) del nepotismo.

    (5) de la red de contactos.

18. Jorgelina Pérez conoció a Nancy Grant en una fiesta. Almorzaron dos veces y, a través de Nancy, Jorgelina conoció a un grupo de personas relacionadas con el negocio inmobiliario, un campo en el que ella había intentado ingresar con mucho esfuerzo. Ella invitó a varias de estas personas a una parrillada y se mantuvo meticulosamente en contacto con todos ellos. Varios meses después, uno de ellos le ofreció a Jorgelina un puesto de trabajo en una oficina inmobiliaria recién abierta. ¿Bajo qué sistema obtuvo Jorgelina su trabajo?

    (1) sistema de botín

    (2) sistema de mérito

    (3) amiguismo

    (4) nepotismo

    (5) red de contactos

Las preguntas 19 y 20 se refieren a la gráfica a continuación.

Las mujeres tienen un lugar importante en el mercado laboral:

PROPORCIONES DE MUJERES EN DISTINTAS CATEGORÍAS

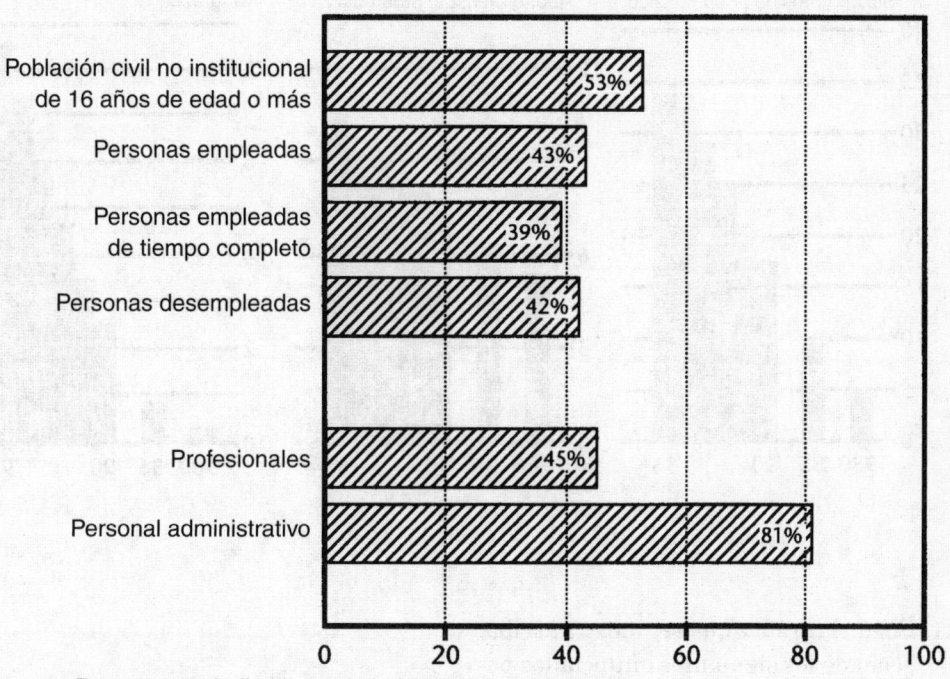

Resumen de indicadores de la fuerza laboral femenina

19. Según la gráfica que se muestra anteriormente, ¿cuál de los siguientes enunciados puede considerarse preciso?

    I. 45% de las mujeres empleadas son profesionales.

    II. 43% de las mujeres están desempleadas.

    III. Las mujeres no son una minoría en el mercado laboral.

    IV. Cuatro de cada cinco empleados administrativos son mujeres.

  (1) I, II y III solamente

  (2) I, II y IV solamente

  (3) I y II solamente

  (4) II y IV solamente

  (5) III y IV solamente

20. ¿Cuál de los siguientes enunciados se sustenta en la información representada en la gráfica anterior?

  (1) Las mujeres son una minoría.

  (2) Las mujeres nunca alcanzarán igualdad económica con los hombres.

  (3) La economía estadounidense se vería dañada gravemente si las mujeres no formaran parte de la fuerza laboral.

  (4) Una elevada proporción de las mujeres seguirá desempleada.

  (5) Menos mujeres tienen posibilidades de capacitarse como profesionales.

La pregunta 21 se refiere a las siguientes gráficas.

Televisión por cable: suscriptores de abono básico, abono mensual promedio e ingresos: 1980 a 1995

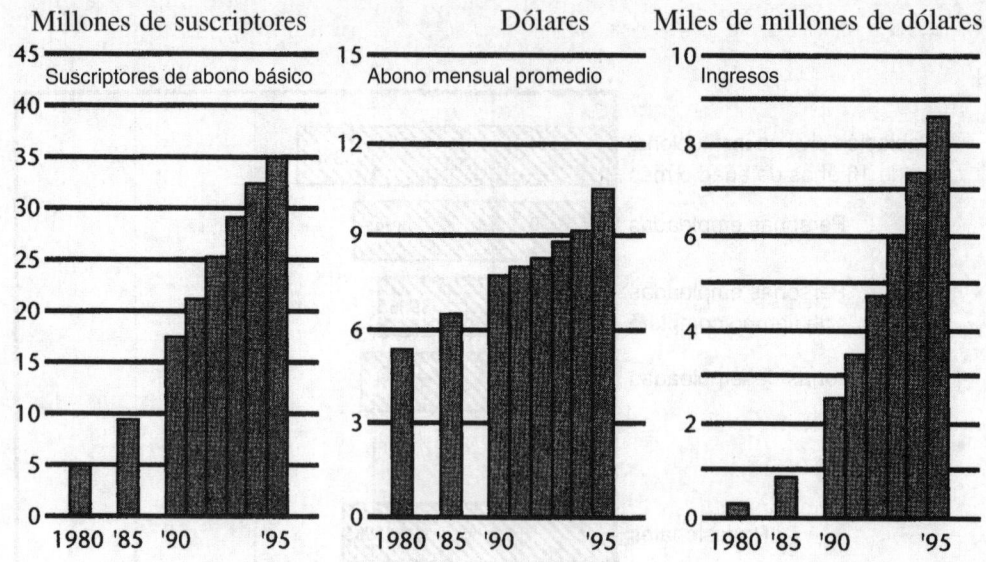

21. Según la gráfica que se muestra arriba, ¿cuál de los siguientes enunciados podría considerarse correcto?

(1) El número de suscriptores de televisión por cable seguirá en aumento.

(2) No es probable que la cuota mensual promedio aumente bastante después del año 2000.

(3) La industria de la televisión por cable experimentó un gran crecimiento en el total de ingresos y en el número de suscriptores entre 1985 y 1995.

(4) La televisión por cable se ha transformado en un negocio menos rentable que la televisión en cadena.

(5) Es probable que los ingresos de la televisión por cable caigan después del año 2000.

Las preguntas 22 a 25 se refieren a la información a continuación.

En la época de George Washington, probablemente uno de cada quince estadounidenses tenía derecho a votar. Desde entonces, por medio de una combinación de enmiendas constitucionales, acciones del Congreso y decisiones judiciales, muchas de las restricciones que impedían que ciertas personas votaran se han eliminado. Las restricciones al derecho al voto han variado a lo largo del tiempo y han incluido estos requisitos, entre otros:

Posesión de propiedad	Las trece colonias consideraban incapaces de tomar decisiones adecuadas con respecto al gobierno a los hombres que no tenían propiedades.
Condición de esclavitud	A pesar de que se computaban las tres quintas partes de la población de esclavos con el propósito de representación en la Cámara de Representantes, no tenían derecho a votar.
Impuesto de capitación	Produjo un ingreso para los estados, pero impidió que la gente pobre ejerciera su derecho.
Discriminación sexual	Las mujeres tenían permiso para votar en 1869, pero solamente en Wyoming. La opinión popular veía a las mujeres como incapaces, poco interesadas o con probabilidades de dejarse influenciar por sus maridos.
Elecciones indirectas	Los fundadores de Estados Unidos sentían que la democracia los llevaría a tomar decisiones apuradas e insalubres sobre el gobierno.

Identifique la restricción al voto que se anuló mediante las siguientes enmiendas constitucionales:

22. En 1964, la Enmienda XXIV dejó sin efecto esta limitación sobre el derecho al voto.
    (1) posesión de propiedad
    (2) condición de esclavitud
    (3) impuesto de capitación
    (4) discriminación sexual
    (5) elecciones indirectas

23. El debate nacional sobre esta limitación finalmente terminó en 1920 con la aprobación de la Enmienda XIX.
    (1) posesión de propiedad
    (2) condición de esclavitud
    (3) impuesto de capitación
    (4) discriminación sexual
    (5) elecciones indirectas

24. La aprobación de las Enmiendas XIV y XV suprimió esta restricción al derecho al voto.
    (1) posesión de propiedad
    (2) condición de esclavitud
    (3) impuesto de capitación
    (4) discriminación sexual
    (5) elecciones indirectas

25. Después de la ratificación de la Enmienda XVII en el año 1913, las legislaturas de cada estado no eligieron más a los senadores.
    (1) posesión de propiedad
    (2) condición de esclavitud
    (3) impuesto de capitación
    (4) discriminación sexual
    (5) elecciones indirectas

prueba de diagnóstico

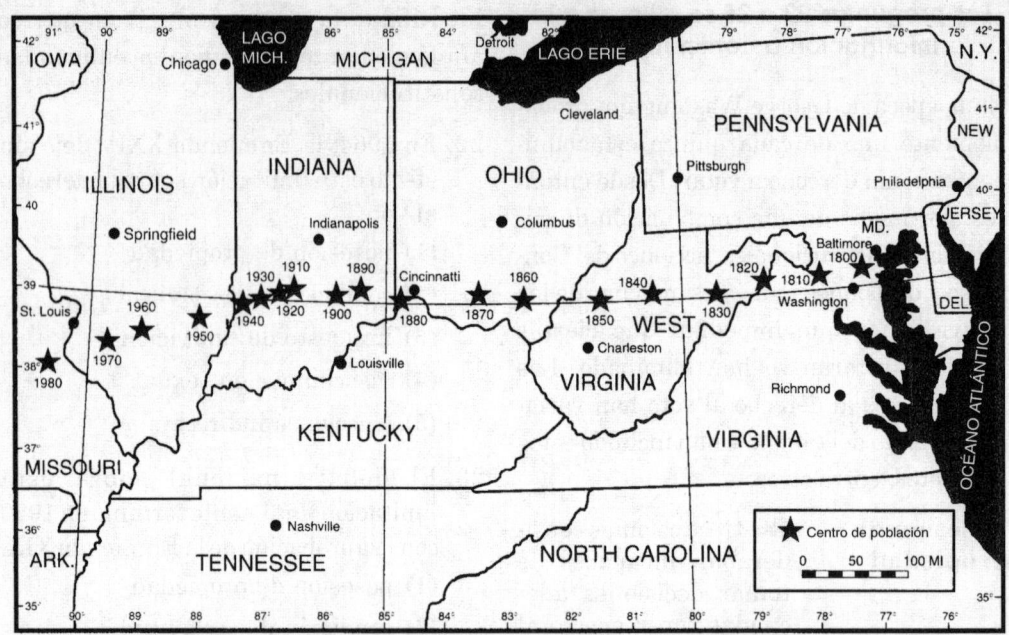

LA PREGUNTA 26 SE BASA EN EL MAPA ANTERIOR.

26. El centro de población se define como el punto en el que un mapa imaginario rígido, liviano y plano de Estados Unidos se equilibraría si se colocaran sobre él pesas de valor idéntico de manera que cada una de ellas representara la ubicación de una persona el día del censo. ¿Cuál es la mejor conclusión que se puede sacar del estudio del mapa anterior?

(1) Ohio, Indiana e Illinois no formaban parte de las trece colonias originales.

(2) Las ciudades del Río Mississippi tenían más oportunidades de crecimiento.

(3) La gente se mudaba de áreas poco pobladas a otras con más población.

(4) La población estadounidense experimentó el crecimiento más significativo en la parte occidental del país.

(5) La población estadounidense experimentó el crecimiento más significativo en la parte oriental del país.

La pregunta 27 se refiere al siguiente párrafo.

El Buró Federal de Investigaciones informa las siguientes estadísticas de delitos:

Un delito grave cada 2.6 segundos

Un hurto cada 4.8 segundos

Un robo cada 10 segundos

Un delito violento cada 27 segundos

Un robo de automóvil o camión cada 29 segundos

Una agresión cada 51 segundos

Un asalto cada 68 segundos

Una violación cada 7 minutos

Un asesinato cada 24 minutos

27. Según los datos anteriores, sería muy fácil clasificar a Estados Unidos como una sociedad "violenta". Los datos parecen indicar que
   (1) el delito está en aumento en Estados Unidos.
   (2) el delito es básicamente un problema urbano.
   (3) el delito violento está empeorando.
   (4) las estadísticas que se proporcionan son debatibles y probablemente poco fidedignas.
   (5) ninguna de las anteriores

La pregunta 28 se refiere a la siguiente gráfica.

Prisioneros federales y estatales, Cantidad: 1950–1985
(miles de prisioneros)

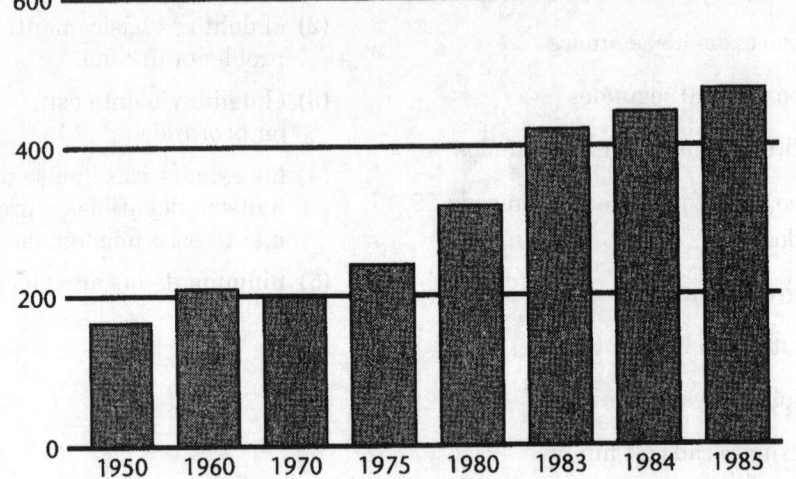

28. Si consideramos que el gasto para la construcción de una prisión generalmente se deduce de la cantidad de prisioneros, escoja la gráfica lineal que describa con mayor precisión la inversión para la construcción de prisiones y centros de rehabilitación.

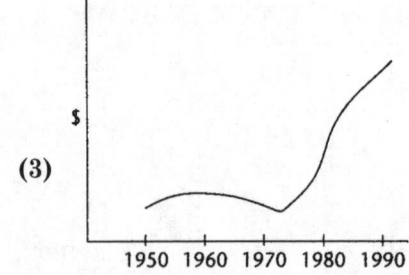

(3)

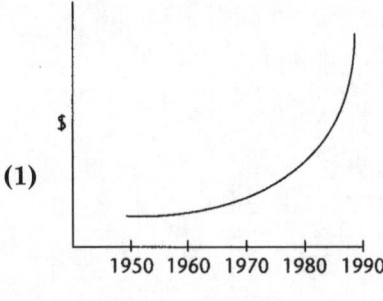

(1)

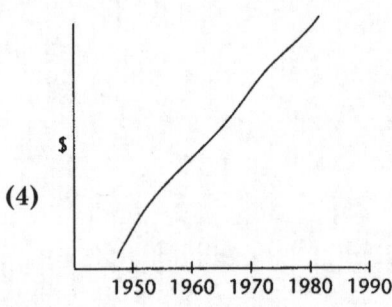

(4)

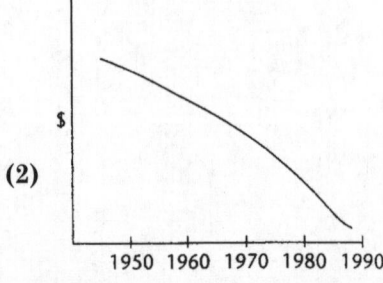

(2)

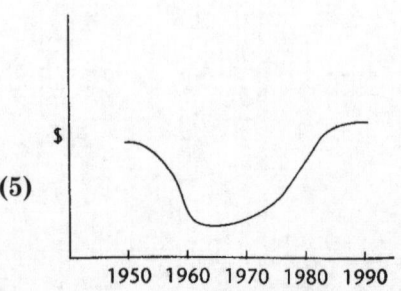

(5)

29. En 1947, el presidente Truman anunció que "la política de Estados Unidos debe ser la de apoyar a los pueblos libres que resisten regímenes totalitarios por parte de minorías conocidas o presiones externas". Este enunciado se conoció como la "Doctrina Truman".

Con base en la información que se proporciona en el párrafo anterior, ¿cuál de los siguientes es un *efecto* de la Doctrina Truman?

(1) Grecia, que se encontraba en un caos económico como resultado de la ocupación del Eje durante la Segunda Guerra Mundial, fue atacada por la guerrilla comunista.

(2) Tito se separó de la Unión Soviética.

(3) Con la ayuda militar estadounidense, Grecia sofocó los ataques de la guerrilla comunista.

(4) Turquía estaba bajo la presión de la Unión Soviética por concesiones en los Dardanelos, los estrechos que conectan al Mar Negro con el mar Mediterráneo.

(5) Las tropas soviéticas reprimieron a los libertadores húngaros y acabaron exitosamente con la revolución.

30. En 1947, el secretario de estado George C. Marshall ofreció ayuda económica a todas las naciones europeas (entre ellas, a la Unión Soviética y a sus satélites) para posibilitar su recuperación de la destrucción ocasionada por la Segunda Guerra Mundial. Dijo: "Nuestra política no está dirigida contra ningún país o doctrina, sino contra el hambre, la d esesperación y el caos".

Según la información que se proporciona en el párrafo anterior, ¿cuál de las siguientes es una de las *causas* del Plan Marshall?

(1) La Segunda Guerra Mundial había paralizado las economías de las naciones europeas, tanto de las vencedoras como de las derrotadas.

(2) Se restableció el comercio rentable entre Estados Unidos y Europa.

(3) El peligro del comunismo en Europa occidental disminuyó.

(4) Los países de Europa occidental se encaminaron hacia la unidad económica.

(5) La Unión Soviética condenó al Plan Marshall como un esquema de los capitalistas estadounidenses para obtener el control político y económico de Europa.

La pregunta 31 se refiere a las siguientes gráficas.

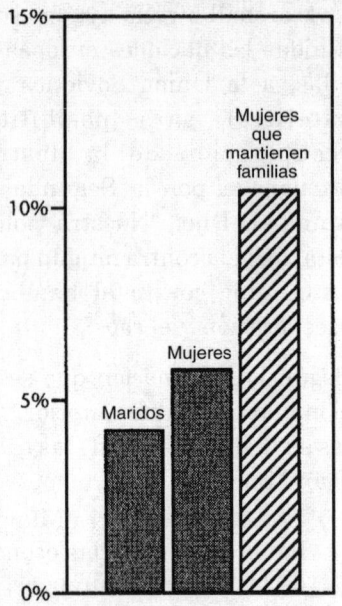

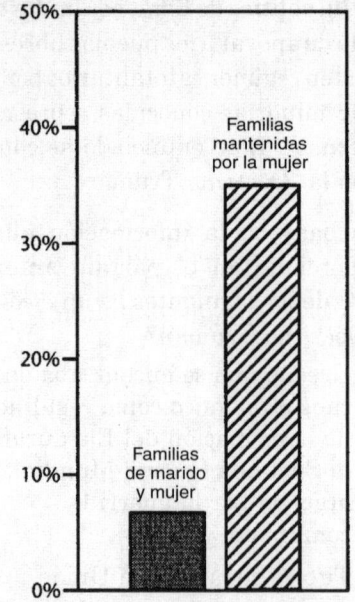

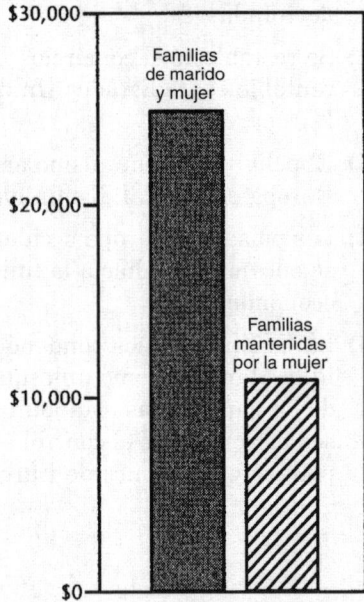

31. ¿Cuál de las siguientes conclusiones se sustenta en los datos que se muestran en las tres gráficas anteriores?

(1) Los hogares mantenidos por mujeres tienen más posibilidades de enfrentar problemas económicos graves.

(2) Las mujeres que no tienen hijos tienen índices de desempleo más bajos.

(3) Los hombres tienen ingresos más altos que las mujeres.

(4) El ingreso familiar aumenta cuando las esposas ingresan en la fuerza laboral.

(5) El 40% de todas las familias vive en la pobreza.

32. La mayoría de los periódicos más importantes de Estados Unidos se vinculan con una ciudad específica y publican noticias generales tanto nacionales como de la ciudad en la que se publican. ¿Cuál de los siguientes periódicos no se vincula, en contenido, con una ciudad en particular?

(1) The *New York Times*

(2) *The Washington Post*

(3) The *Boston Globe*

(4) *St. Louis Post-Dispatch*

(5) *Wall Street Journal*

Las preguntas 33 a 35 se refieren al párrafo y a la gráfica siguientes.

La siguiente tabla muestra de qué manera el gobierno de Estados Unidos apoyó económicamente la investigación y el desarrollo científico (I y D) en un período de 11 años y de qué manera ese dinero se distribuyó entre los estados. Las barras indican las diferencias durante tres períodos.

Apoyo federal para I y D a los 10 estados que encabezan dicho apoyo en los años seleccionados

Miles de millones de dólares

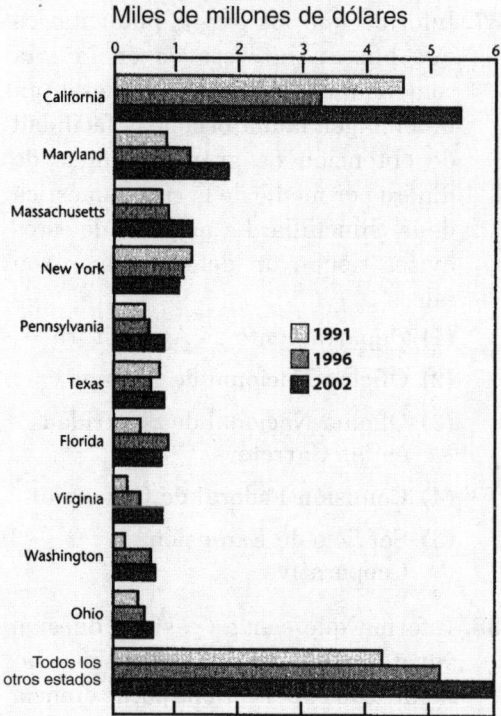

33. Según esta tabla, ¿qué sucedió con el dinero para la investigación y el desarrollo científico durante el período que se muestra?

    (1) Aumentó dramáticamente.

    (2) Disminuyó dramáticamente.

    (3) Probablemente se mantuvo a la par de la inflación.

    (4) Posibilitó un gran avance científico.

    (5) Ayudó al Departamento de Defensa a aumentar su efectividad.

34. ¿Qué combinación de estados tuvo la mayor participación en los fondos en el año 1996?

    (1) California, Pennsylvania y Texas

    (2) Maryland, Massachusetts y New York

    (3) California, Florida y Texas

    (4) Pennsylvania, Texas y Florida

    (5) New York, Pennsylvania y Virginia

35. ¿Qué estado tuvo la mayor disminución de porcentaje en los fondos durante el período que se indica en la tabla?

    (1) Florida

    (2) New York

    (3) California

    (4) Texas

    (5) Virginia

Las preguntas 36 a 40 se refieren a la información a continuación.

Como parte de sus actividades reguladoras y educativas, el gobierno federal estableció organismos que emiten una gran variedad de publicaciones con información para el consumidor. Estas publicaciones son gratuitas o poco costosas. A continuación se enumeran seis organismos y los temas del material para los consumidores que éstos publican.

1. **Departamento de Agricultura:** trata sobre el alimento, la vestimenta y la vivienda.

2. **Oficina Nacional de Normas:** traduce descubrimientos de investigaciones técnicas a cargo del gobierno a terminología útil que serán útiles para los consumidores.

3. **Oficina Nacional de Seguridad en las Carreteras:** proporciona información sobre aspectos de seguridad en el funcionamiento de los automóviles.

4. **Comisión Federal de Comercio:** alerta a los consumidores sobre tipos comunes de reclamos fraudulentos y prácticas engañosas.

5. **Servicio de Extensión Cooperativa:** es administrado por universidades estatales y publica boletines sobre actividades domesticas, jardinería y agricultura.

Cada unos de los siguientes enunciados describe un tema que sería de interés para uno de los organismos antes mencionados. Escoja el organismo que tiene más probabilidades de publicar material sobre este tema. Las categorías se pueden usar más de una vez en las diferentes preguntas, pero ninguna tiene más de una respuesta correcta.

36. Proporciona información sobre aceleración, tiempos de adelantamiento y distancias en las cargas de reserva de los neumáticos (la capacidad de los neumáticos de soportar peso adicional) y en las distancias de frenado.
    (1) Departamento de Agricultura
    (2) Oficina Nacional de Normas
    (3) Oficina Nacional de Seguridad en las Carreteras
    (4) Comisión Federal de Comercio
    (5) Servicio de Extensión Cooperativa

37. Informa que los avisos publicitarios que buscan interesados en la cría comercial de la chinchilla "presentan una imagen laudatoria de la facilidad de obtención de grandes sumas de dinero por medio de la cría doméstica de la chinchilla. La mayoría de estos avisos tienen un defecto grave: son falsos".
    (1) Departamento de Agricultura
    (2) Oficina Nacional de Normas
    (3) Oficina Nacional de Seguridad en las Carreteras
    (4) Comisión Federal de Comercio
    (5) Servicio de Extensión Cooperativa

38. Informa que cierta "pasta" adhesiva vegetal es adecuada para usar solamente con papel y "tiene poca potencia y resistencia a la humedad".
    (1) Departamento de Agricultura
    (2) Oficina Nacional de Normas
    (3) Oficina Nacional de Seguridad en las Carreteras
    (4) Comisión Federal de Comercio
    (5) Servicio de Extensión Cooperativa

39. Proporciona información sobre los problemas de los consumidores con la larva del césped y los ácaros araña.

    (1) Departamento de Agricultura

    (2) Oficina Nacional de Normas

    (3) Oficina Nacional de Seguridad en las Carreteras

    (4) Comisión Federal de Comercio

    (5) Servicio de Extensión Cooperativa

40. Proporciona información sobre el traslado de alimentos desde el campo al mercado y ofrece consejos sobre su preparación. Además, proporciona una forma accesible de calcular el valor nutricional.

    (1) Departamento de Agricultura

    (2) Oficina Nacional de Normas

    (3) Oficina Nacional de Seguridad en las Carreteras

    (4) Comisión Federal de Comercio

    (5) Servicio de Extensión Cooperativa

41. ¿Dónde está ubicada la capital de la nación?

    (1) Maryland

    (2) Virginia

    (3) Pennsylvania

    (4) Washington

    (5) ninguna de las anteriores

42. ¿Cuál de los siguientes fue un punto débil en los acuerdos que se hicieron al final de la Primera Guerra Mundial?

    A. Rusia no estaba representada.

    B. Alemania fue humillada.

    C. La Liga de las Naciones era demasiado débil.

    D. Estados Unidos no ratificó el tratado.

    (1) A solamente

    (2) B solamente

    (3) C solamente

    (4) D solamente

    (5) Todo lo anterior

La pregunta 43 se refiere a los siguientes enunciados de Winston Churchill dirigidos a los ciudadanos británicos en 1940.

"Debemos luchar en la tierra, en el mar, en la montañas; no debemos rendirnos nunca (…)."

"Sólo tengo para ofrecerles sangre, sudor, fatiga y lágrimas."

43. ¿Qué rasgo de la personalidad de Churchill se manifiesta con más claridad en estos enunciados?

    (1) estrategia militar

    (2) liderazgo

    (3) conocimiento de la historia

    (4) planificación económica

    (5) coraje

44. En 1789, los franceses se rebelaron contra el gobierno aristocrático debido a la manera injusta de tratar al pueblo que vivía en la pobreza, y que además tenía pocos derechos para votar, pero pagaba impuestos excesivos. ¿Cómo castigó la gente a los líderes aristocráticos?

    (1) Los encarcelaron.

    (2) Los azotaron.

    (3) Los mataron en la guillotina.

    (4) Los ahorcaron.

    (5) Los exiliaron.

45. La Doctrina Monroe estaba dirigida a las potencias europeas que existían en 1823. ¿Cuál fue su intención?

    (1) Advertirles que no interfirieran en Latinoamérica

    (2) Advertirles que no interceptaran nuestras embarcaciones

    (3) Advertirles que no atacaran a Estados Unidos

    (4) Protestar contra los impuestos de las potencias extranjeras

    (5) Eliminar todos los derechos otorgados a los extranjeros

La pregunta 46 se refiere al siguiente anuncio.

VENGA Y AYUDE A LOS ESTUDIANTES DE SU COMUNIDAD

Escuela Primaria Clara Barton de Newark, Florida

SE NECESITAN: Hombres o mujeres para que sean tutores de nuestros hijos, de 1° a 5° grado. Deben haberse graduado de la secundaria y tener al menos 4 horas por semana para dedicarle a un estudiante después de la escuela, de 3 a 4 p.m.. No se necesita experiencia. Nosotros capacitaremos y supervisaremos a la persona indicada. Se valoran especialmente la comunicación verbal y la habilidad para relacionarse con niños pequeños. Llame al 222-1234 después de las 4 p.m. para concertar una entrevista.

Octubre de 2001

46. El anuncio anterior, es un ejemplo de ¿cuál de los siguientes?

(1) un aviso publicitario incorrecto

(2) voluntariado

(3) patriotismo

(4) fervor religioso

(5) educación preescolar

La pregunta 47 se basa en el siguiente fragmento de la Declaración de la Independencia de Estados Unidos.

"Cuando en el curso de los acontecimientos humanos se hace necesario para un pueblo disolver los vínculos políticos que lo han ligado a otro y tomar entre las naciones de la tierra el puesto separado e igual al que las leyes de la naturaleza y el Dios de esa naturaleza le dan derecho, un justo respeto al juicio de la humanidad exige que declare las causas que lo impulsan a la separación."

47. ¿Las ideas de qué persona famosa inspiraron la referencia a "las leyes de la naturaleza" que se mencionan anteriormente?

(1) Platón

(2) Aristóteles

(3) Newton

(4) Galileo

(5) Washington

48. Existen diferencias importantes entre Irlanda y Gran Bretaña con respecto a Irlanda del Norte. ¿Cuál de los siguientes enunciados es verdadero?

(1) Irlanda del Norte pertenece a Escocia.

(2) Irlanda y Gales son aliados económicos.

(3) Irlanda del Norte está oficialmente bajo el control de Gran Bretaña.

(4) Irlanda nunca tuvo interés en Irlanda del Norte.

(5) ninguna de las anteriores

49. ¿Cuál fue el significado del término "Guerra Fría"?

    (1) una guerra que sucedió en las regiones del norte

    (2) una batalla política entre Rusia y Estados Unidos después de la Segunda Guerra Mundial

    (3) desacuerdos entre los Aliados y las potencias del Eje

    (4) batallas económicas producto de indemnizaciones excesivas

    (5) el resentimiento de los japoneses después del bombardeo de Hiroshima

50. Gutenberg fue responsable de la revolución en la diseminación de la información. ¿Cuál fue su invento?

    (1) la imprenta

    (2) los anteojos

    (3) el papiro para la escritura

    (4) la lapicera fuente

    (5) la encuadernación

prueba de diagnóstico

Use esta hoja para hacer anotaciones.

_____

_____

_____

_____

_____

_____

_____

_____

_____

_____

_____

_____

_____

_____

_____

_____

_____

_____

PRUEBA 3: CIENCIAS

Duración: 85 minutos • 50 preguntas

Instrucciones: La Prueba de Ciencias consiste en preguntas de opción múltiple que evalúan conceptos generales sobre Ciencias Biológicas, Ciencias de la Tierra y el Espacio, Física y Química. Algunas se basan en textos cortos; otras, en gráficas, tablas o diagramas. Para cada pregunta, estudie la información presentada y luego responda a las preguntas. Consulte la información cuantas veces sea necesario para responder a las preguntas. Marque las respuestas en la sección de Ciencias de la hoja de respuestas.

Ejemplo:

P Un cambio físico puede alterar el estado de la materia, pero no cambiar su composición química. ¿Cuál de los siguientes NO es un cambio físico?

(1) hervor de agua

(2) disolución de sal en agua

(3) cepillado de madera

(4) herrumbre de metal

(5) rotura de vidrio

Cuando un metal se herrumbra, se forma una nueva sustancia. Éste es un cambio químico y no físico. Por lo tanto, debe marcar el espacio correspondiente a la respuesta 4 en la hoja de respuestas.

Las preguntas 1 a 4 se refieren al siguiente artículo.

Para desayunar a bordo de un laboratorio espacial, la tripulación del turno azul dispone de jugo de naranja, melocotones, huevos revueltos, salchichas, chocolate y pancitos dulces. Tanto la comida como las instalaciones para la preparación de la comida fácilmente podrían ser la envidia de muchos chefs, amas de casa y comensales de la Tierra. Los miembros de la tripulación pueden elegir de un menú que es casi tan variado y ciertamente tan sabroso y nutritivo como el de la mayoría de los hogares o restaurantes. Un miembro de la tripulación puede preparar comidas para su turno en aproximadamente cinco minutos. Los tripulantes del turno azul y del rojo pueden desayunar y cenar juntos en algunas misiones si los horarios lo permiten.

En una cocina que está a la izquierda de las literas, hay un horno, surtidores de agua fría y caliente y una despensa con setenta y cuatro tipos de alimentos y veinte bebidas diferentes. Hay vasos y utensilios para comer.

No hay refrigerador y no es necesario. Para ahorrar peso y espacio, la mayoría de los alimentos a bordo se deshidratan por medio de un proceso de liofilizado especialmente diseñado para uso espacial. Para la reconstitución de estos alimentos, se utiliza agua en abundancia que proporcionan las células de combustible como un producto derivado de los procesos químicos generadores de electricidad.

Algunos alimentos se guardan en latas o bolsas plásticas esterilizadas con calor y selladas por métodos convencionales. Hay unos pocos alimentos listos para su consumo, como galletas y frutos secos. Las comidas proporcionan un promedio de 2,700 calorías diarias.

1. Según el texto, ¿cuál de las siguientes alternativas es la que mejor describe la diferencia entre los alimentos que se comen en la Tierra y los alimentos que se consumen en el espacio?

   (1) Los alimentos que se consumen en el espacio engordan más.

   (2) Los alimentos que se consumen en el espacio se pueden preparar más rápidamente.

   (3) Los alimentos que se consumen en la Tierra son más salados.

   (4) Las personas en la Tierra consumen más alimentos con alto contenido de carbohidratos.

   (5) Los astronautas son mejores cocineros que las personas en la Tierra.

2. ¿Cuál de las siguientes oraciones define mejor la palabra "reconstitución"?

   (1) devolver a la forma original

   (2) cocinar nuevamente para cambiar la forma

   (3) refinar para llegar a una sustancia más pura

   (4) mezclar los contenidos

   (5) picar en trozos más pequeños

3. ¿Qué se puede inferir del hecho de que los astronautas consuman 2,700 calorías por día?

   (1) Los astronautas son personas de gran tamaño que tienen tendencia a comer en exceso.

   (2) Las personas necesitan calorías adicionales en el espacio.

   (3) Los astronautas comen menos que las personas en la Tierra.

   (4) El viaje espacial hace que las personas tengan hambre.

   (5) 2,700 calorías representan la cantidad diaria recomendada.

4. Según la información suministrada, ¿cuál de los siguientes enunciados es un hecho más que una opinión?

  A. Los alimentos que se sirven en el espacio exterior fueron deshidratados para ahorrar espacio.

  B. Los alimentos que se sirven en la Tierra tienen mejor aspecto que los que se sirven en el espacio.

  C. Lleva sólo unos minutos preparar una comida en el espacio.

  D. La comida simplemente tiene mejor sabor en el espacio.

  (1) A solamente
  (2) A y B
  (3) A y C
  (4) C solamente
  (5) A, B y D

Desarrollo de la mosca de la fruta

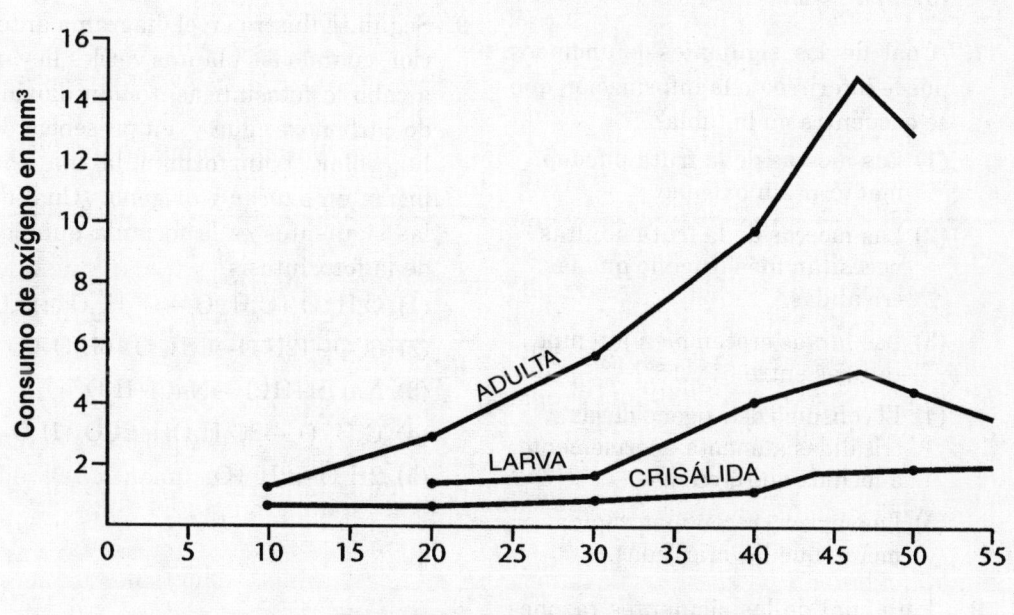

Las preguntas 5 a 8 se basan en la gráfica anterior.

5. Según la gráfica, ¿a qué temperatura se consume la mayor cantidad de oxígeno durante cada etapa?

(1) entre 10° y 20°

(2) entre 20° y 30°

(3) entre 30° y 40°

(4) entre 40° y 50°

(5) entre 50° y 55°

6. Según la gráfica, ¿cuál fue la etapa del consumo más elevado de oxígeno de los adultos?

(1) 2 a 6 mm^3

(2) 4 a 6 mm^3

(3) 6 a 8 mm^3

(4) 8 a 10 mm^3

(5) 10 a 14 mm^3

7. ¿Cuál de los siguientes enunciados puede inferirse de la información que se encuentra en la tabla?

(1) Las moscas de la fruta pueden madurar sin oxígeno.

(2) Las moscas de la fruta adultas necesitan más oxígeno que las crisálidas.

(3) Las larvas crecen bien a temperaturas entre 5° y 15°.

(4) El consumo de oxígeno de las crisálidas aumenta enormemente a medida que crecen.

(5) Las larvas crecen más rápidamente que las crisálidas.

8. ¿Para cuál de las siguientes razones podemos inferir que se puede usar esta información?

(1) para aumentar el crecimiento de las plantas de estación

(2) para inhibir el crecimiento de las cucarachas

(3) para aumentar la producción en laboratorio de las moscas de la fruta

(4) para probar nuevos instrumentos

(5) para probar nuevas terapias con hormonas

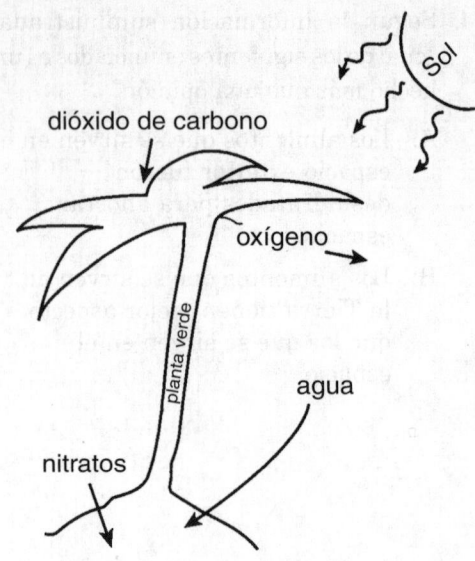

9. Según se ilustra en el diagrama anterior, cuando las plantas verdes llevan a cabo la fotosíntesis, toman dióxido de carbono y agua y, en presencia de luz solar, transforman la materia prima en azúcar y oxígeno. ¿Cuál de las siguientes es la fórmula química de la fotosíntesis?

(1) $C_6H_{12}O_6 + C_6H_{12}O_6 \rightarrow C_{12}H_{22}O_{11} + H_2O$

(2) $6CO_2 + 12H_2O \rightarrow C_6H_{12}O_6 + 6H_2O + 6O_2$

(3) $NaOH + HCl \rightarrow NaCl + H_2O$

(4) $C_6H_{12}O_6 \rightarrow 2C_2H_5OH + 2CO_2 + H_2O$

(5) $2H_2O \rightarrow 2H_2 + O_2$

Las preguntas 10 a 14 se basan en el siguiente artículo.

La cirugía láser se ha utilizado durante aproximadamente treinta años. Los láseres que se utilizan para cirugía destruyen el tejido, o las células, en un proceso que se llama "necrosis por fotocoagulación". La humedad de la célula absorbe el calor o la energía del láser y así se transforma en vapor y se disipa. Los sólidos que quedan cuando se eliminó toda la humedad son cenizas que se pueden eliminar mediante succión, con una esponja o cepillo. Algunas veces, el tejido no se convierte completamente en ceniza, pero ya no está vivo y finalmente se separa del tejido vivo adyacente. Los tumores, entre ellos las células cancerígenas, se pueden destruir con un láser como el CO_2 si pueden identificarse y alcanzarse.

Para realizar un corte o incisión, se enfoca un rayo de láser angosto y se aplica a lo largo del lugar donde se desea realizar el corte. La destrucción de tejido se limita a un ancho y una profundidad específica con una mínima lesión en el tejido adyacente o subyacente. El rayo se aplica en la misma incisión las veces que sea necesario para lograr la longitud y la profundidad de corte deseadas.

Los láseres tienen ciertas ventajas respecto a otros métodos quirúrgicos más convencionales, principalmente estas:

- El hecho de que la cirugía con láser utilice calor y contacto mínimo con el tejido contribuye con las condiciones de asepsia que son altamente deseables para reducir los riesgos de infección.

- Con ciertos láseres, un cirujano puede trabajar en la nariz, los oídos, la boca, la garganta, la vagina y otras áreas cerradas. En la cirugía convencional, es probable que se necesiten cortes adicionales para abrir dichas áreas lo suficiente para usar un bisturí u otros instrumentos quirúrgicos convencionales.

- Los defensores alegan que debido a que los láseres operan mediante la vaporización y la destrucción de los tejidos, la curación es generalmente rápida y la hinchazón y las cicatrices son mínimas.

10. Según el texto, ¿cuál de las siguientes alternativas es la que mejor define a un láser?

    (1) un haz de rayos de luz

    (2) un instrumento de corte de metal

    (3) un torno con punta de diamante

    (4) una herramienta que todavía no se ha inventado

    (5) una herramienta que algún día reemplazará a los médicos

11. Según se usa en este texto, ¿cuál de las siguientes alternativas define mejor la palabra "vaporización"?

    (1) hacer estallar una célula cancerígena

    (2) extraer humedad de una célula

    (3) derretir hielo para obtener agua

    (4) sacar con una esponja las células muertas

    (5) dividir las células cancerígenas en secciones más pequeñas

12. ¿Cuál de las siguientes NO es una ventaja de la cirugía láser, según el texto?

    (1) Reduce las cicatrices y la hinchazón.

    (2) Reduce la cantidad de cortes necesarios.

    (3) Reduce el riesgo de infección.

    (4) Reduce el riesgo de cáncer.

    (5) Reduce el riesgo de daño a los tejidos adyacentes.

13. Según este texto, ¿qué puede suceder con las células muertas que no se extraen completamente mediante el láser?

    (1) Reinfectarán el cuerpo.

    (2) Aún se pueden sacar con un cepillo o esponja.

    (3) Pueden transformarse en células sanas.

    (4) Pueden separarse de las células sanas.

    (5) Serán atacadas por los glóbulos blancos.

14. ¿Cuál de los siguientes enunciados es más probable que sea una opinión y no un hecho?

(1) Los láseres se han usado en cirugía durante alrededor de treinta años.

(2) Los láseres destruyen tanto el tejido sano como el infectado.

(3) La cirugía láser disminuye la presión en las áreas adyacentes.

(4) La cirugía láser generalmente cura más rápidamente.

(5) Los láseres son las mejores herramientas para uso quirúrgico.

Incidencia de hemofilia entre los descendientes de la reina Victoria

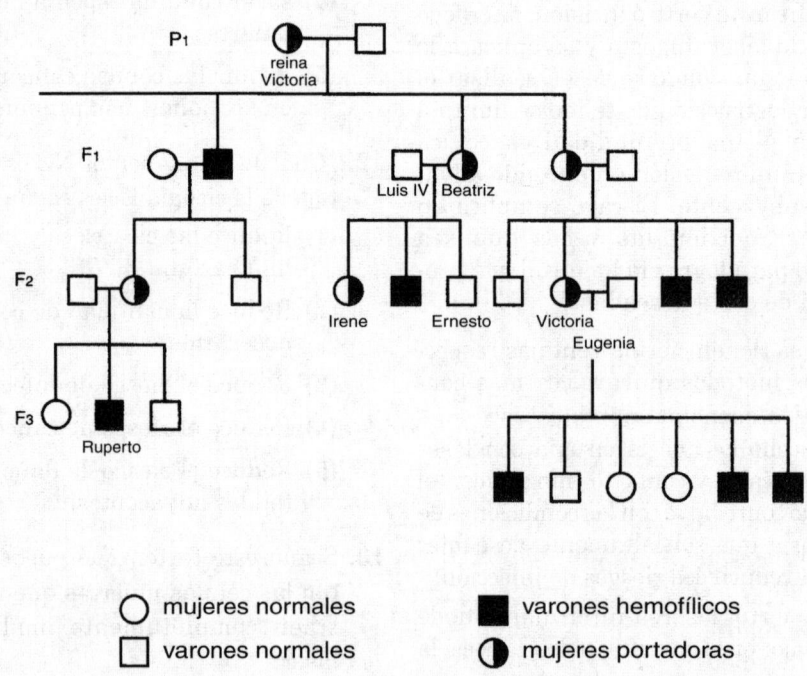

⭕ mujeres normales

◻ varones normales

⬛ varones hemofílicos

◐ mujeres portadoras

Las preguntas 15 a 17 se basan en la gráfica anterior.

La gráfica de linaje muestra solamente una parte de los descendientes de la reina Victoria. El árbol genealógico indica que no hay antecedentes de hemofilia (una enfermedad en la que la sangre no coagula adecuadamente) en ninguno de los padres anteriores a la generación P1.

15. ¿Cuál suposición sobre la generación P1 es verdadera?

(1) Alberto no tenía el gen hemofílico.

(2) La reina Victoria tenía dos cromosomas X, cada uno de ellos con un gen hemofílico.

(3) Ni Alberto ni Victoria tenían un gen hemofílico.

(4) Alberto fue un probable portador del gen de hemofilia.

(5) Alberto tiene hemofilia.

16. Si Beatriz se hubiera casado con un hemofílico, ¿qué probabilidades habría de que sus hijas contrajeran la enfermedad?

(1) 0%

(2) 25%

(3) 50%

(4) 75%

(5) 100%

17. Sobre la base de la información de la tabla, ¿cuál es la explicación más razonable para la hemofilia de Ruperto?

(1) Ocurrió una mutación en el cromosoma Y, que recibió de su padre.

(2) Su madre sufría de la enfermedad y la transmitió a su hijo.

(3) Su padre era portador.

(4) Su abuelo materno tenía la enfermedad.

(5) Su padre tenía la enfermedad.

18. Stephen Hawking es reconocido mundialmente por sus contribuciones a la "Teoría del campo unificado". Él es

(1) físico.

(2) biólogo.

(3) químico.

(4) astronauta.

(5) médico.

19. El término "precipitación" se refiere a las formas de condensación que caen a la tierra. ¿Cuál de los siguientes NO es una forma de precipitación?

(1) polvo

(2) lluvia

(3) aguanieve

(4) granizo

(5) nieve

La pregunta 20 se basa en lo siguiente.

Hace aproximadamente diez millones de años, en lo que en la actualidad corresponde al territorio de Nebraska y las grandes llanuras, hubo una erupción volcánica importante que originó un enorme volumen de sustancia pulverulenta. Esta sustancia se esparció por el aire y finalmente se asentó en la tierra de estas áreas. Grandes cantidades de ceniza se asentaron sobre cientos de millas cuadradas. Este hecho fue muy parecido al que ocurrió en la década de 1980, cuando el monte St. Helens erupcionó en el Cascade Range de Washington, pero mucho más grave. Muchos animales que vivían en estas áreas en aquel momento, entre ellos camellos, rinocerontes y extraños ciervos de colmillos largos y afilados, se asfixiaron y murieron en medio del polvo en suspensión.

20. ¿Cuál de las siguientes fue la causa de que los animales se sofocaran?

(1) lava caliente

(2) cenizas volcánicas

(3) terremotos

(4) sonidos fuertes

(5) una tormenta violenta

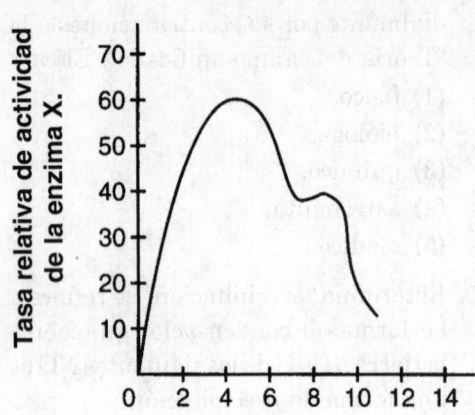

pH

Las preguntas 21 a 24 se refieren a la gráfica anterior.

21. ¿Cuál de las siguientes conclusiones se sustenta la gráfica?

    (1) El pH no afecta a la acción de la enzima.

    (2) La tasa relativa de la enzima X es constante.

    (3) La tasa de acción de la enzima varía con el pH.

    (4) Las plantas crecen mejor expuestas a luz solar fuerte.

    (5) La enzima X aumenta en volumen a medida que el pH aumenta.

22. Según la gráfica, ¿entre qué valores de pH aumenta más la tasa de actividad de la enzima?

    (1) 0 y 2

    (2) 2 y 2

    (3) 4 y 6

    (4) 6 y 8

    (5) 8 y 10

23. ¿Cuál de los siguientes procesos podría ser el tema de esta gráfica?

    (1) digestión

    (2) evaporación

    (3) fotosíntesis

    (4) sueño

    (5) respiración

24. Según la información de la gráfica y si se considera que el 7 representa la neutralidad, los números menores que 7 representan acidez y los números mayores que 7 representan alcalinidad en la escala de pH, ¿cuál de los siguientes enunciados sería verdadero?

    (1) El agua con una lectura de 7 sería salada.

    (2) Si agregamos jugo de limón ácido a una solución, el pH disminuirá.

    (3) Todas las enzimas aumentan su actividad en un medio ácido.

    (4) El pH permanece constante sin importar lo que se agregue.

    (5) Algunas enzimas reaccionan ante las diferencias en pH.

25. Un científico realizó el siguiente experimento: cubrió dos discos de Petri con el mismo tipo de bacteria. Luego puso una gota de penicilina en uno de los discos y una gota de una sustancia química "X", en el otro. Varias horas después, observó los resultados que se muestran en el diagrama que aparece a continuación. ¿Qué puede inferir del diagrama?

Penicilina | **Sustancia química "X"**

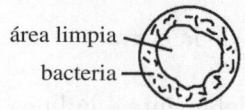 

área limpia — bacteria   área limpia — bacteria

(1) La sustancia química "X" no pudo matar ninguna bacteria.

(2) La sustancia química "X" es un antibiótico más fuerte que la penicilina.

(3) La sustancia química "X" es penicilina porque mata gérmenes.

(4) Nada se puede determinar a partir de la observación del diagrama.

(5) La sustancia química "X" es un antibiótico más débil que la penicilina.

La pregunta 26 se basa en el siguiente fragmento.

La biorretroalimentación es una técnica de tratamiento en la que las personas se capacitan para mejorar su salud mediante el uso de las señales de su propio organismo. Aprenden, por ejemplo, a leer dispositivos que "retroalimentan" información sobre el estado de su cuerpo. Los fisioterapeutas utilizan la biorretroalimentación para ayudar a las víctimas de accidentes cerebrovasculares a recuperar el movimiento de los músculos paralizados. Los psicólogos la usan para ayudar a los pacientes tensos y ansiosos a aprender a relajarse. Los especialistas de varios campos usan la biorretroalimentación para ayudar a sus pacientes a sobrellevar el dolor.

26. ¿Cuál de los siguientes NO es un ejemplo del uso de la biorretroalimentación?

(1) medir impulsos eléctricos

(2) subirse a una balanza

(3) saltar la soga

(4) tomarse la temperatura

(5) tomar la presión sanguínea

La pregunta 27 se basa en la siguiente información.

Los instintos son acciones involuntarias innatas. Algunos científicos creen que los seres humanos no poseen instintos. Todo lo que ellos hacen tiene que aprenderse. Algunos ejemplos de instintos se pueden observar cuando una araña teje su telaraña, un ave construye su nido o un castor construye una represa. Los humanos aprenden hábitos. Un hábito es una acción que se repite con tanta frecuencia que se puede hacer sin pensarlo. Escribir a máquina sin mirar las teclas o comerse las uñas son ejemplos de hábitos.

27. ¿Cuál de los siguientes ejemplos coincide correctamente?

(1) Hábito: una hormiga construye una colonia.

(2) Instinto: un bebé hace rodar una pelota.

(3) Hábito: una marmota de las praderas cava un túnel.

(4) Instinto: un niño corre hacia el autobús escolar.

(5) Hábito: un conductor se detiene ante la luz roja.

prueba de diagnóstico

Las preguntas 28 a 32 se basan en la siguiente gráfica.

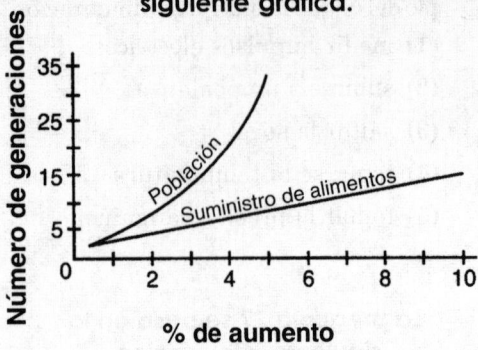

% de aumento

Darwin obtuvo algunas de sus ideas para la Teoría de la Selección Natural del *Ensayo sobre el Principio de la Población,* de Malthus. Las ideas de Malthus están representadas en la gráfica anterior.

28. Según la información de la gráfica, ¿cuál era la teoría de Malthus?

    (1) La población aumenta aritméticamente; el alimento aumenta geométricamente.

    (2) Siempre habrá suficiente alimento para la población.

    (3) Eventualmente, la producción de alimentos excederá el aumento de la población.

    (4) La población aumenta más rápido que el suministro de alimentos.

    (5) El más fuerte sobrevivirá.

29. ¿Cuál de las ideas de Darwin estuvo más directamente influenciada por las ideas de Malthus?

    (1) variación

    (2) sobreproducción

    (3) adaptación

    (4) herencia de variaciones

    (5) la ley del más fuerte

30. Si la línea que marca la tendencia del suministro de alimentos continúa según se indica en la gráfica, ¿qué sucederá eventualmente con la curva de la población?

    (1) Alcanzará un pico y luego caerá hasta alcanzar nuevamente la línea de tendencia del suministro de alimentos.

    (2) Se nivelará aproximadamente en el 45% indicado en la gráfica y seguirá indefinidamente en este nivel.

    (3) La pendiente de la curva descenderá.

    (4) Seguirá paralelamente a la línea del suministro de alimentos.

    (5) Se nivelará aproximadamente en el 75% indicado en la gráfica y seguirá en este nivel hasta el año 2000.

31. Un grupo de naciones trata de cambiar el resultado de la teoría de Malthus. ¿Cuál de los siguientes factores tienen que considerar para lograr esto?

    A. guerra

    B. hambre

    C. agricultura mejorada

    D. avances médicos

    (1) A solamente

    (2) A y B solamente

    (3) A y C solamente

    (4) A y D solamente

    (5) A, B, C y D

32. ¿Cuál de los siguientes países o continentes tienen más probabilidades de experimentar los efectos de la teoría de Malthus?

    A. China   C. África

    B. Estados Unidos   D. Canadá

    (1) A y B solamente

    (2) A y C solamente

    (3) C solamente

    (4) A y D solamente

    (5) A, B y C solamente

33. La sublimación es el proceso de transformación de una sustancia directamente de un estado sólido a uno gaseoso. Ya que la mayoría de las sustancias primero se transforman en líquidos, la sublimación es un suceso inusual. ¿Cuál de los siguientes elementos puede sublimarse cuando se calienta?

    (1) Br_2 (líquido)

    (2) I_2 (sólido)

    (3) H_2 (gaseoso)

    (4) F_2 (gaseoso)

    (5) Cl_2 (gaseoso)

Las preguntas 34 y 35 se relacionan con la siguiente información.

Cuando un objeto se traslada a una velocidad constante, la distancia que recorre es igual a la velocidad por el tiempo total del traslado:

$$V(\text{velocidad}) \times T(\text{tiempo}) = D(\text{distancia})$$

34. La velocidad promedio de un corredor en una carrera de 400 metros es igual a 8.0 metros por segundo. ¿Cuántos segundos tardó este corredor en completar la carrera?

    (1) 80

    (2) 50

    (3) 40

    (4) 32

    (5) 10

35. Sara terminó la carrera de 20 millas en 2.5 horas. ¿Cuál fue la velocidad en millas por hora?

    (1) 1

    (2) 5

    (3) 8

    (4) 10

    (5) 15

prueba de diagnóstico

Las preguntas 36 a 38 se refieren a la siguiente tabla.

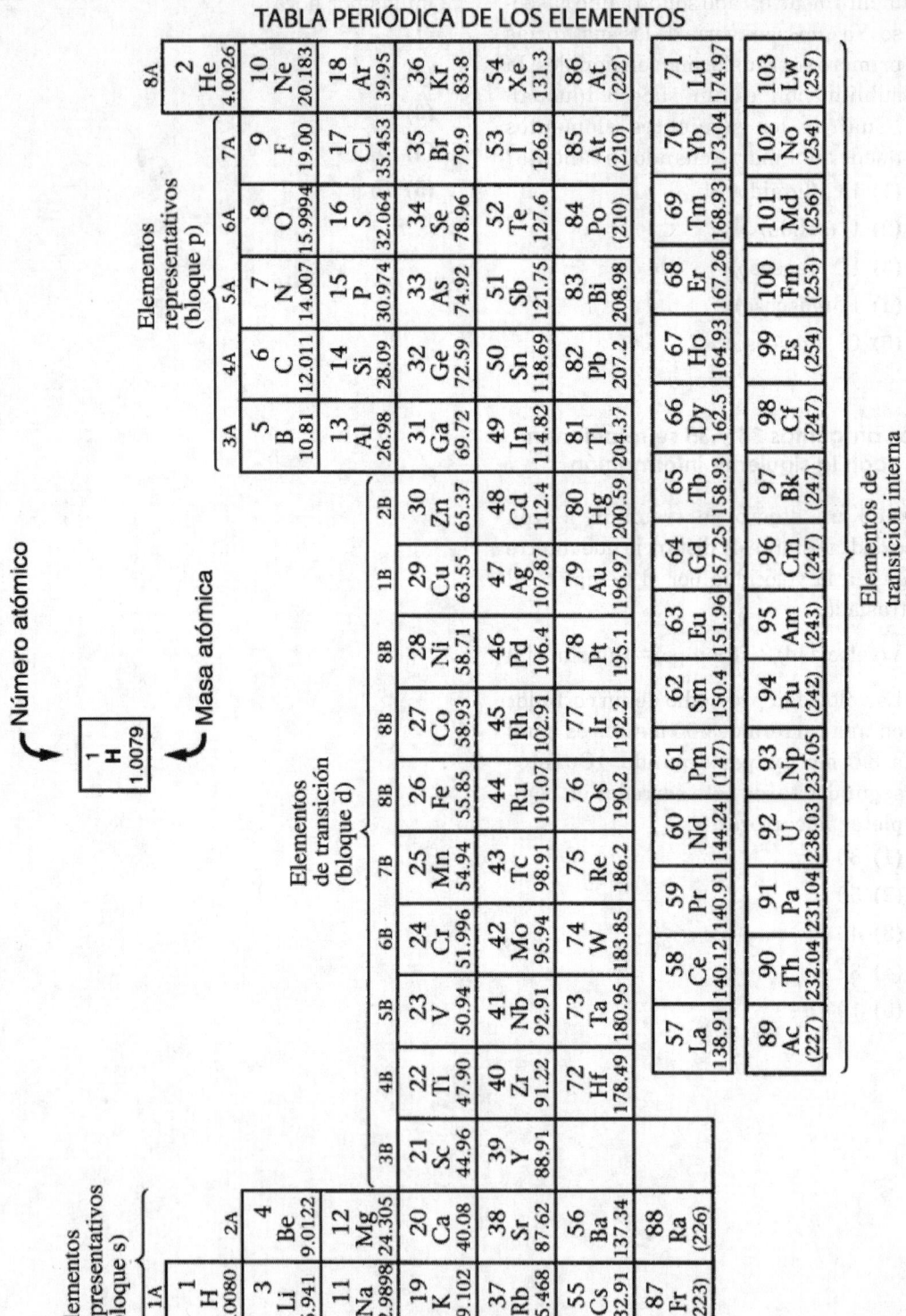

TABLA PERIÓDICA DE LOS ELEMENTOS

36. No hay más potasio en el depósito de productos químicos. ¿Qué átomo tiene propiedades similares a las del potasio (K)?

   (1) P

   (2) Al

   (3) Na

   (4) Ca

   (5) Mg

37. Los elementos de la tabla periódica están ordenados según su

   (1) número atómico.

   (2) masa atómica.

   (3) conductividad.

   (4) número de masa.

   (5) estado de oxidación.

38. La mayoría de los elementos son naturales. Sin embargo, algunos fueron creados por científicos e ingenieros en laboratorios por medio de tecnología nuclear. ¿Qué números atómicos tienen estos elementos hechos por el hombre?

   (1) 92 - 103

   (2) 93 - 103

   (3) 89 - 103

   (4) 57 - 71; 89 - 103

   (5) 1 - 10

La pregunta 39 se refiere a la siguiente gráfica.

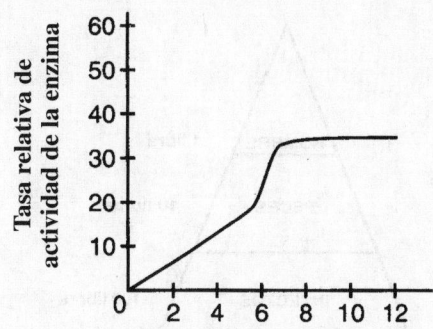

Concentración de enzimas
(La concentración del sustrato es constante)

39. ¿Qué indica la información de esta gráfica?

   (1) La tasa de actividad de la enzima depende directamente de la concentración del sustrato.

   (2) La tasa de actividad de la enzima se estabiliza cuando se alcanza una cierta concentración de enzimas.

   (3) La concentración de enzimas no tiene efectos sobre la tasa de actividad de la enzima.

   (4) Cuando la concentración del sustrato aumenta, la actividad de la enzima disminuye.

   (5) La temperatura afecta a la actividad de la enzima.

Las preguntas 40 a 42 se basan en la pirámide alimenticia a continuación.

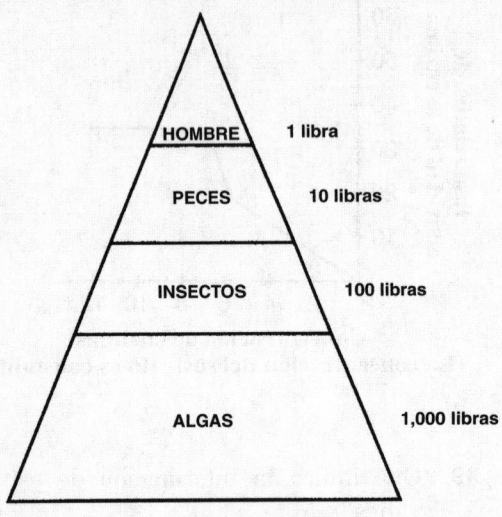

El diagrama anterior representa una pirámide alimenticia. Muestra la cantidad de libras de alimentos que se necesitan para alimentar al animal que se encuentra arriba.

40. Según esta pirámide alimenticia, ¿cuántas libras de pescado serían necesarias para alimentar a un hombre de 100 libras?

(1) 10

(2) 100

(3) 1,000

(4) Más de 1,000

(5) Más de 10,000

41. Según la información que se proporciona en esta pirámide, ¿cómo obtienen energía los insectos?

(1) Nadan en el agua.

(2) Son comidos por los peces.

(3) Son comidos por las algas.

(4) Comen algas.

(5) Se alimentan de sangre humana.

42. ¿Cuál sería el resultado del retiro de los peces de esta pirámide?

(1) El número de insectos aumentaría.

(2) El número de insectos se reduciría.

(3) La cantidad de algas aumentaría.

(4) El número de hombres aumentaría.

(5) Los insectos morirían de hambre.

RADIOISÓTOPOS SELECCIONADOS

Núclido	Vida media	Emisión de partícula
^{14}C	5730 a	β^-
^{60}Co	5.3 a	β^-
^{147}Cs	30.23 a	β^-
^{220}Fr	27.5 s	α
^{3}H	12.26 a	β^-
^{131}I	8.07 d	β^-
^{10}K	1.28×10^9 a	β^+
^{42}K	12.4 h	β^-
^{32}P	14.3 d	β^-
^{226}Ra	1600 a	α
^{90}Sr	28.1 a	β^-
^{235}U	7.1×10^4 a	α
^{238}U	4.51×10^9 a	α

a = años; d = días; h = horas; s = segundos

Las preguntas 43 a 46 se refieren a la tabla anterior.

La vida media es el tiempo que se necesita para la desintegración de la mitad de los átomos de una muestra de algunas sustancias radiactivas específicas.

43. Supongamos que tiene 100 gramos de cada uno de los siguientes radioisótopos. ¿Cuál tendrá la mayor cantidad de átomos después de 1 año?

    (1) ^{32}P

    (2) ^{226}Ra

    (3) ^{90}Sr

    (4) ^{235}U

    (5) ^{238}U

44. ¿Cuántos gramos de ^{220}Fr quedarán si sostiene 100 gramos durante 110 segundos?

    (1) 62.50

    (2) 50.00

    (3) 12.50

    (4) 6.25

    (5) 1.00

45. Según la tabla, ¿qué parte de la cantidad original de ^{60}Co quedará al final del período de 10.6 años?

(1) $\dfrac{1}{2}$

(2) $\dfrac{1}{4}$

(3) $\dfrac{1}{8}$

(4) $\dfrac{1}{16}$

(5) $\dfrac{1}{32}$

46. Según la tabla, ¿cuál de los siguientes radioisótopos se desintegrará más rápidamente?

(1) ^{60}Co

(2) ^{42}K

(3) ^{3}H

(4) ^{131}I

(5) ^{32}P

Las preguntas 47 a 50 se basan en el siguiente fragmento.

ADVERTENCIA DE VIENTOS FUERTES: Cuando se esperan vientos de entre 38 y 55 millas por hora (33 a 48 nudos), se agrega una advertencia de vientos fuertes al mensaje de alerta.

ADVERTENCIA DE TORMENTA: Cuando se esperan vientos de entre 55 y 74 millas por hora (48 a 64 nudos), se agrega una advertencia de tormenta al mensaje de alerta.

Cuando las advertencias de vientos fuertes o de tormenta forman parte de una alerta de ciclón tropical, pueden cambiar a una advertencia de huracán si la tormenta continúa a lo largo de la costa.

ALERTA DE HURACÁN: Si el huracán continúa su avance y amenaza las regiones costeras y del interior, se agrega una alerta de huracán al mensaje con información del área específica y la duración. Una alerta de huracán significa que las condiciones para que suceda son una posibilidad real; no significa que son inminentes. Cuando se emite una alerta de huracán, todos en el área de cobertura de la alerta deben escuchar los mensajes posteriores y estar preparados para actuar rápidamente en caso de que se emitan advertencias de huracán.

ADVERTENCIA DE HURACÁN: Cuando se esperan condiciones de huracán dentro de las 24 horas, se agrega una advertencia al mensaje. Las advertencias de huracán identifican las áreas costeras en donde se esperan vientos de 74 millas por hora al menos. También puede describir las áreas costeras en donde se pronostican peligrosas crecidas del mar u olas excepcionalmente elevadas, aunque los vientos no tengan la fuerza de un huracán.

Cuando se emite la advertencia de huracán, se deben tomar todas las precauciones inmediatamente. Pocas veces se emiten con más de 24 horas de anticipación. Si el recorrido del huracán es inusual o irregular, las advertencias se pueden emitir solamente unas pocas horas antes del comienzo de las condiciones de huracán.

47. ¿En cuál de las siguientes velocidades del viento se emiten las advertencias de vientos fuertes?

(1) 20 mph

(2) 30 mph

(3) 40 mph

(4) 60 mph

(5) 80 mph

48. "Ciudadanos, almacenen alimentos y agua. Cierren con tablas sus ventanas y trasládense al refugio contra tormentas."

¿En qué situaciones se emitiría este mensaje?

(1) informe meteorológico

(2) advertencia de vientos fuertes

(3) advertencia de tormenta

(4) alerta de huracán

(5) advertencia de huracán

49. Según el fragmento, ¿en cuál de las siguientes áreas son especialmente peligrosos los huracanes?

(1) en la ciudades importantes

(2) en las llanuras

(3) cerca de los edificios altos

(4) en las áreas costeras

(5) en el océano

50. Podemos inferir del texto que los huracanes son peligrosos, ¿por cuál de las siguientes razones?

(1) inundaciones

(2) descargas eléctricas

(3) pérdida de energía

(4) deterioro de alimentos

(5) trastornos en los servicios

prueba de diagnóstico

Use esta hoja para hacer anotaciones.

_____

_____

_____

_____

_____

_____

_____

_____

_____

_____

_____

_____

_____

_____

_____

_____

_____

_____

_____

_____

_____

_____

PRUEBA 4: ESPAÑOL: LENGUAJE, LECTURA

Duración: 65 minutos • 40 preguntas

Instrucciones: Esta prueba consiste en preguntas de opción múltiple que se basan en una variedad de fragmentos literarios y otros no ficticios. Lea atentamente cada fragmento y luego responda a las preguntas basándose en estos textos. Puede consultar los fragmentos cuantas veces sea necesario para responder a las preguntas. Sin embargo, no dedique a cada una más tiempo del necesario. Marque las respuestas en la sección de Español: lenguaje, lectura de la hoja de respuestas.

Ejemplo:

P Murió cuando el manto de la noche caía... Observé el ritmo de su respiración acelerarse más y más, una pausa, y luego su pequeña alma saltó como una estrella que viaja en la noche y su estela dejó atrás un mundo de oscuridad. Durante el día nada cambió... Sólo en la cámara de la muerte se estremeció aquello que es lo más penoso del mundo: una madre sin su hijo.

El lector puede inferir que la muerte le llegó a

   (1) un anciano.

   (2) un perro favorito.

   (3) un niño.

   (4) una madre.

   (5) un soldado.

La respuesta correcta es "un niño"; por lo tanto, debe marcar el espacio correspondiente a la respuesta 3 en la hoja de respuestas.

prueba de diagnóstico

Las preguntas 1 a 6 se basan en el siguiente fragmento.

¿Puede un hombre valiente sentir miedo?

Línea   —¿Podía ver el blanco de sus ojos? —dijo el hombre que estaba sentado en un cajón.

—Nada especial —respondió el
(5) viejo Henry con calidez—. Sólo un montón de figuras que pasan fugazmente y las dejo ir donde se las ve más definidas. ¡Bang!

—Sr. Fleming —dijo el almacenero.
(10) Su tono respetuoso expresaba de algún modo el peso social exacto del anciano—. Sr. Fleming, usted nunca sintió mucho miedo en las batallas, ¿verdad?

(15)   El veterano bajó la mirada y sonrió. El grupo entero rió disimuladamente mientras observaba su actitud.

—Bien, creo que sí —respondió finalmente—. Bastante asustado a
(20) veces. ¿Por qué? En mi primera batalla creí que el cielo se derrumbaba. Creí que era el fin del mundo. Sin dudas tuve miedo.

Todos rieron. Tal vez les parecía
(25) extraño y a la vez maravilloso que un hombre admitiera este tema y en el tono de su risa probablemente había más admiración que si el viejo Fleming hubiera declarado que
(30) siempre había sido un león en el campo de batalla. Además, sabían que tenía el rango de sargento de brigada y, por lo tanto, tenían una opinión formada sobre su heroísmo.
(35) Ninguno, con seguridad, sabía qué era un sargento de brigada, pero luego comprendieron que podía ser algo menos que un general de división. Entonces, cuando el viejo
(40) Henry admitió que había estado asustado, hubo risas.

—El problema era —dijo el hombre— que yo creí que todos me disparaban a mí. Sí, señor. Yo pensé
(45) que todos los hombres del otro bando me apuntaban a mí en particular, solamente a mí. Y, ¿saben? Parecía

tan irracional. Yo quería explicarles qué buena persona era porque
(50) pensaba que así dejarían de dispararme. Pero no les pude explicar y siguieron siendo irracionales. ¡Bim! ¡Blam! ¡Bang! ¡Entonces, corrí! Dos triángulos pequeños de arrugas
(55) aparecieron en los rabillos de sus ojos. Evidentemente le gustaba que hubiera algo cómico en este relato. Sin embargo, cerca de sus pies estaba Jim, su pequeño nieto,
(60) visiblemente sacudido por el horror. Apretaba sus manos con nerviosismo y sus ojos grandes estaban asombrados con este escándalo terrible: su magnífico abuelo contan-
(65) do semejante cosa.

Cuando el pequeño Jim caminaba con su abuelo, tenía por costumbre ir dando saltos por la calle empedrada frente a los tres almacenes y al hotel
(70) del pueblo, y apostando que podía esquivar las grietas. Pero ese día caminaba con seriedad, con sus manos tomadas de dos dedos de su abuelo.

(75)   Luego finalmente se aventuró.

—Abuelo, ahora, ¿es verdad lo que le contabas a esos hombre?

—¿Qué? —preguntó el abuelo—. ¿Lo que les estaba contando a ellos?
(80)   —Ajá, sobre tu corrida.

—¿Por qué? Sí, eso es verdad, Jimmie. Fue mi primera batalla y había ruidos terribles, sabes.

Parecía que Jimmie no podía
(85) comprender que su ídolo, por voluntad propia, tambaleara de esa forma. Su idealismo fuerte de niño estaba herido.

Extraído de "The Veteran"
(El veterano), por Stephen Crane

1. El lector comprende rápidamente que Henry es

    (1) un comerciante.

    (2) propietario de una curtiduría.

    (3) un ex soldado.

    (4) un general de división.

    (5) un almacenero.

2. ¿Cuál es la característica más importante del anciano?

(1) hipocresía

(2) orgullo

(3) honestidad

(4) antipatía

(5) idealismo

3. Cuando el Sr. Fleming admitió que había sentido miedo en la batalla, ¿cuál fue la actitud hacia él de los adultos que lo escuchaban?

(1) Se convirtió en un entretenimiento porque ellos sabían que él nunca había estado en una guerra.

(2) Se transformó en amargura.

(3) Les produjo desagrado.

(4) Siguieron sintiendo admiración.

(5) Se transformó en horror.

4. El anciano parece no darse cuenta de que

(1) su nieto está horrorizado por el reconocimiento de su miedo.

(2) el pequeño Jim no sabía que él había peleado en una guerra.

(3) las personas que lo escuchan piensan que es un tonto.

(4) su nieto lo escucha.

(5) la guerra puede ser una experiencia espantosa.

5. ¿Cuál es el punto más importante que el autor desea que el lector entienda?

(1) Que al niño no le gusta su abuelo.

(2) Que Henry sintió miedo durante la batalla.

(3) Que la imagen que el niño tenía de su abuelo como un héroe se deterioró.

(4) Que la gente del pueblo siente una gran estima por Henry.

(5) Que el niño disfruta de la compañía de los mayores.

6. A partir de las reacciones del público de Henry, ¿qué podemos inferir sobre ellos?

(1) Son veteranos como Henry.

(2) Son ancianos.

(3) Son desconocidos.

(4) Parecen ser escépticos.

(5) Probablemente sean hombres más jóvenes que nunca estuvieron en una guerra.

Las preguntas 7 a 11 se refieren al siguiente documento comercial.

¿Cómo debe comportarse un empleado?

Pautas para empleados

1. Bienvenido a Riverdale Graphics. Nos complace comenzar esta relación laboral con usted y le deseamos muchos años de felicidad y productividad.

2. La modalidad de pago será quincenal, los días viernes. Los cheques de sueldo incluirán deducciones necesarias por concepto de impuestos, seguro social, plan de salud de la empresa y jubilación. Los días de vacaciones se acordarán una vez transcurrido un período de prueba de seis meses.

3. Nuestro horario de trabajo es de 8:30 a.m. a 5:30 p.m., de lunes a viernes. No se aceptan demoras en el horario de entrada. En caso de malas condiciones climáticas, deberá tomar las precauciones necesarias para llegar a tiempo. Si la tardanza excede los 20 minutos, se le aplicará un descuento en su cheque de pago. Si las demoras en la llegada son demasiadas, será necesario que analicemos si ésta es la empresa que usted necesita.

4. Deberá asistir a su trabajo todos los días, sin excepción. Si se encuentra enfermo o tiene una situación de emergencia, llámenos tan pronto le sea posible para que podamos tomar medidas y cubrir así sus tareas. Si regresa luego de un período de enfermedad que le impidió trabajar más de dos días, debe presentar una nota médica que explique las razones de su ausencia.

5. Deberá vestirse en forma adecuada a su cargo. Si, como parte de su trabajo, debe atender al público, es necesario que vista saco y corbata en el caso de los hombres y traje sastre de vestido o pantalón apropiado en el caso de las mujeres. Si trabaja en el local comercial, se le suministrarán uniformes de trabajo, pero será responsabilidad del empleado lavarlos al menos una vez por semana. Se le asignará un armario a cada empleado.

6. Deberá almorzar solamente en el comedor. Para algunos empleados, el horario de almuerzo es de 12 del mediodía a 1 p.m. y para otros, de 1 p.m. a 2 p.m. Se le asignará uno de estos horarios de almuerzo según las necesidades de la empresa.

7. No se permite comer ni beber en el escritorio ni en otros lugares de trabajo. Las conversaciones telefónicas personales deben ser breves y limitadas en número. Esperamos que se comporte profesionalmente en todo momento.

8. Su supervisor inmediato le explicará sus responsabilidades exactas. Si tiene preguntas o inquietudes, discútalas con esta persona.

9. Esperamos que cada empleado sea un miembro entusiasta de nuestro equipo. Queremos que sea creativo, enérgico, servicial y atento. Todos hacemos lo posible por tener un trato cortés y respetuoso entre nosotros y para con nuestros clientes. Le recordamos que si tiene algún inconveniente o no está seguro sobre cómo manejar algún asunto, puede consultarlo con su supervisor. Está aquí para ayudarlo.

   Fragmento extraído del Manual de Capacitación de Riverdale Graphics. *5/01*

7. Juan llegó al trabajo a las 8:45 a.m. y luego llamó por teléfono a su novia, a su madre y a un amigo. ¿Qué regla de la compañía violó?
   (1) 4
   (2) 3 y 7
   (3) 6

(4) ninguna de las anteriores

(5) todas las anteriores

8. Se le pidió a Susana que guardara algunos archivos en disquetes, pero no sabe cómo hacerlo. ¿Qué debe hacer?
   (1) Asistir a un curso de computación los sábados.
   (2) Pedir que le asignen otra tarea.
   (3) Leer el manual.
   (4) Hablar con su supervisor.
   (5) Buscar otro empleo ya que las exigencias de este claramente son demasiado para ella.

9. Las pautas sugieren que Riverdale Graphics
   (1) es una empresa que funciona bien y que gana mucho dinero.
   (2) no es justa con sus empleados.
   (3) trata de maximizar la producción.
   (4) espera un comportamiento maduro y responsable por parte de sus empleados.
   (5) no es un buen lugar de trabajo.

10. Si Alfredo se levanta 20 minutos tarde por la mañana, ¿qué sugieren las pautas en este caso?
   (1) Seguir durmiendo.
   (2) No desayunar y apurarse.
   (3) Llamar a su supervisor.
   (4) Dejarse llevar por el pánico.
   (5) Buscar otro empleo.

11. El dicho "El cliente siempre tiene la razón" se relaciona con la siguiente regla de Riverdale Graphics:
   (1) 9
   (2) 8
   (3) 9 y 5
   (4) todas las reglas
   (5) ninguna de las anteriores

Las preguntas 12 a 17 se refieren al siguiente relato.

¿Por qué era ciego el mendigo?

Línea   —Escuche, jefe.[1] Es sólo un minuto de su tiempo. No soy un mendigo, jefe. Aquí tengo un pequeño artículo útil —buscó a ciegas hasta que pudo
(5) poner el pequeño objeto en la mano del Sr. Parsons— para vender. Un dólar. El mejor encendedor que se haya hecho jamás.

Parsons se quedó parado allí, algo
(10) enojado y avergonzado. Era un hombre apuesto con su inmaculado traje y sombrero gris y su bastón de roten.[2] Obviamente, el hombre de los encendedores no podía verlo...

(15) —Pero yo no fumo —le dijo.

—Escuche, apuesto a que conoce mucha gente que fuma. Y, señor, ¿no podría ayudar a un pobre hombre?

—Escuche, jefe. Es sólo un
(20) minuto de su tiempo. No soy un mendigo, jefe. Aquí tengo un pequeño artículo útil —buscó a ciegas hasta que pudo poner el pequeño objeto en la mano del Sr.
(25) Parsons— para vender. Un dólar. El mejor encendedor que se haya hecho jamás.

Parsons se quedó parado allí, algo enojado y avergonzado. Era un
(30) hombre apuesto con su inmaculado traje y sombrero gris y su bastón de roten. Obviamente, el hombre de los encendedores no podía verlo...

—Pero yo no fumo —le dijo.

(35) —Escuche, apuesto a que conoce mucha gente que fuma. Y, señor, ¿no podría ayudar a un pobre hombre?

Parsons suspiró y palpó su bolsillo. Sacó dos monedas y las colocó en las
(40) manos del hombre. Vaciló porque no quiso ser grosero ni inquisidor con un vendedor ambulante ciego.

—¿Perdió la vista completamente?

—Hace catorce años, jefe. —Y
(45) luego agregó con orgullo demencial—: Westbury, señor. Yo fui uno de ellos.

—Westbury —repitió Parsons—. ¡Oh!, sí. La explosión química ... Los
(50) periódicos no lo han mencionado durante años.

—¿Quiere saber cómo perdí mis ojos? —exclamó el hombre—. Bien, ¡aquí va! —sus palabras salían con la
(55) amargura y el dramatismo estudiado de una historia contada varias veces y contada por dinero—. Yo estaba en el taller C y era el último de los compañeros que huían. Afuera, al
(60) aire libre, había posibilidades a pesar de los edificios que explotaban a la derecha y a la izquierda. Y justo cuando estaba llegando, arrastrándome entre esos grandes
(65) tanques, un sujeto que estaba detrás de mí me tomó de las piernas. Me dice: ¡Déjame pasar! A lo mejor estaba loco. No sé. Yo trato de perdonarlo de corazón, jefe. Pero era
(70) más grande que yo. Me jaló hacia atrás y pasó por encima de mí. Y él salió y yo me quedé tirado allí con todo ese gas tóxico por todos lados y las llamas y todo eso ... —Se tragó
(75) un sollozo estudiado y se quedó parado en silencio y expectante—. Esa es la historia, jefe.

—No exactamente —dijo Parsons.

El vendedor se estremeció con
(80) locura. —¿No exactamente? ¿Qué quiere decir, usted...?

—La historia es verdadera —dijo Parsons—, pero al revés.

—¿Al revés? —dijo con voz ronca
(85) y repulsiva—. Hable, jefe.

—Yo estaba en el taller C —dijo Parsons—. Fue al revés. Tú fuiste quien me jaló y que pasó por encima de mí. Tú eras más grande
(90) que yo, Markwardt.

El hombre ciego se quedó parado durante un largo rato, atónito. Dijo—: Parsons. Por Dios. Pensé que tú... —Y luego exclamó con
(95) crueldad—: Sí. Puede ser. Puede ser. Pero ¡yo estoy ciego! Tú escapaste y yo estoy ciego.

—Bien —dijo Parsons—, no hagas tanto escándalo sobre esto, (100) Markwardt... Yo también estoy ciego.

Adaptado de "A Man Who Had No Eyes" (Un hombre sin ojos) *por Mackinlay Kantor.*

[1]Jefe: término coloquial usado para dirigirse a un extraño o a una persona superior a uno o a un empleador.
[2]Bastón de roten: bastón liviano hecho de ratán.

12. ¿Qué se puede deducir sobre el narrador de la historia a partir de la información proporcionada?

(1) Trabajaba con Markwardt y Parsons.

(2) Es ciego.

(3) Es un chico joven.

(4) Se hizo amigo de Parsons.

(5) Es vidente.

13. El título de la historia es "A Man Who Had No Eyes" (Un hombre sin ojos). ¿A qué se refiere?

(1) a la gente que perdió la vista en la explosión de Westbury

(2) a la incapacidad de Markwardt para admitir la verdad

(3) al supervisor del taller C

(4) a una persona en el hotel de Parsons que elabora productos químicos

(5) a la ceguera de ambos, Parsons y Markwardt

14. El lector puede deducir que Markwardt repitió esta historia muchas veces cuando el autor dice:

(1) "Sus palabras salían con la amargura y el dramatismo estudiado de una historia contada varias veces y contada por dinero".

(2) "El hombre ciego se quedó parado durante un largo rato, atónito".

(3) "Sacó dos monedas y las colocó en las manos del hombre".

(4) "El vendedor se estremeció con locura".

(5) "Westbury, señor. Yo fui uno de ellos".

15. ¿Cómo presenta el autor un contraste entre Parsons y Markwardt?

(1) discapacidades diferentes

(2) niveles de dicción

(3) sus matrimonios

(4) posturas políticas opuestas

(5) sus destinos

16. ¿Cómo sabemos que Parsons ha tenido un mejor pasar económico que Markwardt desde el accidente?

(1) Viste bien y con elegancia.

(2) No sabemos realmente si está en mejor posición o no.

(3) Se nos cuenta que ahora es el dueño de Westbury.

(4) En la actualidad es el jefe de la empresa.

(5) Tiene dinero en el bolsillo.

17. ¿En qué punto del relato Parsons reconoce a Markwardt?

(1) cuando se le acerca al inicio

(2) cuando se da cuenta de que el vendedor ambulante es ciego

(3) cuando Markwardt le cuenta de su escape de la planta química

(4) cuando escucha su voz por primera vez

(5) cuando lee sobre él en los periódicos

Las preguntas 18 a 23 se refieren al siguiente poema.

Un sueño dentro de un sueño por Edgar Alan Poe

Línea ¡Toma este beso en la frente!
Y al ahora dejarte,
déjame confesarte lo siguiente:
no te equivocas cuando consideras
(5) que mis días han sido un sueño;
y si la esperanza se ha desvanecido
en una noche o en un día,
en una visión o en ninguna,
(10) ¿es por ello menos ida?
Todo lo que vemos o nos parece ver
no es más que un sueño en un sueño.

(15) Yo permanezco en el rugido
de una orilla atormentada por las olas,
y aprieto con mi mano
granos de arena dorada.
(20) ¡Cuán pocos y cómo se escurren
entre mis dedos al abismo,
mientras lloro, mientras lloro!
¡Oh Dios!, ¿no puedo yo tomarlos
con mano mas firme?
(25) ¡Oh, Dios!, ¿no puedo salvar
a uno, de la despiadada ola?
¿Todo lo que vemos o nos parece ver
no es más que un sueño dentro de
(30) un sueño?

—Por Edgar Alan Poe
Traducción de Diego Cahuvin
Texto autorizado

18. ¿Cuál de las siguientes alternativas describen mejor el contenido de primera estrofa? (líneas 1 a 14)

(1) Todos soñamos algún día.

(2) Somos el sueño de alguien.

(3) La vida es un sueño dentro de otro sueño.

(4) Mi amor por ti fue sólo un sueño.

(5) Soñamos siempre cuando amamos.

19. ¿A qué o a quién se refieren las líneas 25 a 28? "¿no puedo salvar a uno, de la despiadada ola?"

(1) a un barco

(2) a un niño abandonado

(3) a un indefenso animalito

(4) a un grano de arena

(5) a su amada

20. Escoja las palabras que tengan el mismo significado de <u>escurren</u>, utilizada en la línea 20.

1. se escapan

2. desaparecen

3. las dos anteriores (1 y 2)

4. se protegen

5. se endurecen

21. La voz lírica expresa sus sentimientos en un momento de crisis ¿Cuál?

(1) despedida

(2) enfermedad

(3) muerte

(4) agonía

(5) decisión

22. En las líneas 15 a 17 el poeta habla de un elemento como si fuese una persona (personificación). Se refiere a:

(1) sueño

(2) arena

(3) abismo

(4) dedos

(5) orilla

23. Los signos de interrogación (¿?) y de exclamación (¡!) que se utilizan en casi todo el texto, sirven para:

(1) esperar una respuesta de su amada.

(2) expresar el dolor por la separación.

(3) soñar que es un sueño.

(4) pedir perdón.

(5) internarse en el mar.

Las preguntas 24 a 28 se refieren al siguiente texto.

¿Quién ganó este juego semifinal de baloncesto?

Línea Dirk Nowitzki consiguió un comienzo pesado pero mejoró en el segundo tiempo, ayudando a los Mavericks de Dallas a vencer al Phoenix
(5) Suns 102-93 en las finales de la Conferencia del Oeste en seis juegos en 2006. Con la victoria, Dallas avanza por primera vez a las finales de la NBA en sus 26 años de historia.

(10) Entrenado por Avery Jonson, quien después de que su primera temporada, ganó el premio del Año al entrenador de la NBA, los Mavericks todo el año mostraron un
(15) aumento en la dedicación a la defensa, y esto contribuyó fuertemente a su victoria anoche, sobre todo en el segundo tiempo.

Nowitzki quien había anotado 50
(20) puntos en el juego anterior, encesto justo 2-de-9 en el primer tiempo y acabó con 24 esta noche — 16 vinieron en el segundo tiempo. Gigante para los Mavs esta noche
(25) fue Josh Howard quien entregó 20 puntos, 15 de rebote, y tres robos. Jerry Stackhouse salió de la banca por 19 puntos y tres robos. Jason Terry, después de un muy calmado
(30) primer tiempo, obtuvo 17 puntos con tres asistencias.

Habiendo jugado en cada posición imaginable para los Suns esta temporada, incluyendo el centro, el
(35) juego y la versatilidad, de Boris Diaw jugador básico en la línea titular en las posiciones de centro y alero, fue una gran razón para el éxito del equipo. Esta noche, Diaw terminó
(40) con 30 puntos y 11 rebotes, aunque él comprometió un alto juego, seis vuelcos. La Súper-estrella Steve Nash quien ha ganado dos veces consecutivas el premio al Más

(45) Valioso Jugador Regular de la Temporada, terminó con 19 puntos y nueve asistencias. Shawn Marion estuvo lejos, muy tranquilo anoche, totalizando 13 puntos y 11 rebotes
(50) sin asistencia o bloqueo.

Ambos equipos estuvieron plagados de faltas toda la noche, como los árbitros así lo llamaron, un juego muy apretado.

(55) Los Suns fueron firmes desde la distancia de los tres-puntos, encestaron 6-de-17 intentos, mientras los Mavs ganaron a pesar del horrible 3-de-20 disparando
(60) desde larga distancia.

Raja Bell, protector que lanza del Phoenix, jugó de nuevo lesionado. Bell no ha sido el mismo desde la herida de su pantorrilla izquierda
(65) en el primer juego de la serie. El Phoenix ya estaba sin Kurt Thomas, que ha estado fuera durante meses y la súper-estrella, Amare Stoudemire quien esencialmente no
(70) fue acertado en la temporada entera.

Phoenix comenzó fuerte anoche, tomando una ventaja de 16-puntos en el primer cuarto, la cual mantuvo en el progreso del segundo cuarto.
(75) Pero Los Mavs sobrepasaron a los Suns 63–42 en el segundo tiempo. Los Suns parecían cansarse, mientras los Mavs continuamente tomaban aliento. Y con el triunfo,
(80) Dallas encabeza las finales de la NBA dónde ellos enfrentarán los Miami Heat, quienes alcanzaron la ronda del campeonato dándole una paliza a los Detroit Pistons en las
(85) Finales de la Conferencia del Este.

—De *InsideHoops.com*
Junio 3 de 2006.

24. Los nombres sobre la cual esta revisión fue escrita son los

- **(1)** Knicks y Nets.
- **(2)** Pistons y Mavericks.
- **(3)** Pistons y Miami Heat.
- **(4)** Suns y Pistons.
- **(5)** Mavericks y Suns.

25. El estilo de redacción del crítico puede ser descrito como

- **(1)** obstinado.
- **(2)** verdadero y claro.
- **(3)** emocional y alterado.
- **(4)** confundido y difícil para entender.
- **(5)** conflictivo.

26. ¿Cuál de los siguientes enunciados es VERDADERO según este pasaje?

- **(1)** Los Mavericks de Dallas no han ganado las finales de la NBA desde el 3 de junio de 2006.
- **(2)** Los Mavericks son los campeones de la NBA 2006.
- **(3)** Los Pistons de Detroit y los Miami Heat jugarán en las finales de la NBA.
- **(4)** Los Mavericks parecían débiles a medida que el juego avanzaba, pero ganaron.
- **(5)** Ninguno de los anteriores.

27. ¿Qué quiere decir el escritor en el tercer párrafo cuándo dice, "Jerry Stackhouse salio de la banca...?"

- **(1)** Él se cayó de la banca.
- **(2)** Él había estado lesionado en el juego.
- **(3)** Él se sentó en el banco.
- **(4)** Él fue llamado desde la cancha para jugar.
- **(5)** Él jugó, y entonces él se sentaba para descansar.

28. Según el cuarto párrafo, Shawn Marion

- **(1)** monopolizo el juego.
- **(2)** fue herido.
- **(3)** no jugó tan bien.
- **(4)** no es una persona generosa.
- **(5)** no se comunicó con sus compañeros jugadores.

Las preguntas 29 a 34 se refieren al siguiente pasaje de una obra clásica de teatro.

¿Con quién se casará Miss Neville?

Línea   *MISS NEVILLE:* Él es un personaje muy particular, te lo aseguro. Entre las mujeres de buena reputación y moral, es el hombre más recatado

(5)   que existe, pero sus conocidos no dicen lo mismo de él entre otro tipo de personas, tú me entiendes.

   MISS HARDCASTLE: Un personaje extraño, realmente. Nunca podré do-

(10)   minarlo. ¿Qué haré? ¡Bah!, no pensemos más en él y confiemos en el éxito. Pero, ¿cómo vas con tus cosas, querida? ¿Te estuvo insistiendo mi madre sobre mi

(15)   hermano Tony, como siempre?

   MISS NEVILLE: Acabo de llegar de una de nuestras agradables *tête-à-tête*. Me estuvo diciendo miles de cosas tiernas y resaltando a su pequeño

(20)   monstruo como si fuera la obra maestra de la perfección.

   MISS HARDCASTLE: Y su parcialidad es tal, que realmente cree que es así. Una fortuna como la tuya es muy

(25)   tentadora. Además, como ella tiene todo el mando sobre esto, no me sorprende que no quiera dejarla salir de la familia.

   MISS NEVILLE: Una fortuna como la

(30)   mía, que consiste principalmente en joyas, no es una tentación tan poderosa. Pero, de todas formas, si mi querido Hastings no fuera paciente, con seguridad, sería demasiado duro

(35)   para ella. Sin embargo, le dejo pensar que estoy enamorada de su hijo y no

se imagina ni en sueños que tengo mis sentimientos puestos en otra persona.

(40) MISS HARDCASTLE: Mi buen hermano resiste con firmeza. Casi podría amarlo por odiarte así.

MISS NEVILLE: En el fondo, es una criatura buena y estoy segura de que *(45)* desearía verme casada con cualquiera que no fuera él. El timbre de mi tía suena para nuestra caminata de la tarde. *¡Arriba!* Se necesita coraje ya que nuestros *(50)* asuntos son críticos.

MISS HARDCASTLE: Ojalá fuera hora de dormir y todos estuviéramos bien.

Extraído de She Stoops to Conquer
(Someterse para conquistar)
por Oliver Goldsmith

29. ¿Cuál de estos enunciados es el que describe con más precisión el tema principal de este fragmento?

(1) Es difícil ser una muchacha rica.

(2) Con amigos como éstos, ¿quién necesita enemigos?

(3) A veces es difícil casarse con la persona que amas, especialmente si eres rica.

(4) Todos los hombres son cazafortunas.

(5) Hay muy pocas personas en las que se puede confiar en la vida.

30. ¿Cuál es el problema que enfrenta Miss Neville?

(1) Su tutora quiere casarla con Tony, pero ella ama a otra persona.

(2) Tony ya no la ama.

(3) Su fortuna se reduce día a día.

(4) El hombre que ella ama le es infiel.

(5) Tony administra la fortuna de ella en contra de su voluntad.

31. ¿Cómo describiría la actitud de Miss Hardcastle hacia el dilema de Miss Neville?

(1) de congoja

(2) de espanto

(3) de rechazo

(4) de menosprecio

(5) de comprensión

32. ¿Cuál es la opinión de Miss Neville sobre Tony Hardcastle?

(1) Es un monstruo horrible.

(2) Es una buena persona pero no para ella.

(3) Es cruel y con hambre de dinero.

(4) Es modesto y con buenas virtudes.

(5) Es el único hombre que ella podría amar.

33. ¿Cuál de las siguientes palabras describe mejor el tono del enunciado de Miss Hardcastle: "Podría hasta amarlo por odiarte tanto"?

(1) hipocresía

(2) amargura

(3) afecto

(4) sarcasmo

(5) pretensión

34. En base a los comentarios de las jóvenes, ¿qué se puede inferir sobre el carácter de la Sra. Hardcastle?

(1) Es perezosa y aburrida.

(2) Es codiciosa y entrometida.

(3) Es directa y amable.

(4) Es afectuosa y agradable.

(5) Es creativa y de temperamento artístico.

Las preguntas 35 a 40 se refieren al relato a continuación.

¿Qué hará el joven con su vida?

Línea   En la primavera de 1926 renuncié a mi trabajo.

Los primeros días posteriores a tamaña decisión son como el alta de
(5) un hospital luego de una enfermedad prolongada. Lentamente, uno aprende a caminar de nuevo; lentamente y con dudas, uno levanta la cabeza.

Mi salud estaba perfecta, pero in-
(10) teriormente estaba agotado. Había estado enseñando durante cuatro años y medio en un colegio secundario para varones en New Jersey y trabajando durante tres
(15) años como tutor en un campamento de verano que tenía conexión con el colegio. Parecía alegre y respetuoso, pero en mi interior, era cínico y estaba casi totalmente despojado de
(20) compasión por cualquier otro ser humano excepto los miembros de mi familia. Tenía veintinueve años de edad, a punto de cumplir treinta. Había ahorrado dos mil dólares
(25) (puestos a un lado, para no tocarlos) para regresar a Europa (había estado un año en Italia y Francia en 1920 y 1921) o para mis gastos como estudiante de la escuela de graduados en
(30) alguna universidad. No sabía claramente qué hacer con mi vida. No quería seguir con la enseñanza, pese a que sabía que tenía talento para eso; esta profesión generalmente es
(35) una red de contención para las personalidades indefinidas como la mía. No quería ser un escritor que se ganara la vida gracias a su pluma; quería estar mucho más inmerso en
(40) la vida que eso. Si iba a hacer algo de lo que se llama "escritura", no sería antes de los cincuenta años. Si mi destino era morir antes de eso, quería estar seguro de haber vivido
(45) una variedad de experiencias tan amplia como fuera posible, de no haberme restringido a la búsqueda noble pero, en gran parte, sedentaria que abarca la palabra "arte".
(50) Profesiones. Carreras de vida. Es bueno prestar atención a las ambiciones sucesivas que inundan la imaginación del niño y de la niña que crece. Dejan rastros profundos detrás
(55) de ellas. Durante esos años, cuando la primera savia empieza a subir, el futuro árbol está anunciando su perfil. Las promesas de la imaginación nos determinan.

Extraído de Theophilus North, *por Thornton Wilder.*

35. El autor de esta obra

  (1) está comenzando a enseñar.

  (2) fue dado de alta de un hospital recientemente.

  (3) acaba de renunciar a su trabajo.

  (4) tiene una crisis mental.

  (5) es un anciano que está escribiendo su autobiografía.

36. ¿Cómo describe el autor la profesión de enseñanza?

  (1) Deja implícito que es un trabajo agotador.

  (2) Afirma que las personas generalmente se vuelcan a la enseñanza cuando están indecisas sobre sus vidas.

  (3) Tiene en claro que no es algo que desea seguir haciendo.

  (4) todas las anteriores

  (5) ninguna de las anteriores

37. ¿Qué quiere decir el narrador con la oración: "Durante esos años, cuando la primera savia empieza a subir, el futuro árbol está anunciando su perfil."?

   (1) Quiere decir que las experiencias de la juventud determinan el desarrollo del adulto maduro.

   (2) Afirma que la savia debe subir antes de que el árbol caiga.

   (3) Quiere decir que las personas necesitan recoger la savia que sale de los árboles mientras son jóvenes.

   (4) El autor le dice a las personas que no sean bobas.

   (5) Explica que todas las personas se confunden en algún momento de su vida.

38. ¿Qué intenta hacer el escritor con sus ahorros?

   (1) No tiene idea.

   (2) Usará el dinero para convertirse en maestro.

   (3) Quiere vivir de ellos mientras escribe sobre sus aventuras.

   (4) Sus cuentas médicas se pagarán con ese dinero.

   (5) Con el tiempo, quiere regresar a Europa o asistir a una escuela de graduados.

39. ¿Con cuál de los siguientes enunciados es más probable que esté de acuerdo el autor de este fragmento?

   (1) Es mejor prevenir que lamentar.

   (2) Es importante para una persona joven vivir la vida en forma activa y al máximo.

   (3) Es preferible ser un escritor que un artista.

   (4) Los jóvenes necesitan pautas y estructuras claras.

   (5) Para tener éxito en la vida, es importante tener en claro hacia donde se apunta.

40. ¿Cuál es el tono que se expresa en la obra?

   (1) deprimente y triste

   (2) seriamente confundido

   (3) generalmente alegre y optimista

   (4) sarcástico y amargo

   (5) afectuoso y compasivo

PRUEBA 5: MATEMÁTICAS

Duración: 90 minutos • 50 preguntas
PARTE 1: 25 PREGUNTAS (SE PERMITE EL USO DE CALCULADORA): 45 MINUTOS
PARTE 2: 25 PREGUNTAS (NO SE PERMITE EL USO DE CALCULADORA): 45 MINUTOS

La Prueba de Matemáticas consiste en preguntas cuyo objetivo es evaluar destrezas matemáticas generales y la habilidad para resolver problemas. Las preguntas se basan en lecturas cortas que generalmente incluyen una gráfica, tabla o figura. Trabaje atentamente, pero no dedique demasiado tiempo a cada pregunta. Asegúrese de responder a todas. No se penalizarán las respuestas incorrectas.

En la página 123, encontrará fórmulas que podría necesitar. Solamente determinadas preguntas requieren el uso de alguna de ellas. Registre sus respuestas en la hoja separada de respuestas. Asegúrese de que toda la información quede anotada correctamente.

Hay tres (3) tipos de respuestas en la hoja de respuestas.

　　El 1er. tipo es una respuesta con formato regular que es la solución a una pregunta de opción múltiple. Debe sombrear uno de los 5 círculos de alternativas.

　　El 2do. tipo es una respuesta con formato alternativo que es la solución para las preguntas de cuadrícula convencional que se rellenan. Debe sombrear círculos que representan números reales, incluso un decimal o signo de división cuando sea necesario.

　　El 3er. tipo es una respuesta de formato alternativo que es la solución para problemas de cuadrícula de plano de coordenadas. Debe sombrear el círculo que representa la coordenada correcta de una gráfica.

1er tipo: Formato regular, preguntas de opción múltiple

Para marcar sus respuestas a las preguntas de opción múltiple, sombree el círculo numerado de la hoja de respuestas que corresponda a la respuesta que seleccionó para cada pregunta de la prueba.

Ejemplo:

> **P** El total de la factura de Juana en la farmacia es de $8.68. ¿Cuánto deberá recibir de cambio si paga con un billete de $10.00?
> 　　**(1)** $2.32
> 　　**(2)** $1.42
> 　　**(3)** $1.32
> 　　**(4)** $1.28
> 　　**(5)** $1.22
>
> ①　②　●　④　⑤

La respuesta correcta es "$1.32". Por lo tanto, debe marcar el espacio de la respuesta 3 en la hoja de respuestas.

2do tipo: Formato alternativo, preguntas de cuadrícula convencional.

Para marcar la respuesta del ejemplo anterior, "1.32", en el formato de cuadrícula convencional, vea a continuación.

Cuadrícula convencional

3er tipo: Formato alternativo, pregunta de cuadrícula de plano de coordenadas

Para marcar la respuesta, sombree el círculo numerado en la hoja de respuestas que corresponda a la coordenada correcta de la gráfica. Por ejemplo:

Ejemplo:

> **P** A continuación se presenta un sistema de dos ecuaciones lineales.
>
> $x = -3y$
>
> $x + y = 4$
>
> ¿Qué punto representa la solución común para el sistema de ecuaciones?

La respuesta del ejemplo anterior es (6, −2). La respuesta se debe consignar en la cuadrícula como se muestra a continuación.

Cuadrícula de plano de coordenadas

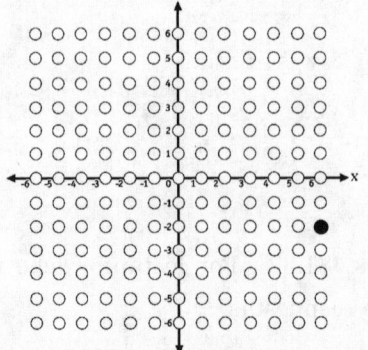

FÓRMULAS

Descripción	Fórmula
ÁREA (A) de un:	
cuadrado	$A = l^2$; donde l = lado
rectángulo	$A = la$; donde l = longitud, a = ancho
paralelogramo	$A = bh$; donde b = base, h = altura
triángulo	$A = \frac{1}{2} bh$; donde b = base, h = altura
círculo	$A = \pi r^2$; donde π = 3.14, r = radio
PERÍMETRO (p) de un:	
cuadrado	$p = 4l$; donde l = lado
rectángulo	$p = 2l + 2a$; donde l = longitud, a = ancho
triángulo	$p = a + b + c$; donde a, b y c son los lados
circunferencia (C) de un círculo	$C = \pi d$; donde π = 3.14, d = diámetro
VOLUMEN (V) de un:	
cubo	$V = l^3$; donde l = lado
prisma rectangular	$V = lah$; donde l = longitud, a = ancho, h = altura
cilindro	$V = \pi r^2 h$; donde π = 3.14, r = radio, h = altura
teorema de Pitágoras	$c^2 = a^2 + b^2$; donde c = hipotenusa, a y b son los catetos de un triángulo rectángulo
distancia (d) entre dos puntos en un plano	$d = \sqrt{(x_2 - x_1)^2 + (y_2 - y_1)^2}$; donde (x_1, y_1) y (x_2, y_2) son dos puntos en un plano
pendiente de una recta (m)	$m = \dfrac{y_2 - y_1}{x_2 - x_1}$ donde (x_1, y_1) y (x_2, y_2) son dos puntos en un plano
media	media = $\dfrac{x_1 + x_2 + \cdots + x_n}{n}$; donde las x son los valores de los cuales se busca la media y n = la cantidad de valores en la serie
mediana	mediana = el número en un conjunto de números ordenados en el cual la mitad de los números están por encima y la otra mitad de los números están por debajo de este valor
interés simple (i)	$i = crt$; donde c = capital, r = razón (tasa), t = tiempo
distancia (d) en función de la velocidad y el tiempo	$d = vt$; donde v = velocidad, t = tiempo
costo total (c)	$c = nr$; donde n = número de unidades, r = costo por unidad

prueba de diagnóstico

Para la Parte 1 puede usar una calculadora científica. (Se proporcionará una calculadora científica Casio FX-260 en el Centro Oficial de Administración de las Pruebas de GED.)

INSTRUCCIONES PARA EL USO DE LA CALCULADORA

Puede practicar el uso de su calculadora con las siguientes instrucciones.

INSTRUCCIONES PARA EL USO DE LA CALCULADORA

Para preparar la calculadora para usarla por *primera* vez, presione la tecla **ON** (tecla superior derecha). "DEG" aparecerá en el centro de la parte superior de la pantalla y "0" a la derecha. Esto indica que la calculadora está en el formato adecuado para todas las operaciones.

Para preparar la calculadora para *otra* pregunta, presione la tecla **ON** o la tecla roja **AC**. De este modo borra todo aquello que haya calculado anteriormente

Para realizar cualquier operación aritmética, ingrese la expresión como está escrita. Presione **ON** (signo igual) cuando haya finalizado.
EJEMPLO A: $8 - 3 + 9$

Primero presione **ON** o **AC** .

Ingrese lo siguiente: **8** **−** **3** **+** **9** **=**

La respuesta correcta es 14.

Si una expresión que está entre paréntesis se debe multiplicar por un número, presione **x** (signo de multiplicación) entre el número y el signo de paréntesis.
EJEMPLO B: $6(8 + 5)$

Primero presione **ON** o **AC** .

Ingrese lo siguiente: **6** **x** **(** **8** **+** **5** **)** **=**

La respuesta correcta es 78.

Para calcular la raíz cuadrada de un número:
- ingrese el número;
- presione la tecla **SHIFT** (tecla superior izquierda) (la palabra "SHIFT" (cambio) aparece en la parte superior izquierda de la pantalla);
- presione **x^2** (tercera de la fila superior de izquierda a derecha) para acceder a la segunda función: raíz cuadrada.

NO presione **SHIFT** y **x^2** al mismo tiempo.
EJEMPLO C: $\sqrt{64}$

Primero presione **ON** o **AC** .

Ingrese lo siguiente: **6** **4** **SHIFT** **x^2** **=**

La respuesta correcta es 8.

Para ingresar un número negativo como -8:
- ingrese el número sin el signo negativo (es decir, 8);
- presione la tecla de "cambio de signo" (+/-), que está arriba de la tecla del 7.

Todas las operaciones aritméticas se pueden realizar con números positivos o negativos.
EJEMPLO D: $-8 - -5$

Primero presione **ON** o **AC** .

Ingrese lo siguiente: **8** **+/-** **−** **5** **+/-** **=**

La respuesta correcta es -3.

Parte 1

Ahora puede comenzar con la Parte 1 de la Prueba de Matemáticas. Puede usar la calculadora para esta parte. Sombree el círculo de la respuesta correcta a cada pregunta en la Parte 1 de su hoja de respuestas.

1. El área de una estampilla cuadrada es de .60 pulgadas. ¿Cuál es el largo de uno de sus lados expresado en pulgadas?

   (1) .33

   (2) .36

   (3) .69

   (4) .77

   (5) 1.20

2. Mientras hacía un inventario de los artículos de mercería almacenados, un empleado descubrió que le quedaban solamente 3 carreteles de cinta azul empezados. El primer carretel tiene $10\frac{2}{3}$ yardas de cinta, el segundo carretel tiene $5\frac{3}{4}$ yardas y el tercero tiene $2\frac{1}{6}$ yardas. ¿Cuántas yardas de cinta azul están disponibles para la venta?

   (1) 17.00

   (2) 17.42

   (3) 18.00

   (4) 18.58

   (5) 51.45

3. Un cable de 234 pies está unido a un extremo de una torre de TV (*D*) y fijado en la tierra (*A*) (ver diagrama). El ángulo *A* es de 70°. Calcule la altura de la torre (*BD*) en pies.

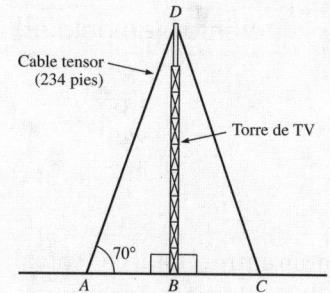

   (1) 80

   (2) 85

   (3) 220

   (4) 249

   (5) 643

La pregunta 4 se refiere a la siguiente tabla de transacciones realizadas por Carlos en su cuenta de cheques durante el mes de abril de 2000.

TRANSACCIONES EN LA CUENTA DE CHEQUES DE CARLOS (ABRIL DE 2000)

Fecha	Transacción
5	libró un cheque por la suma de $15.75
7	depositó $25.00
19	depositó $18.00
26	libró un cheque por la suma de $36.19

4. Carlos quería conocer el saldo de su cuenta de cheques para el mes de abril. Comenzó el mes con $100.00 en su cuenta. ¿Cuántos dólares le quedaban a fines del mes de abril?

   Marque su respuesta en los círculos de la cuadrícula en la hoja de respuestas.

La pregunta 5 se refiere a la siguiente información.

INGRESOS DE ANTIGÜEDADES ABC: 17 DE ENERO DE 2002

Hora del día	Ventas (en dólares)	Cantidad de clientes
9 a.m. – 12	$ 87	1
12 – 3	138	1
3 – 6	239	3
6 – 9 p.m.	492	4

5. Calcule la razón entre el total de ventas, en dólares, y la cantidad total de clientes.

   Marque su respuesta en los círculos de la cuadrícula en la hoja de respuestas.

6. Elena compró 1.85 libras de verduras para preparar una sopa casera para 8 personas, pero a último momento se sumaron 6 invitados más. ¿Cuántas libras *más* de verduras deberá comprar?

   (1) 0.23

   (2) 1.39

   (3) 2.23

   (4) 3.24

   (5) 5.09

7. En 1 hora y 25 minutos, el minutero de un reloj avanza por un ángulo equivalente a

   (1) 170°

   (2) 255°

   (3) 330°

   (4) 510°

   (5) 540°

8. Samuel quiere un almohadón para su silla favorita de la sala. La información que él tiene se muestra en el diagrama a continuación. Si consideramos que la línea ABC es una línea recta y el ángulo DBC es igual a 128°, calcule los grados del ángulo DAB.

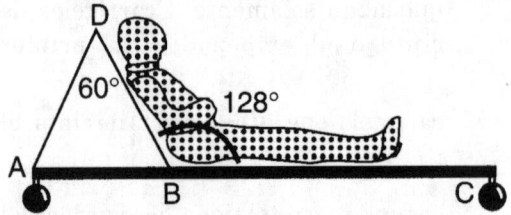

   (1) 60°

   (2) 64°

   (3) 68°

   (4) 72°

   (5) No hay datos suficientes para resolver el problema.

Las preguntas 9 y 10 se refieren al siguiente problema de una planta de tratamiento de aguas negras.

Un contenedor cónico de una planta de tratamiento de aguas negras recibe agua sin tratamiento a razón de 10 galones por minuto (ver diagrama a continuación)

radio =   6 pies

altura = 12 pies

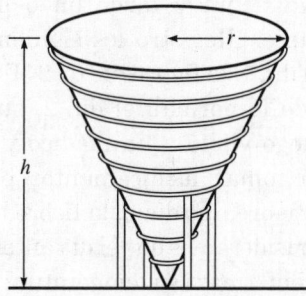

9. Calcule el volumen del contenedor en pies cúbicos.

(1) 25

(2) 75

(3) 452

(4) 512

(5) 600

10. Se necesitó un contenedor más grande, con capacidad de 1,000 pies^3. ¿Cuántos minutos se necesitarán para llenarlo? [0.13 pies^3 = 1 galón]

(1) 100

(2) 130

(3) 348

(4) 548

(5) 769

11. Resuelva la siguiente ecuación para encontrar el valor de X.

$$0.12 - 0.34X = 0.56$$

(1) 1.29

(2) 0.17

(3) −0.48

(4) −1.29

(5) −2.09

Las preguntas 12 y 13 se refieren a la siguiente información.

TIEMPO FINAL PARA LOS TRES CORREDORES DEL MINI MARATÓN.

Corredor	Horas	Minutos
n.º 1	2	15
n.º 2	2	14
n.º 3	1	55

12. Cuál fue el tiempo final promedio en minutos para los tres corredores? Responda con dos lugares decimales.

Marque sus respuestas en el círculo de la cuadrícula de la hoja de respuestas.

13. ¿A qué velocidad, expresada en minutos, debería haber corrido el corredor n.º 3 para que el promedio sea de dos horas? Responda con dos lugares decimales.

Marque sus respuestas en el círculo de la cuadrícula de la hoja de respuestas.

Las preguntas 14 a 16 se refieren a la siguiente tabla que compara el costo de diferentes marcas de pañuelos de papel.

Marca	Costo [$ por caja]	Cantidad [cantidad por caja]	Calidad [S = suave; N = normal]
A. Softez (normal)	$ 1.69	100	S
B. Softez (grande)	3.09	200	S
C. Blowez (normal)	1.49	100	R
D. Blowez (grande)	2.69	200	R
E. Marca de la tienda	1.39	100	R

14. Si compra la caja de Softez grande en lugar de la normal, ¿cuántos centavos ahorra por pañuelo?

    (1) 1.70

    (2) 1.29

    (3) 0.31

    (4) 0.18

    (5) 0.15

15. Si la calidad no importa, ¿cuál es la mejor compra?

    (1) A

    (2) B

    (3) C

    (4) D

    (5) E

16. Débora tenía un cupón de descuento de 50 centavos en 2 cajas de Softez tamaño grande. ¿Cuántos centavos se ahorra por pañuelo?

    (1) 0.26

    (2) 1.00

    (3) 1.10

    (4) 1.30

    (5) 1.42

17. José tuvo fiebre y tardó en 5 días recuperarse. Registró los siguientes datos: el día 1, la fiebre fue de 2 °F por encima de lo normal; el día 2, subió 4 °F. Luego visitó a un médico y comenzó a tomar medicamentos para bajar la fiebre. El día 3, la fiebre bajó 1 °F. Si consideramos que el día anterior al que se enfermara su temperatura era de (0,0) según la gráfica que se muestra a continuación, establezca las coordenadas para el día 3.

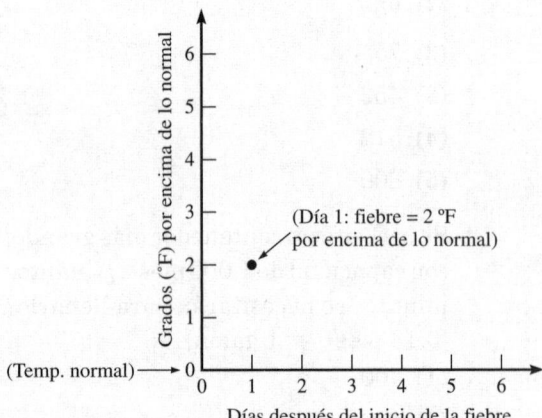

NO MARQUE EL PUNTO EN LA GRÁFICA ANTERIOR.

Marque la respuesta en la cuadrícula de plano de coordenadas en la hoja de respuestas.

18. La parte inferior (B) de una escalera de 18 pies está apoyada sobre un costado de la casa en el borde inferior de la ventana (W) y forma un ángulo de 37° con el piso (ver diagrama a continuación). ¿A cuántos pies del suelo (G) estaba la ventana?

(1) 11

(2) 12

(3) 14

(4) 15

(5) 17

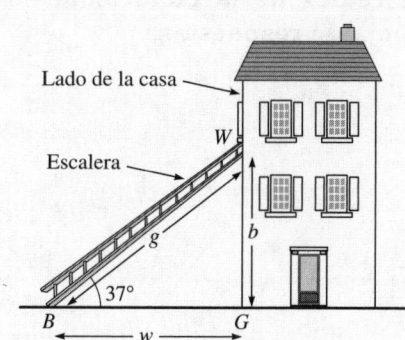

Las preguntas 19 y 20 se refieren a la siguiente información.

FUERZA LABORAL, % DE DISTRIBUCIÓN POR EDAD
(FUENTE: U.S. CENSUS BUREAU)

Año	Fuerza laboral civil	16–19 años	20–24 años	25–44 años	35–44 años	45–54 años	55–64 años	65 años y mayores
1970	82,771,000	8.8	12.8	20.6	19.9	20.5	13.6	3.9
1999	139,368,000	6.0	10.0	23.1	27.2	21.1	9.8	2.9

19. En 1999, ¿cuántas personas (en millones) entre las edades de 25 y 54 años tenían trabajo?

(1) 32.1

(2) 68.6

(3) 71.4

(4) 99.5

(5) 132.1

20. El porcentaje de gente joven (de 16 a 24 años de edad) que trabajaba disminuyó en los últimos 30 años. ¿Cuál fue la disminución en el porcentaje de gente joven que trabajaba en 1999 en comparación con 1970?

(1) 2.8

(2) 4.7

(3) 5.6

(4) 10.4

(5) 15.6

21. Jaime usa la siguiente gráfica para planear un diseño floral en diagonal para su jardín rectangular. ¿Cuál debería ser el largo del "diseño floral"? Redondee la respuesta a la medida más cercana en pulgadas.

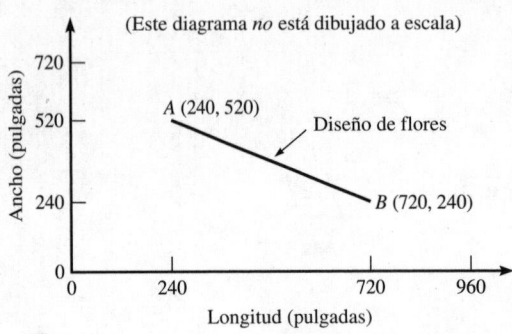

(Este diagrama *no* está dibujado a escala)

Marque su respuesta en los círculos de la cuadrícula en la hoja de respuestas.

22. En el hielo, con una sierra, se cortó un hueco cuya circunferencia era de 3 pies. ¿Cuál sería el radio del hueco expresado en pies?

Redondee la respuesta a 2 lugares decimales.

Marque su respuesta en los círculos de la cuadrícula en la hoja de respuestas.

Las preguntas 23 a 25 se refieren a las dos gráficas circulares a continuación. Las tablas describen de qué manera Estados Unidos recibió y gastó su presupuesto para el año 1999.

CATEGORÍAS MÁS IMPORTANTES DE INGRESOS Y EGRESOS NACIONALES PARA EL AÑO FISCAL 1999

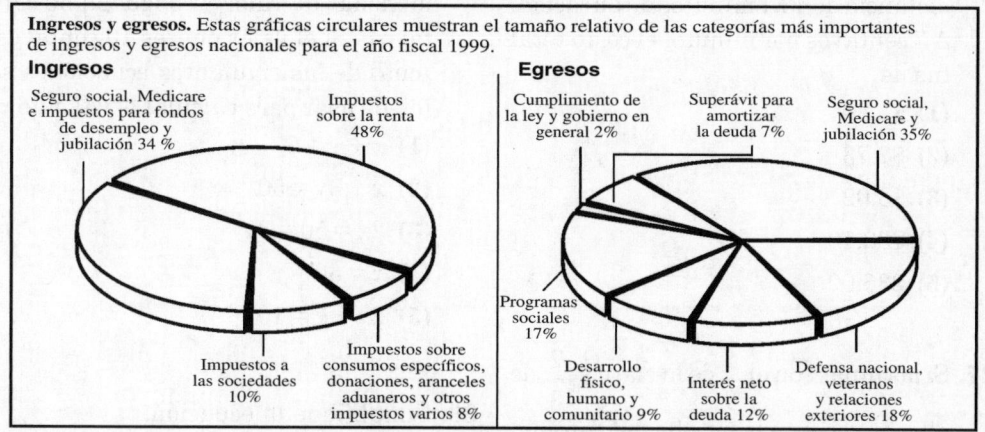

Ingresos y egresos. Estas gráficas circulares muestran el tamaño relativo de las categorías más importantes de ingresos y egresos nacionales para el año fiscal 1999.

Ingresos

Seguro social, Medicare e impuestos para fondos de desempleo y jubilación 34 %

Impuestos sobre la renta 48%

Impuestos a las sociedades 10%

Impuestos sobre consumos específicos, donaciones, aranceles aduaneros y otros impuestos varios 8%

Egresos

Cumplimiento de la ley y gobierno en general 2%

Superávit para amortizar la deuda 7%

Seguro social, Medicare y jubilación 35%

Programas sociales 17%

Desarrollo físico, humano y comunitario 9%

Interés neto sobre la deuda 12%

Defensa nacional, veteranos y relaciones exteriores 18%

Fuente: Office of Management and Budget

23. En el año fiscal 1999, el ingreso nacional (procedencia del dinero) fue de $1,827 miles de millones y los egresos (cómo se gastó el dinero) fueron de $1,703 miles de millones. ¿Cuál de los siguientes enunciados es verdadero?

(1) Recibe $12.4 miles de millones más que los que gasta.

(2) Recibe $124 miles de millones más que los que gasta.

(3) Gasta $1.24 miles de millones más que los que recibe.

(4) Gasta $12.4 miles de millones más que los que recibe.

(5) Gasta $124 miles de millones más que los que recibe.

24. ¿Cuántos miles de millones de dólares se gastan en "Programas sociales" y en "Seguro social, Medicare y jubilación"?

(1) 124

(2) 442

(3) 596

(4) 886

(5) 1,444

25. Si el "impuesto sobre la renta" se reduce a un 41% y todos los otros ingresos no se modifican, la pérdida en el ingreso es de

(1) $128 miles de millones.

(2) $147 miles de millones.

(3) $192 miles de millones.

(4) $749 miles de millones.

(5) $876 miles de millones.

Parte 2

No puede regresar a la Parte 1 de la Prueba de Matemáticas ni usar la calculadora para esta parte. Sombree el círculo de la respuesta correcta a cada pregunta en la Parte 2 de su hoja de respuestas.

26. Julia realizó una llamada de larga distancia de 43.1 minutos de duración. A 7 centavos por minuto, el costo total fue de

(1) $ .30

(2) $2.73

(3) $3.02

(4) $30.10

(5) $36.00

27. Si las niñas son el $\dfrac{5}{9}$ de la clase y $\dfrac{2}{3}$ de ellas aprobaron la prueba de matemáticas, ¿qué fracción de las niñas de la clase aprobó la prueba?

(1) $\dfrac{10}{27}$

(2) $\dfrac{5}{9}$

(3) $\dfrac{2}{3}$

(4) $\dfrac{5}{12}$

(5) $\dfrac{33}{27}$

28. Teodoro fue de compras y le dio al cajero $50.00. Gastó $28.06 en carne, $2.25 en papas y 15 centavos en bolsas de plástico para llevar todo a la casa. ¿Cuántos dólares le dieron de vuelto por la compra?

(1) 4.66

(2) 19.54

(3) 24.04

(4) 25.96

(5) 45.34

29. La suma de 2 monedas de valor x y 3 monedas de valor y es igual a 50 centavos. Si el valor de y es 10 centavos, ¿cuál de las siguientes ecuaciones se puede usar para calcular el valor de x?

(1) $x + y = 5$

(2) $x + 3y = 50$

(3) $2x = 50 - 3y$

(4) $x = 50 - y$

(5) $2x + y = 10$

30. Simplifique la ecuación:
$3x + 3y + x + 4y - 4x = 5$

(1) $6x = 5$

(2) $7x + 7y = 5$

(3) $-x + 7y = 5$

(4) $7x - y = 5$

(5) $7y = 5$

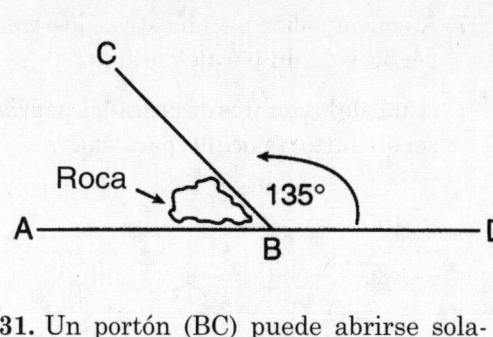

31. Un portón (BC) puede abrirse solamente 135 grados porque hay una roca encajada detrás de él. Sin la roca, el portón podría abrirse completamente contra la cerca (AD) hasta formar un ángulo llano. Calcule los grados que el portón no puede abrirse (ángulo ABC en el diagrama anterior).

Marque su respuesta en los círculos de la cuadrícula en la hoja de respuestas.

32. La Sra. Suárez planea hacer confeccionar una funda para su nueva mesa redonda. El precio de las fundas para mesa varía según su área. Si la mesa de la Sra. Suárez tiene un radio de 2 pies, ¿en cuál de los siguientes grupos de medidas encontrará el precio para la funda que necesita?

(1) Más de 2 pies cuadrados, pero menos de 4 pies cuadrados

(2) Más de 4 pies cuadrados, pero menos de 6 pies cuadrados

(3) Más de 6 pies cuadrados, pero menos de 8 pies cuadrados

(4) Más de 8 pies cuadrados, pero menos de 10 pies cuadrados

(5) Más de 12 pies cuadrados, pero menos de 14 pies cuadrados

33. ¿En cuál de las siguientes ecuaciones el valor de x es igual a 4?

(1) $x^2 + x = 12$

(2) $4x - 1 = 7$

(3) $2x - 3 = 5$

(4) $5x = 25$

(5) $\dfrac{3x}{2} + 5 = 17$

34. Un empleado de un restaurante de comidas rápidas que trabaja media jornada cobra $3.65 por hora. Si trabaja 4 horas el lunes, 3 horas el martes, 5 horas el miércoles, 4 horas el jueves y 4 horas el sábado, su ingreso se podría expresar algebraicamente como $x =$

(1) $(4 + 3 + 5 + 4 + 6) + 3.65$

(2) $(3.65)(4 \times 3 \times 5 \times 4 \times 6)$

(3) $(3.65)(24)$

(4) $(4 + 3 + 5 + 4 + 4)(3.65)$

(5) y

35. Calcule el valor de $3x^2 - 4x + 3$ considerando que x es igual a 5.

(1) 2

(2) 38

(3) 54

(4) 58

(5) 98

36. En el diagrama a continuación, encontrará una ficha de dominó junto a una caja de dominó. ¿Cuántos dominós entran en la caja (ignore el espesor de la caja) como máximo?

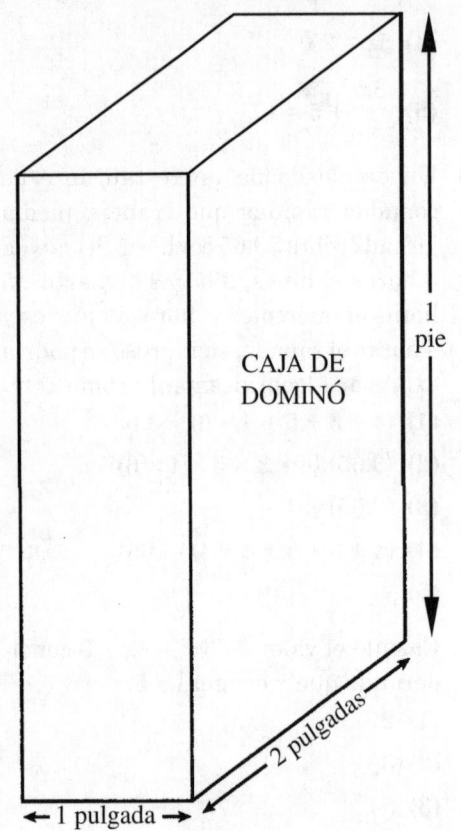

37. A continuación se muestran los tres vértices de un paralelogramo.

¿Cuál de los puntos de la gráfica podría ser el cuarto vértice del paralelogramo?

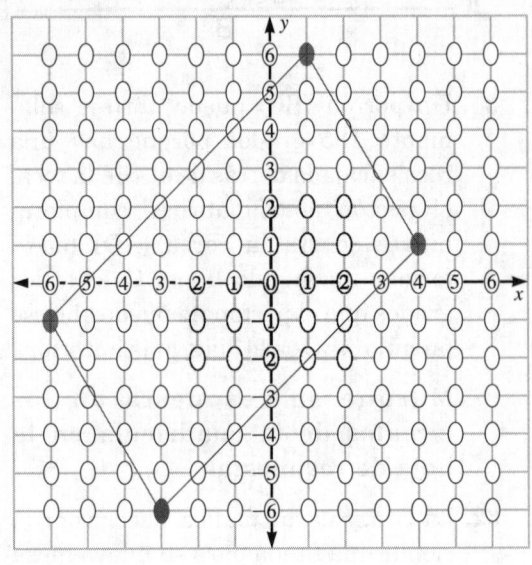

(1) 20

(2) 25

(3) 36

(4) 48

(5) 60

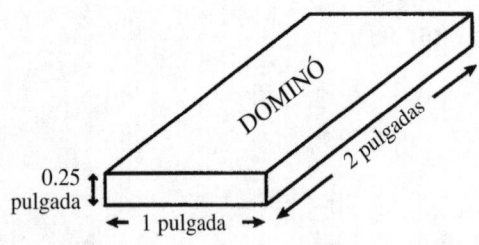

(1) 20

(2) 25

(3) 36

(4) 48

(5) 60

NO MARQUE EL PUNTO EN LA GRÁFICA ANTERIOR.

Marque la respuesta en la cuadrícula de plano de coordenadas en la hoja de respuestas.

Las preguntas 38 a 40 se refieren a la siguiente publicidad presentada en la _Old York Gazette:_

1 DÍA DE GRAN LIQUIDACIÓN ESPECIAL EN LA TIENDA DE ROPA DE GUILLERMO (1/15/02)

Artículo	Precio normal	Precio de liquidación
A. Camiseta polo	$25	Pague el precio normal por la primera camiseta y ahorre $5 en cada camiseta adicional
B. Pantalones cortos informales	$25	ahorre 50% en cada uno
C. Sandalias para uso diario	$40	ahorre $10 en cada una

38. Máximo y Miriam fueron a comprar ropa de verano. Miriam compró 3 pantalones cortos. ¿Cuánto pagó en dolares?

(1) $12.50

(2) $25.00

(3) $37.50

(4) $75.00

(5) $90.00

39. Máximo compró 7 camisetas y 2 pares de sandalias. ¿Cuánto pagó en dolares?

(1) $205.00

(2) $220.00

(3) $225.00

(4) $230.00

(5) $235.00

40. ¿Cuántos dólares _ahorró_ Máximo en su compra?

(1) $15.00

(2) $50.00

(3) $55.00

(4) $85.00

(5) $105.00

41. La circunferencia de la rueda del triciclo de Timoteo es $\frac{1}{4}$ de la circunferencia de la rueda del automóvil de su padre. Si la circunferencia de la rueda de su padre es 16π, ¿cuál es el radio de la rueda de Timoteo?

(1) 1

(2) 2

(3) 4

(4) 16

(5) 64

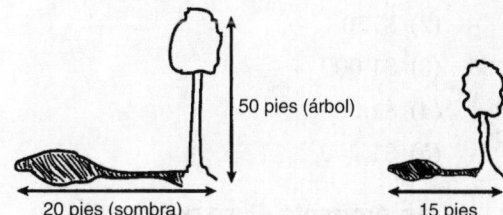

50 pies (árbol)

20 pies (sombra)   15 pies

42. Dos árboles están separados por 10 pies. El árbol más alto, que mide 50 pies de altura, proyecta una sombra de 20 pies, mientras que el árbol más bajo proyecta una sombra de 15 pies. ¿Cuál es la altura del árbol más bajo?

(1) 25 pies

(2) 30 pies

(3) 32.5 pies

(4) 35 pies

(5) 37.5 pies

Las preguntas 43 y 44 se refieren a la siguiente información.

Una familia tiene un ingreso mensual de $3,600. Sus gastos mensuales son los que se muestran en la gráfica a continuación.

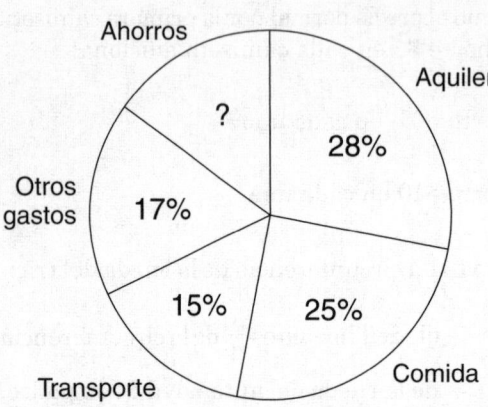

43. ¿Cuánto dinero ahorra esta familia en un mes? (Responda con un número entero.)

Marque su respuesta en los círculos de la cuadrícula en la hoja de respuestas.

44. ¿Cuál es el costo del alquiler mensual?
- **(1)** $612
- **(2)** $750
- **(3)** $1,000
- **(4)** $1,008
- **(5)** $1,200

La pregunta 45 se refiere a la siguiente información.

La tabla a continuación muestra el sexo de los niños de las familias que viven en nuestra calle.

FAMILIA	1	2	3	4	5
# NIÑOS	2	0	1	2	5
# NIÑAS	3	0	2	1	4

45. Compare el promedio de niñas con el de niños por familia.

- **(1)** $\frac{1}{2}$ niña más
- **(2)** 1 niña más
- **(3)** $\frac{1}{2}$ niña menos
- **(4)** 1 niña menos
- **(5)** La misma cantidad

46. La tía Milagros quiere hervir agua para preparar té. Si la temperatura del agua que sale del grifo es de 10 °C, ¿cuánto tiempo necesitará el agua para hervir? (Responda en segundos.)

- **(1)** 10
- **(2)** 90
- **(3)** 100
- **(4)** 212
- **(5)** No hay datos suficientes para resolver el problema.

47. En una liquidación, el precio de un artículo se redujo 50 centavos. Si el primer día de liquidación se vendieron 50 artículos y el segundo día se vendieron X artículos, ¿cuántos dólares perdió el comercio por no vender al precio original?

- **(1)** $50
- **(2)** $40
- **(3)** $30
- **(4)** $20
- **(5)** No hay datos suficientes para resolver el problema.

Las preguntas 48 a 50 se refieren a la siguiente información.

Juan y Pedro querían saber el número aproximado de automóviles rojos que veían por día. Un sábado, decidieron llevar la cuenta de los automóviles rojos que pasaban por su casa cada hora. Registraron lo que contaron en la tabla a continuación.

Hora	1	2	3	4	5
Número de autos rojos	5	4	8	0	8

48. ¿Cuál fue la moda?
    (1) 0
    (2) 4
    (3) 5
    (4) 8
    (5) 25

49. ¿Cuál fue el número promedio de automóviles rojos que vieron cada hora?
    (1) 1
    (2) 2
    (3) 3
    (4) 4
    (5) 5

50. ¿Cuántos automóviles rojos deberían pasar por la casa en la sexta hora para que la media equivalga a 7?
    (1) 5
    (2) 7
    (3) 9
    (4) 15
    (5) 17

Clave de respuestas para la Prueba 1 de ejemplo de GED

Una vez que complete la Prueba de diagnóstico, compare sus respuestas con la clave de respuestas que está a continuación. Escriba el número total de respuestas correctas para cada prueba en el casillero provisto en su hoja de respuestas. Luego, pase a la Tabla de análisis de errores para ver cuáles son sus puntos fuertes y débiles.

Prueba 1: Redacción, Parte 1

1. (3)	11. (5)	21. (3)	31. (3)	41. (5)
2. (4)	12. (4)	22. (5)	32. (1)	42. (4)
3. (4)	13. (4)	23. (4)	33. (4)	43. (5)
4. (1)	14. (4)	24. (3)	34. (3)	44. (5)
5. (5)	15. (4)	25. (4)	35. (3)	45. (1)
6. (2)	16. (1)	26. (3)	36. (3)	46. (3)
7. (5)	17. (5)	27. (2)	37. (1)	47. (2)
8. (2)	18. (3)	28. (3)	38. (3)	48. (3)
9. (5)	19. (3)	29. (5)	39. (1)	49. (3)
10. (5)	20. (5)	30. (4)	40. (4)	50. (4)

Prueba 2: Estudios Sociales

1. (3)	11. (3)	21. (3)	31. (1)	41. (5)
2. (2)	12. (3)	22. (3)	32. (5)	42. (5)
3. (5)	13. (1)	23. (4)	33. (3)	43. (2)
4. (5)	14. (4)	24. (2)	34. (3)	44. (3)
5. (4)	15. (2)	25. (5)	35. (2)	45. (1)
6. (5)	16. (3)	26. (4)	36. (3)	46. (2)
7. (2)	17. (1)	27. (5)	37. (4)	47. (3)
8. (2)	18. (5)	28. (3)	38. (2)	48. (3)
9. (1)	19. (5)	29. (3)	39. (5)	49. (2)
10. (4)	20. (3)	30. (1)	40. (1)	50. (1)

Prueba 3: Ciencias

1. (2)	11. (2)	21. (3)	31. (5)	41. (4)
2. (1)	12. (4)	22. (1)	32. (2)	42. (1)
3. (5)	13. (4)	23. (1)	33. (2)	43. (5)
4. (3)	14. (5)	24. (5)	34. (2)	44. (4)
5. (4)	15. (1)	25. (5)	35. (3)	45. (2)
6. (5)	16. (3)	26. (3)	36. (3)	46. (2)
7. (2)	17. (4)	27. (5)	37. (1)	47. (3)
8. (3)	18. (1)	28. (4)	38. (2)	48. (5)
9. (2)	19. (1)	29. (2)	39. (2)	49. (4)
10. (1)	20. (2)	30. (3)	40. (3)	50. (1)

Prueba 4: Español: lenguaje, lectura

1. (3)	11. (1)	21. (1)	31. (5)
2. (3)	12. (5)	22. (5)	32. (2)
3. (4)	13. (2)	23. (2)	33. (4)
4. (1)	14. (1)	24. (5)	34. (2)
5. (3)	15. (2)	25. (2)	35. (3)
6. (5)	16. (1)	26. (1)	36. (4)
7. (2)	17. (3)	27. (4)	37. (1)
8. (4)	18. (3)	28. (3)	38. (5)
9. (4)	19. (4)	29. (3)	39. (2)
10. (2)	20. (3)	30. (1)	40. (3)

clave de respuestas

Prueba 5: Matemáticas

Parte 1 y Parte 2

1. (4)	11. (4)	21. 556	31. 45	41. (2)
2. (4)	12. 2.13	22. 0.48	32. (5)	42. (5)
3. (3)	13. 1.52	23. (2)	33. (3)	43. 540
4. 91.06	14. (5)	24. (4)	34. (4)	44. (4)
5. 956/9	15. (4)	25. (1)	35. (4)	45. (5)
6. (2)	16. (5)	26. (3)	36. (4)	46. (5)
7. (4)	17. (3,5)	27. (1)	37. (−3,−6)	47. (5)
8. (3)	18. (1)	28. (2)	38. (3)	48. (4)
9. (3)	19. (4)	29. (3)	39. (1)	49. (5)
10. (5)	20. (3)	30. (5)	40. (2)	50. (5)

ANÁLISIS DE ERRORES PARA LA PRUEBA 1 DE EJEMPLO DE GED

Encierre en un círculo el número de cada pregunta que no respondió correctamente. Cuente la cantidad de círculos de cada área de contenido y escriba el número total que falta en la columna que dice "Números incorrectos". Un número alto de respuestas incorrectas en un área en particular indica la necesidad de estudiar más sobre esa área.

ÁREA	PREGUNTAS	NÚMERO INCORRECTO
PRUEBA 1. REDACCIÓN	50	
Estructura de oraciones	1, 5, 9, 13, 17, 21, 27, 29, 33, 35, 37, 40, 42, 45, 47, 49	
Uso	2, 7, 11, 12, 18, 19, 24, 26, 32, 34, 41, 43, 44, 48, 50	
Mecánica	3, 6, 8, 10, 15, 16, 22, 23, 25, 30, 31, 38	
Organización	4, 14, 20, 28, 36, 39, 46	
PRUEBA 2. ESTUDIOS SOCIALES	50	
Historia	9, 22, 23, 24, 25, 27, 28, 29, 30, 42, 43, 44, 45, 48, 49, 50	
Economía	10, 11, 12, 13, 19, 20, 21, 31, 33, 34, 35	
Geografía	1, 2, 3, 4, 26, 41	
Educación Cívica y Gobierno	5, 6, 7, 8, 14, 15, 16, 17, 18, 32, 36, 37, 38, 39, 40, 46, 47	
PRUEBA 3. CIENCIAS	50	
Ciencias Biológicas	5, 6, 7, 8, 9, 12, 13, 14, 15, 16, 17, 25, 26, 27, 28, 29, 30, 31, 32, 39, 40, 41, 42	
Química	21, 22, 23, 24, 33, 36, 37, 38	
Física	10, 11, 18, 34, 35, 43, 44, 45, 46	
Ciencias de la Tierra y el Espacio	1, 2, 3, 4, 19, 20, 47, 48, 49, 50	
PRUEBA 4. ESPAÑOL: LENGUAJE, LECTURA	40	
Teatro y poesía	18, 19, 20, 21, 22, 23, 29, 30, 31, 32, 33, 34	
Textos literarios	1, 2, 3, 4, 5, 6, 12, 13, 14, 15, 16, 17, 35, 36, 37, 38, 39, 40	
No ficción	24, 25, 26, 27, 28	
Documentos comerciales	7, 8, 9, 10, 11	
PRUEBA 5. MATEMÁTICAS	50	
Medidas y geometría	1, 3, 7, 8, 9, 10, 19, 21, 22, 25, 31, 32, 36, 41	
Álgebra	6, 11, 18, 24, 29, 30, 33, 34, 35, 37, 47, 50	
Operaciones numéricas y sentido numérico	2, 4, 5, 14, 16, 23, 26, 27, 28, 42	
Análisis de datos	12, 13, 15, 17, 20, 38, 39, 40, 43, 44, 45, 46, 48, 49	

análisis de errores

EXPLICACIONES DE LAS RESPUESTAS PARA LA PRUEBA 1 DE EJEMPLO DE GED

Prueba 1: Redacción, Parte 1

1. **La respuesta correcta es la (3).** Hay que cambiar contiene a contienen porque "contienen" concuerda con ambos sujetos unidos por la y. La alternativa (4) elimina una coma necesaria en una serie. La alternativa (2) añade una coma innecesaria entre el sujeto y el verbo. La alternativa (1) cambia el tiempo verbal de forma incorrecta.

2. **La respuesta correcta es la (4).** La alternativa correcta es "para los demás, como por ejemplo la creación" ya que combina correctamente las oraciones, convirtiendo la segunda en una aposición separada por una coma. Las otras alternativas son demasiados largas, unen incorrectamente las oraciones, y además tienen una puntuación incorrecta.

3. **La respuesta correcta es la (4).** Esta alternativa corrige el cambio verbal demasiado extenso y complicado de la frase original, para que ambos verbos estén en el presente del subjuntivo. La opción (3) emplea un tiempo verbal incorrecto. La alternativa (3) emplea incorrectamente el futuro. La demás alternativas usan formas verbales incorrectas.

4. **La respuesta correcta es la (1).** Esta alternativa desplaza correctamente un detalle al párrafo correspondiente. Con la oración comienza un tema completamente nuevo. Con las alternativas 2 y 4 se eliminan detalles importantes. La alternativa 3 desplaza incorrectamente un detalle de apoyo y altera el orden lógico.

5. **La respuesta correcta es la (5).** Esta alternativa es correcta porque une el fragmento (oración 14) a una idea completa y los separa correcta-mente mediante una coma. La alternativa 1 no corrige el fragmento de oración. La alternativa 2 omite la coma necesaria que indica al lector que haga la pausa entre ambas ideas. Las otras dos alternativas unen el fragmento y la oración pero de forma incorrecta.

6. **La respuesta correcta es la (2).** Esta alternativa es la mejor oración temática, porque introduce la idea principal del párrafo. La demás alternativas son demasiado generales y no se relacionan directamente con los detalles del párrafo, o, son demasiado específicas y no abordan la cuestión principal del párrafo.

7. **La respuesta correcta es la (5).** Esta alternativa es correcta porque se requiere una coma para separar los elementos de la serie. La alternativa 1 es incorrecta porque elimina la coma después de una frase introductoria. La alternativa 4 cambia incorrectamente una preposición a un verbo. La alternativa 3 es incorrecta porque añade una coma innecesaria. La alternativa 2 cambia incorrectamente la conjunción.

8. **La respuesta correcta es la (2).** Todos los nombres propios se escriben con mayúscula. La alternativa 1 añade una coma innecesaria. La alternativa 5 es incorrecta porque no se usan minúsculas para los nombres de ciudades (propios). La alternativa 3 cambia incorrectamente el tiempo verbal. La alternativa 4 es incorrecta porque elimina una coma necesaria.

9. **La respuesta correcta es la (5).** Esta alternativa 5 combina las ideas de la serie de oraciones en una oración simple, clara y concisa. Las otras alter-

nativas no expresan claramente la idea, no eliminan las frases seguidas, y no eliminan el exceso de palabras.

10. **La respuesta correcta es la (5).** Emplea una conjunción coordinante adecuada para unir el fragmento a la oración independiente. Las alternativas 1 y 4 crean fragmentos de oraciones. La alternativa 3 crea una oración seguida. La alternativa 2 emplea un término incorrecto para unir el fragmento a la oración independiente.

11. **La respuesta correcta es la (5).** Esta alternativa es correcta porque muestra la transición cronológica entre las ideas expuestas en los párrafos primero y segundo. La alternativa 4 desplaza incorrectamente un detalle del párrafo en donde corresponde. La alternativa 2 emplea un término incorrecto para introducir la transición de ideas entre los párrafos. La alternativa 1 elimina información importante y la alternativa 3 es incorrecta porque añade una coma innecesaria.

12. **La respuesta correcta es la (4).** Esta alternativa es correcta porque corrige un tiempo verbal incorrecto, ya que sólo se requiere el pretérito indefinido en la oración.

13. **La respuesta correcta es la (4).** Esta alternativa es correcta pues elimina el pronombre poco específico. La alternativa 1 no contiene un pronombre con antecedente bien definido. La alternativa 3 emplea una forma verbal incorrecta. Las alternativas 2 y 5 no expresan claramente la relación entre las ideas de la oración 17 y las precedentes.

14. **La respuesta correcta es la (4).** La palabra se deriva de una palabra en inglés que significa lo mismo. El error se debe a la pronunciación similar de 'y' e 'i' en la palabra.

15. **La respuesta correcta es la (4).** Esta alternativa sustituye correctamen-te el pronombre poco específico 'Ésta' con su antecedente. La alternativa 1 usa incorrectamente un pronombre con un antecedente poco específico. Las alternativas 2 y 3 son pronombres inco-rrectos. La alternativa 5 emplea un antecedente incorrecto.

16. **La respuesta correcta es la (1).** No es necesario corregir esta oración.

17. **La respuesta correcta es la (5).** Esta alternativa es correcta porque las estaciones del año no se escriben con mayúscula. La alternativa 2 elimina una coma necesaria después de una frase introductoria. La alternativa 3 usa incorrectamente las mayúsculas para sustantivos comunes. La alternativa 4 cambia in-correctamente el tiempo verbal a futuro. La alternativa 1 añade una coma innecesaria.

18. **La respuesta correcta es la (3).** Esta alternativa es correcta porque el participio pasado de "proponer" es irre-gular. La forma propuesta en la frase no es un tiempo verbal correcto.

19. **La respuesta correcta es la (3).** Esta alternativa es correcta ya que co-rrige un modificador sin sujeto, aña-diendo sujeto y verbo para crear una oración subordinada. Las alternativas 1 y 5 no corrigen el modificador sin sujeto. Las alternativas 2 y 4 emplean modificadores incorrectos que confunden el significado.

20. **La respuesta correcta es la (5).** Esta alternativa es correcta porque, 'típicamente', por ser una palabra sobresdrújula, debe de llevar acento escrito. Las otras alternativas sola-mente servirían para introducir errores.

21. **La respuesta correcta es la (3).** Esta alternativa es correcta porque con ella todos los elementos de la serie se convierten en frases de estructura similar.

22. **La respuesta correcta es la (5).** No es necesario corregir esta oración.

23. **La respuesta correcta es la (4).** Esta alternativa elimina correctamente una oración que no apoya la idea principal del párrafo. La alternativa 1 elimina la oración temática. Las alternativas 2 y 5 sacan un detalle del orden lógico. La alternativa 3 elimina un detalle de apoyo importante.

24. **La respuesta correcta es la (3).** Esta alternativa es correcta porque el sujeto no es alguien en específico. Por lo tanto, se debe usar 'se cree'. Las alternativas 1 y 2 emplean formas verbales incorrectas. La alternativa 4 no es incorrecta pero tampoco corrige nada, es un sinónimo. La alternativa 5 añade una coma innecesaria.

25. **La respuesta correcta es la (4).** 'Hay' concuerda con ambos sujetos unidos por la conjunción 'y'. Aunque el verbo figure antes, los dos sujetos son los 'niños aceptados' y los 'que no logran'.

26. **La respuesta correcta es la (3).** Esta alternativa es correcta porque corrige el fragmento al añadir el sujeto y el verbo.

27. **La respuesta correcta es la (2).** "Los resultados" es un sujeto plural. Por lo tanto, la alternativa 2 es correcta porque se emplea la forma verbal correcta. La alternativa 1 no corrige el error, la alternativa 3 elimina una coma necesaria y las alternativas 4 y 5 introducen faltas de acento gramaticales.

28. **La respuesta correcta es la (3).** Esta alternativa es correcta porque el sujeto corresponde a una persona en particular. En este caso, 'el' debe de ser usado como pronombre.

29. **La respuesta correcta es la (5).** Esta alternativa es correcta ya que 'mar' constituye una excepción en cuanto al artículo usado. Es una palabra irregular que no se concuerda con el género del artículo. La forma correcta es 'el mar'.

30. **La respuesta correcta es la (4).** Esta alternativa es correcta porque, en español los idiomas se escriben con minúscula. La alternativa 1 no corrige nada. La alternativa 2 introduce un error ya que el "se", definido por el sujeto, ya está incluido en el texto. La alternativa 3 añade una coma innecesaria.

31. **La respuesta correcta es la (3).** Esta alternativa es correcta porque añade una coma después de 'riesgos', lo que permite a la frase en cuestión pasar a ser un comentario aclaratorio.

32. **La respuesta correcta es la (1).** Esta alternativa corrige una oración seguida añadiendo una conjunción adversativa apropiada entre las oraciones independientes. La alternativa 4 es una frase seguida. Las alternativas 2, 3, y 5 añaden un sentido de oposición que altera el sentido de la frase.

33. **La respuesta correcta es la (4).** Esta alternativa corrige el cambio de la tercera persona (uno) al impersonal 'se', para que sea coherente con el resto del párrafo. La alternativa 1 emplea una forma verbal incorrecta. La alternativa 2 no corrige el error. La alternativa 3 añade una coma innecesaria. La alternativa 5 introduce otro error con un verbo incorrecto.

34. **La respuesta correcta es la (3).** Esta alternativa es correcta porque añade una coma necesaria tras una frase introductoria. La alternativa 2 sustituye innecesariamente el impersonal 'se' por 'uno'. La alternativa 1 introduce una preposición innecesaria. La alternativa 4 introduce un error cambiando el significado de la frase.

35. **La respuesta correcta es la (3).** La recomendación 5 indica, en su última línea, que, en caso de tener problemas

de alergias, es absolutamente necesario hablar con el médico o el cirujano antes de la cirugía. La experiencia dice (aunque no consta en el texto) que este problema es causante de muchas muertes en la mesa de operaciones.

36. **La respuesta correcta es la (3).** Aunque la recomendación 2 habla explícitamente de este caso, es mejor seguir también la recomendación 1 porque ésta aconseja preguntar y comprender con claridad las respuestas, inclusive dice que debería hacerse acompañar por un familiar para que todo esté claro.

37. **La respuesta correcta es la (1).** Es evidente el objetivo de estas recomendaciones. Se trata de evitar la muerte de tantas personas por falta de información pertinente. No pretende en ningún caso hacer publicidad de ninguna institución ni profesional del ramo.

38. **La respuesta correcta es la (3).** Aunque la respuesta 2 parece ser la correcta, ésta se refiere solamente a la cantidad de medicamento que se debe tomar diariamente. Sin embargo, es mejor leer con atención las advertencias que traen las etiquetas. De esta forma, el paciente estará seguro de consumir el medicamento adecuado.

39. **La respuesta correcta es la (1).** La recomendación 3 dice con precisión lo que un paciente debe hacer cuando el médico tratante ordena exámenes y rayos X. La rapidez en la ejecución de los exámenes y la atención oportuna a los resultados pueden evitar la muerte de muchas personas.

40. **La respuesta correcta es la (4).** Es la única alternativa posible porque aceptar es un sinónimo de someterse, obedecer lo que alguien ordena. Las otras respuestas significan lo contrario: rebelarse, protestar y exigir significan desobedecer.

41. **La respuesta correcta es la (5).** La cifra presentada inmediatamente después del titulo trata de llamar la atención de las personas para de esta manera se trate disminuir la cantidad de muertes en los hospitales. Intenta acercarse a los ciudadanos a través de datos reales que en principio podrían atemorizar.

42. **La respuesta correcta es la (4).** Hacer las cosas prolijamente significa hacerla con cuidado, poniendo atención a cada uno de los detalles de cualquier trabajo u observación que se realice. Las otras respuestas denotan emociones y actitudes como el miedo, el recelo, el entusiasmo.

43. **La respuesta correcta es la (5).** Esta alternativa es correcta porque en este contexto (el texto y la oración) explica como esta ciencia "nos" afecta. La alternativa 1 introduce un tiempo verbal erróneo. La alternativa 2 es incorrecta porque introduce una preposición errónea. La alternativa 3 añade una coma innecesaria. La alternativa 4 no corrige ningún error.

44. **La respuesta correcta es la (5).** Esta alternativa es correcta porque la conjunción crea una oración compuesta. La alternativa 1 introduce una coma innecesaria. La alternativa 2 corta la fluidez de la oración. La alternativa 3 emplea una puntuación errónea. La alternativa 4 introduce una coma innecesaria y usa un conector incorrecto.

45. **La respuesta correcta es la (1).** Esta alternativa es correcta ya que la oración está correctamente escrita. Usa una conjunción para unir dos oraciones independientes sin uso de una coma. La alternativa 2 introduce una coma innecesaria. La alternativa 3 es una estructura completamente incorrecta y sin sentido. La alternativa 4 introduce un punto que crea dos

fragmentos. La alternativa 5 introduce una conjunción errónea.

46. **La respuesta correcta es la (3).** Esta alternativa es correcta porque en esta oración se necesita el pronombre relativo posesivo cuyoa. La alternativa 1 añade una coma innecesaria. Las alternativas 2 y 4 introducen problemas de ortografía (y de anglicismos).

47. **La respuesta correcta es la (2).** Esta alternativa es correcta porque corrige el fragmento, ya que la frase introductoria "Sin embargo" da sentido al significado de la oración. La alternativa 1 es incorrecta. La alternativa 3 omite conjunciones. Las alternativas 4 y 5 no forman oraciones efectivas o correctas.

48. **La respuesta correcta es la (3).** Esta oración es correcta porque es la oración temática más exacta. Es la que da la mejor idea del párrafo que anuncia.

49. **La respuesta correcta es la (3).** Esta alternativa es correcta porque el gerundio combina el fragmento y la oración principal. Las alternativas 1 y 5 crean dos fragmentos. Las alternativas 2 y 4 cambian incorrectamente el sentido del texto empleando conectores erróneos.

50. **La respuesta correcta es la (4).** Esta alternativa es correcta porque emplea el tiempo verbal apropiado. Las otras alternativas emplean tiempos verbales incorrectos.

Redacción, Parte 2

RESPUESTA AL ENSAYO DE EJEMPLO

Considerando la gran variedad de platillos vegetarianos disponibles en la mayoría de restaurantes, podría afirmar que este tipo de dieta es cada vez más popular. Estos platos se presentan como alternativas "saludables" entre otros que a menudo son ricos en proteínas animales y en grasas. La dieta vegetariana es atractiva a los ojos de aquellos que temen los efectos nocivos de las grasas y del colesterol. Existe también un rechazo, cada vez más generalizado, a comer carne de un animal que alguna vez estuvo vivo.

Sin embargo, me parece dudoso que los alimentos estrictamente vegetarianos sean suficientes en la dieta de una persona. Nuestro cuerpo necesita diariamente unos 45 gramos de proteínas que solamente provienen de las carnes, pescados y huevos.

Además, el calcio, indispensable para mantener una buena salud, solamente lo encontramos en los productos lácteos.

Entonces, antes de decidir sobre nuestra alimentación diaria, es necesario informarse correctamente sobre nutrición y de esta manera conservar una buena salud. Esta es razón suficiente para consumir una gama completa de nutrientes provenientes de diferentes tipos de alimentos.

Los seres humanos fueron cazadores y recolectores desde la prehistoria, lo que significa que la carne y el pescado han estado presentes en su evolución, formando parte natural de su dieta. Lo que es natural no afectará a nuestro organismo siempre que se lo consuma en cantidades y formas adecuadas.

Prueba 2: Estudios Sociales

1. **La respuesta correcta es la (3).** La cartografía es la ciencia de confeccionar mapas. La posibilidad de determinar con precisión la longitud hace posible la obtención de mapas mejores y más nuevos.

2. **La respuesta correcta es la (2).** La oferta de premios "generosos", es decir, grandes, por la confección de mejores mapas sugiere el interés que el gobierno francés tenía en la precisión.

3. **La respuesta correcta es la (5).** La única consecuencia directa de los mapas mejorados fue la habilidad de las naciones para acordar las zonas horarias claramente definidas, ya que a partir de esto fue posible ubicar una sola posición en un mapa y determinar la longitud.

4. **La respuesta correcta es la (5).** El rey Luis XIV ofreció el premio porque estaba especialmente interesado en expandir la exploración.

5. **La respuesta correcta es la (4).** El restaurante representa la población estadounidense y la gran cantidad de diferentes tipos de personas que la conforman.

6. **La respuesta correcta es la (5).** La caricatura sugiere que Estados Unidos está formado por un número de nacionalidades diferentes, como lo muestran los alimentos representativos de cada cultura.

7. **La respuesta correcta es la (2).** "El crisol" sugiere que las diferentes culturas que han formado Estados Unidos se han fusionado y han opacado las diferencias culturales individuales. Solamente "El plato de ensalada" no está de acuerdo con esta opinión ya que sugiere que las culturas se mezclaron pero no se fusionaron.

8. **La respuesta correcta es la (2).** Los diferentes alimentos indican que Estados Unidos fue poblado por personas provenientes de muchos otros países.

9. **La respuesta correcta es la (1).** "Gloria" significa fama y fortuna.

10. **La respuesta correcta es la (4).** CevronTex bajó $1.98 por acción con respecto al precio de cierre el día anterior, el salto más grande que se registró.

11. **La respuesta correcta es la (3).** ChespkeUtil cerró a $19.65 que es casi el precio de venta más alto, $19.99, que tuvo en 52 semanas.

12. **La respuesta correcta es la (3).** 100 acciones por $75.51 por acción es igual a $7,551.00.

13. **La respuesta correcta es la (1).** ChelseaProp paga $3.24, el monto más elevado del informe.

14. **La respuesta correcta es la (4).** El trato preferencial que se le dio a Juan debido al puesto de su madre en la empresa es un ejemplo de nepotismo.

15. **La respuesta correcta es la (2).** La Ley Pendleton estableció el sistema de méritos.

16. **La respuesta correcta es la (3).** El otorgar un puesto de trabajo a un postulante teniendo en cuenta su posición social es un ejemplo de "amiguismo".

17. **La respuesta correcta es la (1).** La Ley Hatch disminuyó en gran medida los efectos del sistema de botín.

18. **La respuesta correcta es la (5).** Jorgelina aprovechó la red de contactos cuando cultivó la relación con personas que pertenecían al ámbito en el que ella deseaba conseguir un empleo.

19. **La respuesta correcta es la (5).** III y IV solamente. Las mujeres no son una minoría, ya que comprenden el 53% de la población que se analiza. Si el 81% de todos los trabajadores administrativos son mujeres, es correcto decir que cuatro de cada cinco trabajadores administrativos son mujeres. I y II son imprecisas porque la gráfica describe otra cosa. Muestra que el 45% de todos los trabajadores profesionales son mujeres (no significa que el 45% de las mujeres empleadas son trabajadoras profesionales) y que el 43% de todos los desempleados son mujeres (*no* significa que el 43% de las

mujeres están desempleadas). Ni la I ni la II son justificables ya que el número total de categorías de mujeres que se describen debería sumar 100%.

20. **La respuesta correcta es la (3).** La economía estadounidense se vería dañada seriamente si las mujeres no estuvieran disponibles en la fuerza laboral. Si las mujeres constituyen casi la mitad de todos los trabajadores empleados (43%), casi la mitad de los trabajadores profesionales (45%) y un porcentaje abrumador de los trabajadores administrativos (81%), ¿quién podría reemplazarlas si todas a la vez abandonaran el mercado laboral? La (1) es imprecisa si se la compara con la tabla, mientras que (2), (4) y (5) no están sustentadas, ya que la tabla no presenta comparaciones con los hombres o con actividades futuras ni pasadas de la fuerza laboral.

21. **La respuesta correcta es la (3).** Durante el período de tiempo que se muestra en la tabla, la televisión por cable experimentó un gran aumento en el número de suscriptores de abono básico y la cantidad total de ingresos. El abono básico mensual promedio aumentó de menos de seis dólares a más de diez. Se puede respaldar el enunciado que afirma que "La industria de la televisión por cable experimentó un gran crecimiento en el total de ingresos y en el número de suscriptores entre 1985 y 1995". Hay, también, algún tipo de confirmación de la alternativas (1) y (2) ya que es probable que la tendencia que se muestra para quince años continúe; sin embargo, la alternativa (3) se sustenta con más solidez. Las gráficas no presentan comparaciones con la televisión en cadena ni tampoco hay indicios de que los ingresos probablemente caigan (alternativas 4 y 5).

22. **La respuesta correcta es la (3).** El impuesto de capitación quedó sin efecto por medio de la Enmienda XXIV en las elecciones federales y en elecciones locales y estatales, por medio de sentencias de la Corte Suprema.

23. **La respuesta correcta es la (4).** La Enmienda XIX les dio el derecho al voto a las mujeres.

24. **La respuesta correcta es la (2).** La Enmienda XIV (ratificada en 1868) definió a los esclavos como ciudadanos y la XV (de 1870) les otorgó el derecho al voto.

25. **La respuesta correcta es la (5).** Cuando se ratificó la Enmienda XVII, se dispuso la elección directa de los senadores, pero se mantuvo el Colegio Electoral.

26. **La respuesta correcta es la (4).** Si el "centro" de Estados Unidos se trasladó hacia el oeste, se debe a que la porción occidental del país ha agregado más "peso", es decir, población. La alternativa (1) es irrelevante; la alternativa (2) no se puede confirmar, ya que el centro de la población se trasladó al oeste del Mississippi. La alternativa (3) puede ser precisa con respecto a ciertos períodos de la historia estadounidense, pero todas las ciudades importantes ya no se concentran en la costa este. La alternativa (5) es imprecisa ya que si fuera verdadera, el centro se trasladaría hacia el este.

27. **La respuesta correcta es la (5).** No se puede establecer una comparación sin información de años anteriores.

28. **La respuesta correcta es la (3).** El número de prisioneros aumentó bruscamente desde 1975. La comparación 1980 y 1985 sugiere que el número de prisioneros seguirá en aumento y, debido al retraso en las asignaciones de sumas de dinero público para los problemas principales, es probable que haya gastos públicos considerables para las prisiones hasta la década de 1990 inclusive.

29. **La respuesta correcta es la (3).** La alternativa (3) es el único *efecto* de la Doctrina de Truman. Las alternativas (1) y (4) son *causas*, no efectos. Las alternativas (2) y (5) no se refieren directamente a la pregunta.

30. **La respuesta correcta es la (1).**

31. **La respuesta correcta es la (1).** Las tres tablas sustentan el hecho de que las mujeres que llevan adelante sus hogares sufren económicamente: tienen índices de desempleo más elevados, su ingreso total es más bajo y un porcentaje más elevado tiene posibilidades de caer por debajo de la línea de pobreza. La alternativa (2) no está contemplada ya que no tenemos una comparación directa entre mujeres con o sin hijos; la alternativa (3) es incorrecta ya que no sabemos quién trabaja en las familias compuestas por marido y mujer; las alternativas (4) y (5) no están respaldadas por la información que se suministra.

32. **La respuesta correcta es la (5).** *The Wall Street Journal* cubre eventos nacionales e internacionales que afectan todos los aspectos de la vida económica. Todos los otros periódicos llevan el nombre de una ciudad en el título.

33. **La respuesta correcta es la (3).** Si observamos, podemos ver que probablemente hubo menos de un cincuenta por ciento de aumento en los fondos disponibles a lo largo de los once años. La única alternativa posible entre todas las alternativas de respuestas es (3).

34. **La respuesta correcta es la (3).** La barra de 1996 nos muestra que Florida y Texas en conjunto tienen más financiación que Pennsylvania y Texas juntas. Si se suma California, obtenemos la combinación más grande.

35. **La respuesta correcta es la (2).** Solamente New York mostró una disminución uniforme a lo largo del período de once años.

36. **La respuesta correcta es la (3).** Oficina Nacional de Seguridad en las Carreteras

37. **La respuesta correcta es la (4).** Comisión Federal de Comercio

38. **La respuesta correcta es la (2).** Oficina Nacional de Normas

39. **La respuesta correcta es la (5).** Servicio de Extensión Cooperativa

40. **La respuesta correcta es la (1).** Departamento de Agricultura

41. **La respuesta correcta es la (5).** La capital de la nación, Washington, no está ubicada en ningún estado para no dar preferencias a un estado en particular. Por ello, está ubicada en el Distrito de Columbia, que limita con los estados de Maryland y Virginia.

42. **La respuesta correcta es la (5).** Debido a todas las debilidades en los tratados de paz que terminaron con la Primera Guerra Mundial, condiciones de inestabilidad desafortunadamente llevaron a la Segunda Guerra Mundial en 1939.

43. **La respuesta correcta es la (2).** Estas palabras, que se pronunciaron en Gran Bretaña en "la época más negra de su historia" cuando Alemania amenazaba con invadir y toda Europa se había derrumbado, llevaron a los británicos a la victoria final, después de mucho derramamiento de sangre.

44. **La respuesta correcta es la (3).** Muchos de los denominados "enemigos del pueblo" fueron guillotinados (decapitados en público). Esto produjo un violento baño de sangre. Entre estas desafortunadas personas se encontraban el rey Luis XVI y su esposa María Antonieta.

45. **La respuesta correcta es la (1).** La intención principal de la Doctrina Monroe era la de proteger de la intervención extranjera a los estados independientes recientemente constituidos en América Latina.

46. **La respuesta correcta es la (2).** Éste es un ejemplo de "voluntarismo", es decir, trabajar por el bien de los conciudadanos y la comunidad. "Un aviso publicitario incorrecto" implica la venta de algo para obtener ganancias de una manera engañosa. "Patriotismo" significa trabajar por el propio país en relación con el resto del mundo. Las otras alternativas no se aplican en este caso.

explicaciones

47. **La respuesta correcta es la (3).** Sir Isaac Newton (1642–1726) fue un científico prolífico cuyo pensamiento se respetaba en las colonias. Su obra *Principios Matemáticos* (1687) describe la relación de la ciencia con la naturaleza.

48. **La respuesta correcta es la (3).** Esta ha sido la causa de problemas de larga duración entre Gran Bretaña e Irlanda, que considera que debería unirse con Irlanda del Norte.

49. **La respuesta correcta es la (2).** A comienzos de 1949 existió un punto muerto político entre Estados Unidos y Rusia en el que cada país tenía armas atómicas, pero el uso de ellas habría sido inimaginable. Este período se conoció como "Guerra Fría" porque no hubo una guerra declarada, pero existían sentimientos de hostilidad y sospecha mutua.

50. **La respuesta correcta es la (1).** Johann Gutenberg (1397–1488) desarrolló la imprenta y redujo así el costo de la impresión de libros, lo que permitió a la gente común tener acceso a libros que anteriormente eran costosos.

Prueba 3: Ciencias

1. **La respuesta correcta es la (2).** El texto establece que se necesitan alrededor de cinco minutos para preparar una comida en el espacio. Se necesita más tiempo para preparar una comida en una cocina convencional con alimentos convencionales.

2. **La respuesta correcta es la (1).** Los alimentos son "reconstituidos" con el "agua en abundancia" proporcionada por las células de combustible.

3. **La respuesta correcta es la (5).** Ya que los astronautas reciben 2,700 calorías diarias y no se nos informa que sean diferentes de alguna manera de la gente de la Tierra, la única alternativa que podemos inferir es que estas calorías representan una dosis diaria recomendada.

4. **La respuesta correcta es la (3).** Tanto A como C son hechos; B y D son opiniones que están abiertas a discusión y cuestionamiento.

5. **La respuesta correcta es la (4).** Entre 40° y 50°, el consumo de oxígeno de las tres etapas estaba en su punto más alto.

6. **La respuesta correcta es la (5).** La etapa más elevada de consumo de oxígeno en el adulto era de 10 a 14 mm^3, y está indicada por el marcado ascenso en la línea.

7. **La respuesta correcta es la (2).** Las moscas de la fruta adultas necesitan más oxígeno que las crisálidas, según lo indica la línea que asciende abruptamente.

8. **La respuesta correcta es la (3).** De las alternativas que se presentan, la única con la que se relaciona la información es la alternativa (3). El experimento sería útil para aumentar la producción en laboratorio de las moscas de la fruta.

9. **La respuesta correcta es la (2).** Durante el proceso de la fotosíntesis, el dióxido de carbono y el agua se transforman en oxígeno, según lo indica la fórmula en la alternativa (2). La alternativa (1) es la fórmula de la síntesis por deshidratación. La alternativa (3) es la fórmula de la combinación del hidróxido de sodio y el ácido clorhídrico para formar sal y agua. La alternativa (4) es la fermentación, la transformación del azúcar en alcohol. La alternativa (5) es la electrólisis.

10. **La respuesta correcta es la (1).** En el segundo párrafo se menciona al láser como un "rayo". A partir de esto, podemos inferir que un láser es "un haz de rayos de luz".

11. **La respuesta correcta es la (2).** El párrafo 1 explica de qué manera los láseres destruyen células mediante la extracción del agua que contienen.

12. **La respuesta correcta es la (4).** La cirugía láser se puede usar para destruir células cancerígenas, pero no reduce el riesgo de cáncer. Todas las otras alternativas son mencionadas específicamente como ventajas de la cirugía láser.

13. **La respuesta correcta es la (4).** El primer párrafo establece que las células muertas que no se extraen completamente con el láser se separan (se desechan, se descartan) del tejido vivo adyacente.

14. **La respuesta correcta es la (5).** El artículo no establece que los láseres son la mejor herramienta; simplemente menciona que son útiles en ciertas situaciones. No tenemos manera de saber si otros artículos concuerdan con este. La alternativa (5), en consecuencia, es una opinión y no un hecho.

15. **La respuesta correcta es la (1).** Según la clave, Alberto fue un hombre normal. A pesar de que la hemofilia es una característica recesiva, también está ligada al sexo, según lo indica la tabla. En consecuencia, un hombre necesita solamente un gen hemofílico para que aparezca la característica. Ya que Alberto era normal, es evidente que no tenía genes para la enfermedad.

16. **La respuesta correcta es la (3).** Beatriz era portadora. Su matrimonio con un hemofílico se puede analizar de la siguiente manera:

Clave: XX: mujer normal; XX: mujer portadora; XX: mujer hemofílica; XY: hombre normal; XY: hombre hemofílico.

Beatriz:		X	X
su marido	X	XX	XX
	Y	XY	XY

El 50% de las hijas de Beatriz podrían haber heredado la enfermedad de la hemofilia: XX.

El otro 50% hubiera sido portador: XX.

17. **La respuesta correcta es la (4).** Se mostró que el abuelo materno de Ruperto tenía hemofilia (XY). Él trasmitió la característica a su hija, que fue portadora (XX). Cuando esta mujer se casó con un hombre normal (XY), le trasmitió la enfermedad a su hijo Ruperto (XY).

18. **La respuesta correcta es la (1).** Tal vez el físico más famoso desde Albert Einstein es Stephen Hawkings, quien ha intentado establecer las leyes que gobiernan los orígenes del universo.

19. **La respuesta correcta es la (1).** El polvo no encaja en la definición; no es condensación que cae a la Tierra.

20. **La respuesta correcta es la (2).** El párrafo 1 afirma que los animales murieron por la tormenta de polvo abrasivo.

21. **La respuesta correcta es la (3).** La gráfica muestra la actividad relativa de la enzima x en distintos niveles de pH.

22. **La respuesta correcta es la (1).** En el pH 4, la tasa relativa de actividad alcanza un pico de 60. Sin embargo, el mayor aumento de la tasa de actividad se presenta entre el pH 0 y el 2 cuando la actividad aumenta de 0 a casi 50.

23. **La respuesta correcta es la (1).** Las enzimas se usan en la digestión.

24. **La respuesta correcta es la (5).** Con base en la gráfica y la información adicional, solamente se puede deducir la alternativa (5). La gráfica indica solamente que la enzima x reacciona a las diferencias de pH; en consecuencia, se puede decir que algunas enzimas reaccionan a las diferencias en el pH.

25. **La respuesta correcta es la (5).** El área clara más pequeña muestra que hay más desarrollo de bacterias. Por lo tanto, la sustancia química X es un antibiótico más débil que la penicilina.

26. **La respuesta correcta es la (3).** El saltar la soga no se menciona en el artículo como un elemento que afecte la biorretroalimentación.

27. **La respuesta correcta es la (5).** Si un conductor de un automóvil se detiene ante una luz roja es un ejemplo de un hábito. Todas las otras alternativas no se corresponden entre sí.

28. **La respuesta correcta es la (4).** Según la gráfica, Malthus planteó que los seres vivos se multiplican en una razón geométrica, mientras que el suministro de alimentos solamente aumenta en una razón aritmética. En otras palabras, la población aumenta más rápido que el suministro de alimentos.

29. **La respuesta correcta es la (2).** Según la gráfica, la población aumenta más rápido que la provisión de alimentos. Darwin dijo que las especies tienen una tendencia a la sobreproducción, es decir, a producir más individuos que los necesarios para que las especies sobrevivan.

30. **La respuesta correcta es la (3).** Ya que la pendiente de la curva de población aumenta más que la de la curva de alimentos, es probable que haya hambre; esto hará que la tasa de población disminuya al igual que la pendiente de la curva, alternativa (3).

31. **La respuesta correcta es la (5).** Todas las alternativas que se enumeran deben considerarse para que la teoría se vea afectada.

32. **La respuesta correcta es la (2).** China y África tienen la densidad de población más grande y la menor cantidad de tierra apta para el cultivo y la agricultura y el transporte menos eficiente. Ya están experimentando los efectos de la teoría; China está intentando frenar el crecimiento de la población y África experimentó graves períodos de hambre.

33. **La respuesta correcta es la (2).** El yodo es el único elemento que se enumera en su estado sólido y, por lo tanto, es el único que se puede sublimar.

34. **La respuesta correcta es la (2).** A partir de la ecuación $R \times T = D$, la pregunta se refiere al tiempo ("cuánto") que se necesita para completar la carrera. Por lo tanto, eso es lo que se debe calcular.

    Si dividimos ambos lados de la ecuación entre V (velocidad), obtenemos:

$R \times \dfrac{T}{R} = \dfrac{D}{R}$ o $T = \dfrac{D}{R}$. Al sustituir, obtenemos $T = \dfrac{400}{8} = 50$ segundos.

35. **La respuesta correcta es la (3).** Si sustituimos en la fórmula $D = R \times T$ o lo resolvemos por la velocidad $\dfrac{25+R}{6} = 7$, obtenemos

$R = \dfrac{20\,(\text{millas})}{2.5\,(\text{millas})} = 8$ millas/hora..

36. **La respuesta correcta es la (3).** Los átomos del mismo grupo (columnas en la tabla periódica) se comportan de la misma manera. K y Na están en el mismo grupo, el 1.

37. **La respuesta correcta es la (1).** El primer átomo, el hidrógeno, tiene como número atómico 1 con 1 protón. Cada átomo más grande gana 1 protón más a medida que aumenta su número atómico.

38. **La respuesta correcta es la (2).** Los primeros 92 elementos son los únicos que se encuentran en la naturaleza. Los otros (despues del 92) aparecen por medio de reacciones nucleares iniciadas por científicos e ingenieros.

39. **La respuesta correcta es la (2).** La tasa relativa de actividad de la enzima se eleva a medida que la concentración de enzimas aumenta hasta llegar a 7 aproximadamente. En ese punto, la tasa relativa de actividad de la enzima se nivela aproximadamente en 35 y permanece igual.

40. **La respuesta correcta es la (3).** La razón es de 1 a 10. Un hombre de 100 libras necesitará 1,000 libras de pescado.

41. **La respuesta correcta es la (4).** Los insectos obtienen su energía de los organismos que comen, que están directamente debajo de ellos en la pirámide. Esto significa que los insectos comen algas.

42. **La respuesta correcta es la (1).** El número de insectos aumentaría porque sin los peces, no habría nada que los matara.

43. **La respuesta correcta es la (5).** ^{238}U tiene la vida media más larga y por lo tanto se descompone más lentamente.

44. **La respuesta correcta es la (4).** Ya que la vida media de Fr es de 27.5 segundos, entonces $\dfrac{110}{27.5} = 4 = 4$ vidas medias, por lo tanto:

    (1) 100 gramos → 50 gramos

    (2) 50 gramos → 25 gramos

    (3) 25 gramos → 12.5 gramos

    (4) 12.5 gramos → 6.25 gramos

    (Observe que cada vida media hace que $\dfrac{1}{2}$ de la muestra se agote.)

45. **La respuesta correcta es la (2).** La tabla muestra que el Co tiene una vida media de 5.3 años. Al final de esos 5.3 años, quedará la $\dfrac{1}{2}$ de la cantidad original de Co. Al final de los 10.6 años, de la $\dfrac{1}{2}$ de la $\dfrac{1}{2}$ ó $\dfrac{1}{4}$ quedará de la cantidad original de Co. Si comenzó con 100 gramos de Co, al final de 5.3 años tendrá 50 gramos de Co. En otros 5.3 años tendrá 25 gramos de Co $\dfrac{25}{100} = \dfrac{1}{4}$.

46. **La respuesta correcta es la (2).** ^{42}K tiene una vida media de 12.4 horas. Esta es la vida media más corta de las alternativas que se ofrecen y, por lo tanto, ^{42}K se desintegra más rápidamente.

47. **La respuesta correcta es la (3).** Se esperan vientos entre 38 y 55 millas por hora durante una advertencia de vientos fuertes.

48. **La respuesta correcta es la (5).** Las advertencias de huracán necesitan una respuesta inmediata a las precauciones, ya que éstas se emiten con menos de 24 horas de anticipación.

49. **La respuesta correcta es la (4).** Según el texto, las áreas de la costa son especialmente peligrosas durante un huracán por el peligro de inundación y olas elevadas.

50. **La respuesta correcta es la (1).** Aunque todas las alternativas pueden ser el resultado de un huracán, el texto sugiere que el efecto más peligroso es la inundación.

Prueba 4: Español: lenguaje, lectura

1. **La respuesta correcta es la (3).** Henry habla sobre una batalla y sobre la guerra en general. No se nos informa acerca de su trabajo en su vida como civil. Se nos cuenta específicamente que Henry era un "sargento de brigada".

2. **La respuesta correcta es la (3).** El anciano es sincero en las descripciones que hace sobre sus miedos, por lo tanto, no es hipócrita. Aparentemente, no tiene demasiado orgullo por su persona y definitivamente es una persona amigable.

3. **La respuesta correcta es la (4).** Sus conciudadanos no pensarían que Henry no es un héroe. No hay indicios en el relato de que ellos crean que Henry es un mentiroso o que sientan amargura o desagrado. Quien está horrorizado es Jim.

4. **La respuesta correcta es la (1).** Se nos cuenta que Jim está "sacudido por el horror" cuando su abuelo admite haber sentido miedo en batalla. Tal vez, Jim no sabía que el anciano era soldado, pero no se nos informa sobre eso en el relato. La posibilidad es que él sí lo supiera ya que su abuelo es su héroe. Mientras caminaban hacia la casa, probablemente entraron al almacén y entonces Henry sabía que el pequeño Jim estaba presente y atento a la conversación. La audiencia no considera a Henry un tonto, eso es obvio y se

deduce del respeto que demuestran hacia él. Henry conoce muy bien el horror de la guerra.

5. **La respuesta correcta es la (3).** Podemos eliminar (1) ya que es evidente que el pequeño Jim idolatra a su abuelo. Las alternativas (2) y (4) son verdaderas. Henry sintió miedo en batalla y lo admitió. Además es una persona muy respetada por sus conciudadanos. Pero el autor concentra su atención, y la nuestra, en la reacción de Jim a lo que su abuelo contó.

6. **La respuesta correcta es la (5).** Si hubieran sido veteranos de guerra o de la misma edad que Henry, habrían sabido más sobre la guerra como, por ejemplo, entender más sobre jerarquías y el miedo normal que se experimenta en un batalla. Su comportamiento respetuoso sugiere que eran probablemente más jóvenes que Henry y que no tenían experiencia de guerra.

7. **La respuesta correcta es la (2).** La regla nro. 3 establece que Juan debe estar en su trabajo a las 8:30 y no a las 8:45. La regla nro. 7 dice que no puede realizar tantas llamadas telefónicas personales. Por lo tanto, ya que ha violado ambas reglas, la alternativa (2) es la respuesta correcta.

8. **La respuesta correcta es la (4).** La regla nro. 8 establece claramente que "si tiene preguntas o inquietudes, se deben discutir con el supervisor". Esto se repite en la regla nro. 9 y, por lo tanto, es todo lo que ella necesita hacer.

9. **La respuesta correcta es la (4).** Esta parece ser la única alternativa razonable. No sabemos si la empresa funciona bien generalmente, si gana mucho dinero ni conocemos sus prácticas de producción. Las reglas parecen ser justas y el hecho de que mencionan los beneficios de salud y de posibles vacaciones implican que la empresa puede ser muy buen lugar para trabajar.

10. **La respuesta correcta es la (2).** Si Alfredo no desayuna y hace sus cosas rápidamente, probablemente pueda recuperar el tiempo perdido por levantarse tarde y llegar a tiempo a su trabajo. Si llama para avisar, solamente se retrasará más.

11. **La respuesta correcta es la (1).** Esta regla, que instruye a los trabajadores a tratar a los clientes como se tratan entre ellos, con "cortesía y respeto" se relaciona con este dicho.

12. **La respuesta correcta es la (5).** El narrador observa a todos los personajes de la historia. Él describe la vestimenta de los dos personajes principales. No confunda al narrador con Parsons, que es un personaje de la historia.

13. **La respuesta correcta es la (2).** Markwardt se mintió a sí mismo y a otros sobre el accidente en el taller C y con esto impide que su situación mejore.

14. **La respuesta correcta es la (1).** De este enunciado, el lector puede deducir que Markwardt contó la historia del taller C varias veces para obtener unos pocos dólares de las personas que lo escuchaban por compasión.

15. **La respuesta correcta es la (2).** Los personajes hablan de manera diferente. Parsons utiliza la estructura de oración y el vocabulario asociado con la clase media alta, mientras que Markwardt usa expresiones coloquiales típicas de la clase baja.

16. **La respuesta correcta es la (1).** Se nos cuenta en el segundo párrafo que el Sr. Parsons está vestido con "su inmaculado traje y sombrero gris y su bastón de roten", lo que nos indica que tiene un mejor pasar económico que Markwardt, que es un vendedor ambulante.

17. **La respuesta correcta es la (3).** Es probable que Parsons se haya dado cuenta de la situación al escuchar la historia del accidente. No hay indicios de que supiera con quién estaba hablando antes de esto.

18. **La respuesta correcta es la (3).** Hasta el verso 10 el poeta (voz lírica)

expresa algunos sentimientos como la tristeza, el amor, el alejamiento. Para él la vida y lo vivido ha sido un sueño. En los versos 13–14 concluye diciendo que todo "no es más que un sueño en un sueño".

19. **La respuesta correcta es la (4).** Las líneas 4 a 7 expresan la desesperación de atrapar los granos de arena y la desesperación de verlos escurrirse, escaparse entre los dedos. No hay posibilidad de salvar a ninguno de ellos porque la ola se los lleva.

20. **La respuesta correcta es la (3).** Porque se refiere a los dos verbos: escaparse, y desaparecer, con el mismo significado de escurrirse. Los verbos protegerse y endurecerse tienen significados contrarios a escurrirse.

21. **La respuesta correcta es la (1).** La línea 2 dice claramente "Y al ahora dejarte". Es en ese momento que comienza a expresar sus sentimientos y razonamientos acerca de la esperanza y de la realidad en la que vivimos o de las cosas que vemos.

22. **La respuesta correcta es la (5).** En las líneas 16 y 17 el poeta califica a la orilla con el adjetivo atormentada, como si se tratase de una persona. Son las olas las que golpean incesantemente o atormentan la orilla.

23. **La respuesta correcta es la (2).** En la línea 2 el poeta dice que es el momento de la separación, del alejamiento. A partir de ese momento, utiliza los signos exclamativos para llamar o invocar a Dios o para expresar su frustración ante la imposibilidad de atrapar los granos de arena. Utiliza los signos de interrogación en preguntas retóricas, que nadie va a responder. Son simples cuestionamientos que él hace para sí mismo.

24. **La respuesta correcta es la (5).** La primera frase de este artículo nos dice que es sobre los *Mavericks de Dallas* y los *Suns de Phoenix*. Mientras que los otros equipos son mencionados en el curso del artículo pero no es sobre ellos principalmente.

25. **La respuesta correcta es la (2).** El escritor informa el juego como él lo experimentó. Él narra los eventos de este juego, con algún material de fondo, pero no inserta sus reacciones y emociones, o sus propias opiniones. Eso hace este un *verdadero* relato, uno que es cierto para los eventos como la mayoría de las personas los experimentaron.

26. **La respuesta correcta es la (1).** A partir de la fecha de este artículo, el Mavericks de Dallas no han ganado la final de la *Conferencia del Oeste,* de acuerdo al primer párrafo, lo cual significa que ellos tienen que jugar y vencer a los ganadores de la final de la *Conferencia de Oriente* que fueron los Miami Heats, para ser los campeones de la NBA 2006. (Vea el último párrafo.). El título del pasaje es una pista extensa que esta fue una *semifinal* a diferencia de una *final*, o juego ganador.

27. **La respuesta correcta es la (4).** Usted puede asumir *esa venida de la banca* mas parecido a que no había jugado aún, y probablemente había estado sentado en la banca, pero fue llamado desde la cancha para jugar con sus compañeros de equipo.

28. **La respuesta correcta es la (3).** El crítico escribe que Shawn Marion estaba *lejano, demasiado tranquilo* esta noche, significa que él no jugó tan bien, no anotó muchos puntos, o quizás no se esforzó lo suficiente para ayudar en el juego. No nos dicen si él estaba lesionado o no, escoger la opción (2) es

explicaciones

incorrecta. La opción (1) es el significado contrario. Las opciones (4) y (5) son irrelevantes y desconectadas del pasaje.

29. **La respuesta correcta es la (3).** Aunque parece haber una pizca de verdad en todas las alternativas, la mejor respuesta es la alternativa (3), que describe todo el argumento de la escena. Miss Neville tiene que usar toda su astucia e inteligencia para obtener lo que quiere, que es casarse con el hombre al que ama de verdad a pesar de los deseos de su tutora.

30. **La respuesta correcta es la (1).** El problema se presenta en el primer parlamento de Miss Hardcastle y se explica con más detalles en el tercero de Miss Neville.

31. **La respuesta correcta es la (5).** La actitud bromista de Miss Hardcastle hace que la única alternativa posible sea "de comprensión".

32. **La respuesta correcta es la (2).** "En el fondo, es una criatura buena", dice Miss Neville sobre Tony Hardcastle.

33. **La respuesta correcta es la (4).** La oración indica que Miss Hardcastle no quiere a su hermano, pero el hecho de que a él no le guste Miss Neville lo hace más atractivo para ella (ya que esto le allana el camino a Miss Neville para que se case con el hombre que escogió).

34. **La respuesta correcta es la (2).** Mrs. Hardcastle trata de quedarse con la fortuna de Miss Neville inmiscuyéndose en su vida privada.

35. **La respuesta correcta es la (3).** Él establece en la primera oración que acaba de renunciar a su trabajo.

36. **La respuesta correcta es la (4).** Todas estas alternativas reflejan los enunciados del segundo párrafo. El escritor afirma que está agotado, que no quiere seguir enseñando y describe la profesión como "una red de contención para las personalidades indefinidas".

37. **La respuesta correcta es la (1).** Mediante la comparación de un arbolito con una persona joven en desarrollo, el autor enfatiza la importancia de las experiencias tempranas como influencia para el futuro del joven. También amplía este argumento creando una relación con la imaginación juvenil y las opciones profesionales posteriores.

38. **La respuesta correcta es la (5).** En la mitad del segundo párrafo, él establece que estos ahorros se guardan solamente para un posible regreso a Europa o para estudiar en una escuela de graduados.

39. **La respuesta correcta es la (2).** El autor sugiere que está abierto a la vida, que no sabe claramente qué le va a suceder, que quiere hacer todo lo que pueda y ver qué tiene la vida para ofrecerle mientras es joven. No busca estructuras o ayuda y no está preocupado por su seguridad.

40. **La respuesta correcta es la (3).** A pesar de que al principio el autor afirma que está "interiormente agotado", en realidad es muy alegre, optimista y disfruta de sus pensamientos sobre la vida de aventuras que le espera.

Prueba 5: Matemáticas: Parte 1

Importante: La palabra `CALCULADORA` **le indica que debe ingresar lo siguiente en su calculadora.**

1. **La respuesta correcta es la (4).** El *área de un cuadrado* de la página de fórmulas es, Área = lado² :

   $$A = s^2 \text{ o } s = \sqrt{0.60}$$

   `CALCULADORA` $0.60 \div 2 =$ [Respuesta: $s = 0.7745$; redondeado a **0.77** pulgadas]

   Pista: Cuando trabaje en el papel borrador, REDUZCA EL NÚMERO DE DÍGITOS QUE SE MUESTRAN EN LA CALCULADORA A 4 LUGARES DECIMALES.

   En la ventana de su computadora, a menudo verá hasta nueve lugares decimales. Si reduce (acorta) la cantidad de dígitos a cuatro lugares decimales, se le facilitará la escritura ya que rara vez se necesitan más de cuatro números decimales para un problema. *Luego* redondee su respuesta a la cantidad correcta de lugares decimales que se necesitan en la respuesta. En este caso, la cantidad necesaria de lugares decimales es dos ya que todas las alternativas se presentan con dos lugares decimales. En este caso, la respuesta, 0.7745 se redondea a **0.77** pulgadas.

2. **La respuesta correcta es la (4).** Sume las 3 fracciones con la calculadora.

   $$10\frac{2}{3} + 5\frac{3}{4} + 2\frac{1}{6}$$

   `CALCULADORA` $10 + 2 \div 3 + 5 + 3 \div 4 + 2 + 1 \div 6 =$

   [Respuesta: 18.5833; redondeado a **18.58** yardas de cinta azul]

   (Importante: No se necesitan paréntesis ya que $10\frac{2}{3}$ es lo mismo $(10 + \frac{2}{3})$ que $10 + \frac{2}{3}$.)

3. **La respuesta correcta es la (3).** Use la página de fórmulas (Razones trigonométricas) para calcular *BD* con *AD* (234) and angle *A* (70°);

   ángulo *A* (70°); seno = $\dfrac{opuesto}{hipotenusa}$

   seno $A = \dfrac{BD}{AD}$; seno 70° = $\dfrac{BD}{234}$

   Para resolver *BD*, se multiplican ambos lados por 234, $BD = 234 \times \sin 70°$

   `CALCULADORA` $234 \times 70 \sin$ [Respuesta: $BD = 219.8880$;

   redondeado a **220** pies]

4. Forma alternativa: 9 1 . 0 6

   Sume los números con signos en la calculadora para calcular el saldo final:

   CALCULADORA $100 - 15.75 + 25 + 18 - 36.19$ = [Respuesta: **$ 91.06**]

   O, usando la tecla   ±, se puede llegar al mismo resultado.

   CALCULADORA $100 + 15.75 ± 25 + 18 + 36.19 ±$ = [Respuesta: $91.06]

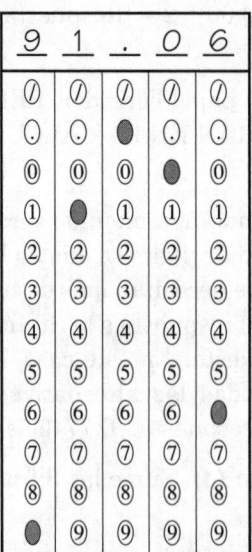

5. Forma alternativa: 9 5 6 / 9

   $$\text{Razón} = \frac{\text{total de ventas}}{\text{total de clientes}} = \frac{87+138+239+492}{1+1+3+4} = \frac{956}{9}$$

6. **La respuesta correcta es la (2).** Establezca una razón. Supongamos que $X =$ la cantidad de verduras que se necesita para 14 personas. Entonces, $\dfrac{1.85}{8} = \dfrac{X}{14}$

   Para resolver X, multiplique ambos lados por 14,

   CALCULADORA $1.85 \div 8 \times 14$ = [Respuesta: $X = 3.2375$]

   Pero el problema pregunta cuántas libras *más* se necesitan, por lo tanto, $3.2375 - 1.85 =$ se necesitan 1.3875, redondeado a **1.39** libras más.

   Un método alternativo es:

   Si la receta necesita 1.85 libras *para* 8 personas, entonces para 6 más, sume:

   $$\cancel{6 \text{ personas}} \times \frac{1.85 \text{ libras}}{8 \cancel{\text{ personas}}} = \frac{6 \times 1.85}{8} \text{ libras}$$

   CALCULADORA $1.85 \div 8$ = [Respuesta: 1.3875, redondeado a **1.39** libras]

7. **La respuesta correcta es la (4).** Sume la cantidad de grados que recorre el minutero. Comience en un lugar sencillo, por ejemplo, 12:00.

Dibuje un reloj:

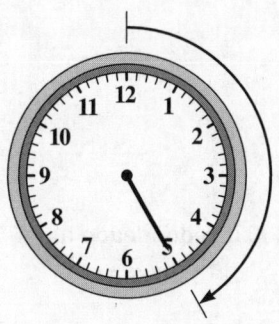

En la primera hora, da un giro completo alrededor del reloj ó 360°. Sume esto al recorrido de los próximos 25 minutos (5/12 del reloj):

$$360 + \frac{5}{12} \times 360$$

[CALCULADORA]   360 + 5 ÷ 12 × 360 =   [Respuesta: **510°**]

8. **La respuesta correcta es la (3).** La suma de los ángulos del triángulo es = 180°. Por lo tanto, si conoce la medida de dos de los ángulos de un triángulo, puede calcular el tercer ángulo:

DBA = 180° − 128° = 52°

ADB + DBA = 60° + 52° = 112°

DBA = 180° − 112° = 68°

9. **La respuesta correcta es la (3).** Consulte en la página de fórmulas el Volumen de un cono:

$$V = \frac{1}{3} \times \pi \times \text{radio}^2 \times \text{altura, en donde el radio es} = 6 \text{ y la altura es} = 12$$

$$V = \frac{1}{3} \times \pi \times 6^2 \times 12$$

[CALCULADORA]   = 1 ÷ 3 × EXP × 36 × 12 =

[Respuesta: 452.3893 pies³ redondeado a **452** pies³]

10. **La respuesta correcta es la (5).** Convierta las unidades de [pies^3] a [galones] eliminando los términos semejantes. Recuerde que,

$$\frac{1 \text{ minuto}}{10 \text{ galones}} \text{ equivale a } \frac{10 \text{ galones}}{1 \text{ minuto}}$$

El tiempo en [minutos] necesario para llenar el contenedor es:

$$\frac{1 \text{ min}}{10 \text{ gal}} \times \frac{1 \text{ gal}}{0.13 \text{ pies}^3} \times 1,000 \text{ pies}^3 =$$

$$\frac{1 \times 1 \times 1000}{10 \times .13} = \frac{100}{.13}$$

🄲🄰🄻🄲🄴🄻🄰🄳🄾🄰🄰 $100 \div 0.13 =$ [Respuesta: 769.2307; redondeado a

769 minutos]

11. **La respuesta correcta es la (4).** Encuentre el valor de X.

Reste 0.12 de ambos lados: $-0.34X = 0.44$

Divida ambos lados entre -0.34: $X = \dfrac{0.44}{-0.34}$

🄲🄰🄻🄲🄴🄻🄰🄳🄾🄰🄰 $0.44 \div 0.34 \pm =$ [Respuesta: $X = -1.294117$;

redondeado a $-$**1.29**]

12. Forma alternativa: 2 . 1 3 _

Calcule el promedio. Para expresar su respuesta como número *decimal*, convierta los minutos entre horas dividiendo entre 60. Añada una columna "nueva" a la tabla de los tiempos de carrera:

Corredor	Horas	Minutos	Minutos en decimales
#1	2	15	= 2 + 15/60 = 2.25
#2	2	14	= 2 + 14/60 = 2.2333
#3	1	55	= 1 + 55/60 = 1.9166
TOTAL			6.3999

     Promedio = 6.3999 ÷ 3 = 2.1333; redondeado a 2.13 horas

13. Forma alternativa: 1 . 5 2 _

Calcule el PROMEDIO por medio del Álgebra. Supongamos que T = tiempo del corredor no 3.

$$\text{Promedio} = \frac{2.25 + 2.23 + T}{3} = 2$$

Encuentre el valor de T multiplicando ambos lados por 3 y luego restando 2.25 y 2.23 de ambos lados. Por lo tanto,

Promedio = 6 − 2.25 − 2.23 = **1.52** minutos

14. **La respuesta correcta es la (5).** Primero calcule el costo de un *pañuelo individual* para cada medida de Softez. Luego, calcule la diferencia entre ellos.

$$\text{Softez (normal)} = \frac{1.69}{100} = 0.01690$$

$$\text{Softez (grande)} = \frac{3.09}{200} = 0.01545$$

La diferencia es = $0.00145. Para obtener *centavos*, mueva el punto decimal a la derecha 2 lugares.

La respuesta es 0.145 centavos, redondeado a **0.15** centavos.

15. **La respuesta correcta es la (4).** Calcule el costo por pañuelo para cada marca. Luego, encuentre la *más barata*.

[Pista: Escriba su respuesta al lado de la línea correspondiente en la tabla]

Marca	Costo	Cantidad	Costo/pañuelo
A	1.69	100	**1.69/100 = 0.0169**
B	3.09	200	*0.01145*
C	1.49	100	*0.0149*
D	2.69	200	*0.01345 (la más barata)*
E	1.39	100	*0.0139*

16. **La respuesta correcta es la (5).** El descuento es de $0.50 por dos cajas, y de 0.25 en *una* caja.

$$\frac{3.09 - 0.25\,[\$]}{200\,[\text{pañuelo}]} = 0.0142 \left[\frac{\$}{\text{pañuelo}}\right] = 1.42 \text{ centavos/pañuelo}$$

Pista: Para cambiar de [dólares, $] a [centavos], multiplique por 100.

Un método alternativo para resolver este problema:

Si Débora compra 2 cajas grandes de Softez, pagará 2 × $3.09 − $0.50 = $5.68, y tendrá 200 × 2 = 400 pañuelos.

Si divide $5.68 entre 400 = 0.0142 dólares por pañuelo ó 1.42 centavos/pañuelo.

17. Forma alternativa: Cuadrícula de coordenadas (3,5)

Lea atentamente la información suministrada en la pregunta.

Si su temperatura inicial es normal, *al principio* (el día "0") y luego

el 1er. día es de 2 °F　　por encima　　de lo normal　　("subió 2")

el 2do. día es de 6 °F　　"　　　"　　　　("subió 4")

el 3er. día es de *5*°F　　"　　"　　　("bajó 1")

por lo tanto, las coordenadas de la temperatura del día 3 son **(3, 5).**

Un bosquejo de esta información se vería como el siguiente:

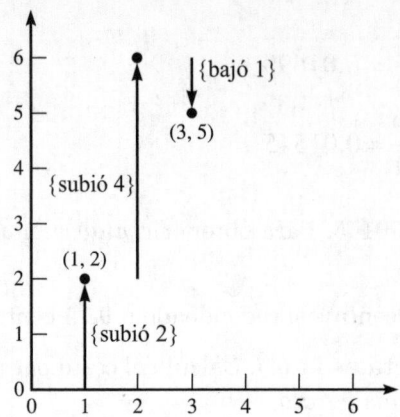

18. **La respuesta correcta es la (1).** Construya el triángulo *BGW*.

    Nómbrelo: lado opuesto $B = b$

    lado opuesto $G = g$

    lado opuesto $W = w$

    La razón trigonométrica de la página de fórmulas que relaciona las cantidades conocidas y desconocidas de la pregunta es

    $$\text{seno } B = \frac{opuesto}{hipotenusa} = \text{seno } 37° = \frac{b}{g} = \frac{b}{18}$$

    Multiplique ambos lados por 18 para encontrar el valor de b: $b = 18 \times$ seno 37°

    Asegúrese de que el "modo" sea DEG (grados): Si no, en la parte superior de su calculadora, *impreso* justo encima de las teclas se encuentra: " · *4 DEG.*" Presione lo siguiente:

    CALCULADORA MODE 4 Luego presione:

    CALCULADORA 18 × 37 seno = [La respuesta es 10.8327; redondeado a **11 pies**]

19. **La respuesta correcta es la (4).** Calcule el porcentaje total de personas entre 25 y 54. Divida entre 100 para convertir el porcentaje en fracción. Multiplique por el total de la fuerza laboral civil de 1999.

    CALCULADORA (23.1 + 27.2 + 21.1) ÷ 100 × 139,368,000 =

    [Respuesta: 99,508,752; redondeado a **99.5** millones]

20. **La respuesta correcta es la (3).** Calcule la diferencia entre el % de jóvenes trabajadores en 1970 y en 1999.

    % de jóvenes trabajadores en 1970 = 8.8 {16 a 19} + 12.8 {20 a 24} = 21.6%

    % de jóvenes trabajadores en 1999 = 6.0 + 10.0 = 16.0%

    La disminución en % desde 1970 a 1999 = 21.6 − 16.0 = **5.6%**

21. Forma alternativa: 5   5   6   _   _

    Consulte en la página de fórmulas la <u>distancia entre los puntos</u>, donde:

    $A(x_1, y_1) = (240, 520);$ y $B(x_2, y_2) = (720, 240)$

    distancia $= \sqrt{(x_2 - x_1)^2 + (y_2 - y_1)^2}$, y se sustituye

    🅒🅐🅛🅒🅤🅛🅐🅓🅞🅡🅐 $((720 - 240)\ x^2 + (240 - 520)\ x^2)$ shift x^2 =
    [Respuesta: 555.6977; redondeado a **556** pulgadas]

22. Forma alternativa: (0 . 4 8 _ _)
    Consulte en la página de fórmulas:

    Circunferencia (C) de un círculo $= \pi \times$ diámetro. Dado que $d = 2r$,

    $C = \pi \times 2 \times$ radio (r) y se sustituye:

    $3 = \pi \times 2 \times r$

    r se despeja:

    $$r = \frac{3}{\pi \times 2}$$

    🅒🅐🅛🅒🅤🅛🅐🅓🅞🅡🅐 $r = 3 \div (EXP \times 2) =$
    [Respuesta: $r = .4774$; redondeado a **0.48** pies]

    Importante: Cuando oprime **EXP** en la calculadora, obtiene el valor de π.

23. **La respuesta correcta es la (2).** El {ingreso > egresos}, por lo tanto, hay un *excedente*. Estados Unidos recaudó más impuestos (ingresos) de lo que gastó (egresos).

    Excedente $= 1,827 - 1,703 = \$124$ miles de millones

    Recibe $124 miles de millones más que los que gasta.

24. **La respuesta correcta es la (4).** Plan: Supongamos que A = egresos para Programas sociales,

    y que B = egresos para Seguro social, Medicare y jubilación

    (Pista: Escriba "A" y "B" en la *hoja de preguntas*.)

    El total de lo gastado $= A + B$

    $= 1,703$ (fracción gastada en A + fracción gastada en B)

    $= 1,703 \times (0.17 + 0.35) = 1,703 \times 0.52$

    $= 885.56$ (redondeado a $886 miles de millones gastados)

25. **La respuesta correcta es la (1).** Reducción en el ingreso $= (0.48 - 0.41) \times 1,827 =$
    $0.07 \times 1,827 = 127.89$ (redondeado a $128 miles de millones)

Parte 2

26. **La respuesta correcta es la (3).** Multiplique. Las alternativas están expresadas en *dólares*, entonces cambie 7c por $0.07

$$\begin{array}{r} 43.1 \\ \times \$0.07 \\ \hline 3.017 \end{array}$$
     (1 decimal)

     (+2 decimales)

     (3 decimales en la respuesta)

(Tres decimales en la respuesta; redondeado a $3.02)

27. **La respuesta correcta es la (1).** *Multiplique.* Ya que:

$\dfrac{2}{3}$ "de" $\dfrac{5}{9}$ es igual a $\dfrac{2}{3} \times \dfrac{5}{9}$

$\dfrac{2}{3} \times \dfrac{5}{9} = \dfrac{2 \times 5}{3 \times 9} = \dfrac{10}{27}$ de la clase que son niñas aprobaron

28. **La respuesta correcta es la (2).** Sume los tres (3) artículos y reste a el resultado obtenido de la suma $50.00. Asegúrese de alinear todos los decimales.

$$\begin{array}{r} 28.06 \\ 2.25 \\ .15 \\ \hline 30.46 \end{array}$$

$$\begin{array}{r} 50.00 \\ -30.46 \\ \hline 19.54 \end{array}$$

El vuelto fue de **$19.54**

29. **La respuesta correcta es la (3).** Escriba la ecuación para la información que se proporciona:

2 monedas de valor x = $2x$

3 monedas de valor y = $3y$

    $2x + 3y$ =   50 centavos

Por lo tanto, $2x$ = $50 - 3y$

30. **La respuesta correcta es la (5).** Sume los términos semejantes en la izquierda. Recuerde sumar correctamente los números con signos.

$3x + 3y + x + 4y - 4x = 5$

$3x + x - 4x + 3y + 4y = 5$

              $7y = 5$

31. Forma alternativa: 4 5 _ _ _, ángulo ABC + 135° = 180° (un ángulo llano); ángulo ABC = [Respuesta: 180 − 135 = **45°**]

32. **La respuesta correcta es la (5).** Encuentre la fórmula para el área de un círculo en la página de fórmulas. Siendo $A = \pi r^2$, encuentre la medida de A:

$A = 3.14 \times (2)^2$

$A = 3.14 \times 4$

$A = $ más de 12 pies cuadrados

33. **La respuesta correcta es la (3).** Sustituya con 4 la x en cada ecuación hasta que encuentre una que sea verdadera:

(1) $(4)^2 + 4 = 16 + 4 \neq 12$

(2) $4(4) - 1 = 16 - 1 \neq 7$

(3) $2(4) - 3 = 8 - 3 = 5$ (Esta es la respuesta correcta.)

34. **La respuesta correcta es la (4).** Organice cuidadosamente su trabajo.

Salario por hora × Horas trabajadas = Ingreso total

($3.65) (4 + 3 + 5 + 4 + 4) = Ingreso total

No se pide la solución numérica; sólo la ecuación que utilizaría para resolver el problema, que es la alternativa 4.

35. **La respuesta correcta es la (4).** Sustituya con 5 la x en la ecuación cuadrática:

$3(5^2) - 4(5) + 3 =$

$\quad 3(25) - 20 + 3 =$

$\qquad 75 - 20 + 3 = 58$

36. **La respuesta correcta es la (4).** Tanto el largo como el ancho de los dominós y la caja son iguales. ¿Puede ver de qué manera se apilarán los dominós en la caja? Determine cuántos dominós de .25 pulgadas de alto caben en 1 pie:

1 pie = 12 pulgadas

12 ÷ .25 = 48

37. Forma alternativa, cuadrícula de plano de coordenadas (–3, –6)

Ubique el punto en el que se forma un paralelogramo simétrico cuando se conecta con los otros. Dicho punto es (–3, –6). Vea a continuación:

La respuesta es la siguiente:

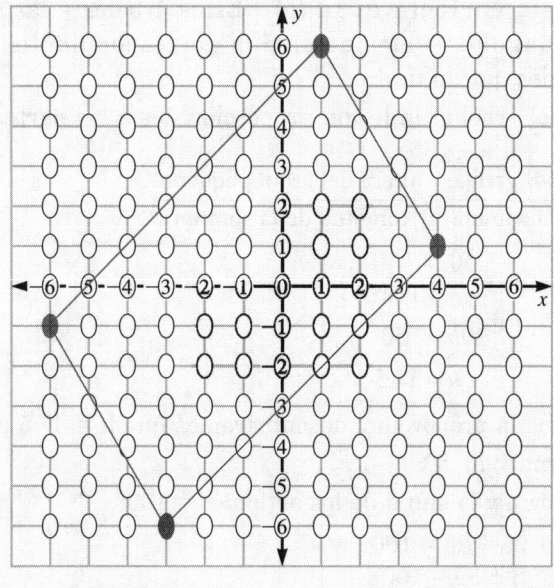

(–3, –6)

38. **La respuesta correcta es la (3).** Ella ahorró 50% o $\frac{1}{2}$ de $25 por cada pantalón corto.

$\frac{1}{2}$ de 25 = $12.50

Total: $3 \times 12.50 = 37.50$

39. **La respuesta correcta es la (1).** <u>Camisetas</u>: $25 (por la primera) y $6 \times $20 ("5 dólares de descuento" por las 6 camisetas restantes): $25 + 6 \times 20 = $145

<u>Sandalias</u>: $30 por cada par: $2 \times 30 = 60$

Total: $145 + 60 = $205

40. **La respuesta correcta es la (2).** El precio total normal era de:

Camisetas + Sandalias = $(7 \times 25) + (2 \times 40) = 255$

El ahorro:

Precio normal – Precio de liquidación = $255 - 205 = $50

41. **La respuesta correcta es la (2).** Según la fórmula de la circunferencia de la rueda de la página de fórmulas, la circunferencia de la rueda del automóvil del padre es

$C = \pi d = \pi \times 16$. Si la rueda del triciclo de Timoteo es $\frac{1}{4}$ de ésta, la rueda de Timoteo

es $\frac{1}{4}$ de 16π ó 4π.

Dado que $2 \times r = d$, podemos decir sobre el triciclo de Timoteo que: $C = \pi \times (2 \times r) = 4\pi$. Si dividimos ambos lados entre 2 y luego entre π.

$$\frac{\cancel{2} \times \pi \times r}{\cancel{2}} = \frac{\cancel{4}^2 \times \pi}{\cancel{2}}$$

$$\pi \times r = 2 \times \pi$$

$$r = 2$$

42. **La respuesta correcta es la (5).** Estos árboles y las sombras que proyectan forman triángulos semejantes. Sus correspondientes lados y ángulos son proporcionales, por lo tanto:

las partes del árbol grande son proporcionales a las partes del árbol pequeño.

$$\frac{\text{altura del árbol grande}}{\text{longitud de la sombra}} = \frac{\text{altura del árbol pequeño}}{\text{longitud de la sombra}}$$

$$\frac{50}{20} = \frac{h}{15}$$

$$20h = 750$$

$$h = 37.5$$

Si resolvemos la proporción, descubriremos que h = 37.5 pies.

43. Forma alternativa: <u>5</u> <u>4</u> <u>0</u> _ _

Si S = % ahorro y la suma de los artículos = 100%

$S + 17 + 15 + 25 + 28 = 100$

$S + 85 = 100$

$100 - 85 = 15$

Ahorro (en dólares) = 15% de 3,600 = $15 \times 3,600 = $540

44. **La respuesta correcta es la (4).** Dado que el 28% se gasta en el alquiler, el costo del alquiler mensual es de $0.28 \times \$3,600 = \$1,008$.

45. **La respuesta correcta es la (5).** Calcule la media del número de niños y de niñas con la fórmula para la media de la página de fórmulas.

$$\text{media (niños)} = \frac{2+0+1+2+5}{5} = \frac{10}{5} = 2$$

$$\text{media (niñas)} = \frac{3+0+2+1+4}{5} = \frac{10}{5} = 2$$

El número promedio de niños y de niñas es el mismo.

46. **La respuesta correcta es la (5).** El tiempo que se necesita para hervir agua depende de varios factores, concretamente, la temperatura inicial, la cantidad total de agua y de calor que se proporciona. No hay datos suficientes, por lo tanto, el problema no puede resolverse.

47. **La respuesta correcta es la (5).** Si el número de artículos vendidos fue 50 (el primer día) y x (el segundo día), la cantidad que se perdió es $.50 \times (50 + x) = 25 + .50x$. Pero como no se conoce el valor de x, no se puede determinar ningún valor numérico. No hay datos suficientes, es decir, la alternativa (5).

48. **La respuesta correcta es la (4).** La moda es la observación de mayor frecuencia. En este caso es de 8 automóviles, que aparece dos veces, en la 3ª. y la 5ª. hora.

49. **La respuesta correcta es la (5).** Si usamos la fórmula de la media de la página de fórmulas, encontramos que

$$\text{media} = \frac{\text{suma de observaciones}}{\text{\# de horas}}$$

$$\text{media} = \frac{5+4+8+0+8}{5}$$

$$\text{media} = \frac{25}{5} = 5 \text{ autos rojos/hora}$$

50. **La respuesta correcta es la (5).** Use la fórmula de la media. Si embargo, no se conoce el número en la 6ª. hora. Supongamos que R = el número de automóviles que se observaron en la 6ª. hora.

$$\text{Media} = \frac{(\text{total de observaciones en 5 horas}) + R}{6} = 7$$

De la pregunta 49, sabemos que la suma de las observaciones en 5 horas = 25

Por lo tanto, $\dfrac{25 + R}{6} = 7$

Multiplique ambos lados de la ecuación por 6: $25 + R = 42$

Reste 25 a cada lado de la ecuación: $R = 17$

PARTE III
REPASO DE REDACCIÓN

CAPÍTULO 4   Todo sobre la Prueba de
            Redacción de GED

CAPÍTULO 5   Todo sobre la Prueba de
            Ensayo de GED

Todo sobre
la Prueba de
Redacción de GED

RESUMEN

- Repase los aspectos básicos de ortografía
- Repase los aspectos básicos de puntuación y uso de mayúsculas
- Conozca los elementos esenciales de la gramática del español
- Tenga un panorama general del uso correcto del español
- Practique sus destrezas

CONSEJOS PRÁCTICOS

Tome notas de las cosas que tenga que memorizar, que le puedan ser útiles o que le interesen. No copiar directamente lo que esté escrito en el capítulo. En vez de copiar, trate de reformular de la regla. Si usa sus propias palabras, le será más fácil memorizar la información.

Si puede, separe sus notas por temas que usted considere importantes y luego organícelas en varias carpetas.

A medida que avance en el capítulo, tome notas cada vez que encuentre algo que no comprenda, o que se demore en comprender. Si no encuentra la solución, entonces pídale a alguien que le ayude: a su profesor, a sus padres o a alguno de sus hermanos.

Lea todo tipo de textos: periódicos, artículos en Internet, revistas, libros, textos de música, y fíjese cómo se usan las reglas que usted va aprendiendo. Use y considerelo como su amigo la biblioteca de su escuela o la biblioteca pública.

Dedique un tiempo a estudiar. Si no puede hacerlo todos los días, cree un calendario semanal con su tiempo disponible. Invente un sistema que lo "obligue" a estudiar el total de horas que se ha propuesto. Si por alguna razón no cumple con lo planificado para ese día, trate de recuperarlo en los siguentes.

Cómo usar este capítulo en su favor

Usted no tiene que memorizar todo este material. Lo que aquí se presenta es un conjunto de reglas que debe entender y con el que debe familiarizarse mediante la práctica. La ventaja de la gramática es que todas estas reglas están conectadas, de manera que cuando aprenda una regla de conjugación o de coordinación de frases, y las practique diariamente, empezará a adoptarlas sin darse cuenta siquiera. Mientras más reglas aprenda y practique, más fácil le será aprender las demás.

El siguiente capítulo tiene por objeto servir como referencia para el postulante en caso de tener dudas durante su período de preparación para el GED. Además, tiene el propósito de facilitar la práctica del estudiante en la expresión escrita para que pueda identificar los errores rápidamente en la prueba, y elegir las opciones correctas. El capítulo está subdividido en secciones para que el estudiante pueda manipular el material a su antojo y en el orden en que desee:

Unidad 1: ortografía

1 De la sección **a)** a la sección **h)**: *El uso de las letras de la lengua española*

2 Sección **i)**: *La puntuación, la acentuación y el uso de las mayúsculas*

- El punto
- La coma
- Los dos puntos
- El punto y coma
- Los puntos suspensivos
- La raya y el guión
- Los signos de interrogación y de admiración
- Las comillas
- La acentuación
- Las mayúsculas

Unidad 2: Lo esencial de la gramática española

1 La estructura de las oraciones

a) Oraciones completas

b) Fragmentos de oraciones

c) Oraciones compuestas

❷ Las partes de la oración

- Las partes variables de la oración

  1. El sujeto

  2. El pronombre

  3. El adjetivo

  4. El artículo

  5. El verbo

     5.1. Concordancia entre el verbo y el sujeto

     5.2. El verbo y los tiempos verbales

        5.2.1. Tiempos verbales simples y compuestos

        5.2.1. El gerundio y el participio

- Las partes invariables de la oración

  1. Las conjunciones coordinantes

  2. Las conjunciones subordinantes

  3. La preposición

  4. Otras formas de combinar oraciones independientes

  5. Estructuras paralelas

PRESENTACIÓN GENERAL DE LA PRUEBA DE REDACCIÓN

La Prueba de Redacción está dividida en dos partes. La primera parte tiene como propósito medir su habilidad para usar el español escrito de forma efectiva y clara. La segunda parte, la prueba de ensayo, pretende medir su capacidad para escribir una corta composición en español.

La primera parte es una prueba de revisión y de corrección. En esta parte de la prueba, leerá textos de varios tipos (literatura, poesía, artículos periodísticos y documentos informativos) y se le harán preguntas a las que contestará usando las opciones múltiples que se le proponen.

Las preguntas pondrán a prueba su habilidad para identificar errores de redacción en los pasajes que tendrá que leer y revisar. Esas preguntas están orientadas a las siguientes áreas:

1 La estructura de las oraciones (*30% de las preguntas*): son preguntas sobre los fragmentos de oraciones, los modificadores de sujeto, la subordinación de las ideas, las estructuras paralelas, el uso de la coma, y las oraciones seguidas.

2 El uso (*30% de las preguntas*): son preguntas sobre el uso de formas verbales y su concordancia con los pronombres y los sujetos.

3 La mecánica (*25% de las preguntas*): son preguntas sobre el uso de las mayúsculas, la ortografía y la puntuación.

4 La organización (*15% de las preguntas*): son preguntas sobre la división de párrafos, la separación de textos y la efectividad de los párrafos para comunicar las ideas contenidas en los textos.

Las preguntas

En general, las preguntas de la Parte I de la Prueba de Redacción se pueden dividir en tres categorías básicas: las que le piden correcciones de algún tipo, las que le piden revisar partes específicas del texto y las que le piden presentar ideas contenidas en el texto con sus propias palabras.

1 *Preguntas de corrección* Estas preguntas se refieren a una oración o varias oraciones del texto. Tendrá que elegir la corrección adecuada, o ninguna corrección, entre las opciones de respuesta. Generalmente, la respuesta "no se requiere hacer ninguna corrección" es la quinta opción de la lista de respuestas posibles.

Ejemplo

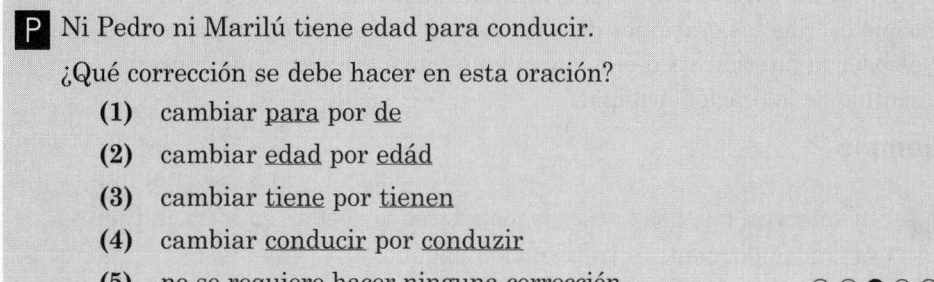

P Ni Pedro ni Marilú tiene edad para conducir.

¿Qué corrección se debe hacer en esta oración?

(1) cambiar <u>para</u> por <u>de</u>

(2) cambiar <u>edad</u> por <u>edád</u>

(3) cambiar <u>tiene</u> por <u>tienen</u>

(4) cambiar <u>conducir</u> por <u>conduzir</u>

(5) no se requiere hacer ninguna corrección   ① ② ● ④ ⑤

Respuesta: (3) sustituir <u>tiene</u> por <u>tienen</u>

Explicación: La concordancia entre el sujeto y el verbo significa que el verbo debe coincidir con el número del sujeto. Esta oración tiene dos sujetos (Pedro y Marilú), por lo tanto, se necesita establecer una concordancia con el verbo.

2 *Preguntas de revisión* Estas preguntas se refieren a partes subrayadas en el texto y que quizá necesiten revisarse. Como en el caso anterior, tendrá que escoger entre cuatro opciones de corrección o si piensa que la oración original es la mejor, elegir la alternativa que propone mantener el texto original.

Ejemplo

P Eso fue <u>hace meses, ahora</u> mis hijas están mucho mejor.

¿Cuál es la mejor manera de escribir la parte subrayada del texto? Si cree que la oración original es la mejor, escoja la alternativa (1).

(1) hace meses, ahora

(2) hace meses. Ahora

(3) hace meses: ahora

(4) hace meses; ahora

(5) hace meses ahora   ① ② ③ ● ⑤

Respuesta: (4) La alternativa (4) es correcta. Una vez revisada, la oración más apropiada es: "Eso fue ***hace meses; ahora*** mis hijas están mucho mejor".

Explicación: Las cláusulas están directamente relacionadas pero son también independientes. Por lo tanto, el uso de la coma no es un error, pero el uso del punto y coma es más apropiado. Con un punto y seguido , alternativa (2), las oraciones serían demasiado breves.

❸ *Preguntas de estructura de la oración* En estas preguntas se le pedirá que combine las ideas de dos o más oraciones del texto en una nueva oración o que escriba las oraciones de otra manera. En cualquier caso, tendrá que escoger la alternativa u oración, que no tenga errores y que conserve el sentido de la oración original.

Ejemplo

P Sin embargo, muchos de esos trabajadores se quedan en Mérida. En esa ciudad encuentran trabajo bien pagado.

¿Cuál sería la mejor combinación de las dos oraciones?

- **(1)** Sin embargo, muchos de esos trabajadores se quedan en Mérida, incluso en esa ciudad encuentran trabajo bien pagado.
- **(2)** Sin embargo, muchos de esos trabajadores se quedan en Mérida; pero en esa ciudad encuentran trabajo bien pagado.
- **(3)** Sin embargo, muchos de esos trabajadores se quedan en Mérida en esa ciudad encuentran trabajo bien pagado.
- **(4)** Sin embargo, muchos de esos trabajadores se quedan en Mérida aunque en esa ciudad encuentran trabajo bien pagado.
- **(5)** Sin embargo, muchos de esos trabajadores se quedan en Mérida ya que en esa ciudad encuentran trabajo bien pagado.

①②③④●

Respuesta: La alternativa (5) es correcta.

Explicación: En la pregunta se le pide de combinar las dos oraciones. La alternativa (5) es correcta porque emplea el conjunto de palabras "ya que" para unir las ideas de ambas oraciones sin cambiar la idea o el sentido de las dos oraciones originales.

ORTOGRAFÍA

Familiarizarse con las reglas de ortografía es la primera fase de la preparación del postulante a la prueba de GED.

La primera parte de esta sección está dirigida a las letras que integran las palabras de la lengua española.

En español hay palabras que suenan de la misma manera, pero que se escriben de manera diferente; como por ejemplo las palabras *valla* y *vaya*. El problema para el postulante es conocer su significado y saber distinguirlas. Las reglas de ortografía que aquí siguen son el instrumento adecuado para resolver el problema.

a) Uso de las letras *ll* / *y*

Se escriben con *ll:*

- las palabras que terminan en **-alle, -elle, -ello, -illa, -illo**: *valle, muelle, camello, vajilla, cigarrillo.* A excepción de *plebeyo, leguleyo.*

- las palabras que empiezan con las sílabas **fa-, fo-, fu-,**: *falla, folleto, fuelle.*

Se escriben con *y:*

- las palabras cuyo sonido final es *i* precedido por otra vocal: *convoy, rey, muy.*

- las palabras que contienen la sílaba **-yec-**: *proyección, inyectar.*

- algunas formas de los verbos **creer, leer, poseer, oír, huir**: *creyeran, leyeron, poseyeran, oyó, huye.*

En algunos casos, las palabras cambian de sentido según se use *ll* o *y*, como en *calló* (del verbo *callar*) y *cayó* (del verbo *caer*). Consulte la *Lista de palabras peligrosas* que viene al final de la sección de ortografía.

b) Uso de las letras *r* / *rr*

- Use *r* a principio de palabra: *radio, rebaño, roca;* o en medio de palabra, después de *l, n, s* y, en algunos casos, *b* (cuando esta consonante no forma sílaba con la *r* siguiente): *alrededor, enredo, Israel, subrayar.*

- Use la *rr* en medio de la palabra y entre vocales, cuando la pronunciación es más fuerte que la de la *r* en la misma posición: *arriba, carro, zorro.* También se usa en palabras compuestas, cuando el segundo elemento comienza con *r*: *autorretrato, pelirrojo.* No se escribe *rr* a principio ni a final de palabra.

c) Uso de las letras: *b* / *v* / *w*

- Se escriben con *b* las palabras en las que *b* va seguida de cualquier consonante: *sobre, blusa, objeto, abdicar, obstáculo.* Siempre se escribe *b* después de *m: cumbia, ámbar.* También se escriben con "*b*" las palabras que empiezan con **al-** y **ar-**: *árbol, albañil* (excepto *Álvaro, alveolo, arveja*).

- Siempre se escribe *v* después de *n: invitación, convento.* Se escriben con *v* las palabras que empiezan con **ad-, di-** (excepto *dibujo* y sus compuestos y derivados)**, ob-** y **sub-**: *advertencia, diversión, obvio, subversivo.*

- En algunos casos, las palabras cambian de sentido, pero no de sonido según se use la *b* o la *v. Votar,* por ejemplo, suena igual que *botar,* pero *botar* se refiere a arrojar algo en la basura; mientras que *votar* se refiere a la acción de elegir a un representante. Consulte la *Lista de palabras peligrosas* que viene al final de la sección de ortografía.

- La *w* se usa a principio de palabra en palabras procedentes de otras lenguas: *waterpolo, watts, wagneriano.*

d)   Uso de las letras *g / j*

- El dilema de ortografía con las letras *g* y *j* sólo puede surgir ante **-e** o **-i**, pues las secuencias **ge/je** y **gi/ji** se pronuncian igual.

- La *g* tiene un sonido suave delante de **-a** y **-o**, como en *gato* y *gota.* En las sílabas **gue** y **gui** la *g* también se pronuncia suavemente y la *u* no tiene sonido, como en: *guerra* y *guiando.* En las sílabas **güe** y **güi,** la *u* sí tiene sonido: *antigüedad* y *pingüino.*

- Se escriben con *g* las palabras en que este sonido va delante de cualquier consonante: *maligno, dogmático, glacial.*

- Se escriben con *g* las terminaciones **-gélico, -ginal, -ginoso, -gia, -gio, -gional, -gionario, -gioso** y **-gírico**: *angélico, original, vertiginoso, magia, regio, regional, legionario, contagioso, panegírico.*

- También se escriben con *g* las terminaciones: **-logía, -gogia, -gogía, -gente** y **-gencia**: *teología, demagogia, vigente, agencia.*

- Se escriben con *g* los verbos terminados en **-igerar, -ger** y **-gir**: *refrigerar, proteger, fingir* y sus correspondientes conjugaciones, excepto en el caso de los sonidos **ja** y **jo** que nunca se pueden representar con *g: proteja, finjo.*

- La *j* se usa ante cualquier vocal (sin que su sonido varíe) o en final de palabra: *jefe, jinete, reloj.*

- Se escriben con *j* las palabras que terminan en **-jería, -je, -aje, -eje, -uje, -jero**: *mensajería, monje, viaje, hereje, empuje, extranjero.*

- Se escriben con *j* los derivados y compuestos de palabras que llevan las sílabas **ja, jo, ju**: *caja / cajero / cajita, cojo / cojear, Juan / juanete.*

e) Uso de las letras *c / s / z*

En casi todos los países del continente americano en los que se habla la lengua española no hay ninguna distinción en la pronunciación de la *c*, la *s* y la *z*. Es por eso que se cometen tantos errores al escribir palabras que llevan estas letras. Preste atención a las palabras cuando lea o escriba y memorice su ortografía y consulte la *Lista de palabras peligrosas* que viene al final de la sección de ortografía.

- Cuando la *c* precede a las vocales **a, o, u;** a otra consonante, o va al final de una palabra suena como *k*: *cama, cueva, Jacobo, cruz, coñac.*

- Las combinaciones **ce** y **ci** suenan como *s*: *cerca, cielo.*

- La *s* representa un sonido muy frecuente en el español, pues sirve para marcar el plural. Puede presentarse al principio, en medio de la palabra o al final de ella: *sopas, espiral, tienes.*

- La *z* se escribe delante de **a, o, u:** *zapato, regazo, azúcar.* En estas sílabas, la *z* se pronuncia como *s* en América Latina.

- En algunas palabras se escribe la *z* antes de otra consonante y se también se escriben con *z* las palabras que terminan en **-azgo:** *izquierda, anzuelo, liderazgo, mayorazgo.*

- La *z* se escribe antes de *c* en algunas formas verbales cuyo infinitivo termina en **-acer, -ecer, -ocer, -ucir:** *nazco, aborrezco, produzca, traduzca.*

- La *z* también puede escribirse a final de palabra, como en *luz.* Los plurales de las palabras que terminan en *z* se escriben con la terminación **-ces:** *luz/luces, vez/veces, actriz/actrices.*

f) Uso de la letra *h*

La *h* no se pronuncia en español. Aunque en algunas regiones de América Latina y en algunos pueblos de España ocurre que se pronuncia la *h* como una *j*, no se puede usar así en la expresión escrita.

Existen varias reglas que se pueden usar de forma segura:

- Se escriben con *h* las palabras que empiezan con **hie-, hue-, hui-:** *hierro, huevos, huída.*

- Se escriben con *h* las palabras que empiezan con **hum-, horm-, horr-** seguidas por una vocal: *humo, hormiga, horripilante.*

- La *h* se usa al interior de palabras compuestas cuyo segundo elemento empieza con *h*: *hueco/ahuecar, hijo/prohijar.*

- La *h* también separa combinaciones vocálicas: *ahogar, vihuela, ahíto.*

- Llevan *h* todas las formas de los verbos **haber, hacer, hablar, habitar, hallar** y las interjecciones **ah, eh, hurra, bah, hola, oh.**

g) Uso de las letras: *m / n*

- Use *m* antes de *p* y *b*, como en *embarcadero* o *empaquetar*.

- Se usa *m* antes de *n*, en palabras como *calumnia, columnista* o *inmediatamente*.

- La *m* nunca se duplica, a excepción de *gamma, Emmanuel*.

- La *m* se escribe al final de palabras cultas o procedentes de otras lenguas: *álbum, islam*.

- La *n* se escribe antes de las consonantes *v* y *f*: *inválido, confederación*.

- La *n* sí se duplica, como en: *innecesario, perenne, sinnúmero*.

h) Uso de la letra *x*

La *x* engloba los sonidos *k* y *s*. Sin embargo, en muchas ocasiones se pronuncia como *s* y eso puede ocasionar confusiones a la hora de escribir. Por ejemplo, muchas palabras que empiezan con **ex-** se pueden confundir con palabras que empiezan con **es-**, como en el caso de *expiar / espiar, contexto / contesto*. Distinga y memorice las palabras que se escriben con *x* para reconocerlas. Consulte la *Lista de palabras peligrosas* que viene al final de la sección de ortografía.

- Se escriben con *x* las palabras que llevan los prefijos latinos **extra-** y **ex-**, que significan "fuera": *extraordinario, exhumar, expatriar*.

- La *x* precede a la vocal y a la *h*: *examen, exhalación, exhibir*.

- Se escribe *x* antes de las sílabas **-pre-, -pri-, -pro-**: *expresión, exprimir, expropiar*.

LISTA DE PALABRAS PELIGROSAS

La práctica, o el uso constante de las reglas y de las palabras que aprenda, es una etapa fundamental para la adquisición de un buen vocabulario y un factor básico para el mejoramiento de su gramática.

Así, aunque no sea necesario que memorice la lista de palabras que sigue, le aconsejamos que se familiarice con la mayoría de ellas para reforzar los conocimientos adquiridos en este capítulo.

A

abrasar	acción	ahínco	arduo	automóvil
abrazar	acepción	ahogar	arpa	aviado
abrogar	aceptar	ahorrar	arrollo	aviar
abrupto	actriz	ahuyentar	arroyo	ávido
absceso	adherir	alcohol	ascensión	aviento
absolver	afligir	alioli	aserción	avispa
absorber	agobiado	aljibe	Asia	aya
abstemio	aguja	amnistía	asta	
abuela	ahí	antirreligioso	asunción	

Las siguientes expresiones se escriben separadas: a menudo, a pesar, a través, a veces, ante todo.

B

barahúnda	bello	bifurcación	bisturí	botar
basto	berenjena	billar	biznieto	brío
baúl	berrinche	bisabuelo / bisabuela	boina	buzón

C

calavera	cayó	cigüeña	coerción	conyugar
calcetín	centena	cigüeñal	cohete	coñac
calló	centésimo	circulación	cohibir	coraje
carabela	cerilla	circular	columna	corrección
carácter	cesio	circunvalar	complexión	coser
caracteres	cesión	cirugía	compresión	crujir
carraspera	cidra	cobijar	cónica	cuenca
caviar	cifra	cocer	conmoción	cuota

D

dé (del verbo dar)	desecar	deshonesto	desván	deuda
	desechar	desmadejarse	desvancillo	dictadura
desayuno	deshielo	desmayarse	desvanecido	dictamen

E

el	energía	erupción	estribillo	exhibición
él	energiza	esotérico	excavación	exhortar
embalaje	envejecer	estáis	excéntrico	exótico
embestir	ermita	estiba	excepción	expropiar
enclavar	errar	estreñido	excesivo	extraer

F

fábula	fallita	fascista	fingir	fluidez
faccioso	fallo	ficción	flexión	fluido
fallecer				

G

gabán	gallo	gentil	gravados	guayaba
gabardina	garaje	gimnasia	grávanos	gubernamental
galán	garbanzo	gimnasio	grecorromano	guerra
galleta	gargajear	gimnasta	grúa	guerrilla
gallina	gazpacho	gobierno	gruñir	guía
gallinero	gelatina	grabados	guatemalteca	guitarra

H

habilidoso	halagüeño	herbal	himno	huerta
habla	halla	herbívoro	hipnotizar	huésped
hacia	hasta	hiel	hojear	huevo
hacienda	haya	hielo	hojeada	humo
halagar	hebilla	hierba	huérfano	husmear
halaguen	hebillar	hierro		

I

ibero	imagen	injertar	innegable	instalar
iberoamericano	imbécil	inmolar	innovación	instigación
ídem	imbecilidad	inmóvil	inquilino	instilación
ignorancia	inhábil	innato	instalación	invasión
iguana				

J

jabalí	jerga	jirón	juicio	jurisdiccional
jabalina	jeringa	joya	juicioso	juvenil
jefe	jineta	juerga	jurisdicción	juzgado

K

kilogramo	kilométrico	kilómetro

L

labial	lavativa	lejía	levitar	litigio
labio	laxante	levantar	ligereza	longevidad
lavandera	legitimidad	levitando	ligero	loseta

Ll

llaga	llamativo	llanto	llave	llegada
llama	llanta			

M

madrastra	marroquí	mayúscula	mí	móvil
madurez	Marruecos	mejilla	mocoso	muchísimo
magnesia	mas	mellado	mohoso	mugir
magnetismo	más	mi	mojado	

N

nave	novato	novia	novio	nupcial
nova	novedad	noviazgo		

O

obeso	ojéala	orfandad	osamenta	oval
obvio	opción	originario	oscilando	ovario
ojal	opcional	orillas	ostentoso	oxígeno
ojeada				

P

pabellón	patrullando	peluquería	plagio	previsión
padrastro	payaso	perejil	precaver	prohibición
país	peligrosa	perenne	precoser	prohibitivo
paisaje	pellizco	perjuicio	prejuicio	provisión
patrulla	peludos	plaga	prerrogativa	púa

Q

quechua	quemazón	quincallería	quiromancia	quisco
queja	quilas	quinceañera	quirúrgico	quizá
quejumbrosa	quimonos	quintal		

R

rábano	rebelión	rehúso	restablecimiento	rinconera
rail	recámara	rehusó	reuma	riñón
raíz	recambio	rehusar	reumatismo	rió
rayano	reflexión	reír	revelación	río
reacción	régimen	reloj	ríen	risa
reacio	regimiento	relojería	rincón	roído
reactivo	rehabilitación	reposar		

S

saliva	salvajismo	savia	servilleta	sexo

T

tejer	tóxico	trébol	trivial	tubular
termináis	traducción	tremol	tubería	turbina
toalla	transportación			

U

| ubicuidad | ujier | úlcera | ungüento | uva |

V

vaca	válvula	velludo	verbena	viuda
vaciamiento	vaquero	venda	verídico	visera
vacilar	vaselina	vendaje	verifico	voltaje
vagón	vasto	véndanla	verruga	voltea
vajilla	vaya	vendaval	vio	votación
valla	vejiga	veracidad	virar	votar

Y

| yacimiento | yegua | yerro | yodo |

Z

| zafiro | zanahoria | zapato | zurcir | zutano |
| zambullendo | zapatazo | zarcillos |

LA PUNTUACIÓN, LA ACENTUACIÓN Y EL USO DE LAS MAYÚSCULAS

Sin los signos de puntuación, la escritura sería una cantidad de palabras seguidas, difíciles de entender y abierta a toda clase de interpretaciones. La puntuación, al igual que la acentuación, ayudan al lector en la comprensión del texto. Indican cuando dar una pausa o cambiar la entonación. Las siguientes reglas le servirán de ayuda en el dominio una correcta puntuación, acentuación y uso de las mayúsculas en el lenguaje español.

Reglas del uso de la puntuación

El punto (.)

- El punto se usa para finalizar una oración o una idea completa; si la idea no está completa, no se puede usar el punto.

- El punto puede ser de tres tipos:

  - Punto y final: marca el final de un escrito.

  - Punto y seguido: separa las oraciones que forman parte de un mismo párrafo y que tratan del mismo tema.

  - Punto y aparte: se utiliza para separar los párrafos de un texto e indica un cambio de tema total o parcial.

- El punto se usa también en las abreviaturas (*Sra.* = señora), pero no se usa en los símbolos (*km* = kilómetro) ni en las siglas (*ONU* = Organización de las Naciones Unidas).

El siguiente párrafo contiene algunos ejemplos de la aplicación de estas reglas: "El Sr. Torres y su hijo Pedro se fueron temprano porque tenían una cita en la oficina del Dr. Mendoza a las siete y media. Vivían junto al distrito administrativo, donde se encontraban las oficinas de la ONU, y siempre había mucho tráfico".

Nota: No confunda símbolos y las siglas con las abreviaturas. Mientras que las abreviaturas se escriben con punto, los símbolos y las siglas deben de escribirse sin punto, sin acento y no se pueden pluralizar. Los símbolos designan términos financieros, monedas extranjeras, elementos químicos o unidades de medida; las siglas son palabras que se forman con las letras iniciales de una expresión compleja, como *OEA* = Organización de Estados Americanos.

La coma (,)

- La coma se usa para separar gramaticalmente las frases con la condición de que éstas sean gramaticalmente correctas.

Ejemplo

> Pedro y su padre se fueron de la casa, justo antes de que la Sra. Torres volviera de la misa de las seis.

- La coma se usa para intercalar una aclaración. Por supuesto, la aclaración debe tener sentido en la oración y también tiene que ser gramaticalmente correcta.

Ejemplo

> El vecino del Sr. Torres, según me dijeron, se veía muy enfadado esa mañana.

- La coma se usa para separar los elementos de una serie, siempre y cuando éstos no vayan unidos por las conjunciones *y, e, ni, o, u.*

Ejemplo

> Pedro llevaba en la mochila un libro, una botella de aqua, un lápiz y sus pañuelos.

- La coma se usa cuando uno se comunica directamente con una persona en específico.

Ejemplo

> Papá, ¿me llamaste?

- La coma se usa antes de las expresiones adversativas *pero, mas, aunque* y las expresiones consecutivas *conque, así que, de manera que.*

Ejemplo

> No tengo hambre, pero te acompaño a comer.

- La coma va después de las expresiones: *pues, por tanto, por consiguiente, sin embargo, en fin, por supuesto, al fin y al cabo, aun así, en resumen* y otras expresiones similares. Estas expresiones se escriben entre comas cuando se usan en el curso de una oración.

Ejemplo

> Pedro encontró lo que buscaba y, sin embargo, no estaba satisfecho.

Los dos puntos (:)

- Los dos puntos se usan para introducir una cita.

Ejemplo

El Dr. Mendoza dijo: "Más vale un pájaro en mano que cien volando".

- Los dos puntos se usan para desarrollar, aclarar o definir lo que precede a los dos puntos.

Ejemplo

Todo estuvo de maravilla en la sala de espera del Dr. Mendoza: sus revistas eran recientes, las flores que habían puesto en la mesa de entrada estaban frescas, y la música de fondo era muy agradable.

- Se escriben dos puntos después del encabezamiento de las cartas.

Ejemplo

Estimado amigo:

El punto y coma (;)

- El punto y coma se usa en oraciones largas en las que se emplean varias comas.

Ejemplo

Discutimos el presupuesto, las inversiones, los despidos, los faltantes; ese día decidí renunciar.

- El punto y coma se usa cuando, después de una enumeración de múltiples elementos separados por comas, sea necesario referirse a todos ellos en una oración.

Ejemplo

Los árboles, las flores, el arroyo artificial, los helechos; todo eso formaba un conjunto armónico.

- El punto y coma puede sustituir a *porque, pues, puesto que, así que*.

Ejemplo

Me gusta esa camisa porque es más elegante.
Me gusta esa camisa; es más elegante.

Los puntos suspensivos (...)

- Los puntos suspensivos se usan para indicar una interrupción del mensaje, ya sea para indicar suspenso, temor o duda.

Ejemplo

Abrió la caja... y ahí estaba todo el dinero.

- La regla anterior se aplica también cuando se omiten palabras en una cita textual, pero los puntos suspensivos deben escribirse entre paréntesis.

Ejemplo

"Nacido en Jamaica (...) se le consideraba salvador de los hijos de los esclavos y libertador de África."

- Los puntos suspensivos se usan para indicar que la oración está incompleta.

Ejemplo

Como dice el refrán: Al que madruga...

La raya o guión largo (—)

- La raya, que es más larga que el guión, se usa a principio de reglón para indicar las intervenciones en un diálogo.

Ejemplo

— Buenos días Sr. Torres, ¿cómo está?
— Bien, pero podría estar mejor.

- La raya puede sustituir el paréntesis o las comas para incluir una aclaración.

Ejemplo

Ese examen —el de física— fue muy difícil.

El guión (-)

- El guión se usa para indicar la división de palabra al final de reglón por motivos de espacio.

- El guión se usa también para juntar palabras compuestas, y así poder unir los elementos que las componen.

Ejemplo

El Sr. Torres hizo un curso teórico-práctico de jardinería.

Los signos de interrogación y de admiración (¿? ¡!)

- Se usan al principio y al final de una oración o de una palabra interrogativa o exclamativa.

Ejemplo

¿Se encontrará usted mañana en la oficina? ¡Qué bueno!

- Al usar estos signos, también está indicando el cierre de la oración. Es incorrecto usar un punto después de un signo de interrogación o de admiración.

Las comillas ("")

- Las comillas se usan para delimitar las palabras de una persona, o para introducir citas textuales directas.

Ejemplo

Pedro dijo: "No me agrada tomar medicinas ni antibióticos".

- Las comillas también se usan para indicar que una palabra es vulgar, inadecuada o que pertenece a otra lengua.

Ejemplo

Su libro es un "best-seller".

Nota: En la lengua española, el punto, la coma, el punto y coma, y los dos puntos, casi siempre deben de quedar fuera de las comillas. Excepcionalmente, hay casos en que estos signos de puntuación quedan dentro de las comillas.

Ejemplo

"El respeto al derecho ajeno es la paz." Éstas fueron las palabras de Benito Juárez.

La acentuación

La acentuación se determina según la sílaba donde recae la fuerza de voz. Esa sílaba se llama sílaba tónica y todas las palabras la llevan. Sin embargo, no todas las palabras se escriben con tilde (acento escrito). Hay cuatro categorías de acentuación:

- Las palabras agudas llevan la fuerza de voz en la última sílaba. Estas palabras llevan tilde sólo cuando terminan en *n*, *s*, o vocal: *ratón*, *escribí*, *catedral*, *serás*, *canción*, *llamar*.

- Las palabras llanas o graves llevan la fuerza de voz en la penúltima sílaba y llevan tilde sólo cuando terminan en una consonante que no sea *n* ni *s*: *árbol*, *amigo*, *cuadro*, *difícil*, *lápiz*.

- Las palabras esdrújulas llevan la fuerza de voz en la antepenúltima sílaba y siempre llevan tilde: *rápido, fíjate, décimos*.

- Las palabras sobreesdrújulas llevan la fuerza de voz , y la tilde, en la sílaba que precede la antepenúltima sílaba: *cómpresela, dígaselo* o *apréndetelo*.

- La tilde también sirve para distinguir palabras idénticas (homófonos) que tienen diferente significado: **dé**, cuando equivale a una forma del verbo *dar*; **él**, cuando equivale al pronombre personal; **más**, cuando es el adverbio de cantidad y no al significado de la palabra *pero*; **tú** y **mí**, cuando se usan como pronombres y no como adjetivos posesivos; **té**, cuando se usa como el nombre de la bebida; **sí**, cuando es una afirmación; **sé**, cuando se usa como verbo y no como pronombre; y **ó**, cuando va entre números.

Las mayúsculas

- Se escribe con letra inicial mayúscula la primera palabra de un escrito, la que sigue inmediatamente a un punto y la que aparece después de dos puntos en las citas, los encabezados y al inicio de un párrafo.

- Se escriben con mayúsculas todos los nombres propios, los sobrenombres, los apodos.

Ejemplo

Pedro Almodóvar, José Martínez Ruiz "Azorín".

- Se escriben con mayúsculas los topónimos, los nombres de estrellas, planetas o astros y los nombres de los signos del Zodíaco.

Ejemplo

Bolivia, Orión, Júpiter, Capricornio.

- Se escriben con mayúscula los nombres de instituciones y sociedades.

Ejemplo

Canal 44, Organización Mundial de la Salud.

- Se escriben con mayúsculas los títulos y los nombres de dignidad cuando se refieren a una persona o personaje específico.

Ejemplo

El Rey Juan Carlos, El Papa Juan Pablo Segundo, el Secretario General de la ONU.

- Se escriben con mayúsculas las abreviaturas de los títulos de cortesía como <u>Dr.</u> Mendoza o <u>Sr.</u> Torres.

- Se escriben con mayúsculas los días festivos y los nombres de épocas históricas. Preste atención al hecho que los días festivos están compuestos de varias palabras, incluyendo artículos y preposiciones. Recuerde que **sólo** las palabras relevantes deben escribirse con mayúsculas.

Ejemplo

<u>C</u>inco de <u>M</u>ayo, el <u>R</u>enacimiento, la <u>N</u>avidad, la <u>E</u>dad <u>M</u>edia.

- NO se escriben con mayúsculas los nombres de los días ni de los meses.

LO ESENCIAL DE LA GRAMÁTICA ESPAÑOLA

Las unidades siguientes tienen el objetivo de presentar las reglas elementales de la gramática. Muchos elementos gramaticales serán omitidos en este capítulo. Sin embargo, le aconsejamos ampliar los conocimientos básicos que presentaremos a continuación ya que le serán de gran utilidad en su vida cotidiana.

Se pueden distinguir dos partes importantes en esta unidad: la primera sección de esta unidad presentará la forma en que las palabras se combinan en la oración y la función que cumplen; esto incluirá la estructura, la organización y la coordinación de las oraciones.

La estructura de las oraciones

Oraciones completas

Las oraciones completas son aquellas que exponen ideas completas de manera clara y organizada.

Para ser completa, una oración debe contener los siguientes elementos:

- Un verbo que expresa lo que el sujeto hace y un sujeto que le indica al lector qué o quién realiza la acción del verbo.

Nota: Es posible que el sujeto esté incluido de forma implícita. El sujeto se puede identificar a través del verbo, ya que éste indica la persona gramatical. Así, por ejemplo, *Lleva corriendo ya casi media hora* no tiene sujeto explícito, pero la forma verbal *Lleva* permite suponer que el sujeto es *él* o *ella*, la tercera persona del singular.

- Se deben usar signos de puntuación para empezar y terminar la oración. La mayoría de las oraciones terminan con un punto, aunque también pueden terminar en un signo de interrogación o en un signo de admiración.

En conclusión, para estar seguro de que una oración esté completa, pregúntese lo siguiente: ¿Qué está pasando? ¿Cuál es el sujeto? ¿Hay un verbo? ¿Está completa la idea de la oración?

Fragmentos de oraciones

Una cláusula es un grupo de palabras que contiene un sujeto y un verbo. Una cláusula independiente, o **coordinada**, puede ser una oración en sí misma, aunque forme parte de una oración completa más larga. Sin embargo, una cláusula dependiente o **subordinada** no puede ser una oración completa, aunque contenga un sujeto y un verbo: depende de otra oración.

Las cláusulas subordinadas siempre están precedidas por **conjunciones subordinantes**. Es incorrecto escribir una cláusula dependiente como una sola oración.

Ejemplo

Mientras esperaba a su hijo, se tomó un cafecito.

La oración subrayada está compuesta por un sujeto implícito de tercera persona singular que se descubre por la forma verbal *esperaba*. La segunda oración contiene el mismo sujeto, indicado por la forma verbal *se tomó*.

La parte subrayada de la oración no puede ser una oración por sí misma, ya que la palabra *Mientras* indica que hay una condición. Por esa razón, la primera oración no expresa una idea completa sin la incorporación de la segunda oración. Cuando haya aprendido a identificar las oraciones subordinadas, recuerde que no se debe escribir una cláusula subordinada como si fuera una oración completa, pues eso constituye un **fragmento de oración** y representa un error gramatical.

Oraciones compuestas

Como lo hemos visto, a la oración completa también se le llama oración independiente. Si se combinan dos o más oraciones independientes se obtiene lo que llamamos una **oración compuesta**. Las oraciones compuestas sirven para expresar la correlación que existe entre las ideas contenidas en dos o más oraciones independientes.

Nota: La unidad tiene por objeto presentar algunos de los aspectos generales de la gramática española que permiten entender cómo se construyen las oraciones completas. Para una explicación más detallada de la formación de las oraciones compuestas le aconsejamos que consulte en la segunda parte de la unidad, **Las partes de la oración**, la sección Las partes invariables de la oración.

Las partes de la oración

La oración es un grupo de palabras que expresan una idea completa. Las palabras que componen una oración completa se denominan *partes de la oración*. Éstas pueden ser **variables** o **invariables**, según cambie o no su forma. El verbo, el sujeto, el pronombre, el artículo y el objetivo son variables; mientras que el adverbio, la conjunción, la interjección y la preposición son invariables. Estudiaremos todos estos elementos gramaticales en las siguientes páginas.

Las partes variables de la oración

 El sujeto

El sujeto de una oración es la palabra que explica de qué o de quién se habla en la oración. El sujeto está formado por un sustantivo o por un pronombre, llamado núcleo del sujeto. El sujeto está también formado por las palabras directamente relacionadas con dicho sustantivo o pronombre. El sujeto puede estar integrado por personas, animales o cosas.

2 El pronombre

Los pronombres pueden ser personales, posesivos, demostrativos o indefinidos.

Los **pronombres personales** señalan a las personas gramaticales (como él, ustedes, ellos), el número (singular o plural) y el género (masculino o femenino). A excepción del imperativo, infinitivo y gerundio, los pronombres suelen preceder el verbo y sustituyen a los sustantivos o nombres.

	Singular	Plural
Primera persona	yo, mí, me, conmigo	nosotros, nosotras, nos
Segunda persona	tú, ti, usted, te, contigo	ustedes, vosotros, vosotras, os
Tercera persona	él, ella, ello, sí, consigo, le, la, lo, se	ellos, ellas, sí, consigo, les, los, las, se

Las siguientes reglas se aplican a los **pronombres personales**:

*   Los pronombres personales deben concordar en género y en número con el sustantivo que sustituyen.

Ejemplo

Compramos un candado para la bicicleta. Fue Jorge quien lo perdió en el parque.

*   A veces, el pronombre personal se omite, pero se manifiesta en el verbo.

Ejemplo

Fuimos andando hasta encontrarnos con Juan. (El pronombre personal que refleja el verbo es *nosotros*)

*   Los pronombres personales *yo, tú, nosotros, nosotras, usted, ustedes, vosotros, ella, él, ellas* y *ellos* funcionan como sujetos de la oración en la que se encuentran.

Los **pronombres posesivos** señalan la posesión. Al igual que los pronombres personales, los pronombres posesivos indican la persona o sujeto gramatical, el número (singular o plural), y el género (masculino o femenino).

	Singular	Plural
Primera persona	mío, mía, nuestro, nuestra	míos, mías, nuestros, nuestras
Segunda persona	tuyo, tuya, vuestro, vuestra	tuyos, tuyas, vuestros, vuestras
Tercera persona	suyo, suya	suyos, suyas

La siguiente regla se aplica a los **pronombres posesivos**: al usar un pronombre posesivo, se está reemplazando lo que se llama el **antecedente**. Por eso, éste y el pronombre usado siempre deben concordar en género, en número y en persona.

Ejemplos

¿Y tu <u>revista</u>? Yo guardé la <u>mía</u> en sitio seguro.

El <u>equipo de fútbol</u> en el que juegas es bueno, pero el <u>nuestro</u> es excelente.

Los pronombres **demostrativos** también pueden reemplazar al sujeto. Los tres grados de los demostrativos sirven para situar los seres u objetos en el espacio o en el tiempo en una progresión de alejamiento con respecto a quien habla. Además, sirven para referirse a elementos que aparecen antes o después en el propio texto.

	Singular	Plural
Primer grado	éste, ésta, esto	éstos, éstas
Segundo grado	ése, ésa, eso	ésos, ésas
Tercer grado	aquél, aquélla, aquello	aquéllos, aquéllas

Los pronombres **indefinidos** expresan ideas imprecisas o vagas. Se usan para referirse tanto a cosas como a personas: *alguien, nadie, nada, quienquiera, cualquiera,* y *algo.*

Los pronombres **relativos** sirven para ordenar y combinar oraciones que tienen un elemento en común, evitando así la repetición del sujeto o del pronombre. Los pronombres relativos son: *que, cual, quien* y *cuyo.*

Las siguientes reglas se aplican a los **pronombres relativos**:

* El pronombre *cual* debe concordar en número con su antecedente, mientras que el artículo que acompaña a este pronombre debe concordar tanto en número como en género con el antecedente.

Ejemplos

Tengo un par de *pantalones rojos, los cuales* dejé en tu casa.

La plaza a *la cual* te refieres está en la Calle Pío Doce.

* El pronombre *cuyo* debe concordar en género y número con el sustantivo al que determina y no con su antecedente. Se puede usar tanto para cosas como para personas.

Ejemplos

Es una mujer *cuyos rasgos* me recuerdan a mi abuela.

El libro *cuyas hojas* arrancaste era mío.

- El pronombre *quien* debe concordar en número con el antecedente y se usa únicamente para las personas.

Ejemplos

> El *hombre* de *quien* hablas es mi padrastro.
>
> Las *niñas* de *quienes* te acuerdas son mis nietas.

- El pronombre *que* es invariable, su forma no tiene que concordar en género ni en número. Puede usarse tanto para personas como para cosas.

Ejemplos

> Los pájaros *que* cantan en el jardín son gorriones.
>
> El jardinero *que* vino es muy joven.

3 El adjetivo

El adjetivo se usa para describir las cualidades del sujeto o del nombre. Los adjetivos, como los pronombres, pueden clasificarse en varias categorías: adjetivos calificativos, adjetivos posesivos, adjetivos demostrativos y adjetivos numerales.

Las siguientes reglas se aplican a los adjetivos:

- Generalmente, los adjetivos deben concordar en género y número con el sustantivo al que describen.
- Sin embargo, existen muchos adjetivos invariables que se usan indistintamente para ambos géneros, por ejemplo: *suicida, maya, israelita, agradable, constante, gobernable, humilde, inteligente, hipócrita.*
- Si el adjetivo se aplica a dos sustantivos, uno masculino y el otro femenino, el adjetivo siempre será plural y masculino.

Ejemplo

> *Las flores* y *el tiesto* en el que se encuentran son *rojos.*

- En casi todo los casos, el adjetivo sigue al sustantivo. El adjetivo puede cambiar de posición, pero entonces cambiará el sentido de la oración.
- Si el adjetivo es de género masculino, termina en *o* y se coloca antes del sustantivo, perderá la última vocal.

Ejemplo

> El abuelo *bueno;* El *buen* abuelo

- Las cualidades y cantidades que expresan los adjetivos pueden expresarse de forma comparativa, por medio de adverbios y conjunciones: *más que* o *menos que*, *tan (...) como*, *peor que* o *mejor que*, y *mayor que* o *menor que*.

4 El artículo

El artículo define el significado del sustantivo al que va unido. Entre otras cosas, permite determinar el género y número del nombre. Los artículos determinados son: *el, la, los, las*; y los indeterminados: *un, uno, unos, unas*.

Las siguientes reglas se aplican a los artículos:

- Usualmente, el artículo concuerda con el género y el número del sujeto o del nombre. Sin embargo, hay excepciones: si el sujeto es femenino y empieza con una *a* tónica, entonces se usa el artículo determinado de género masculino para evitar la repetición de vocal tónica.

Ejemplos

*el a*ula, *el á*guila, *el a*gua o *el a*rpa'

- El artículo *lo* se usa para designar cosas vagas, generales e imprecisas. A menudo, el artículo *lo* se emplea en oraciones completas.

Ejemplos

<u>Lo</u> que yo te estoy explicando, es que la historia parece repetirse.
Tú a <u>lo</u> tuyo y yo a <u>lo</u> mío.

5 El verbo

1. *Concordancia entre el verbo y el sujeto*

En una oración, la concordancia entre el verbo y el sujeto significa que la conjugación de la forma verbal debe concordar con el número y persona del sujeto.

Lea los siguientes ejemplos y los comentarios respectivos para aprender las reglas que definen la concordancias entre el verbo y el sujeto:

- El verbo debe concordar con el sujeto.

Ejemplos

María y Alfonso <u>conocían</u> bien a la familia Valdés.
María no los <u>conocía</u> tan bien como Alfonso.

En la primera oración, el verbo se refiere a varios sujetos: *María* y *Alfonso*. Se dice que forman un **sujeto compuesto**. Por eso, el verbo *conocer* está en plural (tercera persona del plural, *ellos*) e indica que el sujeto es plural.

En la segunda oración, el sujeto *María* es singular. Por lo tanto, el verbo *conocer* está en singular (tercera persona del singular, *ella*) para establecer la concordancia.

- Frecuentemente, el verbo está separado del sujeto por varias palabras. Fíjese si las palabras usadas son singulares o plurales para determinar la concordancia apropiada.

Ejemplos

> *Los soldados* destacados en Irak *sueñan* con volver a casa pronto.
>
> *El soldado* que tiene familiares enfermos *piensa* todavía más en volver a casa.

Como lo puede ver en la primera oración, el sujeto es plural y el verbo está en plural.

En la segunda oración, aunque *familiares enfermos* esté antes del verbo y sea plural, el sujeto *El soldado* es singular y por lo tanto, el verbo está conjugado en la tercera persona del singular, *él*.

Nota: Para hallar el sujeto de la oración pregúntese de quién o de qué habla la oración. Luego, con lo que ha aprendido, simplemente compruebe que la concordancia entre el sujeto y el verbo sea exacta.

- Los **sustantivos colectivos** representan conjuntos y habitualmente se asocian con los verbos usando el singular. Entre estos sustantivos se encuentran: *gente, público, muchedumbre, familia*.

Ejemplos

> El *público estuvo* muy entusiasmado por el concierto.
>
> Toda la *gente* que espera en esta sala *cabe* en el avión.

- Si el sustantivo colectivo va seguido de una frase nominal en plural, es posible que el verbo esté conjugado usando el plural y no el singular.

Ejemplo

> *La mitad* de *los empleados fueron* despedidos inmediatamente.

Aquí se alude al plural de los individuos (*los empleados*) y no al sustantivo colectivo *La mitad*.

- Cuando dos sujetos están unidos por la conjunción *o*, el verbo puede concordar en singular o en plural con el miembro más cercano.

Ejemplo

> La enfermedad o el aburrimiento *acabaron* con su vida.

- La concordancia entre el sujeto y el verbo también debe respetarse cuando el sujeto esté después del verbo.

Ejemplo

Existen ciudades de madera, sal y arena.

2. *El verbo y los tiempos verbales*

El verbo es la parte de la oración que describe cuándo se realiza una acción y quién la ejecuta.

Tiempos simples y compuestos

Los tiempos verbales se refieren a la forma en que el verbo describe cuándo ocurre una acción o cuándo una condición es verdadera.

- Algunos **tiempos simples** son:
  — El **presente** se usa para expresar un acción que se realiza habitualmente o que ocurre muy cerca del tiempo en que se enuncia.

Ejemplo

El Sr. Torres *lleva* a su hijo al colegio.

  — El **pretérito** se usa para expresar una acción que ocurrió en el pasado.

Ejemplo

Pedro *tosió* toda la noche.

  — El **futuro** se usa para expresar una acción que todavía no ha ocurrido cuando el hablante dice o escribe la oración.

Ejemplo

El Dr. Mendoza le *dará* su diagnóstico a Pedro por la mañana.

Los **tiempos perfectos** indican relaciones de tiempo más complicadas en las que se pone fin a la acción, o que permiten suponer que la acción ha sido finalizada y se consideran tiempos compuestos porque utilizan un verbo auxiliar, el verbo *haber*. Estos tiempos se forman con el verbo *haber* conjugado y el participio del verbo principal que se esté usando.

- Algunos tiempos compuestos son:
  — El **pretérito perfecto** se usa para expresar una acción que empezó en el pasado y que ha finalizado en el momento de hablar de ella.

Ejemplo

> *He dejado* mi carro a la vuelta de la esquina.

— El **pretérito pluscuamperfecto** se usa para expresar una acción que ocurrió en el pasado, antes de que otra acción comenzara también en el pasado.

Ejemplo

> Pedro ya *se había levantado* cuando su madre fue a despertarlo.

— El **futuro perfecto** expresa una acción que ocurre y finaliza en el futuro, antes del comienzo de otra acción que tomará lugar en el futuro.

Ejemplo

> Para entonces, Pedro ya *habrá llegado* a Guadalajara.

El gerundio y el participio

El gerundio y el participio son formas derivadas del verbo. Mientras que el gerundio es una parte derivada del verbo que funciona como adverbio, el participio es una parte derivada del verbo que funciona como adjetivo.

• El **gerundio** se forma añadiendo las terminaciones *-ando* o *-iendo*. El gerundio se usa generalmente en combinación con el verbo *estar*. El gerundio modifica el verbo y por lo tanto, funciona como adverbio.

Ejemplo

> Pedro está *esperando* los resultados de sus análisis.
>
> El Dr. Mendoza llegó *silbando* una melodía del Coltrane.

• El **participio** se forma con las terminaciones regulares *-ado, -ido* y las irregulares *-to, -so, -cho*. El participio se combina con el verbo *haber* en los tiempos compuestos. Algunos participios también funcionan como adjetivos.

Ejemplos

> No se ha respetado la Constitución.
>
> No *ha dicho* ni una palabra desde que se pelearon.
>
> *Finalizadas* las clases, empezaron las vacaciones.

Nota: El gerundio y el participio no varían nunca, mientras que los verbos auxiliares que los acompañan deben cambiar ya que indican el tiempo y la persona gramatical.

Infinitivo	Participio regular	Participio irregular
Decir		Dicho
Romper		Roto
Poner		Puesto
Cubrir		Cubierto
Abrir		Abierto
Morir		Muerto
Escribir		Escrito
Ver		Visto
Hacer		Hecho
Volver		Vuelto
Maldecir	Maldecido	Maldito
Incluir	Incluido	Incluso
Proveer	Proveído	Provisto
Bendecir	Bendecido	Bendito
Convertir	Convertido	Converso
Despertar	Despertado	Despierto
Elegir	Elegido	Electo
Confesar	Confesado	Confeso
Atender	Atendido	Atento

Las partes invariables de la oración

Las partes de la oración pueden ser variables o invariables, según modifique o no su terminación para expresar diferentes matices de significado de una misma palabra. Como ya vimos, el sustantivo, el verbo, el pronombre, el artículo y el adjetivo son partes variables de la oración. Las partes invariables de la oración son **la conjunción**, **la preposición** y **el adverbio**.

1 Las conjunciones coordinantes

En la primera unidad, aprendimos que las oraciones compuestas sirven para expresar claramente la correlación que existe entre las ideas contenidas en dos o más oraciones independientes.

La conjunción sirve para enlazar dos oraciones aunque éstas opuestas, las une la conjunción en una misma cláusula. La conjunción coordinante expresa una relación entre dos oraciones.

- Estas son algunas de las conjunciones coordinantes más frecuentes:

  — *Ni* que expresa una negativa.

  — *O, u* expresan la idea de una opción.

  — *Pero* y *aunque* expresan un contraste entre las oraciones.

  — *Como* se usa para expresar una causa.

  — *Así que* expresa un efecto.

- Si usa una conjunción coordinante al escribir una oración compuesta, siempre debe escribir una coma delante de dicha conjunción.

Ejemplo

Su primer libro es bastante bueno. Dudo que el segundo no sea exitoso.

Al combinar las dos oraciones con una conjunción coordinante se obtiene:

— Su primer libro es bastante bueno, *así que* dudo que el segundo no sea exitoso.

— Me encanta comer frutas. No me gusta el albaricoque.

— Al combinar las dos oraciones con una conjunción coordinante se obtiene:

— Me encanta comer frutas, *pero* no me gusta el albaricoque.

2 Las conjunciones subordinantes

Asegúrese de que ha aprendido y entendido los siguientes conceptos antes de continuar:

- Una **oración independiente,** que contiene un sujeto y un verbo, forma una idea clara y completa.

- Une **oración subordinada**, que también contiene un sujeto y un verbo, no expresa una idea completa y no puede ser una oración por sí misma.

- Una **oración compuesta** se obtiene combinando dos o más oraciones independientes por medio de una conjunción coordinante.

Ahora veamos cómo se obtiene una **oración compleja**. Una oración compleja contiene una oración independiente y una oración subordinada; la oración subordinada añade más detalles a la oración independiente.

La conjunción subordinante se usa para combinar la oración independiente con la oración subordinada. Al igual que las conjunciones coordinantes, las conjunciones subordinantes expresan una relación entre dos oraciones.

- Las conjunciones subordinantes que se usan con más frecuencia son las siguientes:

  — *Aunque, a pesar de* y *si bien* expresan concesión.

  — *Como, porque* y *puesto que* expresan una causa.

  — *Si, incluso si* y *a menos que* expresan condición.

  — *Después de, antes que, desde que, hasta que, mientras, siempre que* y *una vez que* expresan el paso del tiempo.

  — *Para que* y *así que* expresan un resultado.

  — *Donde* y *dondequiera* expresan un lugar físico.

- Una oración subordinada constituye un fragmento de oración si no está enlazada con una oración independiente. Si no se crea una oración compleja, constituirá un error.

Ejemplo

Cancelaron el concierto. (*Oración independiente*)

Porque el escenario estaba mojado. (*Fragmento de oración*)

La oración compleja es la siguiente:

Cancelaron el concierto *porque* el escenario estaba mojado.

- Generalmente, no hace falta usar una coma si la oración subordinada está al final de la oración. Sin embargo, si la oración subordinada se encuentra antes de la oración independiente, se debe usar una coma al formar la oración compleja. *Ejemplo:* Porque el escenario estaba mojado, cancelaron el concierto.

③ La preposición

La preposición se usa para combinar dos elementos gramaticales, el primero se llama *inicial* y el segundo, *terminal*. Generalmente, subordina el elemento terminal al elemento inicial.

Ejemplo

Trabajar para vivir o *Vivir para trabajar.*

- Las preposiciones más usadas son: *a, ante, bajo, cabe, con, contra, de, desde, en, entre, excepto, hacia, hasta, para, por, salvo, según, sin, sobre* y *tras.*

- Tenga en cuenta que cada preposición puede tener varios significados dependiendo de la oración en la que se encuentre. Así, por ejemplo, *a* puede tomar varios significados al usarse como complemento directo o indirecto: me voy **a** Dallas; se lo di **a** mi madre.

Aunque inicialmente le pueda parecer difícil utilizar las preposiciones, en realidad no es tan complicado. Practique el uso de las reglas que ya ha aprendido y lea regularmente antes de la Prueba de GED, usted empezará a aplicar las preposiciones correctamente sin darse cuenta.

4 Otras formas de combinar oraciones independientes

Hay otras formas de unir a frases independientes para que formen oraciones compuestas:

- Use punto y coma cuando las ideas expuestas en la oración sean extensas y temáticamente compatibles. Si la oración es más corta y contiene pocas ideas, es preferible usar la coma.

Ejemplo

> Los problemas ecológicos están multiplicándose y, según los científicos del CNRS, ya están afectando seriamente a los continentes más pobres. En el sur del Sahara, por ejemplo, la tierra es tan árida que no se puede cultivar nada.
>
> Los problemas ecológicos están multiplicándose y, según los científicos del CNRS, ya están seriamente afectando a los continentes más pobres; en el sur del Sahara, por ejemplo, la tierra es tan árida que no se puede cultivar nada.

- Use un punto y coma, o un punto y la correspondiente **locución adverbial** y una coma después de ésta.

Ejemplo

> A la gente parece molestarle la polución. No hace lo suficiente para encontrar soluciones reales y duraderas.
>
> A la gente parece molestarle la polución. *Sin embargo,* no hace lo suficiente para encontrar soluciones reales y duraderas.

- Al igual que las conjunciones coordinantes y las conjunciones subordinantes, las locuciones adverbiales expresan una relación entre dos oraciones. Algunas locuciones adverbiales que se usan frecuentemente son las siguientes:

  — *También, además* y *es más* expresan la combinación de ideas.

  — *No obstante, en vez de, aún así, a pesar de* y *sin embargo* expresan un contraste entre ideas.

  — *Por ejemplo* expresa el uso de un ejemplo.

  — *Finalmente, luego, a continuación* y *entonces* expresan ideas en un orden cronológico.

  — *Igualmente* y *de la misma manera* expresan un orden preferencia en las ideas.

⑤ Estructuras paralelas

Varias de las preguntas en la Prueba de Redacción le pedirán que combine oraciones correctamente. Casi siempre se le presentarán oraciones que contendrán múltiples ideas, una extensa lista de acciones o una secuencia de acontecimientos. Asegúrese primero de que las ideas estén relacionadas temáticamente. Si es el caso, aplique las reglas que acaba de aprender y busque la alternativa (recuerde que son preguntas de opción múltiple) en la que todos los elementos de la oración tengan la misma forma gramatical. Cuando todos los elementos de una oración son iguales gramaticalmente, se dice que es una **estructura paralela**.

Ejemplo

Entró lentamente en el cuarto, cerró la puerta, y se dirige hacia la ventana.

Al usar una estructura paralela se obtiene la oración siguiente:

Entró lentamente en el cuarto, cerró la puerta, y *se dirigió* hacia la ventana.

EJERCICIOS DE REPASO

Tendrá la ocasión de practicar las reglas gramaticales que ha ido aprendiendo en las pruebas de práctica que están a su disposición al final de del libro. Sin embargo, los ejercicios siguientes le ayudarán a comprender las diferentes reglas de la gramática española que fueron explicadas en este capítulo. Los ejercicios también le ayudarán a memorizar las reglas.

(Las respuestas se encuentran al final de los ejercicios.)

Ejercicios

(1) Ponga la tilde donde sea necesario:

a. azucar _____   f. uniformidad _____

b. inclinandose _____   g. esperanzado _____

c. despues_____   h. imagen _____

d. integridad _____   i. arbol _____

e. corporacion _____   j. infancia_____

(2) Haga lo mismo en las oraciones siguientes. Corrija los errores en el uso de las tildes.

a. Te estara esperando en el restaurante a las ócho y media. No tardes demasiádo en encontrarte con el porque tiene que estár en casa a las diéz a mas tardar.

b. Al cabo de dos meses de practica, él estudiante paso la Pruéba de GED sin problema algúno.

c. Cuando te vengan a buscár, usa el telefono que esta en la oficina del Dr. Mendoza y llamame para que sepa que todo ha ido bíen.

d. Mi abuelo siempre estúvo a mi lado, tánto en los momentos dificiles como en los momentos de alegria.

e. No espere el próximo mes para empezar a estudiar este capítulo.

f. Desde que me mude aqui, mis alergías se han intensificado.

(3) Añada comas donde sea necesario:

a. Por cuatro dólares al mes le ofrecemos cinco revistas la guía del Ocio de Madrid y un adhesivo para su auto.

b. Al obtener su permiso debe pegarlo en su vehículo en la ventanilla de atrás.

c. Los familiares con los que me llevo bien son mi abuela Tata mi tía Herniezota mi primo Felipe y mi sobrino Alfonso.

d. El escritor Arturo Pérez Reverte fue el primero en usar el efecto de repetición en literatura.

e. Organiza bien tus estudios paga tus facturas a tiempo y en general evita meterte en problemas.

f. Por favor no se vaya que todavía me hace falta su ayuda.

(4) Corrija los errores en el uso de mayúsculas:

a. Mi profesor, el dr. mauricio tenorio, ha leído todos los libros escritos por charles bourdieu, y yo sólo he tenido tiempo de leer uno.

b. Para llegar a dallas, siga derecho, gire a la izquierda cuando llegue a la Calle san jacinto, y de ahí ya verá los signos que le indican cómo llegar a la autopista que va hasta dallas.

c. El Sur de francia es famoso por su clima cálido y seco.

d. Si quiere llegar a alaska, el estado más Norteño de los estado unidos, tendrá que pasar por canadá.

e. Al Oeste de san cristóbal se encuentra una de las zonas más Tropicales de méxico.

(5) Corrija los errores en el uso de la raya, los dos puntos, el punto y coma, y finalmente, las comillas:

a. Para poder cocinar el bizcocho necesitará, dos huevos, harina, dos medidas de agua, azúcar y tres medidas de leche.

b. Mi abuela me preguntó qué era lo que había pasado en la escuela.

c. "¿No te molesta que te haya llamado un ignorante sin ideas propias?"

d. "Los ejercicios no son muy complicados" dijo José, "siempre y cuando aplique las reglas gramaticales en forma apropiada".

e. La nueva biblioteca municipal tiene libros de geografía, arte y ciencias políticas de Europa, África y Asia abrirá sus puertas en el mes de marzo, una vez finalizada la construcción.

f. Si no se despeja el tráfico, vamos a llegar tarde; dijo Rubén.

(6) Identifique el sujeto y el verbo de las siguientes oraciones:

a. Los padres y sus niños nadaron todo el día en el lago.

b. Los recién casados se fueron de vacaciones y prometieron estar de vuelta antes del final del mes.

c. Ella se le declaró por primera vez en el mes de noviembre.

d. Fuimos a Nepal y vimos a mucha gente con el pelo corto.

e. A pesar del ruido y de la muchedumbre, Pablo la pasó de maravilla.

(7) Identifique las oraciones completas, las oraciones compuestas y las oraciones complejas:

a. Carlos fue solo al cine, pero se encontró con algunos de sus amigos mientras esperaba en la fila para comprar su boleto.

b. Si no usas la crema antibacterial, puede infectarse gravemente la herida que tienes.

c. Las desventajas de no tener seguro social son pocas, pero las ventajas de tenerlo son muchas.

d. El futuro del mundo depende de las decisiones tomadas por los países que lo componen.

e. Ramón escuchaba atentamente a Catherine, pero nunca lograba entender por completo lo que le decía.

f. Cuando David habló con sus padres de los acontecimientos, nunca les dijo dónde había estado esa noche.

(8) Corrija los fragmentos de oraciones:

a. Llevar el auto al garaje costando mucho dinero.

b. Me gusta acostarme en la playa, por ejemplo. Con un buen libro y una copa de vino.

c. Cuando se dio cuenta de que había dejado las llaves, ya es demasiado tarde.

d. María nunca logra levantarse. Porque siempre se queda despierta hasta altas horas de la noche.

e. Nunca lograrás conseguir lo que deseas. Si no lo intentas.

(9) Identifique los elementos que pertenecen a un mismo conjunto y vuelva a escribir las oraciones que no respetan la regla de las estructuras paralelas:

a. Puede usarlas en los asientos de su auto, en los sofás de su salón, o aplicarlas en las camas de la casa.

b. Mucha gente adulta recuerda con nostalgia la seguridad, las pocas preocupaciones y el sentirse independiente de su adolescencia.

c. Un desayuno español típico consiste de una taza de chocolate espeso, de churros, y de tomarse una taza de café o té.

d. Si lo rompe, lo pierde o simplemente le hará un rasguño, tendrá que pagarlo.

e. Los europeos consumen más vegetales, más frutas y comen menos grasas que la gente de otros continentes.

(10) Escriba los pronombres apropiados:

a. Siempre serás bienvenido ya que mi casa es ___ casa.

b. Es una chica _____ nombre no pienso revelarte.

c. El libro ____ leerán para la semana siguiente fue escrito por Arthur Rimbaud.

d. ¿Le habrá pasado _____ a Pedro?

e. ¿ ____ dejó la televisión encendida toda la noche?

f. Entregué las llaves al hombre _____ dijo ser el portero.

g. No te puedo prestar el juego porque no es _____.

(11) Escoja la forma verbal apropiada y complete las siguientes oraciones:

a. Los médicos (favorecen / favorezcan) el uso de medidas higiénicas en la casa.

b. Aunque pocas son las personas que están dispuestas a estudiar durante casi 7 años, muchas son las que quieren (somos / siendo / ser) abogados.

c. Hombres y mujeres por igual (debe / deben / debemos) votar si quieren que las cosas cambien.

d. El desierto del Sahara se (extienden / extiende) del oeste al norte de Mauritania.

e. El Senado (hemos / han / ha) aprobado proyectos similares en el pasado.

(12) Utilice el verbo indicado entre paréntesis y úselo correctamente en la oración:

a. El semestre que viene, la universidad (premiar) _____ a los estudiantes más dedicados.

b. Cuando reduzca la tasa de criminalidad, nuestra comunidad (ser) _____ un lugar más acogedor para vivir.

c. Todo estuvo de maravilla y la mayoría de los niños (venir) _____ acompañados de sus padres.

d. ¿Cuántos invitados piensas que (asistir) _____ a la boda el próximo mes de febrero?

e. Ni mi madre ni yo (creer) _____ lo que nos cuentas.

(13) Escoja la forma verbal apropiada y complete las siguientes oraciones:

a. Para la reunión de la semana que viene la asociación (recuperó / recupera / habrá recuperado) el dinero que fue gastado en el seminario de la semana pasada.

b. Puede que ya (estemos / estaremos / estuvimos) generando polución en el espacio.

c. La construcción del nuevo centro de recreación infantil (fue terminado / terminará / terminó) el mes que viene.

d. Por su parte, Argentina también (atravesará / atraviesa / atravesó) una crisis económica en la década de los ochenta.

e. Mañana por la tarde, el estado (pasa / pasaría / pasará) la nueva ley sobre los impuestos acumulados.

f. Su intervención (cambia / cambió) el tono de la conversación.

(14) Forme el gerundio o participio del verba entre paréntesis:

a. Lo que estos estudios están (demostrar) _____ es que la educación pública es menos eficiente.

b. El programa de informática llamado Linux fue (diseñar) _____ al final de la década de los noventa con la intención de reemplazar Windows.

c. Los críticos de Noam Chomsky han (observar) _____ que sus escritos se están volviendo cada vez más políticos.

d. En estos momentos, nos (costar) _____ casi el doble de lo que nos costaba hace menos de dos años.

e. Nuestro pronóstico meteorológico fue (confirmar) _____ cuando empezó a llover por la tarde.

(15) Escoja la conjunción coordinante apropiada y combine correctamente las oraciones siguientes para obtener una oración compuesta:

a. Los árbitros del Mundial de Fútbol están licenciados. Deben de aplicar las reglas correctamente. (o / y / ni)

b. Hugo Chávez no estaba dispuesto a abandonar su posición como presidente. Dada las circunstancias, tuvo que exilarse. (como / pero / u)

c. Conducir por esta zona a más de 30 millas por hora es peligroso. Muchos niños juegan por las calles. (aunque / e / ya que)

d. Algunas personas son alegres desde temprano por la mañana. Otras se levantan ya de mal humor. (o / y / así que)

e. A muchos de mis amigos no les gusta usar su auto durante el día. Toman el autobús. (e / así que / pero)

(16) Use la conjunción subordinante para unir correctamente las oraciones siguientes y obtener una oración compleja. En la mayoría de los casos, deberá cambiar algunas palabras y tendrá que usar la puntuación apropiada:

a. Hay que organizarse mejor. La productividad aumente considerablemente. (Para que)

b. El frio es más intenso en diciembre. Se usa más calefacción y por lo tanto las facturas de electricidad suelen ser más altas. (Como)

c. Los efectos nocivos perduran durante varios años. Los químicos han sido echados en los ríos. (Después de que)

d. María dejó de tomar su medicina. Empezó otra vez a sentirse enferma. (Cuando)

e. Es verdad que María le mintió a Javier. Yo pienso que los dos tienen la culpa. (Incluso sí)

(17) Escoja el adverbio conjuntivo apropiado y añada la puntuación que sea necesaria:

a. Cada año su discurso es casi siempre el mismo. Los electores ya ni le prestan atención. (luego / en consecuencia / es más)

b. La película "Al anochecer" está basada en una novela fascinante y muy bien escrita. Los acontecimientos que describe son históricamente verídicos. (no obstante / del mismo modo / además)

c. Hay varias diferencias entre el baloncesto de tipo NBA y el baloncesto que se juega en la calle. La dinámica del juego en el baloncesto que se practica en la calle es mucho más física que la de la NBA. (por ejemplo / finalmente / a pesar de)

d. Solía pasearme hasta tarde por el Parque del Retiro y nunca me preocupaba por mi seguridad. Las cosas han cambiado y ya no es tan seguro como lo era antes. (igualmente / sin embargo / a continuación)

Respuestas a los ejercicios de repaso.

(1) a. azúcar
b. inclinándose
c. después
d. integridad
e. corporación
f. uniformidad
g. esperanzado
h. imagen
i. árbol
j. infancia

(2) a. Te <u>estará</u> esperando en el restaurante a las <u>ocho</u> y media. No tardes <u>demasiado</u> en encontrarte con <u>él</u> porque tiene que <u>estar</u> en casa a las <u>diez</u> a <u>más</u> tardar.

b. Al cabo de dos meses de <u>práctica</u>, <u>el</u> estudiante pasó la <u>Prueba</u> de GED sin problema <u>alguno</u>.

c. Cuando te vengan a <u>buscar</u>, usa el <u>teléfono</u> que <u>está</u> en la oficina del Dr. Mendoza y <u>llámame</u> para que sepa que todo ha ido <u>bien.</u>

d. Mi abuelo siempre <u>estuvo</u> a mi lado, <u>tanto</u> en los momentos <u>difíciles</u> como en los momentos de <u>alegría.</u>

e. No espere al <u>próximo mes</u> para empezar a estudiar este capítulo.

f. Desde que me mudé <u>aquí</u>, mis <u>alergias</u> se han intensificado.

(3) <u>Comas</u>:

a. Por cuatro dólares al mes le ofrecemos cinco revistas, la guía del Ocio de Madrid y un adhesivo para su auto.

b. Al obtener su permiso, debe pegarlo en su vehículo en la ventanilla de atrás.

c. Los familiares con los que me llevo bien son mi abuela Tata, mi tía Herniezota, mi primo Felipe y mi sobrino Alfonso

d. El escritor, Arturo Pérez Reverte, fue el primero en usar el efecto de repetición en literatura.

e. Organiza bien tus estudios, paga tus facturas a tiempo y, en general, evita meterte en problemas.

f. Por favor, no se vaya que todavía me hace falta su ayuda.

(4) <u>Mayúsculas</u>:

a. Mi profesor, el <u>Dr. M</u>auricio Tenorio, ha leído todos los libros escritos por Charles <u>B</u>ourdieu, y yo sólo he tenido tiempo de leer uno.

b. Para llegar a <u>D</u>allas, siga derecho, cuando llegue a la <u>c</u>alle <u>S</u>an Jacinto gire a la izquierda, ahí ya verá los signos que le indican cómo llegar a la autopista que va hasta <u>D</u>allas.

c. El <u>s</u>ur de <u>F</u>rancia es famoso por su clima cálido y seco.

d. Si quiere llegar a <u>A</u>laska, el estado más <u>n</u>orteño de los <u>E</u>stados <u>U</u>nidos, tendrá que pasar por Canadá.

e. Al <u>o</u>este de <u>S</u>an <u>C</u>ristóbal se encuentra una de las zonas más <u>t</u>ropicales de México.

(5) La raya, los dos puntos, el punto y coma, y las comillas:

   a.   Para poder cocinar el bizcocho necesitará: dos huevos, harina, dos medidas de agua, azúcar y tres medidas de leche.

   b.   La oración no necesita corrección.

   c.   ¿No te molesta que te haya llamado "un ignorante sin ideas propias"?

   d.   —Los ejercicios no son muy complicados —dijo José—, siempre y cuando aplique las reglas gramaticales en forma apropiada.

   e.   La nueva biblioteca municipal tiene libros de geografía, arte y ciencias políticas de Europa, África y Asia; abrirá sus puertas en el mes de marzo, una vez finalizada la construcción.

   f.   —Si no se despeja el tráfico, vamos a llegar tarde— dijo Rubén.

(6) El sujeto y el verbo:

   a.   Los sujetos gramaticales son "padres" y "niños". El verbo es "nadaron".

   b.   El sujeto gramatical es "recién casados". Los verbos son "fueron" y "prometieron".

   c.   El sujeto gramatical es "Ella". El verbo es "declaró".

   d.   El sujeto gramatical es "nosotros" y está contenido tácitamente en el verbo. Los verbos son "Fuimos" y "vimos".

   e.   El sujeto gramatical es "Pablo". El verbo es "pasó".

(7) Las oraciones completas, las oraciones compuestas y las oraciones complejas:

   a.   La oración es una oración compuesta.

   b.   La oración es una oración compleja.

   c.   La oración es una oración compuesta.

   d.   La oración es una oración compleja.

   e.   La oración es una oración compuesta.

   f.   La oración es una oración compleja.

(8) Fragmentos de oraciones:

   a.   Llevar el auto al garaje <u>costará</u> mucho dinero.

   b.   Me gusta acostarme en la playa, <u>por ejemplo</u>, con un buen libro y una copa de vino.

   c.   Cuando se dio cuenta de que había dejado las llaves, ya <u>era</u> demasiado tarde.

   d.   María nunca logra levantarse <u>porque</u> siempre se queda despierta hasta altas horas de la noche.

   e.   Nunca lograrás conseguir lo que deseas <u>si</u> no lo intentas.

(9) Estructuras paralelas:

   a.   Puede usarlas en los asientos de su auto, en los sofás de su salón, <u>o en las camas de la casa.</u>

   b.   Mucha gente adulta recuerda con nostalgia la seguridad, las pocas preocupaciones <u>y la independencia de su adolescencia.</u>

   c.   Un desayuno español típico consiste de una taza de chocolate espeso, de churros, <u>y de una taza de café o té.</u>

   d.   Si lo rompe, lo pierde o <u>simplemente le hace un rasguño</u>, tendrá que pagarlo.

   e.   Los europeos consumen más vegetales, más frutas <u>y menos grasas que la gente</u> de otros continentes.

(10) Los pronombres:

    a. tu

    b. cuyo

    c. que

    d. algo

    e. quién

    f. que

    g. mío

(11) Concordancia entre el sujeto y el verbo:

    a. favorecen

    b. ser

    c. deben

    d. extiende

    e. ha

(12) Concordancia de los verbos:

    a. premiará

    b. será

    c. vinieron

    d. asistirán

    e. creemos

(13) Tiempos verbales simples y tiempos verbales compuestos:

    a. habrá recuperado

    b. estemos

    c. terminará

    d. atravesó

    e. pasará

    f. cambió

(14) El participio y el gerundio:

    a. demostrando

    b. diseñado

    c. observado

    d. cuesta

    e. confirmado

(15) Las conjunciones coordinantes y las oraciones compuestas:

    a. y

    b. pero

    c. ya que

    d. y

    e. así que

(16) <u>Las conjunciones subordinantes y las oraciones complejas:</u>

    a. Hay que organizarse mejor <u>para que</u> la productividad aumente considerable-mente.

    b. <u>Como</u> el frio es más intenso en <u>diciembre, se usa</u> más calefacción y por lo tanto las facturas de electricidad suelen ser más altas.

    c. Los efectos nocivos perduran durante varios años <u>después de que</u> los químicos han sido echados en los ríos.

    d. <u>Cuando</u> María dejó de tomar su <u>medicina, empezó</u> otra vez a sentirse enferma.

    e. <u>Incluso si</u> es verdad que María le mintió a <u>Javier, yo</u> pienso que los dos tienen la culpa.

(17) <u>El adverbio conjuntivo y el punto y coma:</u>

    a. Cada año su discurso es casi siempre el mismo; <u>en consecuencia,</u> los electores ya ni le prestan atención.

    b. La película "Al anochecer" está basada en una novela fascinante y muy bien escrita; <u>además,</u> los acontecimientos que describe son históricamente verídicos.

    c. Hay varias diferencias entre el baloncesto de tipo NBA y el baloncesto que se juega en la calle; <u>por ejemplo,</u> la dinámica del juego en el baloncesto que se practica en la calle es mucho más física que la de la NBA.

    d. Solía pasearme hasta tarde por el Parque del Retiro y nunca me preocupaba por mi seguridad; sin embargo, las cosas han cambiado y ya no es tan seguro como lo era antes.

ÚLTIMOS CONSEJOS

- Durante la prueba, lea el pasaje completo y luego lea otra vez los párrafos donde se encuentren las oraciones incorrectas.

- Antes de elegir la opción correcta, lea la oración y la pregunta detenidamente para asegurarse de que entiende lo que lo que se le pide. Haga lo mismo con las opciones propuestas, ya que varias podrían parecerle correctas a primera vista. Recuerde que sólo una de ellas es la correcta.

- Al leer la oración, subraye la idea principal. De esa manera, la oración subordinada será obvia y le ayudará a decidir qué conjunción elegir para corregirla.

- Nunca pase demasiado tiempo en una sola pregunta, avance y marque las preguntas que le parezcan difíciles. Debido al estrés inicial, lo más probable es que cuando vuelva a leer algunas de las preguntas, le parecerán menos complicadas.

PRACTIQUE CON PREGUNTAS DE REDACCIÓN COMO LAS DEL GED

Las preguntas que siguen son semejantes a las que encontrará en la Parte 1 de la Prueba de Redacción. Las preguntas de redacción están basadas en textos de doce o más oraciones, divididos en párrafos. Las oraciones están numeradas y cada párrafo lleva una letra para que usted pueda encontrar fácilmente la parte a la que se refiere la pregunta.

En cada texto, hay oraciones que están correctas y otras que tienen errores. Asimismo, hay oraciones, e incluso párrafos, que están en el lugar equivocado con respecto a la presentación lógica de la información o la idea del texto. Tenga en cuenta esto cuando lea los fragmentos. Las preguntas ponen a prueba su habilidad para reconocer este tipo de errores y se le pedirá que encuentre la mejor forma de corregirlos.

Las respuestas correctas y sus explicaciones de las respuestas se encuentran al final del capítulo.

> **Instrucciones:** Esta sección consta de fragmentos de práctica. Algunas oraciones tienen errores de estructura, de uso o de mecánica. También puede haber errores de organización que deben corregirse cambiando de lugar una oración o un párrafo, borrando un renglón o usando una nueva oración que podría mejorar la claridad y la lógica del texto. Después de leer atentamente cada fragmento, elija la respuesta que corrija el error de la mejor manera y que dé como resultado una redacción efectiva. La mejor respuesta debe ser consistente con el sentido y el tono del texto.

Las preguntas 1 a 8 se refieren al siguiente artículo.

El mar como terapia

A

(1) En los últimos 200 años el mar han llegado a considerarse fuente de recreo para todo mundo. (2) Varios en ese corto tiempo miles de millas de costas del mundo se han "urbanizado". (3) Se han construido hoteles, restaurantes e instalaciones recreativas para satisfacer las demandas de los millones de personas que van al mar para relajarse y divertirse. (4) "Por qué es tan popular el mar"

B

(5) El origen de este moderno interés en el mar como fuente de recreo se encuentra en sus propiedades "restauradoras de la salud". (6) Para empezar, el aire marino es más limpio porque generalmente sopla una brisa fresca. (7) Con frecuencia, esto alivia las molestias causadas por problemas respiratorios, particularmente asma, y otras alergias. (8) Además, muchos creían, y todavía creen, que nadar en el mar —el cual contiene sal, yodo y varias sustancias que no están presentes en el agua dulce— es bueno para la salud y puede aliviar problemas de salud como el reumatismo. (9) Sin embargo, se ha descubierto que el mar puedes proporcionar alivio para problemas psicológicos y no sólo físicos.

C

(10) La brisa y el sol contribuyen a esta sensación de libertad, y también las olas y la arena. (11) La gente responde poniéndose menos ropa y se divierte (nadando, tomando el sol o jugando) de maneras que son difíciles de organizar en una ciudad o suburbio común y corriente. (12) Es por eso que la gente visita los suburbios. (13) Así, no es sorprendente que los psiquiatras recomienden a menudo unas vacaciones junto al mar como parte del tratamiento de los que padecen claustrofobia o se sienten deprimidos porque las presiones de la vida citadina son demasiado para ellos. (14) Tampoco es sorprendente que millones de personas en todo el mundo escapen del ruido, la suciedad, las muchedumbres y las presiones que los rodean en las ciudades y corran a pasarse unos días en el mar, lejos de todo.

D

(15) Después de unos cuantos días bajo el influgo liberador y refrescante del mar, los vacacionistas están listos para volver y enfrentarse a los retos de la vida cotidiana. (16) Por desgracia, el primero de esos retos se les viene encima inmediatamente: el viaje de regreso a casa junto con otros miles de personas que deben apresurarse para volver a su vida normal.

1. Oración (1): **En los últimos 200 años el mar han llegado a considerarse fuente de recreo para todo mundo.**

   ¿Cuál de las siguientes es la mejor forma de escribir la parte subrayada de esta oración? Si cree que la oración original es la mejor, escoja la alternativa (1).

   (1) han llegado

   (2) ha llegado

   (3) ha llegando

   (4) han llegando

   (5) llegado

2. Oración (2): **Varios en ese corto tiempo miles de millas de costas del mundo se han "urbanizado".**

   ¿Qué se debe corregir en esta oración?

   (1) agregar una coma después de mundo

   (2) cambiar millas a miles

   (3) pasar en ese corto tiempo al final

   (4) cambiar Varios a varios

   (5) No es necesario corregir esta oración.

3. Oración (4): "**Por qué es tan popular el mar**"

¿Qué se debe corregir en esta oración?

(1) cambiar qué a que

(2) cambiar es a son

(3) poner un punto al final

(4) borrar tan

(5) cambiar las comillas por signos de interrogación

4. Oración (5): **El origen de este moderno interés en el mar como fuente de recreo se encuentra en sus propiedades "restauradoras de la salud".**

¿Qué se debe corregir en esta oración?

(1) cambiar "restauradoras de la salud" a (restauradoras de la salud)

(2) cambiar restauradoras a restaurantes

(3) cambiar interés a intereses

(4) poner un punto y coma después de el mar

(5) No es necesario corregir esta oración.

5. Oración (9): **Sin embargo, se ha descubierto que el mar puedes proporcionar alivio para problemas psicológicos y no sólo físicos.**

¿Qué se debe corregir en esta oración?

(1) cambiar Sin embargo a Si

(2) cambiar descubierto a descubrido

(3) cambiar para a entre

(4) cambiar puedes a puede

(5) No es necesario corregir esta oración.

6. Oración (10): **La brisa y el sol contribuyen a esta sensación de libertad, y también las olas y la arena.**

¿Qué se debe corregir en esta oración?

(1) las olas y la arena son contribuyentes

(2) La brisa, el sol, las olas y la arena contribuyen

(3) La brisa contribuye y el sol contribuye

(4) También las olas y la arena contribuyen

(5) La brisa y el sol y las olas y la arena

7. Oración (12): **Es por eso que la gente visita los suburbios.**

¿Qué revisión haría para mejorar la organización de este artículo?

(1) pasar la oración al final

(2) pasar la oración al final de la sección C

(3) poner la oración después de la oración (3)

(4) borrar la oración

(5) No es necesario corregir esta oración.

8. Oración (15): **Después de unos cuantos días bajo el influgo liberador y refrescante del mar, los vacacionistas están listos para volver y enfrentarse a los retos de la vida cotidiana.**

¿Qué se debe corregir en esta oración?

(1) cambiar refrescante a refrezcante

(2) cambiar de a dé

(3) cambiar influgo a influjo

(4) cambiar vacacionistas a bacasionistas

(5) No es necesario corregir esta oración.

Las preguntas 9 a 16 se refieren al siguiente artículo.

Hablemos de cine

A

(1) Para muchos, el cine representa la puerta de escape de la vida cotidiana y la de entrada a un mundo diferente. (2) actualmente, en muchos países de habla española se producen películas de gran calidad.

B

(3) Sin lugar a dudas, muchas personas conocen las películas de Pedro Almodóvar, el director español que ha hecho excelentes películas como *Todo sobre mi madre* y *Hable con ella*. (4) Pero muy pocos han tenido la ocasión de apreciar películas menos conocidas como *Novia que te vea*, de la costarricense radicada en México Guita Shyfter. (5) En esta película, dos jóvenes judías mexicanas tratan de conciliar sus tradiciones familiares con su cultura mexicana. (6) Situada a fines de la década de 1950, la película muestra las diferencias y semejanzas que hay entre las comunidades judías y el contraste de estas tradiciones con la cultura mexicana. (7) El cine colombiano también ha producido muy buenas películas en los últimos años entre las que destacan la premiada *Bolívar*, una película de época sobre el héroe sudamericano; y *La pena máxima*, película en la que un hombre le apuesta todos sus ahorros a un partido de la selección colombiana de fútbol.

C

(8) Casi en todos los países latinoamericanos se hace cine, particularmente en Argentina, Colombia, Cuba y México. (9) Hace algunos años, la mayoría del cine latinoamericano teníamos una orientación sociopolítica. (10) Si bien completamente de la escena cinematográfica esa tendencia no ha desaparecido, el cine latinoamericano actual es más variado. (11) Así, Argentina le ha dado al mundo recientemente *Nueve reinas* y *El hijo de la novia*, películas muy diferente entre sí, pero situadas en la crisis económica que sufrió ese país hace algunos años. (12) La elegancia del sentido del humor y la chispa de los diálogos en estas películas son dignos de saborearse más de una vez.

D

(13) Los realizadores del cine cubano examinan su patria desde el documental, como en *Habana Vieja*; o desde la comedia, como en *Se permuta*. (14) Ha renacido con películas que se han hecho famosas el cine mexicano, como *Amores perros* e *Y tu mamá también*. (15) Estas películas todas constituyen una muestra de la larga y vital trayectoria del cine en Latinoamérica.

9. Oración (2): **actualmente, en muchos países de habla española se producen películas de gran calidad.**

   ¿Qué se debe corregir en esta oración?
   (1) cambiar <u>española</u> a <u>Española</u>
   (2) cambiar <u>producen</u> a <u>produsen</u>
   (3) cambiar <u>países</u> a <u>paises</u>
   (4) cambiar <u>habla</u> a <u>abla</u>
   (5) cambiar <u>actualmente</u> a <u>Actualmente</u>

10. ¿Cómo se puede mejorar el texto?
   (1) pasar la oración (7) al principio del párrafo D
   (2) pasar la oración (7) al final del texto
   (3) borrar la oración (7)
   (4) pasar la oración (7) al principio del texto
   (5) No es necesario hacer ningún cambio.

11. Oración (9): **Hace algunos años, la mayoría del <u>cine latinoamericano teníamos</u> una orientación sociopolítica.**

¿Cuál es la mejor manera de escribir la parte subrayada de esta oración? Si cree que la oración original es la mejor, escoja la alternativa (1).

(1) cine latinoamericano teníamos

(2) cine latinoamericano tenía

(3) cine latinoamericano tenías

(4) tenía cine latinoamericano

(5) tuvo cine latinoamericano

12. Oración (10): **Si bien completamente de la escena cinematográfica esa tendencia no ha desaparecido, el cine latinoamericano actual es más variado.**

Si volviera a escribir la oración (10) empezando con <u>Si bien el cine latinoamericano actual es más variado</u>, las siguientes palabras serían

(1) la escena cinematográfica

(2) completamente

(3) la escena desapareció

(4) esa tendencia no ha desaparecido

(5) la escena es actual

13. Oración (11): **Así, Argentina le ha dado al mundo recientemente *Nueve reinas* y *El hijo de la novia*, películas muy diferente entre sí, pero situadas en la crisis económica que sufrió ese país hace algunos años.**

¿Qué se debe corregir en esta oración?

(1) cambiar <u>diferente</u> a <u>diferentes</u>

(2) cambiar <u>le ha</u> a <u>dio</u>

(3) cambiar <u>situadas</u> a <u>situada</u>

(4) cambiar <u>crisis</u> a <u>crizis</u>

(5) cambiar <u>sufrió</u> a <u>sufre</u>

14. Oración (12): **La elegancia del sentido del humor y la chispa de los diálogos en estas películas son dignos de saborearse más de una vez.**

¿Qué se debe corregir en esta oración?

(1) cambiar <u>estas</u> a <u>estás</u>

(2) cambiar <u>saborearse</u> a <u>saber</u>

(3) cambiar <u>de los</u> a <u>dé los</u>

(4) cambiar <u>dignos</u> a <u>dignas</u>

(5) cambiar <u>diálogos</u> a <u>dialogo</u>

15. Oración (14): **Ha renacido con películas que se han hecho famosas el cine mexicano, como *Amores perros* e *Y tu mamá también*.**

Si volviera a escribir la oración (14) empezando con <u>El cine mexicano</u>, las siguientes palabras serían

(1) *Amores perros* e *Y tu mamá también*

(2) ha renacido con películas

(3) famosas

(4) *Y tu mamá también*

(5) como *Amores perros* se han hecho

Las preguntas 16 a 24 se refieren a la siguiente carta.

Asociación de fabricantes de queso, A.C.
Apdo. Postal 55-623
QUERÉTARO, Qro. 58100

23 de marzo de 2004

Hotel Estrellitas
Apdo. Postal 1-087
México, D.F. 04310

A quien corresponda:

A

(1) Acabamos de recibimos su propuesta del día 3 de los corrientes con respecto a la posibilidad de que su prestigioso establecimiento sea la sede de nuestro congreso anual, que tendrá lugar del 25 al 28 de noviembre de 2005.

B

(2) Habés estudiado con detenimiento su propuesta y quisiéramos hacer de su conocimiento lo siguiente:
• (3) El presupuesto no está incluido para desayunos, almuerzos y refrigerios. (4) Hemos calculado que asistirán entre 100 y 150 personas. (5) Creemos que dada la excelente reputación de la cocina de su establecimiento, sería agradable y conveniente que los asistentes al congreso pudieran tomar su desayuno y almuerzo en el restaurante del hotel. (6) Por otro lado, la conveniencia de contar con un servicio de café y galletas a mitad del primero y el segundo bloque de sesiones es algo que nuestros asociados esperan.

C

• (7) Sólo aparece el salón de baile en el listado del presupuesto, cuando nuestra solicitud requería que su propuesta incluyera las cuatro salas de conferencias del hotel. (8) La junta directiva de la asociación necesitamos información detallada para tomar una decisión.

D

• (9) Finalmente, creemos que existen un error en el cálculo del alquiler del salón de baile. (10) Nuestra solicitud indicaba que dicho salón se requería sólo para la recepción de despedida, la última noche del congreso. (11) Sin embargo, en el presupuesto aparece como la única sala en la que se llevarán a cabo todos los eventos del congreso, incluso las sesiones de los talleres.

E

(12) Estamos convencidos de que los errores del presupuesto que nos han enviado obedece a una confusión. (13) Por ello, estamos dispuestos a esperar el presupuesto corregido hasta el 18 de Abril. (14) De otra manera, nos veremos obligados a considerar las propuestas de otros hoteles.

F

(14) Confiamos en que recibiremos una respuesta pronta y adecuada a nuestra solicitud.

Atentamente,

Ana Carmen Martínez Enríquez
Tesorera

16. Oración (1): **Acabamos de recibimos su propuesta del día 3 de los corrientes con respecto a la posibilidad de que su prestigioso establecimiento sea la sede de nuestro congreso anual, que tendrá lugar del 25 al 28 de noviembre de 2005.**

    ¿Qué se debe corregir en esta oración?

    (1) cambiar <u>recibimos</u> a <u>recibir</u>

    (2) cambiar <u>tendrá</u> a <u>tendremos</u>

    (3) cambiar <u>Acabamos</u> a <u>Acabaremos</u>

    (4) cambiar <u>sea</u> a <u>fue</u>

    (5) No es necesario corregir esta oración.

17. Oración (2): **Habés estudiado con detenimiento su propuesta y quisiéramos hacer de su conocimiento lo siguiente:**

    ¿Qué se debe corregir en esta oración?

    (1) cambiar <u>estudiado</u> a <u>estudiando</u>

    (2) cambiar <u>Habés</u> a <u>Hemos</u>

    (3) cambiar <u>quisiéramos</u> a <u>quieren</u>

    (4) cambiar <u>hacer</u> a <u>haciendo</u>

    (5) cambiar <u>hacer</u> a <u>azer</u>

18. Oración (3): **El presupuesto no está incluido para desayunos, almuerzos y refrigerios.**

    ¿Qué se debe corregir en esta oración?

    (1) pasar <u>no está incluido</u> al final de la oración

    (2) cambiar <u>presupuesto</u> a <u>presupuestos</u>

    (3) cambiar <u>está</u> a <u>están</u>

    (4) cambiar <u>para</u> a <u>de</u>

    (5) cambiar <u>El</u> a <u>Él</u>

19. Oración (5): **Creemos que dada la excelente reputación de la cocina de su establecimiento, sería agradable y conveniente que los asistentes al congreso pudieran tomar su desayuno y almuerzo en el restaurante del hotel.**

    ¿Qué se debe corregir en esta oración?

    (1) cambiar <u>excelente</u> a <u>eselente</u>

    (2) borrar la coma

    (3) cambiar <u>sería</u> a <u>seria</u>

    (4) agregar una coma después de <u>Creemos que</u>

    (5) cambiar <u>reputación</u> a <u>reputazion</u>

20. Oración (8): **La junta directiva de la asociación necesitamos información detallada para tomar una decisión.**

    ¿Qué se debe corregir en esta oración?

    (1) cambiar <u>para</u> a <u>por</u>

    (2) cambiar <u>directiva</u> a <u>directivo</u>

    (3) cambiar <u>detallada</u> a <u>detallado</u>

    (4) cambiar <u>necesitamos</u> a <u>necesita</u>

    (5) cambiar <u>tomar</u> a <u>tomando</u>

21. Oración (9): **Finalmente, creemos que existen un error en el cálculo del alquiler del salón de baile.**

    ¿Qué se debe corregir en esta oración?

    (1) borrar la coma

    (2) borrar <u>que</u>

    (3) cambiar <u>existen</u> a <u>existe</u>

    (4) cambiar <u>cálculo</u> a <u>calculo</u>

    (5) cambiar <u>existen</u> a <u>ecsisten</u>

22. ¿Qué se debe hacer para mejorar la organización de los párrafos A y B?

    (1) borrar el párrafo B

    (2) borrar la oración (6)

    (3) borrar la oración (4)

    (4) pasar la oración (4) al final del párrafo A

    (5) pasar la oración (2) al final del párrafo B

23. Oración (12): **Estamos convencidos de que los errores del presupuesto que nos han enviado obedece a una confusión.**

¿Qué se debe corregir en esta oración?

(1) cambiar <u>Estamos</u> a <u>Están</u>

(2) cambiar <u>han</u> a <u>hemos</u>

(3) cambiar <u>convencidos</u> a <u>convenciendo</u>

(4) cambiar <u>obedece</u> a <u>obedecen</u>

(5) cambiar <u>nos</u> a <u>les</u>

24. Oración (13): **Por ello, estamos dispuestos a esperar el presupuesto corregido hasta el 18 de Abril.**

¿Qué se debe corregir en esta oración?

(1) cambiar <u>estamos</u> a <u>estaré</u>

(2) cambiar <u>ello</u> a <u>eyo</u>

(3) cambiar <u>corregido</u> a <u>correguido</u>

(4) cambiar <u>Abril</u> a <u>abril</u>

(5) cambiar <u>hasta</u> en <u>asta</u>

Las preguntas 25 a 31 se basan en la siguiente información.

EE.UU. y Colombia firmaron el TLC

(1)El sector agrícola resulto favorecido con este acuerdo.

(2) Por su parte, las equatorianas autoridades se limitó a mirar con cautela el punto final de las negociaciones entre los dos países.

A

(3) Los negociadores colombianos esperan alcanzar un 50 por ciento de crecimiento en sus exportaciones a los Estados Unidos en los primeros tres años del acuerdo, en los sectores agrícolas. (4) El caso del arroz merece especial atención porque tendrá una protección de 19 años y otros seis de gracia.

B

(5)Tanto el ministro de Comercio, Jorge Botero, como su compatriota, Andrés Arias, ministro de Agricultura, señalaron que el esfuerzo valió la pena porque el acuerdo es positivo ya que impulsará el desarrollo económico de Colombia. (6) Destacaron además que esta fecha marca un día histórico en la agricultura de este país. (7) Otros sectores como la banca, la industria manufacturera, el comercio y los servicios, también se ven complacidos con la firma de este acuerdo.

C

(8) Pero, lo que para unos resultó motivo de satisfacción, para otros, como los sectores farmacéutico, avícola y de cereales, fue una desilusión. (9) De acuerdo con los estudios presentados por estos sectores, el precio de las medicinas aumentará mientras que el de algunos cereales como el maiz amarillo, se irá al piso porque la competencia ingresará grandes cantidades de este producto sin pagar aranceles.

(10) La misma queja se siente en el seno de la Federación Nacional de Avicultores ya que deberán otorgar 26.000 toneladas de pollo a los Estados Unidos, con aranceles nada favorables.

D

(11) La presencia en Washington de Álvaro Uribe, presidente de Colombia, impulsó la firma del acuerdo. (12) Bush y Uribe se mostraron complacidos con los resultados. (13) Por su parte Uribe destacó la importancia de que los productos colombianos tuvieran acceso al mercado más grande del mundo.

25. Oración (1): **El sector agrícola resulto favorecido con este acuerdo.**

¿Qué cambios debe hacer en esta oración?

(1) cambiar agrícola a agricultura

(2) cambiar resulto a resultó

(3) cambiar favorecido a faborecido

(4) cambiar con a para

(5) No necesita correciones.

26. Oración (2): **Por su parte, las equatorianas autoridades se limitó a mirar con cautela el punto final de las negociaciones entre los dos países.**

¿Cuáles son los cambios que debería hacer en la parte subrayada?

(1) las ecuatorianas autrides de limitó

(2) las autoridades ecuatorianas se limitó

(3) la limitación de las ecuatorianas autoridades

(4) las autoridades ecuatorianas se limitaron

(5) No necesita correcciones.

27. Oración (3): **Los negociadores colombianos esperan alcanzar un 50 por ciento de crecimiento en sus exportaciones a los Estados Unidos en los primeros tres años del acuerdo, en los sectores agrícolas.**

Si la oración iniciara con En los primeros tres años del acuerdo, el sector agrícola, las siguientes palabras serían:

(1) esperará alcanzar el 50% de crecimiento.

(2) esperó alcanzar el 50% de crecimiento.

(3) esperando alcanzar el 50% de crecimiento.

(4) espera alcanzar el 50% de crecimiento.

(5) alcanzó el 50% de crecimiento.

28. Oración (5): **Tanto el ministro de Comercio, Jorge Botero, como su compatriota, Andrés Arias, ministro de Agricultura, señalaron que el esfuerzo valió la pena porque el acuerdo es positivo ya que impulsará el desarrollo económico de Colombia.**

Si la oración iniciara con Jorge Botero y Andrés Arias, las siguientes palabras serían:

(1) ministros de Comercio y Agricultura respectivamente

(2) ambos ministros respectivos

(3) los dos ministros de Comercio

(4) los dos ministros de Agricultura

(5) dos ministros de Agricultura

29. Oración (8): **Pero, lo que para unos resultó motivo de satisfacción, para otros, como los sectores farmacéutico, avícola y de cereales, fue una desilusión.**

¿Cuáles son las dos palabras opuestas utilizadas en esta oración?

(1) motivo y sectores

(2) pero y para

(3) satisfacción y desilusión

(4) cereales y motivo

(5) desilusión y sectores

30. Oración (10): **La misma queja se siente en el seno de la Federación Nacional de Avicultores ya que deberán otorgar 26.000 toneladas de pollo a los Estados Unidos, con aranceles nada favorables.**

¿Qué parte de lo subrayado se puede eliminar?

(1) de la Federación

(2) el seno de

(3) se

(4) en el

(5) no se puede eliminar ninguna palabra

31. Oración (13): **Por su parte Uribe destacó la importancia de que los productos colombianos tuvieran acceso al mercado más grande del mundo.**

¿Con cuál de las siguientes palabras se puede reemplazar lo subrayado?

(1) a Panamá

(2) a Europa

(3) a los Estados Unidos

(4) a Ecuador

(5) a Canadá

Las preguntas 32 a 40 se refieren al siguiente artículo.

¿Dónde estaba el Hombre?

A

(1) Se han descubierto muchísimos fósiles del hombre primitivo que datan de hace más de 11 millones de años muchos más con antigüedades que van desde hace 5.5 millones de años hasta la presente era. (2) Sin embargo, ay un periodo de unos 5.5 millones de años que no está documentado en absoluto. (3) ¿dónde estaba el hombre primitivo en ese largo periodo? (4) Era la época de la onda cálida del Plioceno y hacía mucho calor, había muy poca agua, los bosques estaban desapareciendo y la vegetación moría. (5) ¿Qué hizo antes de convertirse de cazador?

B

(6) La "Teoría acuática" sugiere que el Hombre pasó esos 5.5 millones de años en las costas del mar y en las riberas de los ríos, donde adquirió muchas de las características que todavía tiene. (7) A muchos mamíferos les gusta el agua pero no hay duda de que los seres humanos se sienten más cómodos en el agua que la mayoría de los mamíferos terrestres. (8) Puede nadar grandes distancias (90 millas en el mar) y aguantar la respiración bajo el agua durante largos periodos. (9) Puede nadar rápidamente y maniobrar fácilmente bajo el agua y sobre la superficie de ella. (10) Todavía más interesante es el hecho de que los bebes muy pequeños pueden flotar sin miedo en el agua y hasta aguantar la respiración si se sumergen.

C

(11) Los seres humanos al igual que las ballenas y los delfines no tienen pelo en el cuerpo. (12) Es por eso que, al volverse sedentario, el hombre primitivo aprendió a protegerse del frío. (13) El Hombre es el único primate que llora lágrimas saladas, como los animales marinos. (14) Claro, uno debe recordar que estos animales lloran para desacerse del exceso de sal, mientras que nosotros también lo hacemos como una reacción emotiva. (15) También existen otras características: nuestra nariz está muy bien diseñada para nadar bajo el agua, nuestros cuerpos son redondeados y más aerodinámicos que los de otros primates. (16) El único problema es que no hay fósiles que puedan probar la "Teoría acuática". (17) Quizá los cazadores de fósiles encuentre un día la explicación de este misterioso periodo de 5.5 millones de años para aceptar o rechazar definitivamente los argumentos de esta teoría.

32. Oración (1): **Se han descubierto muchísimos fósiles del hombre primitivo que datan de hace más de 11 millones de años muchos más con antigüedades que van desde hace 5.5 millones de años hasta la presente era.**

¿Qué se debe corregir en esta oración?

(1) cambiar Se han a Se ha

(2) cambiar datan a datos

(3) agregar y entre años y muchos

(4) cambiar más a mas

(5) cambiar fósiles a fosiles

33. Oración (2): **Sin embargo, ay un periodo de unos 5.5 millones de años que no está documentado en absoluto.**

¿Qué se debe corregir en esta oración?

(1) borrar la coma

(2) cambiar ay a hay

(3) cambiar que a qué

(4) cambiar está a ésta

(5) cambiar absoluto a acsoluto

34. Oración (3): **¿dónde estaba el hombre primitivo en ese largo periodo?**

¿Qué se debe corregir en esta oración?

(1) cambiar estaba a estava

(2) cambiar hombre a hambre

(3) cambiar primitivo a primitibo

(4) cambiar el a él

(5) cambiar dónde a Dónde

35. Oración (7): **A muchos mamíferos les gusta el agua pero no hay duda de que los seres humanos se sienten más cómodos en el agua que la mayoría de los mamíferos terrestres.**

¿Qué se debe corregir en esta oración?

(1) cambiar pero a no obstante

(2) cambiar pero a ya que

(3) cambiar pero a porque

(4) agregar una coma antes de pero

(5) cambiar pero por a pesar de que

36. Oración (10): **Todavía más interesante es el hecho de que los bebes muy pequeños pueden flotar sin miedo en el agua y hasta aguantar la respiración si se sumergen.**

¿Qué se debe corregir en esta oración?

(1) cambiar pueden a pudieron

(2) cambiar hecho a echo

(3) cambiar bebes a bebés

(4) cambiar aguantar a ahuantar

(5) cambiar sumergen a sumerguen

37. ¿Qué haría para mejorar el párrafo C?

(1) borrar la oración (11)

(2) borrar todo el párrafo

(3) pasar la oración (16) al principio

(4) borrar la oración (12)

(5) borrar la oración (14)

38. Oración (11): **Los seres humanos al igual que las ballenas y los delfines no tienen pelo en el cuerpo.**

¿Qué se debe corregir en esta oración?

(1) cambiar Los seres humanos a El ser humano

(2) agregar una coma después de humanos y otra después de delfines

(3) cambiar en el cuerpo a en su cuerpo

(4) cambiar ballenas a bayenas

(5) cambiar al igual que a como

39. Oración (14): **Claro, uno debe recordar que estos animales lloran para desacerse del exceso de sal, mientras que nosotros también lo hacemos como una reacción emotiva.**

¿Qué se debe corregir en esta oración?

(1) cambiar lloran a yoran

(2) cambiar debe a deve

(3) cambiar como a cómo

(4) cambiar desacerse a deshacerse

(5) cambiar exceso a ecceso

40. Oración (17): **Quizá los cazadores de fósiles encuentre un día la explicación de este misterioso periodo de 5.5 millones de años para aceptar o rechazar definitivamente los argumentos de esta teoría.**

¿Qué se debe corregir en esta oración?

(1) cambiar <u>cazadores</u> a <u>casadores</u>

(2) cambiar <u>explicación</u> a <u>ecsplicación</u>

(3) cambiar <u>encuentre</u> a <u>encuentren</u>

(4) cambiar <u>misterioso</u> a <u>misteriozo</u>

(5) cambiar <u>rechazar</u> a <u>rrechazar</u>

Las preguntas 41 a 45 se refieren al siguiente artículo.

Las grandes ciudades de hoy en día

A

(1) Las grandes ciudades de la actualidad enfrentan problemas muy serios. (2) El transporte es un gran problema algunos urbanistas creen en los sistemas de transporte colectivo público, mientras que otros creen que es mejor que los habitantes de las ciudades se desplacen en automóviles privados. (3) Existen varias maneras de diseñar un sistema de transporte colectivo. (4) A veces, se construyen vías para el tren subterráneo, o metro; el tren puede también recorrer vías que están al nivel de la calle o por encima de ella, como en Tokio, Chicago o en partes de New York. (5) En la mayoría de los casos es una combinación de estos elementos.

B

(6) La decadencia de los centros de las ciudades también ha sido un problema en los últimos 30 años. (7) Los núcleos urbanos han ido decayendo paulatinamente, que el crimen y la violencia van en aumento forzando a sus pobladores a emigrar a los suburbios. (8) Esta es una situación diametralmente opuesta a lo que se veían hace más de 100 años, cuando los ricos vivían en el centro y los pobres, en las afueras de la ciudad.

C

(9) También hay problemas ecológicos, pues los autos y las fábricas contaminan el ambiente; los árboles se talan para dejarles el espacio a las calles y la concentración de la población provoca la acumulación de basura en las calles.

D

(10) Para solucionar estos problemas, algunos urbanistas creen que se debe limitar el tamaño de las ciudades quizá restringiendo el tamaño de la población u ofreciendo trabajos en otras zonas. (11) Otros opinan que el tamaño de las ciudades no se puede limitar y que los problemas debe resolverse de varias maneras: creando áreas verdes, construyendo viviendas decorosas para todos, controlando la contaminación causada por las fábricas y eliminando los vehículos de motor.

41. Oración (2): **El transporte es un gran problema algunos urbanistas creen en los sistemas de transporte colectivo público, mientras que otros creen que es mejor que los habitantes de las ciudades se desplacen en automóviles privados.**

¿Qué se debe corregir en esta oración?

(1) agregar un punto después de <u>algunos</u>

(2) agregar dos puntos después de <u>problema</u>

(3) agregar una coma después de <u>urbanistas</u>

(4) poner <u>El transporte</u> entre comillas

(5) borrar la coma

42. Oración (7): **Los núcleos urbanos han ido decayendo paulatinamente, que el crimen y la violencia van en aumento forzando a sus pobladores a emigrar a los suburbios.**

¿Qué se debe corregir en esta oración?

(1) agregar <u>mientras</u> antes de <u>que</u>

(2) borrar la coma

(3) borrar <u>paulatinamente</u>

(4) cambiar <u>van en aumento</u> a <u>aumentan</u>

(5) cambiar <u>forzando</u> a <u>forzado</u>

43. Oración (8): **Esta es una situación diametralmente opuesta a lo que se veían hace más de 100 años, cuando los ricos vivían en el centro y los pobres, en las afueras de la ciudad.**

¿Qué se debe corregir en esta oración?

(1) cambiar <u>es</u> a <u>son</u>

(2) cambiar <u>vivían</u> a <u>vivía</u>

(3) cambiar <u>las afueras</u> a <u>la afuera</u>

(4) cambiar <u>hace</u> a <u>hacemos</u>

(5) cambiar <u>veían</u> a <u>veía</u>

44. Oración (10): **Para solucionar estos problemas, algunos urbanistas creen que se debe limitar el tamaño de las ciudades quizá restringiendo el tamaño de la población u ofreciendo trabajos en otras zonas.**

¿Qué se debe corregir en esta oración?

(1) quitar la coma

(2) cambiar la coma por un punto

(3) empezar otra oración con <u>algunos urbanistas</u>

(4) agregar una coma después de <u>ciudades</u>

(5) borrar <u>en otras zonas</u>

45. Oración (11): **Otros opinan que el tamaño de las ciudades no se puede limitar y que los problemas debe resolverse de varias maneras: creando áreas verdes, construyendo viviendas decorosas para todos, controlando la contaminación causada por las fábricas y eliminando los vehículos de motor.**

¿Qué se debe corregir en esta oración?

(1) cambiar <u>opinan</u> a <u>opina</u>

(2) cambiar <u>las ciudadades</u> a <u>la ciudad</u>

(3) cambiar <u>debe</u> a <u>deben</u>

(4) cambiar <u>de motor</u> por <u>a motor</u>

(5) cambiar <u>fábricas</u> a <u>fabricas</u>

CLAVE DE RESPUESTAS Y EXPLICACIONES

1. (2)	11. (2)	21. (3)	31. (3)	41. (2)
2. (3)	12. (4)	22. (4)	32. (3)	42. (1)
3. (5)	13. (1)	23. (4)	33. (2)	43. (5)
4. (5)	14. (4)	24. (4)	34. (5)	44. (4)
5. (4)	15. (2)	25. (2)	35. (4)	45. (3)
6. (2)	16. (1)	26. (4)	36. (3)	
7. (4)	17. (2)	27. (4)	37. (4)	
8. (3)	18. (1)	28. (1)	38. (2)	
9. (5)	19. (4)	29. (3)	39. (4)	
10. (1)	20. (4)	30. (2)	40. (3)	

ANÁLISIS DE ERRORES PARA LAS PREGUNTAS DE PRÁCTICA DE REDACCIÓN

CONTENIDO	PREGUNTAS	INCORRECTAS
Estructura de las oraciones	2, 6, 12, 15, 18, 26, 32, 35, 38, 41, 42, 44	
Uso	1, 5, 11, 13, 14, 16, 17, 20, 21, 23, 29, 31, 40, 43, 45	
Mecánica	3, 4, 8, 9, 19, 24, 27, 28, 33, 34, 36, 39	
Organización	7, 10, 22, 25, 30, 37	

1. **La respuesta correcta es la (2).** El sujeto de la oración es singular, por lo tanto la forma correcta del verbo es el singular *ha llegado*.

2. **La respuesta correcta es la (3).** La frase adverbial *en ese corto tiempo* no modifica a *miles de millas* sino a toda la oración, por eso debe estar al final; por otro lado, intercepta la cadena entre el modificador *varios* y *miles de millas*.

3. **La respuesta correcta es la (5).** *Por qué* es una frase interrogativa, por lo tanto, cualquier oración que la contenga debe llevar signos de interrogación. Además, no hay justificación para el uso de las comillas.

4. **La respuesta correcta es la (5).** La oración no tiene ningún error.

5. **La respuesta correcta es la (4).** El verbo debe concordar siempre con el sujeto. En este caso, el sujeto es singular, *el mar*.

6. **La respuesta correcta es la (2).** En esta oración hay muchas repeticiones de la conjunción *y*, por eso es que se prefiere enumerar todos los elementos en una serie separada por comas y usar solamente la conjunción antes del último.

7. **La respuesta correcta es la (4).** El tema del texto no es los suburbios, sino los efectos terapéuticos del mar.

8. **La respuesta correcta es la (3).** La *g* antes de *o* tiene un sonido suave que no representa el sonido real de la palabra.

9. **La respuesta correcta es la (5).** La palabra que sigue a un punto siempre se inicia con mayúscula.

10. **La respuesta correcta es la (1).** La oración (7) debe pasarse al párrafo D pues ahí es donde aparecen los ejemplos del cine de otros países. La oración (8) introduce los ejemplos que se darán y éstos se presentan en el orden del listado.

11. **La respuesta correcta es la (2).** El sujeto del verbo es singular, *cine latinoamericano*, por eso el verbo debe estar en singular.

12. **La respuesta correcta es la (4).** Esta solución simplifica y aclara el sentido de la oración.

13. **La respuesta correcta es la (1).** El adjetivo debe concordar en género y número con el sustantivo al que modifica. En este caso, como los adjetivos terminados en *e* no presentan género, el único elemento de concordancia entre el sustantivo plural *películas* y el adjetivo es el número.

14. **La respuesta correcta es la (4).** Los dos sustantivos a los que califica el adjetivo *dignos* son femeninos, por lo tanto, el adjetivo debe ser femenino.

15. **La respuesta correcta es la (2).** La distancia que hay entre el verbo *ha renacido* y el sujeto *el cine mexicano* dificulta la comprensión de esta oración. El orden más sencillo para construir una buena oración es sujeto, verbo y predicado.

16. **La respuesta correcta es la (1).** El verbo *recibir* es el complemento de *Acabamos* y por eso no se conjuga.

17. **La respuesta correcta es la (2).** La persona de esta conjugación no concuerda con lo que se dice en el resto de la oración. Por otra parte *Habés* es un coloquialismo que debe eliminarse de una comunicación oficial como ésta.

18. **La respuesta correcta es la (1).** Este cambio permite mostrar más claramente que la frase *no está incluido* se refiere a los tres elementos enumerados.

19. **La respuesta correcta es la (4).** La coma pone de manifiesto que lo que sigue es una observación marginal o inciso.

20. **La respuesta correcta es la (4).** El sujeto del verbo es singular y el verbo debe concordar con él.

21. **La respuesta correcta es la (3).** El sujeto del verbo es singular (*un error*) y el verbo debe concordar con él.

22. **La respuesta correcta es la (4).** La oración (4) proporciona más detalles sobre el congreso que se celebrará. Por otra parte, no tiene mucho que ver con la falta del presupuesto para comidas.

23. **La respuesta correcta es la (4).** El sujeto del verbo es plural (*los errores del presupuesto*). El verbo debe concordar con este sujeto.

24. **La respuesta correcta es la (4).** La norma de utilización de mayúsculas establece que los nombres de los meses no se escriban con mayúsculas, a menos que inicien un párrafo.

25. **La respuesta correcta es la (2).** La firma del TLC es un hecho que se ubica en el pasado. Por lo tanto, el verbo debe estar conjugado al tiempo pretérito simple: resultó. Esta es una regla de concordancia de tiempo y de número entre el sujeto y el verbo respectivo.

26. **La respuesta correcta es la (4).** La oración subrayada en esta pregunta adolece de algunas faltas de ortografía y estructura. En cuanto a ortografía, la palabra equatoriana no pertenece al español por dos razones fundamentales: la letra u no tiene sonido y se lo utiliza seguida de las vocales e, i (que, qui), nunca se pueden formar estas sílabas: quo, qua. Son casos excepcionales las palabras que provienen de otro idioma como Quaker, Quórum.

En lo que se refiere a la estructura, la palabra ecuatorianas, señala una nacionalidad, y debe colocarse después del sustantivo autoridades. Diríamos igualmente: autoridades españolas, americanas, japonesas, etc.

Por otro lado, el verbo se limitó no concuerda con el sujeto plural de esta oración. Debe utilizarse: se limitaron.

27. **La respuesta correcta es la (4).** Usar el verbo espera al presente es la única posibilidad en esta parte del texto porque se refiere a una esperanza que se inicia en este momento, después de haber firmado el acuerdo. En este caso, el presente tiene significado de futuro, de esperanza.

28. **La respuesta correcta es la (1).** Esta respuesta tiene dos informaciones básicas: ambos son ministros y cada uno tiene a su cargo un ministerio diferente. La palabra respectivamente explica que los dos nombrados son ministros de diferentes ramas: Agricultura y Comercio. Las otras alternativas contienen información falsa porque atribuyen a cada uno dos ministerios.

29. **La respuesta correcta es la (3).** Las palabras satisfacción y desilusión son contrarias. Ellas expresan con absoluta claridad las reacciones opuestas de los diferentes grupos exportadores ante la firma del TLC. Para unos es positivo, con signos de progreso y para otros es motivo de preocupaciones.

30. **La respuesta correcta es la (2).** Si analizamos las alternativas veremos que es posible eliminar solamente el segmento el seno de. Las otras alternativas dejarían la oración incompleta con graves problemas de estructura. Ejemplo: si elimina en el, la oración resultante sería: "se siente seno de la Federación Nacional de Avicultores", sin ningún significado.

31. **La respuesta correcta es la (3).** Esta respuesta es evidente entre las alternativas señaladas. Aunque en la actualidad existen países que se han transformado en grandes competidores de los Estados Unidos, este país sigue siendo el mercado más grande para los exportadores de América Latina.

32. **La respuesta correcta es la (3).** La conjunción y es necesaria para enlazar los dos datos que contiene esta oración: fósiles que tienen más de 11 millones de años de antigüedad y fósiles de fechamientos más recientes.

33. **La respuesta correcta es la (2).** Ay es una interjección que no tiene sentido en esta oración.

34. **La respuesta correcta es la (5).** La palabra interrogativa dónde debe iniciar con mayúscula, puesto que inicia una interrogación que va precedida por un punto.

35. **La respuesta correcta es la (4).** Siempre se debe escribir una coma antes de una expresión adversativa como pero.

36. **La respuesta correcta es la (3).** Bebes es una forma del verbo beber, en tanto que bebés es un sustantivo plural que designa a niños muy pequeños. Bebés es una palabra aguda, ya que su sílaba tónica es la última; y lleva acento escrito porque termina en s o en vocal cuando está en su forma singular. La forma verbal bebes no tiene sentido en esta oración.

37. **La respuesta correcta es la (4).** El tema de la oración (12) no es el tema del que trata el párrafo.

38. **La respuesta correcta es la (2).** La oración necesita una coma después de humanos y otra después de delfines para intercalar la aclaración.

39. **La respuesta correcta es la (4).** Como derivado del verbo hacer, deshacerse debe llevar h.

40. **La respuesta correcta es la (3).** El sujeto de la oración, *los cazadores de fósiles,* es plural y por eso la forma del verbo debe ser el plural *encuentren.*

41. **La respuesta correcta es la (2).** Poner dos puntos después de *problema*, le indica al lector que sigue una explicación. La falta de puntuación después de *problema* dificulta su comprensión.

42. **La respuesta correcta es la (1).** La oración necesita una conjunción que exprese el sentido de que los eventos ocurren al mismo tiempo. La conjunción *que,* por sí sola, no tiene ese sentido y por eso es necesario agregar *mientras.*

43. **La respuesta correcta es la (5).** La forma del verbo debe estar en singular para concordar con el pronombre indefinido *lo.*

44. **La respuesta correcta es la (4).** La coma, después de *ciudades* indica que se va a explicar cómo *se debe limitar el tamaño de las ciudades.* Aquí, la coma cumple la misma función que los dos puntos.

45. **La respuesta correcta es la (3).** El sujeto del verbo es el plural *los problemas*, por lo tanto, la forma del verbo debe ser el plural *deben.*

explicaciones

Todo sobre la Prueba de Ensayo de GED

capítulo 5

RESUMEN

- Vea un ejemplo de pregunta de redacción de ensayo
- Aprenda a planear el ensayo
- Sepa porqué los esquemas son importantes
- Encuentre consejos sobre cómo redactar el ensayo
- Ponga en práctica sus destrezas con los temas de los ensayos de ejemplo

Una de las partes de la Prueba de GED incluye un ensayo. La Prueba de Ensayo consta de un solo tema sobre el cual se espera que escriba una respuesta bien organizada y bien expresada en los 45 minutos asignados. Las preguntas de redacción de ensayos de GED son de dos tipos: de exposición y de persuasión.

¿Qué significa exposición?

Una exposición es una redacción que tiene como objetivo transmitir información. Una redacción expositiva es una redacción *informativa*, es decir, explica o da instrucciones. La mayoría de las redacciones prácticas que realizará en el futuro (exámenes y trabajos escritos, solicitudes de empleo, informes comerciales, reclamaciones de seguro, testamentos) son ejemplos de redacción expositiva. Es por ese motivo que es parte de esta prueba, porque es tan importante en su vida.

¿Qué significa persuasión?

Persuasión es la capacidad de utilizar la lengua de modo que movilice a la audiencia a actuar o creer en algo. Hay tres formas principales para persuadir a alguien:

1 Apelar a los sentimientos

2 Apelar al sentido de la razón

3 Apelar a la ética, el sentido del bien y del mal

La argumentación es la forma de persuasión que apela a la razón. Si bien un argumento puede estar más relacionado con el seguimiento de una línea de razonamiento que con el impulsar a alguien para que actúe de cierta manera, de todos modos tiene que convencer a la audiencia de que lo que tiene que decir vale la pena.

Ya sea que le presenten preguntas expositivas o persuasivas, tendrá que expresar el argumento de manera lógica, respondiendo totalmente a la pregunta con detalles y ejemplos específicos.

235

¿Cómo se califica el ensayo del GED?

Dos lectores capacitados leen y califican los ensayos del GED. Leen el trabajo escrito como parte de un todo y evalúan su eficacia en general. En consecuencia, el trabajo puede tener algunos errores y obtener, a pesar de ello, una buena calificación ya que se tiene más en cuenta la lógica y si la respuesta es completa y está bien fundamentada.

El puntaje utilizado por los lectores del GED varía de un uno (bajo) a un cuatro (alto). Luego se promedian los puntajes de los dos lectores. El puntaje del ensayo se agrega al puntaje de la sección de opción múltiple de la Prueba de Redacción para formar un puntaje total. Tiene que recibir al menos un dos (2) en la Prueba de Ensayo para aprobar esta parte. Recuerde que tiene que pasar tanto la sección de Opción Múltiple (Parte I) como la sección de la Prueba de Ensayo (Parte II) para obtener créditos para la Prueba de Redacción; si no aprueba alguna de ellas, tiene que presentar nuevamente toda esta prueba.

Qué significa cada calificación en la escala del 1 al 4

1 Estos trabajos no tienen un plan claro de acción ni organización. Además, presentan muchas deficiencias en destrezas tales como gramática, uso de la lengua, puntuación y ortografía y en la capacidad para escribir oraciones y párrafos lógicos y correctos. El escritor de un ensayo calificado con un "1" no demuestra claramente su posición frente al tema y los detalles o ejemplos son poco convincentes. El nivel de razonamiento es muy insuficiente y muestra falta de comprensión de la tesis o tema principal.

2 Estos trabajos escritos no están bien organizados y simplemente enumeran detalles en lugar de presentar ejemplos que fundamenten la idea principal. Aunque el objetivo puede estar expresado correctamente en el ensayo que se califica con un "2", (a diferencia del que se califica con un "1", que no prueba en absoluto el tema desarrollado), los detalles y ejemplos para respaldar el fundamento son insuficientes. Además, faltan destrezas de redacción, como en el ensayo que recibe un "1".

3 Los trabajos que reciben un puntaje de "3" muestran un plan y método de organización claros, aunque los detalles que fundamentan la idea principal podrían ser más convincentes. Las ideas presentadas pueden no estar siempre relacionadas con el tema. Hay errores de uso de la lengua y destrezas, pero no interfieren demasiado como para distraer o confundir al lector o destruir el plan de acción o el tema expresado.

4 Estos trabajos muestran una organización muy clara y cada elemento tiene suficiente fundamento; es decir, el tema está bien demostrado. El lector se convence de la lógica del argumento del escritor. Hay un estilo o talento en la elección de palabras y ejemplos, lo cual muestra claramente las ideas y la madurez del escritor. Los detalles que fundamentan la idea principal son efectivos porque son específicos y prueban de manera muy clara el tema que se presenta. Puede haber algunos errores, pero el escritor muestra claramente que comprende las reglas de gramática y uso del español.

PREGUNTA DE ENSAYO DE EJEMPLO

Analicemos una pregunta de redacción de ensayo de ejemplo de GED y las distintas formas en que respondieron diferentes candidatos. Observe con atención cada respuesta para poder determinar cómo se asignaron los distintos puntajes, los cuales varían del 1 al 4.

Ejemplo:

> Últimamente, se ha prestado mucha atención al problema causado por conducir bajo los efectos del alcohol. Las leyes de DWI (del inglés Driving While Intoxicated, "Conducir mientras se está intoxicado") son ahora mucho más estrictas. Analice las ventajas y desventajas de la implementación de multas más estrictas para personas que conducen cuando están intoxicadas. Sea específico.

Ensayo de ejemplo A

Personalmente, pienso que se debería aumentar la ley contra el consumo de bebidas alcohólicas, una razón es que habría menos personas accidentadas, muchos accidentes son causados por conductores ebrios. Las personas generalmente involucradas en DWI son todos jóvenes que se encuentran bajo presión tratan de mostrar que están en la onda y en su lugar dañan la vida de las personas. Muchos adolescentes beben no son lo suficientemente responsables y ponen en sus manos las vidas de otras personas esto está arruinado las vidas de muchas personas y también la sociedad está empeorando. El problema estaría casi solucionado si se aumenta las leyes, poner bebidas alcohólicas en manos de jóvenes es como darle café a un bebé, no hay una mente sana para decidir si tomarlo o no. Pienso que muchos adolescentes son demasiado joven y por lo tanto pienso que se debería aumentar las leyes si fuesen disminuidas significaría solamente más problemas. Los legisladores están tomando una medida correcta para mejorar la sociedad si continúan haciendo cosas para evitar que los adolescentes que beben este país tendrá una mejor oportunidad de sobrevivir a los problemas. Me alegro de que se haya aumentado la ley para que mi vida no está puesta en manos de un adolescente irresponsable. Por eso pienso que se debería aumentar las leyes que prohíben conducir ebrio.

Evaluación: Este ensayo tiene una organización defectuosa y no fundamenta el tema en cuestión. Hay demasiados errores graves en la redacción, especialmente en la construcción de oraciones. Algunos ejemplos de oraciones insuficientes incluyen:

> Personalmente, pienso que se debería aumentar la ley contra el consumo de bebidas alcohólicas, una razón es que habría menos personas accidentadas, muchos accidentes son causados por conductores ebrios.

Esto se llama *texto seguido*, lo que significa que hay varias oraciones completas seguidas sin la puntuación correcta. La primera oración termina después de la palabra "alcohólicas"; la segunda, después de la palabra "accidentadas". Después de cada una de estas palabras debería haber puntos o palabras que funcionen como *conjunciones*, tales como "y", "o" o "para". Además de los problemas técnicos de redacción, los grupos de palabras que se vincularon no transmiten el punto de vista del autor.

Otro ejemplo de oración defectuosa sería:

> Muchos adolescentes beben no son lo suficientemente responsables y ponen en sus manos las vidas de otras personas esto está arruinado las vidas de muchas personas y también la sociedad está empeorando.

Esto también es un *texto seguido (sin puntuación)* y debería terminar correctamente después de la palabra "personas". Las ideas no fundamentan el tema y muestran falta de lógica y redacción incorrecta.

Debido a errores como éstos, este ensayo recibiría una calificación de *1* en la escala, lo que significa que es un ensayo muy insuficiente. Veamos qué se puede hacer para mejorarlo. Las ideas del autor son:

Ventajas de multas más estrictas	Desventajas de multas más estrictas
menos accidentes	

El autor piensa que la mayoría de los problemas de DWI son causados por adolescentes que provocan la mayoría de los accidentes con sus actitudes irresponsables. Según podemos ver, no hay *ventajas* ni *desventajas* suficientes en este punto para demostrar el tema. Además, la lógica del autor es poco sólida. *Podría* ser correcto que la situación de DWI sea principalmente el resultado de adolescentes irresponsables, pero en ningún lado el autor brinda información suficiente para fundamentar esta afirmación. Consideremos otra respuesta a la misma pregunta.

Aquí le presentamos otra respuesta posible.

Ensayo de ejemplo B

Pienso que se debería aumentar la edad mínima para consumir bebidas alcohólicas debido a que en la actualidad los jóvenes adolescentes que conducen ebrios son responsables de la mayoría de los accidentes. Por poco matan a las personas porque están ebrios. Pienso que se debería aumentar la edad a 25 años de edad porque para ese entonces muchas personas tendrían sus ideas bien claras y sabrían si deberían manejar o no en ese momento.

Sin embargo, muchos adolescentes o mayores no prestarían atención a la ley y beberían de todas maneras. Pienso que los policías deberían controlar más a las personas para ver si están ebrios y si deberían pagar una multa de una cantidad determinada, según cuán ebrios están o cuánto daño causaron. Las personas deberían prestar atención y obedecer la ley (si alguna vez se promulga) y probablemente habría menos personas muertas en accidentes automovilísticos debido a personas que están bebiendo.

Evaluación: Veamos las ventajas y desventajas en este caso.

Ventajas de multas más estrictas por DWI	Desventajas de multas más estrictas por DWI
evitarían que adolescentes manejaran bajo la influencia menos accidentes	adolescentes no prestarían atención

Nuevamente podemos ver que no hay ventajas ni desventajas suficientes para demostrar el argumento. Se culpa nuevamente a los adolescentes y una vez más no hay pruebas para fundamentar la convicción del autor de que los adolescentes que consumen drogas o alcohol causan la mayoría de los accidentes. Aunque el argumento sobre las multas es bueno, no tiene sentido en este ensayo, el cual se ocupa de las ventajas y desventajas de la implementación de multas más estrictas para DWI. Recuerde que no obtendrá créditos por las respuestas que no estén relacionadas con la pregunta. Las destrezas son bastante buenas aquí y por ese motivo el ensayo recibiría una calificación de *2*, lo cual constituye una respuesta parcial a la pregunta.

Ensayo de ejemplo C

Lea este ensayo y vea qué "calificación" le asignaría. ¿Con cuánta claridad responde a la pregunta? ¿Hay detalles específicos suficientes para fundamentar el tema? ¿Son las destrezas sólidas? ¿Hay evidencia de que el autor tiene un "estilo" o "voz" particular que hace que el ensayo sea más persuasivo?

Las leyes contra el consumo del alcohol relacionado con el manejo tienen que ser más estrictas. Cuando una persona bebe alcohol y conduce, no sólo está poniendo en sus manos su propia vida sino también otras vidas inocentes. El gobierno debería promulgar leyes muy estrictas para aquellos que beben alcohol y conducen porque quizás así pensarán dos veces antes de subirse a un auto si están intoxicados.

Beber alcohol y conducir no acarrea ninguna ventaja. Es algo muy insensato. Las desventajas son que será castigado si viola la ley, pero no es culpa de nadie salvo de usted mismo, porque usted se lo buscó.

La ventaja de multas más estrictas es que quizás las personas no consuman alcohol si van a conducir solas. En mi opinión, pienso que no hay desventajas para las multas más estrictas.

Si una persona se pone detrás del volante de un auto mientras está intoxicada, no son concientes de la cantidad de cosas que están sucediendo a su alrededor. Esto causa que hagan cosas que causan accidentes y, muchas veces, le quitan la vida a las personas. Beber alcohol y conducir es algo muy serio e insensato. Los conductores intoxicados se merecen un castigo severo para que no lo vuelvan a hacer.

Evaluación: Se puede ver que este ensayo está mucho mejor estructurado que los anteriores. En primer lugar, los párrafos usan las palabras "ventajas" y "desventajas" y responden claramente a la pregunta. Ahora analicémoslo.

Ventajas de multas más estrictas por DWI	Desventajas de multas más estrictas por DWI
evitará muertes ("pensar dos veces") las personas no consumirán alcohol	usted será castigado

Hay un razonamiento y divisiones claras en este ensayo. Aunque podría haber ejemplos mucho más específicos, el ensayo demuestra control del tema y una comprensión clara de la pregunta. Además, hay un cierto estilo en frases tales como "Beber alcohol y conducir no acarrea ninguna ventaja" y "Es algo muy insensato". Este ensayo podría *calificarse con un 3* en la escala. Con ejemplos más específicos, se le podría fácilmente asignar un 4.

Veamos un ensayo más:

Ensayo de ejemplo D

Aunque todos concuerdan en que se debe hacer algo en relación con el problema de conducir mientras se está intoxicado, hay ventajas y desventajas que se derivan de aumentar las multas. Las ventajas incluyen obviamente salvar vidas y propiedades, mientras que las desventajas incluyen ofrecer un incentivo para aquellos predispuestos a violar la ley y continuar demostrando que pueden hacerlo. Sin embargo, prácticamente no hay ninguna duda de que las ventajas son mucho mayores que las desventajas.

La principal ventaja de hacer más estricto el castigo por conducir estando bajo la influencia del alcohol o de las drogas sería proteger vidas. Hay tantas personas inocentes que mueren todos los años debido a conductores intoxicados que los ciudadanos se han movilizado para resolver el asunto por cuenta propia. Candy Lightner, la madre de una adolescente de dieciséis años de edad que murió debido a un conductor ebrio, fundó una organización llamada M.A.D.D. (del inglés Mothers Against Drunken Drivers, "Madres en contra de conductores ebrios") para educar a las personas sobre los peligros de conducir mientras se encuentran bajo la influencia. Los países escandinavos, donde el conducir bajo la influencia del alcohol fue siempre un problema, han incrementado mucho las multas para los acusados de conducir ebrios y el resultado es que la tasa de mortalidad disminuyó significativamente. Tienen sentencias de encarcelamiento obligatorio y publican los nombres de los infractores. Aunque se salvase sólo una vida a través de leyes más estrictas, valdría la pena.

Las desventajas podrían incluir a la parte de la sociedad que siente cierta obligación de violar las leyes; ellos podrían considerar el aumento de multas por DWI como una señal de que deberían tratar de "vencer al sistema". Esto podría en realidad aumentar el número de accidentes graves. También está el problema de cómo promulgar las leyes. Una propuesta reciente, que involucra que los anfitriones sean responsables de permitir que sus invitados ebrios abandonen las fiestas, recibió gran desaprobación. Sin embargo, muchos bares ya están limitando sus "Happy Hours", especialmente en Connecticut.

A pesar de aquellos que se oponen a que las leyes de DWI sean más estrictas, queda claro que se tiene que hacer algo para disminuir el número de muertes causadas por conductores que están en las calles cuando es evidente que no deberían estar. Una serie de leyes más estrictas parece ser la mejor forma para salvar vidas. Funcionó en otros países y puede funcionar aquí también.

Evaluación: La oración de introducción al tema claramente expone la pregunta y los argumentos que se van a cubrir. Estos incluyen:

Ventajas	Desventajas
salvar vidas y propiedades	ofrecer un incentivo para que las personas violen la ley

Y el párrafo concluye con el punto de vista del autor: "Las ventajas son mucho mayores que las desventajas."

El segundo párrafo claramente dice que proteger vidas es la ventaja principal que se deriva de leyes de DWI más estrictas. Hay *dos* ejemplos específicos para fundamentarlo:

1 Candy Lightner, fundadora de MADD

2 El resultado de leyes más estrictas en países escandinavos

Estos son excelentes ejemplos porque fundamentan *específicamente* el argumento que se presenta.

El tercer párrafo también tiene un ejemplo específico y claro que incluye a la reciente "ley para anfitriones", por la cual aquellos que permiten que conductores ebrios abandonen sus hogares serán responsables de los resultados. Además, analiza el reciente cambio de reglamentación de las "happy hours" en Connecticut. Estos dos ejemplos sirven para presentar claramente el argumento.

La conclusión tiene una oración que resume cada argumento principal y expresa claramente la convicción del escritor de que leyes de DWI más estrictas nos ayudarían a todos a evitar muertes innecesarias.

Recibiría una calificación de 4 porque usa ejemplos específicos y claros y una buena organización para demostrar claramente el argumento. Tiene una voz y un tono claros; el autor obviamente está muy preocupado por este tema. La elección de palabras es apropiada y la gramática y el uso de la lengua son correctos.

CÓMO PLANIFICAR EL ENSAYO

Cómo empezar

Siempre tiene que analizar primero la pregunta que tiene que responder en el ensayo y ver qué le pide que haga. Pregúntese lo siguiente:

¿*Qué* tengo que demostrar?

¿*Cuántas* cosas me piden que haga?

¿*Cuántos párrafos* necesitaré para esto?

Analice esta pregunta de ejemplo:

Ejemplo:

> Una generación atrás, los jóvenes asumían que se casarían y que poco tiempo después serían padres. Las parejas jóvenes de hoy parecen estar posponiendo la paternidad hasta después de haber estado casados un tiempo y gran parte de ellas simplemente no tienen hijos. Discuta las ventajas y desventajas de tener hijos. Sea específico.

Vuelva a las tres preguntas y responda a cada una de ellas.

¿Qué tengo que demostrar?

> Se le pide que discuta las ventajas y desventajas de tener hijos. Recuerde que no recibirá créditos si no responde a lo que le piden.

¿Cuántas cosas me piden que haga?

> Le piden que discuta dos cosas: *ventajas* y *desventajas*. Puede incluir tantas ventajas y desventajas como desee, pero tiene que presentar ambos aspectos del asunto.

¿Cuántos párrafos necesitaré para esto?

> Necesitará cuatro párrafos que serán divididos según se muestra a continuación:

1. Introducción

2. Un aspecto, las ventajas o desventajas

3. El otro aspecto, las ventajas o desventajas

4. Conclusión

Ahora, reformule la pregunta para asegurarse de que entendió lo que le pidieron. Éste puede ser uno de los pasos más importantes de cualquier trabajo escrito que realice ya que tiene que responder a la pregunta. Si se apura a empezar sin haber comprendido bien lo que la pregunta le pide, puede perder todos los créditos.

Reformulación: _____

_____

_____

Reformulación: _____

_____

_____

Hay pocas cosas que atemorizan tanto como mirar una hoja en blanco, sabiendo que sólo tiene un tiempo muy corto para escribir un ensayo. ¿Por dónde comenzar? Esto puede ser realmente terrible en un examen donde se encuentra bajo presión porque no tiene tiempo para detenerse y pensar un rato. Además, no le permiten hablar con otras personas ni solicitarles ayuda. No hay tiempo para revisar y volver a escribir el ensayo, la primera versión será la versión final.

¿Cómo comienza? ¿Es mejor respirar bien profundo y sumergirse directamente? o ¿es mejor planear durante unos segundos, aunque parezca que todos a su alrededor ya están escribiendo?

Siempre es mejor planear antes de escribir

SIEMPRE vale la pena dedicar un momento para establecer un plan de acción, aunque le parezca que se va a retrasar porque todos los demás parecen haber comenzado a escribir. Un plan siempre tiene como resultado un proyecto mejor terminado, especialmente en un examen con límite de tiempo, donde no tendrá el lujo de poder revisarlo. Si tiene un plan, las ideas fluirán con más lógica y claridad. Hay muchas formas diferentes de planear; elija la que sea mejor para usted.

Una forma de planear: el método EAO

Una de las mejores formas de planear un ensayo incluye los siguientes pasos.

Escriba todas las ideas posibles que se le ocurran sobre el tema. No se detenga a considerar sus ideas y ni siquiera trate de levantar el bolígrafo del papel. Sólo escriba tantas cosas como se le ocurran lo más rápido posible. Esto le deberá llevar no más de uno o dos minutos. Por ejemplo, vuelva a analizar la pregunta:

Ejemplo:

> Una generación atrás, los jóvenes asumían que se casarían y que poco tiempo después serían padres. Las parejas jóvenes de hoy parecen estar posponiendo la paternidad hasta después de haber estado casados un tiempo y gran parte de ellas simplemente no tienen hijos. Discuta las ventajas y desventajas de tener hijos. Sea específico.

Si se toma uno o dos minutos, podría escribir algo así:

dinero	tiempo	carrera	trabajos	amor
vivienda	viajes	amistades	responsabilidades	continuación
familias	miedo	divorcio	hijastros	unidad
dinero	cosas materiales	educación	promoción en el trabajo	objetivo

Elimine todas las cosas que se repitan, sobre las que no escribiría porque no las conoce bien o porque son demasiado generales o muy imprecisas. Entonces tacharía:

~~dinero~~	tiempo	~~carrera~~	trabajos	amor
vivienda	~~viajes~~	amistades	responsabilidades	continuación
familias	~~miedo~~	divorcio	hijastros	~~unidad~~
dinero	cosas materiales	educación	promoción en el trabajo	objetivo

Escribió "dinero" dos veces, entonces táchelo una vez; "carrera" y "trabajos" son lo mismo; "miedo" es demasiado general y así sucesivamente. Esto debería llevarle otro minuto.

Ahora tiene una lista de cosas posibles sobre las que puede hablar y no se encuentra más mirando a una hoja en blanco.

Todo este proceso debería llevarle de 1 a 3 minutos, no más de eso.

Ahora *agrupe* los elementos en dos posibles párrafos. Vuelva a analizar la pregunta para organizar los grupos.

Ventajas de tener hijos	Desventajas de tener hijos
amor	educación
familias	trabajos

o

amistades	responsabilidades
amor	dinero

Finalmente, *organice* los grupos de dos maneras posibles para responder a la pregunta: cada número romano (I, II, III, IV, etc.) corresponde a un párrafo. Cada letra mayúscula (A, B, C, etc.) corresponde a un subtítulo.

   I. Introducción: Hay ventajas y desventajas al tener hijos

  II. Ventajas de tener hijos

    A. Amistades

    B. Amor

 III. Desventajas de tener hijos

    A. Dinero

    B. Familias

 IV. Conclusión: adopte una postura frente al tema

o

   I. Introducción: Hay ventajas y desventajas al tener hijos

  II. Ventajas de tener hijos

    A. Amor

    B. Familias

 III. Desventajas de tener hijos

    A. Educación

    B. Trabajos

 IV. Conclusión: adopte una postura frente al tema

Éste es el método llamado EAO:

   E Eliminar (como cuando tachó los elementos que no necesitaba)

   A Agrupar   (como cuando agrupó los elementos en dos posibles párrafos)

   O Organizar(como cuando organizó los elementos en una respuesta posible)

Recuerde que todo este proceso está diseñado para realizarse muy rápidamente. Desde el comienzo al final, debería llevarle sólo unos minutos. No pase más de 5 minutos organizando su respuesta o podría no tener tiempo para completar el ensayo.

Las ventajas de este método o de cualquier plan son que usted organiza y acomoda sus ideas en un todo unificado. Su respuesta tendrá mucho más sentido y no se encontrará en una situación en la cual completa un párrafo y luego dice: "¡Oh! Me olvidé de escribir sobre…" y tiene que insertar flechas y otros signos desordenados.

LOS ESQUEMAS SON IMPORTANTES

Un esquema es uno de los elementos más valiosos para asegurarse de recibir una buena calificación en el ensayo. Le ayuda a planear y asegurarse de que realmente está expresando su argumento con detalles específicos y efectivos.

Hay muchas formas de realizar esquemas, depende de la cantidad de tiempo que tenga y la cantidad de detalles que necesite. Para nuestros fines, seguiremos un esquema muy específico como el que se encuentra a continuación. No se preocupe por la ortografía ni la puntuación; solamente concéntrese en escribir los puntos más importantes en un tiempo muy corto. Concéntrese en los DETALLES para asegurarse de presentar claramente el tema.

Siga este plan:

    I.   Párrafo sobre el tema

        A. Oración de introducción al tema: reformula la pregunta

        B. Oración que introduce el segundo párrafo

        C. Oración que introduce el tercer párrafo

        D. Oración que nos conduce al segundo párrafo (optativa)

   II. Primer tema que tiene que probar. Podrían ser las ventajas, las desventajas o sólo el primer tema que se debe tratar.

        A. Oración de introducción al tema

        B. Su primer argumento (o ventaja, etc.)

           1. Detalle sobre el argumento

           2. Detalle sobre el argumento

        C. Su segundo argumento

           1. Detalle

           2. Detalle

        D. Resumen opcional de los argumentos presentados en el párrafo

  III. Su segundo argumento (el cual podría ser las desventajas, etc.)

        A. Oración de introducción al tema

        B. Su primer argumento

           1. Detalle

           2. Detalle

        C. Su segundo argumento

           1. Detalle

           2. Detalle

        D. Conclusión optativa

  IV. Conclusión del ensayo

        A. Oración de introducción al tema: reformula la pregunta

        B. Oración que resume el segundo párrafo

        C. Oración que resume el tercer párrafo.

        D. Conclusión general que resume el tema tratado.

Otra forma de planificar: el método PRD

Existen otras formas de planificar un ensayo. Una, que muchos encuentran útil, se llama

P	Pregunta
R	Respuesta
D	Detalle

y funciona de esta manera:

Pregunta: Algunos creen que la universidad es una pérdida de tiempo y dinero, mientras que otros sienten que es una herramienta valiosa para lograr la felicidad y el éxito. Explique las ventajas y desventajas de asistir a la universidad. Sea específico.

Respuesta:

Ventajas	Desventajas
mejorar la educación	costoso
conocer gente	perder el tiempo de la carrera laboral
crear nuevos intereses	mucho de lo que se aprende no es útil para la carrera laboral
apreciar la cultura	difícil de hacer

Detalles: Hay dos formas de hacerlo.

Puede formularse las siguientes preguntas, cuando correspondan:

¿Qué ocurre?	¿Dónde?
¿Cuándo?	¿Por qué?
¿Cómo?	¿Quién?

o

Enumerar los detalles específicos que puedan serle útiles en el ensayo.

Ventajas

Adquirí mejor educación cuando decidí estudiar Matemáticas 101 y Química. Aunque no puedo usar ninguno de estos cursos en mi trabajo, realmente siento que es importante comprender cómo funcionan estos campos. Disfruté de aprender sobre números radicales y ecuaciones cuadráticas y me pareció fascinante saber cómo funcionan las moléculas. Siento que estoy mejor preparado por haber estudiado estas áreas.

Conocí a muchas personas interesantes en la universidad, personas que nunca hubiera conocido en mi ciudad natal. En especial, recuerdo a una persona de Hawaii y otras de Inglaterra y Francia, quienes me contaron todo sobre sus vidas y cultura. Todavía nos escribimos con mi amigo de Hawaii y estuve con mi amiga de Gran Bretaña el verano pasado.

En la universidad, me interesé por las áreas de educación física y piedras preciosas, dos campos que no había tenido en cuenta en la escuela secundaria. El curso de Joyería me mostró todo tipo de cosas que nunca antes había visto (como por ejemplo, cómo soldar y martillar metales) y el de Educación Física hizo que me interesara por el tenis y el golf.

Desventajas

Mi universidad cobra $150.00 por crédito académico y se necesitan 125 créditos para graduarse. Si se suman los gastos de comida y alojamiento y de matrícula, es más de lo que mis padres pagaron por sus primeras dos casas juntas.

Quiero empezar una carrera como paisajista y no puedo perder dos o cuatro años en una facultad de humanidades. Sé que se necesitan paisajistas en mi barrio y si empiezo pronto, podría tener un negocio próspero.

Me molesta tener que estudiar matemáticas y ciencias, las cuales no me servirán en la carrera que tengo pensado seguir como representante de ventas. ¿Por qué debería dedicar todo ese tiempo y gastar dinero en algo que nunca usaré?

CÓMO ESCRIBIR EL ENSAYO

Las oraciones de introducción al tema deben estar presentes

De alguna manera, escribir una buena oración de introducción al tema es como apuntar con una flecha. Si la oración de introducción al tema tiene buena dirección, el párrafo completo dará en el blanco y demostrará el argumento.

- *Cada párrafo tiene que tener una oración de introducción al tema.* Esto incluye el primer, segundo, tercer y último párrafo.
- La oración de introducción al tema expresa la idea principal, el tema, del párrafo.
- La oración de introducción al tema tiene que unificar todas las ideas expresadas en el párrafo.
- La oración de introducción al tema tiene que estar lo suficientemente *limitada* como para poder desarrollarla en un solo párrafo pero tiene que ser lo suficientemente amplia como para abarcar todas las ideas que necesita incluir en ese párrafo.

Cuanto más específica sea su oración de introducción al tema, más detallado y descriptivo será el párrafo.

Limite la oración de introducción al tema

Recuerde: Una oración de introducción al tema tiene una idea que se puede demostrar completamente en un párrafo. Por ejemplo, la oración "Puede aprender mucho sobre la naturaleza humana con tan sólo observar a las personas" es tan amplia que no puede ser fundamentada en un solo párrafo. Pero si escribimos

Ejemplos:

"Puede aprender mucho sobre la naturaleza humana al observar a las personas en una estación de autobuses"

o

"Puede aprender mucho sobre la naturaleza humana al observar a las personas en la playa"

tenemos un tema que puede ser fundamentado en un párrafo.

Exprese una idea principal clara

Otra forma de analizar las oraciones de introducción al tema es a través de la *idea principal*. Es una *palabra clave* o un *grupo de palabras* que expresan la idea fundamental de la oración. Si la idea principal es clara, toda la oración será específica y clara.

Instrucciones: Encierre en un círculo la idea principal en las siguientes oraciones.

Ejemplo:

> Una enciclopedia es un libro útil para los estudiantes.

"Útil" es la idea principal y en el párrafo siguiente, explicará cómo la enciclopedia es útil.

1 Obtener una licencia de conducir es una experiencia difícil.

2 Tuve muchas experiencias inusitadas en las citas.

3 Viajar en tren tiene muchas ventajas sobre viajar en auto.

4 Hay que seguir tres pasos para asar perritos calientes a la parrilla.

5 Un buen uso del español implica que es claro, apropiado y colorido.

Respuestas:

1 experiencia difícil

2 experiencias inusitadas

3 muchas ventajas

4 tres pasos

5 claro, apropiado y colorido

Use palabras específicas

Para probar su punto de vista frente a un tema y hacer que la redacción sea interesante, tiene que usar palabras y frases específicas.

> **Instrucciones:** Seleccione la palabra más específica de la lista que se encuentra a continuación en cada ejemplo de modo de escribir la oración más precisa.

Ejemplo:

> Su cara estaba _____ por el miedo.
> descolorida   escarlata   blanca como un papel   pálida

La respuesta es "blanca como un papel", ya que "descolorida" y "pálida" son demasiado imprecisas. "Escarlata" es también incorrecta, ya que la cara no se pone escarlata (roja) cuando se tiene miedo. "Blanca como un papel" es la mejor opción, porque además del color (blanco pálido y seco) implica una *textura* seca y sin vida. Es la opción más descriptiva y la única que hará que esta oración sea más eficaz.

1 Usaba una camisa _____.

  escarlata   de color   roja   color brillante

2 El patio era un mar de lodo después del/de la _____

  chaparrón   precipitación   lluvia   humedad

3 El sol está alto y caliente; el aire está sofocante; es hora de _____ .

  una siesta   dormir   un sueñecito   un descanso

Respuestas:

❶ "Escarlata" es la palabra más específica aquí porque describe un rojo brillante. Luego vendrían:

rojo　　color brillante　　de color

❷ "Chaparrón" describe un tipo específico de precipitación, un aguacero fuerte y repentino. Por orden de naturaleza específica:

lluvia　　precipitación (también puede ser nieve, aguanieve, granizo)　　humedad

❸ "Siesta" describe un sueñito que se toma cuando está muy cálido al mediodía y es por consiguiente, la palabra más precisa. Luego vendrían:

sueñecito　　dormir un rato

dormir　　una forma de descansar

descanso　　cualquier forma de sentarse y relajarse

Corregir el ensayo puede aumentar el puntaje

Hay una marcada tendencia a levantarse inmediatamente después de que se terminó de redactar y salir de la sala, aliviado porque ya terminó todo. Aunque todos tenemos esa reacción, *tiene que dedicar un tiempo a corregir el ensayo.* Si lo hace, puede evitar cometer muchos errores innecesarios.

Después de que termine de escribir, dedique unos minutos a controlar lo que escribió. Asegúrese de lo siguiente:

- ¿Contestó la pregunta?
- ¿Brindó detalles efectivos y *específicos* para fundamentar sus ideas?
- ¿Organizó la respuesta de la mejor manera posible para dejar bien claro el tema?
- ¿Controló todo lo que escribió para ver si había errores de ortografía, gramática, puntuación, uso erróneo de palabras, etc.?

Es un tiempo bien utilizado. Tendrá que controlar todo lo que escribió, pero *asegúrese de leer lo que está ahí, no lo que cree que está ahí.* No lea demasiado rápido y vuelva a leer los textos que no le parezcan claros. A algunas personas les resulta útil colocar otro papel sobre los renglones para ayudarles a concentrarse en sólo un renglón por vez. De todos modos, asegúrese de controlar lo que escribió aunque todos los demás a su alrededor se estén levantando. Usted ganará si lo hace.

Antes de continuar con los temas de ejemplo, repase estos consejos para escribir mejores ensayos.

❶ Siéntese solo en una habitación tranquila, sin televisión ni radio. Cree un ambiente en la habitación lo más parecido posible al de la prueba.

❷ Asígnese 45 minutos.

❸ ORGANICE las ideas antes de escribir. Le sugerimos el método EAO. Esto significa que

__ escribirá todas las ideas que le surjan sobre la pregunta;

__ eliminará todas las ideas que estén repetidas o sean imprecisas;

___ agrupará las ideas de manera tal que respondan a la pregunta;

___ organizará un esquema y comenzará a escribir.

Todo este proceso le debería llevar sólo unos minutos.

4 Después de que termine de escribir, asegúrese de *corregir el ensayo*. Vale la pena utilizar estos minutos. Revise el ensayo para asegurarse de que escribió ejemplos específicos, que fundamentó lo que le preguntaron, que corrigió todos los errores de ortografía, gramática, puntuación y uso de mayúsculas.

5 Cada vez que escriba un ensayo trate de entregar el mejor trabajo posible. Haga que cada sesión de práctica cumpla su cometido.

6 Trate de que alguien lea sus ensayos y le dé consejos. Le podrán ayudar a aclarar cualquier confusión en el razonamiento y a asegurarse de que fundamente el punto de vista de manera clara.

TEMAS DE ENSAYOS DE EJEMPLO PARA PRACTICAR

Instrucciones: Cada uno de los siguientes temas de ensayo es muy parecido al que encontrará en el GED. Escriba un ensayo para cada uno de ellos como si estuviera en realidad presentando la prueba. Recuerde incluir sus propias ideas y ejemplos extraídos de sus propias experiencias.

1 Las recientes leyes contra el tabaquismo han causado mucha polémica; los que están en contra del tabaco sienten que los fumadores están poniendo en peligro su salud y los fumadores sienten que se les están negando sus derechos con la promulgación de esta ley. Presente su opinión sobre las leyes contra el tabaquismo y fundaméntela con ejemplos específicos.

2 "Si todas las armas fueran declaradas ilegales, solamente los que están fuera de la ley tendrían armas" dice el adhesivo de un parachoques. Discuta las ventajas y desventajas del control de armas.

3 Muchos estados están aprobando leyes para que los estudiantes no se gradúen sin aprobar una serie de pruebas de competencia. ¿Es esto bueno o no? Presente su opinión y fundaméntela con detalles.

4 La mayoría de las madres de niños pequeños necesitan ahora trabajar fuera de sus hogares. ¿Cómo afecta esto a la familia estadounidense? ¿Cuáles podrían ser las consecuencias para los niños y la sociedad? ¿Siente que esto está bien o no? Fundamente su punto de vista con ejemplos específicos.

5 Se está hablando de colocar armas en nuestras estaciones espaciales que se encuentran en el espacio sideral. ¿Podría constituir un posible peligro? ¿Es necesario para proteger nuestra seguridad nacional? Discuta de manera detallada las ventajas o peligros inherentes a esta idea.

6 Entre las ideas actuales sobre cómo cambiar el Seguro Social se considera la posibilidad de colocar parte de los fondos en la bolsa de valores. Otra es darle a los empleados independientes la oportunidad de invertir dinero por cuenta propia en lugar de que lo haga la administración del Seguro Social. ¿Qué piensa sobre estas ideas? Fundamente su punto de vista con detalles específicos.

7 "Compre productos estadounidenses", dice un cartel al borde de la carretera. Discuta las ventajas y desventajas de comprar productos fabricados en Estados Unidos en lugar de productos importados.

8 Según cifras del censo reciente, una gran cantidad de personas que viven en nuestras ciudades son extranjeros. ¿Cuáles son las consecuencias para nuestra cultura y nuestro país? ¿Cuáles son las ventajas y desventajas? Fundamente su punto de vista con detalles específicos.

9 Según los avisos publicitarios de la televisión "los cinturones de seguridad salvan vidas". Se ha demostrado que, gracias a ellos, muchos más estadounidenses sobreviven a accidentes automovilísticos graves. Algunos sienten que los sistemas de seguridad pasiva, como las bolsas de aire, podrían aumentar el número de sobrevivientes aún más, especialmente si fueran obligatorios en todos los automóviles para la venta en Estados Unidos. Presente su opinión sobre los sistemas de seguridad pasiva y fundaméntela con ejemplos específicos.

10 Mientras que los estadounidenses aman los automóviles, muchos europeos continúan usando los trenes tanto para viajar todos los días a sus lugares de trabajo como para viajar por placer y de vacaciones. ¿Qué piensa sobre cada una de estas formas de viajar? ¿Cuáles son las ventajas o desventajas, tanto en el ámbito personal como ambiental? Asegúrese de incluir ejemplos específicos al expresar sus opiniones.

PARTE IV

REPASO DE ESTUDIOS SOCIALES

CAPÍTULO 6   Todo sobre la Prueba de
Estudios Sociales de GED

Todo sobre la Prueba de Estudios Sociales de GED

RESUMEN

- Repase los conocimientos básicos de historia
- Mejore los conceptos fundamentales sobre economía
- Aprenda sobre educación cívica y gobierno
- Explore los conocimientos básicos de geografía

CONSEJOS PRÁCTICOS

La mejor manera de tener éxito en esta área es acostumbrarse a leer diariamente la sección de noticias de un buen periódico, a ver las noticias en televisión, a escuchar debates serios en radio y a formarse una opinión sobre los temas de actualidad.

¿Cuál es la opinión de la gente sobre temas como política, derecho al aborto, economía, desempleo, educación, delincuencia, la paz, los sucesos mundiales y demás? Piense sobre los hechos interesantes que han sucedido en otras épocas. Lea sobre las experiencias de la gente en otros países y de otras épocas. Las revistas semanales como *Time* y *Newsweek*, son muy útiles y tratan casi todos los temas. Utilice la biblioteca del barrio y mire los atlas, mapas y revistas. Si tiene computadora, busque los temas que le interesen.

Estará mucho más informado, pasará buenos momentos y tendrá un buen rendimiento en pruebas como la de Estudios Sociales de GED.

La Prueba de Estudios Sociales de GED abarca las siguientes áreas:

Historia (40%)
Economía (20%)
Educación Cívica y Gobierno (25%)
Geografía (15%)

Muchas de las preguntas involucran conocimientos o destrezas de más de un área. Por ejemplo, una sola pregunta puede recurrir a sus conocimientos sobre economía, geografía, política e historia en el proceso de solicitarle que tome una decisión o que resuelva un problema. Algunas de las preguntas se refieren a temas globales como, por ejemplo, la manera en la que la historia estadounidense tiene influencia en asuntos mundiales o cómo los asuntos mundiales han alterado el curso de la historia estadounidense.

¿Cómo son las preguntas de la Prueba de Estudios Sociales?

Todas las preguntas de la Prueba de Estudios Sociales de GED serán preguntas de opción múltiple con cinco respuestas posibles. Deberá escoger la mejor respuesta posible de las cinco opciones. Cada prueba contiene 50 preguntas, muchas de las cuales se basan en información escrita (impresa). Esta información puede provenir de un gran número de lugares: un discurso, un editorial, un artículo de una revista, un diario, un documento histórico, etc. El resto de las preguntas se basan en algún tipo de ilustración: una tabla, una gráfica circular, una caricatura editorial, un mapa, una gráfica de barras, etc.

Muchas preguntas se ordenarán en grupos. Un grupo típico podría comenzar con un pasaje de un artículo de revista seguido de cinco o seis preguntas. Otro grupo podría comenzar con una tabla de actividades comerciales seguida de cuatro o cinco preguntas. El resto de las preguntas de la prueba serán individuales basadas en una lectura muy corta o en una sola ilustración.

Las preguntas de la Prueba de Estudios Sociales de GED evalúan sus conocimientos sobre principios, conceptos, hechos y relaciones importantes. Deberá demostrar una variedad de destrezas de razonamiento al responder a las preguntas:

❶ Entender el significado tanto de las preguntas escritas como de las ilustradas. (Comprensión)

¿Puede reformular la información escrita o ilustrada en la pregunta original?

¿Puede resumir?, es decir, ¿puede reformular brevemente, la idea o ideas importantes del texto de lectura o de la imagen?

¿Puede determinar las implicaciones de un determinado fragmento de información o de un evento?, es decir, ¿puede hacer una deducción?

❷ Considerar la información o las ideas presentes en una pregunta y aplicarlas a una situación específica dada en las preguntas. (Aplicación)

¿Puede aplicar un principio a una situación nueva que no necesariamente haya estudiado en clase?

❸ Desglosar la información en partes más pequeñas. Buscar las relaciones entre las diferentes partes (más grandes) de las ideas completas. (Análisis)

¿Puede establecer la diferencia entre un hecho y una opinión o una hipótesis?

¿Puede distinguir las suposiciones implícitas en una pregunta, en una tabla o en un texto de lectura?

¿Puede separar una conclusión de las varias afirmaciones secundarias que le ayudan a llegar a esa conclusión?

¿Puede distinguir las relaciones de causa y efecto?

❹ Formar opiniones sobre la validez o la precisión de la información o los métodos usados para reunir la información o investigar datos. (Evaluación)

¿Puede analizar la información presente en una pregunta y decidir si realmente sustenta una hipótesis, una conclusión o una generalización?

¿Entiende que ciertos valores a menudo han influenciado el desarrollo de determinadas creencias, políticas o instancias de toma de decisiones?

¿Se siente capaz de mirar con ojos críticos la precisión de los hechos que se ofrecen como "prueba"?

¿Puede encontrar errores lógicos en los argumentos?

Si a esta altura ha decidido que las destrezas de razonamiento necesarias para el GED son bastante agobiantes, recuerde que solamente necesita responder correctamente a alrededor de la mitad de las preguntas para aprobar la Prueba de Estudios Sociales de GED.

¿Qué temas abarca la Prueba de Estudios Sociales?

Esta sección del GED abarcará temas de historia estadounidense y mundial, economía, geografía, educación cívica y gobierno. La mayoría de las preguntas se basarán en un texto de lectura o en alguna forma de presentación gráfica y evaluarán su comprensión y opinión sobre lo que se le presenta. La buena lectura y la comprensión son destrezas vitales necesarias para el éxito en esta prueba.

Cada prueba contendrá un fragmento de uno de los siguientes textos: la Declaración de la Independencia, la Constitución de Estados Unidos, los Documentos Federalistas o un caso de la Corte Suprema que haya sentado precedente. Además, habrá un ejemplo de un "documento práctico", como un formulario impositivo, una guía para votantes, una notificación pública o un anuncio publicitario.

HISTORIA

Instrucciones: Para cada pregunta, encierre en un círculo el número de la respuesta que mejor responda a la pregunta o complete el enunciado. Las respuestas correctas y explicaciones se encuentran al final del capítulo.

Las preguntas 1 y 2 se refieren a la gráfica que aparece a continuación.

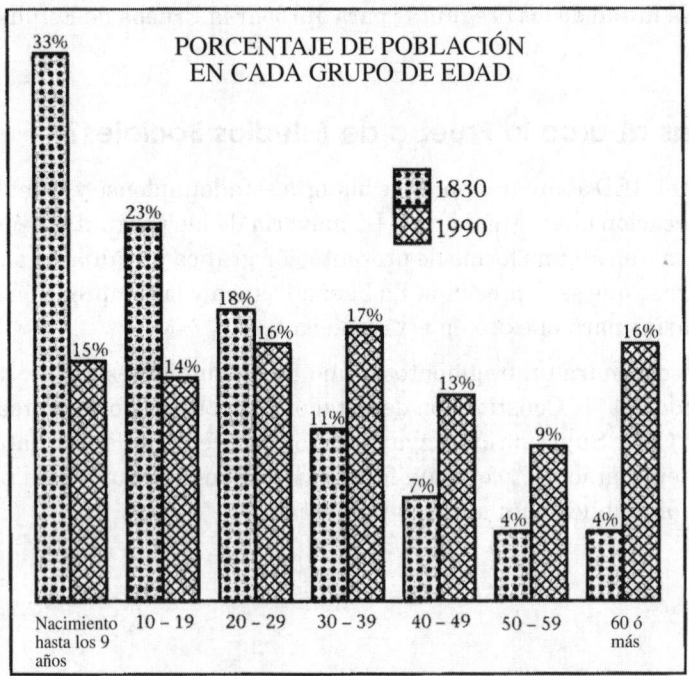

1. Desde 1830 a 1990, ¿en qué grupo de edades ocurrió el cambio menos significativo en el porcentaje de población?

    (1) Desde el nacimiento hasta los 9 años

    (2) 10–19

    (3) 20–29

    (4) 40–49

    (5) 50–59

2. La información de la gráfica puede ser útil para los funcionarios del gobierno federal que trabajan en la planificación de programas de

    (a) defensa.

    (2) transporte público.

    (3) Sistema de Seguro Social.

    (4) proyectos de obras públicas.

    (5) plantas de energía nuclear.

3. La razón principal para el apoyo a la educación pública en Estados Unidos ha sido proporcionar
   (1) trabajadores especializados para la industria.
   (2) personas capacitadas para las distintas profesiones.
   (3) líderes preparados para el servicio gubernamental.
   (4) maestros entendidos en Estudios Sociales.
   (5) ciudadanos informados para una sociedad democrática.

4. La política de inmigración de Estados Unidos se caracteriza por
   (1) una preferencia por las personas asiáticas.
   (2) la constante buena voluntad de acoger a los oprimidos de otras naciones.
   (3) una preferencia por los trabajadores no especializados.
   (4) la inmigración sin restricciones para todos los grupos religiosos.
   (5) períodos de apertura y de restricción.

5. ¿Cuál de los siguientes enunciados referentes a la inmigración en Estados Unidos sería el más difícil de probar?
   (1) El pico de inmigración se produjo entre 1890 y 1910.
   (2) Muchos de los inmigrantes que llegaron recientemente a Estados Unidos provenían de Asia y Sudamérica.
   (3) Los inmigrantes han realizado muchas contribuciones al desarrollo cultural de Estados Unidos.
   (4) Muchos inmigrantes llegaron a Estados Unidos para escapar de situaciones no deseadas en Europa.
   (5) El prejuicio de los empleadores obligó a los inmigrantes a aceptar trabajos mal remunerados.

6. ¿Cuál de las siguientes afirmaciones explica por qué los índices de divorcio en Estados Unidos son más altos en la actualidad que al comienzo del siglo?
   (1) El matrimonio ya no se considera un elemento importante en la sociedad.
   (2) Las estadísticas de divorcio no eran precisas a comienzos de siglo.
   (3) Los índices de divorcio generalmente aumentan durante los períodos de inestabilidad económica.
   (4) Se redujeron las restricciones legales y sociales sobre el divorcio.
   (5) Muchos líderes religiosos modernos están actualmente a favor del divorcio.

7. ¿Cuál de los siguientes enunciados es el más preciso con respecto a las diferentes comunidades utópicas del siglo XIX?
   (1) Tenían subsidios del gobierno federal.
   (2) Se basaban en la creencia de que la gente podía mejorar ayudada por un mejor entorno social.
   (3) Las conformaban, principalmente, las clases sociales más altas.
   (4) Su propósito era, fundamentalmente, asegurar la riqueza material de sus miembros.
   (5) Tenían el apoyo de la mayoría de las iglesias establecidas.

Las preguntas 8 y 9 se refieren al mapa que aparece a continuación.

AUMENTOS EN LA POBLACIÓN DESDE 1980 HASTA 1985

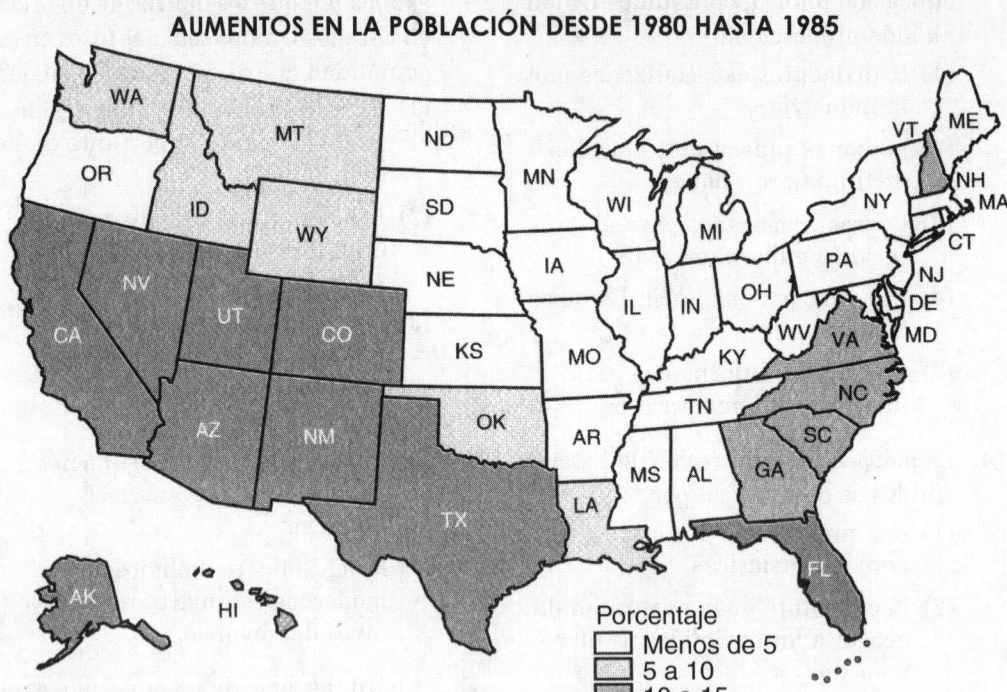

Porcentaje
- Menos de 5
- 5 a 10
- 10 a 15
- Más de 15

8. ¿Qué zonas de Estados Unidos muestran los cambios más significativos entre 1980 y 1985?
   (1) El sureste y el noreste
   (2) Los estados del centro norte y el noroeste
   (3) Los estados del centro norte y la región del Atlántico sur
   (4) El oeste y el noreste
   (5) El suroeste y el lejano oeste

9. Según el mapa de arriba, ¿cuáles de los siguientes estados debe incluir en su lista de posibles ubicaciones de empleo a un empleado que busca un trabajo nuevo?
   (1) Arizona y Oklahoma
   (2) California y Alaska
   (3) Kentucky y Michigan
   (4) Louisiana y New Hampshire
   (5) Virginia y Wyoming

10. Desde 1840 a 1900, cada grupo nuevo de inmigrantes que llegaba a Estados Unidos contribuía a la movilidad social ascendente de los grupos anteriores mediante
    (1) la creación de un clima de reforma social.
    (2) el estímulo del interés en la educación pública gratuita.
    (3) el refuerzo del legado étnico de los primeros inmigrantes.
    (4) el regreso a sus países de origen.
    (5) la cobertura de los puestos de trabajo no especializados y semiespecializados.

11. En Estados Unidos, la movilidad social ascendente se impulsó por medio del establecimiento de
    (1) normas de planeamiento urbano locales.
    (2) el bienestar social.
    (3) la educación pública.
    (4) la participación en los ingresos fiscales.
    (5) la tributación progresiva.

Las preguntas 12 y 13 se refieren a la información que se presenta a continuación.

"En el nuevo código de ley, el que, supongo, deberá redactar, deseo que tenga en cuenta a las mujeres y que sea más generoso y benévolo con ellas que sus antepasados. No ponga tanto poder ilimitado en manos de sus maridos. Recuerde, todos los hombres serían tiranos si pudieran. Si no se brinda cuidado y atención particular a las mujeres, estamos decididas a fomentar una rebelión y no nos detendremos obligadas por ninguna ley en la que no tengamos voz ni voto."

12. La escritora de estas líneas podría describirse en la actualidad como

(1) socialista.

(2) revolucionaria.

(3) feminista.

(4) patriota.

(5) defensora de los derechos civiles.

13. El argumento y la elección de palabras de la autora reflejan el lenguaje y el vocabulario político de una época específica en la historia de Estados Unidos. Esta época es más probable que sea

(1) los primeros años del período colonial.

(2) la Guerra de la Revolución.

(3) la Guerra de 1812.

(4) la Anexión de Texas.

(5) la década de 1850.

Las preguntas 14 a 16 se basan en la siguiente caricatura.

14. El título más apropiado para esta caricatura es

(1) Planificación de los muebles de la habitación.

(2) Planificación cooperativa.

(3) Almacenamiento de armas.

(4) Peligro bajo el mar.

(5) Novela de ciencia ficción.

15. El caricaturista insinúa que

(1) el submarino es el arma más importante.

(2) ya tenemos suficientes armas.

(3) los países que tienen estas armas deberían negociar.

(4) necesitamos más armas debajo de la tierra.

(5) el presupuesto militar es demasiado bajo.

16. Las armas nucleares existen en todos lados *excepto*

(1) en el espacio.

(2) en el aire.

(3) en la tierra.

(4) sobre el agua.

(5) debajo del agua.

17. En 1979, Rusia invadió este país asiáti-
co e instauró un gobierno soviético controlado. En no más de dos años _____ se
convirtió en la fuente de refugiados
más grande del mundo ya que el 20 por
ciento de la población huyó.

    (1) Afganistán

    (2) El Líbano

    (3) Camboya

    (4) Irán

    (5) Irak

18. Muy poco tiempo después de asumir,
el presidente _____ fue herido en un
intento de asesinato cuando salía de
un hotel en Washington.

    (1) Carter

    (2) Kennedy

    (3) Johnson

    (4) Reagan

    (5) Ford

19. El Medio Oriente ha sido, durante
mucho tiempo, una zona inestable del
mundo que ha atacado intereses de
estadounidenses, franceses y de otros
países occidentales. El 23 de octubre
de 1983, un grupo terrorista hizo es-
tallar explosivos en _____ y mató a
229 miembros estadounidenses y franceses de las fuerzas de paz.

    (1) Damasco, Siria

    (2) Teherán, Irán

    (3) Atenas, Grecia

    (4) Beirut, Líbano

    (5) Jerusalén, Israel

20. En 1984, el Congreso aprobó una ley
para crear un nuevo día festivo federal, que conmemora el nacimiento de

    (1) John F. Kennedy.

    (2) Abraham Lincoln.

    (3) Martin Luther King, hijo.

    (4) Robert F. Kennedy.

    (5) George Washington.

**Las preguntas 21 a 24 se basan en la
siguiente información.**

Las actitudes y los valores de una sociedad democrática se han expresado de varias maneras a lo largo de la historia.
Los puntos de vista de algunos miembros
de una sociedad a menudo tienden a expresar las dudas o antipatías ocultas o
las razones culturalmente aceptadas para
reivindicar la guerra, aun cuando esta
reivindicación no esté en armonía con los
valores de una sociedad democrática.
Cada una de las siguientes citas
representa el período de tiempo de un
conflicto particular en el que Estados
Unidos estuvo involucrado. Escoja el
conflicto con el que mejor se relacione
cada enunciado.

21. "*¡Sic semper tyrannis!* ¡El sur ha sido
vengado!"

    (1) La Guerra de Secesión

    (2) La Guerra Hispano-
    Estadounidense

    (3) La Primera Guerra Mundial

    (4) La Segunda Guerra Mundial

    (5) El Conflicto Vietnamita

22. "El árbol de la libertad se debe regar
de vez en cuando con la sangre de los
patriotas y de los tiranos. Es su abono
natural".

    (1) La Guerra Franco-India

    (2) La Revolución de Independencia
    de Estados Unidos

    (3) La Guerra de 1812.

    (4) La Guerra de Secesión

    (5) La Guerra Hispano-
    Estadounidense

23. "Una magnífica guerra pequeña"

    (1) La Guerra de Secesión

    (2) La Guerra Hispano-
    Estadounidense

    (3) La Primera Guerra Mundial

    (4) El Conflicto Coreano

    (5) El Conflicto Vietnamita

24. "Errónea y moralmente equivocada en su accionar y en las consecuencias, no fue, sin embargo, maldad en la intención ni en el origen. Lo que nos impulsó a esta guerra fue una corrupción del deseo generoso, idealista y liberal".
    (1) La Revolución de Independencia de Estados Unidos
    (2) La Guerra Hispano-Estadounidense
    (3) La Segunda Guerra Mundial
    (4) El Conflicto Coreano
    (5) El Conflicto Vietnamita

Las preguntas 25 y 26 se basan en la siguiente información.

En la década de 1880, grandes monopolios industriales controlaban muchas industrias. Por ejemplo, las industrias del acero, el petróleo y el embalaje de carne estaban controladas por una sola empresa importante. El resultado fue que el consumidor debía pagar precios artificialmente altos por estos productos. Finalmente, se sancionaron leyes para proteger a los consumidores.

25. Los escritores que describieron los males de los monopolios se llamaban
    (1) comunistas.
    (2) libertarios.
    (3) progresistas.
    (4) dirigentes obreros.
    (5) periodistas sensacionalistas.

26. Una de las leyes que se sancionó para poner freno a los monopolios fue
    (1) la Ley del Timbre.
    (2) la Ley Antimonopolios de Sherman.
    (3) la Ley de Recuperación Nacional.
    (4) la Gran Sociedad.
    (5) el Plan Marshall.

Las preguntas 27 y 28 se refieren a la información que se presenta a continuación.

El siguiente fragmento es parte de una carta escrita por George Washington en 1790 durante el primer período como presidente de Estados Unidos:

Los ciudadanos de Estados Unidos tienen el derecho de felicitarse a sí mismos por haber dado a la humanidad ejemplos de una política liberal y ampliada, una política que vale la pena imitar. Todos poseen igual libertad de conciencia e inmunidad de ciudadano. Ya no es más de tolerancia de lo que se habla, como si por la indulgencia de una clase otra gozara del ejercicio de sus derechos naturales inherentes. Afortunadamente, el gobierno de Estados Unidos, que no autoriza el fanatismo y que no brinda asistencia a la persecución, requiere solamente que aquellos que viven bajo su protección se comporten como buenos ciudadanos y brinden su apoyo efectivo en todo momento.

27. Irónicamente, en esta época, las únicas personas a las que se les permitía votar eran
    (1) hombres y mujeres nacidos en el país.
    (2) veteranos de la Guerra de la Revolución.
    (3) hombres blancos dueños de una propiedad.
    (4) firmantes de la Declaración de la Independencia.
    (5) negros y asiáticos.

28. Las mujeres que presionaron y lograron que la Enmienda XIX, que se refiere al derecho al voto de las mujeres, ingresara en la Constitución, se conocieron como
    (1) feministas.
    (2) sufragistas.
    (3) liberacionistas.
    (4) *know-nothings*.
    (5) locofocos.

29. Durante el movimiento de expansión hacia el oeste del siglo XIX, finalmente se sometió a los nativos americanos de la llanura. ¿Qué factor contribuyó en gran parte a su confinamiento en las reservas?

(1) La construcción del ferrocarril

(2) El movimiento del ganado a lo largo de la ruta de Chisholm Trail

(3) La guerra estadounidense de caballerías contra los indios

(4) La invención del carromato Conestoga

(5) La extinción del búfalo

30. En la década de 1870, en la región central, se estableció un movimiento político muy sólido para ayudar a los agricultores a los que se les cobraba de más por el uso del ferrocarril. Este movimiento se llamó

(1) el Ku Klux Klan.

(2) el Partido Socialista Nacional.

(3) el Congreso de la Organización Industrial.

(4) la asociación agrícola Grange.

(5) el Partido Demócrata.

CLAVE DE RESPUESTAS Y EXPLICACIONES

1. (3)	9. (2)	17. (1)	24. (5)
2. (3)	10. (5)	18. (4)	25. (5)
3. (5)	11. (3)	19. (4)	26. (2)
4. (5)	12. (3)	20. (3)	27. (3)
5. (5)	13. (2)	21. (1)	28. (2)
6. (4)	14. (3)	22. (2)	29. (5)
7. (2)	15. (2)	23. (2)	30. (4)
8. (5)	16. (1)		

1. **La respuesta correcta es la (3).** La categoría de 20 a 29 muestra un cambio de apenas el 2 por ciento.

2. **La respuesta correcta es la (3).** El cambio más significativo en la población sucedió en la categoría de los mayores de 60. Estas personas recibirán beneficios importantes por parte del Seguro Social.

3. **La respuesta correcta es la (5).** La educación ha sido considerada como un método efectivo para preparar ciudadanos capaces de tomar decisiones inteligentes de una manera democrática.

4. **La respuesta correcta es la (5).** La política de inmigración de Estados Unidos ha variado drásticamente con el pasar de los años. Ha pasado de períodos de inmigración sin restricciones a períodos de restricciones estrictas.

5. **La respuesta correcta es la (5).** Aunque todas las afirmaciones podrían ser correctas, el prejuicio es difícil de probar por medio de las estadísticas.

6. **La respuesta correcta es la (4).** Los índices de divorcio han aumentado porque se han reducido las restricciones legales y sociales sobre el divorcio. Lo que 40 años atrás habría sido noticia de primera plana, en la actualidad, recibe muy poca atención.

7. **La respuesta correcta es la (2).** Las comunidades utópicas del siglo XIX se desarrollaron con la creencia de que si a la gente se le proporcionaba un ambiente social más propicio, serían mejores ciudadanos.

8. **La respuesta correcta es la (5).** Cuanto más oscuro es el sombreado de un estado, mayor es el cambio en la población. Un grupo de estados con sombreado oscuro y agrupados entre sí puede identificarse como una región con un gran cambio en su población. Florida, parte de la costa sureste, la región suroeste y la mayor parte de la región noroeste concuerdan con esta descripción. La opción (5) es la única con dos elementos extraídos de esta lista de regiones.

9. **La respuesta correcta es la (2).** Los estados con el crecimiento de población más alto son, por lo general, los estados con el mayor número de puestos de trabajo creados gracias a la demanda de viviendas y otros servicios. California y Alaska muestran el sombreado más oscuro en comparación con cualquier otro par de estados mencionado en la lista de opciones.

10. **La respuesta correcta es la (5).** Generalmente, cada grupo de inmigrantes nuevo cubría los puestos de trabajo no especializados y semiespecializados. Mientras tanto, los grupos anteriores ascendían en busca de mejores trabajos y de la posibilidad de adquirir una propiedad.

11. **La respuesta correcta es la (3).** Se ha reconocido ampliamente que muchos niños estadounidenses han superado a sus padres gracias a la educación pública gratuita que se proporciona en Estados Unidos.

12. **La respuesta correcta es la (3).** Las feministas luchan por los derechos y el poder para las mujeres.

13. **La respuesta correcta es la (2).** El estilo y la elección de palabras de Abigail Adams en esta carta de 1777 hacen eco de las palabras de su marido y de otros líderes de las colonias estadounidenses que debatieron o hicieron propaganda de la causa por la Declaración de la Independencia.

14. **La respuesta correcta es la (3).** La caricatura representa el despliegue de sistemas de armas.

15. **La respuesta correcta es la (2).** El significado de la caricatura es que ya tenemos suficientes armas.

16. **La respuesta correcta es la (1).** El "aparador militar" muestra armas en todos lados menos en el espacio.

17. **La respuesta correcta es la (1).** En 1981, Afganistán superó a todos los otros países en el número de residentes que huyeron de su tierra natal.

18. **La respuesta correcta es la (4).** En marzo de 1980, John Hinckley hirió al presidente Reagan, quien se recuperó de la herida de bala.

19. **La respuesta correcta es la (4).** Los marinos estadounidenses y las tropas francesas que formaban parte de las fuerzas de paz internacionales en Beirut, Líbano, murieron a causa de ataques de camiones-bomba en la mañana del domingo 23 de octubre de 1983.

20. **La respuesta correcta es la (3).** A partir de 1985, el tercer lunes de enero se convirtió en un día festivo federal en honor a la memoria de Martin Luther King, hijo.

21. **La respuesta correcta es la (1).** Estas palabras, pronunciadas después de que Booth asesinara a Lincoln en el teatro Ford el 14 de abril de 1865, representaron la animosidad prolongada del período de reconstrucción que tuvo lugar después.

22. **La respuesta correcta es la (2).** Jefferson escribió estas palabras durante la Guerra de la Revolución.

23. **La respuesta correcta es la (2).** El secretario de estado John Hay pronunció estas palabras en 1898. La Guerra Hispano Estadounidense fue "la más pequeña" de todas las guerras estadounidenses y fue sumamente manipulada por intereses distintos de aquellos relacionados directamente con los territorios.

24. **La respuesta correcta es la (5).** Alexander Bickel escribió estas palabras en *The Morality of Consent (La moralidad del consentimiento)*, después de la finalización del Conflicto Vietnamita.

25. **La respuesta correcta es la (5).** Los "periodistas sensacionalistas" eran autores que escribieron sobre los abusos que sufría la gente a causa de las grandes empresas.

26. **La respuesta correcta es la (2).** La Ley Antimonopolios de Sherman de 1890 fue la primera ley federal con el objetivo de declarar ilegales a los monopolios y a los intentos de restringir el comercio.

27. **La respuesta correcta es la (3).** A comienzos de la vida republicana, solamente los hombres blancos dueños de una propiedad tenían derecho a votar.

28. **La respuesta correcta es la (2).** Las mujeres que defendieron y lucharon por su propio derecho al voto se denominaban "sufragistas".

29. **La respuesta correcta es la (5).** La extinción final del búfalo en manos de cazadores y constructores eliminó la principal fuente de alimento de los nativos americanos, que se volvieron dependientes de la ayuda del gobierno federal y fueron confinados a las reservas.

30. **La respuesta correcta es la (4).** El movimiento Grange fue iniciado por agricultores que querían poner fin a las altas tasas que se les cobraban por transportar sus cultivos al mercado en ferrocarril.

explicaciones

ECONOMÍA

AÑO	PRODUCCIÓN DE TRIGO (miles de bushels)	PRECIO DEL TRIGO (centavos por bushel)
1875	2,450	51.9
1880	2,706	49.0
1885	3,058	42.2

1. ¿Cuál concepto económico se puede ilustrar mejor con los datos que figuran en la tabla?
   (1) Recesión
   (2) Inflación
   (3) Interdependencia
   (4) Libre empresa
   (5) Oferta y demanda

2. "Cuando los precios de los combustibles convencionales suban lo suficiente como para igualar a los costos de la energía solar, ésta podrá cubrir más del 10% de nuestras necesidades."

   Para provocar un aumento en el uso de la energía solar, el autor de este enunciado se basa fundamentalmente en
   (1) el sistema de mercado que hace que los consumidores se cambien a la energía solar.
   (2) la política del gobierno para fomentar la energía solar a expensas de otros combustibles.
   (3) los grandes avances tecnológicos para reducir el costo de la energía solar.
   (4) los cambios en la actitud de las grandes empresas hacia la energía solar.
   (5) el aumento de la disponibilidad de la energía solar.

práctica

3. ¿Cuál de los siguientes enunciados relacionados con empresas comerciales en Estados Unidos es una opinión?

   (1) La sociedad anónima es una forma importante de organización comercial.

   (2) Algunas empresas controlan todas las etapas de producción, desde la adquisición de la materia prima hasta la venta final del producto.

   (3) Los monopolios tienden a eliminar la necesidad de la competencia de precios.

   (4) En una industria, los productores a gran escala ofrecen mejores servicios personales que los productores pequeños.

   (5) Las fusiones de muchas empresas más pequeñas han creado una serie de sociedades gigantes.

4. El enunciado "En la actualidad, el dólar vale alrededor de cuarenta y cinco centavos", describe

   (1) inflación.

   (2) precios.

   (3) oferta y demanda.

   (4) impuestos.

   (5) deflación.

5. Un período corto de relativamente poca actividad comercial se conoce como

   (1) boom.

   (2) depresión.

   (3) recesión.

   (4) quiebra.

   (5) demanda.

6. La teoría que afirma que el gobierno *no* debería interferir en asuntos económicos se conoce como

   (1) laissez-faire.

   (2) populismo.

   (3) economía de la oferta.

   (4) socialismo.

   (5) capitalismo.

7. Bajo este sistema, el gobierno es dueño de casi todos los medios de producción y dirige todas las actividades comerciales importantes, determina los salarios y los precios y decide qué es lo que se produce y qué cantidad. El sistema se denomina

   (1) capitalismo.

   (2) fascismo.

   (3) comunismo.

   (4) anarquía.

   (5) ninguna de las anteriores

8. Según la teoría de la oferta y la demanda, si el precio de un artículo disminuye

   (1) la cantidad que se demanda generalmente disminuirá.

   (2) la cantidad que se demanda disminuirá y luego aumentará.

   (3) la cantidad que se demanda no cambiará.

   (4) la cantidad que se demanda generalmente aumentará.

   (5) la cantidad que se demanda siempre disminuirá.

9. El encargado de regular el suministro de dinero de Estados Unidos es

   (1) el Departamento del Tesoro de Estados Unidos.

   (2) el tesorero de Estados Unidos.

   (3) la Oficina de Grabado e Impresión de Estados Unidos.

   (4) el Sistema de la Reserva Federal.

   (5) el Banco Central.

10. Para lograr un acuerdo entre los empleadores y los empleados, se usa un proceso de

   (1) huelga salvaje.

   (2) arbitraje.

   (3) convenios colectivos.

   (4) boicoteo.

   (5) lista negra.

11. Para calcular el impuesto sobre la renta que usted le debe al gobierno federal este año, su empleador deberá proporcionarle un _____ que enumera sus ingresos y retenciones correspondientes al año pasado.

    (1) Formulario 1040A

    (2) Formulario W2

    (3) Formulario de Seguro Social

    (4) Declaración de exención

    (5) Formulario W4

12. Los estadounidenses pagan una gran cantidad de impuestos diferentes al gobierno federal, estatal y local. Escoja el mejor ejemplo de un impuesto que NO se paga en Estados Unidos.

    (1) Impuestos sobre salarios

    (2) Impuestos sobre artículos de uso y consumo

    (3) Impuestos sobre valor agregado

    (4) Impuestos sobre las ventas

    (5) Impuestos sobre la renta

13. El objetivo principal del sistema impositivo estadounidense es proporcionar fondos para el funcionamiento del gobierno, pero los impuestos también se recaudan para

    (1) desarrollar o proteger algunas industrias.

    (2) redistribuir la renta.

    (3) influenciar el gasto personal.

    (4) educar a los jóvenes.

    (5) todas las anteriores

14. El impuesto sobre el perfume es un ejemplo de

    (1) impuesto sobre la renta.

    (2) impuesto sobre artículos de uso y consumo.

    (3) impuesto sobre la propiedad.

    (4) impuesto sobre la herencia.

    (5) impuesto sobre transacciones bursátiles.

15. Susana Juárez ganó $15,000 el año pasado. Samuel Molina ganó $63,000 el año pasado. A cada uno se le exigió el pago de un impuesto especial de $350. ¿Cuál de los siguientes términos es el que mejor describe este impuesto?

    (1) proporcional

    (2) regresivo

    (3) económico

    (4) progresivo

    (5) no salarial

16. Los pagos que recibe un trabajador, las personas a su cargo o sucesores en el caso de jubilación, incapacidad o fallecimiento, generalmente son responsabilidad del sistema de seguro conocido como

    (1) indemnización por desempleo.

    (2) Seguro Social.

    (3) indemnización por accidente de trabajo.

    (4) fondo de pensión.

    (5) participación en los ingresos fiscales.

17. La mayoría de los estadounidenses buscan reducir las pérdidas financieras ocasionadas por enfermedad, accidentes, incendios, robo o ancianidad a través de un plan de participación cooperativa del riesgo llamado

    (1) indemnización por accidente de trabajo.

    (2) Medicare.

    (3) fondos de pensión.

    (4) fideicomisos.

    (5) seguro.

Las preguntas 18 a 20 se refieren a la siguiente gráfica.

Balanza de pagos internacionales de EE.UU.

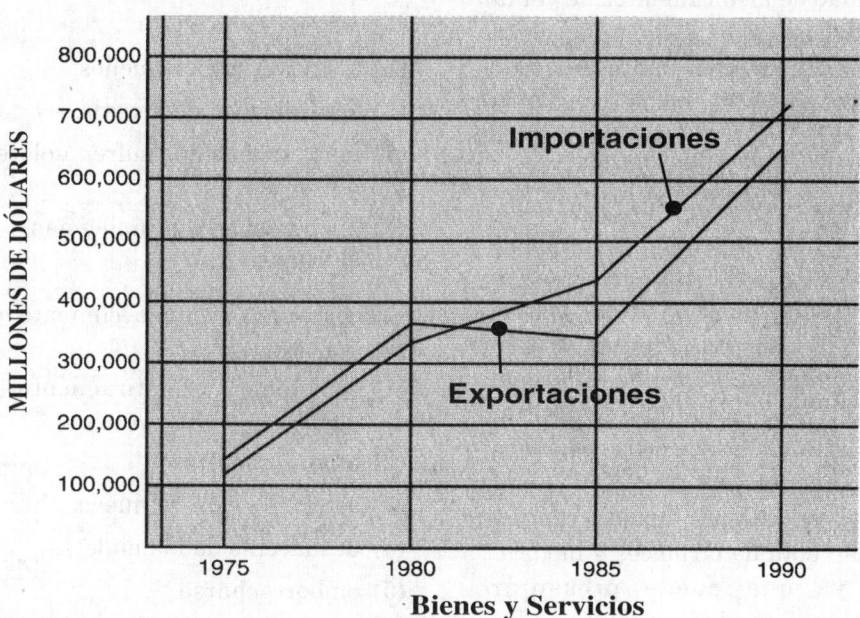

18. Según la gráfica, el valor de los bienes y servicios que Estados Unidos exportó superó el valor de los bienes y servicios importados durante los años
    (1) 1975–1982
    (2) 1982–1985
    (3) 1980–1990
    (4) 1985–1990
    (5) La gráfica no revela esta información.

19. El valor de los bienes y servicios que Estados Unidos importó superó el valor de los bienes y servicios que exportó durante los años
    (1) 1975–1980
    (2) 1980–1985
    (3) 1980–1990
    (4) 1982–1990
    (5) La gráfica no revela esta información.

20. En 1985, las importaciones superaron a las exportaciones. ¿Cuál fue el monto excedente? (Respuesta en millones de dólares.)
    (1) 4,000
    (2) 10,000
    (3) 40,000
    (4) 100,000
    (5) 1,000,000

Las preguntas 21 a 23 se refieren al siguiente artículo.

La publicidad de medicamentos de venta libre se ha convertido en una fuente frecuente de confusión y de gastos innecesarios. Algunas veces puede hasta ocasionar daños a la salud. Entre los medicamentos patentados publicitados excesivamente, se encuentran aquellos que afirman tener poderes de rejuvenecimiento y que se venden a ancianos. Un gerontólogo destacado resaltó que la mayoría de estos medicamentos generalmente contienen vitaminas y alcohol, pero que el alcohol es más barato en la tienda de licores, además de que la mayoría de las personas no necesitan vitaminas extra.

La televisión es especialmente convincente en la venta de fármacos y medicamentos, ya que puede presentar demostraciones seudocientíficas en las que aparecen actores con aspecto de realismo y autoridad, tal como si realmente fueran doctores, dentistas o científicos.

Una de las áreas más preocupantes de las promociones médicas la constituyen los productos que se venden para los enfermos de artritis. La propaganda engañosa tiene como víctimas a cinco millones de enfermos de artritis a un costo de millones de dólares por año. Los aparatos vibradores son los dispositivos mecánicos más inútiles que se venden con más frecuencia, pero el problema más grande entre los medicamentos desvirtuados por la publicidad son las "aspirinas pretenciosas", como Arthrycin. Estas aspirinas generalmente cuestan de cinco a seis dólares cada 20 tabletas, mientras que las aspirinas comunes cuestan menos de la quinta parte de esa cantidad.

21. Según el fragmento anterior, las víctimas más frecuentes de los medicamentos patentados son
    (1) los ancianos.
    (2) los niños más pequeños.
    (3) los enfermos de artritis.
    (4) las personas que sufren dolores de cabeza.
    (5) las personas con problemas dentales.

22. El concepto de "rejuvenecimiento" expresa la idea de
    (1) someterse a un estiramiento facial.
    (2) aliviar el dolor.
    (3) sentirse joven de nuevo.
    (4) deshacerse de las muletas.
    (5) emborracharse.

23. La televisión es particularmente efectiva como medio de venta porque
    (1) transmite realismo.
    (2) generalmente es a color.
    (3) a menudo la ven ancianos y niños.
    (4) no tiene costo alguno.
    (5) se puede repetir sin cesar.

Las preguntas 24 a 28 se refieren a la tabla que aparece a continuación.

TABLA DE HIPOTECA
Hipoteca a 30 años (capital e intereses mensuales)

Hipoteca Cantidad	Tasa de interés				
	9%	10%	11%	12%	13%
$10,000	$ 81	$ 88	$ 95	$103	$111
$20,000	$161	$176	$190	$206	$221
$30,000	$242	$264	$286	$309	$330
$40,000	$322	$351	$381	$411	$442
$50,000	$402	$439	$476	$515	$553

24. Si el Sr. y la Sra. Garay toman una hipoteca de $40,000 al 11 por ciento, ¿cuál será el monto de las cuotas mensuales?

   (1) $206

   (2) $286

   (3) $322

   (4) $351

   (5) $381

25. ¿Cuál de las siguientes afirmaciones NO está sustentada por la información de la tabla de hipoteca?

   (1) Las personas deberán realizar pagos más elevados de su hipoteca a medida que la tasa de interés aumente.

   (2) Los pagos de la hipoteca aumentarán a medida que se incremente la cantidad de dinero solicitada.

   (3) Será más costoso solicitar $10,000 a una tasa del 13 por ciento que a una del 12 por ciento.

   (4) Es más costoso solicitar $40,000 a una tasa del 12 por ciento que $50,000 a una tasa del 10 por ciento.

   (5) Es más económico solicitar $30,000 a una tasa del 10 por ciento que a una del 12 por ciento.

26. ¿Qué monto pagará un prestatario en un año si solicita $50,000 a una tasa del 9 por ciento?

   (1) $402

   (2) $4,824

   (3) $5,530

   (4) $50,000

   (5) No se puede determinar.

27. Según la información de la tabla, ¿qué monto deberá pagar usted por mes por una hipoteca de $25,000 a una tasa del 11 por ciento?

   (1) $176

   (2) $190

   (3) $238

   (4) $286

   (5) No se puede determinar.

28. ¿Cuál fue el monto total del interés que se pagó durante el plazo de una hipoteca de $10,000 a una tasa del 12 por ciento?

   (1) $10,000

   (2) $27,080

   (3) $37,080

   (4) $40,000

   (5) No se puede determinar.

29. El índice de precios al consumidor, una medición económica publicada por el gobierno de Estados Unidos, puede aumentar como consecuencia de ciertos sucesos locales o extranjeros. ¿Cuál de los siguientes titulares tendría MENOS posibilidades de ocasionar un aumento en el índice de precios al consumidor?

(1) "Posible cosecha extraordinaria en California"

(2) "Miles de pollos sacrificados a causa de la sequía en el sureste"

(3) "Una helada arruina naranjales en lo que es el invierno más frío de Florida"

(4) "Estados Unidos impone tarifas a la importación de automóviles"

(5) "Embargo estadounidense a microchips asiáticos"

30. "La tecnología se ha desarrollado de tal manera que la mayoría del trabajo que realizaban trabajadores sin educación secundaria completa, en la actualidad, puede realizarse con menor costo por medio del uso de máquinas."

¿Cuál de las siguientes conclusiones es la que mejor se respalda en esta afirmación?

(1) El costo de proporcionar educación secundaria a todos los ciudadanos es muy elevado.

(2) En la actualidad, se necesita un título secundario para poder operar la maquinaria más simple.

(3) La necesidad de trabajadores administrativos disminuirá en el futuro.

(4) La necesidad de obreros aumentará en el futuro.

(5) Las personas que no completan su educación secundaria tendrán más dificultades para encontrar un empleo.

CLAVE DE RESPUESTAS Y EXPLICACIONES

1. (5)	9. (4)	17. (5)	24. (5)
2. (1)	10. (3)	18. (1)	25. (4)
3. (4)	11. (2)	19. (4)	26. (2)
4. (1)	12. (3)	20. (4)	27. (3)
5. (3)	13. (5)	21. (1)	28. (2)
6. (1)	14. (2)	22. (3)	29. (1)
7. (3)	15. (2)	23. (1)	30. (5)
8. (4)	16. (2)		

1. **La respuesta correcta es la (5).** Los datos muestran que a medida que el suministro de trigo aumentó, el precio disminuyó. Esto ilustra el concepto de la oferta y la demanda.

2. **La respuesta correcta es la (1).** Según el punto de vista del autor, la energía solar se usará una vez que el costo se equipare con el de los combustibles convencionales. Si algo es económico, y de buena o de mejor calidad, el consumidor lo comprará. Éste es un ejemplo del funcionamiento del sistema de mercado.

3. **La respuesta correcta es la (4).** No es posible probar este enunciado con hechos. Cada uno de los otros pueden confirmarse con estadísticas.

4. **La respuesta correcta es la (1).** Durante la inflación, el dinero pierde su poder adquisitivo rápidamente.

5. **La respuesta correcta es la (3).** Una recesión es menos drástica que una depresión o una quiebra.

6. **La respuesta correcta es la (1).** El laissez-faire es la doctrina que sostiene que un sistema económico funciona mejor cuando no hay interferencia por parte del gobierno.

7. **La respuesta correcta es la (3).** El sistema descrito es el comunismo (en contraposición al socialismo y al capitalismo).

8. **La respuesta correcta es la (4).** Si el precio disminuye, la demanda generalmente aumentará.

9. **La respuesta correcta es la (4).** El Sistema de la Reserva Federal regula el suministro de dinero. La Oficina de Grabado e Impresión imprime el dinero, pero sale a circulación cuando así lo determina la Reserva Federal.

10. **La respuesta correcta es la (3).** Los convenios colectivos son un procedimiento mediante el cual, un empleador accede a discutir las condiciones laborales con los representantes de los empleados. El boicoteo, la huelga y el arbitraje generalmente reflejan un punto muerto en las negociaciones.

11. **La respuesta correcta es la (2).** El formulario W2 especifica los ingresos y las retenciones.

12. **La respuesta correcta es la (3).** Los impuestos al valor agregado se basan en el aumento del precio o el valor en cada nivel de producción de un producto. En Estados Unidos, este tipo de impuesto no se cobra.

13. **La respuesta correcta es la (5).** Las opciones (1), (2), (3) y (4) son todas razones para el cobro de impuestos.

14. **La respuesta correcta es la (2).** Los impuestos sobre el consumo son aquellos que se cobran sobre los artículos de lujo.

explicaciones

15. **La respuesta correcta es la (2).**
Los impuestos regresivos son aquellos que se cobran sin considerar el ingreso del contribuyente.

16. **La respuesta correcta es la (2).**
El Seguro Social cubre todas estas situaciones.

17. **La respuesta correcta es la (5).**
El seguro sirve como un medio para proteger a los individuos contra pérdidas de todo tipo.

18. **La respuesta correcta es la (1).**
Para encontrar los años en los que las exportaciones superaron las importaciones, encuentre la sección de la gráfica en la que la línea continua aparece por encima de la línea de puntos. Esto sucede en 1975, 1976, 1977, 1978, 1979, 1980, 1981 y 1982.

19. **La respuesta correcta es la (4).**
Las importaciones superan las exportaciones cuando la línea de puntos está por encima de la línea continua: desde 1982 hasta el final de la gráfica.

20. **La respuesta correcta es la (4).**
Importaciones en 1985 = alrededor de $460,000 millones. Exportaciones en 1985 = alrededor de $360,000 millones. La diferencia es de $100,000 millones.

21. **La respuesta correcta es la (1).**
La tercera oración afirma que la mayoría de los medicamentos patentados publicitados excesivamente son aquellos que aseguran tener poderes de rejuvenecimiento; estos medicamentos se venden a los ancianos. Otro de los grandes grupos mencionados es el de los enfermos de artritis, pero muchos de ellos también son ancianos.

22. **La respuesta correcta es la (3).**
La clave de la respuesta está en la palabra "joven".

23. **La respuesta correcta es la (1).**
A pesar de que todas las respuestas son relativamente correctas, la mejor opción es la (1) ya que en los párrafos se pone énfasis en la idea de la verosimilitud.

24. **La respuesta correcta es la (5).**
La tabla muestra que $40,000 solicitados a una tasa del 11 por ciento cuestan $381 por mes.

25. **La respuesta correcta es la (4).**
$40,000 solicitados a una tasa del 12 por ciento cuestan $411 por mes; $50,000 a una tasa del 10 por ciento cuestan $439 por mes. El préstamo de $40,000 es más barato, por lo tanto, la opción (4) es incorrecta.

26. **La respuesta correcta es la (2).**
Un préstamo de $50,000 al 9 por ciento cuesta $402 por mes. 12 cuotas mensuales de $402 = $4,824 por año.

27. **La respuesta correcta es la (3).**
La tabla no indica las cuotas de un préstamo de $25,000. Usted puede calcular el monto de dichas cuotas con los números expresados para un préstamo de $20,000 y de $30,000. Un préstamo de $25,000 está en el medio entre uno de $20,000 y otro de $30,000. Por lo tanto, calcule el promedio:

$$\frac{\$190 + \$286}{2} = \$238$$

28. **La respuesta correcta es la (2).**
Ésta es una pregunta difícil. $10,000 a pagar durante 30 años a una tasa del 12 por ciento cuestan $103 por mes. Por lo tanto, $103 × 360 cuotas (12 meses multiplicados por 30 años) es igual a $37,080 de capital más interés. Reste $10,000 de capital a $37,080 y los $27,080 restantes corresponden a los intereses.

29. **La respuesta correcta es la (1).**
Cada una de las opciones, excepto (1), tendría un efecto adverso sobre la economía de Estados Unidos. La opción (1) causaría una baja en los precios, ya que por la ley de la oferta y la demanda, al aumentar la primera se produce una reducción de la demanda y del precio.

30. **La respuesta correcta es la (5).**
La idea expresada es que la educación es necesaria para obtener un empleo ya que las máquinas se encargarán del trabajo no especializado.

EDUCACIÓN CÍVICA Y GOBIERNO

Instrucciones: Para cada pregunta, encierre en un círculo el número de la respuesta que mejor responda a la pregunta o complete el enunciado. Las respuestas correctas y explicaciones se encuentran al final del capítulo.

1. ¿Cuál es el factor que aparenta ser de suma importancia para el éxito de una forma democrática de gobierno?
   - (1) elevada producción industrial
   - (2) recursos minerales abundantes
   - (3) bajas tasas de interés
   - (4) elevada tasa de alfabetización
   - (5) elevado ingreso per cápita

2. El primer mandatario de Estados Unidos a menudo se remite a un grupo de asesores que no poseen estado legal ni constitucional según las leyes estadounidenses. Este grupo es
   - (1) el Gabinete Ministerial.
   - (2) la Corte Suprema.
   - (3) los jefes del Estado Mayor Conjunto.
   - (4) el Comité Nacional Republicano.
   - (5) el Senado.

3. Un residente de muchos años del estado de Connecticut decide postularse para el cargo de senador de Estados Unidos en el estado de New York. Un periodista local que escribe en oposición a la candidatura ridiculiza al hombre con el término
   - (1) *carpetbagger*.
   - (2) periodista ensacionalista.
   - (3) independiente.
   - (4) *Bull Moose*.
   - (5) *scalawag*.

4. Los candidatos para el cargo de presidente de Estados Unidos deben ser ciudadanos nacidos en el país que tengan al menos 35 años de edad y que hayan vivido en Estados Unidos durante 14 años como mínimo. Estos requisitos los establece
   - (1) la Corte Suprema.
   - (2) la Constitución de Estados Unidos.
   - (3) las leyes estatutarias.
   - (4) la Declaración de Derechos.
   - (5) un decreto parlamentario.

5. En la mayoría de los estados, los gobernadores pueden hacer uso del derecho del veto de partidas específicas sobre proyectos de ley de autorización de gastos y partidas presupuestarias. El veto de partidas específicas permite al gobernador rechazar ciertas partes de un proyecto de ley que se presenta para su aprobación. El presidente no puede ejercer el poder de este veto a pesar de que algunos políticos y críticos lo han respaldado. Para modificar esto, ¿qué pasos serían necesarios según las leyes estadounidenses?
   - (1) una comunicación del presidente al Parlamento
   - (2) una Convención Constituyente
   - (3) una decisión de la Corte Suprema de Estados Unidos
   - (4) una consulta con el Gabinete
   - (5) una enmienda constitucional

6. ¿Cuál de los enunciados sobre el Congreso de Estados Unidos es una opinión?

   (1) El Senado tiene el derecho de aprobar o rechazar las designaciones para ciertos cargos.

   (2) Los miembros del Congreso son designados para las comisiones según la antigüedad.

   (3) Los proyectos de ley de autorización de gastos y partidas presupuestarias se deben originar en el Parlamento.

   (4) La legislación del Congreso ha originado un déficit de la balanza comercial muy elevado para Estados Unidos.

   (5) El vicepresidente es el funcionario que preside el Senado.

7. El requisito de que un oficial de policía tenga una orden judicial para llevar a cabo un allanamiento en su casa se basa en

   (1) la Declaración de Derechos.

   (2) la costumbre.

   (3) la constitución de cada estado.

   (4) la Constitución de Estados Unidos.

   (5) las leyes locales.

8. El presidente de Estados Unidos tiene autoridad sobre la política militar y exterior. Los actos presidenciales, como el uso de las fuerzas armadas sin declaración de guerra o sin la autorización del Congreso, han originado una fuerte controversia en la historia estadounidense. Esto es así especialmente en los casos en los que las tropas estadounidenses han interferido en los asuntos internos de otras naciones. Esto sucedió en

   (1) la Guerra de Secesión.

   (2) la Primera Guerra Mundial.

   (3) la Segunda Guerra Mundial.

   (4) el Conflicto Coreano.

   (5) la Guerra de las Islas Malvinas.

9. ¿Cuál opción ilustra el concepto de federalismo según se manifiesta en la estructura del Gobierno de Estados Unidos?

   (1) La autoridad de tomar y hacer cumplir decisiones recae en el poder judicial del gobierno.

   (2) Los proyectos de ley de autorización de gastos y partidas presupuestarias se deben originar en la Cámara de Representantes.

   (3) La Constitución asigna algunas responsabilidades al gobierno federal y otras a los estados, mientras que otras son compartidas por ambos.

   (4) El sistema constitucional de pesos y contrapesos concentra potestad en el poder legislativo del gobierno.

   (5) Según la Constitución, los partidos políticos se dividen entre funcionarios federales, estatales y locales.

La pregunta 10 se basa en la encuesta de opinión pública a continuación.

PREGUNTA	PORCENTAJE DE ENCUESTADOS		
	De acuerdo	En desacuerdo	No está seguro
Las campañas para bancas en el Congreso deberían mantenerse solamente con fondos públicos.	30	62	8
Se debería prohibir a los Comités de Acción Política, PAC (por sus siglas en inglés, *Political Action Committees*), que contribuyan con más de $5,000 en ninguna campaña para bancas en el Congreso.	35	53	12

10. La información de la tabla anterior indica que la mayoría de las personas encuestadas

    (1) estuvieron a favor de los cambios en el financiamiento de las campañas.

    (2) apoyaron ambos enunciados.

    (3) no fueron precisas sobre los temas.

    (4) tuvieron opiniones divididas entre las dos preguntas.

    (5) estuvieron a favor del status quo.

11. ¿Cuál de las siguientes descripciones es un ejemplo de *lobbying*?

    (1) Un candidato derrotado para el cargo de gobernador es designado para el gabinete del presidente.

    (2) Los contratos federales se adjudican a empresas en un estado particular a cambio de ciertas acciones que deben llevar a cabo los senadores de ese estado.

    (3) Dos miembros del Parlamento acuerdan apoyarse mutuamente en sus proyectos de ley.

    (4) La Cámara de Comercio de E.E.U.U. contrata a una persona para que presente su postura ante el Congreso de E.E.U.U.

    (5) ninguna de las anteriores

12. En una elección presidencial en Estados Unidos el voto del electorado se distribuyó de la siguiente manera:

CANDIDATO	W	X	Y	Z
% del voto electoral	36%	36%	18%	10%

Sobre la base de esta información, ¿cuál de las siguientes opciones sería el resultado más probable de la elección?

    (1) El candidato W fue declarado ganador inmediatamente después de la elección.

    (2) El candidato W se convirtió en presidente y el candidato X en vicepresidente.

    (3) Se realizó una nueva elección presidencial en la que participaron solamente los candidatos W y X.

    (4) El presidente fue elegido por los miembros de la Cámara de Representantes.

    (5) El presidente fue elegido mediante una resolución conjunta del Senado y la Cámara.

Las preguntas 13 a 16 se refieren a la siguiente información.

En el cumplimiento de sus funciones, cada gobernador recibe asistencia administrativa de una variedad de funcionarios estatales, que son tanto electos como designados. La mayoría de los gobiernos estatales generalmente incluyen estos funcionarios:

Vicegobernador	Preside el senado estatal, cumple la función de gobernador cuando éste no está en el estado.
Fiscal general	Hace cumplir las leyes estatales, representa al estado en la corte como fiscal principal o abogado de la defensa, brinda asesoría legal al gobierno estatal.
Secretario de estado	Supervisa las actividades comerciales oficiales del estado.
Tesorero estatal	Recauda los impuestos y paga las cuentas.
Superintendente de educación pública	Supervisa la administración de las escuelas públicas y hace cumplir el código de educación estatal.

Cada una de las siguientes preguntas describe una situación en la que uno o varios ciudadanos requieren de la asistencia de un funcionario estatal. Escoja el mejor funcionario para resolver cada problema.

13. Una empresa que tiene un crecimiento rápido decide cambiar su estructura legal y transformarse en una sociedad. ¿Qué funcionario se encarga de este problema?

    (1) Vicegobernador
    (2) Fiscal general
    (3) Secretario de estado
    (4) Tesorero estatal
    (5) Superintendente de educación pública

14. En el distrito escolar de Fort Deeges, los niños con incapacidades tienen derecho a asistir a clases junto con niños que no las tienen, en la medida de lo físicamente posible. Al hijo del Sr. y la Sra. Juárez, que se traslada en una silla de ruedas, se le negó el derecho de asistir a las clases de química o física en su colegio secundario, a pesar de las apelaciones ante el director y ante la junta escolar local. ¿A qué funcionario estatal debe pedir ayuda la familia Juárez?

    (1) Vicegobernador
    (2) Fiscal general
    (3) Secretario de estado
    (4) Tesorero estatal
    (5) Superintendente de educación pública

15. El gobernador del estado presenta su renuncia al cargo en la mitad de su mandato y se postula para una banca en el Senado de Estados Unidos. ¿Qué funcionario se encarga de este problema?

    (1) Vicegobernador
    (2) Fiscal general
    (3) Secretario de estado
    (4) Tesorero estatal
    (5) Superintendente de educación pública

16. Un esquema piramidal, que se diseñó supuestamente para que cada participante se hiciera rico a corto plazo, fracasó. Más de cien personas se vieron afectadas y cada una perdió entre $500 y $2,500. ¿A quién deben pedir ayuda estas personas?

    (1) Vicegobernador
    (2) Fiscal general
    (3) Secretario de estado
    (4) Tesorero estatal
    (5) Superintendente de educación pública

La pregunta 17 se basa en las citas a continuación.

"Cuando (...) un gobierno comienza a ser perjudicial para estos fines, el pueblo tienen el derecho de cambiarlo o de destituirlo y de instituir un gobierno nuevo (...)."

Thomas Jefferson

"(...) llega un momento en el que la gente se cansa. Estamos reunidos aquí, esta noche, para decirles a aquellos que nos han maltratado durante tanto tiempo que estamos cansados; cansados de que nos aíslen y humillen, cansados de que nos pateen con los pies brutales de la opresión. No tenemos otra alternativa, salvo la de protestar (...)."

Martin Luther King, hijo.

17. ¿Cuál enunciado es el que mejor resume la idea principal de ambas citas?

(1) La violencia es la única forma eficaz de protesta.

(2) El gobierno es perjudicial para la libertad y la dignidad humana.

(3) La revolución es inevitable en una sociedad democrática.

(4) En última instancia, el pueblo puede presionar al gobierno para que dé respuesta a sus necesidades.

(5) El pueblo debería ignorar las leyes con las que no está de acuerdo.

Las preguntas 18 y 19 se refieren a la siguiente cita del veredicto de la Corte Suprema en el caso Brown vs. la junta educativa de Topeka, en Kansas.

"Llegamos a la conclusión de que, en el ámbito de la educación pública, la doctrina de 'separados pero iguales' no tiene cabida. Los establecimientos educativos separados son por naturaleza desiguales. Por lo tanto, por las razones de segregación que se denuncian, creemos que las leyes no proporcionan una protección igualitaria, garantizada en la Enmienda XIV, a los demandantes."

18. Esta sentencia de la Corte Suprema se basa en la idea de que la segregación en la educación es probable que

(1) les niegue a los individuos la oportunidad de realizar progresos sociales y económicos.

(2) cree problemas administrativos innecesarios en las escuelas nacionales.

(3) disponga cargas excesivas para los sistemas de transporte escolar.

(4) tenga como resultado un aumento impositivo injusto para respaldar sistemas educativos dobles.

(5) tenga como resultado estándares educativos más elevados.

19. Se puede decir con mucha precisión que esta resolución de la Corte Suprema ha marcado el comienzo del final de

(1) la violencia racial.

(2) la educación pública.

(3) la discriminación racial legal.

(4) el movimiento por los derechos civiles.

(5) la educación privada.

20. La Enmienda sobre Igualdad de Derechos fue _____ luego de diez años de lucha por la ratificación.

(1) aprobada

(2) rechazada

(3) extendida

(4) redactada de nuevo

(5) ratificada

21. Durante la década de 1960, Estados Unidos se involucró profundamente en una guerra importante en el sureste de Asia. A pesar de que Estados Unidos tenía opiniones divididas sobre nuestra interferencia en asuntos de otro país, las tropas estadounidenses no se retiraron completamente de___ hasta 1973.

(1) China

(2) Vietnam

(3) Nicaragua

(4) El Salvador

(5) Tailandia

22. Las primeras diez enmiendas de la Constitución de Estados Unidos, conocidas como "Declaración de Derechos", garantizan a todos los ciudadanos todo lo siguiente, EXCEPTO

    (1) protección contra castigos excesivos o inusuales.

    (2) libertad para reunirse pacíficamente.

    (3) el derecho a votar.

    (4) el derecho a portar armas.

    (5) libertad de prensa y expresión.

23. En la Convención Constituyente de 1787, se presentaron varios planes de gobierno para Estados Unidos. Los celos por intereses sectoriales quedaron al descubierto. Los estados más pequeños temían que los estados grandes, con una mayor cantidad de población, los aventajaran en el poder del voto. El problema se resolvió mediante la institución de un Congreso que fue una legislatura bicameral. Esto dio origen a lo que se conoce como "Senado" y "Cámara de Representantes". En la actualidad, la Cámara de Representantes tiene 435 miembros,

    (1) que es el mismo número de los miembros del Senado.

    (2) que son elegidos para cumplir funciones durante períodos de cuatro años.

    (3) que se dividen por igual entre los 50 estados.

    (4) que el Colegio Electoral elige.

    (5) que representan a los estados en proporción a sus poblaciones.

Las preguntas 24 a 26 se basan en la siguiente gráfica.

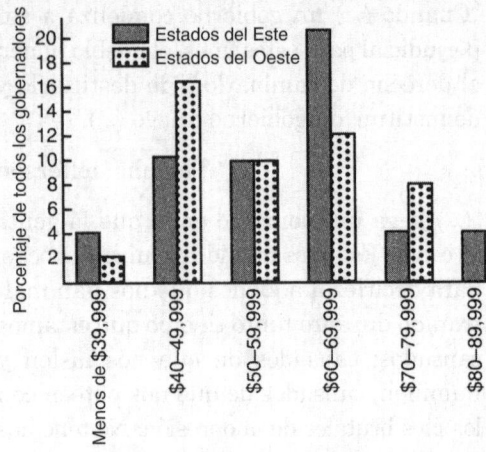

24. ¿En qué segmento de ingresos se encontraba la *mayor* diferencia en el porcentaje de gobernadores de los estados del este y del oeste?

    (1) $30,000–39,999

    (2) $40,000–49,999

    (3) $50,000–59,999

    (4) $60,000–69,999

    (5) $70,000–79,999

25. ¿Cuál de los siguientes enunciados sobre el ingreso de los gobernadores de Estados Unidos se puede inferir correctamente de la tabla?

    (1) Es más probable que los gobernadores de los estados del oeste tengan salarios más elevados que los gobernadores de los estados del este.

    (2) La mayoría de los gobernadores de Estados Unidos reciben salarios de entre $40,000 y $69,999 por año.

    (3) Es más probable que los gobernadores de los estados del este tengan salarios más elevados que los gobernadores de los estados del oeste.

    (4) Los gobernadores de mayor edad ganan más que los gobernadores más jóvenes.

    (5) La mayoría de los gobernadores ganan menos de $55,000 por año.

26. ¿Cuál de los siguientes diagramas interpreta con más precisión la información que se encuentra en la tabla anterior?

(1) Porcentaje de gobernadores que ganan menos de $50,000 por año

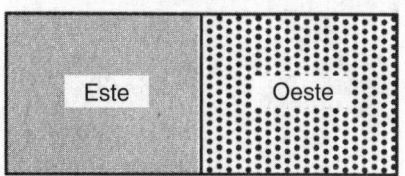

(2) Porcentaje de gobernadores que ganan menos de $39,999 por año

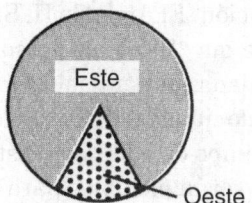

(3) Porcentaje de gobernadores que ganan entre $70,000 y $79,999 por año

(4) Porcentaje de los salarios de todos los gobernadores

(5) Porcentaje de gobernadores que ganan más de $50,000 por año

CLAVE DE RESPUESTAS Y EXPLICACIONES

1. (4)	8. (4)	15. (1)	21. (2)
2. (1)	9. (3)	16. (2)	22. (3)
3. (1)	10. (5)	17. (4)	23. (5)
4. (2)	11. (4)	18. (1)	24. (4)
5. (5)	12. (4)	19. (3)	25. (2)
6. (4)	13. (3)	20. (2)	26. (3)
7. (1)	14. (5)		

1. **La respuesta correcta es la (4).** Una democracia no puede prosperar ni sobrevivir si sus ciudadanos no pueden leer, escribir ni investigar las posturas de los candidatos para los cargos públicos.

2. **La respuesta correcta es la (1).** El Gabinete existe por costumbre o tradición. No tiene una condición legal formal y no se menciona en la Constitución.

3. **La respuesta correcta es la (1).** Los *carpetbaggers* eran ciudadanos del norte que se mudaron al sur después de la Guerra de Secesión, entre otras razones, por ganancias financieras. Este término se utiliza para referirse a políticos oportunistas que pretenden representar a una localidad que no es la suya. Un periodista sensacionalista es aquél que pone en evidencia la maldad de la sociedad. Los independientes son aquellos que toman una postura de neutralidad o indecisión en política. El término *Bull Moose* se refiere al partido político representado por Theodore Roosevelt después de que abandonó su cargo de presidente. El término *Scalawag* se refiere a los blancos del sur que se oponían a la Confederación y que les dieron la bienvenida a los Republicanos después de la Guerra de Secesión.

4. **La respuesta correcta es la (2).** Estos requisitos se establecen en la Constitución. El Artículo II, Sección I, establece que: "Sólo las personas que sean ciudadanos por nacimiento o que hayan sido ciudadanos de Estados Unidos al tiempo de adoptarse esta Constitución, serán elegibles para el cargo de presidente; tampoco será elegible una persona que no haya cumplido 35 años de edad y que no haya residido 14 años en Estados Unidos."

5. **La respuesta correcta es la (5).** Ha habido un considerable apoyo al hecho de darle al presidente el poder del veto de partidas específicas, pero, hasta la fecha, nadie dio el paso esencial de redactar un borrador de enmienda de la Constitución.

6. **La respuesta correcta es la (4).** Las opciones (1), (2), (3) y (5) se refieren a ordenanzas y leyes que rigen al Congreso de Estados Unidos. (4) es una opinión que requiere sustento.

7. **La respuesta correcta es la (1).** La Enmienda IV, que forma parte de la Declaración de Derechos, establece que "El derecho de los habitantes de que sus personas, domicilios, papeles y efectos se hallen a salvo de pesquisas y aprehensiones arbitrarias será inviolable, y no se expedirán al efecto mandamientos que no se apoyen en un motivo verosímil, estén

corroborados mediante juramento o protesta y describan con particularidad el lugar que deba ser registrado y las personas o cosas que han de ser detenidas o embargadas."

8. **La respuesta correcta es la (4).** Las tropas estadounidenses tomaron parte en el Conflicto Coreano cuando el presidente Truman respondió al pedido del Consejo de Seguridad de las Naciones Unidas.

9. **La respuesta correcta es la (3).** La opción (2) no es una expresión de federalismo; las opciones (1) y (4) se relacionan con el sistema de pesos y contrapesos; en el caso de la opción (5), los partidos políticos no se mencionan en la Constitución de Estados Unidos. Sin embargo, la opción (3) es una expresión de federalismo plasmada en la Constitución.

10. **La respuesta correcta es la (5).** En la actualidad, las campañas para bancas en el Congreso se mantienen con capitales privados y donaciones de ciudadanos, grupos con intereses especiales e intereses comerciales. Claramente, la mayoría de los encuestados no estuvieron de acuerdo con ninguna de las dos preguntas (62 a 30 y 53 a 35), de ese modo, se eliminan las opciones (1), (2) y (4). No tenemos información adicional sobre cómo, dónde o a quién se le formularon estas preguntas, por lo tanto, la opción (3) no es una respuesta aceptable. Las estadísticas reflejan claramente la opción (5).

11. **La respuesta correcta es la (4).** El *lobbying* es parte de la garantía constitucional que otorga al pueblo el derecho de peticionar ante sus líderes. Las empresas y las organizaciones tratan de influenciar a los miembros de las legislaturas para que voten a favor o en contra de ciertos proyectos de ley que estas organizaciones consideran que son beneficiosos para los intereses de sus miembros. Para lograr esto, generalmente contratan a alguien que los represente, es decir, un lobista.

12. **La respuesta correcta es la (4).** Si ningún candidato recibe la mayoría de los votos electorales, la Cámara de Representantes decide cuál es el resultado de la elección.

13. **La respuesta correcta es la (3).** El secretario de estado registra las operaciones comerciales oficiales del estado, que incluye la situación de los negocios de las sociedades.

14. **La respuesta correcta es la (5).** La educación es, en última instancia, una responsabilidad estatal y el superintendente estatal de educación pública (o su equivalente) es generalmente quien toma la decisión final en los conflictos sobre la aplicación de las reglamentaciones de educación estatal.

15. **La respuesta correcta es la (1).** La mayoría de los estados tienen un vicegobernador quien cumpliría con las funciones de gobernador en caso de jubilación, renuncia, fallecimiento o una acusación por delitos cometidos durante el desempeño de las funciones de éste.

16. **La respuesta correcta es la (2).** El fiscal general, generalmente considerado como el segundo cargo más importante en el gobierno estatal, es sumamente notorio y "político", como así también, responsable de hacer cumplir las leyes en el estado.

17. **La respuesta correcta es la (4).** Tanto Thomas Jefferson como Martin Luther King, hijo, apoyaban la idea de que el gobierno es para el pueblo y por el pueblo. Ellos creían que era el derecho del pueblo rebelarse contra los gobiernos opresivos (Jefferson) o protestar en con-

explicaciones

tra de uno que discrimine a un grupo, concretamente afroamericanos (King).

18. **La respuesta correcta es la (1).** La sentencia de la Corte Suprema se basa en la idea de que la segregación en la educación es inadecuada y en que es muy probable que niegue a los niños afroamericanos la posibilidad de que realicen progresos sociales y económicos.

19. **La respuesta correcta es la (3).** Con la declaración de inconstitucionalidad de los sistemas escolares segregacionistas, se puede decir con gran precisión que la Corte Suprema marcó el comienzo del final de la discriminación racial legal.

20. **La respuesta correcta es la (2).** Enmienda sobre Igualdad de Derechos (ERA, por sus siglas en inglés) fue rechazada por la falta de ratificación de un número suficiente de estados dentro de los límites de tiempo adecuados.

21. **La respuesta correcta es la (2).** El presidente Nixon retiró completamente las tropas de Vietnam en 1973.

22. **La respuesta correcta es la (3).** El derecho al voto no se incluyó en las primeras diez enmiendas de la Constitución.

23. **La respuesta correcta es la (5).** El número de representantes de cada estado depende de la población de cada uno.

24. **La respuesta correcta es la (4).** Si, al veinte por ciento de los gobernadores del este en el segmento de $60,000, se le resta el 12 por ciento de los gobernadores del oeste en el mismo segmento, se obtiene un resultado de 8 por ciento. Los resultados en las otras categorías son 2 por ciento, 6 por ciento, 0 por ciento y 4 por ciento.

25. **La respuesta correcta es la (2).** Esto se puede controlar con la tabla sumando los porcentajes:

$$10 + 16 + 10 + 10 + 20 + 12 = 78$$

por ciento (la mayoría)

26. **La respuesta correcta es la (3).** En la categoría de $70,000, existe exactamente el doble de gobernadores del oeste que del este. Las opciones (1) y (5) son incorrectas ya que el porcentaje con ingresos por debajo de $50,000 es desigual (14 por ciento/18 por ciento), como así también el porcentaje con ingresos por encima de $50,000. La opción (2) es incorrecta porque el porcentaje de gobernadores con ingresos por debajo de $39,999 representa aproximadamente un 4 por ciento/2 por ciento, mientras que el diagrama muestra una proporción de 7/1. La gráfica no confirma la opción (4).

GEOGRAFÍA

Instrucciones: Para cada pregunta, encierre en un círculo el número de la respuesta que mejor responda a la pregunta o complete el enunciado. Las respuestas correctas y explicaciones se encuentran al final del capítulo.

Las preguntas 1 y 2 se refieren al mapa que aparece a continuación.

TERRITORIO ORIGINAL Y ADQUISICIONES DE TERRITORIOS DE EE.UU.

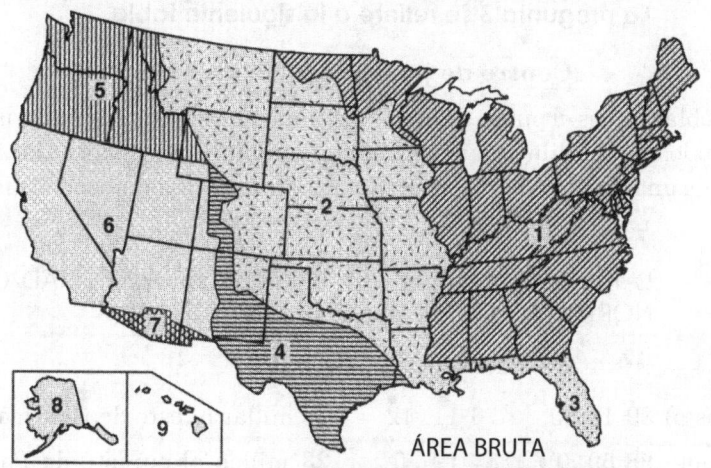

*Los 13 estados y territorios originales.

ÁREA BRUTA
Tierra y aguas, millas cuadradas

1	13 estados originales, 1790*	888,685
2	Adquisición de Louisiana, 1803	827,192
3	Cesión española, 1819	72,003
4	Anexión de Texas, 1845	390,143
5	Territorio de Oregon, 1846	285,580
6	Cesión mexicana, 1848	529,017
7	Adquisición de Gadsden, 1853	29,640
8	Adquisición de Alaska, 1867	589,757
9	Anexión de Hawai, 1898	6,450
	Guam y Puerto Rico, 1899	212 y 3,435
	American Samoa, 1900	76
	Virgin Islands, 1917	133
	Territorio en fideicomiso de las Islas del Pacífico y otros, 1947	9,087

1. ¿Cuál de los siguientes hechos representa la adquisición más grande de territorio?

   (1) Anexión de Texas

   (2) Cesión española

   (3) Territorio de Oregon

   (4) Adquisición de Louisiana

   (5) Adquisición de Alaska

2. ¿Cuál de los siguientes hechos representa la última adición a Estados Unidos continental?

   (1) Adquisición de Alaska

   (2) Adquisición de Gadsden

   (3) Anexión de Hawaii

   (4) Anexión de Texas

   (5) Cesión mexicana

La pregunta 3 se refiere a la siguiente tabla.

Centro de población: 1790 a 1900

El "centro de población" es el punto en el que un mapa imaginario rígido, liviano y plano de Estados Unidos se equilibraría si se colocaran sobre él pesas de valor idéntico de manera que cada una de ellas representara la ubicación de una persona el día del censo.

AÑO	LATITUD NORTE	LATITUD OESTE	UBICACIÓN APROXIMADA
	° ′ ″	° ′ ″	
1790 (2 de agosto)	39 16 30	76 11 12	23 millas al este de Baltimore, MD
1850 (1 de junio)	38 59 0	81 19 0	23 millas al sureste de Parkersburg, WV
1900 (1 de junio)	39 9 36	85 48 54	6 millas al sureste de Columbus, IN
1950 (1 de abril)	38 50 21	88 9 33	8 millas al norte-noroeste de Olney, Condado de Richland, IL
1960 (1 de abril)	38 35 58	89 12 85	En el Condado de Clinton alrededor de 6½ millas al noroeste de Centralia, IL
1970 (1 de abril)	38 27 47	89 42 22	5.3 millas al este-sureste de la Municipalidad de Mascoutah en el Condado de St. Clair, IL
1980 (1 de abril)	38 8 13	90 34 26	¼ de milla al oeste de De Soto en el Condado de Jefferson, MO
1990 (1 de abril)	37 52 20	91 12 55	9.7 millas al sureste de Steelville, MO

3. ¿En cuál de los siguientes sucesos de la historia de Estados Unidos se refleja la información de la tabla que se encuentra en la página anterior?

   (1) El Regionalismo

   (2) La Reconstrucción

   (3) El surgimiento del industrialismo

   (4) Una disminución en la inmigración

   (5) El crecimiento del oeste

La pregunta 4 se refiere a la siguiente tabla.

CIFRAS RECIENTES DE PROBLACIÓN PARA EL PAÍS X

Año	Tasa de nacimiento (1)	Tasa de mortalidad (1)
1960	35.2	6.7
1970	24.8	6.7
1980	22.8	6.4
1982	21.2	6.6
1983	20.1	6.6

(1) población por 1000

4. ¿Cuál de los siguientes enunciados se sustenta con la información presentada?

   (1) Es probable que la tasa de mortalidad disminuya durante la década de 1990.

   (2) La población ha aumentado rápidamente.

   (3) Disminuyó el crecimiento de la población.

   (4) La tasa de nacimiento aumentará levemente.

   (5) La población ha disminuido considerablemente.

La pregunta 5 se refiere al diagrama que se presenta a continuación.

5. Según el diagrama a continuación y sus conocimientos de Geografía, la inclinación del eje de la Tierra es una causa importante

   (1) de las mareas.

   (2) de la rotación terrestre.

   (3) de los años bisiestos en el calendario.

   (4) del cambio de las estaciones.

   (5) del clima.

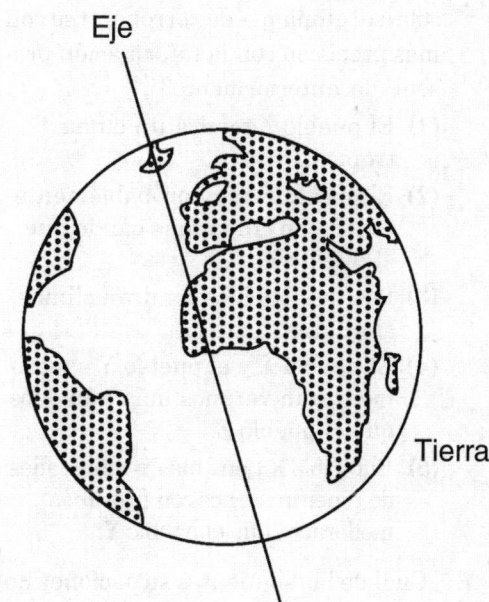

Eje

Tierra

La pregunta 6 se refiere a la información que se presenta a continuación.

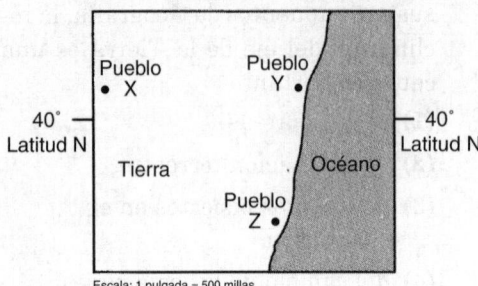

Escala: 1 pulgada = 500 millas

6. ¿Cuál de los siguientes enunciados sobre el clima puede corroborarse con más precisión con la información presentada anteriormente?

    (1) El pueblo Z tendrá un clima tropical.

    (2) El pueblo X muy probablemente tendrá un clima más cálido que el pueblo Y.

    (3) Los tres pueblos tendrán climas similares.

    (4) El pueblo X y el pueblo Y experimentarán veranos más húmedos que el pueblo Z.

    (5) El pueblo X tiene más posibilidades de tener inviernos con fríos más moderados que el pueblo Y.

7. ¿Cuál de las siguientes situaciones no se corresponde con la sociedad que las acompaña?

    (1) Muchas generaciones de la misma familia viven juntas: sociedad tradicional.

    (2) El nacimiento de muchos niños asegura la supervivencia económica de la familia: sociedad tecnológica moderna.

    (3) Los niños generalmente siguen la profesión de sus padres: sociedad semi-industrializada.

    (4) Hombres y mujeres pueden tener los mismos trabajos: sociedad tecnológica moderna.

    (5) Los niños reciben educación en su casa: sociedad agrícola.

8. ¿Cuál de las siguientes actividades realizaría probablemente un antropólogo que trabaja en una villa rural de nativos americanos?

    (1) Capacitaría a los agricultores para plantar nuevos tipos de cultivos.

    (2) Reformaría el sistema legal local.

    (3) Trataría de convencer a las villas para que acepten los programas de planificación familiar.

    (4) Estudiaría las relaciones o el parentesco de familiares y amigos.

    (5) Cavaría acequias para riego.

9. El desarrollo cultural de Estados Unidos durante el siglo XX se puede describir mejor como

    (1) el renacimiento de la tradición clásica.

    (2) el regreso a las raíces estadounidenses de los primeros tiempos.

    (3) el reflejo de una sociedad altamente urbanizada e industrializada.

    (4) la recreación de los principios orientales de armonía con la naturaleza.

    (5) la renovación del Renacimiento europeo.

Las preguntas 10 y 11 se refieren al siguiente artículo.

Los trajes de buzo independientes han hecho posible que un submarinista explore las profundidades sin que las autoridades locales tengan demasiado conocimiento sobre esto. Si tiene la suerte de descubrir los restos de un naufragio, puede recuperar los fragmentos menos pesados, bronces, esculturas de mármol o restos pequeños de una estatua, sin que esto llame la atención oficial. En la actualidad, una persona puede embarcarse en la búsqueda de un tesoro secreto en el fondo del mar con la ventaja adicional de que es mucho más complicado controlar los tesoros hundidos que proteger las excavaciones en la costa. Por lo tanto, el saqueador moderno es, para el arqueólogo serio, una peste tan grande en el mar como en la tierra. En Egipto y en Siria, nos ha privado de datos invalorables. Casi siempre saquea su objetivo para llevarse algún trofeo manual que considera valioso y oculta su tesoro en secreto. Debemos culparlo por la aparición de varios objetos imposibles de fechar o de catalogar.

10. El texto sugiere que el autor
   (1) se opone a las excavaciones en la costa.
   (2) está a favor de los funcionarios del gobierno.
   (3) está a favor de los submarinistas.
   (4) se opone a las investigaciones en Siria y en Egipto.
   (5) está en contra de que los saqueadores cataloguen sus descubrimientos.

11. Es una ventaja para el arqueólogo aficionado que las autoridades locales
   (1) protejan sus descubrimientos en tierra.
   (2) le permitan guardar los tesoros que puede transportar.
   (3) suministren catálogos de los tesoros submarinos.
   (4) a veces no estén al tanto de las actividades de buceo.
   (5) ignoren el verdadero valor de los tesoros hundidos.

12. ¿Cuál de los siguientes enunciados explica mejor por qué el castigo de acciones consideradas delictivas difiere entre una sociedad y otra?
   (1) La mayoría de las sociedades consideran al castigo como intrínsecamente injusto.
   (2) La pena de muerte se ha abolido en todo el mundo.
   (3) Las definiciones de justicia dependen de los valores de la sociedad.
   (4) Algunas sociedades han redactado sus constituciones mientras que otras se basan en el derecho consuetudinario.
   (5) Los castigos son más severos en las sociedades que tienen sistemas judiciales complejos.

Las preguntas 13 y 14 se refieren al siguiente artículo.

En la fría oscuridad del 21 de junio de 1972, antes del amanecer, John Eddy recorrió con dificultad las pendientes cubiertas de nieve de la montaña Medicine en Bighorn Range al norte de Wyoming. Escaló hacia un altiplano azotado por el viento en donde siglos atrás, una tribu de indígenas americanos desaparecida hacía tiempo había diseñado una rudimentaria rueda de piedras y había levantado dos mojones o pilas de piedras. Eddy llegó al altiplano justo antes del amanecer y se agachó detrás de uno de los mojones. Usándolo como la mira cósmica de un rifle, se alineó con el otro mojón que estaba construido justo en el centro de la rueda y miró hacia el resplandor tenue en el este. A medida que los rayos del sol creciente aparecían en el horizonte, Eddy vio que ambos mojones estaban justo en la mira. Inmediatamente, se dio cuenta de que al menos uno de los objetivos de la misteriosa rueda era indicar el fin del solsticio de verano, ese momento en el recorrido del sol

práctica

cuando se detiene en su movimiento hacia el norte antes de cambiar su dirección. Era extremadamente importante para los indígenas determinar esa fecha, porque el solsticio era el momento de la Danza del Sol para muchas tribus, una ceremonia importante que indicaba el cambio de año.

13. Este texto apareció en una revista para científicos que estudian al ser humano, especialmente las características físicas y culturales, las costumbres y las relaciones sociales de la humanidad. Dichos científicos se llaman

    (1) geólogos.

    (2) psicólogos.

    (3) historiadores.

    (4) arqueólogos.

    (5) antropólogos.

14. El "final del solsticio de verano" todavía se representa en el calendario occidental. Generalmente ocurre alrededor del

    (1) 21 de marzo.

    (2) 21 de junio.

    (3) 21 de septiembre.

    (4) 21 de diciembre.

    (5) 21 de enero.

Las preguntas 15 y 16 se basan en el siguiente fragmento.

Hasta los tiempos modernos, se necesitaban altos índices de reproducción para compensar la elevada mortalidad, especialmente la mortalidad infantil. En las sociedades agricultoras, los niños eran muy valorados en la economía hogareña y agrícola. Además, antes de que el cuidado de los ancianos fuera institucionalizado, los padres confiaban en sus hijos para su cuidado en la ancianidad. Una gran cantidad de niños era ventajoso. Como resultado de esos factores y de la corta expectativa de vida, las mujeres estadounidenses pasaban la mayoría de su vida adulta teniendo y criando cuatro o cinco hijos.

Mucho antes de que la tradición de la familia numerosa desapareciera, algunas parejas comenzaron a adoptar un modelo de familia más pequeño. Tanto el número de niños que se deseaba tener, como el número de nacimientos se redujo como resultado de la disminución de los índices de mortalidad y de la necesidad del trabajo infantil en la agricultura, del aumento en los costos para criar a un niño en una sociedad urbana industrializada y del mejoramiento de los métodos para el control de la fertilidad.

15. En el pasado, las familias grandes eran más deseables porque

    (1) morían muchos niños.

    (2) los ancianos necesitaban atención.

    (3) los niños ayudaban en la granja.

    (4) los niños eran considerados como un bien.

    (5) todo lo anterior

16. Tiempo después, las familias numerosas no fueron necesarias porque

    (1) sobrevivían más niños.

    (2) las granjas eran más grandes.

    (3) la delincuencia juvenil aumentó.

    (4) la expectativa de vida disminuyó.

    (5) todo lo anterior

Las preguntas 17 a 20 se basan en la información que aparece a continuación.

Conocemos muchas de las técnicas que se usan para crear publicidad efectiva en las comunicaciones y conversaciones de todos los días. Cada unos de nosotros ha usado o escuchado sobre estas técnicas para separar al que escucha del examen riguroso de la idea que se transmite. A continuación se enumeran cinco de estas técnicas y encontrará una descripción breve de cómo se usa cada una.

Gente común	El que habla trata de convencer a la audiencia de que todos somos solamente gente común que pensamos y actuamos en forma similar.
Generalidades resonantes	La persona que habla asocia sus ideas con una "virtud".
Testimonial	Se usa una persona respetable para promocionar una idea.
Presentación selectiva tendenciosa	La persona que habla utiliza enunciados falsos o y ilógicos para exponer los argumentos de una idea de la mejor (o peor) manera posible.
Efecto de adhesión	Intenta convencer a la audiencia de que todos en el grupo aceptaron esta idea.

Sobre la base de la información anterior, observe las siguientes citas y situaciones para determinar la técnica de publicidad utilizada.

17. En una discusión sobre la extinción mundial de los dinosaurios, un partidario omite la información de que algunos dinosaurios continuaron viviendo aun después de la "extinción masiva" de "todos" los dinosaurios.

    La técnica de publicidad que se usa es
    - (1) gente común.
    - (2) generalidades resonantes.
    - (3) testimonial.
    - (4) presentación selectiva y tendenciosa.
    - (5) efecto de adhesión.

18. Mientras cambia de canal en la televisión, usted observa a una de las actrices estadounidenses más famosas elogiar la calidad y el rendimiento de un automóvil deportivo extranjero de lujo.

    La técnica de publicidad que se usa es
    - (1) gente común.
    - (2) generalidades resonantes.
    - (3) testimonial.
    - (4) presentación selectiva y tendenciosa.
    - (5) efecto de adhesión.

19. *Vogue, Glamour* y *Harper's Bazaar* decretan que la falda de moda para esta primavera termina sólo tres pulgadas por encima de la rodilla de una mujer.

    La técnica de publicidad que se usa es
    - (1) gente común.
    - (2) generalidades resonantes.
    - (3) testimonial.
    - (4) presentación selectiva y tendenciosa.
    - (5) efecto de adhesión.

20. Los controladores del sabor para las compañías de bebidas cola se lanzan sobre los clientes desprevenidos de los almacenes y centros comerciales con el fin de registrar sus resultados para la audiencia de televisión abierta y por cable.

    La técnica de publicidad que se usa es
    - (1) gente común.
    - (2) generalidades resonantes.
    - (3) testimonial.
    - (4) presentación selectiva y tendenciosa.
    - (5) efecto de adhesión.

Las preguntas 21 y 22 se refieren a la
siguiente cita.

"Un público informado depende de la información precisa y abierta que le proporcionan los medios informativos. Ningún individuo puede obtener por *sí mismo* la información necesaria para cumplir inteligentemente con sus responsabilidades políticas (...). En consecuencia, la prensa actúa como un agente del público en general."

21. La cita sostiene claramente la idea de que los medios informativos tienen la responsabilidad de
    (1) informar las noticias de una manera objetiva.
    (2) crear un acuerdo nacional sobre temas polémicos.
    (3) eliminar los editoriales sobre noticias polémicas.
    (4) fomentar la participación pública en las actividades de recopilación de información.
    (5) informar cada suceso sin importar la fuente.

22. ¿Cuál de las siguientes considera el autor que es la razón más importante para mantenerse al día con las noticias?
    (1) para demostrar inteligencia
    (2) para tomar decisiones políticas sensatas
    (3) para avanzar en su trabajo
    (4) para aumentar su caudal de información
    (5) para saber qué se puede esperar

Las preguntas 23 y 24 se refieren al
siguiente párrafo.

En la actualidad, existen más de 200 reservas en Estados Unidos, que fueron establecidas para las tribus de nativos americanos a través de tratados especiales con el gobierno federal. La más grande es la reserva Navajo, en Arizona, New Mexico y Utah. Tiene una superficie de 15 millones de acres, que es aproximadamente la misma superficie de New England. Una gran cantidad de los 1.4 millones de nativos americanos se mudaron a las ciudades, donde buscaron mantener al menos la semblanza y la organización de las costumbres tribales en su nuevo entorno. Otros grupos, particularmente en el suroeste, aún mantienen muchos elementos de su legado ancestral.

23. Según este fragmento, ¿cuál de las siguientes afirmaciones sobre las reservas es verdadera?
    (1) Solamente los Navajos viven en reservas.
    (2) Todos los nativos americanos viven en reservas.
    (3) La reserva de Navajo está en New England.
    (4) La reserva más grande está en Arizona, New Mexico y Utah.
    (5) Existen 1.4 millones de nativos americanos que viven en reservas.

24. Las reservas se establecieron
    (1) a través de tratados entre el gobierno federal y varias tribus.
    (2) para mantener a todos los nativos americanos en un lugar.
    (3) para que los nativos americanos se adaptaran a las formas del hombre blanco.
    (4) a través de concesiones de varios gobiernos estatales.
    (5) en los lugares donde vivían los nativos americanos.

Las preguntas 25 a 28 se refieren a la siguiente información.

Los estadounidenses son miembros de numerosos grupos de intereses especiales, como sindicatos, organizaciones profesionales, organizaciones comerciales y otros, que ejercen presión sobre los legisladores nacionales, estatales y locales. Estos grupos de intereses especiales generalmente contratan a un especialista en ejercer presión, también llamado *lobista*. Los lobistas competentes presionan para que sus clientes tengan un tratamiento favorable y utilizan un número de técnicas en el curso de su trabajo. Algunas de estas técnicas son:

Comunicaciones	campañas de redacción de cartas, visitas personales y llamadas telefónicas
Contribuciones para la campaña	contribuciones que generalmente consiguen los lobistas para legisladores amigos que se presentan para una reelección
Contactos sociales	medios para construir una red de amistades y obligaciones
Sanciones	acciones que se toman, por ejemplo, contra un legislador que no reconoce las causas promovidas por el lobista
Formación de alianzas	unión de grupos diferentes en apoyo o en oposición a un proyecto de ley propuesto

Cada uno de los siguientes puntos describe la acción de un *lobby* o grupo de intereses especiales. Escoja el término que mejor identifique a la técnica que se usa.

25. Se presentó ante la legislatura estatal una propuesta para prohibir fumar en lugares públicos de reuniones, restaurantes, ascensores y escuelas. La sociedad médica estatal, la comisión de "Derecho al aire puro", la asociación de enfermeras estatales y varios departamentos de salud del condado han apoyado conjuntamente el proyecto de ley.

La técnica de *lobbying* que se usa es

(1) comunicaciones.

(2) contribuciones para la campaña.

(3) contactos sociales.

(4) sanciones.

(5) formación de alianzas.

26. La asociación Amigos de la Biblioteca Pública del Condado de Bergen ha presentado un proyecto de ley ante la legislatura estatal que duplicará la cantidad de ayuda estatal para todas las bibliotecas del estado. El proyecto de ley está parado en la Comisión Educativa y aparentemente es poco probable que la legislatura tenga la oportunidad de votarlo. El presidente del grupo de amigos le pide insistentemente que envíe un telegrama al presidente de la Comisión Educativa.

La técnica de *lobbying* que se usa es

(1) comunicaciones.

(2) contribuciones para la campaña.

(3) contactos sociales.

(4) sanciones.

(5) formación de alianzas.

27. Un grupo industrial, la Asociación Nacional de Propietarios de Estaciones de Televisión, ofrece cada primavera un torneo de golf para senadores y diputados y su personal, al que se asiste solamente con invitación.

La técnica de *lobbying* que se usa es

(1) comunicaciones.

(2) contribuciones para la campaña.

(3) contactos sociales.

(4) sanciones.

(5) formación de alianzas.

28. La diputada Greene adoptó una postura firme contra el "*lobby* a favor de las armas" en las dos últimas sesiones del Congreso. Las armas de fuego ilegales han sido la causa de un número importante de muertes en el distrito suburbano que ella representa. En su próxima campaña para la reelección, se enfrenta a un desafío en las primarias. El candidato de la oposición tiene apoyo financiero de varios Comités de Acción Política, PAC (por sus siglas en inglés, *Political Action Committees*), entre los que se encuentra uno mantenido por miembros de la Asociación Nacional de Rifles.

La técnica de *lobbying* que se usa es

(1) comunicaciones.

(2) contribuciones para la campaña.

(3) contactos sociales.

(4) sanciones.

(5) formación de alianzas.

CLAVE DE RESPUESTAS Y EXPLICACIONES

1. (4)	8. (4)	15. (5)	22. (2)
2. (2)	9. (3)	16. (1)	23. (4)
3. (3)	10. (2)	17. (4)	24. (1)
4. (3)	11. (4)	18. (3)	25. (5)
5. (4)	12. (3)	19. (5)	26. (1)
6. (3)	13. (5)	20. (1)	27. (3)
7. (2)	14. (2)	21. (1)	28. (4)

1. **La respuesta correcta es la (4).** Con un total de 827,192 millas cuadradas, la Adquisición de Louisiana (área 2 en el mapa) casi duplicó el tamaño de las trece colonias originales.

2. **La respuesta correcta es la (2).** La Adquisición de Gadsden (área 7 en el mapa) fue la última adición a Estados Unidos contiguo. Esta porción de territorio fue comprada a México en 1853 y se transformó en parte de New Mexico y Arizona. A pesar de que Alaska y Hawaii se sumaron más tarde, no están adheridas directamente al resto de Estados Unidos.

3. **La respuesta correcta es la (3).** El centro de la población se cambió hacia el oeste porque se aplicó más "peso" a esa porción del país. La porción del oeste creció tanto en números como en porcentaje de población.

4. **La respuesta correcta es la (3).** La tasa de mortalidad prácticamente no se ha modificado y la de nacimientos ha disminuido, por lo tanto, el crecimiento de la población disminuyó.

5. **La respuesta correcta es la (4).** El hemisferio norte está inclinado hacia el Sol una parte del año y en dirección contraria al Sol el resto de los meses. En invierno, los rayos tocan indirectamente el hemisferio norte; en primavera, el hemisferio se calienta; durante el verano, los rayos solares golpean directamente y en otoño, el hemisferio se enfría.

6. **La respuesta correcta es la (3).** A pesar de que X e Y se encuentran a la misma distancia al norte del Ecuador, los efectos de calentamiento del océano moderarán el clima de Y, mientras que X, sin salida al mar, experimentará un clima más frío.

7. **La respuesta correcta es la (2).** En las sociedades agrícolas, las familias numerosas con muchos niños se consideran una ventaja, mientras que en las sociedades tecnológicas modernas, las familias generalmente son reducidas.

8. **La respuesta correcta es la (4).** El antropólogo tiene como objetivo la observación de otras sociedades sin alterarlas.

9. **La respuesta correcta es la (3).** El arte, la danza y la música moderna en Estados Unidos reflejan la discordancia, el clamor, la aglomeración y la tecnología que construyeron los rascacielos y poblaron las grandes ciudades.

10. **La respuesta correcta es la (2).** El fragmento parece haber sido escrito por un arqueólogo al que un "explorador irresponsable" le quitó una pieza predilecta de tesoro submarino. Él (o ella) está, sin dudas, a favor de los funcionarios del gobierno.

11. **La respuesta correcta es la (4).** Ya que no se puede rastrear y descubrir con facilidad a los arqueólogos aficionados que realizan exploraciones submarinas, éstos tienen ventaja por encima de las autoridades locales.

12. **La respuesta correcta es la (3).** La ética y los valores sociales de una sociedad determinan qué acciones se consideran delictivas. Del mismo modo, un delito que recibe la pena de muerte en una parte del mundo puede no tener castigo en otra.

13. **La respuesta correcta es la (5).** Es más probable que un antropólogo estudie los sistemas ancestrales de medición del tiempo descritos en el fragmento.

14. **La respuesta correcta es la (2).** El verano comienza alrededor del 21 de junio.

15. **La respuesta correcta es la (5).** Las opciones (1), (2), (3) y (4) se mencionan en el primer párrafo.

16. **La respuesta correcta es la (1).** El párrafo 2 menciona "la disminución de los índices de mortalidad" como una razón para la reducción en el número de integrantes de la familia.

17. **La respuesta correcta es la (4).** La persona que habla convenientemente deja de lado algunos hechos y así respalda con fuerza la postura que apoya en la discusión.

18. **La respuesta correcta es la (3).** Éste es un ejemplo de un testimonial. Al automóvil se lo asocia con la actriz famosa aunque su testimonio pueda ser pago.

19. **La respuesta correcta es la (5).** Éste es un ejemplo de la técnica de efecto de adhesión: todos lo hacen, es decir, si ese "todos" incluye al grupo que lee *Vogue*, *Glamour* y *Harper's Bazaar*.

20. **La respuesta correcta es la (1).** A esta gente común que compra en el supermercado X le gustó la bebida cola y ya que usted es como ellos (nosotros), le gusta también.

21. **La respuesta correcta es la (1).** Los informativos precisos tienen el propósito de informar al público de manera que las personas puedan formar sus propias opiniones.

22. **La respuesta correcta es la (2).** El autor dice que la información es necesaria "para cumplir inteligentemente con sus responsabilidades políticas (...)", en otras palabras, para tomar decisiones políticas sensatas.

23. **La respuesta correcta es la (4).** La segunda oración proporciona esta información. Todos los otros enunciados se contradicen con la información del artículo.

24. **La respuesta correcta es la (1).** La primera oración establece que las reservas se instalaron "a través de tratados especiales con el gobierno federal".

25. **La respuesta correcta es la (5).** Cada una de estas organizaciones representa intereses distintos pero relacionados. Con la formación de una alianza o de una coalición, pueden convencer a los legisladores de la importancia de apoyar la propuesta.

26. **La respuesta correcta es la (1).** Las comunicaciones (redacción de cartas, llamadas telefónicas y telegramas) son valiosas herramientas de bajo presupuesto de los grupos de *lobbying* al igual que de ciudadanos individuales que desean expresar sus puntos de vista sobre un tema.

27. **La respuesta correcta es la (3).** Éste es un ejemplo del uso de los contactos sociales. Los grandes negocios y grupos industriales con frecuencia patrocinan salidas y eventos sociales para los legisladores y su personal y familiares, especialmente los legisladores que tienen puestos en comisiones clave que formulan leyes que restringen o respaldan industrias y tipos de negocios específicos.

28. **La respuesta correcta es la (4).** A pesar de que la acción involucra contribuciones a las campañas políticas, se aplican sanciones específicamente en contra del congresista.

explicaciones

PARTE V
REPASO DE CIENCIAS

CAPÍTULO 7   Todo sobre la Prueba de
Ciencias de GED

Todo sobre la Prueba de Ciencias de GED

RESUMEN

- Aprenda sobre la Prueba de Ciencias de GED
- Repase los conocimientos básicos de las Ciencias Biológicas
- Mejore los conocimientos sobre principios de Química
- Aprenda sobre Física
- Explore los conocimientos básicos de las Ciencias de la Tierra y el Espacio

CONSEJOS PRÁCTICOS

Gran parte de lo que se incluye en la Prueba de Ciencias se basa en el conocimiento que se obtiene al estar atento y participar activamente en el entorno diario.

Vea la gran cantidad de programas de televisión que se ocupan de las ciencias, la naturaleza, temas de salud, temas ambientales, investigaciones médicas, exploración del espacio, ejercicio, dieta y nutrición. Lea las columnas diarias de los periódicos que tratan los mismos temas así como también los frecuentes artículos de las revistas semanales.

Conviértase en un consumidor mejor informado; para ello, lea las listas de los ingredientes de los alimentos enlatados o preparados, o de sopas y detergentes. Sea consciente de las vitaminas y minerales en la dieta. Piense en los problemas ambientales y en las razones para reciclar la basura.

Todos estos y muchos otros temas están comprendidos dentro del campo de las ciencias en la vida cotidiana. Si se convierte en una persona más consciente de estos temas, podrá mejorar mucho el resultado en la Prueba de Ciencias de GED.

PRESENTACIÓN DE LA PRUEBA DE CIENCIAS DE GED

Las preguntas de la Prueba de Ciencias de GED se basan en los conceptos básicos de las ciencias. Tendrá que leer textos y comprender el material presentado en gráficas y tablas para responder a las preguntas. El contenido de las preguntas se extrae de las áreas de Ciencias Biológicas (Biología), Ciencias Físicas (Física y Química) y Ciencias de la Tierra y el Espacio.

Se le pedirá que conteste cuatro tipos distintos de preguntas:

① **Preguntas de comprensión** que requieren que demuestre que entiende el significado del estímulo. ¿Puede reformular, resumir o identificar las implicaciones de la información?

② **Preguntas de aplicación** para que utilice la información en un contexto diferente al de la lectura.

③ **Preguntas de análisis** que requieren que se desglose la información. ¿Cuáles son los hechos y cuáles son las hipótesis? ¿Había algunas suposiciones? ¿Puede distinguir entre causa y efecto?

④ **Preguntas de evaluación** que le solicitan que opine sobre la base de los hechos presentados. ¿Con cuánta exactitud se presentan los hechos? ¿Puede diferenciar entre la lógica y las creencias y valores?

Se dará un énfasis especial al papel que la ciencia tiene en la vida cotidiana con temas tales como los siguientes: cómo nos afectan la contaminación y las enfermedades, cómo el mejoramiento de la eficacia de la tecnología médica ha cambiado nuestras vidas, la superpoblación y la suficiencia de los recursos naturales de la Tierra, los cambios en la capa de ozono y el "efecto invernadero" o el efecto de nuestra mayor comprensión del sistema solar. Se incluirán temas que se comentan con frecuencia en las noticias.

El siguiente esquema de las áreas de contenido de donde es probable que se extraigan las preguntas de ciencias se basa en los Estándares Nacionales de Educación Científica de la Academia Nacional de Ciencias de Estados Unidos.

I. CIENCIAS BIOLÓGICAS

    A. Características de los organismos

    B. Ciclo de vida de los organismos

    C. Organismos y medio ambiente

    D. Estructura y funcionamiento de los sistemas vivos

    E. Reproducción y herencia

    F. Regulación y comportamiento

    G. Población y ecosistemas

    H. Diversidad y adaptación de los organismos

    I. Interdependencia de los organismos

    J. Materia, energía y organización de los sistemas vivos

    K. Comportamiento u organismos

II. CIENCIAS FÍSICAS

    A. Física

        1. Propiedades de los objetos y materiales

        2. Posición y movimiento de los objetos

        3. Luz, calor, electricidad y magnetismo

        4. Interacción de la energía y la materia

        5. Movimiento y fuerzas

        6. Transferencia de energía

        7. Conservación de la energía y aumento del desorden

    B.   Química
       1.   Estructura del átomo
       2.   Propiedades y cambios de las propiedades de la materia
       3.   Reacciones químicas

III.   CIENCIAS DE LA TIERRA Y EL ESPACIO
    A.   Sistema terrestre
       1.   Origen de la Tierra
       2.   Historia de la Tierra
       3.   Propiedades de los materiales de la Tierra
       4.   Estructura del sistema terrestre
       5.   Energía en el sistema terrestre
    B.   Objetos en el espacio
    C.   Cambios en la Tierra y el espacio
    D.   La Tierra en el sistema solar
    E.   Sistemas geoquímicos
    F.   Origen y evolución del universo

Para cada una de las tres ciencias principales mencionadas anteriormente, la Prueba de GED tendrá además preguntas que se relacionan con el modo en que se aprende sobre la ciencia a través de la experimentación, investigación e indagación. Los temas incluirán lo siguiente:

✓   ¿Cuál es la historia y la naturaleza de la ciencia?
    a.   La ciencia como esfuerzo humano
    b.   Perspectivas históricas de la ciencia
✓   ¿Cómo aprendemos sobre las ciencias?
    a.   Habilidades necesarias para la investigación científica
    b.   Evidencia, modelos y explicaciones
✓   ¿Por qué son importantes las ciencias en nuestra vida cotidiana?
    a.   Compresión de la ciencia y la tecnología
    b.   Innovaciones del diseño tecnológico

Algunas estrategias para responder a preguntas sobre ciencias

1 *Lea* el texto o estudie el material gráfico atentamente. Puede subrayar las palabras y frases clave para encontrarlas fácilmente mientras responde a las preguntas que se encuentran después de cada lectura.

Algunas personas encuentran que es más eficaz leer primero las preguntas para saber lo que deben buscar mientras leen el texto o estudian las gráficas y las tablas. Pruebe con ambos métodos en las preguntas de práctica que se presentan posteriormente para ver cuál es el mejor para usted.

2 *Rechace* un argumento o una afirmación si encuentra una excepción. Busque la excepción o la información contraria, allí puede estar la respuesta.

3 *Dibuje un esquema rápido* cuando sea apropiado para ayudarlo a entender el texto. Utilice diagramas muy sencillos. Una flecha o un punto pueden ayudar a convertir palabras abstractas en una figura concreta de lo que ocurre.

Por ejemplo, considere un problema que comienza:

"Si el automóvil A viaja hacia el norte a 50 millas/hora y el automóvil B viaja hacia el oeste a 40 millas/hora, entonces…".

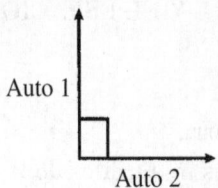

Auto 1

Auto 2

4 Los problemas con fórmulas pueden resolverse utilizando simples inserciones tipo "recuadros" para completar. Por ejemplo, Velocidad x Tiempo = Distancia

$$V \times T = D$$
$$\square \times \square = \square$$

Si viaja a 50 millas por hora, ¿cuánto tardará en recorrer 200 millas?

$$\boxed{50} \times \square = \boxed{200}$$

5 *Utilice analogías personales* para razonar un problema. Por ejemplo, imagínese que es una bacteria en una placa de cultivo de Petri. ¿Qué haría en las condiciones presentadas en el problema?

6 *Utilice papel borrador* para anotar sus pensamientos, pero no permita que las notas se mezclen o se amontonen y lo confundan en lugar de ayudarle.

Cómo utilizar esta sección eficazmente

Después de haber presentado el Examen diagnóstico y de haber completado la Tabla de análisis de errores como se le indicó, podrá observar de un vistazo qué áreas de las ciencias necesita estudiar más. Esta sección contiene muchas preguntas basadas en lo que se enseña en los cursos de ciencias en la escuela secundaria. Será un buen repaso de estos cursos. Además, incluye muchos textos de lectura de ciencias para practicar lectura e interpretación de material científico.

Esta sección se divide en cuatro áreas temáticas importantes:

　Ciencias Biológicas

　Ciencias Físicas: Física

　Ciencias Físicas: Química

　Ciencias de la Tierra y el Espacio

Puede estudiar por igual todas las materias o emplear más tiempo para concentrarse en los puntos débiles que identificó con el Examen diagnóstico. Si descubre que necesita estudiar más un área en particular, puede también consultar un texto básico de la secundaria como:

Ciencias Biológicas

Modern Biology (Biología Moderna), de Towle; Holt, Rinehart and Winston (2000)
Biology (Biología), de Miller and Levine; Prentice-Hall (2000)

Ciencias Físicas

Chemistry, the Study of Matter (Química, el estudio de la materia), de Dorin, Demmin, Gabel; Prentice-Hall (1992)
Holt Physics (Física de Holt), de Serway; Holt, Rinehart and Winston (1999)

Ciencias de la Tierra y el Espacio:

Earth Science: Geology, the Environment, and the Universe (Ciencias de la Tierra: Geología, el medio ambiente y el universo; Glencoe/McGraw-Hill (2002)
Modern Earth Science (Ciencias modernas de la Tierra), de Ramsey; Holt, Rinehart and Winston (1998)

CIENCIAS BIOLÓGICAS

> **Instrucciones:** Para cada pregunta, encierre en un círculo el número de la respuesta que mejor responda a la pregunta o complete el enunciado. La Clave de respuestas y las Explicaciones de las respuestas se encuentran al final del capítulo.

1. Un biólogo puede determinar que una célula que ha estado observando en el microscopio es una célula vegetal y no una animal porque la célula tiene
   - (1) una membrana celular y un núcleo.
   - (2) una pared celular y cloroplastos.
   - (3) una vacuola contráctil y mitocondrias.
   - (4) citoplasma y mitocondrias.
   - (5) una membrana celular y cilios.

2. Los tejidos del cuerpo humano que hacen que las piernas se muevan están constituidos por
   - (1) músculos.
   - (2) nervios.
   - (3) hueso.
   - (4) cartílago.
   - (5) la piel.

3. Los nutrientes que suministran la principal fuente de energía a un animal son
   - (1) las proteínas.
   - (2) los carbohidratos.
   - (3) el agua.
   - (4) los lípidos.
   - (5) los ácidos nucleicos.

4. En los seres humanos, el órgano del cuerpo que está a cargo de la mayor parte de la digestión es
   - (1) la boca.
   - (2) el estómago.
   - (3) el hígado.
   - (4) el intestino delgado.
   - (5) el intestino grueso.

5. Juan nació con sangre tipo B. Según las opciones a continuación, ¿quiénes podrían ser sus padres?
   - (1) $I^A I^A$ e ii
   - (2) $I^A i$ e $I^A i$
   - (3) $I^A I^B$ e ii
   - (4) ii e ii
   - (5) $I^A I^A$ e $I^A I^A$

6. Después de realizar actividades musculares extenuantes durante cierto tiempo, los músculos de una persona se cansan. La fatiga es causada por la presencia de una de las siguientes sustancias químicas. ¿Cuál?
   - (1) azúcar
   - (2) oxígeno
   - (3) glucosa
   - (4) ácido láctico
   - (5) aminoácidos

7. ¿Cuál de los siguientes enunciados es correcto en relación con la fotosíntesis y la respiración de las plantas verdes?

(1) La fotosíntesis y la respiración tienen lugar durante el día y la noche.

(2) La fotosíntesis sólo tiene lugar durante el día y la respiración, sólo de noche.

(3) La fotosíntesis sólo tiene lugar durante el día y la respiración, durante el día y la noche.

(4) La fotosíntesis tiene lugar durante el día y la noche, y la respiración sólo durante el día.

(5) La fotosíntesis tiene lugar sólo durante la primavera y el verano.

8. La parte del encéfalo conocida como cerebro está asociada con

(1) el pensamiento creativo.

(2) los actos reflejos como el reflejo rotuliano.

(3) el equilibrio y la coordinación.

(4) el comportamiento instintivo.

(5) opciones (2) y (3)

9. ¿Cuál de los siguientes datos sobre la molécula de ADN es correcto?

A. Tiene forma de doble hélice.

B. Está asociada con los cromosomas y la reproducción.

C. Determina la forma y estructura de todos los seres vivos.

(1) opciones A y B solamente

(2) opciones A y C solamente

(3) opciones B y C solamente

(4) opciones A, B y C

(5) opción B solamente

10. ¿Cuál de las siguientes es la fórmula química correcta de la fotosíntesis?

(1) $C_6H_{12}O_6 + C_6H_{12}O_6 \rightarrow C_{12}H_{22}O_{11} + H_2O$

(2) $6\ CO_2 + 12\ H_2O \rightarrow {}_cH_{12}O6 + 6\ H_2O + 6\ O_2$

(3) $NaOH + HCl \rightarrow NaCl + H_2O$

(4) $C_6H_{12}O_6 \rightarrow 2\ C_2H_5OH + 2CO_2 + H_2O$

(5) $2\ H_2O \rightarrow 2\ H_2 + O_2$

11. Una disminución de la cantidad de glóbulos rojos afectará gravemente la capacidad del cuerpo de

(1) transportar oxígeno.

(1) coagular la sangre.

(1) retener agua.

(1) eliminar desechos.

(1) retardar las quemaduras de sol.

12. Si hay 48 cromosomas en las células del cuerpo de un simio, entonces la cantidad de cromosomas que normalmente hay en los espermatozoides del simio debe ser

(1) 15

(2) 20

(3) 24

(4) 48

(5) 96

13. El movimiento involuntario de la rodilla como consecuencia de un golpe seco es un ejemplo de

(1) un hábito.

(2) fototropismo.

(3) una respuesta aprendida.

(4) un instinto.

(5) un reflejo.

14. Después del nacimiento, el cuerpo está más limitado para la formación de

(1) células nerviosas nuevas.

(2) glóbulos rojos nuevos.

(3) células de la piel nuevas.

(4) células del estómago nuevas.

(5) espermatozoides nuevos.

15. La concentración de dióxido de carbono en la sangre estimula el centro de la respiración en
    (1) los pulmones.
    (2) el bulbo raquídeo.
    (3) la garganta.
    (4) las meninges.
    (5) el cerebro.

16. El mejor sustituto del limón para el tratamiento del escorbuto es
    (1) el aceite de hígado de bacalao.
    (2) las tabletas de vitamina A.
    (3) el jugo de naranja.
    (4) la leche.
    (5) el pan.

17. Un compuesto que se absorbe rápidamente a través de las paredes del estómago es
    (1) el alcohol.
    (2) el azúcar.
    (3) la grasa.
    (4) la proteína.
    (5) el alga kelp.

18. ¿Cuál de los siguientes órganos es específicamente parte del sistema excretor?
    (1) corazón
    (2) glándulas salivales
    (3) cerebro
    (4) riñones
    (5) estómago

19. El uso del yodo en el cuerpo está más estrechamente relacionado con la función de
    (1) la arteria carótida.
    (2) la glándula tiroides.
    (3) la córnea.
    (4) el líquido pancreático.
    (5) la bilis.

20. Según las investigaciones, ¿cuál de los siguientes problemas o enfermedades es consecuencia de fumar?
    (1) sarampión
    (2) tensión cardiovascular
    (3) hepatitis
    (4) caspa
    (5) tos ferina

21. Los procesos vitales que realizan la mayoría de los animales incluyen todos los siguientes, EXCEPTO
    (1) la utilización de la energía para el metabolismo.
    (2) la eliminación de agua y desechos.
    (3) la reproducción.
    (4) la eliminación de oxígeno.
    (5) la ingestión y absorción de alimentos.

22. El hierro es esencial en la estructura
    (1) del cartílago humano.
    (2) de los músculos humanos.
    (3) de los riñones humanos.
    (4) de los glóbulos rojos humanos.
    (5) de los huesos humanos.

23. ¿Cuál de los siguientes animales no tiene columna vertebral?
    (1) tigre
    (2) medusa
    (3) águila
    (4) caimán
    (5) panda bebé

24. ¿Cuál de los siguientes elementos determina el sexo en un ser humano?
    (1) óvulo
    (2) espermatozoide
    (3) cromosoma
    (4) fibrinógeno
    (5) vacuola

25. Cuando un niño tiene apendicitis, es muy probable que la sangre muestre un aumento de
   (1) glóbulos rojos.
   (2) glóbulos blancos.
   (3) citoplasma.
   (4) plaquetas.
   (5) hemoglobina.

26. ¿Qué parte del cuerpo puede sufrir más debido a una deficiencia de calcio?
   (1) la piel
   (2) los ojos
   (3) el esqueleto
   (4) el aparato digestivo
   (5) el estómago

27. La enfermedad que más probablemente tenga una relación genética es
   (1) la sífilis.
   (2) la tuberculosis.
   (3) anemia.
   (4) los dientes supernumerarios.
   (5) la colitis.

28. Una familia tiene 7 niños y 1 niña. ¿Cuál es la probabilidad de que el próximo bebé sea una niña?
   (1) 12.5 por ciento
   (2) 25 por ciento
   (3) 50 por ciento
   (4) 70 por ciento
   (5) 100 por ciento

29. La pasteurización, un proceso desarrollado por Louis Pasteur, se utiliza con más frecuencia en la purificación
   (1) del café.
   (2) del agua.
   (3) de la carne.
   (4) de la malta.
   (5) de la leche.

30. La clorofila es una sustancia verde de las células vegetales que permite que la planta produzca
   (1) agua.
   (2) oxígeno.
   (3) azúcar.
   (4) monóxido de carbono.
   (5) color.

31. En el cuerpo humano de un adulto, la sangre completa la circulación cada
   (1) 10 segundos.
   (2) minuto.
   (3) 3 segundos.
   (4) 3 minutos.
   (5) 24 horas.

32. El "marcapasos" del corazón está ubicado en la pared
   (1) de la aurícula izquierda.
   (2) de la aurícula derecha.
   (3) del ventrículo izquierdo.
   (4) del ventrículo derecho.
   (5) de la vena cava.

33. La mezcla más activa de jugos gástricos se produce en el
   (1) el estómago.
   (2) íleon.
   (3) duodeno.
   (4) yeyuno.
   (5) recto.

34. Las hierbas generalmente son polinizadas por
   (1) el hombre.
   (2) los pájaros.
   (3) el agua.
   (4) los insectos.
   (5) el viento.

35. ¿Cuál de los siguientes productos es un antiséptico?
   (1) aspirina
   (2) vitamina A
   (3) yodo
   (4) permanganato de potasio
   (5) baquelita

36. Una grave consecuencia para la salud humana como resultado de la reducción de la capa de ozono es el desarrollo de cataratas. Este problema se refiere a un daño producido en

(1) el oído.

(2) la nariz.

(3) los ojos.

(4) el colon.

(5) el corazón.

37. La *radiación ultravioleta* proviene de luz compuesta de

(1) sólo líneas espectrales violeta.

(2) sólo líneas espectrales azules.

(3) longitudes de onda muy cortas.

(4) longitudes de onda muy largas.

(5) todos los fotones recibidos desde el sol.

Las preguntas 38 a 40 se refieren a la siguiente sección.

Las vitaminas son compuestos orgánicos necesarios en pequeñas cantidades en la dieta para el crecimiento normal y el mantenimiento de la vida de los animales, entre ellos el hombre.

No proveen energía ni forman ni construyen ninguna parte del cuerpo. Son necesarias para la transformación de los alimentos en energía y para el mantenimiento del cuerpo. Existen 13 vitaminas o más y, si alguna falta, se presenta una enfermedad carencial.

Las vitaminas son similares porque están constituidas por los mismos elementos: carbono, hidrógeno, oxígeno y algunas veces nitrógeno (la vitamina B_{12} contiene además cobalto). Son diferentes en el sentido de que sus elementos están distribuidos de modo distinto y cada vitamina cumple una o más funciones específicas en el cuerpo.

Es esencial obtener suficientes vitaminas para la vida, aunque el cuerpo no puede darles un uso nutritivo cuando hay un exceso de ellas y algunas pueden almacenarse sólo durante períodos cortos.

Muchas personas, sin embargo, toman vitaminas extra porque creen "tener más seguridad". Sin embargo, una dieta bien balanceada generalmente satisface todas las necesidades vitamínicas del cuerpo.

Las personas que se alimentan de forma normal o promedio probablemente nunca necesiten vitaminas adicionales, aunque muchos piensan que sí. Las enfermedades por falta de vitaminas son muy raras en la población de Estados Unidos. Las personas que se recuperan de ciertas enfermedades o de deficiencias vitamínicas y las que tienen dietas deficientes son las que necesitan suplementos vitamínicos.

Los interesados en nutrición y en la salud deben familiarizarse con las iniciales U.S. RDI. La Administración de Drogas y Alimentos (FDA) adoptó lo que se conoce como Cantidad Diaria Recomendada de Estados Unidos o U.S. RDI *(United States Recommended Daily Intake),* que se utiliza en las etiquetas de información sobre nutrición y en alimentos dietéticos especiales. La Cantidad Diaria Recomendada indica la cantidad máxima de vitaminas, minerales y proteínas que son necesarias para la mayoría de las personas por día.

38. ¿Cuál de los siguientes enunciados sobre las vitaminas NO es verdadero?

(1) Las vitaminas contienen átomos de carbono, hidrógeno y oxígeno.

(2) La vitaminas proveen la energía para el crecimiento.

(3) Las vitaminas ayudan a prevenir las enfermedades.

(4) Sólo es necesaria una pequeña cantidad de vitaminas para que actúen.

(5) Cada vitamina cumple una función diferente en el cuerpo.

39. De acuerdo con esta sección, se necesitan suplementos vitamínicos para
  (1) toda persona interesada en nutrición y la salud.
  (2) las personas que siguen una dieta balanceada.
  (3) las personas que se sabe que tienen dietas deficientes.
  (4) las personas con dietas normales.
  (5) las personas que realizan ejercicios enérgicos.

40. La Cantidad Diaria Recomendada fue adoptada por la FDA para indicar
  (1) las cantidades mínimas de alimento que una persona necesita para permanecer con vida.
  (2) la cantidad óptima de alimento necesario por día para mantener el peso normal.
  (3) la cantidad mínima de vitaminas necesarias para prevenir las enfermedades carenciales.
  (4) las cantidades máximas de vitaminas, minerales y proteínas que son necesarias para la mayoría de las personas por día.
  (5) la cantidad de alimento consumido por las personas normalmente cada día.

Las preguntas 41 a 44 se basan en la siguiente información.

La supervivencia de las plantas depende de la capacidad para dispersar las semillas a distintas áreas. Si las semillas caen demasiado juntas, competirán por una porción limitada de tierra y agua y pocas podrán sobrevivir. Por lo tanto, la naturaleza provee muchos aliados para dispersar las semillas, que son los siguientes:

1. Viento   Muchas semillas son capaces de utilizar el viento para que las arrastre.

2. Agua   Algunas semillas tienen la capacidad de flotar en el agua. Germinarán cuando logren llegar a tierra.

3. Animales   Algunas semillas se adhieren al pelaje de animales que pasan por el lugar; otras son consumidas por animales y dispersadas cuando el animal deja sus excrementos.

4. Insectos   El polen se adhiere a los insectos, que lo transportan de una planta a otra.

5. Hombre   Los granjeros y científicos dispersan las semillas que consideran más ventajosas para el crecimiento y rendimiento de un campo.

Cada una de las preguntas a continuación describe una situación en la que una semilla se dispersa a través de uno de los métodos indicados anteriormente. Para cada pregunta, elija el método que mejor describe la situación. Cada método puede ser usado más de una vez.

41. Un explorador en una isla del Pacífico Sur encuentra sólo un cocotero. El cocotero más próximo se encuentra a casi 300 millas de distancia. Razona que la semilla ha sido arrastrada por

  (1) el viento.

  (2) el agua.

  (3) los animales.

  (4) los insectos.

  (5) el hombre.

42. Mi césped tiene cientos de dientes de león cada primavera. Veo estas pequeñas semillas con un pompón blanco de pelos sedosos. Algunas veces, mis vecinos se molestan porque no desean dientes de león en sus jardines. Las semillas se dispersan por medio

  (1) del viento.

  (2) del agua.

  (3) de los animales.

  (4) de los insectos.

  (5) del hombre.

43. En un campo, a aproximadamente diez millas de distancia de una huerta de manzanas, se encuentra un manzano solitario. Rara vez las personas viajan o acampan allí, pero los venados y los osos siempre merodean por el área. ¿Cómo llegaron las semillas de manzana allí?

  (1) por el viento

  (2) por el agua

  (3) por los animales

  (4) por los insectos

  (5) por el hombre

44. La bardana menor es una planta interesante. Produce una semilla que tiene adhesivos o pequeñas barbas en la punta. En un área que no haya sido afectada por la civilización, ¿cómo pueden dispersarse estas semillas?

  (1) con el viento

  (2) con el agua

  (3) con los animales

  (4) con los insectos

  (5) con el hombre

Las preguntas 45 a 47 se basan en la siguiente gráfica.

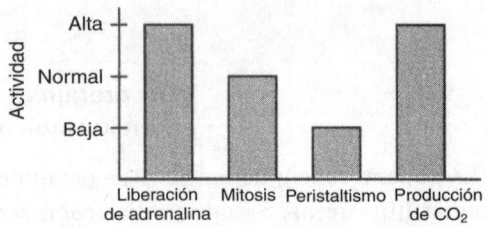

La gráfica anterior muestra la velocidad a la que se realizan cuatro actividades que ocurren en una persona inmediatamente después de haber sido asustada.

45. A partir de la gráfica, ¿qué se puede deducir sobre el movimiento del diafragma inmediatamente después de que la persona haya sido asustada?

  (1) Se hace más rápido.

  (2) Disminuye el movimiento.

  (3) Se detiene durante un período corto.

  (4) No es afectado.

  (5) Se hace más rápido y luego disminuye repentinamente.

46. A partir de la gráfica, ¿en cuál de los siguientes órganos se puede deducir que hubo una disminución de la actividad?

(1) tiroides

(2) riñón

(3) estómago

(4) pulmones

(5) encéfalo

47. Un análisis de la gráfica nos lleva a suponer que hubo un aumento temporal en

(1) la cantidad de ADN en los núcleos.

(2) la síntesis de proteínas.

(3) el almacenamiento de glucosa en el hígado.

(4) la producción de glóbulos rojos.

(5) la concentración de glucosa en la sangre.

Las preguntas 48 a 50 se refieren a la siguiente información.

¿Qué es la vida? Los biólogos definen a la vida como la capacidad de ejecutar todas las funciones vitales básicas. Algunas de las funciones vitales se describen a continuación.

Regulación	Control de todos los otros procesos vitales
Ingestión	Consumo de alimentos
Digestión	Descomposición de los alimentos
Circulación	Transporte de los alimentos a todas las partes del organismo
Respiración	Quema de alimentos para producir energía
Asimilación	Transformación de los alimentos en sustancias útiles
Excreción	Eliminación de los desechos
Reproducción	Producción de más del mismo tipo

48. El fuego está casi vivo, excepto que no puede ejecutar una de las siguientes funciones, ¿cuál?

(1) regulación

(2) digestión

(3) respiración

(4) excreción

(5) reproducción

49. ¿Cuál de los siguientes procesos vitales es necesario para asegurar la supervivencia de las especies?

(1) regulación

(2) circulación

(3) respiración

(4) excreción

(5) reproducción

50. ¿Cuál de los siguientes términos describe un organismo que ejecuta todas las funciones vitales?

(1) una planta

(2) un animal

(3) incapaz de pensamiento inteligente

(4) vivo

(5) en peligro de extinción

CLAVE DE RESPUESTAS Y EXPLICACIONES

1. (2)	14. (1)	27. (4)	40. (4)
2. (1)	15. (2)	28. (3)	41. (2)
3. (2)	16. (3)	29. (5)	42. (1)
4. (4)	17. (1)	30. (3)	43. (3)
5. (3)	18. (4)	31. (2)	44. (3)
6. (4)	19. (2)	32. (4)	45. (1)
7. (3)	20. (2)	33. (4)	46. (3)
8. (1)	21. (4)	34. (5)	47. (5)
9. (4)	22. (4)	35. (3)	48. (1)
10. (2)	23. (2)	36. (3)	49. (5)
11. (1)	24. (2)	37. (3)	50. (4)
12. (3)	25. (2)	38. (2)	
13. (5)	26. (3)	39. (3)	

1. **La respuesta correcta es la (2).** Sólo las células vegetales poseen una pared celular y cloroplastos.

2. **La respuesta correcta es la (1).** Los músculos hacen que se muevan las piernas.

3. **La respuesta correcta es la (2).** Los carbohidratos son la fuente principal de energía de los animales.

4. **La respuesta correcta es la (4).** En los seres humanos, la mayor parte del proceso de digestión tiene lugar en el intestino delgado.

5. **La respuesta correcta es la (3).** Los padres con sangre tipo $I^A I^B$ e ii pueden tener hijos e hijas con sangre tipo A o B.

6. **La respuesta correcta es la (4).** El ácido láctico es la sustancia química que se acumula en los músculos cansados.

7. **La respuesta correcta es la (3).** En las plantas verdes, la fotosíntesis tiene lugar sólo durante el día cuando hay sol, pero la respiración (quema de alimentos para producir energía) tiene lugar durante el día y la noche.

8. **La respuesta correcta es la (1).** El cerebro está asociado con el pensamiento creativo y la inteligencia.

9. **La respuesta correcta es la (4).** Las opciones A, B y C son correctas sobre la molécula de ADN.

10. **La respuesta correcta es la (2).** Ésta es la fórmula para la fotosíntesis. El dióxido de carbono y el agua se transforman en azúcar y oxígeno. La opción (1) es la fórmula de la síntesis de deshidratación. La opción (3) es la fórmula de la combinación del hidróxido de sodio y el ácido clorhídrico para formar sal y agua. La opción (4) es la fermentación, la transformación del azúcar en alcohol. La opción (5) es la electrólisis.

11. **La respuesta correcta es la (1).** La función principal de los glóbulos rojos es llevar el oxígeno a las diferentes partes del cuerpo.

12. **La respuesta correcta es la (3).** El número de cromosomas en el espermatozoide u óvulo de un animal es normalmente igual a la mitad de los cromosomas de una célula general del cuerpo.

13. **La respuesta correcta es la (5).** Un reflejo es una respuesta inmediata a un estímulo que se lleva a cabo sin pensar o sin intención.

14. **La respuesta correcta es la (1).** La mayoría de las células nerviosas ya se han formado cuando el bebé nace.

15. **La respuesta correcta es la (2).** El bulbo raquídeo es la parte del cerebro que controla la respiración y la circulación.

16. **La respuesta correcta es la (3).** Tanto los limones como las naranjas contienen concentraciones altas de vitamina C, útil en el tratamiento del escorbuto.

17. **La respuesta correcta es la (1).** El alcohol es una de las pocas sustancias que se absorbe rápidamente después de ser ingerido.

18. **La respuesta correcta es la (4).** Los riñones son los órganos que recogen los desechos corporales. Estos desechos forman la orina que llega a la vejiga.

19. **La respuesta correcta es la (2).** El yodo se utiliza en la glándula tiroides para la producción de la hormona tiroxina, el producto principal de esta glándula.

20. **La respuesta correcta es la (2).** Fumar está generalmente asociado con la tensión cardiovascular. Las otras enfermedades son producidas por virus específicos.

21. **La respuesta correcta es la (4).** La mayoría de los procesos vitales requieren la utilización del oxígeno que se elimina sólo si hay exceso.

22. **La respuesta correcta es la (4).** El hierro es un componente importante de la hemoglobina.

23. **La respuesta correcta es la (2).** Una medusa es la única opción posible ya que es un invertebrado.

24. **La respuesta correcta es la (2).** Los espermatozoides contienen el cromosoma particular que determina el sexo del embrión humano.

25. **La respuesta correcta es la (2).** Los glóbulos blancos producen los anticuerpos que son útiles para combatir infecciones potenciales.

26. **La respuesta correcta es la (3).** El esqueleto, la estructura ósea del cuerpo, depende del calcio para su mantenimiento.

27. **La respuesta correcta es la (4).** Los dientes supernumerarios (o cualquier otro exceso de órganos) generalmente es una condición que se relaciona con la genética. Los otros padecimientos se adquieren después del nacimiento.

28. **La respuesta correcta es la (3).** Ya que cada espermatozoide lleva el cromosoma X o el Y con probabilidades iguales, la determinación del sexo para cada nacimiento es la misma, 50 por ciento de probabilidades de que sea un niño y 50 por ciento de que sea una niña.

29. **La respuesta correcta es la (5).** La leche es el alimento que se somete con mayor frecuencia al proceso de la pasteurización para eliminar bacterias potencialmente peligrosas.

30. **La respuesta correcta es la (3).** La clorofila participa en la producción del azúcar.

31. **La respuesta correcta es la (2).**
La sangre en el cuerpo humano completa la circulación una vez por minuto.

32. **La respuesta correcta es la (4).**
La parte del corazón que inicia el bombeo está localizada en el ventrículo derecho.

33. **La respuesta correcta es la (4).**
El yeyuno es la porción del intestino delgado que se extiende entre el duodeno y el íleon. En él se mezclan más activamente los jugos gástricos.

34. **La respuesta correcta es la (5).**
La forma más común de polinización de hierbas es por el viento.

35. **La respuesta correcta es la (3).**
El yodo es un antiséptico utilizado para limpiar heridas.

36. **La respuesta correcta es la (3).**
Las cataratas son una forma de daño ocular que consiste en la pérdida de la transparencia del cristalino, lo que nubla la visión. Son causadas con frecuencia por la excesiva radiación solar UV. El uso de anteojos de sol que brinden una protección del 99 al 100 por ciento contra los rayos UVB con frecuencia puede prevenirlas.

37. **La respuesta correcta es la (3).**
La luz ultravioleta está compuesta sólo de ondas cuya longitud es muy corta, más corta que el azul o el violeta.

38. **La respuesta correcta es la (2).**
El párrafo 2 expresa que las vitaminas "no proveen energía ni forman ni construyen ninguna parte del cuerpo".

39. **La respuesta correcta es la (3).**
El párrafo 6 expresa que los suplementos vitamínicos son necesarios para las personas que poseen dietas deficientes y para las que se recuperan de ciertas enfermedades.

40. **La respuesta correcta es la (4).**
La última oración define a la Cantidad Diaria Recomendada como las cantidades máximas de vitaminas, minerales y proteínas necesarias para la mayoría de las personas por día.

41. **La respuesta correcta es la (2).**
Las semillas de coco flotan en el agua y se sabe que viajan miles de millas.

42. **La respuesta correcta es la (1).**
Las semillas de diente de león vuelan y son transportadas por el viento.

43. **La respuesta correcta es la (3).**
Los animales comen las manzanas y dejan caer las semillas en los excrementos cuando pasan por el área.

44. **La respuesta correcta es la (3).**
La bardana menor se adhiere al pelaje de los animales que pasan y cae mientras el animal camina. El texto también especifica que el ser humano no está presente en el área.

45. **La respuesta correcta es la (1).**
La gráfica muestra un alto porcentaje de producción de CO_2. Cuando el suministro de CO_2 en la sangre aumenta, también lo hace el ritmo de la respiración. El cerebro es estimulado al aumentar las cantidades de CO_2 en la sangre y envía impulsos al diafragma y músculos del pecho para que se muevan con mayor rapidez. Como resultado, el ritmo de la respiración se acelera.

46. **La respuesta correcta es la (3).**
Peristaltismo es el término aplicado a las contracciones rítmicas de los músculos lisos en la pared del tubo digestivo. El estómago es uno de sus órganos. La gráfica muestra que existe un ritmo bajo de peristaltismo, lo que significa que existe poca actividad digestiva.

47. **La respuesta correcta es la (5).** La gráfica muestra un alto porcentaje de liberación de adrenalina. Uno de los efectos de la adrenalina es la conversión del glucógeno, que se almacena en el hígado en forma de glucosa, que se disuelve en la sangre. Cuando se liberan grandes cantidades de adrenalina, las altas concentraciones de glucosa proveen energía extra.

48. **La respuesta correcta es la (1).** El fuego es incapaz de controlarse a sí mismo.

49. **La respuesta correcta es la (5).** Sin la capacidad de reproducirse, un organismo desaparece.

50. **La respuesta correcta es la (4).** Si un organismo lleva a cabo todas las funciones vitales, está vivo.

explicaciones

QUÍMICA

Instrucciones: Para cada pregunta, encierre en un círculo el número de la respuesta que mejor responda a la pregunta o complete el enunciado. La Clave de respuestas y las Explicaciones de las respuestas se encuentran al final del capítulo.

1. Toda la materia tiene masa y
   (1) color.
   (2) ocupa un espacio.
   (3) es soluble.
   (4) es sólida.
   (5) olor.

2. La partícula de oro más pequeña que todavía retiene sus características es
   (1) una molécula de oro.
   (2) un protón.
   (3) un electrón.
   (4) un gránulo de oro.
   (5) un átomo de oro.

3. Todos los átomos contienen protones y
   (1) neutrones.
   (2) moléculas.
   (3) electrones.
   (4) compuestos.
   (5) órbitas exteriores llenas.

4. El bronce es
   (1) una aleación.
   (2) una mezcla.
   (3) un mineral.
   (4) un elemento.
   (5) un metaloide.

5. El diagrama a continuación representa la formación de
   (1) un átomo.
   (2) un isótopo.
   (3) una isobara.
   (4) un electrón.
   (5) un ión.

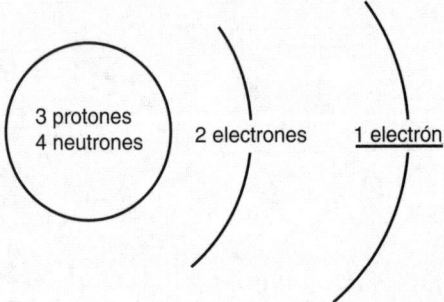

3 protones
4 neutrones   2 electrones   1 electrón

6. Un pedazo de papel se rompe. Éste es un ejemplo de
   (1) cambio químico.
   (2) proceso de combustión.
   (3) cambio nuclear.
   (4) cambio físico.
   (5) proceso de Carnot.

7. ¿Cuál de los siguientes procesos es el responsable del secado de la ropa tendida en la cuerda en un día de verano?
   (1) congelación
   (2) condensación
   (3) sublimación
   (4) evaporación
   (5) fusión

8. Un ácido reacciona con una base para formar agua y una sal. Esto se llama
   (1) neutralización.
   (2) esterificación.
   (3) hidrólisis.
   (4) combustión.
   (5) desacidificación.

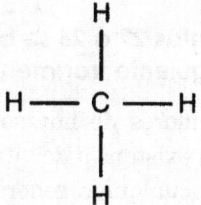

9. En el compuesto anterior, metano, cuatro átomos de hidrógeno están enlazados a un átomo de carbono. Los enlaces son
   (1) electrovalentes.
   (2) iónicos.
   (3) covalentes.
   (4) nucleares.
   (5) magnéticos.

10. El siguiente diagrama representa
    (1) una reacción química.
    (2) una reacción en cadena.
    (3) una colisión elástica.
    (4) una colisión inelástica.
    (5) una reacción de fusión.

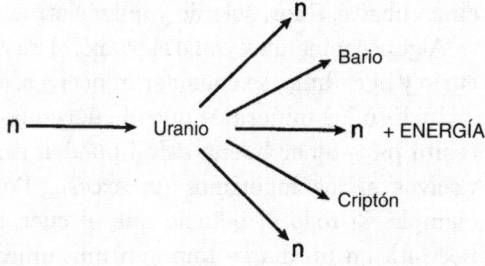

11. El cero absoluto es la temperatura más baja que se puede alcanzar. En términos de la escala de Fahrenheit, esto es
    (1) 0°.
    (2) menos 273°.
    (3) menos 459°.
    (4) menos 820°.
    (5) menos 1046°.

12. El oxígeno se licua a una temperatura de
    (1) menos 100° Fahrenheit.
    (2) menos 460° Celsius.
    (3) menos 297° Fahrenheit.
    (4) 212° Fahrenheit.
    (5) 0° Celsius.

13. Todo lo indicado a continuación tiende a purificar el agua, EXCEPTO
    (1) las bacterias.
    (2) la oxidación.
    (3) la sedimentación.
    (4) la cloración.
    (5) la luz solar.

14. Para purificar el agua de mar lo suficiente como para que sea potable, debe primero ser
    (1) clorada.
    (2) destilada.
    (3) filtrada.
    (4) oxidada.
    (5) aireada.

15. Cuando se quema un combustible, generalmente da como resultado la producción de
    (1) agua.
    (2) hidrógeno.
    (3) calcio.
    (4) alcohol.
    (5) oxígeno.

16. ¿Cuál de los siguientes compuestos es el más inestable a temperatura ambiente?

    (1) H_2SO_4

    (2) H_2CO_3

    (3) NaCl

    (4) HO

    (5) $C_6H_{12}O_6$

17. LED es la abreviatura de Diodo Emisor de Luz (*Light-Emitting Diode*). El LED se utiliza con mucha frecuencia en

    (1) calculadoras de mano.

    (2) máquinas de escribir manuales.

    (3) motores diesel.

    (4) microbiología.

    (5) medicamentos contra el cáncer.

18. La cantidad de calorías que se requieren para incrementar la temperatura de 250 gramos de agua de 22°C a 25°C es

    (1) 83.3.

    (2) 250.

    (3) 375.

    (4) 750.

    (5) 850.

19. Un átomo que contiene 19 protones, 20 neutrones y 19 electrones tiene un número de masa de

    (1) 19.

    (2) 20.

    (3) 39.

    (4) 58.

    (5) 38.

20. En el átomo de un elemento dado, el protón se encuentra en

    (1) la órbita K.

    (2) la órbita L.

    (3) el núcleo.

    (4) la nube electrónica.

    (5) la órbita M.

21. El cambio de estado sólido directamente a gaseoso se denomina

    (1) sublimación.

    (2) evaporación.

    (3) condensación.

    (4) cristalización.

    (5) neutralización.

Las preguntas 22 a 26 se basan en el siguiente fragmento.

Los consumidores de hoy son más conscientes de la existencia de vitaminas y minerales que cualquier generación previa. Las ventas crecientes de suplementos de vitaminas y minerales y el interés considerable mostrado por las nuevas regulaciones de estos productos por parte de la Administración de Drogas y Alimentos (FDA) avalan esta conciencia.

Si bien las vitaminas generalmente son el centro de toda discusión sobre los suplementos dietéticos, los minerales también son esenciales para la salud y el crecimiento. Sólo es necesaria la cantidad correcta de minerales en nuestra dieta.

Se necesitan cantidades relativamente grandes de algunos minerales en la dieta: calcio, fósforo, sodio, cloruro, potasio, magnesio y azufre. Las "grandes cantidades" se miden de miligramos a un gramo.

Se necesitan pequeñas cantidades de otros minerales llamados "minerales traza". Estos son hierro, manganeso, cobre, yodo, cinc, cobalto, flúor, selenio y quizás otros.

Algunos minerales, como el plomo, el mercurio y el cadmio, se consideran nocivos.

Incluso los minerales que el cuerpo necesita para tener buena salud pueden ser nocivos si los ingerimos en exceso. Por ejemplo, si todo el potasio que el cuerpo necesita en un día se toma en una única dosis concentrada puede causar una enfermedad grave. Muchos niños menores de cinco años de edad son hospitalizados cada año debido a la intoxicación por hierro causada por la ingestión accidental de múltiples suplementos dietéticos diarios. Algunos de estos niños fallecen. Otros minerales pueden causar efectos adversos para la salud si un individuo toma tan solo el doble de lo que se necesita para tener buena salud.

La ingesta de un mineral esencial en exceso puede perturbar el equilibrio y la función de otros minerales en el cuerpo. La ingesta de un mineral en exceso puede reducir la capacidad de una persona para realizar tareas físicas y puede contribuir a crear problemas de salud, como anemia, desmineralización y quebradura de huesos, enfermedades neurológicas y anormalidades fetales. Los riesgos son mayores para las personas muy jóvenes, las mujeres embarazadas o que estén amamantando a un bebé, los ancianos y aquellos con dietas inadecuadas o enfermedades crónicas.

Hay muchas cosas que no sabemos sobre la función de los minerales en el cuerpo y, particularmente, sobre los elementos traza. Sin embargo, no hay duda de que las personas que toman suplementos minerales no deberían usarlos en cantidades que excedan enormemente lo que el cuerpo necesita.

Los elementos minerales tienen dos funciones generales en el cuerpo: formación y regulación. Las funciones de formación afectan el esqueleto y todos los tejidos blandos. Las funciones de regulación comprenden una gran variedad de sistemas, como el ritmo cardiaco, la coagulación de la sangre, el mantenimiento de la presión interna de los líquidos corporales, las respuestas nerviosas y el transporte de oxígeno desde los pulmones a los tejidos.

Los minerales que están presentes en cantidades relativamente grandes en el cuerpo y que se necesitan en cantidades relativamente importantes en la dieta (más de 100 miligramos por día) se clasifican generalmente como macrominerales. Los otros se clasifican como "elementos traza".

22. Para una nutrición adecuada del cuerpo humano, los minerales hierro, manganeso y cobalto
    (1) son necesarios en grandes cantidades.
    (2) pueden ser identificados con un contador Geiger.
    (3) son necesarios en pequeñas cantidades.
    (4) pueden ser ingeridos en una única dosis concentrada.
    (5) no son esenciales.

23. Todos los minerales a continuación son necesarios para tener buena salud, EXCEPTO
    (1) el potasio.
    (2) el magnesio.
    (3) el cobre.
    (4) el cadmio.
    (5) el cinc.

24. Los elementos minerales tienen dos funciones generales en el cuerpo: formación y regulación. Las funciones de formación afectan
    (1) la piel.
    (2) los ojos, el cabello y los dientes.
    (3) el corazón.
    (4) los huesos y todos los tejidos blandos.
    (5) todo lo anterior

25. Los minerales que se necesitan en cantidades relativamente importantes en la dieta se denominan
    (1) minerales nocivos.
    (2) macrominerales.
    (3) elementos traza.
    (4) suplementos dietéticos.
    (5) calóricos.

26. La ingesta en exceso de minerales puede contribuir a la presencia de problemas tales como
    (1) anemia.
    (2) quebraduras de huesos.
    (3) falta de energía.
    (4) todo lo anterior
    (5) opciones (1) y (3) únicamente

Las preguntas 27 a 30 se basan en el siguiente fragmento.

La terapia de rehidratación oral (RO) es el método más espectacular entre distintos métodos de bajo costo disponibles actualmente para proteger la vida y la salud de niños de comunidades de bajos recursos. En los últimos dos años, el informe *Estado Mundial de la Infancia*, con la cooperación de los medios de comunicación, atrajo la atención mundial al hecho de que sólo cuatro métodos relativamente simples y poco costosos podrían permitir que los padres mismos disminuyeran a la mitad la tasa de mortalidad infantil y salvaran las vidas de hasta 20,000 niños por día.

En síntesis, estos métodos son:

1. Control del crecimiento, que puede ayudar a las madres a prevenir la mayor parte de la desnutrición infantil antes de que comience. Con la ayuda de una tabla de crecimiento de 10 centavos y consejos básicos sobre el destete, la mayoría de las madres podrían lograr un crecimiento saludable de los niños, incluso con los limitados recursos con los que cuentan.

2. Rehidratación oral, que puede salvar a la mayoría de los más de 4 millones de niños pequeños que actualmente mueren cada año debido a la deshidratación por diarrea.

3. Lactancia materna, que puede garantizar que los bebés reciban el mejor alimento posible y un grado considerable de inmunidad contra las infecciones comunes durante los primeros seis meses de vida.

4. Un programa completo de vacunación de $5, que puede proteger al niño contra el sarampión, la difteria, la tos ferina, el tétanos, la tuberculosis y la polio. Actualmente, estas enfermedades causan la muerte de alrededor de 5 millones de niños pequeños por año, causan discapacidad a 5 millones más y son la causa principal de la desnutrición infantil.

27. Si se siguen los cuatro métodos descritos pueden salvarse las vidas de gran número de
(1) mujeres embarazadas.
(2) personas ancianas.
(3) niños.
(4) pacientes con tuberculosis.
(5) animales.

28. De acuerdo con el texto, los bebés recién nacidos deberían consumir
(1) leche de vaca.
(2) leche pasteurizada.
(3) leche elaborada.
(4) leche en polvo.
(5) leche materna.

29. El método más espectacular y menos costoso para proteger la vida y la salud de los niños es
(1) el control del crecimiento.
(2) la vacunación.
(3) la lactancia maternal.
(4) la rehidratación oral (RO).
(5) la vitamina C.

30. ¿Alrededor de cuántos niños pueden salvarse en un año si se utilizan los cuatro métodos?
(1) 200,000
(2) 70,000
(3) 20,000
(4) 700,000
(5) 7,000,000

Las preguntas 31 a 34 se basan en el siguiente fragmento.

Cada día respiramos alrededor de 16,000 cuartos de galón de aire. En prácticamente todo el estado de New York, pero especialmente en las áreas densamente pobladas, el aire que circula a través de los pulmones y suministra el oxígeno a la sangre está contaminado con sustancias perjudiciales para la salud: negro de humo, cenizas, hollín, sílice, polvo metálico y otros contaminantes orgánicos e inorgánicos.

Los contaminantes del aire provenientes de las industrias, los incineradores, las centrales eléctricas, los automóviles, los aviones y la quema de hojas y basura en el jardín trasero aumentan las probabilidades en nuestra contra al contribuir a aumentar el número escalofriante de enfermos y víctimas fatales. Las investigaciones médicas muestran que la contaminación del aire puede producir cáncer de pulmón. Aumenta las afecciones por neumonía, alergias, asma y el resfrío común así como también agrava los casos de bronquitis crónica y enfisema.

Las altas concentraciones de la contaminación del aire (cada una dura sólo unos pocos días) fueron las culpables del aumento repentino de las muertes en el valle Mouse, Bélgica en 1930; en Donora, Pennsylvania en 1948; en Londres en 1952 y en la ciudad de New York en 1963 y 1966. La contaminación del aire mata.

Perjudica a todos los seres vivos, atrofia y mata flores, arbustos, árboles y cultivos. La espinaca, por ejemplo, ya no puede cultivarse en la cuenca de Los Ángeles debido al problema del *smog* de la ciudad. Los cultivos dañados significan precios más altos de los alimentos, lo que incrementa nuestro presupuesto para alimentos, ya inflacionario.

Además, los contaminantes afectan a las propiedades y materiales, los suelos, las ropas, decoloran la pintura e incluso corroen la piedra, el mármol y el metal.

Nuevamente, el resultado puede medirse en dólares y centavos, en los inconvenientes y en los mayores gastos de limpieza y los gastos de mantenimiento tanto para dueños de propiedades y negocios como para el gobierno.

31. ¿Qué ciudad tiene problemas de *smog* que le impiden el cultivo de la espinaca?

   (1) valle Meuse

   (2) Los Ángeles

   (3) New York

   (4) San Francisco

   (5) Moscú

32. ¿Cuál de los siguientes NO es un efecto médico de la contaminación del aire?

   (1) el resfrío común

   (2) el asma

   (3) las alergias

   (4) la polio

   (5) la neumonía

33. El órgano del cuerpo más afectado por la contaminación del aire

   (1) es el cerebro.

   (2) es la tiroides.

   (3) son los pulmones.

   (4) es el intestino.

   (5) es el estómago.

34. La contaminación del aire ha causado la muerte de muchas personas en un corto tiempo en todos los siguientes lugares, EXCEPTO

   (1) valle Meuse, Bélgica.

   (2) Donora, Pa.

   (3) Londres.

   (4) la ciudad de New York.

   (5) Newark.

práctica

Las preguntas 35 a 38 se basan en la gráfica a continuación.

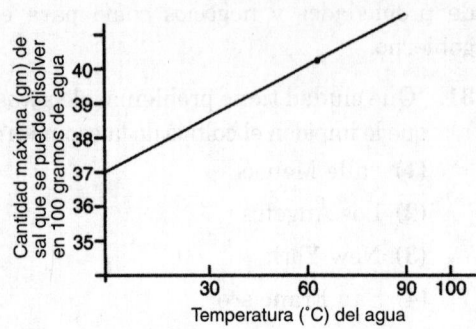

La sal común puede disolverse en agua. Mientras más alta sea la temperatura del agua, más sal se puede disolver. En la gráfica anterior, la línea muestra la cantidad máxima (gramos) de sal que puede disolverse en 100 gramos de agua a diferentes temperaturas.

35. ¿Cuántos gramos de sal, como máximo, pueden disolverse en 100 gramos de agua a 30ºC?
- **(1)** 35
- **(2)** 37
- **(3)** 39
- **(4)** 41
- **(5)** 0

36. ¿A qué temperatura disolverá el agua un máximo de 39 gramos de sal?
- **(1)** 0°C
- **(2)** 30°C
- **(3)** 60°C
- **(4)** 90°C
- **(5)** 100°C

37. A 60ºC, 100 gramos de agua pueden disolver cualquiera de las siguientes cantidades de sal, EXCEPTO
- **(1)** 30 gramos.
- **(2)** 37 gramos.
- **(3)** 38 gramos.
- **(4)** 39 gramos.
- **(5)** 40 gramos.

38. Al elevar la temperatura del agua de 0ºC a 100ºC, ¿cuántos gramos más de sal se pueden disolver?
- **(1)** 0
- **(2)** 1
- **(3)** 2
- **(4)** 3
- **(5)** 4

39. En química orgánica, el prefijo es una indicación importante de la estructura de un compuesto. Por ejemplo:

Prefijo	Nº de carbonos
met-	1
et-	2
pro-	3
but-	4
pent-	5

Si tenemos los compuestos

$$CH_3CH_2CH_2CH_3 \quad y \quad CH_3\ \underset{\underset{CH_3}{|}}{CH}\ CH_3$$

Ambos compuestos son
- **(1)** alquinos.
- **(2)** alquenos.
- **(3)** isómeros de butano.
- **(4)** isómeros de propano.
- **(5)** isómeros de pentano.

40. Un compuesto tiene la siguiente fórmula estructural:

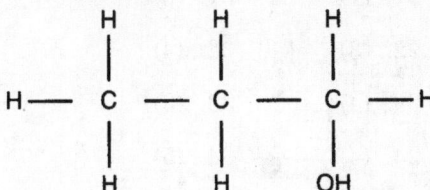

En consecuencia, se clasifica como un

(1) alcano.

(2) alqueno.

(3) alquino.

(4) alcohol.

(5) ácido.

CLAVE DE RESPUESTAS Y EXPLICACIONES

1. (2)	11. (3)	21. (1)	31. (2)
2. (5)	12. (3)	22. (3)	32. (4)
3. (3)	13. (1)	23. (4)	33. (3)
4. (1)	14. (2)	24. (4)	34. (5)
5. (5)	15. (1)	25. (2)	35. (3)
6. (4)	16. (2)	26. (4)	36. (3)
7. (4)	17. (1)	27. (3)	37. (5)
8. (1)	18. (4)	28. (5)	38. (4)
9. (3)	19. (3)	29. (4)	39. (3)
10. (2)	20. (3)	30. (5)	40. (4)

1. **La respuesta correcta es la (2).** Ésta es la definición de la materia.

2. **La respuesta correcta es la (5).** Un átomo es la parte más pequeña de un elemento que retiene sus propiedades.

3. **La respuesta correcta es la (3).** Todos los átomos tienen protones, electrones y neutrones excepto el hidrógeno, que no tiene neutrones.

4. **La respuesta correcta es la (1).** El bronce es una aleación compuesta de una combinación de cobre y cinc.

5. **La respuesta correcta es la (5).** Un ión se forma cuando un átomo gana o pierde electrones.

6. **La respuesta correcta es la (4).** El papel cambia físicamente, no químicamente.

7. **La respuesta correcta es la (4).** La evaporación se describe del siguiente modo: agua (líquido) → agua (gas).

8. **La respuesta correcta es la (1).** Neutralización: ácido + base → sal + agua.

9. **La respuesta correcta es la (3).** Los enlaces son covalentes porque comparten los electrones.

10. **La respuesta correcta es la (2).** En la fisión del uranio, un neutrón divide un átomo de uranio. Esto es parte de la reacción en cadena.

11. **La respuesta correcta es la (3).** El cero absoluto es el punto en el cual todas las acciones atómicas aparentemente se detienen. En la escala Fahrenheit, esto es menos 459º.

12. **La respuesta correcta es la (3).** El punto en que el oxígeno pasa del estado gaseoso al líquido es menos 297ºF.

13. **La respuesta correcta es la (1).** Cuantas más bacterias haya en el agua, ésta será menos pura.

14. **La respuesta correcta es la (2).** Durante la destilación, las impurezas del agua se eliminan al vaporizar el agua y dejar las sales.

15. La respuesta correcta es la (1). Durante la "quema" de un combustible, la descomposición, con frecuencia, da como resultado la liberación de agua (p. ej., $CH_4 + 2O_2 \rightarrow CO_2 + 2H_2O$).

16. La respuesta correcta es la (2). H_2CO_3 (ácido carbónico) es un compuesto inestable que se descompone fácilmente en agua (H_2O) y dióxido de carbono (CO_2).

17. La respuesta correcta es la (1). La luz de una calculadora de mano común es generada por un diodo.

18. La respuesta correcta es la (4). Se necesita una caloría para elevar la temperatura de un gramo de agua en un grado. Por lo tanto, se necesitan 750 calorías para elevar en tres grados (de 22° a 25°) 250 gramos de agua.

19. La respuesta correcta es la (3). El número de masa es el número total de los neutrones y protones en el núcleo del átomo. Por lo tanto, los 19 protones y 20 neutrones dan como resultado un número de masa de 39.

20. La respuesta correcta es la (3). El núcleo de un átomo contiene protones y neutrones.

21. La respuesta correcta es la (1). La sublimación se define como el proceso completo por el cual un sólido se transforma directamente en vapor sin pasar por el estado líquido.

22. La respuesta correcta es la (3). Como se expresa en el párrafo 4, el hierro, el manganeso y el cobalto son "minerales traza", o sea minerales necesarios en pequeñas cantidades.

23. La respuesta correcta es la (4). El párrafo 5 menciona el cadmio como uno de los minerales considerados perjudiciales.

24. La respuesta correcta es la (4). Como se expresa en el penúltimo párrafo, las funciones de formación de los minerales afectan "el esqueleto (o huesos) y todos los tejidos blandos".

25. La respuesta correcta es la (2). El último párrafo expresa que los minerales que se necesitan en cantidades relativamente importantes se denominan "macrominerales".

26. La respuesta correcta es la (4). Las opciones (1), (2) y (3) son todos problemas que resultan del consumo excesivo de minerales. (Ver párrafo 7).

27. La respuesta correcta es la (3). Como se expresa en el primer párrafo, si se siguen los métodos descritos pueden "salvarse las vidas de hasta 20,000 niños por día".

28. La respuesta correcta es la (5). La leche materna se describe como "el mejor alimento posible" para los bebés recién nacidos bajo el título de lactancia materna.

29. La respuesta correcta es la (4). La primera oración expresa este enunciado.

30. La respuesta correcta es la (5). Según el párrafo 1, estos métodos pueden salvar las vidas de 20,000 niños por día. $20,000 \times 365 = 7,300,000$.

31. La respuesta correcta es la (2). Ya no puede cultivarse espinaca en Los Ángeles. (Ver párrafo 4).

32. La respuesta correcta es la (4). Según el párrafo 2, la investigación médica muestra que todos, excepto la polio, son efectos de la contaminación.

33. La respuesta correcta es la (3). La segunda oración expresa que el aire "circula a través de los pulmones".

34. **La respuesta correcta es la (5).**
Según las opciones, sólo Newark no se menciona en el párrafo 3.

35. **La respuesta correcta es la (3).**
Ubique 30ºC en el eje horizontal. Muévase hacia arriba hasta la curva y luego muévase horizontalmente y lea la cifra que se indica en la escala del eje vertical. La respuesta es 38 gramos.

36. **La respuesta correcta es la (3).**
De 39 gramos, muévase hacia la derecha hasta la curva y luego lea la cifra en el eje horizontal, 60ºC.

37. **La respuesta correcta es la (5).**
A 60ºC, la cantidad máxima que puede disolverse es 39 gramos; 40 gramos es demasiado.

38. **La respuesta correcta es la (4).**
A 0ºC, pueden disolverse 37 gramos. A 100ºC, pueden disolverse 40 gramos. 40 – 37 = 3. Por lo tanto, al elevar la temperatura del agua de 0ºC a 100ºC, pueden disolverse 3 gramos más de sal.

39. **La respuesta correcta es la (3).**
Cada compuesto contiene 4 átomos de carbono. El prefijo para 4 carbonos es "but-", por lo tanto, estos compuestos son isómeros de butano.

40. **La respuesta correcta es la (4).**
El grupo funcional de un alcohol es el OH^-.

FÍSICA

Instrucciones: Para cada pregunta, encierre en un círculo el número de la respuesta que mejor responda a la pregunta o complete el enunciado. La Clave de respuestas y las Explicaciones de las respuestas se encuentran al final del capítulo.

1. "Los opuestos se atraen" es una ley fundamental
   - **(1)** del impulso.
   - **(2)** de las fuerzas.
   - **(3)** del magnetismo.
   - **(4)** de la gravedad.
   - **(5)** de la física.

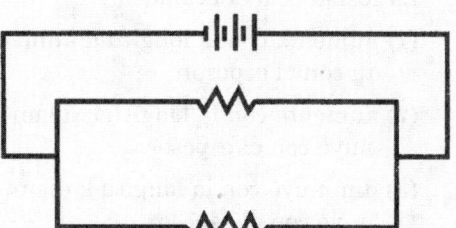

2. En un circuito en serie simple, si el voltaje se duplica y la resistencia permanece igual, entonces
   - **(1)** la corriente se reduce a la mitad.
   - **(2)** la potencia se reduce a la mitad.
   - **(3)** la potencia permanece igual.
   - **(4)** la potencia se cuadriplica.
   - **(5)** la corriente se duplica.

3. En el circuito en paralelo mostrado arriba, la resistencia total es
   - **(1)** $\dfrac{R_1 \times R_2}{R_1 + R_2}$
   - **(2)** $\dfrac{R_1 + R_2}{R_1 \times R_2}$
   - **(3)** $R_1 + R_2$
   - **(4)** $\dfrac{R_1 + R_2}{R_1 + R_2}$
   - **(5)** ninguna de las anteriores

4. El diagrama a continuación representa un tramo de un cable eléctrico cuya longitud es (1) y cuyo espesor es (t).

La resistencia del cable

(1) aumenta con la longitud; aumenta con el espesor.

(2) aumenta con la longitud; disminuye con el espesor.

(3) diminuye con la longitud; disminuye con el espesor.

(4) disminuye con la longitud; aumenta con el espesor.

(5) permanece igual aunque la longitud o el espesor cambien.

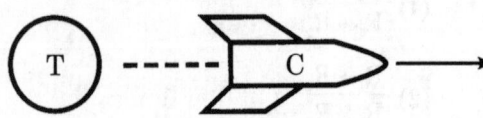

5. En el diagrama anterior, un cohete (C) acaba de dejar la Tierra (T). La fuerza de la atracción entre C y T es

(1) magnética.

(2) eléctrica.

(3) centrípeta.

(4) gravitacional.

(5) la energía nuclear.

6. Una persona que tiene un peso de 100 libras pesa alrededor de

(1) 100 kilogramos.

(2) 45,000 kilogramos.

(3) 45 miligramos.

(4) 45 kilogramos.

(5) 450 kilogramos.

7. En el diagrama a continuación, un peso (P) es desplazado una distancia (d). Si P se duplica, el trabajo requerido

(1) se reduce a la mitad.

(2) se cuadriplica.

(3) se duplica.

(4) se reduce a la cuarta parte.

(5) no cambia.

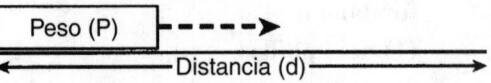

8. El diagrama a continuación representa una montaña alta. La presión atmosférica en la base es de 14.7 libras por pulgada cuadrada.

14.7 libras por pulgada cuadrada

En la cima de la montaña, la presión atmosférica es

(1) menor debido a que el espesor de la capa de la atmósfera es menor.

(2) menor debido a que la presión de la capa de la atmósfera es mayor.

(3) mayor ya que la temperatura ambiente es menor.

(4) mayor ya que existe una mayor proximidad a las nubes.

(5) igual.

9. ¿Cómo llega el calor del Sol a la Tierra?

(1) por conducción

(2) por convección

(3) por condensación

(4) por sublimación

(5) por radiación

práctica

10. La fórmula para convertir la temperatura de grados Celsius (C) a grados Fahrenheit (F) es

$$C = (F - 32) \times \frac{5}{9}$$

Si la temperatura en grados Fahrenheit es de 212°F, entonces la temperatura en grados Celsius es de

(1) 10°

(2) 32°

(3) 212°

(4) 100°

(5) 200°

11. El sonido viaja más velozmente cuando se desplaza a través de

(1) el acero.

(2) el agua.

(3) la luz.

(4) el aire.

(5) el vacío.

12. ¿Qué aparato eléctrico común contiene un electroimán?

(1) plancha

(2) teléfono

(3) calentador

(4) tostadora

(5) tomacorriente

13. Cuando todos los colores del espectro se fusionan, la luz resultante es

(1) roja.

(2) blanca.

(3) azul.

(4) amarilla.

(5) negra.

14. Los isótopos del mismo elemento tienen la misma cantidad de

(1) protones y electrones.

(2) mesones y neutrones.

(3) neutrones y electrones.

(4) electrones y mesones.

(5) electrones únicamente.

15. ¿Cuál NO es una forma de energía?

(1) luz

(2) electricidad

(3) temperatura

(4) calor

(5) ondas de radio

Las preguntas 16 a 18 se basan en el siguiente fragmento.

La historia del Frisbee está rodeada de misterio. De acuerdo con un relato, el inventor era un joven estudiante de Yale llamado Elihu Frisbie, quien un día, en 1826, protagonizó él solo una revuelta contra la asistencia obligatoria a la capilla de la universidad. Tomó el platillo de la colecta y lo arrojó audazmente contra un vitral. Así inventó el deporte y se aseguró la expulsión de la universidad. Si bien esta versión es puramente inventada, contiene algo de verdad. El deporte en verdad tuvo sus comienzos en Yale en la década de 1880 cuando algunos estudiantes lanzaban moldes de pasteles vacíos invertidos de la Frisbie Pie Company cerca de Bridgeport, Connecticut. Cuando se hacía volar el molde por el aire, el que lo arrojaba gritaba "Frisbie" como una advertencia a cualquiera que estuviera en el camino así como un golfista grita "fore". La moda de lanzar moldes de pasteles se extendió a otras universidades del Este. Además existen informes que en las primeras épocas de Hollywood, un camarógrafo solía lanzar tapas de metal de las latas de películas. Pero los discos de metal tenían una grave desventaja: atraparlos podía ser doloroso.

El Frisbee es un ejemplo de una teoría que funciona, pero que todavía no ha sido totalmente explicada de modo científico. Cualquier persona que ha visto un

Frisbee volando es muy consciente de que el disco posee características aerodinámicas extraordinarias. Es más, la forma del Frisbee, que se parece mucho al disco que los atletas griegos antiguos utilizaban, tiene una forma que puede ser descrita como un tercio de ala, un tercio de giróscopo y un tercio de paracaídas. Aún nadie ha podido establecer la razón exacta por la cual un Frisbee vuela como lo hace o por qué puede realizar estas maniobras aéreas complejas. El Frisbee, en resumen, es una teoría que espera su verificación.

16. Los primeros Frisbees eran similares a todo lo siguiente EXCEPTO a

(1) un paracaídas.

(2) un giróscopo.

(3) un disco.

(4) un ala.

(5) una abeja.

17. Para probar científicamente cómo vuela un Frisbee, primero se debe

(1) leer sobre su historia.

(2) mirar películas sobre este tema.

(3) concebir una hipótesis.

(4) dibujar modelos.

(5) realizar experimentos.

18. La palabra *aerodinámica* significa

(1) que se mueve con rapidez.

(2) que gira como una dínamo.

(3) concerniente al movimiento del aire.

(4) concerniente a los aviones en movimiento.

(5) similar a las alas como en el vuelo de las aves.

Las preguntas 19 a 21 se basan en la siguiente gráfica.

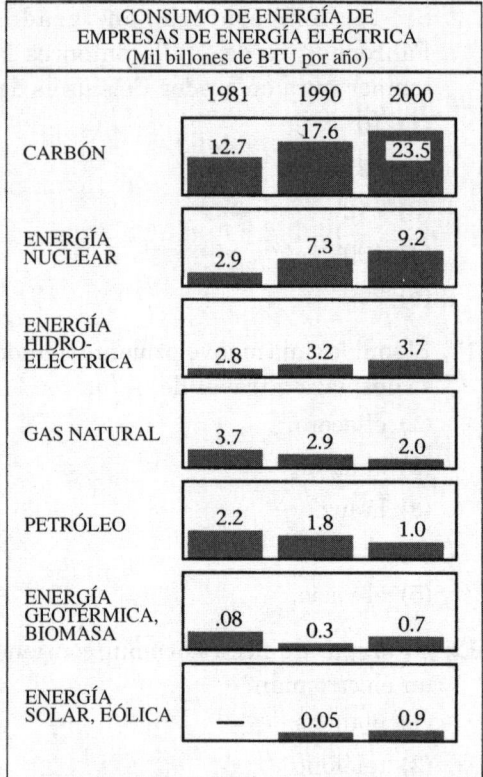

CONSUMO DE ENERGÍA DE EMPRESAS DE ENERGÍA ELÉCTRICA
(Mil billones de BTU por año)

	1981	1990	2000
CARBÓN	12.7	17.6	23.5
ENERGÍA NUCLEAR	2.9	7.3	9.2
ENERGÍA HIDRO-ELÉCTRICA	2.8	3.2	3.7
GAS NATURAL	3.7	2.9	2.0
PETRÓLEO	2.2	1.8	1.0
ENERGÍA GEOTÉRMICA, BIOMASA	.08	0.3	0.7
ENERGÍA SOLAR, EÓLICA	—	0.05	0.9

19. El combustible que suministra la mayor cantidad de energía es

(1) la energía nuclear.

(2) el gas natural.

(3) el carbón.

(4) la energía hidroeléctrica.

(5) la energía solar y eólica

20. Se espera que aumente el consumo de todos los siguientes combustibles, EXCEPTO

(1) el carbón.

(2) la energía nuclear.

(3) la energía hidroeléctrica.

(4) el gas natural.

(5) la energía geotérmica, biomasa.

21. Además del carbón, se proyecta que el mayor aumento en el consumo de combustible en BTU será de

(1) la energía nuclear.

(2) la energía hidroeléctrica.

(3) el gas natural.

(4) el petróleo.

(5) la energía solar y eólica.

Las preguntas 22 a 25 se basan en la siguiente gráfica.

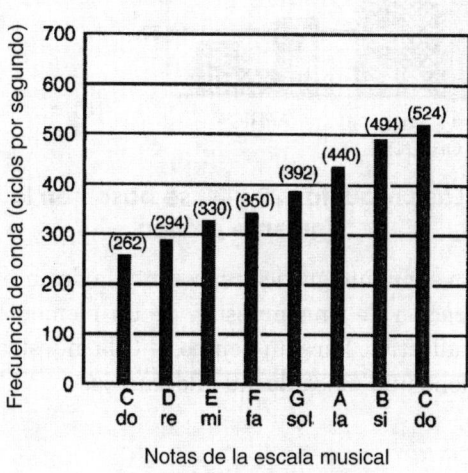

22. Si se toca una escala mayor, las frecuencias

(1) se incrementan en intervalos iguales.

(2) se incrementan en intervalos que no son iguales.

(3) disminuyen uniformemente.

(4) disminuyen pero no uniformemente.

(5) permanecen igual.

23. Si se compara la frecuencia del segundo do con la del primero, la frecuencia del segundo do es

(1) del doble.

(2) la mitad.

(3) cuatro veces más.

(4) igual.

(5) un cuarto más.

24. El tono más bajo indicado en la gráfica es

(1) A

(2) B

(3) C

(4) D

(5) E

25. La pieza musical *Star Spangled Banner* comienza con las notas G y E. ¿Cuál es la variación de frecuencia entre estas dos notas?

(1) 0

(2) 10

(3) 62

(4) 330

(5) 392

En la gráfica anterior, las notas C-D-E-F-G-A-B-C constituyen una escala mayor. Las frecuencias de sonido producidas por cada nota están indicadas.

Las preguntas 26 a 28 se basan en la siguiente gráfica.

POBLACIÓN, CONSUMO Y PRODUCCIÓN DE ENERGÍA MUNDIAL, 1974

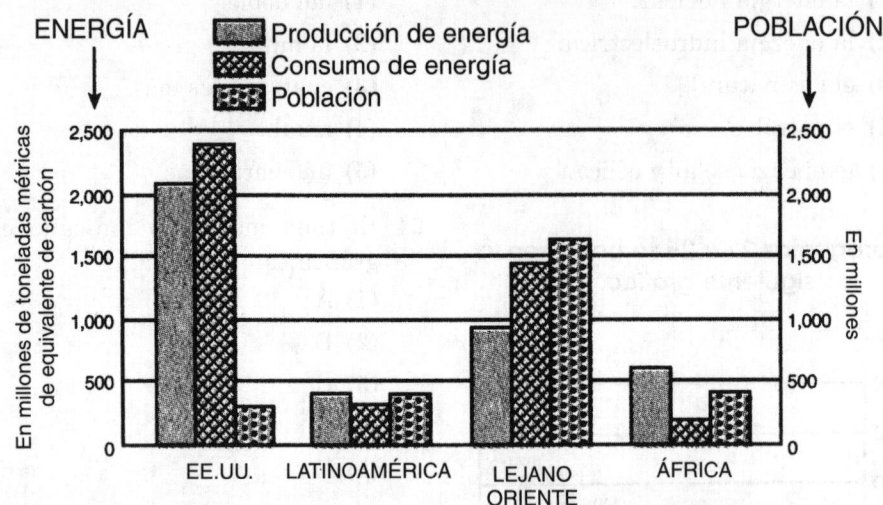

26. ¿Qué región utilizó más energía en 1974?

    (1) EE.UU.

    (2) Latinoamérica.

    (3) Lejano Oriente.

    (4) África.

    (5) Es imposible determinarlo con la información suministrada.

27. ¿Qué región tenía la menor población en 1974?

    (1) EE.UU.

    (2) Latinoamérica.

    (3) Lejano Oriente.

    (4) África.

    (5) Es imposible determinarlo con la información suministrada.

28. Si cada persona debiera utilizar la misma cantidad de energía para sobrevivir, ¿qué región necesitaría más?

    (1) EE.UU.

    (2) Latinoamérica.

    (3) Lejano Oriente.

    (4) África.

    (5) Es imposible determinarlo con la información suministrada.

Las preguntas 29 y 30 se basan en la siguiente gráfica.

La siguiente gráfica representa la desintegración de una muestra de un elemento radiactivo. Para un tiempo $t = 0$, la muestra tiene una masa de 4.0 kilogramos.

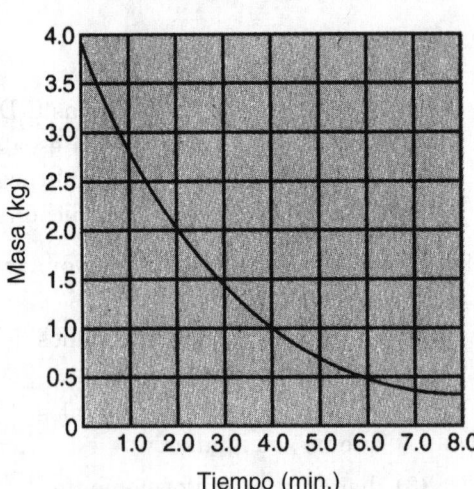

29. ¿Qué cantidad de masa del material queda a los 4.0 minutos?
    (1) 1 kg
    (2) 2 kg
    (3) 3 kg
    (4) 4 kg
    (5) 5 kg

30. ¿Cuál es la vida media del isótopo (en minutos)?
    (1) 1.0
    (2) 2.0
    (3) 3.0
    (4) 4.0
    (5) 5.0

31. ¿Qué principio científico está más estrechamente relacionado con el despegue de un cohete de una rampa de lanzamiento?
    (1) impulso
    (2) fuerza
    (3) acción-reacción
    (4) entropía
    (5) sinergia

32. ¿Cuál de las siguientes tareas puede ser realizada por una computadora hoy?
    (1) Almacenar un millón de secuencias de ADN del proyecto Genoma
    (2) Analizar los resultados del censo de cientos de millones de personas
    (3) Diseñar un nuevo complejo tecnológico utilizando imágenes tridimensionales
    (4) Analizar la información sobre las galaxias en el universo
    (5) todo lo anterior

33. Helena, una campeona de ciclismo, desea analizar el efecto de la presión de las llantas sobre la velocidad de su bicicleta. Inicia un experimento. Si ella planea hacer cinco vueltas de prueba experimentales, ¿qué variable debería cambiar en cada vuelta?
    (1) la longitud de la pista de prueba
    (2) el peso que lleva
    (3) la velocidad del viento
    (4) la presión de las llantas
    (5) el tipo de bicicleta

Las preguntas 34 y 35 se refieren a la siguiente tabla.

Emisiones previstas de dióxido de carbono en EE.UU. por sector y combustible, 1990-2020 (en millones de toneladas métricas de equivalente de carbono)

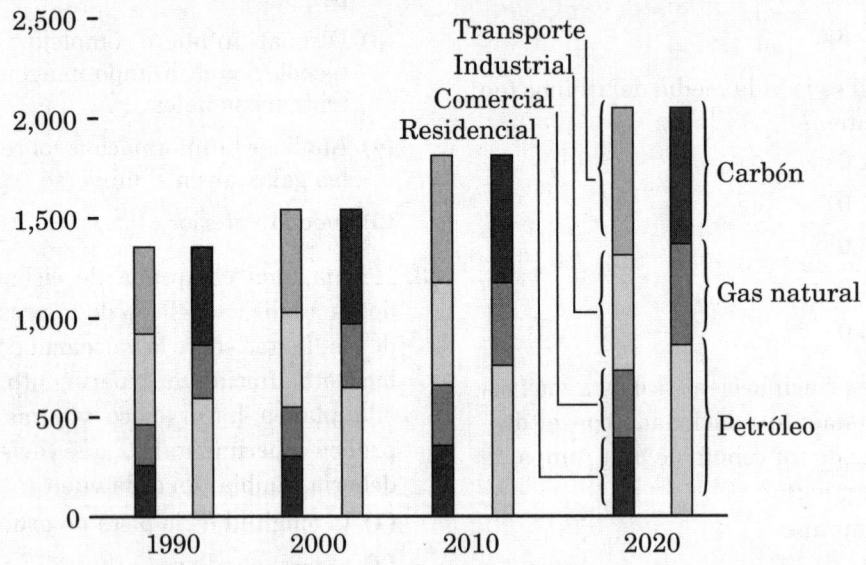

Fuente: Energy Information Administration

34. ¿Qué combustible produce la mayor fuente de emisiones de CO_2 en Estados Unidos?

(1) carbón

(2) gas natural

(3) energía nuclear

(4) petróleo

(5) combustión de madera

35. Un combustible alternativo que NO produce dióxido de carbono es

(1) el carbón.

(2) el gas natural.

(3) la energía nuclear.

(4) el petróleo.

(5) la combustión de madera.

CLAVE DE RESPUESTAS Y EXPLICACIONES

1. (3)	8. (1)	15. (3)	22. (2)	29. (1)
2. (5)	9. (5)	16. (5)	23. (1)	30. (2)
3. (1)	10. (4)	17. (3)	24. (3)	31. (3)
4. (2)	11. (1)	18. (3)	25. (3)	32. (5)
5. (4)	12. (2)	19. (3)	26. (1)	33. (4)
6. (4)	13. (2)	20. (4)	27. (1)	34. (4)
7. (3)	14. (1)	21. (1)	28. (3)	35. (3)

1. **La respuesta correcta es la (3).** Los polos iguales de dos imanes distintos se repelen y los polos opuestos se atraen.

2. **La respuesta correcta es la (5).** Ley de Ohm: $E = I \times R$; si E se duplica, entonces I debe duplicarse (R es constante).

3. **La respuesta correcta es la (1).** $\dfrac{1}{R_T} = \dfrac{1}{R_1} + \dfrac{1}{R_2}$ $R_T = \dfrac{1}{\dfrac{1}{R_1} + \dfrac{1}{R_2}} = \dfrac{R_1 \times R_2}{R_1 + R_2}$

4. **La respuesta correcta es la (2).** Mientras más largo y más delgado sea el cable, más difícil será para los electrones viajar a través de él.

5. **La respuesta correcta es la (4).** La gravedad es la atracción entre dos objetos.

6. **La respuesta correcta es la (4).** 1 libra = 454 gramos; 1 kilogramo = 1000 gramos.

$$100\,(\cancel{lb}) \times \frac{454\,(\cancel{g})}{1\,(\cancel{lb})} \times \frac{1\,(kg)}{1000\,(\cancel{g})} = 45.4 \text{ kg (aproximadamente 45 kg)}$$

7. **La respuesta correcta es la (3).** Trabajo = Peso × Distancia. El doble de trabajo desplaza el doble de peso a través de la misma distancia.

8. **La respuesta correcta es la (1).** A mayor altura en la montaña, menor es la capa de atmósfera sobre una persona. El espacio no tiene atmósfera.

9. **La respuesta correcta es la (5).** La radiación no requiere una atmósfera para transferirse.

10. **La respuesta correcta es la (4).** Al sustituir valores,

$$C = (212-32) \times \frac{5}{9} = 180 \times \frac{5}{9} = 100^{\text{o}}C$$

11. **La respuesta correcta es la (1).** El acero conduce el sonido más rápidamente que cualquiera de los otros medios. El sonido no se desplaza a través del vacío.

12. **La respuesta correcta es la (2).** El teléfono es el único de los cinco aparatos eléctricos que utiliza un electroimán, que produce un campo de fuerza.

13. **La respuesta correcta es la (2).** El resultado de la fusión de muchos colores del espectro es el color blanco.

14. **La respuesta correcta es la (1).** Los isótopos son formas de un elemento que difieren en la cantidad de neutrones.

15. **La respuesta correcta es la (3).** La energía se define como la capacidad para realizar un trabajo. La temperatura es un indicador de la intensidad de calor, pero no es una forma de energía.

16. **La respuesta correcta es la (5).** El segundo párrafo menciona cada una de las opciones excepto la (5).

17. **La respuesta correcta es la (3).** El paso inicial de la prueba científica es formular y probar una conjetura o hipótesis de cómo funciona el Frisbee.

18. **La respuesta correcta es la (3).** El significado de aerodinámica se acerca más a "concerniente al movimiento del aire".

19. **La respuesta correcta es la (3).** El carbón muestra la barra más alta para cada año.

20. **La respuesta correcta es la (4).** De las opciones dadas, sólo el gas natural muestra una disminución de año a año.

21. **La respuesta correcta es la (1).** La energía nuclear es la que más aumenta. $9.2 - 2.9 = 6.3$ mil billones de BTU.

22. **La respuesta correcta es la (2).** Para cada nota, la frecuencia aumenta, pero la magnitud del aumento es distinta.

23. **La respuesta correcta es la (1).** La frecuencia de la onda del segundo do es exactamente el doble de la frecuencia del primer do: $2 \times 262 = 524$.

24. **La respuesta correcta es la (3).** El tono se mide por la frecuencia, por lo tanto, el menor tono en la gráfica es la menor frecuencia en la gráfica que es C (a 262 ciclos/segundo).

25. **La respuesta correcta es la (3).** La diferencia entre frecuencias es: 392 (G). – 330 (E) = 62.

26. **La respuesta correcta es la (1).** EE.UU. consumió la mayor cantidad de energía. (Posee la barra más alta de "consumo de energía").

27. **La respuesta correcta es la (1).** EE.UU. tuvo la menor población. (Posee la barra más baja de "población").

28. **La respuesta correcta es la (3).** La población del Lejano Oriente es la mayor. (Posee la barra más alta de "población".) A mayor población, mayor consumo per cápita necesario.

29. **La respuesta correcta es la (1).** Busque 4.0 minutos en el eje del tiempo. Prosiga verticalmente hasta que llegue a la función (curva) y luego muévase horizontalmente hacia el eje de la masa. El valor en el eje de la masa es la cantidad que queda después de los 4.0 minutos.

30. **La respuesta correcta es la (2).** Por definición, la vida media es el tiempo necesario para que el cincuenta por ciento de la muestra original se desintegre (cambie). La gráfica indica que a los 2.0 minutos, quedan 2.0 kg de la muestra. (2.0 kg/ 4.0 kg) × 100% = 50%.

31. **La respuesta correcta es la (3).** La acción de los gases que empujan hacia abajo eleva el cohete hacia arriba (acción-reacción).

32. **La respuesta correcta es la (5).** Debido a la velocidad y a las grandes memorias, las computadoras de hoy están manejando con exactitud cada una de las cuatro opciones de la lista.

33. **La respuesta correcta es la (4).** Necesitará ver cómo su velocidad *depende* de los cambios en la presión de las llantas. Por lo tanto, la variable independiente del experimento es la presión de las llantas; la variable dependiente es su velocidad. Debe variar la presión de las llantas entre prueba y prueba, pero manteniendo todas las otras variables constantes.

34. **La respuesta correcta es la (4).** Según la tabla, el petróleo produce más dióxido de carbono que el gas natural o el carbón. La energía nuclear y la combustión de madera no son las principales fuentes de energía en Estados Unidos.

35. **La respuesta correcta es la (3).** La energía nuclear es la única que no depende de la combustión de una sustancia que contenga carbono. No produce dióxido de carbono cuando se la utiliza.

CIENCIAS DE LA TIERRA Y EL ESPACIO

Instrucciones: Para cada pregunta, encierre en un círculo el número de la respuesta que mejor responda a la pregunta o complete el enunciado. La Clave de respuestas y las Explicaciones de las respuestas se encuentran al final del capítulo.

1. La Tierra _____ sobre su eje de oeste a este.
   (1) gira
   (2) rota
   (3) se inclina
   (4) se levanta
   (5) cae

2. Durante un eclipse solar,
   (1) la Tierra impide que la luz del Sol llegue a la Luna.
   (2) la sombra de la Luna cae sobre el Sol.
   (3) la Luna impide que la luz del Sol llegue a la Tierra.
   (4) el Sol impide que la luz reflejada de la Luna llegue a la Tierra.
   (5) la sombra del Sol cae sobre la Tierra.

3. _____ tienen distintos tamaños que van de una a quinientas millas de diámetro y giran alrededor del Sol.
   (1) Las lunas
   (2) Los cometas
   (3) Los meteoros
   (4) Los satélites
   (5) Los asteroides

4. La Osa Mayor, Orión y Andrómeda son grupos delimitados de estrellas llamados
   (1) *galaxias.*
   (2) *meteoros.*
   (3) *constelaciones.*
   (4) *satélites.*
   (5) *quásares.*

5. El proceso por el cual la atmósfera y otros factores ambientales producen la disgregación de las rocas en fragmentos más pequeños se llama
   (1) erosión.
   (2) selección.
   (3) viento.
   (4) glaciación.
   (5) meteorización.

6. La plantación de vegetación, la construcción de terrazas y los cultivos en franjas son prácticas comunes que se usan para la prevención de
   (1) la meteorización mecánica.
   (2) la erosión del suelo.
   (3) la irrigación.
   (4) la formación de deltas.
   (5) la glaciación.

7. Cuando el aire muy por encima de la superficie de la tierra se enfría por debajo del punto de condensación, es probable que forme
   (1) rocío.
   (2) nubes.
   (3) niebla.
   (4) granizo.
   (5) heladas.

8. El agua subterránea y superficial se contamina por
   (1) el escurrimiento de pesticidas utilizados en jardines y granjas.
   (2) el tratamiento incorrecto de los residuos químicos.
   (3) la descarga de aguas residuales sin tratamiento en ríos y lagos.
   (4) el tratamiento incorrecto de los residuos nucleares.
   (5) todo lo anterior

9. El instrumento utilizado para determinar la presión del aire se llama
   (1) *higrómetro.*
   (2) *anemómetro.*
   (3) *barómetro.*
   (4) *termómetro.*
   (5) *regla.*

10. Si vuela en dirección oeste desde Los Ángeles a Tokio necesitará cambiar el día en el calendario de su reloj de pulsera al cruzar
   (1) el mar de Bering.
   (2) Alaska.
   (3) el Polo Norte.
   (4) el océano Atlántico.
   (5) la línea de fecha internacional.

11. El granito, la pizarra, el carbón y la piedra caliza se conocen comúnmente como
   (1) minerales.
   (2) rocas.
   (3) fósiles.
   (4) sedimentos.
   (5) combustibles.

12. La sedimentación como método de purificación del agua da como resultado
   (1) un aumento del recuento bacteriano.
   (2) una disminución de la cantidad de materia orgánica.
   (3) un aumento de la cantidad de hidrógeno.
   (4) un caudal de agua más rápido.
   (5) la destrucción de vitaminas.

13. La meteorización mecánica puede ser el resultado de
   (1) las raíces de las plantas.
   (2) los cambios de temperatura.
   (3) la acción de las heladas.
   (4) todo lo anterior
   (5) ninguna de las anteriores

14. Este planeta gira alrededor del Sol en una órbita entre la de Venus y la de Marte. Se sabe que está cubierto de océanos y tierra y además, posee sólo una luna. Indique el nombre del planeta.
   (1) Júpiter
   (2) Saturno
   (3) Tierra
   (4) mercurio
   (5) Urano

15. Las mareas son el resultado de la fuerza de la gravedad que ejerce sobre la Tierra
   (1) la Luna.
   (2) el Sol.
   (3) la Luna y el Sol.
   (4) la Vía Láctea.
   (5) ninguna de las anteriores

16. Un grupo de estudiantes que trabaja en un proyecto de ciencias desea plantar frijoles para un experimento. Probablemente los mejores resultados se obtendrán cuando los estudiantes coloquen las plantas en una ventana que esté orientada hacia

(1) el jardín.

(2) el sur.

(3) el norte.

(4) el este.

(5) el oeste.

17. Las ciudades ubicadas a lo largo de la costa oriental registran constantemente temperaturas récord más elevadas que las ciudades del interior en los mismos estados durante el invierno. ¿Cuál de los siguientes enunciados puede explicar esta situación?

(1) Las ciudades en el este reciben más sol que las ciudades del interior.

(2) La cantidad de luz del día promedio es mayor en el invierno que en el verano.

(3) El ángulo de la luz del sol es mayor en las ciudades del interior.

(4) El clima invernal a lo largo de la costa es más benigno debido a la influencia del océano.

(5) El clima invernal a lo largo de la costa es más benigno debido a la ubicación de los montes Apalaches.

18. "Cirro", "punto de condensación", "frentes" e "isoterma" son términos comúnmente asociados con el campo de

(1) la Meteorología.

(2) la Arqueología.

(3) la Oceanografía.

(4) la Mineralogía.

(5) la Sismología.

19. Brillo, dureza, fractura y fisura son propiedades que se utilizan generalmente para describir

(1) tormentas.

(2) precipitaciones.

(3) fósiles.

(4) glaciares.

(5) minerales.

20. La arcilla es uno de los mejores materiales disponibles para la alfarería debido a la capacidad que tiene de retener agua. Un geólogo podría describir esta propiedad como

(1) erosión limitada.

(2) baja porosidad.

(3) alta porosidad.

(4) baja permeabilidad.

(5) alta permeabilidad.

21. Cuando el aire alcanza el punto de condensación, la humedad relativa es de 100 por ciento. El enfriamiento del aire a una temperatura por debajo del punto de condensación hace que el vapor de agua cambie a un estado líquido. Este proceso se denomina

(1) *sublimación.*

(2) *condensación.*

(3) *evaporación.*

(4) *precipitaciones.*

(5) *convección.*

22. ¿Cuál de los siguientes metales es un líquido a temperatura ambiente?

(1) plata

(2) oro

(3) mercurio

(4) hierro

(5) plomo

23. ¿Cuál no está relacionado con los otros cuatro?

(1) Urano

(2) Plutón

(3) Estrella Polar

(4) Marte

(5) Venus

24. ¿Cuál de los siguientes no está relacionado con los otros cuatro?

(1) viento

(2) acidez del suelo

(3) mareas

(4) la acción de las olas

(5) nubes

25. La temperatura del aire disminuye por la noche debido a que la Tierra pierde calor por efecto de la

(1) radiación.

(2) conducción.

(3) convección.

(4) rotación.

(5) refracción.

26. La Falla de San Andrés está por lo general relacionada con

(1) los maremotos en Japón.

(2) la acción de los géiseres en Oregon.

(3) los volcanes en Washington.

(4) los terremotos en California.

(5) los huracanes en Florida.

27. La Tierra rota 60º en

(1) 1 hora.

(2) 2 horas.

(3) 3 horas.

(4) 4 horas.

(5) 5 horas.

28. Dos lugares en el mismo meridiano tienen igual

(1) altitud.

(2) longitud.

(3) latitud.

(4) condición climática.

(5) movimiento de mareas.

29. ¿En cuál de los siguientes países funcionaría más efectivamente un sistema de calefacción solar?

(1) Groenlandia

(2) Japón

(3) Australia

(4) Canadá

(5) Italia

30. A medida que el globo aerostático se eleva, su bolsa de gas tiende a

(1) achicarse.

(2) perder gas.

(3) deformarse.

(4) expandirse.

(5) no cambiar.

Las preguntas 31 a 33 se basan en el siguiente fragmento.

El epicentro del terremoto se sitúa en un área escasamente poblada de las montañas de San Gabriel, alrededor de 14 km al norte de San Fernando. El movimiento sísmico se percibió en California, Nevada, Arizona e incluso más al este, en Beryl, Utah. Se le asignó una intensidad XI en el lugar donde se ubica el ahora destruido Hospital Olive View, donde tres personas murieron. En total, murieron 58 personas, 49 en el Hospital de la Administración de Veteranos de San Fernando. Se informó que más de 2,000 personas sufrieron heridas.

El daño a la propiedad pública y privada se calculó en más de $500 millones. Cientos de viviendas particulares y de negocios tuvieron que ser evacuados. Miles sufrieron daños importantes. El derrumbe de edificios antisísmicos recientemente construidos en el Hospital Olive View en el área norte de Sylmar redujo este complejo de $23.5 millones a una pérdida total. Cuatro de las cinco alas de cinco pisos se separaron del edificio principal. Tres se derrumbaron. El segundo piso de un edificio de dos pisos del complejo cayó a tierra. Este daño fue el resultado del brusco temblor de la tierra, no debido a una falla. En el Hospital de la Administración de Veteranos, los edificios de mampostería sin reforzar más antiguos se desplomaron. Los pasos elevados de las autopistas se desmoronaron. Las autoridades decidieron evacuar a miles de residentes en el área ante la inminente falla de la represa Lower Van Norman. Empresas de energía y de servicios públicos de todo tipo sufrieron daños a nivel del suelo y subsuelo.

31. ¿Cuántas personas murieron en el terremoto?
- **(1)** 49
- **(2)** 58
- **(3)** 235
- **(4)** 2,000
- **(5)** 50,000

32. El movimiento sísmico se percibió en Utah, Arizona, California y
- **(1)** New Jersey.
- **(2)** Newark.
- **(3)** Nevada.
- **(4)** New York.
- **(5)** New Mexico.

33. Epicentro significa
- **(1)** un área escasamente poblada.
- **(2)** la distancia más alejada del terremoto.
- **(3)** la parte de la superficie de la tierra directamente por encima del foco del terremoto.
- **(4)** el centro comercial destruido.
- **(5)** el sitio donde se encuentra el Hospital de Veteranos

La pregunta 34 se refiere al siguiente párrafo.

Los primeros defensores de la teoría de la deriva continental, que fue la precursora del concepto de las placas tectónicas, tuvieron dificultades para propugnar sus ideas. Fueron constantemente rechazados por una comunidad científica que estaba dedicada categóricamente a la teoría de los continentes fijos. En el siglo XVI, los mapas comenzaron a mostrar que, el hemisferio occidental por un lado y Europa y Asia por otro lado, parecían haberse separado ya que pareciera que encajan unos con otros perfectamente. Esta evidencia llevó a que algunos pensadores especularan que una separación catastrófica repentina tuvo lugar entre los hemisferios oriental y occidental. Sin embargo, la idea permaneció latente hasta 1908 cuando Frank Taylor, un geólogo glacial estadounidense, presentó la noción de que la corteza terrestre, como un glaciar, podría moverse infinitesimalmente y con mucha lentitud en una dirección u otra.

34. El término *placas tectónicas* se refiere a la teoría
- **(1)** de que se puede encontrar magma en la profundidad de la corteza terrestre.
- **(2)** de que los continentes de la Tierra están acercándose a través del tiempo geológico.
- **(3)** de que la corteza de la Tierra está constituida por grandes placas móviles impulsadas por fuerzas poderosas dentro de la Tierra.
- **(4)** de que los glaciares forman grietas a medida que se mueven sobre terreno desparejo.
- **(5)** de que el centro de la Tierra es un núcleo muy denso.

35. El 10 de agosto de 1972, una gran bola de fuego cruzó el brillante cielo de la tarde en el oeste de Estados Unidos en dirección norte. Los observadores se maravillaron visiblemente durante más de un minuto y medio mientras seguían la estela de humo que recorrió 900 millas desde Utah hasta Alberta, Canadá, y permaneció durante 20 minutos en el aire. En Montana, las personas escucharon un estruendo sónico mientras pasaba. Sobre Canadá, desapareció.

Este párrafo describe muy probablemente la aparición de

(1) un caza F-14.

(2) el transbordador espacial.

(3) un satélite artificial desintegrándose.

(4) un OVNI.

(5) un meteoro.

Las preguntas 36 y 37 se refieren al siguiente artículo.

El principio de vuelo del globo aerostático es simple. El propano se enciende en un quemador que se coloca directamente debajo de la abertura en la parte inferior del globo. El globo se eleva debido a que el aire del interior es más caliente y por lo tanto más liviano que el aire del exterior. Si el globo comienza a descender demasiado pronto, la tripulación reenciende el quemador y así envía otra ráfaga de calor hacia la bolsa para producir la elevación.

Un globo consta de sólo tres partes principales: bolsa, barquilla y quemador. Las bolsas (o envolturas, como se denominan técnicamente) están hechas de nailon o poliéster. Tienen una capacidad que va desde 33,000 a 100,000 pies cúbicos y algunos llegan tan alto como un edificio de siete pisos. La barquilla o cesta de la tripulación, construida de mimbre o aluminio, está suspendida de la bolsa por medio de tirantes fuertes. El quemador está fijado a una plataforma metálica por encima de la barquilla.

36. La barquilla de la tripulación de un globo generalmente está construida de mimbre o aluminio. Si la barquilla estuviera hecha de hierro o acero, ¿cuál sería el resultado previsible?

(1) El globo sería más difícil de controlar.

(2) El globo se elevaría más fácilmente.

(3) El globo probablemente no se elevaría.

(4) El globo sería alcanzado por un rayo.

(5) Probablemente no ocurriría ningún cambio.

37. En la lectura anterior, el globo se eleva porque el aire en el interior de la bolsa es más caliente. Esto ocurre debido a que

(1) cuando el aire se calienta, la densidad cambia.

(2) el globo se construye con materiales livianos.

(3) las moléculas se mueven más violentamente en el aire frío.

(4) el aire frío siempre se mueve hacia el cálido.

(5) el aire absorbe el calor más rápidamente que el agua.

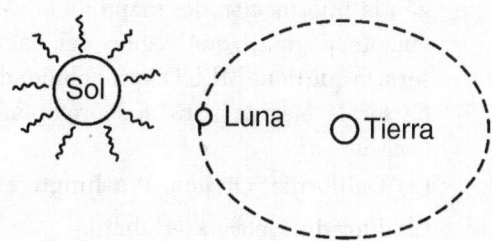

38. La ilustración anterior es un ejemplo de

(1) las fases de la Luna.

(2) las estaciones del año.

(3) un eclipse lunar.

(4) un eclipse solar.

(5) radiación.

39. La Luna rota una vez mientras se traslada alrededor de la Tierra una vez. Por consiguiente,

  (1) la Luna sigue una órbita elíptica.

  (2) el Sol es eclipsado por la Luna cada siete años.

  (3) sólo un lado de la Luna está orientado hacia la Tierra.

  (4) cada cuatro años hay un año bisiesto.

  (5) la Luna es un satélite de la Tierra.

Las preguntas 40 y 41 se basan en la siguiente información.

Pocas áreas de Estados Unidos están libres de tormentas eléctricas y los peligros que conllevan, pero algunas áreas tienen más tormentas que otras. El mapa de la siguiente página muestra la incidencia de días de tormentas eléctricas, es decir, la cantidad de días en que hay tormentas eléctricas, en Estados Unidos.

40. María y Felipe están deseando irse de campamento para gozar de unas vacaciones despreocupadas. Desean evitar las tormentas eléctricas frecuentes que arruinaron el último campamento. Según la información del mapa de la siguiente página, ¿qué región del país sería la que tiene MENOS probabilidad de ser la elegida para sus próximas vacaciones?

  (1) California, Oregon, Washington

  (2) Florida, Georgia, Alabama

  (3) Kentucky, Virginia, West Virginia

  (4) Missouri, Iowa, Illinois

  (5) Texas, Louisiana, Oklahoma

41. Si María y Felipe se encontraran con una tormenta eléctrica a pesar de una planificación cuidadosa, deberían realizar todas las siguientes acciones, EXCEPTO

  (1) permanecer dentro de un edificio sólido.

  (2) permanecer en un automóvil todo de metal.

  (3) pararse debajo de un árbol alto.

  (4) ir a un lugar bajo como un barranco o valle.

  (5) bajarse y alejarse de bicicletas, motocicletas y carritos de golf.

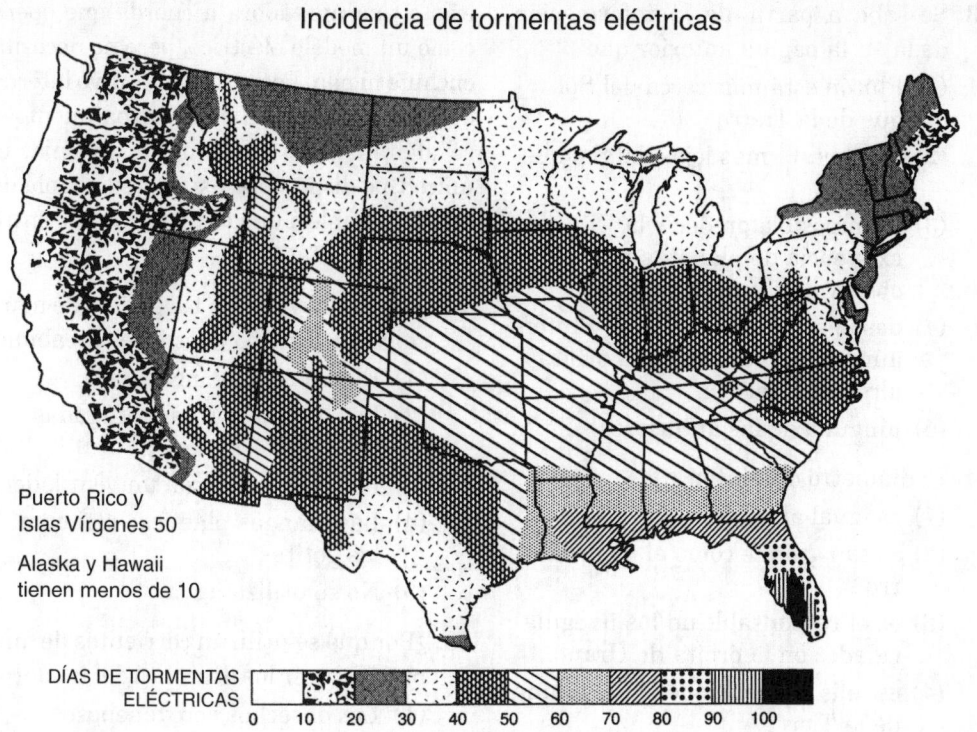

Incidencia de tormentas eléctricas

Puerto Rico y
Islas Vírgenes 50

Alaska y Hawaii
tienen menos de 10

DÍAS DE TORMENTAS
ELÉCTRICAS

0   10   20   30   40   50   60   70   80   90   100

Las preguntas 42 a 44 se refieren al párrafo a continuación.

Han pasado 50 años desde que Clyde W. Tombaugh descubrió el planeta Plutón. Era un joven de una granja de Kansas que contaba sólo con educación secundaria cuando consiguió un empleo como asistente de astrónomo en el Observatorio Lowell en Fagstaff, Arizona, en 1929. Se sospechaba desde finales del siglo que un gran planeta llamado Planeta X, con una masa siete veces mayor que la de la Tierra existía más allá de Urano y Neptuno. Se creía que la fuerza gravitacional de este planeta podía ser la causa de las irregularidades observadas en la órbita de Urano. Mediante el uso de una serie de fotografías tomadas en el área de la constelación de Géminis, Tombaugh realizó observaciones inusuales que posteriormente se determinó que correspondían a un planeta de nuestro Sistema Solar. Otros astrónomos calcularon que Plutón estaba a una distancia media de 3.67 mil millones de millas del Sol y que

necesitaba 248 años terrestres para completar la órbita alrededor del Sol. En 1976, se determinó finalmente que Plutón tenía un diámetro y masa pequeños, de hecho, más pequeños que la luna de la Tierra. El diámetro podría incluso llegar a tener sólo 1,750 millas. Los astrónomos ahora creen que no existe un Planeta X en nuestro Sistema Solar.

42. Según la información provista anteriormente, se puede concluir que

(1) el Planeta X existe realmente, pero que no ha sido encontrado aún.

(2) los cálculos previstos para el Planeta X eran incorrectos.

(3) Plutón es una planeta enorme que afecta la órbita de Urano.

(4) Plutón está en la constelación de Géminis.

(5) el planeta Plutón debe ser el Planeta X.

43. Se sabe a partir de la información dada en la página anterior que

(1) Plutón está más cerca del Sol que de la Tierra.

(2) Marte está más lejos del Sol que Plutón.

(3) es imposible predecir la existencia de planetas no observados anteriormente.

(4) desde su descubrimiento, Plutón aún no ha realizado una órbita alrededor del Sol.

(5) ninguna de las anteriores

44. El diámetro de Plutón

(1) es igual al del Planeta X.

(2) es tan grande como el de la Tierra.

(3) es el responsable de las irregularidades en la órbita de Urano.

(4) es más pequeño que el de la luna de la Tierra.

(5) está en el área de la constelación de Géminis.

Las preguntas 45 a 48 se refieren al siguiente artículo.

El *Orbiter* tiene sólo un baño. Los miembros de la tripulación se turnan como una familia que comparte la habitación del hotel cuando viaja. Las instalaciones sanitarias son muy parecidas a las de la Tierra. El uso de la circulación del aire sustituye a la gravedad para la disposición de los residuos. Hay mangas de plástico alrededor del lavabo que evitan que las gotitas pulverizadas floten hacia la cabina.

Los desechos del inodoro se llevan hacia un contenedor por medio de corrientes de aire. Parte de los desechos pueden guardarse intencionalmente. El análisis le indica a los médicos qué minerales pueden los miembros de la tripulación perder en exceso en la ingravidez.

Los miembros de la tripulación pueden usar crema de afeitar convencional y máquina de afeitar y toallas desechables. Para los que prefieren las afeitadoras eléctricas, existe una afeitadora a cuerda que opera como un modelo eléctrico, pero no necesita enchufe ni pila. Posee un dispositivo interno que aspira los pelos de la barba mientras se afeitan. Para un baño de esponja, el único tipo disponible, existe una pistola de agua ajustable a una temperatura de entre 18° y 35°C (65° a 95°F).

45. ¿Cómo se evita que las gotitas de agua salgan del lavabo y entren en la cabina?

(1) El agua está congelada.

(2) Las gotitas son centrifugadas hacia el desagüe.

(3) Por convección con un ventilador.

(4) Las mangas plásticas retienen las gotitas.

(5) No se utiliza agua.

46. ¿Por qué se utilizan corrientes de aire para recoger los desechos del inodoro?

(1) Los desechos son venenosos.

(2) Los desechos son pesados en el espacio.

(3) Los desechos no pesan.

(4) Los astronautas reciclan los desechos.

(5) Los desechos se analizan en el laboratorio.

47. Según el texto, ¿qué material flotante puede contaminar la cabina y hacerle daño a la tripulación?

(1) Botas, combustible y desechos.

(2) Botas, camas y desechos.

(3) Pelos de barba, tornillos y desechos.

(4) Compartimientos de aterrizaje, losetas aislantes.

(5) Pelos de barba, agua y desechos.

48. ¿Cuánto pesaría usted en el espacio?

(1) el doble que en la Tierra

(2) lo mismo que en la Tierra

(3) el 50 por ciento del peso en la Tierra

(4) el 25 por ciento del peso en la Tierra

(5) nada

Las preguntas 49 y 50 se refieren a la siguiente información.

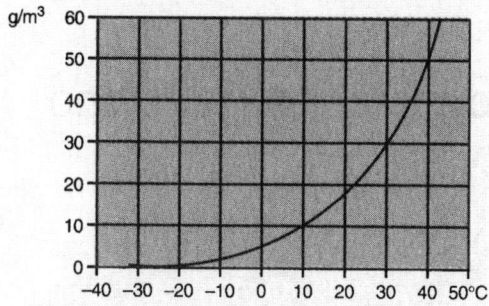

49. La temperatura del aire afecta la humedad relativa, es decir, la cantidad de vapor de agua en el aire comparada con la cantidad de vapor de agua que el aire puede retener a esa temperatura. Según la gráfica mostrada anteriormente, ¿cuánta agua se necesita para saturar cada metro cúbico de aire a 30°C?

(1) 17 g

(2) 20 g

(3) 30 g

(4) 35 g

(5) 50 g

50. El enfriamiento de este aire provocará la saturación con vapor de agua. La temperatura a la que el aire se satura se llama

(1) punto de ruptura.

(2) condensación.

(3) punto de condensación.

(4) índice de molestia.

(5) humedad relativa.

51. En 1969, Neil Armstrong y Edwin Aldrin descendieron con éxito sobre la superficie de la Luna en un módulo lunar y luego despegaron de nuevo. La propiedad de la Tierra que hubiera evitado que el mismo módulo lunar despegara del Centro Espacial Kennedy es

(1) la masa.

(2) la revolución.

(3) la rotación.

(4) la temperatura de la superficie.

(5) la atmósfera.

52. Recientemente, se realizaron las siguientes investigaciones en el espacio.

· Cultivar cristales de insulina para curar la diabetes.

· Ayudar a las plantas a extraer nitrógeno del aire.

· Desarrollar nuevas variedades de plantas.

· Desarrollar nuevas fragancias de las flores.

Estos proyectos de investigación están todos relacionados con un tipo de tecnología, ¿cuál?

(1) agrícola

(2) biológica

(3) química

(4) industrial

(5) farmacéutica

**La pregunta 53 se refiere
al siguiente diagrama.**

Proceso de reducción de la capa de ozono: cómo se destruye el ozono de la atmósfera.

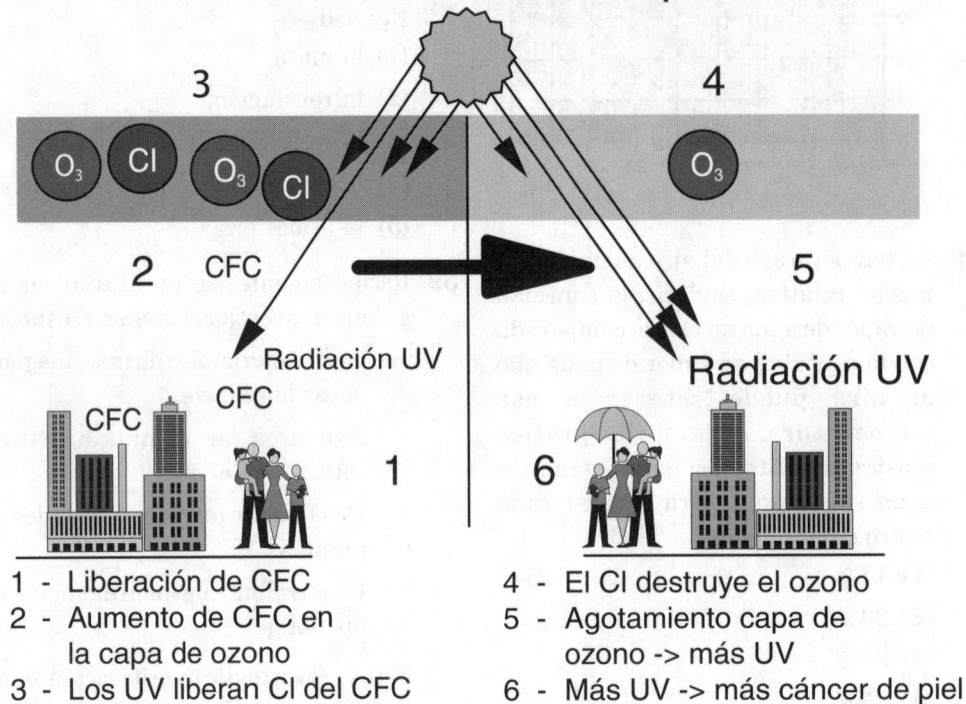

Proceso de reducción de la capa de ozono

1 - Liberación de CFC
2 - Aumento de CFC en
   la capa de ozono
3 - Los UV liberan Cl del CFC

4 - El Cl destruye el ozono
5 - Agotamiento capa de
   ozono -> más UV
6 - Más UV -> más cáncer de piel

Fuente: Agencia de Protección del Medio Ambiente

53. ¿Por qué la capa de ozono es importante
para las personas?

(1) Destruye los CFC perjudiciales.

(2) Filtra la contaminación.

(3) Nos ayuda a lograr el bronceado.

(4) Disminuye la radiación UV perjudicial.

(5) Reduce la lluvia.

La pregunta 54 se refiere al siguiente diagrama.

La pregunta 55 se refiere a la siguiente gráfica, que indica la cantidad de ozono sobre la Antártida entre 1979 y 1997.

El efecto invernadero

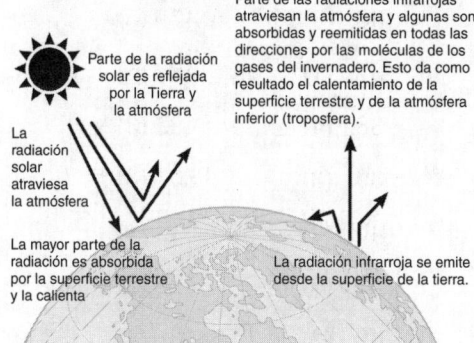

Parte de la radiación solar es reflejada por la Tierra y la atmósfera

Parte de las radiaciones infrarrojas atraviesan la atmósfera y algunas son absorbidas y reemitidas en todas las direcciones por las moléculas de los gases del invernadero. Esto da como resultado el calentamiento de la superficie terrestre y de la atmósfera inferior (troposfera).

La radiación solar atraviesa la atmósfera

La mayor parte de la radiación es absorbida por la superficie terrestre y la calienta

La radiación infrarroja se emite desde la superficie de la tierra.

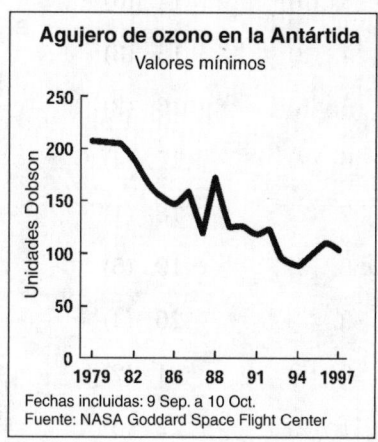

Fuente: Agencia de Protección del Medio Ambiente

54. ¿Por qué este efecto se denomina "efecto invernadero"?

(1) El Sol colabora con la producción de clorofila que le da el color verde a las plantas.

(2) Predomina la radiación del espectro verde de la luz solar.

(3) Un invernadero tiene humedad elevada.

(4) Un invernadero retiene el calor.

(5) Un invernadero reduce el ozono.

Fuente: Agencia de Protección del Medio Ambiente

55. ¿Por qué la forma de esta gráfica es tan preocupante?

(1) El ozono está aumentando.

(2) El ozono está disminuyendo.

(3) El porcentaje de aumento de ozono es muy alto.

(4) El porcentaje de disminución de ozono es muy alto.

(5) No es preocupante ya que sólo ocurre en la Antártida.

CLAVE DE RESPUESTAS Y EXPLICACIONES

1. (2)	12. (2)	23. (3)	34. (3)	45. (4)
2. (3)	13. (4)	24. (2)	35. (5)	46. (3)
3. (5)	14. (3)	25. (1)	36. (3)	47. (5)
4. (3)	15. (3)	26. (4)	37. (1)	48. (5)
5. (5)	16. (2)	27. (4)	38. (4)	49. (3)
6. (2)	17. (4)	28. (2)	39. (3)	50. (3)
7. (2)	18. (1)	29. (3)	40. (2)	51. (1)
8. (5)	19. (5)	30. (4)	41. (3)	52. (2)
9. (3)	20. (4)	31. (2)	42. (2)	53. (4)
10. (5)	21. (2)	32. (3)	43. (4)	54. (4)
11. (2)	22. (3)	33. (3)	44. (4)	55. (4)

1. **La respuesta correcta es la (2).** La Tierra rota sobre su eje de oeste a este, pero gira alrededor del Sol.

2. **La respuesta correcta es la (3).** Durante un eclipse solar, la Luna está entre el Sol y la Tierra e impide que la luz del Sol llegue a la Tierra.

3. **La respuesta correcta es la (5).** Los asteroides, también conocidos como planetoides, son cuerpos pequeños generalmente de forma irregular que orbitan alrededor del Sol.

4. **La respuesta correcta es la (3).** Cada opción es el nombre dado a una constelación en el mapa celeste.

5. **La respuesta correcta es la (5).** Hay meteorización cuando las rocas se desintegran en fragmentos más pequeños.

6. **La respuesta correcta es la (2).** Las prácticas nombradas ayudan a prevenir la erosión del suelo.

7. **La respuesta correcta es la (2).** Las nubes se forman muy por encima de la superficie de la tierra. El aire frío no puede contener tanta agua como el aire más caliente.

8. **La respuesta correcta es la (5).** Las opciones (1), (2), (3) y (4) son todas fuentes de contaminación del agua.

9. **La respuesta correcta es la (3).** Los barómetros están diseñados específicamente para medir la presión del aire.

10. **La respuesta correcta es la (5).** Agregue un día a su calendario cuando viaje hacia Tokio desde Estados Unidos. Cruzará una línea imaginaria conocida como la línea de fecha internacional.

11. **La respuesta correcta es la (2).** Aunque la caliza puede contener fósiles y el carbón es utilizado como combustible, a todos se los designa como rocas.

12. **La respuesta correcta es la (2).** En la sedimentación, una cantidad de materia orgánica presente en la gotas de agua cae a la parte inferior del área de almacenamiento proporcionando al agua un mayor grado de pureza.

13. **La respuesta correcta es la (4).** Las opciones (1), (2) y (3) son todas medios de meteorización mecánica.

14. **La respuesta correcta es la (3).** El único planeta con una sola luna es la Tierra.

15. **La respuesta correcta es la (3).** La Luna y el Sol influyen sobre las mareas, pero el efecto de la Luna es mayor.

16. **La respuesta correcta es la (2).** La exposición al sur provee más luz y calor.

17. **La respuesta correcta es la (4).** Los cuerpos de agua ejercen una influencia moderada sobre la temperatura al liberar el calor más lentamente en el invierno y al absorberlo más lentamente en el verano.

18. **La respuesta correcta es la (1).** Todas estas palabras están asociadas con el pronóstico del clima, la ciencia de la Meteorología.

19. **La respuesta correcta es la (5).** Todas estas propiedades se utilizan comúnmente para la descripción de los minerales.

20. **La respuesta correcta es la (4).** La arcilla tiene baja permeabilidad, es decir, no es probable que el agua la atraviese.

21. **La respuesta correcta es la (2).** La condensación es el proceso por el cual un gas se transforma en un líquido; es decir, el vapor de agua (gas) se transforma en agua (líquido).

22. **La respuesta correcta es la (3).** El mercurio es líquido a temperatura ambiente. Todos los demás son sólidos.

23. **La respuesta correcta es la (3).** Urano, Plutón, Marte y Venus son planetas que giran alrededor del Sol. La Estrella Polar es la estrella del norte.

24. **La respuesta correcta es la (2).** Todas las opciones excepto la acidez del suelo están relacionadas con la rotación de la Tierra.

25. **La respuesta correcta es la (1).** La radiación es el proceso por el cual el calor se transfiere en el espacio.

26. **La respuesta correcta es la (4).** La Falla de San Andrés es una formación geológica en California y está asociada con los desplazamientos de la tierra más conocidos como terremotos.

27. **La respuesta correcta es la (4).** La Tierra gira 360° cada 24 horas. Una rotación de 60° es equivalente a $\frac{1}{6}$ de un día $\left(\frac{60}{360} = \frac{1}{6} \right)$, o 4 horas $\left(\frac{1}{6} \times 24 = 4 \right)$.

28. **La respuesta correcta es la (2).** Un meridiano pasa de un polo a otro, es decir, de Norte a Sur. La latitud se expresa en paralelos; se refiere a la distancia desde el ecuador.

29. **La respuesta correcta es la (3).** Australia es el país que probablemente utilizaría más un sistema de calefacción solar debido a su proximidad al ecuador y su consecuente relación con el Sol.

30. **La respuesta correcta es la (4).** La bolsa de gas tiende a expandirse a medida que la presión atmosférica que la rodea tiende a disminuir. La presión atmosférica varía en forma inversamente proporcional a la altitud.

31. **La respuesta correcta es la (2).** Esta información se enuncia en la cuarta oración del párrafo 1.

32. **La respuesta correcta es la (3).** Esta información se enuncia en la segunda oración del párrafo 1.

explicaciones

33. **La respuesta correcta es la (3).** El epicentro de un terremoto es el punto sobre la superficie de la tierra que está directamente sobre el foco (u origen) del terremoto.

34. **La respuesta correcta es la (3).** Esto puede deducirse de todo el párrafo, especialmente de la referencia a una "separación catastrófica" y de la comparación del movimiento de la corteza terrestre con el de un glaciar.

35. **La respuesta correcta es la (5).** El espectáculo en el cielo fue producido por un meteoro, un trozo sólido de material del espacio exterior que ingresó a través de la atmósfera, pero que era demasiado grande como para transformarse completamente en un gas. Los trozos que llegan a la Tierra antes de quemarse completamente se llaman meteoritos.

36. **La respuesta correcta es la (3).** El peso de la barquilla sería considerablemente mayor debido a la densidad del hierro o el acero.

37. **La respuesta correcta es la (1).** Cuando el aire se calienta, las moléculas están más activas y la densidad del aire disminuye.

38. **La respuesta correcta es la (4).** Durante un eclipse solar, la Luna se desplaza entre el Sol y la Tierra, lo que bloquea la vista del Sol total o parcialmente en al menos una parte de la Tierra.

39. **La respuesta correcta es la (3).** La Luna gira alrededor de la Tierra durante el mismo tiempo que necesita para rotar sobre su eje. Esto significa que el mismo lado de la Luna está siempre orientado hacia la Tierra. El lado alejado de nosotros se denomina el lado oscuro de la Luna.

40. **La respuesta correcta es la (2).** Según el mapa, Florida tiene la mayor incidencia de tormentas eléctricas, hasta 100 días de tormentas eléctricas por año.

41. **La respuesta correcta es la (3).** Si uno se para debajo de un árbol alto o un poste de teléfono o en la cima de una colina se convierte en un pararrayos natural. En un bosque, busque protección bajo la espesura de árboles pequeños. En áreas abiertas, vaya a un lugar bajo como un barranco o valle.

42. **La respuesta correcta es la (2).** Obviamente, alguien estaba calculando muy mal. Vea la última oración.

43. **La respuesta correcta es la (4).** Ya que Plutón emplea 248 años terrestres para orbitar alrededor de nuestro Sol y que fue descubierto sólo 50 años atrás, este planeta tan alejado tiene un largo camino por recorrer.

44. **La respuesta correcta es la (4).** Plutón, con un diámetro de sólo 1750 millas, tiene un diámetro más pequeño que el de la luna de la Tierra, que tiene un diámetro de 2160 millas.

45. **La respuesta correcta es la (4).** La última oración en el párrafo 1 expresa que hay "mangas de plástico alrededor del lavabo que evitan que las gotitas pulverizadas floten hacia la cabina".

46. **La respuesta correcta es la (3).** Del conocimiento que posee sobre los viajes espaciales, todo lo que está en el espacio es ingrávido; por lo tanto, es necesaria una fuerza externa para mover los desechos.

47. **La respuesta correcta es la (5).** El material que flota y se describe aquí incluye pelos, agua y desechos (párrafo 3).

48. **La respuesta correcta es la (5).** Una persona en el espacio está demasiado lejos de la fuerza gravitacional de la Tierra y por lo tanto no tiene peso.

49. **La respuesta correcta es la (3).** La gráfica indica que se necesitan 30 gramos de agua por metro cúbico para saturar el aire a 30°C.

50. **La respuesta correcta es la (3).** El punto de rocío o de condensación se define como la temperatura a la cual el aire se satura con agua. La condensación se refiere al proceso por el cual un gas pasa al estado líquido.

51. **La respuesta correcta es la (1).** Ya que la **masa** de la Tierra es mucho mayor que la de la Luna, su gravedad es también mucho mayor; seis veces más. Como el peso es proporcional a la gravedad, el peso del módulo lunar sería demasiado grande como para que sus pequeños motores le permitieran despegar desde la Tierra.

52. **La respuesta correcta es la (2).** *Todos* los proyectos de investigación se relacionan con la Biología, el estudio de la vida y los organismos vivos.

53. **La respuesta correcta es la (4).** La capa de ozono nos protege de la peligrosa radiación ultravioleta (UV) que proviene del Sol. Mientras más disminuye la capa debido a la liberación en la atmósfera de ciertos químicos industriales hechos por el hombre, se filtra menos radiación UV, lo que aumenta el riesgo de desarrollar cáncer de piel, cataratas y debilita el sistema inmunológico.

54. **La respuesta correcta es la (4).** La energía del Sol calienta la superficie de la Tierra. Luego la Tierra irradia la energía de vuelta al espacio. Los gases del efecto invernadero (dióxido de carbono, vapor de agua y otros gases) atrapan parte de esta energía y conservan el calor. Ésta es también la razón por la cual las ventanas de vidrio retienen el calor dentro de un invernadero.

55. **La respuesta correcta es la (4).** En menos de 20 años, entre 1979 y 1997, la cantidad de ozono ha *disminuido rápidamente* más del 50 por ciento (desde alrededor de 200 a menos de 100 unidades). Los niveles de ozono se reducen alrededor de toda la Tierra, lo que lleva a que mayores niveles de radiación ultravioleta alcancen la superficie. Esto hace que las personas corran mayor riesgo de desarrollar problemas de salud, como cáncer de piel y cataratas.

explicaciones

PARTE VI

REPASO DE ESPAÑOL: LENGUAJE, LECTURA

CAPÍTULO 8   Todo sobre la Prueba de
Español: lenguaje, lectura de
GED

Todo sobre la Prueba de Español: lenguaje, lectura de GED

RESUMEN

- Aprenda qué implica la lectura crítica
- Revise con más detenimiento la lectura en las áreas de contenido
- Aprenda las técnicas para leer tablas, gráficas, mapas e ilustraciones
- Aprenda a leer documentos relacionados con el ámbito del trabajo y la comunidad
- Ponga en práctica sus destrezas con los textos de lectura seleccionados

CONSEJOS PRÁCTICOS

Para llegar a ser un lector con destreza y soltura, acostúmbrese a leer un poco todos los días, durante por lo menos media hora diaria. Cualquier texto que llame su atención es adecuado, como por ejemplo, un buen diario, revista o libro. Si le gustan los juegos para formar palabras, como el Scrabble, o los crucigramas, encontrará que son excelentes formas de mejorar su vocabulario a la vez que se divierte.

Preste atención a la ortografía y al significado de las palabras, la forma en que se combinan las oraciones y el uso de palabras conocidas y desconocidas. Si es posible, utilice un diccionario para buscar las palabras que no conozca. Además puede inferir el significado de muchas palabras desconocidas deduciéndolo del contexto.

Si es posible, visite la librería o biblioteca local. Pídales a los vendedores o bibliotecarios que le ayuden a encontrar libros sobre temas que le puedan interesar. Observe y curiosee. Tómese todo el tiempo que necesite. No deje de visitar las secciones para jóvenes y las secciones que presentan obras prácticas de uso diario.

Diviértase y mejore sus destrezas de lectura al mismo tiempo.

PRESENTACIÓN DE LA PRUEBA DE ESPAÑOL: LENGUAJE, LECTURA DE GED

La Prueba de Español: lenguaje, lectura de GED consta de textos seleccionados extraídos de obras de ficción y no ficción. Tendrá que leer los textos y luego responder a 5 ó 6 preguntas sobre lo que leyó. Habrá aproximadamente 7 textos con 40 preguntas de opción múltiple en cada Prueba de Español: lenguaje, lectura. Tendrá 65 minutos para completar todas las preguntas de la prueba.

Los textos utilizados en la Prueba de Español: lenguaje, lectura de GED han sido extraídos de libros, cuentos, artículos de revistas o periódicos o documentos prácticos o relacionados con el ámbito del trabajo y la comunidad. Incluirán lecturas provenientes de poesías, obras teatrales y obras en prosa de ficción y no ficción. Se encontrará con diferentes tipos de redacción; algunas lecturas serán de estilo actual y conocido y otras serán más difíciles.

La distribución de los textos seleccionados para cada prueba será la siguiente:

Literatura: (75%)

No ficción: (25%)

Las preguntas que se le formularán en la Prueba de Español: lenguaje, lectura de GED se clasificarán según las siguientes categorías:

1 Comprensión: Estas preguntas le piden que demuestre una comprensión literal de lo que leyó, por ejemplo, que indique hechos específicos. Las preguntas sobre el significado y la intención del autor están incluidas en esta categoría. Por ejemplo: ¿de qué color era la casa? ¿Quién ganó el partido de béisbol? ¿Quién se rindió en la batalla de Saratoga?

2 Preguntas de aplicación: Para estas preguntas deberá aplicar lo que leyó a una situación diferente. Por ejemplo, si leyó que el corcho es una madera liviana que flota y que los pescadores lo utilizan para sostener sus redes en el agua, se le podría preguntar cómo utilizaría el corcho si naufragara.

3 Preguntas de análisis: Para estas preguntas deberá desglosar y analizar realmente la información brindada. Tendrá que ver las relaciones entre las ideas, reconocer las comparaciones y contrastes y comprender las relaciones de causa y efecto. Estas preguntas evaluarán su capacidad de razonamiento.

4 Preguntas de síntesis: Éstas son las más difíciles de responder. Requerirán que formule inferencias, llegue a una conclusión y extraiga su propia teoría sobre lo que lee. Por ejemplo: ¿Cuál es el resultado posible de lo que el autor escribió? ¿Qué idea puede relacionarse con lo que leyó?

Aproximadamente un tercio de las preguntas serán de comprensión o aplicación, un tercio de análisis y el resto será de síntesis.

LECTURA CRÍTICA

La aprobación de todas las pruebas de la batería de pruebas de GED depende en gran parte de sus destrezas para la comprensión de las lecturas. Ya sea que la prueba esté dentro del área de ciencias, estudios sociales, literatura y arte, o incluso de matemáticas, evaluará su capacidad de utilizar las **destrezas de lectura crítica** para **comprender, aplicar, analizar, sintetizar** y **evaluar** lo que leyó. Cada una de estas categorías está representada por preguntas evaluativas de diversos tipos. A continuación, le mostramos algunos de los tipos de preguntas que muy probablemente encuentre en el GED.

Destrezas de comprensión

Son las que usted podría considerar como destrezas para "recordar". No le piden que vaya más allá de lo que leyó, simplemente requieren que recuerde los hechos y detalles. Lea este ejemplo y luego pruebe respondiendo a las diferentes preguntas a continuación.

Ejemplo

La posición social de una esposa en los tiempos coloniales estaba determinada por la posición de su esposo, así como también por su propia habilidad y recursos. Ella se casaba no sólo con un esposo sino también con una profesión. Su posición en la comunidad estaba establecida en parte por la calidad del pan que horneaba, por la comida que preservaba para utilizar en invierno, por la blancura de la ropa que tendía en la soga, por la forma en que vestía a los hijos y por su habilidad para la enfermería. Los médicos eran escasos. En caso de enfermedad o muerte de un vecino, una mujer dejaba de lado su trabajo para ayudar y era recompensada por lo que podía hacer.

AYÚDESE buscando las **palabras** e **ideas clave** mientras lee.

Parafrasear

Este tipo de preguntas requiere que repita lo que el autor dijo, generalmente con palabras ligeramente diferentes.

P Según el autor, ¿cuál de estas opciones sobre las esposas en los tiempos coloniales es verdadera?

(1) Se casaban jóvenes.

(2) Sus esposos generalmente tenían profesiones.

(3) Se casaban tanto con las profesiones como con sus esposos.

(4) Sus maridos se casaban con frecuencia.

(5) Sus profesiones terminaban cuando se casaban.

La opción (3) es una reformulación de la segunda oración del autor.

Identificar la idea principal

Las preguntas sobre la idea principal generalmente presentan varios títulos, de los cuales deberá escoger uno que exprese la idea o pensamiento principal del texto.

P El título que mejor expresa la idea principal de este fragmento es:

  (1) "El cuidado de los hijos en tiempos coloniales".

  (2) "Espíritu comunitario".

  (3) "La atención médica antes de la revolución".

  (4) "Las amas de casa coloniales".

  (5) "Vestimenta y alimentación en los primeros tiempos de Estados Unidos".

Este fragmento describe las diferentes responsabilidades domésticas que se esperaba que una mujer colonial realizara. Por consiguiente, la respuesta correcta es la (4).

Recordar detalles

Los detalles son los hechos e ideas del fragmento que explican y respaldan la idea principal.

P ¿Cuándo una mujer colonial dejaba de lado su propio trabajo?

  (1) Cuando un vecino estaba enfermo

  (2) Cuando llegaba a la madurez

  (3) Cuando se casaba

  (4) Cuando nacían los hijos

  (5) Sólo cuando se moría

La última oración del fragmento detalla el hecho de que las mujeres dejaban su trabajo de lado "en caso de enfermedad o muerte de un vecino", opción (1).

Resumir

Algunas preguntas de comprensión requieren que exponga la idea central de un texto en una o dos oraciones.

P ¿Cuál de estas oraciones resume mejor el fragmento?

  (1) Las mujeres coloniales necesitaban ayuda de los médicos.

  (2) La posición social de las mujeres coloniales estaba influenciada por su trabajo.

  (3) La mayoría de nosotros no hubiera tenido éxito en los tiempos coloniales.

  (4) Había muy pocas mujeres entre los colonos.

  (5) A menos que una mujer se casara bien, su vida consistía en trabajo duro.

La única opción que abarca todo el fragmento y lo condensa correctamente en una sola idea es la (2).

Definir el vocabulario

Este tipo de preguntas, algunas veces llamadas "palabras en contexto", le piden que escoja un sinónimo para algunas de las palabras del texto.

P En el fragmento, ¿qué significa la palabra "posición"?

- **(1)** actitud
- **(2)** sitio
- **(3)** postura
- **(4)** disposición
- **(5)** condición

La respuesta correcta es la (5), "condición". Trate de utilizarla en el fragmento reemplazando a la palabra "posición". Aunque todas las opciones son un sinónimo posible de "posición", sólo la palabra "condición" tiene sentido y conserva el significado de la oración.

Destrezas de aplicación

Cuando toma lo que leyó y lo aplica a un nuevo contexto, está utilizando destrezas de aplicación. Casi todos los problemas escritos que resuelve en matemáticas son un ejemplo del uso de las destrezas de aplicación. Usted toma una fórmula que conoce, por ejemplo, el área de un triángulo, y la aplica a un problema que no había visto antes. Cuando sigue las instrucciones escritas que le indican cómo presentar una prueba, está usando destrezas de aplicación. Organizar la información de otra manera puede ser también una forma de destreza de aplicación. Lea este ejemplo e intente responder a las siguientes preguntas.

Ejemplo

Existen muchos indicios por medio de los cuales se puede pronosticar el tiempo. Algunos de ellos tienen buenos fundamentos, pero otros, no. Por ejemplo, no hay evidencia de que sea más probable que haya tormenta durante una fase de la luna que en otra. Si llueve para Pascua, no hay razón para pensar que lloverá durante los próximos siete domingos. La marmota podría ver o no su sombra el Día de la Marmota, pero es probable que no afecte al clima de ninguna manera.

AYÚDESE buscando **ideas o conceptos similares.**

Clasificar

Cuando usted clasifica, organiza información en grupos que están relacionados de alguna manera.

P ¿Cuál de estos temas podría también incluir el autor en la lista de pronosticadores falsos del clima?

(1) relámpagos de calor

(2) boletines meteorológicos locales

(3) mapas meteorológicos

(4) advertencias de tornado

(5) manchas no comunes de las orugas

Sólo la opción (5) concuerda con los otros medios de pronóstico del clima falsos que describe el autor: las fases de la luna, la lluvia en un día festivo y la predicción de la marmota.

Generalizar

Este tipo de pregunta, le pide que compare nueva información con la información del fragmento. Una vez que haya hecho esto, generalmente tiene que llegar a una conclusión.

P En 1994, llovió en Tampa el domingo de Pascua. Según el autor, ¿cuál de las siguientes suposiciones sería lógica?

(1) Llovió los siguientes siete domingos.

(2) Llovió el domingo de Pascua de 1995.

(3) No llovió el domingo siguiente.

(4) Puede o no haber llovido el domingo siguiente.

(5) Llovió también el lunes después de Pascua.

Dado que el autor dice que la lluvia del domingo de Pascua no es un buen medio para pronosticar lluvias futuras, sólo la opción (4) es una respuesta posible.

Destrezas de análisis

Las destrezas de análisis le permiten examinar las relaciones entre hechos e ideas. Cuando lee de manera crítica, constantemente se formula preguntas tales como: ¿Qué provocó que X sucediera? ¿Cuál fue el resultado de Y? ¿Es X verdadero? ¿Qué significa Y? ¿Qué conclusión puede obtener de X y de Y? Lea este fragmento y realice un autoexamen con las preguntas siguientes.

Ejemplo

Para nosotros, la realidad del consumo de drogas y los comportamientos peligrosos que éstas provocan es que las personas se involucran en situaciones problemáticas cuando consumen drogas y algunas de estas personas constituyen un peligro para los demás. A veces, para cometer un delito, una persona necesita utilizar drogas, pero dicho consumo no es necesariamente la causa de su acción delictiva. Por otro lado, el consumo de drogas algunas veces parece ser la única excusa conveniente por medio de la cual el observador puede dar cuentas del comportamiento no deseado. Gastamos millones de dólares por año para encarcelar a los que abusan de las drogas. Evidentemente, las drogas hacen más daño que bien. Sin embargo, los delincuentes existen desde antes de que existieran las drogas. La "visión de túnel" sobre este tema nos llevará a seguir gastando de manera irracional sin ver nunca los resultados deseados.

AYÚDESE buscando **conexiones entre las ideas**.

Determinar causa y efecto

Una causa conduce a un efecto, por ejemplo, tocar un timbre puede ser la causa de un efecto que es un sonido. A menudo, para entender un texto, tiene que buscar las conexiones entre las causas y los efectos.

P Según el autor, ¿a cuál de estas cosas puede conducir el consumo de drogas?

   (1) comportamiento peligroso

   (2) acción delictiva

   (3) adicción

   (4) formulación de excusas

   (5) ninguna de las anteriores

Sólo la opción (1) está expresada directamente como un efecto de consumir drogas. El autor dice que la opción (2) podría *no* ser consecuencia de las drogas y nunca menciona la opción (3).

Diferenciar hechos de opiniones

Una destreza importante de lectura crítica es la capacidad para saber cuándo un autor está mencionando un hecho comprobable y cuándo está simplemente presentando una opinión personal.

P ¿Cuál de estos enunciados es la opinión del autor y NO un hecho?

   (1) Algunas personas se involucran en situaciones problemáticas cuando consumen drogas.

   (2) Las drogas hacen más daño que bien.

   (3) Algunos consumidores de drogas son peligrosos para los demás.

   (4) Los consumidores de drogas podrían cometer delitos.

   (5) Gastamos millones de dólares al año para encarcelar a los que abusan de las drogas.

Sólo uno de estos enunciados no es fácilmente comprobable, la opción (2). Si el autor hubiera dicho "Todas las personas que consumen drogas se involucran en situaciones problemáticas" en lugar de la opción (1) o "Los consumidores de drogas son siempre peligrosos" en lugar de la opción (3), se debería considerar a ambas oraciones como una opinión.

Interpretar el lenguaje metafórico

Es un tipo particular de destreza de manejo del vocabulario que se encuentra a menudo en fragmentos literarios. Los autores pueden usar palabras originales e imaginativas que, interpretadas literalmente, no tienen ninguna lógica. Usted tiene que utilizar el contexto y hacer conexiones entre las ideas para determinar qué significan realmente esas palabras.

P ¿Qué quiere decir el autor con "visión de túnel"?

(1) concentración en el futuro

(2) deseo de ocultarse bajo tierra cuando hay una señal de peligro

(3) problemas en la visión

(4) dificultad para ver más de un punto de vista

(5) creencia inconsciente en lo que ve por televisión

Aunque nunca antes haya visto la frase, puede inferir del contexto que el autor está preocupado por la conexión indulgente entre las personas que consumen droga y el delito, lo cual a menudo ve como una excusa y no una solución. Esta dificultad para ver más allá de un punto de vista, una insistencia por ver sólo en una dirección, opción (4), es lo que él denomina como "visión de túnel".

Sacar conclusiones

Muchas preguntas del GED requieren que saque conclusiones sobre algo que está implícito y no directamente escrito en el texto. Para sacar conclusiones con precisión tiene que analizar el texto completo.

P ¿A qué conclusión puede arribar a partir de este fragmento?

(1) El consumo de drogas siempre tiene como consecuencia el delito.

(2) Las drogas y el delito están a veces relacionados.

(3) El uso de drogas no es causa del delito.

(4) Las drogas son generalmente un factor de accidentes.

(5) La mayoría de los delincuentes consumen algún tipo de droga.

El autor dice que las drogas a veces son un elemento necesario en un delito, pero que, otras veces, son sólo una excusa para un comportamiento delictivo. Por consiguiente, la respuesta correcta es la (2).

Destrezas de síntesis

Las destrezas de síntesis implican permitirle a su mente y a su imaginación asumir el control donde el autor lo abandonó. Esto significa llegar a una idea o *teoría* lógica propia basándose en las ideas del texto.

Implica utilizar las destrezas de comprensión y análisis mencionadas anteriormente e ir más allá con ellas.

Por ejemplo, puede preguntarse a usted mismo:

- Si le preguntara al autor qué pensó sobre esta idea, ¿qué diría?
- ¿Qué hipótesis o teoría puedo formular sobre la base de un evento descrito en un texto?
- ¿Qué habría ocurrido si esto no hubiera sucedido?

En otras palabras, ¿qué ideas puede desarrollar basándose en lo que leyó?

Preguntas de síntesis expandida

Probablemente tenga que responder a un tipo de pregunta que se llama pregunta de "síntesis expandida". Estas preguntas no son más difíciles que otras, pero le darán información en el texto de la pregunta misma, que luego deberá combinar con la información del texto de lectura. En otras palabras, esto requiere que incorpore información de dos fuentes: el fragmento de lectura y la pregunta. Luego, deberá llegar a algún tipo de conclusión basándose en esta información.

Ejemplo

Rosa se sentía incómoda en la escuela. Su falda era demasiado larga. Su cabello estaba peinado con trenzas pasadas de moda, como en su país de origen. Aunque entendía y hablaba inglés con facilidad, sentía que su acento la diferenciaba del resto. La escuela era grande y desconocida y le preocupaba que pudiera perderse en esos largos pasillos, que le parecían todos iguales. Pasaba la mayor parte de su tiempo apartada y sola.

Responda ahora a la siguiente pregunta.

P La maestra de Rosa, la señorita Lewis, notó la incomodidad obvia de Rosa en una escuela grande donde era la única niña proveniente de un país extranjero. Si la señorita Lewis desea ayudar a Rosa para que se sienta cómoda, ¿cuál de los siguientes medios podría ser el más efectivo?

(1) Podría ayudarla a vestirse mejor y animarla a que se corte el cabello.

(2) Podría hacerse amiga de ella.

(3) Podría incluir a Rosa en un grupo amigable de niñas.

(4) Debería dejar a Rosa sola y las cosas mejorarán por sí solas.

(5) La maestra podría llamar a la madre de Rosa a una reunión.

Para responder a esta pregunta, necesitará leer el fragmento y también utilizar la información proporcionada en la pregunta.

La respuesta aquí es, por supuesto, la opción (3). Al dar esta respuesta, usted ha llegado a una conclusión que no está explícitamente escrita en el texto de lectura anterior, sino que su propia lógica le dice que es la correcta. Para usted, es de esperar que ayudar a Rosa a unirse a un grupo sea mejor para ella que todas las otras acciones que la maestra podría realizar.

Éste es un ejemplo de pregunta de síntesis que probablemente encontrará en la prueba.

Destrezas de evaluación

Las destrezas de evaluación incluyen evaluar la calidad de las ideas. Cuando lea, se preguntará a sí mismo: ¿Es X razonable? ¿Es Y lógico? ¿Cuál es el punto de vista del autor? ¿Por qué él o ella dice X y Y? Las destrezas de evaluación son las destrezas de lectura más avanzadas porque requieren que considere lo que lee con cierto escepticismo. En realidad, *no puede* creer todo lo que lee, tiene que formar sus propias ideas basándose en todo lo que sabe sobre el tema y sobre el autor. Lea este fragmento e intente responder a las siguientes preguntas.

Ejemplo

La pregunta tiene que ser: ¿Por qué alguien *no* ejercería su derecho al voto? Nuestros fundadores, hombres y mujeres, lucharon una guerra por la independencia para darnos el derecho a elegir nuestro propio gobierno. Los países emergentes del mundo se juzgan por su compromiso con la democracia y las elecciones libres. Pero en nuestro pueblo, menos del 35 por ciento de los votantes inscritos asisten a votar en un año promedio. Esa cifra ni siquiera cuenta a aquellos miles de adultos de 18 y más de 18 años de edad que no se preocuparon por inscribirse. El año pasado, el juez de nuestro pueblo ganó por sólo 42 votos. Cuando me siento en una caseta en el centro e intento inscribir nuevos votantes, escucho todo tipo de excusas. "Un voto no importa", dice la gente. "No sé mucho realmente sobre el tema", dicen otros. Tengo un millón de respuestas, pero parecen no hacerles cambiar de idea a los que no votan.

AYÚDESE considerando la **relación del autor con el texto**.

Determinar el punto de vista del autor

Todos los autores escriben desde un punto de vista particular. Los escritores tienen una serie individual de creencias y estándares que tienen influencia sobre sus textos. Pensar sobre quién es el autor y dónde está parado frente a un tema le ayudará a entender mejor los fragmentos.

P ¿Cómo se siente el autor con respecto a las votaciones?

   (1) Es un privilegio, no un derecho.

   (2) Votar es más importante en los países emergentes que en éste.

   (3) Votar fue alguna vez de vital importancia.

   (4) Un voto realmente puede marcar la diferencia.

   (5) No hay excusas para no votar.

La descripción del autor de las excusas que recibió por no votar y su respuesta a ellas deja en claro que considera que no hay excusas para no votar. La opción (5) es la correcta.

Juzgar la intención del autor

Algunas veces entender *por qué* un autor escribió un texto le ayudará a entender el texto en sí. La mayoría de los textos se escriben con uno de estos propósitos o una combinación de ellos: informar, persuadir, entretener, reflejar o describir.

P ¿Cuál parece ser el propósito de la redacción de este texto?
   (1) informar
   (2) persuadir
   (3) entretener
   (4) reflejar
   (5) describir

Aunque no lo diga directamente, el autor, quien dedica tiempo a inscribir votantes, parece querer persuadir a los lectores sobre la importancia del voto. La opción (2) es la correcta.

Verificar hechos

Todo texto debe leerse teniendo en cuenta ciertas preguntas: ¿Me dieron información suficiente? ¿Es comprobable la información? ¿Omitió el autor algo accidental o intencionalmente? ¿Tenía el autor todos los datos?

P ¿Qué oración podría usar el autor para contestar a la excusa "Un voto no importa"?
   (1) Miles de adultos no se preocuparon por inscribirse.
   (2) Menos del 35 por ciento de los votantes inscritos asisten a las elecciones.
   (3) Se juzga a los países emergentes por su compromiso con la democracia.
   (4) El juez de nuestro pueblo ganó por sólo 42 votos.
   (5) Tengo un millón de respuestas.

La opción (4) refuta el argumento describiendo una situación en la cual un número muy pequeño de votantes permitió que ganara uno y no otro.

LECTURA DE LAS ÁREAS DE CONTENIDO

Usted no utiliza las mismas estrategias cuando lee material de ciencias que cuando lee una novela. Las estrategias cambian cuando lee problemas matemáticos y vuelven a cambiar cuando lee un párrafo de un texto de historia. Las razones son complejas. Generalmente el material expositivo en las áreas de contenido incluye gran cantidad de **vocabulario técnico.** La densidad de ideas en el material con mucho contenido de estudios sociales o ciencias le exigen un cambio en la **velocidad de lectura.** Algunos textos expositivos contienen **ayudas gráficas** que le alertan sobre los conceptos clave y pueden ayudarle a definir palabras desconocidas. La lectura de un texto expositivo puede ser difícil, pero el uso de **estrategias de lectura activa,** puede mejorar la compresión de los textos en las áreas de contenido.

Vocabulario técnico

Los lectores con frecuencia se sienten desanimados y frustrados cuando las lecturas contienen gran cantidad de palabras desconocidas. No tiene que entender cada palabra que lee; a menudo, puede deducir el significado a partir de una oración sin necesariamente conocer una palabra clave. Existen estrategias de lectura activa que pueden ayudarlo.

Utilización de las claves del contexto

Todo el entorno que rodea una palabra desconocida puede contener una clave sobre el significado de la palabra. Intente descifrar los significados de las palabras sin sentido en estas oraciones.

1 Los médicos utilizan *wrpfls* para ayudarse a extirpar quistes sin cirugía.

2 Después de años de *vcxyz*, Uruguay finalmente llegó a vivir una década de paz.

3 Para calcular el área de un círculo, debe conocer la *qmjkb* del radio.

A continuación se presentan las claves de la oración 1.

> **Los médicos** utilizan *wrpfls* para ayudarse a **extirpar quistes sin cirugía.** Usted sabe que los médicos utilizan esta cosa misteriosa y sabe para qué la usan. Aun si no conoce la palabra *quiste*, puede decir que *wrpfls* debe ser un tipo de instrumento no quirúrgico para extirpar algo en un procedimiento médico. Probablemente sabe lo suficiente como para continuar leyendo sobre el tema.

A continuación se presentan las claves de la oración 2.

> **Después de años** de *vcxyz*, Uruguay finalmente llegó a vivir **una década de paz.** No necesita saber dónde está Uruguay ni incluso qué es. Esta oración establece un contraste entre "una década de paz" y "años de *vcxyz*". Esta palabra desconocida debe contrastar con *paz*; probablemente sea un sinónimo de *guerra*.

A continuación se presentan las claves de la oración 3.

> Para calcular el **área de un círculo,** debe conocer la *qmjkb* del **radio.** Sabe que está intentando calcular una medida, de modo que tiene sentido que necesite un número para calcularla. Incluso si nunca escuchó hablar de *radio*, debe ser capaz de decir que una *qmjkb* es algún tipo de medida.

Obviamente, mientras más sepa sobre cómo calcular el área de un círculo, más cerca estará de encontrar el significado preciso de *qmjkb,* pero un lector activo puede acercarse lo suficiente como para captar lo fundamental de la oración incluso sin saber mucho de geometría.

Utilización de las claves estructurales

Además del significado de las palabras que rodean a la desconocida, las oraciones le dan claves adicionales sobre el significado de estas nuevas palabras. ¿Qué puede descubrir sobre el significado de estas palabras sin sentido?

1 Compré *oiues* en la tienda de comestibles.

2 Él nunca es muy *uaoie* en multitudes.

3 En el invierno, los ciervos a menudo *aeiou* en los campos.

En la oración 1, la posición de la palabra desconocida indica que es un sustantivo. Además, la *s* al final indica que la palabra está en plural. En la oración 2, la palabra es obviamente un adjetivo y en la oración 3, un verbo. Estas claves solas no son suficientes para definir las palabras exactamente, pero un lector activo guardará la información en caso de que las palabras aparezcan en un contexto más claro más adelante.

Búsqueda de raíces conocidas

Cuando presente la Prueba de GED, ya habrán pasado muchos años durante los cuales se dedicó a aumentar su vocabulario. Con frecuencia, tiene información sobre palabras desconocidas almacenadas en el cerebro como resultado de encuentros con palabras similares. La clave es acceder a esta información y aplicarla a la nueva palabra. Intente con estas palabras inventadas. ¿Qué sabe que le pueda ayudar a determinar sus significados?

1 La raqueta usada para la nieve se había *reamarronado* cuando llegó la primavera.

2 El accidente ocurrió cuando el conductor *malfrenó* en la curva.

3 Las personas *congojadamente* llenaron las calles para la procesión durante el funeral.

Estas palabras no existen en realidad, pero puede usar lo que sabe acerca de las raíces, prefijos y sufijos para adivinar sus significados.

Tome, por ejemplo, la oración 1. La raíz es *marrón,* y se la utiliza como un verbo. Esto es inusual, pero se puede llegar a escuchar la palabra "amarronado" cuando se habla del color de un objeto. El prefijo *re-* significa "de nuevo" y la terminación *-ado* sugiere el participio de un verbo. Por lo tanto, esta oración significa: "La raqueta usada para la nieve había adquirido de nuevo una tonalidad marrón cuando llegó la primavera."

Intente con la oración 2. Nuevamente, la palabra es un verbo en pasado. La raíz es una conocida: *frenar.* El prefijo *mal-* con frecuencia significa "mal" o "incorrecto". La oración significa entonces: "El accidente ocurrió cuando el conductor frenó de forma incorrecta en la curva".

Observe ahora la oración 3. Aquí, la raíz reconocible es *congoja.* El sufijo *-mente* significa "modo o manera". Las personas que llenaban las calles lo hicieron "de un modo que mostraba que estaban llenos de congoja".

Velocidad de lectura

Debe leer más lentamente cuando el contenido del material es denso. Sin embargo, cuando presenta una prueba que debe completar en el tiempo asignado, el leer lentamente puede ser una desventaja. Para obtener velocidad y exactitud al leer y al responder a las preguntas de comprensión, practique y utilice estas técnicas de lectura rápida y específica.

Cómo responder a preguntas de deducción y sobre la idea principal

1. Utilice el dedo índice como guía y metrónomo y lea el texto seleccionado rápidamente.

2. Mientras mueve el dedo por cada renglón, concéntrese en mirar frases de tres o cuatro palabras en lugar de una palabra por vez. Intente no "decir" las palabras en su mente mientras avanza.

3. Siga el dedo sólo con los ojos y no con toda la cabeza.

4. El fin es ubicar la oración con el tema, la idea principal y los detalles más importantes que la fundamentan. Esta información le permitirá responder a la mayoría de las preguntas de deducción y sobre la idea principal.

Cómo responder a preguntas sobre el vocabulario y los detalles

1. Tome la palabra clave de la pregunta que desea responder y "guárdela" en la mente.

2. Utilice el dedo índice como guía y lea el texto buscando específicamente esa palabra.

3. NO LEA TODO al leer específicamente. Simplemente está buscando la palabra clave.

4. Cuando encuentre la palabra, PARE. La respuesta a la pregunta estará generalmente en la misma oración.

5. Lea la oración completa con atención antes de elegir una respuesta.

Los dos ingredientes más importantes para presentar con éxito una prueba son la exactitud y la velocidad. Realice un seguimiento del tiempo que necesita para completar las pruebas de ejemplo de este libro. Utilice las estrategias de lectura activa antes mencionadas para mejorar la velocidad.

Ayudas gráficas

Con frecuencia, un texto expositivo incluye elementos que le ayudan a descubrir conceptos clave y a definir el vocabulario clave. Cuando vea estas ayudas, asegúrese de utilizarlas.

Palabras en negrita o cursiva

Le alertan sobre el vocabulario que el autor considera importante.

1. Los gansos *emigran* todos los años y siguen siempre la misma ruta.

2. Para calcular **la velocidad,** considere la **distancia** y el **tiempo.**

Definiciones entre paréntesis y claves de pronunciación

Éstas pueden ayudarlo a definir palabras desconocidas y a reconocer palabras que ha escuchado, pero que nunca ha visto.

1 Los kulak (campesinos ricos) controlaban la economía local.

2 El niño corrió detrás del Frisbee (frisbi).

Títulos y notas al margen

Le alertan sobre conceptos clave y le ayudan a encontrar la idea principal de un texto.

	Gobierno local
Subdivisiones geográficas	Nuestro distrito está dividido en condados, los que a su vez están subdivididos en ciudades. Cada ciudad tiene como centro un municipio.
Subdivisiones gubernamentales	Un concejo presidido por el comisionado del condado dirige el condado. Cada ciudad tiene un concejo y un alcalde y el municipio está dirigido por un jefe comunal y un ayuntamiento.

LECTURA DE TABLAS, GRÁFICAS, MAPAS E ILUSTRACIONES

Muchas de las preguntas de la Prueba de GED contienen gráficas. La capacidad que tenga para deducir la información de manera rápida y exacta a partir de las tablas, gráficas, mapas e ilustraciones puede significar una enorme diferencia en su puntaje total. A continuación encontrará descripciones de algunas de las gráficas más comunes de la Prueba de GED.

Tablas

Una tabla es una forma simple de presentar una gran cantidad de datos de manera clara y concisa. Las tablas destacan la información al ubicarla en columnas y filas.

Ejemplo:

MATRÍCULA DE ESTUDIANTES, POR NIVEL, EN ESTADOS UNIDOS, 1996–2000

Año	Primario	Secundario	Universitario
1996	28,226,000	16,939,000	12,504,000
1997	28,536,000	16,950,000	12,766,000
1998	28,451,000	16,980,000	13,055,000
1999	28,782,000	17,099,000	13,458,000
2000	29,680,000	16,541,000	13,711,000

Después de que se presenta la información, se le puede solicitar que use la tabla para responder a cualquiera de los distintos tipos de preguntas.

Cómo ubicar datos

Le pueden pedir que simplemente ubique y presente la información extraída directamente de la tabla.

P ¿Cuál fue la matrícula escolar en el nivel secundario en el año 1997?

   (1) 16,980,000

   (2) 28,536,000

   (3) 16,950,000

   (4) 16,939,000

   (5) ninguna de las anteriores

Primero, ubique la fila que dice "1997" debajo del título "Año". Luego lea la columna que dice "Secundario". Desplácese en forma horizontal por la fila y en forma vertical por la columna hasta que las dos se crucen. La respuesta correcta es la (3).

Cómo comparar datos

Más a menudo, necesitará hacer algo con la información de la tabla. Una pregunta típica podría ser que compare dos o más cifras.

P ¿En qué año fue mayor la matrícula en el nivel universitario?

   (1) 1996
   (2) 1997
   (3) 1998
   (4) 1999
   (5) 2000

Busque la columna que diga "Universitario". Luego lea la columna y compare los números. Cuando encuentre el número más alto, lea en forma horizontal hasta encontrar el año. La respuesta correcta es la (5).

Cómo manejar datos

Le pueden pedir que realice otra tarea además de simplemente comparar dos cifras. Algunas preguntas pueden requerir que realice operaciones numéricas más avanzadas.

P Indique los dos años entre los cuales la matrícula del nivel primario aumentó más.

   (1) 1996 y 1997
   (2) 1997 y 1998
   (3) 1998 y 1999
   (4) 1999 y 2000
   (5) No se da suficiente información.

Busque la columna que diga "Primario". Luego compare las cifras de cada par de años mencionados. Puede eliminar sin problemas la opción (2) ya que entre esos dos años la matrícula en realidad disminuyó. Debido a que los números están bien alineados en la tabla, es fácil comparar los dígitos y calcular la respuesta. El aumento más importante parece presentarse entre 1999 y 2000, opción (4). Una rápida sustracción probará que esto es así.

Cómo sacar conclusiones

Este es el tipo más complejo de preguntas que se le puede asignar. Aquí tiene que tomar los datos de la tabla y utilizarlos para realizar proyecciones, inferir información implícita o formular generalizaciones.

P Según la información de esta tabla, ¿cuál de las siguientes opciones es una conclusión lógica?

   (1) Las escuelas primarias son más grandes que las escuelas secundarias.
   (2) La matrícula de estudiantes no siempre aumenta con el paso del tiempo.
   (3) La matrícula universitaria se duplicará para el año 2010.
   (4) La deserción en la escuela secundaria está en aumento.
   (5) La matrícula escolar primaria disminuye a un ritmo constante.

La única conclusión que la tabla respalda es la opción (2). No puede saber el tamaño de las escuelas a partir de la información de la tabla, opción (1); tampoco se puede decir algo sobre el índice de deserción en la escuela secundaria, opción (4). La opción (5) es falsa y la tendencia de la tabla muestra poca evidencia para respaldar la proyección de la opción (3).

Gráficas

Las gráficas ofrecen una forma clara de ver y comparar datos. A continuación le mostramos algunos de los tipos de preguntas que muy probablemente encuentre en la Prueba de GED.

Pictografías

En una pictografía, se utiliza un símbolo para representar un número. Una clave le informa cuántos elementos representa cada símbolo.

Ejemplo:

Aviones comerciales que aterrizan en el aeropuerto

Lunes	⊁ ⊁ ⊁ ⊁ ⊁ ⊁
Martes	⊁ ⊁ ⊁ ⊣
Miércoles	⊁ ⊁ ⊁
Jueves	⊁ ⊁
Viernes	⊁ ⊁ ⊁ ⊁ ⊁
Sábado	⊁ ⊁ ⊁ ⊁ ⊁ ⊁ ⊁ ⊁ ⊁
Domingo	⊁ ⊣

CLAVE: ⊁ = 20 aviones

Igual que en las tablas, los tipos de preguntas que tendrá que responder suponen *ubicar datos, comparar datos, manejar datos* y *sacar conclusiones.* Intente responder a estas preguntas típicas.

P ¿Cuántos aviones aterrizaron en el aeropuerto X el martes?

(1) 20

(2) 50

(3) 60

(4) 70

(5) 80

Si el símbolo ⊁ equivale a 20 aviones, la mitad del símbolo equivale a 10. Hay tres símbolos enteros y una mitad en la fila que dice "martes". Es decir 3(20) + 10 = 70. La respuesta correcta es la (4).

P ¿Qué día aterrizaron menos aviones?

(1) Lunes

(2) Martes

(3) Miércoles

(4) Jueves

(5) Domingo

Si cuenta los símbolos, verá que sólo 30 aviones aterrizaron el domingo, en comparación con los 40 del jueves. La respuesta correcta es la (5).

P ¿Cuántos aviones más aterrizaron el día de más movimiento de esta semana que los que aterrizaron el lunes?

(1) 3 más

(2) 30 más

(3) 60 más

(4) 100 más

(5) No se da suficiente información.

Cuente de veinte en veinte para responder a esta pregunta. El día de más movimiento fue el sábado, cuando aterrizaron 180 aviones. Sólo aterrizaron 120 el lunes; por consiguiente, el sábado tuvo 60 más. La respuesta correcta es la (3).

P Según la información de esta gráfica, ¿cuál de las siguientes opciones es una conclusión lógica?

(1) Despegan más aviones del aeropuerto X que los que aterrizan.

(2) Los pasajeros que viajan en vuelos comerciales tienden a llegar al aeropuerto X los primeros días de la semana.

(3) Esta semana no fue una semana típica para el aeropuerto X.

(4) El aeropuerto X está en una pequeña comunidad turística.

(5) El aeropuerto X está en una ciudad industrial.

La gráfica muestra que el aeropuerto X tiene dos días pico de llegada: lunes y sábado. Las llegadas del fin de semana implicarían que son turistas, pero hay demasiadas llegadas para que la opción (4) sea la correcta. No hay evidencia para respaldar las opciones (1), (3) ó (5). Las personas que viajan por negocios tienden a llegar un día de semana y las cifras altas del lunes hacen que la opción (2) sea una opción posible.

Gráficas de barras

Mientras que una pictografía utiliza dibujos, una gráfica de barras utiliza barras, lo cual facilita la comparación de datos. Las barras pueden ser verticales u horizontales.

Ejemplo:

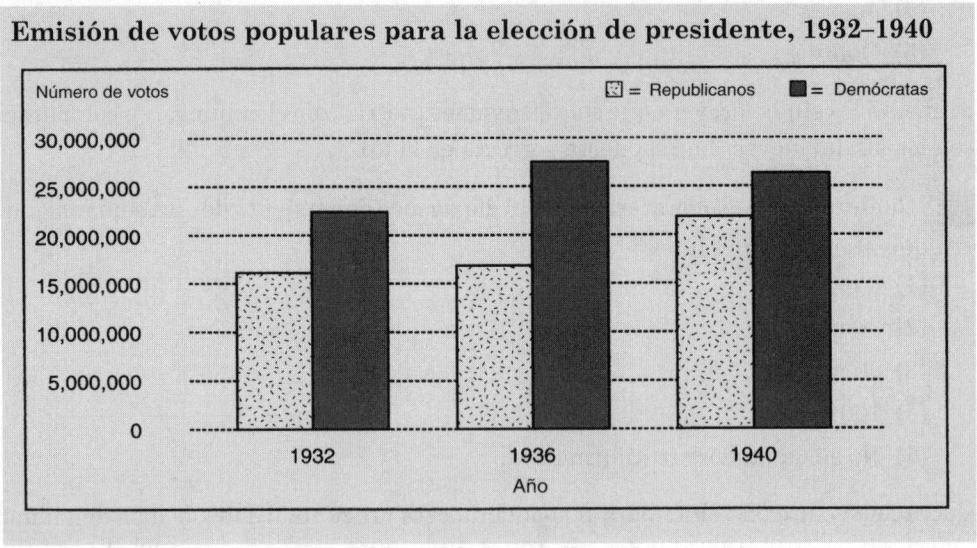

Aquí, la cantidad de votos está representada en el eje vertical. El año está representado a lo largo del eje horizontal. Una clave le informa que la barra blanca representa los votos republicanos y la barra negra representa los votos demócratas. Al leer desde abajo hacia arriba y luego en forma horizontal desde la parte superior de cada barra, puede saber cuántos votos se emitieron.

Aquí hay algunas preguntas que le podrían formular sobre esta gráfica de barras. Para la primera debe *ubicar datos* y para la segunda, *sacar conclusiones*.

P En 1932, ¿aproximadamente cuántos votos populares ganó el candidato republicano?

   (1) 10,000,000

   (2) 15,000,000

   (3) 20,000,000

   (4) 25,000,000

   (5) 30,000,000

Busque el año 1932 en el eje horizontal. Luego busque la barra para los "republicanos", que según la clave es la barra blanca. Lea en forma horizontal desde la parte superior de la barra hasta los números del eje vertical. La respuesta correcta es la (2).

P Según la información de esta gráfica, ¿cuál de las siguientes opciones es una conclusión lógica?

   (1) La elección más pareja de las tres fue en 1940.

   (2) Las mismas personas se presentaron para el cargo en los tres años de elección.

   (3) Votaron menos personas en 1940 que en 1936.

   (4) Los republicanos ganaron la elección de 1944.

   (5) El voto de un tercer partido produjo un sesgo en los resultados en 1940.

Al comparar las barras, podrá saber rápidamente que la opción (1) es la correcta. No hay evidencia para respaldar las opciones (2), (4) ó (5), y la opción (3) es simplemente incorrecta.

Ejemplo:

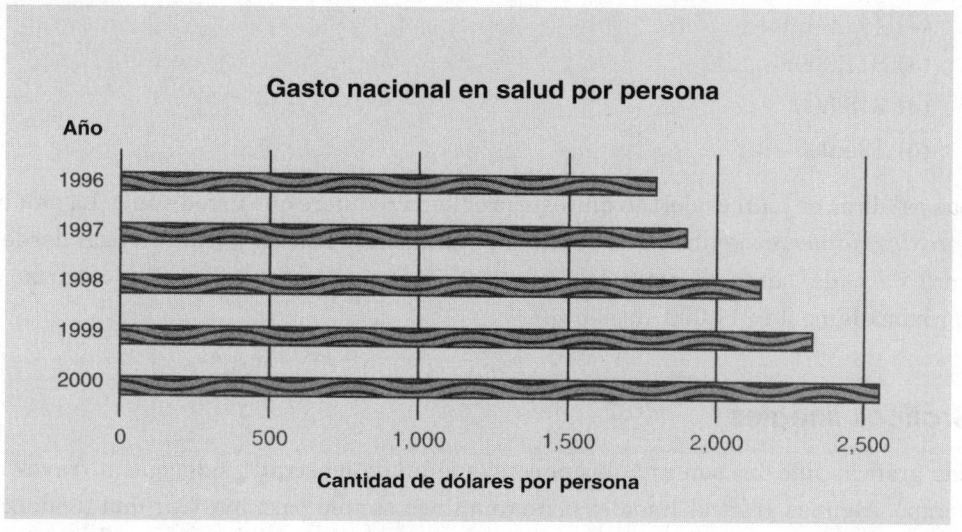

Aquí, las barras son horizontales. Los dólares que se gastaron por persona figuran en el eje horizontal y los años en el eje vertical. Lea en forma horizontal y luego en forma vertical desde el final de cada barra para saber cuánto se gastó en cada año.

A continuación se presentan algunas preguntas que se le podrían formular sobre esta gráfica de barras. La primera le pide que *compare datos* y la segunda que *maneje datos*.

P ¿Entre qué dos años hubo un menor aumento en los gastos de salud por persona?

(1) 1996 y 1997

(2) 1997 y 1998

(3) 1998 y 1999

(4) 1999 y 2000

(5) No se da suficiente información.

En realidad, no necesita sumar, restar ni siquiera mirar a los números. Simplemente si compara el largo de las barras debería saber que la menor diferencia se produjo entre 1996 y 1997. La opción (1) es la correcta.

P En total, ¿aproximadamente cuánto dinero se gastó por persona en salud pública desde 1996 hasta 2000?

(1) $2,000

(2) $4,000

(3) $11,000

(4) $18,000

(5) $25,000

Las palabras en *total* le alertan que este problema requiere que usted sume. La palabra *aproximadamente* significa que es una aproximación. Lea en forma vertical desde el final de cada barra y sume las cifras mentalmente. Su respuesta debería ser aproximadamente $11,000, opción (3).

Gráficas lineales

Las gráficas lineales son una forma conveniente de mostrar tendencias a través del tiempo. Algunas gráficas lineales usan una línea simple para mostrar una tendencia; otras utilizan más de una línea para permitir que el lector compare tendencias.

Ejemplo:

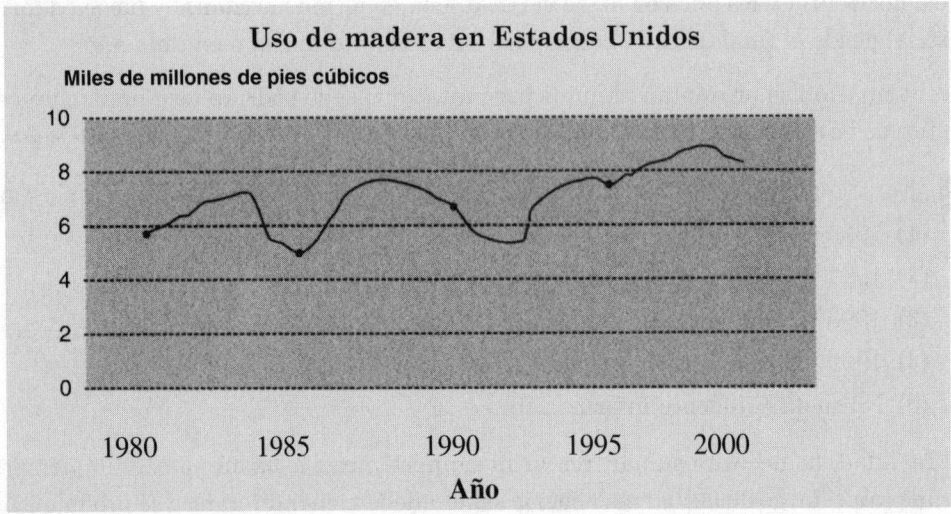

En esta gráfica, el año está representado a través del eje horizontal. En lugar de simplemente mostrar datos para los años por separado, la gráfica lineal muestra un cambio fluido a través del tiempo. Observe que los años están representados en intervalos de a cinco. Supongamos que necesita encontrar información para el año 1991. Muévase un poco hacia la derecha de 1990. Luego muévase en forma perpendicular hacia arriba hasta que corte la línea. Ese punto le muestra los miles de millones de pies cúbicos de madera que se usaron en Estados Unidos en 1991.

Intente responder a estas preguntas. Para la primera debe *ubicar datos* y para la segunda, *sacar conclusiones*.

P Indique aproximadamente cuántos pies cúbicos de madera se utilizaron en Estados Unidos en 1994.

(1) 6

(2) 6 mil millones

(3) 7.5 mil millones

(4) 8 mil millones

(5) 8.5 mil millones

Busque 1995 y siga la línea un poco hacia la izquierda. Luego muévase hacia arriba para cortar la línea. Lea en forma horizontal desde ese punto y llegará a entre 6 y 8 mil millones, en un punto que está cerca de 7.5, como se indica en la opción (3).

P Según la información de esta gráfica, ¿cuál de las siguientes opciones es una conclusión lógica?

(1) La madera ya no es un material popular de construcción.

(2) El consumo de madera disminuyó a fines de la década de 1980.

(3) Se construyeron menos casas antes de 1980 que después de ese año.

(4) El uso de madera aumentó de forma constante desde 1980.

(5) A partir de 1998, el consumo de madera aumentó.

No hay evidencias para respaldar las opciones (3) ó (5) y la gráfica en realidad contradice las opciones (1) y (4). La única generalización que es exacta es la opción (2).

Algunas gráficas lineales comparan las tendencias a través del tiempo.

Ejemplo:

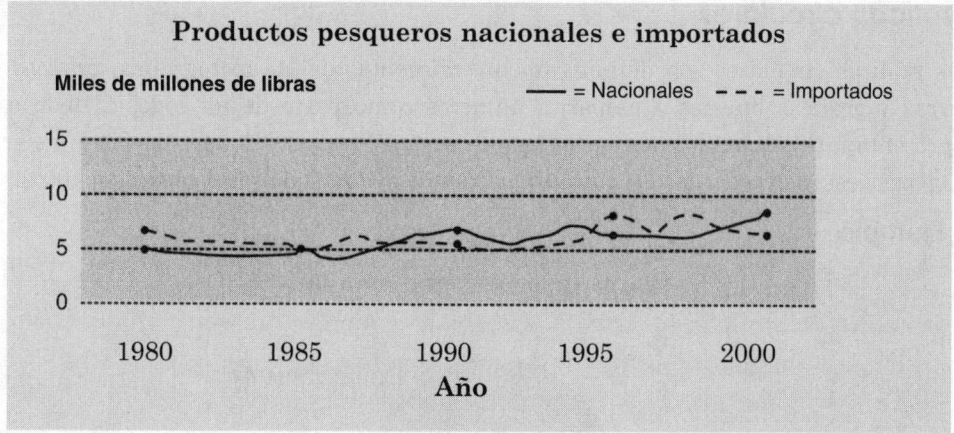

Esta gráfica le informa sobre la cantidad de pescado que se capturó internamente y cuánto se importó. Si compara los niveles de las líneas y observa los lugares donde las líneas se cruzan, puede calcular bastante sobre el consumo de productos pesqueros.

Estas preguntas evalúan su capacidad para *comparar datos y manejar datos*.

P ¿En qué año la pesca nacional fue menor que la importada?

    (1) 1990

    (2) 1992

    (3) 1995

    (4) 1999

    (5) 2000

La clave le informa que la pesca nacional está representada por una línea continua y la importada por una línea discontinua. Tendrá que encontrar un punto en el cual la línea continua esté por debajo de la línea discontinua. La única que nombra un año en la cual eso sucedió es la opción (3).

P ¿Aproximadamente cuántas libras más de pescado se capturaron en el ámbito nacional en 2000 que lo que se importó?

    (1) 3 millones

    (2) 3 mil millones

    (3) 5 millones

    (4) 5 mil millones

    (5) No se da suficiente información.

Las palabras *cuántas más* implican que es un problema de sustracción. El punto que muestra la pesca nacional en 2000 está cerca del 10, lo que significa 10 mil millones de libras. El punto para la pesca importada está cerca del siete.

10 mil millones – 7 mil millones = 3 mil millones; es decir, la opción (2).

Gráficas circulares

Las gráficas circulares son definitivamente diferentes de las pictografías, gráficas de barras y gráficas lineales. Comparan números como parte de un todo. El todo está representado por el círculo y sus partes aparecen como fracciones del círculo. Por lo general, las partes están expresadas en porcentajes, donde el círculo entero equivale a 100%.

Ejemplo:

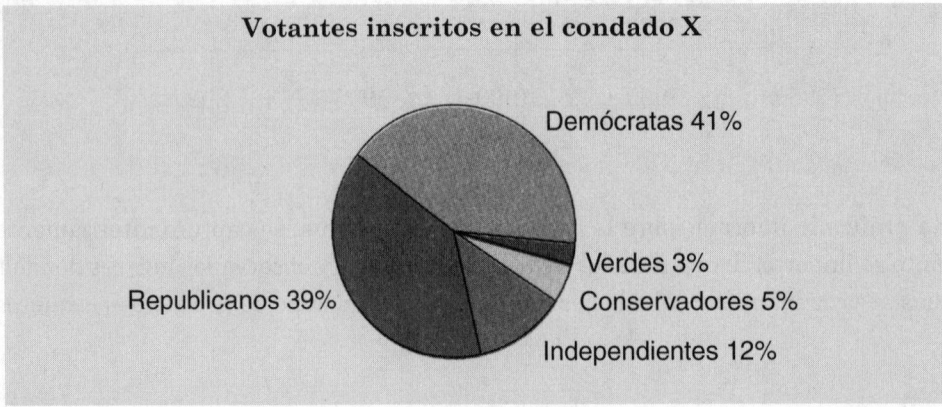

Votantes inscritos en el condado X

Demócratas 41%

Verdes 3%

Conservadores 5%

Independientes 12%

Republicanos 39%

Al comparar los tamaños relativos de las porciones del círculo puede obtener información instantánea sobre la cantidad relativa de votantes inscritos en cada partido.

Estas preguntas son para *ubicar, comparar y manejar datos* y *sacar conclusiones* de la gráfica circular anterior.

P ¿Qué porcentaje de votantes inscritos no está afiliado a ningún partido específico?

(1) 39%

(2) 41%

(3) 3%

(4) 5%

(5) 12%

Los votantes independientes, aquellos que no están inscritos en ningún partido en particular, constituyen el 12% de la gráfica circular. La respuesta correcta es la (5).

P ¿Qué lista muestra el orden de los votantes inscritos de mayor a menor?

(1) Demócratas, republicanos, independientes, verdes, conservadores

(2) Republicanos, independientes, conservadores, verdes, demócratas

(3) Verdes, conservadores, independientes, republicanos, demócratas

(4) Demócratas, republicanos, independientes, conservadores, verdes

(5) Demócratas, republicanos, conservadores, verdes, independientes

Los tamaños relativos de las partes del círculo y los porcentajes dados le muestran que el orden de mayor a menor es demócratas (41%), republicanos (39%), independientes (12%), conservadores (5%) y verdes (3%). La respuesta correcta es la (4).

P Si la población total de votantes inscritos de un condado X es 1,000, ¿cuántos son verdes?

(1) 3

(2) 13

(3) 30

(4) 300

(5) No se da suficiente información.

Recuerde que todas las gráficas circulares representan 100%. Si 100% = 1,000, entonces 3% = 30. La respuesta correcta es la (3).

P Según la información de esta gráfica, ¿cuál de las siguientes opciones es una conclusión lógica?

(1) Los resultados de las elecciones para los partidos de importancia en el condado X son siempre muy similares.

(2) El número de votantes verdes disminuyó a través del tiempo.

(3) Los republicanos nunca pueden ser elegidos en el condado X.

(4) El cien por ciento de los votantes del condado X votan anualmente.

(5) El condado X tiene una gran población de estudiantes.

No hay ningún indicio a partir de la gráfica solamente que indique que las opciones (2), (4) ó (5) sean correctas. Debido a que los votantes no necesariamente votan por los candidatos de sus partidos, la opción (3) es definitivamente falsa. Sin embargo, debido a que los números de representantes para los demócratas y republicanos son tan similares, la opción (1) es probablemente correcta y es una conclusión lógica.

Mapas

Los mapas le brindan al lector información sobre un lugar en particular. Pueden mostrar divisiones políticas entre países o estados; características geográficas, tales como montañas y ríos; construcciones hechas por el hombre, tales como carreteras y lugares para acampar; patrones climáticos; cultivos y exportaciones o cualquier combinación de lo anterior.

Ejemplo:

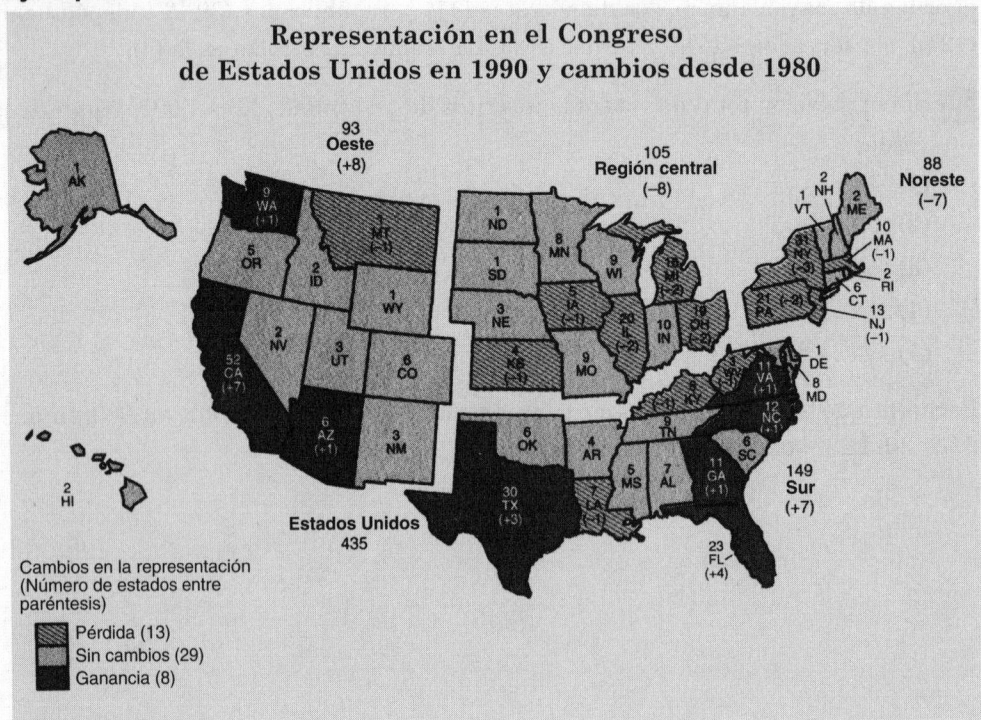

Representación en el Congreso de Estados Unidos en 1990 y cambios desde 1980

Este mapa tiene un título que le informa sobre su centro de atención. Tiene una clave que le ayuda a interpretar la información que se presenta. Cada estado tiene un número seguido de la abreviatura del estado. El número corresponde a la cantidad de representantes en el Congreso de ese estado en el año 1990. Algunos estados también muestran otro número, precedido de un signo más o menos. Ese número indica si el estado ganó o perdió representantes entre 1980 y 1990. Además, los estados están sombreados según si ganaron o perdieron bancas en el Congreso o si no hubo cambios en la representación durante el período de diez años.

Como con muchas representaciones gráficas del GED, las preguntas que se encuentran a continuación de los mapas requieren que *ubique, compare o maneje datos,* o *saque conclusiones*.

P ¿Cuántos representantes tuvo Florida en el Congreso en 1990?

(1) 4

(2) 23

(3) 27

(4) 149

(5) No se da suficiente información.

Primero, ubique a Florida (FL). El número de arriba de la abreviatura del estado es 23, entonces la respuesta correcta es la opción (2). El "+4" de abajo significa que Florida ganó 4 bancas entre 1980 y 1990.

P ¿Qué estado perdió la mayor cantidad de bancas en el Congreso en este período de diez años?

(1) California

(2) Texas

(3) New York

(4) Ohio

(5) West Virginia

La clave le alerta que mire sólo a aquellos estados sombreados de gris porque son los que perdieron representantes. Los tres estados escogidos entre los que están sombreados de gris, es decir, New York, Ohio y West Virginia, han perdido respectivamente, tres, dos y un representante. Entonces, la respuesta correcta es (3).

P ¿Cuántos representantes tuvo Texas en el Congreso en 1980?

(1) 8

(2) 27

(3) 30

(4) 33

(5) No se da suficiente información.

Busque Texas (TX). Los números le muestran que Texas tuvo 30 representantes en 1990, es decir ganó 3 bancas desde 1980. Eso significa que en 1980, Texas tenía 27 representantes. La respuesta correcta es la (2).

P La representación en el Congreso depende de la población. Si conoce esta información y utiliza la del mapa, ¿cuál de las siguientes opciones es una conclusión lógica?

(1) California y Florida tuvieron una explosión demográfica entre 1980 y 1990.

(2) Muchas personas se trasladaron de Louisiana a Texas entre 1980 y 1990.

(3) Los trabajos de fabricación están dejando el noreste.

(4) La población total de Estados Unidos aumentó entre 1980 y 1990.

(5) La región central y el oeste de Estados Unidos recibieron una migración del este en la década de 1980.

Con este mapa, no puede saber quién se trasladó a dónde, opciones (2) y (5); y tampoco se puede saber por qué se trasladaron, opción (3). La opción (4) puede ser correcta, pero el mapa tiende a contradecirla más que a respaldarla. La única conclusión lógica puede ser la opción (1). Debido a que California y Florida aumentaron sus representaciones más marcadamente que cualquier otro estado, es correcto asumir que sus poblaciones crecieron marcadamente durante este período de diez años.

Ilustraciones

Los dibujos que ve en la Prueba de GED muy probablemente aparezcan en las secciones de matemáticas, ciencias y estudios sociales. Estos son los tipos de ilustraciones que probablemente encuentre.

Figuras geométricas

Muchas preguntas de la sección de matemáticas del GED hacen referencia a ilustraciones de figuras geométricas.

Ejemplo:

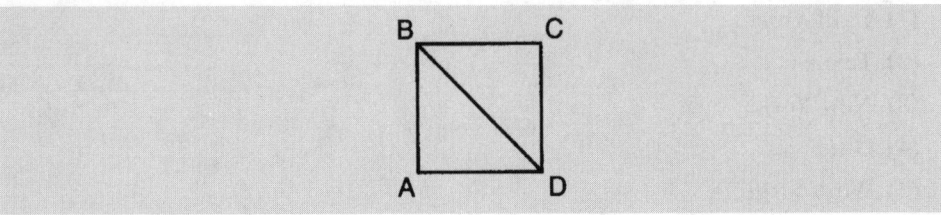

Es importante reconocer la figura, pero también es importante leerla correctamente. Asegúrese de que entiende los puntos a los cuales las letras se refieren; esto le ayudará a responder a las preguntas sobre la figura.

P ¿Qué segmento formaría un ángulo recto con $\overline{BD}$?

(1) $\overline{AB}$

(2) $\overline{BC}$

(3) $\overline{CD}$

(4) $\overline{DB}$

(5) $\overline{AC}$

Una lectura detenida de la ilustración le mostrará que $\overline{BD}$ es una diagonal del cuadrado. Formaría ángulos rectos con la otra diagonal, $\overline{AC}$. La respuesta correcta es la (5).

Diagramas

En la sección de ciencias del GED, se le puede pedir que lea e interprete diagramas.

Ejemplo:

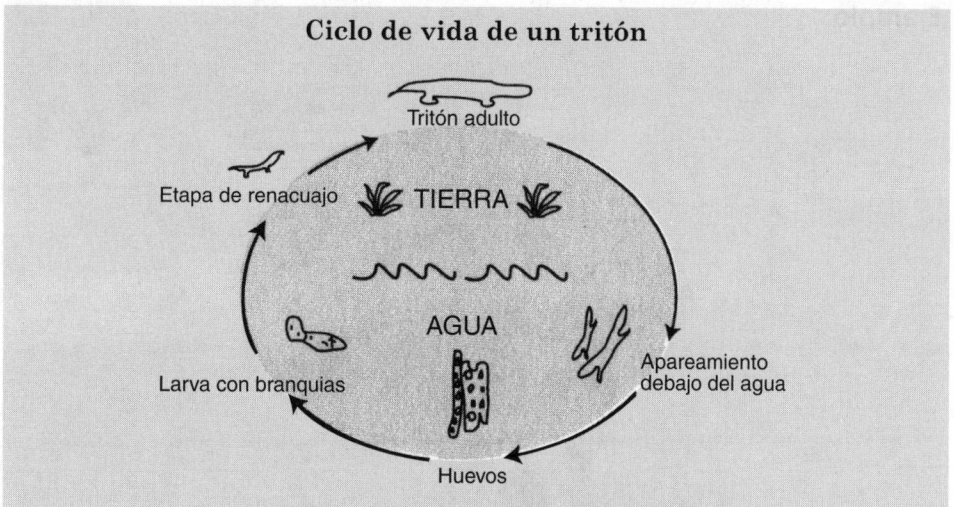

Ciclo de vida de un tritón

Los títulos, rótulos o pies de foto pueden ayudarlo a leer y responder a preguntas sobre un diagrama.

P   Según esta ilustración, ¿cuál de las siguientes opciones es una conclusión lógica?

(1) Los tritones son totalmente acuáticos.

(2) Los tritones tienen una etapa acuática al principio de su desarrollo.

(3) Los tritones adultos tienen branquias.

(4) El tritón hembra permanece con los huevos hasta que nacen.

(5) Todo lo anterior

La opción (1) es definitivamente incorrecta, según la mitad superior del diagrama. Por este motivo, también la opción (3) es poco probable. No hay evidencia de la opción (4). Debido a que el diagrama muestra claramente que los tritones comienzan sus vidas debajo del agua, la opción (2) está respaldada por la evidencia y es una conclusión lógica.

Caricaturas

En la sección de estudios sociales del GED, le pueden pedir que lea e interprete caricaturas de carácter político.

Ejemplo:

En cualquier caricatura, el título, el pie de foto, los globos de los diálogos o el dibujo en sí le informan lo que el artista quiere decir. Muchas preguntas sobre caricaturas de este tipo requieren el uso de las *destrezas de análisis o evaluación*.

P Según el artista, ¿qué sucedería si los impuestos sobre la renta desaparecieran?

(1) Los contribuyentes serán encarcelados.

(2) Los impuestos sobre la propiedad desaparecerán también.

(3) Reaparecerán como impuestos sobre la propiedad.

(4) Las personas estarán en mejor posición económica.

(5) Se construirán más viviendas.

La caricatura muestra la carga de los contribuyentes representada por una moneda rotulada, que va del impuesto sobre la renta (el pañuelo) al impuesto sobre la propiedad (el balde). La mejor interpretación del significado del artista es transmitida por la opción (3).

P ¿Qué palabra describe mejor la actitud del artista hacia el candidato gubernamental?

(1) cariño

(2) ira

(3) repulsión

(4) aprobación

(5) cinismo

El candidato fue retratado como un mago, una persona cuyo trabajo es engañar a un público crédulo. En el dibujo, no hay una sensación de furia, opción (2), o repugnancia, opción (3), pero hay definitivamente una inclinación cínica hacia la caricatura. Entonces, la respuesta correcta es la (5).

DOCUMENTOS RELACIONADOS CON EL ÁMBITO DEL TRABAJO Y LA COMUNIDAD

Los "documentos relacionados con el ámbito del trabajo y la comunidad" son aquellos textos que se leen con frecuencia para poder realizar con éxito las actividades de la vida diaria tanto en el trabajo como en el hogar e incluso, en la escuela. Pueden incluir documentos relacionados con el ámbito del trabajo, textos de instrucciones prácticas sobre cómo realizar algo, contratos de préstamo y arrendamiento, textos financieros, acuerdos legales, solicitudes de tarjetas de crédito y textos similares. Es muy importante que se sienta cómodo al leer este tipo de documentos ya que no sólo aparecen en las Pruebas de GED sino también en todos los aspectos de la vida.

Estos documentos requieren la capacidad de leer con CLARIDAD, DESTREZA y ATENCIÓN.

¿NECESITA AYUDA EN ESTA ÁREA?

Entonces continúe leyendo y busque algunos consejos generales de lectura, y practique leyendo los textos y respondiendo a las preguntas para evaluar su capacidad de comprensión de algunos textos típicos relacionados con el trabajo y la comunidad. Recuerde que ahora tendrá que leerlos en varias partes de las Pruebas de GED.

CONSEJOS DE LECTURA

1 Recuerde que puede estar leyendo material importante que le ofrece *información*, una *explicación* o un *consejo*. Es importante que preste mucha atención y lo lea con detenimiento. A medida que practique la lectura de material relacionado con el ámbito del trabajo y la comunidad, encontrará que es más fácil, así que no se desanime.

2 Primero, lea rápidamente el documento entero. Generalmente no es muy largo y le da una idea general de los contenidos y del fin.

3 Luego, lea cuidadosamente todo el documento. Léalo varias veces, si es necesario, hasta que esté totalmente seguro de entender todos los detalles.

4 Si tiene que leer una solicitud, recuerde que sólo la forma es diferente, eso es todo. Aborde la lectura como lo haría con cualquier otro tipo de comunicación escrita.

5 No confunda lo que dice el documento con sus propias ideas sobre el tema. Asegúrese de saber lo que el autor dice en el texto. No suponga nada a menos que esté claramente expresado o que se pueda deducir del documento.

PRÁCTICA CON DOCUMENTOS

Instrucciones: Lea cada uno de los siguientes textos con atención. Tómese todo el tiempo que necesite. Luego, encierre en un círculo el número de la respuesta que mejor responda a la pregunta o complete el enunciado. La clave de respuestas y explicaciones de las respuestas se encuentran al final del capítulo.

El primer texto a continuación es típico de muchos artículos informativos sobre los aspectos prácticos y financieros de la educación superior. Léalo cuidadosamente y luego responda a las preguntas que figuran después del texto.

¿Cómo puedo obtener información sobre la asistencia económica para asistir a la universidad?

La educación o la capacitación después de la escuela secundaria cuesta ahora mucho más que antes. Pero la educación superior es cada vez más importante que antes; por ello, necesita conocer todas las fuentes de asistencia disponibles. A continuación se describen las fuentes principales donde puede encontrar información sobre la asistencia federal y otros tipos de asistencia para estudiantes:

* El administrador de la asistencia económica de la universidad en la que está interesado puede informarle sobre los programas de asistencia disponibles allí y cuánto será el costo total de asistir a la universidad.

* Se encuentran disponibles dos sistemas de créditos fiscales para el impuesto federal sobre la renta, es decir, reducciones dólar por dólar de la deuda exigible en concepto de impuestos, que se pueden aplicar para los gastos de la educación superior. El crédito Hope Credit, una bonificación fiscal de hasta $1,500 por estudiante, se encuentra disponible para los estudiantes de primer y segundo año inscritos, al menos, como estudiantes de media jornada. El crédito Lifetime Learning Credit es una bonificación fiscal equivalente al 20 por ciento de los gastos de matrícula de una familia. Asciende hasta $5,000 y es para prácticamente cualquier tipo de educación y capacitación superior. Incluye también los años posteriores de educación universitaria, programas de maestrías y profesionales e incluso estudios de menos de media jornada.

Para obtener más información sobre el Hope Credit, el Lifetime Learning Credit y otros beneficios fiscales para la educación superior, consulte la publicación 970 del Internal Revenue Service. Puede obtener una copia si llama al 1-800-829-3676 ó descargue la publicación de Internet en www.irs.ustreas.gov/prod/forms_pubs/

* La agencia estatal de educación superior de su estado puede brindarle información sobre la asistencia estatal, como la ayuda del programa Leveraging Educational Assistance Partnership (LEAP), financiado conjuntamente por los estados individuales y el Departamento de Educación de Estados Unidos.

* El programa AmeriCorps ofrece becas educativas para jornada completa a cambio de trabajo comunitario. Puede trabajar antes, durante o después de terminar su educación superior y puede usar los fondos ya sea para pagar los gastos actuales de educación o para reembolsar los préstamos federales para estudiantes. Para obtener más información, llame gratis al 1-800-942-2677 o consulte en Internet en www.americorps.org.

* El sitio Web Access America for Students del gobierno federal proporciona acceso a una amplia gama de recursos gubernamentales para ayudar a los estudiantes a planificar y pagar su educación. Access America for Students es una iniciativa federal cuyo objeto es facilitar la interacción entre el gobierno y los estudiantes. Además de proporcionar información sobre asistencia económica, los estudiantes pueden utilizar el sitio Web para presentar su declaración de impuestos, buscar empleo y aprovechar una amplia gama de otros servicios del gobierno. La dirección en Internet es www.students.gov.

De *Financial Aid, The Student Guide (Asistencia económica, Guía para estudiantes)*, edición 2000–2001, Departamento de Educación de Estados Unidos
Uso autorizado.

1. Después de leer este artículo, ¿qué significa educación superior?

   (1) un programa de preparación para las Pruebas de GED

   (2) toda educación formal después de la secundaria

   (3) la educación financiada por el gobierno federal

   (4) todo tipo de programa de educación para adultos

   (5) el último año de la escuela secundaria

2. Rosa desea información específica sobre su préstamo universitario, información sobre cómo completar la declaración de impuestos y pistas posibles para encontrar un trabajo después de graduarse. ¿Cuál es el mejor lugar para empezar?

   (1) la Oficina de Préstamos y Desempleo de su estado

   (2) el contador de la familia

   (3) el administrador de su préstamo universitario

   (4) llamando al 1-800-942-2677

   (5) el sitio de Internet Access America for Students

3. Según el texto, ¿cuál de los siguientes enunciados se puede inferir razonablemente?

   (1) Se necesitará probablemente mucho esfuerzo para obtener fondos para la educación.

   (2) El gobierno federal pagará la mayoría de los gastos de matrícula si lo solicita.

   (3) Si lo calcula bien con el contador, podrá recibir un reintegro de la mayoría de los costos de educación en forma de créditos para el impuesto sobre la renta.

   (4) La universidad a la que asista sólo se preocupará de su educación y no de cómo se cubren sus gastos.

   (5) El costo de la educación universitaria se ha estabilizado finalmente.

4. Las siguientes son todas fuentes de información sobre la asistencia económica para la educación, EXCEPTO:

   (1) el programa AmeriCorps

   (2) la agencia de educación superior de cada estado

   (3) la publicación 970 del Internal Revenue Service (I.R.S.)

   (4) Access America for Students

   (5) el Departamento de Educación de Estados Unidos

5. ¿Cuál de los siguientes es el único programa que se describe en este texto que permite que un estudiante pague su educación con algo que no sea dinero?

   (1) el programa LEAP

   (2) Access America for Students

   (3) el crédito Hope

   (4) el programa AmeriCorps

   (5) no existe tal programa

Instrucciones: El siguiente es un texto práctico sobre ahorro e inversión para el futuro. (Importante: El lector NO lo debe tomar al pie de la letra. Su objetivo es sólo brindar práctica de lectura para este tipo de textos.) Léalo y luego responda a las preguntas que figuran después del texto.

Cómo invertir en su futuro

Es muy importante que ahorre dinero para la vejez. ¿Por qué? Primero, porque es posible que no tenga otras fuentes de ingresos que le permitan vivir cómodamente. La mayoría de las personas no poseen una pensión cuando se jubilan. El Seguro Social ofrece a las personas un ingreso mínimo del que no se puede depender para cubrir todo. Sus hijos pueden colaborar, pero quizás no puedan hacerlo. Cualquiera que sea el caso, lo mejor es ser lo más independiente posible, incluso cuando ya haya dejado de trabajar.

Entonces, ¿cuándo debe comenzar a ahorrar? Lo mejor es comenzar pronto, cuanto antes, mejor. Si comienza después de los veinte años en lugar de hacerlo más adelante, el dinero tendrá tiempo suficiente para crecer.

¿Cómo se logra esto? Comience apartando un determinado monto de dinero de cada pago del sueldo. Separe el dinero que no necesite, quizás $50.00 a la semana, y colóquelo en una cuenta de ahorros por separado. No lo considere como parte de su sueldo sino finja que gana $50.00 menos por semana. Se sorprenderá de la rapidez con la que este dinero comenzará a aumentar. Cuando haya acumulado unos miles de dólares, estará listo para realizar una inversión seria. Busque en los anuncios del periódico una empresa que venda fondos mutuos de inversión o, si tiene acceso a una computadora, puede investigar sin mucha dificultad hasta encontrar los nombres de las empresas de fondos mutuos. Los fondos mutuos son grupos de acciones que un asesor financiero elige y maneja. Son menos riesgosos que sólo comprar acciones individuales. Deposite el dinero en un fondo mutuo de inversión.

¿Cómo elegir el fondo? Si se acerca a una empresa seria, le asesorarán sobre un buen fondo para todo fin. Luego, con el tiempo, se familiarizará con los distintos tipos de fondos: de grandes y pequeñas empresas, internacionales, de acciones de crecimiento, de inversión en acciones subvaluadas en comparación con su potencial y así sucesivamente. Quizás desee agregar dinero al fondo original o diversificarlo en otros tipos de fondos como los mencionados anteriormente. Además, si tiene una computadora, puede seguir el movimiento de sus fondos diariamente y compararlos con otros.

Si logra hacer esto, entonces desarrollará buenos hábitos de administración del dinero y tendrá una vejez próspera.

6. ¿Cuál es la idea principal de este texto de lectura?

   (1) los peligros de la bolsa de valores

   (2) cómo elegir acciones

   (3) cómo se puede ahorrar para el futuro a través de fondos mutuos de inversión

   (4) por qué los fondos mutuos son mejores que las cuentas de ahorro bancarias

   (5) la pobreza y la vejez

7. En el primer párrafo, ¿qué quiere decir el autor con "cubrir todo"?

   (1) Se refiere a la tarea de ahorrar.

   (2) Se refiere a la tarea de trabajar y ahorrar.

   (3) Quiere decir que no recibirá ni siquiera el monto mínimo del Seguro Social.

   (4) Se refiere a mantenerse económicamente en la vejez.

   (5) Todo lo anterior

8. ¿Cuál de los siguientes enunciados se puede inferir del artículo?

   (1) Deposite dinero periódicamente en fondos mutuos de inversión y tendrá una vejez más cómoda.

   (2) No ahorre y es posible que sea pobre en el futuro.

   (3) Aprenderá más sobre las inversiones a medida que invierta.

   (4) Existen muchos tipos de fondos mutuos.

   (5) Cualquiera de estas opciones se puede inferir correctamente.

9. Un fondo mutuo de inversión es

   (1) un grupo de acciones segurísimas.

   (2) un grupo seleccionado de diferentes acciones.

   (3) una compañía bancaria.

   (4) un tipo de cuenta de ahorros.

   (5) más riesgoso que comprar una acción individual.

10. ¿Por qué aconseja el artículo comenzar a ahorrar a partir de los veinte años?

   (1) La inversión tendrá más tiempo para crecer.

   (2) Posteriormente, no tendrá dinero extra para ahorrar.

   (3) Los fondos mutuos pueden no estar disponibles en el futuro.

   (4) El Seguro Social dejará de existir.

   (5) La mayoría de las personas no poseen pensiones.

Instrucciones: El siguiente es un pasaje de un acuerdo de divorcio. Es similar a muchos documentos de este tipo. Requiere una lectura cuidadosa. Observe lo que se expresa y lo que no. Ya sea que figure o no en la Prueba de GED, encontrará documentos similares de esta naturaleza que tendrá que leer.

Acuerdo de sostén económico de los hijos

(A) El Padre pagará a la Madre la suma de $400.00 por mes en concepto de sostén económico de los hijos; deberá realizar dichos pagos a la Madre en el domicilio de ella el primer día del mes siguiente a la celebración de este acuerdo.

(B) Además, las partes acuerdan compartir los otros gastos extraordinarios, como el cuidado de los hijos (después de la escuela, campamento de verano), los gastos escolares y los gastos médicos que no se reintegren. Estos gastos compartidos continuarán hasta que el hijo o hija se emancipe.

(C) A los fines de este acuerdo, se considerará que el hijo o hija se emancipa a partir del primer momento en que ocurra cualquiera de las siguientes situaciones:

1. Al cumplir veintiún años o al finalizar cuatro años de la universidad, pero en ningún caso más allá de la fecha en que el Hijo o Hija cumpla veintidós años. Sin embargo, se considerará que el Hijo o Hija no está emancipado después de la edad de veintiún años sólo si asiste a la universidad de jornada completa, pero nunca después de los veintidós años de edad.
2. Matrimonio del Hijo o Hija.
3. Residencia permanente del Hijo o Hija por separado de la madre.
4. Fallecimiento del Padre o del Hijo o Hija.
5. Ingreso del Hijo o Hija a las Fuerzas Armadas. Si el Hijo o Hija es dado de baja de las Fuerzas Armadas antes de alcanzar la mayoría de edad, se considerará que el Hijo o Hija no se emancipó totalmente.
6. Al trabajar tiempo completo después de los dieciocho años de edad, excepto que el Hijo o Hija trabaje en un empleo parcial, de media jornada o esporádico, en cuyo caso no se le considerará emancipado. El empleo de jornada completa durante el período de vacaciones o verano tampoco se considerará emancipación.

(D) Los pagos realizados por el Padre a la Madre se ajustarán en forma periódica. Los pagos mensuales se incrementarán en un 5 por ciento cada tres años desde la firma del presente acuerdo, sobre una base mensual de $400.00, capitalizándose el monto. Por ejemplo, en el año 2003, el Padre le pagará $400.00 más 5 por ciento ó $420.00 los tres años siguientes y, en el año 2006, el Padre le pagará un 5 por ciento adicional ó $441 durante los tres años siguientes y así sucesivamente hasta que el Padre ya no esté obligado a mantener al Hijo o Hija.

31 de marzo de 2001

11. ¿Cuál es el propósito de este documento jurídico?

   (1) Establecer cuánto dinero necesita la madre para el hijo o hija.

   (2) Establecer cuándo puede el padre visitar al hijo o hija.

   (3) Detallar las responsabilidades de sostén económico del padre hacia el hijo o hija.

   (4) Resumir cuánto cuesta educar a un hijo o hija.

   (5) Garantizar que el hijo o hija asista a la universidad.

12. Según el acuerdo de sostén económico de los hijos, el padre debe mantener a su hijo o hija hasta la edad de veintiún años en lugar de dieciocho, a menos que el hijo o hija

   (1) ya esté trabajando jornada completa.

   (2) contraiga matrimonio.

   (3) ingrese en las Fuerzas Armadas.

   (4) Cualquiera de las anteriores

   (5) Ninguna de las anteriores

13. ¿Qué significado tiene la palabra "emancipado" según se infiere de la forma en que se usa en este documento?

   (1) Significa que el hijo o hija es económicamente independiente de sus padres.

   (2) Se refiere a la salida del hijo o hija de las Fuerzas Armadas.

   (3) Sugiere que el hijo o hija abandonó la universidad temporalmente.

   (4) Significa que la hija o hijo sólo necesita el sostén económico de su madre y no el de su padre.

   (5) Se refiere a que el hijo o hija ya no necesita escuchar a sus padres.

14. El padre pierde su empleo en el año 2005. ¿Cuánta asistencia mensual para el sostén de la hija o hijo estará obligado legalmente a pagar durante ese tiempo?

   (1) Ninguna, ya que no está trabajando.

   (2) $420.00

   (3) $400.00

   (4) $441.00

   (5) $463.00

15. El hijo o hija cumple 18 años y trabaja jornada completa como vendedor de zapatos. De camino al curso universitario el martes por la noche, se cae y se hace un esguince en el tobillo. ¿Quién es responsable legalmente de los gastos médicos?

   (1) Su padre es responsable ya que es menor de 21 años de edad y continúa asistiendo a clases.

   (2) Según la parte B, sus padres comparten los gastos médicos que no se reintegran.

   (3) Su madre es responsable ya que vive con ella.

   (4) Ambos padres comparten los gastos por igual con el hijo o hija.

   (5) Ninguno de los padres es ya responsable legalmente.

Instrucciones: El texto a continuación trata sobre lo que una persona necesita saber antes de solicitar una tarjeta de crédito. Lea el artículo atentamente y luego responda a las preguntas que figuran después del texto.

Cómo elegir una tarjeta de crédito

Antes de elegir una tarjeta de crédito, considere y compare todas las condiciones, entre ellas las siguientes:

Tasa de porcentaje anual (APR, por sus siglas en inglés)	Es el costo del crédito expresado como tasa anual.
Período libre o de gracia	Esto permite evitar cargos financieros si paga el saldo completo antes de la fecha de vencimiento. Si no hay período libre, deberá pagar un cargo financiero desde la fecha de la operación, incluso si paga el saldo completo cuando recibe la cuenta.
Comisiones y cargos	La mayoría de las empresas emisoras cobran una comisión anual. Algunas además pueden cobrar una comisión por anticipos de efectivo o si no cumple con un pago puntualmente o si excede el límite de crédito.
Seguro de la tarjeta de crédito	No es necesario debido a que duplica las protecciones que ya tiene por ley en caso de que la tarjeta de crédito se pierda o sea robada. Por supuesto, debe informar a la brevedad sobre la pérdida de la tarjeta.
	Si paga el total de las cuentas cada mes, el monto de la comisión anual u otras comisiones será más importante. Si deja un saldo, la tasa de porcentaje anual y el método utilizado para calcular el saldo son clave.
Obtenga todas las condiciones y comisiones por escrito,	incluso si se exige o no un depósito.
Solicítela directamente al emisor de la tarjeta.	No entregue dinero a una compañía que le ofrece una tarjeta de crédito a cambio de una comisión. Es posible que no obtenga la tarjeta o que no le devuelvan el dinero.

Cuidado con las "tarjetas de crédito" que sólo le permiten comprar los artículos de sus propios catálogos.

Evite las compañías que prometen un crédito instantáneo	o le garantizan una tarjeta de crédito "incluso si tiene un mal historial de crédito". Nadie puede garantizarle un crédito por adelantado.

Sea cuidadoso con las ofertas de tarjetas de crédito garantizadas. Estas tarjetas generalmente requieren que coloque dinero en una cuenta de banco por separado por un monto igual a la línea de crédito de la tarjeta para garantizar que pagará la deuda de la tarjeta. Algunas de estas ofertas publican que las tarjetas garantizadas pueden utilizarse para solucionar los malos antecedentes de crédito, pero no importa que tan bien maneje esta cuenta, se seguirá considerando el historial de pago de sus deudas anteriores cuando solicite un crédito, empleo o vivienda.

Pasaje extraído de *The Consumer Action Handbook (Manual de acción de los consumidores)*, edición 2001.

16. ¿Por qué es preferible conseguir una tarjeta de crédito con un período libre o de gracia?

   (1) Podrá evitar todas las comisiones.

   (2) Puede evitar cargos financieros al pagar el saldo puntualmente.

   (3) Puede cargar montos mayores.

   (4) No hay diferencia de cualquier modo.

   (5) Ninguna de las anteriores

17. El subdirector de sucursal de su banco le explica los beneficios de obtener la tarjeta MasterCard a través del banco. Sus explicaciones son claras y convincentes y usted desea una tarjeta de crédito. ¿Qué debe hacer?

   (1) No haga nada hasta que vea la oferta por escrito.

   (2) Acepte la oferta ya que es un empleado oficial del banco.

   (3) Considérela y luego acéptela.

   (4) Pregúntele a alguien que sepa y luego solicite la tarjeta.

   (5) Cualquiera de las anteriores

18. Según este artículo, se puede inferir lo siguiente:

   (1) Todas las tarjetas de crédito son muy parecidas.

   (2) Debe poder cargar todo lo que desea si obtiene un seguro para la tarjeta de crédito.

   (3) Evite todas las tarjetas de crédito ya que cuestan dinero por las comisiones incluso cuando no cargue nada a la tarjeta.

   (4) Conviene buscar antes de obtener una tarjeta de crédito.

   (5) Debe insistir en que le otorguen una tarjeta que le garantice crédito ilimitado.

19. ¿Qué ocurre si pierde la tarjeta de crédito?

   (1) Será responsable de todos los gastos incurridos, pase lo que pase.

   (2) No será responsable, pero sólo si está asegurado.

   (3) Estará legalmente protegido si informa sobre la pérdida.

   (4) No podrá obtener una tarjeta nueva por seis meses.

   (5) Puede ignorar todos los cargos si no fueron suyos.

20. ¿Qué clase de tarjeta de crédito requiere un depósito bancario previo?

   (1) MasterCard

   (2) APR

   (3) la mayoría de las tarjetas

   (4) las tarjetas de crédito aseguradas

   (5) las tarjetas de crédito garantizadas

Instrucciones: El texto a continuación presenta un panorama general sobre cómo escribir un currículum. Léalo y luego realice una autoevaluación según las preguntas que figuran después.

¿Cómo se escribe un currículum?

¿Cuál es el objetivo general del currículum? Dar un resumen breve de detalles sobre usted que podrían ser importantes para un posible empleador. Si bien el currículum de cada persona será diferente, existen cuatro secciones básicas que deben estar incluidas en todos.

Primero, se espera una sección llamada "Antecedentes académicos". Comience con la última escuela o universidad a la que asistió e indique las fechas para cada tipo de estudios, el nombre de la escuela o universidad, el tipo de programa y el título obtenido, si corresponde. Si aprendió un oficio, asistió a un programa de capacitación o incluso adquirió una habilidad por sí solo, esto debería estar incluido y explicado brevemente aquí.

Luego, bajo el título "Experiencia laboral", haga una lista de los empleos que ha tenido; nuevamente comience primero por el último empleo o el actual y después indique los anteriores. Debe ser una lista completa, donde se indiquen los nombres de las compañías, las fechas de empleo y el cargo. Puede redactar una o dos oraciones breves explicando lo que hizo, para quién trabajó en la empresa y cuáles eran sus responsabilidades. En esta sección también puede incluir experiencia como voluntario o trabajos no remunerados que haya realizado. Esto es especialmente importante si su experiencia con empleos renumerados es muy limitada. Si fue estudiante la mayor parte de su vida, no olvide incluir los trabajos de verano, experiencia temporal y trabajos temporales en vacaciones.

En la tercera sección, presente una lista de tres a cinco referencias que incluyan domicilio y números de teléfono. Debería mencionar empleadores anteriores así como también maestros, maestras o personas serias de su comunidad que lo conocen y lo aprecian.

La cuarta sección puede llamarse en términos generales "Destrezas". Aquí tiene la oportunidad de explicarle al posible empleador sus destrezas y cualidades especiales. Por ejemplo, usted puede saber mucho sobre cómo ejecutar ciertas tareas en la computadora o puede ser muy bueno para cuidar niños o quizás, en forma más general, sea excelente para las tareas que requieren cuidado y paciencia o las que requieren fuerza y energía. ¿Se siente cómodo al tratar con mucha gente, es bueno para atender el teléfono, capaz de redactar fácilmente, rápido para aprender nuevas destrezas? Estas son destrezas y características sobre usted que un empleador probablemente desee conocer.

Por supuesto, todo esto debe estar precedido de un título que incluya su nombre y apellido, domicilio y número de teléfono. Mantenga su currículum actualizado, organizado con cuidado y prolijidad y controle la ortografía. No sea modesto al describirse. ¡Buena suerte!

21. ¿Cuál de los siguientes enunciados se puede inferir con más claridad a partir de este artículo?

(1) Todos necesitan un currículum.

(2) No debe mencionarse toda la experiencia laboral en el currículum.

(3) Un currículum debe revelar todo lo que se debe saber sobre usted.

(4) Un currículum no es necesario a menos que busque un empleo importante.

(5) Su currículum debe reflejar los logros y destrezas relevantes.

22. Josué pasó los dos últimos veranos utilizando sus habilidades fotográficas para filmar casamientos. ¿En qué parte del currículum puede mencionarse esto?

(1) en "Experiencia laboral"

(2) en la cuarta sección, en "Destrezas"

(3) en la sección "Referencias"

(4) opciones (1), (2) y (3)

(5) sólo en la sección de "Antecedentes académicos"

23. María no ha terminado aún la secundaria y tiene muy poca experiencia laboral. Sin embargo, ella colaboró en el negocio familiar la mayor parte de su vida y tiene muchas destrezas. Según este artículo, ¿cómo debería ella redactar su currículum?

(1) María debe enumerar sus destrezas, considerar el negocio familiar como experiencia e incluir a los propietarios como referencias.

(2) Debería posponer la redacción del currículum hasta que obtenga experiencia laboral real.

(3) Ya que ella no ha terminado la secundaria, María no necesita completar la sección de educación, pero puede mencionar su trabajo en el negocio en la sección "Experiencia laboral".

(4) Los miembros de la familia no pueden ser referencias buenas, de manera que ella no puede mencionarlos realmente. Sin embargo, tiene una buena experiencia laboral que puede indicar.

(5) María debe terminar la secundaria primero y luego trabajar en su currículum.

24. Rita escribió la siguiente lista para la sección "Experiencia laboral" de su currículum. Según este artículo, ¿cuál debe recalcar?

(1) cuidar los hijos del vecino durante los últimos tres años

(2) colaborar con el trabajo del jardín de sus padres

(3) ocho meses de trabajo voluntario en un equipo de ambulancia de emergencias

(4) lavar autos durante el verano

(5) colaborar en el bazar de caridad en su iglesia

25. Todo lo siguiente podría ser indicado apropiadamente en la sección de "Destrezas" de su currículum, EXCEPTO:

(1) el nombre del jefe

(2) la habilidad de mecanografiar 70 p.p.m.

(3) conocimiento de español

(4) la habilidad para trabajar muchas horas seguidas, si fuera necesario

(5) capacidad para mantenerse calma bajo presión

CLAVE DE RESPUESTAS Y EXPLICACIONES

1. (2)	6. (3)	11. (3)	16. (2)	21. (5)
2. (5)	7. (4)	12. (4)	17. (1)	22. (4)
3. (1)	8. (5)	13. (1)	18. (4)	23. (1)
4. (5)	9. (2)	14. (2)	19. (3)	24. (3)
5. (4)	10. (1)	15. (5)	20. (5)	25. (1)

1. **La respuesta correcta es la (2).** El término "secundaria" generalmente se refiere a la escuela secundaria mientras que "educación superior" se refiere a la educación más allá de la secundaria. La primera oración sugiere que este artículo trata sobre la educación después de la escuela secundaria.

2. **La respuesta correcta es la (5).** Access America for Students se describe como una fuente de información sobre asistencia económica (lo que incluye préstamos), búsqueda de empleo e incluso la presentación de la declaración de impuestos. Este sería el mejor lugar para que Rosa obtuviera la información que necesita.

3. **La respuesta correcta es la (1).** La lectura de este texto sugiere que no es fácil obtener información sobre la financiación de la educación. Dado que aparentemente hay muchos lugares dónde buscar, pareciera que se necesita trabajo y esfuerzo para pagar la educación.

4. **La respuesta correcta es la (5).** El Departamento de Educación de Estados Unidos no se menciona como una fuente de información de asistencia económica. Sólo se indica que el Departamento financia en parte uno de los programas.

5. **La respuesta correcta es la (4).** El penúltimo párrafo establece que es posible realizar trabajos comunitarios a través del programa AmeriCorps y así pagar los gastos de la educación superior.

6. **La respuesta correcta es la (3).** El artículo dice que debe planificar para el futuro mediante inversiones regulares. Habla de los fondos mutuos, pero no explica los peligros ni las otras posibilidades para invertir dinero.

7. **La respuesta correcta es la (4).** Habla sobre las fuentes de ingresos en la vejez y si serán adecuadas para mantenerlo en ese momento.

8. **La respuesta correcta es la (5).** Todos estos puntos se infieren directa o indirectamente del artículo.

9. **La respuesta correcta es la (2).** El artículo establece que los fondos mutuos son un grupo de acciones elegidas y administradas por un asesor.

10. **La respuesta correcta es la (1).** Presumiblemente, no necesitará el dinero hasta que se jubile. Esto significa que su inversión tendrá entonces muchos años para crecer.

11. **La respuesta correcta es la (3).** El título de este artículo nos informa que se relaciona con el sostén económico de los hijos. El primer renglón nos indica que es la responsabilidad del padre la que se detalla allí.

12. **La respuesta correcta es la (4).** En la sección C, los números 2, 5 y 6 nos ofrecen los criterios para definir a un hijo o hija que ya es independiente y no necesita del sostén económico de los padres. Por lo tanto, según este acuerdo legal, sólo un hijo o hija que todavía está en la universidad de jornada completa recibirá sostén económico del padre después de los 18 años de edad.

13. **La respuesta correcta es la (1).** Se puede inferir que se refiere a un hijo o hija que puede cuidarse a sí mismo o que se mudó y no vive en la casa y que, por lo tanto, es independiente del sostén económico de sus padres.

14. **La respuesta correcta es la (2).** No se establece nada en el acuerdo sobre la pérdida de empleo del padre. Por lo tanto, él es todavía responsable legalmente de mantener a su hijo incluso si no trabaja.

15. **La respuesta correcta es la (5).** Ya que tiene 18 años de edad y trabaja jornada completa se le considera "emancipado" según la Sección C, parte 6 del Acuerdo. Por lo tanto, es responsable de sus propios gastos médicos.

16. **La respuesta correcta es la (2).** Una tarjeta que no tiene un período de gracia impondrá cargos financieros desde el día en que la usa para una operación, según lo informado en este artículo. Las tarjetas que le ofrecen un período de gracia no le impondrán cargos financieros si paga el saldo total puntualmente. Por supuesto, existen otros cargos que deberá pagar.

17. **La respuesta correcta es la (1).** El artículo establece que debe ver el contrato escrito. Incluso el subdirector de sucursal puede no conocer toda la información sobre las tarjetas ofrecidas y le puede dar información errónea.

18. **La respuesta correcta es la (4).** El sentido de todo el artículo es que existen muchas diferencias entre las tarjetas existentes. Implica que debería buscar el mejor trato.

19. **La respuesta correcta es la (3).** El fragmento establece que usted está protegido legalmente y que los seguros para tarjetas de crédito no son necesarios. Además, establece que debe informar sobre la pérdida a la compañía que emitió la tarjeta.

20. **La respuesta correcta es la (5).** Según el último párrafo, las tarjetas de crédito garantizadas son las que requieren un depósito bancario previo para garantizar los gastos de su tarjeta.

21. **La respuesta correcta es la (5).** El artículo establece que el currículum debe resumir los antecedentes educativos, laborales y las habilidades y destrezas que ha desarrollado. No establece quién necesita un currículum o que éste debería necesariamente revelar todo acerca de usted.

22. **La respuesta correcta es la (4).** Este empleo de verano le permitirá a Josué indicar sus talentos y habilidades bajo el título "Destrezas" y también en "Experiencia laboral". Los nombres de sus empleadores también pueden agregarse a su lista de referencias. Por lo tanto, la opción (4) es correcta.

23. **La respuesta correcta es la (1).** Las destrezas de María y el trabajo en relación con el negocio de su familia es una experiencia de trabajo legítima e importante que puede ser detallada orgullosamente en su currículum. Debería aprovecharla al máximo. Bajo estas circunstancias, debería además indicar a los propietarios como referencia, incluso si ellos son sus padres.

24. **La respuesta correcta es la (3).** A pesar de que algunas opciones aquí reflejan el trabajo renumerado como opuesto al voluntario, el empleo de la ambulancia es, sin embargo, la experiencia más admirable e inusual de Rita y la que exige más habilidad y conocimientos. Debería recalcarse en su currículum.

25. **La respuesta correcta es la (1).** El nombre del jefe debe estar en el currículum, pero no en la sección de "Destrezas". Todas las otras opciones son válidas.

FRAGMENTOS PARA LECTURA DE PRÁCTICA

Instrucciones: En esta sección, tendrá la oportunidad de trabajar en un gran número de textos de lectura de práctica muy similares a los que encontrará en la prueba real de GED. Entre ellos encontrará fragmentos de poemas, extractos de obras teatrales, textos de ficción y textos biográficos, ensayísticos, etc.

Al ejercitarse con ellos, mejorará su capacidad de lectura de este tipo de textos. Dedíquele tiempo a cada fragmento. Primero léalo rápidamente para formarse una idea general y luego léalo nuevamente con detenimiento. Si no le queda claro, léalo una tercera vez.

Luego, para cada pregunta, encierre en un círculo el número de la respuesta que mejor responda a la pregunta o complete el enunciado. Al final del capítulo encontrará la "Clave de respuestas y explicaciones".

Las preguntas 1 a 5 se refieren al siguiente pasaje extraído de una autobiografía.

¿Cómo se educó Frederick Douglass?

A partir de ese momento me observaban más de cerca. Si me encontraba en otra habitación durante un tiempo considerable, estaba seguro de que pensarían que tenía un libro y me llamarían inmediatamente para explicar mis actos. Todo esto, sin embargo, empezó cuando ya era demasiado tarde. Se había dado el
(5) primer paso. Mi ama, al enseñarme el alfabeto, me había soltado la rienda y ningún recaudo que tomaran podía impedir que continuara.

El plan que adopté, y el que me resultó más efectivo, fue hacerme amigo de todos los niños blancos que encontraba en la calle y a todos los que podía, los convertía en mis maestros. Con su ayuda amable, que obtenía en lugares y en
(10) momentos diferentes, finalmente logré aprender a leer. Cuando me mandaban a hacer recados, siempre llevaba mi libro y, al hacer una parte del mandado rápidamente, tenía tiempo para tomar una lección antes de regresar. También solía llevar pan, que siempre era suficiente en la casa y que nunca me negaban; en este aspecto, yo estaba en una mejor posición que los niños blancos pobres de
(15) nuestro barrio. Obsequiaba ese pan a los chiquillos hambrientos, quienes como pago, me daban el alimento más preciado para mí: el conocimiento.

Siento una tentación muy fuerte de mencionar los nombres de dos o tres de aquellos niños, como homenaje a la gratitud y al afecto que siento por ellos, pero la prudencia me lo impide. No es que eso vaya a perjudicarme, pero podría ponerlos
(20) en una situación embarazosa ya que es una ofensa imperdonable enseñar a leer a los esclavos en este país cristiano. Es suficiente con sólo mencionar que estos queridos pequeños vivían en la calle Philpot, muy cerca del astillero de Durgin y Bailey. Solía hablar con ellos sobre este tema de la esclavitud. A veces les decía que deseaba ser libre como ellos lo serían cuando fueran hombres. "¡Ustedes serán
(25) libres en cuanto cumplan veintiún años, pero yo seré un esclavo de por vida! ¿Acaso no tengo el mismo derecho de ser libre que ustedes?" Parecía que estas palabras los inquietaban y me expresaban su solidaridad y su consuelo más entusiasta con la esperanza de que algo ocurriera que me hiciera ser libre.

—extraído de Narración de la vida de Frederick Douglass

1. Según la información de este fragmento, ¿cuándo se escribió la *Narración* de Frederick Douglass?

   (1) durante la Edad Media

   (2) durante el Renacimiento

   (3) antes de la Guerra de Secesión

   (4) entre 1880 y 1900

   (5) después de 1900

2. Según la información del pasaje, ¿cómo aprendió a leer Douglass?

   (1) por sí mismo

   (2) de su ama

   (3) con la ayuda de niños blancos

   (4) mediante el uso inteligente de su tiempo

   (5) en la escuela

3. ¿Cuál de los siguientes títulos sería el más apropiado para este fragmento?

   (1) "Ansias de libertad"

   (2) "El deseo ardiente del éxito"

   (3) "A medida que el mundo cambia"

   (4) "Cómo aprendí a leer"

   (5) "Un amante rechazado"

4. ¿Por qué Douglass no revela los nombre de sus pequeños amigos blancos?

   (1) Ellos le pidieron que no revelara sus nombres.

   (2) Ellos podrían sentir vergüenza.

   (3) Él nunca supo sus nombres.

   (4) Él olvidó sus nombres.

   (5) Él temía que pudiera perjudicarse a sí mismo.

5. Douglass afirma que "…al enseñarme el alfabeto, me había soltado la rienda y ningún recaudo que tomaran podía impedir que continuara". ¿Cuál de las siguientes afirmaciones describe la manera en que puede interpretarse esta oración?

   (1) El uso del conocimiento es una conspiración delictiva.

   (2) Una vez que comienza, el conocimiento se genera solo.

   (3) No se podía evitar que un esclavo leyera.

   (4) El alfabeto es una herramienta eficaz.

   (5) La necesidad de conocimiento que sentía Douglass fue una gran motivación.

Las preguntas 6 a 10 se refieren al siguiente texto.

30 de mayo de 2006

Laura Vinocuna V.
Colegio Menor San Francisco de Quito
Vía Láctea s/n, Camino a Pillagua
Cumbayá
Quito, Ecuador

TV5 Monde
19, rue Cognacq-jay
75007 Paris, France

Señores:

(1) Soy profesora de francés del Colegio Menor San Francisco de Quito (CMSFQ) localizado en Cumbayá, a unos 20 kilómetros de Quito, capital de mi país. (2) Tengo a mi cargo dos grupos de alumnos que actualmente están cursando los niveles I y II, que corresponden a 80 y 160 horas de clases respectivamente.

(3) Debido a esta enorme responsabilidad y con el propósito de estar al día de lo que sucede en el mundo, dedico algunas horas semanales a seguir los programas que ustedes presentan.

(4) Creo firmemente que mis alumnos podrían aprovechar de sus emisiones diarias para incrementar el desarrollo de la lengua francesa. (5) Las imágenes, los sonidos y las palabras serían elementos pedagógicos positivos en la formación integral de mis estudiantes.

(6) "Le journal" que se presenta cada hora, es una opción de contacto con el idioma auténtico y real. (7) Aunque esta autenticidad provoque temor en mis alumnos debido a la rapidez con la que presentan las informaciones los periodistas y reporteros, esta emisión me serviría para realizar ejercicios de comprensión de ciertas palabras relacionadas con los diferentes temas de las noticias: conflictos bélicos, desastres naturales, la política, el deporte y otros.

(8) La emisión "7 jours sur la planéte" es la mejor opción en lo relacionado con las noticias de la semana porque la información aparece al pie de la pantalla al mismo tiempo que se la transmite oralmente, ayudando de esta manera, a seguir la presentación y la comprensión de la misma.

(9) Otro de los magníficos programas es "la météo" porque las imágenes son soportes de la comprensión. (10) Este material podría aplicarlo a nuestra realidad, aunque nuestro clima no está exactamente marcado como en otros lugares del planeta.

(11) La música, aquella que se presenta con la letra de las canciones al pie de la pantalla (no recuerdo el nombre de la emisión) es una vía pedagógica que podría motivar grandemente a mis alumnos. (12) Estoy seriamente interesada en utilizar estas canciones en mis clases diarias.

(13)¿Cómo podría obtener estas cuatro emisiones para trabajar con mis alumnos? ¿Sería necesario el pago de una suscripción?

(14) Ruego a ustedes responder a mis inquietudes. (15) De acuerdo con su respuesta organizaré los programas del próximo año lectivo.

En espera de su amable respuesta, reciban ustedes mis más sinceros agradecimientos.

Laura Vinocuna V.
Profesora

6. Oración 1: **Soy profesora de francés del Colegio Menor San Francisco de Quito (CMSFQ) localizado en Cumbayá, a unos 20 kilómetros de Quito, capital de mi país.**

   La persona que escribe dice:

   (1) que vive en Quito.

   (2) que vive en Cumbayá.

   (3) que el CMSFQ está localizado en Quito.

   (4) que Cumbayá es la capital del país.

   (5) que es profesora del CMSFQ localizado en Cumbayá.

7. Oración 2: **Tengo a mi cargo dos grupos de alumnos que actualmente están cursando los niveles I y II que corresponden a 80 y 160 horas de clases respectivamente.**

   Esta palabra subrayada significa que:

   (1) el nivel I corresponde a 80 horas y el nivel II a 160 horas.

   (2) los dos niveles suman 180 horas.

   (3) los dos grupos están en la misma clase.

   (4) cada nivel se desarrolla en 160 horas.

   (5) todos los niveles tienen 85 horas.

8. Oraciones 6 y 7: **"Le journal" que se presenta cada hora, es una opción de contacto con el idioma auténtico y real. (7) Aunque esta autenticidad provoque temor en mis alumnos debido a la rapidez con la que presentan las informaciones los periodistas y reporteros, esta emisión me serviría para realizar ejercicios de comprensión de ciertas palabras relacionadas con los diferentes temas de las noticias: conflictos bélicos, desastres naturales, la política, el deporte y otros.**

   De la lectura de esta oración se deduce que:

   (1) la profesora no está interesada en "Le journal".

   (2) "Le journal" es un buen material debido a la lentitud con la que se presentan las informaciones.

   (3) "Le journal" aunque es rápido y auténtico podría servir como ejercicio de comprensión de vocabulario.

   (4) no le interesan los conflictos bélicos.

   (5) las informaciones políticas son las más interesantes de esta emisión.

9. Oración 8: **La emisión "7 jours sur la planéte" es la mejor opción en lo relacionado con las noticias de la semana porque la información aparece al pie de la pantalla al mismo tiempo que se la transmite oralmente, ayudando de esta manera, a seguir la presentación y la comprensión de la misma.**

   La persona que escribe piensa que esta emisión es importante porque:

   (1) presentan imágenes interesantes.

   (2) al mismo tiempo que se escucha se pueden leer las informaciones.

   (3) todas las informaciones se refieren a la vida estudiantil.

   (4) gracias a las informaciones se conoce la geografía del planeta.

   (5) es gratuita.

10. Oración 11: **La música, aquella que se presenta con la letra de las canciones al pie de la pantalla (no recuerdo el nombre de la emisión) es una vía pedagógica que podría motivar grandemente a mis alumnos.**

    La persona que escribe dice que:

    (1) le gusta cantar.

    (2) le gustan las letras de las canciones.

    (3) el programa musical no le interesa.

    (4) la música es un buen instrumento pedagógico para sus estudiantes.

    (5) no le interesa el título de la emisión musical.

Las preguntas 11 a 16 se refieren al siguiente pasaje.

¿Por qué la pelea?

—Johnson, —dijo Wolf Larsen con actitud de olvidar todo lo sucedido y concentrarse en el tema que tenía que resolver—, entiendo que no está tan satisfecho con esos impermeables, ¿verdad?

—No, no lo estoy. No son de buena calidad, señor.

(5)   —Y habló de más sobre ellos.

—Dije lo que pensaba, señor —respondió el marinero con coraje, sin evitar al mismo tiempo la cortesía de hombre de mar que exige el "señor" para acompañar a cada frase.

Fue en este momento en el que pude echar un vistazo a Johansen. Sus (10) grandes puños se abrían y se cerraban y su cara parecía endemoniada. Miraba a Johnson con maldad. Noté una decoloración negra, aún levemente visible, debajo del ojo de Johansen. Era la marca de la paliza que había recibido del marinero unas noches atrás. Por primera vez comencé a vaticinar que algo terrible iba a suceder. ¿Qué cosa? No podía imaginarlo.

(15)   —¿Sabes qué les pasa a los hombres que dicen lo que tú has dicho sobre mi mercadería y sobre mí? —Wolf Larsen exigía una respuesta.

—Lo sé, señor —contestó.

—¿Qué? —demandó Wolf Larsen con dureza e imperativamente.

—¿Qué van a hacer conmigo usted y el primer oficial, señor?

(20)   —Míralo, Hump —me dijo Wolf Larsen—. Mira a este montón de polvo animado, este conjunto de materia que se mueve, respira y me desafía, y que cree firmemente que está compuesto de algo bueno, que se impresiona con algunas ilusiones humanas como la rectitud y la honestidad y que hará hasta lo imposible por defenderlas sin importarle cualquier molestia o amenaza personal. ¿Qué te (25) parece, Hump? ¿Qué te parece?

—Yo creo que él es mejor persona que tú —respondí, impulsado de alguna manera por un deseo de recurrir a una porción de la ira que sentía se iba a desatar sobre su cabeza—. Sus ilusiones humanas, como las llamas, contribuyen a la nobleza y a la hombría. Tú no tienes ilusiones, no tienes sueños ni ideales. (30) Eres un pobre hombre.

Hizo un gesto de aprobación con la cabeza cargado de un agrado salvaje.

—Bastante cierto, Hump, bastante acertado. No tengo ilusiones que contribuyan a la nobleza ni a la hombría. "Un perro vivo es mejor que un león muerto", decía yo con el predicador. Mi única doctrina es la de la conveniencia y eso hace a la (35) supervivencia. Este pedazo de fermento, solamente de polvo y cenizas, no tendrá más nobleza que el polvo y las cenizas, mientras que yo aún estaré vivo y rugiendo.

—¿Sabes qué haré? —preguntó. Negué con la cabeza.

—Bien, voy a ejercer mi derecho de rugir y te mostraré cómo le va a la (40) nobleza. Observa.

No puedo relatar los detalles de la horrible escena que siguió. Fue repugnante. Me descompone aún ahora cuando lo pienso. Johnson peleó con valentía pero no estuvo a la altura de Wolf Larsen y mucho menos, a la de Wolf Larsen y el oficial.

—*Jack London*, El lobo de mar

11. ¿En qué lugar probablemente sucede esta escena?

    (1) en un tribunal de justicia

    (2) en la calle

    (3) en un cuadrilátero de boxeo

    (4) en un barco

    (5) en un tren de carga

12. ¿Qué aparenta ser Wolf Larsen?

    (1) un marinero con el mismo rango que Johnson

    (2) una autoridad

    (3) el primer oficial del barco

    (4) un oficial de policía

    (5) un amotinado

13. A juzgar por el texto, ¿qué podemos inferir sobre Hump?

    (1) Es una persona que no tiene sentimientos fuertes.

    (2) Es un hombre fornido que puede vencer a Larsen.

    (3) Puede discutir con Larsen.

    (4) Es un absoluto cobarde.

    (5) Es el campeón de todos los "desamparados".

14. ¿Qué quiere decir Hump cuando afirma: "Eres un pobre hombre"?

    (1) Larsen no tiene dinero.

    (2) Larsen es demasiado idealista y no presta atención a las realidades de la vida.

    (3) Larsen es pobre porque carece de los pensamientos que hacen que valga la pena vivir la vida.

    (4) Los impermeables de la mercadería de Larsen no valen nada.

    (5) Larsen leyó alguna vez el libro *El príncipe y el mendigo*.

15. ¿Cuál es la doctrina de la conveniencia según Larsen?

    (1) no preocuparse por lo que está bien o lo que está mal y sobrevivir de alguna manera

    (2) estafar a quien sea cuando sea posible

    (3) nunca admitir que se equivocó en alguna situación

    (4) respetar los ideales de nobleza solamente cuando sea conveniente hacerlo

    (5) vender mercadería de mala calidad

16. ¿Cuál es la mejor manera de describir a Larsen?

    (1) bruto y estúpido

    (2) cínico y cruel

    (3) intelectual e indulgente

    (4) amable pero severo

    (5) arrogante pero con un corazón de oro

Las preguntas 17 a 21 se basan en el siguiente texto.

Sonatina

por Rubén Darío

La princesa está triste... ¿qué tendrá
la princesa?
Los suspiros se escapan de su boca de
fresa,
(5) Que ha perdido la risa, que ha perdido
el color.
La princesa está pálida en su silla de
oro,
Está mudo el teclado de su clave
(10) sonoro;
Y en un vaso olvidada se desmaya una
flor.

El jardín puebla el triunfo de los
pavos-reales.
(15) Parlanchina, la dueña dice cosas
banales,
Y, vestido de rojo piruetea el bufón.
La princesa no ríe, la princesa no
siente;
(20) La princesa persigue por el cielo de
Oriente
La libélula vaga de una vaga ilusión.

¿Piensa acaso en el príncipe de
Golconda o de China,
(25) O en el que ha detenido su carroza
argentina
Para ver de sus ojos la dulzura de luz?
O en el rey de las Islas de las Rosas
fragantes,
(30) O en el que es soberano de los claros
diamantes,
O en el dueño orgulloso de las perlas
de Ormuz?

¡Ay! la pobre princesa de la boca de
(35) rosa,
Quiere ser golondrina, quiere ser
mariposa,
Tener alas ligeras, bajo el cielo volar,
Ir al sol por la escala luminosa de un
(40) rayo,
Saludar a los lirios con los versos de
Mayo,
O perderse en el viento sobre el trueno
del mar.

(45) Ya no quiere el palacio, ni la rueca de
plata,
Ni el halcón encantado, ni el bufón
escarlata,
Ni los cisnes unánimes en el lago de
(50) azur.
Y están tristes las flores por la flor de
la corte;
Los jazmines de Oriente, los nelumbos
del Norte,
(55) De Occidente las dalias y las rosas del
Sur.

¡Pobrecita princesa de los ojos azules!
Está presa en sus oros, está presa en
sus tules,
(60) En la jaula de mármol del palacio real;
El palacio soberbio que vigilan los
guardas,
Que custodian cien negros con sus cien
alabardas,
(65) Un lebrel que no duerme y un dragón
colosal.
...

17. En el verso 3-4, ¿Qué significa "su boca
de fresa"?

   (1) que su boca es grande
   (2) que sus labios son rojos
   (3) que sus labios son gruesos
   (4) que los suspiros son rojos
   (5) que los suspiros son tristes

18. En el verso 11, ¿Quién o qué está
olvidada?

   (1) el vaso
   (2) la princesa
   (3) la flor
   (4) ella
   (5) una idea

19. Los versos 23 al 33, tercera estrofa completa, expresa que:

(1) la princesa está concentrada en sus amarguras.

(2) la princesa desea viajar.

(3) la princesa hace planes de estudios.

(4) la princesa piensa en un príncipe azul.

(5) la princesa no quiere casarse.

20. La princesa: "Quiere ser golondrina, quiere ser mariposa" (verso 36-37). ¿Para qué?

(1) ir a las estrellas

(2) ir al cielo infinito y conocer las estrellas

(3) ir al sol, topar las flores, confundirse con el viento

(4) montar en las olas y pasear por el mar

(5) ser libre y no regresar jamás

21. El verso 51: "Y están tristes <u>las flores</u> por <u>la flor</u> de la corte." ¿Qué quiere representar esta repetición de la misma palabra?

(1) que está triste el palacio por la flor de la corte

(2) que están tristes las flores por una de las flores marchitas

(3) que están tristes los jardines por una de sus rosas

(4) que está triste el jardín por su jardinero

(5) que están tristes las flores por la princesa

Las preguntas 22 a 26 se basan en el siguiente texto.

¿Cuáles eran los sentimientos de los soldados después de la batalla?

Luego de abrirse paso a punta de bayoneta en medio de la multitud que estaba en el río, la Primera Brigada ya se estaba formando en la cima de la colina. De vez en cuando, escuchábamos el golpeteo de las balas, rezagos de la plomiza tormenta, que caían sobre los techos de los barcos. Desembarcaron nuestros
(5) caballos rápidamente y con la Primera Brigada dispuesta en columnas cerradas en masa, después de impartir órdenes al resto de la División para que nos siguieran tan pronto como desembarcaran, nos dirigimos hacia el punto indicado por los disparos. Inmediatamente vimos evidencia de enfrentamientos terribles y cercanos. Caballos de artillería muertos, cañones desmantelados, guarniciones
(10) desgarradas y ensangrentadas aparecían por todos lados. El primer soldado muerto que vimos había caído en el camino; nuestra artillería lo había aplastado, había destrozado sus extremidades y lo había enterrado en el lodo. Yacía como una masa repugnante y sangrienta; los restos de su uniforme azul eran la única evidencia distinguible de que un héroe había muerto en ese lugar. Al ver esto,
(15) observé a un valiente compañero engullir su corazón, que se le hinchaba muy cerca de la garganta. Cerca de él yacía un delgado joven rebelde; su cara estaba en el barro y su cabello marrón flotaba en un charco de sangre. Muy pronto pasaron en una sucesión rápida y escalofriante un mayor muerto, luego un coronel y por último Wallace, que aún vivo se lamentaba. El gris brillante de la
(20) mañana neblinosa le daba una palidez fantasmal a las caras de los muertos. El cabello despeinado que goteaba por la llovizna nocturna, las caras deformadas y marcadas por la pasión, los ojos fríos y brillantes, los labios azules, los dientes resplandecientes, las manos arrugadas y contraídas, la salvaje agonía del dolor y la pasión de las actitudes de los muertos, todas esas circunstancias horrorosas
(25) con las que la muerte rodea a los valientes cuando los arrastra de la vida en la vorágine del combate fue lo que vimos mientras marchábamos por el campo de batalla, los llantos suplicantes de los heridos que, desde sus camas sangrientas y llenas de lodo, saludaban a nuestros oídos y destrozaban nuestros corazones.

—*Daniel McCook,* The Second Division at Shiloh (La Segunda División en Shiloh)

22. ¿Cuál es la situación de la Primera Brigada al comienzo de este fragmento?

(1) Acaba de descender de la lancha de desembarco.

(2) Está en retirada.

(3) Ha pasado la noche en batalla.

(4) Fue aniquilada.

(5) Mataron a algunos soldados de la Unión.

23. ¿Cuál es la actitud del autor frente a los soldados muertos que ve?

(1) Refleja pena y dolor.

(2) Muestra indignación y odio.

(3) Indica desprecio y repugnancia.

(4) Está llena de humor y placer.

(5) ninguna de las anteriores

24. ¿Qué cosa es aparente?

(1) La batalla terminó.

(2) La batalla acaba de empezar.

(3) La Primera Brigada ha estado luchando durante horas.

(4) La batalla ha transcurrido durante algún tiempo.

(5) La Primera Brigada está en retirada.

25. ¿Qué puede inferir el lector a partir de la elección de palabras realizada por el autor?

(1) Se enorgullece del combate.

(2) La guerra lo indigna y horroriza.

(3) Considera a la batalla como una aventura cómica.

(4) Quiere desertar.

(5) Siente que la Unión debe preservarse.

26. ¿Qué palabra describe de la mejor manera la atmósfera general de este poema?

(1) distinguida

(2) entusiasmada

(3) apesadumbrada

(4) patriótica

(5) divertida

Los artículos 27 a 31 se refieren a la crítica de espectáculo que aparece a continuación.

¿Qué tal fue esta temporada en la Ópera Metropolitana?

La Ópera Metropolitana ha terminado sus ocho meses de su espectacular larga temporada 2005-6. Cuatro nuevas producciones fueron montadas—"Una Tragedia Americana", un nuevo trabajo contemporáneo por Tobías Picker, basado en el libro de Theodore Dreiser el cual a su vez estaba basado en un asesinato de la
(5)   vida-real, al norte del estado de Nueva York; "Don Pascual" por Donizetti, con las arias encantadoras y familiares y las situaciones cómicas; "Mazeppa", una ópera raramente hecha por Tchaikovsky, tratando con la figura histórica rusa trágica; y por último, "Romeo y Julieta" por Gounod, basada en la historia trágica de jóvenes amantes de Shakespeare.
(10)   La mayoría de óperas frecuentemente—hechas fueron parte de esta temporada incluida la famosa "Aida," de Verdi, sobre la princesa egipcia, cautiva enamorada de un príncipe enemigo; "Carmen" de Bizet que toma lugar en España y es sobre una muchacha Gitana caprichosa que causa la ruina del soldado joven que se enamora de ella; "La Cenerentola" qué es la vieja historia de la Cenicienta con
(15)   música por Rossini; "Cosi fan abanican Tutte" de Mozart la cual involucra la identidad equivocada y la confianza entre los amantes jóvenes; "el d'Amore de L'Elisir" de Donizetti lo cual significa "la poción de amor" en la cual el hombre joven consigue su muchacha después de mucha penalidad y dolor de corazón.
        Muchas de las producciones fueron llenas de color, trajes vistosos, y hermosos
(20)   escenarios los cuales nos recuerdan que la ópera es una experiencia que abarca a todos. Los cantantes de la ópera son los mejores de nuestro tiempo, como Thomas Hampson, Karita Mattila, Renee Fleming, Deborah Voigt, Ramón Vargas, son los grandes actores así como cantantes. Ellos llevan los sentimientos universales tan fácil y naturalmente. Mientras nosotros no podemos entender cada palabra
(25)   cantada, estos grandes cantantes le permiten a usted conocer lo que ellos están sintiendo con sus caras, sus gestos, su tono, tanto como con sus interpretaciones de las obras maestras que ellos cantan.
        A pesar de la ausencia del querido conductor James Levine, Director Musical, debido a una lesión del hombro que él sufrió a comienzos de la temporada, el
(30)   año fue un éxito. Hubo buena asistencia a las producciones, generalmente bien criticadas, y disfrutadas por la mayoría. El Metropolitano continua con público del mundo entero. Pueden oírse muchos idiomas extranjeros. Para la septuagésima-quinta temporada, hubo transmisiones los sábados en la tarde por radio de opera a mas de 14 millones de oyentes en el mundo, para aquellos a los
(35)   cuales no podían venir a Nueva York a disfrutar la música.

—*Revista de música,* 3 de junio, 2006,

27. El crítico menciona "Mazeppa" y "Don Pascual." ¿Qué (o quiénes) son ellos?

(1) Famosos cantantes de ópera.

(2) Obras que se convirtieron en óperas.

(3) Los nombres de óperas que produjeron en el Metropolitano esta temporada.

(4) Los actores cantando.

(5) Conductores de la ópera y productores.

28. ¿Cuál de las siguientes afirmaciones es VERDADERA?

(1) La ópera atrae a muy pocas personas.

(2) Las personas de todo el mundo disfrutan la Ópera del Metropolitano.

(3) La ópera es aburrida porque involucra cantar.

(4) James Levine es un cantante.

(5) Ninguna de las anteriores.

29. ¿Cuál de las siguientes afirmaciones puede ser deducida de este pasaje?

(1) Ninguna ópera trata de personajes de la vida-real.

(2) Todas las óperas acaban infelizmente para los personajes principales.

(3) La mayoría de las óperas son cómicas.

(4) La ópera se trata de muchas emociones variadas, eventos y experiencias.

(5) Los escenarios son raramente utilizados en la ópera.

30. Según el pasaje, el personaje principal en "Carmen" era

(1) una gitana caprichosa.

(2) muy bonita.

(3) una figura histórica.

(4) una bailarina.

(5) una asesina.

31. De la descripción dada, ir a la ópera es probablemente lo mas parecido a

(1) ver a una obra de Shakespeare.

(2) ir a un concierto orquestal.

(3) bailar.

(4) escuchar una lectura de poesía.

(5) ver un musical en Broadway.

Las preguntas 32 a 37 se refieren al siguiente texto.

Quito, 2 de junio de 2006

Jesús Sánchez Mejía
Machines and Equipments Cia.
San Antonio, TX

Señores
TELL ME MORE
Paris-Francia

Señores:

(1) Me llamo Jesús Sánchez Mejía, soy mexicano y vivo en San Antonio, Texas, desde hace tres años. (2) Actualmente trabajo en una empresa importante que tiene conexiones con el mercado internacional.

(3) Debido a intereses de la compañía a la que pertenezco, en seis meses deberé mudarme con mi familia a Inglaterra, donde seré responsable de la sección de repuestos y accesorios.

(4) Para ser merecedor de este nuevo cargo y cumplir eficientemente con mi trabajo, necesito estudiar inglés británico, uno de los idiomas que ustedes ofrecen en su página web.

(5) Aunque lo utilizo todos los días en mi trabajo, me desenvuelvo difícilmente en inglés. (6) En casa hablamos español porque mi esposa no se ha incorporado todavía a la realidad norteamericana.

(7) Con estos antecedentes ¿Creen ustedes que podría aprender inglés británico? ¿Cuáles serían mis oportunidades y qué tiempo me tomaría hasta adquirir un nivel de desempeño suficiente en ese idioma? (8) Tengo miedo de que a mi edad, pues tengo 42 años, me sea imposible realizar estudios regulares y sistemáticos a través de Internet.

(9) No soy muy bueno con los computadores y por esta razón, me gustaría saber si es posible seguir sus cursos en forma tradicional, esto es, a través de CD y material impreso.

(10) Además, necesito saber si en mis condiciones actuales de obrero estaría en capacidad de pagar sus cursos. (11) Me son necesarias las informaciones al respecto de precios totales y parciales, formas de pago, horarios y otros aspectos a la inscripción correspondiente.

(12) Disculpen ustedes mis explicaciones e inseguridades. (13) No tengo mucha experiencia en estudios y esta es la razón de tanto temor y curiosidad.

(14) Tengo la esperanza de comenzar inmediatamente mi preparación porque el éxito en estos cursos significa el éxito en mi trabajo.

(15) En espera de su amable respuesta, reciban ustedes mis sinceros agradecimientos.

Jesús Sánchez Mejía

32. Oración 1: **Me llamo Jesús Sánchez Mejía, soy mexicano y vivo en San Antonio, Texas, desde hace tres años.**

    ¿Cuáles son las informaciones de esta oración?
    (1) nombre, nacionalidad, lugar y tiempo de nacionalidad
    (2) nombre, nacionalidad, lugar y tiempo de trabajo
    (3) nombre, dirección exacta, lugar de residencia
    (4) nombre, lugar de residencia y lugar de trabajo
    (5) nombre, nacionalidad, lugar y tiempo de residencia

33. Oración 3: **Debido a intereses de la compañía a la que pertenezco, en seis meses deberé mudarme con mi familia a Inglaterra, donde seré responsable de la sección de repuestos y accesorios.**

    Si la oración comenzara con En seis meses, las palabras siguientes serían
    (1) perteneceré a la compañía americana.
    (2) iré con mi familia a Inglaterra.
    (3) estudiaré inglés británico.
    (4) me mudaré a otro estado de los Estados Unidos.
    (5) tendré intereses en la compañía en la que trabajo actualmente.

34. Oración 4 y 5: **Para ser merecedor de este nuevo cargo y cumplir eficientemente con mi trabajo, necesito estudiar inglés británico, uno de los idiomas que ustedes ofrecen en su página web. (5) Aunque lo utilizo todos los días en mi trabajo, me desenvuelvo difícilmente en inglés.**

    De la lectura de estas oraciones se puede deducir que:
    (1) el inglés británico es mejor que el inglés americano.
    (2) el inglés americano es más difícil que el inglés británico.
    (3) el español es más difícil que el inglés británico.
    (4) el inglés británico no tiene relación con el español.
    (5) el inglés británico es diferente al inglés americano.

35. Oraciones 7 y 8: **Con estos antecedentes ¿Creen ustedes que podría aprender inglés británico? ¿Cuáles serían mis oportunidades y qué tiempo me tomaría hasta adquirir un nivel de desempeño suficiente en ese idioma? Tengo miedo de que a mi edad, pues tengo 42 años, me sea imposible realizar estudios regulares y sistemáticos a través de Internet.**

    Estas dos oraciones manifiestan inquietudes referentes a:
    (1) costo y edad.
    (2) tiempo y costo de los estudios.
    (3) edad del interesado y costo de los cursos.
    (4) la falta de computador en su casa.
    (5) edad, posibilidades, oportunidades y tiempo de aprendizaje.

36. Oración 10: **Además, necesito saber si en mis condiciones actuales de obrero estaría en capacidad de pagar sus cursos.**

Jesús Sánchez menciona su condición de obrero porque:

(1) los obreros no tiene oportunidades de estudio.

(2) no estaría dispuesto a seguir cursos regulares.

(3) sus recursos económicos son limitados.

(4) sus jefes le exigen pagos extras.

(5) la compañía pagará sus estudios.

37. Oración 13: **No tengo mucha experiencia en estudios y ésta es la razón de tanto temor y curiosidad.**

De acuerdo con esta oración ¿De dónde proceden los temores de Jesús Sánchez?

(1) de su timidez.

(2) de sus experiencias previas.

(3) de su trabajo.

(4) de su falta de estudios.

(5) de su familia.

Las preguntas 38 a 42 se refieren al fragmento de un documento comercial que aparece a continuación.

¿Cuáles son las reglas de este contrato de arrendamiento?

CONTRATO DE ARRENDAMIENTO DE ESPACIO PARA ESTACIONAMIENTO

(extracto)

(1). La marca, el modelo y el año del vehículo que utilizará el estacionamiento son:

Marca_____Modelo_____Año_____

(2). A menos que se le notifique lo contrario y según lo establecido de aquí en adelante, la tarifa anual para el arrendamiento otorgado en el presente será de $1200 pagaderos por adelantado en cuotas mensuales iguales de $100 el primer día de todos los meses calendario de vigencia del presente contrato.

(3). El vehículo antes mencionado deberá mantenerse en buenas condiciones de funcionamiento, confirmadas por etiqueta adhesiva de inspección, registro, seguro y licencia de conductor vigentes. El incumplimiento de lo establecido con relación al mantenimiento del vehículo puede ser causal de la finalización inmediata del presente contrato.

(4). El espacio de estacionamiento antes mencionado solamente deberá ser utilizado por el arrendador para el estacionamiento de un automóvil o vehículo familiar privado. No se permitirá el estacionamiento de otro vehículo de ningún tipo en esta propiedad. Queda estrictamente prohibido el estacionamiento de furgonetas, camiones, vehículos recreativos, motocicletas u otras motonetas.

(5). El garaje se reserva el derecho de aumentar ocasionalmente la tarifa antes mencionada.

(6). El automóvil del arrendador se guardará bajo su responsabilidad y el garaje o los empleados de este último no serán responsables de ninguna pérdida o daño que sufriera dicho vehículo. Asimismo, el garaje no se responsabilizará por los daños que sufriera el vehículo estacionado o lo que éste contenga o por las lesiones que sufriera el arrendador como resultado de cualquier causa.

(7). El arrendador no puede ceder, subarrendar, prestar ni transferir de ningún modo el presente contrato ni tampoco puede permitir que terceros utilicen el espacio de estacionamiento sin el previo consentimiento del garaje en cada ocasión en particular. Este contrato de arrendamiento no puede modificarse en forma oral.

(8). Si, durante la duración de este contrato, el arrendador adquiere otro vehículo en reemplazo del que estacionaba, deberá presentar al garaje la nueva etiqueta adhesiva de inspección, registro y seguro vigentes.

(9). Cualquier vehículo estacionado de conformidad con las cláusulas de este contrato podrá ser remolcado en caso de que no exhiba la etiqueta adhesiva de registro, las patentes o la etiqueta de inspección vigentes.

38. ¿Cuál es el objetivo de este contrato de arrendamiento?

(1) cobrar una tarifa por el alquiler de un espacio para estacionamiento

(2) garantizar la seguridad del vehículo estacionado

(3) quitar los automóviles de las calles

(4) estacionar furgonetas y camiones a cambio de una tarifa durante un período de tiempo

(5) establecer las bases legales para el estacionamiento de un automóvil o vehículo familiar

39. Alfredo tiene un camión pequeño que utiliza con fines comerciales además del automóvil que guarda en este garaje. Con respecto al camión, ¿cuál de las siguientes afirmaciones es verdadera?

(1) puede guardar el camión en el garaje si saca el automóvil.

(2) no puede guardar el camión en el garaje de ninguna manera.

(3) puede guardar ocasionalmente el camión en su lugar de estacionamiento si el garaje no está demasiado lleno.

(4) Puede alquilar un espacio más grande y guardar el camión en ese lugar.

(5) ninguna de las anteriores

40. El automóvil de Miguel estaba guardado en el garaje cuando le robaron el tocacintas nuevo. Según el contrato de arrendamiento, ¿quién es responsable de reponerlo?

(1) El seguro del garaje cubrirá el costo.

(2) Los encargados que trabajaron el día que el tocacintas desapareció cubrirán el gasto.

(3) Miguel será el único responsable de la pérdida.

(4) El costo se dividirá entre los dueños del garaje y el seguro de Miguel.

(5) Cualquiera de estas alternativas es posible. Depende de las circunstancias.

41. Con respecto al costo del contrato de arrendamiento, ¿cuál de las siguientes afirmaciones es verdadera?

(1) El costo es de $1200 por año, pero puede aumentar.

(2) El costo es de $100 y vence a fines de cada mes.

(3) El costo no quedó determinado.

(4) El costo será de $1200 por año durante los próximos tres años y luego aumentará.

(5) El costo es de $1200 anuales sumados a cuotas mensuales de $100.00.

42. El vehículo familiar de Damián, por el que tiene un año más de contrato de arrendamiento para estacionamiento, quedó destruido en un accidente. Según el contrato, ¿qué puede hacer Damián?

(1) Puede cederle el espacio de estacionamiento a su hermana, ya que necesita uno.

(2) Puede recuperar el dinero correspondiente al año que queda de contrato de arrendamiento.

(3) Puede guardar su motocicleta en el lugar.

(4) Puede usar el espacio para el auto que alquila.

(5) cualquiera de las anteriores

Las preguntas 43 a 47 se refieren al siguiente poema.

Las campanas
Por Rosalía de Castro

Yo las amo, yo las oigo,
cual oigo el rumor del viento,
el murmurar de la fuente
o el balido del cordero.

Como los pájaros, ellas,
tan pronto asoma en los cielos
el primer rayo del alba,
le saludan con sus ecos.

Y en sus notas, que van prolongándose
por los llanos y los cerros,
hay algo de candoroso,
de apacible y halagüeño.

Si por siempre enmudecieran,
¡Qué tristeza en el aire y en el cielo!
¡Qué silencio en las iglesias!
¡Qué extrañeza entre los muertos!

43. En el verso 1: "Yo las amo, yo las oigo", el pronombre las reemplaza a:

(1) las fuentes
(2) las niñas
(3) las campanas
(4) las hojas
(5) las cosas de la casa

44. En los versos 2, 3 y 4, las frases: "el rumor del viento", "el murmurar de la fuente" y "el balido del cordero" comparten un punto en común o son iguales porque:

(1) se los puede ver.
(2) se los puede tocar.
(3) se los puede cambiar.
(4) se los puede oír.
(5) se los puede eliminar.

45. Los versos 6 al 8 compara a las campanas con los pájaros porque:

(1) se despiertan muy tarde.
(2) cantan o suenan muy temprano en la mañana.
(3) son igualmente pequeños.
(4) son igualmente débiles.
(5) son coloridos y cantores.

46. Versos 9 y 10:

Y en sus notas, que van prolongándose

por los llanos y los cerros,

Estos versos nos dicen:

(1) que las notas desaparecen en el momento.
(2) que las notas se esfuman con el viento.
(3) que las notas hacen eco por los valles y los cerros.
(4) que las notas se quedan en la cabeza de los pobladores.
(5) que las notas se detienen en la plaza del pueblo.

47. Verso 13:

Si por siempre enmudecieran

¿A quien se refiere la palabra subrayada de este verso?

(1) a las campanas

(2) a las iglesias

(3) a los muertos

(4) a los cerros

(5) a los valles

Las preguntas 48 a 52 se refieren al siguiente pasaje extraído de una obra de teatro.

¿Qué siente Undershaft con respecto al Ejército de Salvación?

UNDERSHAFT: Un momento, Sr. Lomax. Estoy bastante interesado en el Ejército de Salvación. Su lema podría ser el mío: sangre y fuego.

LOMAX (sorprendido): Pero sabes, no tu tipo de sangre y fuego.

UNDERSHAFT: Mi tipo de sangre limpia; mi tipo de fuego purifica.

(5) *BÁRBARA:* Y los nuestros también. Acércate a mi refugio mañana, el West Ham Shelter, y verás qué estamos haciendo. Vamos a marchar a una gran reunión en la asamblea en Mile End. Ven a ver el refugio y después marcha con nosotros. Te hará mucho bien. ¿Qué sabes hacer?

UNDERSHAFT: En mi juventud, me gané peniques y, ocasionalmente, hasta chelines,
(10) en las calles y en salones públicos gracias a mi talento natural para bailar. Más adelante, me convertí en un miembro de la Undershaft Orchestra Society y tocaba aceptablemente el trombón tenor.

LOMAX (escandalizado, dejando de lado la concertina): ¡Oh, qué bien!

BÁRBARA: Gracias al ejército, muchos pecadores tocaron el trombón y entraron al
(15) cielo.

LOMAX (a Bárbara, aún sorprendido): Sí, pero ¿en el negocio de los cañones? ¿No lo sabes? *(a Undershaft)* Llegar al cielo no es exactamente tu objetivo final, ¿verdad?

LADY BRITOMART: ¡¡¡Charles!!!

LOMAX: Bueno, pero es lógico, ¿o no? Puede que el negocio de los cañones sea
(20) necesario y todo eso; no nos entenderíamos sin cañones. Pero no está bien, ¿sabes? Por otro lado, puede que se diga mucha paparruchada sobre el Ejército de Salvación (yo mismo pertenezco a la iglesia oficial), pero a pesar de esto, no puedes negar que eso es religión y no puedes ir en contra de la religión, ¿o sí? A menos que seas descaradamente inmoral.

—extraído de *Major Barbara (Mayor Bárbara),* por George Bernard Shaw, con la autorización de la Asociación de Autores en representación de la sucesión de George Bernard Shaw.

48. ¿Cuál de las siguientes afirmaciones puede inferirse de este fragmento?

(1) Undershaft es un profesional del trombón.

(2) Lomax es directo y decidido.

(3) Lady Britomart es la esposa de Lomax.

(4) Undershaft es un fabricante de municiones.

(5) Lomax no cree en la religión organizada.

49. ¿Cuál de las siguientes palabras describe mejor el tono de Lomax en la siguiente afirmación "no nos entenderíamos sin cañones. Pero no está bien, ¿sabes?"? (líneas 19 a 20)

(1) cínico

(2) idealista

(3) sarcástico

(4) hipócrita

(5) amargura

50. ¿Qué cree el lector como consecuencia de la descripción que Undershaft hace de sí mismo?

(1) Está arrepentido de sus errores.

(2) Debería ser más caritativo.

(3) Odia al Ejército de Salvación.

(4) Fue pobre cuando era joven.

(5) Proviene de una familia adinerada.

51. ¿Qué quiere decir Lomax cuando describe al Ejército de Salvación como "paparruchada"? (línea 20)

(1) No es bueno unirse al Ejército de Salvación.

(2) Se dicen muchos disparates sobre el Ejército de Salvación.

(3) El Ejército de Salvación se dedica a realizar obras con payasos.

(4) El Ejército de Salvación está formado por mucha gente adinerada.

(5) El Ejército de Salvación hace muchas cosas por las personas comunes.

52. Según la descripción de Bárbara que se encuentra en este fragmento, ¿qué es lo que probablemente está buscando?

(1) disfrutar de la vida

(2) castigar a su padre

(3) hacer bien a la gente

(4) tener aún más dinero

(5) casarse con Lomax

Las preguntas 53 a 56 se refieren al siguiente texto.

El yen y los mercados americanos hacen caer la Bolsa de Tokio

(1) La baja observada el lunes 15 de mayo en Wall Street, ha influenciado fuertemente el cambio en la Bolsa de Tokio. (2) El Nikkei perdió 0.69%, registrando así su quinta baja consecutiva y llegando inclusive al nivel del mes de marzo anterior.

(3) El viernes 12 de mayo, el índice de 225 valores importantes japoneses terminó la jornada con un repliegue del 1.54%, reflejando de este modo, las inquietudes provenientes de la fuerte apreciación del yen frente al dólar. (4) Durante este día, la divisa norteamericana llegó, por primera vez, por debajo de los 110 yenes en 8 meses, suscitando inquietudes en las empresas cuyas actividades dependen de las ventas fuera de Japón.

(5) Este lunes, los inversionistas reaccionaron a la fuerte baja registrada en New York el viernes, movimiento estimulado por el alza de precios de los productos importados a los Estados Unidos, evolución con riesgos de inflación.

(6) La tendencia se vio acentuada por el impacto persistente del alza del yen. (7) La moneda japonesa se recuperó ligeramente en relación al billete verde que después del mediodía se cambiaba a 109,53 yenes.

(8) En marzo, el anuncio del gobierno acerca de la compra de maquinaria a la baja en 5,2%, no frenó la tendencia.

(9) Algunos analistas consideran que esta contracción, más marcada que lo previsto, corresponde a una pausa de las inversiones de las empresas.

(10) Así, Canon, cuyas exportaciones corresponden al 75% de su venta total, vio caer sus acciones en 3.46%. Olympus en 3.02% y Toyota en 1.88%. (11) Contrariamente, NTT, el mayor grupo mundial de telecomunicaciones en término de ventas, progresó en 4.14% después de haber anunciado una previsión de alza de sus ventas y beneficios para el ejercicio fiscal del 2006.

53. Oración 1: **La baja observada el lunes 15 de mayo en Wall Street, ha influenciado fuertemente el cambio en la Bolsa de Tokio.**

    ¿Qué significa la parte subrayada de esta oración?
    (1) La Bolsa de Valores de Berlín
    (2) La Bolsa de Valores de Tokio
    (3) La Bolsa de Valores de New York
    (4) La Bolsa de Valores de Londres
    (5) La Bolsa de Valores de Irlanda

54. Oración 2: **El Nikkei perdió 0.69%, registrando así su quinta baja consecutiva y llegando inclusive al nivel del mes de marzo anterior.**

    El Nikkei es:
    (1) la moneda corriente de Japón.
    (2) la moneda de exportación de Japón.
    (3) el índice económico de la Bolsa de Tokio.
    (4) el idioma de una región de Japón.
    (5) el otro nombre con el que se conoce a Japón.

55. Oración 6: **La tendencia se vio acentuada por el impacto persistente del alza del yen.**

    ¿Cuál de las siguientes opciones podría reemplazar lo subrayado?
    (1) el impacto ardiente
    (2) el impacto corriente
    (3) el impacto constante
    (4) el impacto importante
    (5) el impacto agonizante

56. Oración 11: **Contrariamente, NTT, el mayor grupo mundial de telecomunicaciones en término de ventas, progresó en 4.14% después de haber anunciado una previsión de alza de sus ventas y beneficios para el ejercicio fiscal del 2006.**

    Si comenzara esta oración con El anuncio de alza de sus ventas y beneficios para el ejercicio fiscal del 2006, las próximas palabras serían:
    (1) produjo un efecto inflacionario.
    (2) provocó una caída de la Bolsa.
    (3) provocó un efecto dominó en las empresas.
    (4) provocó un alza de sus valores o acciones.
    (5) no afectó al mercado internacional.

Los artículos 57 a 62 se refieren a la siguiente historia.

¿Qué le pasó a su cabaña?

La llamada telefónica fue tarde, una mañana en mayo.

Era desde donde el carpintero, Mike. Y era la llamada de su esposa
(5) Deborah. Ella llamó para informar que Mike se había caído del tejado, por suerte no el de ellos. Él había estado en el hospital durante unos días en observación. Algo en su pel-
(10) vis había crujido, y había lesiones internas también. ¡Pero antes de que él se cayera, él había tenido tiempo para arrancar todo en su cabaña de verano!

(15) Rob y Sally tomaron el paseo de la tres-horas norte a Stockbridge para ver el daño. Era bastante hor- rible. Había un basurero enorme dónde el automóvil de Sally era
(20) normalmente estacionado. Estaba lleno con material de aislamiento viejo, y rasgado que Mike iba a reemplazar desde abajo de las tablas del suelo. Y los pedazos de trabajo
(25) de entramado que él también pensó que debería irse. Dejo la casa que parecía desnuda y triste. Todos podríamos mirar bajo la casa, la cual había sido construida sobre un
(30) muelle de concreto, parecían cortos y gordos zancos. La casa era una cabaña de verano, así no había ningún cimiento real.

El césped en el cual ellos habían
(35) trabajado fuertemente para mejorarlo por muchos años, estaba lleno de marcas de neumáticos y agujeros. Materiales de desecho de construcción, el barco de aluminio
(40) viejo de debajo de la casa, los varios pedazos de mobiliario al aire libre y otros cachivaches fueron lanzados a su alrededor.

¡Que panorama!
(45) La pareja llevó con valor su mirada hacia adentro. El retrete viejo estaba sobre un lado en la sala, y las cajas que contienen los nuevos adornos del baño y el nuevo
(50) calentador de agua eléctrico, estaban en el área del comedor. La suciedad, polvo, hojas y desorden estaban por todas partes. La fontanería la cual había sido removida en el baño, dejó
(55) los agujeros en el suelo.

"¿Qué vamos a hacer?" dijo Rob, "el plomero no puede instalar estos hasta que el piso sea reemplazado, y el piso no puede reemplazarse hasta
(60) que Mike nivele la casa y enderece la base."

"Es casi verano, y quizá Mike no estará lo suficientemente bien para terminar. ¡Nosotros estamos
(65) realmente atascados!"

"Nosotros igual no podemos ni siquiera limpiar aquí, porque el agua no esta conectada."

Sally y Rob decidieron regresar
(70) a la ciudad. Nada se podía hacer aquí. Ellos necesitaran pensar acerca de que hacer la próxima vez. La casa como estaba era inutilizable.

—Del *Asesinato en Maine*, junio, 2006,

57. ¿Cómo estaba sostenida la cabaña?
- **(1)** En una base robusta en concreto.
- **(2)** Sobre clavos de madera.
- **(3)** No tenía soporte en absoluto— estaba sentaba sobre la tierra.
- **(4)** En los muelles de concretos.
- **(5)** Tenía un sótano lleno.

58. ¿Por qué fue el barco dejado sobre el césped?

    (1) Fue usado para sostener el material de aislamiento.

    (2) Porque probablemente estaba de esa manera bajo la casa.

    (3) Este era para ser usado, así que estaba allí sólo temporalmente.

    (4) El carpintero era desordenado y probablemente se olvidó de guardarlo.

    (5) Eso estaba siendo desechado.

59. ¿Cuál de las siguientes afirmaciones seria un buen título para este relato?

    (1) "Como No Construir Una Cabaña"

    (2) "Las Reglas De Seguridad Del Lugar De Trabajo"

    (3) "Las Desilusiones De La Vida"

    (4) "Un Proyecto Interrumpido"

    (5) "Mudándose Al Campo"

60. ¿En la selección, que significa la palabra "instale"?

    (1) Colocar en.

    (2) Sacar.

    (3) Comprar.

    (4) Aislar.

    (5) Reparar.

61. ¿Para conseguir su cabaña utilizable durante el verano, cual de las siguientes afirmaciones podría ser una buena idea para que Rob y Rally la tengan en cuenta la próxima vez?

    (1) Intentar hacer las reparaciones ellos mismos.

    (2) Vender la cabaña.

    (3) Reportar a Mike a la mejor oficina de negocios.

    (4) Tiene Dave que instalar los adornos del baño.

    (5) Intentar conseguir que otro carpintero se haga cargo de las reparaciones.

62. ¿Qué quiso decir el autor con: "dejo la casa que parecía desnuda y triste?"

    (1) La casa no tenía ningún tejado, desde que el carpintero lo había quitado.

    (2) El barco sobre el césped hizo que la casa pareciera descuidada.

    (3) Desde que la entramada había sido removida, nadie podría mirar bajo la casa.

    (4) Eso necesitó un trabajo de pintura.

    (5) Todos las anteriores.

LOS ARTÍCULOS 63 A 68 SE REFIEREN A LA HISTORIA DE ABAJO.

¿Estas hermanas se quieren?

"¿Por qué, Ann Eliza," exclamó con una voz delgada con crónico mal humor," para que usted adquirió la mejor seda del mundo?"

(5)   Ann Eliza había subido sus lentes de acero a la frente, con rubor que la hizo incongruente.

"¿Por qué, Evelina, por qué yo no debería, A mí me gustaría saber? *(10)* ¿No es su cumpleaños querida? Ella colocó sus brazos con la torpeza de habitualmente reprimida de emoción.

Evelina, sin parecer notar el *(15)* gesto, tiró la chaqueta tras de sus estrechos hombros.

"Oh, pshaw," ella dijo, un poco menos obstinada. "Yo supongo que nosotros mejor renunciaremos a los *(20)* cumpleaños. Mas cuando nosotros podemos hacer para guardar Navidad hoy día."

"Usted no debería decir eso, Evelina. Nosotros no somos tan *(25)* malos como todos aquellos. Yo supongo usted tiene frío y esta cansado. Siéntese mientras yo quito una olla que esta hirviendo."

Ella empujó a Evelina hacia la *(30)* mesa, mientras aguardando con el rabo de los ojos los movimientos apáticos de su hermana, mientras sus propias manos estaban ocupadas con la olla. Un momento después vino (35) la exclamación por la cual ella esperó.

"¡Por qué, Ann Eliza!" Evelina estaba de pie traspasando con la vista del paquete al lado de su plato. Ann Eliza, trémulamente (40) comprometida en llenar la tetera, alzó una mirada de sorpresa hipócrita.

"¡Bien, Evelina! ¿Cuál es el problema?"

(45) La hermana más joven rápidamente ha desatado el cordón, y sacando de sus envolturas un reloj de níquel redondo que parecía haber sido comprado para un dólar setenta (50) y cinco.

"¿Oh, Ann Eliza, cómo pudo usted?" Ella colocó el reloj abajo, y las hermanas intercambiaron agitadas miradas a través de la (55) mesa.

"¿Bien," la mayor replicó," No es su cumpleaños?"

"Sí, pero—"

"¿Bien, y usted no tenía que (60) correr alrededor de la esquina la plaza todas las mañanas, lluvia o soleado, para ver que hora era, desde que nosotras tuvimos que vender el reloj de madre el pasado de julio? (65) ¿No tiene usted, Evelina"?

"Sí, pero—"

"Allí no hay nada que valga. Nosotros siempre hemos querido un reloj y ahora nosotras tenemos uno: (70) eso es todo. ¿ No es ella una belleza, Evelina"?

Ann Eliza, volviendo a poner la olla en la estufa, se apoyo en el hombro de su hermana para pasar (75) una mano aprobadora encima del margen redondo del reloj. "Oiga el fuerte tictac. Yo tuve miedo que usted lo escuchara tan pronto entrara.

(80) "No. Yo no estaba pensando," murmuró a Evelina.

"¿Bien, usted no esta alegre ahora?" Ann Eliza le reprochó suavemente a ella. El reproche no (85) tenía ninguna aspereza, porque ella sabia que Evelina al parecer estaba indiferente con escrúpulos sin expresar.

"Yo me alegro realmente, (90) hermana; pero usted no debería. Nosotros podríamos haber progresado suficientemente bien sin ello."

—De *Las Hermanas de Bunner*, por
Edith Wharton

63. ¿Qué hizo Ann Eliza para sorprender a su hermana?
   (1) Ella le compró un reloj.
   (2) La invitó a una fiesta de té.
   (3) Ella la traslado a su casa.
   (4) Ella le consiguió un vestido de seda negro.
   (5) Ella hizo todas estas cosas para ella.

64. ¿Cuál de las siguientes afirmaciones describe con precisión la condición económica de Ann Eliza y Evelina?
   (1) Ellas eran prósperos y vivieron bien.
   (2) Ellas estaban sin casa, ni hogar, y sin ninguna propiedad personal.
   (3) Ellas estaban viviendo modestamente mientras esperaban una herencia.
   (4) Ann Eliza era adinerada, pero su hermana necesitaba su ayuda.
   (5) Ellas tenían una casa, pero parecían estar esforzándose.

65. ¿Por qué Evelina no parecía totalmente feliz con su regalo de cumpleaños?

(1) Porque no le gustó el reloj.

(2) Ella sentía que era una extravagancia.

(3) Ella tenía otro regalo en la mente.

(4) Ella era una persona desagradecida.

(5) Evelina ya tenía un reloj.

66. La relación entre estas hermanas puede describirse con precisión como

(1) formal y cortés.

(2) antagónico y hostil.

(3) de amor pero no abiertamente afectuosas.

(4) tensa e imprevisible.

(5) cordial pero distante.

67. ¿En el contexto del segundo al último párrafo, que significa la palabra "reprochó"?

(1) Vino cerca.

(2) Pasado por alto y perdonó.

(3) Temido y detestado.

(4) Criticado.

(5) Estropeado.

68. ¿Qué conclusión usted puede deducir de este relato sobre los resultados de pobreza?

(1) Ser pobre tiene como consecuencias malas para las relaciones familiares.

(2) Puede causar que las personas sean extravagantes y compren cosas que ellos realmente no necesitan.

(3) La pobreza hace a las familias sentirse más unidas debido a una necesidad mayor de compartir.

(4) La falte de dinero causa en las personas que sean insensibles e irreflexivas.

(5) Necesariamente no hace a una persona menos amorosa o generosa.

Las preguntas 69 a 73 se refieren a la siguiente crítica de una película documental.

¿Qué expresa esta película sobre los trenes italianos?

En septiembre de 2002, se realizó el preestreno de una maravillosa película documental llamada "Italy— from top to toe!" ("Italia de pies a
(5) cabeza"), producida por Ursula Lewis Films, de una duración de 106 minutos. Presenta un maravilloso trabajo de cámaras y los comentarios son vívidos e informativos.

(10)   Según la película, los trenes son el medio para viajar por Italia y, tal vez, por toda Europa también. Son baratos, prácticos y llegan a todos lados. Además, brindan la posibilidad
(15) de conocer a los italianos, quienes casi siempre son agradables, serviciales y están dispuestos a brindar toda la información que les soliciten.

(20)   El paisaje italiano es imponente y variado: desde pequeñas colinas hasta las majestuosas cimas de los Alpes, campos sembrados, grandes ciudades antiguas, enormes y bellos
(25) lagos, una costa ininterrumpida y hermosas vistas interminables de todo tipo. Todo esto se puede apreciar desde la comodidad y el lujo de un tren italiano. En general, es un país
(30) extremadamente vistoso de todas las formas posibles.

    La película muestra algunos viajes hermosos, por ejemplo el viaje en tren desde Locarno hasta Desenzano,
(35) al norte de Italia, que atraviesa un paisaje magnífico de cañones, montañas y ríos. Además, se puede observar el viaje de Cuneo a Breil, que sale de Torino y atraviesa un
(40) sinnúmero de viaductos y puentes. También en el norte, el documental muestra muchos castillos medievales y un paisaje alpino agreste en el

tramo entre Bolzano y Brennero.
(45) Más al sur, el viaje desde Nápoles hasta Siracusa, en Sicilia, se realiza recorriendo toda la costa del maravilloso mar Mediterráneo, para luego continuar el recorrido sobre un tras-
(50) bordador y finalmente proseguir normalmente al llegar a la otra orilla.

También se muestran algunos viajes espléndidos por Sicilia, por ejemplo, a lo largo de la costa desde
(55) Mesina hacia Taormina, con el magnífico monte Etna como fondo, o desde Palermo hacia el oeste, a Trapani. En este trayecto, el tren atraviesa escarpados campos rocosos
(60) y colinas suaves y en ellos se encuentra con las antiguas ciudades de estilo griego de Segesta y Erice. Luego, continúa hacia el sur hasta la famosa ciudad antigua de
(65) Agrigento, con sus venerados templos de estilo griego.

Recomendamos ampliamente que, si tiene la oportunidad, no deje de ver este documental. Es una
(70) experiencia que, aunque indirecta, es tan maravillosa como el viaje en sí. Véalo, le inspirará el deseo de conocer el mundo.

69. ¿Cuál es el tema principal de esta crítica cinematográfica?

(1) la belleza de la costa italiana

(2) la simpatía de los europeos hacia los turistas

(3) la maravillosa experiencia de conocer Italia desde un tren

(4) la fotografía de pueblos y paisajes coloridos de Italia

(5) la gente de Italia

70. ¿Cuál de las siguientes afirmaciones sobre los trenes italianos es verdadera?

(1) Italia está completamente cubierta de colinas y montañas.

(2) El viaje en tren es una buena manera de conocer a los amistosos italianos.

(3) Los trenes italianos son confortables pero costosos.

(4) En Italia, hay muy pocos viajes en tren verdaderamente hermosos.

(5) Probablemente, algunos viajes en tren sean peligrosos.

71. Según este fragmento, los trenes son el mejor medio de transporte para recorrer Italia porque

(1) son muy veloces y pasan con frecuencia.

(2) sirven deliciosas comidas italianas en el coche comedor.

(3) llegan hasta las áreas más pintorescas.

(4) pueden cruzar con facilidad por todas las montañas escabrosas e inaccesibles.

(5) llegan a todos lados y son económicos.

72. ¿Cómo llega un tren a Sicilia?

(1) No puede porque Sicilia es una isla.

(2) Debe cruzar por el puente Sicilia.

(3) Viaja a lo largo de la costa del Adriático.

(4) Se traslada en un trasbordador.

(5) Va desde Nápoles hasta Brindisi.

73. ¿Qué son "Locarno a Desenzano," "Bolzano a Brennero" y "Mesina a Taormina"?

(1) algunas de las rutas ferroviarias más hermosas de Italia

(2) ciudades costeras de Italia

(3) grandes cadenas montañosas

(4) picos de los Alpes del norte

(5) regiones de Sicilia

CLAVE DE RESPUESTAS

1. (3)	17. (2)	33. (4)	49. (4)	65. (2)
2. (3)	18. (3)	34. (1)	50. (4)	66. (3)
3. (4)	19. (4)	35. (3)	51. (2)	67. (4)
4. (2)	20. (3)	36. (4)	52. (3)	68. (5)
5. (5)	21. (5)	37. (4)	53. (3)	69. (3)
6. (5)	22. (1)	38. (5)	54. (3)	70. (2)
7. (1)	23. (1)	39. (2)	55. (3)	71. (5)
8. (3)	24. (4)	40. (3)	56. (4)	72. (4)
9. (2)	25. (2)	41. (1)	57. (4)	73. (1)
10. (4)	26. (3)	42. (4)	58. (2)	
11. (4)	27. (3)	43. (3)	59. (4)	
12. (2)	28. (2)	44. (4)	60. (1)	
13. (3)	29. (4)	45. (2)	61. (5)	
14. (3)	30. (1)	46. (3)	62. (3)	
15. (1)	31. (5)	47. (1)	63. (1)	
16. (2)	32. (3)	48. (4)	64. (5)	

ANÁLISIS DE ERRORES PARA LAS PREGUNTAS DE LECTURA DE PRÁCTICA

Encierre en un círculo el número de cada pregunta que no respondió correctamente. Cuente la cantidad de círculos de cada área de contenido y escriba el número total de respuestas incorrectas en la columna que dice "Números incorrectos". Un número alto de respuestas incorrectas en un área en particular indica la necesidad de estudiar más sobre esa área.

POR CONTENIDO	PREGUNTAS	NÚMERO INCORRECTO
Teatro y poesía	6, 7, 8, 9, 16, 17, 18, 19, 20, 31, 32, 33, 34, 35, 36, 42, 43, 44, 45, 46, 47, 48, 49, 50, 51, 52, 53, 54, 55, 56, 57	
Ficción	10, 11, 12, 13, 14, 15, 21, 22, 23 24, 25, 58, 59, 60, 61, 62, 63, 64, 65, 66, 67, 68, 69	
No ficción	1, 2, 3, 4, 5, 26, 27, 28, 29, 30, 70, 71, 72, 73, 74	
Documentos relaciona-dos con el ámbito de trabajo y la comunidad	37, 38, 39, 40, 41	

EXPLICACIONES DE LAS RESPUESTAS

1. **La respuesta correcta es la (3).** Douglass usa el tiempo presente e indica que la esclavitud aún existe. La esclavitud se abolió en Estados Unidos justo después de la Guerra de Secesión.

2. **La respuesta correcta es la (3).** Él convirtió a los niños en maestros y ellos le enseñaron a leer.

3. **La respuesta correcta es la (4).** Estos párrafos se refieren al aprendizaje de la lectura.

4. **La respuesta correcta es la (2).** Douglass explica la razón en la primera oración del tercer párrafo.

5. **La respuesta correcta es la (5).** La oración final se refiere al deseo personal de Douglass.

6. **La respuesta correcta es la (5).** La persona que escribe se presenta a través de algunas informaciones: dice su nombre, su lugar de trabajo, el nombre del colegio en el que trabaja, sus funciones, la ubicación del colegio, la distancia de ese lugar, el nombre de la capital del país. Entonces se puede ver que : ella es profesora del CMSFQ y que este colegi está ubicado en Cumbayá.

7. **La respuesta correcta es la (1).** La palabra respectivamente asigna la información a cada uno de los niveles. Así se deduce que el nivel I está programado para 80 horas de clase y para el nivel II, 160 horas. Las otras opciones contienen errores de información, ninguna de ellas es verdadera.

8. **La respuesta correcta es la (3).** En la oración 6 se menciona "Le journal" como una emisión de contacto auténtico y real. En la oración 7 se toma la palabra autenticidad y se añade la rapidez de las presentaciones. La persona que escribe dice que estas dos características podrían atemorizar a los estudiantes pero que serviría como un buen ejercicio de comprensión de palabras o de vocabulario sobre ciertos temas.

9. **La respuesta correcta es la (2).** La persona que escribe dice que hay dos partes importantes en la emisión "7 jours sur la planete": la presentación oral y la escrita. Lo que quiere decir, aunque no de manera explícita, que la importancia de tener dos vías de comprensión es importante en el aprendizaje de un idioma extranjero.

10. **La respuesta correcta es la (4).** Al leer la oración 11 con detenimiento se puede comprender que la profesora que escribe esta carta considera a la música un excelente medio pedagógico que motivaría a sus estudiantes.

11. **La respuesta correcta es la (4).** Hay varias pistas que indican que esta escena sucede en un barco, como el uso de "señor" cuando se dirige a Larsen, la referencia a la cortesía marina de rigor y la descripción de Johansen como "primer oficial".

12. **La respuesta correcta es la (2).** Larsen es el líder y tiene autoridad sobre Johnson, tal como éste admite. No sabemos exactamente cuál es el rango de Larsen, aunque podemos inferir que es el capitán. No actúa ni habla como un oficial de policía que está en servicio.

13. **La respuesta correcta es la (3).** Sabemos que Hump tiene sentimientos sólidos porque dio razones implacables en contra de Larsen. No es un cobarde porque aparentemente es peligroso discutir con Larsen. Pero, a pesar de esto, podemos inferir que Hump no es un hombre fuerte ya que no defiende a Johnson en la pelea.

14. **La respuesta correcta es la (3).** Hump dice que Larsen es un pobre hombre porque "no tiene sueños ni ideales". Por

lo tanto, Larsen no puede ser un idealista. No sabemos si Larsen tiene dinero o no, o si sus impermeables no valen nada.

15. **La respuesta correcta es la (1).** La alternativa (2) es parcialmente correcta, pero es sólo una parte del sistema de vida de Larsen. Él podría admitir que se equivocó, si esa confesión no lo pusiera en peligro. Definitivamente, los ideales de nobleza no tienen ningún sentido para él. Por lo tanto, la alternativa (1) resume todas sus creencias.

16. **La respuesta correcta es la (2).** Las otras tres respuestas son parcialmente correctas, pero la alternativa (2) es completamente verdadera. Larsen es bruto, pero no es estúpido. Es intelectual, pero no es indulgente. Es severo, pero no es amable. Tiene una opinión muy pobre sobre los hombres y, por lo tanto, es cínico. Es obvio que es un hombre cruel.

17. **La respuesta correcta es la (2).** La parte subrayada es una metáfora o comparación de los labios con un fruto de color rojo: la fresa. También podría decirse que le da otra característica a los labios: la dulzura, pero esta opción no existe por lo tanto la única correcta es la 2.

18. **La respuesta correcta es la (3).** Aunque la palabra olvidada está junto a vaso, al leer con atención el verso, se deduce que en el vaso está marchitándose una flor. Por lo tanto, la flor ha sido olvidada o dejada en un vaso.

19. **La respuesta correcta es la (4).** La tercera estrofa comienza con el verbo piensa (la princesa) en el príncipe. Más adelante, completa la idea con tres alternativas: (piensa en) el rey, el soberano, el dueño. Esta actitud propia de los enamorados se interpreta como: pensar o esperar al príncipe azul.

20. **La respuesta correcta es la (3).** En los versos 22 al 24, se explica el deseo de ser golondrina y ser mariposa, es decir, tener alas. Los versos dicen: ir al sol..., saludar a los lirios..., perderse en el viento...

21. **La respuesta correcta es la (5).** El verso repite la palabra flores y flor para referirse, de manera poética, a las flores como personas amigas de otra flor (la princesa), porque ella está encerrada, triste, pensativa. La princesa ha sido reemplazada, a través de una metonimia, por la palabra flor.

22. **La respuesta correcta es la (1).** La palabra clave en la tercera oración es "desembarcaron".

23. **La respuesta correcta es la (1).** El sentimiento es de pena y dolor por los soldados caídos en ambos bandos.

24. **La respuesta correcta es la (4).** La cantidad de muertos y la presencia de los disparos constantes indican que la batalla ocurre desde hace algún tiempo.

25. **La respuesta correcta es la (2).** La guerra horroriza y repugna al autor.

26. **La respuesta correcta es la (3).** Todo el fragmento es una expresión de pena acerca de los terribles efectos de la guerra sobre los soldados jóvenes, así como en aquéllos que los siguen.

27. **La respuesta correcta es (3).** Como es declarado en el primer párrafo, éstos son los nombres de óperas que se presentaron esta temporada en el Metropolitano. No hay ninguna mención de obras que se convierten en óperas. Se mencionan los nombres de algunos cantantes famosos en el tercer párrafo del pasaje.

28. **La respuesta correcta es (2).** La tercera frase, del último párrafo, le dice que "pueden oírse muchos idiomas extranjeros" en el Metropolitano, significa que gente de todo el mundo

asisten a las presentaciones de la ópera. Esto también es confirmado por la última frase que le dice que como 14 millones de personas por el mundo escuchan a las transmisiones de la radio de las óperas.

29. **La respuesta correcta es (4).** Los primeros dos párrafos del pasaje le dicen que el tema de ópera puede estar sobre un asesinato de vida real ("Una Tragedia Americana"), aventuras amorosas ("Romeo y Julieta"), las figuras históricas (el gobernante ruso, "Mazeppa"), o artificial fantasía (la poción mágica en "el d'Amore de L'Elisir" o la historia de los niños favoritos de "Cenicienta."). Las óperas a veces son cómicas, a veces tristes, y a veces es sobre eventos reales o la gente. El tercer párrafo muestra que es sobre costumbres que ciertamente son utilizadas.

30. **La respuesta correcta es (1).** Como es afirmado en el segundo párrafo, "Carmen" era una muchacha Gitana que era descrita como "caprichosa", significando que ella era variable e independiente—es decir, en ella no podría confiarse o no podría tomarse en serio. Mientras ella era probablemente bonita, esto no se declara en el pasaje, así que la respuesta mejor escogida es (1). Recuerde, a menos que algo se declara directamente o indirectamente de manera clara en el pasaje, no es la respuesta correcta.

31. **La respuesta correcta es (5).** En un musical de Broadway, como "los Gatos", o "La Historia del Oeste", no es tan diferente de algunas óperas que son los trabajos musicales con canciones que cuentan una historia. La opción (1) es incorrecta, porque una obra de Shakespeare le falta probablemente la música. La opción (2) es incorrecta porque cantar está normalmente ausente en los conciertos orquestales. La opción (3) está equivocada porque lo involucra a usted haciendo algo usted mismo, en lugar de mirar a alguien más quien lo realiza. La opción (4) es incorrecta, porque la poesía tendría que ser cantada, no leída, para el evento para parecerse una ópera.

32. **La respuesta correcta es la (3).** "Las manecillas" siguen su curso y el tiempo sigue avanzando indiferentes al "dolor" del narrador. La alternativa 5, aunque temáticamente justa, es incorrecta porque es demasiado general y no explica cómo el pasaje del tiempo afecta el narrador.

33. **La respuesta correcta es la (4).** El narrador está a la escucha de lo que ocurre a su alrededor; en el contexto de su añoranza, interpreta los sonidos como su amorosa que ya llega. Al igual que la brisa que sopla, los pasos de su amada son discretos y leves. La alternativa 3 también podría ser correcta pero es demasiado general.

34. **La respuesta correcta es la (1).** El poema trata de la espera del narrador. Aunque sea de "corta" duración, el narrador nota la "ausencia" de su amorosa; tan grande es su impaciencia que siente que le "va a matar" (línea 3). La indiferencia del tiempo hacia su dolor es una metáfora que a menudo se usa para expresar la pasión. La alternativa 3 es incorrecta por razones temáticas: el narrador añora a su amorosa pero no parece preocupado por sus andares. La alternativa 4 podría ser correcta porque "Me va a matar" bien podría ser una metáfora de tristeza, pero mejor se interpreta como una metáfora de impaciencia y pasión.

35. **La respuesta correcta es la (3).** Es probable que el poeta finalizó su poema esta repetición con la intención de realzar su sentimiento de impaciencia. La alternativa 2 es incorrecta porque toma en cuenta el

efecto de repetición, pero la palabra misma.

36. **La respuesta correcta es la (4).** El poeta siente que su amorosa pronto volverá ("tu corta ausencia" en la línea 3). Puede que esté esperando en vano, pero decide esperar de todas formas y nos lo deja saber en el título, la temática general y la repetición que usa al final del peoma.

37. **La respuesta correcta es la (4).** Cada vez que escucha el latido de su corazón, se da cuenta que el tiempo sigue pasando; y esto va acompañado con la pérdida de vida. Al estar sin su amorosa, el sentimiento de vejez es más intenso con cada "latido del corazón".

38. **La respuesta correcta es la (5).** El objetivo es dejar en claro cuáles son las reglas, o los actos lícitos, cuando usted estaciona su automóvil en este garaje. Ya que los automóviles en malas condiciones de funcionamiento, los camiones y las furgonetas no pueden estacionarse en este lugar, las alternativas (3) y (4) son claramente incorrectas. Debido a que el contrato de arrendamiento establece que no se responsabiliza por los daños ocasionados a los automóviles, la alternativa (2) es incorrecta. A pesar de que el contrato sí establece la tarifa, la alternativa (1) tampoco es correcta ya que es una descripción incompleta sobre lo que el contrato abarca.

39. **La respuesta correcta es la (2).** La sección 4 establece que no se puede guardar camiones en este garaje. No se mencionan excepciones, por lo tanto la alternativa (2) es la única respuesta apropiada.

40. **La respuesta correcta es la (3).** La sección 6 indica que el garaje "no se responsabilizará por los daños que sufriera el vehículo estacionado o lo que éste contenga". En consecuencia, solamente Miguel será responsable por la pérdida.

41. **La respuesta correcta es la (1).** La segunda afirmación establece que el costo es de $1200.00 por año, pagaderos a razón de $100 al comienzo de cada mes. La sección 5 establece que las tarifas pueden aumentar. Por lo tanto, la alternativa (1) es la respuesta apropiada.

42. **La respuesta correcta es la (4).** Según el contrato, Damián solamente puede guardar su propio automóvil en ese lugar. Ya que ningún punto establece que él no puede estacionar un automóvil alquilado, debería poder hacerlo si puede probar ante el dueño del garaje que el automóvil alquilado es de él y no de otra persona. Las otras alternativas claramente violan las reglas establecidas.

43. **La respuesta correcta es la (3).** Inmediatamente después del título: las campanas, inicia el poema refiriéndose precisamente a esa campanas. Además, la palabra oír, enfatiza la relación del pronombre con el nombre reemplazado.

44. **La respuesta correcta es la (4).** Al igual que las campanas, el rumor..., el murmullo... y el balido... son elementos de la naturaleza que se perciben por el oído. Aunque la fuente y el cordero son elementos concretos, no se refiere a ellos sino a su vida, a su movimiento. El viento no se ve pero se oye y se siente.

45. **La respuesta correcta es la (2).** El primer rayo del alba es el primer rayo o claridad de un nuevo día. A esa hora cantan los pájaros como saludando a la vida. Igualmente las campanas, suenan muy temprano en la mañana para llamar al pueblo a la iglesia o para dar la hora del día.

46. **La respuesta correcta es la (3).** La presencia de la palabra prolongándose

expresa que las notas o la melodía de las campanas se extienden o hacen eco en el espacio: los valles y los cerros. Las palabras: se quedan, se detienen, se esfuman, y desaparecen son exactamente lo contrario de prolongarse.

47. **La respuesta correcta es la (1).** El poema termina de igual manera que inicia: con la referencia directa a las campanas a las que ha descrito y comparado a través de todo el texto. Las campanas son vistas como elementos de alegría y de sonido. Además en este verso, son tratadas como personas.

48. **La respuesta correcta es la (4).** Undershaft es un fabricante de cañones. Por la forma en la que Lady Britomart dijo "¡¡¡Charles!!!", bien podría ser una esposa nerviosa, pero ya que no contamos con más información, también podría ser su madre o una tía severa.

49. **La respuesta correcta es la (4).** Es hipócrita porque lo degrada y al mismo tiempo reconoce su necesidad.

50. **La respuesta correcta es la (4).** Undershaft cuenta cómo bailaba en las calles por peniques, lo que indica que vivió una niñez pobre.

51. **La respuesta correcta es la (2).** Podemos inferir que "paparruchada" significa "sin sentido" a partir de la frase "por otra parte", ya que indica que "paparruchada" debe contrastar con la descripción que le sigue. Aunque pueden ser ciertas las *paparruchadas* sobre el Ejército de Salvación, sigue siendo una religión.

52. **La respuesta correcta es la (3).** Como miembro del Ejército de Salvación, Bárbara está a cargo de un refugio para indigentes o marginados. Obviamente, ella está interesada en hacer el bien.

53. **La respuesta correcta es la (3).** Es mundialmente conocido que las palabras Wall Street se refieren al punto más importante de los negocios de Valores en New York. Es el nombre de una calle pero eso no tiene ninguna importancia cuando se habla de alza o de baja, siempre se referirá a los resultados diarios de la situación económica de las principales empresas internacionales.

54. **La respuesta correcta es la (3).** Así como se habla de Dow Jones, en la Bolsa de New York, también se utiliza el Nikkei como índice que marca el movimiento económico diario de las grandes empresas de diferentes países. Es motivo de preocupación de grandes inversionistas los resultados diarios de la Bolsa porque en ella se juegan enormes capitales. De esos resultados dependen las ventas, las ganancias o las quiebras empresariales. Inclusive comentarios malintencionados o escándalos de corrupción de presidentes o gerentes de esas empresas, como fue el caso de la Boing, pueden alterar esos índices económicos.

55. **La respuesta correcta es la (3).** Las palabras: corriente, ardiente, agonizante e importante, no son válidas porque no demuestran la continuidad o persistencia del impacto. Se puede calificar de persistente aquello que es continuo, frecuente.

56. **La respuesta correcta es la (4).** La oración 11 presenta un caso contrario al descrito por la oración 10. Mientras que las empresas Canon, Olympus y Toyota habían visto caer sus títulos o valores comerciales, la NTT vio progresar los suyos en un 4.14% solamente al anunciar un alza de sus ventas y beneficios para el año 2006.

57. **La respuesta correcta es (4).** El segundo párrafo nos dice que la casa "se había construido en los malecones de concreto, como los cortos y gordos zancos."

58. **La respuesta correcta es (2).** El tercer párrafo nos dice que el barco era normalmente era guardado bajo la casa. Desde que el trabajo estaba avanzando, usted puede deducir que probablemente fue quitado para sacarlo de alguna manera. El aislamiento desechado estaba en el basurero, según el segundo párrafo, y no hay apoyo por las otras opciones de la respuesta.

59. **La respuesta correcta es (4).** Mientras varios de los títulos parecen tener alguna relación con el relato, la opción mejor es (4), "Un Proyecto Interrumpido." El relato está sobre un proyecto de la reparación que se interrumpió, o se detuvo, debido a la lesión sufrida por el carpintero, Mike. La opción (2) está relacionada pero no es el problema central, opción (3) es demasiado no específico, y la opción (5) no tiene nada que ver con el pasaje. Recuerde, el título tiene que ser una declaración general total sobre el relato entero, no sólo un aspecto de el.

60. **La respuesta correcta es (1).** En este pasaje, *instalar* significa colocar, establecer o poner algo. Por ejemplo, instalar un fregadero quiere decir colocarlo, conectarlo para que se pueda ser usado. Otro uso de la palabra *instalar* es cuando se usa con respecto a las personas; una persona puede ser *instalada* o puede colocarse en un trabajo, en una posición (es decir, como a través de una cita presidencial), o en un lugar particular, como una oficina. Las otras opciones no están relacionadas o son opuestas en significando.

61. **La respuesta correcta es (5).** La idea es que la nueva fontanería no puede instalarse hasta que el trabajo de carpintería este completo, puesto que la casa necesita ser nivelada primero. (Vea el séptimo párrafo.) Por consiguiente, opción (4) es incorrecta. Las opciones (2) y (3) son incorrectas porque ellos no contestan la pregunta, y tampoco resolvería el problema que es conseguir la cabaña utilizable por verano. Probablemente, si ellos hubieran sido capaces de hacer las reparaciones ellos mismos, Rob y Sally no habrían contratado a Mike el carpintero para empezar, así la opción (1) también es incorrecta.

62. **La respuesta correcta es (3).** Cuando algo parece *desnudo* significa que está despojado, o descubierto. En este caso, el carpintero había quitado el armazón alrededor del fondo de los limites de la casa que es un techado decorativo usado para espacios abiertos. Por consiguiente, el levantamiento del armazón había hecho parecer la casa parecer *desnuda y triste*, o descubierto y con apariencia sin acabar.

63. **La respuesta correcta es (1).** La decimoquinta frase del pasaje dice que Ann Eliza compró a su hermana un "reloj de níquel redondo."

64. **La respuesta correcta es (5).** La emoción general y ansiedad expresadas con respecto a la compra de un reloj como un regalo de cumpleaños de una hermana a la otra, nos dice que era un evento grande y que ellos tenían poco dinero de sobra. La mención es echa del hecho que ellas ahora pueden permitirse el lujo de ahora apenas celebrar la Navidad, significa que ellos no podrían comprar obsequios o regalos en las fiesta especiales. Ellas no podían vivir con el ingreso que ellos tenían, así que tuvieron que vender el reloj de su madre. Todos estos hechos sugieren que, aunque ellas tenían una casa en donde vivir, estas hermanas estaban esforzándose financieramente.

65. **La respuesta correcta es (2).** Las últimas dos frases del pasaje le dicen a usted que ella sentía que era un gasto innecesario. Evelina dice "Nosotras pudimos estar bien sin el". A ella probablemente le gusto el reloj, ciertamente no tenía ningún otro regalo en mente, y no fue despreciado. Ella simplemente era una persona modesta quien no estaba acostumbrada a utilizar muchas cosas debido a su pobreza.

66. **La respuesta correcta es (3).** El tercer párrafo menciona que Ann Eliza tenía un impulso para abrazar a su hermana ("ella coloco sus brazos") pero se contuvo por su "emoción reprimida habitualmente," pensando que ella normalmente no mostraba expresiones de afecto. Pero el pasaje entero hace pensar en una cariñosa, relación afectuosa entre las hermanas, sin señales de formalidad, hostilidad, tensión o distancia entre ellas.

67. **La respuesta correcta es (4).** La palabra *reprochó* significa censura, culpa, o desaprobación de una persona a alguien. En el contexto aquí, Ann Eliza *reprochó* a su hermana por no estar más animada acerca de su regalo, pero reconoció la razón y así no estuvo verdaderamente enfadada ("su reproche no tenía ninguna aspereza"). La opción (1), *vino cerca*, es un sinónimo para una palabra diferente, *se acercó*.

68. **La respuesta correcta es (5).** La mejor respuesta es que esa pobreza necesariamente no hace a una persona menos amorosa o generosa. En la historia, las hermanas eran pobres, pero todavía parecía amorosas y gentiles. No había ninguna señal de efectos malos, extravagancia, o insensibilidad debido a su pobreza. La opción (3) es incorrecta porque excede o exagera el caso.

69. **La respuesta correcta es la (3).** La crítica cinematográfica habla sobre conocer Italia en tren, el cual se describe como un medio de transporte cómodo y práctico.

70. **La respuesta correcta es la (2).** El escritor indica en el segundo párrafo que los agradables trenes italianos son una buena oportunidad para conocer a la gente del lugar.

71. **La respuesta correcta es la (5).** El segundo párrafo de esta crítica afirma que los trenes son "baratos, prácticos y llegan a todos lados". No se hace mención al hecho de que sean rápidos, pasen con frecuencia, sirvan comida o sean la mejor manera de llegar a áreas pintorescas o rurales.

72. **La respuesta correcta es la (4).** En el cuarto párrafo, en la descripción del viaje desde Nápoles a Siracusa, se menciona que el tren va "sobre un trasbordador" en el transcurso del viaje a Sicilia. No se menciona un puente.

73. **La respuesta correcta es la (1).** Según se muestra en la película y de acuerdo a lo descrito por el crítico, éstos son algunos ejemplos de las hermosas rutas ferroviarias de las que un turista puede disfrutar en Italia. Esto se menciona en el cuarto y en el quinto párrafo de esta crítica.

PARTE VII

REPASO DE MATEMÁTICAS

CAPÍTULO 9   Todo sobre la Prueba de
Matemáticas de GED

Todo sobre la Prueba de Matemáticas de GED

RESUMEN

- Revisar fracciones, decimales y porcentajes
- Aprender un método fácil para multiplicar y dividir
- Explorar potencias y raíces
- Revisar las tablas de medidas
- Mejorar la estadística y probabilidades, gráficas y remuneraciones
- Revisar álgebra, geometría y trigonometría
- Practicar las destrezas con preguntas de matemáticas

CONSEJOS PRÁCTICOS

Para mejorar las destrezas en matemáticas, es muy fácil practicar diariamente de manera informal.

Por ejemplo, cuando compre unos artículos en una tienda de comestibles o de ropa, puede sumar mentalmente el total antes de llegar a la caja registradora para ver qué tanto se acerca a la cantidad real.

O cuando hace un viaje largo en auto, pregúntese cuánto le cuesta (gasolina, peaje, etc.) y también, cuánto tiempo le tomará el viaje en relación con la velocidad a la que conduce.

Al hacer un vestido o tejer un suéter, calcule cuánto material o hilo necesitará.

En todas éstas y muchas otras ocasiones, piense en términos de usar números y no tendrá problemas al realizar cálculos mentales. Esto le dará confianza y hará que estudiar para pruebas como la de Matemáticas de GED sea mucho más fácil.

PRESENTACIÓN DE LA PRUEBA DE MATEMÁTICAS DE GED

Las preguntas en la Prueba de Matemáticas GED se basan en lecturas breves o en gráficas, cuadros, tablas o diagramas.

Se pondrá énfasis en un nivel mayor de pensamiento (aplicaciones, análisis y evaluación) así como también la capacidad para resolver problemas. Se prestará atención especial en las situaciones reales dentro de contextos tales como el hogar, el consumidor, la educación cívica y el lugar de trabajo. Muchas soluciones requerirán soluciones de varios pasos.

Algunas veces, un problema no brindará la información suficiente para resolverlo. En dicho caso, la respuesta será "no se da suficiente información". Y otras, habrá información innecesaria, por lo que debe leer detenidamente el problema.

La Prueba de Matemáticas estará dividida en dos partes. En la primera parte podrá usar una calculadora científica que se le entregará al momento de la prueba. Ésta será un modelo Casio fx-260 Solar. Se le dará una hoja de instrucciones que explicará cómo usarla y un tiempo corto para que la conozca bien.

En esta sección se presentan ejercicios y útiles y cada una de las principales destrezas necesarias para responder a las preguntas de la Prueba de Matemáticas de GED.

INTRODUCCIÓN AL USO DE LA CALCULADORA

Puesto que en la mitad de las preguntas de matemáticas del GED se le permitirá usar calculadora, es importante que conozca su uso. Los problemas típicos en que la calculadora puede ser útil para responder más rápidamente a una respuesta pueden incluir:

1 Suma de decimales: $\$12.34 \ + \ 5.67 \ + \ 890.12 \ + \ 3.45 \ =$

2 Suma de fracciones: $12\frac{3}{4} + 5\frac{6}{7} =$

3 Calculo de raíces cuadradas: $\sqrt{8}$

La siguiente sección es una introducción a la calculadora donde se explicará:

1 Cómo comenzar a usar la calculadora;

2 Cuáles son las *teclas más importantes* que deberá conocer para la prueba.

Importante:

La calculadora será una ayuda al presentar la Parte 1 de la Prueba de Matemáticas de GED. Sin embargo, usarla puede ser difícil y requiere que comprenda completamente sus operaciones. Practique usar la calculadora en los ejercicios de aplicación y práctica a continuación, así como también en los problemas de la prueba real de este libro. Es importante que conozca las características individuales y que aprenda a usarla de manera eficaz para resolver problemas. Mientras más practique, más éxito tendrá en dominar la parte de matemáticas del GED.

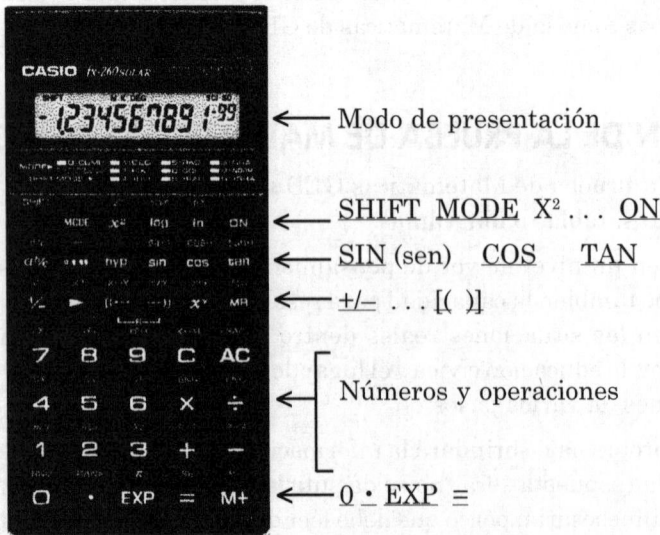

← Modo de presentación

SHIFT MODE X² ... ON

SIN (sen) COS TAN

+/– ... [( )]

Números y operaciones

0 · EXP =

COMENZAR A USAR LA CALCULADORA

Una calculadora científica típica: el modelo Casio fx-260 Solar.

Saber cómo usar las siguientes teclas le ayudará a comenzar a usar la calculadora.

1 La *tecla ON (encendido)* (parte superior derecha): Cuando recién abra la calculadora, la pantalla estará en blanco. Al presionar la tecla ON, aparecerá un "0" en la pantalla y podrá comenzar a usar la calculadora.

2 Las *teclas de números:* 0, 1, 2, 3, 4, 5, 6, 7, 8, 9

3 *Tecla decimal:* Se usa para escribir números decimales como $26.95 ó 3.141592654

4 Tecla *roja "C"* o de corrección: Si comete un error o inadvertidamente presiona un número incorrecto, luego presione la tecla C y borrará el último número de la pantalla. Luego podrá continuar con el cálculo.

5 Tecla de corrección *roja "AC"*: Ésta es la tecla "Borrar todo". Cuando haya completado un cálculo, luego presione la tecla AC para borrar todos los números de la pantalla y dejar sólo el "0". Ya puede empezar el siguiente cálculo.

Conocer las teclas importantes de la calculadora

Ahora está listo para comenzar a realizar cálculos básicos con la calculadora.

La calculadora tiene muchas teclas con las cuales puede solucionar muchos tipos de problemas. Lo siguiente será lo más útil para dominar el GED.

Nota: En esta sección, cuando vea la palabra, CALCULADORA*, al comienzo de la línea, consulte las teclas de la misma.*

CARACTERÍSTICA DE LA CALCULADORA TECLA A USAR

1. **Suma y resta** CALCULADORA   + , −

     Ejemplo a: 3   +   4   −   5

     Aplicación: CALCULADORA   3   +   4   −   5   =

     Respuesta: 2

     Ejemplo b: (Redondeando una respuesta)

                                     12.3456789 + 8.76 − 5.4321

     Aplicación: CALCULADORA   12.3456789 + 8.76 − 5.4321 =

     Respuesta: 15.6735...*

   Consejo para la prueba: El número completo que aparece en la pantalla es 15.6735789. Sin embargo, cuando escriba la respuesta en la pantalla, necesitará incluir sólo los primeros 4 decimales. Luego redondee según sea necesario.

     a 2 decimales: 15.67~~35~~   15.67

     a 1 decimal: 15.6~~735~~   15.7

     a 0 decimales: 15.~~6735~~   16

2. **Multiplicación y división**

CALCULADORA × , ÷

Ejemplo a: 8 ÷ 2 × 3

Aplicación: CALCULADORA 8 ÷ 2 × 3 =

Respuesta: 12

Ejemplo b: (Orden de la operación)

3 × 4 + 5 − 8 ÷ 2

Aplicación: CALCULADORA 3 × 4 + 5 − 8 ÷ 2 =

Respuesta: 13

CALCULADORA*Nota: La calculadora Casio fx-260 Solar automáticamente realizará las multiplicaciones y divisiones, *antes* de las sumas y restas.

3. **Números con signos** CALCULADORA N +/-

Ejemplo: 3.87 + (−2.76)

Aplicación: CALCULADORA 3.87 + 2.64 +/- =

Respuesta: 1.23

CALCULADORA*Nota: 1.23 se obtiene al presionar los números individuales y puntos decimales uno a la vez, por ejemplo: 3 . 8 7 + 2 . 6 4 ± =

4. **Pi** CALCULADORA EXP

Ejemplo: π × 4.32

Aplicación: CALCULADORA EXP × 4.32 =

Respuesta: 13.5716…

5. **Paréntesis** CALCULADORA [(N * N)]

Ejemplo a: (2 + 4) (2 + 5)

Aplicación: CALCULADORA (2 + 4) × (2 + 5) =

Respuesta: 42

{Nota: No olvide incluir el signo de "multiplicación", entre los dos paréntesis.}

Ejemplo b: 27 − (60 ÷ 6 + 5)

Aplicación: CALCULADORA 27 − (60 ÷ 6 + 5) =

Respuesta: 12

Ejemplo c: 4 + (6 × 3)

Aplicación 1: CALCULADORA 4 + (6 × 3) =

Respuesta: 22

o bien,

Aplicación 2: CALCULADORA 4 + 6 × 3 =

*Respuesta: 22

(*Nota: El paréntesis *no siempre es necesario*. Aquí, la calculadora fx-260 automáticamente sigue la regla del orden de las operaciones: la multiplicación se realiza antes de la suma.)

6. **N al cuadrado** `CALCULADORA` N X^2

   Ejemplo: 3×5^2

   Aplicación: `CALCULADORA` 3 × 5 X^2 =

   Respuesta: 75

7. **Raíz cuadrada de N** `CALCULADORA` N shift X^2

   Ejemplo: $\sqrt{(4+5)}$

   Aplicación: `CALCULADORA` (4 + 5) shift X^2 =

   Respuesta: **3**

Razones trigonométricas

8. **sin A** `CALCULADORA` A sin

   Ejemplo: $\sin 30°$

   Aplicación `CALCULADORA` 30 sin

   Respuesta: **0.5**

   cos B `CALCULADORA` B cos

   Ejemplo: $\cos 30°$

   Aplicación: `CALCULADORA` 30 cos

   Respuesta: **0.8660...**

   tan C `CALCULADORA` C tan

   Ejemplo: $\tan 30°$

   Aplicación: `CALCULADORA` 30 tan

   Respuesta: **0.5773...**

FÓRMULAS

ÁREA de un:

cuadrado	Área = lado^2
rectángulo	Área = longitud × ancho
paralelogramo	Área = base × altura
triángulo	Área = $\frac{1}{2}$ × base × altura
trapecio	Área = $\frac{1}{2}$ × (base$_1$ + base$_2$) × altura
círculo	Área = π × radio^2; π es aproximadamente igual a 3.14.

PERÍMETRO de un:

cuadrado	Perímetro = 4 × lado
rectángulo	Perímetro = 2 × longitud + 2 × ancho
triángulo	Perímetro = lado$_1$ + lado$_2$ + lado$_3$
CIRCUNFERENCIA de un círculo	Circunferencia = π × diámetro; π es aproximadamente igual a 3.14.

VOLUMEN de un:

cubo	Volumen = lado^3
cuerpo rectangular	Volumen = longitud × ancho × alto
pirámide cuadrada	Volumen = $\frac{1}{3}$ × (lado de la base)^2 × altura
cilindro	Volumen = π × radio^2 × altura; π es aproximadamente igual a 3.14.
cono	Volumen = $\frac{1}{3}$ × radio^2 × altura; π es aproximadamente igual a 3.14.

GEOMETRÍA DE COORDENADAS

distancia entre puntos = $\sqrt{(x_2 - x_1)^2 + (y_2 - y_1)^2}$; (x_1, y_1) y (x_2, y_2) son dos puntos en un plano.

pendiente de una recta = $\frac{(y_2 - y_1)}{(x_2 - x_1)}$; (x_1, y_1) y (x_2, y_2) son dos puntos de la recta.

TEOREMA DE PITÁGORAS

$a^2 + b^2 = c^2$; a y b son catetos y c es la hipotenusa de un triángulo rectángulo.

RAZONES TRIGONOMÉTRICAS

sin (seno) = $\frac{opuesto}{hipotenusa}$ cos (coseno) = $\frac{hipotenusa}{adyacente}$

MEDIDAS DE TENDENCIA CENTRAL

media = $\frac{x_1 + x_2 + ... + x_n}{n}$, donde las x son los valores de los cuales se busca la media y n es la cantidad total de valores para x.

mediana = el valor central para un número impar de datos _ordenados_ y la media de dos valores centrales para un número par de datos _ordenados_.

INTERÉS SIMPLE   interés = capital × razón × tiempo

DISTANCIA   distancia = velocidad × tiempo

COSTO TOTAL   costo total = (número de unidades) × (precio por unidad)

EJERCICIOS DE PRÁCTICA CON LA CALCULADORA

Con la ayuda de la Hoja de fórmulas y su calculadora responda a las siguientes preguntas. Revise sus respuestas en la sección de Explicación de las respuestas que aparece a continuación de estos ejercicios de práctica.

Consejo para la prueba: Intente calcular mentalmente sus respuestas para comprobar si los resultados que obtuvo con la calculadora son razonables y que no presionó inadvertidamente una tecla incorrecta.

1. De compras: Juana fue de compras y gastó $2.15 en pan, $12.93 en carne, $8.36 en verduras y papas y $9.86 en postre. ¿Cuánto gastó en total?
   (1) $21.66
   (2) $31.23
   (3) $33.30
   (4) $41.30
   (5) $52.65

2. Cambio: José le dio al cajero $50 por una comida de $28.92 y un impuesto de $2.39. ¿Cuánto cambio debe recibir?
   (1) $18.69
   (2) $23.47
   (3) $28.69
   (4) $76.53
   (5) $81.31

3. Cuadrar una chequera: Jimena comenzó el mes con $567.89. Durante el mes, ella depositó un total de $520 y giró cheques por un total de $98.76. ¿Cuál era su saldo a fin de mes?
   (1) $50.87
   (2) $146.65
   (3) $989.13
   (4) $1000.00
   (5) $1186.65

4. Circunferencia: La circunferencia del reloj es de 42 pulgadas. Calcule el diámetro en pulgadas.
   (1) 7.5
   (2) 13.4
   (3) 38.9
   (4) 45.14
   (5) 131.9

5. Distancia entre puntos en una gráfica: Calcule la distancia entre los siguientes puntos de coordenadas: (7,5) y (2, -3).
   (1) 3.6
   (2) 5.4
   (3) 7.9
   (4) 9.4
   (5) 10.6

6. Triángulos rectángulos:

LA PREGUNTA 6 SE REFIERE AL SIGUIENTE DIAGRAMA.

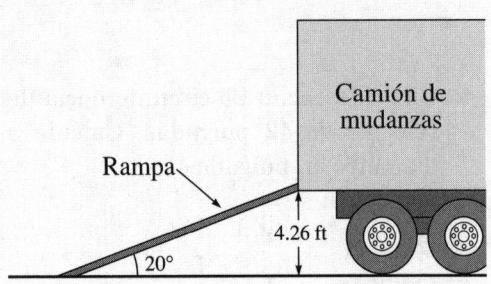

Se coloca una rampa en la parte trasera de un camión en movimiento, a 4.26 pies del suelo (consulte el diagrama). Si el ángulo que se forma con el suelo es de 20°, entonces, ¿cuál es el la longitud de la rampa?

(1) 1.5

(2) 4.5

(3) 10.2

(4) 11.7

(5) 12.5

EXPLICACIONES DE LAS RESPUESTAS A LOS EJERCICIOS DE PRÁCTICA CON CALCULADORA

1. **La respuesta correcta es la (3).** Sume los cuatro artículos.

   CALCULADORA $2.15 + 12.93 + 8.36 + 9.86 =$
   [Respuesta: ella gastó **$33.30**]

   Para hacer una "verificación mental" rápida, redondee el valor de cada artículo al entero más cercano del siguiente modo:

   $2 + 13 + 8 + 10 = 33$ (El cálculo *es cercano a la respuesta*. Bien.)

2. **La respuesta correcta es la (1).** Reste la suma de la comida y del impuesto a $50.00

   CALCULADORA $50.00 - (28.92 + 2.39) =$
   [Respuesta: el cambio es $ **18.69**]

   Como verificación, estime la respuesta redondeando cada artículo al entero más cercano.

   $50 - (29 + 2) = 19$ (El cálculo *es cercano a la respuesta*. Bien.)

3. **La respuesta correcta es la (3).** Al saldo inicial ($ 567.89) sume los depósitos y reste los cheques.

   CALCULADORA $567.89 + 520 - 98.76 =$
   [Respuesta: su saldo es de $ **989.13**]

4. **La respuesta correcta es la (2).** A partir de la hoja de fórmulas, la circunferencia de en círculo, $C = \pi \times diámetro$

   $C = \pi \times d$; Dividir ambos miembros por π : $d = \dfrac{C}{\pi}$

   CALCULADORA $42 \div \text{EXP} =$

   [Respuesta: el diámetro es 13.3690; redondeado a **13.4** pulgadas]

5. **La respuesta correcta es la (4).** A partir de la Hoja de fórmulas, Geometría por

   coordenadas, la distancia entre dos puntos $= \sqrt{\left(X_2 - X_1\right)^2 + \left(Y_2 - Y_1\right)^2}$

   Los dos puntos son: Punto 1 $(X_1, Y_1) = (7,5)$

   Punto 2 $(X_2, Y_2) = (2, -3)$

   (No importa cual de los dos puntos es el Punto 1 ó Punto 2.)

Al sustituir, distancia $= \sqrt{(2-7)^2 + (-3-5)^2}$

CALCULADORA　$[(2-7)X^2 + (3 +/- -5)X^2]$

shift $X^2 =$

[La respuesta es 9.4339; redondeado a **9.4** pulgadas]

6. **La respuesta correcta es la (5).** A partir de la Hoja de fórmulas, Razones trigonométricas, la razón que relaciona el ángulo de 20°, el lado opuesto (4.26) y la hipotenusa (el largo de la rampa, R) es

sen $20° = \dfrac{4.26}{R}$;　Multiplicar ambos miembros por R: R × sen 20° = 4.26

Dividir ambos miembros por sin 20°,

CALCULADORA　　$4.26 \div 20$ sen =

[Respuesta: el largo de la rampa es 12.4554...; redondeado a **12.5** pies]

CÓMO MARCAR LA HOJA DE RESPUESTAS

La hoja de respuestas está dividida en dos partes: en la Parte 1 puede usar calculadora, mientras en la Parte 2 no. Para responder a las preguntas debe rellenar los círculos apropiados que representan la respuesta correcta. Existen tres tipos diferentes de respuestas:

Respuesta tipo 1 (opción múltiple): Éstas son preguntas de formato regular que requieren respuestas de opción múltiple. Debe rellenar el círculo que mejor represente *la opción correcta*: 1, 2, 3, 4 ó 5.

Respuesta tipo 2 (cuadrícula estándar): Éstas son preguntas de formato alterno que exigen que rellene los círculos que representan el *número correcto, incluyendo decimales o signos de división cuando sea apropiado* (por ejemplo, 3.14, 22/7, etc.).

Respuesta tipo 3 (cuadrícula de plano de coordenadas: Éstas son preguntas de formato alterno que exigen que rellene los círculos que representen las *coordenadas de la solución de una ecuación de la gráfica* (por ejemplo, (3,5), (–2,6), etc.).

Ahora veamos ejemplos de *cada tipo de respuesta* mencionada anteriormente y practique anotando las respuestas en la hoja de respuestas.

Problemas de muestra usando las hojas de respuestas de las páginas 443 y 444

PARTE 1 (SE PUEDE USAR CALCULADORA)

Problema de muestra A. Ésta es una pregunta de formato regular y de opción múltiple.

1. Calcule el promedio de los siguientes números: 12.34, 23.45, 32.10
   - (1) 26.23
   - (2) 22.63
   - (3) 36.22
   - (4) 63.22
   - (5) 36.23

La respuesta correcta es la (2).

Problema de muestra B. Ésta es una pregunta de formato alterno y de cuadrícula estándar.

4. El área de una piscina redonda es de 700.0 ft². Calcule el radio. De su respuesta con un decimal.

   Marque la respuesta en los círculos de la cuadrícula de la hoja de respuestas.

La respuesta correcta es 14.9 pies.

Problema de muestra C. Ésta es una pregunta de formato alterno y de cuadrícula de plano de coordenadas.

17. La pregunta 17 se refiere a la siguiente gráfica que muestra el triángulo ABC.

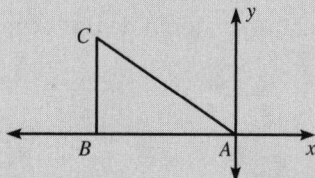

   Si las coordenadas de B son (–5,0), y el ángulo BAC es 38.6°, calcule las coordenadas del punto C. [Redondee las coordenadas al entero más cercano.]

   NO MARQUE EL PUNTO EN LA GRÁFICA ANTERIOR.

   Marque la respuesta en la cuadrícula de plano de coordenadas de la hoja de respuestas.

La respuesta correcta es (-5,4) .

PARTE 2 (NO SE PUEDE USAR CALCULADORA)

Problema de muestra D. Ésta es una pregunta de formato regular y de opción múltiple.

26. ¿Cuánto cambio en dólares debería recibir Juan si se compra una impresora de $59.95 con $100.00?

    (1) $39.95

    (2) $40.05

    (3) $41.10

    (4) $49.95

    (5) $51.15

La respuesta correcta es la (2).

Problema de muestra E. Ésta es una pregunta de formato alterno y de cuadrícula estándar.

31. María realizó una gráfica circular de 24 horas que describe su horario diario.

¿Qué fracción le queda si ya ha programado $\frac{3}{8}$, $\frac{1}{5}$, y $\frac{1}{4}$, de su gráfica?

Marque la respuesta en los círculos de la cuadrícula de la hoja de respuestas.

La respuesta correcta es $\frac{33}{40}$.

Problema de muestra F. Ésta es una pregunta de formato alterno y de cuadrícula de plano de coordenadas.

37. A continuación se entrega un sistema de dos ecuaciones lineales.

$$x \ + \ 3y \ = \ 0$$

$$x \ + \ y \ = \ 4$$

¿Qué punto representa la solución común para este sistema de ecuaciones?

NO ESCRIBA EN ESTE FOLLETO DE PRUEBA.

Marque la respuesta en la cuadrícula de plano de coordenadas de la hoja de respuestas.

La respuesta correcta es (6, –2).

Hoja de respuesta marcada para los problemas de muestra seleccionados

Prueba 5: Matemáticas - Parte 1

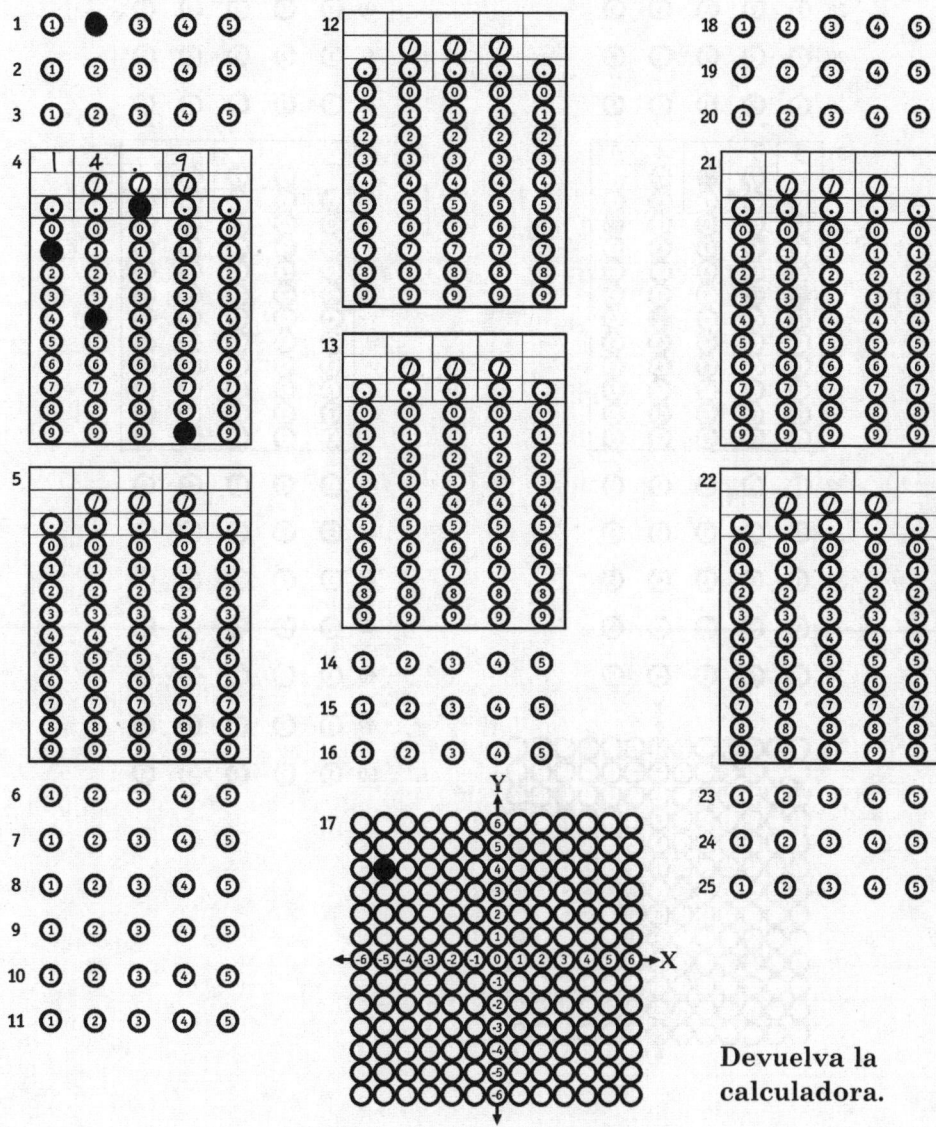

Devuelva la
calculadora.

Prueba 5: Matemáticas - Parte 2

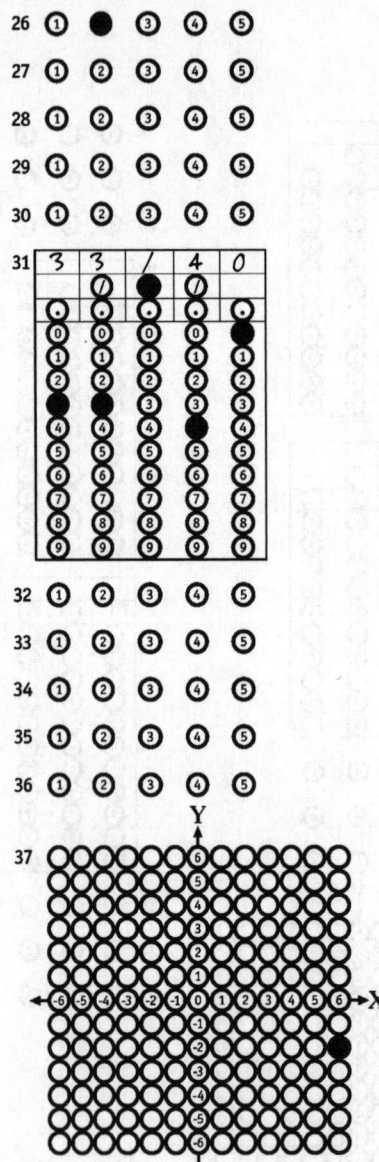

26 ① ● ③ ④ ⑤
27 ① ② ③ ④ ⑤
28 ① ② ③ ④ ⑤
29 ① ② ③ ④ ⑤
30 ① ② ③ ④ ⑤

38 ① ② ③ ④ ⑤
39 ① ② ③ ④ ⑤
40 ① ② ③ ④ ⑤
41 ① ② ③ ④ ⑤
42 ① ② ③ ④ ⑤

32 ① ② ③ ④ ⑤
33 ① ② ③ ④ ⑤
34 ① ② ③ ④ ⑤
35 ① ② ③ ④ ⑤
36 ① ② ③ ④ ⑤

44 ① ② ③ ④ ⑤
45 ① ② ③ ④ ⑤
46 ① ② ③ ④ ⑤
47 ① ② ③ ④ ⑤
48 ① ② ③ ④ ⑤
49 ① ② ③ ④ ⑤
50 ① ② ③ ④ ⑤

FRACCIONES

Fracciones y números mixtos

1. Una **fracción** es parte de una unidad.
   a. Una fracción tiene un **numerador** y un **denominador**.

   Ejemplo

   En la fracción $\frac{3}{4}$, 3 es el numerador y 4 el denominador.

   b. En cualquier fracción, el numerador se divide entre el denominador.

   Ejemplo

   La fracción $\frac{2}{7}$ indica que 2 se divide entre 7.

   c. En un problema de fracciones, la cantidad entera es 1, la cual se puede expresar por medio de una fracción en la que el numerador y el denominador son iguales.

   Ejemplo

   Si el problema involucra $\frac{1}{8}$ de una cantidad, luego la cantidad entera es $\frac{8}{8}$ ó 1.

2. Un **número mixto** es un entero junto a una fracción como $2\frac{3}{5}, 7\frac{3}{8}$, etc. El entero es la parte integral, mientras que la fracción es la parte fraccional.

3. Una **fracción impropia** es aquella en la que el numerador es igual o mayor al denominador, como $\frac{19}{6}, \frac{25}{4}$, ó $\frac{10}{10}$.

4. Para transformar un número mixto en una fracción impropia:
   a. Multiplique el denominador de la fracción por el entero.
   b. Sume el numerador a este producto.
   c. Anote esta suma sobre el denominador de la fracción.

Ejemplo: Transforme $3\frac{4}{7}$ en una fracción impropia.

SOLUCIÓN:
$$7 \times 3 = 21$$
$$21 + 4 = 25$$
$$3\frac{4}{7} = \frac{25}{7}$$

Respuesta: $\frac{25}{7}$

5. Para transformar una fracción impropia en un número mixto:
   a. Divida el numerador entre el denominador. El cociente, sin importar el resto, es la parte del número entero (integral) del número mixto.
   b. Anote el resto, si lo hay, sobre el denominador. Ésta es la parte fraccional del número mixto.

Ejemplo: Transforme $\frac{36}{13}$ en un número mixto.

SOLUCIÓN:
$$13\overline{)36}$$
$$\underline{26}$$
$$10 \text{ residuo}$$

$$\frac{36}{13} = 2\frac{10}{13}$$

Respuesta: $2\frac{10}{13}$

6. El numerador y el denominador de una fracción se pueden transformar multiplicando ambos por el mismo número, sin afectar el valor de ésta.

Ejemplo

El valor de la fracción $\frac{2}{5}$ no se verá alterado si el numerador y el denominador se multiplican por 2, lo que da como resultado $\frac{4}{10}$.

7. El numerador y el denominador de una fracción se pueden transformar dividiendo ambos entre el mismo número, sin afectar el valor de ésta. Este proceso se llama **reducción de la fracción**. Se dice que una fracción que ha sido reducida lo más posible está en su **mínima expresión**.

Ejemplo

El valor de la fracción $\frac{3}{12}$ no se verá alterado si el numerador y denominador se dividen entre 3, lo que da como resultado $\frac{1}{4}$.

Ejemplo

Si $\dfrac{6}{30}$ se reduce a su mínima expresión (al dividir tanto el numerador como el denominador entre 6), el resultado es $\dfrac{1}{5}$.

8. Como respuesta final al problema:

   a. Las fracciones impropias se transforman en números mixtos.

   b. Las fracciones se deben reducir lo más posible.

Suma de fracciones

9. Las fracciones no se pueden sumar a menos que todos los denominadores sean iguales.

   a. Si los denominadores son iguales, sume todos los numeradores y anote esta suma sobre el común denominador. En el caso de números mixtos, siga la regla anterior para las fracciones y luego, sume los enteros.

Ejemplo

La suma de $2\dfrac{3}{8} + 3\dfrac{1}{8} + \dfrac{3}{8} = 5\dfrac{7}{8}$.

   b. Si los denominadores no son iguales, las fracciones, para que se puedan sumar, se deben convertir a aquellas que tengan el mismo denominador. Para hacer esto, primero es necesario hallar el mínimo común denominador.

10. El **mínimo común denominador** (de aquí en adelante llamado M.C.D.) es el número mínimo que se puede dividir en forma equivalente entre todos los denominadores dados. Si dos de los denominadores dados no se pueden dividir entre el mismo número, luego el M.C.D. es el producto de todos los denominadores.

Ejemplo

El M.C.D de $\dfrac{1}{2}, \dfrac{1}{3}$, y $\dfrac{1}{5}$ es $2 \times 3 \times 5 = 30$.

11. Para hallar el M.C.D. cuando dos o más de los denominadores dados se pueden dividir entre el mismo número.

   a. Anote los denominadores, deje mucho espacio entre los números.

   b. Seleccione el número más pequeño (distinto de 1) entre el cual uno o más de los denominadores se puede dividir en forma equivalente.

   c. Divida los denominadores entre este número, copiando aquellos que no se pueden dividir en forma equivalente. Anote este número en un lado.

   d. Repita este proceso, colocando cada divisor a un lado hasta que ya no haya ningún denominador que se pueda dividir en forma equivalente entre ningún número seleccionado.

   e. Para hallar el M.C.D. multiplique todos los divisores.

Ejemplo: Calcule el M.C.D. de $\dfrac{1}{5}, \dfrac{1}{7}, \dfrac{1}{10}$ y $\dfrac{1}{14}$.

SOLUCIÓN:

2)	$\underline{5}$	$\underline{7}$	$\underline{10}$	$\underline{14}$
5)	$\underline{5}$	$\underline{7}$	$\underline{5}$	$\underline{7}$
7)	$\underline{1}$	$\underline{7}$	$\underline{1}$	$\underline{7}$
	1	1	1	1

$$7 \times 5 \times 2 = 70$$

Respuesta: El M.C.D. es 70.

12. Para sumar fracciones que tienen diferentes denominadores:

    a. Calcule el M.C.D. de los denominadores.

    b. Transforme cada fracción en una fracción equivalente que tiene el M.C.D. como su denominador.

    c. Cuando todas las fracciones tienen el mismo denominador, se pueden sumar, como en el ejemplo que sigue al punto 9a.

    Ejemplo: Sume $\dfrac{1}{4}, \dfrac{3}{10}$ y $\dfrac{2}{5}$.

    SOLUCIÓN: Calcule el M.C.D.:

2)	$\underline{4}$	$\underline{10}$	$\underline{5}$
2)	$\underline{2}$	$\underline{5}$	$\underline{5}$
5)	$\underline{1}$	$\underline{5}$	$\underline{5}$
	1	1	1

$$\text{M.C.D.} = 2 \times 2 \times 5 = 20$$

$$\frac{1}{4} = \frac{5}{20}$$

$$\frac{3}{10} = \frac{6}{20}$$

$$+\frac{2}{5} = +\frac{8}{20}$$
$$\overline{\phantom{+\frac{2}{5} = +\frac{8}{}}\frac{19}{20}}$$

Respuesta: $\dfrac{19}{20}$

13. Para sumar números mixtos en los cuales las fracciones tengan denominadores diferentes, sume las fracciones siguiendo las reglas del punto 12 y luego sume los enteros.

    Ejemplo: Sume $2\dfrac{5}{7}, 5\dfrac{1}{2}$ y 8.

SOLUCIÓN: M.C.D. = 14

$$2\frac{5}{7} = 2\frac{10}{14}$$
$$5\frac{1}{2} = 5\frac{7}{14}$$
$$\underline{+\ 8\ } = \underline{+\ 8\ }$$
$$15\frac{17}{14} = 16\frac{3}{14}$$

Respuesta: $16\frac{3}{14}$

Resta de fracciones

14. a. A diferencia de la suma, la cual puede sumar más de dos números al mismo tiempo, la resta involucra sólo dos números.

   b. En la resta, al igual que en la suma, el denominador debe ser el mismo.

15. Para restar fracciones:

   a. Calcule el M.C.D.

   b. Transforme ambas fracciones, de manera que cada una tenga el M.C.D. como denominador.

   c. Reste el numerador de la segunda fracción del numerador de la primera y anote esta diferencia sobre el M.C.D.

   d. Si es posible, reduzca.

Ejemplo: Halle la diferencia entre $\frac{5}{8}$ y $\frac{1}{4}$.

SOLUCIÓN: M.C.D. = 8

$$\frac{5}{8} = \frac{5}{8}$$
$$\underline{-\frac{1}{4}} = \underline{-\frac{2}{8}}$$
$$\frac{3}{8}$$

Respuesta: $\frac{3}{8}$

16. Para restar números mixtos:

   a. Es posible que sea necesario "pedir prestado", de manera que la parte fraccional del primer término sea mayor que la parte fraccional del segundo término.

   b. Reste las partes fraccionales de los números mixtos y reduzca.

   c. Reste los enteros.

Ejemplo: Reste $16\frac{4}{5}$ de $29\frac{1}{3}$.

SOLUCIÓN: M.C.D. = 15

$$29\frac{1}{3} = 29\frac{5}{15}$$
$$-16\frac{4}{5} = -16\frac{12}{15}$$

Tenga presente que $\frac{5}{15}$ es menor que $\frac{12}{15}$. Pida prestado 1 de 29 y transforme en $\frac{15}{15}$.

$$29\frac{5}{15} = 28\frac{20}{15}$$
$$-16\frac{4}{5} = -16\frac{12}{15}$$
$$12\frac{8}{15}$$

Respuesta: $12\frac{8}{15}$

Multiplicación de fracciones

17. a. Para que se puedan multiplicar las fracciones, es necesario que éstas tengan los mismos denominadores.

    b. Un número entero tiene el denominador 1 implícito.

18. Para multiplicar fracciones:

    a. Transforme los números mixtos, si los hay, en fracciones impropias.

    b. Multiplique todos los numeradores y anote este producto sobre el producto de los denominadores.

    c. Si es posible, reduzca.

Ejemplo: Multiplique $\frac{2}{3} \times 2\frac{4}{7} \times \frac{5}{9}$

SOLUCIÓN: $2\frac{4}{7} = \frac{18}{7}$

$$\frac{2}{3} \times \frac{18}{7} \times \frac{5}{9} = \frac{180}{189}$$
$$= \frac{20}{21}$$

Respuesta: $\frac{20}{21}$

19. a. **La cancelación** es una ayuda que facilita la multiplicación. Cancelar significa dividir un numerador y un denominador entre el mismo número en una multiplicación.

Ejemplo

En el problema, $\dfrac{4}{7} \times \dfrac{5}{6}$, el numerador 4 y el denominador 6 pueden ser divididos entre 2.

$$\dfrac{\overset{2}{\cancel{4}}}{7} \times \dfrac{5}{\underset{3}{\cancel{6}}} = \dfrac{10}{21}$$

b. La palabra "de" a menudo se usa para dar el significado de "multiplicar".

Ejemplo

$$\dfrac{1}{2} \text{ de } \dfrac{1}{2} = \dfrac{1}{2} \times \dfrac{1}{2} = \dfrac{1}{4}$$

20. Para multiplicar un número entero por un número mixto:

a. Multiplique el número entero por la parte fraccional del número mixto.

b. Multiplique el número entero por la parte entera del número mixto.

c. Sume ambos productos.

Ejemplo: Multiplique $23\dfrac{3}{4}$ por 95.

$$\dfrac{95}{1} \times \dfrac{3}{4} = \dfrac{285}{4}$$
$$= 71\dfrac{1}{4}$$

SOLUCIÓN: $95 \times 23 = 2185$

$$2185 + 71\dfrac{1}{4} = 2256\dfrac{1}{4}$$

Respuesta: $2256\dfrac{1}{4}$

División de fracciones

21. El **recíproco** de una fracción es dicha fracción invertida.

a. Cuando se invierte una fracción, el numerador se convierte en el denominador y el denominador, en el numerador.

Ejemplo

El recíproco de $\dfrac{3}{8}$ es $\dfrac{8}{3}$.

Ejemplo

El recíproco de $\dfrac{1}{3}$ es $\dfrac{3}{1}$, ó simplemente 3.

b. Ya que cada número entero tiene el denominador 1 implícito, el recíproco de un número entero es una fracción que tiene el 1 como el numerador y el número en sí como el denominador.

Ejemplo

El recíproco de 5 (expresado en fracciones $\dfrac{5}{1}$) es $\dfrac{1}{5}$.

22. Transforme en fracción.

   a. Transforme todos los números mixtos, si los hay, en fracciones impropias.

   b. Invierta la segunda fracción y multiplique.

   c. Si es posible, reduzca.

   Ejemplo: Divida $\dfrac{2}{3}$ entre $2\dfrac{1}{4}$.

$$2\dfrac{1}{4} = \dfrac{9}{4}$$

$$\text{SOLUCIÓN: } \dfrac{2}{3} \div \dfrac{9}{4} = \dfrac{2}{3} \times \dfrac{4}{9}$$

$$= \dfrac{8}{27}$$

   Respuesta: $\dfrac{8}{27}$

23. Una **fracción compleja** es aquella que tiene una fracción como numerador o como denominador, o como ambos.

   Ejemplo

$\dfrac{\frac{2}{3}}{5}$ es una fracción compleja.

24. Para simplificar una fracción compleja:

   a. Divida el numerador entre el denominador.

   b. Si es posible, reduzca.

   Ejemplo: Simplifique $\dfrac{\frac{3}{7}}{\frac{5}{14}}$

SOLUCIÓN:

$$\frac{3}{7} \div \frac{5}{14} = \frac{3}{7} \times \frac{14}{5} = \frac{42}{35}$$

$$= \frac{6}{5}$$

$$= 1\frac{1}{5}$$

Respuesta: $1\frac{1}{5}$

Comparación de fracciones

25. Si dos fracciones tienen el mismo denominador, la que tiene el numerador mayor es la fracción mayor.

   Ejemplo

   $\frac{3}{7}$ es mayor que $\frac{2}{7}$.

26. Si dos fracciones tienen el mismo numerador, la que tiene el denominador mayor es la fracción menor.

   Ejemplo

   $\frac{5}{12}$ es menor que $\frac{5}{11}$.

27. Para comparar dos fracciones que tienen numeradores y denominadores diferentes:
   a. Transforme las fracciones en fracciones equivalentes que tengan el M.C.D. como su nuevo denominador.
   b. Compare, como en el ejemplo que sigue al punto 25.

   Ejemplo: Compare $\frac{4}{7}$ y $\frac{5}{8}$.

   SOLUCIÓN: M.C.D. = 7 × 8 = 56

   $$\frac{4}{7} = \frac{32}{56}$$
   $$\frac{5}{8} = \frac{35}{56}$$

   Respuesta: Ya que $\frac{35}{56}$ es mayor que $\frac{32}{56}$, $\frac{5}{8}$ es menor que $\frac{4}{7}$.

Problemas de fracciones

28. La mayoría de los problemas de fracciones se pueden arreglar en la forma: "¿Qué fracción de un número es otro número?" Esta forma contiene tres partes importantes:

    - La parte fraccional
    - El número que sigue a "de"
    - El número que sigue a "es"

    a. Si se dan la fracción y el número "de", multiplíquelos para encontrar el número "es".

    Ejemplo: ¿Qué es $\frac{3}{4}$ de 20?

    SOLUCIÓN: Anote las preguntas como "¿ $\frac{3}{4}$ de 20 es cuál número?" Luego

    multiplique la fracción $\frac{3}{4}$ por el número "de", 20:

    $$\frac{3}{\overset{}{\underset{1}{4}}} \times \overset{5}{20} = 15$$

    Respuesta: 15

    b. Si se dan la parte fraccional y el número "es", divida el número "es" entre la fracción para calcular el número "de".

    Ejemplo: ¿ $\frac{4}{5}$ de qué número es 40?

    SOLUCIÓN: Para calcular el número "de", divida 40 entre $\frac{4}{5}$:

    $$40 \div \frac{4}{5} = \frac{\overset{10}{40}}{1} \times \frac{5}{\underset{1}{4}}$$
    $$= 50$$

    Respuesta: 50

    c. Para calcular la parte fraccional cuando los otros dos números son conocidos, divida el número "es" entre el número "de".

    Ejemplo: ¿Qué parte de 12 es 9?

SOLUCIÓN:

$$9 \div 12 = \frac{9}{12}$$
$$= \frac{3}{4}$$

Respuesta: $\frac{3}{4}$

Ejercicios de práctica con fracciones

1. Reduzca a su mínima expresión: $\frac{60}{108}$.

(1) $\frac{1}{48}$

(2) $\frac{1}{3}$

(3) $\frac{20}{39}$

(4) $\frac{10}{18}$

(5) $\frac{5}{9}$

2. Transforme $\frac{27}{7}$ en un número mixto.

(1) $2\frac{1}{7}$

(2) $3\frac{6}{7}$

(3) $6\frac{1}{3}$

(4) $7\frac{1}{2}$

(5) 8

3. Transforme $4\frac{2}{3}$ en una fracción impropia.

(1) $\frac{10}{3}$

(2) $\frac{11}{3}$

(3) $\frac{14}{3}$

(4) $\frac{42}{3}$

(5) $\frac{49}{3}$

4. Calcule el M.C.D. de $\frac{1}{6}, \frac{1}{10}, \frac{1}{18}$ y $\frac{1}{21}$.

(1) 160

(2) 330

(3) 630

(4) 1260

(5) 1420

práctica

5. Sume $16\frac{3}{8}$, $4\frac{4}{5}$, $12\frac{3}{4}$ y $23\frac{5}{6}$.

    (1) $57\frac{91}{120}$

    (2) $57\frac{1}{4}$

    (3) 58

    (4) 59

    (5) 60

6. Reste $27\frac{5}{14}$ de $43\frac{1}{6}$.

    (1) $15\frac{1}{48}$

    (2) $15\frac{7}{21}$

    (3) $15\frac{9}{21}$

    (4) $15\frac{17}{21}$

    (5) 17

7. Multiplique $17\frac{5}{8}$ por 128.

    (1) 2200

    (2) 2205

    (3) 2240

    (4) 2256

    (5) 2400

8. Divida $1\frac{2}{3}$ entre $1\frac{1}{9}$.

    (1) $\frac{2}{3}$

    (2) $1\frac{1}{2}$

    (3) $1\frac{23}{27}$

    (4) 6

    (5) $7\frac{23}{27}$

9. ¿Cuál es el valor de

$$12\frac{1}{6} - 2\frac{3}{8} - 7\frac{2}{3} + 19\frac{3}{4}?$$

    (1) 21

    (2) $21\frac{7}{8}$

    (3) $21\frac{8}{9}$

    (4) 22

    (5) 23

10. Simplifique la fracción compleja $\dfrac{\frac{4}{9}}{\frac{2}{5}}$.

    (1) $\frac{1}{2}$

    (2) $\frac{9}{10}$

    (3) $\frac{2}{5}$

    (4) $1\frac{8}{9}$

    (5) $1\frac{1}{9}$

práctica

11. ¿Cuál es la fracción mayor?

(1) $\dfrac{9}{16}$

(2) $\dfrac{7}{10}$

(3) $\dfrac{5}{8}$

(4) $\dfrac{4}{5}$

(5) $\dfrac{3}{4}$

12. Una varilla de bronce mide $3\dfrac{5}{16}$ pulgadas de largo y otra, mide $2\dfrac{3}{4}$ pulgadas. Juntas su largo es

(1) $\dfrac{9}{16}$

(2) $5\dfrac{1}{8}$

(3) $6\dfrac{1}{16}$

(4) $7\dfrac{1}{16}$

(5) $7\dfrac{1}{8}$

13. El número de paquetes de té de media libra que se puede pesar de una caja que contiene $10\dfrac{1}{2}$ lb de té es

(1) 5

(2) $10\dfrac{1}{2}$

(3) $20\dfrac{1}{2}$

(4) 21

(5) $21\dfrac{1}{2}$

14. Si cada bolsa de fichas pesa $5\dfrac{3}{4}$ libras, ¿cuántas libras pesan 3 bolsas?

(1) $7\dfrac{1}{4}$

(2) $15\dfrac{3}{4}$

(3) $16\dfrac{1}{2}$

(4) $17\dfrac{1}{4}$

(5) $17\dfrac{1}{2}$

15. Durante una semana, un hombre viajó $3\frac{1}{2}$, $1\frac{1}{4}$, $1\frac{1}{6}$ y $2\frac{3}{8}$ millas. A la semana siguiente, viajó $\frac{1}{4}$, $\frac{3}{8}$, $\frac{9}{16}$, $3\frac{1}{16}$, $2\frac{5}{8}$ y $3\frac{3}{16}$ millas. ¿Cuántas millas más viajó la segunda semana con respecto a la primera?

(1) $1\frac{37}{48}$

(2) $2\frac{1}{2}$

(3) $2\frac{3}{4}$

(4) 3

(5) $3\frac{5}{8}$

16. Cierto tipo de tabla se vende solamente en longitudes de múltiplos de 2 pies. La tabla más corta que se vende es de 6 pies y la más larga de 24 pies. Un constructor necesita una cantidad mayor de este tipo de tabla en longitudes de $5\frac{1}{2}$ pies. Para desperdiciar el mínimo, las longitudes que se deben encargar serán

(1) 6 pies
(2) 12 pies
(3) 22 pies
(4) 24 pies
(5) 26 pies

17. Un hombre gastó $\frac{15}{16}$ de su fortuna total en comprar un auto de $7500. ¿Cuánto dinero poseía?

(1) $6000
(2) $6500
(3) $7000
(4) $7500
(5) $8000

18. La población de una ciudad fue de 54,000 habitantes en el último censo. Ha aumentado $\frac{2}{3}$ desde entonces. Su población actual es de

(1) 18,000
(2) 36,000
(3) 72,000
(4) 80,000
(5) 90,000

19. Si un tercio del contenido líquido de una lata se evapora el primer día y los tres cuartos del resto se evapora el segundo día, la parte fraccional del contenido original restante al final del segundo día es

(1) $\frac{5}{12}$

(2) $\frac{7}{12}$

(3) $\frac{1}{6}$

(4) $\frac{1}{2}$

(5) $\frac{3}{4}$

20. Un auto funciona hasta que el tanque de gasolina esté $\frac{1}{8}$ lleno. Luego, se llena el tanque hasta el máximo, poniéndole 14 galones. La capacidad del tanque de gasolina del auto es

(1) 14
(2) 15
(3) 16
(4) 17
(5) 18

CLAVE DE RESPUESTAS Y EXPLICACIONES

1. (5)	6. (4)	11. (4)	16. (3)
2. (2)	7. (4)	12. (3)	17. (5)
3. (3)	8. (2)	13. (4)	18. (5)
4. (3)	9. (2)	14. (4)	19. (3)
5. (1)	10. (5)	15. (1)	20. (3)

1. La respuesta correcta es la (5).
Divida el numerador y denominador entre 12:

$$\frac{60 \div 12}{108 \div 12} = \frac{5}{9}$$

Un método alternativo (existen varios) es dividir el numerador y denominador entre 6 y luego entre 2:

$$\frac{60 \div 6}{108 \div 6} = \frac{10}{18}$$

$$\frac{10 \div 2}{18 \div 2} = \frac{5}{9}$$

2. La respuesta correcta es la (2).
Divida el numerador (27) entre el denominador (7):

$$7\overline{)27} \quad \begin{array}{c} 3 \end{array}$$

$$\underline{21}$$

6 residuo

$$\frac{27}{7} = 3\frac{6}{7}$$

3. La respuesta correcta es la (3).

$$4 \times 3 = 12$$
$$12 + 2 = 14$$
$$4\frac{2}{3} = \frac{14}{3}$$

4. La respuesta correcta es la (3).

2)$\underline{6}$ $\underline{10}$ $\underline{18}$ 21 (2 es un divisor de 6, 10 y 18)

3)$\underline{3}$ 5 $\underline{9}$ $\underline{21}$ (3 es un divisor de 3, 9 y 21)

3)1 5 $\underline{3}$ 7 (3 es un divisor de 3)

5)1 $\underline{5}$ 1 7 (5 es un divisor de 5)

7)1 1 1 $\underline{7}$ (7 es un divisor de 7)

1 1 1 1

M.C.D. = $2 \times 3 \times 3 \times 5 \times 7 = 630$

5. La respuesta correcta es la (1).

M.C.D. = 120

$$16\frac{3}{8} = 16\frac{45}{120}$$

$$4\frac{4}{5} = 4\frac{96}{120}$$

$$12\frac{3}{4} = 12\frac{90}{120}$$

$$+23\frac{5}{6} = 23\frac{100}{120}$$

$$55\frac{331}{120} = 57\frac{91}{120}$$

6. **La respuesta correcta es la (4).**

   M.C.D. = 42

$$43\frac{1}{6} = 43\frac{7}{42} = 42\frac{49}{42}$$

$$\underline{-27\frac{5}{14} = -27\frac{15}{42} = -27\frac{15}{42}}$$

$$15\frac{34}{42} = 15\frac{17}{21}$$

7. **La respuesta correcta es la (4).**

$$17\frac{5}{8} = \frac{141}{8}$$

$$\frac{141}{\cancel{8}} \times \frac{\overset{16}{\cancel{128}}}{1} = 2256$$

8. **La respuesta correcta es la (2).**

$$1\frac{2}{3} \div 1\frac{1}{9} = \frac{5}{3} \div \frac{10}{9}$$

$$= \frac{\overset{1}{\cancel{5}}}{\cancel{3}} \times \frac{\overset{3}{\cancel{9}}}{\underset{2}{\cancel{10}}}$$

$$= \frac{3}{2}$$

$$= 1\frac{1}{2}$$

9. **La respuesta correcta es la (2).**

   M.C.D. = 24

$$12\frac{1}{6} = 12\frac{4}{24} = 11\frac{28}{24}$$

$$\underline{-2\frac{3}{8} = -2\frac{9}{24} = -2\frac{9}{24}}$$

$$9\frac{19}{24} = 9\frac{19}{24}$$

$$-7\frac{2}{3} = -7\frac{16}{24}$$

$$\underline{2\frac{3}{24} = \quad 2\frac{3}{24}}$$

$$+19\frac{3}{4} = +19\frac{18}{24}$$

$$21\frac{21}{24}$$

$$21\frac{21}{24} = 21\frac{7}{8}$$

10. **La respuesta correcta es la (5).**
    Para simplificar una fracción compleja, divida el numerador entre el denominador.

$$\frac{4}{9} \div \frac{2}{5} = \frac{\overset{2}{\cancel{4}}}{9} \times \frac{5}{\underset{1}{\cancel{2}}}$$

$$= \frac{10}{9}$$

$$= 1\frac{1}{9}$$

11. La respuesta correcta es la (4).

Anote todas las fracciones con el mismo denominador. M.C.D. = 80

$$\frac{9}{16} = \frac{45}{80}$$

$$\frac{7}{10} = \frac{56}{80}$$

$$\frac{5}{8} = \frac{50}{80}$$

$$\frac{4}{5} = \frac{64}{80}$$

$$\frac{3}{4} = \frac{60}{80}$$

12. La respuesta correcta es la (3).

$$3\frac{5}{16} = 3\frac{5}{16}$$

$$+2\frac{3}{4} = +2\frac{12}{16}$$

$$= 5\frac{17}{16}$$

$$= 6\frac{1}{16}$$

13. La respuesta correcta es la (4).

$$10\frac{1}{2} \div \frac{1}{2} = \frac{21}{2} \div \frac{1}{2}$$

$$= \frac{21}{\cancel{2}} \times \frac{\cancel{2}}{1}$$

$$= 21$$

14. La respuesta correcta es la (4).

$$5\frac{3}{4} \times 3 = \frac{23}{4} \times \frac{3}{1}$$

$$= \frac{69}{4}$$

$$= 17\frac{1}{4}$$

15. La respuesta correcta es la (1).

Primera semana:
M.C.D. = 24

$$3\frac{1}{2} = 3\frac{12}{24} \text{ millas}$$

$$1\frac{1}{4} = 1\frac{6}{24}$$

$$1\frac{1}{6} = 1\frac{4}{24}$$

$$+2\frac{3}{8} = +2\frac{9}{24}$$

$$7\frac{31}{24} = 8\frac{7}{24} \text{ millas}$$

Segunda semana:
M.C.D. = 16

$$\frac{1}{4} = \frac{4}{16} \text{ millas}$$

$$\frac{3}{8} = \frac{6}{16}$$

$$\frac{9}{16} = \frac{9}{16}$$

$$3\frac{1}{16} = 3\frac{1}{16}$$

$$2\frac{5}{8} = 2\frac{10}{16}$$

$$+3\frac{3}{16} = +3\frac{3}{16}$$

$$8\frac{33}{16} = 10\frac{1}{16} \text{ millas}$$

M.C.D. = 48

$$10\frac{1}{16} = 9\frac{51}{48} \text{ millas por segundo}$$

$$-8\frac{7}{24} = -8\frac{14}{48} \text{ millas por semana}$$

$$1\frac{37}{48} \text{ millas más recorridas}$$

16. **La respuesta correcta es la (3).**

Considere cada opción:
Cada tabla de 6 pies alcanza para una tabla de $5\frac{1}{2}$ pies con un desperdicio de $\frac{1}{2}$ pies.

Cada tabla de 12 pies alcanza para dos tablas de $5\frac{1}{2}$ pies con un desperdicio de 1 pie. $(2 \times 5\frac{1}{2} = 11; 12 - 11 = 1$ pie de desperdicio)

Cada tabla de 24 pies alcanza para cuatro tablas de $5\frac{1}{2}$ pies con un desperdicio de 2 pies. $(4 \times 5\frac{1}{2} = 22; 24 - 22 = 2$ pies de desperdicio)

Cada tabla de 22 pies se puede dividir entre cuatro tablas de $5\frac{1}{2}$ pies sin desperdiciar nada. $(4 \times 5\frac{1}{2} = 22$ exactamente)

17. **La respuesta correcta es la (5).**

$\frac{15}{16}$ de fortuna es $7500.
Por lo tanto, su fortuna es

$$7500 \div \frac{15}{16}$$

$$= \frac{\overset{500}{\cancel{7500}}}{1} \times \frac{16}{\underset{1}{\cancel{15}}}$$

$$= 8000$$

18. **La respuesta correcta es la (5).**

$\frac{2}{3}$ de 54,000 = aumento

$$\text{Aumento} = \frac{2}{\underset{1}{\cancel{3}}} \times \overset{18,000}{\cancel{54,000}}$$

$$= 36,000$$

Población actual $= 54,000 + 36,000$

$$= 90,000$$

19. **La respuesta correcta es la (3).**

Primer día: $\frac{1}{3}$ se evapora $\frac{2}{3}$ quedan

Segundo día: $\frac{3}{4}$ de $\frac{2}{3}$ evaporan

$\frac{1}{4}$ de $\frac{2}{3}$ queda

La cantidad restante es

$$\frac{1}{\underset{2}{\cancel{4}}} \times \frac{\overset{1}{\cancel{2}}}{3} = \frac{1}{6} \text{ del contenido original}$$

20. **La respuesta correcta es la (3).**

$\frac{7}{8}$ de capacidad = 14 gal

Por lo tanto, capacidad $= 14 \div \frac{7}{8}$

$$= \frac{\overset{2}{\cancel{14}}}{1} \times \frac{8}{\underset{1}{\cancel{7}}}$$

$$= 16 \text{ gal}$$

DECIMALES

1. Un **decimal,** el cual es un número con un punto decimal (.) es, en realidad, una fracción, cuyo denominador se entiende que es 10 ó alguna potencia de 10.

   a. El número de dígitos, o lugares, después de un punto decimal determina qué potencia de 10 es el denominador. Si hay un solo dígito, el denominador se entiende que es 10; si hay dos dígitos, se entiende que el denominador es 100 y así sucesivamente.

   Ejemplo

   $$.3 = \frac{3}{10}, \ .57 = \frac{57}{100}, \ .643 = \frac{643}{1000}$$

   b. La adición de ceros después de un punto decimal no cambia el valor del decimal. Se pueden eliminar los ceros sin cambiar el valor del decimal.

   Ejemplo

   $$.7 = .70 = .700 \ \text{y viceversa,} \ .700 = .70 = .7$$

   c. Ya que se entiende que un punto decimal existe después de un número entero, agregar cualquier cantidad de ceros después de un punto decimal no cambia el valor del número.

   Ejemplo

   $$2 = 2.0 = 2.00 = 2.000$$

Suma de decimales

2. Los decimales se suman de la misma forma que los números enteros, con la condición de que se deben mantener los puntos decimales en línea vertical, uno debajo del otro. Esto determina el lugar del punto decimal en la respuesta.

Ejemplo: Sume 2.31, .037, 4 y 5.0017

SOLUCIÓN:

$$
\begin{array}{r}
2.3100 \\
.0370 \\
4.0000 \\
+\ 5.0017 \\
\hline
11.3487
\end{array}
$$

Respuesta: 11.3487

Resta de decimales

3. Los decimales se restan de la misma forma que los números enteros, con la condición de que, además, se deben mantener los puntos decimales en línea vertical, uno debajo del otro. Esto determina el lugar del punto decimal en la respuesta.

Ejemplo: Reste 4.0037 de 15.3

SOLUCIÓN:

$$
\begin{array}{r}
15.3000 \\
-\ 4.0037 \\
\hline
11.2963
\end{array}
$$

Respuesta: 11.2963

Multiplicación de decimales

4. Los decimales se multiplican de la misma forma que los números enteros.
   a. La cantidad de lugares decimales en el producto es igual a la suma de lugares decimales en el multiplicando y en el multiplicador.
   b. Si hay menos lugares en el producto que en esta suma, luego se debe añadir la suficiente cantidad de ceros antes del producto para igualar la cantidad de lugares requeridos y se escribe un punto decimal a la izquierda de los ceros.

Ejemplo: Multiplique 2.372 por .012

SOLUCIÓN:

2.372 (3 lugares decimales)

× .012 (3 lugares decimales)

4744

2372

.028464 (6 lugares decimales)

Respuesta: .028464

5. Un decimal se puede multiplicar por una potencia de 10, corriendo el punto decimal a la *derecha* tantos lugares como la potencia lo indique. Si se multiplica por 10, el punto decimal se corre un lugar hacia la derecha; si se multiplica por 100, se mueve dos lugares hacia la derecha y así sucesivamente.

Ejemplo

$$.235 \times \ \ 10 = 2.35$$
$$.235 \times \ 100 = 23.5$$
$$.235 \times 1000 = 235$$

División de decimales

6. Existen cuatro tipos de división con decimales:
    - Cuando sólo el dividendo es un decimal.
    - Cuando sólo el divisor es un decimal.
    - Cuando ambos son decimales.
    - Cuando ni el dividendo ni el divisor es un decimal.

    a. Cuando sólo el dividendo es un decimal, la división es la misma que la de números enteros, salvo que el punto decimal se anote en el cociente exactamente encima de él en el dividendo.

Ejemplo: Divida 12,864 entre 32

SOLUCIÓN:

```
        .402
   32)12.864
      12 8
       0 64
         64
```

Respuesta: .402

b. Cuando sólo el divisor es un decimal, se omite el punto decimal en el divisor y se colocan tantos ceros a la derecha del dividendo como lugares decimales en el divisor.

Ejemplo: Divida 211327 entre 6.817

SOLUCIÓN:

$$6.817\overline{)211327} = 6817\overline{)211327000}\ (31000)$$

(3 lugares decimales) $\underline{20451}$ (3 ceros añadidos)

$$6817$$

$$\underline{6817}$$

Respuesta: 31000

c. Cuando tanto el divisor como el dividendo son decimales, se omite el punto decimal en el divisor y el punto decimal en el dividendo se debe correr hacia la derecha tantos lugares como en el divisor. Si no hay suficientes lugares en el dividendo, se deben añadir ceros para compensar la diferencia.

Ejemplo: Divida 2.62 entre .131

SOLUCIÓN: $.131\overline{)2.62} = 131\overline{)2620}\ (20)$

$$\underline{262}$$

Respuesta: 20

d. En los casos en que ni el divisor ni el dividendo son un decimal, un problema igual puede involucrar decimales. Esto sucede en dos casos. Cuando el dividendo es menor que el divisor y cuando se necesita para resolver una división para una cierta cantidad de lugares decimales. En cualquiera de los dos casos, anote un punto decimal después del dividendo, añada tantos ceros como sea necesario y ponga un punto decimal en el cociente sobre él en el dividendo.

Ejemplo: Divida 7 entre 50.

SOLUCIÓN:

$$50\overline{)7.00}\ (.14)$$

$$\underline{5\,0}$$

$$2\,00$$

$$\underline{2\,00}$$

Respuesta: .14

Ejemplo: ¿Cuánto es 155 dividido entre 40, con 3 decimales?

SOLUCIÓN:

$$
\begin{array}{r}
3.875 \\
40\overline{)155.000} \\
\underline{120} \\
35\ 0 \\
\underline{32\ 0} \\
3\ 00 \\
\underline{2\ 80} \\
200 \\
\underline{200}
\end{array}
$$

Respuesta: 3.875

7. Un decimal se puede dividir entre una potencia de 10, corriendo el punto decimal a la *izquierda* tantos lugares como lo indique la potencia. Si se divide entre 10, el punto decimal se corre un lugar a la izquierda, si se divide entre 100, dos lugares a la izquierda, etc. Si no hay suficientes lugares, agregue ceros antes del número para compensar la diferencia y agregue un punto decimal.

Ejemplo

.4 dividido entre 10 = .04

.4 dividido entre 100 = .004

Redondeo de decimales

Para redondear un número a un lugar decimal dado:
   a.   Ubique el lugar dado.
   b.   Si el dígito de la derecha es menor que 5, omita todos los dígitos que siguen al lugar dado.
   c.   Si el dígito a la derecha es 5 ó mayor, suba el lugar dado en 1 y omita todos los dígitos que le siguen.

Ejemplo

4.27 = 4.3 al décimo más cercano

.71345 = .713 al centésimo más cercano

9. En los problemas que involucran dinero, las respuestas generalmente se redondean al centavo más cercano.

Conversión de fracciones en decimales

10. Una fracción se puede transformar en un decimal, dividiendo el numerador entre el denominador y resolviendo la división para tantos lugares decimales como se requieran.

Ejemplo: Transforme $\dfrac{5}{11}$ en un decimal de 2 lugares.

SOLUCIÓN:

$$\frac{5}{11} = 11\overline{)5.00} \begin{array}{r} .454 \\ \end{array}$$

$$\begin{array}{r} \underline{44} \\ 60 \\ \underline{55} \\ 5 \end{array}$$

Respuesta: 45

11. Para simplificar las fracciones que contienen un decimal ya sea en el numerador o en el denominador, o en ambos, divida el numerador entre el denominador.

Ejemplo: ¿Cuál es el valor de $\dfrac{2.34}{.6}$?

SOLUCIÓN:

$$\frac{2.34}{.6} = .6\overline{)2.34} = 6\overline{)23.4}\begin{array}{l}3.9\end{array}$$

$$\begin{array}{r}\underline{18} \\ 5\ 4 \\ \underline{5\ 4}\end{array}$$

Respuesta: 3.9

Conversión de decimales en fracciones

12. Ya que el punto decimal indica un número que tiene un denominador que es potencia de 10, un decimal se puede expresar como fracción, cuyo numerador es el número en sí y el denominador es la potencia indicada por el número de lugares decimales en el decimal.

Ejemplo

$$.3 = \frac{3}{10}, .47 = \frac{47}{100}$$

13. Cuando el decimal sea un número mixto, divida la potencia de 10 indicada entre su número de lugares decimales. La fracción no se considera como un lugar decimal.

Ejemplo: Transforme $.25\dfrac{1}{3}$ en fracción.

SOLUCIÓN:

$$.25\frac{1}{3} = 25\frac{1}{3} \div 100$$

$$= \frac{76}{3} \times \frac{1}{100}$$

$$= \frac{76}{300} = \frac{19}{75}$$

Respuesta: $\frac{19}{75}$

14. Cuándo transformar decimales en fracciones:

a. Cuando trate con números enteros, no transforme el decimal.

Ejemplo

En el problema $12 \times .14$, es mejor mantener el decimal:

$12 \times .14 = 1.68$

b. Cuando trate con fracciones, transforme el decimal en fracción.

Ejemplo

En el problema $\frac{3}{5} \times .17$, es mejor transformar el decimal en una fracción:

$$\frac{3}{5} \times .17 = \frac{3}{5} \times \frac{17}{100} = \frac{51}{500}$$

15. Porque, a menudo, se usan equivalentes decimales de las fracciones, es útil familiarizarse con las conversiones más comunes.

Tenga presente que la columna izquierda contiene valores exactos. Los valores de la columna derecha se han redondeado a la diez milésima más cercana.

$$\frac{1}{2} = .5 \qquad \frac{1}{3} \approx .3333$$

$$\frac{1}{4} = .25 \qquad \frac{2}{3} \approx .6667$$

$$\frac{3}{4} = .75 \qquad \frac{1}{6} \approx .1667$$

$$\frac{1}{5} = .2 \qquad \frac{1}{7} \approx .1429$$

$$\frac{1}{8} = .125 \qquad \frac{1}{9} \approx .1111$$

$$\frac{1}{16} = .0625 \qquad \frac{1}{12} \approx .0833$$

EJERCICIOS DE PRÁCTICA CON DECIMALES

1. Sume 37.03, 11.5627, 3.4005, 3423 y 1.141.
   - **(1)** 3476.1342
   - **(2)** 3500
   - **(3)** 3524.4322
   - **(4)** 3424.1342
   - **(5)** 3452.4852

2. Reste 4.64324 de 7.
   - **(1)** 3.35676
   - **(2)** 2.35676
   - **(3)** 2.45676
   - **(4)** 2.36676
   - **(5)** 2.36576

3. Multiplique 27.34 por 16.943.
   - **(1)** 463.22162
   - **(2)** 453.52162
   - **(3)** 462.52162
   - **(4)** 462.53162
   - **(5)** 463.52162

4. ¿Cuánto es 19.6 dividido entre 3.2, con 3 decimales?
   - **(1)** 6.125
   - **(2)** 6.124
   - **(3)** 6.123
   - **(4)** 5.123
   - **(5)** 5.013

5. ¿Cómo es $\dfrac{5}{11}$ en forma decimal (redondeado a la centésima más cercana)?
   - **(1)** .44
   - **(2)** .55
   - **(3)** .40
   - **(4)** .42
   - **(5)** .45

6. ¿Cuánto es $.64\dfrac{2}{3}$ en fracción?
   - **(1)** $\dfrac{97}{120}$
   - **(2)** $\dfrac{97}{150}$
   - **(3)** $\dfrac{97}{130}$
   - **(4)** $\dfrac{98}{130}$
   - **(5)** $\dfrac{99}{140}$

7. ¿Cuál es la diferencia entre $\dfrac{9}{8}$ y $\dfrac{3}{5}$ expresado decimalmente?
   - **(1)** .550
   - **(2)** .425
   - **(3)** .520
   - **(4)** .500
   - **(5)** .525

8. Un niño ahorró $4.56 el primer mes, $3.82 el segundo mes y $5.06 el tercer mes. ¿Cuánto ahorró en total?
   - **(1)** $12.56
   - **(2)** $13.28
   - **(3)** $13.44
   - **(4)** $14.02
   - **(5)** $14.44

9. Es necesario que el diámetro de una varilla sea 1.51 ± .015 pulgadas. La varilla no será aceptable, si el diámetro mide
   - **(1)** 1.490 pulgadas
   - **(2)** 1.500 pulgadas
   - **(3)** 1.510 pulgadas
   - **(4)** 1.525 pulgadas
   - **(5)** 1.511 pulgadas

10. Después de que un empleador calcula el salario de un empleado de $190.57, deduce $3.05 para el seguro social y $5.68 para pensión. ¿Cuál es el monto del cheque después de estas deducciones?
    - **(1)** $181.84
    - **(2)** $181.92
    - **(3)** $181.93
    - **(4)** $181.99
    - **(5)** $182.00

11. Si el diámetro externo de una tubería de metal es de 2.84 pulgadas y el diámetro interno es de 1.94 pulgadas, el grosor del metal es
    - **(1)** .45 pulgadas
    - **(2)** .90 pulgadas
    - **(3)** 1.94 pulgadas
    - **(4)** 2.39 pulgadas
    - **(5)** 2.50 pulgadas

12. Un niño gana $20.56 el lunes, $32.90 el martes y $20.78 el miércoles. Gasta la mitad de todo lo que ganó durante esos tres días. ¿Cuánto le queda?
    - **(1)** $29.19
    - **(2)** $31.23
    - **(3)** $34.27
    - **(4)** $37.12
    - **(5)** $38.00

13. El costo total de $3\frac{1}{2}$ libras de carne a $1.69 la libra y 20 limones a $.60 la docena será de
    - **(1)** $6.00
    - **(2)** $6.40
    - **(3)** $6.52
    - **(4)** $6.82
    - **(5)** $6.92

14. Un carrete de cable pesa 1279 lb. Si el carrete vacío pesa 285 lb y el cable pesa 7.1 lb por pie, la cantidad de pies de alambre en el carrete es
    - **(1)** 220
    - **(2)** 180
    - **(3)** 140
    - **(4)** 100
    - **(5)** 80

15. 345 cremalleras a $4.15 el ciento costarán
    - **(1)** $ .1432
    - **(2)** $1.4320
    - **(3)** $ 14.32
    - **(4)** $143.20
    - **(5)** $149.20

CLAVE DE RESPUESTAS Y EXPLICACIONES

1. (1)	6. (2)	11. (1)
2. (2)	7. (5)	12. (4)
3. (1)	8. (3)	13. (5)
4. (1)	9. (1)	14. (3)
5. (5)	10. (1)	15. (3)

1. **La respuesta correcta es la (1).**

   Alinee todos los puntos decimales uno debajo del otro. Luego sume:

   ```
      37.03
      11.5627
       3.4005
   3423.0000
   +    1.141
   3476.1342
   ```

2. **La respuesta correcta es la (2).**

   Añada un punto decimal y cinco ceros al 7. Luego reste:

   ```
    7.00000
   −4.64324
    2.35676
   ```

3. **La respuesta correcta es la (1).**

   Ya que hay dos lugares decimales en el multiplicando y tres en el multiplicador, habrá 2 + 3 = 5 decimales en el producto.

   ```
        27.34
      ×16.943
         8202
       1 0936
      24 606
     164 04
     273 4
     463.22162
   ```

4. **La respuesta correcta es la (1).**

   Omita el punto decimal en el divisor y córralo un lugar hacia la derecha. Corra el punto decimal en el dividendo un lugar hacia la derecha y añada tres ceros para obtener su respuesta con tres decimales, según se indicó en el problema.

   ```
            6.125
   3.2.)19.6.000
         19.2
          4 0
          3 2
           80
           64
          160
          160
   ```

5. **La respuesta correcta es la (5).**

   Para convertir una fracción en un decimal, divida el numerador entre el denominador:

   ```
          .454
   11) 5.000
        4 4
         60
         55
         50
         44
          6
   ```

6. **La respuesta correcta es la (2).**

   Para convertir un decimal en una fracción, divida la potencia de 10 indicada entre el número de lugares decimales. (La fracción no se considera como un lugar decimal.)

   $$64\frac{2}{3} \div 100 = \frac{194}{3} \div \frac{100}{1}$$
   $$= \frac{194}{3} \times \frac{1}{100}$$
   $$= \frac{194}{300}$$
   $$= \frac{97}{150}$$

7. **La respuesta correcta es la (5).**

   Convierta cada fracción en un decimal y reste para calcular la diferencia:

   $$\frac{9}{8} = 1.125 \qquad \frac{3}{5} = .60 \qquad \begin{array}{r} 1.125 \\ -.60 \\ \hline .525 \end{array}$$

8. **La respuesta correcta es la (3).**

   Sume los ahorros de cada mes:

   $$\begin{array}{r} \$4.56 \\ 3.82 \\ +5.06 \\ \hline \$13.44 \end{array}$$

9. **La respuesta correcta es la (1).**

   $$\begin{array}{r} 1.51 \\ +.015 \\ \hline 1.525 \end{array} \qquad \begin{array}{r} 1.510 \\ -.015 \\ \hline 1.495 \end{array}$$

   La varilla puede tener un diámetro desde 1.495 pulgadas hasta 1.525 pulgadas inclusive.

10. **La respuesta correcta es la (1).**

    Sume para calcular el total de las deducciones:

    $$\begin{array}{r} \$3.05 \\ +5.68 \\ \hline \$8.73 \end{array}$$

    Reste las deducciones totales del salario para calcular el monto del cheque:

    $$\begin{array}{r} \$190.57 \\ -8.73 \\ \hline \$181.84 \end{array}$$

11. **La respuesta correcta es la (1).**

    La diferencia de los dos diámetros es igual al grosor total del metal en ambos extremos del diámetro interior.

    $$\begin{array}{r} 2.84 \\ -1.94 \\ \hline .90 \end{array} \qquad .90 \div 2 = .45 = \text{grosor del metal}$$

12. **La respuesta correcta es la (4).**

    Sume las ganancias diarias para calcular el total obtenido:

    $$\begin{array}{r} \$20.56 \\ 32.90 \\ +20.78 \\ \hline \$74.24 \end{array}$$

    Divida el total de ganancias entre 2 para calcular lo que le quedó:

    $$\begin{array}{r} \$37.12 \\ 2\overline{)\$74.24} \end{array}$$

13. **La respuesta correcta es la (5).**

Calcule el costo de $3\frac{1}{2}$ libras de carne:

$$
\begin{array}{r}
\$1.69 \\
\times\ 3.5 \\
\hline
845 \\
5\ 07 \\
\hline
\end{array}
$$

$5.915 = $5.92 redondeado al centavo
más cercano

Calcule el costo de 20 limones:

$.60 ÷ 12 = $.05 (por 1 limón)

$.05 × 20 = $1.00 (por 20 limones)

Sume el costo de la carne y los limones:

$$
\begin{array}{r}
\$5.92 \\
+\ 1.00 \\
\hline
\$6.92
\end{array}
$$

14. **La respuesta correcta es la (3).**

Reste el peso del carrete vacío del peso total para calcular el peso del cable:

$$
\begin{array}{r}
1279\ lb \\
-\ 285\ lb \\
\hline
994\ lb
\end{array}
$$

Cada pie de cable pesa 7.1 lb. Por lo tanto, para calcular la cantidad de pies de cable en el carrete, divida 994 entre 7.1

$$
\begin{array}{r}
14\ 0. \\
7.1.\overline{)994.0.} \\
\underline{71} \\
284 \\
\underline{284} \\
0\ 0
\end{array}
$$

15. **La respuesta correcta es la (3).**

Cada cremallera cuesta:

$4.15 ÷ 100 = $.0415

345 cremalleras cuestan:

$$
\begin{array}{r}
345 \\
\times\ .0415 \\
\hline
1725 \\
345 \\
13\ 80 \\
\hline
14.3175
\end{array}
$$

PORCENTAJES

1. El **símbolo de porcentaje** (%) significa "partes de un cien". Algunos problemas incluyen expresar una fracción o decimal como porcentaje. En otros casos, es necesario expresar un porcentaje como fracción o decimal para realizar los cálculos.

2. Para transformar un número entero o un decimal en porcentaje:
   a. Multiplique el número por 100.
   b. Agregue el signo %.

   Ejemplo: Transforme 3 en porcentaje.

   SOLUCIÓN: $3 \times 100 = 300$
   $$3 = 300\%$$

   Respuesta: 300%

   Ejemplo: Transforme .67 en porcentaje.

   SOLUCIÓN: $.67 \times 100 = 67$
   $$.67 = 67\%$$

   Respuesta: 67%

3. Para transformar una fracción o número mixto en porcentaje:
   a. Multiplique la fracción o número mixto por 100.
   b. Si es posible, reduzca.
   c. Agregue el signo %.

   Ejemplo: Transforme $\dfrac{1}{7}$ en porcentaje.

   SOLUCIÓN:

   $$\frac{1}{7} \times 100 = \frac{100}{7}$$
   $$= 14\frac{2}{7}$$
   $$\frac{1}{7} = 14\frac{2}{7}\%$$

   Respuesta: $14\dfrac{2}{7}\%$

Ejemplo: Transforme $4\frac{2}{3}$ en porcentaje.

SOLUCIÓN:

$$4\frac{2}{3} \times 100 = \frac{14}{3} \times 100 = \frac{1400}{3}$$

$$= 466\frac{2}{3}$$

$$4\frac{2}{3} = 466\frac{2}{3}\%$$

Respuesta: $466\frac{2}{3}\%$

4. Para eliminar el signo % adjunto a un decimal, divídalo por 100. Si es necesario, luego el decimal resultante se puede transformar en una fracción.

Ejemplo: Transforme .5% en decimal y en fracción.

SOLUCIÓN:

$$.5\% = .5 \div 100 = .005$$

$$.005 = \frac{5}{1000} = \frac{1}{200}$$

Respuesta: $.5\% = .005$

$$.005 = \frac{1}{200}$$

5. Para eliminar el signo % adjunto a una fracción o número mixto, divídalos por 100 y, si es posible, reduzca. Si es necesario, luego la fracción resultante se puede transformar en decimal.

Ejemplo: Transforme $\frac{3}{4}\%$ en decimal y en fracción.

SOLUCIÓN:

$$\frac{3}{4}\% = \frac{3}{4} \div 100 = \frac{3}{4} \times \frac{1}{100} = \frac{3}{400}$$

$$\frac{3}{400} = 400\overline{)3.0000}^{.0075}$$

Respuesta: $\frac{3}{4}\% = \frac{3}{400}$

$$\frac{3}{400} = .0075$$

6. Para eliminar el signo % adjunto a un decimal que incluya una fracción, divida el decimal por 100. Si es necesario, luego el número resultante se puede transformar en una fracción.

Ejemplo: Transforme $.05\frac{1}{3}$ en fracción.

SOLUCIÓN: $5\frac{1}{3}\% = .05\frac{1}{3}$

$$= \frac{5\frac{1}{3}}{100}$$

$$= 5\frac{1}{3} \div 100$$

$$= \frac{16}{3} \times \frac{1}{100}$$

$$= \frac{16}{300}$$

$$= \frac{4}{75}$$

Respuesta: $5\frac{1}{3}\% = \frac{4}{75}$

7. Con frecuencia se usan algunas fracciones-porcentaje equivalentes por lo que es útil que las conozca.

$\frac{1}{25} = 4\%$ $\qquad$ $\frac{1}{5} = 20\%$

$\frac{1}{20} = 5\%$ $\qquad$ $\frac{1}{4} = 25\%$

$\frac{1}{12} = 8\frac{1}{3}\%$ $\qquad$ $\frac{1}{3} = 33\frac{1}{3}\%$

$\frac{1}{10} = 10\%$ $\qquad$ $\frac{1}{2} = 50\%$

$\frac{1}{8} = 12\frac{1}{2}\%$ $\qquad$ $\frac{2}{3} = 66\frac{2}{3}\%$

$\frac{1}{6} = 16\frac{2}{3}\%$ $\qquad$ $\frac{3}{4} = 75\%$

Resolver problemas de porcentaje

8. La mayoría de los problemas de porcentajes incluyen tres cantidades:
   - La tasa, *R*, la que es seguida por el signo %.
   - *La base,* B, que sigue a la palabra "de".
   - La cantidad o porcentaje, *P*, que generalmente sigue a la palabra "es".

   a. Si se conocen la tasa (*R*) y la base (*B*), luego el porcentaje (*P*) = *R* × *B*.

   Ejemplo: Calcule el 15% de 50.

   SOLUCIÓN:

   $$\text{Tasa} = 15\%$$
   $$\text{Base} = 50$$
   $$P = R \times B$$
   $$P = 15\% \times 50$$
   $$= .15 \times 50$$
   $$= 7.5$$

   Respuesta: 7.5

   b. Si se conocen la tasa (R) y el porcentaje (P), luego la base $(B) = \dfrac{P}{R}$

   Ejemplo: ¿El 7% de qué número es 35?

   SOLUCIÓN:

   $$\text{Tasa} = 7\%$$
   $$\text{Porcentaje} = 35$$
   $$B = \frac{P}{R}$$
   $$B = \frac{35}{7\%}$$
   $$= 35 \div .07$$
   $$= 500$$

   Respuesta: 500

   c. Si se conocen el porcentaje (P) y la base (B), la tasa $(R) = \dfrac{P}{B}$.

   Ejemplo: Hay 96 hombres en un grupo de 150 personas. ¿Qué porcentaje del grupo son hombres?

SOLUCIÓN:

$$Base = 150$$
$$Porcentaje\ (cantidad) = 96$$
$$Tasa = \frac{96}{150}$$
$$= .64$$
$$= 64\%$$

Respuesta: 64%

Ejemplo: En un tanque con 20 galones de una solución, 1 galón es de alcohol. ¿Cuál es la concentración de la solución en porcentaje?

SOLUCIÓN:

$$Porcentaje\ (cantidad) = 1\ galón$$
$$Base = 20\ galones$$
$$Tasa = \frac{1}{20}$$
$$= .05$$
$$= 5\%$$

Respuesta: 5%

9. En un problema de porcentaje, el entero es 100%.

Ejemplos

Si un problema incluye un 10% de una cantidad, el resto de ella es 90%.

Si una cantidad se aumenta en un 5%, la nueva cantidad es 105% de la cantidad original.

Si una cantidad disminuye en un 15%, la nueva cantidad es 85% de la cantidad original.

EJERCICIOS DE PRÁCTICA CON PORCENTAJES

1. 10% escrito como decimal es
   - **(1)** 1.0
   - **(2)** 0.01
   - **(3)** 0.001
   - **(4)** 0.1
   - **(5)** .101

2. ¿Cuánto es 5.37% en fracción?
   - **(1)** $\dfrac{537}{10,000}$
   - **(2)** $5\dfrac{37}{10,000}$
   - **(3)** $\dfrac{537}{1000}$
   - **(4)** $5\dfrac{37}{100}$
   - **(5)** $\dfrac{537}{100}$

3. ¿Qué porcentaje de $\dfrac{5}{6}$ es $\dfrac{3}{4}$?
   - **(1)** 75%
   - **(2)** 60%
   - **(3)** 80%
   - **(4)** 85%
   - **(5)** 90%

4. ¿Qué porcentaje es 14 de 24?
   - **(1)** $62\dfrac{1}{4}\%$
   - **(2)** $58\dfrac{1}{3}\%$
   - **(3)** $41\dfrac{2}{3}\%$
   - **(4)** $33\dfrac{3}{5}\%$
   - **(5)** $73\dfrac{1}{8}\%$

5. El 200% de 800 es igual a:
   - **(1)** 2500
   - **(2)** 16
   - **(3)** 1600
   - **(4)** 4
   - **(5)** 2

6. Si Juan debe obtener un 80% para aprobar una prueba de 35 preguntas, el número de ellas que puede errar y aún pasar la prueba es
   - **(1)** 7
   - **(2)** 8
   - **(3)** 11
   - **(4)** 28
   - **(5)** 30

7. El precio normal de un televisor que se vende a $118.80 con un 20% de descuento es
   - **(1)** $148.50
   - **(2)** $142.60
   - **(3)** $138.84
   - **(4)** $ 95.04
   - **(5)** $ 90.04

8. La gráfica circular de un presupuesto muestra un gasto de un 26.2% en vivienda, 28.4% en alimentos, 12% en vestuario, 12.7% en impuestos y el saldo en artículos varios. El porcentaje de los artículos varios es
   - **(1)** 31.5
   - **(2)** 79.3
   - **(3)** 20.7
   - **(4)** 68.5
   - **(5)** 80.5

9. Se comprarán dos docenas de plumillas y cuatro raquetas de bádminton para un área de juegos. Las plumillas cuestan $.35 cada una y las raquetas $2.75 cada una. El área de juegos recibe un descuento de un 30% sobre los precios. El costo total del equipo es

   (1) $7.29

   (2) $11.43

   (3) $13.58

   (4) $18.60

   (5) $20.60

10. Un pedazo de madera que pesa 10 onzas, pesa 8 onzas después de secarse. El contenido de humedad era

    (1) 25%

    (2) $33\frac{1}{3}\%$

    (3) 20%

    (4) 40%

    (5) 60%

11. Una bolsa contiene 800 monedas. De ellas, 10 por ciento son monedas de 10 centavos, 30 por ciento son de 5 centavos y el resto son de 25 centavos. La cantidad de dinero en la bolsa es

    (1) menos de $150.

    (2) entre $150 y $300.

    (3) entre $301 y $450.

    (4) entre $451 y $499.

    (5) más de $500.

12. Seis cuartos de galón de una solución de 20% de alcohol en agua se mezclan con 4 cuartos de galón de una solución de 60% de alcohol en agua. La concentración alcohólica de la mezcla es

    (1) 80%

    (2) 40%

    (3) 36%

    (4) 72%

    (5) 75%

13. Un hombre asegura el 80% de su propiedad y paga una prima del $2\frac{1}{2}\%$ por un monto de $348. ¿Cuál es el valor de la propiedad?

    (1) $17,000

    (2) $18,000

    (3) $18,400

    (4) $17,400

    (5) $19,000

14. Un empleado dividió sus 35 horas de trabajo a la semana de la siguiente manera: $\frac{1}{5}$ de su tiempo clasifica correspondencia, $\frac{1}{2}$ de su tiempo archiva cartas, y $\frac{1}{7}$ de su tiempo es recepcionista. El resto del tiempo es mensajero. El porcentaje del tiempo en que fue mensajero durante la semana fue casi un

    (1) 6%

    (2) 10%

    (3) 14%

    (4) 15%

    (5) 16%

15. En una escuela, el 40% de los estudiantes inscritos son hombres, el 80% de ellos está presente en un cierto día. Si hay presente 1152 hombres, el total de los estudiantes inscritos en la escuela es

    (1) 1440

    (2) 2880

    (3) 3600

    (4) 5400

    (5) 5600

práctica

CLAVE DE RESPUESTAS Y EXPLICACIONES

1. (4)	6. (1)	11. (1)
2. (1)	7. (1)	12. (3)
3. (5)	8. (3)	13. (4)
4. (2)	9. (3)	14. (5)
5. (3)	10. (3)	15. (3)

1. **La respuesta correcta es la (4).**

   $10\% = .10 = .1$

2. **La respuesta correcta es la (1).**

   $5.37\% = .0537 = \dfrac{537}{10,000}$

3. **La respuesta correcta es la (5).**

   Base (número que sigue a "de") $= \dfrac{5}{6}$

   Porcentaje (número que sigue a "es") $= \dfrac{3}{4}$

   $$Tasa = \dfrac{\text{Porcentaje}}{\text{Base}}$$
   $$= \text{Porcentaje} \div \text{Base}$$

   $$Tasa = \dfrac{3}{4} \div \dfrac{5}{6}$$
   $$= \dfrac{3}{\underset{2}{\cancel{4}}} \times \dfrac{\overset{3}{\cancel{6}}}{5}$$
   $$= \dfrac{9}{10}$$

   $\dfrac{9}{10} = .9 = 90\%$

4. **La respuesta correcta es la (2).**

   Base (número que sigue a "de") $= 24$

   Porcentaje (número que sigue a "es") $= 14$

   Tasa = Porcentaje ÷ Base
   Tasa = $14 \div 24$
   $$= .58\dfrac{1}{3}$$
   $$= 58\dfrac{1}{3}\%$$

5. **La respuesta correcta es la (3).**

   $200\% \text{ of } 800 = 2.00 \times 800$
   $$= 1600$$

6. **La respuesta correcta es la (1).**

   Debe contestar el 80% de 35 correctamente. Por lo que puede errar en un 20% de 35.

   $20\% \text{ of } 35 = .20 \times 35$
   $$= 7$$

7. **La respuesta correcta es la (1).**

   Ya que $118.80 representa un descuento de 20%, $118.80 = 80% del precio normal.

   Precio normal $= \dfrac{\$118.80}{80\%}$
   $$= \$118.80 \div .80$$
   $$= \$148.50$$

8. **La respuesta correcta es la (3).**

   Todos los elementos en una gráfica circular suman 100%. Sume las cifras de vivienda, alimentos, vestuarios e impuestos:

   $$\begin{array}{r} 26.2\% \\ 28.4\% \\ 12\ \ \% \\ +12.7\% \\ \hline 79.3\% \end{array}$$

   Reste dicho total al 100% para calcular el porcentaje de los artículos varios:

   $$\begin{array}{r} 100.0\% \\ -\ 79.3\% \\ \hline 20.7\% \end{array}$$

9. **La respuesta correcta es la (3).**

   Precio de las plumillas = $24 \times \$.35 =$ $8.40

   Precio de las raquetas = $4 \times \$2.75 =$ $11.00

   Precio total = $19.40

   Descuento de 30% y $100\% - 30\% = 70\%$

   Costo real $= 70\%$ of 19.40
   $$= .70 \times 19.40$$
   $$= 13.58$$

10. **La respuesta correcta es la (3).**

    Reste el peso de la madera seca al peso original de ella para calcular la cantidad de humedad.

    $$\begin{array}{r} 10 \\ -8 \\ \hline 2 \end{array}$$ onzas de humedad en la madera

    Contenido de humedad =

    $$\frac{2 \text{ onzas}}{10 \text{ onzas}} = .2 = 20\%$$

11. **La respuesta correcta es la (1).**

    Calcule cuántas monedas de cada tipo hay:

    10% de 800 = $.10 \times 800$
    = 80 monedas de 10 centavos

    30% de 800 = $.30 \times 800$
    = 240 monedas de 5 centavos

    60% de 800 = $.60 \times 800$
    = 480 monedas de 25 centavos

    Calcule el valor de las monedas.

    80 monedas de 10 centavos
    $= 80 \times .10 \ = \$ 8.00$

    240 monedas de 5 centavos
    $= 240 \times .05 \ = \ 12.00$

    480 monedas de 25 centavos
    $= 480 \times .25 \ = 120.00$

    Total $140.00

12. **La respuesta correcta es la (3).**

    La primera solución contiene 20% de 6 cuartos de galón de alcohol.

    Contenido de alcohol = $.20 \times 6$
    = 1.2 cuartos de galón

    La segunda solución contiene 60% de 4 cuartos de galón de alcohol.

    Contenido de alcohol = $.60 \times 4$
    = 2.4 cuartos de galón

    Contenido de la mezcla: $1.2 + 2.4 = 3.6$ cuartos de galón de alcohol

    $6 + 4 = 10$ cuartos de galón de líquido

    Concentración alcohólica de la

    mezcla $= \dfrac{3.6}{10} = 36\%$

13. **La respuesta correcta es la (4).**

$2\frac{1}{2}\%$ del valor asegurado = \$348

$$\text{Valor asegurado} = \frac{348}{2\frac{1}{2}\%}$$
$$= 348 \div .025$$
$$= \$13,920$$

\$13,920 es el 80% del valor total

$$\text{Valor total} = \frac{\$13,920}{80\%}$$
$$= \$13,920 \div .80$$
$$= \$17,400$$

14. **La respuesta correcta es la (5).**

$\frac{1}{5} \times 35 = 7$ horas clasificando correspondencia

$\frac{1}{2} \times 35 = 17\frac{1}{2}$ horas archivando

$\frac{1}{7} \times 35 = \underline{5}$ horas de recepcionista

$29\frac{1}{2}$ horas trabajadas

$35 - 29\frac{1}{2} = 5\frac{1}{2}$ horas como mensajero

% trabajado como mensajero:

$$= \frac{5\frac{1}{2}}{35}$$
$$= 5\frac{1}{2} \div 35$$
$$= \frac{11}{2} \times \frac{1}{35}$$
$$= \frac{11}{70}$$
$$= .15\frac{5}{7}$$

$.15\frac{5}{7}$ es casi un 16%.

15. **La respuesta correcta es la (3).**

80% de los niños $= 1152$

Número de niños $= \dfrac{1152}{80\%}$

$ = 1152 \div .80$

40% de estudiantes $= 1440$

Número total de estudiantes

$$= \frac{1440}{40\%}$$
$$= 1440 \div .40$$
$$= 3600$$

MÉTODOS FÁCILES PARA MULTIPLICAR Y DIVIDIR

Existen varios métodos fáciles para simplificar una multiplicación y división. A continuación de la descripción de cada método se proveen ejercicios de práctica.

Eliminar ceros finales

1. a. Un cero en un número entero es considerado un "cero final" si aparece en la columna de las unidades o si las columnas hacia la derecha están llenas de ceros. Un cero final se puede omitir en algunos tipos de problemas.

   b. Un cero que aparece en la columna más a la derecha de números decimales se puede eliminar sin afectar la solución del ejercicio.

2. Al multiplicar números enteros, el o los ceros finales se pueden eliminar durante el cálculo y simplemente traspasarlos a la respuesta.

Ejemplo

$$
\begin{array}{r}
2310 \\
\times\ 150 \\
\hline
1155 \\
231 \\
\hline
346500
\end{array}
\qquad
\begin{array}{r}
129 \\
\times\ 210 \\
\hline
129 \\
258 \\
\hline
27090
\end{array}
\qquad
\begin{array}{r}
1760 \\
\times\ 205 \\
\hline
880 \\
352 \\
\hline
360800
\end{array}
$$

EJERCICIOS DE PRÁCTICA

Resuelva las siguientes multiplicaciones, eliminando los ceros finales durante el cálculo.

1. $\begin{array}{r} 230 \\ \times\ 12 \\ \hline \end{array}$

2. $\begin{array}{r} 175 \\ \times\ 130 \\ \hline \end{array}$

3. $\begin{array}{r} 203 \\ \times\ 14 \\ \hline \end{array}$

4. $\begin{array}{r} 621 \\ \times\ 140 \\ \hline \end{array}$

5. $\begin{array}{r} 430 \\ \times\ 360 \\ \hline \end{array}$

6. $\begin{array}{r} 132 \\ \times\ 310 \\ \hline \end{array}$

7. $\begin{array}{r} 350 \\ \times\ 24 \\ \hline \end{array}$

8. $\begin{array}{r} 520 \\ \times\ 410 \\ \hline \end{array}$

9. $\begin{array}{r} 634 \\ \times\ 120 \\ \hline \end{array}$

10. $\begin{array}{r} 431 \\ \times\ 230 \\ \hline \end{array}$

práctica

SOLUCIONES PARA LOS EJERCICIOS DE PRÁCTICA

1.
$$
\begin{array}{r}
230 \\
\times\ 12 \\
\hline
46 \\
23\ \ \\
\hline
2760
\end{array}
$$

2.
$$
\begin{array}{r}
175 \\
\times\ 130 \\
\hline
525 \\
175\ \ \\
\hline
22750
\end{array}
$$

3.
$$
\begin{array}{r}
203 \\
\times\ 14 \\
\hline
812 \\
203\ \ \\
\hline
2842
\end{array}
$$

(sin cero final)

4.
$$
\begin{array}{r}
621 \\
\times\ 140 \\
\hline
2484 \\
621\ \ \\
\hline
86940
\end{array}
$$

5.
$$
\begin{array}{r}
430 \\
\times\ 360 \\
\hline
258 \\
129\ \ \\
\hline
154800
\end{array}
$$

6.
$$
\begin{array}{r}
132 \\
\times\ 310 \\
\hline
132 \\
396\ \ \\
\hline
40920
\end{array}
$$

7.
$$
\begin{array}{r}
350 \\
\times\ 24 \\
\hline
140 \\
70\ \ \\
\hline
8400
\end{array}
$$

8.
$$
\begin{array}{r}
520 \\
\times\ 410 \\
\hline
52 \\
208\ \ \\
\hline
213200
\end{array}
$$

9.
$$
\begin{array}{r}
634 \\
\times\ 120 \\
\hline
1268 \\
634\ \ \\
\hline
76080
\end{array}
$$

10.
$$
\begin{array}{r}
431 \\
\times\ 230 \\
\hline
1293 \\
862\ \ \\
\hline
99130
\end{array}
$$

Multiplicar números enteros por decimales

1. Al multiplicar un número entero por uno decimal, si hay uno o más ceros finales en el multiplicando, corra el punto decimal en el multiplicador a la derecha la misma cantidad de lugares como los ceros finales que hay en el multiplicando. Luego, tache el o los ceros finales del multiplicando.

Ejemplo

$$
\begin{array}{r} 27500 \\ \times \ .15 \end{array} \ = \ \begin{array}{r} 275 \\ \times \ 15 \end{array}
$$

$$
\begin{array}{r} 1250 \\ \times .345 \end{array} \ = \ \begin{array}{r} 125 \\ \times 3.45 \end{array}
$$

EJERCICIOS DE PRÁCTICA

Vuelva a escribir los siguientes ejercicios, eliminando los ceros finales y corriendo los puntos decimales el número adecuado de espacios. Luego calcule las respuestas.

1. $\begin{array}{r} 2400 \\ \times \ .02 \end{array}$

2. $\begin{array}{r} 620 \\ \times \ .04 \end{array}$

3. $\begin{array}{r} 800 \\ \times \ .005 \end{array}$

4. $\begin{array}{r} 600 \\ \times \ .002 \end{array}$

5. $\begin{array}{r} 340 \\ \times \ .08 \end{array}$

6. $\begin{array}{r} 480 \\ \times \ .4 \end{array}$

7. $\begin{array}{r} 400 \\ \times \ .04 \end{array}$

8. $\begin{array}{r} 5300 \\ \times \ .5 \end{array}$

9. $\begin{array}{r} 930 \\ \times \ .3 \end{array}$

10. $\begin{array}{r} 9000 \\ \times \ .001 \end{array}$

SOLUCIONES PARA LOS EJERCICIOS DE PRÁCTICA

Se muestran los ejercicios nuevos, junto con las respuestas.

1.
$$\begin{array}{r} 24 \\ \times\ 2 \\ \hline 48 \end{array}$$

6.
$$\begin{array}{r} 48 \\ \times\ 4 \\ \hline 192 \end{array}$$

2.
$$\begin{array}{r} 62 \\ \times\ .4 \\ \hline 24.8 \end{array}$$

7.
$$\begin{array}{r} 4 \\ \times\ 4 \\ \hline 16 \end{array}$$

3.
$$\begin{array}{r} 8 \\ \times\ .5 \\ \hline 4.0 \end{array}$$

8.
$$\begin{array}{r} 53 \\ \times\ 50 \\ \hline 2650 \end{array}$$

4.
$$\begin{array}{r} 6 \\ \times\ .2 \\ \hline 1.2 \end{array}$$

9.
$$\begin{array}{r} 93 \\ \times\ 3 \\ \hline 279 \end{array}$$

5.
$$\begin{array}{r} 34 \\ \times\ .8 \\ \hline 27.2 \end{array}$$

10.
$$\begin{array}{r} 9 \\ \times\ 1 \\ \hline 9 \end{array}$$

Dividir por números enteros

4. a. Cuando existan ceros finales en el divisor, pero no en el dividendo, corra el punto decimal en el dividendo a la izquierda tantos lugares como ceros finales existan en el divisor, luego omita los ceros finales.

Ejemplo

$$2700.\overline{)37523.} = 27.\overline{)375.23}$$

b. Cuando existan menos ceros finales en el divisor que en el dividendo, elimine la misma cantidad de ceros finales en el dividendo como existan en el divisor.

Ejemplo

$$250.\overline{)45300.} = 25.\overline{)4530}$$

c. Cuando existan más ceros finales en el divisor que en el dividendo, corra el punto decimal en el dividendo a la izquierda tantos lugares como ceros finales existan en el divisor, luego omita los ceros finales.

Ejemplo

$$2300.\overline{)690.} = 23.\overline{)6.9}$$

d. Cuando no existan ceros finales en el divisor, no se pueden eliminar ceros en el dividendo.

Ejemplo

$$23.\overline{)690.} = 23.\overline{)690.}$$

EJERCICIOS DE PRÁCTICA

Vuelva a escribir los siguientes ejercicios, eliminando los ceros finales y corriendo los puntos decimales el número adecuado de lugares. Luego calcule los cocientes.

1. $600.\overline{)72.}$

2. $310.\overline{)6200.}$

3. $7600.\overline{)1520.}$

4. $46.\overline{)920.}$

5. $11.0\overline{)220.}$

6. $700.\overline{)84.}$

7. $90.\overline{)8100.}$

8. $8100.\overline{)1620.}$

9. $25.\overline{)5250.}$

10. $41.0\overline{)820.}$

11. $800.\overline{)96.}$

12. $650.\overline{)1300.}$

13. $5500.\overline{)110.}$

14. $36.\overline{)720.}$

15. $87.0\overline{)1740.}$

EJERCICIOS DE PRÁCTICA REESCRITOS

1. $6.\overline{).72}$

2. $31.\overline{)620.}$

3. $76.\overline{)15.2}$

4. $46.\overline{)920.}$

5. $11.\overline{)220.}$

6. $7.\overline{).84}$

7. $9.\overline{)810.}$

8. $81.\overline{)16.2}$

9. $25.\overline{)5250.}$

10. $41.\overline{)820.}$

práctica

11. $8.\overline{).96}$

14. $36.\overline{)720.}$

12. $65.\overline{)130.}$

15. $87.\overline{)1740.}$

13. $55.\overline{)1.1}$

SOLUCIONES PARA LOS EJERCICIOS DE PRÁCTICA

1. $\quad\begin{array}{r} .12 \\ 6.\overline{).72} \end{array}$

9. $\begin{array}{r} 210 \\ 25.\overline{)5250.} \\ \underline{50} \\ 25 \\ \underline{25} \\ 00 \end{array}$

2. $\begin{array}{r} 20 \\ 31.\overline{)620.} \\ \underline{62} \\ 00 \end{array}$

3. $\begin{array}{r} .2 \\ 76.\overline{)15.2} \\ \underline{15\ 2} \\ 00 \end{array}$

10. $\begin{array}{r} 20 \\ 41.\overline{)820.} \\ \underline{82} \\ 00 \end{array}$

4. $\begin{array}{r} 20 \\ 46.\overline{)920.} \\ \underline{92} \\ 00 \end{array}$

11. $\begin{array}{r} .12 \\ 8.\overline{).96} \end{array}$

5. $\begin{array}{r} 20 \\ 11.\overline{)220.} \\ \underline{22} \\ 00 \end{array}$

12. $\begin{array}{r} 2 \\ 65.\overline{)130.} \\ \underline{130} \\ 00 \end{array}$

6. $\begin{array}{r} .12 \\ 7.\overline{).84} \end{array}$

13. $\begin{array}{r} .02 \\ 55.\overline{)1.10} \\ \underline{1\ 10} \\ 00 \end{array}$

7. $\begin{array}{r} 90 \\ 9.\overline{)810.} \end{array}$

14. $\begin{array}{r} 20 \\ 36.\overline{)720.} \\ \underline{72} \\ 00 \end{array}$

8. $\begin{array}{r} .2 \\ 81.\overline{)16.2} \\ \underline{16\ 2} \\ 00 \end{array}$

15. $\begin{array}{r} 20 \\ 87.\overline{)1740} \\ \underline{174} \\ 00 \end{array}$

División por multiplicación

5. En lugar de dividir por un número en particular, la misma respuesta se obtiene al multiplicar por el multiplicador equivalente.

6. Para calcular el multiplicador equivalente de un divisor dado, divida 1 por el divisor.

Ejemplo

El multiplicador equivalente de $12\frac{1}{2}$ es $1 \div 12\frac{1}{2}$ ó .08. El ejercicio de división 100 $\div 12\frac{1}{2}$ se puede resolver más fácilmente como el ejercicio de multiplicación $100 \times .08$. La respuesta será la misma.

A continuación se muestran divisores comunes y sus multiplicadores equivalentes:

Divisor	Multiplicador equivalente
$11\frac{1}{9}$	.09
$12\frac{1}{2}$	.08
$14\frac{2}{7}$	.07
$16\frac{2}{3}$	.06
20	.05
25	.04
$33\frac{1}{3}$	.03
50	.02

8. Un divisor se puede multiplicar o dividir por cualquier potencia de 10 y el único cambio en su multiplicador equivalente será el lugar del punto decimal. Esto se puede ver en la siguiente tabla:

Divisor	Multiplicador equivalente
.025	40.
.25	4.
2.5	.4
25.	.04
250.	.004
2500.	.0004

EJERCICIOS DE PRÁCTICA

Vuelva a escribir y resuelva cada uno de los siguientes ejercicios usando los multiplicadores equivalentes. Elimine los ceros finales cuando sea apropiado.

1. $100 \div 16\frac{2}{3} =$

2. $200 \div 25 =$

3. $300 \div 33\frac{1}{3} =$

4. $250 \div 50 =$

5. $80 \div 12\frac{1}{2} =$

6. $800 \div 14\frac{2}{7} =$

7. $620 \div 20 =$

8. $500 \div 11\frac{1}{9} =$

9. $420 \div 16\frac{2}{3} =$

10. $1200 \div 33\frac{1}{3} =$

11. $955 \div 50 =$

12. $450 \div 25 =$

13. $275 \div 12\frac{1}{2} =$

14. $625 \div 25 =$

15. $244 \div 20 =$

16. $350 \div 16\frac{2}{3} =$

17. $400 \div 33\frac{1}{3} =$

18. $375 \div 25 =$

19. $460 \div 20 =$

20. $250 \div 12\frac{1}{2} =$

SOLUCIONES PARA LOS EJERCICIOS DE PRÁCTICA

A continuación aparecen los problemas reescritos y sus soluciones.

1. $100 \times .06 = 1 \times 6 = 6$

2. $200 \times .04 = 2 \times 4 = 8$

3. $300 \times .03 = 3 \times 3 = 9$

4. $250 \times .02 = 25 \times .2 = 5$

5. $80 \times .08 = 8 \times .8 = 6.4$

6. $800 \times .07 = 8 \times 7 = 56$

7. $620 \times .05 = 62 \times .5 = 31$

8. $500 \times .09 = 5 \times 9 = 45$

9. $420 \times .06 = 42 \times .6 = 25.2$

10. $1200 \times .03 = 12 \times 3 = 36$

11. $955 \times .02 = 19.1$

12. $450 \times .25 = 112.5$

13. $275 \times .08 = 22$

14. $625 \times .04 = 25$

15. $244 \times .05 = 12.2$

16. $350 \times .06 = 35 \times .6 = 21$

17. $400 \times .03 = 4 \times 3 = 12$

18. $375 \times .04 = 15$

19. $460 \times .05 = 46 \times .5 = 23$

20. $250 \times .08 = 25 \times .8 = 20$

Multiplicación por división

9. Al igual que ciertos ejercicios de división resultan más fáciles al transformarlos en ejercicios de multiplicación equivalentes, lo mismo sucede a la inversa.

10. En lugar de llegar a un resultado al multiplicar por un número en particular, la misma respuesta se obtiene al dividir por el divisor equivalente.

11. Para calcular el divisor equivalente de un multiplicador dado, divida 1 por el multiplicador.

12. A continuación se muestran multiplicadores comunes y sus divisores equivalentes:

Divisor equivalente	*Multiplicador*
$11\frac{1}{9}$	.09
$12\frac{1}{2}$	.08
$14\frac{2}{7}$	.07
$16\frac{2}{3}$	.06
20	.05
25	.04
$33\frac{1}{3}$	.03
50	.02

Tenga presente que las parejas de multiplicador-divisor equivalente son las mismas que las parejas de divisor-multiplicador equivalente entregadas antes.

EJERCICIOS DE PRÁCTICA

Vuelva a escribir y resuelva cada uno de los siguientes ejercicios usando la división. Elimine los ceros finales cuando sea apropiado.

1. $77 \times 14\frac{2}{7} =$

2. $81 \times 11\frac{1}{9} =$

3. $475 \times 20 =$

4. $42 \times 50 =$

5. $36 \times 33\frac{1}{3} =$

6. $96 \times 12\frac{1}{2} =$

7. $126 \times 16\frac{2}{3} =$

8. $48 \times 25 =$

9. $33 \times 33\frac{1}{3} =$

10. $84 \times 14\frac{2}{7} =$

11. $99 \times 11\frac{1}{9} =$

12. $126 \times 33\frac{1}{3} =$

13. $168 \times 12\frac{1}{2} =$

14. $654 \times 16\frac{2}{3} =$

15. $154 \times 14\frac{2}{7} =$

16. $5250 \times 50 =$

17. $324 \times 25 =$

18. $625 \times 20 =$

19. $198 \times 11\frac{1}{9} =$

20. $224 \times 14\frac{2}{7} =$

SOLUCIONES PARA LOS EJERCICIOS DE PRÁCTICA

A continuación aparecen los problemas reescritos y sus soluciones.

1. $.07\overline{)77.} \; = 7\overline{)7700.}^{\,1100.}$

2. $.09\overline{)81.} \; = 9\overline{)8100.}^{\,900.}$

3. $.05\overline{)475.} \; = 5\overline{)47500.}^{\,9500.}$

4. $.02\overline{)42.} \; = 2\overline{)4200.}^{\,2100.}$

5. $.03\overline{)36.} \; = 3\overline{)3600.}^{\,1200.}$

6. $.08\overline{)96.} \; = 8\overline{)9600.}^{\,1200.}$

7. $.06\overline{)126.} \; = 6\overline{)12600.}^{\,2100.}$

8. $.04\overline{)48.} \; = 4\overline{)4800.}^{\,1200.}$

9. $.03\overline{)33.} = 3\overline{)3300.}^{1100.}$

10. $.07\overline{)84.} = 7\overline{)8400.}^{1200.}$

11. $.09\overline{)99.} = 9\overline{)9900.}^{1100.}$

12. $.03\overline{)126.} = 3\overline{)12600.}^{4200.}$

13. $.08\overline{)168.} = 8\overline{)16800.}^{2100.}$

14. $.06\overline{)654.} = 6\overline{)65400.}^{10900.}$

15. $.07\overline{)154.} = 7\overline{)15400.}^{2200.}$

16. $.02\overline{)5250.} = 2\overline{)525000.}^{262500.}$

17. $.04\overline{)324.} = 4\overline{)32400.}^{8100.}$

18. $.05\overline{)625.} = 5\overline{)62500.}^{12500.}$

19. $.09\overline{)198.} = 9\overline{)19800.}^{2200.}$

20. $.07\overline{)224.} = 7\overline{)22400.}^{3200.}$

explicaciones

POTENCIAS Y RAÍCES

1. Los números que se multiplican para que den un producto se llaman **factores** del producto.

    Ejemplo

    En $2 \times 3 = 6$, 2 y 3 son factores.

2. Si los factores son iguales, se puede usar un **exponente** para indicar el número de veces que aparece el factor.

    Ejemplo

    En $3 \times 3 = 3^2$, el número 3 aparece dos veces como factor, como lo indica el exponente 2.

3. Cuando un producto se escribe de manera exponencial, el número al cual se refiere el exponente se llama **base**. El producto en sí se llama **potencia**.

    Ejemplo

    En 2^5, el número 2 es la base y el 5 es el exponente.

    $2^5 = 2 \times 2 \times 2 \times 2 \times 2 = 32$, luego 32 es la potencia.

4. a.   Si el exponente usado es 2, se dice que la base se elevó al **cuadrado** o a la segunda potencia.

    Ejemplo

    6^2 se lee "seis al cuadrado" o "seis elevado a la segunda potencia".

    b.   Si el exponente usado es 3, se dice que la base se elevó al **cubo** o a la tercera potencia.

    Ejemplo

    5^3 se lee "cinco al cubo" o "cinco elevado a la tercera potencia".

    c.   Si el exponente usado es 4, se dice que la base se elevó a la cuarta potencia. Si el exponente usado es 5, se dice que la base se elevó a la quinta potencia, etc.

    Ejemplo

    2^8 se lee "dos elevado a la octava potencia".

5. Un número que es producto de un número al cuadrado se llama **cuadrado perfecto**.

Ejemplo

25 es un cuadrado perfecto porque $25 = 5^2$.

6. a. Si un número tiene exactamente dos factores iguales, cada factor se llama **raíz cuadrada** del número.

Ejemplo

$9 = 3 \times 3$; por lo que 3 es la raíz cuadrada de 9.

b. Se usa el símbolo $\sqrt{\ }$ para indicar la raíz cuadrada.

Ejemplo

$\sqrt{9} = 3$ significa que la raíz cuadrada de 9 es 3, ó $3 \times 3 = 9$.

7. Se puede encontrar la raíz cuadrada de los cuadrados perfectos más comunes usando la siguiente tabla o por ensayo y error, es decir, calculando el número que, cuando se eleva al cuadrado, arroja el cuadrado perfecto dado.

NÚMERO	PERFECTO CUADRADO	NÚMERO	PERFECTO CUADRADO
1	1	10	100
2	4	11	121
3	9	12	144
4	16	13	169
5	25	14	196
6	36	15	225
7	49	20	400
8	64	25	625
9	81	30	900

Ejemplo

Para calcular $\sqrt{81}$, tenga presente que 81 es el cuadrado perfecto de 9, ó $9^2 = 81$. Por lo tanto, $\sqrt{81} = 9$

8. Para calcular la raíz cuadrada de un número que no es cuadrado perfecto, use el siguiente método:

a. Ubique el punto decimal.

b. Marque los dígitos en grupos de dos en ambas direcciones comenzando en el punto decimal.

c. Marque el punto decimal para la respuesta justo por encima del punto decimal del número al cual se calculará su raíz cuadrada.

d. Calcule el mayor cuadrado perfecto que se encuentre en el grupo de dos de la izquierda.

e. Coloque la raíz cuadrada en la respuesta. Reste el cuadrado perfecto al primer dígito o par de dígitos.

f. Baje el par siguiente.

g. Duplique la respuesta parcial.

h. Agregue un dígito de prueba a la derecha de la respuesta parcial duplicada. Multiplique este nuevo número por el dígito de prueba. Coloque el nuevo dígito correcto en la respuesta.

i. Reste el producto.

j. Repita los pasos f a i cada vez que sea necesario.

Notará que obtiene un dígito en la respuesta por cada grupo de dos que marcó en el número original.

Ejemplo: Calcule la raíz cuadrada de 138,384.

SOLUCIÓN:

$$
\begin{array}{r}
3\ \underline{7}\ \underline{2}. \\
\sqrt{13'83'84'.} \\
3^2 = -9 \\
\hline
4\ 83 \\
\underline{7} \times 6\underline{7} = -4\ 69 \\
\hline
14\ 84 \\
\underline{2} \times 74\underline{2} = -14\ 84 \\
\hline
\end{array}
$$

Primero se debe marcar el número en grupos de dos cifras, comenzando en el punto decimal, que en el caso de un número entero, está a la derecha. El número de cifras en la raíz será el mismo que el número de grupos obtenidos.

El mayor cuadrado menor que 13 es 9. $\sqrt{9} = 3$

Coloque la raíz cuadrada en la respuesta. Reste el cuadrado perfecto al primer dígito o par de dígitos. Baje el par siguiente. Para formar nuestro divisor de prueba, agregue 0 a esta raíz "3" (formando 30) y multiplique por 2.

$483 \div 60 = 8$. Al multiplicar el divisor de prueba 68 por 8, se obtiene 544, que es muy grande. Luego intentamos multiplicar 67 por 7. Eso es correcto. Agregue el dígito de prueba a la derecha de la respuesta parcial duplicada. Coloque el nuevo dígito en la respuesta. Reste el producto. Baje el grupo final. Agregue 0 a la nueva raíz 37 y multiplique por 2 para el divisor de prueba:

$2 \times 370 = 740$

$1484 \div 740 = 2$

Anote 2 en la respuesta.

Respuesta: 372

Ejemplo: Calcule la raíz cuadrada de 3 redondeada al centésimo más cercano.

SOLUCIÓN:

$$
\begin{array}{r}
1.\ 7\ 3\ 2 \\
\sqrt{3.00'00'00}
\end{array}
$$

1^2	$=$	$\underline{1\ \ }$
20		$2\ 00$
$(7) \times 2(7)$	$=$	$\underline{1\ 89}$
340		$11\ 00$
$(3) \times 34(3)$	$=$	$\underline{10\ 29}$
		$71\ 00$
$(2) \times 346(2)$	$=$	$\underline{69\ 24}$

Respuesta: 1.73

9. Para calcular la raíz cuadrada de una fracción, calcule la raíz del numerador y del denominador.

Ejemplo

$$\sqrt{\frac{4}{9}} = \frac{\sqrt{4}}{\sqrt{9}} = \frac{2}{3}$$

10. a. Si un número tiene exactamente tres factores iguales, cada factor se llama raíz cúbica del número.

b. Se usa el símbolo $\sqrt[3]{}$ para indicar la raíz cúbica.

Ejemplo

$8 = 2 \times 2 \times 2$; por lo tanto, $\sqrt[3]{8} = 2$

EJERCICIOS DE PRÁCTICA CON POTENCIAS Y RAÍCES

1. La raíz cuadrada de 10 es
   - (1) 1
   - (2) 2
   - (3) 5
   - (4) 100
   - (5) 105

2. La raíz cúbica de 9 es
   - (1) 3
   - (2) 27
   - (3) 81
   - (4) 99
   - (5) 729

3. La cuarta potencia de 2 es
   - (1) 2
   - (2) 4
   - (3) 8
   - (4) 16
   - (5) 32

4. El producto $7 \times 7 \times 7 \times 7 \times 7$ se puede escribir en forma exponencial como
   - (1) 5^7
   - (2) 7^5
   - (3) 2^7
   - (4) 7^2
   - (5) 2^5

5. El valor de 3^5 es
   - (1) 243
   - (2) 125
   - (3) 35
   - (4) 25
   - (5) 15

6. La raíz cuadrada de 1175, al entero más cercano, es
   - (1) 32
   - (2) 33
   - (3) 34
   - (4) 35
   - (5) 36

7. Calcule $\sqrt{503}$ al décimo más cercano.
   - (1) 22.4
   - (2) 22.5
   - (3) 22.6
   - (4) 22.7
   - (5) 22.8

8. Calcule $\sqrt{\frac{1}{4}}$.
   - (1) 2
   - (2) $\frac{1}{2}$
   - (3) $\frac{1}{8}$
   - (4) $\frac{1}{10}$
   - (5) $\frac{1}{16}$

9. Calcule $\sqrt[3]{64}$.
   - (1) 3
   - (2) 4
   - (3) 8
   - (4) 32
   - (5) 40

10. La suma de 2^2 y 2^3 es
    - (1) 9
    - (2) 10
    - (3) 12
    - (4) 32
    - (5) 44

Clave de respuestas y Explicaciones

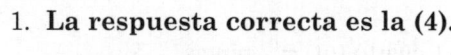

1. (4)	5. (1)	8. (2)
2. (5)	6. (3)	9. (2)
3. (4)	7. (1)	10. (3)
4. (2)		

1. La respuesta correcta es la (4).

$10^2 = 10 \times 10 = 100$

2. La respuesta correcta es la (5).

$9^3 = 9 \times 9 \times 9$
$ = 81 \times 9$
$ = 729$

3. La respuesta correcta es la (4).

$2^4 = 2 \times 2 \times 2 \times 2$
$ = 4 \times 2 \times 2$
$ = 8 \times 2$
$ = 16$

4. La respuesta correcta es la (2).

$7 \times 7 \times 7 \times 7 \times 7 = 7^5$

5. La respuesta correcta es la (1).

$3^5 = 3 \times 3 \times 3 \times 3 \times 3$
$ = 243$

6. La respuesta correcta es la (3).

$$
\begin{array}{r}
3\ \ 4.\ \ 2 \\
\sqrt{11'75.00}
\end{array}
= 34 \text{ redondeado al numero entero más cercano}
$$

$$3^2 = \underline{\quad 9}$$
$$ 2\ 75$$
$$\underline{4} \times 6\underline{4} = \underline{\quad 2\ 56}$$
$$ 19\ 00$$
$$\underline{2} \times 68\underline{2} = \underline{\quad 13\ 64}$$
$$ 5\ 36$$

7. La respuesta correcta es la (1).

$$
\begin{array}{r}
2\ \ 2.\ \ 4\ \ 2 \\
\sqrt{5'03.00'00}
\end{array}
= 22.4 \text{ redondeado al décimo más cercano}
$$

$$2^2 = \underline{4}$$
$$ 1\ \ 03$$
$$\underline{2} \times 4\underline{2} = \underline{\quad 84}$$
$$ 19\ 00$$
$$\underline{4} \times 44\underline{4} = \underline{\quad 17\ 76}$$
$$ 1\ 24\ 00$$
$$\underline{2} \times 448\underline{2} = \underline{\quad 89\ 64}$$
$$ 34\ 36$$

8. La respuesta correcta es la (2).

$$\sqrt{\frac{1}{4}} = \frac{\sqrt{1}}{\sqrt{4}} = \frac{1}{2}$$

9. La respuesta correcta es la (2).

Puesto que $4 \times 4 \times 4 = 64$, $\sqrt[3]{64} = 4$

10. La respuesta correcta es la (3).

$2^2 + 2^3 = 4 + 8 = 12$

TABLA DE MEDIDAS

Medidas inglesas

Longitud

1 pie (ft o ′) = 12 pulgadas (in o ″)
1 yarda (yd) = 36 pulgadas
1 yarda = 3 pies

1 rod (rd) = $6\frac{1}{2}$ pies

1 milla (mi)= 5280 pies

1 milla = 1760 yardas
1 milla = 320 rods

Peso

1 libra (lb) = 16 onzas (oz)
1 hundredweight (cwt) = 100 libras
1 tonelada (T) = 2000 libras

Área

pulgadas
1 pie cuadrado (ft²) = 144 pulgadas
cuadradas (in²)
1 yarda cuadrada (yd²) = 9 pies cuadrados

Medidas de líquidos

1 taza (c) = 8 onzas líquidas (fl oz)
1 pinta (pt) = 2 tazas
1 pinta = 4 gills (gi)

1 cuarto (qt) = 2 pintas

1 galón (gal) = 4 cuartos

1 barril (bl) = $31\frac{1}{2}$ galones

Medidas de sólidos

1 cuarto (qt) = 2 pintas (pt)
1 peck (pk) = 8 cuartos
1 bushel (bu) = 4 pecks

Volumen

1 pie cúbico (ft³ o cu ft) = 1728 pulgadas cúbicas
1 yarda cúbica (yd³ o cu yd) = 27 pies cúbicos
1 galón = 231 pulgadas cúbicas

Medidas generales

Hora

1 minuto (min) = 60 segundos (s)
1 hora (h) = 60 minutos
1 día = 24 horas
1 semana = 7 días
1 año = 52 semanas
1 año calendario = 365 días

Ángulos y arcos

1 minuto (′) = 60 segundos (s)
1 grado (°) = 60 minutos
1 círculo = 360 grados

Contar

1 docena (doz) = 12 unidades
1 gruesa (gr) = 12 docenas
1 gruesa = 144 unidades

Tabla de conversiones inglesas y métricas (aproximadas)

Inglesas a métricas

1 pulgada = 2.54 centímetros
1 yarda = .9 metro
1 milla = 1.6 kilómetros
1 onza = 28 gramos
1 libra = 454 gramos
1 onza líquida = 30 mililitros
1 cuarto líquido = .95 litro

Métricas a inglesas

1 centímetro = .39 pulgada
1 metro = 1.1 yardas
1 kilómetro = .6 milla
1 kilogramo = 2.2 libras
1 litro = 1.06 cuarto líquido

Tabla métrica de conversiones

1 litro = 1000 centímetros cúbicos (cm³)
1 mililitro = 1 centímetro cúbico
1 litro de agua pesa 1 kilogramo*
1 mililitro de agua pesa 1 gramo*

Sistema métrico

Longitud

Unidad	Abreviación	Número de metros
miriámetro	mym	10,000
kilómetro	km	1,000
hectómetro	hm	100
decámetro	dam	10
metro	m	1
decímetro	dm	0.1
centímetro	cm	0.01
milímetro	mm	0.001

Área

Unidad	Abreviación	Número de metros cuadrados
kilómetro cuadrado	sq km o km²	1,000,000
hectárea	ha	10,000
área	a	100
centare	ca	1
centímetro cuadrado	sq cm o cm²	0.0001

*Estas conversiones son exactas sólo bajo condiciones específicas. Si las condiciones no
se cumplen, las conversiones son aproximadas.

Volumen

Unidad	Abreviación	Número de metros cúbicos
decastereo	das	10
estéreo	s	1
decistereo	ds	0.10
centímetro cúbico	cu cm *o* cm³ *o* cc	0.000001

Capacidad

Unidad	Abreviación	Número de litros
kilolitro	kl	1,000
hectolitro	hl	100
decalitro	dal	10
litro	*l*	1
decilitro	dl	0.10
centilitro	cl	0.01
mililitro	ml	0.001

Masa y peso

Unidad	Abreviación	Número de gramos
toneladas métricas	MT *o* t	1,000,000
quintal	q	100,000
kilogramo	kg	1,000
hectogramo	hg	100
decagramo	dag	10
gramo	g *o* gm	1
decigramo	dg	0.10
centigramo	cg	0.01
miligramo	mg	0.001

NÚMEROS DENOMINADORES (MEDIDAS)

1. Un **número denominador** es aquel que especifica una medida dada. La unidad de medida se llama **denominación.**

Ejemplo

> 7 millas, 3 cuartos y 5 gramos son números denominadores.

2. a. El sistema inglés de medidas usa denominaciones tales como pintas, onzas, libras y pies.

   b. El sistema métrico de medidas usa denominaciones tales como gramos, litros y metros.

Sistema inglés de medidas

3. Para convertir de una unidad de medida a otra, averigüe en la Tabla de medidas cuántas unidades de denominación menor equivalen a una unidad de denominación mayor. Éste número se llama **número de conversión.**

4. Para convertir una unidad de medida a una unidad menor, multiplique el número dado de unidades por el número de conversión.

   Ejemplo: Convierta 7 yardas a pulgadas.

   SOLUCIÓN: 1 yarda = 36 pulgadas (número de conversión)

             7 yardas = 7×36 pulgadas

                    = 252 pulgadas

   Respuesta: 252 pulgadas

   Ejemplo: Convierta 2 horas 12 minutos a minutos.

   SOLUCIÓN: 1 hora = 60 minutos (número de conversión)

         2 h 12 min = 2 h +12 min

               2 h = 2×60 min = 120 min

       2 h 12 min = 120 min + 12 min

                   = 132 min

   Respuesta: 132 min

5. Para convertir de una unidad de medida a una mayor:

   a. Divida el número dado de unidades entre el número de conversión.

Ejemplo: Convierta 48 pulgadas en pies.

SOLUCIÓN: 1 pie =   12 pulgadas (número de conversión)

48 in ÷ 12 =   72 pies

Respuesta: 4 pies

b.   Si queda un residuo, éste se expresa en términos de una unidad de medida menor.

Ejemplo: Convierta 35 onzas en libras y onzas.

SOLUCIÓN: 1 libra = 16 onzas (número de conversión)

$$35 \text{ oz} \div 16 = 16\overline{)\begin{array}{r} 2 \text{ lb} \\ 35 \text{ oz} \\ \underline{32} \\ 3 \text{ oz} \end{array}}$$

= 2 lb 3 oz

Respuesta: 2 lb 3 oz

6.   Para sumar números denominadores, ordénelos en columnas por unidades en común y sume cada una de ellas. Si fuera necesario, simplifique la respuesta, comenzando con la unidad menor.

Ejemplo: Sume 1 yd 2 ft 8 in, 2 yd 2 ft 10 in y 3 yd 1 ft 9 in.

SOLUCIÓN:

$$\begin{array}{r} 1 \text{ yd 2 ft 8 in} \\ 2 \text{ yd 2 ft 10 in} \\ + 3 \text{ yd 1 ft 9 in} \\ \hline 6 \text{ yd 5 ft 27 in} \end{array}$$

= 6 yd 7 ft 3 in (ya que 27 in = 2 ft 3 in)

= 8 yd 1 ft 3 in (ya que 7 ft = 2 yd 1 ft)

Respuesta: 8 yd 1 ft 3 in

7.   Para restar números denominadores, ordénelos en columnas por unidades en común, y reste cada una de ellas comenzando con la unidad menor. Si es necesario, pida prestado para aumentar el número de una unidad particular.

Ejemplo: Reste 2 gal 3 qt a 7 gal 1 qt.

SOLUCIÓN: 7 gal 1 qt =   6 gal 5 qt

$$\begin{array}{r} - 2 \text{ gal 3 qt} = -2 \text{ gal 3 qt} \\ \hline 4 \text{ gal 2 qt} \end{array}$$

Tenga presente que se pidió prestado 1 gal de 7 gal.

1 gal = 4 qt

Por lo tanto, 7 gal 1 qt = 6 gal 5 qt

Respuesta: 4 gal 2 qt

8. Para multiplicar un número denominador por un número dado:

   a. Si el número denominador tiene sólo una unidad, multiplique los números y escriba la unidad.

   Ejemplo

   $3 \text{ oz} \times 4 = 12 \text{ oz}$

   b. Si el número denominador contiene más de una unidad de medida, multiplique el número de cada unidad por el número dado y, si es necesario, simplifique la respuesta.

   Ejemplo: Multiplique 4 yd 2 ft 8 in por 2.

   SOLUCIÓN: 4 yd 2 ft 8 in

   $\underline{\times \qquad 2}$

   8 yd 4 ft 16 in

   = 8 yd 5 ft 4 in (ya que 16 in = 1 ft 4 in)

   = 9 yd 2 ft 4 in (ya que 5 ft = 1 yd 2 ft)

   Respuesta: 9 yd 2 ft 4 in

9. Para dividir un número denominador entre un número dado, convierta todas las unidades a la unidad menor y divida. Si es necesario, simplifique la respuesta.

   Ejemplo: Divida 5 lb 12 oz entre 4.

   SOLUCIÓN: 1 lb = 16 oz, por lo tanto

   5 lb 12 oz = 92 oz

   92 oz ÷ 4 = 23 oz

   = 1 lb 7 oz

   Respuesta: 1 lb 7 oz

10. Métodos alternativos de división:

    a. Divida el número de la unidad mayor entre el número dado.

    b. Convierta cualquier residuo a la siguiente unidad mayor.

    c. Divida el número total de dicha unidad entre el número dado.

    d. Nuevamente, convierta cualquier residuo a la unidad siguiente y divida.

    e. Repita hasta que no queden unidades.

Ejemplo: Divida 9 h 21 min 40 s entre 4.

SOLUCIÓN:

```
        2 hr    20 min    25 s
    4)  9 hr    21 min    40 s
        8 hr
        1 hr =  60 min
                81 min
                80 min
                 1 min =    60 s
                          100 s
                          100 s
                            0 s
```

Respuesta: 2 h 20 min 25 s

Medidas métricas

11. Las unidades básicas del sistema métrico son el metro (m) que se usa para la longitud; el gramo (g) que se usa para el peso; y el litro (l) que se usa para capacidad o volumen.

12. Los prefijos que se usan con las unidades básicas y sus significados son:

PREFIJO	ABREVIACIÓN	SIGNIFICADO
micro-	μ	una millonésima de (.000001)
mili-	m	una milésima de (.001)
centi-	c	una centésima de (.01)
deci-	d	una décima de (.1)
deca-	da o dk	diez veces (10)
hecto-	h	cien veces (100)
kilo-	k	mil veces (1000)
mega-	M	un millón de veces (1,000,000)

13. Para convertir *a* una unidad métrica básica de una unidad métrica con prefijo, multiplique por el número indicado en el prefijo.

Ejemplos

Convierta 72 milímetros a metros.

72 milímetros = 72 × .001 metros

= .072 metros

Convierta 4 kilolitros a litros.

4 kilolitros = 4 × 1000 litros

= 4000 litros

14. Para convertir *de* una unidad básica a una unidad con prefijo, divida entre el número indicado en el prefijo.

Ejemplos

Convierta 300 litros a hectolitros.

300 litros = 300 ÷ 100 hectolitros

= 3 hectolitros

Convierta 4.5 metros en decímetros

4.5 metros = 4.5 ÷ .1 decímetro

= 45 decímetros

15. Para convertir una unidad métrica con prefijo en otra con prefijo, primero convierta a una unidad básica y luego conviértala a la unidad deseada.

Ejemplo: Convierta 420 decigramos a kilogramos.

SOLUCIÓN: 420 dg = 420 × .1 g = 42 g

42 g = 42 ÷ 1000 kg = .042 kg

Respuesta: .042 kg

16. Para sumar, restar, multiplicar o dividir usando medidas métricas, primero convierta todas las unidades a una misma unidad y realice la operación deseada.

Ejemplo: Reste 1200 g de 2.5 kg.

SOLUCIÓN:
$$\begin{array}{r} 2.5\ kg = 2500\ g \\ -1200\ g = -1200\ g \\ \hline 1300\ g \end{array}$$

Respuesta: 1300 g ó 1.3 kg

17. Para convertir una medida métrica en una medida inglesa o a la inversa:

a. En la Tabla de conversiones inglesas y métricas, averigüe cuántas unidades de la medida deseada son iguales a una unidad de la medida dada.

b. Multiplique el número dado por el número hallado en la tabla.

Ejemplo: Calcule el número de libras en 4 kilos.

SOLUCIÓN: A partir de la tabla, $1 \text{ kg} = 2.2 \text{ lb}$

$4 \text{ kg} = 4 \times 2.2 \text{ lb}$

$= 8.8 \text{ lb}$

Respuesta: 8.8 lb

Ejemplo: Calcule el número de metros en 5 yardas.

SOLUCIÓN: $1 \text{ yd} = .9 \text{ m}$

$5 \text{ yd} = 5 \times .9 \text{ m}$

$= 4.5 \text{ m}$

Respuesta: 4.5 m

Medidas de temperatura

18. La medida de temperatura que se usa actualmente en Estados Unidos es el grado Fahrenheit (°F). La medida métrica para la temperatura es el grado Celsius (°C), también llamado grado centígrado.

19. Los grados Celsius se pueden convertir en grados Fahrenheit usando la fórmula:

$$°F = \frac{9}{5} °C + 32°$$

Ejemplo: El agua hierve a 100 °C. Convierta a °F.

$$°F = \frac{9}{\cancel{5}} \times \cancel{100}^{\,20}° + 32°$$
$$ 1$$
$$= 180° + 32°$$
$$= 212°$$

SOLUCIÓN:

$$°F = \frac{9}{\cancel{5}} \times \cancel{100}^{\,20}° + 32°$$
$$ 1$$
$$°F = 180° + 32°$$
$$= 212°$$

Respuesta: 100°C = 212°F

20. Los grados Fahrenheit se pueden convertir en grados Celsius usando la fórmula:

$$^\circ C = \frac{5}{9}(^\circ F - 32^\circ)$$

Cuando use esta fórmula, desarrolle la resta del paréntesis primero, luego

multiplique por $\frac{5}{9}$.

Ejemplo: Si la temperatura corporal normal es 98.6°F, ¿cuánto es en Celsius?

SOLUCIÓN:

$$^\circ C = \frac{5}{9}(98.6^\circ - 32^\circ)$$

$$= \frac{5}{9} \times 66.6^\circ$$

$$= \frac{333^\circ}{9}$$

$$= 37^\circ$$

Respuesta: 37°C

EJERCICIOS DE PRÁCTICA CON MEDIDAS

1. Un carpintero necesita tablas para 4 estantes, cada una de 2′9″ de largo. ¿Cuántos pies de tabla debería comprar?

    (1) 11

    (2) $11\frac{1}{6}$

    (3) 13

    (4) $15\frac{1}{2}$

    (5) 16

2. El número de medias pintas en 19 galones de leche es

    (1) 76

    (2) 152

    (3) 304

    (4) 608

    (5) 904

3. El producto de 8 ft 7 in multiplicado por 8 es

    (1) 69 pies 6 pulgadas

    (2) 68.8 pies

    (3) $68\frac{2}{3}$ pies

    (4) 68 pies 2 pulgadas

    (5) 68 pies 6 pulgadas

4. $\frac{1}{3}$ de 7 yardas es

    (1) 2 yardas

    (2) 4 pies

    (3) $3\frac{1}{2}$ yardas

    (4) 5 yardas

    (5) 7 pies

5. Una oficina compró seis gruesas de unos lápices especiales de dibujo. Si éstos se usaron en un promedio de 24 a la semana, el máximo de semanas que durarían las seis gruesas de lápices sería

   (1) 6 semanas

   (2) 12 semanas

   (3) 24 semanas

   (4) 36 semanas

   (5) 42 semanas

6. Si se cortan 7 ft 9 in de un pedazo de madera que mide 9 ft 6 in, lo que sobra es

   (1) 1 pie 9 pulgadas

   (2) 1 pie 10 pulgadas

   (3) 2 pie 2 pulgadas

   (4) 2 pie 5 pulgadas

   (5) 2 pie 9 pulgadas

7. Reste 3 horas 49 minutos de 5 horas 13 minutos.

   (1) 1 hora 5 minutos

   (2) 1 hora 10 minutos

   (3) 1 hora 18 minutos

   (4) 1 hora 20 minutos

   (5) 1 hora 24 minutos

8. Un pedazo de madera de 35 pies 6 pulgadas de largo se usó para hacer 4 estantes de igual largo. El largo de cada estante es

   (1) 8.9 pulgadas

   (2) 8 pies 9 pulgadas

   (3) 8 pies $9\frac{1}{2}$ pulgadas

   (4) 8 pies $10\frac{1}{2}$ pulgadas

   (5) 8 pies 11 pulgadas

9. El número de yardas igual a 126 pulgadas es

   (1) 3.5

   (2) 10.5

   (3) 1260

   (4) 1512

   (5) 1560

10. ¿Si en un galón hay 231 pulgadas cúbicas, el número de pulgadas cúbicas en 3 pintas es más cercano a cuál de las siguientes?

    (1) 24

    (2) 29

    (3) 57

    (4) 87

    (5) 89

11. La suma de 5 pies $2\frac{3}{4}$ pulgadas, 8 pies $\frac{1}{2}$ pulgada y $12\frac{1}{2}$ pulgadas es

    (1) 14 pies $3\frac{3}{4}$ pulgadas

    (2) 14 pies pulgadas $5\frac{3}{4}$ pulgadas

    (3) 14 pies $9\frac{1}{4}$ pulgada

    (4) 15 pies $\frac{1}{2}$ pulgada

    (5) 16 pies $\frac{1}{2}$ pulgada

12. Sume 5 h 13 min, 3 h 49 min y 14 min. El resultado es

    (1) 8 horas 16 minutos

    (2) 9 horas 16 minutos

    (3) 9 horas 76 minutos

    (4) 8 horas 6 minutos

    (5) 9 horas 26 minutos

13. Presumiendo que 2.54 centímetros = 1 pulgada, ¿una vara de metal que mide $1\frac{1}{2}$ pies sería casi igual a cuál de las siguientes medidas?

(1) 380 centimeters

(2) 46 centímetros

(3) 30 centímetros

(4) 18 centímetros

(5) 10 centímetros

14. Un micromilímetro se define como una millonésima de milímetro. Una longitud de 17 micromilímetros se puede representar como

(1) .00017 mm

(2) .0000017 mm

(3) .000017 mm

(4) .00000017 mm

(5) 0.17 mm

15. ¿Cuántos litros son iguales a 4200 ml?

(1) .42

(2) 42

(3) 420

(4) 420,000

(5) 4.2

16. Sume 26 dg, .4 kg, 5 g y 184 cg.

(1) 215.40 gramos

(2) 319.34 gramos

(3) 409.44 gramos

(4) 849.00 gramos

(5) 869.00 gramos

17. Cuatro botellas idénticas llenas tienen un total de 1.28 litros de una solución de limpieza. ¿Cuántos mililitros hay en cada botella?

(1) 3.20

(2) 5.12

(3) 320

(4) 512

(5) 620

18. ¿Cuántos litros de agua se pueden contener en un envase de 5 galones? (Consulte la Tabla de conversiones)

(1) 19

(2) 38

(3) 40

(4) 50

(5) 60

19. ¿Cuál es el equivalente en Fahrenheit, al grado más cercano, a una temperatura de 12°C?

(1) 19°

(2) 54°

(3) 57°

(4) 60°

(5) 79°

20. Una compañía debe mantener la temperatura de su oficina en 68°F. ¿Cuánto es eso en °C?

(1) 10°

(2) 15°

(3) 20°

(4) 25°

(5) 30°

CLAVE DE RESPUESTAS Y EXPLICACIONES

1. (1)	6. (1)	11. (1)	16. (3)
2. (3)	7. (5)	12. (2)	17. (3)
3. (3)	8. (4)	13. (2)	18. (1)
4. (5)	9. (1)	14. (3)	19. (2)
5. (4)	10. (4)	15. (5)	20. (3)

1. **La respuesta correcta es la (1).**

$$\begin{array}{r} 2 \text{ ft } 9 \text{ in} \\ \times \quad 4 \\ \hline 8 \text{ ft } 36 \text{ in} = 11 \text{ ft} \end{array}$$

2. **La respuesta correcta es la (3).**

Calcule el número de medias pintas en 1 galón:

1 gal = 4 qts

4 qts = 4×2 pts = 8 pts

8 pts = 8×2 = 16 half-pints

Multiplique para calcular el número de medias pintas en 19 galones:

19 gal = 19×16 medias pintas

= 304 medias pintas

3. **La respuesta correcta es la (3).**

$$\begin{array}{r} 8 \text{ ft } 7 \text{ in} \\ \times \quad 8 \\ \hline 64 \text{ ft } 56 \text{ in} \quad = 68 \text{ ft } 8 \text{ in} \end{array}$$

(ya que 56 in = 4 ft 8 in)

$$8 \text{ in} = \frac{8}{12} \text{ ft} = \frac{2}{3} \text{ ft}$$

$$68 \text{ ft } 8 \text{ in} = 68\frac{2}{3} \text{ ft}$$

4. **La respuesta correcta es la (5).**

$$\frac{1}{3} \times 7 \text{ yd} = 2\frac{1}{3} \text{ yd}$$

$$= 2 \text{ yd } 1 \text{ ft}$$

$$= 2 \times 3 \text{ ft} + 1 \text{ ft}$$

$$= 7 \text{ ft}$$

5. **La respuesta correcta es la (4).**

Calcule el número de unidades en 6 gruesas:

1 gruesa = 144 unidades

6 gruesas = 6×144 unidades

= 864 unidades

Divida las unidades entre el promedio de uso:

$864 \div 24 = 36$

6. **La respuesta correcta es la (1).**

$$\begin{array}{r} 9 \text{ ft } 6 \text{ in} = \quad 8 \text{ ft } 18 \text{ in} \\ -7 \text{ ft } 9 \text{ in} = -7 \text{ ft } \quad 9 \text{ in} \\ \hline 1 \text{ ft } \quad 9 \text{ in} \end{array}$$

7. **La respuesta correcta es la (5).**

$$\begin{array}{r} 5 \text{ horas } 13 \text{ minutos} = \quad 4 \text{ horas } 73 \text{ minutos} \\ -3 \text{ horas } 49 \text{ minutos} = - 3 \text{ horas } 49 \text{ minutos} \\ \hline 1 \text{ hora } \quad 24 \text{ minutos} \end{array}$$

8. **La respuesta correcta es la (4).**

$$8 \text{ ft} \quad 10 \text{ in} \; + \frac{2}{4} \text{ in} \; = 8 \text{ ft} \, 10\frac{1}{2} \text{ in}$$

$$4\overline{)35 \text{ ft} \quad 6 \text{ in}}$$

$$\underline{32 \text{ ft}}$$
$$\overline{3 \text{ ft}} = \underline{36 \text{ in}}$$
$$42 \text{ in}$$
$$\underline{40 \text{ in}}$$
$$2 \text{ in}$$

9. **La respuesta correcta es la (1).**

$$1 \text{ yd} = 36 \text{ in}$$
$$126 \div 36 = 3.5$$

10. **La respuesta correcta es la (4).**

$$1 \text{ gal} = 4 \text{ qt} = 8 \text{ pt}$$
Por lo tanto, $1 \text{ pt} = 231 \text{ pulgadas cúbicas} \div 8$
$$= 28.875 \text{ pulgadas cúbicas}$$
$$3 \text{ pts} = 3 \times 28.875 \text{ pulgadas cúbicas}$$
$$= 86.625 \text{ pulgadas cúbicas}$$

11. **La respuesta correcta es la (1).**

$$5 \text{ pies} \quad 2\frac{3}{4} \text{ pulgadas}$$
$$8 \text{ pies} \quad \frac{1}{2} \text{ pulgadas}$$
$$+ \quad \quad 12\frac{1}{2} \text{ pulgadas}$$
$$\overline{13 \text{ pies} \quad 15\frac{3}{4} \text{ pulgadas}}$$
$$= 14 \text{ pies} \quad 3\frac{3}{4} \text{ pulgadas}$$

12. **La respuesta correcta es la (2).**

$$5 \text{ h} \quad 13 \text{ min}$$
$$3 \text{ h} \quad 49 \text{ min}$$
$$+ \quad \quad 14 \text{ min}$$
$$\overline{8 \text{ h} \quad 76 \text{ min}}$$
$$= 9 \text{ h} \quad 16 \text{ min}$$

13. **La respuesta correcta es la (2).**

$$1 \text{ pie} = 12 \text{ pulgadas}$$
$$1\frac{1}{2} \text{ pies} = 1\frac{1}{2} \times 12 \text{ pulgadas} = 18 \text{ pulgadas}$$
$$1 \text{ pulgada} = 2.54 \text{ cm}$$

Por lo tanto,

$$18 \text{ pulgadas} = 18 \times 2.54 \text{ cm}$$
$$= 45.72 \text{ cm}$$

14. **La respuesta correcta es la (3).**

$$1 \text{ micromilímetro} = .000001 \text{ mm}$$
$$17 \text{ micromilímetros} = 17 \times .000001 \text{ mm}$$
$$= .000017 \text{ mm}$$

15. **La respuesta correcta es la (5).**

$$4200 \text{ ml} = 4200 \times .001 l$$
$$= 4.200 l$$

16. **La respuesta correcta es la (3).**

Convierta todas las unidades a gramos:

$$26 \text{ dg} = 26 \times .1 \quad = \quad 2.6 \text{ g}$$
$$.4 \text{ kg} = .4 \times 1000 \text{g} = 400 \quad \text{g}$$
$$5 \text{g} = \quad \quad \quad 5 \quad \text{g}$$
$$184 \text{ cg} = 184 \times .01 \text{ g} = \underline{\quad 1.84 \text{g}}$$
$$409.44 \text{ g}$$

explicaciones

17. **La respuesta correcta es la (3).**

$$1.28 \text{ litros} \div 4 = .32 \text{ litros}$$
$$32 \text{ litros} = .32 \div .001 \text{ ml}$$
$$= 320 \text{ ml}$$

18. **La respuesta correcta es la (1).**

Calcule el número de litros en 1 galón:

$$1 \text{ qt} = .95 \; l$$
$$1 \text{ gal} = 4 \text{ qts}$$
$$1 \text{ gal} = 4 \times .95 \; l = 3.8 \; l$$

Multiplique para calcular el número de litros en 5 galones:

$$5 \text{ gal} = 5 \times 3.8 \; l = 19 \; l$$

19. **La respuesta correcta es la (2).**

$$°F = \frac{9}{5} \times 12° + 32°$$

$$= \frac{108°}{5} + 32°$$

$$= 21.6° + 32°$$

$$= 53.6°$$

20. **La respuesta correcta es la (3).**

$$°C = \frac{5}{9}(68° - 32°)$$

$$= \frac{5}{\cancel{9}} \times \cancel{36}^{4}$$

$$= 20°$$

ESTADÍSTICA Y PROBABILIDAD

Estadística

1. La Estadística usa promedios tales como **la media aritmética**, la **mediana** y la **moda**.

2. a. El promedio más usado para un grupo de números es la **media aritmética**. Ésta se calcula al sumar los números dados y luego dividir esta suma entre el número de artículos que se están promediando.

   Ejemplo: Calcule la media aritmética de 2, 8, 5, 9, 6 y 12.

   SOLUCIÓN: Son 6 números.

   $$\text{Media aritmética} = \frac{2+8+5+9+6+12}{6}$$
   $$= \frac{42}{6}$$
   $$= 7$$

   Respuesta: La media aritmética es 7.

   b. Si un problema pide sólo el "promedio" o la "media", se refiere a la media aritmética.

3. Si un grupo de números están ordenados, el número del medio se llama **mediana**. Si no hay un número único en el medio (esto ocurre cuando hay un número par de artículos), la mediana se calcula al computar la media aritmética de los dos números del medio.

   ### Ejemplos

   La mediana de 6, 8, 10, 12 y 14 es 10.

   La mediana de 6, 8, 10, 12, 14 y 16 es la media aritmética de 10 y 12.

   $$\frac{10+12}{2} = \frac{22}{2} = 11.$$

4. La **moda** de un grupo de números es el número que aparece más frecuentemente.

   ### Ejemplo

   La moda de 10, 5, 7, 9, 12, 5, 10, 5 y 9 es 5.

5. Para calcular el promedio de cantidades que tienen una ponderación:

   a. Haga una tabla con un listado de las cantidades, sus ponderaciones y valores correspondientes.

   b. Multiplique el valor de cada cantidad por su ponderación correspondiente.

   c. Sume estos productos.

   d. Sume las ponderaciones.

   e. Divida la suma de los productos entre la suma de las ponderaciones.

Ejemplo: Suponga que las ponderaciones para las siguientes asignaturas son: Inglés 3, Historia 2, Matemática 2, Idioma extranjero 2 y Arte 1. ¿Cuál sería el promedio de un estudiante cuyas calificaciones son: Inglés 80, Historia 85, Álgebra 84, Español 82 y Arte 90?

SOLUCIÓN:

ASIGNATURA	PONDERACIÓN	CALIFICACIÓN
Inglés	3	80
Historia	2	85
Álgebra	2	84
Español	2	82
Arte	1	90
Inglés		$3 \times 80 = 240$
Historia		$2 \times 85 = 170$
Álgebra		$2 \times 84 = 168$
Español		$2 \times 82 = 164$
Arte		$1 \times 90 = \underline{\ 90}$
		832

Suma de las ponderaciones: $3 + 2 + 2 + 2 + 1 = 10$

$832 \div 10 = 83.2$

Respuesta: Promedio = 83.2

Probabilidad

6. El estudio de la probabilidad trata la predicción del resultado de eventos al azar; es decir, eventos en los que uno no tiene control sobre los resultados.

Ejemplo

Lanzar una moneda o dados y sacar objetos ocultos desde una bolsa son eventos al azar.

7. La probabilidad de un resultado en particular es igual al número de maneras en las que puede acontecer el resultado, dividido entre el número total de resultados posibles.

Ejemplos

Al lanzar una moneda, tenemos 2 resultados posibles: cara o cruz. La probabilidad de que la moneda caiga como cara es $1 \div 2$ ó $\frac{1}{2}$.

Si una bolsa contiene 5 pelotas, de las cuales 3 son rojas, la probabilidad de sacar una pelota roja es de $\frac{3}{5}$. La probabilidad de no sacar una pelota roja es de $\frac{2}{5}$.

8. a. Si un evento es seguro, su probabilidad es de 1.

Ejemplo

Si una bolsa sólo contiene pelotas rojas, la probabilidad de sacar una pelota roja es de 1.

b. Si un evento es imposible, su probabilidad es de 0.

Ejemplo

Si una bolsa sólo contiene pelotas rojas, la probabilidad de sacar una pelota verde es de 0.

9. La probabilidad se puede expresar como una fracción, un decimal o un porcentaje.

Ejemplo

Un evento que tiene una probabilidad de $\frac{1}{2}$ se dice que es un 50% probable.

10. Se presume que una probabilidad determinada por un muestreo al azar de un grupo de artículos se aplica a otros artículos en ese grupo y a otros grupos similares.

Ejemplo: Un muestreo al azar de 100 artículos producidos en una fábrica arroja que 7 son defectuosos. ¿Cuántos artículos de la producción total de 50,000 se pueden esperar que sean defectuosos?

SOLUCIÓN: La probabilidad de que un artículo sea defectuoso es de $\frac{7}{100}$ ó un 7%.

De la producción total, se puede esperar que un 7% tengan defectos.

$7\% \times 50,000 = .07 \times 50,000 = 3500$

Respuesta: 3500 artículos

EJERCICIOS DE PRÁCTICA CON ESTADÍSTICA Y PROBABILIDADES

1. Calcule la media aritmética de 73.8, 92.2, 64.7, 43.8, 56.5 y 46.4.
   - **(1)** 60.6
   - **(2)** 61.00
   - **(3)** 61.28
   - **(4)** 61.48
   - **(5)** 62.9

2. La mediana de los números 8, 5, 7, 5, 9, 9, 1, 8, 10, 5 y 10 es
   - **(1)** 5
   - **(2)** 7
   - **(3)** 8
   - **(4)** 9
   - **(5)** 10

3. La moda de los números 16, 15, 17, 12, 15, 15, 18, 19 y 18 es
   - **(1)** 15
   - **(2)** 16
   - **(3)** 17
   - **(4)** 18
   - **(5)** 19

4. Un empleado archivó 73 formularios el lunes, 85 formularios el martes, 54 el miércoles, 92 el jueves y 66 el viernes. ¿Cuál es el promedio de formularios que archivó por día?
   - **(1)** 60
   - **(2)** 72
   - **(3)** 74
   - **(4)** 92
   - **(5)** 94

5. Las calificaciones que recibieron veinte estudiantes en un examen fueron: 100, 55, 75, 80, 65, 65, 85, 90, 80, 45, 40, 50, 85, 85, 85, 80, 80, 70, 65 y 60. El promedio de estas calificaciones es
   - **(1)** 70
   - **(2)** 72
   - **(3)** 77
   - **(4)** 80
   - **(5)** 87

6. Un encargado de compras adquirió 75 reglas de seis pulgadas a 15¢ cada una, 100 reglas de un pie a 30¢ cada una y 50 reglas de una yarda a 72¢ cada una. ¿Cuál es el precio promedio por regla?
   - **(1)** $26\frac{1}{8}$¢
   - **(2)** $34\frac{1}{3}$¢
   - **(3)** 39¢
   - **(4)** 42¢
   - **(5)** 49¢

7. ¿Cuál es el promedio de un estudiante cuyas calificaciones son 90 en Inglés, 84 en Álgebra, 75 en Francés y 76 en Música, si estas asignaturas tienen las siguientes ponderaciones: Inglés 4, Álgebra 3, Francés 3 y Música 1?
   - **(1)** 81
   - **(2)** $81\frac{1}{2}$
   - **(3)** 82
   - **(4)** 83
   - **(5)** 84

Las preguntas 8 a 11 se refieren a la siguiente información.

Un censo muestra que en una cuadra específica, el número de hijos en cada familia es de 3, 4, 4, 0, 1, 2, 0, 2 y 2, respectivamente.

8. Calcule el promedio de hijos por familia.

   (1) 2

   (2) $2\frac{1}{2}$

   (3) 3

   (4) $3\frac{1}{2}$

   (5) 4

9. Calcule la mediana del número de hijos.
   (1) 6
   (2) 5
   (3) 4
   (4) 3
   (5) 2

10. Calcule la moda del número de hijos.
    (1) 0
    (2) 1
    (3) 2
    (4) 4
    (5) 5

11. ¿Cuál es la probabilidad de que una familia elegida al azar en esta cuadra tenga 4 hijos?

    (1) $\frac{4}{9}$

    (2) $\frac{2}{9}$

    (3) $\frac{4}{7}$

    (4) $\frac{2}{1}$

    (5) $\frac{4}{7}$

12. ¿Cuál es la probabilidad de que salga un número par cuando se lanza un sólo dado?

    (1) $\frac{1}{6}$

    (2) $\frac{1}{5}$

    (3) $\frac{1}{4}$

    (4) $\frac{1}{3}$

    (5) $\frac{1}{2}$

13. Una bolsa contiene 3 pelotas negras, 2 amarillas y 4 rojas. ¿Cuál es la probabilidad de sacar una pelota negra?

(1) $\frac{1}{2}$

(2) $\frac{1}{3}$

(3) $\frac{2}{3}$

(4) $\frac{4}{9}$

(5) $\frac{4}{5}$

14. En un grupo de 1000 adultos, 682 son mujeres. ¿Cuál es la probabilidad de que una persona elegida al azar de este grupo sea hombre?

(1) .318

(2) .682

(3) .5

(4) 1

(5) 1.5

15. En una fábrica de globos, un muestreo al azar de 100 globos arroja que 3 de éstos tenían agujeros. En un muestreo de 2500 globos, ¿cuántos podrían tener agujeros?

(1) 30

(2) 75

(3) 100

(4) 750

(5) 800

CLAVE DE RESPUESTAS Y EXPLICACIONES

1. (5)	6. (2)	11. (2)
2. (3)	7. (4)	12. (5)
3. (1)	8. (1)	13. (2)
4. (3)	9. (5)	14. (1)
5. (2)	10. (3)	15. (2)

1. **La respuesta correcta es la (5).**

   Calcule la suma de los valores:

   $73.8 + 92.2 + 64.7 + 43.8 + 56.5 + 46.4 = 377.4$

   Son 6 valores.

   La media aritmética $= \dfrac{377.4}{6} = 62.9$

2. **La respuesta correcta es la (3).**

   Ordene los números:

   1, 5, 5, 5, 7, 8, 8, 9, 9, 10, 10

   El número del medio, o la mediana, es 8.

3. **La respuesta correcta es la (1).**

   La moda es aquel número que aparece más frecuentemente. El número 15 aparece tres veces.

4. **La respuesta correcta es la (3).**

   $\text{Promedio} = \dfrac{73 + 85 + 54 + 92 + 66}{5}$

   $= \dfrac{370}{5}$

   $= 74$

5. **La respuesta correcta es la (2).**

   Suma de las calificaciones = 1440

   $\dfrac{1440}{20} = 72$

6. **La respuesta correcta es la (2).**

   $$75 \times 15¢ = 1125¢$$
   $$100 \times 30¢ = 3000¢$$
   $$\underline{50 \times 72¢} = \underline{3600¢}$$
   $$225 \qquad\quad 7725¢$$

   $\dfrac{7725¢}{225} = 34\dfrac{1}{3}¢$

7. **La respuesta correcta es la (4).**

Asignatura	Calificación	Ponderación
Inglés	90	4
Álgebra	84	3
Francés	75	3
Música	76	1

   $(90 \times 4) + (84 \times 3) + (75 \times 3) + (76 \times 1) =$

   $360 + 252 + 225 + 76 = 913$

   Ponderación $= 4 + 3 + 3 + 1 = 11$

   $913 \div 11 = 83$ promedio

8. **La respuesta correcta es la (1).**

   $\text{Promedio} = \dfrac{3 + 4 + 4 + 0 + 1 + 2 + 0 + 2 + 2}{9}$

   $= \dfrac{18}{9}$

   $= 2$

9. **La respuesta correcta es la (5).**

   Ordene los números:
   0, 0, 1, 2, 2, 2, 3, 4, 4

   De los 9 números, el quinto (el del medio) es 2.

10. **La respuesta correcta es la (3).**

    El número que aparece más frecuentemente es el 2.

11. **La respuesta correcta es la (2).**

    Hay 9 familias, 2 de las cuales tienen 4 hijos. La probabilidad es de $\frac{2}{9}$.

12. **La respuesta correcta es la (5).**

    De los 6 números posibles, tres de éstos son pares (2, 4 y 6). La probabilidad es $\frac{3}{6}$ ó $\frac{1}{2}$.

13. **La respuesta correcta es la (2).**

    Hay un total de 9 pelotas. La probabilidad de sacar una pelota negra es de $\frac{3}{9}$ ó $\frac{1}{3}$.

14. **La respuesta correcta es la (1).**

    Si 682 personas de las 1000 son mujeres, $1000 - 682 = 318$ son hombres. La probabilidad de elegir a un hombre es $\frac{318}{1000} = .318$.

15. **La respuesta correcta es la (2).**

    Hay una probabilidad de $\frac{3}{100} = 3\%$ que un globo pueda tener un agujero. $3\% \times 2500 = 75.00$

GRÁFICAS

1. Las **gráficas** ilustran comparaciones y tendencias en la información estadística. Las gráficas más comúnmente usadas son las de **barras**, las **lineales** las **circulares** y las **pictografías**.

Gráfica de barras

2. Las **gráficas de barras** se usan para comparar diferentes cantidades. Cada barra representa una sola cantidad o se puede dividir para que represente varias cantidades.

3. Las gráficas de barras pueden tener barras horizontales o verticales.

Ejemplo:

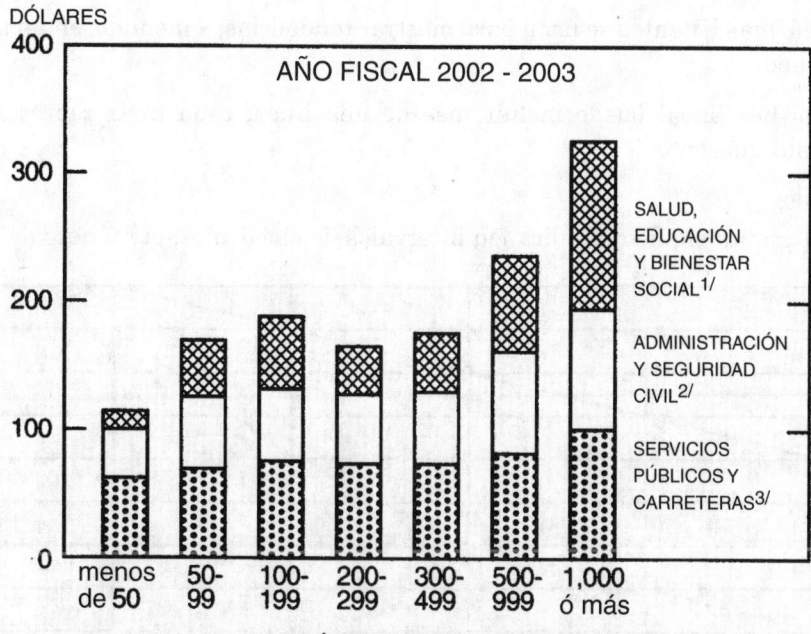

1/ BIENESTAR SOCIAL, EDUCACIÓN, HOSPITALES, SALUD, BIBLIOTECAS Y RENOVACIÓN URBANA Y VIVIENDAS PÚBLICAS
2/ POLICÍA Y BOMBEROS, ADMINISTRACIÓN FINANCIERA, CONTROL GENERAL, EDIFICIOS PÚBLICOS GENERALES, INTERÉS DE LA DEUDA EN GENERAL Y OTROS
3/ CARRETERAS, ALCANTARILLADO, SERVICIOS SANITARIOS, PARQUES Y LUGARES DE RECREACIÓN Y SERVICIOS PÚBLICOS
FUENTE: DEPARTMENT OF COMMERCE

Pregunta 1: ¿Cuál fue el gasto municipal per cápita en ciudades que tienen poblaciones de entre 200,000 y 299,000?

Respuesta: La barra ubicada en el medio de las demás representa las ciudades con poblaciones entre 200,000 a 299,000. Esta barra llega casi hasta la mitad de 100 y 200. Por lo tanto, el gasto per cápita fue aproximadamente de $150.

Pregunta 2: ¿Cuáles ciudades tuvieron el mayor gasto per cápita en salud, educación y bienestar social?

Respuesta: La barra para ciudades con poblaciones de 1,000,000 y más tiene una sección rayada mayor que las otras barras. Por lo tanto, esas ciudades gastan más.

Pregunta 3: De las tres categorías de gastos, ¿cuál depende menos del tamaño de la ciudad?

Respuesta: Los gastos de servicios públicos y carreteras, la parte más oscura de cada barra, varió menos en la medida que el tamaño de la ciudad crecía.

Gráfica lineal

4. Las **gráficas lineales** se usan para mostrar tendencias, a menudo, en un período de tiempo.

5. Una gráfica lineal puede incluir más de una línea; cada línea representa un elemento diferente.

Ejemplo:

La gráfica siguiente indica, en intervalos de cinco años, el número de

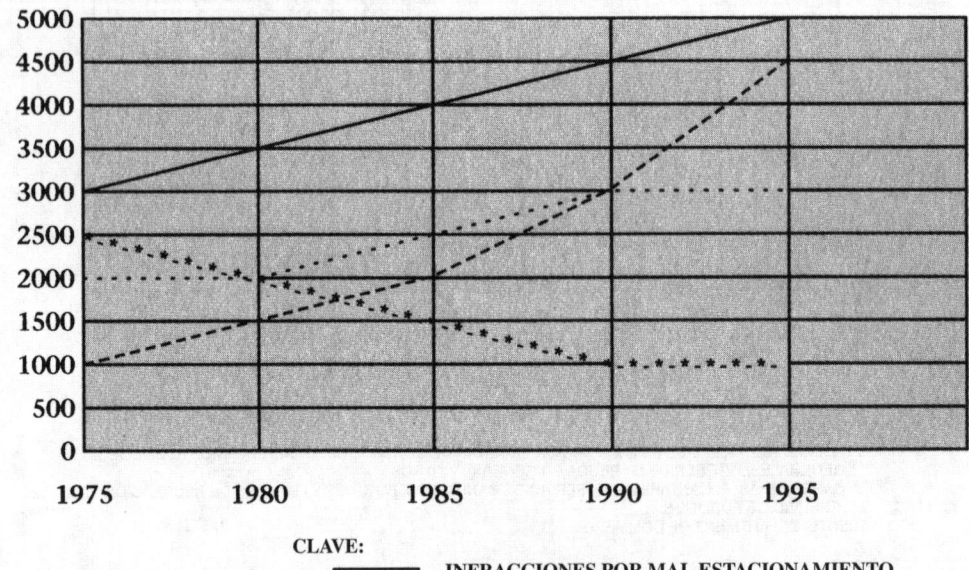

CLAVE:
——————— INFRACCIONES POR MAL ESTACIONAMIENTO
- - - - - - DROGADICCIÓN
· · · · · · ARMAS PELIGROSAS
--*-* VESTIMENTA INDECOROSA

Pregunta 4: En este período de 20 años, ¿cuáles delitos muestran una tasa promedio de aumento de más de 150 citaciones por año?

Respuesta: Las citaciones por uso de drogas aumentaron de 1000 en 1975 a

4500 en 1995. El aumento promedio en un período de 20 años es $\frac{3500}{20} = 175$.

Pregunta 5: En este período de 20 años, ¿cuál delito muestra una tasa constante de aumento o disminución?

Respuesta: Una línea recta indica una tasa constante de aumento o disminución. De las cuatro líneas, la que representa infracciones por mal estacionamiento es la única línea recta.

Pregunta 6: ¿Cuál delito muestra un aumento o disminución total de 50% en este período de 20 años?

Respuesta: Las citaciones por armas peligrosas aumentaron de 2000 en 1975 a 3000 en 1995, que es un aumento del 50%.

Gráficas circulares

6. Las **gráficas circulares** para mostrar la relación de diferentes partes de una cantidad entre sí y en relación con la cantidad total.

7. En estas gráficas, a menudo se usan porcentajes. Los 360 grados del círculo representan el 100%.

8. Cada parte de ésta se llama sector.

Ejemplo:

La siguiente gráfica circular muestra cómo se gasta el presupuesto federal de $300.4 mil millones.

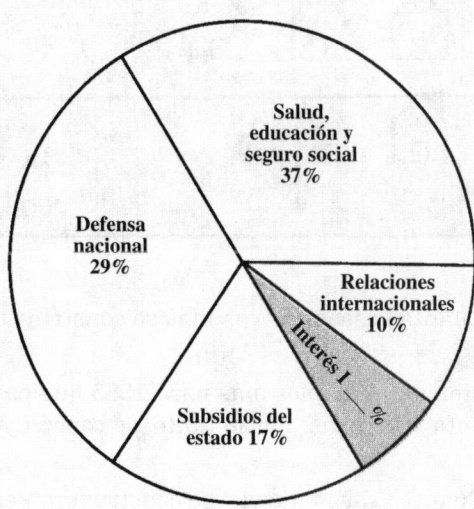

Pregunta 7: ¿Cuál es el valor de I?

Respuesta: En una gráfica circular debe haber un total de 100%. La suma de los otros sectores es:

17% + 29% + 37% + 10% = 93%

Por lo tanto I = 100% – 93% = 7%.

Pregunta 8: ¿Cuánto dinero se gastó realmente en defensa nacional?

Respuesta: 29% × $300.4 mil millones = $87.116 mil millones

= $87,116,000,000

Pregunta 9: ¿Cuánto dinero más se gastó en subsidios estatales que en interés?

Respuesta: 17% − 7% = 10%

10% × $300.4 mil millones = $87.116 mil millones

   = $30,040,000,000

Pictografías

9. Las **pictografías** permiten comparaciones de cantidades usando símbolos. Cada símbolo representa una cantidad dada de un elemento en particular.

Ejemplo:

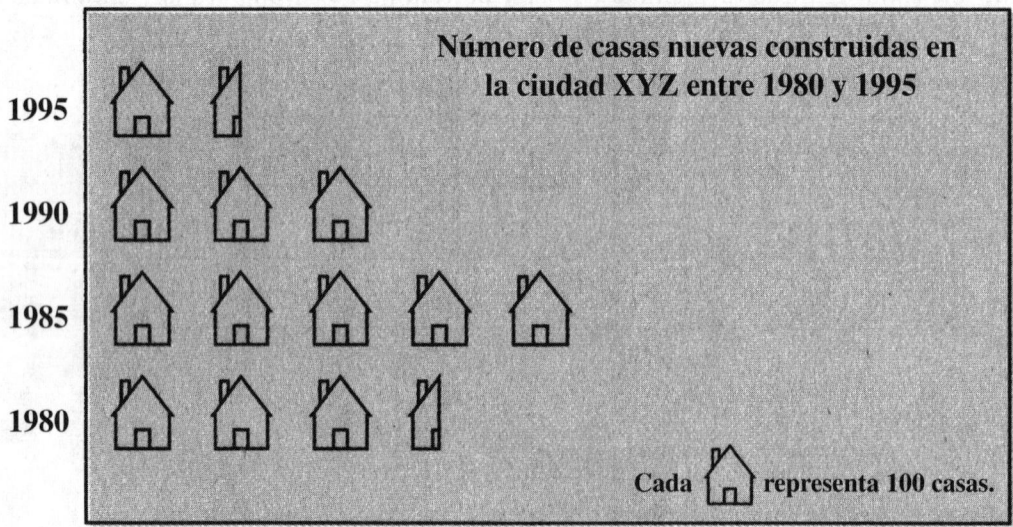

Pregunta 10: ¿Cuántas casas nuevas más se construyeron en 1985 que en 1990?

Respuesta: Existen dos símbolos más para 1985 que para 1990. Cada símbolo representa 100 casas. Por lo tanto, se construyeron 200 casas más en 1985.

Pregunta 11: ¿Cuántas casas nuevas se construyeron en 1980?

Respuesta: Existen $3\frac{1}{2}$ símbolos mostrados para 1980; $3\frac{1}{2} \times 100 = 350$ casas.

Pregunta 12: ¿En qué año se construyó la mitad de las casas respecto de 1990?

Respuesta: En 1990, se construyeron 3 × 100 = 300 casas. La mitad de 300, ó 150, casas se construyeron en 1995.

EJERCICIOS DE PRÁCTICA CON GRÁFICAS

Las preguntas 1 a 4 se refieren a la siguiente gráfica.

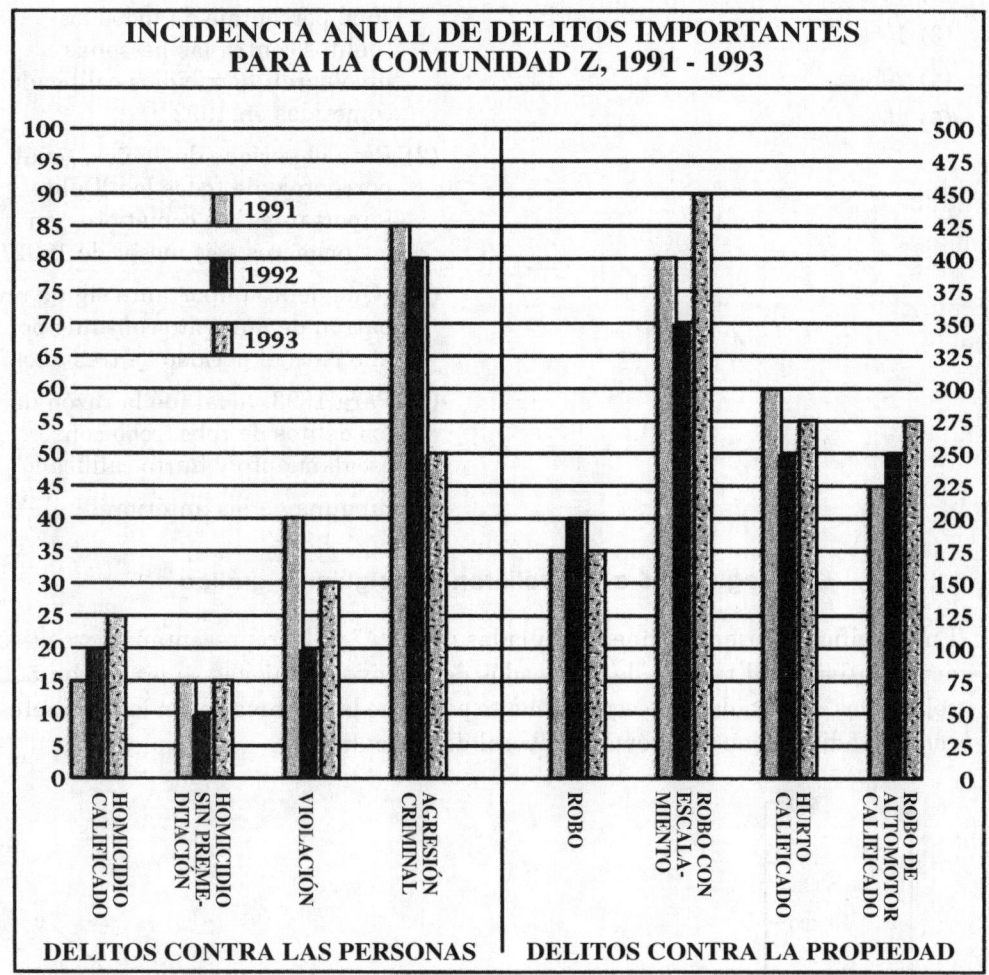

INCIDENCIA ANUAL DE DELITOS IMPORTANTES
PARA LA COMUNIDAD Z, 1991 - 1993

DELITOS CONTRA LAS PERSONAS | DELITOS CONTRA LA PROPIEDAD

1. En 1993, ¿cuál de los siguientes delitos tuvo mayor incidencia que en los dos años anteriores?

   (1) hurto calificado

   (2) homicidio calificado

   (3) violación

   (4) robo

   (5) ninguna de las anteriores

2. Si la incidencia de robo con escalamiento en 1994 hubiera incrementado en 1993 en la misma cantidad que había aumentado en 1993 con respecto a 1992, el promedio para este delito para el período de cuatro años desde 1991 hasta 1993 sería el más cercano

   (1) 100

   (2) 400

   (3) 425

   (4) 440

   (5) 450

3. La gráfica anterior indica que el *porcentaje* de aumento en el hurto calificado de autos desde 1992 a 1993 fue

    (1) 5%

    (2) 10%

    (3) 15%

    (4) 20%

    (5) 25%

4. ¿Cuál de las siguientes NO PUEDE determinarse porque no hay suficiente información en la gráfica anterior para hacerlo?

    (1) Para este período de 3 años, ¿qué porcentaje de todos los "delitos contra las personas" involucran homicidios calificados cometidos en 1992?

    (2) Para el período de 3 años, ¿cuál porcentaje de todos los "Delitos importantes" se cometieron en los primeros seis meses de 1992?

    (3) ¿Qué delito importante siguió un patrón de aumento continuo por año para el período de tres años?

    (4) Para 1993, ¿cuál fue la razón de los delitos de robo, robo con escalamiento y hurto calificado?

    (5) ninguna de las anteriores

Las preguntas 5 a 7 se refieren a la siguiente gráfica.

En la gráfica inferior, las líneas rotuladas como "A" y "B" representan el progreso acumulativo en el trabajo de empleados de archivo, a quienes se les dieron 500 solicitudes numeradas consecutivamente para que las archivaran en los gabinetes correspondientes en una semana laboral de cinco días.

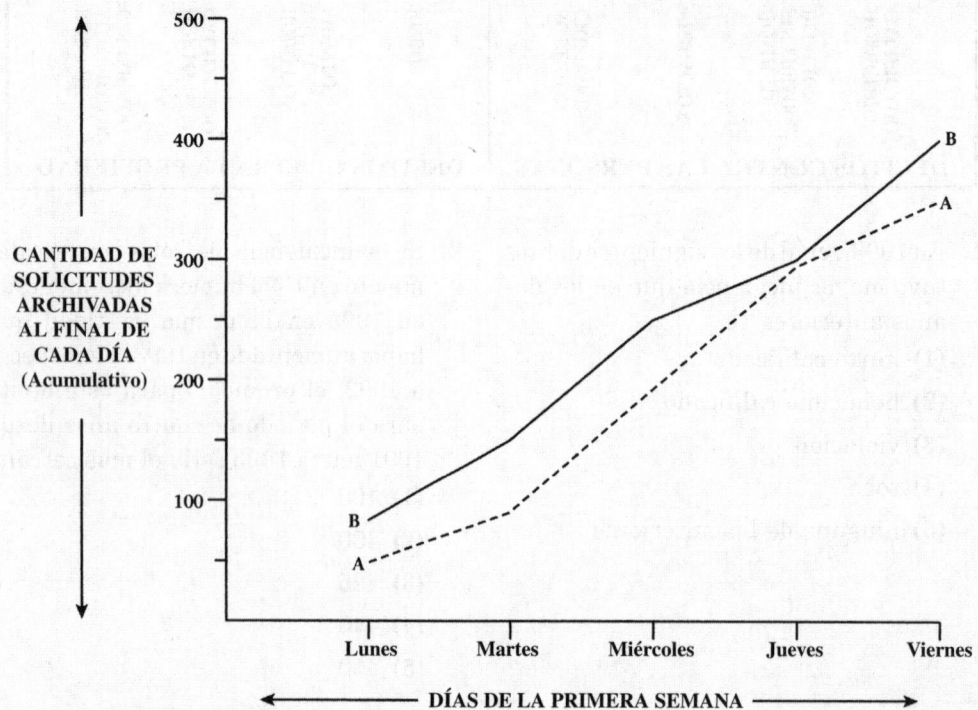

práctica

5. El día que ambos empleados archivaron la mayor cantidad de solicitudes fue

(1) lunes.

(2) martes.

(3) miércoles.

(4) jueves.

(5) viernes.

6. Al término del segundo día, el porcentaje de solicitudes que faltaba archivar era

(1) 25%.

(2) 37%.

(3) 50%.

(4) 66%.

(5) 75%.

7. Suponiendo que el patrón de producción de la semana siguiente sea el mismo a la semana mostrada en la gráfica, el día que el empleado B terminará su tarea será el

(1) lunes.

(2) martes.

(3) miércoles.

(4) jueves.

(5) viernes.

Las preguntas 8 a 11 se refieren a la siguiente gráfica.

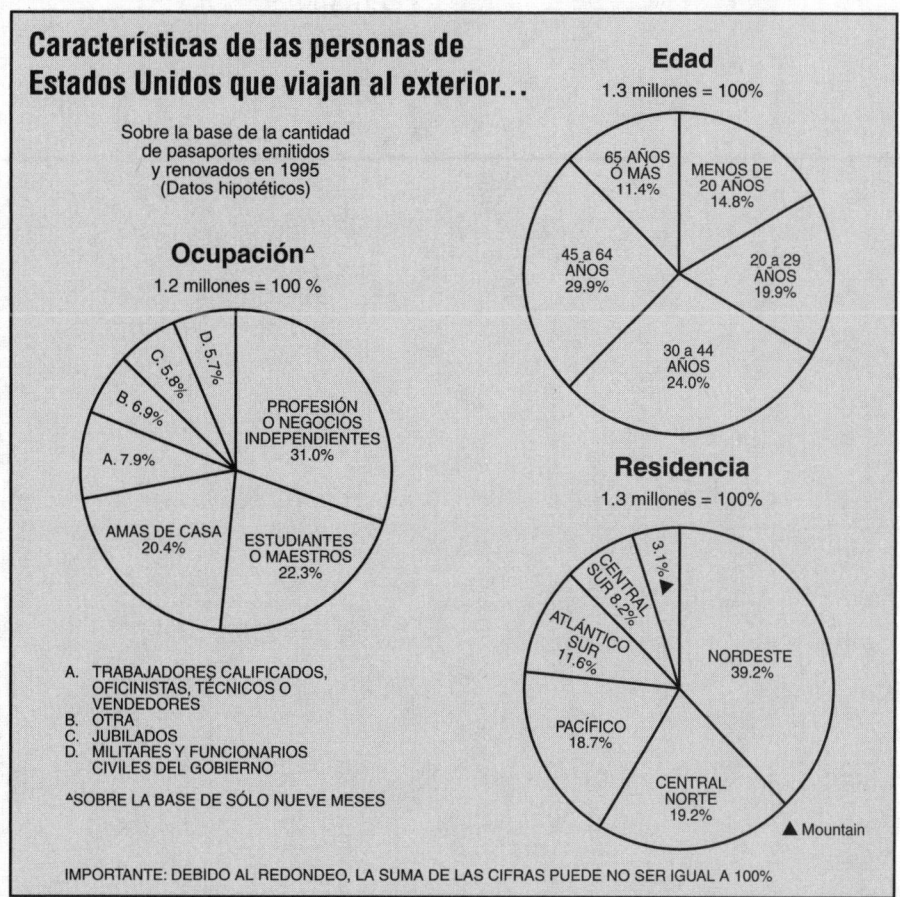

Características de las personas de Estados Unidos que viajan al exterior...

Sobre la base de la cantidad de pasaportes emitidos y renovados en 1995 (Datos hipotéticos)

Ocupación△

1.2 millones = 100 %

- C. 5.8%
- D. 5.7%
- B. 6.9%
- A. 7.9%
- PROFESIÓN O NEGOCIOS INDEPENDIENTES 31.0%
- AMAS DE CASA 20.4%
- ESTUDIANTES O MAESTROS 22.3%

A. TRABAJADORES CALIFICADOS, OFICINISTAS, TÉCNICOS O VENDEDORES
B. OTRA
C. JUBILADOS
D. MILITARES Y FUNCIONARIOS CIVILES DEL GOBIERNO

△SOBRE LA BASE DE SÓLO NUEVE MESES

Edad

1.3 millones = 100%

- 65 AÑOS Ó MÁS 11.4%
- MENOS DE 20 AÑOS 14.8%
- 45 a 64 AÑOS 29.9%
- 20 a 29 AÑOS 19.9%
- 30 a 44 AÑOS 24.0%

Residencia

1.3 millones = 100%

- CENTRAL SUR 8.2%
- 3.1% ▲
- ATLÁNTICO SUR 11.6%
- NORDESTE 39.2%
- PACÍFICO 18.7%
- CENTRAL NORTE 19.2%
- ▲ Mountain

IMPORTANTE: DEBIDO AL REDONDEO, LA SUMA DE LAS CIFRAS PUEDE NO SER IGUAL A 100%

8. Aproximadamente, ¿cuántas personas de 29 años o menores viajaron al exterior en 1995?

    (1) 175,000

    (2) 245,000

    (3) 385,000

    (4) 400,000

    (5) 450,000

9. De las personas que *no* viven en el noreste, ¿qué porcentaje proviene de los estados del de los estados central norte?

    (1) 19.2%

    (2) 19.9%

    (3) 26.5%

    (4) 30.00%

    (5) 31.6%

10. La fracción de viajeros de los cuatro grupos de ocupación más pequeños es casi igual a la fracción de viajeros

    (1) menores de 20 y de 65 y más, juntos.

    (2) provenientes de los estados del centro norte y montañosos.

    (3) entre 45 y 64 años.

    (4) de la categoría Amas de casa y Otros.

    (5) provenientes de la Costa del Pacífico.

11. Si las secciones centro sur, montañosas y del Pacífico se consideraran como una sola clasificación, ¿cuántos grados incluiría su sector?

    (1) 30°

    (2) 67°

    (3) 108°

    (4) 120°

    (5) 130°

Las preguntas 12 a 15 se refieren a la siguiente gráfica.

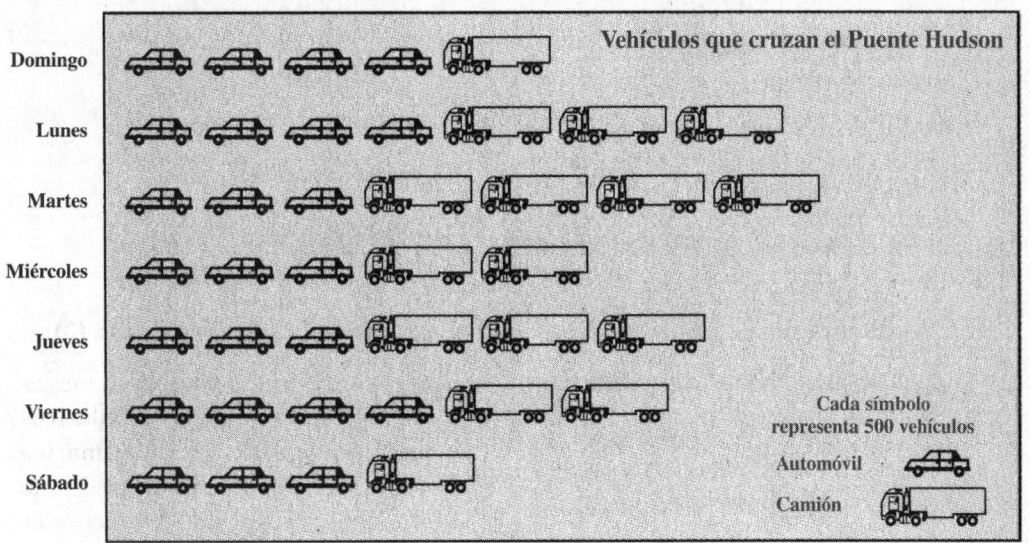

12. ¿Qué porcentaje de la cantidad total de vehículos el miércoles fueron autos?

(1) 20%

(2) 30%

(3) 50%

(4) 60%

(5) 75%

13. ¿Cuál fue la cantidad total de vehículos que cruzaron el puente el martes?

(1) 7

(2) 700

(3) 1100

(4) 3500

(5) 3700

14. ¿Cuántos camiones más cruzaron el lunes que el sábado?

(1) 200

(2) 1000

(3) 1500

(4) 2000

(5) 2500

15. Si los camiones pagaron un peaje de $1.00 y los autos de $.50, ¿cuánto dinero se recolectó en peajes el viernes?

(1) $400

(2) $600

(3) $1000

(4) $1500

(5) $2000

CLAVE DE RESPUESTAS Y EXPLICACIONES

1. (2)	6. (5)	11. (3)
2. (4)	7. (1)	12. (4)
3. (2)	8. (5)	13. (4)
4. (2)	9. (5)	14. (2)
5. (3)	10. (1)	15. (5)

1. **La respuesta correcta es la (2).**

   La incidencia de homicidio calificado aumentó de 15 en 1991 a 20 en 1992 a 25 en 1993.

2. **La respuesta correcta es la (4).**

   La incidencia de robo con escalamiento en 1991 fue de 400; en 1992 fue de 350 y en 1993, de 450. El aumento de 1992 a 1993 fue de 100. Un aumento de 100 desde 1993 da 550 en 1994.

   El promedio de 400, 350, 450 y 550 es

   $$\frac{400+350+450+550}{4} = \frac{1750}{4}$$
   $$= 437.5$$

3. **La respuesta correcta es la (2).**

   La incidencia de robo de automotor calificado fue de 250 en 1992 a 275 en 1993, un aumento de 25. El porcentaje de aumento es

   $$\frac{25}{250} = .10 = 10\%$$

4. **La respuesta correcta es la (2).**

   Esta gráfica provee información por año, no por mes. Es imposible determinar a partir de la gráfica el porcentaje de delitos cometidos durante los seis primeros meses de cualquier año.

5. **La respuesta correcta es la (3).**

   Tanto para A como para B, el mayor aumento en los totales acumulativos ocurrió desde el término del martes hasta el término del miércoles. Por lo tanto, la mayor cantidad de solicitudes se archivó el miércoles.

6. **La respuesta correcta es la (5).**

   Al término del martes, A había archivado 100 solicitudes y B, 150 para un total de 250. Quedaron 750 de las 1000 solicitudes originales.

   $$\frac{750}{1000} = .75 = 75\%$$

7. **La respuesta correcta es la (1).**

   En la semana Uno, el empleado B archiva 100 solicitudes el lunes, 50 el martes, 100 el miércoles, 50 el jueves y 100 el viernes, un total de 400. El lunes de la semana Dos, archivará los números 401 a 500.

8. **La respuesta correcta es la (5).**

20 a 29 años:	19.9%
Menores de 20 años:	+ 14.8%
	34.7%

   $34.7\% \times 1.3$ millones $= .4511$ millones
   $= 451,100$

9. **La respuesta correcta es la (5).**

   100% − 39.2% = 60.8% no vivía en el noreste.

   19.2% vivía en la región central norte

   $\dfrac{19.2}{60.8}$ = .316 aproximadamente

10. **La respuesta correcta es la (1).**

    Los cuatro grupos de ocupación más pequeños:

    7.9 + 6.9 + 5.8 + 5.7 = 26.3

    Grupos de edad menores de 20 y mayores de 65:

    14.8 + 11.4 = 26.2

11. **La respuesta correcta es la (3).**

Centro sur:	8.2%
Montañas:	3.1%
Pacífico:	18.7%
	30.0%

    30% × 360° = 108°

12. **La respuesta correcta es la (4).**

    Hay 5 símbolos de vehículos, de los cuales 3 son autos. $\dfrac{3}{5}$ = 60%

13. **La respuesta correcta es la (4).**

    El martes hubo 3 × 500 = 1500 autos y 4 × 500 = 2000 camiones. La cantidad total de vehículos fue 3500.

14. **La respuesta correcta es la (2).**

    La gráfica muestra 2 símbolos de camiones más el lunes que el sábado. Cada símbolo representa 500 camiones, de modo que hubo 2 × 500 = 1000 camiones más el lunes.

15. **La respuesta correcta es la (5).**

    El sábado hubo

    4 × 500 = 2000 autos

    2 × 500 = 1000 camiones

    Peajes de autos: 2000 × $ .50 = $1000

    Peajes de camiones: 1000 × $1.00 = + $1000

    Total de peajes: $2000

PLANILLA DEL SUELDOS

1. Los **salarios** se calculan durante varios períodos de tiempo: por hora, día, semana, cada dos semanas, dos veces al mes, mensual y anual.

2. Las **horas extras** generalmente se calculan como "hora y media", es decir, cada hora extra del número de horas en el día o semana laboral normal se paga como $1\frac{1}{2}$ vez la tasa por hora normal. Algunas compañías pagan "doble tiempo", dos veces la tasa por hora normal, por trabajar los domingos o festivos.

Ejemplo: A un empleado se le paga por semana, basado en una semana laboral de 40 horas, con hora y media por horas extras. Si la tasa por hora normal del empleado es $4.50, ¿cuánto ganará por trabajar 47 horas en una semana?

SOLUCIÓN: Horas extras = 47 − 40 = 7 horas

Pago por horas extras = $1\frac{1}{2}$ × $4.50 = $6.75 por hora

Pago por horas extras por 7 horas:

7 × $6.75 = $47.25

Pago regular por 40 horas:

40 × $4.50 = $180.00

Pago total = $47.25 + $180 = $227.25

Respuesta: $227.25

3. a. En trabajos como ventas minoristas, bienes raíces y seguros, las ganancias se pueden basar en **comisiones,** es decir, un porcentaje de las ventas o del valor de las transacciones que se completen.

   b. Las ganancias pueden ser sólo de comisiones directas, de un salario más comisiones o de una comisión que se gradúa de acuerdo al volumen de las transacciones.

Ejemplo: Un vendedor gana un salario de $200 a la semana, más comisión en base al volumen de las ventas por semana. La comisión es de un 7% por los primeros $1500 de ventas y un 10% por las ventas adicionales. ¿Cuánto ganó en una semana que vendió un total de $3200?

SOLUCIÓN: $3200 − $1500 = 1700 de ventas adicionales

.07 × $1500 = $105 comisión por los primeros $1500

.10 × $1700 = $170 comisión por las ventas adicionales

+$200 salario a la semana

$475 de ganancias totales

Respuesta: $475

4. El **salario bruto** se refiere a la cantidad de dinero ganado ya sea de salario, comisión o ambas antes de que se realice cualquier deducción.

5. Hay varias deducciones que generalmente se aplican al salario bruto:

   a. **Retención de impuestos** es la cantidad de dinero que se retiene por impuesto a la renta. Ésta se basa en sueldos, estado civil y número de exenciones (también llamados descuentos) solicitados por el empleado. La retención de impuestos se puede calcular al referirse a las tablas proporcionadas por los gobiernos federales, estatales o de la ciudad.

Ejemplo

PERSONAS CASADAS: PERÍODO SEMANAL DE REMUNERACIONES

Sueldos		Número de descuentos de retención de impuestos solicitados				
Al menos	Pero menos de	0	1	2	3	4
		Cantidad de impuesto a la renta que se retendrá				
400	410	73.00	67.60	62.30	57.70	53.10
410	420	75.80	70.40	65.00	60.10	55.50
420	430	78.60	73.20	67.80	62.50	57.90
430	440	81.40	76.00	70.60	65.20	60.30
440	450	84.20	78.80	73.40	68.00	62.70
450	460	87.00	81.60	76.20	70.80	65.40
460	470	90.20	84.40	79.00	73.60	68.20
470	480	93.40	87.30	81.80	76.40	71.00
480	490	96.60	90.50	84.60	79.20	73.80
490	500	99.80	93.70	87.50	82.00	76.60

De acuerdo a la tabla anterior, un empleado casado, que solicita tres exenciones y recibe un sueldo semanal de $434.50 tendrá una retención por impuestos a la renta de $65.20. Si un empleado gana $440 a la semana, sería necesario buscar en la próxima columna "al menos $400, pero menos de $450" para calcular que se retendrían $68.00.

   b. El impuesto FICA (Ley de Contribuciones al Seguro Federal) también se llama impuesto de Seguro Social. En 1982, el impuesto FICA fue de 6.7% por los primeros $32,400 de sueldo anual, los sueldos que excedían los $32,400 no estaban sujetos a impuestos.

El impuesto FICA se puede calcular al multiplicar el sueldo hasta e incluido los $32,400 por .067 ó usando una tabla como la siguiente.

Ejemplo

TABLA DE IMPUESTO DE SEGURO SOCIAL AL EMPLEADO

6.7 por ciento de deducciones de impuestos al empleado

Sueldos			Sueldos		
Al menos	Pero menos de	Impuesto	Al menos	Pero menos de	Impuesto
$78.14	$78.28	$5.24	$84.26	$84.40	$5.65
78.29	78.43	5.25	84.41	84.55	5.66
78.44	78.58	5.26	84.56	84.70	5.67
78.59	78.73	5.27	84.71	84.85	5.68
78.74	78.88	5.28	84.86	84.99	5.69
78.89	79.03	5.29	85.00	85.14	5.70
79.04	79.18	5.30	85.15	85.29	5.71
79.19	79.33	5.31	85.30	85.44	5.72
79.34	79.48	5.32	85.45	85.59	5.73
79.49	79.63	5.33	85.60	85.74	5.74
79.64	79.78	5.34	85.75	85.89	5.75
79.79	79.93	5.35			

De acuerdo a la tabla anterior, el impuesto de seguro social o impuesto FICA, sobre sueldos de $84.80 es $5.68. El impuesto FICA sobre $84.92 es $5.69.

Ejemplo: De acuerdo con las cifras de impuestos de 1982, ¿cuál es el impuesto FICA total de un salario anual de $30,000?

SOLUCIÓN: .067 × $30,000 = $2010.00

Respuesta: $2010.00

c. Otras deducciones que se pueden hacer al salario bruto son para planes de pensión, pagos de préstamos, planes de ahorro y cuotas del sindicato.

6. El **salario neto** o **salario para el bolsillo**, es igual al salario bruto menos el total de deducciones.

   Ejemplo: El Sr. Pérez gana un salario de $550 a la semana, con las siguientes deducciones: retención federal de impuesto, $106.70; impuesto FICA, $36.85; impuesto estatal, $22.83; pago de pensión, $6.42; cuotas del sindicato, $5.84. ¿Cuánto salario neto recibe?

   SOLUCIÓN:

   $$
   \begin{aligned}
   \text{Deducciones: } \$106.70 \\
   36.85 \\
   22.83 \\
   6.42 \\
   \underline{5.84} \\
   \$178.64
   \end{aligned}
   $$

   $$
   \begin{aligned}
   \text{Salario bruto} &= \$550.00 \\
   \text{Deducciones} &= \underline{-178.64} \\
   \text{Salario neto} &= \$371.36
   \end{aligned}
   $$

   Respuesta: Su salario neto es $371.36

EJERCICIOS DE PRÁCTICA CON REMUNERACIONES

1. El salario de dos veces al mes de Jimena Soto es de $750. Su salario anual es
   - **(1)** $9000
   - **(2)** $12,500
   - **(3)** $18,000
   - **(4)** $19,500
   - **(5)** $21,000

2. Juan Díaz gana $300 por una semana de 40 horas. Si recibe hora y media de horas extras, ¿cuál es su sueldo de horas extras por hora?
   - **(1)** $7.50
   - **(2)** $9.25
   - **(3)** $10.50
   - **(4)** $11.25
   - **(5)** $15.00

3. ¿Cuál salario es mayor?
   - **(1)** $50 al día
   - **(2)** $350 a la semana
   - **(3)** $1378 al mes
   - **(4)** $17,000 al año
   - **(5)** $646 cada dos semanas

4. Al trabajador de una fábrica se le paga en base a un día de trabajo de 8 horas, con una tasa por hora de $3.50 y hora y media de horas extra. Calcule el salario bruto por una semana durante la cual trabajó las siguientes horas: lunes, 8; martes, 9; miércoles, $9\frac{1}{2}$; jueves, $8\frac{1}{2}$; viernes, 9.
   - **(1)** $140
   - **(2)** $154
   - **(3)** $161
   - **(4)** $174
   - **(5)** $231

Las preguntas 5 y 6 se refieren a la siguiente tabla:

PERSONAS SOLTERAS: PERÍODO SEMANAL DE REMUNERACIONES

Sueldos		Número de descuentos de retención de impuestos solicitados				
	Pero	0	1	2	3	4
Al menos	menos de	Cantidad de impuesto a la renta que se retendrá				
370	380	83.60	77.10	70.50	64.50	58.90
380	390	87.00	80.50	73.90	67.50	61.90
390	400	90.40	83.90	77.30	70.80	64.80
400	410	93.80	87.30	80.70	74.20	67.80
410	420	97.20	90.70	84.10	77.60	71.10
420	430	100.60	94.10	87.50	81.00	74.50
430	440	104.10	97.50	90.90	84.40	77.90
440	450	108.00	100.90	94.30	87.80	81.30
450	460	111.90	104.40	97.70	91.20	84.70
460	470	115.80	108.30	101.10	94.60	88.10

5. De acuerdo a la tabla anterior, si un empleado es soltero y tiene una exención, la retención de impuesto a la renta de su salario semanal de $389.90 es

   (1) $90.40

   (2) $87.00

   (3) $83.90

   (4) $83.60

   (5) $80.50

6. De acuerdo a la tabla anterior, si un empleado soltero y con dos exenciones tiene una retención de impuesto a la renta de $90.90, su salario semanal NO podría ser

   (1) $430.00

   (2) $435.25

   (3) $437.80

   (4) $439.50

   (5) $440.00

7. Hugo Farías gana $1200 al mes. Se le aplican las siguientes deducciones a su salario bruto mensual: retención de impuesto federal, $188.40; impuesto FICA, $80.40; impuesto estatal, $36.78; impuesto de la ciudad, $9.24; bono de ahorro, $37.50; plan de pensión, $5.32; devolución de préstamo de pensión, $42.30. Su salario neto mensual es

   (1) $800.06

   (2) $807.90

   (3) $808.90

   (4) $809.90

   (5) $810.06

8. A un vendedor se le paga una comisión directa del 23% de sus ventas. ¿Cuál es la comisión de $1,260 en ventas?

   (1) $232.40

   (2) $246.80

   (3) $259.60

   (4) $289.80

   (5) $298.60

9. Ana Sáez gana un salario de $150 a la semana más comisiones de 9% de las ventas sobre $500 a la semana. Durante una semana que vendió $1,496, sus ingresos fueron

    (1) $223.64
    (2) $239.64
    (3) $253.64
    (4) $284.64
    (5) $293.64

10. A un vendedor se le paga el 6% de comisión sobre los primeros $2500 de ventas a la semana y $7\frac{1}{2}$% de las ventas adicionales a dicho monto. ¿Cuál es la comisión obtenida si en una semana vendió $3,280?

    (1) $150.00
    (2) $196.80
    (3) $208.50
    (4) $224.30
    (5) $246.00

CLAVE DE RESPUESTAS Y EXPLICACIONES

1. (3)	6. (5)
2. (4)	7. (1)
3. (2)	8. (4)
4. (3)	9. (2)
5. (5)	10. (3)

1. **La respuesta correcta es la (3).**

   Un salario semimensual se paga dos veces al mes. Ella recibe $750 × 2 = $1500 cada mes, es decir, $1500 × 12 = $18,000 por año.

2. **La respuesta correcta es la (4).**

   La tasa por hora normal es
   $300 ÷ 40 = $7.50
   La tasa de horas extras es

   $$\$7.50 \times 1\frac{1}{2} = \$7.50 \times 1.5$$

   $$= \$11.25$$

3. **La respuesta correcta es la (2).**

   Escriba cada salario como su equivalente anual.

$$
\begin{aligned}
\$50\ diario &= 50 \times 5\ días \\
&= \$250\ semanal \\
&= \$250 \times 52\ semanas \\
&= \$13,000\ anual \\
\$350\ semanal &= \$350 \times 52\ semanas \\
&= \$18,200 \\
\$1378\ mensual &= \$1378 \times 12\ meses \\
&= \$16,536\ anual \\
\$17,000\ anualmente &= \$17,000\ anual \\
\$646\ cada\ dos\ semanas &= \$646 \div 2\ semanas \\
&= \$323\ semanal \\
&= \$323 \times 52\ semanas \\
&= \$16,796\ anual
\end{aligned}
$$

4. **La respuesta correcta es la (3).**

   Sus horas extras fueron:

Lunes	0
Martes	1
Miércoles	$1\frac{1}{2}$
Jueves	$\frac{1}{2}$
Viernes	1
Total	4 horas extras

$$
\begin{aligned}
Tasa\ por\ hora\ extra &= 1\frac{1}{2} \times \$3.50 \\
&= 1.5 \times \$3.50 \\
&= \$5.25 \\
Pago\ por\ horas\ extras &= 4 \times \$5.25 \\
&= \$21
\end{aligned}
$$

   El salario normal por 8 horas al día por 5 días ó 40 horas

   Salario normal = 40 × $3.50 = $140

   Sueldos totales = $140 + $21 = $161

5. **La respuesta correcta es la (5).**

   La cantidad correcta se calcula en la columna de sueldos de al menos $380, pero menos de $390 y en la columna de "1" descuento de retención. La cantidad retenida es $80.50.

6. **La respuesta correcta es la (5).**

   En la columna para 2 exenciones, o descuentos de retenciones, $90.90 se calcula en la línea para sueldos de al menos $430, pero menos de $440. La opción (5) no se encuentra dentro de este rango.

7. **La respuesta correcta es la (1).**

Deducciones:	$188.40
	80.40
	36.78
	9.24
	37.50
	5.32
	+ 42.30
Total	$399.94
Salario neto	= $1200.00
Total de deducciones =	− 399.94
	$ 800.06

8. **La respuesta correcta es la (4).**

   $$23\% \text{ de } \$1,260 = .23 \times \$1,260$$
   $$= \$289.80$$

9. **La respuesta correcta es la (2).**

   $$\$1,496 - 500 = \$996 \text{ ventas adicionales}$$
   $$9\% \text{ de } \$996 = .09 \times \$996$$

   $89.64 en comisiones

$150.00	salario
+ 89.64	comisiones
$239.64	total

10. **La respuesta correcta es la (3).**

    $$\$3,280 - \$2,500 = \$780 \text{ ventas adicionales}$$

    Comisión sobre $2,500:
    $$.06 \times \$2500 = \$150.00$$

    Comisión sobre $780:
    $$.075 \times \$780 = \$58.50$$

    $$\text{Total} = \$150.00 + \$58.50 = \$208.50$$

SERIES

1. Una **serie** es una lista de números que se basa en un cierto patrón. Existen tres tipos principales de series:

   a. Si cada término en una serie aumenta o disminuye en igual número para formar el próximo término, entonces es una **serie aritmética.** El número que se suma o se resta se llama **diferencia común.**

Ejemplo

2, 4, 6, 8, 10 ... es una serie aritmética en la cual la diferencia común es 2.

14, 11, 8, 5, 2 ... es una serie aritmética en la cual la diferencia común es 3.

   b. Si cada término en una serie se multiplica por el mismo número para formar el próximo término, luego es una **serie geométrica.** El número que multiplica cada término se llama **razón común.**

Ejemplo

2, 6, 18, 54 ... es una serie geométrica en la cual la razón común es 3.

64, 16, 4, 1 ... es una serie geométrica en la cual la razón común es $\dfrac{1}{4}$.

   c. Si la serie no es ni aritmética ni geométrica, entonces es una **serie miscelánea.** Tales series pueden tener cada término al cuadrado o al cubo; o la diferencia puede ser cuadrados o cubos; o puede haber un patrón variado en la serie que se debe determinar.

2. Una serie puede ser ascendente (los números aumentan) o descendente (los números disminuyen).

3. Para determinar si una serie es aritmética:

   a. Si la progresión es creciente, reste el primer término del segundo y luego el segundo del tercero. Si la diferencia es igual en ambos casos, la serie es aritmética.

   b. Si la serie es descendente, reste el segundo término del primero y luego el tercero del segundo. Si la diferencia es igual en ambos casos, la serie es aritmética.

4. Para determinar si la serie es geométrica, divida el segundo término entre el primero y luego el tercero entre el segundo. Si la razón es igual en ambos casos, la serie es geométrica.

5. Para calcular el término incógnito en una serie aritmética que es creciente:

   a. Reste cualquier término de uno de los siguientes para calcular la diferencia común.

   b. Sume la diferencia común al término que precede al término incógnito.

   c. Si el término incógnito es el primero, se puede calcular al restar la diferencia común del segundo término.

Ejemplo: Qué número sigue a $16\frac{1}{3}$ en esta serie:

$3,\ 6\frac{1}{3},\ 9\frac{2}{3},\ 13,\ 16\frac{1}{3}\ ...$

SOLUCIÓN: $6\frac{1}{3} - 3 = 3\frac{1}{3},\ 9\frac{2}{3} - 6\frac{1}{3} = 3\frac{1}{3}$

La serie es aritmética; la diferencia común es $3\frac{1}{3}$.

$16\frac{1}{3} + 3\frac{1}{3} = 19\frac{2}{3}$

Respuesta: El término incógnito, el que sigue a $16\frac{1}{3}$, es $19\frac{2}{3}$.

6. Para calcular el término incógnito en una serie aritmética descendente:

   a. Reste cualquier término del término anterior a éste para calcular la diferencia común.

   b. Reste la diferencia común del término que precede al término incógnito.

   c. Si el término incógnito es el primero, se puede calcular al sumar la diferencia común al segundo término.

Ejemplo: Calcule el primer término en la serie:

$\underline{\quad},\ 16,\ 13\frac{1}{2},\ 11,\ 8\frac{1}{2}, 6\ ...$

SOLUCIÓN: $16 - 13\frac{1}{2} = 2\frac{1}{2}, 13\frac{1}{2} - 11 = 2\frac{1}{2}$

La serie es aritmética; la diferencia común es $2\frac{1}{2}$.

$16 + 2\frac{1}{2} = 18\frac{1}{2}$

Respuesta: El término que precede a 16 es $18\frac{1}{2}$.

7. Para calcular el término que falta de una serie geométrica:

   a. Divida cualquier término entre el término anterior para calcular la diferencia común.

   b. Multiplique el término anterior al término que falta por la razón común.

   c. Si el término que falta es el primero, se puede calcular al dividir el segundo término entre la razón común.

Ejemplo: Halle el término que falta en la serie:

2, 6, 18, 54 ...

SOLUCIÓN: $6 \div 2 = 3$, $18 \div 6 = 3$

La serie es geométrica; la razón común es 3.

$54 \times 3 = 162$

Respuesta: El término que falta es 162.

Ejemplo: Halle el término que falta en la serie:

__, 32, 16, 8, 4, 2

SOLUCIÓN: $16 \div 32 = \dfrac{1}{2}$ (razón común)

$$32 \div \dfrac{1}{2} = 32 \times \dfrac{2}{1}$$
$$= 64$$

Respuesta: El primer término es 64.

8. Si tras intentar resolverla, una serie no es ni aritmética ni geométrica, entonces es del tipo miscelánea. Pruebe para ver si es una serie de cubos o cuadrados o si la diferencia es el cuadrado o el cubo del mismo número o si el mismo número está primero al cuadrado, luego al cubo, etc.

EJERCICIOS DE PRÁCTICA CON SERIES

Calcule el término incógnito en cada una de estas series:

1. __, 7, 10, 13

2. 5, 10, 20, __, 80

3. 49, 45, 41, __, 33, 29

4. 1.002, 1.004, 1.006, __

5. 1, 4, 9, 16, __

6. 10, $7\dfrac{7}{8}$, $5\dfrac{3}{4}$, $3\dfrac{5}{8}$, __

7. __, 3, $4\dfrac{1}{2}$, $6\dfrac{3}{4}$

8. 55, 40, 28, 19, 13, __

9. 9, 3, 1, $\dfrac{1}{3}$, $\dfrac{1}{9}$, __

10. 1, 3, 7, 15, 31, __

CLAVE DE RESPUESTAS Y EXPLICACIONES

1. 4
2. 40
3. 37
4. 1.008
5. 25

6. $1\frac{1}{2}$
7. 2
8. 10
9. $\frac{1}{27}$
10. 63

1. Esta es una serie aritmética creciente en la que la diferencia común es $10 - 7$ ó 3. El primer término es $7 - 3 = 4$.

2. Esta es una serie geométrica en la que la razón común es $10 \div 5$ ó 2. El término incógnito es $20 \times 2 = 40$.

3. Esta es una serie aritmética decreciente en la que la diferencia común es $49 - 45$ ó 4. El término incógnito es $41 - 4 = 37$.

4. Esta es una serie aritmética creciente en la que la diferencia común es $1.004 - 1.002$ ó .002. El término incógnito es $1.006 + .002 = 1.008$.

5. Esta serie no es ni aritmética ni geométrica. Sin embargo, si los números se escriben como 1^2, 2^2, 3^2 y 4^2, es evidente que el próximo número debe ser 5^2 ó 25.

6. Esta es una serie aritmética descendente en la que la diferencia común es

$$10 - 7\frac{7}{8} = 2\frac{1}{8}.$$ El término que falta es

$$3\frac{5}{8} - 2\frac{1}{8} = 1\frac{4}{8} \text{ ó } 1\frac{1}{2}$$

7. Esta es una serie geométrica en la cual la razón común es:

$$4\frac{1}{2} \div 3 = \frac{9}{2} \times \frac{1}{3}$$
$$= \frac{3}{2}$$

El primer término es $3 \div \frac{3}{2} = 3 \times \frac{2}{3}$
$$= 2$$

Por lo tanto, el término que falta es 2.

8. En esta serie no existe ni una diferencia ni una razón común. Sin embargo, tenga presente las diferencias entre los términos:

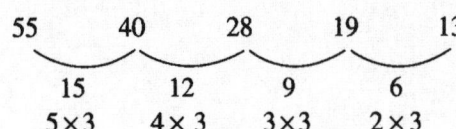

55	40	28	19	13
15	12	9	6
5×3	4×3	3×3	2×3

Las diferencias son múltiplos de 3. Siguiendo el mismo patrón, la diferencia entre 13 y el próximo término debe ser 1×3 ó 3. El término incógnito luego es $13 - 3 = 10$.

9. Esta es una serie geométrica en la cual la razón común es $3 \div 9 = \frac{1}{3}$. El término que falta es $\frac{1}{9} \times \frac{1}{3} = \frac{1}{27}$.

10. Esta serie no es ni aritmética ni geométrica. Sin embargo, tenga presente la diferencia entre los términos:

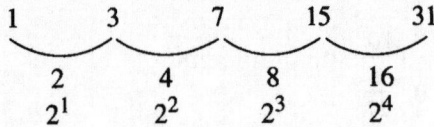

La diferencia entre 31 y el próximo término debe ser 2^5 ó 32. El término incógnito por lo tanto es $31 + 32 = 63$.

OPERACIONES CON EXPRESIONES ALGEBRAICAS: VOCABULARIO

1. a. En la adición, los números que se van a sumar se llaman **sumandos**. La solución de una adición es la **suma** o **total**.

   b. Existen varias maneras de expresar una suma como 10 + 2:

   la suma de 10 y 2   2 más que 10

   el total de 10 y 2   2 números más grande que 10

   2 sumado a 10   10 aumentado en 2

2. a. En la resta, el número al cual se resta algo es el **minuendo,** el número que se resta es el **sustraendo** y el resultado es la **diferencia**.

   Ejemplo

   En 25 − 22 = 3, el minuendo es 25, el sustraendo, 22 y la diferencia, 3.

   b. Un problema de resta como 25 − 22 se puede expresar como:

   25 menos 22   de 25 saque 22

   a 25 quite 22   25 disminuido en 22

   la diferencia entre 25 y 22   22 números menos que 25

   reste 22 de 25

3. a. En la multiplicación, la respuesta se llama **producto** y los números que se multiplican son los **factores** del producto.

   b. La multiplicación [que también se puede escribir como 3(5) = 15 ó (3)(5) = 15] también se puede expresar de las siguientes formas:

   15 es el producto de 3 y 5   15 es múltiplo de 3

   3 es factor de 15   15 es múltiplo de 5

   5 es factor de 15

4. a. En la división, el número que se divide es el **dividendo**, el número entre el cual se divide el dividendo es el **divisor** y la respuesta es el **cociente**. Cualquier número que sobre en la división es el **residuo**.

   Ejemplo

   En 12 ÷ 2 = 6, el dividendo es 12, el divisor es 2 y el cociente es 6.

   Ejemplo

   En $3\overline{)22}$ con cociente 7 ... 22 es el dividendo

   21   3 es el divisor

   1   1 es el residuo

b. El problema de división $12 \div 2$ se puede expresar como:

12 dividido entre 2   12 dividido por 2

el cociente de 12 y 2

Debido a que $12 \div 2 = 6$ sin residuo, 2 se llama **divisor** de 12 y 12 se dice que es **divisible** entre 2.

Propiedades

5. La suma es una operación **conmutativa** , es decir, que dos números se pueden sumar en cualquier orden sin cambiar la suma:

$2 + 3 = 3 + 2$

$a + b = b + a$

6. La multiplicación también es conmutativa:

$4 \cdot 5 = 5 \cdot 4$

$ab = ba$

7. La resta y la división *no* son conmutativas; al cambiar el orden dentro de una resta o división se puede afectar el resultado:

$10 - 6 \neq 6 - 10$

$8 \div 4 \neq 4 \div 8$

8. La suma y la multiplicación son **asociativas,** es decir, si el problema incluye sólo una suma o sólo una multiplicación, el paréntesis se puede cambiar sin afectar la respuesta. El paréntesis es un símbolo de agrupación que indica lo que se debe resolver primero.

$(5 + 6) + 7 = 5 + (6 + 7)$

$(2 \cdot 3) \cdot 4 = 2 \cdot (3 \cdot 4)$

$(a + b) + c = a + (b + c)$

$(ab)c = a(bc)$

9. La resta y la división no son asociativas. Se deben resolver primero los paréntesis.

$(8 - 5) - 2 \neq 8 - (5 - 2)$

$(80 \div 4) \div 2 \neq 80 \div (4 \div 2)$

10. a. La multiplicación es **distributiva** sobre la suma. Si una suma se multiplica por un número, en lugar de sumar primero y luego multiplicar, cada sumando se puede multiplicar por el número y sumar los productos.

$5(6 + 3) = 5 \cdot 6 + 5 \cdot 3$

$a(b + c) = ab + ac$

b. La multiplicación también es distributiva sobre la resta.

$8(10 - 6) = 8 \cdot 10 - 8 \cdot 6$

$a(b - c) = ab - ac$

c.   La propiedad distributiva se puede usar en ambos sentidos.

$$5a + 3a = (5+3)a = 8a$$

$$847 \cdot 94 + 847 \cdot 6 = 847 \ (94+6) = 847(100) = 84,700$$

Números con signos

11. a.   Un **número con signo** es un número con un signo positivo (+) o negativo (–) a su izquierda. Los números con signos se pueden representar en una recta numérica como a continuación:

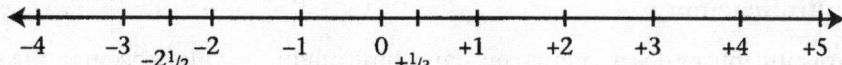

b.   Si un número (excepto el cero) se escribe sin signo, se supone que es **positivo.**

c.   El cero se considera un número con signo a pesar de no ser ni positivo ni negativo.

d.   La magnitud o **valor absoluto** de un número con signo es el número sin él. El símbolo que se usa para valor absoluto es $|\ |$.

Ejemplo

El valor absoluto de –3 es 3.
$$|-3| = 3$$

El valor absoluto de +6 es 6.
$$|6| = 6$$

12. **Suma:**

a.   Para sumar dos números con signos iguales, sume su valor absoluto y anótele a la respuesta el signo en común.

Ejemplo

$$(+3)+(+4) = +7$$
$$(-6)+(-2) = -8$$

b.   Para sumar dos números con signos diferentes, reste su valor absoluto. Anótele a la respuesta el signo del número con mayor valor absoluto.

Ejemplo

$$(-4)+(+1) = -3$$
$$(+5)+(-9) = -4$$
$$(-6)+(+7) = +1$$

13. **Resta:**

Para restar dos números con signo, cambie el signo del sustraendo. Luego use las reglas para sumar números con signo.

Ejemplo

$(-3) - (-5) = (-3) + (+5) = +2$

$(+10) - (-6) = (+10) + (+6) = +16$

$(+8) - (+9) = (+8) + (-9) = -1$

$(-7) - (+3) = (-7) + (-3) = -10$

14. **Multiplicación:**

Para multiplicar dos números con signo, multiplique su valor absoluto. Si los signos son iguales, la respuesta es positiva. Si los signos son diferentes, la respuesta es negativa.

Ejemplo

$(+3)(+4) = +12$

$(-5)(-2) = +10$

$(-6)(+3) = -18$

$(+8)(-1) = -8$

15. **División:**

Para dividir dos números con signo, divida su valor absoluto. Si los signos son iguales, la respuesta es positiva. Si los signos son diferentes, la respuesta es negativa.

Ejemplo

$(+20) \div (+4) = +5$

$(-18) \div (-9) = +2$

$(-14) \div (+2) = -7$

$(+15) \div (-5) = -3$

16. Para evaluar expresiones y fórmulas algebraicas:

a. Reemplace los valores dados por las letras en la expresión.

b. Resuelva las operaciones en el siguiente orden:

Primero, resuelva los paréntesis (si existen);

Segundo, calcule todas las potencias y raíces;

Tercero, resuelva todas las multiplicaciones y divisiones de izquierda a derecha;

Cuarto, resuelva todas las sumas y restas de izquierda a derecha.

Ejemplo: Si $P = 2(L + W)$, calcule P cuando $L = 10$ y $W = 5$

SOLUCIÓN: Reemplace L por 10 y W por 5:

$P = 2(10 + 5)$ Primero, sume los números entre paréntesis.

$\quad = 2(15)$ Después, multiplique 2 por 15.

$\quad = 30$

Respuesta: 30

Ejemplo: Evalúe $5a^2 - 2b$ si $a = 3$ y $b = 10$

SOLUCIÓN: Reemplace a por 3 y b por 10:

$5 \cdot 3^2 - 2 \cdot 10$ Primero, encuentre 3^2.

$5 \cdot 9 - 2 \cdot 10$ Después multiplique $5 \cdot 9$ y $2 \cdot 10$.

$\quad 45 - 20$ Luego, reste 20 de 45.

$\qquad 25$

Respuesta: 25

17. a. Las expresiones algebraicas pueden tener números (constantes) o letras (variables) o ambos.

     b. En una expresión algebraica, si varias cantidades se suman o restan, cada una de esas cantidades se llaman términos.

Ejemplo

> En $4x^2 + 5y + 6$, los términos son: $4x^2$, $5y$, 6.

     c. El factor numérico de cada término se llama **coeficiente.** La parte con letras se llama **factor literal**.

Ejemplo

> En $3x^2$, 3 es el coeficiente y x es el factor literal. Tenga presente que 2 es el exponente y es parte del factor literal.

     d. Cualquier variable que no tenga coeficiente se supone que tiene un coeficiente de 1 : $b = 1b$

     e. Cualquier variable que no tenga exponente se supone que tiene un exponente de 1 : $b = b^1$

18. a. Si dos o más términos tienen factores literales idénticos, se pueden llamar **términos semejantes.**

Ejemplo

$3a$, $6a$ y a son términos semejantes

$2x^4$ y $5x^2$ *no* son términos semejantes

b. Los términos se pueden sumar (o restar) sólo si son términos semejantes. Sume (o reste) los coeficientes y repita el factor literal. Esto se llama **combinar factores semejantes.**

Ejemplo

$$3d + 2d = 5d$$
$$6xy + (-4)xy = 2xy$$
$$10z^3 + 5z^3 - 8z^3 = 7z^3$$

c. En la mayoría de las expresiones algebraicas es más fácil considerar las operaciones que separan los términos sólo como sumas y el signo $+$ o $-$ antes de cada término será el signo del coeficiente de éste.

Polinomios

19. Una expresión que contiene un único término se llama **monomio.** Una expresión que contiene más de un término se llama **polinomio.** Los polinomios especiales son **binomios** (dos términos) y **trinomios** (tres términos).

20. Para sumar (o restar) dos polinomios, sume (o reste) los coeficientes de los términos semejantes y repita los factores literales. No se pueden combinar los factores no semejantes.

Ejemplo

$$4x^2 - 3x + 2$$
Sume $\underline{2x^2 - 7x - 5}$
$$6x^2 - 10x - 3$$

$$7a - 2b + 4c$$ (Recuerde que en la resta el signo del sustraendo
Reste $\underline{9a + 6b - 2c}$ se cambia y se usan las reglas de la suma.)
$$-2a - 8b + 6c$$

21. Para multiplicar dos monomios, multiplique los coeficientes y sume los exponentes de variables semejantes.

Ejemplo

$$2x^5 \cdot 3x^4 = 6x^9$$
$$y^4 \cdot y^{10} = y^{14}$$
$$9b^3 \cdot 2b = 18b^4 \qquad \text{(Note que } 2b = 2b^1)$$
$$(-4a^2b^3)(-3a^{11}b^8) = +12a^{13}b^{11}$$

22. Para multiplicar un polinomio por un monomio, use la propiedad distributiva y multiplique cada término del polinomio por el monomio.

Ejemplo

$$3(2x+4y)=6x+12y$$
$$y^2(5y-3y^5)=5y^3-3y^7$$

23. Para multiplicar un polinomio por un polinomio, multiplique cada término del primer polinomio por cada término del segundo polinomio y sume los términos semejantes en la respuesta.

Ejemplo

$$(x+3)(x+4)=x^2+4x+3x+12$$
$$=x^2+7x+12$$
$$(a-1)(b+5)=ab+5a-1b-5$$
$$(y+4)(y^2+2y-3)=y^3+2y^2-3y+4y^2+8y-12$$
$$=y^3+6y^2+5y-12$$

24. Para dividir dos monomios, divida sus coeficientes y reste los exponentes de variables semejantes.

Ejemplo

$$\frac{12a^5}{3a^2}=4a^3$$
$$\frac{ac^7}{ac^5}=c^2\ (\text{Note que } \frac{a}{a}=1)$$
$$\frac{-6b^{10}c^7}{2bc^2}=-3b^9c^5$$

25. Para dividir un polinomio por un monomio, divida cada término del polinomio por el monomio.

Ejemplo

$$\frac{15a^2-12a}{3}=5a^2-4a$$
$$(12x^3-8x^2+20x)\div 4x=3x^2-2x+5$$

Simplificación de expresiones algebraicas

26. Las expresiones algebraicas con paréntesis se pueden simplificar usando las siguientes reglas:

   a. Si un signo positivo (+) está inmediatamente antes del paréntesis, el paréntesis se puede omitir.

   Ejemplo

   $$3x + (2y + z) = 3x + 2y + z$$

   b. Si un signo negativo (−) está inmediatamente antes del paréntesis, se debe cambiar el signo de cada término dentro de él. Luego, se puede omitir el paréntesis.

   Ejemplo

   $$4 - (2x - y + z) = 4 - 2x + y - z$$

   c. Si un número o letra se encuentra multiplicando un paréntesis, se usa la propiedad distributiva para multiplicar cada término dentro del paréntesis por el multiplicador.

   Ejemplo

   $$a - 3(b + c) = a - 3b - 3c$$

   d. Luego de eliminar los paréntesis, combine los términos semejantes.

   Ejemplo

   $$5z + 2(3z - 4) = 5z + 6z - 8$$
   $$= 11z - 8$$

Factorización

27. **Factorizar** una expresión significa calcular aquellas cantidades cuyo producto es la expresión original.

28. **Factores comunes:**

   Si todos los términos de un polinomio tienen un factor común, se puede usar la propiedad distributiva.

   Ejemplo

   $$ax + ay = a(x + y)$$
   $$12d - 8f = 4(3d - 2f)$$
   $$x^3 + 2x^2 - 4x = x(x^2 + 2x - 4)$$

29. **Diferencia de dos cuadrados:**

   Un binomio que es la diferencia de dos cuadrados tiene como factores dos binomios: la suma de las raíces cuadradas y la diferencia entre ellas.

   ### Ejemplo

   $$x^2 - 9 = (x+3)(x-3)$$
   $$25 - y^2 = (5+y)(5-y)$$

30. **Trinomios:**

   a. Los trinomios cuadráticos son de la forma: $ax^2 + bx + c$, donde a, b, c son constantes y $a \neq 0$. Algunos, pero no todos, se pueden factorizar en dos binomios, cada uno la suma de un término x y uno numérico.

   b. Cuando $a = 1$, el trinomio se escribe $x^2 + bx + c$. Cada factor de binomio será la suma de x y un número. El producto de los números es c; su suma es b.

   Ejemplo: Factorice $x^2 + 7x + 12$

   SOLUCIÓN: El producto de las partes numéricas de los factores debe ser 12. Los pares de números cuyo producto es 12 son:

1 y 12	−1 y −12
2 y 6	−2 y −6
3 y 4	−3 y −4

   De dichos pares, el único cuya suma da 7, es 3 y 4. Por lo tanto, los factores son $(x + 3)$ y $(x + 4)$.

   Respuesta: $x^2 + 7x + 12 = (x + 3)(x + 4)$

   Ejemplo: Factorice $y^2 + 5y - 6$

   SOLUCIÓN: Los pares de números cuyo producto es −6 son:

   −1 y +6

   +1 y −6

   +2 y −3

   −2 y +3

   El par cuya suma es +5, es −1 y +6. Por lo tanto, los factores son $(y - 1)$ y $(y + 6)$.

   Respuesta: $y^2 + 5y - 6 = (y - 1)(y + 6)$

   Ejemplo: Factorice $z^2 - 11z + 10$

   SOLUCIÓN: Los números cuyo producto es positivo son o ambos positivos o ambos negativos. En este caso, la suma de los números es negativa, por lo que considere sólo los pares negativos. Los pares de números negativos cuyo producto es +10 son:

   −1 y −10

   −2 y −5

   El par cuya suma es −11 es −1 y −10. Por lo tanto, los factores son $(z - 1)$ y $(z - 10)$.

   Respuesta: $z^2 - 11z + 10 = (z - 1)(z - 10)$

c. Cuando $a \neq 1$ en el trinomio $ax^2 + bx + c$, el producto de los términos x en los factores de binomio deben ser ax^2, el producto de los términos numéricos debe ser c, y cuando los binomios se multiplican sus productos deben ser $ax^2 + bx + c$.

Mientras habrá más de un par posible de factores en el cual el producto de los términos numéricos sea c, el par correcto es sólo aquel cuyo producto es el trinomio original.

Ejemplo: Factorice $3x^2 + 10x + 8$

SOLUCIÓN: Los pares de factores posibles para considerar son:

$(3x + 1)(x + 8)$

$(3x + 8)(x + 1)$

$(3x + 2)(x + 4)$

$(3x + 4)(x + 2)$

En cada caso, el producto de los términos x es $3x^2$ y el producto de los términos numéricos es 8. Ya que el término del centro es positivo, se ignora cualquier posibilidad negativa. Multiplicar cada par de factores indica:

Respuesta: $3x^2 + 8$ se puede factorizar como $(3x + 4)(x + 2)$.

31. Una expresión puede requerir más de un tipo de factorización antes de que ésta se complete. Para factorizar *completamente*:

   a. Use la propiedad distributiva para eliminar el mayor factor de cada término.

   b. Si se puede, factorice el polinomio resultante como la diferencia de dos cuadrados o como un trinomio cuadrático.

Ejemplo

$$3x^2 - 48 = 3\left(x^2 - 16\right)$$
$$= 3\left(x + 4\right)\left(x - 4\right)$$

Ejemplo

$$2ay^2 + 12ay - 14a = 2a\left(y^2 + 6y - 7\right)$$
$$= 2a\left(y + 7\right)\left(y - 1\right)$$

Radicales

32. El símbolo $\sqrt{x}$ significa la raíz cuadrada positiva de x. $\sqrt{}$ se llama **signo radical** y x se llama **radicando.** El símbolo $-\sqrt{x}$ significa la raíz cuadrada negativa de x.

33. Muchos radicales se pueden simplificar al usar el principio $\sqrt{ab} = \sqrt{a} \cdot \sqrt{b}$

Ejemplo

$$\sqrt{100} = \sqrt{25}\sqrt{4} = 5 \cdot 2 = 10$$
$$\sqrt{18} = \sqrt{9}\sqrt{2} = 3\sqrt{2}$$
$$\sqrt{75} = \sqrt{25}\sqrt{3} = 5\sqrt{3}$$

Tenga presente que los factores elegidos deben incluir al menos un cuadrado perfecto.

34. a. Los radicales con el mismo radicando se pueden sumar o restar como términos semejantes.

Ejemplo

$$3\sqrt{5} + 4\sqrt{5} = 7\sqrt{5}$$
$$10\sqrt{2} - 6\sqrt{2} = 4\sqrt{2}$$

b. Los radicales con radicandos diferentes se pueden combinar sólo si se pueden simplificar y tener radicandos semejantes.

Ejemplo

$$\sqrt{50} + \sqrt{32} - 2\sqrt{2} + \sqrt{3} = \sqrt{25}\sqrt{2} + \sqrt{16}\sqrt{2} - 2\sqrt{2} + \sqrt{3}$$
$$= 5\sqrt{2} + 4\sqrt{2} - 2\sqrt{2} + \sqrt{3}$$
$$= 7\sqrt{2} + \sqrt{3}$$

35. Para multiplicar radicales, primero multiplique los coeficientes. Luego los radicandos.

Ejemplo

$$2\sqrt{3} \cdot 4\sqrt{5} = 8\sqrt{15}$$

36. Para dividir radicales, primero divida los coeficientes. Luego los radicandos.

Ejemplo

$$\frac{14\sqrt{20}}{2\sqrt{2}} = 7\sqrt{10}$$

Resumen de tipos de números

37. Los números que se han usado en esta sección se llaman **números reales** y se pueden agrupar en categorías especiales.

a. Los números **naturales** o números positivos, son:

1, 2, 3, 4, 5, 6, 7, 8, 9, 10, 11, 12, ...

b. Un número natural (que no sea el 1) es **primo** si se puede dividir exactamente entre sí mismo y entre 1. Si un número natural tiene otros divisores, es **compuesto** . Los números 2, 3, 5, 7 y 11 son primos, mientras que 4, 6, 8, 9 y 12 son compuestos.

c. Los números **naturales** son todos los números positivos y el 0:

0, 1, 2, 3, ...

d. Los **enteros** constan de los números naturales, los negativos de dichos números y el cero:

...–3, –2, –1, 0, 1, 2, 3, 4, ...

Los enteros **pares** son exactamente divisibles entre 2:

...–6, –4, –2, 0, 2, 4, 6, 8, ...

Los enteros **impares** no son divisibles entre 2:

...–5, –3, –1, 1, 3, 5, 7, 9, ...

e. Los números **racionales** son aquellos que se pueden expresar como el cociente de dos enteros (excluida la división entre 0). Los números racionales pueden incluir enteros, fracciones, terminaciones decimales (como 1.5 ó .293) y decimales periódicos (como .333 ... ó ..74867676767 ...).

f. Los números **irracionales** no se pueden expresar como el cociente de dos enteros, pero se pueden escribir como decimales con infinitas cifras no periódicas.

Los números $\sqrt{2}$ y π son irracionales.

EJERCICIOS DE PRÁCTICA

1. El valor de $2(-3) - \left| -4 \right|$ es

(1) –10

(2) –2

(3) 2

(4) 10

(5) 12

2. El valor de $3a^2 + 2a - 1$ cuando $a = -1$ es

(1) –3

(2) 0

(3) 3

(4) 6

(5) 9

3. Si $2x^4$ se multiplica por $7x^3$ el producto es

(1) $9x^7$

(2) $9x^{12}$

(3) $9x^{14}$

(4) $14x^{12}$

(5) $14x^7$

4. La expresión $3(x - 4) - (3x - 5) + 2(x + 6)$ es equivalente a

(1) $2x - 15$

(2) $2x + 23$

(3) $2x + 5$

(4) $-2x - 15$

(5) $-2x + 20$

5. El producto de $(x + 5)$ y $(x + 5)$ es

(1) $2x + 10$

(2) $x^2 + 25$

(3) $x^2 + 10x + 25$

(4) $x^2 + 10$

(5) $x^2 + 20$

6. El cociente de $(4x^3 - 2x^2) \div (x^2)$ es

(1) $4x^3 - 1$

(2) $4x - 2x^2$

(3) $4x^5 - 2x^4$

(4) $4x - 2$

(5) $4x + 2$

7. La expresión $(+3x^4)^2$ es igual a
   (1) $6x^8$
   (2) $6x^6$
   (3) $9x^8$
   (4) $9x^6$
   (5) $9x^4$

8. Si $3x - 1$ se multiplica por $2x$, el producto es
   (1) $4x$
   (2) $5x^2$
   (3) $6x^2 - 1$
   (4) $6x^2 - x$
   (5) $6x^2 - 2x$

9. Un factor del trinomio $x^2 - 3x - 18$ es
   (1) $x - 9$
   (2) $x - 6$
   (3) $x - 3$
   (4) $x + 9$
   (5) $x + 4$

10. La suma de $\sqrt{18}$ y $\sqrt{72}$ es
   (1) $18\sqrt{2}$
   (2) $9\sqrt{2}$
   (3) $3\sqrt{10}$
   (4) 40
   (5) 49

CLAVE DE RESPUESTAS Y EXPLICACIONES

1. (1)	5. (3)	8. (5)
2. (2)	6. (4)	9. (2)
3. (5)	7. (3)	10. (2)
4. (3)		

1. **La respuesta correcta es la (1).**

$$2(-3) - |-4| = -6 - 4$$
$$= -10$$

Recuerde que $|-4|$ significa el *valor absoluto* de -4, el que es 4.

2. **La respuesta correcta es la (2).**

Si $a = -1$.

$$3a^2 + 2a - 1 = 3(-1)^2 + 2(-1) - 1$$
$$= 3(+1) + 2(-1) - 1$$
$$= 3 - 2 - 1$$
$$= 0$$

3. **La respuesta correcta es la (5).**

$$(2x^4)(7x^3) = 14x^7$$

Para multiplicar monomios, multiplique los coeficientes y sume los exponentes de variables semejantes.

4. **La respuesta correcta es la (3).**

$$3(x - 4) - (3x - 5) + 2(x + 6)$$
$$= 3x - 12 - 3x + 5 + 2x + 12$$
$$= 2x + 5$$

5. **La respuesta correcta es la (3).**

$$(x + 5)(x + 5) = x^2 + 5x + 5x + 25$$
$$= x^2 + 10x + 25$$

6. **La respuesta correcta es la (4).**

$$\left(4x^3 - 2x^2\right) \div x^2 = 4x^3 \div x^2 - 2x^2 \div x^2$$
$$= 4x - 2$$

7. **La respuesta correcta es la (3).**

$$(+3x^4)^2 = (+3x^4) + 3x^4$$
$$= 9x^8$$

8. **La respuesta correcta es la (5).**

$$2x(3x-1) = 2x \cdot 3x - 2x \cdot 1$$
$$= 6x^2 - 2x$$

9. **La respuesta correcta es la (2).**

Factorice $x^2 - 3x - 18$ al calcular dos números cuyo producto sea -18 y cuya suma sea -3. Los pares de los números cuyo producto es -18 son:

-1 y $+18$

$+1$ y -18

-9 y $+2$

$+9$ y -2

-6 y $+3$

$+6$ y -3

De dichos pares, el único cuya suma es -3, es -6 y $+3$. Por lo tanto, los factores de $x^2 - 3x - 18$ son $(x - 6)$ y $(x + 3)$.

10. **La respuesta correcta es la (2).**

$$\sqrt{18} + \sqrt{72} = \sqrt{9}\sqrt{2} + \sqrt{36}\sqrt{2}$$
$$= 3\sqrt{2} + 6\sqrt{2}$$
$$= 9\sqrt{2}$$

ECUACIONES, DESIGUALDADES Y PROBLEMAS DE ÁLGEBRA

Ecuaciones

1. a. Una **ecuación** indica que dos cantidades son iguales.

   b. La solución a una ecuación es un número que se puede reemplazar por la letra o **variable**, para dar un enunciado verdadero.

Ejemplo

En la ecuación $x + 7 = 10$, si 5 se reemplaza por x, la ecuación sería $5 + 7 = 10$, lo que es falso. Si 3 se reemplaza por x, la ecuación sería $3 + 7 = 10$, lo que es verdadero. Por lo tanto, $x = 3$ es una solución para la ecuación $x + 7 = 10$.

   c. **Resolver una ecuación** significa calcular todas las soluciones para las variables.

2. a. Una ecuación se ha resuelto cuando se transforma u ordena de manera tal que una variable se despeja en un lado del signo igual y un número del otro lado.

   b. Existen dos principios básicos que se usan para transformar ecuaciones:

   I) Se puede sumar o restar la misma cantidad a ambos lados de una ecuación.

Ejemplo

Para resolver la ecuación $x - 3 = 2$, sume 3 a ambos lados:

$$x - 3 = 2$$
$$\underline{+3 = +3}$$
$$x = 5$$

Al sumar 3, se despeja x de un lado y se deja un número del otro. La solución de la ecuación es $x = 5$.

Ejemplo

Para resolver la ecuación $y + 4 = 10$, reste 4 a ambos lados (sumando -4 a ambos lados tendrá el mismo efecto):

$$y + 4 = 10$$
$$\underline{-4 = -4}$$
$$y = 6$$

La variable se ha despejado en un lado de la ecuación. La solución es $y = 6$.

II) Ambos lados de una ecuación se pueden multiplicar por, o dividir entre, la misma cantidad.

Ejemplo

Para resolver $2a = 12$, divida ambos lados entre 2:

$$\frac{2a}{2} = \frac{12}{2}$$
$$a = 6$$

Ejemplo

Para resolver $\frac{b}{5} = 10$, multiplique ambos lados por 5:

$$5 \cdot \frac{b}{5} = 10 \cdot 5$$
$$b = 50$$

3. Para resolver ecuaciones que tienen más de una operación:

   a. Primero elimine cualquier número que se sume o reste a la variable.

   b. Luego elimine cualquier número que multiplique o divida la variable.

   Ejemplo: Resuelva $3x - 6 = 9$

$$
\begin{array}{l}
3x - 6 = 9 \\
\underline{+6 +6} \qquad \text{Sumar 6 elimina } -6. \\
3x = 15
\end{array}
$$

$$\frac{3x}{3} = \frac{15}{3} \qquad \text{Dividir 3 elimina el 3, el cual multiplica a la } x.$$
$$x = 5$$

4. Se puede sumar o restar un término variable a ambos lados de una ecuación. Esto es necesario cuando la variable aparece en ambos lados de la ecuación original.

   Ejemplo: Resuelva $6y + 9 = 2y + 1$

$$
\begin{array}{ll}
6y + 9 = 2y + 1 & \text{Elimine la } y \text{ de la derecha} \\
\underline{-2y -2y} & \text{restando } 2y \text{ en ambos lados.} \\
4y + 9 = +1 & \text{Elimine el 9 de la izquierda} \\
\underline{-9 -9} & \text{restando 9 en ambos lados.} \\
4y = -8 & \\
\underline{\frac{4y}{4} = \frac{-8}{4}} & \text{Divida cada lado entre 4 para eliminar} \\
y -2 & \text{la multiplicación por 4 y despejar la } y.
\end{array}
$$

5. Es posible que sea necesario simplificar primero la expresión en cada lado de una ecuación al eliminar paréntesis o combinar términos semejantes.

Ejemplo: Resuelva $5z - 3(z - 2) = 8$

$5z - 3(z - 2) = 8$

$5z - 3z + 6 = 8$ Primero elimine la paréntesis.

$2z + 6 = 8$ Combine los elementos semejantes.

$\underline{-6 \quad -6}$ Reste 6 en cada lado.

$\dfrac{2z}{2} = \dfrac{2}{2}$ Divida entre 2 para despejar la z.

$z = 1$

6. Para comprobar la solución de una ecuación, reemplace la variable con la solución en la ecuación original, resuelva las operaciones indicadas y determine si el resultado es un enunciado verdadero.

Ejemplo

Ya se calculó que $x = 5$ es la solución para la ecuación $3x - 6 = 9$. Para comprobar, reemplace 5 por x en la ecuación:

$3 \cdot 5 - 6 = 9$ Resuelva las operaciones de la izquierda.

$15 - 6 = 9$

$9 = 9$ El resultado es un enunciado verdadero, por lo tanto la solución es correcta.

Resolución de problemas

7. Se pueden resolver muchos tipos de problemas usando álgebra. Para resolver un problema:

a. Léalo detenidamente. Determine la información dada y la información incógnita que debe calcular.

b. Represente la cantidad *incógnita* con una letra.

c. Escriba una ecuación que exprese la relación dada en el problema.

d. Resuelva la ecuación.

Ejemplo

Si se suma 7 al doble de un número, el resultado es 23. Calcule el número.

SOLUCIÓN: Suponga que $x =$ el número incógnito. Luego escriba la ecuación.

$7 + 2x = 23$

$\underline{-7 \qquad -7}$

$\dfrac{2x}{2} = \dfrac{16}{2}$

$x = 8$

Respuesta: 8

Ejemplo

En un grupo de 26 personas, hay 6 mujeres más que hombres. ¿Cuántas mujeres hay?

SOLUCIÓN: Suponga que m = el número de hombres. Luego, $m + 6$ = el número de mujeres.

$$
\begin{aligned}
(m+6)+m &= 26 \\
m+6+m &= 26 \qquad \text{Elimine los paréntesis.} \\
2m+6 &= 26 \qquad \text{Combine los términos semejantes.} \\
\underline{-6} \quad &\underline{-6} \\
\frac{2m}{2} &= \frac{20}{2} \\
m &= 10 \\
m+6 &= 16
\end{aligned}
$$

Respuesta: Hay 16 mujeres.

Ejemplo

Juan es 3 años mayor que María. Si la suma de sus edades es 39, ¿qué edad tiene María?

SOLUCIÓN: Suponga que m = la edad de María. Luego, $m + 3$ = la edad de Juan. La suma de sus edades es

$$
\begin{aligned}
m+(m+3) &= 39 \\
m+m+3 &= 39 \\
2m+3 &= 39 \\
\underline{-3} \quad &\underline{-3} \\
\frac{2m}{2} &= \frac{36}{2} \\
m &= 18
\end{aligned}
$$

Respuesta: María tiene 18 años.

Problemas de enteros consecutivos

8. a. Los **enteros consecutivos** son enteros que se siguen entre sí.

Ejemplo

7, 8, 9 y 10 son enteros consecutivos.

–5, –4, –3, –2 y –1 son enteros consecutivos.

b. Los enteros consecutivos se pueden representar en álgebra como:

$x, x + 1, x + 2, x + 3, \ldots$

Ejemplo

Calcule tres enteros consecutivos que sumen 39.

SOLUCIÓN: Suponga que x = primer entero consecutivo. Luego, $x + 1$ = segundo entero consecutivo y $x + 2$ = tercer entero consecutivo.

$$
\begin{aligned}
x+(x+1)+(x+2) &= 39 \\
x+x+1+x+2 &= 39 \\
3x+3 &= 39 \\
-3 &= -3 \\
\frac{3x}{3} &= \frac{36}{3} \\
x &= 12
\end{aligned}
$$

Respuesta: Los enteros son 12, 13 y 14.

9. Los enteros pares e impares consecutivos se pueden representar como x, $x + 2$, $x + 4$, $x + 6$, ...

Si x es par, entonces $x + 2$, $x + 4$, $x + 6$, ... serán todos pares.

Si x es impar, entonces $x + 2$, $x + 4$, $x + 6$, ... serán todos impares.

Ejemplo

Calcule cuatro enteros impares consecutivos donde la suma del mayor y el doble del menor sea 21.

SOLUCIÓN: Suponga que x, $x + 2$, $x + 4$ y $x + 6$ son cuatro enteros impares consecutivos. Aquí, x es el menor y $x + 6$ es el mayor. El entero mayor más el doble del menor es 21.

$$
\begin{aligned}
x+6+2x &= 21 \\
3x+6 &= 21 \\
-6 &= -6 \\
\frac{3x}{3} &= \frac{15}{3} \\
x &= 5
\end{aligned}
$$

Respuesta: Los eneteros son 5, 7, 9 y 11.

Problemas de movimiento

10. **Los problemas de movimiento** se basan en la siguiente relación:

    Velocidad · Tiempo = Distancia

    La velocidad generalmente se da en millas por hora. El tiempo generalmente se da en horas y la distancia en millas.

Ejemplo

Un hombre viajó 225 millas en 5 horas. ¿A qué velocidad viajó?

SOLUCIÓN: Sea r = rate

$$\text{velocidad} \cdot \text{tiempo} = \text{distancia}$$
$$r \cdot 5 = 225$$
$$\frac{5r}{5} = \frac{225}{5}$$
$$r = 45 \text{ millas por hora}$$

Ejemplo

Juan y Hernán salen a la misma hora de ciudades que están a 180 millas entre sí y viajan hacia éstas. Juan viaja a 40 millas por hora y Hernán a 50. ¿En cuántas horas se encontrarán?

SOLUCIÓN: Sea h = número de horas. Entonces, $40h$ = la distancia recorrida por Juan y $50h$ = la distancia recorrida por Hernán. La distancia total es 180 millas.

$$40h + 50h = 180$$
$$\frac{90h}{90} = \frac{180}{90}$$
$$h = 2 \text{ horas}$$

Respuesta: Ellos se encontrarán en 2 horas.

Problemas de perímetro

11. Para resolver un problema de perímetro, exprese cada lado de la figura algebraicamente. El **perímetro** de la figura es igual a la suma de todos sus lados.

Ejemplo

Un rectángulo tiene cuatro lados. Un lado es el largo y el lado adyacente es el ancho. Los lados opuestos de un rectángulo son iguales. En un rectángulo en particular, el largo es menor que el doble del ancho. Si el perímetro es 16, calcule el largo y ancho.

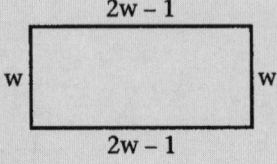

SOLUCIÓN:

$$\text{Sea } w = \text{ancho}$$
$$\text{Entonces } 2w - 1 = \text{largo}$$

La suma de los cuatro lados es 16.

$$w + (2w - 1) + w + (2w - 1) = 16$$
$$w + 2w - 1 + w + 2w - 1 = 16$$
$$6w - 2 = 16$$
$$\underline{+2 \quad +2}$$
$$\frac{6w}{6} = \frac{18}{6}$$
$$w = 3$$
$$2w - 1 = 2(3) - 1 = 5$$

Respuesta: El ancho es 3 y el largo es 5.

Problemas de razón y proporción

12. a.   Una razón es el cociente de dos números. La razón de 2 y 5 se puede expresar como

   $2 \div 5$, $\dfrac{2}{5}$, 2 es a 5, 2:5 ó algebraicamente como $2x{:}5x$.

   Los números en una razón se llaman términos de la razón.

Ejemplo

Dos números están en razón 3:4. La suma es 35. Calcule los números.

SOLUCIÓN:

$$\text{Sea } 3x = \text{ el primer número}$$
$$4x = \text{ el segundo número}$$

Nota que $\dfrac{3x}{4x} = \dfrac{3}{4} = 3:4$

La suma de los números es 35.

$$3x + 4x = 35$$
$$\frac{7x}{7} = \frac{35}{7}$$
$$x = 5$$
$$3x = 15$$
$$4x = 20$$

Respuesta: Los números son 15 y 20.

b. Una razón con más de dos números también se puede expresar algebraicamente. La razón 2:3:7 es igual a $2x{:}3x{:}7x$. Las cantidades individuales en la razón son $2x$, $3x$ y $7x$.

13. a. Una **proporción** indica que dos razones son iguales.

b. En la proporción a:b = c:d (que también se puede escribir $\frac{a}{b} = \frac{c}{d}$), los términos internos b y c, se llaman **medios**; los términos externos, a y d, se llaman **extremos**.

Ejemplo

En 3:6 = 5:10, los medios son 6 y 5; los extremos son 3 y 10.

c. En cualquier proporción, el producto de los medios es igual al producto de los extremos. En $a{:}b = c{:}d$, $bc = ad$.

Ejemplo

En 3:6 = 5:10 ó $\frac{3}{6} = \frac{5}{10}$, $6 \cdot 5 = 3 \cdot 10$.

d. En muchos problemas, las cantidades involucradas están en proporción. Si se dan tres cantidades en un problema y la cuarta se desconoce, determine si las cantidades deberían formar una proporción. Ésta será la ecuación del problema.

Ejemplo

Un árbol de 20 pies de alto forma una sombra de 12 pies de largo. Al mismo tiempo, un poste forma una sombra de 3 pies de largo. ¿Cuánto mide el poste?

SOLUCIÓN: Sea p = altura del poste. Las alturas de los objetos y sus sombras están en proporción.

$$\frac{\text{árbol}}{\text{sombra del árbol}} = \frac{\text{poste}}{\text{sombra del poste}}$$

$$\frac{20}{12} = \frac{p}{3}$$
$$12p = 60 \qquad \text{El producto de los medios es}$$
$$\frac{12p}{12} = \frac{60}{12} \qquad \text{igual al producto de los extremos.}$$
$$p = 5$$

Respuesta: El poste mide 5 pies.

Ejemplo

La escala de un mapa es 3 cm = 500 km. Si dos ciudades aparecen a 15 cm de distancia en el mapa, ¿cuál es la distancia real?

SOLUCIÓN: Sea d = distancia real. Las cantidades en mapas y dibujos a escala están en proporción con las cantidades que representan.

$$\frac{\text{distancia del primer mapa}}{\text{primera distancia real}} = \frac{\text{distancia del segundo mapa}}{\text{segunda distancia real}}$$

$$\frac{3\,\text{cm}}{500\,\text{km}} = \frac{15\,\text{cm}}{d\,\text{km}}$$

$$3d = 7500 \qquad \text{El producto de los medios es}$$
$$\text{igual al producto de los extremos.}$$

$$\frac{3d}{3} = \frac{7500}{3}$$

$$d = 2500$$

Respuesta: Las ciudades están a 2500 km de distancia.

Problemas de porcentajes

14. Los problemas de porcentaje se pueden resolver algebraicamente al expresar la relación del problema en una ecuación. La palabra *de* significa multiplicación y *es* significa igual a.

Ejemplo

¿El 45% de qué número es 27?

SOLUCIÓN: Sea n = el número incógnito. 45% de n es 27.

$.45n = 27$ Cambie el % a decimal (45% = .45)

$45n = 2700$

$\dfrac{45n}{45} = \dfrac{2700}{45}$ Multiplique los dos lados por 100 para eliminar los decimales.

$n = 60$

Ejemplo

El Sr. Reyes recibe un aumento de salario de $15,000 a $16,200. Calcule el porcentaje del aumento.

SOLUCIÓN: Sea p = porcentaje. El aumento es $16,200 - 15,000 = 1,200$. ¿Qué porcentaje es 1,200 de 15,000?

$$p{\cdot}15,000 = 1,200$$

$$\frac{p{\cdot}15,000}{15,000} = \frac{1,200}{15,000}$$

$$p = .08 = 8\%$$

15. **Interés** es el precio que se paga por usar dinero de préstamos, ahorros e inversiones. Los problemas de intereses se resuelven usando la fórmula **I = crt**, donde:

I = interés

c = capital (cantidad de dinero que produce interés)

r = tasa de interés, en %

t = tiempo, en años

Ejemplo

¿Cuánto tiempo se debe invertir $2000 a 6% para ganar $240 en intereses?

SOLUCIÓN:

$$\text{Sea } t = \text{tiempo}$$
$$I = \$240$$
$$p = \$2000$$
$$r = 6\% \text{ ó } .06$$
$$240 = 2000(.06)t$$
$$\frac{240}{120} = \frac{120t}{120}$$
$$2 = t$$

Respuesta: Los $2000 se deben invertir durante 2 años.

16. a. Un **descuento** es un porcentaje que se reduce de un precio marcado. El precio marcado se considera ser el 100%.

Ejemplo

Si a un artículo se le descuenta el 20%, su precio de venta es 100% − 20%, u 80%, del precio marcado.

Ejemplo

Una radio está marcado con un precio de $42.50, el que está con 15% de descuento. ¿Cuál es el precio normal?

SOLUCIÓN: Sea r = precio normal. El precio de venta es 100% − 15%, u 85%, del precio normal. 85% de r = $42.50

$$.85r = \$42.50$$
$$\frac{85r}{85} = \frac{4250}{85} \qquad \text{Multiplique por 100 para elimnar los decimales.}$$
$$r = 50$$

Respuesta: El precio normal era $50.

b. Si se dan dos descuentos en un problema, se calcula un precio intermedio al tomar el primer descuento sobre el precio marcado. Luego se calcula el segundo descuento sobre el precio intermedio.

Ejemplo

Una compañía de electrodomésticos da un 15% de descuento por las compras hechas durante la liquidación y un 5% adicional por pago en efectivo. ¿Cuál será el precio de un refrigerador de $800 si se aplican ambos descuentos?

SOLUCIÓN: Primer descuento: 100% − 15% = 85%

Tras el primer descuento, el refrigerador costará:

85% de $800 = .85($800)

$$= \$680$$

El precio intermedio es $680.

Segundo descuento: 100% − 5% = 95%.

Tras el segundo descuento, el refrigerador costará:

95% de $680 = .95 ($680) = $646.

Respuesta: El precio final será $646.

17. a. **Ganacia** es la cantidad de dinero que se suma al costo del vendedor de un artículo para calcular el precio de venta. El precio de costo se considera el 100%.

Ejemplo

Si la ganancia es el 20% del costo, el precio de venta debe ser 100% + 20%, ó 120% del costo.

Ejemplo

Un vendedor de muebles vende un sofá a $870, lo que representa una ganancia de 45% sobre el costo. ¿Cuál fue el costo para el vendedor?

SOLUCIÓN: Sea c = precio de costo. 100% + 45% = 145%. El precio de venta es el 145% del costo.

$$145\% \text{ de } c = \$870$$
$$1.45c = 870$$
$$\frac{145c}{145} = \frac{87000}{145}$$
$$c = 600$$

Respuesta: El sofá le costó al vendedor $600.

b. Si un artículo se vende **a pérdida**, la cantidad de ésta se deduce del precio de costo para calcular el precio de venta.

Ejemplo

Un artículo que se vende a un 25% de pérdida tiene un precio de venta de 100% − 25%, ó 75%, del precio de costo.

Ejemplo

> El Sr. Ríos compró un auto por $8000. Luego se lo vendió al Sr. Rivas con una pérdida de 30%. ¿Cuánto pagó el Sr. Rivas por el auto?

SOLUCIÓN: El auto se vendió a 100% – 30%, ó 70%, del precio de costo.

$$70\% \text{ de } \$8000 = .70(\$8000)$$
$$= \$5600$$

Respuesta: El Sr. Rivas pagó $5600 por el auto.

18. El impuesto se calcula hallando un porcentaje de una cantidad base.

Ejemplo

> Un dueño de casa paga $2500 en impuestos escolares. ¿Cuál es el valor catastral de su propiedad si los impuestos escolares son 3.2% del valor catastral?

SOLUCIÓN: Sea v = valor catastral

$$3.2\% \text{ de } v = 2500$$
$$.032v = 2500$$
$$\frac{32v}{32} = \frac{2500000}{32} \quad \text{(Multiplique por 1000 para eliminar los decimales.)}$$
$$v = 78125$$

Respuesta: El valor de la propiedad es $78,125.

Desigualdades

19. a. El símbolo = indica la relación entre dos cantidades iguales. Los símbolos usados para indicar otras relaciones entre dos cantidades son:

   ≠ no igual a

   > mayor que

   < menor que

   ≥ mayor o igual que

   ≤ menor o igual que

   b. Un número es **mayor** que cualquier número que esté a la izquierda en la recta numérica. Un número es **menor** que cualquier número que esté a la derecha en la recta numérica.

Ejemplo

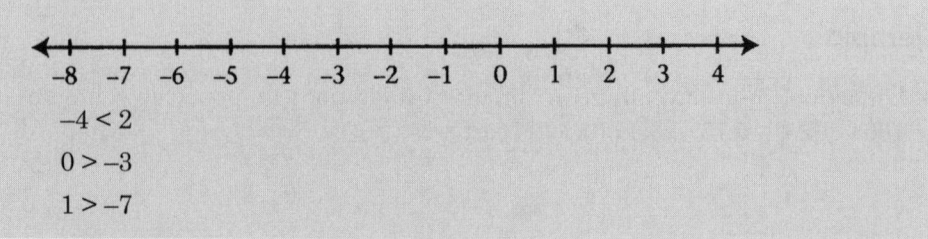

$$-4 < 2$$
$$0 > -3$$
$$1 > -7$$

20. a. Una **desigualdad** indica que una cantidad es mayor o menor que otra.

    b. Las desigualdades se resuelven igual que las ecuaciones, excepto que cuando se multiplica por o divide ambos lados de una desigualdad entre una cantidad negativa, se invierte el símbolo de la desigualdad.

Ejemplo

Resuelva para x:

$$3x - 4 > 11$$

$\underline{\quad +4 \quad +4 \quad}$ Suma 4 a ambos lados.

$\dfrac{3x}{3} > \dfrac{15}{3}$ Divida ambos lados entre 3. Ya que 3 es positivo,

el símbolo de la desigualdad permanece igual.

$x > 5$

La solución $x > 5$ significa que todos los números mayores que 5 son soluciones para la desigualdad.

Ejemplo

Resuelva para y:

$$2y + 3 > 7y - 2$$

$\underline{-7y \qquad -7y \quad}$ Reste $7y$ en ambos lados.

$-5y + 3 > \quad -2$

$\underline{\quad -3 \qquad -3 \quad}$ Reste 3 en ambos lados.

$-5y \quad > \quad -5$ Divida ambos lados entre -5. Cuando divida cada lado entre

$y \quad < \quad 1$ un número negativo, invierta el símbolo de la desigualdad.

Ecuaciones cuadráticas

21. a. Una **ecuación cuadrática** es aquella en la cual la variable está elevada al cuadrado. Las ecuaciones cuadráticas se pueden expresar como $ax^2 + bx + c = 0$, donde a, b y c son constantes y a $\neq$ 0.

    b. La solución de una ecuación cuadrática se basa en el principio que si el producto de dos cantidades es cero, al menos una de ellas debe ser cero.

Si un miembro de una ecuación cuadrática es cero y el otro se puede expresar como el producto de dos factores, cada uno de ellos se puede igualar a cero y resolver la ecuación resultante.

Ejemplo

Resuelva $x^2 - 7x + 10 = 0$

Los factores del trinomio son	$(x-2)(x-5)=0$
Iguale cada factor a cero:	$x - 2 = 0; \ x - 5 = 0$
Resuelva cada ecuación:	$x = 2; \quad x = 5$

Las soluciones de $x^2 - 7x + 10 = 0$ son 2 y 5.

Ejemplo

Resuelva $x^2 - 5 = 4$

Sume −4 a ambos lados para obtener 0 en el miembro derecho.

$x^2 - 5 = 4$

$x^2 = 9 = 0$

$(x + 3)(x - 3) = 0$ Factorice $x^2 - 9$.

$x + 3 = 0 \qquad x - 3 = 0$ Iguale cada factor a cero.

$\underline{-3 \qquad -3} \qquad \underline{+3 \quad +3}$ Resuelva cada ecuación.

$x = \quad -3 \qquad x = \quad 3$

Las soluciones de $x^2 - 5 = 4$ son 3 y −3.

Ejemplo

Resuelva $3z^2 - 12z = 0$

$3z\,(z - 4) = 0$ Factorice $3z^2 - 12z$.

$\dfrac{3z = 0}{3 \qquad 3} \qquad \underline{z - 4 = 0}$ Iguale cada factor a cero.

$\qquad\qquad\qquad +4 = +4$

$z = 0 \qquad\qquad z = 4$ Resuelva cada ecuación.

Las soluciones de $3z^2 - 12z = 0$ son 0 y 4.

EJERCICIOS DE PRÁCTICA

1. Si $6x - (2x + 6) = x + 3$, luego $x =$
   (1) -3
   (2) -1
   (3) 1
   (4) 2
   (5) 3

2. Si $y^2 - 5y - 6 = 0$, luego $y =$
   (1) 6 ó -1
   (2) -6 ó 1
   (3) -2 ó 3
   (4) 2 ó -3
   (5) 2 ó 3

3. Resuelva para z: $8z + 5 - 10z > -3$
   (1) $z > 4$
   (2) $z > -4$
   (3) $z < 4$
   (4) $z < -4$
   (5) $z < 16$

4. Si $2x^3 + 5x = 4x^3 - 2x^3 + 10$, entonces $x =$
   (1) -2
   (2) -1
   (3) 1
   (4) 2
   (5) 3

5. Un número es el triple de otro. Si la diferencia es 30, el número menor es
   (1) 5
   (2) 10
   (3) 15
   (4) 20
   (5) 25

6. El perímetro de la siguiente figura es 41. La longitud del lado más largo es
   (1) 10
   (2) 11
   (3) 12
   (4) 13
   (5) 14

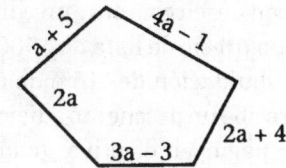

7. La suma de cuatro enteros pares consecutivos es 12. El entero menor es
   (1) 4
   (2) 3
   (3) 2
   (4) 1
   (5) 0

8. Una propiedad se divide entre tres herederos, A, B y C, en una razón 2:3:4. Si la propiedad total vale $22,500, ¿cuál fue la herencia menor?
   (1) $1000
   (2) $1250
   (3) $2500
   (4) $5000
   (5) $7500

9. Un vendedor compra un televisor por $550 y desea venderlo con una ganancia de 20%. ¿Cuál debería ser el precio de venta?
   (1) $570
   (2) $600
   (3) $660
   (4) $672
   (5) $680

10. Miguel gana $50 por 8 horas de trabajo. De acuerdo a la misma tasa de pago, ¿cuánto ganará por 28 horas de trabajo?

(1) $150

(2) $175

(3) $186

(4) $232

(5) $286

11. La Sra. León desea comprar un congelador con un precio de lista de $500. Si espera la liquidación de "15% de descuento" y recibe un descuento adicional de 2% por pagar en efectivo, ¿cuánto ahorrará?

(1) $75.50

(2) $83.50

(3) $85.00

(4) $150.00

(5) $185.00

12. Una fotografía mide 8″ de ancho y 10″ de largo. Si se amplía de manera que el nuevo largo sea 25″, el nuevo ancho será

(1) $18\frac{1}{2}''$

(2) 20″

(3) 24″

(4) $31\frac{1}{4}''$

(5) 34″

13. Sara vende cosméticos y gana un 12% en comisiones sobre las ventas. ¿Cuánto necesitará vender para ganar $300 en comisiones?

(1) $1800

(2) $1900

(3) $2100

(4) $2300

(5) $2500

14. El Sr. Cruz sale de su hogar a las 8 a.m. y viaja 45 millas por hora. La Sra. Cruz lo sigue y sale a las 10 A.M. y viaja a 55 millas por hora. ¿Cuánto tardará la Sra. Cruz en alcanzar a su marido?

(1) 7 horas

(2) 8 horas

(3) 9 horas

(4) 10 horas

(5) 11 horas

15. Hugo compra una chaqueta que cuesta $85. Paga $90.95 incluido el impuesto a la venta. ¿Qué porcentaje de impuesto paga?

(1) 4%

(2) 5%

(3) 6%

(4) 7%

(5) 8%

CLAVE DE RESPUESTAS Y EXPLICACIONES

1. (5)	6. (2)	11. (2)
2. (1)	7. (5)	12. (2)
3. (3)	8. (4)	13. (5)
4. (4)	9. (3)	14. (3)
5. (3)	10. (2)	15. (4)

1. **La respuesta correcta es la (5).**

$$6x - (2x + 6) = x + 3$$

$6x - 2x - 6 = x + 3$ Primero elimine los paréntesis.

$4x - 6 = x + 3$ Combine los términos semejantes en el lado izquierdo.

$\underline{-x \quad -x}$ Elimine la x del lado derecho.

$3x - 6 = 3$

$\underline{+6 \quad +6}$ Elimine el término numérico del lado izquierdo.

$\dfrac{3x}{3} = \dfrac{9}{3}$ Divida ambos lados entre 3 para despejar la x.

$x = 3$

2. **La respuesta correcta es la (1).**

$$y^2 - 5y - 6 = 0$$

$(y - 6)(y + 1) = 0$ Factorice el lado trinomio de la ecuación cuadrática.

$y - 6 = 0 \qquad y + 1 = 0$ Iguale cada factor a cero.

$\underline{+6 \quad +6} \qquad \underline{-1 \ -1}$ Resuelva cada ecuación.

$y = 6 \qquad y = -1$

3. **La respuesta correcta es la (3).**

$8z + 5 - 10z > -3$

$-2z + 5 > -3$ Combine los términos del lado izquierdo.

$\underline{-5 \quad -5}$ Divida ambos lados entre -2 e invierta el símbolo de la desigualidad.

$-2z > -8$

$z < 4$

4. **La respuesta correcta es la (4).**

$2x^3 + 5x = 4x^3 - 2x^3 + 10$

$2x^3 + 5x = 2x^3 + 10$ Combine los términos semejantes del lado derecho.

$\underline{-2x^3} \qquad \underline{-2x^3}$ Reste $2x^3$ en ambos lados para dejar una ecuación simple.

$$\frac{5x}{5} = \frac{10}{5}$$

$$x = \qquad 2$$

5. **La respuesta correcta es la (3).**

Sea n = el número menor. Luego $3n$ = el número mayor. La diferencia de los números es 30.

$$3n - n = 30$$

$$\frac{2n}{2} = \frac{30}{2}$$

$$n = 15$$

6. **La respuesta correcta es la (2).**

El perímetro es igual a la suma de sus lados.

$a + 5 + 4a - 1 + 2a + 4 + 3a - 3 + 2a = 41$

$12a + 5 = 41$ Combine los términos semejantes.

$\underline{\quad -5 \qquad -5}$

$$\frac{12a}{12} = \frac{36}{12}$$

$$a = 3$$

Los lados son: $a + 5 = 3 + 5 = 8$

$4a - 1 = 4 \cdot 3 - 1 = 11$

$2a + 4 = 2 \cdot 3 + 4 = 10$

$3a - 3 = 3 \cdot 3 - 3 = 6$

$2a \quad = 2 \cdot 3 = 6$

El lado más largo es 11.

7. **La respuesta correcta es la (5).**

Sean $x, x+2, x+4$ y $x+6$ los cuatro enteros pares consecutivos. La suma de los enteros es 12.

$$x + x + 2 + x + 4 + x + 6 = 12$$
$$4x + 12 = 12$$
$$\underline{-12 \quad -12}$$
$$\frac{4x}{4} = \frac{0}{4}$$
$$x = 0$$
$$x + 2 = 2, \; x + 4 = 4, \; x + 6 = 6$$

El entero menor es 0.

8. **La respuesta correcta es la (4).**

Sean $2x$, $3x$ y $4x$ las partes de la herencia. La propiedad total vale $22,500.

$$2x + 3x + 4x = 22500$$
$$\frac{9x}{9} = \frac{22500}{9}$$
$$x = 2500$$
$$2x = 2 \cdot 2500 = 5000$$
$$3x = 3 \cdot 2500 = 7500$$
$$4x = 4 \cdot 2500 = 10,000$$

La herencia menor fue $2x$ ó $5000.

9. **La respuesta correcta es la (3).**

El precio de venta será (100% + 20%) del precio de costo.

120% de $550 = 1.20 ($550)
= $660

10. **La respuesta correcta es la (2).**

La cantidad ganada es proporcional al número de horas trabajadas.

Sea m = pago incógnito
$$\frac{m}{28} = \frac{50}{8}$$
$$8m = 28 \cdot 50 \quad \text{El producto de los medios es igual al producto de los extremos.}$$
$$\frac{8m}{8} = \frac{1400}{8}$$
$$m = 175$$

11. **La respuesta correcta es la (2).**

   El precio de venta después del descuento de 15% es el 85% de la lista.

   precio de venta = .85(500)

   $$= 425$$

   El precio de venta después del descuento adicional de 2% es 98% de 425.

   nuevo precio de venta = .98(425)

   $$= 416.50$$

   El precio original era $500. La Sra. León compra a $416.50. Ahorra

   $500 − $416.50 = $83.50

12. **La respuesta correcta es la (2).**

   Las antiguas dimensiones son proporcionales a las nuevas. Sea w = nuevo ancho.

   $$\frac{\text{nuevo ancho}}{\text{antiguo ancho}} = \frac{\text{neuvo largo}}{\text{antiguo largo}}$$

   $$\frac{w}{8} = \frac{25}{10}$$

   $$10w = 200$$

   $$w = 20$$

13. **La respuesta correcta es la (5).**

   Sea s = ventas necesarias. El 12% de las ventas será $300.

   $$\frac{12s}{.12} = \frac{300}{.12}$$ Divida entre .12, o primero multiplique por 100 para eliminar el decimal, y luego divida entre 12.

   $$s = 2500$$

14. **La respuesta correcta es la (3).**

   Sea h = el número de horas que necesita la Sra. Cruz. El Sr. Cruz comenzó dos horas antes; por lo tanto, él viaja $h + 2$ horas. La distancia de la Sra. Cruz es de $55h$. La distancia que viaja el Sr. Cruz es $45(h + 2)$. Cuando la Sra. Cruz alcance al Sr. Cruz, ellos habrán viajado distancias iguales.

   $$55h = 45(h + 2)$$

   $$55h = 45h + 90$$

   $$\frac{-45h}{10h} = \frac{-45h}{90}$$

   $$h = 9$$

15. **La respuesta correcta es la (4).**

   La cantidad de impuesto es $90.95 − $85 = $5.95. Calcule qué porcentaje es $5.95 de $85. Sea p = porcentaje.

   $$\frac{p \cdot 85}{85} = \frac{5.95}{85}$$

   $$p = .07 = 7\%$$

GEOMETRÍA Y TRIGONOMETRÍA

Ángulos

1. a.   Un **ángulo** es la figura que se forma cuando dos líneas se juntan en un punto.

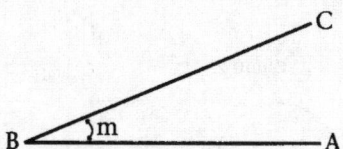

   b.   El punto B es el **vértice** de un ángulo y las rectas BA y BC son los **lados** del ángulo.

2. Hay tres formas comunes de nombrar a un ángulo:

   a.   Con una letra o figura pequeña escrita dentro del ángulo, como ∡m.

   b.   Con una letra mayúscula en su vértice, como ∡B.

   c.   Con tres letras mayúsculas y la del medio es la letra del vértice, como ∡ABC.

3. a.   Cuando se intersecan dos rectas (se cortan entre ellas), se forman cuatro ángulos. Si éstos son iguales, cada uno es un **ángulo recto** y mide 90°. Se usa el símbolo ⌐ para indicar un ángulo recto.

Ejemplo

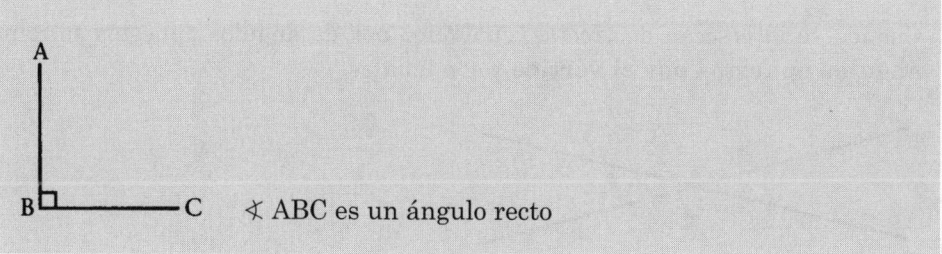

∡ ABC es un ángulo recto

   b.   Un ángulo menor que un ángulo recto es un **ángulo agudo**.

   c.   Si los dos lados de un ángulo se extienden por lados opuestos y forman una recta, el ángulo es un **ángulo llano** y mide 180°.

   d.   Un ángulo mayor que un ángulo recto (90°) y menor que uno llano (180°) es un **ángulo obtuso**.

Ejemplo

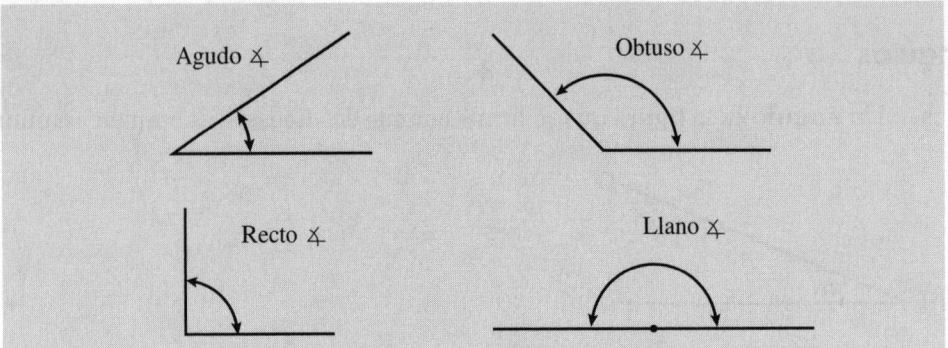

4. a. Dos ángulos son **complementarios** si suman 90°. Para calcular el complemento de un ángulo, reste a 90° el número dado de grados.

Ejemplo

El complemento de 60° = 90° − 60° = 30°.

b. Dos ángulos son **suplementarios** si suman 180°. Para calcular el suplemento de un ángulo, reste a 180 ° el número dado de grados.

Ejemplo

El suplemento de 60° = 180° − 60° = 120°.

5. Cuando se intersecan dos rectas, cualquier par de ángulos opuestos se llaman **ángulos opuestos por el vértice** y son iguales.

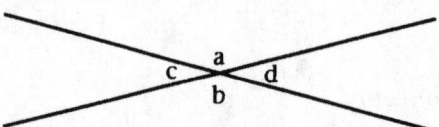

∢ a y ∢ b son ángulos opuestos por el vértice

∢ a = ∢ b

∢ c y ∢ d son ángulos opuestos por el vértice

∢ c = ∢ d

6. Dos rectas son **perpendiculares** entre sí, si se unen para formar un ángulo recto. Se usa el símbolo ⊥ para indicar que las rectas son perpendiculares.

Ejemplo

∡ ABC es un ángulo recto. Por lo tanto, AB ⊥ BC.

7. a. Las rectas que no se cruzan sin importar cuánto se extiendan se llaman **rectas paralelas**. Se usa el símbolo ∥ para indicar que las rectas son paralelas.

Ejemplo

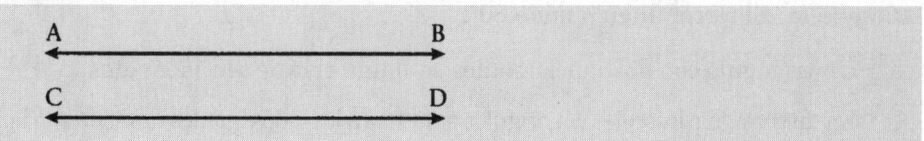

    b. Una recta que interseca rectas paralelas se llama **transversal**. Los pares de ángulos que se forman tiene nombres y relaciones especiales.

Ejemplo

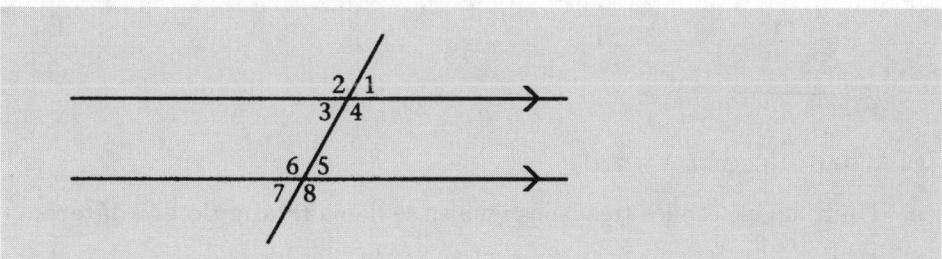

ángulos alternos internos:

∡3 = ∡5

∡ 4 = ∡ 6

ángulos correspondientes:

∡ 1 = ∡ 5

∡ 2 = ∡ 6

∡ 3 = ∡ 7

∡ 4 = ∡ 8

Varios pares de ángulos, como ∡ 1 y ∡ 2, son suplementarios. Varios pares, como ∡ 6 y ∡ 8, son ángulos opuestos por el vértice y, por tanto, son iguales.

Triángulos

8. Un triángulo es una figura cerrada de tres lados. Las siguientes figuras son triángulos.

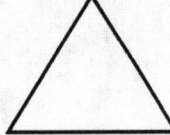 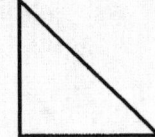 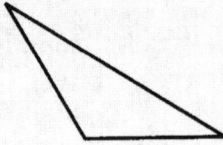

9. a. La suma de los tres ángulos de un triángulo es 180°.

   b. Para calcular un ángulo de un triángulo, dados los otros dos ángulos, sume los ángulos dados y reste esta suma a 180°.

   Ejemplo: Dos ángulos de un triángulo miden 60° y 40°. Calcule el tercer ángulo.

   SOLUCIÓN: 60° + 40° = 100°

                     180° − 100° = 80°

   Respuesta: El tercer ángulo mide 80°.

10. a. Un triángulo con dos lados iguales se llama **triángulo isósceles**.

    b. En un triángulo isósceles, los ángulos opuestos a los lados iguales también son iguales.

Ejemplo

Si AC = BC, luego ∡ A = ∡ B

11. a. Un triángulo con los tres lados iguales se llama **triángulo equilátero**.

    b. Cada ángulo de un triángulo equilátero mide 60°.

12. a. Un triángulo que tiene un ángulo recto se llama **triángulo rectángulo**.

    b. En un triángulo rectángulo, los dos ángulos agudos son complementarios.

    c. En un triángulo rectángulo, el lado opuesto al ángulo recto se llama **hipotenusa** y es el lado más largo. Los otros dos lados se llaman catetos.

Ejemplo

En el triángulo rectángulo ABC, AC es la hipotenusa. AB y BC son los catetos.

13. El **teorema de Pitágoras** indica que, en un triángulo rectángulo, el cuadrado de la hipotenusa es igual a la suma de los catetos al cuadrado.

Ejemplo

$(AC)^2 + (BC)^2 = (AB)^2$

Ejemplo: Calcule la hipotenusa (h) de un triángulo rectángulo cuyos catetos miden 6 y 8.

SOLUCIÓN:

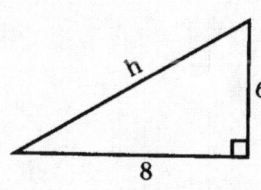

$$6^2 + 8^2 + = h^2$$
$$36 + 64 = h^2$$
$$100 = h^2$$
$$\sqrt{100} = h$$
$$10 = h$$

Ejemplo: Un cateto de un triángulo rectángulo mide 5 y la hipotenusa, 13. Calcule el otro cateto.

SOLUCIÓN: Represente al cateto incógnito con una x.

$$5^2 + x^2 = 13^2$$
$$25 + x^2 = 169$$
$$\underline{-25=-25}$$
$$x^2 = 144$$
$$x = \sqrt{144}$$
$$x = 12$$

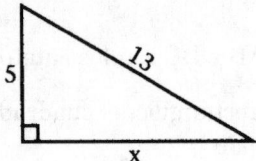

Respuesta: El otro cateto mide 12.

14. a.   En un triángulo rectángulo con catetos iguales (un triángulo rectángulo isósceles), cada ángulo agudo es igual a 45°. Existe una relación especial entre los catetos y la hipotenusa:

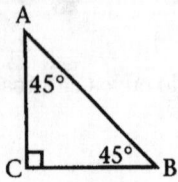

$$\text{cada cateto} = \frac{1}{2}(\text{hipotenusa})\ \sqrt{2}$$

$$\text{hipotenusa} = (\text{cateto})\ \sqrt{2}$$

$$AC = BC = \frac{1}{2}(AB)\sqrt{2}$$

$$AB = (AC)\sqrt{2} = (BC)\sqrt{2}$$

Ejemplo

En el triángulo rectángulo isósceles RST:

$$RT = \frac{1}{2}(10)\sqrt{2}$$
$$= 5\sqrt{2}$$
$$ST = RT = 5\sqrt{2}$$

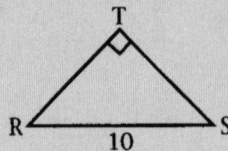

b. En un triángulo rectángulo los ángulos agudos miden 30° y 60°, el cateto opuesto al ángulo de 30° mide la mitad de la hipotenusa. El cateto opuesto al ángulo de 60° mide la mitad de la hipotenusa multiplicado por $\sqrt{3}$.

Ejemplo

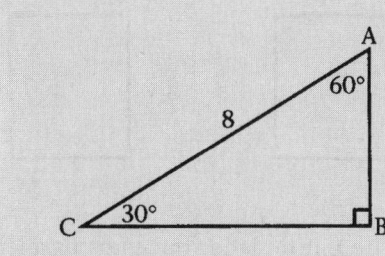

$$AB = \frac{1}{2}(8) = 4$$

$$BC = \frac{1}{2}(8)\sqrt{3} = 4\sqrt{3}$$

Cuadriláteros

15. a. Un cuadrilátero es una figura cerrada de cuatro lados en dos dimensiones. Los cuadriláteros comunes son el **paralelogramo**, **rectángulo** y **cuadrado**.

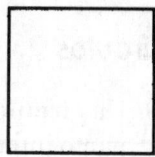

b. La suma de los cuatro ángulos de un cuadrilátero es 360°.

16. a. Un paralelogramo es un cuadrilátero en el que ambos pares de lados opuestos son paralelos.

b. Los lados opuestos de un paralelogramo son iguales.

c. Los ángulos opuestos de un paralelogramo son iguales.

Ejemplo

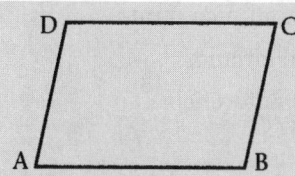

En el paralelogramo ABCD,

AB || CD, AB = CD, ∢ A = ∢ C

AD || BC, AD = BC, ∢ B = ∢ D

17. a. Un **rombo** es un paralelogramo cuyos lados son todos iguales.

    b. Un **rectángulo** es un paralelogramo cuyos ángulos son todos rectos.

    c. Un **cuadrado** es un rectángulo cuyos lados son todos iguales. Un cuadrado también es un rombo.

 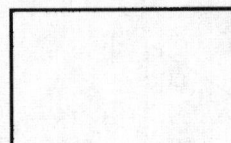 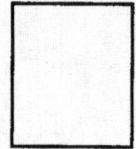

18. Un **trapecio** es un cuadrilátero con un y sólo un par de lados opuestos paralelos.

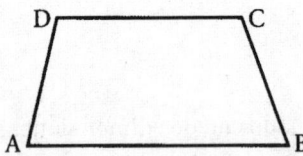

En el trapecio ABCD, AB $||$ CD

Círculos

19. Un **círculo** es una curva plana cerrada, con todos sus puntos equidistantes de un punto interior que se llama centro.

20. a. Un **círculo completo** contiene 360°.

    b. Un **semi círculo contiene** 180°.

21. a. Una **cuerda** es un segmento que conecta cualesquiera dos puntos en el círculo.

    b. El **radio** de un círculo es un segmento que conecta el centro con cualquier punto en el círculo.

    c. Un **diámetro** es una cuerda que pasa a través del centro del círculo.

    d. Una **secante** es una cuerda que se extiende en un o ambos sentidos.

    e. Una **tangente** es una recta que toca al círculo en un único punto.

    f. La **circunferencia** es la línea curva que bordea al círculo.

    g. Un **arco** de un círculo es cualquier parte de la circunferencia.

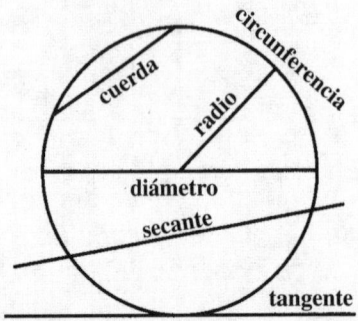

22. a. **Un ángulo central**, como ∢ OB en la figura a continuación, es un ángulo cuyo
    vértice es el centro del círculo y cuyos lados son radios. Un ángulo central es igual
    en grados a (o tiene el mismo número de grados que) su arco interceptado.

b. Un **ángulo inscrito**, como ∢ MNP, es un ángulo cuyo vértice está en el círculo
    y cuyos lados son cuerdas. Un ángulo inscrito es igual en grados a la mitad de
    su arco interceptado. ∢ MNP es igual a la mitad de grados en el arco MP.

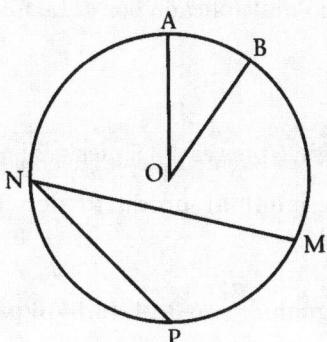

Perímetro

23. El **perímetro** de una figura bidimensional es la distancia alrededor de la figura.

Ejemplo

El perímetro de la siguiente figura es 9 + 8 + 4 + 3 + 5 = 29.

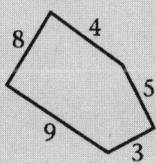

24. a. El perímetro de un triángulo se calcula sumando todos sus lados.

Ejemplo

Si los lados de un triángulo miden 4, 5 y 7, el perímetro es 4 + 5 + 7 = 16.

b. Si están dados el perímetro y dos lados de un triángulo, el tercer lado se
    calcula sumando los dos lados dados y restando esta suma a perímetro.

Ejemplo: Dos lados de un triángulo miden 12 y 15. El perímetro es 37. Calcule el otro
lado.

SOLUCIÓN: 12 + 15 = 27

37 − 27 = 10

Respuesta: El tercer lado mide 10.

25. El perímetro de un rectángulo es igual al doble de la suma del largo y el ancho. El largo es cualquier lado y el ancho es el lado que está al lado del largo. La fórmula es: P = 2(l + w).

Ejemplo

> El perímetro de un rectángulo cuyo largo es 7 pies y el ancho es 3 pies es igual a 2(7 + 3) = 2 × 10 = 20 ft.

26. El perímetro de un cuadrado es igual a un lado multiplicado por 4. La fórmula es: P = 4l.

Ejemplo

> El perímetro de un cuadrado cuyos lados miden 5 pies es 4 × 5 pies = 20 pies.

27. a. La **circunferencia** de un círculo es igual al producto del diámetro multiplicado por p . La fórmula es C = π d.

   b. El número π ("pi") es aproximadamente igual a $\frac{22}{7}$ ó 3.14 (3.1416 para ser más preciso). La pregunta indicará qué valor se debe usar; si no, exprese la respuesta en términos de "pi," π.

Ejemplo

> La circunferencia de un círculo cuyo diámetro es 4 pulgadas = 4p pulgadas; o,
>
> si se indica que $\pi = \frac{22}{7}$, luego la circunferencia = $4 \times \frac{22}{7} = \frac{88}{7} = 12\frac{4}{7}$ pulgadas.

   c. Ya que el diámetro es el doble del radio, la circunferencia es igual al doble del radio multiplicado por π. La fórmula es C = 2π r.

Ejemplo

> Si el radio de un círculo mide 3 pulgadas, luego la circunferencia = 6π pulgadas.

   d. El diámetro de un círculo es igual a la circunferencia dividida entre π .

Ejemplo

> Si la circunferencia de un círculo mide 11 pulgadas, luego, presumiendo , $\pi = \frac{22}{7}$
>
> diámetro $= 11 \div \frac{22}{7}$ pulgadas
>
> $= \overset{1}{\cancel{11}} \times \frac{7}{\underset{2}{\cancel{22}}}$
>
> $= \frac{7}{2}$ pulgadas, ó $3\frac{1}{2}$ pulgadas

Área

28. a. En una figura bidimensional, el espacio total dentro de la figura se llama **área**.

b. El área se expresa en unidades cuadradas, como **pulgadas cuadradas, centímetros cuadrados** y **millas cuadradas.**

c. Al calcular el área, todas las dimensiones deben estar en las mismas unidades.

29. El área de un cuadrado es igual al largo de cualquier lado elevado al cuadrado. La fórmula es A = ℓ^2.

Ejemplo

El área de un cuadrado cuyos lados miden 6 pulgadas es 6 × 6 = 36 pulgadas cuadradas.

30. a. El área de un rectángulo es igual al producto del largo multiplicado por el ancho. La fórmula es A = l × w .

Ejemplo

Si el largo de un rectángulo es 6 pies y su ancho es 4 pies, luego el área es 6 × 4 = 24 pies cuadrados.

b. Si se da el área de un rectángulo y una dimensión, puede calcular la otra dimensión al dividir el área entre la dimensión dada.

Ejemplo

Si el área de un rectángulo es 48 pies cuadrados y una dimensión es 4 pies, luego la otra dimensión es 48 ÷ 4 = 12 pies.

31. a. La altura de un paralelogramo es una recta que se traza de un vértice perpendicular al lado opuesto o la base.

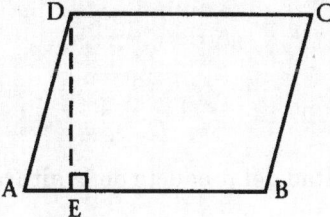

DE es la altura
AB es la base

b. El área de un paralelogramo es igual al producto de la base por la altura. La fórmula es A = b × h.

Ejemplo

Si la base de un paralelogramo mide 10 centímetros y la altura 5 centímetros, el área es 10 × 5 = 50 centímetros cuadrados.

c. Para calcular la base o la altura de un paralelogramo teniendo una de estas dimensiones y el área, divida el área entre la dimensión dada.

Ejemplo

Si el área de un paralelogramo es 40 pulgadas cuadradas y la altura es 8 pulgadas, su base es 40 ÷ 8 = 5 pulgadas.

32. a. La altura de un triángulo es una recta que se traza de un vértice perpendicular al lado opuesto, el que se llama base.

 b. El área de un triángulo es igual a la mitad del producto de la base por la altura. La fórmula es $A = \frac{1}{2} b \times h$.

Ejemplo

El área de un triángulo con una altura de 5 pulgadas y una base de 4 pulgadas es $\frac{1}{2} \times 5 \times 4 = \frac{1}{2} \times 20 = 10$ pulgadas cuadradas.

 c. En un triángulo rectángulo, un cateto se pude considerar como la altura y el otro la base. Por lo tanto el área de un triángulo rectángulo es igual a la mitad del producto de los catetos.

Ejemplo

Los catetos de un triángulo rectángulo miden 3 y 4. El área es $\frac{1}{2} \times 3 \times 4 = 6$ unidades cuadradas.

33. El área de un rombo es igual a la mitad del producto de sus diagonales. La fórmula es:

$$A = \frac{1}{2} \cdot d_1 \cdot d_2$$

Ejemplo

Si las diagonales de un rombo miden 4 y 6,

$$\text{Área} = \frac{1}{2} \cdot 4 \cdot 6$$
$$= 12$$

34. El área de un trapecio es igual a la mitad del producto de la altura por la suma de sus bases. $\text{Área} = \frac{1}{2} h (\text{base}_1 + \text{base}_2)$

Ejemplo

El área del trapecio ABCD $= \frac{1}{2} \cdot 4 \cdot (5 + 10)$
$= 2 \cdot 15$
$= 30$

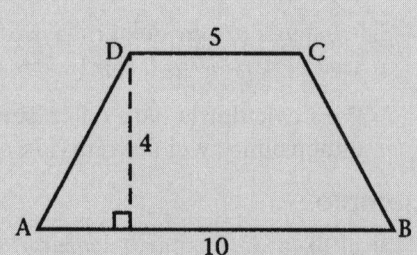

35. a. El área de un círculo es igual al radio al cuadrado multiplicado por π. La fórmula es $A = \pi r^2$.

Ejemplo

Si el radio de un círculo mide 6 pulgadas, luego el área $= 36\pi$ pulgadas cuadradas.

b. Para calcular el radio de un círculo dado el área, divida el área entre π y calcule la raíz cuadrada del cociente.

Ejemplo

Para calcular el radio de un círculo con un área de 100π :

$$\frac{100\pi}{\pi} = 100$$

$$\sqrt{100} = 10 = \text{radio}$$

36. Algunas figuras están compuestas por varias figuras geométricas. Para calcular el área de tales figuras, debe calcular el área de cada una de las partes.

Ejemplo: Calcule el área de la siguiente figura:

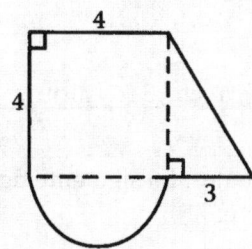

SOLUCIÓN: La figura está compuesta por tres partes: un cuadrado con lados de 4, un semicírculo con un diámetro de 4 (la parte inferior del cuadrado) y un triángulo rectángulo con catetos de 3 y 4 (el lado derecho del cuadrado).

$$\text{Área del cuadrado} = 4^2 = 16$$

$$\text{Área del triángulo} = \frac{1}{2} \times 3 \times 4 = 6$$

$$\text{El área del semicírculo es } \frac{1}{2} \text{ del área del círculo} = \frac{1}{2}\pi r^2$$

$$\text{Radio} = \frac{1}{2} \times 4 = 2$$

$$\text{Área del semicírculo} = \frac{1}{2}\pi r^2$$

$$= \frac{1}{2}\pi 2^2 = 2\pi$$

$$\text{Área total} = 16 + 6 + 2\pi = 22 + 2\pi$$

Figuras tridimensionales

37. a. En una figura tridimensional, el espacio total contenido dentro de la figura se llama **volumen** y se expresa en unidades cúbicas.

b. La superficie externa total se llama **área de superficie** y se expresa en unidades cuadradas.

c. Para calcular volumen y área de superficie, se deben expresar todas la dimensiones en la misma unidad.

38. a. Un sólido rectangular es una figura tridimensional que tiene seis caras rectangulares las que se unen entre sí en ángulos rectos. Las tres dimensiones son **largo, ancho** y **alto**. La siguiente figura es un sólido rectangular: "l" es el largo, "a" es el ancho y "h" es la altura.

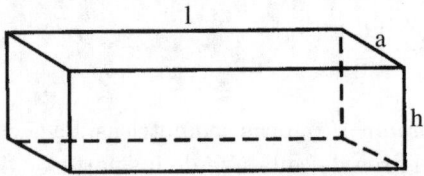

b. El volumen de un sólido rectangular es el producto del largo por el ancho por la altura V = l × a × h.

Ejemplo

El volumen de un sólido rectangular cuyo largo es de 6 ft, ancho 3 ft y altura 4 ft es 6 × 3 × 4 = 72 ft³.

39. a. Un **cubo** es un sólido rectangular cuyos bordes son iguales. La siguiente figura es un cubo: el largo, ancho y alto son todos iguales a "e."

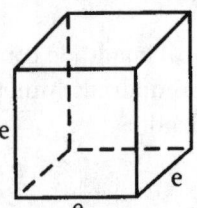

b. El volumen de un cubo es igual a un borde elevado al cubo: v = e³.

Ejemplo

El volumen de un cubo cuya altura es 6 pulgadas es igual a 6³ = 6 × 6 × 6 = 216 pulgadas cúbicas.

c. El área de superficie de un cubo es igual al área de cualquiera de sus lados multiplicada por 6.

Ejemplo

El área de superficie de un cubo cuyo largo es 5 pulgadas = 5² × 6 = 25 × 6 = 150 pulgadas cuadradas.

40. El volumen de un cilindro circular es igual al producto de π, el radio al cuadrado y la altura.

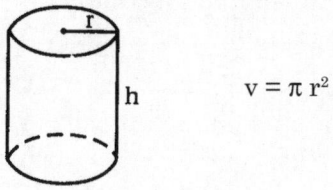

$$v = \pi r^2 h$$

Trigonometría

La Trigonometría se desarrolló para ayudar a resolver problemas relacionados con los *lados* y *ángulos* de triángulos rectángulos.

Por ejemplo, suponga que el triángulo ABC tiene este aspecto:

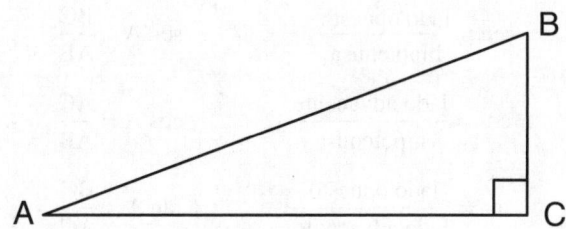

Por tanto, el ángulo C, en el triángulo rectángulo ABC, es un ángulo recto (90°), con una hipotenusa, AB.

El ángulo A está *opuesto* al lado BC y *adyacente* al lado AC.

Si usted está parado en el Punto A, entonces la razón del largo del lado opuesto a usted (BC) a la hipotenusa (AB) es igual al seno del ángulo A, o *sen A*. Por tanto,

$$sen\ A = \frac{BC}{AB}$$

Se puede calcular el valor de sen A con la calculadora. Suponga que el ángulo A = 30°. Si usa la calculadora, puede calcular que sen 30° = 0.5.

ⒸⒶⓁⒸⓊⓁⒶⒹⓄⓇⒶ   30 sen [el resultado es **0.5**]

Ejemplo

Considere el triángulo rectángulo, ABC anterior. Si Jaime está parado en el punto A, que está a 30° y el punto A está a 400 pies del punto B (AB = 400), calcule la distancia de B a C (BC).

En el triángulo rectángulo ABC, se conoce el ángulo A y el largo AB. La función trigonométrica que relaciona ambas medidas con la incógnita, BC, es:

$$\text{sen } A = \frac{BC}{AB} \qquad (1)$$

Reemplace los valores conocidos,

$$\text{sen } 30° = \frac{BC}{400} \qquad (2)$$

Para resolver BC, multiplique ambos miembros por 400,

$$BC = 400 \times \text{sen } 30°$$

CALCULADORA   30 sen [el resultado es **200 pies**]

Las funciones trigonométricas

$$\text{sen} = \frac{\text{lado opuesto}}{\text{hipotenusa}} \qquad\qquad \text{sen } A \quad \frac{BC}{AB}$$

$$\cos = \frac{\text{lado adyacente}}{\text{hipotenusa}} \qquad\qquad \cos A = \frac{AC}{AB}$$

$$\tan = \frac{\text{lado opuesto}}{\text{lado adyacente}} \qquad\qquad \tan A \quad \frac{BC}{AC}$$

Nota: No es necesario memorizar estas funciones ya que éstas serán entregadas en una Hoja de fórmulas cuando presente la prueba.

Ejemplo

Evalúe los valores de sen, cos y tan para 30°, 45° y 60°.

Los siguientes son ejemplos seleccionados con uso de calculadora:

CALCULADORA   60 sen   [el resultado es: **sen 60°**   = **0.8660...**]

CALCULADORA   60 cos   [el resultado es: **cos 60°**   = **0.5**]

CALCULADORA   60 tan   [el resultado es: **tan 60°**   = **1.7320 ...**]

Haga una tabla para organizar los resultados. Cuando sea necesario, trunque los resultados a 4 decimales.

	sen	cos	tan
30	0.5	0.8660	0.5773
45	0.7071	0.7071	1.
60	0.8660	0.5	1.7320

Ejemplo

Se construirá un tobogán de agua en el parque de diversiones Aqua-Land. Se formará un ángulo rectángulo, PBT, y se vaciará agua en una alberca hasta el punto (P), haciendo un ángulo de 20° con el terreno, como se muestra a continuación. Calcule el largo del terreno (BP) que se necesita para construir el tobogán. [Dé su respuesta a la décima de pie más cercana.]

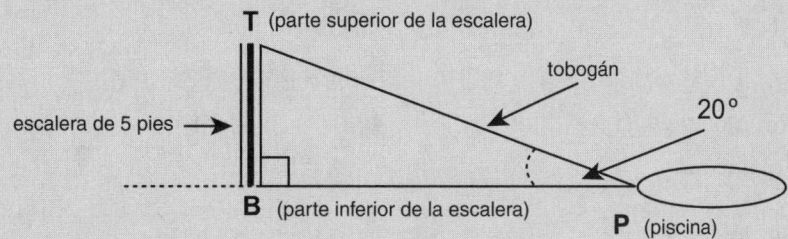

Dado: Ángulo P (20°), lado opuesto: (BT), 5 pies

Calcule: el lado adyacente: (BP)

La función trigonométrica que relaciona estas medidas con la incógnita, BP, es:

$$\tan P = \frac{\text{opuesto}}{\text{adyacente}} = \frac{BT}{BP}; \quad \tan 20° = \frac{5}{BP} \quad \text{(ecuación 1)}$$

Al multiplicar ambos lados de la ecuación (1) por BP y dividir entre tan 20°,

$$BP = \frac{5}{\tan 20°} \quad \text{(ecuación 2)}$$

⌑C⌑A⌑L⌑C⌑U⌑L⌑A⌑D⌑O⌑R⌑A 5 + 20 tan = [Respuesta: 13.7373..., redondeado a **13.7** pies]

Resumen de fórmulas geométricas y trigonométricas

Perímetro

Cualquier figura bidimensional　　　　P = suma de todos sus lados

Rectángulo　　　　$P = 2(l + a)$

Cuadrado　　　　$P = 4l$

Círculo　　　　Circunferencia $= 2\pi r = \pi d$

Área

Cuadrado　　　　$A = l^2$

Rectángulo　　　　$A = 1 \cdot a$

Paralelogramo　　　　$A = b \cdot h$

Triángulo　　　　$A = \frac{1}{2} \cdot b \cdot h$

Triángulo rectángulo　　　　$A = \frac{1}{2} \cdot \text{cateto}_1 \cdot \text{cateto}_2$

Rombo　　　　$A = \frac{1}{2} \cdot d_1 \cdot d_2$

Trapecio　　　　$A = \frac{1}{2} \cdot h(b_1 + b_2)$

Círculo　　　　$A = \pi r^2$

Volumen

Sólido rectangular　　　　$V = l \cdot a \cdot h$

Cubo　　　　$V = e^3$

Cilindro circular　　　　$V = \pi r^2 h$

Esfera　　　　$V = \frac{3}{4} \pi r^3$

Cono　　　　$V = \frac{1}{3} \pi^2 h$

Pirámide　　　　$V = \frac{1}{3} \cdot B \cdot h$ (B = área de la base)

Trigonometría

seno　　　　$\text{sen} = \dfrac{\text{lado opuesto}}{\text{hipotenusa}}$

coseno　　　　$\cos = \dfrac{\text{lado adyacente}}{\text{hipotenusa}}$

tangente　　　　$\tan = \dfrac{\text{lado opuesto}}{\text{lado adyacente}}$

EJERCICIOS DE PRÁCTICA

1. Si el perímetro de un rectángulo es 68 yardas y el ancho es 48 pies, el largo es
   - **(1)** 10 yardas.
   - **(2)** 18 yardas.
   - **(3)** 20 pies.
   - **(4)** 56 pies.
   - **(5)** 60 pies.

2. El largo total de cerca que se necesita para encerrar un área rectangular de 46 pies por 34 pies es
   - **(1)** 26 yardas 1 pie.
   - **(2)** $26\frac{2}{3}$ yardas.
   - **(3)** 52 yardas 2 pies.
   - **(4)** $53\frac{1}{3}$ yardas.
   - **(5)** 54 yardas.

3. El área de un cuadrado es $49x^2$. ¿Cuánto mide una diagonal del cuadrado?
   - **(1)** $7x$
   - **(2)** $7x\sqrt{2}$
   - **(3)** $14x$
   - **(4)** $7x^2$
   - **(5)** $\dfrac{7x}{\sqrt{2}}$

4. Un camino recorre 1200 ft de A a B y luego toma un ángulo recto hacia C, una distancia de 500 ft. Se está construyendo un camino nuevo directo de A a C. ¿Cuánto más corto será el camino nuevo?
   - **(1)** 400 pies
   - **(2)** 609 pies
   - **(3)** 850 pies
   - **(4)** 1300 pies
   - **(5)** 1350 pies

5. Un triángulo rectángulo tiene lados que miden, 6, 8 y 10 pulgadas, respectivamente. Un rectángulo igual en área a la del triángulo tiene un ancho de 3 pulgadas. El perímetro del rectángulo, expresando en pulgadas, es
   - **(1)** 11
   - **(2)** 16
   - **(3)** 18
   - **(4)** 20
   - **(5)** 22

6. Si $\overline{AB} \parallel \overline{DE}$, $\angle C = 50°$ y $\angle 1 = 60°$, luego $\angle A =$
   - **(1)** 30°
   - **(2)** 60°
   - **(3)** 70°
   - **(4)** 50°
   - **(5)** 80°

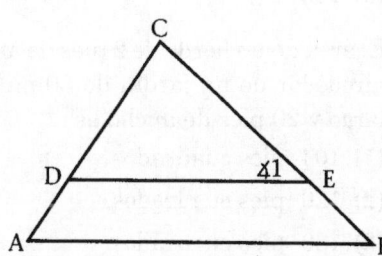

7. Un contenedor rectangular de 4 pies de largo, 3 de ancho y 2 de alto está lleno de ladrillos cuyas dimensiones son 8, 4 y 2 pulgadas. El número de ladrillos en el contenedor es
   - **(1)** 54
   - **(2)** 648
   - **(3)** 1296
   - **(4)** 1300
   - **(5)** ninguna de las anteriores

8. Si el costo de cavar una zanja es de $2.12 por yarda cúbica, ¿cuál sería el costo de una zanja de 2 yardas por 5 yardas por 4 yardas?

    (1) $21.20

    (2) $40.00

    (3) $64.00

    (4) $84.80

    (5) $90.00

9. Se le da forma a un alambre para encerrar un cuadrado cuya área es 121 pulgadas cuadradas. Luego se vuelve a formar para encerrar un rectángulo cuyo largo es 13 pulgadas. El área del rectángulo, expresado en pulgadas, es

    (1) 64

    (2) 96

    (3) 117

    (4) 144

    (5) 169

10. El área de un borde de 2 pies de ancho alrededor de un jardín de 30 pies de largo y 20 pies de ancho es

    (1) 104 pies cuadrados.

    (2) 120 pies cuadrados.

    (3) 180 pies cuadrados.

    (4) 200 pies cuadrados.

    (5) 216 pies cuadrados.

11. El área de un círculo es 49π. Calcule la circunferencia, en términos de π.

    (1) 14π

    (2) 28π

    (3) 49π

    (4) 98π

    (5) 100π

12. En dos horas, el minutero de un reloj gira a través de un ángulo de

    (1) 90°

    (2) 180°

    (3) 360°

    (4) 720°

    (5) 900°

13. El papalote de Ana, con un hilo de 500 pies, vuela directamente sobre la cabeza de Pedro. Si el ángulo que hace el hilo con el suelo es de 83°, ¿a cuánta distancia está Pedro de Ana?

    (1) 50 pies

    (2) 60 pies

    (3) 61 pies

    (4) 100 pies

    (5) 496 pies

14. El ancho de una cancha rectangular es 100 pies. Se pinta una línea a través de la diagonal, lo que forma un ángulo de 40° con el largo. Calcule el largo de la cancha.

    (1) 64

    (2) 84

    (3) 100

    (4) 115

    (5) 119

15. El techo de la casa de René mide 25 pies por ambos lados y forma un ángulo recto en la punta. Si los lados forman un triángulo con el piso del ático, ¿cuál es el seno del ángulo que forma el lado con el piso?

    (1) 0.57

    (2) 0.71

    (3) 0.86

    (4) 1.00

    (5) 1.40

CLAVE DE RESPUESTAS Y EXPLICACIONES

1. (2)	6. (3)	11. (1)
2. (4)	7. (2)	12. (4)
3. (3)	8. (4)	13. (3)
4. (1)	9. (3)	14. (5)
5. (5)	10. (5)	15. (2)

1. La respuesta correcta es la (2).

Perímetro = $2(l + a)$. Suponga que el largo es x yardas.

$$\text{Cada ancho} = 48 \text{ ft} \div 3$$
$$= 16 \text{ yd}$$
$$2(x + 16) = 68$$
$$2x + 32 = 68$$
$$\underline{-32 \quad -32}$$
$$\frac{2x}{2} = \frac{36}{2}$$
$$x = 18$$

2. La respuesta correcta es la (4).

Perímetro

$$= 2(l + a)$$
$$= 2(46 + 34) \text{ pies}$$
$$= 2 \times 80 \text{ pies}$$
$$= 160 \text{ pies}$$

$$160 \text{ pies} = 160 \div 3 \text{ yardas} = 53\frac{1}{3} \text{ yardas}$$

3. La respuesta correcta es la (3).

Si el área es $49x^2$, el lado del cuadrado es $7x$. Por lo tanto, la diagonal del cuadrado debe ser la hipotenusa de un triángulo rectángulo isósceles con un cateto de $7x$. De ahí que la diagonal = $7x\sqrt{2}$.

4. La respuesta correcta es la (1).

El camino nuevo es la hipotenusa de un triángulo rectángulo cuyos catetos son el camino viejo.

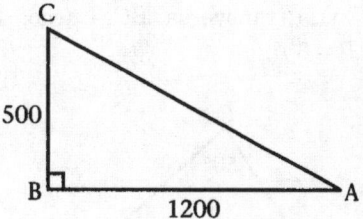

$$(AC)^2 = 500^2 + 1200^2$$
$$= 250000 + 1440000$$
$$= 1690000$$
$$AC = \sqrt{1690000}$$
$$= \sqrt{169} \cdot \sqrt{10000}$$
$$= 13 \cdot 100$$
$$= 1300$$
$$\text{Camino viejo} = 500 \text{ ft} + 1200 \text{ ft}$$
$$= 1700 \text{ ft}$$
$$\text{Camino Nuevo} = 1300 \text{ ft}$$
$$\text{Diferencia} = 400 \text{ ft}$$

Este problema también se puede resolver observando que los lados del triángulo rectángulo son la razón 5:13:13, por lo tanto la hipotenusa será automáticamente igual a 1300.

5. **La respuesta correcta es la (5).**

Ya que $6^2 + 8^2 = 10^2$ ó $36 + 64 = 100$, el triángulo es un triángulo rectángulo. El área es $\frac{1}{2} \times 6 \times 8 = 24 \text{ in}^2$ (área de un triángulo $= \frac{1}{2} \cdot b \cdot h$). Por lo tanto, el área del rectángulo también es 24 pulgadas cuadradas. Si el ancho de un rectángulo mide 3 pulgadas, el largo es $24 \div 3 = 8$ pulgadas. Entonces, el perímetro del rectángulo es $2(3 + 8) = 2 \times 11 = 22$ pulgadas.

6. **La respuesta correcta es la (3).**

∡B y ∡1 son ángulos correspondientes creados por las rectas paralelas AB y DE y la transversal BC. Luego, ∡1 = ∡B = 60°.

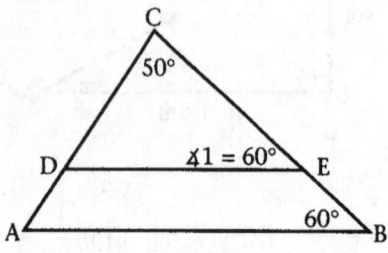

La suma de los ángulos de un triángulo es 180°

$$\angle A + \angle B + \angle C = 180°$$
$$\angle A + 60° + 50° = 180°$$
$$\angle A + 110° = 180°$$
$$\underline{-110° = 110°}$$
$$\angle A \quad\quad = 70°$$

7. **La respuesta correcta es la (2).**

Transforme la dimensiones del contenedor en pulgadas:

4 pies = 48 pulgadas

3 pies = 36 pulgadas

2 pies = 24 pulgadas

Volumen del contenedor
$$= 48 \times 36 \times 24 \text{ in}^3$$
$$= 41,472 \text{ in}^3$$

Volumen de cada ladrillo
$$= 8 \times 4 \times 2 \text{ in}^3$$
$$= 64 \text{ in}^3$$

$41,472 \div 64 \quad = 648$ ladrillos

8. **La respuesta correcta es la (4).**

La zanja contiene:

2 yd × 5 yd × 4 yd = 40 yardas cúbicas

$$40 \times \$2.12 = \$84.80$$

9. **La respuesta correcta es la (3).**

Si el área del cuadrado es 121 pulgadas cuadradas, cada lado mide $\sqrt{121} = 11$ pulgadas y el perímetro es $4 \times 11 = 44$ pulgadas. Entonces el perímetro del rectángulo mide 44 pulgadas. Si los dos largos miden 13 pulgadas cada uno, su total es 26 pulgadas. $44 - 26 = 18$ pulgadas quedan para los dos anchos. Por lo tanto, cada ancho es igual a $18 \div 2 = 9$ pulgadas.

El área de un rectángulo con un largo de 13 pulgadas y un ancho de 9 es $13 \times 9 = 117$ pulgadas cuadradas.

10. **La respuesta correcta es la (5).**

c	2	a	2	c
2		30		2
b	20			b
2				2
c	2	a	2	c

El borde consiste en:

a) 2 rectángulos con un largo de 914,40 cm y ancho de 2 ft

Área de cada uno = 2 × 30 = 60 ft²

Área de ambos = 120 ft²

b) 2 rectángulos con un largo de 20 ft y ancho de 2 ft

Área de cada uno = 2 × 20 = 40 ft²

Área de ambos = 80 ft²

c) 4 cuadrados, cada uno con un lado de 2 ft

Área de cada cuadrado = 2² = 4 ft²

Área de 4 cuadrados   = 16 ft²

Área total del
borde   = 120 + 80 + 16
                 = 216 ft²

Alternativamente, puede resolver este problema calculando el área del jardín y el área del jardín más el borde y luego restar para resolver el área del borde por sí sólo:

Área de jardín = 20 × 30 = 600 ft²

Área del jardín + borde:

(20 + 2 + 2) × (30 + 2 + 2) = 24 × 34
                            = 816 ft²

Área del borde sólo:

816 − 600 = 216 ft²

11. **La respuesta correcta es la (1).**
Área de un círculo = πr². Si el área es

49π, el radio es = $\sqrt{49}$ = 7.

Circunferencia = 2πr

        = 2 × π × 7

        = 14π

12. **La respuesta correcta es la (4).**

En una hora, el minutero gira a través de 360°. En dos horas, éste gira a través de 2 × 360° = 720°.

13. **La respuesta correcta es la (3).**

Haga un bosquejo rotulado del problema:

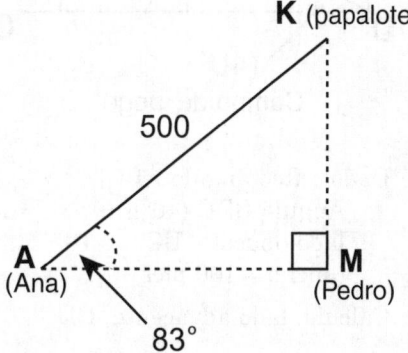

Dados: la hipotenusa (AK) y el ángulo (A).

Calcule: el lado adyacente (AM)

$$\cos A = \frac{\text{adyacente}}{\text{hipotenusa}} = \frac{AM}{AK}$$

Reemplace los valores, $\cos 83° = \dfrac{AM}{500}$

Para resolver AM, multiplique ambos lados por 500: 500 × cos 83° = AM

C A L C U L A D O R A   500 × 83 cos =

[Respuesta: 60.9346..., redondeado a **61 pies**]

14. **La respuesta correcta es la (5).**

Haga un bosquejo del problema.

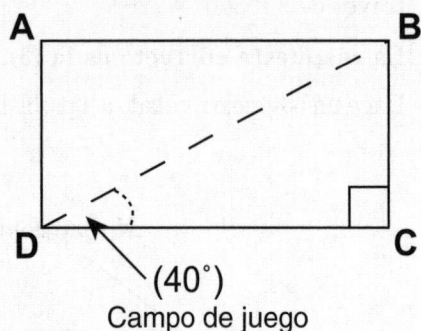

Campo de juego

Dados: Rectángulo ABCD,
    Ángulo BDC (40°),
    lado opuesto, BC
    (ancho = 100 pies)

Calcule: lado adyacente, CD

$$\tan BDC = \frac{opuesto}{adyacente} = \frac{BC}{DC}$$

$\tan 40° = \dfrac{100}{CD}$; multiplique ambos

lados por CD

y luego divida por tan 40°,

$$CD = \frac{100}{\tan 40°}$$

100 ÷ 40 tan = C A L C U L A D O R A

[Respuesta: 119.1753..., redondeado a **119 pies**]

15. **La respuesta correcta es la (2).**

Haga un bosquejo del problema:

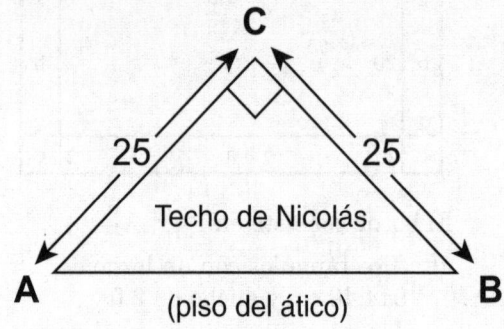

(piso del ático)

El plan: usar el teorema de
    Pitágoras para calcular AB

$$sen\ A = \frac{opuesto}{hipotenusa} = \frac{25}{AB}$$

$$AB = \sqrt{25^2 + 25^2}$$

C A L C U L A D O R A (25 X² + 25 X²)
shift X² =

[Respuesta: 35.3553..., redondeado a **61**]

sen A = 25 / 35 = 0.7148..., redondeado a **0.71**

GEOMETRÍA DE COORDENADAS

1. a. **La geometría de coordenadas** se usa para localizar y graficar puntos y líneas en un plano.

   b. El sistema de coordenadas está compuesto por dos rectas numéricas que son perpendiculares y que se intersecan en 0.

   La recta horizontal de números se llama **eje de x**.

   La recta vertical de números se llama **eje de y**.

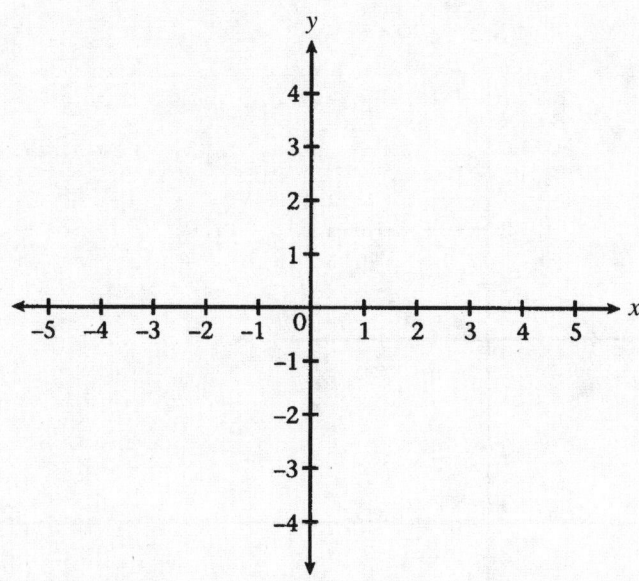

Graficar puntos

2. a. Cualquier punto en el plano tiene dos números (**coordenadas**), que indican su ubicación. La **coordenada x** (**abscisa**) se encuentra al dibujar una recta vertical desde el punto hasta el eje de x. El número en el eje de x donde la recta vertical se encuentra, es la coordenada x del punto.

   La **coordenada y** (**ordenada**) se encuentra al dibujar una recta horizontal desde el punto hasta el eje de y. El número en el eje de y donde la recta horizontal se encuentra, es la coordenada y del punto. Las dos coordenadas siempre se dan en el orden (x,y).

Ejemplo

La coordenada x del punto A es 3.

La coordenada y del punto A es 2.

Se dan las coordenadas del punto A por el par ordenado (3,2).

El punto B tiene coordenadas (–1,4)

El punto B tiene coordenadas (–4,–3)

El punto D tiene coordenadas (2,–3).

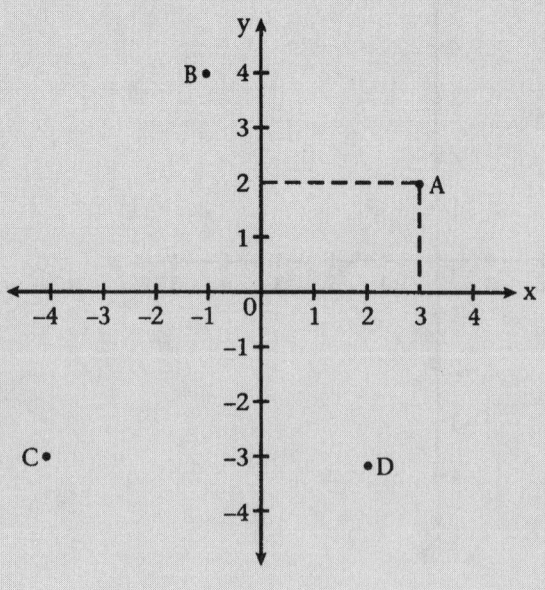

b.   El punto en el cual el eje de x y el eje de y se encuentran tiene coordenadas (0,0) y se llama el **origen**.

c.   Cualquier punto del eje de y tiene al 0 como su coordenada x. Cualquier punto del eje de x tiene al 0 como su coordenada y.

3. Para graficar un punto cuyas coordenadas se dan, primero ubique la coordenada x en el eje de x. Desde esa posición, mueva verticalmente el número de espacios indicados por la coordenada y.

Ejemplo

Para graficar (4,–2), ubique el 4 en el eje de x. Luego, mueva verticalmente
–2 (2 espacios hacia abajo) para calcular el punto dado.

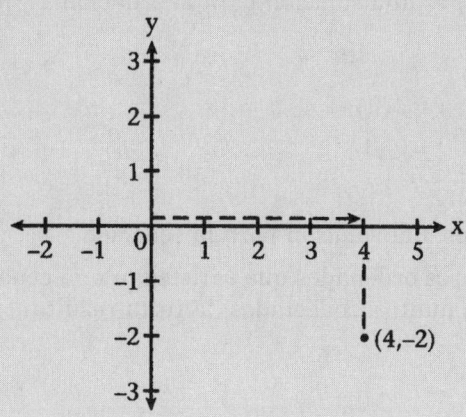

Gráficar ecuaciones

4. a.   Para cualquier ecuación en x o y o ambas, se pueden calcular los pares ordenados
         (x,y) que son soluciones para (o que "satisfacen") la ecuación.

Ejemplo

(3,4), (1,6) y (7,0) son soluciones a la ecuación $x + y = 7$, ya que $3 + 4 = 7$, $1 + 6 = 7$ y $7 + 0 = 7$.

Ejemplo

(2,0), (2,1), (2,3) y (2,10) todos satisfacen la ecuación $x = 2$. Tenga presente
que el valor de y es irrelevante en esta ecuación.

Ejemplo

(–3,1), (4,1) y (12,1) todos satisfacen la ecuación $y = 1$.

b.   Para calcular los pares ordenados que satisfagan la ecuación, es más fácil
     sustituir cualquier valor para x y resolver la ecuación resultante para y.

Ejemplo

Para la ecuación $y = 2x - 1$: si $x = 3$,
$$y = 2(3) - 1$$
$$= 6 - 1$$
$$= 5$$

Por lo tanto, (3,5) es una solución para la ecuación.

$$\text{si } x = -2, \quad y = 2(-2)-1$$
$$= -4-1$$
$$= -5$$

Por lo tanto, (–2,–5) es una solución para la ecuación.

si $x = 0$

$$y = 2(0)-1$$
$$= 0-1$$
$$= -1$$

Por lo tanto, (0,-1) es una solución para la ecuación.

c. Si dos o más pares ordenados que satisfagan una ecuación dada están graficados y los puntos, conectados, la recta resultante es el gráfico de la ecuación dada.

Ejemplo

Para dibujar la gráfica de $y = 2x - 1$, grafique los puntos (3,5), (–2,–5) y (0,–1). Luego dibuje la recta que pasa a través de ellos.

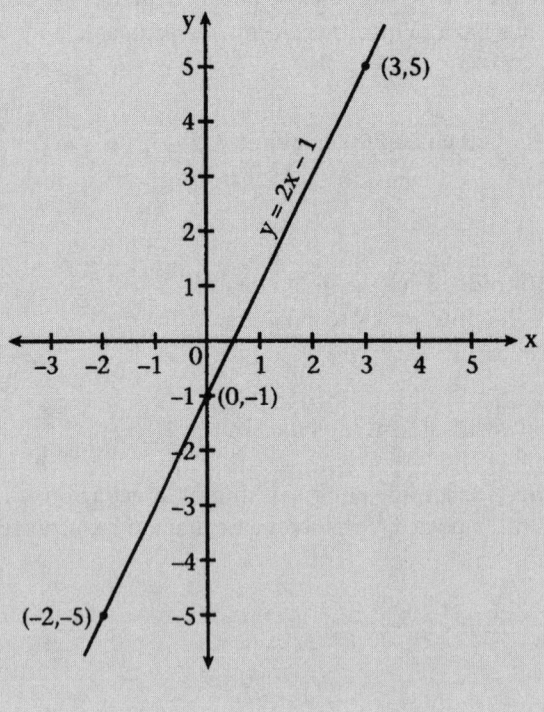

5. Cualquier ecuación que se puede escribir en la forma $y = mx + b$, donde m y b permanecen constantes, se llama **ecuación lineal** y tiene una recta como gráfica.

Ejemplo

$y = x$ se puede escribir $y = 1x + 0$ y tiene una gráfica de recta.

Ejemplo

La ecuación $y - 3 = 2x$ se puede volver a escribir:

$$y - 3 = 2x$$
$$\underline{+3 = \quad +3}$$
$$y \quad = 2x + 3$$

Por lo tanto, la gráfica de $y - 3 = 2x$ es una recta.

6. a. Cualquier recta paralela al eje de x tiene la ecuación $y = a$, donde a es la constante.

   b. Cualquier recta paralela al eje de y tiene la ecuación $x = b$, donde b es la constante.

Ejemplo

La gráfica de $y = 5$ es paralela al eje de x y pasa a través de el eje de y en el 5.

La gráfica de $x = -1$ es paralela al eje de y y pasa a través de el eje de x en el -1.

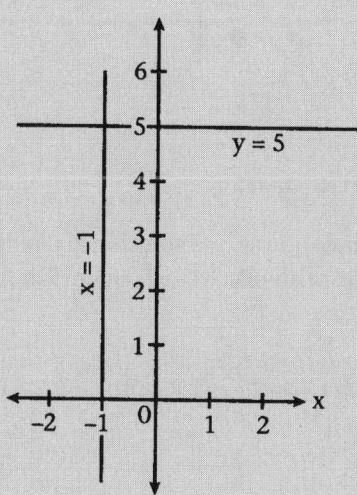

7. a. Las coordenadas de cualquier punto en una recta deben satisfacer la ecuación de esa recta.

   b. Si un punto yace en más de una recta, sus coordenadas deben satisfacer la ecuación de cada una de las rectas.

Ejemplo

Cualquier punto en la gráfica de $y = 2$ debe tener al 2 como su coordenada y. Cualquier punto en la gráfica de $y = x$ debe tener su coordenada x igual a su coordenada y.

El punto donde se juntan las dos rectas debe tener coordenadas que satisfagan ambas ecuaciones. Sus coordenadas son (2,2).

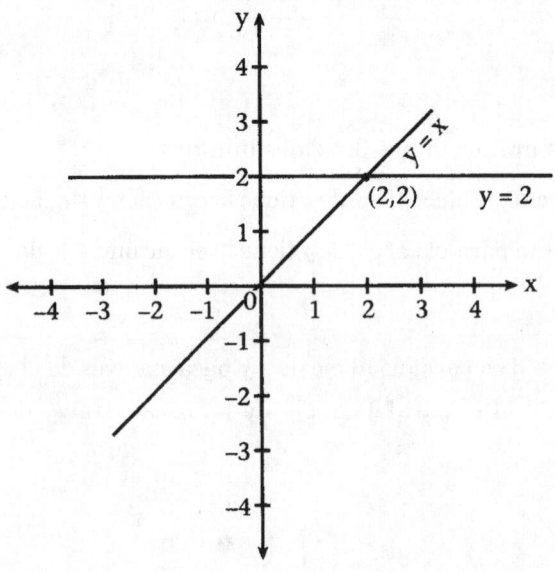

Resolver pares de ecuaciones

8. Para calcular el par ordenado que es una solución al par de ecuaciones, grafique ambas ecuaciones y calcule el punto en el cual se encuentran las rectas correspondientes.

Ejemplo

Resuelva el par de ecuaciones:

$x + y = 5$

$y = x + 1$

Grafique ambas ecuaciones:

Los pares (0,5), (1,4) y (5,0) son soluciones para $x + y = 5$.

Los pares (0,1), (1,2) y (3,4) son soluciones para $y + x = +1$.

Las rectas se encuentran en el punto (2,3). El par (2,3) es una solución para ambas ecuaciones.

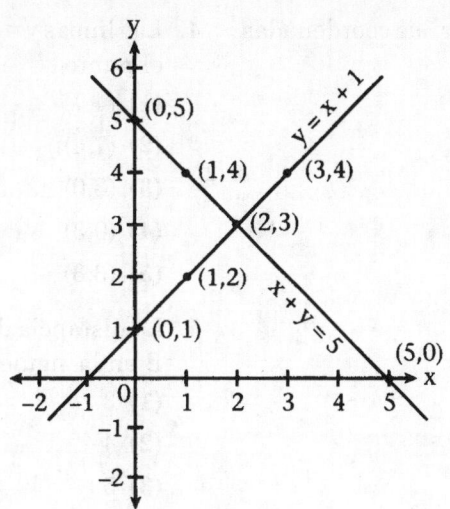

Distancia entre dos puntos

9. La distancia d entre dos puntos cualquiera (x_1, y_1) y (x_2, y_2) está dada por la fórmula:

$$d = \sqrt{(x_1 - x_2)^2 + (y_1 - y_2)^2}$$

Ejemplo

La distancia entre los puntos $(13,5)$ y $(1,0)$ es:

$$d = \sqrt{(13-1)^2 + (5-0)^2}$$
$$= \sqrt{(12)^2 + (5)^2}$$
$$= \sqrt{144 + 25}$$
$$= \sqrt{169}$$
$$= 13$$

EJERCICIOS DE PRÁCTICA

1. En la gráfica inferior, las coordenadas del punto A son
   (1) (−1,3)
   (2) (−3,1)
   (3) (1,−3)
   (4) (3,−1)
   (5) (1,3)

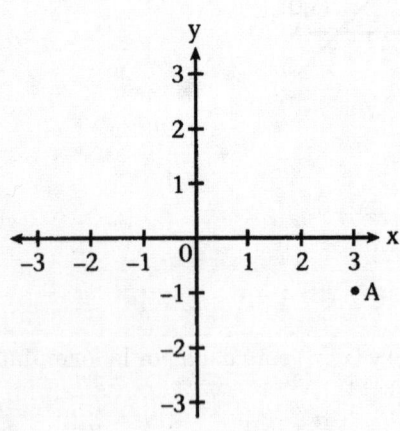

2. Un círculo tiene su centro en (0,0) y diámetro $\overline{AB}$. Si las coordenadas de A son (−4,0), entonces las de B son
   (1) (4,0)
   (2) (0,4)
   (3) (0,−4)
   (4) (4,−4)
   (5) (4,4)

3. El punto R yace en la gráfica de $y = 3x − 4$. Si la abscisa de R es 1, la ordenada de R es
   (1) 3
   (2) 2
   (3) 1
   (4) 0
   (5) −1

4. Las líneas $y = 4$ y $x = 7$ se intersecan en el punto
   (1) (4,7)
   (2) (7,4)
   (3) (3,0)
   (4) (0,3)
   (5) (3,3)

5. La distancia desde el punto A hasta el B en la siguiente gráfica es
   (1) 3
   (2) 4
   (3) 5
   (4) 6
   (5) 7

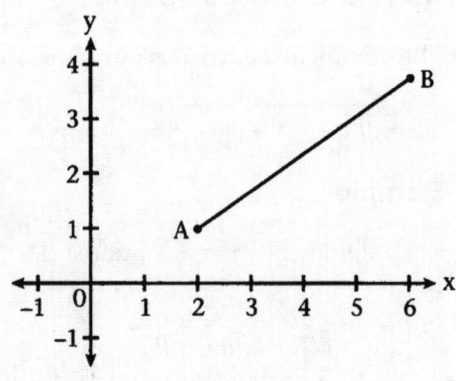

6. La línea mostrada en la siguiente gráfica, ¿tiene cuál de las siguientes ecuaciones?

   (1) $x = 2$

   (2) $y = -2$

   (3) $y = x + 2$

   (4) $x = y + 2$

   (5) $y = x$

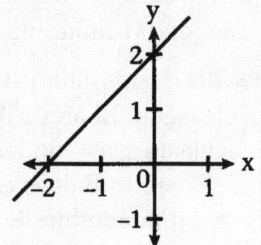

7. La gráfica de $x + 2y = 6$ interseca al eje y en el punto

   (1) $(0,3)$

   (2) $(0,-3)$

   (3) $(3,0)$

   (4) $(-3,0)$

   (5) $(3,3)$

8. Las gráficas de $y = 2x$ y $y = x + 1$ intersecan en el punto

   (1) $(1,2)$

   (2) $(0,1)$

   (3) $(2,1)$

   (4) $(1,0)$

   (5) $(0,2)$

9. La distancia de $(-1,0)$ a $(5,-2)$ es

   (1) $4\dfrac{1}{2}$

   (2) $5\dfrac{1}{2}$

   (3) $\sqrt{10}$

   (4) $2\sqrt{10}$

   (5) $3\sqrt{10}$

10. Un triángulo tiene vértices A(1,2), B(11,2) y C(4,5). ¿Cuántas unidades cuadradas hay en el área del triángulo ABC?

   (1) 40

   (2) 30

   (3) 25

   (4) 20

   (5) 15

CLAVE DE RESPUESTAS Y EXPLICACIONES

1. (4)	3. (5)	5. (3)	7. (1)	9. (4)
2. (1)	4. (2)	6. (3)	8. (1)	10. (5)

1. **La respuesta correcta es la (4).**

   Una recta vertical a través de A satisface al eje de x en 3; por lo tanto, la coordenada x es 3.

   Una recta horizontal a través de A satisface al eje de y en -1; por lo tanto, la coordenada y es -1.

   Las coordenadas del punto A son $(3,-1)$.

   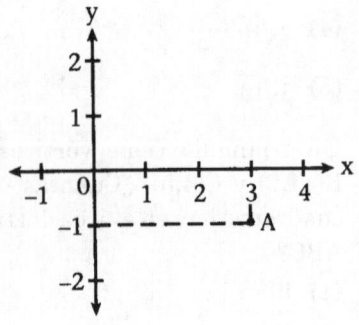

2. **La respuesta correcta es la (1).**

   El diámetro de un círculo es una recta que pasa a través del centro del círculo. Los puntos finales del diámetro están a la misma distancia desde el centro.

   El centro del círculo dado está en el eje de x, en el origen. El punto A también está en el eje de x, a 4 unidades desde el centro. El punto B debe estar en el eje de x, a 4 unidades desde el centro.

   Las coordenadas de B son $(4,0)$.

   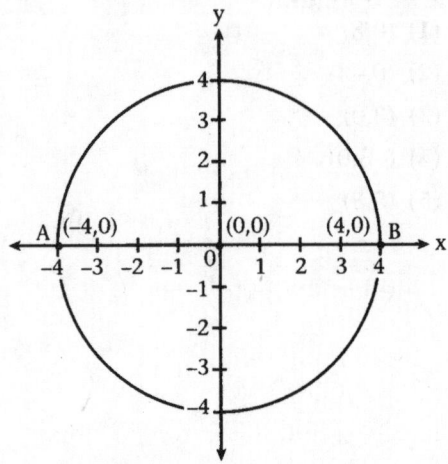

3. **La respuesta correcta es la (5).**

   Sustituya el 1 por x en la ecuación:

   $$y = 3 \cdot 1 - 4$$
   $$= 3 - 4$$
   $$= -1$$

4. **La respuesta correcta es la (2).**

   Las coordenadas del punto de intersección deben satisfacer ambas ecuaciones. La opción B tiene la coordenada $x = 7$ y la coordenada $y = 4$.

5. **La respuesta correcta es la (3).**

El punto A tiene las coordenadas $(2,1)$ y el punto B tiene las coordenadas $(6,4)$. Usando la fórmula de distancia,

$$d = \sqrt{(6-2)^2 + (4-1)^2}$$
$$= \sqrt{(4)^2 + (3)^2}$$
$$= \sqrt{16+9}$$
$$= \sqrt{25}$$
$$= 5$$

Una solución alternativa es considerar el triángulo rectángulo formado por $\overline{AB}$ y las líneas del papel de la gráfica, con el vértice del ángulo recto en $(6,1)$. Calcule los largos de los catetos, contando los espacios en el gráfico. El cateto horizontal es 4 y el vertical, 3.

Usando el teorema de Pitágoras,

$$(AB)^2 = 3^2 + 4^2$$
$$= 9+16$$
$$= 25$$
$$AB = \sqrt{25} = 5$$

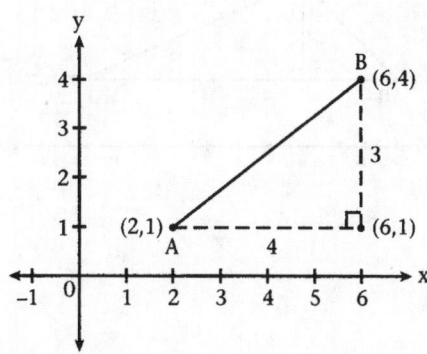

6. **La respuesta correcta es la (3).**

La recta pasa a través de los puntos $(-2,0)$ y $(0,2)$. La opción 3 es la única ecuación que ambos pares ordenados satisfacen.

$$(-2,0): y = x+2$$
$$0 = -2+2$$
$$(0,2): y = x+2$$
$$2 = 0+2$$

7. **La respuesta correcta es la (1).**

Cualquier punto en el eje de y tiene su coordenada x igual a 0. Sustituya el 0 por x en la ecuación,

$$x + 2y = 6$$
$$0 + 2y = 6$$
$$2y = 6$$
$$y = 3$$

8. **La respuesta correcta es la (1).**

Grafique ambas rectas en el mismo conjunto de ejes. Para calcular los puntos en la gráfica de cada recta, elija cualquier valor para x y calcule la y correspondiente.

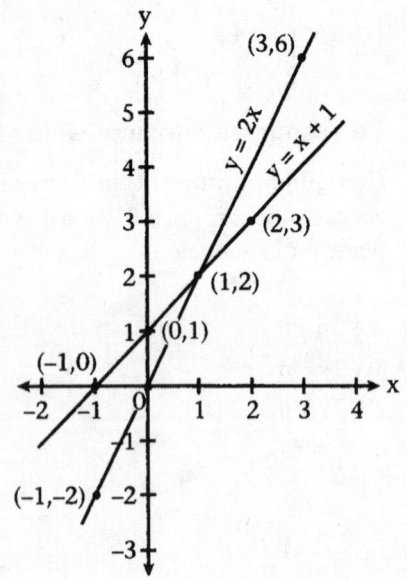

Para $y = 2x$:

si $x = 0$, $y = 2 \cdot 0 = 0$ $(0,0)$

si $x = 3$, $y = 2 \cdot 3 = 6$ $(3,6)$

si $x = -1$, $y = 2(-1) = -2$ $(-1,-2)$

Para $y = x + 1$:

si $x = -1$, $y = -1 + 1 = 0$ $(-1,0)$

si $x = 2$, $y = 2 + 1 = 3$ $(2,3)$

si $x = 0$, $y = 0 + 1 = 1$ $(0,1)$

El punto de intersección de las dos líneas es $(1,2)$.

Una solución alternativa es determinar cuál de las opciones dadas satisface ambas ecuaciones.

9. **La respuesta correcta es la (4).**

Usando la fórmula de distancia,

$$d = \sqrt{(x_1 - x_2)^2 + (y_1 - y_2)^2}$$

$$d = \sqrt{\left[(-1) - 5\right]^2 + \left[0 - (-2)\right]^2}$$

$$= \sqrt{(-6)^2 + (+2)^2}$$

$$= \sqrt{36 + 4}$$

$$= \sqrt{40}$$

$$= \sqrt{4}\sqrt{10}$$

$$= 2\sqrt{10}$$

10. **La respuesta correcta es la (5).**

$Base\ AB = 10$

$\text{Altura} = 3$

$\text{Área} = \frac{1}{2}(\text{base})(\text{altura})$

$= \frac{1}{2} \cdot 10 \cdot 3$

$= 15$

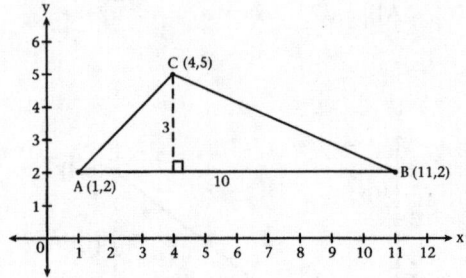

PRACTIQUE CON PREGUNTAS DE MATEMÁTICAS COMO LAS DEL GED

> **Instrucciones:** Estudie cada uno de los siguientes problemas y desarrolle sus respuestas en los márgenes o en un papel borrador. Luego de cada problema, encontrará cinco respuestas sugeridas, numeradas del 1 al 5. Encierre en un círculo el número de la respuesta que haya calculado como la correcta. Las soluciones para cada problema están al final del examen.

1. La diferencia entre 304,802 y 212,810 es
   - **(1)** 91,992
   - **(2)** 96,592
   - **(3)** 182,328
   - **(4)** 209,328
   - **(5)** 210,972

2. Juana gana $4.00 la hora. En un día en el que ella trabaja de 9:30 a.m. a 3:00 p.m., ¿cuánto ganará?
   - **(1)** $14.00
   - **(2)** $18.00
   - **(3)** $22.00
   - **(4)** $26.00
   - **(5)** $30.00

3. El producto de .010 y .001 es
   - **(1)** .00001
   - **(2)** .01000
   - **(3)** .01010
   - **(4)** .01100
   - **(5)** .10100

4. Si $2x + y = 7$, ¿cuál es el valor de y cuando $x = 3$?
   - **(1)** 1
   - **(2)** 3
   - **(3)** 5
   - **(4)** 7
   - **(5)** 9

5. Raúl recibió un bono de $750, el que era el 5% de su salario anual. Su sueldo anual es
   - **(1)** $37,500
   - **(2)** $25,000
   - **(3)** $22,500
   - **(4)** $15,000
   - **(5)** $7,500

6. El valor de $(-6) + (-2)(-3)$ es
   - **(1)** −24
   - **(2)** −12
   - **(3)** 0
   - **(4)** 12
   - **(5)** 24

7. Redondee 825.6347 a la centésima más cercana.
   (1) 800
   (2) 825.63
   (3) 825.64
   (4) 825.635
   (5) 825.645

8. Las coordenadas del punto P en la gráfica son
   (1) (2,–3)
   (2) (–3,2)
   (3) (–2,3)
   (4) (3,–2)
   (5) (–2,–3)

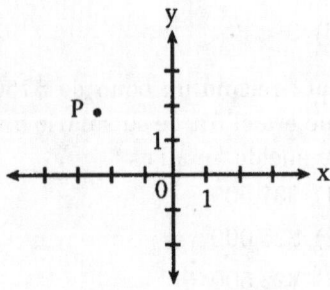

9. Un niño compra naranjas a 3 por 30¢ y las vende a 5 por 60¢. ¿Cuántas naranjas debe vender para obtener una ganancia de 50¢?
   (1) 12
   (2) 25
   (3) 50
   (4) 75
   (5) 100

10. La fórmula del volumen de un cono rectángulo circular es $V = \frac{1}{3}\pi r^2 h$, donde r es el radio y h es la altura. Calcule el volumen aproximado de un cono circular rectángulo con un radio de 3 pulgadas y una altura de 14 pulgadas (p es aproximadamente $\frac{22}{7}$).
    (1) 33 pulgadas cúbicas
    (2) 132 pulgadas cúbicas
    (3) 396 pulgadas cúbicas
    (4) 686 pulgadas cúbicas
    (5) 1188 pulgadas cúbicas

11. De los siguientes, el número más cercano en valor a 5 es
    (1) 4.985
    (2) 5.005
    (3) 5.01
    (4) 5.1
    (5) 5.105

12. Si una cuerda de cuatro yardas se corta en tres trozos iguales, ¿cuánto medirá cada trozo?
    (1) 4 pies
    (2) $3\frac{1}{2}$ pies
    (3) $3\frac{1}{3}$ pies
    (4) 3 pies
    (5) $2\frac{1}{4}$ pies

13. El número de unidades cuadradas en el área del triángulo ABC anterior es

(1) 35

(2) 28

(3) 24

(4) 14

(5) 12

14. El precio de 30 panecillos a $1.50 la docena es

(1) $3.00

(2) $3.45

(3) $3.75

(4) $4.50

(5) $4.80

15. Si P = 2(a + b), calcule P cuando a = 3 y b = 4.

(1) 9

(2) 10

(3) 14

(4) 24

(5) 28

16. Dos ángulos de un triángulo miden 30° y 50°. La cantidad de grados en el tercer ángulo es

(1) 10

(2) 40

(3) 50

(4) 90

(5) 100

17. Se dibuja un mapa a escala de $1\frac{1}{2}$ pulgadas = 50 millas. ¿Cuál es la distancia real entre dos pueblos que están a $4\frac{1}{2}$ pulgadas en el mapa?

(1) 45 millas

(2) 90 millas

(3) 120 millas

(4) 150 millas

(5) 300 millas

18. Los números en la progresión 1, 4, 9, 16, 25, ... siguen un patrón en particular. Si se continúa con el patrón, ¿qué número debiera aparecer tras 25?

(1) 28

(2) 30

(3) 34

(4) 36

(5) 40

19. Si los costos de transporte a cierto punto son $1.24 las primeras cinco onzas y 16 centavos para cada onza adicional, el peso de un paquete cuyos cargos fueron de $3.32 es

(1) 13 onzas

(2) 15 onzas

(3) $1\frac{1}{8}$ libras

(4) $1\frac{1}{4}$ libras

(5) $1\frac{1}{2}$ libras

20. Si una receta para un pastel dice $2\frac{1}{2}$ tazas de harina y María desea hacer tres pasteles, ¿cuántas tazas de harina debe usar?

    (1) 6

    (2) $6\frac{1}{2}$

    (3) $7\frac{1}{2}$

    (4) 9

    (5) $9\frac{1}{2}$

21. La ecuación de la recta que pasa por los puntos $(-2,2)$ y $(3,-3)$ es

    (1) $x + y = 5$

    (2) $x - y = 5$

    (3) $y - x = 5$

    (4) $y = x$

    (5) $y = -x$

22. ¿Cuánto costará alfombrar un cuarto de 12 pies de ancho por 15 de largo si la alfombra vale $20.80 la yarda cuadrada?

    (1) $334.60

    (2) $374.40

    (3) $416.00

    (4) $504.60

    (5) $560.00

23. Si una mezcla de 5 libras de nueces contiene dos libras de castañas de cajú y el resto es maní, ¿qué porcentaje de la mezcla es maní?

    (1) 20

    (2) 30

    (3) 40

    (4) 50

    (5) 60

Las preguntas 24 a 26 se refieren a la siguiente gráfica.

Precipitaciones en Ciudad Linda enero a julio 2002

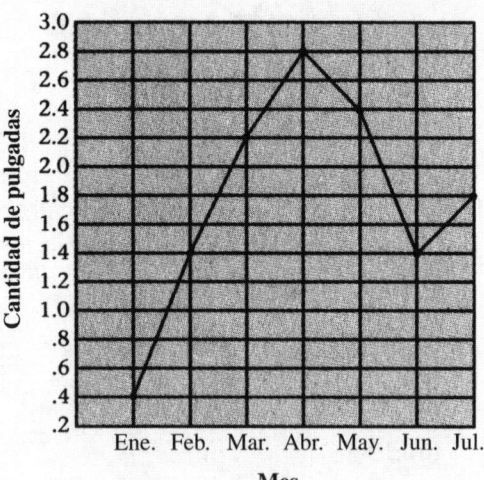

24. Las precipitaciones totales para enero, febrero y marzo fueron, en pulgadas,

    (1) 2.2

    (2) 3.4

    (3) 4.0

    (4) 4.8

    (5) 7.6

25. Las precipitaciones mensuales promedio, en pulgadas, para abril, mayo y junio fueron

    (1) 2.0

    (2) 2.1

    (3) 2.2

    (4) 2.3

    (5) 2.4

26. ¿Cuál de los enunciados acerca de la información en la gráfica es FALSO?

  (1) Las precipitaciones en abril fueron el doble de las de febrero.

  (2) Junio tuvo mayores precipitaciones que febrero.

  (3) El mes con la menor precipitación es enero.

  (4) Marzo tuvo .4 pulgadas más de precipitación que julio.

  (5) Llovió más en mayo que en marzo.

27. ¿Cuánto medirá la sombra de una persona de cinco pies de altura a la misma hora que la sombra de 24 pies de un poste de ocho pies?

  (1) 1 pie

  (2) 8 pies

  (3) 15 pies

  (4) $32\frac{1}{2}$ pies

  (5) 72 pies

28. Jorge tiene un billete de cinco dólares y uno de diez. Si compra un artículo a $7.32 y otro artículo a $1.68, ¿cuánto dinero le quedará?

  (1) $1.10

  (2) $5.64

  (3) $6.00

  (4) $9.00

  (5) $9.90

29. Si se escoge una carta al azar de un mazo, la probabilidad de que sea un trébol es

  (1) 1

  (2) $\dfrac{1}{52}$

  (3) $\dfrac{1}{13}$

  (4) $\dfrac{1}{10}$

  (5) $\dfrac{1}{4}$

30. Mario puede andar 6 millas en su bicicleta en 48 minutos. A la misma velocidad, ¿cuánto tardará en andar 15 millas?

  (1) 1 hora 20 minutos

  (2) 2 horas

  (3) 2 horas 12 minutos

  (4) 3 horas

  (5) 3 horas 12 minutos

31. Si $2x - 7 = 3$, luego $3x + 1 =$

  (1) 4

  (2) 5

  (3) 7

  (4) 12

  (5) 16

32. En un período de cuatro años, las ventas de la Compañía Acme subieron de $13,382,675 a $17,394,683. El aumento anual promedio fue

  (1) $4,012,008

  (2) $3,146,014

  (3) $2,869,054

  (4) $1,060,252

  (5) $1,003,002

33. El perímetro de la figura ABCDE es

   (1) 18

   (2) 25

   (3) 38

   (4) 44

   (5) 45

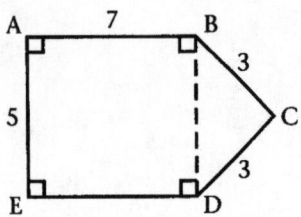

34. De las siguientes, la unidad que más probablemente se usaría para medir la distancia de New York a Albany es el

   (1) litro.

   (2) kilómetro.

   (3) centigramo.

   (4) milímetro.

   (5) grado Celsius.

35. El interés simple de $200 a 12% a 2 años es

   (1) $6

   (2) $12

   (3) $24

   (4) $48

   (5) $120

Las preguntas 36 a 38 se refieren a la siguiente gráfica.

Esta gráfica de imagen representa cuántos hombres, mujeres, chicos (o), y chicas (Δ) visitaron un museo una semana en particular. Cada figura representa 100.

Lun.	Mar.	Miér.	Jue.	Vie.

36. A lo largo del período de cinco días, la razón de visitas de hombres a mujeres fue

   (1) 3:4

   (2) 4:3

   (3) 3:7

   (4) 4:7

   (5) 7:3

37. Si la entrada es de 50¢ para niños y $1.50 para adultos, los ingresos combinados del lunes y jueves fueron

   (1) $11.50

   (2) $260

   (3) $1150

   (4) $2600

   (5) $11,500

38. El total de visitas al museo en la semana fue
  (1) 3000
  (2) 2200
  (3) 1400
  (4) 300
  (5) 30

39. Un hombre gastó exactamente un dólar para comprar estampillas de 3 y 5 centavos. El número de estampillas de 5 centavos que él *no* podría haber comprado en este caso es
  (1) 5
  (2) 8
  (3) 9
  (4) 11
  (5) 14

40. El número de gramos en un kilogramo es
  (1) .001
  (2) .01
  (3) .1
  (4) 10
  (5) 1000

41. Una tienda de electrodomésticos da un descuento de 15% del precio de lista en toda su mercadería. Se hace un descuento adicional del 30% del precio de la tienda para la compra de un modelo de exhibición. Un televisor tiene un precio de lista de $300 y el modelo de exhibición se vende a
  (1) $210.00
  (2) $228.50
  (3) $178.50
  (4) $165.00
  (5) $135.00

42. La Sra. Reyes desea comprar 72 onzas de frijoles enlatados al mejor precio. ¿Cuál de los siguientes debería comprar?
  (1) Seis latas de 12 onzas a 39¢ la lata
  (2) Siete latas de 10 onzas a 34¢ la lata
  (3) Tres latas de 24 onzas a 79¢ la lata
  (4) Dos latas de 25 onzas a 62¢ la lata
  (5) Cinco latas de 13 onzas a 37¢ la lata

43. En la siguiente gráfica, la distancia del punto A al punto B es
  (1) 3
  (2) 5
  (3) 6
  (4) $\sqrt{5}$
  (5) $\sqrt{7}$

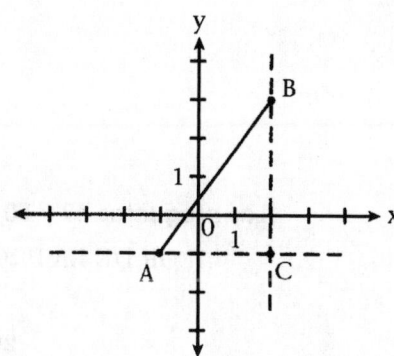

44. Si $x^2 - x - 6 = 0$, luego x es igual a
  (1) sólo 3
  (2) sólo −2
  (3) −3 ó 2
  (4) 3 ó −2
  (5) −3 ó −2

45. ¿Qué cantidad NO es igual a 75(32 + 88)?

(1) $75 \cdot 32 + 75 \cdot 88$

(2) $(75 \cdot 32) + 88$

(3) $75(88 + 32)$

(4) $(88 + 32) \cdot 75$

(5) $88 \cdot 75 + 32 \cdot 75$

46. En un campamento de niños, 30% vienen del estado de New York y 20% de la ciudad de New York. ¿Qué porcentaje de los chicos del campamento viene de la ciudad de New York?

(1) 60

(2) 50

(3) 20

(4) 10

(5) 6

47. Si 1 onza es aproximadamente 28 gramos, entonces 1 libra es aproximadamente

(1) 250 gramos.

(2) 350 gramos.

(3) 450 gramos.

(4) 550 gramos.

(5) 650 gramos.

48. ¿Qué fracción es igual a .25%?

(1) $\dfrac{1}{400}$

(2) $\dfrac{1}{40}$

(3) $\dfrac{1}{4}$

(4) $\dfrac{5}{2}$

(5) $\dfrac{50}{2}$

Las preguntas 49 y 50 se refieren a la siguiente tabla:

VALOR DE LA PROPIEDAD ROBADA: 2001 Y 2002

HURTO

	2001		2002	
Categoría	Nº de Infracciones	Valor de la propiedad robada	Nº de Infracciones	Valor de la propiedad robada
Robo de bolsillos	20	$ 1,950	10	$950
Robo de carteras	175	5,750	120	12,050
Hurto en las tiendas	155	7,950	225	17,350
Robo de autos	1040	127,050	860	108,000
Robos de accesorios de automóviles	1135	34,950	970	24,400
Robos de bicicletas	355	8,250	240	6,350
Todos los otros robos	1375	187,150	1300	153,150

49. Del número total de hurtos informados en 2001, los robos de autos representaron, casi,

    (1) 5%

    (2) 15%

    (3) 25%

    (4) 50%

    (5) 65%

50. De las siguientes, la categoría que tuvo la mayor reducción en el valor de la propiedad robada de 2001 a 2002 fue

    (1) robo de bolsillos.

    (2) robo de autos.

    (3) hurto en las tiendas.

    (5) robos de bicicletas.

    (6) robo de carteras.

Las preguntas 51 a 54 se refieren a la siguiente información.

Miguel comienza un trabajo nuevo el 15 de abril. Su horario es de 8:30 a 4:30 de lunes a viernes y su salario inicial es $18,500 al año. Para llegar al trabajo, Miguel tendrá que tomar el tren todos los días. El ferrocarril ofrece sólo los siguientes tipos de boletos:

1. Un boleto mensual, que es válido del primer al último día del mes y cuesta $129.00

2. Un boleto semanal, que es válido del sábado en la mañana al viernes en la noche y cuesta $40.00

3. Un boleto de ida, que cuesta $6.25

A continuación, se muestra el calendario del mes en que Miguel comenzará a trabajar.

Abril						
D	L	M	M	J	V	S
		1	2	3	4	5	6
7	8	9	10	11	12	13
14	15	16	17	18	19	20
21	22	23	24	25	26	27
28	29	30				

51. Con base en las tarifas y el calendario, ¿cuál es el modo más barato para que Miguel llegue al trabajo del 15 al 30 de abril?

    (1) Comprar boletos de ida los primeros 3 días, un boleto semanal la semana siguiente y luego boletos de ida los últimos 2 días

    (2) Comprar 1 boleto mensual

    (3) Comprar 2 boletos semanales y boletos de ida para 2 días

    (4) Comprar 3 boletos semanales

    (5) Comprar boletos de ida para cada viaje

52. ¿Cuál es la diferencia total en costo entre comprar boletos de ida para cada viaje todos los días del 15 al 30 de abril y comprar 3 boletos semanales?

    (1) $5

    (2) $10

    (3) $20

    (4) $25

    (5) $30

53. Miguel desea alquilar un apartamento más cerca de su trabajo nuevo para reducir su gasto en transporte. Él ha decidido que no puede pagar más del 30% de su salario en alquiler. ¿Cuál es el alquiler mensual máximo que Miguel puede pagar si ha de mantenerse dentro de su presupuesto?

    (1) $555

    (2) $462

    (3) $384

    (4) $355

    (5) No hay información suficiente.

54. Si Miguel elimina lo que gasta en tren al mudarse más cerca al trabajo, ¿qué efecto tendrá esto en su efectivo disponible?

   (1) Tendrá $129 más en efectivo al mes

   (2) Tendrá $40 más en efectivo a la semana

   (3) Tendrá $1,584 más en efectivo al año

   (4) Tendrá un 10% más de efectivo disponible

   (5) No hay información suficiente.

55. Un poste de 32 pies sostiene la vela del bote del capitán Ahab, según se indica en el siguiente diagrama. ¿A cuántos pies de la parte de debajo de la vela debe fijar el extremo de la vela, si el ángulo que tiene que hacer con el bote es 75°?

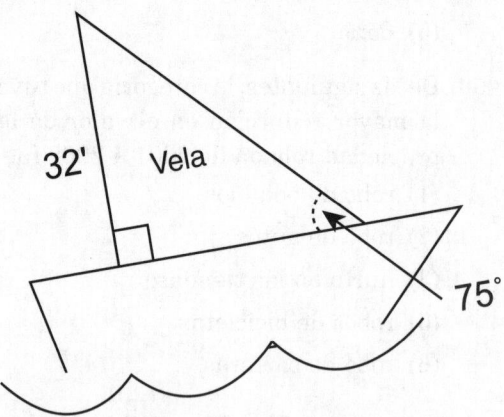

   (1) 36.2

   (2) 30.9

   (3) 15.0

   (4) 8.6

   (5) 8.3

56. Raj, un artista, necesita construir un poste para sostener su escultura nueva de 12 pies × 1 pie × 1 pie, de vidrio y en forma de cubo, en el museo. El poste esta sujeto al lado del cubo y al piso, a 4 pies de la esquina de la base, formando un ángulo de 70° con el piso, como se muestra a continuación. ¿De qué largo debe ser el poste, en pies?

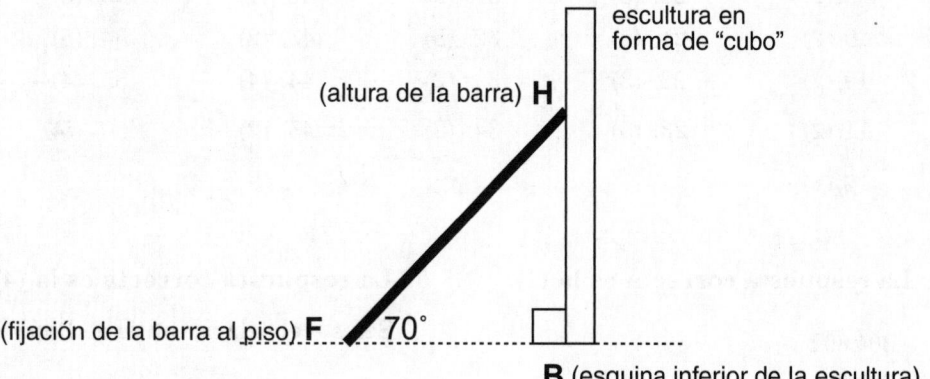

(altura de la barra) **H**

escultura en forma de "cubo"

(fijación de la barra al piso) **F** 70°

B (esquina inferior de la escultura)

(1) 3.8

(2) 4.3

(3) 8.3

(4) 11.0

(5) 11.7

CLAVE DE RESPUESTAS Y EXPLICACIONES

1. (1)	13. (5)	24. (3)	35. (4)	46. (5)
2. (3)	14. (3)	25. (3)	36. (1)	47. (3)
3. (1)	15. (3)	26. (2)	37. (3)	48. (1)
4. (1)	16. (5)	27. (3)	38. (1)	49. (3)
5. (4)	17. (4)	28. (3)	39. (3)	50. (2)
6. (3)	18. (4)	29. (5)	40. (5)	51. (3)
7. (2)	19. (3)	30. (2)	41. (3)	52. (5)
8. (2)	20. (3)	31. (5)	42. (1)	53. (2)
9. (2)	21. (5)	32. (5)	43. (2)	54. (5)
10. (2)	22. (3)	33. (2)	44. (4)	55. (4)
11. (2)	23. (5)	34. (2)	45. (2)	56. (5)
12. (1)				

1. **La respuesta correcta es la (1).**

$$\begin{array}{r} 304{,}802 \\ -212{,}810 \\ \hline 91{,}992 \end{array}$$

2. **La respuesta correcta es la (3).**

De 9:30 a.m. a 3 p.m. son $5\frac{1}{2}$ horas.

$\$4 \cdot 5\frac{1}{2} = \$22$

3. **La respuesta correcta es la (1).**

$$\begin{array}{rl} .010 & \text{(3 decimales)} \\ \times .001 & \text{(3 decimales)} \\ \hline .000010 & \text{(6 decimales)} \end{array}$$

Se puede eliminar el cero final:
$.000010 = .00001$

4. **La respuesta correcta es la (1).**

Cuando $x = 3$, $2x + y = 7$ se transforma en

Resuelva para y:
$$\begin{array}{rcl} 2 \cdot 3 + y &=& 7 \\ 6 + y &=& 7 \\ -6 & & -6 \\ \hline y &=& 1 \end{array}$$

5. **La respuesta correcta es la (4).**

Sea s = el salario anual de Raúl

$$\begin{array}{rcl} 5\% \ de \ s &=& \$750 \\ .05s &=& \$750 \\ \dfrac{.05s}{.05} &=& \dfrac{\$750}{.05} \\ s &=& \$15{,}000 \end{array}$$

6. **La respuesta correcta es la (3).**

$(-6) + (-2)(-3) = (-6) + (+6)$ Primero multiplique, luego sume.

7. **La respuesta correcta es la (2).**

Para redondear 825.6347 a la centésima más cercana, tome el 4, el dígito en el lugar de las milésimas. Ya que es menor que 5, elimine todos los dígitos a la derecha de la centésima.

$825.6347 = 825.63$ a la centésima más cercana

8. **La respuesta correcta es la (2).**

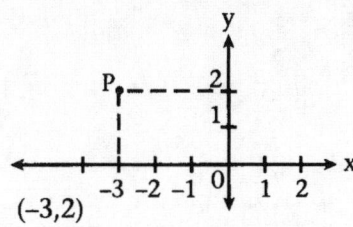

(−3, 2)

El punto P tiene las coordenadas $x = -3$ y $y = 2$.

9. **La respuesta correcta es la (2).**

El chico compra naranjas a 10¢ cada una (30¢ ÷ 3). Las vende a 12¢ cada una (60¢ ÷ 5). Por lo que su ganancia es 2¢ por naranja. Debe vender 50¢ ÷ 2¢ = 25 naranjas para una ganancia de 50¢.

10. **La respuesta correcta es la (2).**

$$V = \frac{1}{3}\pi r^2 h, \ r = 3'', h = 14''$$

$$V = \frac{1}{\overset{1}{\cancel{3}}} \times \frac{22}{\overset{1}{\cancel{7}}} \times \overset{1}{\cancel{3}} \times 3 \times \overset{2}{\cancel{14}}$$

$$V = \frac{22 \times 3 \times 2}{1}$$

$$V = 132$$

11. **La respuesta correcta es la (2).**

Calcule la diferencia entre cada opción y 5:

5.000	5.005	5.01	5.1	5.105
−4.985	−5.000	−5.00	−5.0	−5.000
.015	.005	.01	.1	.105

La diferencia más pequeña es .005, por lo tanto, 5.005 es más cercano a 5 que las otras.

12. **La respuesta correcta es la (1).**

4 yardas = 4 · 3 pies = 12 pies

12 pies ÷ 3 = 4 pies por trozo

13. **La respuesta correcta es la (5).**

Área de un triángulo = $\frac{1}{2}$ · base · altura

La altura, la que es 4, se dibuja a la base AB, la que es 6.

$$\text{Área} = \frac{1}{2} \cdot 6 \cdot 4$$

$$= 3 \cdot 4$$

$$= 12$$

14. **La respuesta correcta es la (3).**

Si 1 docena de panecillos cuesta $1.50, cada uno cuesta

$1.50 ÷ 12 = $.125

Entonces, 30 panecillos tendrán un costo de

30($.125) = $3.75

15. **La respuesta correcta es la (3).**

$P = 2(a + b)$

Si $a = 3$ y $b = 4$,

$P = 2(3 + 4)$

$= 2(7)$

$= 14$

16. **La respuesta correcta es la (5).**

La suma de los ángulos de un triángulo es 180°.

Los dos ángulos dados suman 80°.

180° − 80° = 100°

El tercer ángulo mide 100°.

17. **La respuesta correcta es la (4).**

    Suponga que x representa la distancia real entre los pueblos, luego anote una proporción:

    $$\frac{x}{50} = \frac{4\frac{1}{2}}{1\frac{1}{2}}$$

    $$\frac{x}{50} = 3 \ (ya \ que \ 4\frac{1}{2} \div 1\frac{1}{2} = 3)$$

    $$x = 150$$

18. **La respuesta correcta es la (4).**

    Cada uno de los números en la serie es un cuadrado perfecto:

    1, 4, 9, 16, 25, ...

    $1^2, 2^2, 3^2, 4^2, 5^2, ...$

    El próximo número es 6^2 ó 36.

19. **La respuesta correcta es la (3).**

    $\begin{array}{ll} \$ \ 3.32 & \text{precio total} \\ -1.24 & \text{precio por las primeras} \\ & \text{cinco onzas} \\ \hline \$ \ 2.08 & \text{precio por peso} \\ & \text{adicional a } \$.16 \text{ la} \\ & \text{onza} \end{array}$

    $$2.08 \div .16 = 13$$

    5 onzas $+ 13$ onzas $= 18$ onzas

    $= 1$ libras 2 onzas

    $= 1\frac{1}{8}$ libras

20. **La respuesta correcta es la (3).**

    $$2\frac{1}{2} \times 3 = \frac{5}{2} \times 3$$
    $$= \frac{15}{2}$$
    $$= 7\frac{1}{2}$$

21. **La respuesta correcta es la (5).**

    Reemplace las coordenadas de cada punto en cada ecuación. Sólo $y = -x$ se cumple con las coordenadas de los puntos:

    $(-2,2): 2 = -(-2)$

    $(3,-3): -3 = -(3)$

22. **La respuesta correcta es la (3).**

    $$12 \text{ pies} = 4 \text{ yardas}$$
    $$15 \text{ pies} = 5 \text{ yardas}$$
    $$4 \text{ yardas} \cdot 5 \text{ yardas} = 20 \text{ yardas cuadradas}$$

    $\begin{array}{ll} \$20.80 & \text{por yarda cuadrada} \\ \times \quad 20 & \text{yardas cuadradas} \\ \hline \$416.00 & \end{array}$

23. **La respuesta correcta es la (5).**

    Hay tres libras de maní.

    $$\frac{3}{5} = .60 = 60\%$$

24. **La respuesta correcta es la (3).**

Enero:	.4
Febrero:	1.4
Marzo:	2.2
Total:	4.0

25. **La respuesta correcta es la (3).**

Abril:	2.8
Mayo:	2.4
Junio:	1.4
Total:	6.6

    Promedio: $6.6 \div 3 = 2.2$

26. La respuesta correcta es la (2).

La precipitación en junio fue 1.4 pulgadas, la misma que en febrero.

27. La respuesta correcta es la (3).

Sea x la altura de la persona y anote una proporción:

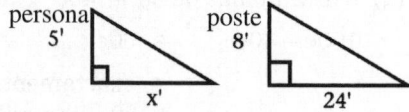

$$\frac{5}{x} = \frac{8}{24}$$

$$\frac{5}{x} = \frac{1}{3}$$

$x = 15$ (multiplicación cruzada)

28. La respuesta correcta es la (3).

Jorge tiene $15.00. Su compra total es:

$$\begin{array}{r} \$7.32 \\ + \ 1.68 \\ \hline \$9.00 \end{array}$$

Tendrá $15.00 − $9.00 = $6.00.

29. La respuesta correcta es la (5).

Un mazo contiene 52 cartas, 13 de las cuales son tréboles. La probabilidad de escoger un trébol es $\frac{13}{52} = \frac{1}{4}$.

30. La respuesta correcta es la (2).

A Mario le toma 48 minutos ÷ 6 millas = 8 minutos por cada milla. A esa velocidad le tomará 15 · 8 = 120 minutos para 15 millas.
120 minutos = 2 horas

31. La respuesta correcta es la (5).

$$\begin{array}{rcl} 2x - 7 & = & 3 \\ +7 & & +7 \\ \hline 2x & = & 10 \\ x & = & 5 \end{array}$$

Si $x = 5$, $3x + 1 = 3 \cdot 5 + 1 = 16$

32. La respuesta correcta es la (5).

El aumento en las ventas fue

$$\begin{array}{r} \$17,394,683 \\ -13,382,675 \\ \hline \$4,012,008 \end{array}$$

El aumento promedio anual en los 4 años fue

$4,012,008 ÷ 4 = $1,003,002

33. La respuesta correcta es la (2).

El perímetro es la suma de todos los lados de la figura. ABED es un rectángulo, por lo que el lado ED = 7.
Perímetro = 7 + 5 + 7 + 3 + 3 = 25

34. La respuesta correcta es la (2).

Se usan los kilómetros para medir distancias largas.

35. **La respuesta correcta es la (4).**

    $I = c \cdot r \cdot t$, donde I = interés, c = capital, r = tasa, t = tiempo en años.
    Si p = $200, r = 12%, y t = 2 años,
    $I = (\$200)(12\%)(2)$
    $= (\$200)(.12)(2)$
    $= \$48.00$

36. **La respuesta correcta es la (1).**

    Hay 6 símbolos que representan a hombres y 8 que representan a mujeres. La razón es 6:8 ó 3:4.

37. **La respuesta correcta es la (3).**

Lunes:	300 niños	300 adultos
Jueves:	500 niños	200 adultos
Total:	800 niños	500 adultos

    Ingresos totales = $800(\$.50)$ + $500(\$1.50)$
    $= \$400 + \$750$
    $= \$1150$

38. **La respuesta correcta es la (1).**

    Hay un total de 30 símbolos. Cada símbolo representa a 100 personas.
    $30 \times 100 = 3000$

39. **La respuesta correcta es la (3).**

    Considere cada opción:
    (1) 5 estampillas de 5¢ = 25¢
    $100¢ - 25¢ = 75¢$
    = exactamente 25 estampillas de 3¢

    (2) 8 estampillas de 5¢ = 40¢
    $100¢ - 40¢ = 60¢$
    = exactamente 20 estampillas de 3¢

    (3) 9 estampillas de 5¢ = 45¢
    $100¢ - 45¢ = 55¢$
    = 18 estampillas de 3¢ y cambio de 1¢

    (4) 11 estampillas de 5¢ = 55¢
    $100¢ - 55¢ = 45¢$
    = exactamente 15 estampillas de 3¢

    (5) 14 estampillas de 5¢ = 70¢
    $100¢ - 70¢ = 30¢$
    = exactamente 10 estampillas de 3¢

    En la opción (3), no se puede gastar exactamente $1.00.

40. **La respuesta correcta es la (5).**

    1 kilogramo = 1000 gramos

41. **La respuesta correcta es la (3).**

    El precio después del descuento de 15% es
    85% de $300 = $.85($300)$
    $= \$255$

    El precio después del descuento de 30% es
    70% de $255 = $.70 ($255)$
    $= \$178.50$

42. La respuesta correcta es la (1).

Sólo las opciones (1) y (3) representan 72 onzas.

Opción (1): 6($.39) = $2.34

Opción (3): 3($.79) = $2.37

43. La respuesta correcta es la (2).

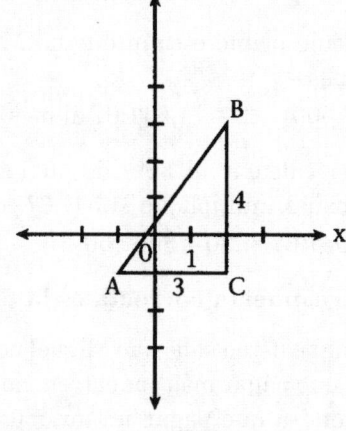

ABC es un triángulo rectángulo.

AC = 3

BC = 4

Usando el teorema de Pitágoras,

$$(AB)^2 = 3^2 + 4^2$$
$$= 9 + 16$$
$$= 25$$
$$AB = \sqrt{25} = 5$$

Tome nota que ABC es un triángulo rectángulo 3-4-5.

44. La respuesta correcta es la (4).

$$x^2 - x - 6 = 0$$
$$(x-3)(x+2) = 0$$
$$x - 3 = 0 \quad x + 2 = 0$$
$$x = 3 \qquad x = -2$$

Un método alternativo es reemplazar cada respuesta dada en la ecuación para determinar las soluciones. Por ejemplo, en la opción (3), $x = -3$.

$$(-3)^2 - (-3) - 6 = 9 + 3 - 6 = 6 \neq 0$$

Por lo tanto $x = -3$ no es una solución de $x^2 - x - 6 = 0$.

45. La respuesta correcta es la (2).

Las opciones (1), (3), (4) y (5) son todas ejemplos de las propiedades conmutativas y distributivas. La cantidad en la opción (2) no es igual a $75(32 + 88)$.

46. La respuesta correcta es la (5).

$$20\% \text{ de } 30\% = (.20)(.30)$$
$$= .06$$
$$= 6\%$$

47. La respuesta correcta es la (3).

1 libra = 16 onzas

$(16)(28) = 448$

48. La respuesta correcta es la (1).

$$.25\% = .0025$$
$$= \frac{.25}{10000}$$
$$= \frac{1}{400}$$

49. La respuesta correcta es la (3).

Total de hurtos en 2001:

$$\begin{array}{r} 20 \\ 175 \\ 155 \\ 1040 \\ 1135 \\ 355 \\ + 1375 \\ \hline 4255 \end{array}$$

$$\frac{\text{robo de autos}}{\text{total}} = \frac{1040}{4255}$$
$$= .24 \text{ (aproximadamente)}$$
$$= 24\%$$

50. **La respuesta correcta es la (2).**

Robo de bolsillos:

$$
\begin{array}{r}
1950 \\
-\ 950 \\
\hline
1000
\end{array}
\quad \text{reducción}
$$

Robo de autos:

$$
\begin{array}{r}
127{,}050 \\
-108{,}000 \\
\hline
19{,}050
\end{array}
\quad \text{reducción}
$$

Hurto en las tiendas: aumentó

Robos de bicicletas:

$$
\begin{array}{r}
8250 \\
-6350 \\
\hline
1900
\end{array}
\quad \text{reducción}
$$

Robo de carteras: aumentó

51. **La respuesta correcta es la (3).**

Calcule el costo de cada combinación de boletos.

1. Boletos de ida para los primeros 5 días = $6.25 × 2 × 5 = $62.50

   1 boleto semanal = $40.00

   Boletos de ida para los primeros 2 días = $6.25 × 2 × 2 = $25.00

   Costo total = $62.50 + $40 + $25 = $127.50

2. 1 boleto mensual = $129

3. 2 boletos semanales = $40 × 2 = $80

   4 boletos de ida = 6.25 × 4 = $25 (2 sentidos, 2 días)

   Costo total = $80 + 25 = $105.

4. 3 boletos semanales = $40 × 3 = $120

5. Boletos de ida para cada viaje = $6.25 × 2 × 12 = $150

   Comparando los costos totales, puede ver que la opción 3 es la más barata.

52. **La respuesta correcta es la (5).**

Usando los cálculos que realizó para el problema 51, sabe que el precio de boletos de ida para cada viaje = $150. El precio de 3 boletos semanales = $40 × 3 = $120. La diferencia entre estos precios es $150 – $120 = $30.

53. **La respuesta correcta es la (2).**

Calcule primero cuánto gana Miguel al mes.

$18,500 ÷ 12 = $1,541.67 al mes

Para calcular el 30% de su ingreso mensual, multiplique $1,541.67 por .30

$1,541.67 × .30 = $462.50

54. **La respuesta correcta es la (5).**

Aunque usted sabe que Miguel no tendrá que pagar más por el tren, no sabe si tendrá que pagar un autobús o el metro o por un estacionamiento. Tampoco sabe qué otro gastos tendrán en relación al departamento.

55. **La respuesta correcta es la (4).**

Haga un bosquejo *simplificado, rotulado**:

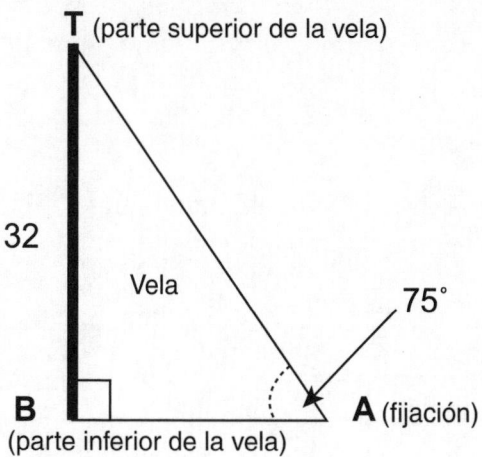

Dados: ángulo A, lado opuesto (BT)

Calcule: lado adyacente (BA)

$$\tan A = \frac{BT}{BA}$$

Reemplace los valores,

$$\tan 75° = \frac{32}{BA}$$

Resuelva BA multiplicando ambos lados por BA y luego dividendo entre tan 75°:

$$BA = \frac{32}{\tan 75°}$$

🅒🅐🅛🅒🅤🅛🅐🅓🅞🅡🅐 32 + 75 tan =

[Respuesta: 8.5743..., redondeado a **8.6 pies**]

*Pista: A menudo, puede ser útil usar rótulos *convenientes* de letras en sus bosquejos para representar las partes correspondientes del problema. Por ejemplo, en este problema, podría usar una "S" para representar la parte superior de la vela; "I" para la parte inferior de la vela; y "F" para representar el punto donde se fijará la vela al lado del bote. Por supuesto, estas letras son arbitrarias.

56. **La respuesta correcta es la (5).**

Haga un bosquejo *simplificado** *y rotulado* del problema:

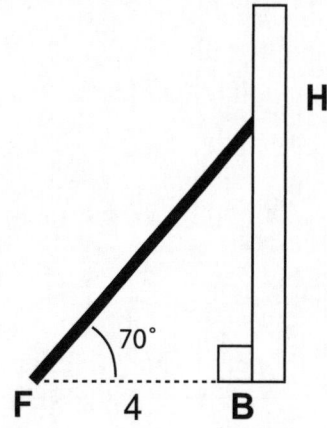

Dados: ángulo F, lado adyacente (BF)

Calcule: la hipotenusa (HF)

$$\cos F = \frac{BF}{HF}$$

Reemplace los valores, cos 70° = 4HF

Resuelva para HF al multiplicar ambos miembros por HF y luego dividir entre cos 70°:

$$HF = \frac{4}{\cos 70°}$$

🅒🅐🅛🅒🅤🅛🅐🅓🅞🅡🅐 4 ÷ 70 cos =

[Respuesta: 11.6952..., redondeado a **11.7 pies**]

*Pista: Para ahorrar tiempo durante una prueba *contra el tiempo*, dibuje un bosquejo simple. Por ejemplo, compare el bosquejo ilustrado en el enunciado del problema (es detallado) con el que se presenta en la solución arriba (es más básico y simple).

PARTE VIII

PRUEBAS DE EJEMPLO COMPLETAS

CAPÍTULO 10 Prueba 2 de ejemplo de GED

CAPÍTULO 11 Prueba 3 de ejemplo de GED

Prueba 2 de ejemplo de GED

RESUMEN

- Conozca las instrucciones para la prueba de ejemplo
- Ponga en práctica sus destrezas con 5 pruebas por área de ejemplo
- Califique su prueba con la Clave de respuestas
- Evalúe los resultados con la Tabla de análisis de errores
- Comprenda las respuestas correctas a través de la Explicación de las respuestas
- Evalúe sus conocimientos para la prueba real

INSTRUCCIONES PARA PRESENTAR LA PRUEBA DE EJEMPLO

Instrucciones: La Prueba de ejemplo de GED consta de cinco pruebas por separado: Redacción; Estudios Sociales; Ciencias; Español: lenguaje, lectura y Matemáticas.

① Lea y siga las instrucciones que se encuentran al comienzo de cada prueba.

② Respete los límites de tiempo.

③ Coloque sus respuestas en las Hojas de respuestas recortables provistas en las siguientes páginas.

④ Cuando haya completado todo el examen, compare sus respuestas con las respuestas correctas que se encuentran en la Clave de respuestas al final de esta prueba de ejemplo.

⑤ Analice las Respuestas explicadas para ver las razones por las cuales una respuesta en particular es correcta.

⑥ Utilice la Tabla de análisis de errores para ver cuáles son sus puntos débiles y puntos fuertes.

⑦ No olvide consultar la sección "Evaluación de sus conocimientos" para analizar si ya ha logrado dominar las Pruebas de GED.

⑧ Observe que hay Hojas de respuesta adicionales al final del libro en caso de que desee repetir una de estas pruebas para tener más práctica.

capítulo 10

HOJA DE RESPUESTAS: PRUEBA I DE EJEMPLO DE GED

Las respuestas correctas de esta prueba se encuentran en la página 731.

Prueba 1: Redacción, Parte 1

1 ①②③④⑤	11 ①②③④⑤	21 ①②③④⑤	31 ①②③④⑤	41 ①②③④⑤
2 ①②③④⑤	12 ①②③④⑤	22 ①②③④⑤	32 ①②③④⑤	42 ①②③④⑤
3 ①②③④⑤	13 ①②③④⑤	23 ①②③④⑤	33 ①②③④⑤	43 ①②③④⑤
4 ①②③④⑤	14 ①②③④⑤	24 ①②③④⑤	34 ①②③④⑤	44 ①②③④⑤
5 ①②③④⑤	15 ①②③④⑤	25 ①②③④⑤	35 ①②③④⑤	45 ①②③④⑤
6 ①②③④⑤	16 ①②③④⑤	26 ①②③④⑤	36 ①②③④⑤	46 ①②③④⑤
7 ①②③④⑤	17 ①②③④⑤	27 ①②③④⑤	37 ①②③④⑤	47 ①②③④⑤
8 ①②③④⑤	18 ①②③④⑤	28 ①②③④⑤	38 ①②③④⑤	48 ①②③④⑤
9 ①②③④⑤	19 ①②③④⑤	29 ①②③④⑤	39 ①②③④⑤	49 ①②③④⑤
10 ①②③④⑤	20 ①②③④⑤	30 ①②③④⑤	40 ①②③④⑤	50 ①②③④⑤

Prueba 2: Estudios Sociales

1 ①②③④⑤	11 ①②③④⑤	21 ①②③④⑤	31 ①②③④⑤	41 ①②③④⑤
2 ①②③④⑤	12 ①②③④⑤	22 ①②③④⑤	32 ①②③④⑤	42 ①②③④⑤
3 ①②③④⑤	13 ①②③④⑤	23 ①②③④⑤	33 ①②③④⑤	43 ①②③④⑤
4 ①②③④⑤	14 ①②③④⑤	24 ①②③④⑤	34 ①②③④⑤	44 ①②③④⑤
5 ①②③④⑤	15 ①②③④⑤	25 ①②③④⑤	35 ①②③④⑤	45 ①②③④⑤
6 ①②③④⑤	16 ①②③④⑤	26 ①②③④⑤	36 ①②③④⑤	46 ①②③④⑤
7 ①②③④⑤	17 ①②③④⑤	27 ①②③④⑤	37 ①②③④⑤	47 ①②③④⑤
8 ①②③④⑤	18 ①②③④⑤	28 ①②③④⑤	38 ①②③④⑤	48 ①②③④⑤
9 ①②③④⑤	19 ①②③④⑤	29 ①②③④⑤	39 ①②③④⑤	49 ①②③④⑤
10 ①②③④⑤	20 ①②③④⑤	30 ①②③④⑤	40 ①②③④⑤	50 ①②③④⑤

Prueba 3: Ciencias

1 ① ② ③ ④ ⑤	11 ① ② ③ ④ ⑤	21 ① ② ③ ④ ⑤	31 ① ② ③ ④ ⑤	41 ① ② ③ ④ ⑤
2 ① ② ③ ④ ⑤	12 ① ② ③ ④ ⑤	22 ① ② ③ ④ ⑤	32 ① ② ③ ④ ⑤	42 ① ② ③ ④ ⑤
3 ① ② ③ ④ ⑤	13 ① ② ③ ④ ⑤	23 ① ② ③ ④ ⑤	33 ① ② ③ ④ ⑤	43 ① ② ③ ④ ⑤
4 ① ② ③ ④ ⑤	14 ① ② ③ ④ ⑤	24 ① ② ③ ④ ⑤	34 ① ② ③ ④ ⑤	44 ① ② ③ ④ ⑤
5 ① ② ③ ④ ⑤	15 ① ② ③ ④ ⑤	25 ① ② ③ ④ ⑤	35 ① ② ③ ④ ⑤	45 ① ② ③ ④ ⑤
6 ① ② ③ ④ ⑤	16 ① ② ③ ④ ⑤	26 ① ② ③ ④ ⑤	36 ① ② ③ ④ ⑤	46 ① ② ③ ④ ⑤
7 ① ② ③ ④ ⑤	17 ① ② ③ ④ ⑤	27 ① ② ③ ④ ⑤	37 ① ② ③ ④ ⑤	47 ① ② ③ ④ ⑤
8 ① ② ③ ④ ⑤	18 ① ② ③ ④ ⑤	28 ① ② ③ ④ ⑤	38 ① ② ③ ④ ⑤	48 ① ② ③ ④ ⑤
9 ① ② ③ ④ ⑤	19 ① ② ③ ④ ⑤	29 ① ② ③ ④ ⑤	39 ① ② ③ ④ ⑤	49 ① ② ③ ④ ⑤
10 ① ② ③ ④ ⑤	20 ① ② ③ ④ ⑤	30 ① ② ③ ④ ⑤	40 ① ② ③ ④ ⑤	50 ① ② ③ ④ ⑤

Prueba 4: Español: lenguaje, lectura

1 ① ② ③ ④ ⑤	11 ① ② ③ ④ ⑤	21 ① ② ③ ④ ⑤	31 ① ② ③ ④ ⑤
2 ① ② ③ ④ ⑤	12 ① ② ③ ④ ⑤	22 ① ② ③ ④ ⑤	32 ① ② ③ ④ ⑤
3 ① ② ③ ④ ⑤	13 ① ② ③ ④ ⑤	23 ① ② ③ ④ ⑤	33 ① ② ③ ④ ⑤
4 ① ② ③ ④ ⑤	14 ① ② ③ ④ ⑤	24 ① ② ③ ④ ⑤	34 ① ② ③ ④ ⑤
5 ① ② ③ ④ ⑤	15 ① ② ③ ④ ⑤	25 ① ② ③ ④ ⑤	35 ① ② ③ ④ ⑤
6 ① ② ③ ④ ⑤	16 ① ② ③ ④ ⑤	26 ① ② ③ ④ ⑤	36 ① ② ③ ④ ⑤
7 ① ② ③ ④ ⑤	17 ① ② ③ ④ ⑤	27 ① ② ③ ④ ⑤	37 ① ② ③ ④ ⑤
8 ① ② ③ ④ ⑤	18 ① ② ③ ④ ⑤	28 ① ② ③ ④ ⑤	38 ① ② ③ ④ ⑤
9 ① ② ③ ④ ⑤	19 ① ② ③ ④ ⑤	29 ① ② ③ ④ ⑤	39 ① ② ③ ④ ⑤
10 ① ② ③ ④ ⑤	20 ① ② ③ ④ ⑤	30 ① ② ③ ④ ⑤	40 ① ② ③ ④ ⑤

Prueba 5: Matemáticas, Parte 1

Prueba 5: Matemáticas, Parte 2

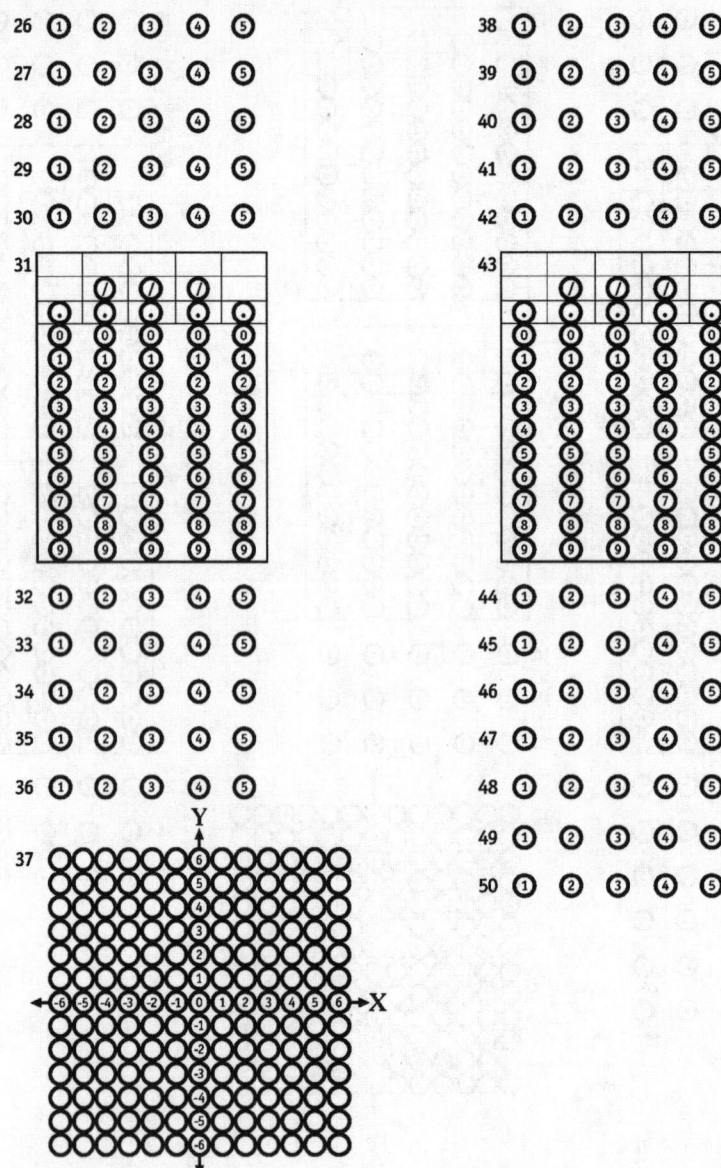

Redacción, Prueba de ensayo

_____

_____

_____

_____

_____

_____

_____

_____

_____

_____

_____

_____

_____

_____

_____

_____

_____

_____

_____

_____

_____

_____

Redacción, Prueba de ensayo (continuación)

_____

_____

_____

_____

_____

_____

_____

_____

_____

_____

_____

_____

_____

_____

_____

_____

_____

_____

_____

_____

_____

_____

_____

_____

_____

_____

_____

PRUEBA 1: REDACCIÓN

La Prueba de Redacción esta dividida en dos partes. La primera parte tiene como propósito medir su habilidad para usar el español escrito de forma efectiva y clara. La segunda parte pretende medir su capacidad para escribir un corto ensayo en español.

Parte 1: Reconocimiento y corrección de errores.

Duración: 80 minutos • 50 preguntas

> **Instrucciones:** La forma de esta prueba consiste en párrafos con oraciones numeradas. *Algunas* oraciones contienen errores de diferente tipo: de estructura de las oraciones, de uso, y de mecánica (ya sea puntuación, ortografía o el uso de mayúsculas). También habrá preguntas que le pedirán de revisar la organización de un texto. En ese caso, o bien tendrá que mover una frase o un párrafo de sitio en dicho texto, o tendrá que eliminar o sustituir una oración del párrafo. Después de haber leído el párrafo integro para hacerse a su sentido general, lea atentamente las oraciones numeradas que las preguntas contienen, y conteste a las preguntas de alternativa múltiple. Más específicamente, las preguntas se enfocan en las siguientes áreas: la estructura de las oraciones, el uso, la mecánica y la organización. Para cada una de estas preguntas, la mejor respuesta es la que corrige el error en la oración y que la convierte en una oración compuesta de un español claro y preciso. La mejor respuesta es la que produce una oración que concuerda con el tono, el punto de vista y el tiempo verbal que se emplean en el párrafo. Escriba sus respuestas en la hoja de respuestas (que tiene por separado en la pagina 643) rellenando los círculos con el número de la respuesta que considera correcta.

Marque sus respuestas según el modelo siguiente:

Ejemplo:

 En el transcurso del año anterior, <u>había ocurrido</u> la restauración del trono imperial en Etiopía, región ligada a la cultura judío-cristiana en modo singular en el continente africano.

¿Cuál es la mejor manera de escribir la parte subrayada de la oración? Si la redacción original es la mejor, escoja la alternativa (1).

- **(1)** había ocurrido
- **(2)** ocurrió
- **(3)** ha ocurrido
- **(4)** hubo ocurrido
- **(5)** fue ocurrido

La alternativa (2) es la correcta porque el tiempo verbal es el correcto; la parte de la frase "En el transcurso del año anterior" indica que se requiere el pretérito. Las alternativas (1), (3), y (5) emplean perfectos incorrectos. La alternativa (4) es de orden imperfecto. Como la alternativa correcta es (2), rellene (2) en su hoja de respuestas.

Las preguntas 1 a 10 se refieren al siguiente artículo.

El emperador Haile Selassie I

A

(1) Una de las figuras centrales de la cultura rasta es el emperador de Etiopía Haile Selassie I. (2) Según el Kebra Negest, la Biblia de Etiopía que fue escrita en el siglo 14 y que incluye textos apócrifos, Haile es desendiente de Salomón y la Reina de Saba. (3) El emperador no adoptó su función religiosa de inmediato, fue coronado en 1930 con el título de León Rampante de la tribu de Judah y tomó el nombre de Haile Selassie, el poder de la santa Trinidad. (4) En el transcurso del año anterior, había ocurrido la restauración del trono imperial en Etiopía, región ligada a la cultura judío-cristiana en modo singular en el continente africano. (5) La restauración del trono imperial ocurrió coincidiendo con las profecías de Marcus Garvey, jefe político y espiritual de uno de los primeros movimientos afroamericanos de liberación.

B

(6) Nacido en Jamaica, Garvey encontró en Haile Selassie la figura del salvador de los hijos de los esclavos y también de libertador de África. (7) Esto se debe a que Haile Selassie derrotó a las tropas fascistas que ocupaban Etiopía desde 1930. (8) Se volvió entonces el Mesías de una nueva religión, derivada del encuentro de la Biblia y la cultura tradicional afroamericana de los descendientes de los esclavos, establecidos principalmente en Jamaica. (9) Garvey, al volver a New York de su primer viaje en Etiopía, cuando por fin encontró a otros seguidores, difundieron la religión por todo el caribe y más recientemente en EE.UU. y el Reino Unido. (10) Hubo un momento en que los problemas económicos de algunas de las industrias jamaicanas se volvieron graves.

C

(11) La antigua Biblia de Etiopía recoge la orden de llevar el Arca de la Alianza, del Templo de Salomón al reino de Etiopía junto a los primogénitos de Jerusalén. (12) Y la importancia que se le atribuía a esta posibilidad de 'escapatoria' era importante para los rastas como para los afroamericanos que no eran necesariamente originarios de Jamaica. (13) Esta orden se le imparte a Menelik, hijo de Salomón y la reina de Saba. (14) Se recoge así por los rastas, la reivindicación de los rastas como pertenecientes al pueblo que vivió las vicisitudes que narra la Biblia, en especial la esclavitud de Babilonia y su diáspora. (15) Además, adoptan de la Biblia, el voto que hacen los nazarenos, por el cual no se peinan ni se cortan el pelo hasta la liberación de Babilonia.

1. Oración 2: **Según el Kebra Negest, la Biblia de Etiopia que fue escrita en el siglo 14 y incluye textos apócrifos, Haile es desendiente de Salomón y la Reina de Saba.**

   ¿Qué revisión se debe hacer en la oración 2?

   (1) cambiar Según a Segun

   (2) cambiar siglo por síglo

   (3) cambiar desendiente a dezendiente

   (4) cambiar incluye por inclulle

   (5) cambiar desendiente a descendiente

2. Oración 3: **El emperador no adoptó su función religiosa de <u>inmediato, fue</u> coronado en el 1930 con el título de León Rampante de la tribu de Judah y tomó el nombre de Haile Selassie, el poder de la santa Trinidad.**

¿Cuál es la mejor manera de escribir la parte subrayada de la oración? Si la redacción original es la mejor, escoja la alternativa (1).

(1) de inmediato, fue

(2) de inmediato y fue

(3) de inmediato. Fue

(4) de inmediato, entonces fue

(5) de inmediato fue

3. Oración 4: **En el transcurso del año anterior, <u>había ocurrido</u> la restauración del trono imperial en Etiopía, región ligada a la cultura judío-cristiana en modo singular en el continente africano.**

¿Cuál es la mejor manera de escribir la parte subrayada de la oración? Si la redacción original es la mejor, escoja la alternativa (1).

(1) había ocurrido

(2) ocurrió

(3) ha ocurrido

(4) hubo ocurrido

(5) fue ocurrido

4. Oraciones 4 y 5: **En el transcurso del año anterior, había ocurrido la restauración del trono imperial en Etiopía, región ligada a la cultura judío-cristiana en modo singular en el continente africano. La restauración del trono imperial ocurrió coincidiendo con las profecías de Marcus Garvey, jefe político y espiritual de uno de los primeros movimientos afro-americanos de liberación.**

¿Qué palabras incluiría la forma más efectiva de combinar las oraciones 4 y 5?

(1) continente africano, que ocurrió coincidiendo con

(2) continente africano, y que ocurrió con

(3) continente africano, en coincidencia con

(4) continente africano, coincidió con

(5) continente africano, y que ocurrió durante las

5. Oración 7: **Esto se debe a que Haile Selassie derrotó a las tropas fascistas que ocupaban Etiopía desde 1930.**

¿Qué corrección se debe hacer en la oración 7?

(1) cambiar <u>fascistas</u> a <u>Fascistas</u>

(2) añadir una coma después de <u>fascistas</u>

(3) cambiar <u>a las</u> a <u>las</u>

(4) cambiar <u>derrotó</u> a <u>derroto</u>

(5) No es necesario corregir esta oración.

6. Oración 8: **Se volvió entonces el Mesías de una nueva religión, derivada del encuentro <u>de la</u> Biblia y la cultura tradicional afroamericana de los descendientes de los esclavos, establecidos principalmente en Jamaica.**

¿Cuál es la mejor manera de escribir la parte subrayada de la oración? Si la redacción original es la mejor, escoja la alternativa (1).

(1) de la

(2) desde la

(3) con la

(4) entre la

(5) junto a la

7. Oración 9: **Garvey, al volver a New York de su primer viaje en Etiopía, cuando por fin encontró a otros seguidores, difundieron la religión por todo el caribe y más recientemente en EE.UU. y el Reino Unido.**

¿Qué corrección se debe hacer en la oración 9?

(1) eliminar la coma después de <u>Etiopía</u>

(2) cambiar <u>encontró</u> a <u>encontrú</u>

(3) cambiar <u>difundieron</u> a <u>difundió</u>

(4) cambiar <u>Reino Unido</u> a <u>reino unido</u>

(5) No es necesario corregir esta oración.

8. ¿Qué revisión se debe hacer en el párrafo B?

(1) eliminar la oración 9

(2) poner la oración 8 al final del párrafo

(3) eliminar la oración 10

(4) poner la oración 9 después de la oración 10

(5) eliminar la oración 7

9. Oración 12: **Y la importancia que se le atribuía a esta posibilidad de 'escapatoria' era importante para los rastas como para los afroamericanos que no eran necesariamente originarios de Jamaica.**

¿Qué corrección se debe hacer en la oración 12?

(1) cambiar <u>era</u> a <u>será</u>

(2) cambiar <u>posibilidad</u> a <u>posivilidad</u>

(3) añadir una coma después de <u>escapatoria</u>

(4) cambiar <u>para los rastas</u> a <u>tanto para los rastas</u>

(5) cambiar <u>Jamaica</u> a <u>jamaica</u>

10. Oración 15: **Además adoptan de la Biblia, el voto que hacen los nazarenos, por el cual no se peinan ni se cortan el pelo hasta la liberación de Babilonia.**

¿Qué revisión se debe hacer en la oración 15?

(1) cambiar <u>hacen</u> a <u>hacen que</u>

(2) eliminar la coma después de <u>Biblia</u>

(3) añadir una coma después de <u>Además</u>

(4) cambiar <u>ni se</u> a <u>y ni se</u>

(5) No es necesario corregir esta oración.

Las preguntas 11 a 19 se refieren al siguiente texto.

La corta historia del ajedrez

A

(1) Aunque sea sorprendente el ajedrez tiene su origen en la India, más concretamente en el Valle del Indo. (2) Su fecha de origen, entre tanto, no es muy exacta pero varios investigadores aseguran que data del siglo VI. (3) Originalmente conocido como Chaturanga, o juego del

ejército, se difundió rápidamente por las rutas comerciales, llegó a Persia, y desde allí al Imperio bizantino, extendiéndose posteriormente por toda Asia. (4) El mundo árabe adoptó el ajedrez con un entusiasmo sin igual. (5) Estudiaron y analizaron en profundidad los mecanismos del juego, escribieron numerosos tratados sobre ajedrez y desarrollaron el sistema de notación algebraica.

B

(6) Se puede notar, a través de su historia, que Europa adoptó muchas de las influencias arábicas. (7) Esto incluye influencias desde el vocabulario hasta el arte o las matemáticas. (8) El ajedrez representa una de estas grandes contribuciones del mundo árabe. (9) El juego llegó a Europa, más o menos entre los años 700 y 900, a través de la conquista de España por el Islam. (10) Se sabe también lo practicaban los vikingos y los Cruzados que regresaban de Tierra Santa. (11) Al parecer, la fama misma del juego hizo que varias culturas se interesaran en su existencia. (12) En las excavaciones de una sepultura vikinga hallada en la costa sur de Bretaña se encontró un juego de ajedrez. (13) Año después, en la región francesa de los Vosgos, se descubrieron unas piezas del siglo X, de origen escandinavo, que respondían al modelo árabe tradicional. (14) Durante la edad media España e Italia eran los países donde más se practicaba. (15) Se jugaba de acuerdo con las normas árabes, según las cuales la reina y el alfil son piezas relativamente débiles. (16) Sólo pueden avanzar de casilla en casilla.

C

(17) ¿Qué hizo que la estrategia del juego evolucionara? (18) Durante los siglos XVI y XVII el ajedrez experimentó un importante cambio, y la reina se convirtió en la pieza más poderosa, en cuanto a su movimiento se refiere, del tablero. (19) Fue entonces cuando se permitió a los peones de avanzar dos casillas en su primer movimiento y se introdujeron el revolucionario concepto del enroque, y la regla conocida como 'en passant' (al paso). (20) Este movimiento permite capturar el peón, que sigue su marcha y no come la ficha que se le a ofrecido por una determinada estrategia. (21) El nivel de juego mejoró entonces de manera notable. (22) Comenzaron a organizarse partidas y torneos con mayor frecuencia, y los jugadores más destacados crearon sus propias escuelas.

11. Oración 1: **Aunque sea sorprendente el ajedrez tiene su origen en la India, más concretamente en el Valle del Indo.**

    ¿Qué corrección se debe hacer en la oración 1?

    (1) eliminar <u>Aunque</u>

    (2) cambiar <u>sea</u> a <u>será</u>

    (3) añadir una coma después <u>sorprendente</u>

    (4) cambiar <u>ajedrez</u> a <u>ajedres</u>

    (5) sustituir <u>tiene su origen</u> con <u>proviene de</u>

12. Oración 2: **Su fecha de origen, <u>entre tanto</u>, no es muy exacta pero varios investigadores aseguran que data del siglo VI.**

    ¿Cuál es la mejor manera de escribir la parte subrayada de la oración? Si la redacción original es la mejor, escoja la alternativa **(1)**.

    (1) entre tanto

    (2) a pesar

    (3) entonces

    (4) sin embargo

    (5) así

13. Oración 4: **El mundo árabe adoptó el ajedrez con un entusiasmo sin igual.**

¿Qué corrección se debe hacer en la oración 4?

(1) cambiar árabe a Árabe

(2) añadir la coma después de árabe

(3) eliminar el

(4) cambiar entusiasmo a enthusiasmo

(5) No es necesario corregir esta oración.

14. Oración 6 y 7: **Se puede notar a través de su historia que Europa adoptó muchas de las influencias arábicas. Esto incluye influencias desde el vocabulario hasta el arte o las matemáticas.**

¿Qué grupo de palabras incluiría la forma más efectiva de combinar las oraciones 6 y 7?

(1) Incluidos el vocabulario y el arte o matemáticas,

(2) influencias arábicas, y esto incluye

(3) influencias arábicas, desde el vocabulario hasta el arte o las matemáticas.

(4) influencias arábicas: esto incluye

(5) influencias arábicas tales y como

15. Oración 9: **El juego llegó a Europa, más o menos entre los años 700 y 900 a través de la conquista de España por el Islam.**

Qué corrección se debe hacer en la oración 9?

(1) cambiar Europa a europa

(2) añadir una coma después de 900

(3) cambiar llegó a llegará

(4) eliminar la coma después de Europa

(5) sustituir de la con del

16. Oración 11: **Al parecer, la fama misma del juego hizo que varias culturas se interesaran en su existencia.**

¿Cuál es la mejor manera de escribir la parte subrayada de la oración? Si la redacción original es la mejor, escoja la alternativa (1).

(1) fama misma

(2) sola fama

(3) misma fama

(4) fama igualmente

(5) fama es bueno

17. Oración 15 y 16: **Se jugaba de acuerdo con las normas árabes, según las cuales la reina y el alfil son piezas relativamente débiles. Sólo pueden avanzar de casilla en casilla.**

¿Qué palabra o palabras incluiría la forma más efectiva de combinar las oraciones 15 y 16?

(1) cuando

(2) además

(3) que

(4) porque

(5) sin embargo

18. Oración 17: **¿Que hizo que la estrategia del juego evolucionara?**

¿Qué corrección se debe hacer en la oración 17?

(1) cambiar hizo a hico

(2) cambiar Que a Qué

(3) eliminar que

(4) cambiar del a para que

(5) No es necesario corregir esta oración.

19. Oración 20: **Este movimiento permite capturar el peón, que sigue su marcha y no come la ficha que se le a ofrecido por una determinada estrategia.**

¿Qué corrección se debe hacer en la oración 20?

(1) cambiar <u>permite</u> a <u>permitirá</u>

(2) añadir una coma después de <u>ficha</u>

(3) sustituir que <u>sigue</u> con <u>al continuar</u>

(4) cambiar <u>a</u> a <u>ha</u>

(5) cambiar <u>ofrecido</u> a <u>ofrezido</u>

Las preguntas 20 a 26 se refieren al siguiente texto.

¿De dónde viene el dulce de leche?

A

(1) Pese a las controversias sobre su origen, la historia cuentan que el dulce de leche nació en la Argentina un 17 de julio de 1829. (2) La confusión llega por otro postre llamado "manjar blanco" que comportaba un mix de ingredientes. (3) Aunque se sabe poco sobre este "manjar blanco" estamos seguros de que es una cocción de leche y azúcar que se espesa con fécula de maíz o gelatina y que continúa siendo totalmente blanca.

B

(4) Los hechos nos conducen a 1829 en Cañuelas, provincia de Buenos Aires, durante un encuentro entre el General Lavalle y Juan Manuel de Rosas. (5) Ambos habían firmado el 24 de junio el Tratado de Cañuelas con el fin de concluir las hostilidades y llamar a elecciones para integrar la Junta de Representantes.

C

(6) El 17 de julio, Lavalle llegó al campamento de Rosas muy cansado de cabalgar y pidió verlo para tratar asuntos pendientes. (7) Como éste tardaba, no resistió la tentación de echarse una siestita en un catre de campaña que había a la mano, pero quedó profundamente dormido.

D

(8) Una mulata que preparaba la "lechada" —leche caliente con azúcar—para el mate, al ver al "enemigo" acostado en el camastro de Rosas, indignada, fue a buscar ayuda para sacarlo de allí. (9) La forma en que vino a existir el dulce de leche es cualquier cosa menos complexa: en su presura, la mulata olvidó la leche sobre las brasas y ésta quedó hirviendo lentamente. (10) Cuando volvió con refuerzos lo hizo al mismo tiempo que Don Juan Manuel, quien ordenó no interrumpir el sueño de su "hermano de leche" (los había amamantado la misma nodriza). (11) Ella misma o algún soldado goloso probó aquel dulce y en su entusiasmo convidó a los que estaban alrededor: habla nacido el dulce de leche. (12) Lavalle recién despertó al día siguiente, mas al retornar la mulata junto al fogón encontró la "lechada" convertida en una especie de jalea color marrón claro.

20. Oración 1: **Pese a las controversias sobre su origen, <u>la historia cuentan que el dulce</u> de leche nació en la Argentina un 17 de julio de 1829.**

¿Cuál es la mejor manera de escribir la parte subrayada de la oración? Si la redacción original es la mejor, escoja la alternativa (1).

(1) la historia cuentan que el dulce

(2) en la historia cuenta que el dulce

(3) la historia sea contada que el dulce

(4) la historia cuenta que el dulce

(5) la historia fuera contada que el dulce

21. Oración 2: **La confusión llega por otro postre llamado "manjar blanco" que comportaba un mix de ingredientes.**

¿Qué revisión se debe hacer en la oración 2?

(1) cambiar <u>llega</u> a <u>llegá</u>

(2) añadir una coma después de <u>postre</u>

(3) sustituir <u>comportaba</u> con <u>se trataba</u>

(4) cambiar <u>mix</u> a <u>mezcla</u>

(5) cambiar <u>ingredientes</u> a <u>ingredients</u>

22. Oración 3: **Aunque se sabe poco sobre este <u>"manjar blanco" estamos seguros</u> de que es una cocción de leche y azúcar que se espesa con fécula de maíz o gelatina y que continúa siendo totalmente blanco.**

¿Cuál es la mejor manera de escribir la parte subrayada de la oración? Si la redacción original es la mejor, escoja la alternativa (1).

(1) "manjar blanco" estamos seguros

(2) "manjar blanco". Estamos seguros

(3) "manjar blanco", estamos seguros

(4) "manjar blanco" así que estamos seguros

(5) "manjar blanco", por lo tanto estamos seguros

23. Oración 4: **Los hechos nos conducen a 1829 en Cañuelas, provincia de Buenos Aires, durante un encuentro entre el General Lavalle y Juan Manuel de Rosas.**

¿Qué corrección se debe hacer en la oración 4?

(1) cambiar <u>nos conducen</u> a <u>nos conduce</u>

(2) cambiar <u>Cañuelas</u> a <u>cañuelas</u>

(3) eliminar la coma después de <u>Aires</u>

(4) sustituir <u>encuentro</u> con <u>conocer</u>

(5) No es necesario corregir esta oración.

24. Oración 9: **La forma en que vino a existir el dulce de leche es cualquier cosa menos complexa: en su presura, la mulata olvidó la leche sobre las brasas y ésta quedó hirviendo lentamente.**

¿Qué corrección se debe hacer en la oración 9?

(1) cambiar <u>vino</u> a <u>a vino en</u>

(2) sustituir <u>cualquier cosa menos</u> con <u>sumamente</u>

(3) cambiar <u>complexa</u> a <u>compleja</u>

(4) eliminar la coma después de <u>presura</u>

(5) cambiar <u>ésta</u> por <u>está</u>

25. ¿Qué cambio mejoraría la efectividad de este documento?

(1) poner la oración 8 al final del párrafo C

(2) eliminar la oración 8

(3) combinar los párrafos B y C

(4) poner la oración 7 al principio del párrafo D

(5) poner la oración 5 al principio del párrafo C

26. ¿Qué revisión se debe hacer en el párrafo D?

(1) eliminar la oración 12

(2) poner la oración 10 después de la oración 11

(3) poner la oración 8 al final del párrafo C

(4) poner la oración 11 después de la oración 12

(5) eliminar la oración 11

Las preguntas 27 a 33 se refieren al siguiente texto.

Los bebés y el entendimiento del lenguaje.

A

(1) Estudiando cómo se forma la lingüística de los bebés, los investigadores avanzando mucho en sus exploraciones de la formación del lenguaje. (2) Cuando un bebé balbucea, de forma activa y dirigida o de forma pasiva e inconsciente trabaja duramente para descifrar el sistema sonoro de su lenguaje y cómo se elaboran esos sonidos. (3) El bebé elabora un entendimiento de los sonidos del lenguaje.

B

(4) El nuevo estudio de la profesora Laura-Ann Petitto, investigadora de la universidad Dartmouth College, está basado en 10 bebés con edades entre los 5 y los 12 meses. (5) Los resultados del estudio demuestra que los sonidos de un bebé que balbucea son ocasionados por las señales de una parte del cerebro mientras que otros sonidos o movimientos de la boca son dirigidos por otra zona del cerebro. (6) "Ello sugiere que las funciones del lenguaje se especializan en el cerebro desde muy temprana edad", según la investigadora.

C

(7) Los niños, cinco de una familia de habla inglesa y cinco de otra francesa, fueron filmados cuando emitían sonidos. (8) La película fue pasada luego a cámara lenta para permitir a los investigadores analizar detalladamente cada movimiento de la boca. (9) El proceso requirió buena observación, ser organizado y paciencia. (10) Descubrieron que cuando los niños balbuceaban, el movimiento era más enfático solo en el lado derecho de la boca. (11) Al sonreír, el lado izquierdo de la boca se abría más. (12) Con la vocalización al albur, la boca permanecía simétrica. (13) Estas diferencias en el movimiento, según Petitto, refleja directamente las partes del cerebro utilizadas en cada actividad de la boca.

27. Oración 1: **Estudiando cómo se forma la lingüística de los bebés, los investigadores avanzando mucho en sus exploraciones de la formación del lenguaje.**

¿Cuál es la mejor manera de escribir la parte subrayada de la oración? Si la redacción original es la mejor, escoja la alternativa (1).

(1) avanzando

(2) están avanzado

(3) avanzado

(4) avanzaba

(5) avanzó

28. Oración 2: **Cuando un bebé balbucea, de forma activa y dirigida o de forma pasiva e inconsciente trabaja duramente para descifrar el sistema sonoro de su lenguaje y cómo se elaboran esos sonidos.**

¿Qué corrección se debe hacer en la oración 2?

(1) cambiar balbucea a balbuzea

(2) eliminar la coma después de balbucea

(3) sustituir consciente con alarmante

(4) añadir una coma después de inconsciente

(5) No es necesario corregir esta oración.

29. Oración 5: **Los resultados del estudio demuestra que los sonidos de un bebé que balbucea son ocasionados por las señales de una parte del cerebro mientras que otros sonidos o movimientos de la boca son dirigidos por otra zona del cerebro.**

¿Qué corrección se debe hacer en la oración 2?

(1) añadir una come después <u>estudio</u>

(2) cambiar <u>demuestra</u> a <u>demuestran</u>

(3) sustituir <u>ocasionados</u> con <u>alterados</u>

(4) cambiar <u>mientras que</u> a <u>aunque</u>

(5) cambiar <u>son</u> a <u>están</u>

30. Oración 7: **Los niños, cinco de una familia de habla inglesa y cinco de otra francesa, fueron filmados cuando emitían sonidos.**

¿Qué corrección se debe hacer en la oración 7?

(1) poner la oración 7 al final del párrafo B

(2) eliminar la oración 7

(3) poner la oración 7 al fin del párrafo A

(4) poner la oración 7 después de la oración 8

(5) No es necesario corregir esta oración.

31. Oración 9: **El proceso requirió buena observación, ser organizado y paciencia.**

¿Qué palabras incluiría el mejor cambio a la oración 9?

(1) requiriendo bueno observación

(2) organizar bien

(3) siendo organizado

(4) estar organizado

(5) organización

32. Oración 10: **Descubrieron que cuando los niños balbuceaban, el movimiento era más enfático solo en el lado derecho de la boca.**

¿Qué corrección se debe hacer en la oración 10?

(1) sustituir <u>cuando</u> con <u>a la misma vez</u>

(2) eliminar la coma después de <u>balbucean</u>

(3) cambiar <u>enfático</u> a <u>enphático</u>

(4) cambiar <u>solo</u> a <u>sólo</u>

(5) sustituir <u>derecho</u> con <u>izquierdo</u>

33. Oración 13: **Estas diferencias en el movimiento, según Petitto, refleja directamente las partes del cerebro utilizadas en cada actividad de la boca.**

¿Qué corrección se debe hacer en la oración 13?

(1) cambiar <u>refleja</u> a <u>reflejan</u>

(2) cambiar <u>diferencias</u> a <u>differencias</u>

(3) sustituir <u>en el</u> con <u>de</u>

(4) eliminar la coma después de <u>Pettito</u>

(5) No es necesario corregir esta oración.

Las preguntas 34 a 40 se refieren al siguiente texto.

Perjudicando las economías del mercer mundo.

A

(1) Las advertencias oficiales que se hacen a viajeros de países industrializados pueden resultar perjudiciales para las economías de países turísticos, según representantes de naciones en desarrollo.

B

(2) Un grupo de integrantes de la Mancomunidad Británica de Naciones (Commonwealth) exhortó a los países ricos durante una reunión en la capital de Malasia a ser más "sensibles y comprensivos" en el momento dé emitir las advertencias oficiales a los viajeros. (3) Representantes de la industria turística de la Commonwealth, un organismo que reside bajo el control de la UNESCO, estima que consejos "inadecuados y no siempre realistas" han exacerbado las dificultades económicas por las que atraviesan algunas naciones de ese grupo. (4) Sin embargo, se les ha pedido que reconsideren algunas de las partes negativas de dicha lista de consejos.

C

(5) "El turismo puede jugar un papel básico en transformar la vida de las personas de menos recursos, y a veces es el estímulo de la pequeña y la mediana empresa", dijo Don McKinnon, secretario general de la Commonwealth. (6) En declaraciones a la BBC, McKinnon señaló: "Hay una razonable preocupación en el sentido de que una advertencia demasiado fuerte emitido en un país puede llegar a ocasionar daños considerables en otro". (7) Además, no es la primera vez que este debate tiene lugar, hace pocos año, algunos países africanos miembros de la Commonwealth vieron reducidos drásticamente sus ingresos por concepto de turismo.

34. Oración 1: **Las advertencias oficiales que se hacen a viajeros de países industrialisados pueden resultar perjudiciales para las economías de países turísticos, según representantes de naciones en desarrollo.**

¿Qué corrección se debe hacer en la oración 1?

(1) cambiar <u>oficiales</u> a <u>officiales</u>

(2) sustituir <u>se hacen</u> con <u>se hicieron</u>

(3) añadir una coma después de <u>industrialisados</u>

(4) cambiar <u>industrialisados</u> a <u>industrializados</u>

(5) eliminar la coma después de <u>turísticos</u>

35. Oración 2: **Un grupo de integrantes de la Mancomunidad Británica de Naciones (Commonwealth) exhortó a los países ricos durante una reunión en la capital de Malasia a ser más "sensibles y comprensivos" en el momento dé emitir las advertencias oficiales a los viajeros.**

¿Qué corrección se debe hacer en la oración 2?

(1) cambiar <u>exhortó</u> a <u>exortó</u>

(2) cambiar <u>Malasia</u> a <u>malasia</u>

(3) sustituir <u>el momento</u> con <u>la eventualidad</u>

(4) cambiar <u>dé</u> a <u>de</u>

(5) No es necesario corregir esta oración.

36. Oración 3: **Representantes de la industria turística de la Commonwealth, un organismo que reside bajo el control de la UNESCO, <u>estima</u> que consejos "inadecuados y no siempre realistas" han exacerbado las dificultades económicas por las que atraviesan algunas naciones de ese grupo.**

    ¿Cuál es la mejor manera de escribir la parte subrayada de la oración? Si la redacción original es la mejor, escoja la alternativa (1).

    (1) estima
    (2) estimaron
    (3) estiman
    (4) estarán
    (5) habrán estimado

37. Oración 4: **<u>Sin embargo</u>, se les ha pedido que reconsideren algunas de las partes negativas de dicha lista de consejos.**

    ¿Cuál es la mejor manera de escribir la parte subrayada de la oración? Si la redacción original es la mejor, escoja la alternativa (1).

    (1) Sin embargo
    (2) En cambio
    (3) Igualmente
    (4) Supuestamente
    (5) Por lo tanto

38. Oración 5: **"El turismo puede jugar un papel básico en transformar la vida de las personas de menos recursos, y a veces es el estímulo de la pequeña y la mediana empresa", dijo Don McKinnon, secretario general de la Commonwealth.**

    ¿Qué corrección se debe hacer en la oración 5?

    (1) cambiar <u>puede</u> a <u>pudo</u>
    (2) sustituir <u>transformar</u> con <u>modificar</u>
    (3) eliminar la coma después de <u>recursos</u>

    (4) cambiar <u>secretario general</u> a <u>Secretario General</u>
    (5) No es necesario corregir esta oración.

39. Oración 6: **En declaraciones a la BBC, McKinnon señaló: "Hay una razonable preocupación en el sentido de que una advertencia demasiado fuerte emitido en un país puede llegar a ocasionar daños considerables en otro".**

    ¿Qué corrección se debe hacer en la oración 6?

    (1) sustituir <u>En</u> a <u>Por</u>
    (2) sustituir <u>señaló</u> con <u>señalizo</u>
    (3) cambiar <u>emitido</u> a <u>emitida</u>
    (4) añadir una coma después de <u>país</u>
    (5) sustituir <u>considerables</u> con <u>considerados</u>

40. Oración 7: **Además, no es la primera vez que este <u>debate tiene lugar, hace pocos años, algunos países africanos</u> miembros de la Commonwealth vieron reducidos drásticamente sus ingresos por concepto de turismo.**

    ¿Cuál es la mejor manera de escribir la parte subrayada de la oración? Si la redacción original es la mejor, escoja la alternativa (1).

    (1) debate tiene lugar, hace pocos años, algunos países africanos
    (2) debate tiene lugar. Hace pocos años, algunos países africanos
    (3) debate tiene lugar, hace pocos años algunos países africanos
    (4) debate tiene lugar hace pocos años. Algunos países africanos
    (5) debate tiene lugar, por eso hace pocos anos, algunos países africanos

Las preguntas 41 a 50 se refieren al siguiente texto.

Una democracia con calidad.

A

(1) En los últimos años se han escrito centenares de libros y artículos sobre democracia y los Derechos Humanos en Latinoamérica. (2) Una situación que no extraña a nadie. (3) Ya que la dictadura ha sido una constante en la historia de los países latinoamericanos. (4) Pero no es solamente la dictadura que causaba problemas en el pasado. (5) En casi todos los países de Latinoamérica existe varios problemas de este tipo o de este orden. (6) Incluso aquellos países cuyos regímenes se encuentran en vías de democratización tienen serios problemas en el terreno de los Derechos Humanos y el funcionamiento del Estado de Derecho. (7) La pregunta es: ¿Qué aspectos hay que tener en cuenta si queremos sobre la naturaleza y la calidad de la democracia latinoamericana? (8) Para mantener une cierta simplicidad, se puede decir que hay dos criterios que forman la base mínima de toda democracia: la igualdad de derechos civiles y político y los derechos socioeconómicos mínimos.

B

(9) Los derechos civiles (como los de expresión, publicación, o de asociación) es parte formal de todas las constituciones latinoamericanas. (10) Sin embargo, en la práctica estos derechos son violados diariamente en la mayoría de los países latinoamericanos. (11) Los derechos políticos tienen que ver con la posibilidad de participar en elecciones libres y democráticas. (12) La realización de elecciones no significa nada en sí, y menos si no se puede garantizar la libertad del proceso por que no le permite a la población votar libremente. (13) En muchos países latinoamericanos, las acusaciones de influencia militar, fraude, limitada participación de la oposición y intervención política desde fuera no permiten suponer la existencia de elecciones libres.

C

(14) No se puede contemplar la democracia en América Latina sin tener en cuenta que una gran parte de su población vive fuera de la sociedad civil. (15) Entonces, el aspecto democrático del sistema político afectará obviamente a una parte de la población, limitando así la "tasa" democrática del país. (16) El autor estadounidense Huntington observa que la democracia es incompatible con altos niveles de desigualdad económica. (17) Lo demuestran las cifras que se refieren a la población que vive bajo la línea de la pobreza.

D

(18) Un punto fundamental es el apoyo de los países industrializados al desarrollo de la democracia, en el sentido verdadero de democracia, y de los derechos humanos con todas las medidas posibles. (19) Otro punto importante a tener en cuenta es el de la formación en el contexto global. (20) Sin mejores posibilidades de formación, no aumentará el nivel de democratización en los países latinoamericanos y por consiguiente y no menos importante, el nivel económico de éstos.

41. Oración 1: **En los últimos años se han escrito centenares de libros y artículos sobre democracia y los Derechos Humanos en Latinoamérica.**

¿Qué corrección se debe hacer en la oración 1?

(1) Añadir una coma después de <u>año</u>

(2) cambiar <u>han</u> a <u>fue</u>

(3) sustituir <u>centenares</u> con <u>muchos</u>

(4) cambiar <u>democracia</u> a <u>la democracia</u>

(5) cambiar <u>democracia</u> a <u>Democracia</u>

42. Oración 2 y 3: **Una situación que no extraña <u>a nadie. Ya que</u> la dictadura ha sido una constante en la historia de los países latinoamericanos.**

    ¿Cuál es la mejor manera de escribir la parte subrayada de la oración? Si la redacción original es la mejor, escoja la alternativa (1).

    (1) a nadie. Ya que

    (2) a nadie ya que

    (3) a nadie, ya que

    (4) a nadie y ya que

    (5) a nadie puesto que

43. Oración 5: **En casi todos los países de Latinoamérica <u>existe</u> varios problemas de este tipo o de este orden.**

    ¿Cuál es la mejor manera de escribir la parte subrayada de la oración? Si la redacción original es la mejor, escoja la alternativa (1).

    (1) existe

    (2) existió

    (3) existen

    (4) existimos

    (5) existía

44. Oración 7: **La pregunta es: ¿Qué aspectos hay que tener en cuenta si queremos sobre la naturaleza y la calidad de la democracia latinoamericana?**

    ¿Qué revisión se debe hacer en la oración 7?

    (1) cambiar <u>Qué</u> a <u>Que</u>

    (2) cambiar <u>sobre</u> a <u>sobrepasar</u>

    (3) sustituir <u>tener</u> en <u>con guardar</u>

    (4) cambiar <u>sobre</u> a <u>hablar sobre</u>

    (5) cambiar <u>calidad</u> a <u>qualidad</u>

45. Oración 9: **Los derechos civiles (como los de expresión, publicación, o de asociación) es parte formal de todas las constituciones latinoamericanas.**

    ¿Qué corrección se debe hacer en la oración 9?

    (1) cambiar <u>civiles</u> a <u>cíviles</u>

    (2) añadir una coma después de <u>expresión</u>

    (3) cambiar <u>es</u> a <u>son</u>

    (4) sustituir <u>constituciones</u> con <u>constituidos</u>

    (5) cambiar <u>latinoamericanas</u> a <u>latino americanas</u>

46. Oración 12: **La realización de elecciones no significa nada en sí, y menos si no se puede garantizar la libertad del proceso por que no le permite a la población votar libremente.**

    ¿Qué corrección se debe hacer en la oración 12?

    (1) eliminar la coma después de <u>sí</u>

    (2) cambiar <u>menos</u> a <u>más</u>

    (3) cambiar <u>por que</u> a <u>porque</u>

    (4) sustituir <u>población</u> con <u>populación</u>

    (5) No es necesario corregir esta oración.

47. Oraciones 16 y 17: **El autor estadounidense Huntington observa que la democracia es incompatible con altos niveles de desigualdad económica. Lo demuestran las cifras que se refieren a la población que vive bajo la línea de la pobreza.**

¿Cuál es la forma más efectiva de combinar las oraciones 16 y 17?

(1) niveles de desigualdad económica que se demuestran

(2) niveles de desigualdad económica aunque lo demuestran

(3) niveles de desigualdad económica en cuanto a las cifras

(4) niveles de desigualdad económica y esto lo demuestran

(5) niveles de desigualdad económica que es la población

48. ¿Cuál de las siguientes oraciones sería la más efectiva al comienzo del párrafo D?

(1) Aunque la situación socioeconómica en América Latina todavía es crítica podemos ver que el desarrollo de la democracia en estos países ha mejorado el nivel de vida.

(2) Pero en realidad las condiciones del continente latinoamericano, por la mucha ayuda que recibe, no van a tardar en mejorar.

(3) Por supuesto, la necesidad de obtener ayuda no es muy importante.

(4) Al igual que en la década de los ochenta, el nivel económico de algunos de estos países ha mejorado de forma increíble.

(5) Sin embargo, lo que no se puede hacer es esperar a que las economías nacionales se mejoren para entonces pedir ayuda.

49. Oración 18: **Un punto fundamental es el apoyo de los países industrializados al desarrollo de la democracia, en el sentido verdadero de democracia, y de los derechos humanos con todas las medidas posibles.**

¿Qué corrección se debe hacer en la oración 18?

(1) cambiar <u>fundamental</u> a <u>fundamentalista</u>

(2) cambiar <u>es</u> a <u>estando</u>

(3) cambiar <u>apoyo</u> a <u>apollo</u>

(4) cambiar <u>desarrollo</u> a <u>desaroyo</u>

(5) añadir una coma después de <u>de democracia</u>

50. Oración 20: **Sin mejores posibilidades <u>de formación no aumentará</u> el nivel de democratización en los países latinoamericanos y por consiguiente y no menos importante, el nivel económico de éstos.**

¿Cuál es la mejor manera de escribir la parte subrayada de la oración? Si la redacción original es la mejor, escoja la alternativa (1).

(1) de formación no aumentará

(2) de formación. No aumentará

(3) de formación y entonces no aumentará

(4) de formación, no aumentará

(5) de formación por lo que se supone que no aumentará

PARTE 2

Duración: 45 minutos • 1 ensayo

Instrucciones: Esta parte de la prueba de GED está diseñada para saber cuál es su nivel de redacción. Se le hará una pregunta en la que se le pedirá que explique algo o que exprese una opinión sobre un tema. Al redactar su respuesta para esta parte del examen, debe incluir sus propias observaciones y experiencias y seguir estos pasos:

1 Antes de comenzar a redactar su respuesta, lea las instrucciones y la pregunta con atención.

2 Piense en lo que quiere expresar y planifique el ensayo en detalle antes de comenzar a escribir.

3 Use las hojas en blanco que encontrará con la prueba (o el papel borrador que le hayan entregado) para realizar anotaciones mientras planea el ensayo.

4 Redacte el ensayo en forma prolija en una hoja de respuestas por separado.

5 Lea atentamente todo lo que haya escrito y haga los cambios necesarios para mejorar su trabajo.

6 Controle los párrafos, la estructura de las oraciones, la ortografía, la puntuación, el uso de mayúsculas y el uso de la lengua y corrija los errores.

Dispondrá de 45 minutos para redactar la respuesta a la pregunta formulada. Escriba en forma clara con un bolígrafo para que los evaluadores puedan leer lo que haya escrito. Las anotaciones que realice en las hojas en blanco o en el borrador no se incluirán en la evaluación.

Al menos dos lectores capacitados calificarán el ensayo y evaluarán el trabajo según su impacto general. Tendrán en cuenta la claridad con que expresa las ideas principales, la rigurosidad con la que sustenta las ideas y la efectividad y corrección de su redacción a lo largo de toda la composición. No recibirá ningún crédito por la redacción de un tema que no sea el asignado.

Tema de Ejemplo

Más del 85 por ciento de los hogares en Estados Unidos recortan y canjean cupones y ofertas de reembolsos de supermercados.

Redacte una composición de alrededor de 250 palabras en la que explique por qué considera que las personas dedican tiempo a hacer esto. Sea específico y utilice los ejemplos de su propia experiencia para respaldar su posición.

PRUEBA 2: ESTUDIOS SOCIALES

Duración: 75 minutos • 50 preguntas

Instrucciones: La Prueba de Estudios Sociales consiste en preguntas de opción múltiple que evalúan sus conocimientos sobre conceptos generales de Historia, Economía, Geografía, Educación Cívica y Gobierno. Las preguntas se basan en textos de lectura, mapas, gráficas, tablas y caricaturas. Para cada pregunta, estudie primero la información presentada y luego responda a las preguntas. Puede consultar las lecturas o las gráficas todas las veces necesarias para responder a las preguntas. Registre las respuestas en la sección de Estudios Sociales de la hoja de respuestas.

Ejemplo:

P ¿Qué medio de prensa presenta con mayor regularidad opiniones e interpretaciones de las noticias?

(1) Programas informativos de la televisión nacional

(2) Programas informativos de la televisión local

(3) Editoriales de periódicos

(4) Teletipos de agencias de noticias

(5) Programas de noticias en la radio

La respuesta correcta es "editoriales de periódicos". Por lo tanto, debe marcar el espacio de la respuesta 3 en la hoja de respuestas.

Las preguntas 1 a 5 se refieren al siguiente fragmento.

Las condiciones laborales en el Sur eran marcadamente diferentes de las del Norte. Por un lado, hasta mucho después del inicio del siglo XX, el Sur no lograba atraer trabajadores inmigrantes ni incluso a los hijos de los inmigrantes. Los blancos de las tierras más pobres de Piedmont y de las montañas suministraban la mayor parte de la mano de obra para la industria textil y otras industrias que requerían operarios calificados mientras que una mayoría negra realizaba el trabajo pesado de las minas, los altos hornos y la industria maderera. Sólo en raras ocasiones se empleaban trabajadores de las dos razas que trabajaban lado a lado en las mismas tareas. Las industrias que solían emplear tanto a blancos como a negros se encargaron de mantener una división del trabajo entre las razas, y asignaban con frecuencia los cargos inferiores a los negros.

En las fábricas textiles, el empleo de mujeres y niños era prácticamente unánime, aunque el alcance de la explotación de los niños quizás se haya exagerado. Sin embargo, la oportunidad que tenía toda la familia de tener un empleo remunerativo era uno de los principales atractivos que las fábricas ofrecían a las personas blancas de zonas rurales. Los salarios eran bajos; al principio, eran mucho más bajos que los pagados en las fábricas del Norte. Sin embargo, con el trabajo del padre, la madre y los niños, el ingreso total era mucho mayor que el obtenido del trabajo en una granja en decadencia y la tentación de dejarla para ir a una fábrica era casi irresistible.

1. Según la información de este artículo, ¿qué frase describe más claramente la condición económica de los granjeros del Sur a comienzos del siglo XX?

   (1) pobre, pero alentadora

   (2) comparativamente peor que la condición de los trabajadores de las fábricas

   (3) sin tensiones raciales que la afectaran

   (4) determinada por los precios pagados en las ciudades del Norte

   (5) atractiva para la mano de obra inmigrante

2. Al comienzo de este siglo, ¿quiénes es más probable que recibieran capacitación para los trabajos calificados en las fábricas del Sur?

   (1) blancos y negros en igual medida

   (2) niños blancos únicamente

   (3) blancos educados

   (4) trabajadores inmigrantes

   (5) hombres blancos

3. Según este fragmento, ¿qué se deduce sobre la vida rural de principios del siglo XX en el Sur?

   (1) La educación superior no tenía un papel importante.

   (2) Existían pocas barreras raciales.

   (3) Era mucho mejor que la vida en el Norte.

   (4) Estaba marcada por rápidos cambios tecnológicos.

   (5) Dependía de la mano de obra inmigrante.

4. ¿Por qué los blancos fueron ocupando gradualmente los empleos en las fábricas?

   (1) El algodón era el rey del Sur.

   (2) La tierra no era económicamente productiva.

   (3) Toda la familia podía ganar más dinero allí.

   (4) Los negros estaban asumiendo el control de las granjas.

   (5) La competencia en el Norte era intensa.

5. Según la información de este artículo, ¿cuál de las siguientes razones explica mejor por qué las industrias no explotaban el trabajo infantil a mayor escala?

   (1) No había suficientes niños disponibles.

   (2) Los niños estaban en el escuela medio día.

   (3) No era económicamente práctico.

   (4) Los padres no permitían que sus hijos pequeños trabajaran.

   (5) Los niños se rebelaron contra el trabajo.

Las preguntas 6 a 8 se basan en el siguiente mapa.

6. ¿Cuál de los siguientes enunciados explica mejor por qué Afganistán ha tenido dificultades para colocar sus exportaciones en mercados extranjeros?

   (1) No produce suficiente.

   (2) Es un país primitivo.

   (3) Es odiado por sus vecinos.

   (4) Su población posee un bajo índice de alfabetización.

   (5) No tiene acceso al mar.

7. El pueblo de Afganistán está dividido en varios grupos étnicos, como pashtunes o pushtus, tayikos, uzbekos y hazaras. Alrededor del 50 por ciento de sus 19,500,000 habitantes hablan pushtu, otro 35 por ciento habla persa y un 11 por ciento habla idiomas de raíz turca, mientras que el resto de las personas hablan una variedad de idiomas diferentes. El país tiene una superficie que representa alrededor de la quinta parte de la de Estados Unidos. Sólo alrededor del 10 por ciento de las personas están alfabetizadas en algún idioma. Según esta información, ¿qué conclusión es más probable?

   (1) Afganistán es una nación rica y bien administrada.

   (2) Afganistán posee industria pesada y empresas tecnológicamente avanzadas.

   (3) Afganistán posee una economía esencialmente agrícola.

   (4) La capital de Afganistán es una importante ciudad de Asia.

   (5) Afganistán no puede financiar su propio ejército.

8. ¿Cuál de los siguientes enunciados está mejor respaldado por el mapa?

   (1) El pescado constituye una parte importante de la dieta afgana.

   (2) El clima de Afganistán es similar al de Tajikistán.

   (3) Kabul es un puerto estratégico de Europa central.

   (4) Afganistán fue alguna vez parte de Pakistán.

   (5) Afganistán está limitado por montañas.

Las preguntas 9 a 13 se refieren al siguiente fragmento.

Ciertos tipos de campañas y afirmaciones publicitarias engañosas siguen apareciendo una y otra vez a pesar de los esfuerzos continuos para detenerlas. Los anunciantes que realizan tales reivindicaciones tienen generalmente tanto éxito que logran obtener grandes ganancias antes de que se inicie alguna acción para detenerlos. A continuación, se indican cinco tipos de prácticas publicitarias engañosas:

1. **Afirmaciones sin sentido**   propagandas que aparentan brindar hechos útiles, pero la información no tiene sentido cuando se la examina más de cerca

2. **Tergiversación de los hechos**   propagandas que exageran o expresan falsedades sobre un producto

3. **"Carnada y cambio"**   una oferta falsa para vender un producto o un servicio que el anunciante realmente no desea ni tiene intenciones de vender. Cuando un cliente muestra interés por el producto, el anunciante ofrece otro de mayor precio

4. **Esquemas de ventas con derivación** propagandas que ofrecen bonificaciones a los compradores que suministran al vendedor los nombres de otros posibles clientes

5. **Precios ficticios** exageración del "precio de lista" para convencer a los clientes de que los precios publicitados ofrecen un precio especial

Cada uno de los siguientes enunciados ilustra un tipo de propaganda engañosa. Elija la práctica engañosa que se utilizó en cada situación. Las categorías pueden utilizarse más de una vez en las preguntas, pero ninguna pregunta tiene más de una respuesta correcta.

9. "Nunca tendrá que comprar otro par de calcetines, a menos que los pierda en la lavandería. Se lo garantizamos."
   (1) afirmaciones sin sentido
   (2) tergiversación de los hechos
   (3) "carnada y cambio"
   (4) esquemas de ventas con derivación
   (5) precios ficticios

10. "Los estudios científicos prueban y garantizan absolutamente que el detergente Cleer dura hasta un 40% más o le devolveremos su dinero sin problema alguno."
    (1) afirmaciones sin sentido
    (2) tergiversación de los hechos
    (3) "carnada y cambio"
    (4) esquemas de ventas con derivación
    (5) precios ficticios

11. La familia García llega a Todo Muebles en respuesta a la siguiente propaganda: "Muebles para tres ambientes a sólo $200". En el negocio, se les muestra a los García una cama, un sofá y una mesa de comedor, todos rayados y en malas condiciones. El vendedor los desvía para mostrarles otros muebles más costosos y en mejores condiciones.
    (1) afirmaciones sin sentido
    (2) tergiversación de los hechos
    (3) "carnada y cambio"
    (4) esquemas de ventas con derivación
    (5) precios ficticios

12. Televisión City afirma que el precio del fabricante para el televisor color de 19 pulgadas es $500 y que el precio de oferta especial de Televisión City es de $400, lo que significa un ahorro de $100 con respecto al precio de lista. En realidad, el precio sugerido por el fabricante es de $398.99.
    (1) afirmaciones sin sentido
    (2) tergiversación de los hechos
    (3) "carnada y cambio"
    (4) esquemas de ventas con derivación
    (5) precios ficticios

13. "¡Es oficial!" Los OSITOS TEDDY PARLANCHINES vendidos por empresas de la competencia se venden ahora más que cualquier otro juguete en Estados Unidos. La demanda es tan grande que incluso los modelos introducidos hace un año todavía se venden por mucho más en los negocios. Pero podemos ofrecer estos adorables juguetes a mucho menor precio a través de esta oferta de lanzamiento especial por correo."
    (1) afirmaciones sin sentido
    (2) tergiversación de los hechos
    (3) "carnada y cambio"
    (4) esquemas de ventas con derivación
    (5) precios ficticios

Las preguntas 14 a 17 se refieren a los siguientes mapas.

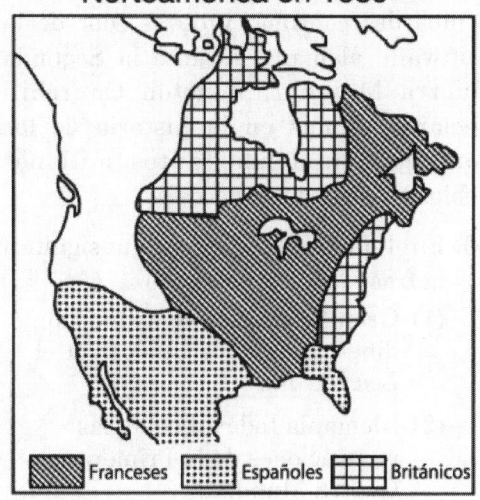

Norteamérica en 1689

Franceses Españoles Británicos

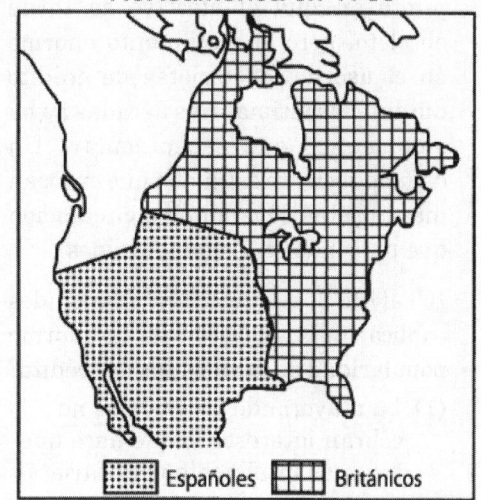

Norteamérica en 1763

Españoles Británicos

14. ¿Cuál de las siguientes alternativas es la que mejor describe los cambios que se produjeron entre estos dos mapas?

(1) Los franceses derrotaron a los británicos en la Guerra Franco India, 1754 a 1763.

(2) Los españoles desviaron sus fuerzas para luchar en México.

(3) Los ingleses impusieron a las colonias la parte correspondiente del costo de mantenimiento del Imperio Británico.

(4) El Tratado de París eliminaba a Francia como una potencia colonial en Norteamérica.

(5) Los colonos estadounidenses ganaron experiencia militar muy valiosa.

15. Según el mapa, ¿qué potencia controlaba British Columbia en 1689?

(1) Francia

(2) España

(3) Inglaterra

(4) Inglaterra y Francia

(5) Ninguna de las anteriores

16. Según el mapa, ¿qué potencia controlaba Louisiana en 1689?

(1) Francia

(2) Inglaterra y Francia

(3) España

(4) Inglaterra

(5) Francia y España

17. Según el mapa, ¿qué potencia controlaba el río Mississippi en 1763?

(1) España

(2) Inglaterra

(3) España e Inglaterra

(4) España y Francia

(5) Francia

prueba de ejemplo

18. ¿Qué tan lejos estamos del día en que una tarjeta de plástico reemplace al efectivo? Todavía no hemos llegado al punto en que el efectivo se torne obsoleto, pero el crecimiento enorme en el uso de las tarjetas de crédito durante las últimas tres décadas no ha sido menos que espectacular. Un estudio reciente estimaba que existían más tarjetas de crédito en circulación que personas en Estados Unidos.

¿Cuál de los siguientes enunciados explica mejor la razón de la enorme popularidad de las tarjetas de crédito?

   (1) La mayoría de las tarjetas no cobran intereses lo que hace que sea más inteligente usar tarjetas en lugar de efectivo.

   (2) La mayoría de las tarjetas de crédito poseen un tope ilimitado.

   (3) Los comerciantes alientan a las personas para que obtengan tarjetas con el fin de estimular las ventas.

   (4) Las tarjetas son enviadas gratis a las personas aún cuando no las soliciten.

   (5) Las tarjetas de crédito son convenientes y relativamente seguras.

19. En un mapa del mundo, $1\frac{1}{2}$ pulgada representa 1,000 millas. ¿Cuántas pulgadas deberían utilizarse para indicar la distancia existente entre New York y San Francisco?

   (1) $1\frac{1}{2}$

   (2) 3

   (3) $4\frac{1}{2}$

   (4) 5

   (5) 6

La pregunta 20 se basa en el siguiente enunciado.

Después de que Londres logró resistir el bombardeo continuo y devastador de la Luftwaffe alemana durante la Segunda Guerra Mundial, Winston Churchill declaró, "Jamás en la historia de los conflictos humanos tantos millones debieron tanto a tan pocos".

20. En el enunciado anterior, ¿qué significa la frase "...debieron tanto ..."?

   (1) Gran Bretaña le debía mucho dinero a Estados Unidos por el *Lend Lease*.

   (2) Alemania todavía debía las reparaciones de la Primera Guerra Mundial.

   (3) El mundo le debía las gracias a Estados Unidos por la Invasión del Día D.

   (4) Los aliados le debían gratitud a Gran Bretaña por soportar el bombardeo.

   (5) Alemania tenía una deuda con los países invadidos.

21. A partir de 1957, Estados Unidos y Rusia se embarcaron en una "carrera espacial". En 1957, los soviéticos lanzaron el Sputnik. ¿Qué evento en 1969 marcó un momento crucial para EE.UU. en esta carrera espacial?

   (1) el primer satélite que orbitó alrededor de la Tierra

   (2) la construcción de una estación espacial

   (3) la primera caminata en el espacio

   (4) el primer alunizaje tripulado

   (5) el primer lanzamiento de un cohete de etapas múltiples

La pregunta 22 se refiere al siguiente anuncio.

REUNIÓN DE CONCEJALES

Shepherd Hall

Lenox, North Dakota

15 de junio de 2001

La reunión comenzará a las 7 p.m. en punto.

TEMA: ALCANTARILLAS

Les invitamos a asistir a esta importante reunión. El Comité de alcantarillas discutirá sobre la posibilidad de ampliar el sistema de alcantarillado a: Goodrich Street, Mason Shores, Mason Terrace y las casas en Bean Hill Road.

Los temas que se discutirán incluyen: costos individuales, el informe de ingeniería, opciones de créditos y subsidios estatales y del condado y los costos posibles para los propietarios.

NO FALTE A ESTA REUNIÓN.

---

22. El anuncio a la izquierda es un ejemplo de uno de los siguientes:
    (1) gobierno participativo
    (2) votos por correo
    (3) republicanismo
    (4) activismo ambiental
    (5) ninguna de las anteriores

23. La idea del siglo XVIII de que no le corresponde a los gobiernos interferir con la economía se denomina
    (1) liberalismo.
    (2) optimismo.
    (3) uniformidad.
    (4) laissez-faire.
    (5) darwinismo.

prueba de ejemplo

Las preguntas 24 a 28 se refieren a la siguiente caricatura:

24. La caricatura anterior ilustra el problema

    (1) de contaminación por desechos tóxicos.

    (2) de la disposición de desechos sólidos.

    (3) del calentamiento mundial.

    (4) de las malas relaciones internacionales.

    (5) de la lluvia ácida.

25. Una sigla que puede aplicarse a la situación mostrada es

    (1) ACWA.

    (2) IATA.

    (3) COCOM.

    (4) NIMBY.

    (5) DOD.

26. La solución más viable a largo plazo para este problema probablemente radique en

    (1) la compactación.

    (2) la legislación.

    (3) el reciclado.

    (4) las sanciones.

    (5) la incineración.

27. Este problema no se limita sólo a Estados Unidos, sino que el problema es mayor en Estados Unidos que en otros lugares debido

    (1) a la ética de "arrójalo a la basura" de Estados Unidos.

    (2) a que es la nación más grande.

    (3) a que posee la mayor población.

    (4) a que posee una capa freática alta.

    (5) a que posee un congreso obstruccionista.

28. Esta caricatura probablemente debe haber aparecido en

    (1) un libro ilustrado infantil.

    (2) una revista de moda.

    (3) un boletín informativo de la PTA (Asociación de Padres y Maestros).

    (4) un manual de un procesador de alimentos.

    (5) un periódico.

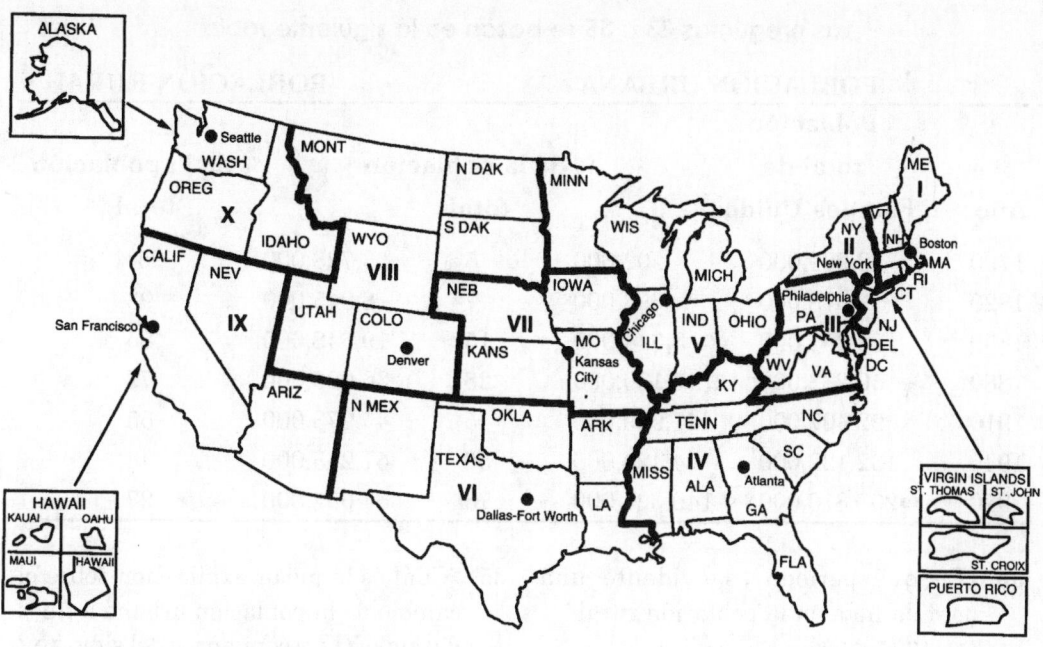

Las preguntas 29 a 32 se basan en el mapa anterior y en el siguiente fragmento.

Para que el gobierno federal sea más accesible a las personas que necesitan de sus servicios, el poder ejecutivo está dividido en diez regiones geográficas según se indica en el mapa anterior. Los puntos en cada región marcan la ciudad con oficinas centrales regionales.

29. Si es residente de Salt Lake City, ¿dónde está la oficina central de su área?

    (1) Seattle

    (2) Chicago

    (3) Atlanta

    (4) Denver

    (5) Kansas City

30. Si es residente de Puerto Rico, ¿dónde está la oficina central de su área?

    (1) Atlanta

    (2) Miami

    (3) Philadelphia

    (4) New York City

    (5) Boston

31. ¿Qué estados incluye la región VII?

    (1) South Dakota, Iowa, Kansas, Missouri

    (2) Arkansas, Illinois, Missouri, Iowa

    (3) Iowa, Missouri, Kansas, Nebraska

    (4) Iowa, Colorado, Missouri, Kansas

    (5) Arkansas, Oklahoma, Kansas, Nebraska

32. Según la información presentada en el mapa, ¿cuál de los siguientes enunciados explica mejor por qué la región II es tan pequeña?

    (1) Está cerca de Washington, D.C.

    (2) Es una zona densamente poblada.

    (3) Recibe mucha asistencial federal.

    (4) Posee congresistas y senadores poderosos.

    (5) No posee una ciudad con una oficina central.

Las preguntas 33 a 35 se basan en la siguiente tabla.

Año	POBLACIÓN URBANA Población total de Estados Unidos		% de la población total	POBLACIÓN RURAL	% de la población total
1790	3,929,000	202,000	5%	3,728,000	95%
1820	9,618,000	693,000	7	8,945,000	93
1850	23,261,000	3,544,000	15	19,648,000	85
1880	50,262,000	14,130,000	28	36,026,000	72
1910	92,407,000	41,999,000	45	49,973,000	55
1940	132,122,000	74,424,000	56	57,245,000	44
1970	203,810,000	149,325,000	73	54,054,000	27

33. ¿En qué período es evidente una pérdida neta en la población rural?

(1) 1790–1820

(2) 1820–1850

(3) 1880–1910

(4) 1910–1940

(5) 1940–1970

34. ¿Qué enunciado está mejor respaldado por los datos de la tabla?

(1) El número de personas que vivían en área rurales en 1970 era menor que el número de las que vivían en áreas rurales en 1880.

(2) El porcentaje de la población total que vivía en áreas rurales aumentó durante el siglo XX.

(3) El número de personas que vivía en áreas urbanas disminuyó durante el siglo XIX.

(4) La gran mayoría de las personas vivían en áreas urbanas para 1940.

(5) El número de personas que vivían en áreas rurales disminuyó constantemente entre 1880 y 1970.

35. ¿Cuál es la mejor explicación sobre el cambio de la población urbana a fines del siglo XIX y comienzos del siglo XX?

(1) disminución de la producción agrícola

(2) aumento de los empleos industriales

(3) ampliación de las cuotas de inmigración

(4) mejoras en el transporte

(5) disminución de la tasa de nacimientos

Las preguntas 36 a 40 se basan en el siguiente fragmento.

La Ley Federal sobre Igualdad de los Salarios (*Equal Pay Act*) prohíbe la discriminación en el pago de las remuneraciones en razón del sexo de una persona. Los hombres y mujeres que realizan una tarea en el mismo establecimiento bajo condiciones similares deben recibir la misma remuneración si sus trabajos requieren de iguales destrezas, esfuerzo y responsabilidad. Se permiten diferencias en las retribuciones que se basen en la antigüedad o el sistema de méritos; un sistema que mide las ganancias por medio la cantidad o calidad de la producción o cualquier otro factor que no sea el sexo de la persona.

Los empleadores no pueden reducir el salario de ningún empleado para eliminar diferencias ilegales. Se prohíbe que las organizaciones laborales provoquen o intenten provocar la violación de esta ley por parte de los empleadores.

La ley fue aprobada en 1963 como una enmienda a la Ley de Normas Laborales Justas (*Fair Labor Standards Act*) y se aplica a la mayoría de las trabajadores en los sectores públicos o privados, tales como empleados ejecutivos, administrativos y profesionales y el personal de ventas externas.

El Departamento del Trabajo oficialmente interpreta que estas disposiciones de la ley se aplican a los "salarios" lo que incluye toda remuneración en el empleo. Por lo tanto, la ley prohíbe la discriminación en todos los pagos relacionados con el empleo, como horas extra, uniformes, viáticos, jubilación y otras bonificaciones. La Corte Suprema ha sostenido la posición de que los empleos de hombres y mujeres necesitan ser sólo "sustancialmente iguales", no idénticos, a los propósitos de la comparación conforme a la ley.

36. ¿Cuál de los siguientes grupos de personas están cubiertas por la Ley de Normas Laborales Justas (*Fair Labor Standards Act*)?

(1) administrativos

(2) administrativos contables

(3) abogados

(4) todos los anteriores

(5) ninguno de los anteriores

37. ¿Qué incluye el término salario?

(1) sueldo habitual

(2) horas extra

(3) bonificaciones

(4) ropa de trabajo

(5) todo lo anterior

38. Según la información en el texto, ¿cuál de los siguientes enunciados explica mejor por qué Pablo y Nancy reciben el mismo salario aunque el nombre del cargo es distinto?

(1) Sus empleos requieren igual conocimiento y responsabilidad.

(2) Fueron contratados al mismo tiempo.

(3) Trabajan la misma cantidad de horas.

(4) Nancy es más estimada y recibe más horas extra que Pablo.

(5) El salario de Pablo ha sido disminuido para eliminar diferencias ilegales.

39. Según las disposiciones de la ley, ¿cuál de los siguientes enunciados debe ser verdad para que los empleos requieran igual pago para hombres y mujeres?

(1) Los empleos deben ser exactamente iguales.

(2) Los empleos deben estar al mismo nivel.

(3) Los empleos deben ser iguales, pero no necesariamente idénticos.

(4) Los salarios pueden no estar basados en la antigüedad o el mérito.

(5) Las escalas salariales deben ser iguales en los sectores público y privado.

40. ¿Cuál de los siguientes enunciados es la razón más probable del motivo por el que esta ley fue promulgada?

(1) Se discriminaba a las personas en razón de la edad.

(2) Los gerentes tenían dificultades para atraer trabajadores.

(3) Los salarios eran desiguales debido a las diferencias en el nivel educativo.

(4) Las mujeres realizaban el mismo tipo de trabajo que los hombres, pero recibían menor retribución.

(5) Se discriminaba a las personas en razón de la nacionalidad.

41. Durante la Primera Guerra Mundial, los alemanes quedaron inmovilizados en Francia y millones de alemanes quedaron además paralizados en el frente oriental en Rusia. Al mismo tiempo, los alemanes tenían hombres que peleaban en África y además en el Lejano Oriente.

Según los hechos anteriores, ¿cuál fue la causa principal de la derrota de Alemania en la Primera Guerra Mundial?

(1) el fracaso del Plan Schlieffen

(2) las dificultades para enviar suministros a sus ejércitos

(3) había demasiados frentes de batalla

(4) la retirada de Rusia en 1917

(5) hitler perdió el apoyo de sus generales

42. La revolución francesa tuvo un gran efecto en el desarrollo posterior de la democracia en Francia como lo expresaba el famoso lema: Liberté, Egalité, Fraternité. ¿Qué clase se benefició más con esta revolución?

(1) el primer estado: el clero

(2) el segundo estado: la nobleza

(3) el tercer estado: el pueblo

(4) los extranjeros

(5) los ancianos

La pregunta 43 se refiere al siguiente pasaje.

Las siguientes palabras se encuentran redactadas en la Enmienda XIX de la Constitución de EE.UU.

"El derecho de los ciudadanos de Estados Unidos a votar no será negado ni limitado por Estados Unidos ni por ningún estado en razón del sexo de una persona."

43. ¿Cuál era el nombre del grupo que luchó y realizó manifestaciones a favor de este principio contenido en esta enmienda?

(1) Whigs

(2) Tories

(3) Sufragistas

(4) Abolicionistas

(5) Guerrilleros

44. Después de la Segunda Guerra Mundial, Japón fue ocupado por las fuerzas aliadas victoriosas durante siete años. Se estableció una nueva constitución y la economía del país lentamente se reconstruyó y modernizó. ¿Quién fue el Comandante en Jefe de esta ocupación?

(1) General Dwight D. Eisenhower

(2) Winston Churchill

(3) General Tojo Hidecki

(4) General Douglas MacArthur

(5) Ninguno de los anteriores

45. La teoría de la lucha de las clases, es decir, el conflicto entre los grupos económicos, entre los que tienen en contra de los que no tienen, los burgueses contra los trabajadores, es parte de una de las siguientes filosofías de gobierno. ¿Cuál?

(1) Liberalismo

(2) Ilustración

(3) Comunismo

(4) Monarquía

(5) Republicanismo

Las preguntas 46 a 48 se basan en la siguiente gráfica.

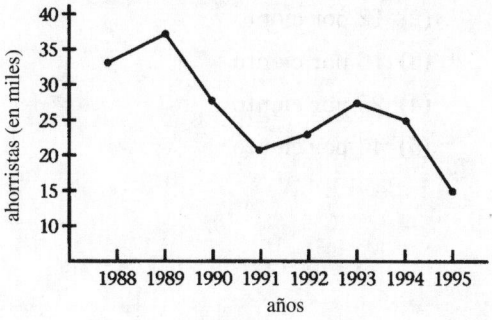

AHHORISTAS DE LA CAJA DE AHORRO XYZ

46. ¿En qué año la caja de ahorro XYZ tuvo el mayor número de ahorristas?

(1) 1988

(2) 1989

(3) 1991

(4) 1992

(5) 1995

47. Aproximadamente, ¿cuántos ahorristas tuvo la caja de ahorros en 1994?

(1) 3

(2) 30

(3) 35

(4) 25,000

(5) 35,000

48. ¿Cuál de los siguientes enunciados sobre los ahorristas de la caja es FALSO?

(1) El número de ahorristas aumentó ligeramente en 1992.

(2) El número de ahorristas más bajo se registró en 1995.

(3) El número de ahorristas disminuyó ligeramente en 1993.

(4) El número de ahorristas continúa aumentando cada año.

(5) El número de ahorristas varía cada año.

Las preguntas 49 y 50 se refieren a la siguiente gráfica.

Componentes de los cambios demográficos: 1960 a 1985

Millones de personas

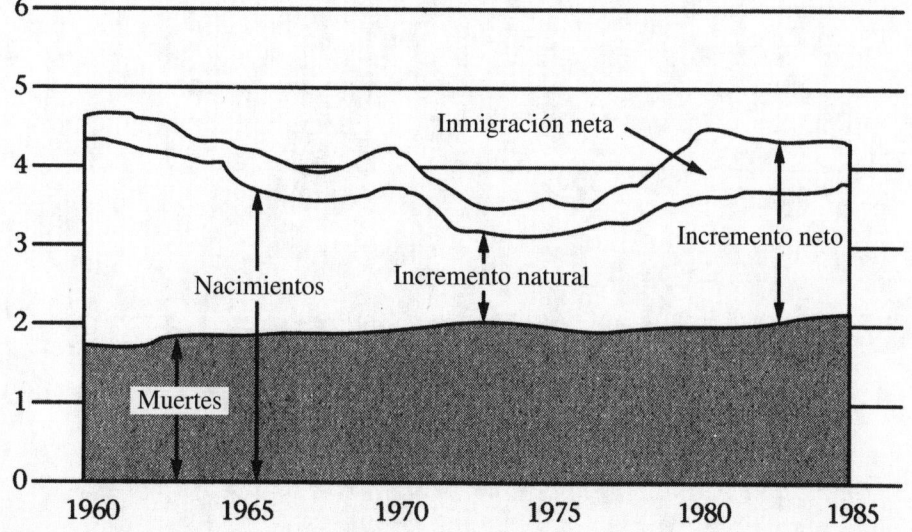

49. Según la tabla anterior, ¿qué resultados pueden respaldarse al describir la población de Estados Unidos entre 1960 y 1985?

(1) La tasa de nacimientos disminuyó abruptamente en la década de 1970.

(2) La inmigración disminuyó considerablemente en la década de 1980.

(3) La tasa de crecimiento de la población seguirá disminuyendo.

(4) La tasa de nacimientos pronto será la mayor registrada en la nación.

(5) La tasa de mortalidad continuará disminuyendo.

50. Según la información registrada en la gráfica, ¿qué porción del aumento neto de la población en la década de 1980 se debe a la inmigración?

(1) 4 por ciento

(2) 12 por ciento

(3) 16 por ciento

(4) 25 por ciento

(5) 45 por ciento

PRUEBA 3: CIENCIAS

Duración: 85 minutos • 50 preguntas

Instrucciones: La prueba de Ciencias consiste en preguntas de opción múltiple que evalúan conceptos generales de Ciencias Biológicas, Ciencias de la Tierra y el Espacio, Física y Química. Algunas se basan en textos cortos; otras, en gráficas, tablas o diagramas. Para cada pregunta, estudie la información presentada y luego responda a las preguntas sobre esta base. Consulte la información todas las veces que sea necesario para responder a las preguntas. Registre las respuestas en la sección de Ciencias de la hoja de respuestas.

Ejemplo:

P Un cambio físico puede alterar el estado de la materia, pero no cambiar su composición química. ¿Cuál de los siguientes NO es un cambio físico?

   (1) Hervor de agua

   (2) Disolución de sal en agua

   (3) Cepillado de madera

   (4) Herrumbre de metal

   (5) Rotura de vidrio   ① ② ③ ● ⑤

Cuando un metal se herrumbra, se forma una nueva sustancia. Éste es un cambio químico y no físico. Por lo tanto, debe marcar el espacio correspondiente a la respuesta 4 en la hoja de respuestas.

Las preguntas 1 a 4 se refieren a la siguiente información.

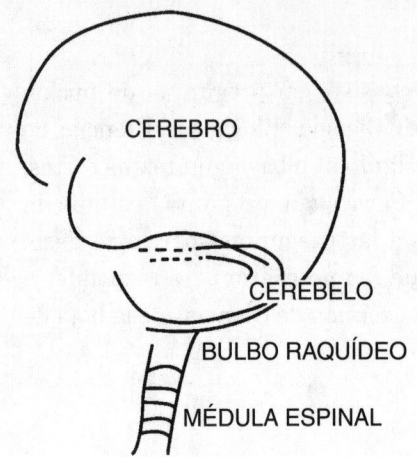

Parte	Función
Cerebro	memoria, creatividad, inteligencia
Cerebelo	equilibrio y coordinación de acciones controlables
Bulbo raquídeo	reflejos de la parte superior del cuerpo y control del corazón y el sistema respiratorio
Médula espinal	reflejos de la parte inferior del cuerpo

1. Si se destruye el cerebelo de un águila, ¿cuál de las siguientes acciones no podrá realizar el ave?
   - (1) construir un nido
   - (2) volar
   - (3) encontrar alimento
   - (4) reproducirse
   - (5) respirar

2. ¿Cuál de las siguientes acciones permite el cerebro que las personas ejecuten?
   - (1) toser
   - (2) estornudar
   - (3) comerse las uñas
   - (4) presentar este examen
   - (5) caminar sobre una cuerda floja

3. ¿Qué parte del encéfalo aumenta el ritmo cardiaco y respiratorio de una persona mientras corre una carrera?
   - (1) el cerebelo
   - (2) el cerebelo y el cerebro
   - (3) la médula espinal
   - (4) el bulbo raquídeo
   - (5) la médula espinal y el cerebro

4. ¿Cuál es la diferencia entre el cerebro humano y el de un gato?
   - (1) Un gato posee una médula espinal mejor.
   - (2) Una persona posee un cerebro más desarrollado.
   - (3) Una persona posee un cerebelo más desarrollado.
   - (4) Un gato posee un cerebelo más desarrollado.
   - (5) Un gato posee un cerebro más desarrollado.

5. En 1997, científicos escoceses realizaron una hazaña sin precedentes al clonar a "Dolly". ¿Qué significa el término "clonación"?
   - (1) Hacer una copia genéticamente exacta de un individuo.
   - (2) Hacer un bebé de probeta.
   - (3) Crear inteligencia artificial.
   - (4) Preservar el ADN de una persona para la posteridad.
   - (5) Trasplantar cabello real con éxito.

6. En 1979, una central generadora de energía eléctrica en Three Mile Island en Pennsylvania tuvo un accidente que afectó negativamente el respaldo de la opinión pública a la industria de la energía nuclear. ¿Qué ocurrió?
   - (1) Hubo una fusión accidental del núcleo de un reactor.
   - (2) No ocurrió nada.
   - (3) Se cambió la capacidad de nuclear a carbón.
   - (4) Se procesó un envío defectuoso de material nuclear.
   - (5) Se liberó radiactividad.

Las preguntas 7 a 8 se basan en la siguiente tabla.

TORMENTA DE NIEVE DE 1978

	Massachusetts	Rhode Island	New Hampshire	Maine	New Jersey
Muertes	73	26	0	0	0
Heridos o enfermos	4,324	232	28	3	0
Hospitalizados	483	50	1	0	0
Casas destruidas	301	0	13	22	3
Personas evacuadas	23,520	9,150	483	0	155

7. ¿Qué estado sufrió el mayor daño durante la tormenta de nieve de 1978?

    (1) Rhode Island

    (2) New Hampshire

    (3) Massachusetts

    (4) Maine

    (5) New Jersey

8. ¿Cuántas personas murieron en la tormenta de nieve de 1978?

    (1) 483

    (2) 232

    (3) 99

    (4) 26

    (5) 73

TABLA PERIÓDICA DE LOS ELEMENTOS

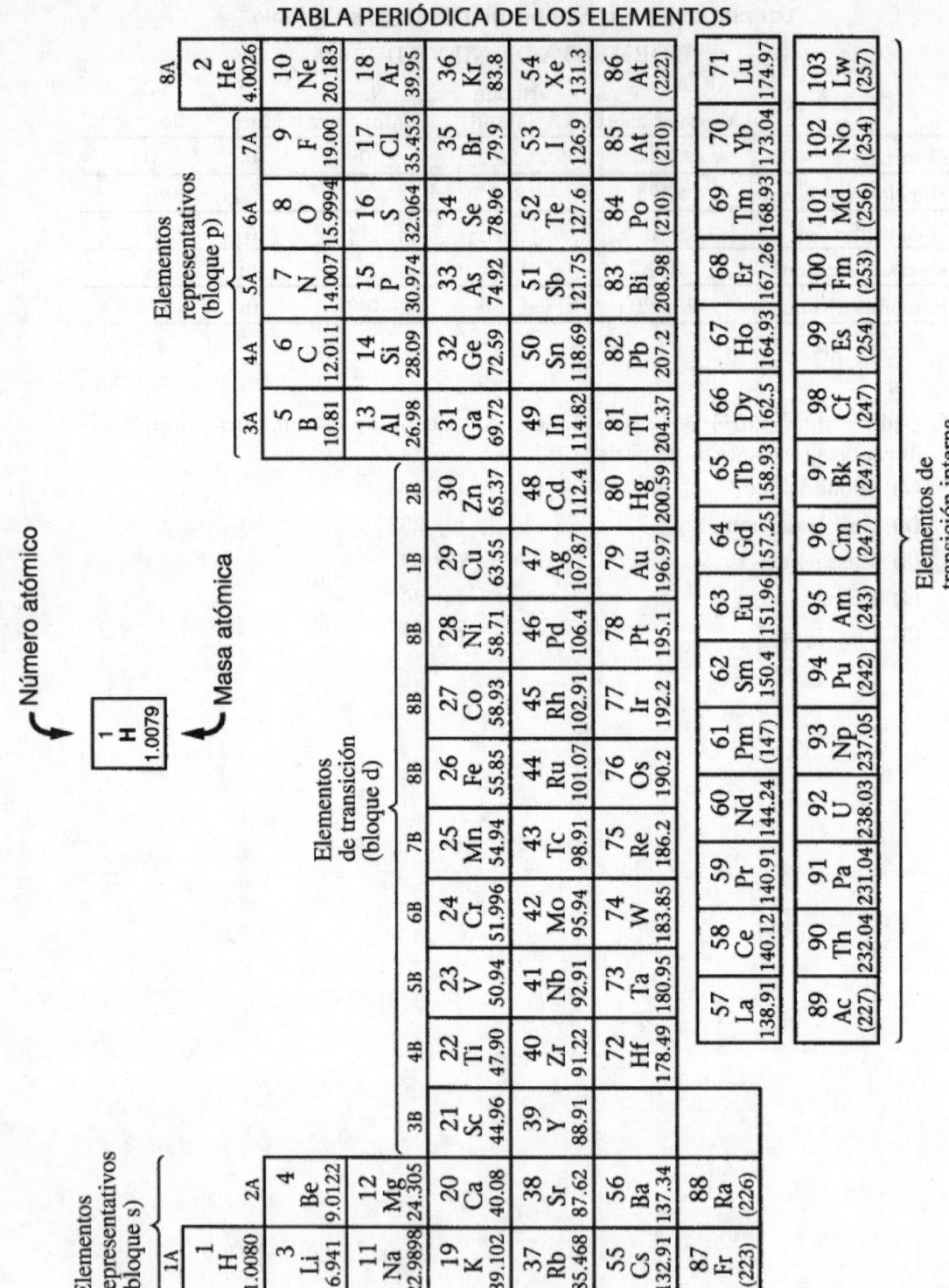

Las preguntas 9 a 12 se basan en la tabla periódica de la página anterior.

9. La tabla periódica consta de filas horizontales denominadas períodos y columnas verticales denominadas grupos. Aquellos elementos que poseen propiedades químicas similares figuran en el mismo grupo. ¿Cuál de los siguientes elementos posee propiedades químicas más similares al magnesio (Mg)?

   (1) Sodio (Na)

   (2) Cloro (Cl)

   (3) Potasio (K)

   (4) Calcio (Ca)

   (5) Cinc (Zn)

10. Los átomos de los distintos elementos poseen un número distinto de electrones y protones que se corresponden con sus números atómicos. El número de electrones o protones en un átomo neutro se denomina número atómico de ese elemento. ¿Cuál de los siguientes elementos posee el mayor número de electrones?

   (1) Argón (Ar)

   (2) Boro (B)

   (3) Cobalto (Co)

   (4) Fósforo (P)

   (5) Flúor (F)

11. Los elementos más reactivos son los que sólo poseen un electrón o siete electrones en la órbita externa. Los menos reactivos son los que poseen ocho electrones en su órbita externa. El número de grupo indica el número de electrones en la órbita externa de un átomo. ¿Qué grupo contiene los metales más reactivos?

   (1) I A

   (2) III B

   (3) IV B

   (4) VII A

   (5) VIII A

12. Los gases nobles poseen ocho electrones en su órbita externa. Estos elementos no reaccionan con otros elementos para formar compuestos. ¿Cuál de los siguientes elementos pertenece al grupo de los gases nobles?

   (1) Oxígeno (O)

   (2) Neón (Ne)

   (3) Azufre (S)

   (4) Hidrógeno (H)

   (5) Nitrógeno (N)

13. La mitad de la superficie lunar está siempre iluminada por el Sol. Sin embargo desde la Tierra, la Luna parece cambiar de forma mientras se completa el ciclo de fases. ¿Cuál de los siguientes enunciados explica por qué un observador en la Tierra ve las fases de la Luna?

   (1) La Luna gira alrededor del Sol.

   (2) La Luna rota sobre su eje.

   (3) La Tierra gira alrededor del Sol.

   (4) La Luna gira alrededor de la Tierra.

   (5) La Luna puede cambiar su forma.

La pregunta 14 se basa en el diagrama que aparece a continuación.

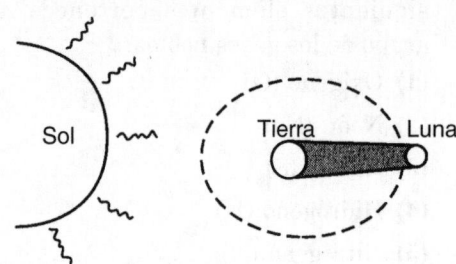

14. ¿Qué muestra la ilustración anterior?

(1) las estaciones del año

(2) un eclipse solar

(3) un eclipse lunar

(4) manchas solares

(5) el efecto de las mareas

Las preguntas 15 a 19 se basan en el siguiente experimento.

La gráfica a continuación, describe los resultados de un experimento realizado por un biólogo. Colocó bacterias vivas y un caldo de cultivo (alimento para las bacterias) en un contenedor cerrado. Luego, contó el número de bacterias vivas cada media hora durante un período de 16 horas.

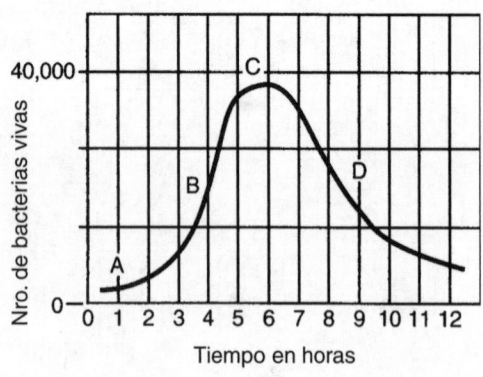

15. ¿Cuál de las siguientes alternativas es la que describe correctamente el proceso por el cual las bacterias crecieron?

(1) fisión

(2) reproducción por esporas

(3) propagación vegetativa

(4) meiosis

(5) reproducción sexual

16. Las bacterias utilizadas en el experimento se reproducen cada media hora. Si el experimento comenzó con 1 célula, ¿cuántas células habrá 4 horas después?

(1) 8

(2) 16

(3) 256

(4) 512

(5) 40,000

17. ¿Qué está ocurriendo en el punto "B" de la gráfica?

(1) La temperatura aumenta rápidamente.

(2) El número de bacterias aumenta rápidamente.

(3) Las bacterias se agrandan.

(4) El número de bacterias disminuye lentamente.

(5) No se puede determinar a partir de la información suministrada.

18. ¿Por qué el número de bacterias vivas disminuyó en el punto "D"?

(1) La temperatura disminuyó.

(2) Las bacterias se quedaron sin alimento.

(3) Las bacterias aumentaron de tamaño.

(4) La temperatura elevada mató a todas las bacterias.

(5) Las bacterias se envenenaron por sus propios desperdicios.

19. ¿Cuál de las siguientes afirmaciones puede inferirse de los resultados de este experimento?

  (1) Las bacterias pueden crecer en cualquier lugar, en cualquier momento.

  (2) Las bacterias pueden eliminarse fácilmente con limpiadores.

  (3) Las bacterias necesitan mucho tiempo para crecer.

  (4) Es importante almacenar los restos de alimentos correctamente.

  (5) Las bacterias son una amenaza muy real para las personas.

Las preguntas 20 a 22 se basan en el diagrama a continuación.

El diagrama representa las resistencias R_1 y R_2, conectadas a un fuente continua de 40 voltios.

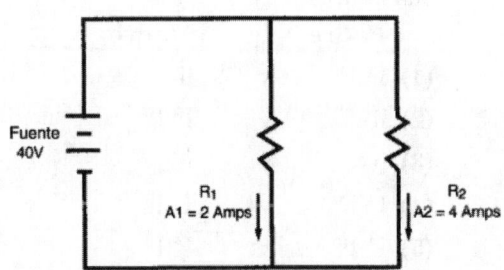

20. La caída de tensión sobre R_1 es de

  (1) 10

  (2) 12

  (3) 15

  (4) 40

  (5) 50

21. La potencia (P = Voltaje × Corriente) suministrada al circuito, en vatios, es de

  (1) 80

  (2) 120

  (3) 160

  (4) 240

  (5) 300

22. Marcelo desea aumentar la corriente en A2. ¿Cuál de los siguientes pasos le permitirá lograr este resultado?

  (1) aumentar la resistencia de R_2

  (2) aumentar la resistencia de R_1

  (3) disminuir el voltaje de la fuente

  (4) agregar otra resistencia

  (5) no se puede realizar

Las preguntas 23 a 25 se basan en la siguiente información.

Los hornos de microondas utilizan un principio de calentamiento diferente del empleado por los hornos comunes. La parte clave de un horno de microondas es el magnetrón que genera las microondas que luego ingresan en el horno. Algunas de estas ondas de energía inciden directamente sobre los alimentos, mientras que otras rebotan entre las paredes del horno hasta llegar a los alimentos. Algunas veces las microondas se cruzan y así el efecto se fortalece. Otras veces se neutralizan entre sí. Parte de los alimentos puede saturarse mucho con energía, mientras que otras partes pueden recibir muy poca. En la cocina convencional, se elige la temperatura del horno. En la cocina con microondas, se elige el nivel de energía. Las paredes del horno de microondas están hechas de metal, que ayuda a que las microondas reboten. Sin embargo, esto se transforma en una desventaja para aquel cocinero que utiliza elementos de cocina metálicos.

23. Existen ventajas y desventajas al cocinar con microondas. Según la información presentada, ¿cuál de las siguientes es la mayor desventaja de la cocina con microondas?

  (1) alimentos recocidos

  (2) alimentos con radiactividad

  (3) alimentos cocinados de modo poco uniforme

  (4) alto costo para la preparación de alimentos

  (5) alimentos fríos

24. En un horno común, la selección de temperatura se basaría en los grados. En un horno de microondas, la selección de energía se basaría probablemente en

(1) el vatiaje.

(2) el voltaje.

(3) el lumen.

(4) unidades solares.

(5) ohms.

25. ¿Cuál es la fuente de las microondas en el horno?

(1) energía reflejada

(2) corrientes de convección

(3) el magnetrón

(4) ondas cortas y estallidos de energía

(5) el alimento en sí

Las preguntas 26 a 28 se refieren a la siguiente información.

Como cada padre contribuye con la mitad del material genético de la descendencia, los genes se dan en pares. Las formas diferentes del mismo gen se denominan alelos. En los seres humanos los alelos múltiples determinan el grupo sanguíneo. Estos alelos se designan como I^A, I^B e i. La tabla a continuación indica las combinaciones posibles para cada grupo sanguíneo.

Grupo sanguíne	Genotipo
A	$I^A I^A$ or $I^A i$
B	$I^B I^B$ or $I^B i$
AB	$I^A I^B$
O	ii

26. Juan posee sangre grupo B. ¿Cuál de las alternativas a continuación representa los genes de los padres de Juan?

	Padre		Madre
(1)	$I^A I^A$	y	ii
(2)	$I^A i$	y	$I^A i$
(3)	$I^A I^B$	y	ii
(4)	ii	y	ii
(5)	$I^A I^B$	y	$I^A I^A$

27. A veces se designa a una persona con grupo sanguíneo AB receptor universal ya que puede recibir sangre de cualquier grupo. A veces se designa a una persona con grupo sanguíneo O donante universal ya que puede suministrar sangre a cualquier persona.

Si Marta es un donante universal, ¿cuál debe haber sido el grupo sanguíneo de sus padres?

	Padre		Madre
(1)	$I^A I^A$	y	ii
(2)	ii	y	$I^B I^B$
(3)	ii	y	ii
(4)	$I^A I^A$	y	$I^A I^B$
(5)	$I^A I^B$	y	$I^A I^B$

28. El bebé Martín posee sangre grupo AB. ¿Cuáles de los siguientes tuvieron que ser sus padres?

	Padre		Madre
(1)	$I^A I^A$	y	$I^A I^A$
(2)	$I^A i$	y	$I^A i$
(3)	$I^A I^B$	y	ii
(4)	$I^A i$	y	$I^B i$
(5)	$I^B i$	y	$I^B I^B$

Las preguntas 29 y 30 se refieren a la siguiente gráfica.

Escala de pH

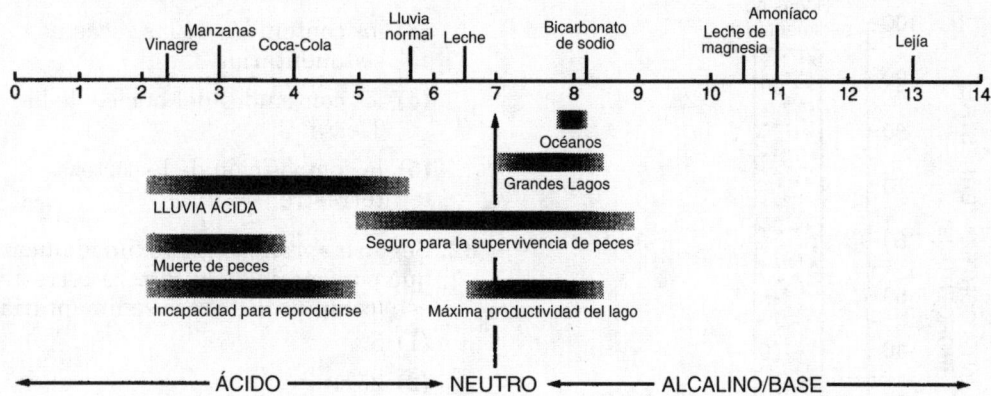

Valores de pH de sustancias alcalinas y ácidas comunes; un valor menor de pH indica un mayor contenido ácido.

29. Según esta gráfica, ¿cuál de las siguientes afirmaciones define mejor la lluvia ácida?

   (1) Precipitación con un pH menor que el de la lluvia normal.

   (2) Precipitación con un pH entre 6 y 7.

   (3) Precipitación con un pH mayor que el pH del agua del océano

   (4) Precipitación que siempre da como resultado la muerte de peces.

   (5) Precipitación que da como resultado la productividad máxima del lago.

30. ¿Cuál de los siguientes describe mejor el pH de la lluvia normal?

   (1) extremadamente ácido

   (2) ligeramente ácido

   (3) neutro

   (4) ligeramente alcalino

   (5) extremadamente alcalino

Las preguntas 31 a 34 se basan en las siguientes dos gráficas.

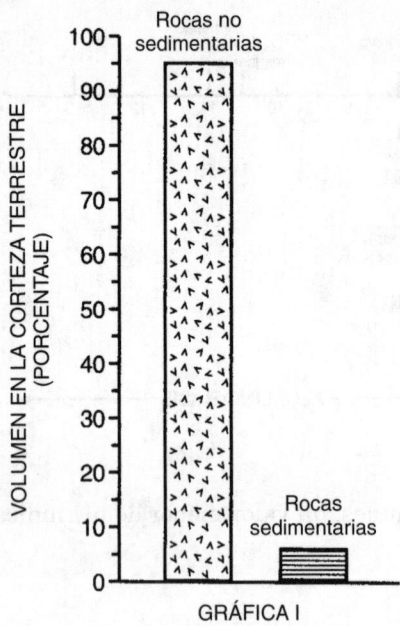

GRÁFICA I

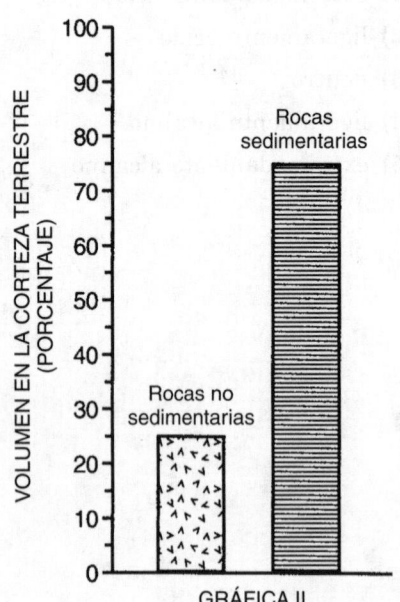

GRÁFICA II

31. ¿Qué indican estas dos gráficas?
    (1) la disposición de materiales sobre la superficie de la tierra
    (2) la ventaja de las rocas sedimentarias
    (3) los contenidos de las rocas no sedimentarias
    (4) los contenidos del núcleo de la Tierra
    (5) la composición de la corteza terrestre

32. Según las gráficas, ¿aproximadamente qué porcentaje de la corteza terrestre está compuesta de roca sedimentaria?
    (1) 5%
    (2) 25%
    (3) 45%
    (4) 75%
    (5) 95%

33. ¿Qué deben contener todas las rocas representadas en la gráfica 1?
    (1) Minerales
    (2) Fósiles
    (3) Afloramientos
    (4) Sedimentos
    (5) Pizarra

34. ¿Cuál de los siguientes enunciados puede inferirse de los datos mostrados en la gráfica?
    (1) La corteza terrestre está compuesta mayormente por rocas sedimentarias.
    (2) Los afloramientos rocosos de la superficie terrestre son principalmente del tipo no sedimentario.
    (3) La mayoría de las rocas sedimentarias están compuestas de restos fundidos de rocas sedimentarias.
    (4) La mayoría de las rocas sedimentarias se encuentran en la superficie terrestre o cerca de ella.
    (5) La mayoría de las rocas sedimentarias se encuentran en la profundidad del núcleo terrestre.

Las preguntas 35 y 36 se basan en la siguiente información.

Se necesita energía para calentar agua. La cuenta del gas o electricidad indican esto al final de cada mes. Para calentar 1 gramo de agua en 1 grado centígrado se requiere 1 caloría de energía.

35. ¿Cuántas calorías se necesitan para calentar 200 gramos de agua para el té de 20°C a 100°C?

(1) 200

(2) 1,000

(3) 1,600

(4) 4,000

(5) 16,000

36. Supongamos que tiene suficiente combustible en el calentador del campamento para suministrar 180,000 calorías. Si el agua se extrae desde un arroyo a 10°C, ¿cuántos gramos de agua pueden ser llevados al punto de ebullición (100°C)?

(1) 200

(2) 800

(3) 1,000

(4) 2,000

(5) 20,000

37. Las sustancias químicas actúan como las personas. Cuando se las coloca bajo tensión, tienden a hacer todo lo que pueden para reducir esa tensión. Cuando se agregan más sustancias a uno de los lados de la reacción que se presenta a continuación, entonces, este exceso de tensión se agotará cuando reaccione para formar más sustancias químicas en el otro lado de la reacción.

El cloro se obtiene de la sal (cloruro de sodio) por medio de la fórmula: cloruro de sodio − sodio + cloro

Si se aumenta la concentración del sodio en el contenedor de la reacción, ¿cómo afectará esto la concentración producida de cloro y sal?

(1) más cloro y sal

(2) más cloro y menos sal

(3) menos cloro y sal

(4) menos cloro y más sal

(5) no hay cambio

Las preguntas 38 a 41 se basan en la siguiente gráfica.

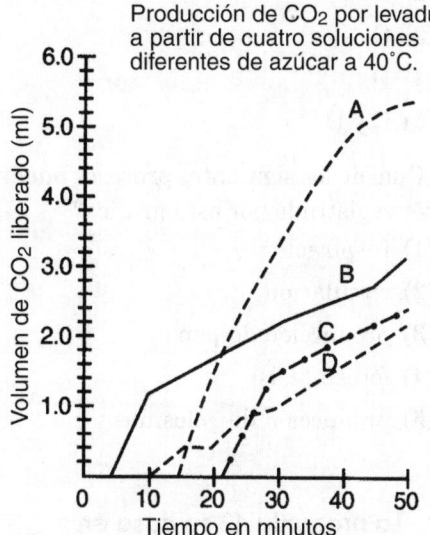

Producción de CO_2 por levadura a partir de cuatro soluciones diferentes de azúcar a 40°C.

38. ¿Qué mide esta gráfica?

(1) el O_2 producido por CO_2 en un cultivo de levadura

(2) los productos de desecho de las soluciones de azúcar infundidas con CO_2

(3) el CO2 producido a partir del cultivo de levadura colocado en una solución de cuatro azúcares distintos con la misma concentración en agua

(4) el agua producida a partir del cultivo de levadura colocado en cuatro soluciones de sal diferentes

(5) el CO_2 producido a partir del cultivo de levadura colocado en una solución de levadura con cuatro soluciones diferentes de azúcar a 55°C

39. ¿Cuál era el volumen de CO_2 liberado de la solución B después de 30 minutos?

(1) 2.2 micrones

(2) 2.2 milímetros

(3) 2.2 litros

(4) 3.0 milímetros

(5) 2.2 mililitros

40. ¿De qué solución se liberó primero el CO_2?

(1) A

(2) B

(3) C

(4) D

(5) C y D

41. ¿Cuál de los siguientes procesos puede ser registrado por esta gráfica?

(1) respiración

(2) circulación

(3) producción de pan

(4) fotosíntesis

(5) producción de golosinas

La pregunta 42 se basa en el siguiente diagrama.

El diagrama a continuación muestra la descarga medida en un punto de una corriente de agua durante un período de un año.

42. Según el diagrama, ¿cuándo hay un mayor cambio en el caudal?

(1) del 1° de enero al 1° de marzo

(2) del 1° de marzo al 1° de mayo

(3) el 1° de mayo

(4) del 1° de mayo al 1° de julio

(5) del 1° de octubre al 1° de diciembre

Las preguntas 43 a 46 se basan en el siguiente fragmento.

Pareciera que no pasa una temporada sin que al menos un libro de dietas se ubique en los primeros lugares de la lista de bestsellers. Estos libros recomiendan algunas dietas que simplemente son variaciones de una dieta equilibrada básica segura de 1,000 a 1,200 calorías. Pero otras pueden ser peligrosísimas ya que hacen hincapié en un alimento o grupo de alimentos a la vez que eliminan otros; en otras palabras, recomiendan dietas que no son equilibradas.

Algunas de estas dietas afirman fraudulentamente que ciertos alimentos poseen la capacidad de "quemar grasas". Ningún alimento puede hacer eso. La grasa corporal se "quema" o nos deshacemos de ella sólo si utilizamos más energía que la suministrada por el alimento que ingerimos.

Una forma extrema de este tipo de dieta, la dieta de proteínas líquidas que contiene menos de 400 calorías por día, estuvo relacionada con 17 muertes en 1977 y 1978. Los científicos que investigaron estas muertes encontraron que las personas que hacían las dietas murieron debido a ritmos cardiacos irregulares y paros cardiacos.

La Administración de Drogas y Alimentos (FDA) exige ahora etiquetas con advertencias en los productos para bajar de peso cuando más del 50 por ciento de las calorías del producto provienen de proteínas.

Recientemente, aparecieron otros productos en polvo y líquidos de bajas calorías en el mercado con menores proporciones de proteínas. Pero los consumidores deben ser conscientes de que cualquier dieta con menos de 800 calorías por día es potencialmente peligrosa y deben seguirla sólo bajo supervisión médica.

43. ¿Bajo cuál de las siguientes condiciones se quemará la grasa corporal?

(1) cuando deja de hacer ejercicio.

(2) cuando ingiere una dieta con alto contenido proteico.

(3) cuando ingiere ciertos alimentos.

(4) sólo si ingiere una dieta con alto contenido de carbohidratos.

(5) cuando utiliza más calorías que las que consume.

44. Según la lectura, ¿cuál de las siguientes es la razón por la cual las dietas de proteínas líquidas pueden ser peligrosas?

(1) Las cetonas se queman.

(2) Los que hacen dieta pueden sufrir un paro cardiaco.

(3) Los carbohidratos son excretados.

(4) La grasa corporal se quema.

(5) Los depósitos de grasa se descomponen más rápidamente que los carbohidratos.

45. Según este texto, una persona que sigue una dieta de 600 calorías por día podría

(1) morir por un ritmo cardiaco irregular.

(2) aumentar de peso primero y luego perderlo lentamente.

(3) perder peso primero y luego recuperarlo nuevamente.

(4) perder una libra de grasa por día.

(5) perder peso bastante rápidamente.

46. ¿Cuántas calorías debe tener una dieta promedio equilibrada diaria para aquellas personas que desean perder peso?

(1) entre 400 y 800

(2) entre 800 y 1,000

(3) entre 1,000 y 1,200

(4) entre 1,500 y 2,000

(5) entre 2,000 y 3,000

Las preguntas 47 a 49 se basan en el siguiente experimento.

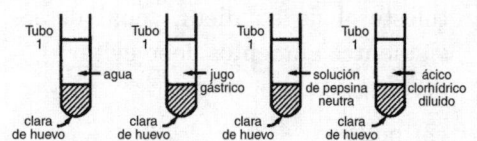

47. Para que el experimento sea válido, ¿cuál de los siguientes enunciados debe ser verdadero?

(1) Las cuatro probetas deben tener temperaturas diferentes.

(2) La misma persona debe manipular las probetas.

(3) Las sustancias deben agregarse a las probetas en exactamente el mismo momento.

(4) Las cuatro probetas deben mantenerse a temperatura constante.

(5) Las probetas deben mantenerse en la misma posición.

48. ¿Sobre qué nutriente se realiza el experimento?

(1) azúcar

(2) almidón

(3) proteína

(4) grasa

(5) líquido

49. ¿En qué probeta se disolvería más rápidamente la clara de huevo?

(1) 1

(2) 2

(3) 3

(4) 4

(5) 1 y 2

50. Las dietas con alto contenido de grasas saturadas y colesterol se han relacionado con enfermedades cardiacas y las dietas con alto contenido graso, con algunos tipos de cáncer. Si desea reducir las grasas saturadas y el colesterol de su dieta, ¿cuál de los siguientes alimentos debe evitar?

(1) pescado

(2) pollo

(3) frijoles y arvejas

(4) queso

(5) espaguetis

PRUEBA 4: ESPAÑOL: LENGUAJE, LECTURA

Duración: 70 minutos • 40 preguntas

> **Instrucciones:** Esta prueba consiste en preguntas de opción múltiple que se basan en una variedad de fragmentos literarios y de no ficción. Lea atentamente cada fragmento y luego responda a las preguntas basándose en estos textos. Puede consultar los fragmentos todas las veces que sea necesario para responder a las preguntas. Sin embargo, no dedique más tiempo que el necesario a cada una. Registre las respuestas en la sección de Español: lenguaje, lectura de la hoja de respuestas.

Ejemplo:

> **P** Murió cuando el manto de la noche caía... Observé el ritmo de su respiración acelerarse más y más, una pausa, y luego su pequeña alma saltó como una estrella que viaja en la noche y deja atrás su estela en un mundo de oscuridad. Durante el día nada cambió... Sólo en la cámara de la muerte se estremeció aquello que es lo más penoso del mundo: una madre sin su hijo.
>
> El lector puede deducir que la muerte le llegó a
>
> **(1)** un anciano.
>
> **(2)** un perro favorito.
>
> **(3)** un niño.
>
> **(4)** una madre.
>
> **(5)** un soldado.
>
>

La respuesta correcta es "un niño", por lo tanto, debe marcar el espacio correspondiente a la respuesta 3 en la hoja de respuestas.

Las preguntas 1 a 6 se refieren al siguiente fragmento.

¿Qué hay allí en la mejilla de Georgiana?

Linea La mano carmesí, que al principio había sido claramente visible sobre la palidez cual mármol de la mejilla de Georgiana, se desdibujaba ahora
(5) cada vez más. Ella no dejo de estar tan pálida como siempre, pero la marca de nacimiento, con cada suspiro, perdía de algún modo su nitidez previa. Su presencia había
(10) sido terrible; su partida aún más atrozmente tranquila. Si observa los colores del arco iris desvanecerse en el cielo, sabrá cómo el misterioso símbolo desapareció.
(15) —¡Por Dios!, casi ha desaparecido —se dijo Aylmer a sí mismo en un éxtasis casi irrefrenable—. Apenas puedo verla ahora. ¡Es un éxito! ¡Un éxito total! Ahora parece tener el rosa
(20) más tenue que exista. El más ligero rubor de su mejilla lo disimularía. Pero ella es ¡tan pálida!

Corrió la cortina de la ventana hacia un lado y sintió con dolor la
(25) luz natural del día que penetraba en la habitación y caía sobre su mejilla. Al mismo tiempo, oyó una risita ronca y soez que le era largamente conocida, era la expresión de placer
(30) de Aminadab, su sirviente.

—¡Ah, vago, ah, masa terrenal! —gritó Aylmer, riéndose en una especie de frenesí—. ¡Me has servido bien! ¡Materia y espíritu, la tierra y el cielo,
(35) ambas participaron de esto! ¡Rían, sentidos! Han ganado el derecho a reírse.

Estas exclamaciones despertaron a Georgiana de su sueño.
(40) Lentamente abrió sus ojos y se miró en el espejo que su esposo le había traído para tal fin. Una sonrisa casi imperceptible se dibujó en sus labios cuando reconoció lo levemente
(45) perceptible que era aquella mano carmesí que alguna vez ardió con una brillantez tan desastrosa ahuyentando toda su felicidad. Pero

(50) luego sus ojos buscaron el rostro de Aylmer con una pena y ansiedad que él no podía entender de ninguna manera.

—¡Mi pobre Aylmer! —murmuró.

—¿Pobre? ¡No, el más rico, feliz y
(55) favorecido! —exclamó él—. ¡Mi incomparable esposa, es un éxito! ¡Eres perfecta!

—Mi pobre Aylmer —ella repitió con una ternura más que humana—,
(60) has aspirado altaneramente, lo has hecho majestuosamente. No te arrepientas de que con sentimientos tan elevados y tan puros hayas rechazado lo mejor que la tierra
(65) podía ofrecer. ¡Aylmer, queridísimo Aylmer, estoy muriendo!

—extraído de "La marca de nacimiento",
por Nathaniel Hawthorne

1. ¿Qué podemos deducir sobre Aylmer?
   (1) No ama a Georgiana.
   (2) Está intentado asesinar a su esposa.
   (3) Está decepcionado con el resultado.
   (4) Ha practicado alguna operación quirúrgica en su esposa.
   (5) Ha causado el suicidio de su esposa.

2. La marca de nacimiento tiene la forma de
   (1) una mano carmesí.
   (2) una rosa pálida.
   (3) un arco iris.
   (4) una mariposa.
   (5) un rubor que cubre toda la superficie.

3. ¿Cuál de los siguientes enunciados describe correctamente lo que le ocurre al misterioso símbolo sobre la mejilla de Georgiana?
   (1) No cambia.
   (2) El color se acentúa.
   (3) Comienza a desaparecer.
   (4) Se borra completamente.
   (5) Cambia de forma.

4. ¿Cómo considera Aylmer a Georgiana al final del texto?

   (1) divertida

   (2) perfecta

   (3) graciosa

   (4) desagradecida

   (5) taciturna

5. ¿Cuál es la idea principal de este fragmento?

   (1) No se puede alcanzar la perfección sobre la Tierra.

   (2) Las marcas de nacimiento deben ser quitadas.

   (3) Deje lo que es suficientemente bueno sin tocar.

   (4) La belleza se encuentra en los ojos de quien mira.

   (5) El amor todo lo conquista.

6. Algunas veces, en el proceso de intentar ayudar a quien amamos, en realidad terminamos lastimándolos. ¿Cómo se relaciona esta posibilidad con este fragmento?

   (1) Aylmer era supersticioso y practicó cierto tipo de rito mágico en la mejilla de Georgiana.

   (2) Él estropeó la operación porque amaba a su esposa demasiado.

   (3) La mano carmesí era el símbolo del amor, pero Aylmer no lo vio.

   (4) El deseo de Georgiana de ser hermosa le costó la vida.

   (5) Al intentar ayudar a Georgiana, Aylmer le hizo daño.

Las preguntas 7 a 12 se refieren al siguiente texto.

L'ONU hará un balance de 25 años de lucha contra el sida.

(1) A partir del 31 de mayo, se reunirá una conferencia internacional en la sede de la ONU en New York para hacer el balance, a escala mundial, de las acciones contra el sida, 25 años después de la aparición de este azote que ha dejado ya cerca de 25 millones de muertos.

(2) Esta conferencia de tres días sobre la más grande pandemia de los tiempos modernos, contará con la participación de los Estados miembros y de agencias de la ONU y cerca de 800 organizaciones no gubernamentales (ONG) o grupos representantes de la sociedad civil.

(3) Según las estadísticas de la ONU, alrededor de 40 millones de personas viven con el virus del VIH, de las cuales, el 90% pertenecen a países en vía de desarollo. (4) Uno de cada 20 niños es huérfano como consecuencia de esta enfermedad en Sahara del Sur (África). (5) El sida es la causa de muertes prematuras en hombres y mujeres de 15 a 59 años.

(6) Los dos primeros días de la conferencia serán dedicados a una revisión técnica de los progresos efectuados desde la adopción de un plan de acción contra la enfermedad. (7) Esta medida fue tomada en una sesión especial de la Asamblea General de la ONU en el 2001. (8) El tercer día se llevará a cabo *una reunión de alto nivel* a la que asistirán los jefes de estado o gobernantes y los ministros y tendrá como propósito, renovar el compromiso de los Estados, en esta lucha.

(9) La víspera de la conferencia, Onusida, organismo de la ONU que coordina la acción contra el virus VIH, publicará un reporte sobre la situación de la enfermedad en el mundo. (10) Este reporte deberá aplaudir los avances realizados en ciertos países gracias a políticas de prevención eficaces y también deplorar que la pandemia continúa extendiéndose y sorprendiendo con su velocidad las estrategias defensivas de

numerosos Estados. (11) El reporte también deberá alertar sobre la inquietante y creciente incidencia, desde hace cinco años, de esta enfermedad en las mujeres, especialmente en África.

(12) El secretario general de las Naciones Unidas, Kofi Annan, presentará también un reporte sobre los avances realizados por los países miembros de esta organización a partir del 2001, recordando que detener la enfermedad hasta el 2015 es uno de los objetivos de desarrollo del milenio (ODM) a los cuales se comprometieron los dirigentes del mundo en el 2000.

7. **Oración 1: A partir del 31 de mayo, se reunirá una conferencia internacional en la sede de la ONU en New York para hacer el balance, a escala mundial, de las acciones contra el sida, <u>25 años después de la aparición de este azote</u> que ha dejado ya cerca de 25 millones de muertos.**

La parte subrayada puede ser reemplazada por:

(1) 25 años después de la aparición de este objeto.

(2) 25 años después de la aparición de esta pandemia.

(3) 25 años después de la aparición de este sistema.

(4) 25 años después de la aparición de este conflicto bélico.

(5) 25 años después de la aparición de estos movimientos.

8. Oración 2: **Esta conferencia de tres días sobre la más grande pandemia de los tiempos modernos, contará con la participación de los Estados miembros y de agencias de la ONU y cerca de 800 organizaciones no gubernamentales (ONG) o grupos representantes de la sociedad civil.**

Si esta oración comenzara con <u>Los Estados miembros de la ONU, las ONG y los grupos representantes de la sociedad civil,</u> las próximas palabras serían:

(1) revisarán las políticas de la ONU.

(2) visitarán la sede de la ONU.

(3) irán tres días a New York.

(4) participarán en la conferencia internacional en la sede de la ONU.

(5) revisarán las estrategias y medidas a adoptar en caso de enfermedades infecto-contagiosas.

9. Oración 3: **Según las estadísticas de la ONU, alrededor de 40 millones de personas viven con el virus del VIH, de las cuales, el 90% pertenecen a países en vía de desarrollo.**

Esta oración quiere informar que:

(1) el 90% de los 40 millones de infectados vive en los países pobres.

(2) el 90% de los 40 millones no ha sido tratado contra la enfermedad.

(3) el 90% de la población de los países pobres está infectado del virus del VIH.

(4) el 90% de la población va a recibir tratamiento contra el VIH.

(5) el 90% de los países en desarrollo está infectado de sida.

10. Oraciones 6 y 7: **Los dos primeros días de la conferencia serán dedicados a una revisión técnica de los progresos efectuados desde la adopción de un plan de acción contra la enfermedad. (7) Esta medida fue tomada en una sesión especial de la Asamblea General de la ONU en el 2001.**

Si las dos oraciones formaran una sola y comenzara con <u>En el 2001, la Asamblea General de la ONU,</u> las próximas palabras serían:

(1) creó un organismo de revisión de las estrategias contra la enfermedad.

(2) incentivó a los países miembros a asistir a las reuniones.

(3) reunió a los gobernantes para revisar los planes de acción contra el sida.

(4) revisó y aprobó los planes de prevención contra la enfermedad.

(5) adoptó un plan de acción contra la enfermedad.

11. Oración 10: **Este reporte deberá aplaudir los avances realizados en ciertos países gracias a políticas de prevención eficaces y también deplorar que la pandemia continúa extendiéndose y sorprendiendo con su velocidad las estrategias defensivas de numerosos Estados.**

Después de leer atentamente esta oración deducimos que el reporte de Onusida (9):

(1) deplorará el avance del sida.

(2) exigirá nuevas medidas de prevención.

(3) aplaudirá los avances en la prevención y deplorará la rápida extensión de la enfermedad.

(4) expondrá acerca de los nuevos tratamientos para controlar la enfermedad.

(5) explicará a los estados miembros sobre los avances de la tecnología para controlar la enfermedad.

12. Oración 12: **El secretario general de las Naciones Unidas, Kofi Annan, presentará también un reporte sobre los avances realizados por los países miembros de esta organización a partir del 2001, recordando que detener la enfermedad hasta el 2015 es uno de los objetivos de desarrollo del milenio (ODM) a los cuales se comprometieron los dirigentes del mundo en el 2000.**

Lea atentamente la oración 12 y complete la siguiente oración. <u>Kofi Annan recordará a los Estados miembros que:</u>

(1) detener el avance del sida es uno de los objetivos de desarrollo del milenio.

(2) estar presentes en esta conferencia internacional es obligatorio.

(3) seguir ciertas políticas preventivas debe ser prioridad del Estado.

(4) deben involucrarse en la lucha contra la enfermedad.

(5) el sida avanza y retrocede indistintamente.

Los artículos 13 a 18 se refieren a la siguiente historia.

¿El hombre será rescatado a tiempo?

Línea   Yo estuve frustrado no sé por cuánto tiempo, pensando que si yo tuviera la fuerza bebería agua de mar y me enloquecería para morir
(5)   rápidamente. Y aun así como permanecí allí vi, sin más interés que si hubiera estado en un cuadro, una

vela surge hacia mí encima del horizonte. Mi mente debe de haber
(10) estado vagando, y todavía yo recuerdo todo lo que sucedió, específicamente. Yo recuerdo cómo mi cabeza osciló con los mares, y el horizonte con la vela bailaron sobre eso de arriba
(15) abajo; pero yo también recuerdo distintamente como que yo tenía la sensación de que estaba muerto, y pensé que era una broma que era que ellos debían venir mas tarde para
(20) recoger mi cuerpo.

Para un período interminable, como eso me parecía a mí, permanecí con mi cabeza adelante frustrado vigilando la goleta (ella era una
(25) pequeña nave, equipada la goleta del frente de proa y de popa) sale a del mar. Ella cambió de rumbo de una parte a otra en un compás ensanchado, porque ella estaba
(30) navegando muerto en el viento. Eso nunca entró en mi cabeza para intentar llamar la atención, y yo no recuerdo nada distintamente después de un vistazo de ella hasta que yo
(35) mismo me encontrara en una pequeña cabina de popa.

Hay una vaga memoria de ser dejado en el pasillo, y de un gran encuentro con un semblante redondo cubierto
(40) con pecas y rodeado con pelo rojo que me miraba fijamente a mí por encima de los baluartes. Yo también tenía una impresión desconectada de una cara oscura, con ojos extraordinarios,
(45) cerca de mí; pero yo pensé que era una pesadilla, hasta que me lo encontrare de nuevo. Yo imagino yo recojo algún material vertiéndose entre mis dientes; y eso es todo.
(50) La cabaña en la cual yo me encontraba era pequeña y bastante desaliñada. Un hombre jovencito con el pelo rubio, bigote pajizo - coloreado, y dejado caer en el labio, estaba
(55) sosteniendo mi muñeca. Durante un minuto nosotros nos miramos fijamente sin hablar. Él tenía los ojos grises llorosos, extrañamente nulos de expresión. Entonces simplemente

(60) arriba un sonido parecido al de una armadura de hierro golpeándose, y el gruñido enfadado de algún gran animal. Al mismo tiempo el hombre habló. ¿Él repitió la pregunta," Cómo
(65) se siente usted ahora?"

Pienso que yo dije que me sentía bien. Yo no podría recordar como yo llegue allí. Él debe de haber visto la pregunta en mi cara, para mi voz era
(70) inaccesible a mí.

—De *La isla de Doctor Moreau*, por H.G. Wells

13. El narrador de este pasaje se describe así mismo como

    (1) habiendo estado alerta y extensamente despierto.

    (2) habiendo sido el capitán de una nave.

    (3) habiendo sido un prófugo de una nave pirata.

    (4) habiendo sido un marinero o pasajero en un barco.

    (5) habiendo estado muy joven.

14. ¿De qué otra manera se puede decir de *proa a popa*, como esta usado en el segundo párrafo?

    (1) Izquierda y derecha.

    (2) Frente y atrás.

    (3) La cima y fondo.

    (4) Norte y Sur.

    (5) Ninguna de las anteriores.

15. ¿Por qué no hizo señales el hombre al barco que venia?

    (1) Él no lo vio hasta que habia llegado.

    (2) Él hizo señales pero no lo habían visto.

    (3) Él estaba demasiado débil y no pensó en eso.

    (4) Él realmente quiso morirse y no ser rescatado.

    (5) Él tuvo miedo de los hombres a bordo.

16. ¿Quién o cual era el "rostro redondo expresivo?"

(1) La cara del hombre que lo rescató a él.

(2) Un sueño que él estaba teniendo.

(3) Su propia cara reflejada al mirar hacia abajo en el agua.

(4) Un fantasma o aparición que él estaba imaginando.

(5) La voz del doctor que lo trató.

17. ¿Qué había causado que el hombre estuviera perdido en el mar?

(1) Su nave se había descompuesto.

(2) Había habido una violenta tormenta.

(3) Él era un pobre marinero y perdió su camino.

(4) Él agotó prematuramente las provisiones.

(5) No nos dicen que causó su crisis.

18. Algo inusual aparentemente estaba sobre el borde de la nave de rescate. ¿Qué era?

(1) Muchas personas pelirrojas.

(2) Algún animal grande.

(3) Doctores.

(4) Pequeñas cabinas.

(5) Nada.

Las preguntas 19 a 24 se refieren al siguiente pasaje extraído de una obra de teatro.

¿Qué hace que sea una dama?

Linea *LIZA:* Pero fue de usted que aprendí realmente buenos modales, y eso es lo que hace que uno sea una dama, ¿no es así? Verá, fue tan difícil para
(5) mí con el ejemplo del profesor Higgins siempre ante mí. Fui criada para ser como él, incapaz de controlarme a mí misma y usando palabrotas a la menor provocación.
(10) *HIGGINS:* ¡Bueno!

PICKERING: Oh, eso es sólo su modo de ser, usted sabe. No lo hace a propósito.

LIZA: [Continuando.] Fue como
(15) aprender a bailar de un modo elegante, pero eso era todo lo que había allí. Sin embargo, ¿sabe usted lo que inició mi educación real?

PICKERING: ¿Qué?
(20) *LIZA:* [Deteniendo su trabajo por un momento.] Usted me llamó señorita Doolittle aquel día cuando vine a la calle Wimpole por primera vez. Allí comencé a sentir mi dignidad. [Ella
(25) vuelva a coser.] Y había cientos de pequeñas cosas que usted nunca notó, porque eran naturales para usted. Cosas como pararse y sacarse el sombrero y abrir las puertas.
(30) *PICKERING:* Oh, eso no fue nada.

LIZA: Sí, eran cosas que mostraban que pensaba y sentía como si yo fuese algo más que una fregona. Nunca se quitó las botas en el comedor cuando
(35) yo estaba allí.

PICKERING: No debe darle importancia a eso. Higgins se quita las botas en cualquier lugar.

LIZA: Lo sé. No lo estoy culpando.
(40) Ese es su modo de ser, ¿no es cierto? Pero sí fue importante para mí que usted no lo hiciera. Siempre seré una vendedora de flores para el profesor Higgins porque él siempre me trata
(45) como a una y siempre lo hará, pero sé que puedo ser una dama para usted porque siempre me trata como a una dama y siempre lo hará.

PICKERING: Bueno, esto es realmente
(50) muy lindo de su parte, señorita Doolittle.

LIZA: Me gustaría que me llame Eliza ahora, si lo desea.

PICKERING: Gracias. Eliza, por
(55) supuesto.

LIZA: Y me gustaría que el profesor Higgins me llamara señorita Doolittle.

HIGGINS: Maldición.
(60) *SRA.HIGGINS:* ¡Henry! ¡Henry!

PICKERING: [Riéndose.] ¿Por qué no le contestas los insultos? No lo tienes que soportar. Le haría mucho bien a él.

(65) LIZA: No puedo. Lo hubiera hecho alguna vez, pero ahora no puedo volver a eso. Usted me dijo, usted sabe, que cuando un niño es llevado a un país extranjero, aprende el

(70) idioma en unas pocas semanas y olvida el propio. Bueno, yo soy un niño en su país. He olvidado mi propio idioma y puedo hablar sólo el suyo. Aquél fue el rompimiento real

(75) con la esquina de Tottenham Court Road. Dejar Wimpole Street lo concluye.

PICKERING: [Muy alarmado.] ¡Oh! pero volverá a Wimpole Street, ¿no

(80) es cierto? ¿Perdonará a Higgins?

HIGGINS: [Levantándose.] ¿Perdonar? ¿Lo hará? ¡Diantre! Déjala ir. Dejemos que ella descubra cómo puede vivir sin nosotros.

(85) Volverá a los bajos fondos en tres semanas al no tenerme al alcance de la mano.

—extraído de *Pigmalión* por Bernard Shaw. Uso autorizado por la Sociedad de autores en nombre de Bernard Shaw Estate.

19. ¿Qué efecto tenía sobre Liza el comportamiento que Pickering tenía para con ella?

(1) Le enseñó lo que es sentirse una "dama".

(2) Le hizo comprender el significado de los buenos modales.

(3) Le enseñó sobre la amabilidad.

(4) Opciones, (1), (2) y (3) son correctas.

(5) La hizo sentir humilde.

20. Al solicitarle a Higgins que la llamase "señorita Doolittle", ¿qué indicaba Eliza?

(1) Que Higgins acababa de llegar.

(2) Las muchas injusticias que ella sufrió por ser una vendedora de flores.

(3) Su admiración por Higgins.

(4) Su deseo de continuar su educación.

(5) Su desagrado porque Higgins la trata como a una criada.

21. Las personas algunas veces le dicen a los jóvenes sobre los que intentan influir: "Haz lo que yo digo pero no lo que yo hago". ¿Cómo se relaciona este consejo con la forma en que Liza percibe a Pickering?

(1) Expresa directamente su punto de vista del mensaje de Pickering.

(2) Esta expresión no tiene nada que ver con este fragmento.

(3) Es lo opuesto de cómo ella ve a Pickering.

(4) Liza ve a Pickering como un fastidioso que le dice cosas similares a ella.

(5) Sugiere que Pickering es un mal ejemplo de sus acciones.

22. ¿Cuál de las siguientes afirmaciones es verdad según este fragmento?

(1) Liza tiene mucho que aprender sobre los modales.

(2) El profesor Higgins tiene malos modales y es malhumorado.

(3) Existe resentimiento entre Pickering y el profesor Higgins.

(4) El profesor Higgins tiene una mala opinión de Pickering y Liza.

(5) Liza probablemente está por insultar al profesor Higgins.

23. ¿Qué quiere decir Higgins en su última alocución cuando dice que "ella volverá a los bajos fondos"?

(1) Él admira a Liza por sus agallas.

(2) Liza perderá toda la gracia y los modales.

(3) Liza se enfermará.

(4) El problema de alcoholismo de Liza empeorará.

(5) Liza va a vivir en una casucha con otros pilluelos de la calle.

24. Si Liza estuviera viva hoy, ¿cuál de las siguientes alternativas respaldaría probablemente?

    (1) educación superior gratis para todos

    (2) darle a todos una parcela de terreno para cultivar un jardín

    (3) vender flores en lugares turísticos atractivos

    (4) quitarse las botas en el comedor

    (5) referirse a las personas sólo por sus apellidos

Las preguntas 25 a 30 se refieren a la historia abajo.

¿El nuevo vecino sabrá que le cayo encima?

Linea Es universalmente reconocida como una verdad que un hombre soltero en posesión de una buena fortuna, debe desear una esposa.

(5) No obstante poco conocemos las sensaciones o las opiniones que tal hombre, podría tener en su primera entrada a un vecindario, esta verdad así esta bien fija en las mentes de

(10) las familias cercanas, él es considerado como la propiedad legítima de alguien u otra de sus hijas.

"Mi estimado Sr. Bennet," le dijo

(15) su esposa un día a él, "¿ha oído que el Parque de Netherfield se alquilo finalmente?"

El Sr. Bennet contestó no.

Pero así es, "volvió ella a afirmar;

(20) la Señora Long ha estado aquí, y ella me dijo todo acerca de eso."

El Sr. Bennet no hizo ninguna pregunta.

"¿Usted no quiere saber quién lo

(25) ha alquilado?" grito su esposa impacientemente. "Si desea decírmelo, no tengo ninguna objeción de oír eso."

Ésta fue invitación suficiente.

(30) "Por qué, mi estimado, usted debe saber, La Señora Long dice que Netherfield es alquilada a un hombre joven de gran fortuna del norte de Inglaterra; bajó el lunes en un

(35) carruaje para ver el lugar, y estaba tan encantado con él que estuvo de acuerdo inmediatamente con el Sr. Morris, que él lo tomaría antes que Michaelmas, algunos de sus

(40) sirvientes estarán en casa a finales de la próxima semana."

"¿Cual es su nombre?"

"Bingley."

"¿Él es casado o soltero?"

(45) "¡Oh! ¡Soltero, mi querido, este seguro! Un hombre soltero de gran fortuna; cuatro o cinco mil por año. Que buena cosa para nuestras muchachas!"

(50) "¿Cómo así? Cómo puede afectarlas a ellas?"

"Mi estimado Sr. Bennet," contestó su esposa, "¿cómo puede usted ser tan pesado? Usted debe saber que yo

(55) estoy pensando en su matrimonio con una de ellas."

"¿Ése es su plan estableciendo aquí?"

"¡El plan! ¡No tiene sentido! ¡Cómo

(60) puede usted hablar así! Pero es muy probable que él pueda enamorarse de una de ellas, y por consiguiente usted debe visitarlo tan pronto como él venga."

—Del *Orgullo y prejuicio*, por Jane Austen

25. ¿Qué significan las primeras dos frases de este pasaje?

    (1) Cada hombre soltero necesita una esposa.

    (2) Ricas o pobres, todas las mujeres quieren casarse.

    (3) Si un hombre es soltero y rico, las personas asumen que él debe necesitar a una esposa.

    (4) Todos, ricos o pobres, necesitan casarse.

    (5) El dinero y matrimonio no están relacionados.

26. ¿Cuál es el estado de animo expresado en esa parte?

(1) Melancólico y triste.

(2) Seriamente confundido.

(3) Sarcástico y amargado.

(4) Generalmente animado y optimista.

(5) Amoroso y simpático.

27. ¿Qué de las siguientes declaraciones es VERDADERA?

(1) La familia de Bennet tiene varias hijas para casarse.

(2) Ellos tienen mucho dinero.

(3) La Señora Bennet no esta interesada por la riqueza de el Sr. Bingley.

(4) La Señora Long está a punto de marcharse.

(5) El origen del nuevo vecino no es conocido.

28. ¿Cuál de las siguientes describe mejor a la Señora Bennet?

(1) Ella es consciente de los eventos en su vecindario.

(2) Ella está ansiosa de casar sus hijas.

(3) Ella cree en la importancia del dinero.

(4) Ella parece ser la autoridad decisoria en su casa.

(5) Todas las anteriores.

29. ¿Cuál de las siguientes es una suposición razonable sobre la sociedad que esta siendo descrita?

(1) Este pasaje describe a una familia en la América contemporánea.

(2) Es poco probable esperar que las mujeres jóvenes encontraran a los hombres por sus propios medios.

(3) El dinero era la única consideración en esta sociedad.

(4) Fue asumido que todos, ricos o pobres, necesitan estar casados.

(5) Ninguno de los anteriores.

30. ¿Qué es el Parque de Netherfield?

(1) Un parque famoso en Londres.

(2) El nombre del vecindario en que viven los Bennets.

(3) El nombre de la propiedad la cual fue alquilada por el hombre soltero.

(4) El nombre del nuevo vecino rico.

(5) El hogar de los Bennets.

Las preguntas 31 a 35 se refieren al siguiente fragmento.

¿Cuáles son los efectos de *Chocolat*?

Linea   La película *Chocolat* es un delicioso encanto, un placer para los ojos y el alma.

    Una joven mujer encantadora y
(5) misteriosa, madre soltera, llamada Vianne Rocher (protagonizada por Juliette Binoche), un día en el invierno de 1959 llega a un somnoliento pueblo francés. Es un típico pueblo pequeño
(10) donde cada uno conoce su lugar en la sociedad y casi todos se comportan de acuerdo con las reglas de vieja data. Su hija, Anouk (Victoire Thivisol), la acompaña. Ella realizó arreglos para
(15) alquilar un negocio vacío y destruido y milagrosamente lo transforma rápidamente en una chocolatería elegante y tentadora.

    Vianne inmediatamente sacude a
(20) los lugareños al inaugurar su negocio durante la Cuaresma. Un pecado imperdonable. Y ella se hace amiga, uno por uno, de los ciudadanos más raros pero más
(25) accesibles del pueblo. El alcalde y el cura local están escandalizados y se sienten amenazados por ella. Se embarcan en un plan para sabotear el pequeño negocio y sacar a Vianne
(30) del pueblo. Pero Vianne cautiva, al menos, a algunos de los pobladores: el aroma del chocolate siendo

cocinado deliciosamente, su calidez y atención, su apertura y capacidad (35) para responder a los deseos y necesidades de los pobladores. Ella ofrece muestras deliciosas y escucha los problemas de las personas. Pero se niega a asistir a la iglesia. Y (40) contrariamente a la costumbre local, usa zapatos de color rojo brillante. Un vagabundo errante (Johnny Depp) llega al pueblo, una intrusión no deseada al pueblo "correcto". Se (45) desarrolla una relación con sus consiguientes complicaciones.

La película, detrás del encanto y humor de la historia, trata algunos temas serios, como la aceptación de (50) "extraños" o individuos excéntricos, la intolerancia, la crueldad, la capacidad de cambio, las nociones preconcebidas sobre quién es una "buena" persona y quién no lo es. Los (55) mensajes están allí para ser percibidos por el espectador.

La actuación es en general maravillosa con un gran reparto. Judi Dench representa el papel de (60) una abuela solitaria, anciana y directa; Alfred Molina, el alcalde con pretensiones de superioridad moral y guardián autodesignado de la moral; Hugh O'Conor, el ansioso y (65) ambicioso joven sacerdote que se transforma en la herramienta del alcalde; Lena Olin, la esposa abusada a quien Vianne ayuda a obtener su independencia; y una breve aparición (70) de Leslie Caron en el papel de una matrona del pueblo.

La película fue estrenada en enero de 2001, dura 116 minutos y posee una cinematografía deliciosa de (75) Roger Pratt. El guión fue escrito por Robert Nelson Jacobs, quien adaptó el best seller de Joanne Harris.

Vea Chocolat con alguien a quien ame.

1/28/01

31. ¿En qué lugar se desarrolla *Chocolat*?

(1) en una fábrica de chocolate

(2) en el siglo XIX

(3) en un pueblo francés

(4) en una granja francesa

(5) en la parte francesa de Canadá

32. ¿Cuál es la mejor manera de describir a Vianne?

(1) Es una persona muy empecinada, con sus propias ideas.

(2) Es una mujer con mal gusto para la ropa.

(3) Es claramente una alborotadora.

(4) Es demasiado amigable con las personas equivocadas.

(5) Debe ser obesa por comer tanto chocolate.

33. ¿Cuál es la opinión general del crítico de esta película?

(1) que a *Chocolat* le falta sustancia, pero que es divertida de todos modos

(2) que es una película romántica que puede ser disfrutada en muchos niveles

(3) que la película es demasiado larga e intrincada

(4) que los pueblos franceses brindan entornos pobres para las películas

(5) que Vianne debería dejar el pueblo por su propio bien y por el de los pobladores

34. El título *Chocolat*

(1) es una falta de ortografía.

(2) puede ser considerada como una metáfora del placer y de "hacer lo que uno quiere".

(3) muestra que es una comedia liviana.

(4) viene del nombre del negocio.

(5) se refiere a la dulzura de Vianne.

35. ¿Por qué se describe el pueblo como "somnoliento"?

(1) No posee vida nocturna y tiene pocos negocios.

(2) Todos se levantan tarde.

(3) Es muy pequeño y apagado.

(4) Todos los pobladores son aletargados.

(5) Sus habitantes parecen no desear los cambios.

Las preguntas 36 a 40 se refieren al siguiente documento.

¿Cuáles son las responsabilidades al solicitar un préstamo para estudiantes?

Linea Cuando usted recibe un préstamo para estudiantes, tiene ciertas responsabilidades. A continuación se enumeran algunas de ellas:

(5) Cuando firma un pagaré, está acordando el reembolso del préstamo según las condiciones del pagaré. El pagaré es un documento legal vinculante y establece que debe

(10) reembolsar el préstamo, incluso si no completa su educación (a menos que no pueda completar el programa de estudio debido al cierre de la institución); no puede conseguir un

(15) empleo después de completar el programa o está insatisfecho con él o no recibe la educación por la que pagó. Analice lo que esta obligación significa antes de solicitar un

(20) préstamo. Si no reembolsa el préstamo en el tiempo acordado o según las condiciones del pagaré, entrará en incumplimiento de pago, lo que tiene muy graves

(25) consecuencias.

Debe realizar los pagos del préstamo incluso si no recibe la factura o la notificación de reembolso. Los estados de cobranza

(30) (o libro de cupones de pago) se envían para su propia conveniencia, pero está obligado a realizar los pagos incluso si no recibe la notificación recordatoria.

(35) Si solicita un aplazamiento, debe continuar realizando los pagos hasta que sea notificado de que la solicitud ha sido aceptada. Si no lo hace, puede terminar en incumplimiento de pago.

(40) Debe guardar una copia de todo formulario de solicitud que presente y documentar todos los contactos con la organización que tiene su préstamo. Debe notificar al

(45) representante apropiado que administra su préstamo cuando se gradúe, se retire de la institución educativa o estudie menos de media jornada; cambie su nombre, domicilio

(50) o número de seguro social o se cambie a otra institución educativa.

Si solicita un Préstamo Perkins, el préstamo será administrado por la institución educativa que le presta

(55) el dinero. Si solicita un Préstamo Directo, será administrado por el Centro de Servicio al Préstamo Directo. Si solicita un Préstamo del Programa FFEL, su institución

(60) prestamista o su agente de servicio lo manejará. Durante la sesión de asesoramiento sobre el préstamo, se le brindará el nombre del representante que administra su

(65) préstamo.

Si se encuentra en incumplimiento del pago del préstamo, la entidad crediticia y el gobierno federal pueden tomar medidas para

(70) recuperar el dinero y notificar a las agencias de crédito nacionales de su incumplimiento de pago. Esto puede afectar su clasificación crediticia por un largo período de tiempo. Si decide

(75) regresar a la escuela, no podrá recibir ninguna ayuda federal para estudiantes.

2000-2001 Financial Aid, The Student Guide (Asistencia económica, Guía para estudiantes), Departamento de Educación de EE.UU.

36. Cuál de los siguientes representa el mensaje principal del documento?

(1) Obtener un préstamo para estudiantes no es "gran cosa", cualquiera puede solicitarlo.

(2) Las universidades o facultades ofrecen todos los préstamos.

(3) Solicitar un préstamo para estudiantes es una decisión seria que debe ser considerada cuidadosamente con anticipación.

(4) El autor intenta decir que las personas deben ser precavidos y evitarlos si es posible.

(5) Es mejor conseguir un préstamo de un banco que de una universidad.

37. A partir de este artículo, puede deducir que una posible consecuencia del incumplimiento de pago de un préstamo para estudiantes es que

(1) puede endeudarse más.

(2) puede tener problemas para comprar un automóvil nuevo.

(3) tendrá que asistir a la universidad menos de media jornada.

(4) tendrá que abandonar los estudios.

(5) su universidad lo reprobará.

38. ¿Dónde se puede conseguir un Préstamo Perkins?

(1) a través de un banco

(2) a través de una entidad crediticia local

(3) a través de la institución educativa a la que asiste

(4) a través de un representante de créditos en Perkins

(5) cualquiera de las anteriores

39. Está estudiando tecnología médica en Southern State University Southern State University en North Dakota después de obtener un préstamo para estudiantes de $4,000. A mitad del año usted decide que los cursos son demasiado difíciles y va a abandonar. Según este artículo, ¿qué va a ocurrir después?

(1) Ya que sólo asistió a clases medio año, tendrá que reembolsar sólo $2,000.

(2) No será responsable de ninguna parte del préstamo porque ya no estudia más en Southern State.

(3) Probablemente puede utilizar la parte no usada del préstamo para otra institución, por lo que no necesita preocuparse.

(4) Tendrá que esperar los cupones de pago y luego comenzar a reembolsar el préstamo.

(5) Notificará a su representante de créditos de sus planes y todavía será responsable del reembolso del monto total del préstamo según las condiciones acordadas.

40. Acaba de realizar su tercer pago en el programa de préstamos para estudiantes FFEL y repentinamente pierde el empleo. ¿Qué debe hacer ahora en relación con este préstamo?

(1) Sólo deje de pagar, ellos comprenderán.

(2) Llamar a su representante del préstamo y prometer que comenzará a reembolsar el préstamo tan pronto como encuentre otro empleo.

(3) Utilizar su tarjeta de crédito para aplazar el pago.

(4) Llamar al representante de préstamos inmediatamente y encontrar la manera de conseguir una prórroga en su préstamo.

(5) Solicitar un préstamo al banco para poder seguir pagando el préstamo a la universidad.

PRUEBA 5: MATEMÁTICAS

Duración: 100 minutos • 50 preguntas

Parte 1, 25 preguntas (se permite el uso de calculadora): 50 minutos

Parte 2, 25 preguntas (no se permite el uso de calculadora): 50 minutos

La Prueba de Matemáticas consiste en preguntas que intentan evaluar destrezas matemáticas generales y la habilidad para resolver problemas. Las preguntas se basan en lecturas cortas que generalmente incluyen una gráfica, tabla o figura. Trabaje atentamente, pero no dedique demasiado tiempo a cada pregunta. Asegúrese de responder a todas las preguntas. No se penalizarán las respuestas incorrectas.

En la página 706, encontrará fórmulas que puede necesitar. Solamente determinadas preguntas requieren el uso de alguna de ellas. Registre sus respuestas en la hoja de respuestas separada. Asegúrese de que toda la información quede registrada correctamente.

Hay tres (3) tipos de respuestas que se encuentran en la hoja de respuestas.

El 1er. tipo es una respuesta con formato regular que es la solución a una pregunta de opción múltiple. Debe sombrear uno de los 5 círculos de alternativas.

Ejemplo:

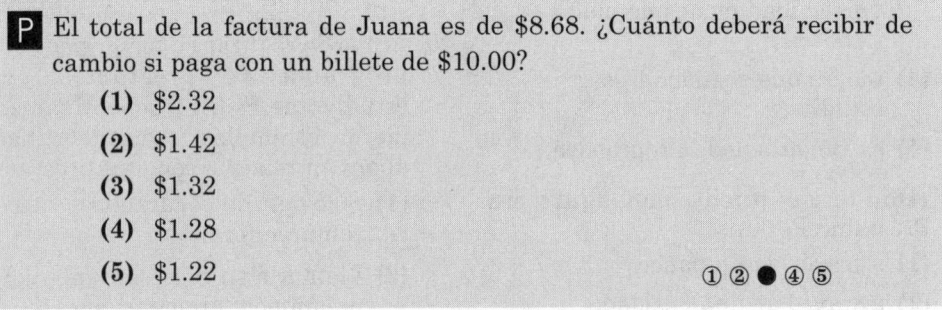

P El total de la factura de Juana es de $8.68. ¿Cuánto deberá recibir de cambio si paga con un billete de $10.00?

   (1) $2.32

   (2) $1.42

   (3) $1.32

   (4) $1.28

   (5) $1.22   ①②●④⑤

La respuesta correcta es "$1.32". Por lo tanto, debe marcar el espacio de la respuesta 3 en la hoja de respuestas.

El 2do. tipo es una respuesta con formato alternativo que es la solución para las preguntas de cuadrícula convencional que se rellenan. Debe sombrear círculos que representan números reales, incluso un decimal o signo de división cuando sea necesario.

El 3er. tipo es una respuesta de formato alternativo que es la solución para problemas de cuadrícula de plano de coordenadas. Debe sombrear el círculo que representa la coordenada correcta de una gráfica.

Para ejemplos de cómo registrar las respuestas de 2do. y 3er. tipo, consulte la página 122.

FÓRMULAS

Descripción	Fórmula
ÁREA (A) de un:	
cuadrado	$A = l^2$; donde l = lado
rectángulo	$A = la$; donde l = longitud, a = ancho
paralelogramo	$A = bh$; donde b = base, h = altura
triángulo	$A = bh$; donde b = base, h = altura
círculo	$A = \pi r^2$; donde π = 3.14, r = radio

PERÍMETRO (p) de un:	
cuadrado	$p = 4l$; donde l = lado
rectángulo	$p = 2l + 2a$; donde l = longitud, a = ancho
triángulo	$p = a + b + c$; donde a, b y c son los lados
circunferencia (C) de un círculo	$C = \pi d$; donde π = 3.14, d = diámetro

VOLUMEN (V) de un:	
cubo	$V = l^3$; donde l = lado
prisma rectangular	$V = lah$; donde l = longitud, a = ancho, h = altura
cilindro	$V = \pi r^2 h$; donde π = 3.14, r = radio, h = altura

teorema de Pitágoras	$c^2 = a^2 + b^2$; donde c = hipotenusa, a y b son los catetos de un triángulo rectángulo
distancia (d) entre dos puntos en un plano	$d = \sqrt{(x_2 - x_1)^2 + (y_2 - y_1)^2}$; donde (x_1, y_1) y (x_2, y_2) son dos puntos en un plano
pendiente de una recta (m)	$m = \dfrac{y_2 - y_1}{x_2 - x_1}$ donde (x_1, y_1) y (x_2, y_2) son dos puntos en un plano

media	media = $\dfrac{x_1 + x_2 + \cdots + x_n}{n}$; donde las x son los valores de los cuales se busca la media y n = la cantidad de las x en la serie
mediana	mediana = el número en un conjunto de números ordenados en el cual la mitad de los números están por encima y la otra mitad de los números están por debajo de este valor

interés simple (i)	$i = crt$; donde c = capital, r = razón, t = tiempo
distancia (d) en función de la velocidad y el tiempo	$d = vt$; donde v = velocidad, t = tiempo
costo total (c)	$c = nr$; donde n = número de unidades, r = costo por unidad

Parte 1

Ahora puede comenzar con la Parte 1 de la Prueba de Matemáticas. Puede usar la calculadora para esta parte. Sombree el círculo de la respuesta correcta a cada pregunta en la Parte 1 de su hoja de respuestas.

1. Una fórmula en física, $D = A \times T^2$ relaciona la distancia (D) recorrida durante un período de tiempo (T). Si $A = 1$ y $D = 137$, calcule T.

   (1) 3.7

   (2) 11.7

   (3) 13.2

   (4) 17.8

   (5) 68.5

2. Iván y Laura, parados al pie (A) de una colina que tiene 1 milla de largo, desean medir la altura de la colina (BC) (ver diagrama). Si el ángulo que la colina forma con el suelo es de 20°, ¿a cuántas millas por encima del nivel de la base está la cima (B)?

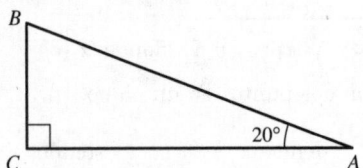

   (1) 0.27

   (2) 0.29

   (3) 0.34

   (4) 0.36

   (5) 0.94

3. En Salena, Italia, se apilaron cubos de cemento gigantes en la bahía, a cierta distancia de la costa, para que actúen como rompeolas para los buques. Si la arista de cada cubo es de 2.38 pies, calcule el volumen de cada cubo, en pies cúbicos.

   (1) 1.5

   (2) 5.7

   (3) 7.14

   (4) 13.5

   (5) 14.28

4. En el trapecio isósceles *ABCD*, el lado *AB* = 8.00 y el ángulo *A* = 15°. Calcule **h** hasta la segunda cifra decimal (ver el diagrama).

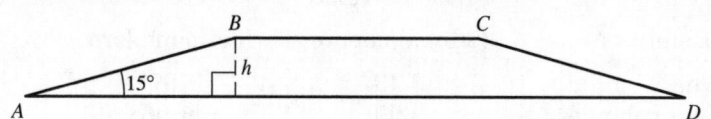

Marque su respuesta en los círculos de la cuadrícula en la hoja de respuestas.

Las preguntas 5 y 6 se refieren a la siguiente información.

El taller de Luis cobra $25 por hora por el mantenimiento y reparación de automóviles nacionales y $30 por hora para los extranjeros. Juan trajo al taller el Chevrolet, que compró hace 3 años, para que sea reparado. La hoja de trabajo para el automóvil de Juan muestra lo que trabajaron los siguientes mecánicos en el auto.

    Carlos: 5 horas, 16 minutos

    Ana: 3 horas, 49 minutos

    Eduardo: 37 minutos

5. ¿Cuál es el tiempo total en horas en concepto de mano de obra que Juan debería pagar?

Marque su respuesta en los círculos de la cuadrícula en la hoja de respuestas.

6. Si la factura de los repuestos suma $84.25, ¿cuánto deberá pagar Juan por los repuestos y la mano de obra de la reparación?
- **(1)** $158.25
- **(2)** $242.50
- **(3)** $326.75
- **(4)** $375.25
- **(5)** $459.50

7. ¿Cuál es la altura, H, del agua, en pulgadas, que debe tener la pecera que se encuentra abajo para que contenga 1,155 pulgadas cúbicas de agua?

- **(1)** $8\frac{1}{3}$

- **(2)** $9\frac{1}{6}$

- **(3)** $11\frac{1}{6}$

- **(4)** $12\frac{1}{6}$

- **(5)** $12\frac{5}{6}$

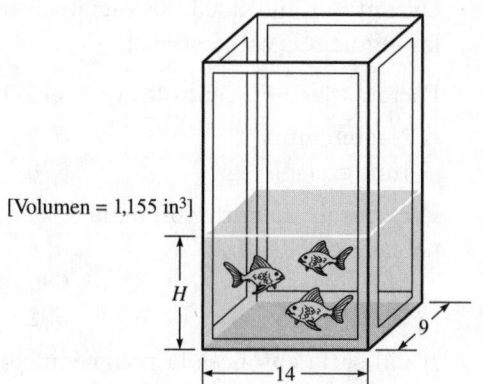

[Volumen = 1,155 in³]

H

9

14

La pregunta 8 se refiere a la siguiente información sobre la venta de pasteles en la panadería B&B el miércoles.

Tipo de pastel	Precio de venta ($/lb) al cliente	Costo ($/lb) del panadero	Cantidad (lb) vendida
de manzana	3.49	.97	25
de chocolate holandés	3.99	1.06	50

8. ¿Cuál fue la ganancia de la panadería en dólares?
   - **(1)** $87.25
   - **(2)** $146.50
   - **(3)** $199.50
   - **(4)** $209.50
   - **(5)** $286.75

9. El impuesto sobre la renta en ciertos estados se calcula a razón del 2% sobre los primeros $1,000, 3% sobre los siguientes $2,000, 4% sobre los siguientes $3,000 y 5% de allí en adelante. Calcule el impuesto sobre un ingreso de $25,000.
   - **(1)** $1,150
   - **(2)** $1,015
   - **(3)** $950
   - **(4)** $200
   - **(5)** $187

10. Un país pequeño tiene una población de 52,376 personas en el año 2002. Durante el año 2003, se registraron las siguientes estadísticas:

    Factores de crecimiento de la población

Nacimientos	577
Inmigración	876

    Factores de disminución de la población

Muertes	689
Emigración	592

    ¿Cuál sería entonces la población correspondiente al año 2003?
    - **(1)** 51,980
    - **(2)** 52,204
    - **(3)** 52,376
    - **(4)** 52,548
    - **(5)** 52,600

11. En una tienda de saldos, un traje sastre cuesta $239. En las siguientes 3 semanas, se realizaron 3 descuentos: primero del 5%; luego del 8% y finalmente del 12%. ¿Cuál fue el precio final de venta (en dólares)?
    - **(1)** $79
    - **(2)** $179
    - **(3)** $184
    - **(4)** $191
    - **(5)** $225

12. Rosa está diseñando un circuito eléctrico para su proyecto de bricolaje. En la teoría eléctrica, se aplica una fórmula:

    $$I_1 = \frac{R_2}{R_1 + R_2} \times I_2$$

    Calcule el valor de I_1, si:
    $$R_1 = 4$$
    $$R_2 = 4$$
    $$I_2 = 17$$

    Marque su respuesta en los círculos de la cuadrícula en la hoja de respuestas.

13. Los tres mejores bateadores de los Tigers, un equipo de la liga de béisbol infantil, tuvieron un promedio de bateo de: 0.250, 0.273 y 0.302. ¿Cuál fue la media de los promedios de bateo?

    Marque su respuesta en los círculos de la cuadrícula en la hoja de respuestas.

14. Un inversor en bienes raíces compra una casa y lote por $44,000. Paga $1,250 para pintarla, $1,750 para reparar la cañería y $1,000 para nivelar la entrada. ¿A qué precio debe vender la propiedad para tener una ganancia de un 12%?

    (1) $53,760

    (2) $52,800

    (3) $52,000

    (4) $49,760

    (5) $44,480

Las preguntas 15 y 16 se basan en la siguiente tabla.

Costo para Susana de la preparación de salchichas y frijoles para el juego de la liga de béisbol infantil del 1° de junio de 2001.

Alimento (paquete)	Costo ($)	Porciones/ paquete
Salchichas	1.75	8
Pancitos	.83	10
Frijoles	.85	4

15. ¿Cuál fue el costo correspondiente a una porción de comida de salchichas y frijoles? (Una comida está compuesta de 1 salchicha, 1 pancito y 1 porción de frijoles.)

    (1) $0.34

    (2) $0.51

    (3) $0.83

    (4) $0.88

    (5) $1.15

16. El costo de una porción de comida aumentó a $0.58 en 2002. Si Susana vende una porción de comida por $2.50, ¿cuántas porciones de comida debe vender para obtener una ganancia de, por lo menos, $500?

    (1) 199

    (2) 200

    (3) 261

    (4) 290

    (5) 301

17. Pedro compra una parcela de tierra rectangular de 4 km (km quiere decir kilómetro) por 8 km. En un papel cuadriculado, marca líneas paralelas a lo largo y a lo ancho que representen 1 km, como se muestra a continuación:

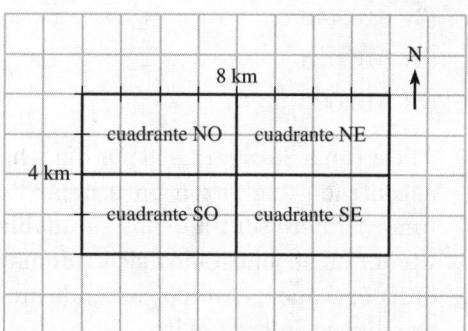

Si construye su casa en el centro de la parcela, en las coordenadas (0,0), ¿cuáles son las coordenadas correspondientes al punto más alejado de su casa en el cuadrante Sudeste (SE) donde planea construir un tanque de propano?

NO MARQUE EL PUNTO EN LA GRÁFICA ANTERIOR.

Marque la respuesta en la cuadrícula de plano de coordenadas en la hoja de respuestas.

18. José decide construir una cerca desde la casa hasta el tanque. ¿Cuál es la longitud de la cerca, expresada en kilómetros?

(1) 2.0

(2) 2.4

(3) 3.2

(4) 4.5

(5) 6.2

19. En la compañía Apex, cinco empleados ganan $15,000 por año, tres empleados ganan $17,000 por año y un empleado gana $18,000 por año. ¿Cuál es el salario promedio anual de estos empleados?

(1) $17,000

(2) $16,667

(3) $16,448

(4) $16,025

(5) $16,000

20. Alicia fuma 25 cigarrillos por día y ha encontrado una razón para dejar de fumar: quiere sentirse más saludable y tener un mejor estado físico. Además descubrió que ha estado gastando mucho dinero en ese hábito.

Si un paquete de cigarrillos cuesta $4 y hay 20 cigarrillos por paquete, ¿cuánto tardará en ahorrar el dinero suficiente para comprar una bicicleta de ejercicio de $500?

(1) 80 días

(2) 100 días

(3) 125 días

(4) 156 días

(5) 200 días

21. ¿Cuánto gastaba en cigarrillos por año? [1 año = 365 días]

Marque su respuesta en los círculos de la cuadrícula en la hoja de respuestas.

22. Alicia tenía un sueldo de $18,000 por año. ¿Qué porcentaje de su sueldo gastaba para comprar cigarrillos por año? Redondee la respuesta hasta la segunda cifra decimal.

Marque su respuesta en los círculos de la cuadrícula en la hoja de respuestas.

Las preguntas 23 a 25 se basan en la información de la gráfica a continuación.

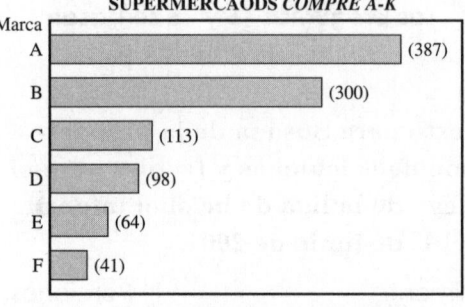

LATAS DE SOPA VENDIDAS POR MARCA EN EL AÑO 2003 EN LOS SUPERMERCAODS *COMPRE A-K*

Cantidad de latas vendidas (en miles)

23. En 2003, ¿qué porcentaje de todas las sopas vendidas eran de la marca A?

(1) 30%

(2) 33%

(3) 39%

(4) 42%

(5) 54%

24. Si Wanda, gerente a cargo de las existencias, decide que sólo debe haber existencias de las 3 marcas más populares en el año 2002, ¿qué porcentaje del espacio de almacenamiento debe ocupar la marca B?

(1) 15.0%

(2) 30.0%

(3) 32.5%

(4) 37.5%

(5) 47.5%

25. Wanda decide colocar las latas de la marca B en un cubo sostenido por un armazón de apilamiento como se muestra a continuación:

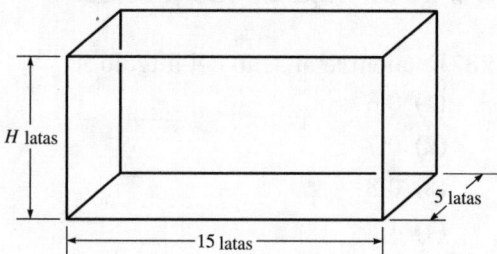

H latas

5 latas

15 latas

¿Qué altura, H, debe tener la pila?

(1) 1

(2) 2

(3) 3

(4) 4

(5) 5

Parte 2

No puede regresar a la Parte 1 de la Prueba de Matemáticas ni usar la calculadora para esta parte. Sombree el círculo de la respuesta correcta a cada pregunta en la Parte 2 de su hoja de respuestas.

26. Luis tenía una bolsa llena de verduras que acababa de comprar en el mercado y que contenía lo siguiente: calabazas ($3\frac{1}{2}$ libras), zanahorias ($2\frac{1}{3}$ libras) y tomates ($1\frac{3}{4}$ libra). ¿Cuánto pesaba la bolsa en libras?

(1) $6\frac{1}{8}$

(2) $6\frac{5}{9}$

(3) $7\frac{1}{4}$

(4) $7\frac{9}{5}$

(5) $7\frac{7}{12}$

27. Sara asignó un presupuesto de $35 para las mensualidades de sus 4 hijos. Si cada niño recibe la misma cantidad, ¿cuánto recibe cada uno? Redondee la respuesta hasta el centavo.

(1) $0.88

(2) $1.10

(3) $8.75

(4) $11.00

(5) $11.67

La pregunta 28 se refiere al siguiente diagrama del patrón de un acolchado.

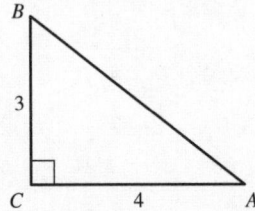

28. Encuentre el seno del ángulo *A*.

(1) 0.6

(2) 0.7

(3) 0.8

(4) 1.3

(5) 1.7

29. ¿Cuántas pintas de sangre necesitan donarse para suministrar 9,500 mililitros para la campaña de donación de sangre? (1 cuarto = 0.95 litros)

(1) 18

(2) 20

(3) 22

(4) 24

(5) 26

30. En el escenario de filmación del *Mago de Oz*, la longitud del camino de ladrillos amarillos era de 200 yardas y el ancho de 1.5 yardas. ¿Cuántos pies cuadrados de revestimiento amarillo para el suelo fueron necesarios para cubrir el camino?

(1) 600

(2) 1,000

(3) 1,700

(4) 2,700

(5) 3,000

31. En un lote de automóviles nuevos, $\frac{1}{4}$ de los automóviles eran rojos y $\frac{3}{4}$ eran verdes. $\frac{1}{2}$ Al final del mes, se vendieron de los automóviles rojos y $\frac{1}{3}$ de los verdes. ¿Cuál fue la fracción total de automóviles vendidos?

Marque su respuesta en los círculos de la cuadrícula en la hoja de respuestas.

Las preguntas 32 y 33 se refieren a las siguientes gráficas.

Las gráficas a continuación representan el uso comparativo de la tierra en cuatro barrios. El área de cada barrio está expresada en manzanas. Asuma que todas las manzanas tienen el mismo tamaño.

BARRIO A: 10 MANZANAS

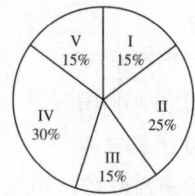

BARRIO C: 8 MANZANAS

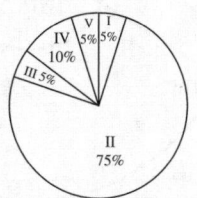

BARRIO B: 20 MANZANAS

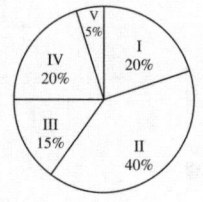

BARRIO D: 16 MANZANAS

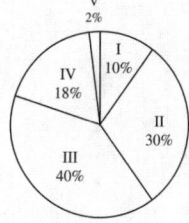

CLAVE:

I – Casas para una y dos familias
II – Edificios de apartamentos
III – Edificios de oficinas
IV – Negocios minoristas
V – Fábricas y depósitos

32. ¿Cuáles son los dos barrios que asignan la misma cantidad de manzanas para uso residencial?

(1) A y C

(2) A y D

(3) B y C

(4) B y D

(5) C y D

33. ¿Cuál de los siguientes tipos de edificios ocupa la misma cantidad de terreno en el barrio B que la cantidad de terreno ocupado por negocios minoristas en el barrio A?

(1) casas para una y dos familias

(2) edificios de apartamentos

(3) edificios de oficinas

(4) negocios minoristas

(5) fábricas y depósitos

34. Dos cercas en un campo se encuentran a 120°. Una vaca está atada en la intersección con una cuerda de 15 pies, como se muestra en la figura a continuación. ¿Sobre cuántos pies cuadrados puede pastar la vaca?

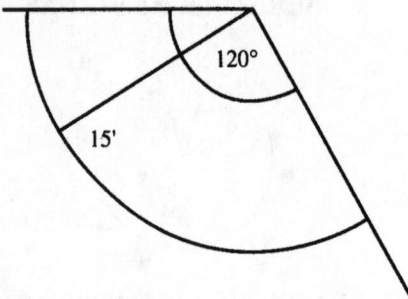

(1) 50π

(2) 75π

(3) 80π

(4) 85π

(5) 90π

35. El 1° de enero de 1983, Pedro fue contratado para trabajar para la compañía X por un salario anual de $15,000. El 1° de enero de cada año siguiente, Pedro recibió un aumento de $800 sobre el salario anual. ¿Cuál de las siguientes expresiones representan el salario anual después de recibir el aumento del 1° de enero de 1988?

(1) 15,000 + 800 (6)

(2) 15,000 (800) (6)

(3) 15,000 (800 + 5)

(4) 15,000 + 800 (5)

(5) 15,000 (800 + 6)

Las preguntas 36 y 37 se refieren a la siguiente tabla que describe el sendero que siguieron Pablo y Juan utilizando la brújula como guía para caminar desde el banderín de partida hasta el lago.

Dirección hacia donde caminaron	Distancia [millas] desde la partida	Punto en el mapa	Característica especial
		O	Banderín de partida
Oeste	1	A	Extremo sudeste del lago Po
Norte	3	B	Extremo noreste del lago Po
Oeste	4	C	Extremo noroeste del lago Po

36. ¿Cuántas millas ahorrarían si recorrieran la distancia entre A y C en canoa en lugar de caminar desde A hasta B y luego hasta C?

(1) 1

(2) 2

(3) 3

(4) 4

(5) 5

37. Si las coordenadas del banderín de partida son (0.0), ubique el punto final en la cuadrícula.

Marque la respuesta en la cuadrícula de plano de coordenadas en la hoja de respuestas.

Las preguntas 38 a 40 (en la página siguiente) se refieren a la siguiente gráfica.

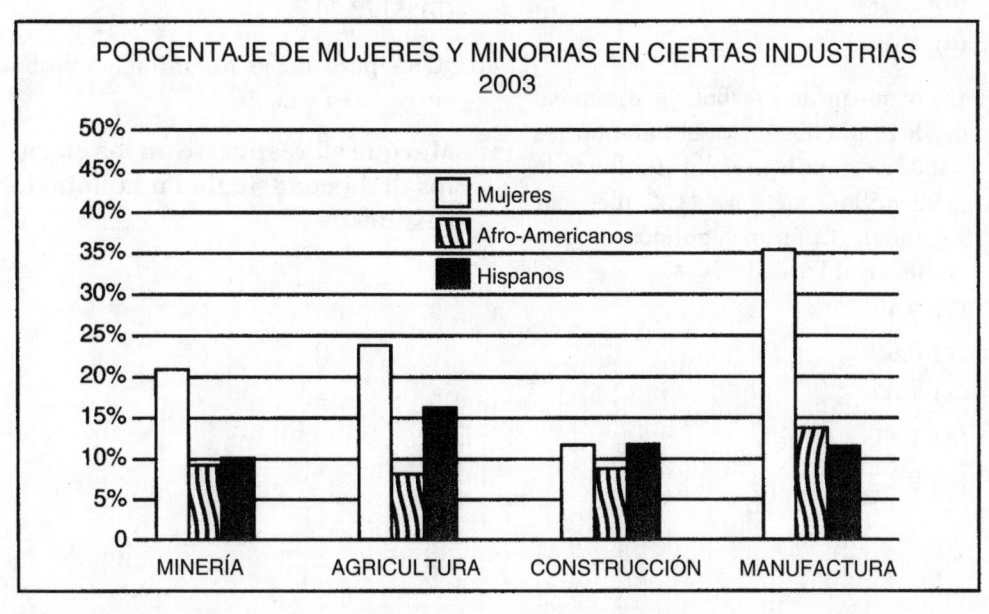

PORCENTAJE DE MUJERES Y MINORIAS EN CIERTAS INDUSTRIAS 2003

38. ¿En qué área la incidencia de trabajadores varones era cuatro veces mayor que la de trabajadoras mujeres?

(1) minería

(2) agricultura

(3) construcción

(4) manufactura

(5) No se da suficiente información.

39. Si se emplearon en total 733,000 mineros en 2003, ¿cuántos de ellos eran hispanos?

(1) 2,000

(2) 5,000

(3) 12,000

(4) 48,000

(5) 73,000

40. ¿Qué porcentaje de trabajadores de la construcción no eran ni hispanos ni afroamericanos?

(1) 93.4%

(2) 80%

(3) 70%

(4) 23.5%

(5) 15%

41. En el juego de béisbol, la distancia desde el pítcher hasta el bateador es de 60 pies. Una bola rápida fue lanzada a 90 millas por hora (132 pies por segundo). ¿Cuántos segundos tardará en llegar al bateador?

(1) 0.45

(2) 0.68

(3) 1.00

(4) 1.47

(5) 2.2

Las preguntas 42 y 43 se refieren a la siguiente tabla de diferentes valores del índice de precios al consumidor (IPC) desde 1920 hasta 2000.

Año	IPC
1920	$ 20.00
1980	82.40
1997	160.50
2000	172.20

Debido a la inflación, el valor del dinero desminuye con el tiempo. Esto se mide por medio del índice de precios al consumidor (IPC). Por ejemplo, al observar la tabla anterior, un artículo que en 1920 costaba $20.00 costaría $172.20 en el año 2000.

42. Si un boleto para ver jugar a Babe Ruth en un partido de los Yankees de New York en 1920 costaba $5.00, ¿cuánto costaría el mismo boleto en el año 2000?

(1) $20.00

(2) $43.05

(3) $68.88

(4) $86.66

(5) $172.20

43. ¿Qué porcentaje de inflación hubo entre 1920 y 2000?

Marque su respuesta en los círculos de la cuadrícula en la hoja de respuestas.

Las preguntas 44 a 47 se refieren a los datos a continuación.

ASISTENCIA A EVENTOS DEPORTIVOS (EN MILLONES)

Actividad	1960	1965	1970	1974	1975	1976	1977	1978
Béisbol, ligas mayores:								
Temporada regular	19.9	22.4	28.7	30.0	29.8	31.3	38.7	40.6
Liga Americana	9.2	8.9	12.1	13.0	13.2	14.7	19.6	20.5
Liga Nacional	10.7	13.6	16.7	17.0	16.6	16.7	19.1	20.1
Básquetbol, profesional, NBA	2.0	2.8	5.1	6.9	7.9	8.5	11.0	10.9
Fútbol americano, universitario	20.4	24.7	29.5	31.2	31.7	32.0	32.9	34.3
Fútbol americano, profesional NFL	3.2	4.7	10.0	10.7	10.7	11.6	11.6	13.4
Carreras de caballos	46.9	62.9	69.7	74.9	78.7	79.3	76.0	76.0
Carreras de galgos	7.9	10.9	2.7	16.3	17.5	19.0	20.0	20.1
Hockey, NHL	2.4	2.8	6.0	8.6	9.5	9.1	8.6	8.5

44. ¿En qué año la asistencia a los partidos de la Liga Americana de béisbol superó por primera vez la asistencia de los juegos de la Liga Nacional?

(1) 1960

(2) 1970

(3) 1975

(4) 1977

(5) 1978

45. ¿Qué evento deportivo fue el más popular durante 1965?

(1) béisbol

(2) carreras de caballos

(3) fútbol americano

(4) hockey

(5) No se da suficiente información.

46. En 1978, ¿qué porcentaje de las personas que asistieron a los juegos de las ligas mayores (básquetbol, béisbol y fútbol) fueron a los juegos de béisbol?

(1) 17%

(2) 21%

(3) 63%

(4) 65%

(5) 71%

47. En 1977, ¿qué actividad deportiva registró MENOS ingresos?

(1) hockey

(2) fútbol americano

(3) carreras de galgos

(4) béisbol

(5) No se da suficiente información.

**Las preguntas 48 a 49 se refieren
a la siguiente información.**

PRESUPUESTO MENSUAL DE MIGUEL

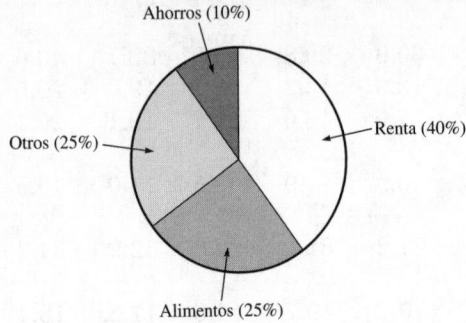

Ahorros (10%)

Otros (25%)

Renta (40%)

Alimentos (25%)

48. En el año 2000, Miguel ganó $1,600
por mes, a razón de $20.00 por hora.
¿Cuántas horas por semana trabajó?
Asuma 4 semanas = 1 mes.

  (1) 100

  (2) 80

  (3) 60

  (4) 40

  (5) 20

49. Si su renta aumenta $160 por mes, ¿a
cuánto ascenderá?

  (1) $560

  (2) $800

  (3) $1,000

  (4) $1,120

  (5) $2,400

50. Según se observa en la figura a continuación, se llenó un tercio de un tanque
cilíndrico de petróleo. Si se agregan 3
galones más, el nivel de petróleo
llegará hasta la mitad del tanque.
¿Cuál es la capacidad del tanque?

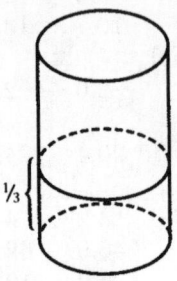

⅓ {

  (1) 15 galones

  (2) 16 galones

  (3) 17 galones

  (4) 18 galones

  (5) 19 galones

CLAVE DE RESPUESTAS DE LA PRUEBA 2 DE EJEMPLO DE GED

Después de completar la Prueba 2 de ejemplo, controle las respuestas utilizando para ello la Clave de respuestas y las Explicaciones de las respuestas a continuación. Luego, consulte la Tabla de análisis de errores en la página 734 para ver su desempeño. Finalmente, consulte la tabla de "Evaluación de sus conocimientos" en la página 764 para determinar cuán preparado está para las Pruebas de GED reales.

Prueba 1: Redacción, Parte 1

1. (5)	11. (3)	21. (4)	31. (5)	41. (4)
2. (3)	12. (4)	22. (3)	32. (4)	42. (3)
3. (2)	13. (5)	23. (5)	33. (1)	43. (3)
4. (1)	14. (3)	24. (3)	34. (4)	44. (4)
5. (5)	15. (4)	25. (3)	35. (4)	45. (3)
6. (4)	16. (2)	26. (3)	36. (3)	46. (3)
7. (3)	17. (4)	27. (2)	37. (5)	47. (4)
8. (3)	18. (2)	28. (4)	38. (5)	48. (1)
9. (4)	19. (4)	29. (2)	39. (3)	49. (5)
10. (2)	20. (4)	30. (5)	40. (2)	50. (4)

Prueba 2: Estudios Sociales

1. (2)	11. (3)	21. (4)	31. (3)	41. (3)
2. (5)	12. (5)	22. (1)	32. (2)	42. (3)
3. (1)	13. (1)	23. (4)	33. (5)	43. (3)
4. (3)	14. (4)	24. (2)	34. (4)	44. (4)
5. (3)	15. (5)	25. (4)	35. (2)	45. (3)
6. (5)	16. (1)	26. (3)	36. (4)	46. (2)
7. (3)	17. (3)	27. (1)	37. (5)	47. (4)
8. (2)	18. (5)	28. (5)	38. (1)	48. (4)
9. (2)	19. (3)	29. (4)	39. (3)	49. (1)
10. (1)	20. (4)	30. (4)	40. (4)	50. (4)

Prueba 3: Ciencias

1. (2)	11. (1)	21. (4)	31. (5)	41. (3)
2. (4)	12. (2)	22. (2)	32. (1)	42. (2)
3. (4)	13. (4)	23. (3)	33. (1)	43. (5)
4. (2)	14. (3)	24. (1)	34. (4)	44. (2)
5. (1)	15. (1)	25. (3)	35. (5)	45. (5)
6. (5)	16. (3)	26. (3)	36. (4)	46. (3)
7. (3)	17. (2)	27. (3)	37. (4)	47. (4)
8. (3)	18. (5)	28. (4)	38. (3)	48. (3)
9. (4)	19. (4)	29. (1)	39. (5)	49. (2)
10. (3)	20. (4)	30. (2)	40. (2)	50. (4)

Prueba 4: Español: lenguaje, lectura

1. (4)	11. (3)	21. (3)	31. (3)
2. (1)	12. (1)	22. (2)	32. (1)
3. (3)	13. (4)	23. (2)	33. (2)
4. (2)	14. (2)	24. (1)	34. (2)
5. (1)	15. (3)	25. (3)	35. (5)
6. (5)	16. (1)	26. (4)	36. (3)
7. (2)	17. (5)	27. (1)	37. (2)
8. (4)	18. (2)	28. (5)	38. (3)
9. (1)	19. (4)	29. (2)	39. (5)
10. (5)	20. (5)	30. (3)	40. (4)

Prueba 5: Matemáticas

1. (2)	11. (3)	21. (1825)	31. (3/8)	41. (1)
2. (3)	12. (8.5)	22. (10.14)	32. (5)	42. (2)
3. (4)	13. (.275)	23. (3)	33. (3)	43. (761)
4. (2.07)	14. (1)	24. (4)	34. (2)	44. (4)
5. (9.7)	15. (2)	25. (4)	35. (4)	45. (2)
6. (3)	16. (3)	26. (5)	36. (2)	46. (3)
7. (2)	17. (4, −2)	27. (3)	37. (−5, 3)	47. (5)
8. (4)	18. (4)	28. (1)	38. (1)	48. (5)
9. (1)	19. (5)	29. (2)	39. (5)	49. (2)
10. (4)	20. (2)	30. (4)	40. (2)	50. (4)

ANÁLISIS DE ERRORES PARA LA PRUEBA 2 DE EJEMPLO DE GED

Encierre en un círculo el número de cada pregunta que no respondió correctamente. Cuente la cantidad de círculos de cada área de contenido y escriba el número total que falta en la columna que dice "Números incorrectos". Un número alto de respuestas incorrectas en un área en particular indica la necesidad de estudiar más sobre esa área.

ÁREA TEMÁTICA	PREGUNTAS	NÚMERO INCORRECTO
PRUEBA 1. REDACCIÓN	50	
Estructura de oraciones	2, 5, 6, 9, 10, 11, 12, 13, 16, 20, 28, 31, 37, 39, 42, 44, 49, 50	
Uso	3, 7, 21, 23, 27, 29, 33, 36, 38, 43, 45	
Mecánica	1, 15, 18, 19, 22, 24, 32, 34, 35, 41, 46	
Organización	4, 8, 14, 17, 25, 26, 30, 40, 47, 48	
PRUEBA 2. ESTUDIOS SOCIALES	50	
Historia	1, 2, 3, 4, 5, 6, 7, 8, 14, 15, 16, 17, 18, 20, 21, 23, 41, 42, 43, 44, 45	
Economía	9, 10, 11, 12, 13, 36, 37, 38, 39, 40, 46, 47, 48	
Geografía	19, 29, 30, 31, 32, 49, 50	
Educación Cívica y Gobierno	22, 24, 25, 26, 27, 28, 33, 34, 35	
PRUEBA 3. CIENCIAS	50	
Ciencias Biológicas	1, 2, 3, 4, 5, 15, 16, 17, 18, 19, 26, 27, 28, 43, 44, 45, 46, 47, 48, 49, 50	
Química	9, 10, 11, 12, 37, 38, 39, 40, 41	
Física	6, 20, 21, 22, 23, 24, 25, 35, 36	
Ciencias de la Tierra y el Espacio	7, 8, 13, 14, 29, 30, 31, 32, 33, 34, 42	
PRUEBA 4. ESPAÑOL: LENGUAJE, LECTURA	40	
Teatro y poesía	7, 8, 9, 10, 11, 12, 19, 20, 21, 22, 23, 24	
Textos literarios	1, 2, 3, 4, 5, 6, 13, 14, 15, 16, 17, 18, 25, 26, 27, 28, 29, 30	
No ficción	31, 32, 33, 34, 35	
Documentos comerciales	36, 37, 38, 39, 40	
PRUEBA 5. MATEMÁTICAS	50	
Medidas y Geometría	2, 3, 4, 9, 11, 14, 17, 26, 30, 34, 37, 38, 39, 40, 42, 48, 50	
Álgebra	7, 8, 10, 12, 16, 18, 25, 28, 35, 36, 41, 43	
Operaciones numéricas y sentido numérico	1, 5, 6, 15, 20, 21, 22, 27, 29, 31	
Análisis de datos	13, 19, 23, 24, 32, 33, 44, 45, 46, 47, 49	

EXPLICACIÓN DE LAS RESPUESTAS PARA LA PRUEBA 2 DE EJEMPLO DEL GED

Prueba 1: Redacción, Parte 1

1. **La respuesta correcta es la (5).** Es correcta porque corrige la fonética de la palabra. El error es debido a la pronunciación similar entre el español y el inglés. Por supuesto, se escriben de forma diferente.

2. **La respuesta correcta es la (3).** Es correcta porque el uso del punto crea dos oraciones independientes tanto en su forma gramatical como en su significado. Corrige también el error de coordinación entre las dos frases.

3. **La respuesta correcta es la (2).** La 2 es la correcta porque el tiempo verbal es el correcto; la parte de la frase "En el transcurso del año anterior" indica que se requiere el pretérito.

4. **La respuesta correcta es la (1).** Elimina la repetición y el exceso de palabras, subordinando el detalle y convirtiéndolo en aposición.

5. **La respuesta correcta es la (5).** No es necesario corregir esta oración.

6. **La respuesta correcta es la (4).** Es correcta porque el conector 'entre' establece un sentido claro.

7. **La respuesta correcta es la (3).** La alternativa 3 es correcta porque incluye la forma verbal exacta y emplea correctamente al singular para referirse a 'Garvey' o "su".

8. **La respuesta correcta es la (3).** La oración 10 no tiene sentido temático en comparación con las otras ideas del texto.

9. **La respuesta correcta es la (4).** Corrige el error en la estructura de la frase. Emplea correctamente la estructura de comparación 'tanto... como'.

10. **La respuesta correcta es la (2).** No es necesaria la coma en esta frase. No es una frase introductoria ni es una estructura lógica de comparación o de fragmentos. Es un oración seguida y no es necesaria la coma.

11. **La respuesta correcta es la (3).** La alternativa 3 es la correcta porque añade la coma necesaria tras una frase introductoria. La alternativa 1 crearía una oración seguida incorrecta. La alternativa 2 emplea una forma verbal incorrecta. La alternativa 5 sustituye innecesariamente una parte de la frase. La alternativa 4 es un error de ortografía.

12. **La respuesta correcta es la (4).** La alternativa 4 es correcta porque 'sin embargo' es el grupo de palabras que más sentido temático tiene en esta oración.

13. **La respuesta correcta es la (5).** No es necesario corregir esta oración.

14. **La respuesta correcta es la (3).** Elimina la repetición y el exceso de palabras al combinar detalles asociados en una sola oración.

15. **La respuesta correcta es la (4).** Elimina una coma innecesaria.

16. **La respuesta correcta es la (2).** En este caso, determinado por la regla gramatical, "misma" actúa como adverbio.

17. **La respuesta correcta es la (4).** Guarda el sentido temático de la frase teniendo en cuenta en el párrafo. La conjunción 'que' es la que mejor une las dos frases sin alterar la gramática o el sentido de la oración.

18. **La respuesta correcta es la (2).** En la oración 17, "Que" es usado como

pronombre interrogativo. Por lo tanto, necesita un acento.

19. **La respuesta correcta es la (4).**
Es correcta porque se requiere el verbo 'ha' y no la preposición 'a'.

20. **La respuesta correcta es la (4).**
Corrige un modificador sin sujeto al añadir un sujeto y un verbo completo para crear una frase subordinada.

21. **La respuesta correcta es la (4).**
"Mix" es un anglicismo. La palabra no pertenece al idioma español.

22. **La respuesta correcta es la (3).**
Añade la coma necesaria después de la frase introductoria. La alternativa 1 es una frase seguida y no presenta la coma requerida. La alternativa 2 crearía un fragmento de oración. Las alternativas 4 y 5 emplean conexiones innecesarias.

23. **La respuesta correcta es la (5).**
No es necesario corregir esta oración.

24. **La respuesta correcta es la (3).**
Es correcta porque emplea la palabra justa. "Compleja" es derivada de 'complejidad' y se escribe con una 'j' y no 'x', como lo sería en inglés.

25. **La respuesta correcta es la (3).**
Combina correctamente dos párrafos cortos que contienen detalles e información sobre una misma idea principal. Las alternativas 1, 4, y 5 sacan detalles de apoyo de su orden lógico. La alternativa 2 elimina información importante.

26. **La respuesta correcta es la (3).**
Es correcta porque sitúa un detalle en el lugar más lógico dentro del párrafo. Las alternativas 2 y 4 desplazan un detalle del párrafo en donde corresponden. Las alternativas 1 y 5 eliminan detalles importantes.

27. **La respuesta correcta es la (2).**
La oración requiere el tiempo presente compuesto.

28. **La respuesta correcta es la (4).**
Es correcta porque añade una coma necesaria. Se necesita una coma después de la palabra "inconsciente" a fin de separar la idea secundaria de la cláusula.

29. **La respuesta correcta es la (2).**
Es correcta porque el verbo debe de estar en plural para corresponder al sujeto: "resultados".

30. **La respuesta correcta es la (5).**
No es necesario corregir esta oración.

31. **La respuesta correcta es la (5).**
Hace que todos los elementos de la serie tengan la misma forma usando sustantivos.

32. **La respuesta correcta es la (4).**
Es correcta porque cuando "sólo" significa 'solamente' o 'únicamente' debe llevar un acento.

33. **La respuesta correcta es la (1).**
Es correcta porque el verbo debe respetar el plural que se refiere a "diferencias".

34. **La respuesta correcta es la (4).**
Corrige la ortografía de la palabra. El error es debido a la pronunciación similar de 's' y 'z'.

35. **La respuesta correcta es la (4).**
La oración requiere la preposición 'de' y no la forma verbal 'dé' (de dar), que lleva acento. La alternativa 1 es incorrecta en ortografía. La alternativa 2 emplea un uso incorrecto de mayúscula ya que es un nombre propio. La alternativa 3 no corrige nada y añade un significado diferente a la oración.

36. **La respuesta correcta es la (3).**
El verbo debe estar en plural y presente para concordar con el sujeto en plural "Representantes". La alternativa 1 está en singular. Las otras alternativas están en plural pero emplean tiempos verbales incorrectos.

37. **La respuesta correcta es la (5).**
'Por lo tanto' indica que esa situación es la más probable. La alternativa 1 es

incorrecta porque en el texto no se trata de una posible excepción.

38. **La respuesta correcta es la (5).** No es necesario corregir esta oración. La alternativa 1 emplea una forma verbal incorrecta. La alternativa 2 emplea una forma similar a la original. La alternativa 3 añade una coma innecesaria. La alternativa 4 emplea el uso incorrecto de las mayúsculas.

39. **La respuesta correcta es la (3).** Es correcta porque emplea la forma verbal singular femenina: 'una advertencia' indica que el verbo deberá ser femenino y singular.

40. **La respuesta correcta es la (2).** Corrige la omisión, convirtiendo las dos cláusulas independientes en dos oraciones completas.

41. **La respuesta correcta es la (4).** La palabra 'democracia' necesita el artículo determinado pues se refiere a un concepto o a un sistema político específico.

42. **La respuesta correcta es la (3).** Es la correcta porque une un fragmento de oración dependiente (oración 2) a una oración independiente con la puntuación correcta (una coma). La alternativa 1 contiene un fragmento de oración. La alternativa 2 omite una coma necesaria después de una frase introductoria. Las alternativas 4 y 5 utilizan palabras de conexión inapropiadas y omiten la puntuación necesaria.

43. **La respuesta correcta es la (3).** Es la correcta porque el verbo "existen" concuerda en persona y en número con el sujeto "países".

44. **La respuesta correcta es la (4).** Sin añadir "hablar" la oración no tiene sentido. Especifica qué es aquello que se debe de hacer con la temas de la "naturaleza y la calidad de la democracia latinoamericana".

45. **La respuesta correcta es la (3).** Corrige el error de concordancia entre el sujeto "derechos civiles" y el verbo. El verbo debe de ser plural y guardar la forma temporal del sentido de la oración.

46. **La respuesta correcta es la (3).** Corrige la mecánica de la oración usando el enlace gramatical apropiado. "Porque" da la causa, en este caso, no le permite a la población votar libremente.

47. **La respuesta correcta es la (4).** Corrige una oración impropia formando una oración compuesta.

48. **La respuesta correcta es la (1).** Es la mejor oración temática. Introduce bien la idea principal del párrafo.

49. **La respuesta correcta es la (5).** Inserta una coma que es necesaria después de un elemento que introduce la idea de la oración. La alternativa 1 cambia incorrectamente el sentido de la palabra. La alternativa 2 emplea un tiempo verbal incorrecto. Las alternativas 3 y 4 son incorrectas en términos de ortografía.

50. **La respuesta correcta es la (4).** Añade una coma que es necesaria después de un elemento que introduce la idea central de la oración. La alternativa 1 omite una coma necesaria después de una frase introductoria. La alternativa 2 crea dos fragmentos de oración incorrectos. Las alternativas 3 y 5 utilizan palabras de conexión inapropiadas y omiten la puntuación necesaria.

Prueba 1: Redacción, Parte 2

RESPUESTA AL ENSAYO DE EJEMPLO

Según los estudios, el 85 por ciento de los hogares en Estados Unidos recortan y canjean cupones y ofertas de reembolsos de supermercado con frecuencia. Se los encuentra por lo general en los periódicos locales o circulares enviados a los hogares de todo el país y son canjeables en los negocios más importantes de la zona. Sin embargo, como se necesita dedicar mucho tiempo y energía a ello, sin mencionar la disciplina necesaria para organizar el papeleo resultante, ¿por qué lo hacen las personas de todas maneras?

Para algunos, que viven con un presupuesto ajustado, es necesario ahorrar en sus gastos siempre que sea posible. Con los cupones que duplican o triplican el valor, existe un ahorro adicional sobre los precios minoristas habituales. A otras personas les horroriza oír que algún amigo lo consiguió más barato que ellos. La idea de pagar un monto mayor que el necesario puede ser descorazonadora, especialmente si alguien que conoce obtuvo una ventaja en alguna compra de la cual se podría haber beneficiado también, pero no la aprovechó porque no hizo el seguimiento necesario.

En general, muchas personas se ven a sí mismas como "consumidores inteligentes" que intentan obtener la mejor compra y más cosas a cambio de la menor cantidad de dinero posible. Los consumidores entendidos ahorran una cantidad de dinero sustancial en sus compras de alimentos semanales, ya que esto representa un punto importante en el presupuesto. Además, el canje de una oferta de reembolso en el caso de objetos costosos, como electrodomésticos importantes, accesorios de entretenimiento o ropa, puede significar un buen ahorro también.

A menos que uno posea fondos ilimitados, la inclinación natural de la mayoría de las personas es buscar las ofertas utilizando los cupones y ofertas de reembolso con lo cual ahorran dinero para épocas difíciles.

Prueba 2: Estudios Sociales

1. **La respuesta correcta es la (2).** La última oración del artículo describe las granjas como "en decadencia". La misma oración dice que la tentación de abandonar la granja para buscar mejores oportunidades económicas de empleo para toda la familia en las fábricas era importante.

2. **La respuesta correcta es la (5).** La respuesta puede encontrarse en la tercera oración: "los blancos … suministraban la mayor parte de la mano de obra para la industria textil y otras industrias que requerían operarios calificados mientras que una mayoría negra realizaba el trabajo pesado de las minas". El tema de la educación no se menciona en este texto.

3. **La respuesta correcta es la (1).** Las personas eran empleadas sin importar el nivel educativo. Sabemos que la alternativa (2) es falsa porque los negros "realizaban el trabajo pesado de las minas". La alternativa (3) es falsa como lo muestran oraciones tales como "Los salarios eran bajos; al principio, eran mucho más bajos que los pagados en las fábricas del Norte". La alternativa (4) es falsa porque las condiciones eran estáticas. La alternativa (5) es falsa porque el artículo dice específicamente que el Sur no logró atraer a los inmigrantes.

4. **La respuesta correcta es la (3).** En las fábricas, todas las familias podían trabajar a cambio de una retribución. Los salarios individuales eran bajos, pero el ingreso combinado de todos los miembros de la familia significaba mucho más que lo obtenido en las granjas de subsistencia.

5. **La respuesta correcta es la (3).** Dado que el artículo indica que todas las personas capacitadas para trabajar lo hacían, podemos deducir que no era económicamente práctico emplear más niños.

6. **La respuesta correcta es la (5).** La única conclusión que puede deducirse a partir de la información dada en el mapa es que Afganistán no tiene acceso al mar.

7. **La respuesta correcta es la (3).** Sobre la base del hecho de que existe una gran variedad de diferentes idiomas y sólo el 10 por ciento de las personas están alfabetizadas, se puede decir que Afganistán es un país agrícola y no tecnológico.

8. **La respuesta correcta es la (2).** Las alternativas (1), (4) y (5) no pueden determinarse a partir de este mapa. En realidad, los arroyos y lagos de montaña de Afganistán sí proveen pescado, pero esta pregunta requiere que la respuesta se base en el mapa solamente. Para la alternativa (3), Kabul está alejada del mar y además no está ubicada en Europa. En virtud de su proximidad, podemos deducir que los climas de Afganistán y Tajikistán son similares.

9. **La respuesta correcta es la (2).** Tergiversación de los hechos. La compañía exagera la resistencia de sus calcetines.

10. **La respuesta correcta es la (1).** Afirmaciones sin sentido. Se garantiza que Cleer dura hasta un 40 por ciento más pero no se dice en relación a qué.

11. **La respuesta correcta es la (3).** Carnada y cambio. El vendedor no tiene la intención de vender el producto publicitado. En cambio, se le ofrece a la familia García un modelo con un precio más alto.

12. **La respuesta correcta es la (5).** Precios ficticios. Televisión City exageró el precio de lista para convencer al comprador que el precio publicitado representa un ahorro.

13. **La respuesta correcta es la (1).** Afirmaciones sin sentido. Mientras que la propaganda puede parecer un ejemplo de tergiversación de hechos, no existen hechos reales exagerados. La primera oración, en particular, no tiene sentido. ¿Por qué los OSITOS TEDDY PARLANCHINES vendidos por *empresas de la competencia* se venden más que otros juguetes? Esto tendría sentido sólo si los OSITOS TEDDY PARLANCHINES *vendidos por la compañía que hace la propaganda* se vendieran más que otros juguetes. Por lo tanto, tenemos lo que pareciera ser información útil que, al examinarla más detenidamente, resulta sin sentido.

14. **La respuesta correcta es la (4).** Francia fue eliminada como potencia, con lo cual desapareció del mapa. La alternativa (1) no tiene sentido; si Francia hubiera derrotado a Inglaterra, esta última debería desaparecer del mapa. La alternativa (2) es la misma alternativa que la (1); si España hubiera desviado sus fuerzas, debería haber perdido el control de sus tierras en América y, por lo tanto, habría desaparecido del mapa. Las alternativas (3) y (5) no tienen ninguna relación con la pregunta.

15. **La respuesta correcta es la (5).** British Columbia, en el extremo noroeste del mapa, no tiene sombreado, lo que indica que no está controlada por ninguno de los países allí indicados.

16. **La respuesta correcta es la (1).** Louisiana está en la parte sur del área controlada por Francia.

17. **La respuesta correcta es la (3).** Según el mapa, el río Mississippi divide el territorio controlado por España del controlado por Inglaterra. Podemos deducir, por lo tanto, que comparten el control del río.

18. **La respuesta correcta es la (5).** Las personas reconocen que las tarjetas facilitan las compras, especialmente las no planificadas. Además, son relativamente seguras. Las alternativas (1) y (2) no son

explicaciones

verdaderas. La alternativa (3) es verdadera, pero no es razón suficiente para explicar la enorme popularidad de las tarjetas de crédito. La alternativa (4) no es verdadera. El enviar tarjetas no solicitadas a las personas es contrario a la ley.

19. **La respuesta correcta es la (3).** La distancia aproximada es de 3,000 millas, que sería 3 veces $1\frac{1}{2}$ pulgadas en el mapa o el equivalente a $4\frac{1}{2}$ pulgadas.

20. **La respuesta correcta es la (4).** Gran Bretaña, que actuó sola y contra muchas dificultades, fue el único país que resistió la invasión de Hitler. Si Gran Bretaña se hubiese rendido, toda Europa habría sido conquistada.

21. **La respuesta correcta es la (4).** En 1957, los soviéticos lanzaron al espacio el Sputnik, que tenía una carga útil muy grande. Sin embargo en 1969, Estados Unidos logró una hazaña casi imposible: un alunizaje preciso de los astronautas Neil Armstrong y Edwin Aldrin.

22. **La respuesta correcta es la (1).** Esta es una reunión para determinar el futuro de los servicios de alcantarillado que van a ser suministrados. Es un ejemplo de un gobierno participativo donde las personas participan de la solución de los problemas de la comunidad en forma conjunta con los funcionarios elegidos.

23. **La respuesta correcta es la (4).** El famoso economista escocés Adam Smith (1723–1790) promovió el pensamiento económico conocido como *laissez-faire*. Esta filosofía establece que es mejor que un gobierno *no* maneje la economía, sino que se apegue a una política de "no intervención". El término proveniente del francés significa "no intervenir".

24. **La respuesta correcta es la (2).** La carga de la barcaza es basura, conocida elegantemente como "desechos sólidos". Es obvio que la basura no tiene a dónde ir; nadie la quiere. Esto se ha convertido en un problema serio a medida que los vertederos se llenan y nos damos cuenta del peligro de la contaminación de los océanos y la contaminación del aire debido a la incineración de basura.

25. **La respuesta correcta es la (4).** NIMBY significa en inglés "Not In My Back Yard" (no en mi patio trasero). Esta es una actitud lamentablemente común para solucionar muchos de los problemas sociales y ecológicos. ACWA significa en inglés "Administrative Careers With America", un examen para conseguir empleo con el gobierno federal. IATA es la "International Association of Travel Agents" (Asociación Internacional de Agentes de Viajes). COCOM es en inglés "Coordinating Committee on Multilateral Export Controls", (Comité Coordinador de Controles Multilaterales a la Exportación), que no se ocupa de la exportación de residuos. DoD es el "Departamento de Defensa".

26. **La respuesta correcta es la (3).** El reciclado parece ser la respuesta al problema. Los residuos que se reciclan no necesitan disposición.

27. **La respuesta correcta es la (1).** Lamentablemente, Estados Unidos es la nación que más residuos produce en la Tierra. Somos los mayores consumidores y productores de residuos.

28. **La respuesta correcta es la (5).** Este es un tema oportuno que se trataría en un periódico. En realidad, el evento describe lo que ocurrió con 3,100 toneladas de basura de Islip, New York, en 1987. La basura viajó 6,000 millas durante 112 días y fue rechazada por tres países hasta que, finalmente, regresó y fue incinerada como último recurso.

29. **La respuesta correcta es la (4).** Denver es la oficina central de la región VIII que incluye a Utah, donde está Salt Lake City.

30. **La respuesta correcta es la (4).** New York es la oficina central de la región II que incluye a Puerto Rico.

31. **La respuesta correcta es la (3).** La región VII incluye a Iowa, Missouri, Kansas y Nebraska.

32. **La respuesta correcta es la (2).** Existe un gran número de personas que necesitan los servicios del gobierno.

33. **La respuesta correcta es la (5).** La penúltima columna muestra el número real de personas en comunidades rurales para cada año del censo. El número continuó creciendo hasta 1940, luego disminuyó durante el período de 1940 a 1970.

34. **La respuesta correcta es la (4).** La cuarta columna muestra el porcentaje total de la población de Estados Unidos que vive en áreas urbanas para cada año del censo. En 1940, más del 50 por ciento de la población de Estados Unidos vivía en áreas urbanas. Alternativa (1): a pesar de que el porcentaje real de las personas que vivían en áreas rurales disminuyó en comparación con la población total, 36 millones de personas vivían en áreas rurales en 1880 y 54 millones en 1970. Alternativa (2): el porcentaje de personas que vivían en áreas rurales disminuyó de 55 por ciento en 1910 a 44 por ciento en 1940 y a 27 por ciento en 1970. Alternativa (3): al leer la tercera columna, se puede observar que el número de personas que vivían en áreas urbanas aumentó durante el siglo XIX. Alternativa (5): la quinta columna muestra que el número de personas que vivían en áreas rurales aumentó desde 1880 hasta 1940, y disminuyó entre 1940 y 1970.

35. **La respuesta correcta es la (2).** La disponibilidad de empleos en fábricas y otros empleos industriales en las áreas urbanas atrajo tanto a trabajadores agrícolas como a inmigrantes. Alternativa (1): la producción agrícola tuvo que aumentar para satisfacer las necesidades de una creciente población urbana. La maquinaria agrícola liberó a los trabajadores rurales quienes se pudieron dedicar a los empleos industriales. Alternativa (3): las cuotas de inmigración fueron impuestas por primera vez en la década de 1920. Alternativa (4): a pesar de que el transporte mejoró, no fue el factor más significativo del desarrollo urbano. Alternativa (5): una disminución en la tasa de nacimientos no explicaría el crecimiento urbano.

36. **La respuesta correcta es la (4).** La ley comprende a todos los trabajadores indicados en la lista.

37. **La respuesta correcta es la (5).** "Salario" incluye el salario habitual, horas extra, beneficios y ropa de trabajo como está indicado en el párrafo 4.

38. **La respuesta correcta es la (1).** Los trabajadores cuyo trabajo requiere de las mismas destrezas, esfuerzos y responsabilidades deben recibir la misma retribución como está establecido en la segunda oración del párrafo 1.

39. **La respuesta correcta es la (3).** Según la resolución de la Corte Suprema mencionada en la última oración, los empleos de hombres y mujeres no necesitan ser iguales, sino sólo "sustancialmente iguales" para recibir igual retribución.

40. **La respuesta correcta es la (4).** El propósito de esta ley es evitar la discriminación en las remuneraciones en razón del sexo de una persona.

41. **La respuesta correcta es la (3).** El ejército alemán debilitó su fuerza al pelear en demasiados frentes al mismo tiempo. Calcularon equivocadamente las fortalezas respectivas de sus enemigos y esto los llevó a la derrota en esta guerra.

42. **La respuesta correcta es la (3).** El tercer estado, que representa el 97 por ciento de los franceses, fue el más beneficiado y dio como resultado el surgimiento de la clase media, de las libertades religiosas y personales y de los impuestos proporcionales para todos.

43. **La respuesta correcta es la (3).** En 1920, se adoptó la Enmienda XIX de la Constitución de EE.UU. Fue enérgicamente defendida por las sufragistas (suffragettes) que lucharon por su aprobación durante el siglo XIX y principios del siglo XX.

44. **La respuesta correcta es la (4).** El General Douglas MacArthur fue el Comandante en Jefe. Colaboró con el establecimiento de las reformas políticas que conducirían al exitoso funcionamiento de las instituciones democráticas nacientes en el Japón de la posguerra.

45. **La respuesta correcta es la (3).** Estos conceptos fueron expresados en los escritos de Karl Marx (1818-1883), quien desarrolló las ideas que sustentaron la forma revolucionaria del socialismo conocida como comunismo.

46. **La respuesta correcta es la (2).** El punto más alto de la gráfica es 1989.

47. **La respuesta correcta es la (4).** Utilice el lápiz o el borde de un pedazo de papel para ver dónde coincide el punto para 1994 con la escala correspondiente al número de ahorristas. Hubo alrededor de 25,000 ahorristas en 1994.

48. **La respuesta correcta es la (4).** El número de ahorristas ha aumentado y disminuido durante el período mostrado; en consecuencia, la alternativa (4) es falsa.

49. **La respuesta correcta es la (1).** La curva que representa los nacimientos cae en la década de 1970 con sólo un leve aumento al final de la década. Las alternativas (2), (3), (4) y (5) no están respaldadas. La tasa de inmigración parece haber aumentado; no existe un aumento o disminución general perceptible durante todo el período de 1980 a 1985. La cantidad más alta de nacimientos figura en los primeros años que se muestran en la gráfica, pero no hay una indicación de una tasa real de nacimientos por mil. El número de muertes muestra un leve aumento durante el período.

50. **La respuesta correcta es la (4).** Alrededor del 75 por ciento del aumento neto está representado como un aumento natural en la tabla; el 25 por ciento restante está representado como inmigración neta.

Prueba 3: Ciencias

1. **La respuesta correcta es la (2).** El cerebelo controla el equilibrio que es necesario para volar.

2. **La respuesta correcta es la (4).** El cerebro le permite pensar.

3. **La respuesta correcta es la (4).** El bulbo raquídeo controla el ritmo cardiaco y respiratorio.

4. **La respuesta correcta es la (2).** Las personas poseen un cerebro más desarrollado.

5. **La respuesta correcta es la (1).** En 1997, Ian Wilmut y sus colegas en el Instituto Roslin de Edimburgo, Escocia, realizaron una copia genética de una oveja adulta llamada "Dolly" y de este modo generaron una oveja completamente nueva. Este es un desarrollo muy importante para muchas áreas de la investigación médica.

6. **La respuesta correcta es la (5).** La primera oración se refiere a un "accidente en una central nuclear generadora de energía eléctrica". Podemos suponer que se liberó material radiactivo. La alternativa (4) es incorrecta porque no tenemos forma de conocer lo que causó el accidente a partir del texto. La alternativa (1) es demasiado extrema.

7. **La respuesta correcta es la (3).** Massachussets tiene las cifras más altas en cada una de las cinco categorías.

8. **La respuesta correcta es la (3).** Para encontrar la respuesta fíjese que el total es 73 (Massachussets) y 26 (Rhode Island).

9. **La respuesta correcta es la (4).** El magnesio (Mg) y el calcio (Ca) se encuentran en el grupo IIA. Los elementos que poseen propiedades químicas similares figuran en el mismo grupo.

10. **La respuesta correcta es la (3).** El cobalto tiene un número atómico de 27 lo que significa que posee 27 electrones y 27 protones. Esto indica que tiene más electrones que cualquier otro elemento de la lista.

11. **La respuesta correcta es la (1).** Los elementos del grupo IA, los metales, sólo poseen un electrón en las órbitas externas. Por lo tanto, son los más reactivos.

12. **La respuesta correcta es la (2).** Los gases nobles pertenecen todos al grupo VIIIA. El neón está en el grupo VIIIA.

13. **La respuesta correcta es la (4).** A medida que la Luna cambia de posición en su órbita alrededor de la Tierra, se observan desde la Tierra distintas proporciones de la superficie iluminada.

14. **La respuesta correcta es la (3).** Durante un eclipse lunar, la sombra de la Tierra se proyecta sobre la Luna.

15. **La respuesta correcta es la (1).** Las bacterias se reproducen por medio de un proceso denominado fisión binaria. Una célula se divide en dos, luego, cada una de las dos células se divide a su vez, lo que significa que se forman cuatro células, y así sucesivamente.

16. **La respuesta correcta es la (3).** Comienza con 1; una hora más tarde hay 2; 1 hora más tarde hay 4; luego, 8, 16, 32, 64, 128 y 256 a las 4 horas.

17. **La respuesta correcta es la (2).** El número de bacterias aumenta rápidamente como lo indica la subida abrupta de la curva en la gráfica.

18. **La respuesta correcta es la (5).** Las bacterias en un contenedor cerrado no tienen lugar para vivir y se envenenan por el producto de sus propios desechos.

19. **La respuesta correcta es la (4).** Las bacterias prosperan en un medio de cultivo (alimento). Del mismo modo, se puede deducir que los alimentos almacenados incorrectamente son un campo de cultivo para las bacterias. Si bien la alternativa (5) es verdadera, no puede deducirse a partir de este experimento.

20. **La respuesta correcta es la (4).** El voltaje a través de cada rama de un circuito paralelo es el mismo. Ya que la fuente suministra 40 voltios, la diferencia de potencial, el voltaje a través de R_1 es también de 40 voltios.

21. **La respuesta correcta es la (4).** La energía se calcula por medio de $p = V \times I = 40$(voltios) $\times 6$(amp); $p = 240$ vatios.

22. **La respuesta correcta es la (2).** A mayor resistencia en R_1, mayor corriente se desviará a R_2.

23. **La respuesta correcta es la (3).** La saturación desigual de energía probablemente dará como resultado la cocción desigual de los alimentos.

24. **La respuesta correcta es la (1).** La potencia eléctrica en el hogar se mide en vatios o kilovatios. Así como el grado es un parámetro para medir energía térmica, el vatio es un parámetro para medir la energía eléctrica.

25. **La respuesta correcta es la (3).** El magnetrón dentro del horno de microondas genera la energía.

26. **La respuesta correcta es la (3).** Para que Juan tenga sangre grupo B, debe haber recibido al menos un gen I^B y ningún gen I^A.

27. **La respuesta correcta es la (3).** Marta tiene que haber recibido un gen recesivo (i) del padre y de la madre para tener sangre grupo 0.

28. **La respuesta correcta es la (4).** Para tener sangre grupo AB, un niño debe recibir un gen I^A de uno de los padres y uno I^B del otro.

29. **La respuesta correcta es la (1).** Según la gráfica, el pH de la lluvia ácida se encuentra entre 2 y 5.6. El pH normal de la lluvia está indicado como 5.6. Por lo tanto, la mejor definición de lluvia ácida es una precipitación que tenga un pH menor que el de la lluvia normal.

30. **La respuesta correcta es la (2).** El pH normal de la lluvia es de aproximadamente 5.6 en la escala. Esto se describe mejor como ligeramente ácido.

31. **La respuesta correcta es la (5).** Las dos gráficas indican la composición de la corteza terrestre. No indican cómo estos materiales se estructuran, alternativa (1), ni la ventaja de ciertos tipos de rocas, alternativa (2).

32. **La respuesta correcta es la (1).** La gráfica 1 muestra que la mayor parte de la corteza terrestre está compuesta por rocas no sedimentarias. Según esta gráfica, las rocas sedimentarias totalizan un 5 % del total de la corteza.

33. **La respuesta correcta es la (1).** Todas las rocas están compuestas por minerales.

34. **La respuesta correcta es la (4).** La gráfica 1 muestra que las rocas sedimentarias constituyen un porcentaje muy pequeño del total del volumen de la corteza terrestre. La gráfica 2 sugiere que existen grandes cantidades de rocas sedimentarias expuestas en la superficie de la Tierra. Utilizando ambas gráficas, se puede deducir que existen muy pocas rocas sedimentarias, pero cuando están presentes se encuentran en la superficie de la tierra.

35. **La respuesta correcta es la (5).** La temperatura del agua debe incrementarse de 20 °C a 100 °C, es decir 80 grados centígrados. Se necesita una caloría para elevar la temperatura de un gramo de agua en un grado centígrado. Se necesitan *más* calorías para elevar *200* gramos de agua a *80* grados centígrados. 200 × 80 = 16,000 calorías.

36. **La respuesta correcta es la (4).** Este problema es similar al anterior, pero la incógnita es la cantidad de agua en lugar de la cantidad de energía. Por lo tanto, X gramos × (100 – 10) grados centígrados = 180,000 calorías. La respuesta es 2,000 gramos.

37. **La respuesta correcta es la (4).** Cuantos más productos haya en el lado derecho de una ecuación, hay más posibilidades de reacciones a la derecha. Por lo tanto, cuanto más sodio haya, se produce más sal y se requiere más cloro.

38. **La respuesta correcta es la (3).** Según se indica en la parte superior de la gráfica, es una medición del CO_2 producido a partir de la levadura cultivada en soluciones de azúcar.

38. **La respuesta correcta es la (5).** Seleccione la curva para la solución B, la línea continua. Luego, dibuje una línea vertical hacia arriba desde 30 minutos hasta que corte esa curva. Ahora trace una línea horizontal hacia la izquierda hasta que corte la escala correspondiente a la columna del CO_2 liberado. Esto será a 2.2 ml. La abreviación "ml" significa "mililitros".

39. **La respuesta correcta es la (2).** La curva para la solución B (la línea continua) muestra que el CO_2 fue liberado después de alrededor de cinco minutos, mucho antes que cualquier otra solución mostrara producción de CO_2.

40. **La respuesta correcta es la (3).** La levadura se fermenta para producir pan.

42. **La respuesta correcta es la (2).** El 1° de marzo, la descarga de la corriente de agua es de 0.5 metros cúbicos por segundo. El 1° de mayo, la descarga de la corriente de agua aumentó a 2.5 metros cúbicos por segundo. Esto representa un mayor cambio en el caudal que los ocurridos durante cualquiera de los otros períodos indicados.

43. **La respuesta correcta es la (5).** El texto indica que la grasa corporal se

quema "sólo si utilizamos más energía que la suministrada por el alimento que ingerimos".

44. **La respuesta correcta es la (2).** Los científicos que estudiaron las muertes de las personas que seguían una dieta líquida de proteínas descubrieron que "las personas que hacían las dietas murieron debido a ritmos cardiacos irregulares y paros cardiacos".

45. **La respuesta correcta es la (5).** Mientras que una dieta de 600 calorías por día puede no ser saludable, una persona que siga esa dieta perderá peso bastante rápidamente.

46. **La respuesta correcta es la (3).** La segunda oración indica que una dieta básica y segura consta de 1,000 a 1,200 calorías por día.

47. **La respuesta correcta es la (4).** Las probetas deben mantenerse a la misma temperatura para que el experimento sea válido. La alternativa (2) es incorrecta, porque no importa quién colocó el material en las probetas. La alternativa (3) es incorrecta porque el experimento sería válido si se registrara en tablas de tiempo. La alternativa (5) es incorrecta ya que no son importantes las distintas posiciones de las probetas en el laboratorio.

48. **La respuesta correcta es la (3).** La clara de huevo está compuesta de albúmina, que es una proteína. La pepsina es una enzima que digiere proteínas.

49. **La respuesta correcta es la (2).** Los jugos gástricos se forman en el estómago. Contienen las enzimas pepsina y renina, ácido clorhídrico y agua. La pepsina, en presencia del ácido clorhídrico, digiere las proteínas, de las cuales la clara de huevo es un ejemplo.

50. **La respuesta correcta es la (4).** La leche y los productos lácteos, como el queso y el yogur (a menos que sean descremados), poseen altos contenidos de grasas saturadas y colesterol.

Prueba 4: Español: lenguaje, lectura

1. **La respuesta correcta es la (4).** Las palabras clave "¡Es un éxito! ¡Un éxito total!" indican que se intentó realizar algo y que se ejecutó. El quinto párrafo nos dice que "aquella mano carmesí que alguna vez ardió" ahora es "levemente perceptible"; en consecuencia sabemos que Aylmer hizo algo para intentar quitarla.

2. **La respuesta correcta es la (1).** La primera oración describe la mancha de nacimiento como una "mano carmesí".

3. **La respuesta correcta es la (3).** Nuevamente, la primera oración nos informa que la marca de nacimiento está comenzando a desaparecer. Sin embargo, el quinto párrafo nos dice que la marca nunca se desvaneció totalmente.

4. **La respuesta correcta es la (2).** En el séptimo párrafo, Aylmer describe a su esposa como "perfecta". La palabra "perfecta" significa sin defectos o imperfecciones.

5. **La respuesta correcta es la (1).** Al intentar perfeccionar a su esposa, Aylmer la destruyó. El autor está diciendo que el hombre no puede alcanzar la perfección.

6. **La respuesta correcta es la (5).** El ardiente deseo de Aylmer por ayudar a Georgiana a alcanzar la perfección física le costó a su esposa la vida.

7. **La respuesta correcta es la (2).** Azote es una palabra que se utiliza para expresar el enorme problema que afronta la humanidad debido a la presencia y el avance del sida hasta transformarse en una pandemia (epidemia en todo el mundo). Por lo tanto, es la única opción correcta ya que este azote o pandemia no es un

objeto, no es un sistema, tampoco se trata de un conflicto bélico, menos aún, un movimiento.

8. **La respuesta correcta es la (4).** Los Estados miembros de la ONU, las organizaciones no gubernamentales y los grupos representantes de la sociedad civil estarán presentes en la sede de la ONU en New York para participar en la conferencia internacional acerca del sida. Esta vez no se trata de asuntos políticos; el objetivo es hacer un balance de la situación del sida en el mundo cuando se han cumplido 25 años desde la aparición de esta enfermedad.

9. **La respuesta correcta es la (1).** La oración informa que en el mundo entero existen aproximadamente 40 millones de infectados. De esos 40 millones, el 90% pertenecen a países pobres o en vía de desarrollo como suele llamarse a los países ubicados en Latinoamérica, el África y algunos puntos de Asia.

10. **La respuesta correcta es la (5).** La oración se completa con el verbo adoptar. La oración 6 habla de la adopción de un plan de acción contra la enfermedad y en la 7 se refiere a este hecho con las palabras esta medida. Por lo tanto, la opción 5 es la correcta aunque las otras contengan una verdad incompleta.

11. **La respuesta correcta es la (3).** El reporte tiene dos objetivos importantes. Cada uno de ellos está claramente marcado con un verbo al infinitivo: aplaudir y deplorar. El primero se refiere a aplaudir o enfatizar acerca de los avances o progresos realizados en el campo de la prevención del sida y el segundo verso expresa la triste realidad del avance del sida en todo el mundo a velocidades sorprendentes.

12. **La respuesta correcta es la (1).** Una lectura atenta de la oración 12 permitirá identificar inmediatamente la respuesta correcta. El secretario general de las Naciones Unidas presentará un reporte sobre los avances realizados por los países miembros en la lucha contra el sida y les recordará que el detener esta pandemia es uno de los objetivos del milenio que se deberán cumplir hasta el 2015.

13. **La respuesta correcta es (4).** Lo que nosotros leímos muy rápidamente es que el narrador está en un barco, y que él está esperando ser rescatado. Su actitud – uno de desesperación y resignación – sugiere que él ha estado allí un rato largo y ha estado cerca de la muerte. Las opciones (2), (3), y (5) no son sostenidas por el pasaje. La opción (1) se contradice por la narración, él escasamente estaba consciente de lo que esta pasando.

14. **La respuesta correcta es (2).** Las palabras *desde proa a popa* es condiciones náuticas, es decir, palabras usadas en las naves. Quieren decir *el frente y atrás*. Aquéllos que trabajan y viven mantienen en las naves tienen un idioma propio. Palabras relacionadas *al frente son la delantera*, mientras significando al frente, o empezando algo; la *pierna delantera*, como pierna delantera en un animal; pruebe de antemano, como haciendo una introducción a algo nuevo. *En popa* se relaciona a la palabra *después*, o viniendo después que.

15. **La respuesta correcta es (3).** Él menciona que su mente estaba vagando, y apenas era consciente de lo que estaba pasando, y también, en el segundo párrafo, no pensó en hacerle señales al barco. Él probablemente también estaba demasiado débil para hacer el esfuerzo. Aunque él se sentía

como si él fuera a morir, y tenía pensamientos de dar prisa al proceso, no hay ninguna indicación que él quiso la muerte en serio, la opción (4) es incorrecta, La opción (1) es incorrecta también desde que él menciona ver el barco fuera en la distancia, y durante un tiempo relativamente largo.

16. **La respuesta correcta es (1).** En el tercer párrafo menciona su conocimiento de ser salvado y recogido de su barco por alguien con un *rostro redondo grande*, significando *una cara redonda grande*, con pecas, rodeada por pelo rojo.

17. **La respuesta correcta es (5).** La historia no nos dice por qué el hombre estaba perdido en mar, de dónde él venia, o adónde él iba, o lo que le había pasado a él para causar su condición presente. Mientras aparecía que él estaba sin provisiones, como comida y agua, no nos dicen que esto pasó inesperadamente, así la opción (4) es incorrecta.

18. **La respuesta correcta es (2).** En el cuarto párrafo, el narrador menciona que "simplemente vino un sonido que parecía una armadura golpeándose, acompañado de un gruñido enfadado de algún gran animal." Esto sugiere que un animal enjaulado grande estuviera gruñendo y estaba moviéndose inquietamente en la nave. Las otras opciones dadas son incorrectas.

19. **La respuesta correcta es la (4).** El texto sugiere que Pickering trataba a Liza amablemente y que la hizo sentir una persona digna. Ella dice que sentía que "siempre me trata como a una dama". Declara que aprendió buenos modales a través del ejemplo él le daba. Por lo tanto, las tres primeras son todas correctas y en consecuencia la alternativa (4) es la respuesta correcta.

20. **La respuesta correcta es la (5).** Liza indica su desagrado por la forma en que el profesor Higgins la trata. Ella insiste en que la llame señorita Doolittle para poner distancia entre ellos.

21. **La respuesta correcta es la (3).** Dado que Pickering hacía lo opuesto, la alternativa (3) es la correcta. Él le enseñó a Liza el significado de los buenos modales por medio del ejemplo de su comportamiento y no por sus palabras.

22. **La respuesta correcta es la (2).** La descripción del comportamiento del profesor Higgins que hacen Liza y Pickering y su arrebato durante esta escena sugieren que él pierde la calma fácilmente y que tiene malos modales.

23. **La respuesta correcta es la (2).** Los "bajos fondos" frecuentemente se relacionan con pérdida de fortuna, elegancia o modales. Higgins cree que Liza volverá a tener los malos modales de antes una vez que no tenga su ayuda y asistencia.

24. **La respuesta correcta es la (1).** Liza subió en la escala social sólo a través de la ayuda de Higgins. Ella respaldaría la educación superior gratuita para brindar a más personas la oportunidad de prosperar.

25. **La respuesta correcta es la (3).** La idea es que si un hombre soltero tiene mucho dinero, la gente asume ("es universalmente una verdad reconocida"....) que él está listo para buscar una esposa. Las opciones (1) y (4) son incorrectas, porque ellos hacen demasiada generalización. Las frases sólo se refieren a los solteros *ricos*, no a todos. La opción (2) es incorrecta porque las frases en cuestión se refieren a los hombres, no las mujeres. La opción (5) se contradice por las frases que implican este, dinero y el matrimonio se conecta de hecho.

26. **La respuesta correcta es (4).** La disposición de animo general, o el sentimiento, creado por el autor de este pasaje es animado y optimista. La Señora Bennet está entusiasmada y feliz con la perspectiva de que un soltero rico que se traslada al barrio, y sus acciones (de enviar a su marido para ser favorecido por el caballero)

explicaciones

sugiere que ella es optimista de un buen resultado. Las otras opciones de la respuesta no reflejan el modo de este pasaje.

27. **La respuesta correcta es (1).** La señora Bennet menciona a "nuestras muchachas" y "yo estoy pensando en el matrimonio de una de ellas" nos permite saber que ellos tienen más de una hija para casarse. No hay ninguna insinuación de su propia capacidad Financiera, así la opción (2) es incorrecta. La opción (3) se contradice por el pasaje, así como la (5). La opción (4) no es sustentada por el pasaje.

28. **La respuesta correcta es (5).** Las primeras cuatro opciones todas describen a la Señora Bennet, así que "todas las anteriores" es correcta. Ella está alerta y consciente; ella quiere conocer al nuevo vecino rico para casar a una de sus hijas; ella parece sentir que el dinero es importante; y ella le dice a su marido, y probablemente sus hijas, qué hacer, ella es la autoridad decisoria, o la que manda, en su casa.

29. **La respuesta correcta es (2).** La descripción de la Señora Bennet va dirigida a establecer una amistad con el hombre joven rico, y sugiere que sus hijas no esperaban encontrarlo por sus propios medios. Las damas jóvenes necesitaron ser presentadas propiamente en esta sociedad del siglo 18, y no tuvieron la informalidad o libertad de seleccionar siendo ahora eso muy común en todo el mundo.

30. **La respuesta correcta es (3).** La frase ".... usted ha oído que el Parque de Netherfield fue alquilado al fin?" nos dice que es el nombre de una casa grande, o propiedad que se ha adquirido o se ha alquilado, después de un rato largo de estar vacío. Nada sobre un parque o el nombre del vecindario de los Bennet o casa es mencionada en el pasaje, y el nombre del nuevo vecino rico es el Sr. Bingley, así las otras opciones dadas son todas incorrectas.

31. **La respuesta correcta es la (3).** Esto está claramente expresado en el séptimo renglón de este fragmento.

32. **La respuesta correcta es la (1).** Vianne se muda a un lugar desconocido, abre un negocio, se viste como le place y en general es capaz de vivir con o sin la aprobación de las otras personas. Esto sugiere que es una persona que tiene sus propias ideas.

33. **La respuesta correcta es la (2).** Claramente, al crítico le gusta el encanto y el humor de esta película. Pero en el párrafo dos, menciona que la película también aborda algunos temas más serios. Por lo tanto, la alternativa (2) es la respuesta correcta.

34. **La respuesta correcta es la (2).** *Chocolat* parece referirse a otras cosas además del chocolate: placer, amor, seducción y diversión. Por lo tanto, puede considerarse como una metáfora. *Chocolat* no está escrita de forma incorrecta. Significa "chocolate" en francés.

35. **La respuesta correcta es la (5).** No se menciona cuántos negocios hay en el pueblo o cuándo se levantan las personas por la mañana. El autor parece estar describiendo la tendencia de sus habitantes de seguir la tradición y las "reglas de vieja data". Eso es lo que lo hace somnoliento.

36. **La respuesta correcta es la (3).** Todo el sentido de este fragmento es que un préstamo se transforma en una obligación legal seria. No dice que no hay que solicitar uno ni dónde conseguirlo. Pero sí dice que, en realidad, el asumir la responsabilidad de un préstamo para estudiantes es una "gran cosa".

37. **La respuesta correcta es la (2).** El último párrafo establece que si no se cumple con el pago del préstamo, la institución prestamista puede notificar a las agencias de crédito nacionales. Si esto ocurre y después solicita un préstamo para un automóvil, es probable que no pueda conseguirlo.

38. **La respuesta correcta es la (3).** El cuarto párrafo, primer renglón, expresa que los Préstamos Perkins son administrados y otorgados por la institución educativa a la que asiste.

39. **La respuesta correcta es la (5).** El primer párrafo expresa que el préstamo debe reembolsarse, incluso si abandonan los estudios. Además, el tercer párrafo expresa que usted debe notificar al representante de créditos si abandona el programa de estudios.

40. **La respuesta correcta es la (4).** Nuevamente, el texto expresa que debe informar al representante de créditos. La alternativa (3) es parcialmente incorrecta: las condiciones son establecidas por la entidad prestamista y no por el prestatario. Las alternativas (1) y (2) pueden causar más dificultades y el texto de la lectura no las sugiere.

Prueba 5: Matemáticas, Parte 1

Importante: *La palabra* CALCULADORA *indica que debe ingresar en la calculadora lo que se presenta a continuación.*

1. **La respuesta correcta es la (2).** Sustituya los valores dados en la ecuación.

$$D = A \times T^2$$
$$137 = 1 \times T^2 = T^2$$

Para encontrar T, calcule la raíz cuadrada de ambos miembros: $\sqrt{137} = T$

CALCULADORA **137 shift** x^2 = [Respuesta: 11,7046; redondeado a **11.7**]

2. **La respuesta correcta es la (3).** Encuentre las relaciones trigonométricas en la página de fórmulas. La función que combina el ángulo A (20°), BC y AB (1 milla) es

$$\text{Seno} = \frac{\text{opuesto}}{\text{hipotenusa}}$$

$$\text{seno A} = \frac{BC}{AB} \text{ ecuación}$$

CALCULADORA Asegúrese de que la calculadora indique grados "DEG" en la parte superior del visor. Si no lo indica, presione: modo 4

Sustituya los valores del problema en (1): seno $20° = \dfrac{BC}{1} = BC$ (ecuación 2)

CALCULADORA 20 seno [Respuesta: BC = 0.3420; redondeado a **0.34** millas]

3. **La respuesta correcta es la (4).** Según la página de fórmulas, el volumen de un cubo es

Volumen = lado^3 ;   V = 2.38^3

CALCULADORA $2.38 \times 2.38 \times 2.38$ =

[Respuesta: V = 13.4812; redondeado a **13.5** pies cúbicos]

Una solución alternativa que utiliza la función "raíz cúbica" de la calculadora es:

CALCULADORA   2.38   shift x^3 =   13.4812]

4. Forma alternativa: 2 . 0 7 _

A partir de la página de fórmulas, la expresión trigonométrica que relaciona 15°,

AB (8.00) es . h y Seno$=\dfrac{\text{opuesto}}{\text{hipotenusa}}$

seno $15° = \dfrac{h}{AB} = \dfrac{h}{8}$; Resolver h,

$h = 8 \times$ seno $15°$

CALCULADORA 8 × 15 seno   =   [Respuesta: 2.0705; redondeado a **2.07**]

5. Forma alternativa: 9 . 7 _ _

Sume las horas de cada mecánico:

5 hr 16 min
3 hr 49 min
<u>   37 min</u>
8 hr 102 min

(102 min = 102/60 horas = 1.7 horas)

8 h + 1.7 h = **9.7 horas**

o bien

CALCULADORA   5 + 16 ÷ 60 + 3 + 49 ÷ 60 + 37 ÷ 60 = [Respuesta: **9.7**]

6. **La respuesta correcta es la (3).** El costo de la mano de obra para un *automóvil nacional* es de $25 por hora.

$\dfrac{25 \text{ dólares}}{\text{horas}} \times 9.7 \text{ horas} = 242.50 \text{ dólares}$

Sume el costo de los repuestos para obtener el total de gastos:

$242.50 + $84.25 = **$326.75**

o bien

CALCULADORA   25 × 9.7 + 84.25 = [Respuesta: **326.75**]

7. **La respuesta correcta es la (2).** Consulte en la página de las fórmulas el *volumen de un cuerpo rectangular*.

Trace un diagrama del tanque:

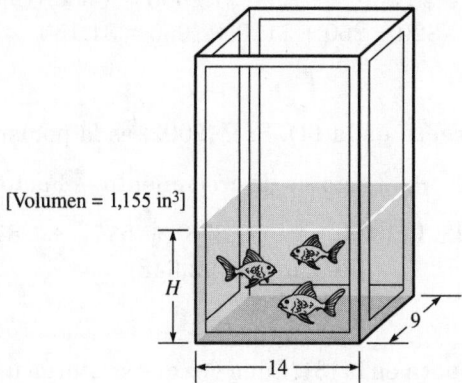

[Volumen = 1,155 in³]

[Volumen = 1,155 in³]

Volumen = longitud × ancho × altura = 231 in³

Si H es la altura del tanque

1,155 = 14 × 9 × H;

Calcule H dividiendo ambos miembros por 14 × 9

$$H = \frac{1155}{(14 \times 9)}$$

🄲🄰🄻🄲🄤🄻🄰🄓🄞🄡🄰 1,155 ÷ (14 × 9) = [Respuesta: 9.1666...] Pero ya que

0 .1666... = $\frac{1}{6}$, la respuesta también puede escribirse, **9 1/6** pulgadas de alto.

Pista: Recuerde algunos **equivalentes comunes en decimales o fracciones**:

$\frac{1}{2}$ = 0.5; $\frac{1}{3}$ = 0.333... ; $\frac{1}{4}$ = 0.25; $\frac{1}{5}$ = 0.20; $\frac{1}{6}$ = 0.166... ; $\frac{1}{8}$ = 0.125

8. **La respuesta correcta es la (4).** Ganancia = Cantidad vendida × (precio de venta − costo)

{si S = Precio de venta; C = Costo; N = Cantidad (lb) vendida; P = Ganancia}

P = N × (S − C)

🄲🄰🄻🄲🄤🄻🄰🄓🄞🄡🄰   Para la de manzana: P = 25 × (3.49 − .97) = [Respuesta: $63]

🄲🄰🄻🄲🄤🄻🄰🄓🄞🄡🄰   Para la de chocolate: P = 50 × (3.99 − 1.06) = [Respuesta: $146.50]

Ganancia total = $63 + $146.50 = **$209.50**

Importante: Aquí, la calculadora muestra que la respuesta es 209.5 , así que *sólo agregue un cero (0)* lo que da como resultado $209.50. Recuerde que se necesitan 2 decimales cuando hablamos de dólares y centavos. Cuando se agrega un cero en una expresión decimal, el valor de la cifra no cambia.

9. **La respuesta correcta es la (1).** 2% of $1,000 = $1,000 \times .02 = $20

   3% of $2,000 = $2,000 \times .03 = $60

   4% of $3,000 = $3,000 \times .04 = $120

   5% de ($25,000 − $6,000) = 5% de $19,000 = .05 × $19,000 = $950

   Impuesto total = $20 + $60 + $120 + $950 = $1,150

10. **La respuesta correcta es la (4).** Si P {2002} es la población en el año 2002.

    P{2003} = P{2002} + Factores de crecimiento − Factores de disminución

    ⌨CALCULADORA P(2003) = 52,376 + 577 + 876 − 689 − 592 =

    [Respuesta: **52,548**]

11. **La respuesta correcta es la (3).** Cada vez que se otorga un descuento en el precio del traje:

    Precio nuevo = Precio viejo − (% de descuento) × (Precio viejo)

    Primero: 239   −   0.05 × 239 = (Respuesta: 227.05)

    Segundo: 227.05   −   0.08 × 227.05 =   (Respuesta: 208.886)

    Tercero: 208.886 −   0.12 × 208.886 =   (Respuesta: 183.81968)

    El precio de venta final, redondeado, es de **$184**.

12. En este problema, sólo sustituya las letras por los valores numéricos:

    $$I_1 = \frac{4}{4+4} \times 17 = 8.5$$

    Forma alternativa: <u>8</u> . <u>5</u> _ _

13. Forma alternativa: . <u>2</u> <u>7</u> <u>5</u> _

    Para calcular la media, sume los tres promedios de bateo y divida el resultado por 3.

    0.250
    0.273
    <u>0.302</u>
    0.825

    Para calcular el promedio, divida por el número de jugadores, 3.

    ⌨CALCULADORA 0.825 ÷   3   =   [Respuesta: 0.275]

14. **La respuesta correcta es la (1).** Sume el costo de la casa, entrada, pintura, y plomería.

    $44,000 + $1,250 + $1,750 + $1,000 = $48,000

    Si él desea obtener una ganancia de 12% al revender la casa, debería aumentar el costo total un 12% para obtener el nuevo precio de venta.

    12% de $48,000 = $5,760

    $48,000 + $5,760 = $53,760

15. **La respuesta correcta es la (2).** Sume el costo de cada porción de alimentos.

    Costo/ Porción de alimentos = Costo ($/ paquete) + porciones/ paquetes

    Salchichas: 1.75 ÷ 8   = .21875   (redondeado a $0.22)

    Pancitos: .83 ÷ 10   = .083   (redondeado a $0.08)

    Frijoles: .85 ÷ 4   = .2125   (redondeado a $.21)

    Súmelos para obtener: Total = **$.51** por comida

16. **La respuesta correcta es la (3).** Ganancia = Número de porciones de comida × ventas/porciones de comida − Número de porciones de comida × costo/porción de comida

    (Si P = ganancia; N = Nro. de porciones de comida; S = ventas/porción de comida; C = costo/porción de comida)

    $P = N \times S - N \times C =$
    $P = N \times (S - C)$

    $500 = N \times (2.50 - 0.58), \quad N = \dfrac{500}{(2.50 - .58)}$

    🄲🄰🄻🄲🅄🄻🄰🄳🄾🅁🄰 500 ÷ (2.50 − .58) = [Respuesta: 260.4166 ó debe vender MÁS de 260, a saber **261** porciones de comidas para ganar "*al menos $500*"]

17. Forma alternativa, cuadrícula de plano de coordenadas: (4, −2)

    Trace la gráfica: El cuadrante sudeste (SE) está en la parte inferior derecha.

    (4, −2) es *el punto más alejado* del punto de origen (0,0) en el cuadrante SE.

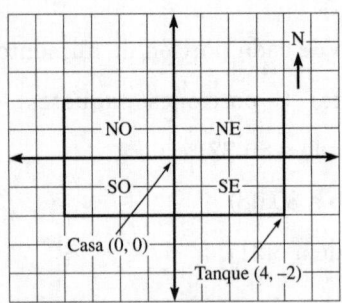

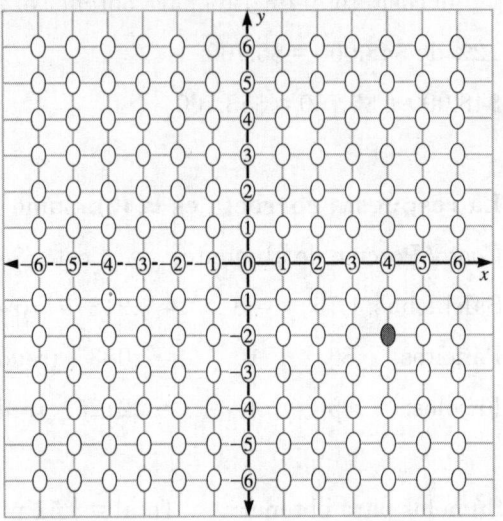

18. **La respuesta correcta es la (4).** Consulte la página de fórmulas para calcular la *distancia entre puntos* para los dos lugares: la casa (0.0) y el tanque (4, −2)

    Haga el bosquejo.

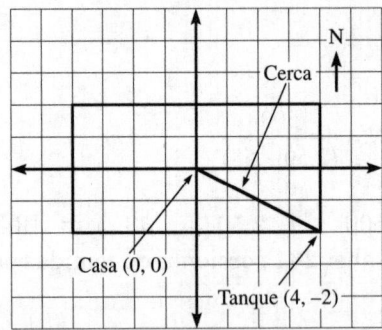

$$d = \sqrt{(x_2 - x_1)^2 + (y_2 - y_1)^2}$$
$$= \sqrt{(4-0)^2 + (-2-0)^2}$$
$$= \sqrt{16+4} = \sqrt{20}$$

⌨CALCULADORA 20 shift x^2 [Respuesta: 4.4721; redondeado a **4.5**km]

Un método alternativo para resolver este problema es el uso del teorema de Pitágoras.

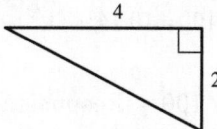

Aquí, $\sqrt{4^2 + 2^2} = 4.5$

19. **La respuesta correcta es la (5).** Calcule el total de los salarios pagados y divídalo por el número de empleados:

Salarios totales: $5 \times \$15,000 = \$75,000$

$3 \times \$17,000 = \$51,000$

$1 \times \$18,000 = \underline{\$18,000}$

$\$144,000$

Número de empleados = 5 + 3 + 1 = 9

Salario promedio = $\$144,000 \div 9 = \$16,000$

20. **La respuesta correcta es la (2).** Exprese la respuesta en unidades de [días para ahorrar para la bicicleta] o **[días/bicicleta]**

$$\frac{1 \text{ día}}{25 \text{ cigarillos}} \times \frac{20 \text{ cigarillos}}{\text{paquete}} \times \frac{1 \text{ paquete}}{4 \text{ dólares}} \times \frac{500 \text{ dólares}}{\text{bicicleta}} =$$

⌨CALCULADORA $20 \times 500 \div 25 \div 4 =$ [Respuesta: **100** días para comprar una bicicleta]

21. Forma alternativa: <u>1</u> <u>8</u> <u>2</u> <u>5</u> <u> </u>

Exprese el resultado final en términos de **[dólares/año]**

Recuerde: 20 cigarillos/ 1 paquete es *equivalente a* 1/20 paquetes/cigarrillo, por lo tanto,

$$\frac{4 \text{ dólares}}{\text{paquete}} \times \frac{1 \text{ paquete}}{20 \text{ cigarillos}} \times \frac{25 \text{ cigarillos}}{\text{día}} \times \frac{365 \text{ días}}{\text{año}}$$

⌨CALCULADORA $4 \times 25 \times 365 \div 20 =$ [Respuesta: **1825** dólares/año]

22. Forma alternativa: $\underline{1} \ \underline{0} \ \underline{.} \ \underline{1} \ \underline{4}$

$$\text{Porcentaje} = \frac{\text{la parte}}{\text{el todo}} \times 100$$

$$\text{Porcentaje} = \frac{1825 \text{ dólares}}{18,000 \text{ dólares}} \times 100 = 10.14\%$$

CALCULADORA $1825 \div 18000 \times 100 =$ [Respuesta: 10.1388; redondeado a **10.14%**]

23. **La respuesta correcta es la (3).** Suma total de latas vendidas $= 387 + 300 + 113 + 98 + 64 + 41 = 1,003$

$$\text{Porcentaje} = \frac{\text{latas de A vendidas}}{(\text{total de latas vendidas})} \times 100$$

$$\text{Porcentaje de A} = \frac{387}{1,003} \times 100$$

CALCULADORA $380 \div 1,003 \times 100 =$ [Respuesta: 38.58425; redondeado a **39%**]

24. **La respuesta correcta es la (4).**

$$\text{Porcentaje} = \frac{\text{latas de B vendidas}}{\text{suma de A} + \text{B} + \text{C}} \times 100 = \frac{300}{800} \times 100 = 37.5\%$$

25. **La respuesta correcta es la (4).** A partir de la página de fórmulas, el volumen de un cuerpo rectangular es:

$V = l \times a \times h$

Sustituyendo, $300 = 15 \times 5 \times h = 75 \times h$

Resuelva h dividiendo ambos miembros por 75:

CALCULADORA $300 \div 75 =$ [Respuesta: **4 latas**]

Se deben apilar 4 filas de latas, una sobre la otra, para almacenar 300 latas.

PARTE 2

26. **La respuesta correcta es la (5).** Sume las distintas cantidades. Sume los
   números enteros por un lado y por otro las fracciones.

   S: 3
   C: 2
   T: 1
   ────
   Total: 6

$$\frac{1}{2} = \frac{6}{12} \quad (LCD = 4 \times 3 = 12)$$

$$\frac{1}{3} = \frac{4}{12}$$

$$\frac{3}{4} = \frac{9}{12}$$

$$= \frac{19}{12} = 1\frac{7}{12}$$

Combine los resultados, $6 + 1 + \frac{7}{12} = 7\frac{7}{12}$ libras de verduras.

27. **La respuesta correcta es la (3).** Divida $35.00 por 4:

$$4\overline{)35.00} \quad 8.75$$

```
    8.75
4)35.00
  32
  ──
   30
   28
   ──
    20
    20
    ──
```

ó **$ 8.75** para cada niño.

28. **La respuesta correcta es la (1).** A partir de la relación trigonométrica de la página de fórmulas para

$$\text{seno } A = \frac{\text{opuesto}}{\text{hipotenusa}} = \frac{3}{AB}$$

utilice el teorema de Pitágoras para calcular AB:

$$3^2 + 4^2 = AB^2 = 25$$
$$AB = \sqrt{25} = 5$$

Por lo tanto, seno $A = \dfrac{3}{AB} = \dfrac{3}{5} = 0.6$

29. **La respuesta correcta es la (2).** Convierta las unidades de mililitros a pintas.

$$9{,}500 \text{ mililitros} \times \frac{1 \text{ litro}}{1{,}000 \text{ mililitros}} \times \frac{1 \text{ cuarto}}{.95 \text{ litros}} \times \frac{2 \text{ pintas}}{\text{cuarto}} =$$

$$\frac{9{,}500 \times 2}{1{,}000 \times 0.95} = \frac{9500^{10} \times 2}{950_1} = 20 \text{ pintas}$$

30. **La respuesta correcta es la (4).** Cambie las dimensiones a las solicitadas ... pies. Por lo tanto,

200 yardas × 1.5 yardas son

600 pies × 4.5 pies cuando multiplicamos cada yarda por 3 para obtener pies.

Los "pies cuadrados" nos indican que buscamos el área del camino de ladrillo amarillo. A partir de la página de fórmulas, el área de un rectángulo = longitud × ancho.

Por lo tanto, el área del camino es

600 × 4.5 = 2,700 pies cuadrados.

31. Forma alternativa: **3** / **8** _ _

La fracción total de automóviles = suma de las fracciones vendidas de cada color de automóvil

Rojo: $\dfrac{1}{2} \times \dfrac{1}{4} = \dfrac{1}{8} = \dfrac{3}{24}$

Verde: $\dfrac{1}{3} \times \dfrac{3}{4} = \dfrac{3}{12} = \dfrac{6}{24}$

$\dfrac{9}{24} = \dfrac{3}{8}$

$\dfrac{3}{8}$ de sus autos fueron vendidos.

32. **La respuesta correcta es la (5).** El uso residencial incluye los sectores I y II, casas para una y dos familias y los edificios de apartamentos. Los barrios C y D ambos destinan 6.4 manzanas para uso residencial. C = 80% de 8 y D = 40% de 16. A y B destinan 4 y 12 manzanas, respectivamente.

33. **La respuesta correcta es la (3).** Los negocios minoristas ocupan 3 manzanas (30% de 10) en el barrio A. Los edificios de oficinas ocupan 3 manzanas (15% de 20) en el barrio B. En el barrio B, las casas para una y dos familias ocupan 4 manzanas, los edificios de apartamentos 8 manzanas, los negocios minoristas 4 manzanas y las fábricas, 1 manzana.

34. **La respuesta correcta es la (2).** Área del sector $= \dfrac{120}{360} \cdot \pi \cdot 15^2$

$$= \frac{1}{3} \cdot \pi \cdot 15 \cdot 15$$

$$= 75\pi$$

35. **La respuesta correcta es la (4).** Indique los años y sume:

1983 :	$15,000
1984	$800
1985	800
1986	800
1987	800
1988	800
Total:	**$15,000 + 800 (5)**

36. **La respuesta correcta es la (2).** Trate de visualizar el problema trazando un esquema del sendero.

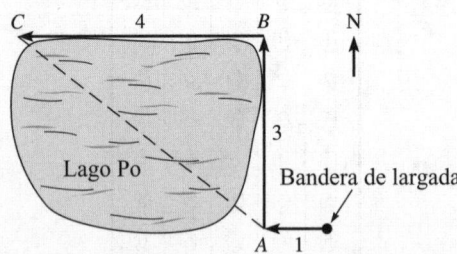

La distancia ahorrada $= (AB + BC) - AC = (3 + 4) - AC$

Para calcular AC, recuerde los triángulos rectángulos *conocidos*: 3-4-5; $AC = 5$

Por consiguiente, la distancia ahorrada es $7 - 5 = 2$ millas.

Si no recuerda la relación del triángulo rectángulo 3-4-5, puede usar el teorema de Pitágoras para calcular la hipotenusa (AC):

$AB^2 + BC^2 = AC^2$; $3^2 + 4^2 = AC^2$; $9 + 16 = AC^2$

$AC = \sqrt{25} = 5$

37. Forma alternativa, cuadrícula de plano de coordenadas: (–5,3)

A partir del esquema en la respuesta a la pregunta 36, si la PARTIDA está en el origen, (0,0), entonces el punto final (E) es (–5,3). En la hoja de respuestas de la cuadrícula de coordenadas, la respuesta es:

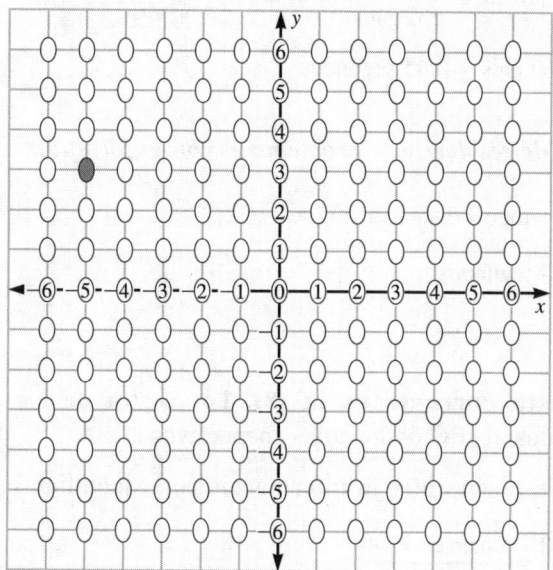

38. **La respuesta correcta es la (1).** Si las mujeres trabajadoras constituían alrededor del 20% de los trabajadores de las minas, el 80% restante eran varones. 80% es cuatro veces 20%.

39. **La respuesta correcta es la (5).** La gráfica indica que alrededor del 10% de los mineros eran hispanos.

733,000 × 10% = 73,300 ó alrededor de 73,000

40. **La respuesta correcta es la (2).** Sume los porcentajes primero para calcular qué cantidad de trabajadores de la construcción *eran* hispanos o afroamericanos. Los porcentajes son de alrededor del 12 y 8 por ciento, para un total de 20%. Entonces, el porcentaje de los trabajadores que no pertenecían a *ninguno de estos grupos* es de 100% – 20% u 80%.

41. **La respuesta correcta es la (1).** Multiplique las unidades de modo que las unidades en *[pies]* se simplifiquen y el resultado final sea en unidades de *[segundos]*.

    Pista:

    $\dfrac{132 \text{ pies}}{1 \text{ segundo}}$ equivale a $\dfrac{1 \text{ segundo}}{132 \text{ pies}}$. Por tanto,

    $\dfrac{1 \text{ segundo}}{132 \text{ pies}} \times 60 \text{ pies} = 0.45 \text{ segundos}$

    Otra forma de resolver este problema es con la fórmula:

    velocidad $\times$ tiempo $=$ distancia; $132 \times t = 60$;

    $t = \dfrac{60}{132} = 0.45 \text{ segundos}$

42. **La respuesta correcta es la (2).** Los costos de los distintos años son proporcionales al IPC de los años respectivos.

    Encuentre la razón entre la información correspondiente:

    $\dfrac{\text{Costo en 1920}}{\text{CPI en 1920}} = \dfrac{\text{Costo en 2000}}{\text{CPI en 2000}}$

    Si sustituye y supone que X representa el costo de los boletos en el año 2000,

    $\dfrac{5.00}{20.00} = \dfrac{1}{4} = \dfrac{X}{172.20}$

    Calcule X multiplicando ambos miembros por 172.20:

    $X = \dfrac{172.20}{4} = \$43.05$

43. Forma alternativa: $\underline{7}\ \underline{6}\ \underline{1}\ \underline{}\ \underline{}$

    IPC en 1920 $=$ 20.00;   IPC en 2000 $=$ 172.20

    El % de diferencia $= \dfrac{172.20 - 20.00}{20.00} \times 100$

    $\dfrac{15,220}{20} = 761\%$

44. **La respuesta correcta es la (4).** Observe en la tabla las filas correspondientes a las dos ligas de béisbol. La primera vez que la Liga americana superó la cifra correspondiente a la asistencia fue en 1977 cuando la Liga americana = 19.6 millones y la Liga nacional = 19.1.

45. **La respuesta correcta es la (2).** El evento deportivo más popular en 1965 se puede encontrar al observar la columna del año 1965. La mayor asistencia fue de 62.9 millones para las carreras de caballos.

46. **La respuesta correcta es la (3).** 40.6 millones: béisbol, temporada regular

    10.9 millones: básquetbol, NBA

    13.4 millones: fútbol, NFL

    64.9 millones: Total

$$\% \text{ béisbol} = \frac{40.6}{64.9} \times 100 = 62.56, \quad [\text{redondeado a } 63\%]$$
$$= 63\%$$

47. **La respuesta correcta es la (5).** La tabla, *Asistencia a eventos deportivos*, no menciona ningún dato sobre los ingresos en efectivo sino que sólo la asistencia a los eventos.

48. **La respuesta correcta es la (5).** Simplifique los términos similares para obtener el resultado final en términos de unidades de "*[$] / [mes]*".

    Si T representa las cantidades de horas por semana que Miguel trabajó.

$$\frac{\$20}{\text{hora}} \times \frac{T \text{ horas}}{\text{semana}} \times \frac{4 \text{ semanas}}{\text{mes}} = \frac{\$1,600}{\text{mes}}$$

    $20 \times T \times 4 = 1,600; \quad 80 \times T = 1,600$

    Divida ambos miembros entre 80:

$$T = \frac{1,600}{80} = 20 \frac{\text{horas}}{\text{mes}}$$

49. **La respuesta correcta es la (2).** Su alquiler original es 40% de $1,600.

    Alquiler original = 0.40 × 1,600 = 640

    Nuevo alquiler = alquiler original + 160 = 640 + 160 = $800

50. **La respuesta correcta es la (4).** Si C = la capacidad en galones,

    Donde $\frac{1}{3} C + 3 = \frac{1}{2} C$

    Al multiplicar por 6, se obtiene $2C + 18 = 3C$ ó $C = 18$

EVALUACIÓN DE SUS CONOCIMIENTOS

Ahora que ha dedicado bastante tiempo y esfuerzo para estudiar, debería estar mejor preparado para solicitar la fecha para la presentación de la Prueba de GED. Sin embargo, no se apure para dar este gran paso. Marque los puntajes de la prueba de ejemplo que acaba de completar en la tabla a continuación.

	Listo	Probablemente listo	Posiblemente listo	Todavía no está listo
Redacción	38–50	26–37	18–25	0–17
Ensayo	4	3	2	1
Estudios Sociales	38–50	26–37	18–25	0–17
Ciencias	38–50	26–37	18–25	0–17
Español: lenguaje, lectura	30–40	21–29	14–20	0–13
Matemáticas	38–50	26–37	18–25	0–17

Si todos los puntajes están en la columna "Listo", probablemente está bien preparado para la Prueba de GED real. Por lo tanto, puede seguir adelante y solicitar la inscripción en el examen. Si tiene puntajes marcados en la columna "Probablemente listo", consulte la Tabla de análisis de errores de la página 729 y concentre el estudio en el área donde tenga deficiencias. La columna "Probablemente listo" indica probablemente que está lo suficientemente bien preparado como para aprobar y obtener el diploma de GED, pero piense si es necesario arriesgarse.

Si alguno de los puntajes todavía está en las categorías más bajas, regrese a los capítulos correspondientes y estudie un poco más antes de realizar la última prueba de ejemplo de GED de este libro. Por ejemplo, si su debilidad principal es la redacción del ensayo, practique redactando algunos ensayos más, ya sea sobre los temas sugeridos en las páginas 245 y 246 o sobre algún tema de su elección. Luego, intente realizar el último examen de ejemplo.

Prueba 3 de ejemplo de GED

capítulo 11

RESUMEN

- Conozca las instrucciones para la prueba de ejemplo
- Ponga en práctica sus destrezas con 5 pruebas por área de ejemplo
- Califique su prueba con la Clave de respuestas
- Evalúe los resultados con la tabla de Análisis de errores
- Comprenda las respuestas correctas a través de la Explicación de las respuestas
- Evalúe sus conocimientos para la prueba real

INSTRUCCIONES PARA PRESENTAR LA PRUEBA DE EJEMPLO

Instrucciones: La Prueba de ejemplo de GED consta de cinco pruebas: Redacción; Estudios Sociales; Ciencias; Español: lenguaje, lectura y Matemáticas.

1. Lea y siga las instrucciones que se encuentran al comienzo de cada prueba.

2. Respete los límites de tiempo.

3. Escriba sus respuestas en las hojas de respuestas recortables provistas en las siguientes páginas.

4. Cuando haya completado todo el examen, compare sus respuestas con las respuestas correctas que se encuentran en la Clave de respuestas al final de esta Prueba de ejemplo.

5. Analice la Explicación de las respuestas para ver las razones por las cuales una respuesta en particular es correcta.

6. Utilice la tabla de Análisis de errores después de cada examen para ver cuáles son sus puntos débiles y puntos fuertes.

7. No olvide consultar la sección "Evaluación de sus conocimientos" para analizar si ya ha logrado dominar las Pruebas de GED.

8. Observe que hay hojas de respuesta adicionales al final del libro en caso de que desee repetir una de estas pruebas para tener más práctica.

HOJA DE RESPUESTA: PRUEBA 3 DE EJEMPLO DE GED

Las respuestas correctas de esta prueba se encuentran en la página 849.

Prueba 1: Redacción, Parte 1

1 ① ② ③ ④ ⑤	11 ① ② ③ ④ ⑤	21 ① ② ③ ④ ⑤	31 ① ② ③ ④ ⑤	41 ① ② ③ ④ ⑤
2 ① ② ③ ④ ⑤	12 ① ② ③ ④ ⑤	22 ① ② ③ ④ ⑤	32 ① ② ③ ④ ⑤	42 ① ② ③ ④ ⑤
3 ① ② ③ ④ ⑤	13 ① ② ③ ④ ⑤	23 ① ② ③ ④ ⑤	33 ① ② ③ ④ ⑤	43 ① ② ③ ④ ⑤
4 ① ② ③ ④ ⑤	14 ① ② ③ ④ ⑤	24 ① ② ③ ④ ⑤	34 ① ② ③ ④ ⑤	44 ① ② ③ ④ ⑤
5 ① ② ③ ④ ⑤	15 ① ② ③ ④ ⑤	25 ① ② ③ ④ ⑤	35 ① ② ③ ④ ⑤	45 ① ② ③ ④ ⑤
6 ① ② ③ ④ ⑤	16 ① ② ③ ④ ⑤	26 ① ② ③ ④ ⑤	36 ① ② ③ ④ ⑤	46 ① ② ③ ④ ⑤
7 ① ② ③ ④ ⑤	17 ① ② ③ ④ ⑤	27 ① ② ③ ④ ⑤	37 ① ② ③ ④ ⑤	47 ① ② ③ ④ ⑤
8 ① ② ③ ④ ⑤	18 ① ② ③ ④ ⑤	28 ① ② ③ ④ ⑤	38 ① ② ③ ④ ⑤	48 ① ② ③ ④ ⑤
9 ① ② ③ ④ ⑤	19 ① ② ③ ④ ⑤	29 ① ② ③ ④ ⑤	39 ① ② ③ ④ ⑤	49 ① ② ③ ④ ⑤
10 ① ② ③ ④ ⑤	20 ① ② ③ ④ ⑤	30 ① ② ③ ④ ⑤	40 ① ② ③ ④ ⑤	50 ① ② ③ ④ ⑤

Prueba 2: Estudios Sociales

1 ① ② ③ ④ ⑤	11 ① ② ③ ④ ⑤	21 ① ② ③ ④ ⑤	31 ① ② ③ ④ ⑤	41 ① ② ③ ④ ⑤
2 ① ② ③ ④ ⑤	12 ① ② ③ ④ ⑤	22 ① ② ③ ④ ⑤	32 ① ② ③ ④ ⑤	42 ① ② ③ ④ ⑤
3 ① ② ③ ④ ⑤	13 ① ② ③ ④ ⑤	23 ① ② ③ ④ ⑤	33 ① ② ③ ④ ⑤	43 ① ② ③ ④ ⑤
4 ① ② ③ ④ ⑤	14 ① ② ③ ④ ⑤	24 ① ② ③ ④ ⑤	34 ① ② ③ ④ ⑤	44 ① ② ③ ④ ⑤
5 ① ② ③ ④ ⑤	15 ① ② ③ ④ ⑤	25 ① ② ③ ④ ⑤	35 ① ② ③ ④ ⑤	45 ① ② ③ ④ ⑤
6 ① ② ③ ④ ⑤	16 ① ② ③ ④ ⑤	26 ① ② ③ ④ ⑤	36 ① ② ③ ④ ⑤	46 ① ② ③ ④ ⑤
7 ① ② ③ ④ ⑤	17 ① ② ③ ④ ⑤	27 ① ② ③ ④ ⑤	37 ① ② ③ ④ ⑤	47 ① ② ③ ④ ⑤
8 ① ② ③ ④ ⑤	18 ① ② ③ ④ ⑤	28 ① ② ③ ④ ⑤	38 ① ② ③ ④ ⑤	48 ① ② ③ ④ ⑤
9 ① ② ③ ④ ⑤	19 ① ② ③ ④ ⑤	29 ① ② ③ ④ ⑤	39 ① ② ③ ④ ⑤	49 ① ② ③ ④ ⑤
10 ① ② ③ ④ ⑤	20 ① ② ③ ④ ⑤	30 ① ② ③ ④ ⑤	40 ① ② ③ ④ ⑤	50 ① ② ③ ④ ⑤

Prueba 3: Ciencias

1 ①②③④⑤	11 ①②③④⑤	21 ①②③④⑤	31 ①②③④⑤	41 ①②③④⑤
2 ①②③④⑤	12 ①②③④⑤	22 ①②③④⑤	32 ①②③④⑤	42 ①②③④⑤
3 ①②③④⑤	13 ①②③④⑤	23 ①②③④⑤	33 ①②③④⑤	43 ①②③④⑤
4 ①②③④⑤	14 ①②③④⑤	24 ①②③④⑤	34 ①②③④⑤	44 ①②③④⑤
5 ①②③④⑤	15 ①②③④⑤	25 ①②③④⑤	35 ①②③④⑤	45 ①②③④⑤
6 ①②③④⑤	16 ①②③④⑤	26 ①②③④⑤	36 ①②③④⑤	46 ①②③④⑤
7 ①②③④⑤	17 ①②③④⑤	27 ①②③④⑤	37 ①②③④⑤	47 ①②③④⑤
8 ①②③④⑤	18 ①②③④⑤	28 ①②③④⑤	38 ①②③④⑤	48 ①②③④⑤
9 ①②③④⑤	19 ①②③④⑤	29 ①②③④⑤	39 ①②③④⑤	49 ①②③④⑤
10 ①②③④⑤	20 ①②③④⑤	30 ①②③④⑤	40 ①②③④⑤	50 ①②③④⑤

Prueba 4: Español: lenguaje, lectura

1 ①②③④⑤	11 ①②③④⑤	21 ①②③④⑤	31 ①②③④⑤
2 ①②③④⑤	12 ①②③④⑤	22 ①②③④⑤	32 ①②③④⑤
3 ①②③④⑤	13 ①②③④⑤	23 ①②③④⑤	33 ①②③④⑤
4 ①②③④⑤	14 ①②③④⑤	24 ①②③④⑤	34 ①②③④⑤
5 ①②③④⑤	15 ①②③④⑤	25 ①②③④⑤	35 ①②③④⑤
6 ①②③④⑤	16 ①②③④⑤	26 ①②③④⑤	36 ①②③④⑤
7 ①②③④⑤	17 ①②③④⑤	27 ①②③④⑤	37 ①②③④⑤
8 ①②③④⑤	18 ①②③④⑤	28 ①②③④⑤	38 ①②③④⑤
9 ①②③④⑤	19 ①②③④⑤	29 ①②③④⑤	39 ①②③④⑤
10 ①②③④⑤	20 ①②③④⑤	30 ①②③④⑤	40 ①②③④⑤

Prueba 5: Matemáticas, Parte 1

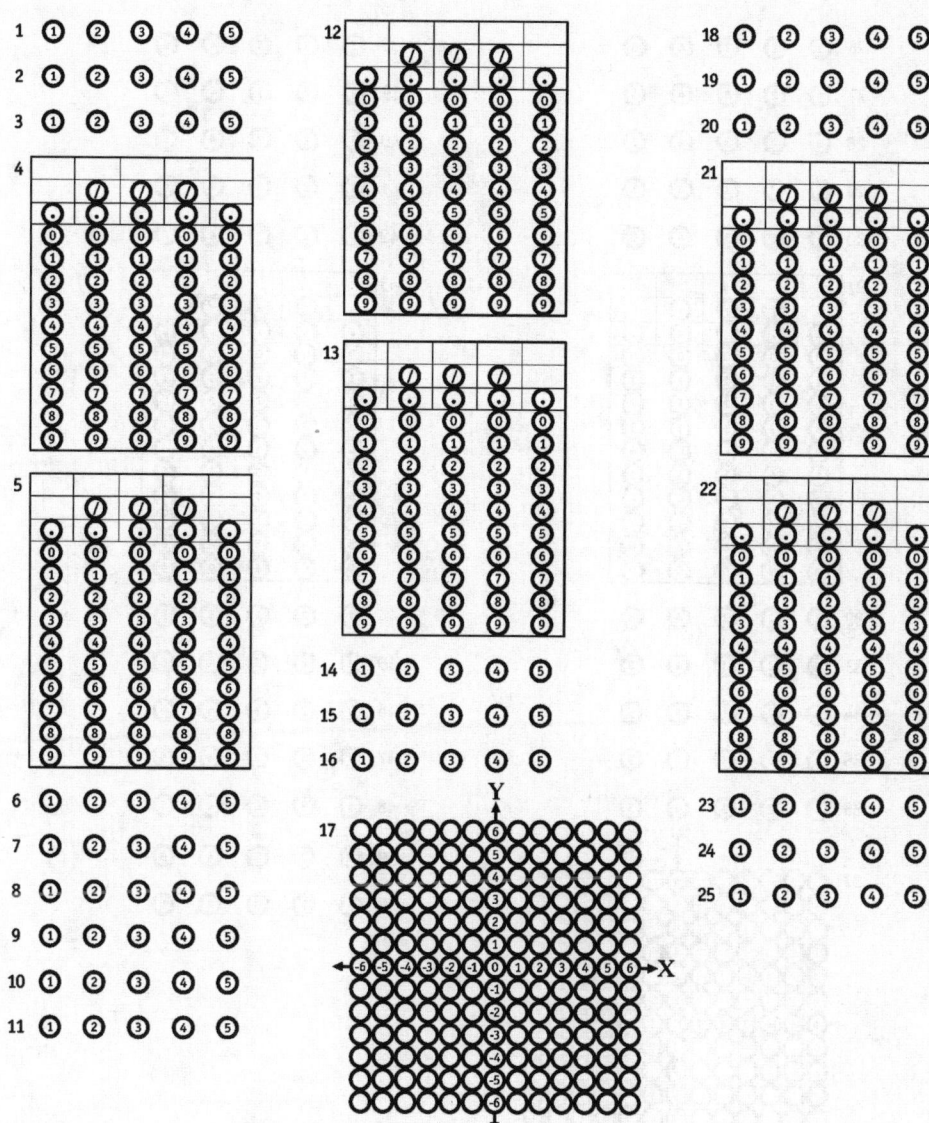

Prueba 5: Matemáticas, Parte 2

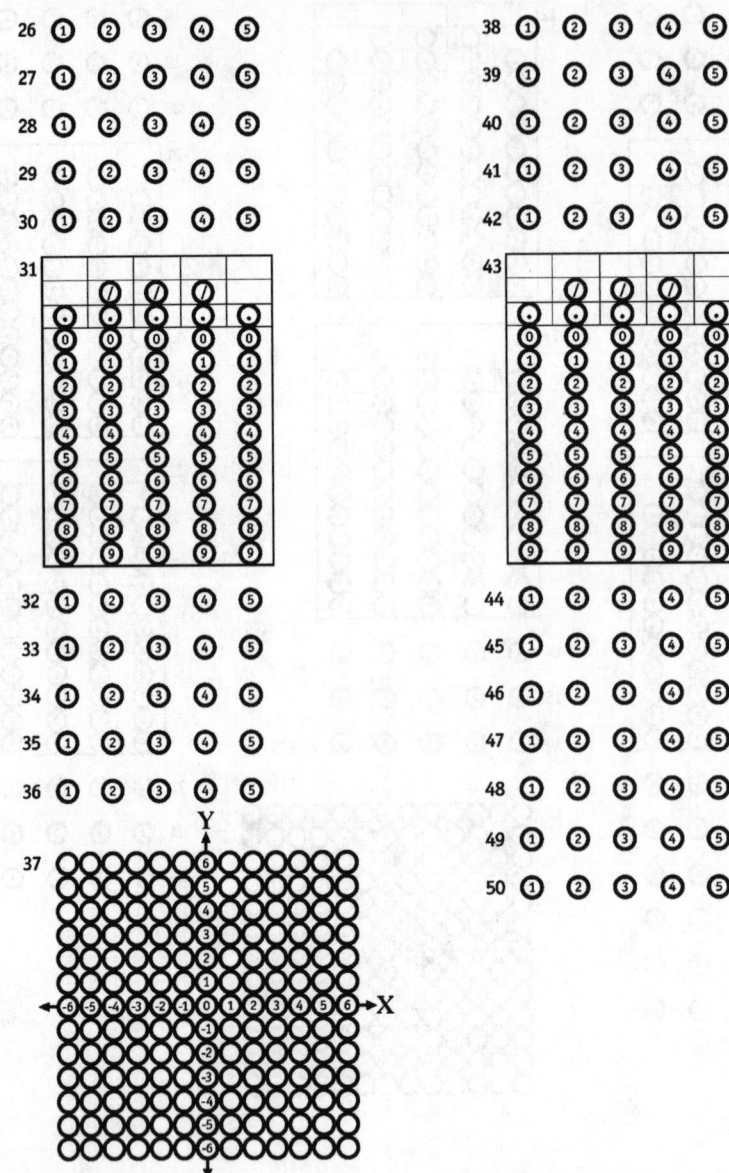

Redacción, Prueba de ensayo

_____

_____

_____

_____

_____

_____

_____

_____

_____

_____

_____

_____

_____

_____

_____

_____

_____

_____

_____

_____

_____

_____

_____

Redacción, Prueba de ensayo (continuación)

_____

_____

_____

_____

_____

_____

_____

_____

_____

_____

_____

_____

_____

_____

_____

_____

_____

_____

_____

_____

_____

_____

_____

_____

_____

PRUEBA 1: REDACCIÓN

La Prueba de Redacción esta dividida en dos partes. La primera parte tiene como propósito medir su habilidad para usar el español escrito de forma efectiva y clara. La segunda parte pretende medir su capacidad para escribir un corto ensayo en español.

Parte 1: Reconocimiento y corrección de errores.

Duración: 80 minutos • 50 preguntas

Instrucciones: La forma de esta prueba consiste en párrafos con oraciones numeradas. Algunas oraciones contienen errores de diferente tipo: de estructura de las oraciones, de uso, y de mecánica (ya sea puntuación, ortografía o el uso de mayúsculas). También habrá preguntas que le pedirán de revisar la organización de un texto. En ese caso, tendrá que mover una frase o un párrafo de sitio, o tendrá que eliminar o sustituir una oración del párrafo. Después de haber leído el párrafo íntegro para entender el sentido general, lea atentamente las oraciones numeradas que las preguntas contienen, y conteste a las preguntas de opción múltiple. Más específicamente, las preguntas se enfocan en las siguientes áreas: la estructura de las oraciones, el uso, la mecánica y la organización. Para cada una de estas preguntas, la mejor respuesta es la que corrige el error en la oración y que la convierte en una oración compuesta en un español claro y preciso. La mejor respuesta es la que produce una oración que concuerda con el tono, el punto de vista y el tiempo verbal que se emplean en el párrafo. Marque sus respuestas en la hoja de respuestas rellenando los círculos con el número de la respuesta que considere correcta.

Marque sus respuestas según el modelo siguiente:

Ejemplo

 Ni Pedro ni Marilú tiene edad para conducir.

¿Que corrección se debe hacer en esta oración?
   (1) cambiar para por de
   (2) cambiar edad por edád
   (3) cambiar tiene por tienen
   (4) cambiar conducir por conduzir
   (5) no se requiere hacer niguna corrección   ① ② ● ④ ⑤

La alternativa (3) es la correcta porque la concordancia entre el sujeto y el verbo significa que el número de los sujetos debe coincidir con el número que indica el verbo. En esta oración hay dos sujetos (Pedro y Marilú) y por lo tanto se necesita establecer una concordancia con el verbo. Como la alternativa correcta es la (3), rellene (3) en su hoja de respuestas.

Las preguntas 1 a 9 se refieren al siguiente texto.

El parque nacional de la isla de Pascua

A

(1) Diversas zonas guardan parte del patrimonio natural y monumental pascuense, conformando el Parque Nacional Rapa Nui. (2) El parque nacional naze en 1935, año en que dos cuerpos legales designan a la isla Parque Nacional, Área Silvestre Protegida y Monumento Histórico. (3) No obstante, esta denominación tiene un valor más bien formal, ya que en los años siguientes no se organiza una administración local que habrá realizado una protección efectiva, salvo iniciativas aisladas.

B

(4) En 1966, mediante el Decreto Supremo N° 148 del Ministerio de Agricultura, se crea el Parque Nacional de Turismo Isla de Pascua. (5) Es decir, un parque que está a disposición del público y en el que se puede pasear libremente. (6) Junto con la llegada de gran parte de organismos públicos continentales que acontece por esos años, se establece entonces el Servicio Agrícola y Ganadero (dependiente del Ministerio de Agricultura). (7) Mediante la división forestal de éste, se organiza los primeros administradores y personal local. (8) No un factor, sino muchos y de diversas clases, facilitó este proceso de organización. (9) Durante este periodo se enfatiza la reforestación de áreas erosionadas. (10) Con una superficie actual de 6,859 hectáreas, el Parque Nacional Rapa Nui cubre hoy aproximadamente el 40% de la superficie insular. (11) El parque reorienta su misión hacia la destrucción arqueológica y el manejo apropiado de los recursos naturales, facilitando su uso con fines científicos, recreativos y turísticos. (12) En las últimas décadas, no obstante, el Ministerio de Bienes Nacionales ha debido modificar en varias oportunidades los límites del parque. (13) Esto ha sido a fin de destinar sectores para las necesidades de tierra de la población. (14) Así, se han desafectado terrenos para uso habitacional o agrícola, y otras áreas delicadas han sido incorporadas, como una franja costera en la península del Poike y el sector del Rano Aroi. (15) De esta forma, el Ministerio lo logró casi todo: proteger su patrimonio natural, promulgar su política nacional y la protección de sus intereses nacionales.

1. Oración 2: **El parque nacional naze en 1935, año en que dos cuerpos legales designan a la isla Parque Nacional, Área Silvestre Protegida y Monumento Histórico.**

   ¿Qué corrección se debe hacer en la oración 1?
   (1) cambiar <u>parque nacional</u> a <u>Parque Nacional</u>
   (2) cambiar <u>naze</u> a <u>nace</u>
   (3) eliminar la coma después de <u>1935</u>
   (4) sustituir <u>en que</u> con <u>durante cuando</u>
   (5) No es necesario corregir esta oración.

2. Oración 3: **No obstante, esta denominación tiene un valor más bien formal, ya que en los años siguientes no se organiza una administración local que <u>habrá realizado</u> una protección efectiva, salvo iniciativas aisladas.**

   ¿Cuál es la mejor manera de escribir la parte subrayada de la oración? Si la redacción original es la mejor, escoja la alternativa (1).
   (1) habrá realizado
   (2) realizaría
   (3) realice
   (4) hubiera realizado
   (5) realizando

3. Oraciones 4 y 5: **En 1966, mediante el Decreto Supremo Nº 148 del Ministerio de Agricultura, se crea el Parque Nacional de Turismo Isla de Pascua. Es decir, un parque que está a disposición del público y en el que se puede pasear libremente.**

   ¿Cuál es la forma más efectiva de combinar las oraciones 4 y 5?
   (1) Parque Nacional de Turismo Isla de Pascua y por lo tanto un parque
   (2) Parque Nacional de Turismo Isla de Pascua, por ejemplo, un parque
   (3) Parque Nacional de Turismo Isla de Pascua a disposición
   (4) Parque Nacional de Turismo Isla de Pascua aunque está a
   (5) Parque Nacional de Turismo Isla de Pascua, un lugar público, en el

4. Oración 6: **Junto con la llegada de gran parte de organismos públicos continentales que acontece por esos años, se establece entonces el Servicio Agrícola y Ganadero (dependiente del Ministerio de Agricultura).**

   ¿Qué corrección se debe hacer en la oración 6?
   (1) cambiar llegada a ida
   (2) sustituir gran parte con mayor parte
   (3) cambiar de a de los
   (4) eliminar la coma después de años
   (5) añadir una coma después de Servicio

5. Oración 8: **No un factor, sino muchos y de diversas clases, facilitó este proceso de organización.**

   ¿Qué corrección se debe hacer en la oración 5?
   (1) cambiar proceso a prozeso
   (2) eliminar la coma después de factor
   (3) sustituir sino con además
   (4) cambiar facilitó a facilitaron
   (5) No es necesario corregir esta oración.

6. Oración 11: **El parque reorienta su misión hacia la destrucción arqueológica y el manejo apropiado de los recursos naturales, facilitando su uso con fines científicos, recreativos y turísticos.**

   ¿Qué corrección se debe hacer en la oración 11?
   (1) añadir una coma después de parque
   (2) sustituir hacia con en la dirección de
   (3) cambiar destrucción a protección
   (4) eliminar la coma después de naturales
   (5) cambiar fines a intenciones

7. Oración 14: **Así, se han desafectado terrenos para uso habitacional o agrícola, y otras áreas delicadas han sido incorporadas, como una franja costera en la península del Poike y el sector del Rano Aroi.**

   ¿Qué corrección se debe hacer en la oración 14?
   (1) eliminar la coma después de Así
   (2) cambiar han a an
   (3) sustituir delicadas con verdes
   (4) cambiar península a peninsula
   (5) No es necesario corregir esta oración.

8. ¿Qué cambio mejoraría la efectividad de este documento?

Comience un nuevo párrafo con la

(1) oración 10

(2) oración 9

(3) oración 8

(4) oración 12

(5) oración 14

9. Oración 15: **De esta forma, el Ministerio lo logró casi todo: proteger su patrimonio natural, promulgar su política nacional y la protección de sus intereses nacionales.**

¿Qué grupo de palabras incluiría el mejor cambio a la oración 15?

(1) que le interesa proteger a sus intereses nacionales

(2) que interesado está en sus intereses nacionales

(3) proteger sus intereses nacionales

(4) dejó claro su intención de proteger sus intereses

(5) los intereses nacionales

Las preguntas 10 a 17 se refieren al siguiente texto.

El ska, un hermanastro del reggae

A

(1) El ska es la música movida y escandalosa que combinaba perfectamente el humor de la gente del barrio situado en el sur de Kingston mientras se aproximaba la Independencia de Jamaica a comienzos del año 1960. (2) El ska deseaba anunciar su "jamaicanismo" con el mayor entusiasmo posible. (3) Incluso sin la independencia, el surgimiento del ska no hubiese sido algo sorprendente.

B

(4) Los propietarios del varios "Sound Systems" que se usaban en Kingston estaban puliendo su propia versión del R&B y el boggie jamaicano, llamado "offbeat", especialmente grabados para ellos. (5) Pero los músicos locales que usaban en los estudios de grabación eran músicos que buscaban su propio lucimiento únicamente buscando medios para su propia expresión. (6) Los músicos se encargaban de escoger las tonadas tocaban las melodías más populares y en demanda y se ocupaban de la distribución de los discos. (7) Era sólo una cuestión de tiempo antes de que las cosas diesen un giro de 180 grados. (8) ¿Que es lo que hicieron **Prince Buster** y **Clement "Coxosone" Dodd**? (9) Buscando nuevos sonidos para animar al público de sus fiestas, cambió el énfasis y el ritmo del R&B, creando un estilo que se convirtió en la base del estilo jamaicano. (10) Durante este periodo se forman varios grupos de leyenda.

C

(11) Un grupo de ska por excelencia era, por lo tanto, The Skatalites. (12) Muchos de entre sus miembros aprendieron en la Alpha Boys School, un reformatorio y orfanato católico de Kingston que sigue teniendo gran renombre hoy en día. (13) Ellos empezaron su andadura como una gran banda de jazz con una fuerte y disciplinada sección rítmica permitiendo a los solistas demostrar su genio. (14) La idea era "golpear" a la gente que bailaba con mucho movimiento, pero manteniendo el ritmo, por lo que nadie perdía la línea del baile, ya sea individualmente o entre ellos mismos.

10. Oración 1: **El ska es la música movida y escandalosa que combinaba perfectamente el humor de la gente del barrio situado en el sur de Kingston mientras se aproximaba la Independencia de Jamaica a comienzos del año 1960.**

    ¿Qué corrección se debe hacer en la oración 1?

    (1) cambiar del a de un
    (2) cambiar movida a movienta
    (3) cambiar combinada perfectamente a perfectamente combinada con
    (4) cambiar de la a del
    (5) No es necesario corregir esta oración.

11. Oración 4: **Los propietarios del varios "Sound Systems" que se usaban en Kingston estaban puliendo su propia versión del R&B y el boggie jamaicano, llamado "offbeat", especialmente grabados para ellos.**

    ¿Qué corrección se debe hacer en la oración 4?

    (1) sustituir propietarios del varios "Sound Systems" con propietarios de los varios "Sound Systems"
    (2) cambiar Kingston a kingston
    (3) cambiar propia a apropiada
    (4) eliminar la coma después de jamaicano
    (5) sustituir para ellos con por aquellos.

12. Oración 6: **Los músicos se encargaban de escoger las tonadas tocaban las melodías más populares y en demanda y se ocupaban de la distribución de los discos.**

    ¿Cuál es la mejor manera de escribir la parte subrayada de la oración? Si la redacción original es la mejor, escoja la alternativa (1).

    (1) escoger las tonadas tocaban las melodías más populares y en demanda y se ocupaban de la distribución
    (2) escoger las tonadas, tocaban las melodías más populares y en demanda y se ocupaban de la distribución
    (3) escoger las tonadas, tocaban las melodías más populares y en demanda, y se ocupaban de la distribución
    (4) escoger las tonadas tocaban las melodías más populares, y en demanda, y se ocupaban de la distribución
    (5) escoger las tonadas, tocaban las melodías más populares, y en demanda, y se ocupaban de la distribución

13. Oración 8: **¿Que es lo que hicieron Prince Buster y Clement "Coxosone" Dodd?**

    ¿Qué corrección se debe hacer en la oración 8?

    (1) cambiar Que a Qué
    (2) cambiar hicieron a harán
    (3) añadir una coma después de hicieron
    (4) cambiar y a e
    (5) No es necesario corregir esta oración.

14. Oración 9: **Buscando nuevos sonidos para animar al público de sus fiestas, cambió el énfasis y el ritmo del R&B, creando un estilo que se convirtió en la base del estilo jamaicano.**

¿Qué revisión se debe hacer en la oración 9?

(1) sustituir <u>para animar</u> con <u>por animo</u>

(2) cambiar <u>cambió</u> a <u>cambiaron</u>

(3) cambiar <u>el énfasis</u> a <u>la énfasis</u>

(4) eliminar la coma después de <u>R&B</u>

(5) cambiar <u>jamaicano</u> a <u>Jamaicano</u>

15. ¿Qué cambio se debe hacer a la colocación de la oración 10?

(1) colocar la oración 10 después de la oración 8

(2) colocar la oración 10 al comienzo del párrafo B

(3) colocar la oración 10 al comienzo del párrafo C

(4) eliminar la oración 10

(5) colocar la oración 10 al final del párrafo C

16. Oración 11: **Un grupo de ska por excelencia era, <u>por lo tanto,</u> The Skatalites.**

¿Cuál es la mejor manera de escribir la parte subrayada de la oración?

(1) es decir

(2) dicho sea

(3) todos dicen

(4) por ejemplo

(5) a lo que se dice

17. Oración 14: **La idea era "golpear" a la gente que bailaba con mucho movimiento, pero manteniendo el ritmo por lo que nadie perdía la línea del baile, que fuera individualmente o entre ellos mismos.**

¿Qué corrección se debe hacer en la oración 14?

(1) cambiar <u>bailaba</u> a <u>baila</u>

(2) eliminar la coma después de <u>movimiento</u>

(3) cambiar <u>el ritmo</u> a <u>los ritmos</u>

(4) añadir una coma después de <u>individualmente</u>

(5) sustituir <u>entre ellos mismos</u> con <u>entre ellos</u>

Las preguntas 18 a 25 se refieren al siguiente texto.

El estrés y la edad

A

(1) En un amplio sondeo entre adultos de 25 a 74 años en Estados Unidos, sólo el 8 por ciento de los jóvenes dijo haber tenido un día sin estrés en una semana, comparado con el 12 por ciento de las personas de mediana edad y el 19 por ciento de los mayores de 60 años. (2) Es el quinto sondeo que se efectúa en los dos últimos años los datos obtenidos son más o menos los mismos. (3) La diferencia parece estar en la actitud, según el investigador David Almeida, de la Universidad de Arizona en Tucson.

B

(4) A medida que pasa el tiempo, se envejece, y asumiendo las responsabilidades de la profesión y de la familia, muchos quizás miran hacia atrás añorando lo que parecía ser una juventud relativamente sin problemas. (5) Es posible que la gente se dejan engañar por la nostalgia.

C

(6) En su estudio, Almeida y sus colegas examinaron los datos de un numeroso sondeo gubernamental de más de 1,000 adultos en Estados Unidos, conocido como el Estudio nacional de la edad madura en Estados Unidos. (7) "Descubrimos que, en el número absoluto de agentes estresantes reportado, no hubo diferencia entre los jóvenes y las personas de edad madura", dijo Almeida. (8) Aunque las complicaciones diarias tendían a molestarles realmente a las personas entre 25 a 39 años, quienes estaban entre 40 y 59 años fueron más propensos a restarles importancia. (9) "Por ejemplo, quedar atascado en medio del tráfico. Los jóvenes de la muestra dijeron que esto era lo más molesto e inconveniente, en comparación con las personas mayores", dijo Almeida.

D

(10) Almeida dice que todavía hay más. (11) Éste específica que la naturaleza de los estresantes también parece cambiar con la edad. (12) En los 20 y 30 años, se debe con mayor probabilidad a alguna tensión interpersonal o desacuerdo con alguien, como la pareja, un compañero de trabajo, o un amigo. (13) En cambio, en la edad madura, los estresantes hubieran estados más relacionados con la carga de trabajo o con las exigencias que se les imponen. (14) Tiene sentido porque la edad madura es típicamente nuestro período más productivo, lo que nos fuerza a hacer malabarismos con las exigencias de la profesión, el cónyuge, los niños y los padres ancianos.

18. Oración 2: **Es el quinto sondeo que se efectúa en los dos <u>últimos años los datos</u> obtenidos son más o menos los mismos.**

¿Cuál es la mejor manera de escribir la parte subrayada de la oración? Si la redacción original es la mejor, escoja la alternativa (1).

   (1) últimos años los datos
   (2) últimos años, los datos
   (3) últimos años lo que supone
   (4) últimos años por la tanto los
   (5) últimos años y los datos

19. Oración 4: **A medida que pasa el tiempo, se envejece, y asumiendo las responsabilidades de la profesión y de la familia, muchos quizás miran hacia atrás añorando lo que parecía ser una juventud relativamente sin problemas.**

¿Qué corrección se debe hacer en la oración 4?

   (1) sustituir <u>pasa el tiempo</u> con <u>pasan los tiempos</u>
   (2) eliminar la coma después de <u>tiempo</u>
   (3) cambiar <u>asumiendo</u> a <u>se asumen</u>
   (4) añadir una coma después de <u>atrás</u>
   (5) No es necesario corregir esta oración.

20. Oración 5: **Es posible que la gente se dejan engañar por la nostalgia.**

¿Qué revisión se debe hacer en la oración 5?

   (1) sustituir <u>es posible</u> con <u>fuese posible</u>
   (2) añadir una coma después de <u>gente</u>
   (3) cambiar <u>dejan</u> a <u>deje</u>
   (4) cambiar <u>engañar</u> a <u>ganarse</u>
   (5) cambiar <u>nostalgia</u> a <u>nostaljia</u>

21. ¿Qué cambio mejoraría la efectividad de este documento?

  (1) colocar la oración 5 al final del párrafo A

  (2) combinar los párrafos A y B

  (3) eliminar la oración 3

  (4) colocar la oración 6 al final del párrafo B

  (5) eliminar la oración 7

22. Oración 8: **Aunque las complicaciones diarias tendían a molestarles realmente a las personas entre 25 a 39 años, quienes estaban entre 40 y 59 años fueron más propensos a restarles importancia.**

  ¿Qué revisión se puede hacer en la oración 8?

  (1) cambiar complicaciones a complicaziones

  (2) sustituir tendían con solían

  (3) cambiar molestarles a molestar

  (4) eliminar la coma después de años

  (5) cambiar más a mas

23. Oración 11: **Éste específica que la naturaleza de los estresantes también parece cambiar con la edad.**

  ¿Qué corrección se debe hacer en la oración 11?

  (1) cambiar naturaleza a naturalesa

  (2) cambiar específica a especifica

  (3) sustituir los estresantes con el estrés

  (4) cambiar también parece a también

  (5) No es necesario corregir esta oración.

24. Oración 13: **En cambio, en la edad madura, los estresantes hubieran estados más relacionados con la carga de trabajo o con las exigencias que se les imponen.**

  ¿Cuál es la mejor manera de escribir la parte subrayada de la oración? Si la redacción original es la mejor, escoja la alternativa (1).

  (1) hubieran estados

  (2) están

  (3) estarán

  (4) han estado

  (5) fuimos

25. Oración 14: **Tiene sentido porque la edad madura es típicamente nuestro período más productivo, lo que nos fuerza a hacer malabarismos con las exigencias de la profesión, el cónyuge, los niños y los padres ancianos.**

  ¿Qué corrección se debe hacer en la oración 14?

  (1) cambiar es a fue

  (2) eliminar la coma después de productivo

  (3) cambiar profesión a professión

  (4) sustituir los niños con los hijos

  (5) No es necesario corregir esta oración.

Las preguntas 26 a 33 se refieren al siguiente texto.

Mafalda, un orgullo Argentino

A

(1) ¿Quién no tomó en sus manos alguna vez una historieta? (2) Tal vez no haya nadie en este momento que pueda contestar que no a esta pregunta. (3) La historieta se convertido hoy en un acompañamiento esencial en nuestros momentos de ocio. (4) Desde el mítico Yellow Kid, hasta las recientes historietas electrónicas que se muestran en la gran

red Internet de Este a Oeste, mucha tinta ha pasado por las rotativas.

B

(5) Sin lugar a dudas, el personaje de mayor popularidad en la historia del cómic argentino, es Mafalda. (6) Es difícil escoger una sola tira de Mafalda para ilustrar la grandeza de este cómic ya que muchas son las que fueron dibujadas desde su creación en los setenta. (7) Sin embargo, y a condición de haber escogido la tira con cuidado, es posible hacerse una idea del humor que se emplea en Mafalda. (8) Es importante definir un tipo de humor cuando se quiere publicar. (9) Un ejecutivo elegant, dueño de un cochazo exclama: *"¡Cambiar el mundo! ¡Ja! ¡Cosa de la juventud! ¡También yo cuando era adolescente tenía esas ideas, y ya ve!..."* (10) Mafalda corre espantada a advertir a sus amigos: *"¡Sonamos, muchachos! Resulta que si uno no se apura a cambiar el mundo, después es el mundo el que lo cambia a uno".* (11) Filosofía pura, escanciada en cuadros de historieta. (12) Humor puro, capaz de hacer reír y pensar en los sesenta, en los noventa y en el 2000. (13) Eso es la Mafalda del célebre Quino, no muy conocida en Estados Unidos. (14) Es una de las más famosas tiras cómicas del siglo.

C

(15) Los sociólogos coinciden en que Mafalda tuvo éxito y consolidación en la llamada clase media intelectual ya que fue el primer público de la tira. (16) Inicialmente, la leyeron estudiantes, profesionales y finalmente la leyeron empleados de cuello blanco. (17) Más tarde se agregarían amas de casa, jubilados y adolescentes. (18) La trascendencia internacional iba a venir de la mano del mismísimo Umberto Eco, entrando a las universidades y a diarios y revistas. (19) Hoy en día, está traducida en Israel, Francia, Alemania, Dinamarca, Noruega, Suecia y Austria. (20) El humor del mendocino Quino fue sutil, profundo, elocuente y simple a la vez. (21) Detallista y puntilloso, refleja con una capacidad asombrosa los conceptos más preocupantes de nuestra era.

26. Oración 3: **La historieta se convertido hoy en un acompañamiento esencial en nuestros momentos de ocio.**

    ¿Qué revisión se debe hacer en la oración 3?

    (1) cambiar se a sé
    (2) sustituir se con se ha
    (3) cambiar convertido a convirtio
    (4) cambiar esencial a essencial
    (5) cambiar ocio a ocios

27. Oración 4: **Desde el mítico Yellow Kid, hasta las recientes historietas electrónicas que se muestran en la gran red Internet de Este a Oeste, mucha tinta ha pasado por las rotativas.**

    ¿Qué corrección se debe hacer en la oración 4?

    (1) eliminar la coma después de Yellow Kid
    (2) cambiar muestran a mostraron
    (3) cambiar Internet a internet
    (4) cambiar de Este a Oeste a de este a oeste
    (5) No es necesario corregir esta oración.

28. Oración 6: **Es difícil escoger una sola tira de Mafalda para ilustrar la grandeza de este cómic ya que muchas son las que fueron dibujadas desde su creación en los setenta.**

    ¿Qué corrección se debe hacer en la oración 6?

    (1) cambiar fueron a habían sido
    (2) cambiar fueron a han sido
    (3) añadir una coma después de cómic
    (4) cambiar los setenta a los Setenta
    (5) No es necerario corregir esta oración.

29. Oración 9: **Un ejecutivo elegant, dueño de un cochazo exclama:** *"¡Cambiar el mundo! ¡Ja! ¡Cosa de la juventud! ¡También yo cuando era adolescente tenía esas ideas, y ya ve!..."*

¿Qué revisión se debe hacer en la oración 8?

(1) cambiar <u>ejecutivo</u> a <u>executivo</u>

(2) cambiar <u>elegant</u> a <u>elegante</u>

(3) sustituir <u>de un</u> con <u>del</u>

(4) poner una coma después de <u>cochazo</u>

(5) cambiar <u>¡Ja!</u> a <u>¡Jee!</u>

30. Oraciones 13 y 14: **Eso es la Mafalda del célebre Quino, no muy conocida en Estados Unidos. Es una de las más famosas tiras cómicas del siglo.**

¿Cuál es la forma más efectiva de combinar las oraciones 13 y 14?

(1) en Estados Unidos, siendo una de las más famosas

(2) en Estados Unidos. Es una de las más famosas

(3) en Estados Unidos, es una de las más famosas

(4) en Estados Unidos y sin embargo, una de las más famosas

(5) en Estados Unidos y es una de las más famosas

31. ¿Qué revisión se debe hacer en el párrafo B?

(1) eliminar la oración 12

(2) colocar la oración 7 después de la oración 8

(3) eliminar la oración 8

(4) colocar la oración 7 al principio del párrafo

(5) No es neceario corregir esta oración.

32. Oración 16: **Inicialmente, la leyeron los estudiantes y los profesionales y finalmente <u>la leyeron empleados</u> de cuello blanco.**

¿Cuál es la mejor manera de escribir la parte subrayada de la oración? Si la redacción original es la mejor, escoja la alternativa (1).

(1) la leyeron empleados

(2) la leen los empleados

(3) la leyeron los empleados

(4) los lectores empleados

(5) los lectores que empleaban

33. Oración 20: **El humor del mendocino Quino <u>fue sutil</u>, profundo, elocuente y simple a la vez.**

¿Cuál es la mejor manera de escribir la parte subrayada de la oración? Si la redacción original es la mejor, escoja la alternativa (1).

(1) fue sutil

(2) está siendo sutil

(3) ha sido sutil

(4) será sutil

(5) es sutil

Las preguntas 34 a 41 se refieren al siguiente texto.

Las mujeres en el graffiti

A

(1) A fines de la década de los 60, aparece en el espacio callejero de los suburbios de New York City una forma de expresión estética diferente sin antecedentes artísticos y al parecer sin rumbo cultural preciso. (2) Esta manifestación cultural es lo que conocemos como el graffiti neoyorkino, cuya motivación básica es la autoafirmación del individuo en un mundo urbano sumido en la cultura de masas. (3) Tras su maduración en las décadas de los 70, y los 80, esta modalidad de graffiti se expande por todo Estados

Unidos y por todo el mundo occidental de la mano del movimiento hip hop, adoptando la categoría de movimiento subcultural en una etapa clave para su arraigo cultural. (4) A continuación presentará un aspecto más específico: la participación de las mujeres en esta cultura urbana.

B

(5) Como en la evolución de muchos otros movimientos artísticos, nos debemos detener para preguntarnos qué papel juega la mujer en la construcción y definición del graffiti neoyorkino y de la figura del escritor de graffiti en un terreno donde lo anecdótico tiene carta de testimonio. (6) El estudio del mundo del graffiti, dada su marginalidad social y cultural, se mueve entre lo histórico y lo legendario, entre la realidad y el mito. (7) Quizá se debería tener cuidado con las interpretaciones que se forman sobre esta temática de los sexos. (8) Las referencias documentadas sobre escritoras han de evaluarse no sólo como menciones personales, biográficas, sino como elementos que configuran el estereotipo de la escritora de graffiti y la imagen simbólica de un movimiento cultural. (9) Esto no se tiene en cuenta, puede que el análisis acabe por ser erróneo.

C

(10) En definitiva, el graffiti neoyorkino no es ajeno a las pautas culturales de su época y en el mismo se observan las tensiones entre las corrientes feministas, sobre todo en el caso europeo con la toma de contacto con los nuevos movimientos sociales que surgen en la década de los 80. (11) Es en ese momento en que esta subcultura traspasa el nivel local para convertirse en un movimiento cultural internacional. (12) Así, es inevitable que en el seno del movimiento hip hop surja un debate autocrítico, despertado por la conciencia negativa de este discurso,

machista o sexista. (13) Pero también de las contradicciones que surgen entre lo que se dice defender y la realidad práctica, y que también se deriva de la construcción de una identidad colectiva contracultural. (14) De todos modos, la igualdad entre "B-boys" y "B-girls" parece pasar por la masculinización de la mujer o por el abandono de actitudes "muy femeninas", en lo que se podría entender como maniobra de desmonopolización genérica.

34. Oración 1: **A fines de la década de los 60, aparece en el espacio callejero de los suburbios de New York City una forma de expresión estética <u>diferente sin antecedentes artísticos y al parecer</u> sin rumbo cultural preciso.**

¿Cuál es la mejor manera de escribir la parte subrayada de la oración? Si la redacción original es la mejor, escoja la alternativa (1).

(1) sin antecedentes artísticos y al parecer

(2) sin antecedentes artísticos, y al parecer

(3) sin antecedentes artísticos y, al parecer

(4) sin antecedentes artísticos. Y al parecer

(5) , sin antecedentes artísticos, y al parecer

35. Oración 4: **A continuación presentará un aspecto más específico: la participación de las mujeres en esta cultura urbana.**

¿Qué corrección se debe hacer en la oración 4?

(1) añadir una coma después de <u>continuación</u>

(2) cambiar <u>presentará</u> a <u>presentamos</u>

(3) sustituir <u>un aspecto</u> con <u>el aparecer</u>

(4) cambiar <u>de las</u> a <u>con las</u>

(5) No es necesario corregir esta oración.

36. Oración 7: **Quizá se debería tener cuidado con las interpretaciones que se forman sobre esta temática de los sexos.**

¿Qué revisión se debe hacer en la oración 7?

(1) sustituir Quizá con En conclusión

(2) colocar la oración 7 después de la oración 5

(3) sustituir Quizá con Es por eso que

(4) añadir una coma después de Quizá

(5) eliminar la oración 7

37. Oración 9: **Esto no se tiene en cuenta, puede que el análisis acabe por ser erróneo.**

¿Cuál es la mejor manera de escribir la parte subrayada de la oración? Si la redacción original es la mejor, escoja la alternativa (1).

(1) Esto no se tiene en cuenta

(2) Si no se tiene en cuenta esto

(3) Al no poder tenerse en cuenta

(4) La gente tiene en cuenta

(5) No tenerse en cuenta

38. Oración 10: **En definitiva, el graffiti neoyorkino no es ajeno a las pautas culturales de su época y en el mismo se observan las tensiones entre las corrientes feministas, sobre todo en el caso europeo con la toma de contacto con los nuevos movimientos sociales que surgen en los 80.**

¿Qué revisión se debe hacer en la oración 10?

(1) eliminar la coma después de definitiva

(2) cambiar su época a la época

(3) cambiar el mismo a él mismo

(4) sustituir sobre todo con en particular

(5) cambiar surgen a surgirán

39. Oración 12: **Así, es inevitable que en el seno del movimiento hip hop surja un debate autocrítico, despertado por la conciencia negativa de este discurso, machista o sexista.**

¿Qué corrección se debe hacer en la oración 12?

(1) añadir una coma después de inevitable

(2) añadir una coma después de hip hop

(3) eliminar la coma después de discurso

(4) cambiar machista a mashista

(5) No es necesario corregir esta oración.

40. Oración 13: **Pero también de las contradicciones que surgen entre lo que se dice defender y la realidad práctica, y que también se deriva de la construcción de una identidad colectiva contracultural.**

¿Qué corrección se debe hacer en la oración 13?

(1) añadir el debate nace después de Pero

(2) añadir una coma después de surgen

(3) cambiar también a tampoco

(4) sustituir se deriva con es desviada

(5) cambiar colectiva a collectiva

41. Oración 14: **De todos modos, la igualdad entre "B-boys" y "B-girls" parece pasar por la masculinización de la mujer o por el abandono de actitudes "muy femeninas", en lo que se podría entender como maniobra de desmonopolización genérica.**

¿Qué corrección se debe hacer en la oración 14?

(1) cambiar <u>entre</u> a <u>de los</u>

(2) añadir una coma después de <u>mujer</u>

(3) cambiar <u>abandono</u> a <u>abandonó</u>

(4) sustituir <u>en lo que se</u> con <u>por lo que se</u>

(5) No es necesario corregir esta oración.

Las preguntas 42 a 46 se refieren al siguiente texto.

José Julián Martí Pérez (1853-1895)

A

(1) José Julián Martí, un héroe nacional cubano, fue uno de los más destacados dirigentes contra el colonialismo español y contra el expansionismo del naciente imperialismo norteamericano hacia los países latinoamericanos. (2) Fue también un destacado escritor, poeta, orador y periodista. (3) Demócrata revolucionario, se proclamó defensor de las masas humildes y combatiente por la igualdad de derechos y por la unidad más estrecha entre los cubanos blancos y negros. (4) Muchos son los académicos, cubanos o no, que hoy en día reconocerán que sin sus obras, la transición colonial de Cuba no hubiera ocurrido como lo hizo. (5) Su participación en estos movimientos sociopolíticos y la honestidad de su activismo lo llevó a ser fundador del Partido Nacionalista Cubano que fue creado el 10 de abril de 1892.

B

(6) Las bases de este partido serán discutidas democráticamente entre las asociaciones de delegados, y entre otros elementos expresaban que se constituía para lograr la independencia de Cuba y fomentar la de Puerto Rico. (7) Definía el carácter de la lucha debiendo encaminar la misma a una verdadera transformación cubana en todos los aspectos económicos, políticos y sociales. (8) Como delegado del Partido Martí se da a la tarea de unificar las fuerzas que conducirían a la guerra en Cuba que inició el 24 de febrero de 1895.

C

(9) Poco después, en abril, salió hacia Cuba para demostrar que no sólo era el hombre que arengaba, sino que era capaz de dar la vida por los principios que enunciaba. (10) El 25 de marzo del mismo año, en Santo Domingo, él y Máximo Gómez firmaron el Manifiesto de Montecristi, que fue el programa de la guerra. Murió en el campo de batalla el 19 de mayo de 1895. (11) Su obra y su prédica inspiraron a los revolucionarios cubanos de las generaciones posteriores.

42. Oración 1: **José Julián <u>Martí, un héroe nacional cubano,</u> fue uno de los más destacados dirigentes contra el colonialismo español y contra el expansionismo del naciente imperialismo norteamericano, hacia los países latinoamericanos.**

¿Cuál es la mejor manera de escribir la parte subrayada de la oración? Si la redacción original es la mejor, escoja la alternativa (1).

(1) Martí, un héroe nacional cubano,

(2) Martí un héroe nacional cubano,

(3) Martí, un héroe nacional cubano

(4) Martí un héroe nacional cubano

(5) Martí. Un héroe nacional cubano

43. Oración 4: **Muchos son los académicos, cubanos o no, que hoy en día <u>reconocerán</u> que sin sus obras, la transición colonial de Cuba no hubiera ocurrido como lo hizo.**

¿Cuál es la mejor manera de escribir la parte subrayada de la oración? Si la redacción original es la mejor, escoja la alternativa (1).

(1) reconocerán
(2) hubieran reconocido
(3) reconocieran
(4) fue reconocido
(5) reconocen

44. Oración 6: **Las bases de este partido serán discutidas democráticamente entre las asociaciones de delegados, y entre otros elementos expresaban que se constituía para lograr la independencia de Cuba y fomentar la de Puerto Rico.**

¿Qué corrección se debe hacer en la oración 6?

(1) cambiar <u>serán</u> a <u>fueron</u>
(2) eliminar la coma después de <u>delegados</u>
(3) cambiar <u>y entre</u> a <u>e entre</u>
(4) sustituir <u>expresaban</u> con <u>espresaban</u>
(5) cambiar <u>independencia</u> a <u>interdependencia</u>

45. Oración 8: **Como delegado del Partido Martí se da a la tarea de unificar las fuerzas que conducirían a la guerra en Cuba que se inició el 24 de febrero de 1895.**

¿Qué corrección se debe hacer en la oración 8?

(1) añadir una coma después de <u>Partido</u>
(2) cambiar <u>unificar</u> a <u>unificarse</u>
(3) cambiar <u>fuerzas que</u> a <u>fuerzas a las que</u>
(4) cambiar <u>inició</u> a <u>se inició</u>
(5) No es necesario corregir esta oración.

46. ¿Qué cambio mejoraría la efectividad de este documento?

Comenzar un nuevo párrafo
(1) con la oración 3
(2) con la oración 7
(3) con la oración 11
(4) con la oración 10
(5) con la oración 8

Las preguntas 47 a 50 se refieren al siguiente texto.

Aceleradores de partículas (Parte 2)

A

(1) El primer acelerador fue construido por John Cockcroft y Ernest Walton estando la Universidad de Cambridge en 1930. (2) El acelerador consistía en un generador eléctrico que producía varios centenares de miles de voltios. (3) Aceleraba las partículas en una sola fase. (4) El acelerador lineal y el ciclotrón se desarrollarán también alrededor del año 1930 en Estados Unidos. (5) Pero es sólo a partir de la década de los 50 que se desarrolló el concepto de usar un solo impulso con más potencia. (6) En estas máquinas, las partículas alcanzan grandes velocidades al recibir varios impulsos.

B

(7) Cuando Cockcroft y Walton construyeron su primer generador, los físicos creían que los átomos estaban formados por dos clases de partículas: el electrón y el protón. (8) Desde entonces, los aceleradores han permitido superar este concepto simplista, pues se han identificado centenares de nuevos tipos de partículas en las colisiones de elevada energía, en los años que viene puede que descubran que hay aún más partículas dentro de las partículas. (9) ¿Quién sabe?

47. Oración 1: **El primer acelerador fue construido por John Cockcroft y Ernest Walton estando la Universidad de Cambridge en 1930.**

    ¿Qué corrección se debe hacer en la oración 1?
    (1) añadir una coma después de <u>acelerador</u>
    (2) cambiar <u>construido</u> con <u>construyendo</u>
    (3) añadir una coma después de <u>Walton</u>
    (4) cambiar <u>estando</u> a <u>en</u>
    (5) No es necesario corregir esta oración.

48. Oración 4: **El acelerador lineal y el ciclotrón <u>se desarrollarán</u> también alrededor del año 1930 en Estados Unidos.**

    ¿Cuál es la mejor manera de escribir la parte subrayada de la oración? Si la redacción original es la mejor, escoja la alternativa (1).
    (1) se desarrollarán
    (2) se desarrolló
    (3) se están desarrollando
    (4) se desarrollaron
    (5) se hubo desarrollado

49. Oración 5: **Pero es sólo a partir de la década de los 50 que se desarrolló el concepto de usar un solo impulso con más potencia.**

    ¿Qué cambio se debe hacer a la colocación de la oración 5?
    (1) colocarla al comienzo del párrafo A
    (2) colocar la oración 5 después de la oración 6
    (3) colocar la oración 5 al final del párrafo B
    (4) eliminar la oración 5
    (5) colocar la oración 5 después de la oración 1

50. Oración 8: **Desde entonces, los aceleradores han permitido superar este concepto simplista, pues se han identificado centenares de nuevos tipos de partículas en las colisiones de <u>elevada energía, en los años que viene</u> puede que descubran que hay aún más partículas dentro de las partículas.**

    ¿Cuál es la mejor manera de escribir la parte subrayada de la oración? Si la redacción original es la mejor, escoja la alternativa (1).
    (1) de elevada energía, en los años
    (2) de elevada energía. En los años
    (3) de elevada energía. En los próximos años
    (4) de elevada energía en los años
    (5) de elevada energía, a lo mejor en los años

PARTE 2. PRUEBA DE ENSAYO

Duración: 45 minutos

Instrucciones: Esta parte de la Prueba de GED está diseñada para saber cuál es su nivel de redacción. Se le hará una pregunta en la que se le pedirá que explique algo o que exprese una opinión sobre un tema. Al redactar la respuesta para esta parte del examen, debe incluir sus propias observaciones y experiencias y seguir estos pasos:

1 Antes de comenzar a redactar su respuesta, lea las instrucciones y la pregunta con atención.

2 Piense en lo que quiere expresar y planifique el ensayo en detalle antes de comenzar a escribir.

3 Use las hojas en blanco que encontrará con la prueba (o el papel borrador que le hayan entregado) para realizar anotaciones mientras planea el ensayo.

4 Redacte el ensayo en forma prolija en una hoja de respuestas por separado.

5 Lea atentamente todo lo que haya escrito y haga los cambios necesarios para mejorar su trabajo.

6 Controle los párrafos, la estructura de las oraciones, la ortografía, la puntuación, el uso de mayúsculas y el uso de la lengua y corrija los errores.

Dispondrá de 45 minutos para redactar la respuesta a la pregunta formulada. Escriba con letra clara con un bolígrafo para que los evaluadores puedan leer lo que haya escrito. Las anotaciones que realice en las hojas en blanco o en el borrador no se incluirán en la evaluación.

Al menos dos lectores capacitados calificarán el ensayo y evaluarán el trabajo según su impacto general. Tendrán en cuenta la claridad con la que expresa las ideas principales, la rigurosidad con la que sustenta las ideas y la efectividad y corrección de su redacción a lo largo de toda la composición. No recibirá ningún crédito por la redacción de un tema que no sea el asignado.

Tema de ejemplo

No hay duda de que las computadoras han sido responsables de muchos cambios en el mundo. Algunos de estos cambios mejoraron nuestras vidas mientras que otros las han hecho más difíciles.

Redacte una composición de alrededor de 250 palabras en la que describa el efecto de las computadoras en la vida moderna. Puede describir los efectos positivos, los negativos o ambos. Sea lo más específico posible y utilice los ejemplos de su propia experiencia para respaldar su posición.

PRUEBA 2: ESTUDIOS SOCIALES

Duración: 75 minutos • 50 preguntas

Instrucciones: La Prueba de Estudios Sociales consiste en preguntas de opción múltiple que evalúan sus conocimientos sobre conceptos generales de Historia, Economía, Geografía, Educación Cívica y Gobierno. Las preguntas se basan en textos de lectura, mapas, gráficas, tablas y caricaturas. Para cada pregunta, estudie primero la información presentada y luego responda a la pregunta correspondiente. Puede consultar las lecturas o las gráficas cuantas veces sea necesario para responder a las preguntas. Marque las respuestas en la sección de Estudios Sociales de la hoja de respuestas.

Ejemplo:

 ¿Qué medio de prensa presenta con mayor regularidad opiniones e interpretaciones de las noticias?

    (1) Noticiarios de la televisión nacional

    (2) Noticiarios de la televisión local

    (3) Editoriales de periódicos

    (4) Teletipos de agencias de noticias

    (5) Programas de noticias en la radio   

La respuesta correcta es "editoriales de periódicos". Por lo tanto, debe marcar el espacio de la respuesta 3 en la hoja de respuestas.

1. ¿Cuál de las siguientes conclusiones se sustenta en la gráfica a continuación?

  (1) Sólo las mujeres con hijos trabajan.

  (2) La mayoría de las mujeres trabajadoras tienen hijos.

  (3) Un poco más de la mitad de todas las mujeres en la fuerza laboral tienen hijos de 6 a 17 años de edad.

  (4) Poco menos de la mitad de las mujeres en la fuerza laboral con hijos tienen hijos menores de 6 años de edad.

  (5) La mitad de todos los niños tienen menos de 6 años.

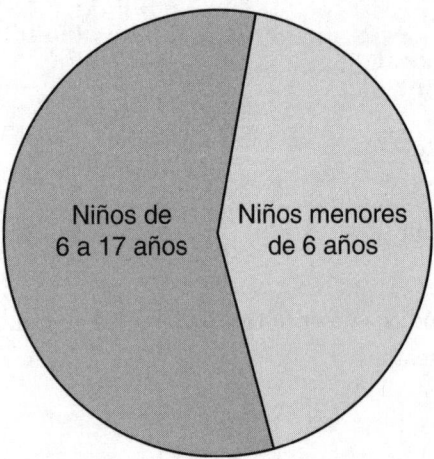

Mujeres trabajadoras con hijos
Según la edad de los hijos, 2001

Las preguntas 2 a 5 se basan en el siguiente fragmento.

A pesar de que se suele conocer a los encuestadores por sus encuestas políticas, la mayor parte del trabajo que realizan es a pedido de las empresas estadounidenses. Existen tres tipos de encuestas comerciales. Una es la investigación de la imagen de la empresa, como la que se realiza para los bancos para saber qué siente el público con respecto a una empresa. Otra es la investigación de la actitud de los empleados, que muestra cómo los empleados y trabajadores del nivel más bajo se sienten realmente con respecto a sus empleos y sus

jefes, y puede evitar las huelgas ya que llega al fondo del motivo de las quejas rápidamente. La tercera, y probablemente la más espectacular, es la investigación de mercado que estudia la receptividad del público a productos y diseños nuevos. La inversión que debe realizar una compañía para un producto nuevo es enorme, entre $10,000,000 y $20,000,000 por ejemplo, para sólo un nuevo producto.

A través de las encuestas, una compañía puede descubrir con antelación las objeciones que el público tiene con respecto a los productos de la competencia y si realmente desea o necesita uno nuevo. Estos estudios son en realidad un nuevo conjunto de señales que permiten mejorar la comunicación entre las empresas y el público en general; les permite establecer un medio de contacto. Esta comunicación es vital en una sociedad compleja. Sin ella, no sólo tendríamos un gran desperdicio sino también la anarquía industrial de innumerables productos nuevos no deseados que aparecerían y desaparecerían.

2. De acuerdo con el texto, las encuestas pueden beneficiar a la industria

  (1) al eliminar desperdicios.

  (2) al establecer precios justos.

  (3) al fortalecer la fe de las personas en las empresas.

  (4) al salvar a las pequeñas empresas.

  (5) al servir como una nueva forma de publicidad.

3. ¿Qué método se utiliza para desarrollar las ideas de este fragmento?

  (1) Causa y efecto

  (2) Contraste

  (3) Ejemplos

  (4) Anécdotas

  (5) Descripciones gráficas

4. ¿Qué área NO se menciona como una en la cual se conducen encuestas?

   (1) productos nuevos

   (2) diseños nuevos

   (3) actitudes de los empleados

   (4) relaciones entre trabajadores y empleadores

   (5) relaciones familiares

5. ¿Cuál de los siguientes conceptos describe mejor el uso de encuestas para fines comerciales?

   (1) sobreestimado

   (2) usado demasiado ampliamente

   (3) con frecuencia engañoso

   (4) necesario

   (5) costoso

Las preguntas 6 a 9 se basan en el siguiente fragmento.

La caída de la bolsa de valores comenzó en octubre de 1929 cuando los bancos de Gran Bretaña elevaron las tasas de interés al $6\frac{1}{2}$ por ciento para captar el capital necesario que Estados Unidos había atraído por la especulación de grandes ganancias. Como resultado, muchas carteras europeas fueron lanzadas al mercado y los precios de las acciones comenzaron a caer. Además, los especuladores estadounidenses comenzaron a vender sus carteras porque estaban asustados por la baja en los precios de las acciones y por no poder solicitar más préstamos a voluntad. Esto fue seguido de una venta desesperada y el valor de las acciones de la bolsa de New York se desplomó de $87,000,000,000 a $55,000,000,000, es decir, una caída de alrededor del 37 por ciento. Sin embargo, esto sólo fue el comienzo. A pesar de las afirmaciones repetidas de las altas esferas del gobierno y de las autoridades financieras que declaraban que la prosperidad estaba a la vuelta de la esquina, se registraron nueve descensos similares a nuevos niveles bajos en los tres años siguientes. Para el 1º de marzo de 1933, todas las acciones cotizadas en la bolsa de New York valían sólo alrededor de $19,000,000,000.

Pronto fue evidente que había comenzado un período de depresión sin paralelo. Los precios de las mercaderías cayeron abruptamente; el comercio exterior decayó; las fábricas recortaron la producción o, con frecuencia, simplemente cerraron sus puertas; el valor de los inmuebles (pero no las hipotecas) disminuyó; las construcciones prácticamente se detuvieron y los bancos quebraron. Lo peor de todo fue que los salarios se redujeron drásticamente y el desempleo comenzó a aumentar cada vez más. Para fines de 1930, alrededor de seis o siete millones de trabajadores se quedaron sin empleo y dos años más tarde, el número se había duplicado. Estados Unidos no estaba solo en esta penuria. Pronto se advirtió que si algo afectaba gravemente a una gran nación eventualmente afectaría al mundo.

6. ¿Cuál de los siguientes enunciados es el que mejor se respalda en la evidencia presentada en este fragmento?

   (1) Todos los gobiernos son corruptos.

   (2) Todas las grandes naciones están vinculadas por la economía.

   (3) Cuando muchas personas pierden sus empleos, crece el desempleo.

   (4) La Depresión podría haber sido evitada por gente inteligente.

   (5) Si Estados Unidos hubiera estado gobernada por un dictador, la caída de la bolsa de valores no habría ocurrido.

7. ¿Cuál de las siguientes hipótesis está sustentada por este fragmento?

   (1) La inflación va de la mano del desempleo.

   (2) Las tasas hipotecarias caen durante una depresión.

   (3) El valor de las tierras aumenta cuando el valor de los inmuebles disminuye.

   (4) El desempleo aumenta cuando los precios caen.

   (5) El gobierno puede evitar una depresión si convence a las personas.

8. ¿Cuál de los siguientes hechos ocurrió cuando comenzó la Depresión?

   (1) Las fábricas disminuyeron la producción.

   (2) El comercio exterior aumentó.

   (3) La confianza se recuperó.

   (4) Los precios de las mercaderías aumentaron.

   (5) Los salarios no se vieron afectados.

9. Según la información del texto, ¿qué fue lo que desató el colapso de la bolsa de valores?

   (1) Inglaterra intentó atraer más dinero hacia el país.

   (2) Estados Unidos intentó corregir el desequilibrio de la balanza de comercio exterior.

   (3) Los salarios fueron recortados abruptamente y el desempleo aumentó.

   (4) Los accionistas estadounidenses estaban atemorizados.

   (5) Las hipotecas cayeron rápidamente y los precios de los inmuebles bajaron.

Las preguntas 10 y 11 se refieren a la siguiente información.

La Constitución dispone la separación de las atribuciones de gobierno entre los gobiernos estatales y federal y un sistema de pesos y contrapesos para regular los tres poderes de gobierno. Las tres atribuciones más importantes de gobierno están depositadas en tres poderes distintos: el poder legislativo tiene la facultad de dictar leyes, el poder ejecutivo tiene la facultad de hacer cumplir las leyes y el poder judicial tiene la facultad de interpretar las leyes.

10. ¿Cuál de los siguientes enunciados explica mejor la razón del sistema de pesos y contrapesos?

    (1) Permite al gobierno la utilización de pesos para pagar las cuentas.

    (2) Permite al presidente elegir los mejores asesores posibles.

    (3) Permite a los comités del Congreso dirigir investigaciones.

    (4) Distribuye las atribuciones para que ningún poder del gobierno sea demasiado fuerte.

    (5) Le brinda mayor importancia a Estados Unidos como líder del mundo libre.

11. ¿Cuál de los siguientes es un ejemplo del sistema de pesos y contrapesos en acción?

    (1) La Declaración de Derechos garantiza la libertad de expresión.

    (2) Los estados son responsables de la salud y seguridad de los ciudadanos.

    (3) El presidente veta la legislación aprobada por el Congreso.

    (4) El vicepresidente asume el poder si el presidente es incapaz de cumplir con las obligaciones de su mandato.

    (5) Los miembros del Congreso poseen inmunidad contra el arresto por cualquier expresión vertida durante las sesiones del Congreso.

Las preguntas 12 a 15 se basan en el siguiente fragmento.

El genocidio es la destrucción y erradicación sistemáticas de un grupo racial, político o cultural. La meta es la aniquilación total de ese grupo, de su historia y de todo recuerdo de él. El genocidio no es un concepto nuevo. A través de los tiempos, el grupo en el poder ha intentado eliminar a pueblos más débiles. Si bien en la práctica el genocidio implica la cooperación de muchos, es por lo general la idea de un único líder fuerte.

Cartago se estableció en el año 850 a.C. en un punto protegido del golfo de Túnez. Debido a su posición estratégica y a la magnífica bahía, la colonia creció hasta llegar a ser el centro del comercio fenicio. Cartago se transformó en una de las ciudades más grandes y más ricas de la historia antigua con una población que, según se calculó, ascendía a más de 1,000,000 de personas.

Con el tiempo, las ambiciones de Cartago colisionaron con las de otras naciones.

La mayor lucha fue librada contra Roma en una serie de tres largas y amargas guerras que se extendieron intermitentemente entre los años 264 a.C. al 146 a.C. y en la cual Roma obtuvo la victoria final. Debido a que sus líderes insistieron en que Cartago fuera destruida si querían que alguna vez hubiera paz para los romanos, los romanos asesinaron o esclavizaron a los cartagineses, quemaron su ciudad y arrasaron el lugar.

Se ha dicho que a la larga, sólo la religión, el arte y la sabiduría aseguran la inmortalidad. Los cartagineses aparentemente fueron más exitosos en el comercio que en cualquiera de estas áreas ya que en la actualidad existen pocos rastros de su civilización.

12. Según la información de este texto, ¿cuál de las siguientes afirmaciones es un ejemplo de genocidio?

    (1) Cartago tenía una población que se calculaba que ascendía a más de 1,000,000 de personas.

    (2) Las guerras duraron más de 100 años y los romanos obtuvieron la victoria.

    (3) Los romanos asesinaron o esclavizaron a los cartagineses, quemaron su ciudad y arrasaron el lugar.

    (4) Las ambiciones de Cartago colisionaron con las de otras naciones.

    (5) Los fenicios fueron muy exitosos en el comercio.

13. Según el texto, ¿cuál de los siguientes enunciados muestra que los romanos tuvieron éxito con el genocidio?

  (1) Los romanos necesitaban destruir a Cartago para lograr la paz.

  (2) Quedan pocos rastros de la civilización de Cartago en nuestros días.

  (3) Cartago fue una de las ciudades más grandes y ricas de la antigüedad.

  (4) Cartago se estableció alrededor del año 850 a.C.

  (5) Los rastros de la civilización romana pueden encontrarse por todo el norte de África.

14. Según este texto, ¿cuál de las siguientes cosas asegura la inmortalidad?

  (1) gran riqueza

  (2) victorias famosas

  (3) leyes duras

  (4) economía fuerte

  (5) las bellas artes

15. Según este texto, ¿por qué los romanos deseaban conquistar a Cartago?

  (1) Tenían celos porque Cartago eran una ciudad tan rica.

  (2) No aprobaban la religión de los cartagineses.

  (3) Temían el poderío de los cartagineses.

  (4) Deseaban controlar el comercio fenicio.

  (5) Tradicionalmente odiaban a los cartagineses.

Las preguntas 16 a 19 se refieren a los siguientes disertantes.

Los economistas *A, B, C, D* y *E* representan cinco puntos de vista sobre cómo cree cada uno que debería ser la relación entre las grandes empresas y el gobierno.

Economista A: A medida que esta nación se ha industrializado, muchas empresas han crecido tanto que sólo el gobierno federal es capaz de regularlas. El gobierno debe proteger al consumidor contra los monopolios porque, después de todo, existe para ayudar a las personas a hacer aquello que no pueden hacer por sí mismas.

Economista B: El crecimiento sorprendente de la economía de este país descansa sobre la empresa privada a la que se le debe permitir funcionar libremente. El papel del gobierno debería ser sólo el de proveer un clima económico propicio para el desarrollo de los negocios.

Economista C: Las industrias principales han crecido tanto que el ciudadano está a merced de las grandes empresas. La única forma de resolver el problema es que el gobierno asuma la propiedad de las industrias básicas de la nación.

Economista D: La nuestra es una economía de mercado donde el consumidor es rey. Dejen a las empresas en paz y ellas proveerán a los consumidores de lo que deseen al precio más bajo posible.

Economista E: Las fusiones en los negocios no son necesariamente malas, pero el gobierno debe regular las diversas actividades para asegurar el bienestar de los distintos grupos económicos.

16. ¿Cuál de los economistas podría considerarse socialista?

(1) A

(2) B

(3) C

(4) D

(5) E

17. ¿Cuál de los economistas probablemente favorecería más a medidas tales como la Ley de Veracidad de la Información en el Etiquetado (*Truth in Packaging Act*) y la Ley de la Divulgación de los Términos Totales de Crédito (*Truth in Lending Act*)?

(1) A

(2) B

(3) C

(4) D

(5) E

18. ¿Cuál de los economistas representa mejor las políticas que adoptó el gobierno de Estados Unidos durante el período de gran crecimiento económico experimentado durante la mayor parte del siglo XIX?

(1) A

(2) B

(3) C

(4) D

(5) E

19. Según la teoría económica del *laissez-faire* defendida por el economista D, los precios deberían ser determinados principalmente por

(1) las reglamentaciones del gobierno.

(2) la oferta y la demanda.

(3) los líderes de empresas y de la industria.

(4) las negociaciones entre los empleados y empleadores.

(5) los miembros de grupos de presión que trabajan para una variedad de grupos con intereses especiales.

La pregunta 20 se refiere a la siguiente cita.

"¿A quién pertenece esta tierra? Creo que me pertenece. Si me pidieras una parte, no te la daría. No puedo prescindir de ella y me gusta mucho... Espero que me escuches."

20. Esta cita representa más probablemente el punto de vista de un miembro de unos de los siguientes grupos. ¿Cuál?

(1) un inmigrante europeo en la década de 1890

(2) un defensor de los derechos civiles en la década de 1960

(3) un profesional en la década de 1980

(4) un nativo americano en la década de 1860

(5) un aparcero sureño durante la Reconstrucción

Las preguntas 21 a 25 se basan en la siguiente información.

Los impuestos se clasifican según la forma en que se pagan y el modo en que se relacionan con el ingreso del contribuyente. A continuación, se enumeran los cinco tipos de impuestos junto con una descripción breve de cómo se aplica cada uno.

1.	**Impuesto negativo sobre la renta**	Pagos federales a aquellas familias cuyos ingresos sean inferiores al nivel estipulado
2.	**Impuestos sobre el valor agregado**	Agregado en cada etapa del procesamiento de una materia prima o de la producción y distribución de un producto básico
3.	**Impuestos progresivos**	Basados en el ingreso del contribuyente; cuanto mayor es la ganancia, más debe pagar el contribuyente
4.	**Impuestos regresivos**	Toman un porcentaje más alto del ingreso de los pobres que de los ricos
5.	**Impuesto complementario**	Un impuesto sobre otro impuesto

Cada uno de los siguientes enunciados describe un tipo de impuesto. Escoja la categoría a la que probablemente pertenece el impuesto que se describe. Las categorías pueden utilizarse más de una vez en las preguntas, pero ninguna pregunta tiene más de una respuesta correcta.

21. Se pagan impuestos sobre todos los productos del tabaco en cada paso del proceso de producción, como la cosecha, el secado, el procesamiento y los cigarrillos terminados, el tabaco para pipas, etc. Estos impuestos se describen mejor como

(1) impuestos negativos sobre la renta.

(2) impuestos sobre el valor agregado.

(3) impuestos progresivos.

(4) impuestos regresivos.

(5) impuestos complementarios.

22. A continuación se muestra una tabla de alícuotas impositivas.

Ingreso	Impuesto
$0–6,000	0%
6,001–16,000	15%
16,001–28,000	25%
28,001–60,000	30%

El impuesto que se muestra en la tabla anterior se describe mejor como un

(1) impuesto negativo sobre la renta.

(2) impuesto sobre el valor agregado.

(3) impuesto progresivo.

(4) impuesto regresivo.

(5) impuesto complementario.

23. El gobierno federal ha determinado que se requieren $9,000 por año para sostener a una familia de cuatro personas. La familia López, formada por el padre, la madre y dos hijos, gana un total de $8,500 por año. El gobierno federal le da a la familia $500 por año. Este pago es un ejemplo de

(1) impuesto negativo sobre la renta.

(2) impuesto sobre el valor agregado.

(3) impuesto progresivo.

(4) impuesto regresivo.

(5) impuesto complementario.

24. Si un hombre gana $200 por mes y compra artículos por un valor de $50 sobre los cuales hay un impuesto del 10%, este impuesto representa el 2% de sus ingresos de ese mes. Otro hombre, que gana $1,000 por mes, puede comprar los mismos artículos por un valor de $50. Él sólo pagará el 1% de su ingreso en concepto de impuestos. ¿Qué tipo de impuesto se ilustra en el ejemplo?

(1) impuesto negativo sobre la renta

(2) impuesto sobre el valor agregado

(3) impuesto progresivo

(4) impuesto regresivo

(5) impuesto complementario

25. El gobierno federal necesita 1 millón de dólares adicionales de ingresos para este año fiscal. Para recaudar dinero, el gobierno agrega 4 centavos por galón a los 15 centavos por galón del impuesto a la gasolina. Este impuesto es un ejemplo de

(1) impuesto negativo sobre la renta.

(2) impuesto sobre valor agregado.

(3) impuesto progresivo.

(4) impuesto regresivo.

(5) impuesto complementario.

Las preguntas 26 a 28 se basan en la siguiente factura.

SW **Valley Water Company** INCORPORATED
360 West End Road • Redwood, New York 10994

FECHA DE FACTURACIÓN	DOMICILIO DONDE SE PRESTA EL SERVICIO	
JUN 03 03	15 JONES AVE	45-110-13

NÚMERO DEL MEDIDOR	PERÍODO DESDE	PERÍODO HASTA	No DE DÍAS DE PERÍODO	CÓDIGO DE LA TARIFA	LECTURAS DEL MEDIDOR ANTERIOR	LECTURAS DEL MEDIDOR ACTUAL	CONSUMO (EN 100 PIES CÚBICOS)	CÓDIGO DE FACTURACIÓN	MONTO
05445074	02 21	03 31	38		1355	1364	9		
30669921	03 31	05 22	52		0000	0022	22		
					TARIFA DE VERANO				31.19
					TARIFA DE INVIERNO				62.71

PLAN DE PAGO POR PRESUPUESTO	
COSTO DEL AGUA	SALDO DEL PLAN
CONSUMIDO EN ESTE PERÍODO	DESPUÉS DEL PAGO DEL MONTO ADEUDADO

CIEN PIES CÚBICOS ES IGUAL A 748 GALONES. SU CONSUMO PARA EL PERÍODO DE FACTUARCIÓN ACTUAL FUE DE 23,188 GALONES.

MONTO A PAGAR $93.90

FECHA DE VENCIMIENTO JUN 20 03

26. Según esta factura, ¿cuántos galones de agua se utilizaron entre el 21 de febrero y el 31 de marzo?

(1) 1,364

(2) 6,732

(3) 16,456

(4) 28,424

(5) No se puede determinar a partir de la información dada.

27. ¿Cuánto cuestan 100 pies cúbicos de agua en el invierno considerando que la tarifa de invierno finaliza el 31 de marzo?

(1) $1.42

(2) $1.46

(3) $3.02

(4) $3.47

(5) $6.97

28. Según el costo promedio, ¿cuánto costaba cada galón de agua?

(1) $.004

(2) $.01

(3) $.40

(4) $1.29

(5) $3.12

La pregunta 29 se refiere al siguiente texto.

Los comerciantes de New England vendían madera, carne y pescado a las Antillas a cambio de melaza y dinero. La melaza era destilada para obtener ron. Luego, el ron se vendía en África a cambio de esclavos y oro. Los comerciantes también vendían materias primas a Inglaterra. Ellos utilizaban el dinero que ganaban para comprar productos terminados de Inglaterra. Esto se denominaba "Comercio triangular".

29. ¿Cuál de los siguientes enunciados explica mejor una de las razones para el establecimiento del "Comercio triangular" de acuerdo con la información presentada en el párrafo?

(1) Los colonos de New England utilizaban el ron como medicamento.

(2) Los esclavos eran necesarios para el funcionamiento de las fábricas en Inglaterra.

(3) Inglaterra necesitaba un mercado para los productos que fabricaba.

(4) Las personas en las Antillas pagaban salarios altos a sus esclavos.

(5) Las naciones africanas poseían una flota mercante muy desarrollada.

Las preguntas 30 a 34 se basan en el siguiente fragmento.

Los historiadores han consolidado los eventos que transcurrieron en Estados Unidos durante el período comprendido entre 1920 y 1930 en un área de estudio especial. La época de la década de 1920 constituye en sí misma una unidad de estudio en lo que respecta a los intereses y el temperamento dominantes de la década. La década de 1920 se llamó la "era del jazz", la era de las chicas a la moda, de Lindbergh y de frívolos disparates. Sin embargo, esta década también tuvo un aspecto serio que reflejaba las necesidades y deficiencias de una nación que estaba intentando adaptarse a las secuelas de una guerra mundial.

Las obras históricas y literarias de este período son abundantes. Algunos de los temas principales de las obras de la década de 1920 tratan sobre el "susto rojo", la inmigración, la urbanización, los agricultores y el cambio en la moral en Estados Unidos. En general, esta década fue un período en el cual Estados Unidos se transformó de una nación rural en una potencia mundial con responsabilidades de gran alcance. Los textos historiográficos y populares, tanto contemporáneos como modernos, sugieren que esos años estuvieron abrumados por las presiones de la nueva era de la mecanización. Por lo tanto, la década de 1920 representó un período de transición, una reacción ante la llegada del estilo de vida estadounidense moderno.

30. Según la información del artículo, ¿cuál de los siguientes enunciados describe mejor la década de 1920?

(1) Fue un época de frívolos disparates.

(2) Estuvo marcada por la depresión y los tiempos difíciles.

(3) Hubo un gran cambio.

(4) Se produjeron grandes obras, especialmente películas.

(5) Hubo muchos grandes inventos.

31. ¿Qué característica destacada en la vida de la década de 1920 NO se menciona en el artículo?

(1) la urbanización de Estados Unidos

(2) la prohibición

(3) la frivolidad y los disparates

(4) el ascenso de Estados Unidos a nivel mundial

(5) obras prolíficas

32. Según el texto, ¿qué representan los términos "era del jazz" y "las chicas a la moda"?

(1) modas de la década de 1920

(2) los nombres de los partidos políticos de la década de 1920

(3) los términos utilizados antes del 1900

(4) un presagio de lo que estaba por venir

(5) los inmigrantes que llegaron durante la década de 1920

33. ¿Cuál de los siguientes enunciados explica mejor las razones por las cuales los historiadores consideraron a la década de 1920 como un área de estudio especial?

(1) Se produjeron gran cantidad de obras literarias e históricas.

(2) Estados Unidos pasó de ser una nación rural a una industrial.

(3) Tuvo un tono particularmente propio.

(4) Fue la primera era de la mecanización.

(5) La década de 1920 fue muy similar a la actual.

34. ¿Cuál de los siguientes enunciados puede inferirse a partir de la información que se encuentra en el artículo?

(1) El período de 1920 a 1930 fue uno de gran felicidad.

(2) La era del jazz fue una época única en la vida estadounidense.

(3) La década de 1920 representó una era de cambio sin paralelo.

(4) No habían comunistas en la década de 1920.

(5) Los historiadores agrupan las épocas sobre la base de diferentes características.

La pregunta 35 se basa en la siguiente caricatura.

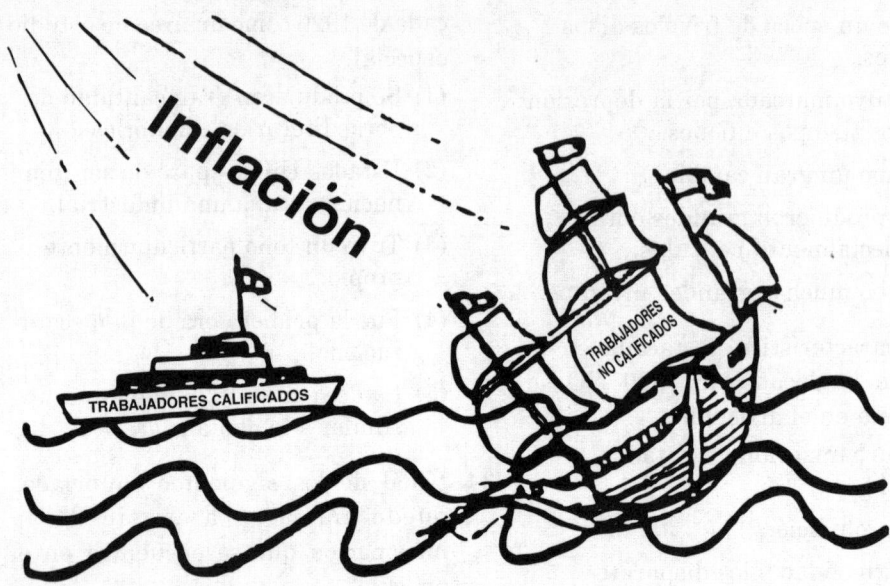

35. ¿Qué es lo que el caricaturista considera que ocurre cuando la inflación aumenta muy rápidamente?

(1) Los trabajadores no calificados no saben cómo manejar el barco.

(2) Los trabajadores no calificados tienen pocas probabilidades de sobrevivir.

(3) Los trabajadores calificados tienen un mejor capitán.

(4) Los mares son muy bravos para todos los trabajadores.

(5) Los trabajadores calificados pueden compensar mejor los estragos de la inflación que los trabajadores no calificados.

Las preguntas 36 a 40 se basan en el siguiente texto.

Muchas organizaciones han establecido programas de nutrición en grupo para ancianos que quizás no puedan alimentarse apropiadamente de otro modo debido a que no pueden solventar el costo de los alimentos apropiados o no conocen qué alimentos constituyen una dieta balanceada. Con frecuencia, los ancianos no son capaces físicamente de comprar o preparar los alimentos. Muchos, debido a la soledad y al aislamiento, deciden que es demasiado trabajo preparar una comida para comerla solos. Uno de los aspectos más importantes del programa de nutrición en grupo es la compañía que brinda, que reduce la soledad.

La Ley de Adultos Mayores Estadounidenses (Older Americans Act) brinda un programa de nutrición nacional para los ancianos y autoriza al gobierno federal a pagar hasta un 90% del costo, mientras que los gobiernos estatales y locales contribuyen con por lo menos un 10%. Los estados asignan estos fondos a las agencias patrocinadoras locales, denominadas concesionarias, que emplean a personas para operar los proyectos de nutrición. En 1975, existían más de 4,200 lugares en el programa federal que proveían casi un cuarto de millón de raciones de alimentos por día para las personas ancianas estadounidenses. Ya que la participación en el programa federal no satisface todas las necesidades nutricionales de los ancianos, muchos centros para la tercera edad y otras instituciones financiadas con fondos públicos y privados también brindan comidas a bajo costo.

36. ¿Cuál de los siguientes títulos expresa mejor la idea principal de este artículo?

    (1) Alimentación para los estadounidenses

    (2) Provisión de una dieta adecuada para los ancianos

    (3) Alimentación apropiada y salud

    (4) La soledad del anciano

    (5) Comidas nutritivas y económicas

37. Según el artículo, ¿cuántas raciones de alimentos se sirven por día a los ancianos con la financiación del gobierno federal?

    (1) 2,500

    (2) 4,000

    (3) 100,000

    (4) 250,000

    (5) 2,500,000

38. ¿Qué se debe garantizar a los ancianos según el autor?

    (1) apoyo financiero

    (2) estimulación mental

    (3) asistencia psicológica

    (4) ejercicios adecuados

    (5) nutrición adecuada

39. Según la información presentada en el artículo, ¿cuál de los siguientes enunciados es la explicación más probable del gran número de ancianos que participan en el programa de nutrición?

    (1) En la actualidad, muchos ancianos viven solos.

    (2) Existen pocos supermercados cerca de las personas ancianas.

    (3) A las personas ancianas les gusta comer a solas.

    (4) Estos centros están cerca del transporte público.

    (5) A las personas ancianas les gusta cocinar para ellos mismos.

40. ¿Cuál de los siguientes enunciados es el que mejor se respalda con la evidencia presentada en este artículo?

    (1) Existen recursos federales adecuados para financiar el programa de nutrición.

    (2) El programa de nutrición se diseñó exclusivamente para la alimentación de los ancianos.

    (3) El programa satisface todas las necesidades nutricionales diarias de las personas ancianas.

    (4) Algunos ancianos sufren tanto de aislamiento como de una nutrición inadecuada.

    (5) El programa necesita ampliarse para satisfacer las necesidades de los estadounidenses más jóvenes.

Las preguntas 41 y 42 se refieren al siguiente mapa.

Sitios con residuos peligrosos - 2001

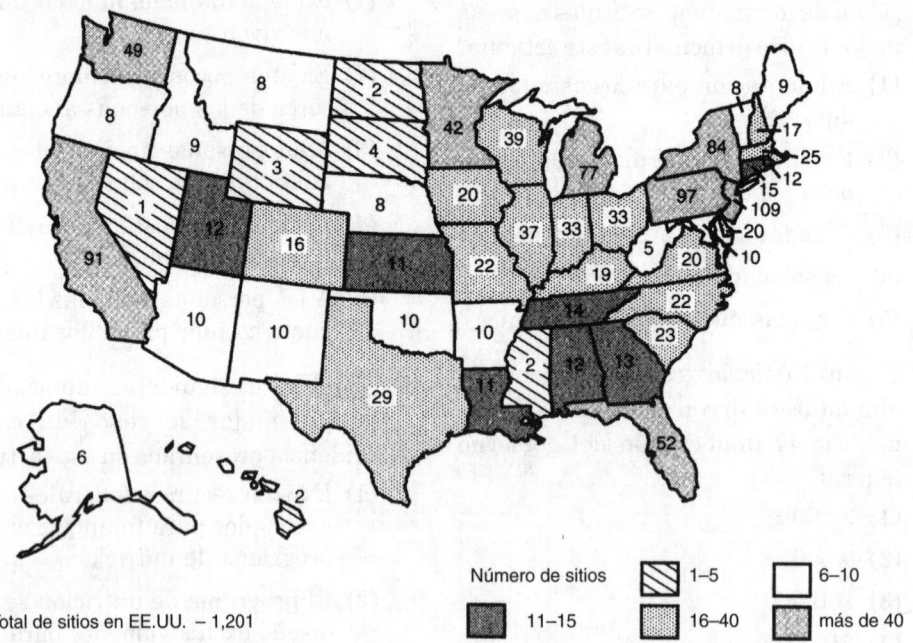

Total de sitios en EE.UU. – 1,201

Número de sitios	1–5	6–10
11–15	16–40	más de 40

41. Según este mapa, ¿en cuál de los siguientes estados es MENOS probable que los residentes estén expuestos a los residuos tóxicos?

(1) Nevada

(2) Texas

(3) California

(4) Florida

(5) Missouri

42. Según este mapa, ¿qué área elegiría probablemente un administrador que asigna fondos para la limpieza de los sitios con residuos peligrosos a fin de mejorar el medio ambiente del mayor número de personas?

(1) Maine, Vermont, New Hampshire

(2) New York, New Jersey, Pennsylvania

(3) Washington y Oregon

(4) Georgia, Alabama, Florida

(5) Texas y Oklahoma

43. Los colonos escribieron estas palabras en 1776:

"La historia del actual Rey de la Gran Bretaña es una historia de repetidos agravios y usurpaciones, encaminados todos directamente hacia el establecimiento de una tiranía absoluta sobre estos estados. Para probar esto, sometemos los hechos al juicio de un mundo imparcial."

¿Por qué se escribirían estas palabras?

(1) para justificar una revolución contra el rey

(2) para agradecer al rey por gobernar justamente

(3) para enviar un embajador para encontrarse con el rey

(4) para establecer una Constitución estadounidense

(5) para obligar al rey a que abdique

44. Las emisiones de dióxido de azufre de las plantas industriales se combinan con el agua en la atmósfera para formar una lluvia o nieve venenosa. ¿Cómo se denomina a esto?

(1) contaminación del agua

(2) contaminación del aire

(3) contaminación por dióxido de azufre

(4) lluvia ácida

(5) accidentes industriales

La pregunta 45 se refiere a la tabla que aparece a continuación.

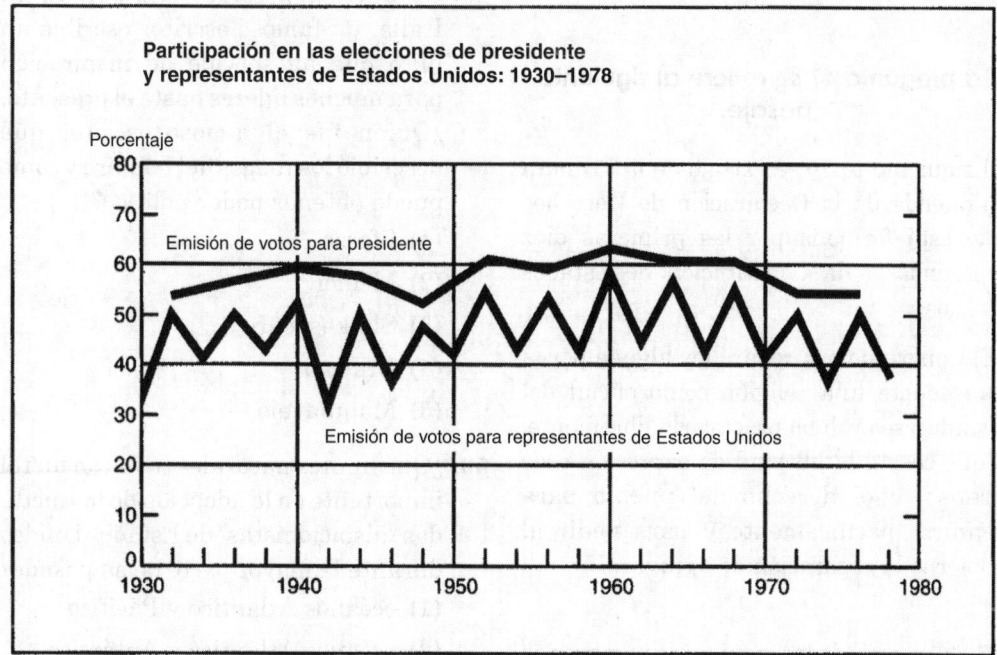

Participación en las elecciones de presidente y representantes de Estados Unidos: 1930–1978

45. La tabla presentada anteriormente ilustra el comportamiento de los votantes estadounidenses en las elecciones nacionales desde la década de 1930 hasta la década de 1970 inclusive. Según esta información, ¿cuál sería la conclusión de un estudiante de historia estadounidense?

(1) El final de la Segunda Guerra Mundial desalentó el interés de los votantes por la elección presidencial de 1948.

(2) Los candidatos a la Cámara de Representantes reciben menos votos durante los años en que no se celebran elecciones presidenciales.

(3) Los candidatos a la presidencia reciben mayor número de votos durante los años en que no se celebran elecciones presidenciales.

(4) La popularidad del presidente Eisenhower atrajo el mayor número de votantes a las elecciones durante el período de 1930 a 1977.

(5) El desacuerdo interno sobre la Guerra de Vietnam alentó una participación intensa de los votantes en la elección presidencial de 1966.

46. Desde 1948, cuando las Naciones Unidas establecieron el estado de Israel, han habido muchos conflictos entre israelíes y árabes. ¿Dónde está ubicado Israel?

(1) Europa

(2) Asia

(3) África

(4) Lejano Oriente

(5) Las Indias Orientales

La pregunta 47 se refiere al siguiente pasaje.

El siguiente texto se extrajo de la Primera Enmienda de la Declaración de Derechos que está formada por las primeras diez enmiendas a la Constitución de Estados Unidos.

"El Congreso no aprobará ley alguna por la que adopte una religión como oficial del Estado o se prohíba practicarla libremente, o que coarte la libertad de expresión o de prensa; o el derecho del pueblo para reunirse pacíficamente y para pedir al gobierno la reparación de agravios."

47. ¿Con cuál de los siguientes nombres se hace referencia con frecuencia a esta importante enmienda?

(1) libertad de expresión

(2) libertad de prensa

(3) reunión pacífica

(4) libertad religiosa

(5) cláusula de agravios

48. A pesar de que parece que el Sol sale del este del país y se pone en el oeste, ¿en qué dirección rota en realidad la Tierra?

(1) de oeste a este

(2) de este a oeste

(3) de norte a sur

(4) de sur a norte

(5) no rota

49. Durante el período renacentista en Italia, un famoso escritor escribió un libro que ha servido de inspiración para muchos líderes hasta el presente. ¿Quién fue el famoso escritor que describió los rasgos del hombre y cómo puede obtener poder político?

(1) Sforza

(2) Medici

(3) Shakespeare

(4) Erasmo

(5) Maquiavelo

50. ¿Qué límites naturales tuvieron un rol importante en la adopción de las medidas "aislacionistas" de Estados Unidos durante la mayor parte de su pasado?

(1) océanos Atlántico y Pacífico

(2) océanos Atlántico y Antártico

(3) océanos Atlántico e Índico

(4) océano Pacífico y el Golfo de México

(5) océano Pacífico y los Grandes Lagos

PRUEBA 3: CIENCIAS

Duración: 85 minutos • 50 preguntas

Instrucciones: La Prueba de Ciencias consiste en preguntas de opción múltiple que evalúan conceptos generales sobre Ciencias Biológicas, Ciencias de la Tierra y el Espacio, Física y Química. Algunas se basan en textos cortos; otras, en gráficas, tablas o diagramas. Para cada pregunta, estudie la información presentada y luego responda a las preguntas sobre esta base. Consulte la información todas las veces que sea necesario para responder a las preguntas. Registre las respuestas en la sección de Ciencias de la hoja de respuestas.

Ejemplo:

P Un cambio físico puede alterar el estado de la materia, pero no cambiar su composición química. ¿Cuál de los siguientes NO es un cambio físico?

(1) hervor de agua

(2) disolución de sal en agua

(3) cepillado de madera

(4) oxidación de metal

(5) rotura de vidrio

① ② ③ ● ⑤

Cuando un metal se oxida, se forma una nueva sustancia. Éste es un cambio químico y no físico. Por lo tanto, debe marcar el espacio correspondiente a la respuesta 4 en la hoja de respuestas.

Las preguntas 1 a 4 se basan en el siguiente esquema.

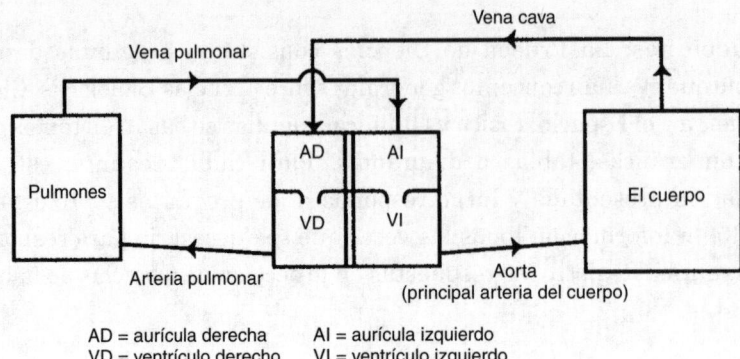

AD = aurícula derecha   AI = aurícula izquierdo
VD = ventrículo derecho   VI = ventrículo izquierdo

El esquema anterior indica cómo circula la sangre en el cuerpo humano.

1. Según el esquema, ¿en qué dirección llevan las arterias la sangre?

   (1) hacia el corazón

   (2) lejos del corazón

   (3) desde y hacia el corazón

   (4) sólo hacia el cuerpo

   (5) entre el cuerpo y los pulmones

2. ¿Hacia cuál de las siguientes partes bombea sangre el ventrículo izquierdo?

   (1) la arteria pulmonar

   (2) la vena cava

   (3) la vena pulmonar

   (4) la aurícula izquierda

   (5) todas las partes del cuerpo

3. La sangre que se encuentra en la vena pulmonar acaba de abandonar los pulmones. ¿Cuál de los siguientes enunciados es verdadero en relación con esta sangre?

   (1) Es rica en hierro.

   (2) Tiene poco oxígeno.

   (3) Es rica en oxígeno.

   (4) No posee células sanguíneas.

   (5) No posee la capacidad para luchar contra los gérmenes.

4. ¿Cuál de las siguientes secuencias muestra el flujo real de la sangre?

   (1) los pulmones, el corazón, la aurícula derecha, el ventrículo derecho

   (2) el cuerpo, los pulmones, la vena cava, la aorta

   (3) la vena cava, la aurícula derecha, el ventrículo izquierdo, la aorta

   (4) el ventrículo derecho, la arteria pulmonar, los pulmones, la vena pulmonar

   (5) el ventrículo derecho, la aurícula derecha, la vena cava, los pulmones

Las preguntas 5 y 6 se basan en la siguiente información.

El reino animal está dividido en diferentes grupos denominados filo o tipo. Uno de estos tipos se denomina cordados. Todos los animales de este grupo poseen una estructura similar a una columna vertebral y un cordón nervioso ubicado en el lomo del organismo. La familia de los cordados puede subdividirse en cinco grupos denominados clases. Estas clases se describen a continuación:

1. **Peces**	Organismos de sangre fría con corazones de dos cámaras, branquias, aletas y esqueleto cartilaginoso u óseo.
2. **Anfibios**	Organismos de sangre fría con corazones de tres cámaras. Pueden vivir en la tierra o en el agua. Tienen pulmones o branquias y poseen una piel húmeda y viscosa.
3. **Reptiles**	Organismos de sangre fría con corazones de tres cámaras. Tienen pulmones y piel seca. Algunos reptiles poseen un corazón de cuatro cámaras.
4. **Aves**	Organismos de sangre caliente con corazones de cuatro cámaras. Todos poseen pulmones y están cubiertos con plumas.
5. **Mamíferos**	Organismos de sangre caliente con corazones de cuatro cámaras. Alimentan a sus crías con leche. Todos tienen pulmones.

Cada uno de los siguientes puntos describe una clase de vertebrados que se refiere a una de las cinco clases antes mencionadas. Para cada pregunta, elija la clase que mejor describe al animal. En las preguntas a continuación, cada clase se puede usar más de una vez.

5. Este animal de sangre fría es muy temido. Posee un esqueleto cartilaginoso, aberturas branquiales y una boca en la parte inferior. Se sabe que ataca a los seres humanos. ¿A cuál de las siguientes clases pertenece este animal?

   (1) peces
   (2) anfibios
   (3) reptiles
   (4) aves
   (5) mamíferos

6. Los científicos antiguos pensaban que estos animales simplemente venían del barro. Esto es porque no había ninguno de estos animales en el agua un día y al siguiente había miles de ellos. Unas pocas semanas más tarde, el agua estaba sin animales otra vez y aquellos que quedaban vivos vivían en la tierra. ¿A cuál de las siguientes clases pertenecían estos animales?

   (1) peces
   (2) anfibios
   (3) reptiles
   (4) aves
   (5) mamíferos

Las preguntas 7 y 8 se refieren a la siguiente información.

TEMPERATURA NORMAL DURANTE ENERO
PARA LAS CIUDADES SELECCIONADAS

	Máxima	Mínima
San Francisco, CA	55	42
Los Angeles, CA	67	48
Phoenix, AZ	65	39
Denver, CO	43	16
Miami, FL	75	59
Atlanta, GA	51	33
Chicago, IL	29	14
New Orleans, LA	62	43
Boston, MA	36	23
St. Paul, MN	20	2
New York City, NY	37	26
Portland, OR	44	34
Philadelphia, PA	39	24
Houston, TX	62	41

7. Como agente de viajes, Santiago utiliza la tabla anterior para aconsejar a sus clientes sobre las condiciones climáticas de las ciudades que planean visitar. Según esta tabla de temperatura y los planes de viaje a continuación, ¿cuál de los clientes de Santiago puede experimentar la mayor amplitud térmica en el viaje programado?

   (1) Patricia, que pasará la semana del 12 de enero en New York, Chicago y Denver.

   (2) Julia, que pasará las dos primeras semanas de enero en Miami, Atlanta y New Orleans.

   (3) José, que visitará en un tour New Orleans, Phoenix y Houston la última semana de enero.

   (4) Miguel, cuyos planes de viaje incluyen visitas a Phoenix, Los Angeles y San Francisco a mediados de enero.

   (5) Susana, que viajará a Portland, San Francisco y Denver a fines de enero.

8. ¿Cuál de los cinco viajeros tendrá más probablemente el clima más frío durante el viaje planeado?

   (1) Patricia

   (2) Julia

   (3) José

   (4) Miguel

   (5) Susana

9. Cuando Carlos encendió la radio en el Día del Trabajo, el locutor estaba hablando sobre una depresión tropical profunda a 50 millas al este de las Bahamas. El locutor se refería más probablemente a las condiciones que generarían

   (1) un movimiento del lecho marino.

   (2) un tornado.

   (3) un depósito de minerales.

   (4) una plataforma continental.

   (5) un huracán.

La pregunta 10 se refiere al diagrama de una roca.

10. ¿Qué descripción representa mejor el proceso por el cual se formó la roca que aquí se muestra?

(1) El magma se introdujo en un reborde o dique.

(2) Los batolitos quedan expuestos a medida que una montaña se erosiona.

(3) Las cenizas volcánicas se apilan en el suelo y forman rocas cuando son prensadas.

(4) La grava y otras partículas grandes se depositaron fuera del agua y eventualmente se cementaron.

(5) El calor y la presión han transformado los sedimentos en una nueva clase de roca.

La pregunta 11 se refiere a la siguiente gráfica.

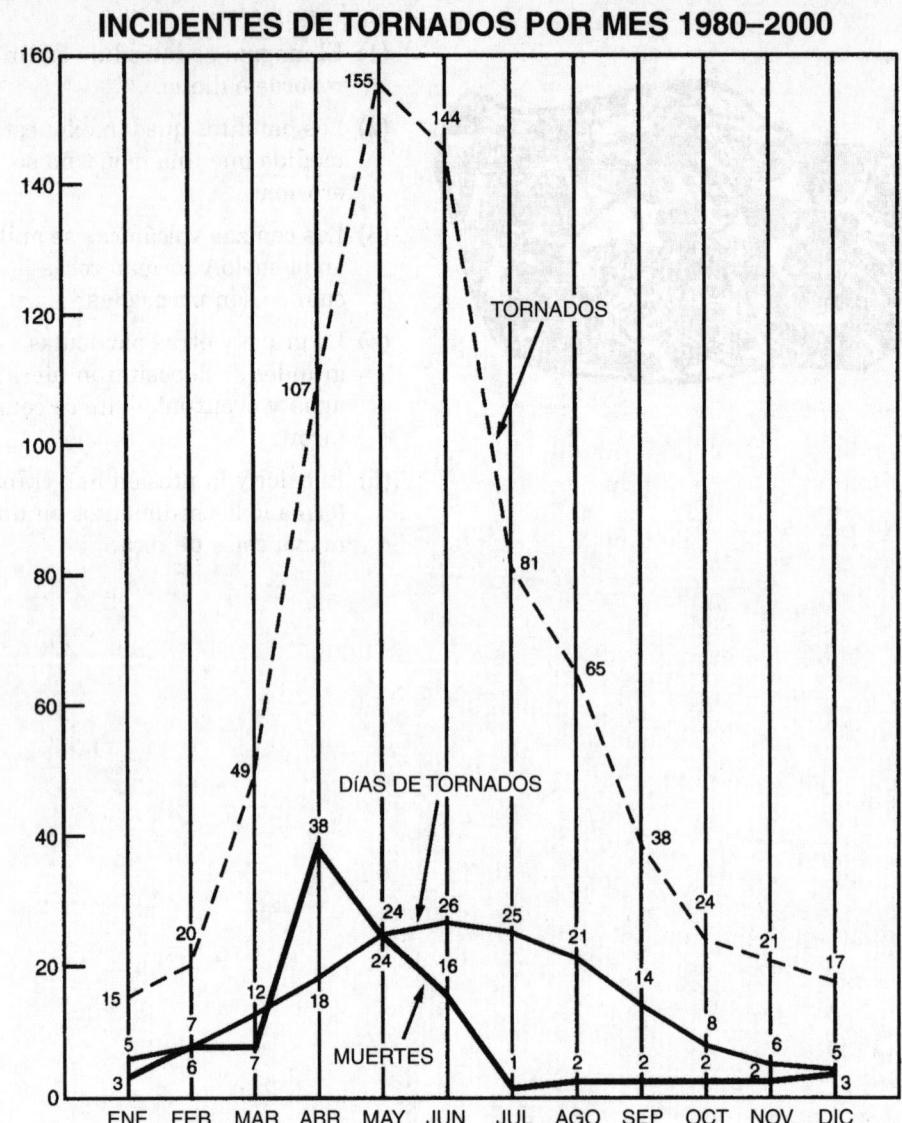

INCIDENTES DE TORNADOS POR MES 1980–2000

11. ¿Cuál de las siguientes conclusiones se respalda en la gráfica?

    (1) El mayor número de tornados y el mayor número de muertes causadas por tornado ocurren en el mismo mes.

    (2) Aunque los tornados pueden ocurrir en cualquier mes, el mayor número ocurre en mayo.

    (3) Los tornados de otoño causan más muertes que los de primavera.

    (4) Los tornados de invierno parecen ser más severos que los de primavera o de verano.

    (5) Hay más de 700 tornados cada año.

12. Si un viajero ve un tornado, debería actuar de cualquiera de las siguientes maneras, EXCEPTO

    (1) agacharse en el piso del automóvil.

    (2) correr hacia el edificio más cercano para protegerse.

    (3) acostarse en la zanja o barranco más cercano.

    (4) ir a la zona designada como refugio.

    (5) escuchar en la radio el informe del Servicio Meteorológico Nacional.

Las preguntas 13 a 15 se refieren a la siguiente información.

PESO ACONSEJABLE SUGERIDO SEGÚN ALTURA Y MÁRGENES PARA HOMBRES Y MUJERES ADULTOS

Altura (pulgadas)	Peso (libras)	
	Hombres	Mujeres
58		102 (92–119)
60		107 (96–125)
62	123 (112–141)	113 (102–131)
64	130 (118–148)	120 (108–138)
66	136 (124–156)	128 (114–146)
68	145 (132–166)	136 (122–154)
70	154 (140–174)	144 (130–163)
72	162 (148–184)	152 (138–173)
74	171 (156–194)	
76	181 (164–204)	

Altura y pesos de adultos seleccionados

Juana	64″	150 lb
José	72″	165 lb
Bill	68″	130 lb
Sara	68″	130 lb
Pablo	66″	156 lb

13. Según la Tabla de peso aconsejable, ¿cuál de los siguientes adultos debería aumentar de peso?

    (1) Juana

    (2) José

    (3) Bill

    (4) Sara

    (5) Pablo

14. ¿Cuál de las siguientes conclusiones se respalda en la Tabla de peso aconsejable?

   (1) Los hombres y las mujeres de la misma altura y peso tienen una complexión similar.

   (2) Hay más mujeres que hombres con sobrepeso.

   (3) Las mujeres tienden a madurar antes que los hombres con el mismo peso.

   (4) Con la misma altura, los hombres son más fuertes que las mujeres.

   (5) Con la misma altura, el peso recomendado para una mujer es alrededor de 10 libras menos que lo recomendado para un hombre.

15. El consumo diario de calorías recomendado para mujeres de 23 a 50 años de edad es de 1,600 a 2,400 calorías. Para un hombre de la misma edad, el consumo diario recomendado es de 2,300 a 2,700 calorías. ¿Cuál de las siguientes es una aplicación importante de esta información?

   (1) Las mujeres deberían comer sólo la mitad de lo que comen los hombres sin importar la talla.

   (2) Los hombres se ejercitan más enérgicamente que las mujeres y, por lo tanto, pueden comer más sin aumentar de peso.

   (3) Las mujeres deben ser más cuidadosas en la elección de los alimentos para obtener todos los nutrientes necesarios sin aumentar de peso.

   (4) La altura y el peso son los únicos factores en el control del peso.

   (5) Sólo las mujeres necesitan preocuparse del control del peso.

La pregunta 16 se refiere a la información a continuación.

Juana puede empujar con una fuerza de 40 Newtons. A continuación se presenta una gráfica que describe su capacidad de trabajo.

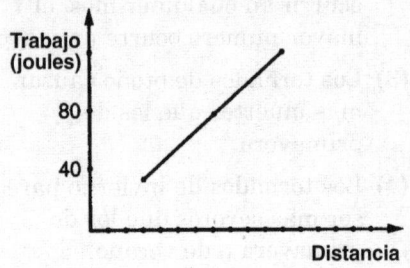

La magnitud de la fuerza necesaria para mover un objeto sobre una superficie plana es:

T(trabajo) = F(fuerza) × D(distancia)

16. Si Juana empuja un bloque con una fuerza horizontal de 40 Newtons, a una velocidad constante de 2 metros por segundo, ¿cuánto trabajo, expresado en julios, empleará para mover el bloque en 6 segundos?

   (1) 80

   (2) 120

   (3) 240

   (4) 480

   (5) 500

Las preguntas 17 a 20 se refieren al siguiente artículo.

El conocimiento de la columna vertebral puede ayudar a entender cómo y por qué se presenta el dolor de espalda.

La columna vertebral está formada por 33 ó 34 vértebras (huesos), el total depende de si un individuo posee cuatro o cinco vértebras en el coxis (rabadilla), lo cual es una variación normal. Las vértebras están separadas y amortiguadas por almohadillas ovales llamadas discos. A los fines del diagnóstico médico, las vértebras están divididas en cinco secciones: la región cervical (cuello), que consta de siete vértebras; la región torácica o dorsal (espalda media) que consta de 12 vértebras; la región lumbar (espalda baja) que consta de cinco vértebras; el sacro (parte posterior de la pelvis), que es un hueso y el coxis (rabadilla) con sus cuatro o cinco vértebras. Las regiones más flexibles, el cuello y la parte baja, son los lugares donde se originan la mayoría de los problemas de la espalda.

Los médicos con frecuencia hablan de vértebras y discos utilizando letras y números que son las abreviaturas de los sectores de la columna y la distancia desde la parte superior de la columna vertebral. Por ejemplo, la segunda vértebra hacia abajo en la zona lumbar se llama L2.

Cada disco se designa según las vértebras que están por encima y por debajo de él. Por ejemplo, el disco L2-L3 está entre las vértebras L2 y L3. El disco T12-L1 está entre la vértebra torácica inferior y la superior de la zona lumbar. Los discos que se encuentran bajo estrés mecánico severo y, por lo tanto, los que causan problemas con mayor frecuencia, son C5-C6, L3-L4 y L5-S1. Los nervios dentro de la columna y los que la rodean se designan de la misma manera que las vértebras.

La espalda además consta de ligamentos, filamentos fuertes y gruesos de tejido que fijan un hueso con otro, y tendones que son estructuras similares a los ligamentos, pero que fijan los músculos a los huesos.

Los ligamentos fijados a la columna pueden romperse si la espalda se flexiona repentinamente. Esto puede ser la causa del dolor localizado durante períodos prolongados. La cura para un ligamento roto generalmente es la cirugía.

17 ¿En qué área de la columna parecen presentarse la mayoría de los problemas de la columna vertebral?

(1) el cuello y la parte baja de la espalda

(2) las áreas fusionadas

(3) la rabadilla

(4) la parte media de la espalda

(5) la región pélvica

18. ¿Cuáles de las siguientes partes forman la espalda?

    I. ligamentos
   II. tendones
  III. huesos
   IV. vértebras
    V. discos
   VI. nervios

(1) I, II y IV solamente

(2) II, III, V y VI solamente

(3) I, II y III solamente

(4) II, IV, V y VI solamente

(5) I, II, III, IV, V y VI

19. ¿Cuál es la función de los discos?

(1) separar las cinco regiones de la columna

(2) proveer un medio para numerar las vértebras

(3) fijar los músculos a los huesos

(4) separar y amortiguar las vértebras

(5) lograr variaciones en el número de las vértebras

20. Si gira repentinamente y siente un dolor agudo en su espalda, puede tener un desgarro de

(1) una vértebra.

(2) un ligamento.

(3) el coxis.

(4) el sacro.

(5) la espina dorsal.

21. Si la línea *A* en el diagrama a continuación representa una población de halcones en una comunidad, entonces ¿qué representa más probablemente la línea *B*?

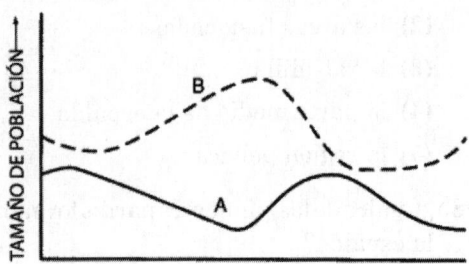

(1) los árboles dominantes en la comunidad

(2) una población con la cual los halcones tienen una relación mutualista

(3) las variaciones en la cantidad de productores en esa comunidad

(4) una población de la que los halcones se alimentan

(5) una población de parásitos de halcones

22. Ocasionalmente los hospitales tienen brotes de infecciones por la bacteria estafilococo, la cual resiste el tratamiento con antibióticos que una vez fuera efectivo. ¿Cuál es la explicación más aceptable para esta situación?

(1) Debido a las fuerzas selectivas, las nuevas cepas de estafilococos se han vuelto más abundantes.

(2) Los antibióticos nuevos son más débiles que aquellos utilizados en el pasado.

(3) Las cepas de laboratorio de estafilococo se han debilitado.

(4) Los pacientes son menos susceptibles a las infecciones bacterianas.

(5) La edad debilita a los estafilococos.

Las preguntas 23 a 25 se refieren al siguiente texto.

Los científicos ahora saben que incluso la materia más densa está constituida mayormente por espacio vacío con partículas tan pequeñas que nunca se pudieron ver ni fotografiar. Los físicos matemáticos demostraron la presencia de estas partículas a través de una serie de experimentos ingeniosamente diseñados. Los experimentos dirigidos por Sir Ernest Rutherford en 1911 revelaron por primera vez la estructura básica del átomo. Los experimentos adicionales de Moseley, Bohr, Fermi, Millikan, Compton, Urey y muchos otros han colaborado con nuestra comprensión de la estructura atómica. Los grupos de átomos forman moléculas. La materia está compuesta de moléculas cuyo diámetro promedio es de alrededor de una millonésima de pulgada. Cinco millones de átomos de tamaño promedio ubicados en fila ocuparían el punto final de esta oración. Aunque son indivisibles por medios químicos comunes, se sabe ahora que los átomos están compuestos por un núcleo con protones (partículas con carga positiva), neutrones (partículas eléctricamente neutras) y electrones (partículas con carga negativa) que giran a una velocidad increíble alrededor del núcleo atómico.

23. Según este texto, ¿cuáles de las siguientes partículas forman los átomos?

    I. protones
    II. neutrones
    III. electrones
    IV. moléculas

(1) I y II solamente

(2) II solamente

(3) IV solamente

(4) I, II y III solamente

(5) I, II, III y IV

24. ¿Cuál de los siguientes enunciados describe mejor la relación entre los átomos y las moléculas?

    (1) Un átomo es la millonésima parte de una molécula.

    (2) Los átomos giran alrededor del núcleo de una molécula.

    (3) Las moléculas están formadas de grupos de átomos.

    (4) Los átomos pueden dividirse en moléculas.

    (5) Las moléculas son mucho más pequeñas que los átomos.

25. ¿Cuál de las siguientes razones explica mejor por qué nunca se vieron los átomos?

    (1) Son demasiado pequeños para ser vistos.

    (2) Giran demasiado rápido para ser vistos.

    (3) Están formados principalmente por espacio vacío.

    (4) No existen en realidad.

    (5) Son indivisibles por medios químicos comunes.

Las preguntas 26 a 28 se refieren a la siguiente información.

Por lo general, sólo aquellas personas capacitadas apropiadamente deberían brindar asistencia médica. Sin embargo, se puede encontrar en una situación en la cual no haya asistencia inmediata disponible y tenga que ayudar a víctimas con lesiones. En estos casos, recuerde estas reglas básicas de primeros auxilios.

A menos que sea absolutamente necesario debido al peligro de incendio u otros riesgos, evite mover al herido. Si debe moverlo, consiga ayuda y trate de no cambiar la posición en la que lo encontró. Si es posible, cúbralo con abrigos o frazadas para mantenerlo caliente.

Nunca levante a una víctima sosteniéndola por debajo de los hombros (axilas) y las rodillas.

Si una víctima parece tener la columna o el cuello quebrado y la inclina hacia delante o la sienta, puede cortarle la médula espinal y paralizarla en forma permanente. Sólo debería levantar a tal víctima colocándola sobre una tabla rígida o acostándola sobre el estómago con la cabeza apoyada. Si la da vuelta, asegúrese de no doblarla, no dejar que caiga el cuello hacia delante ni que se tuerza la cabeza.

Controle el sangrado excesivo con almohadillas gruesas de tela, lo más limpias posibles, aplicadas con la mano a presión.

Cubra las quemaduras con ropa limpia para reducir el dolor. No aplique pomadas.

No le ofrezca al lesionado nada para beber.

Si la persona herida parece que no está respirando, intente reanimarla a través de la "respiración artificial".

26. Jim corrió hacia la casa en llamas y vio a su abuelo en el piso con una viga de madera sobre su espalda. Según las reglas básicas de primeros auxilios, ¿qué debe hacer Jim con su abuelo lesionado?

    (1) sacarlo de la casa sin cambiar la posición

    (2) sentarlo y arrastrarlo fuera de la casa

    (3) cargarlo sobre los hombros y llevarlo fuera de la casa

    (4) hacerlo poner de pie y salir caminando fuera de la casa

    (5) dejarlo dónde está

27. El sangrado generalmente debe ser detenido

(1) mediante la aplicación de un vendaje a la herida.

(2) esperando a que se detenga solo.

(3) administrando respiración artificial.

(4) por un médico.

(5) mediante la aplicación de presión en la herida.

28. ¿Por qué el autor cree que todos deberían conocer los primeros auxilios apropiados?

(1) Es posible que no haya un médico disponible.

(2) La víctima puede sufrir lesiones complejas si no es tratada apropiadamente en la escena del accidente.

(3) La víctima puede morir si no es atendida.

(4) Todas las anteriores, (1), (2) y (3), son correctas.

(5) Alternativas (1) y (3) únicamente

29. Si un médico describe a su paciente como deshidratado, está diciendo que la persona

(1) tiene una enfermedad contagiosa.

(2) necesita insulina.

(3) no puede fabricar clorofila.

(4) perdió gran cantidad de agua.

(5) ha sido inoculada.

Las preguntas 30 a 32 se refieren a la siguiente información.

El número de protones de un átomo de un elemento dado no cambia, pero el número de neutrones puede variar. Cuando esto ocurre, tenemos dos variedades diferentes del mismo elemento o dos isótopos del elemento. Un isótopo es más pesado que el otro, pero químicamente se comportan del mismo modo. Los isótopos del mismo elemento tienen el mismo número atómico, pero una masa atómica diferente.

30. Según la información anterior, ¿cuál de los siguientes enunciados es verdadero en relación con los isótopos de un elemento?

(1) Tienen el mismo número de protones, pero un número diferente de electrones.

(2) Tienen el mismo número atómico, pero un peso atómico diferente.

(3) Tienen más protones que electrones.

(4) Reaccionan más fácilmente para formar compuestos.

(5) Son exactamente iguales.

31. ¿Cuál de estos pares de átomos representa distintos isótopos del mismo elemento?

(1) $_{6}^{12}$ C y $_{6}^{13}$ C

(2) $_{6}^{12}$ C y $_{7}^{12}$ C

(3) $_{6}^{12}$ C y $_{7}^{13}$ C

(4) $_{7}^{14}$ N y $_{8}^{14}$ N

(5) $_{92}^{235}$ U y $_{93}^{235}$ Np

32. En una vida media, la mitad de la masa radioactiva se desintegra. El estroncio 90 tiene una vida media de 20 años. Una muestra que originalmente pesa 8 gramos, al final de 40 años pesará

(1) 1 gramo.

(2) 2 gramos.

(3) 3 gramos.

(4) 4 gramos.

(5) 32 gramos.

Las preguntas 33 a 34 se refieren al siguiente texto.

En los últimos seis o siete años, un grupo de científicos ha estado intentando ganar fortunas mediante la cría de "bichos": microorganismos que fabriquen sustancias químicas y medicamentos valiosos. Esta industria en ciernes se denomina ingeniería genética y, sobre la base de este nuevo programa, por lo menos una compañía ha inducido a una modesta bacteria para que fabrique interferón humano, una sustancia costosa y rara que combate las infecciones virales mediante el "corte y empalme" de genes humanos en su material hereditario natural. Pero existen algunos peligros en esta actividad, como el desarrollo accidental de una bacteria mutante que pueda cambiar todo el patrón de la vida en la Tierra. Además se plantean cuestiones legales sobre si un organismo vivo puede patentarse y sobre qué productos nuevos pueden comercializarse a partir de materia viva. La agencia del Congreso que supervisa estos nuevos desarrollos manifiesta que se necesitarán alrededor de siete años antes de que se permita que cualquier producto nuevo desarrollado por la ingeniería genética sea lanzado al mercado.

33. ¿Cuál de las siguientes posibilidades es uno de los posibles problemas de la ingeniería genética?

(1) un suministro excesivo de bacterias

(2) mutaciones peligrosas

(3) superpoblación

(4) exceso de alimentos

(5) demasiados ingenieros

34. El interferón humano puede utilizarse para combatir las infecciones virales. Esto significa que el interferón puede ayudar a curar

(1) enfermedades que son responsables de deformidades.

(2) enfermedades que son de origen genético.

(3) problemas relacionados con el estrés psicológico.

(4) el resfrío común.

(5) enfermedades causadas por las drogas y el alcohol.

Las preguntas 35 a 38 se basan en la siguiente información.

A continuación, se enumeran cinco tipos de reacciones químicas y una descripción breve de las características de cada reacción.

1. **Reacción de combinación**	dos o más sustancias se combinan para formar una sustancia más compleja
2. **Reacción de descomposición**	una sustancia se descompone para formar dos o más sustancias más simples, lo que con frecuencia se logra mediante el agregado de calor
3. **Reacción de sustitución simple**	un elemento de un compuesto es reemplazado por otro elemento
4. **Reacción de sustitución doble**	dos compuestos reaccionan al intercambiar sus iones positivos, lo que con frecuencia produce un sólido que se llama precipitado
5. **Fisión atómica**	el núcleo de un átomo de un elemento pesado se divide para formar dos elementos más livianos y liberar energía

Cada uno de los siguientes puntos describe una reacción química que puede clasificarse según uno de los tipos de reacciones químicas definidas anteriormente. Para cada pregunta, elija la categoría que mejor describe la reacción dada. Cada categoría antes mencionada *puede* usarse más de una vez en las preguntas a continuación.

35. El azufre reacciona con el oxígeno para formar dióxido de azufre, un causante común de la contaminación del aire:

$$S + O_2 \rightarrow SO_2$$

Esta reacción puede clasificarse como

(1) una reacción de combinación.

(2) una reacción de descomposición.

(3) una reacción de sustitución simple.

(4) una reacción de sustitución doble.

(5) una fisión atómica.

36. Los neutrones penetran en los núcleos de uranio^{235} para formar bario y criptón y generar una cantidad enorme de energía.

Esta reacción puede clasificarse como

(1) una reacción de combinación.

(2) una reacción de descomposición.

(3) una reacción de sustitución simple.

(4) una reacción de sustitución doble.

(5) una fisión atómica.

37. El hidróxido de magnesio neutraliza el ácido clorhídrico en el estómago al formar cloruro de magnesio y agua:

$$Mg(OH)_2 + 2HCl \rightarrow MgCl_2 + 2H_2O$$

Esta reacción es un ejemplo de

(1) una reacción de combinación.

(2) una reacción de descomposición.

(3) una reacción de sustitución simple.

(4) una reacción de sustitución doble.

(5) una fisión atómica.

38. El sodio reacciona con el cloruro para producir cloruro de sodio (sal):

$$2Na + Cl_2 \rightarrow 2NaCl$$

Esta reacción puede clasificarse como

(1) una reacción de combinación.

(2) una reacción de descomposición.

(3) una reacción de sustitución simple.

(4) una reacción de sustitución doble.

(5) una fisión atómica.

La pregunta 39 se basa en la siguiente gráfica.

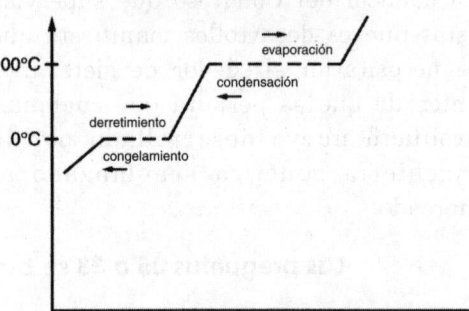

Curva de calentamiento/enfriamiento del agua

39. La curva de calentamiento/enfriamiento describe las dos temperaturas especiales a las cuales el agua cambia de fase. Cuando el agua hierve, cada gramo obtiene una cantidad de calor igual al calor de cuál de los siguientes:

(1) fusión

(2) evaporación

(3) sublimación

(4) reacción

(5) moléculas

40. La fuerza necesaria para mover una masa es igual a la masa multiplicada por la aceleración. Se deben mover dos bloques sobre una superficie plana:

Bloque	Masa	Aceleración
1	2 kg	3 m/s^2
2	4 kg	6 m/s^2

Si se compara con el bloque 1, la fuerza necesaria para mover el bloque 2 es

(1) igual a la mitad.

(2) igual.

(3) el doble.

(4) tres veces más.

(5) cuatro veces más.

Las preguntas 41 a 43 se refieren a la siguiente información.

El SARSAT (Search Satellite Aided Tracking) es un proyecto diseñado para demostrar el uso de los satélites para salvar vidas al reducir el tiempo necesario para localizar y rescatar víctimas en peligro luego de un siniestro aéreo o marítimo.

Este sistema puede utilizarse para obtener una cobertura regional o mundial y será capaz de localizar el sitio del siniestro con una precisión de 1 a 3 millas. Cuando el sistema esté en pleno funcionamiento, será capaz de detectar y localizar de 200 a 300 señales de socorro a la vez.

Los satélites fueron utilizados para seguir a un aventurero japonés mientras viajaba en trineos tirados por perros sobre la capa de hielo de Groenlandia hasta llegar al Polo Norte. Rastrearon un número de veleros durante una carrera europea en 1979 y rastrearon tanto los vuelos transatlánticos en globo exitosos como los no exitosos del Double Eagle.

41. ¿Con una precisión de cuántas millas puede SARSAT localizar a las víctimas de una catástrofe?

(1) De $\frac{1}{2}$ a 1 milla

(2) De 1 a 3 millas

(3) De 5 a 10 millas

(4) De 100 a 150 millas

(5) De 200 a 300 millas

42. ¿Quién es probable que se beneficie más del SARSAT?

  I. víctimas de accidentes aéreos

 II. víctimas de accidentes en el mar

III. víctimas de siniestros en el espacio

IV. exploradores perdidos o lesionados

(1) I y II solamente

(2) II y III solamente

(3) I, II y III solamente

(4) I, II y IV solamente

(5) I, II, III y IV

43. ¿Cuáles son las ventajas de SARSAT para transmitir los esfuerzos de rescate?

(1) Ahorra tiempo y aumenta la exactitud.

(2) Ahorra tiempo y reduce el costo.

(3) Ahorra tiempo y es fácil de usar.

(4) Aumenta la exactitud y reduce el costo.

(5) Siempre funciona.

Las preguntas 44 a 46 se refieren al siguiente texto.

Se sabe ahora que el material genético es el ácido desoxirribonucleico (ADN). Las dos funciones generales del ADN son (1) duplicarse para propagar la vida y (2) servir como una plantilla para la síntesis de proteínas. Es esta segunda función la que explicaremos aquí. El paso inicial es copiar el ADN al ácido ribonucleico mensajero (ARNm). Este proceso se conoce como transcripción. El ARNm entonces actúa como un complemento del código genético en la molécula de ADN que fue transcripta. Luego el ARNm dirige la construcción de una proteína a partir de un grupo disponible de aminoácidos, que son como los bloques que conforman una proteína. Este proceso se conoce como traducción. Por lo tanto, podemos resumir la síntesis de las proteínas como un proceso de transcripción y traducción. Un segundo tipo de ARN, conocido como ácido ribonucleico de transferencia (ARNt), es el responsable de dirigir el aminoácido correcto al lugar correcto en la secuencia de aminoácidos que se transformará en proteína.

44. Según la información en este texto, ¿cuál de los siguientes enunciados es verdadero?

    (1) El ADN es directamente responsable de la síntesis de una proteína.

    (2) El ARNm produce ADN.

    (3) La transcripción sigue a la traducción.

    (4) Las proteínas son la unión de aminoácidos.

    (5) ninguno de los anteriores

45. Este artículo describe una parte del conocimiento que los científicos ahora poseen con respecto al ADN y el ARN. Según esta descripción, ¿qué podemos inferir que los científicos pueden hacer?

    (1) sintetizar proteínas nuevas

    (2) curar el cáncer

    (3) reemplazar material genético defectuoso

    (4) crear reproducciones exactas de personas

    (5) crear modelos de ADN y ARN

46. Los conductores son materiales a través de los cuales los electrones pueden fluir libremente. La mayoría de los materiales pueden ser buenos conductores de electricidad, pero de todos, la plata es el mejor. Después de la plata, el cobre es un buen conductor y el aluminio le sigue muy de cerca.

    ¿Cuál de los siguientes enunciados explica mejor por qué el cobre es el metal que se utiliza más en el cableado eléctrico?

    (1) Es el mejor conductor de electricidad.

    (2) Posee una alta resistencia a la electricidad.

    (3) Es menos costoso que el aluminio.

    (4) Es un mejor conductor que el aluminio y menos costoso que la plata.

    (5) Es el metal más flexible.

47. En el año 2000, el proyecto del genoma humano se completó marcando un hito en nuestra comprensión científica de la genética. El proyecto estaba relacionado con los genes

    (1) en el núcleo de células humanas.

    (2) en el cromosoma humano.

    (3) en el ADN.

    (4) que controlan el cáncer.

    (5) que determinan las características relacionadas con el sexo.

48. Los principales combustibles utilizados en los motores de los automóviles, automóviles y camiones diesel y aviones en la actualidad son combustibles fósiles. Estos combustibles

    (1) se encuentran en el aire.

    (2) son creados por ingenieros.

    (3) se encuentran en la corteza terrestre.

    (4) son obsoletos.

    (5) ninguna de las anteriores

49. ¿Cuál es el único problema asociado con el uso del uranio en las plantas de energía nuclear que generan energía?

   (1) El uranio destruye la capa de ozono.

   (2) La energía nuclear provoca el calentamiento mundial.

   (3) Demasiada energía genera smog.

   (4) El uranio libera radiactividad.

   (5) La energía nuclear consume recursos importantes.

50. ¿Qué es más probable que un físico estudie de lo siguiente?

   (1) la creación de mejores fertilizantes para las plantas

   (2) la composición de las rocas lunares

   (3) la cura contra el cáncer

   (4) las formas de producir compuestos de cobre

   (5) la colisión de las partículas

PRUEBA 4: ESPAÑOL: LENGUAJE, LECTURA

Duración: 70 minutos • 40 preguntas

> **Instrucciones:** Esta prueba consiste en preguntas de opción múltiple que se basan en una variedad de fragmentos literarios y de no ficción. Lea atentamente cada fragmento y luego responda a las preguntas basándose en estos textos. No dedique más tiempo que el necesario a cada una. Registre las respuestas en la sección de Español: lenguaje, lectura de la hoja de respuestas.

Ejemplo:

> **P** Murió cuando el manto de la noche caía... Observé el ritmo de su respiración acelerarse más y más, una pausa, y luego su pequeña alma saltó como una estrella que viaja en la noche y deja atrás su estela en un mundo de oscuridad. Durante el día nada cambió... Sólo en la cámara de la muerte se estremeció aquello que es lo más penoso del mundo: una madre sin su hijo.
>
> El lector puede deducir que la muerte le llegó a
>
> **(1)** un anciano.
>
> **(2)** un perro favorito.
>
> **(3)** un niño.
>
> **(4)** una madre.
>
> **(5)** un soldado.

La respuesta correcta es "un niño", por lo tanto, debe marcar el espacio correspondiente a la respuesta 3 en la hoja de respuestas.

Las preguntas 1 a 6 se refieren al siguiente pasaje extraído de una obra de teatro.

¿Qué ocurrió con el manuscrito?

Linea LOVBORG: A ti te puedo decir la verdad, Hedda.

HEDDA: ¿La verdad?

LOVBORG: Primero, prométeme,
(5) dame tu palabra, que Thea nunca sabrá lo que te confíe ahora.

HEDDA: Te doy mi palabra.

LOVBORG: Bueno. Entonces, quisiera contarte que lo que acabo de decir
(10) no es verdad.

HEDDA: ¿Sobre el manuscrito?

LOVBORG: Sí. No lo rompí en pedazos ni lo arrojé al fiordo.

HEDDA: No, pe…, pero ¿dónde está
(15) entonces?

LOVBORG: Lo destruí de todos modos, ¡lo destruí totalmente, Hedda!

HEDDA: No entiendo.

LOVBORG: Thea dijo que lo que había
(20) hecho era como asesinar a un niño.

HEDDA: Sí, es lo que dijo.

LOVBORG: Pero asesinar este niño no es lo peor que un padre puede hacerle.

(25) HEDDA: ¿No es lo peor?

LOVBORG: No. Deseaba evitarle a Thea la pena de escuchar lo peor.

HEDDA: Entonces, ¿qué es lo peor?

LOVBORG: Supongamos ahora,
(30) Hedda, que un hombre, a altas horas de la noche, llega a la casa de la madre de su hijo después de una noche de disipación y libertinaje y dice: "Escúchame, estuve aquí y allí,
(35) en este lugar y aquel otro. Y llevé a nuestro hijo conmigo, a este lugar y a aquel otro. Y perdí al niño, lo perdí completamente. El demonio sabrá en qué manos habrá caído, en las garras
(40) de quién habrá caído."

HEDDA: Bueno, pero una vez que se aclara todo, tú sabes, era sólo un libro.

LOVBORG: El alma pura de Thea es-

(45) taba en ese libro.

HEDDA: Sí, así lo entiendo yo.

LOVBORG: Y también puedes entender, que no hay un futuro posible donde ella y yo estemos juntos.

(50) HEDDA: ¿Qué camino piensas tomar entonces?

LOVBORG: Ninguno. Sólo intentaré terminar con todo esto, cuanto antes, mejor.

(55) HEDDA (*acercándose un paso hacia él*): Eilert Lovborg, escúchame. ¿No intentarías hacerlo de un modo maravilloso?

LOVBORG: ¿De un modo maravilloso?
(60) (*Sonriendo*) Con hojas de parra en mi cabello, ¿cómo solías soñarlo en aquellos días?

HEDDA: No, no. Perdí mi fe en las hojas de parra. ¡Pero de todas mane-
(65) ras que sea de un modo maravilloso! Que una vez sí sea de este modo. ¡Adiós! Debes irte ahora y no volver aquí nunca jamás.

LOVBORG: Adiós, Sra. Tesman. Y sa-
(70) lude a George Tesman de mi parte. (*Él está a punto de salir*).

HEDDA: ¡No, espera! Debo darte un recuerdo para que te lo lleves. (*Ella va hasta el escritorio, abre un cajón
(75) y saca una pistola*).

LOVBORG (*la mira*): ¿Esto? ¿Esto es el recuerdo?

HEDDA (*asintiendo lentamente*): ¿La reconoces? Te apuntaba una vez.

(80) LOVBORG: Deberías haberla usado entonces.

HEDDA: Tómala y úsala ahora.

LOVBORG (*coloca la pistola en el bolsillo superior*): ¡Gracias!

(85) HEDDA: Y de un modo maravilloso, Eilert Lovborg. ¡Promételo! (*Hedda escucha por un momento cerca de la puerta. Luego va hasta el escritorio, saca el paquete con el manuscrito,
(90) echa un vistazo por debajo de la tapa, saca algunas hojas hasta la mitad y las mira. Luego, ella va y se sienta*

en un sillón al lado de la estufa con el paquete en su falda. En este mo-
(95) *mento abre la puerta de la estufa y luego el paquete).*

HEDDA (*arroja una de las manos en el fuego y susurra*): ¡Ahora estoy quemando a tu hijo, Thea! ¡Quemán-
(100) dolo, ricitos! (*Arrojando una o dos manos más en la estufa*) Tu hijo y el de Eilert Lovborg. (*Arroja el resto adentro*) Lo estoy quemando, estoy quemando a tu hijo.

—*Hedda Gabler,* por Henrik Ibsen

1. ¿Cuál es el tono general de esta escena?
   (1) Está cargada de emociones.
   (2) Está llena de belleza.
   (3) Expresa fuerte amor y amistad.
   (4) Es emocionalmente neutra.
   (5) Es cómica.

2. Lovborg compara su manuscrito con
   (1) un niño.
   (2) hojas de parra.
   (3) un recuerdo.
   (4) su alma.
   (5) su mejor amigo.

3. Cuando Hedda dice: "¿No intentarías hacerlo de un modo maravilloso?", ¿qué quiere decir?
   (1) Ella está instando Lovborg a que asesine a Thea.
   (2) Ella desea que Lovborg escriba un mejor manuscrito la próxima vez.
   (3) Ella desea que Lovborg se suicide de un modo maravilloso.
   (4) Ella desea que Lovborg se vista más vistosamente y use hojas de parra en la cabeza.
   (5) Ella está instando a Lovborg para que regrese con Thea.

4. El lector puede deducir por la forma en que la palabra "mano" se usa en la obra de teatro que se refiere a
   (1) un libro.
   (2) fundas de pistolas.
   (3) un manuscrito entero.
   (4) niños.
   (5) hojas de papel.

5. A partir de esta escena, ¿qué podemos inferir sobre la personalidad de Hedda?
   (1) Es una persona generosa y afectuosa que sabe cómo responder a las necesidades de un amigo.
   (2) Es abierta y sincera y dice lo que piensa.
   (3) Es falsa y destructiva, incluso con sus amigos.
   (4) Tiende a responder de un modo muy emotivo ante cualquier crisis.
   (5) Hace cosas sin pensar que hieren a las personas, pero sin intención.

6. "Con amigos como estos, ¿quién necesita enemigos?" ¿Cómo podemos relacionar este dicho con la situación de esta escena?
   (1) Thea y Lovborg son amantes que no tienen enemigos.
   (2) Hedda es enemiga de Lovborg, pero disfrazada de amiga.
   (3) Hedda es una amiga afectuosa de Lovborg y le ayuda a ver su situación más claramente.
   (4) Con una enemiga como Hedda, Lovborg necesitará muchos amigos.
   (5) El dicho no tiene relación con la escena, en absoluto.

Las preguntas 7 a 12 se basan en el siguiente fragmento.

¿Qué hace el hombre en el Yukón?

Linea Acababa de amanecer un día gris y frío, enormemente gris y frío, cuando el hombre abandonó la ruta principal del Yukón y trepó el alto terraplén
(5) por donde un sendero apenas visible y escasamente transitado se abría hacia el este entre bosques de gruesos abetos. Eran las nueve en punto. Aunque no había una sola
(10) nube en el cielo, no se veía el sol ni se vislumbraba siquiera su destello. Era un día despejado y, sin embargo, cubría la superficie de las cosas una especie de manto intangible, una
(15) melancolía sutil que oscurecía el ambiente, y se debía a la ausencia del sol.

Pero todo aquello (la línea fina, prolongada y misteriosa, la ausencia
(20) del sol en el cielo, el inmenso frío y la luz extraña y sombría que dominaba todo) no le produjo al hombre ninguna impresión. No es que estuviera muy acostumbrado a
(25) ello; era un recién llegado a esas tierras, un chechaquo, y aquél era su primer invierno. Lo que le pasaba es que carecía de imaginación. Que pudiera significar algo más, era una
(30) idea que no hallaba cabida en su mente.

Al volverse para continuar su camino escupió meditabundo en el suelo. Un chasquido seco, semejante a
(35) un estallido, lo sobresaltó. Escupió de nuevo. Y de nuevo crujió la saliva en el aire, antes de que pudiera llegar al suelo. El hombre sabía que a cincuenta grados bajo cero la saliva
(40) cruje al tocar con la nieve, pero en este caso había crujido en el aire. Indudablemente la temperatura era aún más baja. Cuánto más baja, lo ignoraba.

(45) Pegado a sus talones trotaba un perro esquimal, el clásico perro lobo de color gris y de temperamento muy semejante al de su hermano, el lobo salvaje. El animal avanzaba abru-
(50) mado por el tremendo frío. Sabía que aquél no era un día para viajar. Su instinto le decía más que el raciocinio al hombre a quien acompañaba.

—Adaptado de "Encender una hoguera" por Jack London

7. ¿Qué palabras usa el autor para recalcar el frío extremo?

(1) El "crujir de la saliva".

(2) La "melancolía sutil" y el "sendero escasamente transitado".

(3) La ausencia del sol.

(4) "La luz extraña y sombría que dominaba todo".

(5) "La línea fina, prolongada y misteriosa".

8. El tono de la historia está establecido clara y exitosamente en la primera oración con las palabras

(1) "ruta principal del Yukón", "el alto terraplén".

(2) "se abría hacia el este", "bosques de gruesos abetos".

(3) "gris y frío", "apenas visible".

(4) "el hombre abandonó la ruta", "se abría hacia el este".

(5) "Acababa de amanecer un día", "el sendero escasamente transitado".

9. ¿Cuál de las siguientes afirmaciones puede inferirse del fragmento?

(1) El hombre está celoso del perro.

(2) El hombre es inusualmente perceptivo y sabio.

(3) Es imposible hacer fuego.

(4) El perro es más sabio que el hombre.

(5) El frío extremo matará a ambos.

10. ¿Cuál es la temperatura en el Yukón en la historia?

    (1) –30 grados

    (2) –10 grados

    (3) 0 grados

    (4) –65 grados

    (5) –50 grados

11. De las siguientes alternativas posibles, ¿cuál es más probable que sea verdadera?

    (1) El viajero seguramente morirá de frío.

    (2) El hombre tiene una razón de importancia, pero no expresada, para emprender este viaje.

    (3) El hombre es un acampante de fin de semana ocasional.

    (4) El hombre debe ser un fanático del aire fresco para salir con semejante clima frío.

    (5) El hombre está familiarizado con el Yukón y sabe exactamente lo que está haciendo.

12. ¿Qué es inusual sobre la descripción del perro que hace el autor?

    (1) Deduce que realmente es un lobo.

    (2) Es extraño que pueda sobrevivir temperaturas tan frías.

    (3) Es poco probable que el perro camine detrás del hombre en lugar de guiar el camino.

    (4) Es extraño que el perro no corra a casa.

    (5) Lo describe como si tuviera capacidades humanas.

Las preguntas 13 a 18 se basan en el siguiente poema.

Cerraron sus ojos...

Linea Cerraron sus ojos,
que aún tenía abiertos;
taparon su cara
con un blanco lienzo;
(5) y unos sollozando,
otros en silencio,

de la triste alcoba
todos se salieron.
La luz, que en un vaso
(10) ardía en el suelo,
al muro arrojaba
la sombra del lecho;
y entre aquella sombra
veíase a intervalos
(15) dibujarse rígida
la forma del cuerpo.
Despertaba el día,
y a su albor primero,
con sus mil ruidos
(20) despertaba el pueblo.
Ante aquel contraste
de vida y misterios,
de luz y tinieblas,
medité un momento:
(25) *¡Dios mío, que solos*
se quedan los muertos!
...
El luto en las ropas,
amigos y deudos
cruzaron en fila,
(30) formando el cortejo.
...
¿Vuelve el polvo al polvo?
¿Vuela el alma al cielo?
¿Todo es vil materia,
podredumbre y cieno?
(35) ¡No sé; pero hay algo
que explicar no puedo,
que al par nos infunde
repugnancia y miedo,
al dejar tan tristes,
(40) tan solos, los muertos!

—Por Gustavo Adolfo Bécquer

13. Los versos 1 al 4 se refieren a:

(1) una niña dormida.

(2) una princesa dormida.

(3) una madre dormida.

(4) una persona muerta.

(5) un momento de pesadilla.

14. Los versos 5 al 8 nos dicen claramente que:

(1) había mucha gente en el cuarto.

(2) se realizaba la velación del cadáver.

(3) esa gente estuvo de visita.

(4) todos estuvieron muertos.

(5) estuvieron acompañando a la persona hasta el final.

15. Los versos 9 al 12 pueden ordenarse lógicamente así:

(1) La luz de la sombra del lecho arrojaba al muro.

(2) La luz del lecho arrojaba al muro.

(3) La luz del muro arrojaba al lecho.

(4) La luz arrojaba al muro la sombra del lecho.

(5) La luz de la sombra arrojaba al muro.

16. Las palabras "dibujarse rígida, la forma del cuerpo" (versos 15 y 16) quiere decir:

(1) aparecer el cuerpo inmóvil.

(2) perderse el cuerpo en la oscuridad.

(3) aparecer el cuerpo como en sombras.

(4) que el cuerpo desaparecía lentamente.

(5) ver un ligero movimiento del cuerpo.

17. Versos 27 al 30:

El luto en las ropas,
amigos y deudos
cruzaron en fila,
formando el cortejo.

Las palabras subrayadas en estos cuatro versos pueden ser substituida por (en el mismo orden):

(1) dolor, muertos, familia

(2) duelo, familiares, acompañantes

(3) muerte, deudas, cortejar

(4) morir, cortejar y acompañar

(5) dolores, penas, deudas

18. Las preguntas que forman los versos 32 al 34:

(1) serán contestadas por el lector.

(2) son preguntas a la persona muerta.

(3) están reflejando una inquietud del poeta.

(4) están esperando respuesta de los deudos.

(5) son preguntas sin importancia.

Los artículos 19 a 23 se refieren a la siguiente historia.

¿Cómo fue crecer en Manhattan?

Linea   Ellos se establecieron en el Lado Oriental de Manhattan, en un apartamento viejo dividido en la calle 107ma, entre Broadway y la Avenida
(5)   Amsterdam. Ruth y su hija de 10 años, Susan, habían conseguido su primer hogar finalmente en los Estados Unidos. Ellas vivieron en dos cuartos amoblados pequeños
(10) contiguos y compartiendo el baño y cocina con otros tres vecinos. Ellos encontraron un apartamento grande que había sido convertido en una "casa de alojamiento," significando
(15) que había tenido una ruptura en los espacios individuales con facilidad de ser compartidos. Fue en 1949, después de la Segunda Guerra

Mundial, la vivienda en la Ciudad de
(20) Nueva York era escasa para los
nuevos inmigrantes que llegaban.

Ruth encontró un trabajo que
usando las habilidades de la costura
que ella había adquirido hace muchos
(25) años como una niña europea. Ella
trabajó en una tienda elegante por
mínimo sueldo hasta las 6:30 de la
noche, ajustando vestidos comprados
por las señoras ricas del Lado Orien-
(30) tal. Susan empleó sus tardes
aprendiendo a patinar en patines
sobre ruedas de metal pesado,
mientras se caía a menudo
raspándose sus rodillas. Cuando
(35) llovía ella jugaba "jacks," o
"recogiendo las ramitas" del suelo.
Susan no había empezado a tocar
piano, en lo cual se ocuparía durante
horas en un año o así, Y ella también
(40) no había aprendido todavía la alegría
de leer.

La vida llegó a ser ordenada y
serena. No más guerra. No más
incertidumbre sobre el futuro. Madre
(45) e hija llegaron a conocer mas la
Ciudad de Nueva York. Ellas
caminaron por el Parque Central o el
Parque Riverside los domingos,
mientras disfrutaban a la multitud,
(50) y personas mirando. En las tardes de
verano había conciertos al aire libre
para disfrutar en el Bandshell, por el
Lago del Parque Central. En
ocasiones muy especiales, como los
(55) cumpleaños, ellas iban a mirar una
presentación en Broadway, como "Mi
Señora Justa", o "Pacífico Sur." Las
fiestas como Acción de gracias y
Navidad, y otros días fuera de trabajo
(60) o escuela eran compartidas con sus
parientes que vivían cerca. Pero
principalmente ellos estaban una con
la otra, se acostumbraron a sus
nuevas vidas, y sintiendo a su
(65) manera.

La Ciudad de Nueva York estaba
entonces segura. Ningún miedo había
de ser atracado, o de dejar a una
muchacha joven para defenderse
(70) cada tarde. Pero no había tampoco
dinero para niñeras, y los programas
de después de la escuela para los
niños eran desconocidos. En 1949 la
mayoría de las madres estaban en
(75) casa, no fuera trabajando como Ruth.
Susan llego a familiarizarse con su
barrio, y con los otros niños que ella
encontró a fuera patinando. Ella se
sentía independiente y madura, pero
(80) algunas veces era solitario estar a
cargo de si misma.

—De *Una Biografía de Nueva York*, 2006.

19. El título que mejor expresa la idea
principal de esta selección es
(1) "El tema de la inmigración"
(2) "Empezando una Nueva Vida"
(3) "La vida en la Ciudad de Nueva
York"
(4) "Las madres"
(5) "La Post-guerra en Nueva York"

20. ¿Cómo es usado en el tercer párrafo, en
la primera oración, que significa la
palabra serena?
(1) Embote
(2) Caótico
(3) Pacífico
(4) Asustando
(5) Predecible

21. ¿Cuál de los siguientes hechos no esta apoyado por el pasaje?

(1) Ruth pudo trabajar en un trabajo profesional bien-provechoso.

(2) Susan y Ruth eran inmigrantes europeas.

(3) Susan empleo mucho tiempo para sí misma.

(4) Los servicios de apoyo para las madres activas no estaban disponibles.

(5) En 1949, la mayoría de las madres estaban en casa con sus niños.

22. ¿Qué conclusión sobre la vida en 1949 puede usted deducir de esta selección?

(1) No había ningún albergue económico en la ciudad de Nueva York.

(2) La mayoría de los niños eran dejados al cuidado de ellos mismos después de la escuela.

(3) El índice de crimen era extremadamente alto a la falta de trabajos.

(4) Había abundantes oportunidades educativas para las personas ambiciosas.

(5) Era posible incluso, para padres solos, criar a sus niños con éxito.

23. ¿Cuál es el propósito del autor en este pasaje?

(1) Persuadir

(2) Entretener.

(3) Quejarse.

(4) Describir.

(5) Todos los anteriores.

prueba de ejemplo

Las preguntas 24 a 28 se refieren al siguiente documento comercial.

¿Qué necesitan saber los empleados de esta empresa?

MANUAL DEL EMPLEADO
(EXTRACTO)

SECCIÓN 3.1 Cuentas de gastos:

(a)   Es importante entregar el Formulario 2X394 de la Cuenta de gastos y los recibos correspondientes en el transcurso de las dos semanas siguientes al momento en que se incurrió en los gastos.

(b)   Los representantes de la empresa, el personal de ventas, el personal administrativo y otros empleados deben completar estos formularios.

(c)   Se le reembolsarán los gastos de su propio bolsillo directamente dentro de un plazo de 3 a 4 semanas.

(d)   Aquellos que utilizan tarjetas de crédito de la empresa también deberán presentar los recibos.

(e)   Algunos ejemplos de gastos relacionados con el trabajo son los siguientes: llevar a almorzar o a cenar a un cliente o posible cliente; tomar taxis o transporte público para visitar clientes; gastos por el alquiler de automóviles; pasajes de avión; gastos de hotel cuando se pasa la noche fuera de la ciudad.

SECCIÓN 4.8 Listas de clientes:

(a)   Todos los nombres de los clientes posibles o potenciales deben registrarse tanto en el archivo correspondiente de computadora de la empresa como en las listas de la oficina bajo la letra "C".

(b)   Estos archivos deben incluir fecha de inicio del contacto, resultado del contacto y las posibilidades de ventas futuras.

(c)   A medida que se ponga en contacto con los clientes en el futuro, estos archivos deben actualizarse periódicamente.

SECCIÓN 6.1 Transporte:

(a)   Hay un número limitado de automóviles de Lee Company disponibles para uso de los empleados. Están ubicados en el sector "B" y están a cargo del personal del garaje.

(b)   Se debe completar el Formulario 3Y24 para utilizar estos automóviles sin olvidar registrar las horas y fechas en que se los usa, nombre de los posibles clientes y las razones para usarlos.

(c)   Se debe registrar cuidadosamente el millaje de entrada y salida.

(d)   En el caso de los empleados por debajo del nivel administrativo, ellos deben obtener primero la firma de su supervisor y entregarla al personal del garaje junto con el formulario 3Y24.

(e)   En el caso de que se necesite un automóvil y todos los automóviles de la empresa estén en uso, entonces se pueden hacer los arreglos necesarios para alquilarlo a través de McMillan Company, que posee un contrato con esta empresa.

Texto extraído de el *Manual del empleado de Lee Company,* Lenox, Maine
9/23/02

---

24. Según este manual, ¿qué es una "cuenta de gastos"?

(1) el gasto semanal para el taxi de un empleado

(2) el seguro del automóvil

(3) una lista de los gastos en los que incurre un empleado que estén relacionados con el trabajo

(4) las cuentas de almuerzos de los empleados de oficina y personal administrativo

(5) la cuenta de alquiler de la compañía

25. Al usar un automóvil de la empresa, el empleado debe recordar

(1) controlar los neumáticos.

(2) registrar la información del millaje antes de salir y después de regresar el automóvil.

(3) consultar primero a McMillan Company.

(4) ir al sector "C".

(5) preguntarle al cliente primero y luego presentar el formulario 2X394.

26. ¿Cuál de los siguientes es un enunciado verdadero?

(1) Sólo los empleados administrativos de Lee Company pueden usar los automóviles de la compañía.

(2) Todas las listas de clientes deben entregarse al supervisor.

(3) Los clientes pueden usar los automóviles de la compañía si sus nombres están registrados en los archivos correspondientes de la computadora.

(4) No se pueden utilizar tarjetas de crédito.

(5) Si lleva a un cliente a cenar, debe presentar el formulario 2X394 junto con los recibos.

27. A partir de la información suministrada, se puede asumir razonablemente que

(1) Lee Company debe ser una firma de tamaño importante.

(2) esta empresa vende listas de clientes.

(3) esta empresa tiene muchos gastos.

(4) esta firma fabrica computadoras.

(5) posee sólo un pequeño número de automóviles.

28. ¿A qué se dedica más probablemente Lee Company si se tiene en cuenta el manual?

(1) Realizan investigaciones científicas para una universidad.

(2) Son obviamente una empresa familiar pequeña.

(3) Fabrican jeeps para el gobierno.

(4) Probablemente venden un servicio o un producto al público.

(5) Son una compañía sin fines de lucro que ofrece información al consumidor.

Los artículos 29 a 34 se refieren al siguiente pasaje.

¿De que esta el hombre tratando de escapar?

Linea Mi situación era ahora de hecho terrible, mis enemigos me habían rodeado por cada lado. De atrás vino el ruido acelerado de los remos, como

(5) si mis perseguidores supieran que el fin estaba cerca. Alrededor de mí en cada lado estaba la desolación; no había un tejado o luz, hasta donde yo pudiera ver. Lejos afuera permanecía

(10) alguna masa oscura, pero yo no lo sabia. Por un momento yo hice una pausa para pensar lo que debía hacer, no para más, para mí los perseguidores estaban más cerca.

(15) Entonces mi mente fue nublada.

Me deje resbalar de la banca y me eche al agua. Yo golpee de manera recta para ganar así a la corriente aclarando el agua estancada de la (20) isla, para tal yo presumí que así era, cuando yo había pasado el arroyo.

Yo espere hasta a que una nube viniera conduciéndose de un lado a otro por la luna y dejara todo en la (25) oscuridad. Entonces yo me quité el sombrero y lo puse suavemente en el agua para que flotara en el arroyo, y un segundo después de haber buceado al lado derecho y golpeado por fuera (30) del agua tanto como podía. Yo fui, supongo, medio minuto bajo el agua, y cuando yo subí   surgí tan suavemente   como   pude, y volviéndome, mire hacia atrás. Allá (35) iba mi sombrero castaño ligero que flotaba alegremente en lo lejos. Muy cerca por detrás se aproximaba un barco viejo desaliñado, manejado furiosamente por un par de remos. (40) La luna todavía se disimulaba en parte por los cúmulos de nubes, pero en la luz parcial yo podría ver a un hombre inclinado que sostenía listo para golpear eso me parecía a mí, ser (45) ese mismo poste del hacha horrible para lo cual yo habría escapado antes.

Cuando yo mire el barco dibujado más cerca, mas cerca, y el hombre golpeó salvajemente. El sombrero (50) desapareció. El hombre se cayó adelante, casi fuera del barco. Sus compañeros lo arrastraron hacia dentro pero sin el poste del hacha, y entonces cuando me volví con todos (55) mi energías doblado alcanzando el banco lejano, yo oí el zumbido feroz de los que murmuraron ¡Sacre! el cual marcaba el enojo de mis perseguidores confundidos. (60) Ése fue el primer sonido que yo había oído de labios humanos durante toda esta persecución terrible, y llena como era eso de amenaza y peligro

para mí era un sonido bienvenido (65) para romper ese silencio horrible que me rodeo y me espantó. Era como si una señal abierta que mis antagonistas eran los hombres y no los fantasmas, y que con ellos yo (70) tenía, por lo menos, la oportunidad de un hombre, aunque uno en contra de muchos.

—De *Drácula*, por Bram Stoker

29. ¿Qué es lo que el personaje está haciendo en este pasaje?
(1) Él está intentando huir lejos de sus enemigos.
(2) El hombre está a punto de ganar una carrera.
(3) El narrador está nadando en un río peligroso.
(4) Él está intentando matar a alguien.
(5) El personaje principal está buscando su viejo barco.

30. ¿Cómo fue utilizado en el final del primer párrafo, que significaría *perseguidores*?
(1) Los asesinos malos.
(2) Las personas que tripulan los remos.
(3) Aquéllos que cazan a otras personas.
(4) Amigos o parientes.
(5) Los ayudantes.

31. ¿Qué hace las palabras "Entonces mi mente estaba nublada " en el segundo párrafo nos dice acerca del hombre que estaba siendo seguido? Que él
(1) estaba helado con miedo.
(2) tendido para estar pensando lentamente.
(3) obviamente era un delincuente malo.
(4) debe de haber sido inteligente pero terco.
(5) funcionado bien bajo la tensión.

32. ¿Por qué al escuchar la palabra *sacre* se sintió mejor el hombre?

(1) Porque esto significó que él iba a ser ayudado.

(2) Él comprendió que él estaba siendo seguido por hombres, no por fantasmas.

(3) El asustadizo callado estaba siguiendo nervioso.

(4) Porque le impidió desmayarse en el agua fría.

(5) Él comprendió que él estaba cerca a una iglesia francesa segura.

33. ¿Cuál fue el estado de animo en este relato?

(1) Excitante y luminoso.

(2) Oscuro y manso.

(3) Liviano y airoso.

(4) Aterrando y triste.

(5) Optimista y enérgico.

34. Si no hubiera sucedido que el hombre llevara su sombrero, el probablemente

(1) hubiera corrido más rápido.

(2) hubiera probado hablar con los hombres.

(3) hubiera sido atrapado.

(4) dejaría a sus zapatos flotar en su lugar.

(5) encontró un lugar para esconder.

Las preguntas 35 a 40 se refieren al siguiente cuento.

¿Por qué se va el abuelo?

Linea Petey no creía realmente que papá pudiera hacerlo: despachar al abuelo.

Pero allí estaba la frazada que papá había comprado ese día para él
(5) y en aquella mañana él se iría.

—¿No te parece que es una hermosa frazada? —dijo el anciano, alisándola sobre sus rodillas. —¿Y no es tu padre amable al darle a un
(10) anciano una frazada como ésta para

llevarla con él? Debe costar mucho, ¡mira qué lana! Y será tan abrigada en las noches frías de invierno. Habrá pocas frazadas como ésta allí.

(15) Era típico del abuelo decir algo así. Estaba tratando de facilitar las cosas. Simulaba todo el tiempo que deseaba irse al gran edificio de ladrillos: el hogar del gobierno.

(20) —Oh, sí, es una excelente frazada —dijo Petey y se levantó y entró en la casa. Él no era de los que lloran y, además, ya era demasiado grande para eso.

(25) Sólo había venido a buscar el violín del abuelo.

Era la última noche que pasarían juntos. No había necesidad de que dijera "toca todas las canciones
(30) viejas". El abuelo lo afinó por un minuto y luego dijo: —Te gustará recordar esta.

No escucharon a las dos personas que venían por el sendero. Papá
(35) rodeaba con un brazo a la joven del rostro duro y brillante como una muñeca. Papá no dijo nada, pero ella se adelantó y habló con el abuelo con gracia. —No voy a estar aquí cuando
(40) se vaya en la mañana, así que vine a despedirme.

—Muy amable de su parte — dijo el abuelo, con los ojos abatidos.

—Y mire esto —dijo— la hermosa
(45) frazada que mi hijo me dio para llevarme.

—Sí, es una hermosa frazada —dijo ella. Tocó la lana y repitió con sorpresa: —¡Una hermosa frazada
(50) realmente! Luego se dirigió a papá y dijo fríamente: —Esa frazada es realmente costosa.

Él despejó su garganta y se defendió. —Quería que tuviera la
(55) mejor…

La joven estaba parada allí, todavía concentrada en la frazada.

—También es de dos plazas

—dijo, como si acusara a papá.

(60)   El niño entró en la casa repentinamente. Estaba buscando algo. Podía escuchar a la joven reprendiendo a papá y él enojándose a su modo, lentamente. Y ahora ella

(65) se alejaba repentinamente enojada.... Mientras Petey salía, ella se volvió y dijo: —Después de todo, él no necesita una frazada doble. Y salió corriendo por el sendero.

(70)   —Oh, ella tiene razón —dijo el niño fríamente. —Aquí tienes, papá —y le alcanzó un par de tijeras. —Corta la frazada en dos.

     Sí, una frazada de una plaza es

(75) suficiente para un anciano cuando lo despachan —dijo el niño con dureza. —Guardaremos la otra mitad, papá, nos será útil luego.

     —¿Qué quieres decir con eso? —

(80) preguntó papá.

     —Quiero decir que te la daré a ti, papá, cuando seas anciano y te despache —dijo el niño.

     Hubo un silencio. Pero el abuelo

(85) entendía, porque puso la mano sobre el hombro de papá. Y él escuchó al abuelo murmurar: —Está bien, hijo —sé que no deseabas esto... Y luego Petey lloró.

(90)   Pero no importaba, porque los tres lloraban juntos.

—Floyd Dell, "The Blanket"

35. ¿Cuál es el símbolo predominante de este relato?

(1) el violín

(2) la frazada

(3) las tijeras

(4) el niño

(5) el anciano

36. ¿Cuál es la mejor manera de expresar el tema?

(1) Cuando el dinero es escaso, uno no debería comprar objetos costosos como una frazada.

(2) El anciano obtuvo lo que se merecía.

(3) Sin intención, todos hacemos cosas crueles alguna vez.

(4) Puede ser difícil tener a un anciano viviendo con uno si planea casarse.

(5) Las cosas han cambiado mucho en los últimos cincuenta años.

37. ¿Qué es lo que el autor está diciendo sobre la vejez y la diferencia entre las generaciones?

(1) Existe una enorme diferencia entre las tres generaciones.

(2) La vejez es un tiempo dorado.

(3) Es mejor ser joven que anciano.

(4) La brecha generacional no existe en realidad porque todos seremos ancianos algún día.

(5) Los ancianos son tratados muy mal, como regla general.

38. El tono general de esta historia es

(1) melancólico.

(2) alegre.

(3) alentador.

(4) cruel.

(5) sarcástico.

39. ¿Qué representan las tijeras?

(1) alejarse de una obligación desagradable

(2) cortar los lazos de amor, responsabilidad y respeto

(3) soltar lo que estuviera reteniéndolo

(4) cortar el peso muerto

(5) asumir una nueva libertad

40. ¿Cuál de las siguientes alternativas describe mejor la actitud del abuelo?

    (1) considerado y comprensivo

    (2) resentido hacia la prometida de su hijo

    (3) ansioso y preocupado

    (4) amargado pero resignado

    (5) enojado y humillado

PRUEBA 5: MATEMÁTICAS

Duración: 90 minutos • 50 preguntas

Parte 1, 25 preguntas (se permite el uso de calculadora): 45 minutos

Parte 2, 25 preguntas (no se permite el uso de calculadora): 45 minutos

La Prueba de Matemáticas consiste en preguntas cuyo objetivo es evaluar destrezas matemáticas generales y la habilidad para resolver problemas. Las preguntas se basan en lecturas cortas que generalmente incluyen una gráfica, tabla o figura. Trabaje atentamente, pero no dedique demasiado tiempo a cada pregunta. Asegúrese de responder todas las preguntas. No se penalizarán las respuestas incorrectas.

En la página 837, encontrará fórmulas que podría necesitar. Solamente determinadas preguntas requieren el uso de alguna de ellas. Registre sus respuestas en la hoja separada de respuestas. Asegúrese de que toda la información quede registrada correctamente.

Hay tres (3) tipos de respuestas anotada en la hoja de respuestas.

El 1er. tipo es una respuesta con formato regular que es la solución a una pregunta de opción múltiple. Debe sombrear uno de los 5 círculos de alternativas.

Ejemplo:

P El total de la factura de Juana en la farmacia es de $8.68. ¿Cuánto deberá recibir de cambio si paga con un billete de $10.00?

   (1) $2.32

   (2) $1.42

   (3) $1.32

   (4) $1.28

   (5) $1.22　　　　　　　　　　①②●④⑤

La respuesta correcta es "$1.32". Por lo tanto, debe marcar el espacio de la respuesta 3 en la hoja de respuestas.

El 2do. tipo es una respuesta con formato alternativo que es la solución para las preguntas de cuadrícula convencional que se rellenan. Debe sombrear círculos que representan números reales, incluso un decimal o signo de división cuando sea necesario.

El 3er. tipo es una respuesta de formato alternativo que es la solución para problemas de cuadrícula de plano de coordenadas. Debe sombrear el círculo que representa la coordenada correcta de una gráfica.

Para ver ejemplos de cómo marcar las respuestas de 2do. y 3er. tipo, consulte la página 122.

FÓRMULAS

Descripción	Fórmula
ÁREA (A) de un:	
cuadrado	$A = l^2$; donde l = lado
rectángulo	$A = la$; donde l = longitud, a = ancho
paralelogramo	$A = bh$; donde b = base, h = altura
triángulo	$A = \frac{1}{2} bh$; donde b = base, h = altura
círculo	$A = \pi r^2$; donde π = 3.14, r = radio
PERÍMETRO (p) de un:	
cuadrado	$p = 4l$; donde l = lado
rectángulo	$p = 2l + 2a$; donde l = longitud, a = ancho
triángulo	$p = a + b + c$; donde a, b y c son los lados
circunferencia (C) de un círculo	$C = \pi d$; donde π = 3.14, d = diámetro
VOLUMEN (V) de un:	
cubo	$V = l^3$; donde l = lado
prisma rectangular	$V = lah$; donde l = longitud, a = ancho, h = altura
cilindro	$V = \pi r^2 h$; donde π = 3.14, r = radio, h = altura
teorema de Pitágoras	$c^2 = a^2 + b^2$; donde c = hipotenusa, a y b son los catetos de un triángulo rectángulo
distancia (d) entre dos puntos en un plano	$d = \sqrt{(x_2 - x_1)^2 + (y_2 - y_1)^2}$; donde (x_1, y_1) y (x_2, y_2) son dos puntos en un plano
pendiente de una recta (m)	$m = \dfrac{y_2 - y_1}{x_2 - x_1}$ donde (x_1, y_1) y (x_2, y_2) son dos puntos en un plano
media	media = $\dfrac{x_1 + x_2 + \cdots + x_n}{n}$; donde las x son los valores de los cuales se busca la media y n = la cantidad de las x en la serie
mediana	mediana = el número en un conjunto de números ordenados en el cual la mitad de los números están por encima y la otra mitad de los números están por debajo de este valor
interés simple (i)	$i = crt$; donde c = capital, r = razón (tasa), t = tiempo
distancia (d) en función de la velocidad y el tiempo	$d = vt$; donde v = velocidad, t = tiempo
costo total (c)	$c = nr$; donde n = número de unidades, r = costo por unidad

PARTE 1

Ahora puede comenzar con la Parte 1 de la Prueba de Matemáticas. Puede usar la calculadora para esta parte. Sombree el círculo de la respuesta correcta a cada pregunta en la Parte 1 de su hoja de respuestas.

1. La municipalidad compró sal para esparcir en las rutas cubiertas de hielo durante la temporada de invierno. Usó $\frac{1}{3}$ de la sal antes del 1° de enero y $\frac{2}{5}$ después de esa fecha. Exprese la cantidad total usada como número decimal.

   (1) 0.25

   (2) 0.27

   (3) 0.28

   (4) 0.38

   (5) 0.73

La pregunta 2 se refiere al siguiente triángulo rectángulo.

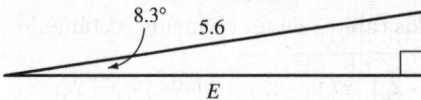

2. Calcule el valor de E.

   (1) 0.81

   (2) 0.82

   (3) 3.88

   (4) 4.65

   (5) 5.54

3. Jessica necesita $4\frac{2}{3}$ yardas de material para terminar de coser ropa. Si cada yarda cuesta $12.85, ¿cuál fue el total en dólares?

   (1) $12.57

   (2) $51.40

   (3) $52.07

   (4) $59.97

   (5) $65.00

4. María mira por la ventana y observa que la temperatura exterior es de 12° centígrados. Ella quiere convertir la temperatura de grados centígrados a grados Fahrenheit para que Marcos, que no está familiarizado con el sistema métrico, entienda.

   La fórmula de conversión es:

   $$F = \frac{9}{5}C + 32$$

   ¿Cuál es la temperatura en grados Fahrenheit?

   Marque su respuesta en los círculos de la cuadrícula en la hoja de respuestas.

5. Cristóbal pidió un préstamo bancario e hipotecó su casa. Pagó $95,321.58 durante los primeros 10 años. El 85% de la hipoteca estuvo destinado a los intereses. ¿Cuánto pagó de interés? Redondee su respuesta al monto entero más cercano expresado en dólares.

   Marque su respuesta en los círculos de la cuadrícula en la hoja de respuestas.

6. Antonio desea ganar $1000 en $3\frac{1}{2}$ años. Si invirtió $2000, ¿qué tasa de interés (porcentaje) devengó su dinero cada año?

   (1) 1.6%

   (2) 3.5%

   (3) 7.0%

   (4) 14.3%

   (5) 16.0%

7. Juan cargó encomiendas en la empresa Expreso Motor durante 3 horas el jueves por la noche, 4 horas el viernes a la noche y 8 horas el sábado por $7.00 la hora. El lunes y el martes, trabajó, por cada tarde, las 4 horas usuales en la librería de la escuela por $4.50 la hora. ¿Cuánto dinero ganó la semana pasada?

    (1) $123

    (2) $130

    (3) $141

    (4) $175

    (5) $540

8. Un empacador de una empresa de hilos para tejer debe organizar su trabajo de manera de ubicar las cajas más pesadas en el fondo del cajón para transporte y las más livianas, en la parte superior. Para el próximo envío, deben empacarse cinco cajas, que pesan lo siguiente:

    Hilo D: 216 onzas

    Hilo E: 5.7 libras

    Hilo F: 35 libras

    Hilo G: 77.4 onzas

    Hilo H: 10.3 libras

    ¿Cuál de las siguientes secuencias es la que enumera correctamente el orden en el que deben empacarse las cajas?

    (1) E, H, F, G, D

    (2) G, E, H, D, F

    (3) D, G, F, H, E

    (4) F, D, H, E, G

    (5) F, D, G, H, E

Las preguntas 9 a 11 se basan en el siguiente cálculo de los costos universitarios para Eric en la Universidad de North State.

Gastos	En el año 2002	En el año 2003
Curso	$55 por crédito	?
Aranceles universitarios	430 por año	?
Otros (libros, insumos, etc.)	100	?

9. Eric decide obtener su título asociado en dos años tomando 30 créditos cada año. ¿Cuánto deberá pagar en el año 2002?

    (1) 530

    (2) 1,750

    (3) 2,080

    (4) 2,180

    (5) 2,220

10. En el año 2003, la universidad decide aumentar el costo de los cursos un 3.75% y los aranceles un 8%. Si los otros gastos mantienen el mismo valor, ¿cuánto pagará Eric en el año 2003?

    (1) $2,276

    (2) $1,750

    (3) $2,080

    (4) $2,180

    (5) $2,220

11. ¿Cuál fue el porcentaje de aumento en los costos universitarios para el año 2003 con respecto al año 2002?

    (1) 1.0%

    (2) 4.0%

    (3) 4.2%

    (4) 4.4%

    (5) 5.0%

12. El área de un neumático es de 2.25 pies cuadrados. ¿Cuál sería el radio del neumático en pies? Responda con dos lugares decimales.

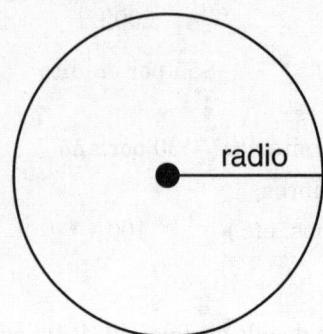

Marque su respuesta en los círculos de la cuadrícula en la hoja de respuestas.

13. En el año 1900, el índice salarial de una determinada actividad comercial era de $1.60 por hora por 40 horas por semana y $1\frac{1}{2}$ vez la paga básica de las horas extra. ¿Cuánto ganaba un empleado que trabajaba 48 horas en una semana?

Marque su respuesta en los círculos de la cuadrícula en la hoja de respuestas.

Las preguntas 14 y 15 se basan en la siguiente información.

Julia Hansen realizó una serie de depósitos y extracciones de su cuenta de cheques durante el mes de septiembre. Éstos fueron:

2 de septiembre.　Depósito de $375

6 de septiembre　Extracción de $150

10 de septiembre　Extracción de $35

12 de septiembre　Depósito de $42

19 de septiembre　Extracción de $140

26 de septiembre　Extracción de $28

14. Según el estado de cuenta de Julia del mes de agosto, ella comenzó el mes de septiembre con un saldo de $257. ¿Cuál era el saldo en la chequera el 1° de octubre?

(1) $165

(2) $185

(3) $321

(4) $331

(5) $465

15. El 1° de diciembre, Julia tenía un saldo de $421 y libró un cheque por $193.47. ¿Cuánto dinero debe depositar para que el saldo de la chequera alcance un total de $600?

(1) $127.59

(2) $362.41

(3) $372.47

(4) $500.00

(5) $627.59

16. Dos automóviles salen del mismo lugar a las 2:00 p.m. Si uno de ellos viaja hacia el norte a una velocidad de 20 mph y el otro se dirige al este a una velocidad de 40 mph, ¿cuántas millas separan a los dos autos a las 4:00 p.m.?

(1) 34.6

(2) 44.7

(3) 89.4

(4) 120

(5) 6.3

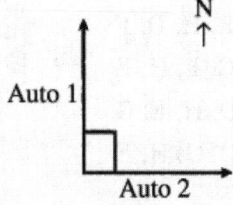

17. Si el triángulo rectángulo ABC se traza en una gráfica grande y AB se dibuja a lo largo del eje de x y el punto de coordenada B es (40, 0), entonces ¿cuáles son las coordenadas del punto A?

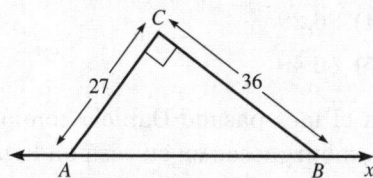

NO MARQUE EL PUNTO EN LA GRÁFICA ANTERIOR.

Marque la respuesta en la cuadrícula de plano de coordenadas en la hoja de respuestas.

Las preguntas 18 y 19 se basan en la tabla de altura y peso para el equipo de baloncesto de la secundaria The Redwood.

Jugador	Altura	Peso (en libras)
José	5 ft 11 in	186
Keith	6 ft 4 in	248
Neal	6 ft	199
Samuel	6 ft 6 in	256
Jorge	6 ft 1 in	195

18. La altura promedio del equipo es de
    (1) 6 pies.
    (2) 6 pies y 1 pulgada.
    (3) 6 pies y 2 pulgadas.
    (4) 6 pies y 3 pulgadas.
    (5) 6 pies y 4 pulgadas.

19. Si se vendiera a José, ¿cuánto debería pesar su reemplazante para que el peso del equipo alcanzara un promedio de 230 lb?
    (1) 224 lb
    (2) 239 lb
    (3) 242 lb
    (4) 248 lb
    (5) 252 lb

20. Un vendedor de automóviles publica dos planes de pagos diferentes para un auto nuevo. Si el comprador paga en efectivo, el auto cuesta $5,700. Si el comprador paga por medio de un plan de cuotas, paga el 20% del costo del vehículo en efectivo como pago inicial y luego $200 por mes durante 24 meses. ¿Cuánto dinero más debe pagar un comprador que utiliza el plan de cuotas en comparación con aquél que utiliza el plan en efectivo?
    (1) $1,140
    (2) $1,000
    (3) $520
    (4) $480
    (5) $240

21. Si la distancia estimada en 150 pies es en realidad de 146.3 pies, calcule el porcentaje de error en este cálculo estimativo. (Registre la respuesta con el *décimo* más cercano.)

Marque su respuesta en los círculos de la cuadrícula en la hoja de respuestas.

22. Entre las 7 a.m. y las 7:19 a.m., ¿cuántos grados recorre el minutero de un reloj?

Marque su respuesta en los círculos de la cuadrícula en la hoja de respuestas.

Las preguntas 23 y 24 se basan en la siguiente gráfica.

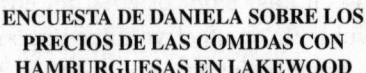

ENCUESTA DE DANIELA SOBRE LOS PRECIOS DE LAS COMIDAS CON HAMBURGUESAS EN LAKEWOOD

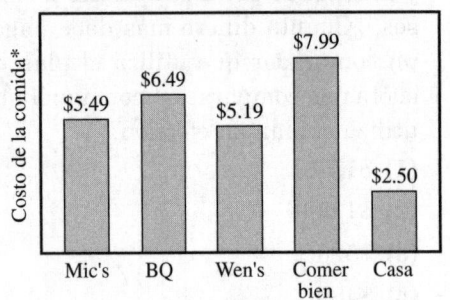

*Nota una comida consta 1/4 libra de carne, papas fritas chicas, 8 onzas de gaseosa y una ensalada.

23. ¿Cuál es el costo promedio de una comida fuera de su casa?

    (1) $5.03
    (2) $5.53
    (3) $6.00
    (4) $6.29
    (5) $6.49

24. Si el mes pasado Daniela comió diez hamburguesas en su casa en lugar de hacerlo en Wen's, ¿cuánto dinero ahorró?

    (1) $2.69
    (2) $10.69
    (3) $25.00
    (4) $26.90
    (5) $36.90

La pregunta 25 se refiere a la siguiente información que compara dos modelos similares de refrigeradores.

Marca	Costo ($)	Dimensiones (pulgadas)		
		Longitud	Ancho	Altura
1. Kenmore	1000	33	31	65
2. GE	1100	31	31	67

25. Ana quería elegir el mejor precio entre los 2 refrigeradores enumerados anteriormente. Estaba preocupada por dos factores: costo y tamaño. ¿Qué marca tenía la razón *más pequeña* de costo/volumen y cuál era dicha razón?

    (1) Kenmore: .015
    (2) Kenmore: .017
    (3) GE: .015
    (4) GE: .017
    (5) Ambas son idénticas: .015

PARTE 2

No puede regresar a la Parte 1 de la Prueba de Matemáticas ni usar la calculadora para esta parte. Sombree el círculo de la respuesta correcta a cada pregunta en la Parte 2 de su hoja de respuestas.

26. Sara compró 2.65 libras de carne a $4.25 la libra. ¿Cuántos dólares pagó?

    (1) $29.15

    (2) $24.00

    (3) $14.85

    (4) $11.26

    (5) $1.13

27. La familia Martín analizó sus hábitos a la hora de mirar televisión y descubrió que miraban $\frac{1}{4}$ de sus programas antes de las 6 p.m., y que de estos, $\frac{2}{3}$ incluían imágenes de violencia explícita. ¿Qué fracción de todos los programas que veían se miraban antes de las 6 p.m. y tenían imágenes violentas?

    (1) $\frac{1}{6}$

    (2) $\frac{1}{3}$

    (3) $\frac{3}{8}$

    (4) $\frac{2}{3}$

    (5) $\frac{11}{12}$

28. Se realizaron análisis en el río Colorado para determinar su grado de contaminación. Se determinó que contenía 1/12 partes de PCB y 2/5 partes de algas. ¿Cuál era la fracción combinada que contenía tanto PCB como algas?

    (1) $\frac{3}{60}$

    (2) $\frac{3}{17}$

    (3) $\frac{29}{60}$

    (4) $\frac{31}{60}$

    (5) $\frac{3}{4}$

29. En el año 2525, un arqueólogo encontró una piedra angular en Chicago con la siguiente fecha:

    M C M L X I X

    ¿Qué número representan estos números romanos?

    (1) 964

    (2) 1,131

    (3) 1,931

    (4) 1,969

    (5) 2,509

30. Una caja de naipes tiene las siguientes dimensiones:

$$l = 3 \text{ pulgadas}$$

$$a = 2 \text{ pulgadas}$$

$$\text{Espesor} = \frac{1}{2} \text{ pulgada}$$

Si cada naipe mide 3 pulgadas × 2 pulgadas y tiene un espesor de $\frac{1}{100}$ de pulgada, ¿cuántos naipes entran en la caja?

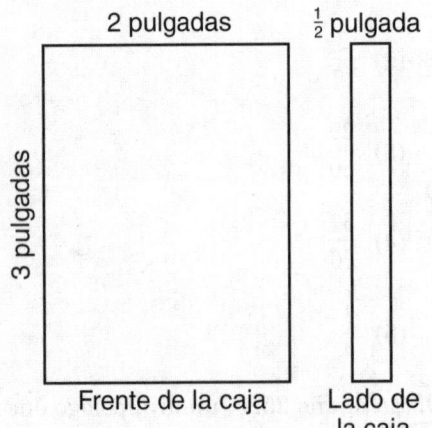

Frente de la caja   Lado de la caja

(1) 20

(2) 30

(3) 40

(4) 50

(5) 100

31. El panadero cortó una rebanada de $1\frac{1}{3}$ libra de un trozo de $3\frac{1}{2}$ libras de torta de chocolate.

¿Cuántas libras quedaron? Exprese la respuesta como una fracción impropia.

Marque su respuesta en los círculos de la cuadrícula en la hoja de respuestas.

32. La mesada de Pedro es de $30 por mes. En el mes de abril, Pedro patrocinó a dos amigos que participaron en una carrera pedestre con una contribución total de $7.50. ¿Qué porcentaje de la mesada de Pedro representa esta contribución?

(1) 7.5%

(2) 10%

(3) 20%

(4) 25%

(5) 30%

33. Un cilindro de 10 pies está lleno de desecho líquido radiactivo. Si el diámetro del cilindro fuera de 1 pie, ¿cuántos pies cúbicos de líquido cabrían en el cilindro?

(1) 1π

(2) 1.5π

(3) 2π

(4) 2.5π

(5) 3π

Las preguntas 34 a 36 se basan en la información suministrada en las gráficas a continuación.

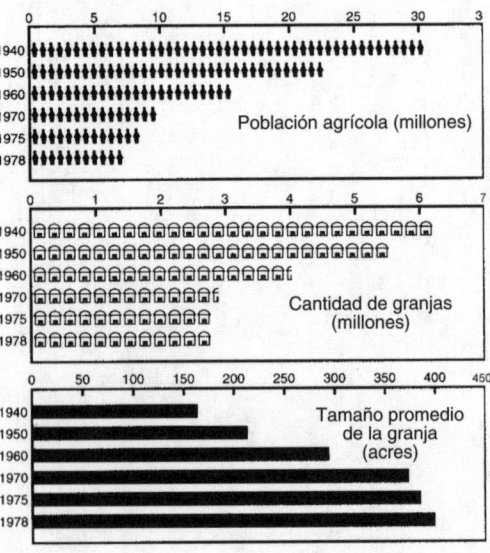

34. ¿Cuál de los siguientes enunciados sobre los cambios en la agricultura entre los años 1940 y 1978 es verdadero?

(1) La población agrícola, la cantidad de granjas y el tamaño promedio de éstas aumentaron.

(2) La población agrícola y la cantidad de granjas aumentaron, pero el tamaño promedio de las granjas disminuyó.

(3) La población agrícola y la cantidad de granjas disminuyeron, pero el tamaño promedio de las granjas aumentó.

(4) La población agrícola disminuyó, pero la cantidad de granjas y el tamaño promedio de éstas aumentaron.

(5) La población agrícola, la cantidad de granjas y el tamaño promedio de éstas disminuyeron.

35. La población promedio de cada granja durante el año 1975 era de aproximadamente

(1) 1

(2) 2

(3) 3

(4) 4

(5) No se da suficiente información.

36. El porcentaje de aumento en el tamaño promedio de las granjas desde el año 1940 al 1978 es de aproximadamente

(1) 50%

(2) 75%

(3) 100%

(4) 150%

(5) No se da suficiente información.

37. Encuentre las coordenadas del punto que corresponde al siguiente grupo de ecuaciones:

(1) $x - y = 3$

(2) $y = 2x$

Marque la respuesta en la cuadrícula de plano de coordenadas en la hoja de respuestas.

Las preguntas 38 a 41 se basan en la tabla a continuación.

CONSUMO DE CIGARRILLOS
Porcentaje de estudiantes que informaron fumar cigarrillos diariamente durante los 30 días anteriores por grado y sexo; años seleccionados 1980 a 1998

	1980	1985	1990	1991	1992	1993	1994	1995	1996	1997
Alumnos del 12º grado:										
Total:	21.3	19.5	19.5	18.5	17.2	19.0	19.4	21.6	22.2	24.6
Hombres	18.5	17.8	17.8	18.8	17.2	19.4	20.4	21.7	22.2	24.8
Mujeres	23.5	20.6	20.6	17.9	16.7	18.2	18.1	20.8	21.8	23.6

Fuente: "Monitoring the Future", estudio realizado por la Universidad de Michigan con subvención del Instituto Nacional sobre el Abuso de Drogas.

38. ¿En qué año los varones comenzaron a fumar más que las mujeres?

(1) 1990

(2) 1991

(3) 1994

(4) 1996

(5) 1997

39. ¿Cuál fue el porcentaje promedio de fumadores entre los años 1994 y 1997?

(1) 21.01%

(2) 21.17%

(3) 21.95%

(4) 22.28%

(5) 22.80%

40. ¿Cuál fue el porcentaje mediano de fumadores desde el año 1990 a 1997?

(1) 17.80%

(2) 19.00%

(3) 19.45%

(4) 20.23%

(5) 20.25%

41. Entre los años 1994 a 1997, ¿cuál de los siguientes enunciados *no está respaldado* por la información?

A. El porcentaje de hombres que fumaban aumentó.

B. El porcentaje de mujeres que fumaban aumentó.

C. El porcentaje de hombres que fumaban era mayor que el de las mujeres.

D. La diferencia entre el porcentaje de hombres y mujeres que fumaban era menor a 2.4.

E. La mayoría de los estudiantes fuman.

(1) A

(2) B

(3) C

(4) D

(5) E

42. En un año, en la Escuela Primaria James Madison se inscribieron el doble de niños que de niñas para el jardín de infantes. Si ese año asistieron 90 alumnos a jardín de infantes, ¿cuántos de ellos eran niños y cuántas eran niñas?

(1) 20 niños y 70 niñas

(2) 30 niños y 60 niñas

(3) 45 niños y 45 niñas

(4) 60 niños y 30 niñas

(5) 75 niños y 15 niñas

43. Una piscina rectangular se debe llenar con agua hasta una profundidad de 10 pies. Si la piscina tiene 30 pies de largo por 20 pies de ancho, ¿cuántos metros cúbicos de agua se necesitarán para llenarla?

Marque su respuesta en los círculos de la cuadrícula en la hoja de respuestas.

44. Si los siguientes números se ordenan de menor a mayor, ¿cuál será el orden correcto?

I. $\dfrac{9}{13}$

II. $\dfrac{13}{9}$

III. 70%

IV. $\dfrac{1}{.70}$

(1) II, I, III, IV

(2) III, II, I, IV

(3) III, IV, I, II

(4) II, IV, III, I

(5) I, III, IV, II

45. Un radio tiene un precio de venta de $42.50, que es el 15% menos de su precio normal. ¿Cuál de las siguientes alternativas es igual al precio normal del radio?

(1) $42.50 × .15

(2) $42.50 ÷ .15

(3) $42.50 + .15

(4) $42.50 × .85

(5) $42.50 ÷ .85

Las preguntas 46 y 47 se basan en la siguiente tabla, que representa los votos recibidos para el cargo de alcalde de 250 votantes habilitados en las elecciones locales de Eastchester, Kansas.

Candidatos	Número
A	25
B	75
C	125
Sin votos	25

46. Si estos resultados se representan en una gráfica circular, ¿cuántos grados se deben usar para dibujar cada uno de los cuatro sectores que representan A, B, C y Sin votos, respectivamente?

(1) 30, 90, 170, 30

(2) 36, 108, 180, 36

(3) 36, 36, 108, 180

(4) 25, 75, 235, 25

(5) ninguna de las anteriores

47. ¿Cuál fue el número medio de votantes *que votaron por un candidato determinado*?

(1) 25

(2) 50

(3) 56

(4) 60

(5) 75

Las preguntas 48 a 50 se basan en la información a continuación.

TABLA DE PRESUPUESTO MENSUAL DE LA FAMILIA ROLDÁN

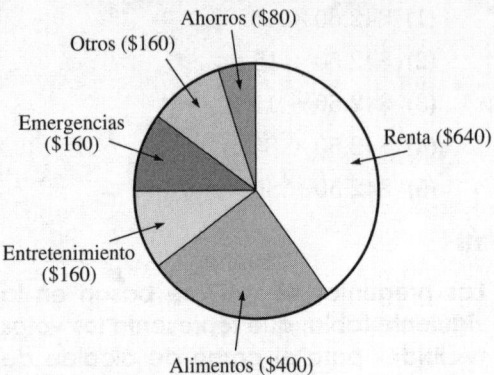

Ahorros ($80)
Otros ($160)
Emergencias ($160)
Entretenimiento ($160)
Alimentos ($400)
Renta ($640)

48. Román y Estefanía Roldán tienen dos hijos. Román es el único asalariado de la familia. ¿Qué porcentaje de su presupuesto se destina para "entretenimiento" y "emergencias" en forma combinada?

(1) 20%

(2) 35%

(3) 50%

(4) 65%

(5) 85%

49. Román festeja el cumpleaños de su madre de 90 años con una fiesta que cuesta $300. ¿Cuánto dinero deberá sacar de las "emergencias" para complementar el dinero para "entretenimientos" que se necesita para pagar la fiesta?

(1) $10

(2) $40

(3) $80

(4) $140

(5) $160

50. Román y su esposa Estefanía esperan el nacimiento de su tercer hijo. Planean alquilar un departamento más grande a $860 por mes. Todos los componentes del presupuesto anterior no se modificarán, excepto por lo siguiente (ver tabla):

Componentes del presupuesto	Nuevo monto (Anticipado)
Alimentos	$500
Renta	$860
Otros	$240

¿Cuánto más por mes deberá ganar Román de un segundo trabajo para poder enfrentar los nuevos gastos de la familia?

(1) $160

(2) $400

(3) $1,360

(4) $1,600

(5) $2,000

CLAVE DE RESPUESTAS DE LA PRUEBA 3 DE EJEMPLO DE GED

Una vez que complete la batería de pruebas de práctica, revise sus respuestas con la clave de respuestas que está a continuación. Ingrese el número total de respuestas correctas para cada prueba en el casillero provisto en su hoja de respuestas. Luego, consulte la Tabla de análisis de errores en la página 851 para ver su desempeño.

Prueba 1: Redacción, Parte 1

1. (2)	11. (1)	21. (2)	31. (3)	41. (5)
2. (3)	12. (3)	22. (3)	32. (3)	42. (1)
3. (3)	13. (1)	23. (2)	33. (5)	43. (5)
4. (3)	14. (2)	24. (2)	34. (2)	44. (1)
5. (4)	15. (3)	25. (5)	35. (2)	45. (1)
6. (3)	16. (4)	26. (2)	36. (3)	46. (4)
7. (5)	17. (5)	27. (4)	37. (2)	47. (4)
8. (4)	18. (5)	28. (2)	38. (3)	48. (4)
9 (3)	19. (3)	29. (2)	39. (3)	49. (2)
10. (1)	20. (3)	30. (4)	40. (1)	50. (3)

Prueba 2: Estudios Sociales

1. (4)	11. (3)	21. (2)	31. (2)	41. (1)
2. (1)	12. (3)	22. (3)	32. (1)	42. (2)
3. (3)	13. (2)	23. (1)	33. (3)	43. (1)
4. (5)	14. (5)	24. (4)	34. (5)	44. (4)
5. (4)	15. (4)	25. (5)	35. (5)	45. (2)
6. (2)	16. (3)	26. (2)	36. (2)	46. (2)
7. (4)	17. (1)	27. (5)	37. (4)	47. (4)
8. (1)	18. (2)	28. (1)	38. (5)	48. (1)
9. (1)	19. (2)	29. (3)	39. (1)	49. (5)
10. (4)	20. (4)	30. (3)	40. (4)	50. (1)

clave de respuestas

Prueba 3: Ciencias

1. (2)	11. (2)	21. (4)	31. (1)	41. (2)
2. (5)	12. (1)	22. (1)	32. (2)	42. (4)
3. (3)	13. (3)	23. (4)	33. (2)	43. (1)
4. (4)	14. (5)	24. (3)	34. (4)	44. (4)
5. (1)	15. (3)	25. (1)	35. (1)	45. (5)
6. (2)	16. (4)	26. (1)	36. (5)	46. (4)
7. (2)	17. (1)	27. (5)	37. (4)	47. (1)
8. (1)	18. (5)	28. (4)	38. (1)	48. (3)
9. (5)	19. (4)	29. (4)	39. (2)	49. (4)
10. (4)	20. (2)	30. (2)	40. (5)	50. (5)

Prueba 4: Español: lenguaje, lectura

1. (1)	11. (2)	21. (1)	31. (5)
2. (1)	12. (5)	22. (5)	32. (2)
3. (3)	13. (4)	23. (4)	33. (4)
4. (5)	14. (5)	24. (3)	34. (3)
5. (3)	15. (4)	25. (2)	35. (2)
6. (2)	16. (1)	26. (5)	36. (3)
7. (1)	17. (2)	27. (1)	37. (4)
8. (3)	18. (3)	28. (4)	38. (1)
9. (4)	19. (2)	29. (1)	39. (2)
10. (4)	20. (3)	30. (3)	40. (1)

Prueba 5: Matemáticas

1. (5)	11. (4)	21. (2.5)	31. (13/6)	41. (5)
2. (5)	12. (.85)	22. (114)	32. (4)	42. (4)
3. (4)	13. (83.20)	23. (4)	33. (4)	43. (6000)
4. (53.6)	14. (3)	24. (4)	34. (3)	44. (5)
5. (81023)	15. (3)	25. (1)	35. (3)	45. (5)
6. (4)	16. (3)	26. (4)	36. (4)	46. (2)
7. (3)	17. (−5, 0)	27. (1)	37. (−3, −6)	47. (5)
8. (4)	18. (3)	28. (3)	38. (2)	48. (1)
9. (4)	19. (5)	29. (4)	39. (3)	49. (4)
10. (1)	20. (5)	30. (4)	40. (3)	50. (2)

ANÁLISIS DE ERRORES PARA LA PRUEBA 3 DE EJEMPLO DE GED

Encierre en un círculo el número de cada pregunta que no respondió correctamente. Cuente la cantidad de círculos de cada área de contenido y escriba el número total que falta en la columna que dice "Números incorrectos". Un número alto de respuestas incorrectas en un área en particular indica la necesidad de estudiar más sobre esa área.

ÁREA TEMÁTICA	PREGUNTAS	NÚMEROS INCORRECTOS
PRUEBA 1. REDACCIÓN	50	
Estructura de oraciones	3, 6, 7, 9, 12, 16, 18, 19, 21, 25, 30, 32, 34, 39, 40, 41, 42, 44, 45, 50	
Uso	2, 5, 14, 17, 20, 24, 26, 28, 33, 35, 43, 47, 48	
Mecánica	1, 4, 10, 11, 13, 22, 23, 27, 29, 38	
Organización	8, 15, 31, 36, 37, 46, 49	
PRUEBA 2. ESTUDIOS SOCIALES	50	
Historia	6, 7, 8, 9, 12, 13, 14, 15, 20, 29, 30, 31, 32, 33, 34, 43, 45, 49	
Economía	1, 16, 17, 18, 19, 21, 22, 23, 24, 25, 26, 27, 28, 35	
Geografía	41, 42, 46, 48, 50	
Educación Cívica y Gobierno	2, 3, 4, 5, 10, 11, 36, 37, 38, 39, 40, 44, 47	
PRUEBA 3. CIENCIAS	50	
Ciencias Biológicas	1, 2, 3, 4, 5, 6, 13, 14, 15, 17, 18, 19, 20, 22, 26, 27, 28, 29, 33, 34, 44, 45, 47	
Química	23, 24, 25, 35, 36, 37, 38, 39	
Física	16, 30, 31, 32, 40, 46, 48, 49, 50	
Ciencias de la Tierra y el Espacio	7, 8, 9, 10, 11, 12, 21, 41, 42, 43	
PRUEBA 4. ESPAÑOL: LENGUAJE, LECTURA	40	
Teatro y poesía	1, 2, 3, 4, 5, 6, 13, 14, 15, 16, 17, 18	
Textos literarios	7, 8, 9, 10, 11, 12, 29, 30, 31, 32, 33, 34, 35, 36, 37, 38, 39, 40	
No ficción	19, 20, 21, 22, 23	
Documentos comerciales	24, 25, 26, 27, 28	
PRUEBA 5. MATEMÁTICAS	50	
Medidas y geometría	2, 3, 5, 6, 7, 10, 13, 20, 21, 22, 25, 30, 33, 36, 48	
Álgebra	4, 12, 16, 19, 37, 42, 43, 45, 49, 50	
Operaciones numéricas y sentido numérico	1, 8, 11, 15, 17, 26, 27, 28, 29, 31, 32, 44, 46	
Análisis de datos	9, 14, 18, 23, 24, 34, 35, 38, 39, 40, 41, 47	

EXPLICACIONES DE LAS RESPUESTAS PARA LA PRUEBA 3 DE EJEMPLO DE GED

Prueba de Práctica 1, Redacción

1. **La respuesta correcta es la (2).** La alternativa 2 corrige el error de ortografía. El error es debido a la pronunciación similar entre 'z' y 'c'.

2. **La respuesta correcta es la (3).** La alternativa 3 es la alternativa correcta porque este tiempo verbal concuerda con el tiempo usado en el pasaje.

3. **La respuesta correcta es la (3).** La alternativa 3 combina las oraciones efectivamente, colocando los detalles de la segundo oración en una cláusula y elimina palabras innecesarias.

4. **La respuesta correcta es la (3).** 'Los' es el pronombre que reemplaza y define "organismos".

5. **La respuesta correcta es la (4).** La alternativa 4 corrige la concordancia. El verbo tiene que corresponder con "muchos y diversas clases".

6. **La respuesta correcta es la (3).** La alternativa 3 ofrece la palabra apropiada para el significado de la oración. La alternativa 4 quita una coma necesaria. La alternativa 5 cambia el género y el sentido de la oración. La alternativa 1 inserta una coma innecesaria.

7. **La respuesta correcta es la (5).** La oración está correctamente escrita.

8. **La respuesta correcta es la (4).** La oración 12 cambia a una idea nueva y por lo tanto se debe empezar un párrafo nuevo.

9. **La respuesta correcta es la (3).** La alternativa 3 es correcta porque pone los verbos en la serie con la misma estructura paralela. Las otras alternativas no corrigen el error de la estructura paralela.

10. **La respuesta correcta es la (1).** La alternativa 1 cambia el artículo definido por el indefinido que es necesario en esta oración.

11. **La respuesta correcta es la (1).** La alternativa 1 es correcta porque el artículo definido plural "los" concuerda con el adjetivo y sustantivo que lo acompañan.

12. **La respuesta correcta es la (3).** La alternativa 3 es la correcta ya que se necesita una coma para separar los artículos de una lista. Las otras alternativas no separan los artículos de manera correcta.

13. **La respuesta correcta es la (1).** En la oración 8, "Que" es un pronombre interrogativo. Por lo tanto, necesita un acento.

14. **La respuesta correcta es la (2).** La alternativa 2 es correcta porque "cambiaron" respeta la concordancia. El verbo se refiere a Prince Buster y Clement "Coxosone" Dodd (de la frase anterior).

15. **La respuesta correcta es la (3).** La alternativa 3 mueve correctamente la oración temática al comienzo del párrafo que introduce. Las otras alternativas mueven las oraciones en los párrafos equivocados o de forma ilógica.

16. **La respuesta correcta es la (4).** La alternativa 4 es correcta porque "The Skatalites", en este contexto, es sólo uno de los grupos de Ska mencionados. Por eso, "por ejemplo" es más adecuado.

17. **La respuesta correcta es la (5).** La alternativa 5 es correcta porque corrige la repetición del sujeto. "Ellos" ya define el sujeto y no se necesita "mismos" ya que es redundante y por la tanto incorrecto. Las otras alternativas introducen errores de gramática o de ortografía.

18. **La respuesta correcta es la (5).** La alternativa 5 corrige la oración seguida al separar cláusulas independientes con la conjunción apropiada.

19. **La respuesta correcta es la (3).** La alternativa 3 es correcta porque con ella todos los elementos de la serie se convierten en frases de estructura similar o paralela.

20. **La respuesta correcta es la (3).** Es correcta porque el sujeto es "la gente" (tercera persona del singular).

21. **La respuesta correcta es la (2).** La alternativa 2 combina correctamente dos párrafos que contienen detalles sobre una idea principal. Las otras alternativas mueven o quitan detalles importantes que sustentan la idea principal de cada párrafo, y cambian el tema de los párrafos en cuestión.

22. **La respuesta correcta es la (3).** Se puede omitir 'les' (en "molestarles") porque se nombra a quiénes les molestan las complicaciones: "a las personas".

23. **La respuesta correcta es la (2).** En esta oración, "especifica" es un verbo. Entonces, no debe llevar acento porque con acento, la palabra es un adjetivo.

24. **La respuesta correcta es la (2).** Es correcta porque el tiempo verbal que propone concuerda con el resto del pasaje.

25. **La respuesta correcta es la (5).** La oración está correctamente escrita.

26. **La respuesta correcta es la (2).** Hace falta una forma verbal en concordancia con "convertido" para que la frase pueda tener sentido. La construcción del pasado perfecto necesita una forma de haber + el participio (convertido).

27. **La respuesta correcta es la (4).** Las regiones no deben escribirse con mayúsculas, sólo los puntos cardinales.

28. **La respuesta correcta es la (2).** La alternativa 2 es correcta porque propone el tiempo verbal adecuado para esta oración.

29. **La respuesta correcta es la (2).** "Elegant" no es una palabra española. "Elegante" es la palabra adecuada.

30. **La respuesta correcta es la (4).** La alternativa 4 une dos cláusulas independientes creando una oración compuesta.

31. **La respuesta correcta es la (3).** La alternativa 3 es correcta porque elimina correctamente una oración que no sustenta la idea principal. Las alternativas 1, 2 y 4 quitan o mueven detalles importantes y alteran la lógica de los diferentes párrafos.

32. **La respuesta correcta es la (3).** Es correcta porque suprime la repetición del verbo creando una estructura paralela entre sus componentes.

33. **La respuesta correcta es la (5).** La alternativa 5 es correcta porque se habla en términos generales y por eso se necesita el verbo en el presente.

34. **La respuesta correcta es la (2).** La alternativa 2 es correcta porque incluye una coma antes de una locución conjuntiva que forma una oración compuesta. La alternativa 3 ofrece una coma en un lugar erróneo. La alternativa 4 forma dos fragmentos incorrectos. La alternativa 5 introduce una coma innecesaria.

35. **La respuesta correcta es la (2).** Es necesario usar presente simple en esta oración. Además, el verbo debe estar en primera persona plural.

36. **La respuesta correcta es la (3).** La alternativa 3 es correcta porque introduce una frase que es consecuencia de la oración anterior. "Es por eso que" es una conexión que establece relación.

37. **La respuesta correcta es la (2).**
Es correcta porque introduce una situación condicional con 'si'.

38. **La respuesta correcta es la (3).**
'El' se refiere al pronombre, y específicamente al sujeto "graffiti" del fragmento anterior. Por eso lleva el acento, para diferenciarlo del artículo 'el'.

39. **La respuesta correcta es la (3).**
La alternativa 3 elimina una coma innecesaria entre dos fragmentos.

40. **La respuesta correcta es la (1).**
En esto contexto es necesario repetir "el debate" ya que el lector necesita saber que se habla de él.

41. **La respuesta correcta es la (5).**
No es necesario corregir esta oración.

42. **La respuesta correcta es la (1).**
La redacción original es correcta porque aposiciones innecesarias van entre comas.

43. **La respuesta correcta es la (5).**
En esta oración se necesita el presente simple porque habla de hoy en día.

44. **La respuesta correcta es la (1).**
De acuerdo con el pasaje esta oración se refiere a un acontecimiento que ya pasó.

45. **La respuesta correcta es la (1).**
La alternativa 1 es correcta porque añade una coma luego de una cláusula introductoria.

46. **La respuesta correcta es la (4).**
Es la correcta porque comienza un párrafo correctamente con una nueva idea principal.

47. **La respuesta correcta es la (4).**
El uso del gerundio, 'estando' produce una frase ilógica. Aquí hace falta la preposición, 'en'.

48. **La respuesta correcta es la (4).**
La acción occurió en el pasado y por eso requiere un verbo en tiempo pasado. Además, el verbo plural "desarrollaron" concuerda con los dos sujetos "acelerador" y "ciclotrón" que constituyen un grupo y, por lo tanto, un sujeto plural.

49. **La respuesta correcta es la (2).**
La alternativa 2 es correcta porque mueve la oración 5 en forma correcta. Se trata de un detalle de apoyo de las ideas contenidas en las oraciones 4 y 6 y, por tanto, debe ir después de ellas. Las otras alternativas simplemente cambian el sentido de los diferentes párrafos.

50. **La respuesta correcta es la (3).**
La alternativa 3 corrige la omisión de conjunciones coordinantes al transformar las dos cláusulas independientes en dos oraciones separadas.

Prueba 1: Redacción, Parte 2

RESPUESTA AL ENSAYO DE EJEMPLO

Es evidente la presencia de las computadoras en todos lados: en las oficinas del gobierno, los negocios, los bancos, los hospitales, las fuerzas armadas, los automóviles, las empresas, las bibliotecas, las escuelas, los hogares y los lugares de trabajo. Es fácil ver que las computadoras han cambiado la vida de todos. No es fácil recordar cómo nos manejábamos todos antes de que se convirtieran en parte de nuestra existencia moderna.

El aspecto positivo más importante de todo esto es la rápida difusión de la información. Hoy, cualquier persona sentada ante una computadora tiene una biblioteca personal ilimitada y una herramienta de investigación de trabajo que es capaz de acceder a la mayor parte del conocimiento humano. Esto es así, ya sea que la persona esté en un pueblo remoto en un país del tercer mundo o en una capital moderna de talla mundial. Las computadoras pueden otorgar a las personas el conocimiento y la comprensión del mundo que las rodea. Además, muchas tareas tediosas que llevan tiempo ahora se realizan de forma más rutinaria y eficiente con la computadora a la vez que se recortan los costos para las empresas y aumenta la productividad de los empleados. Entre algunos ejemplos están el mantenimiento de registros, la facturación, el seguimiento de inventarios y la contabilidad de costos.

Sin embargo, las computadoras también tienen una desventaja. Puesto que se depende tanto de ellas, tienen el potencial de entrometerse en la vida de las personas o invadir la privacidad. Ahora cualquier persona puede tener acceso a información personal que solía ser privada. Queda poco de nuestras vidas que realmente sea privado, todo está allí expuesto en las computadoras.

Sin embargo, no hay lugar a dudas de que estamos en una revolución imparable de las computadoras que es mucho más positiva que negativa en cuanto a los efectos sobre nuestras vidas.

Prueba 2: Estudios Sociales

1. **La respuesta correcta es la (4).** La gráfica circular muestra que poco menos de la mitad de las mujeres en la fuerza laboral con hijos tienen hijos menores de 6 años de edad. No hay evidencia para respaldar las alternativas (1), (2) ó (5). La alternativa (3) ignora el hecho de que esta gráfica se refiere sólo a las mujeres trabajadoras *con hijos* y no a todas las mujeres trabajadoras.

2. **La respuesta correcta es la (1).** Al conocer con anticipación lo que el público desea comprar, las empresas ahorran mucho tiempo y dinero.

3. **La respuesta correcta es la (3).** Cada uno de los tipos de encuesta queda puesto de relieve a través de un ejemplo.

4. **La respuesta correcta es la (5).** El fragmento no se refiere a las relaciones familiares.

5. **La respuesta correcta es la (4).** El lector se queda con la impresión de que las encuestas colaboran con las empresas y son, por lo tanto, necesarias.

6. **La respuesta correcta es la (2).** Todas las naciones que necesitan comerciar unas con otras están vinculadas por la economía. Lo que afecta significativamente a una afecta a sus socios comerciales de algún modo.

7. **La respuesta correcta es la (4).** Cuando los precios caen, generalmente, se debe a que hay disponibilidad de mercaderías en exceso. Cuando esto

ocurre, las fábricas dejan de producir y se despide a los trabajadores.

8. **La respuesta correcta es la (1).** Como se expresa en la segunda oración del párrafo 2, las fábricas producían menos o cerraban cuando comenzó la Depresión.

9. **La respuesta correcta es la (1).** La primera oración expresa que la caída comenzó cuando Gran Bretaña elevó las tasas de interés para "captar el capital necesario".

10. **La respuesta correcta es la (4).** El sistema de pesos y contrapesos tiene como objetivo evitar que cualquiera de los poderes del gobierno sea demasiado fuerte.

11. **La respuesta correcta es la (3).** Sólo el Congreso puede aprobar las leyes. El presidente tiene el poder de vetar aquellas leyes con las que no está de acuerdo. El Congreso, a su vez, puede anular un veto presidencial con dos tercios de la mayoría. Éste es el único ejemplo provisto que ilustra cómo se controlan y equilibran dos poderes de gobierno entre sí.

12. **La respuesta correcta es la (3).** Hubo un genocidio cuando los romanos asesinaron a los cartaginenses y destruyeron la ciudad.

13. **La respuesta correcta es la (2).** Según se define en el párrafo 1, el objetivo del genocidio es la destrucción de un grupo racial, político o cultural. La prueba de que los romanos tuvieron éxito en la destrucción de los cartaginenses es que quedan pocos rastros de su civilización.

14. **La respuesta correcta es la (5).** Como se expresa en el último párrafo, el arte, la religión y la sabiduría aseguran la inmortalidad.

15. **La respuesta correcta es la (4).** Como se expresa en el párrafo 2, Cartago era el centro del comercio fenicio. Los romanos destruyeron a los cartaginenses porque deseaban apoderarse de este comercio rentable y

temían que esto nunca sería posible si los cartaginenses sobrevivían.

16. **La respuesta correcta es la (3).** El economista C expresa el punto de vista socialista porque este economista desea que el gobierno asuma la propiedad de las industrias básicas.

17. **La respuesta correcta es la (1).** El economista A está interesado en que el gobierno proteja al consumidor. Tanto la Ley de Veracidad de la Información en el Etiquetado (*Truth in Packaging Act*), que prohíbe las etiquetas engañosas en los envases, como la Ley de la Divulgación de los Términos Totales de Crédito (*Truth in Lending Act*), que exige que los minoristas y las entidades de crédito provean a los consumidores los costos reales del crédito, tienen como objetivo la protección del consumidor.

18. **La respuesta correcta es la (2).** El economista B defiende el sistema de libertad de la empresa privada, el cual constituyó la política del gobierno de Estados Unidos durante la mayor parte del siglo XIX.

19. **La respuesta correcta es la (2).** El sistema económico *laissez-faire* requiere la no intervención del gobierno en el mercado. Sin esta regulación, la ley de oferta y demanda determinará qué se produce y cuánto se paga.

20. **La respuesta correcta es la (4).** El concepto de pertenencia de la tierra era central para los nativo americanos, pero totalmente diferente del concepto europeo que permitía la compra, pago y escrituración. En Estados Unidos se confiscaron tierras hasta que llegó el momento en que los nativo americanos quedaron en áreas limitadas llamadas reservaciones. Las palabras citadas fueron expresadas por nativo americanos durante las negociaciones de un tratado en South Dakota en 1866.

21. **La respuesta correcta es la (2).** Los impuestos agregados en cada etapa del procesamiento son impuestos sobre el valor agregado.

22. **La respuesta correcta es la (3).** La tabla muestra que mientras más gana una persona, mayor es el importe en concepto de impuestos que debe pagar. Por ejemplo, la persona que gana $16,500 debería pagar el 25% de sus ingresos en impuestos, mientras que una persona que gana $6,500 debería pagar sólo el 15% en concepto de impuestos. Éste es un ejemplo de un impuesto progresivo.

23. **La respuesta correcta es la (1).** Ya que los López ganan menos que el nivel estipulado de ingresos ($9,000 en este caso), el gobierno federal efectúa pagos para aumentar el ingreso familiar. Éste es un ejemplo de un impuesto negativo sobre la renta.

24. **La respuesta correcta es la (4).** Un impuesto que capta un porcentaje más alto del ingreso de los pobres que de los ricos es un impuesto regresivo.

25. **La respuesta correcta es la (5).** El impuesto sobre un impuesto ya existente es un impuesto complementario.

26. **La respuesta correcta es la (2).** La factura dice que se utilizaron 900 pies cúbicos de agua entre el 21 de febrero y el 21 de marzo y que 100 pies cúbicos de agua equivalen a 748 galones. Multiplique 9 × 748 = 6,732 galones.

27. **La respuesta correcta es la (5).** Se utilizaron 900 pies cúbicos durante el invierno. El costo del agua fue de $62.71. Divida 62.71 por 9 y obtendrá la respuesta, que es $6.97.

28. **La respuesta correcta es la (1).** La cantidad total de agua consumida fue de 23,188 galones. La factura total ascendió a $93.90. Divida $93.90 por 23,188 para obtener el costo promedio de $.004 por galón. (Redondee los números a $94 y 23,000 galones.)

29. **La respuesta correcta es la (3).** La única razón mencionada en las alternativas que podría explicar la participación de Inglaterra en el "Comercio triangular" es la (3).

30. **La respuesta correcta es la (3).** La década de 1920 fue una época de transición o cambio. (Vea la última oración del texto).

31. **La respuesta correcta es la (2).** La Enmienda XVIII de la Constitución entró en vigencia el 16 de enero de 1920. La Enmienda prohibía la fabricación, venta y transporte de bebidas alcohólicas. La prohibición contribuyó de forma no intencional a generar un desafío de la ley, muchos tipos de comportamiento ilegales y al aumento del crimen organizado.

32. **La respuesta correcta es la (1).** El jazz y las chicas a la moda de esos años (las personas que adoptaron cierto estilo en la vestimenta y peculiarismos distintivos) fueron modas de la década de 1920.

33. **La respuesta correcta es la (3).** La segunda oración habla del "temperamento dominante" de la época.

34. **La respuesta correcta es la (5).** La segunda oración explica cómo los historiadores clasificaron a esta época, lo que implica que existen otros métodos de clasificación. No hay evidencias que sugieran que la década de 1920 fuera única, la alternativa (2), o que los cambios que marcaron este período no tuvieran paralelo, alternativa (3). La oración 4 contradice la alternativa (1). El segundo párrafo menciona el "susto rojo" en referencia a los comunistas, por lo tanto la alternativa (4) es también incorrecta.

35. **La respuesta correcta es la (5).** Los trabajadores calificados, representados por el barco que navega sin problemas, no están hundiéndose con los "vientos" de la inflación. Los trabajadores no calificados, por el contrario, corren el peligro de naufragar.

36. **La respuesta correcta es la (2).** El texto entero trata sobre los programas de nutrición para ancianos.

37. **La respuesta correcta es la (4).** El texto expresa "casi un cuarto de millón", que significa 250,000.

38. **La respuesta correcta es la (5).** El texto trata sólo sobre la nutrición para ancianos.

39. **La respuesta correcta es la (1).** Es muy probable que más ancianos vivan solos, lo que causa los problemas que se describen en el artículo.

40. **La respuesta correcta es la (4).** El artículo expresa que algunos problemas nutricionales que experimentan los ancianos están relacionados directamente con la soledad y el aislamiento.

41. **La respuesta correcta es la (1).** De los estados mencionados, Nevada tiene sólo un sitio con residuos mientras que los otros tienen muchos más.

42. **La respuesta correcta es la (2).** Los tres estados tienen un área sombreada que indica "más de 40" sitios por estado. Además, estos son tres de los estados más densamente poblados de la nación.

43. **La respuesta correcta es la (1).** Estas palabras de la Declaración de la Independencia indican los agravios que causara el Rey de Inglaterra. Se escribieron para justificar la Revolución de Independencia de Estados Unidos.

44. **La respuesta correcta es la (4).** La lluvia ácida, generada por las chimeneas de la región central industrial, cae periódicamente sobre los bosques, lagos y arroyos del nordeste, lo que causa un devastador daño ecológico a la vida silvestre y a los bosques.

45. **La respuesta correcta es la (2).** Los años en los que no se celebran elecciones presidenciales, es decir, los años entre contiendas electorales por la presidencia, muestran sistemáticamente un nivel menor de participación de los votantes. La alternativa (3) es incorrecta porque los candidatos presidenciales no se postulan como candidatos en los años en que no se celebran elecciones presidenciales. La gráfica no respalda las alternativas (1) y (5). La alternativa (4) no tiene ningún sentido. Eisenhower fue elegido presidente en 1952 y 1956.

46. **La respuesta correcta es la (2).** Israel está ubicada en la parte del mundo que se llama Medio Oriente, que se encuentra en el sudoeste de Asia.

47. **La respuesta correcta es la (4).** La libertad religiosa, entre otras protecciones, dispone que el gobierno de Estados Unidos no puede establecer una religión como la oficial del país. Existía un gran temor sobre este tema debido a la persecución religiosa que los colonos habían sufrido con frecuencia en Europa.

48. **La respuesta correcta es la (1).** El sol no se mueve perceptiblemente, sin embargo, como la Tierra rota de oeste a este, la parte occidental de un país "ve" el Sol más tarde que en el este. Por lo tanto, por ejemplo, la hora de New York está 3 horas más adelantada que la hora de California.

49. **La respuesta correcta es la (5).** Nicolás Maquiavelo (1469–1527) escribió *El príncipe,* un libro que describe cómo un líder exitoso debe ser tan "fuerte como un león" y "astuto como un zorro".

50. **La respuesta correcta es la (1).** Antes de la llegada de los aviones rápidos y los cohetes, los dos océanos (Atlántico y Pacífico) presentaban barreras de importancia contra cualquier amenaza de invasión. Además, estos cuerpos de agua contribuyeron al sentimiento que se generó en Estados Unidos de que estaba ubicada lejos de las preocupaciones y problemas del resto del mundo, ayudando así a crear un sentimiento de aislamiento.

Prueba 3: Ciencias

1. **La respuesta correcta es la (2).** Las arterias llevan la sangre lejos del corazón.

2. **La respuesta correcta es la (5).** El ventrículo izquierdo bombea la sangre hacia la aorta, la cual distribuye la sangre a todo el cuerpo.

3. **La respuesta correcta es la (3).** La sangre va a los pulmones para obtener oxígeno. La sangre rica en oxígeno entonces regresa al corazón para ser distribuida a todo el cuerpo.

4. **La respuesta correcta es la (4).** Ésta es la única secuencia correcta de acuerdo con el diagrama.

5. **La respuesta correcta es la (1).** El animal descrito es un tiburón, el cual pertenece a la clase de los peces. Las palabras clave son de sangre fría, esqueleto cartilaginoso y las aberturas branquiales.

6. **La respuesta correcta es la (2).** Las ranas tienen "dos vidas". Los renacuajos pequeños poseen branquias y viven en el agua, mientras que las ranas adultas tienen pulmones y la mayoría de las especies pueden vivir en la tierra o en el agua. Los animales que pueden vivir tanto en la tierra como en el agua son anfibios.

7. **La respuesta correcta es la (2).** Encuentre la diferencia entre la temperatura más baja y la más elevada que se esperan en las ciudades nombradas para cada viajero. Julia experimentará temperaturas que variarán entre 33° en Atlanta y 75° en Miami. Esta diferencia de 42° es la más amplia de los cinco viajes programados.

8. **La respuesta correcta es la (1).** Patricia experimentará temperaturas que van desde 14° en Chicago a 43° en Denver. Éstas son las temperaturas más frías y elevadas esperadas para los viajes indicados.

9. **La respuesta correcta es la (5).** El locutor se refiere a un huracán, un patrón climático común en el Caribe a fines del verano.

10. **La respuesta correcta es la (4).** La grava y otras partículas grandes se depositaron fuera del agua y se cementaron. Las alternativas (1), (2) y (3) se refieren a las rocas ígneas; la alternativa (5) se refiere a las rocas metamórficas.

11. **La respuesta correcta es la (2).** Hubo 155 tornados en mayo, como lo indica el punto más alto de la línea de puntos que representa a los tornados. La alternativa (1) es incorrecta porque hay mayor número de muertes a causa de tornados en abril y no en mayo. La alternativa (3) es incorrecta porque hay menos muertes por tornados en el otoño que en la primavera. La información en la gráfica no incluye la alternativa (4). La alternativa (5) es incorrecta porque la gráfica muestra un total de más de 700 muertes por tornado durante el período de 27 años que abarca desde 1953 a 1980.

12. **La respuesta correcta es la (1).** Actúe rápidamente cuando vea un tornado. Vaya a la zona designada como refugio tan pronto como haya una advertencia del informe meteorológico. Si no hay un refugio designado, busque un edificio y escóndase en un vestíbulo, closet o baño interior del piso más bajo posible. No permanezca en el automóvil, sino acuéstese en una zanja o barranco y cúbrase la cabeza.

13. **La respuesta correcta es la (3).** El peso aconsejable para un hombre de 5′8″ (68″) es 145. Con 130, Bill tiene un peso más bajo que lo normal.

14. **La respuesta correcta es la (5).** Observe las columnas de pesos para hombres y mujeres. En casi todos los casos, el peso aconsejable para los hombres es

de 10 libras más que el peso aconsejable para las mujeres de la misma estatura. Esta es la única conclusión respaldada por la información de la tabla.

15. **La respuesta correcta es la (3).** Es más fácil obtener todos los nutrientes necesarios en una dieta con más calorías. Por lo tanto, las mujeres deben elegir sus alimentos más cuidadosamente que los hombres si van obtener todos los nutrientes necesarios sin subir de peso.

16. **La respuesta correcta es la (4).** El trabajo realizado es $T = F \times D$, pero no se da la información sobre la distancia. Sin embargo, $D = V$(velocidad) $\times T$(tiempo), ó $D = 2$(m/s) $\times 6$(s) $= 12$ m. Al sustituir, obtenemos: $T = F \times D$, $T = 40 \times 1.2 = 480$ julios.

17. **La respuesta correcta es la (1).** Como se expresa en la última oración del párrafo 2, la mayoría de los problemas de espalda se presentan en el cuello y la parte baja de la espalda.

18. **La respuesta correcta es la (5).** La espalda consta de ligamentos, tendones, huesos, vértebras, discos y nervios.

19. **La respuesta correcta es la (4).** Como se expresa en la segunda oración del párrafo 2, "Las vértebras están separadas y amortiguadas por almohadillas ovales llamadas discos".

20. **La respuesta correcta es la (2).** El último párrafo expresa que los ligamentos pueden romperse (desgarrarse) si la espalda se flexiona repentinamente.

21. **La respuesta correcta es la (4).** Cuando la población de halcones aumenta, la población que es su presa disminuye y viceversa.

22. **La respuesta correcta es la (1).** Debido a la ausencia de la competencia por parte de las cepas sensibles a los antibióticos, las cepas resistentes a los antibióticos predominan. Éste es un ejemplo de selección natural.

23. **La respuesta correcta es la (4).** La última oración expresa que los átomos están compuestos por protones, neutrones y electrones. Las moléculas son grupos de átomos.

24. **La respuesta correcta es la (3).** La quinta oración expresa que los grupos de átomos forman moléculas.

25. **La respuesta correcta es la (1).** La primera oración expresa que la materia está formada por partículas tan pequeñas que nunca se pudieron ver.

26. **La respuesta correcta es la (1).** El segundo párrafo aconseja no mover a una persona lesionada "a menos que sea absolutamente necesario debido al peligro de incendio".

27. **La respuesta correcta es la (5).** El párrafo 5 recomienda que controle el sangrado excesivo mediante la aplicación de presión.

28. **La respuesta correcta es la (4).** Todos deberíamos saber las reglas básicas de los primeros auxilios por todas las razones dadas.

29. **La respuesta correcta es la (4).** Deshidratar algo es quitarle el agua.

30. **La respuesta correcta es la (2).** Los isótopos tienen un número diferente de neutrones. El número de protones es el mismo por lo que el número atómico es el mismo. Sin embargo, un isótopo tiene más neutrones que el otro, por lo que el peso atómico variará.

31. **La respuesta correcta es la (1).** Los isótopos tienen el mismo número atómico (el número más bajo a la izquierda del símbolo químico) pero diferente masa atómica (el número de arriba a la izquierda del símbolo). $^{12}_{6}C$ y $^{13}_{6}C$ representan isótopos de carbono.

32. **La respuesta correcta es la (2).** Se desintegrará la mitad del estroncio 90 cada 20 años.

8 gramos $\times \frac{1}{2} = 4$ gramos (despues de 20 años)

4 gramos $\times \frac{1}{2} = 2$ gramos (despues de 40 años)

33. **La respuesta correcta es la (2).** Como se indica en el texto, uno de los peligros de la ingeniería genética es el "desarrollo accidental de una bacteria mutante que pueda cambiar todo el patrón de la vida en la Tierra."

34. **La respuesta correcta es la (4).** Como el resfrío común es una infección viral, el interferón podría ayudar a curarlo.

35. **La respuesta correcta es la (1).** Dos sustancias (azufre + oxígeno) se combinan para formar una sustancia más compleja (óxido de azufre). Éste es un ejemplo de una reacción de combinación.

36. **La respuesta correcta es la (5).** La división del núcleo de un elemento pesado para liberar grandes cantidades de energía es un ejemplo de fisión atómica.

37. **La respuesta correcta es la (4).** Los dos compuestos intercambian iones ya que el magnesio se combina con el cloro y el hidrógeno con el oxígeno en esta reacción de sustitución doble.

38. **La respuesta correcta es la (1).** Dos sustancias (sodio + cloro) se combinan para formar una sustancia más compleja (cloruro de sodio). Ésta es una reacción de combinación.

39. **La respuesta correcta es la (2).** Como lo indica la gráfica, cuando el agua alcanza el punto de ebullición, se convierte en vapor.

40. **La respuesta correcta es la (5).** Dado que fuerza = m × a, multiplique la masa por la aceleración de cada bloque.

Bloque	Masa	× acel.	= fuerza
1	2	3	6
2	4	6	24

Por lo tanto, el segundo bloque necesita una fuerza 4 veces mayor que el primero.

41. **La respuesta correcta es la (2).** Como lo expresa el párrafo 2, el sistema será capaz de localizar el sitio del siniestro con una precisión de 1 a 3 millas.

42. **La respuesta correcta es la (4).** El párrafo 1 menciona las víctimas de un siniestro aéreo o marítimo. El párrafo 3 menciona el seguimiento de un aventurero japonés.

43. **La respuesta correcta es la (1).** El párrafo 1 expresa que SARSAT reduce el tiempo necesario para localizar las víctimas. El párrafo 2 menciona la exactitud con la cual SARSAT puede localizar los sitios del siniestro. No se menciona el costo, facilidad de uso ni la confiabilidad.

44. **La respuesta correcta es la (4).** El ADN actúa como mediador en la síntesis de proteínas por medio del ARNm que la realiza, por lo tanto las alternativas de respuesta (1) y (2) son incorrectas. La transcripción lleva a la traducción, por lo que la alternativa (3) es incorrecta. La traducción se define como el proceso de copiado o construcción de una proteína a partir de aminoácidos, por lo tanto, la alternativa (4) es la correcta.

45. **La respuesta correcta es la (5).** Según el texto, todo lo que podemos suponer es que los científicos pueden crear modelos de ADN y ARN para la investigación.

46. **La respuesta correcta es la (4).** El cobre es el metal que más se utiliza en el cableado eléctrico debido a que es casi tan buen conductor de electricidad como la plata y considerablemente menos costoso.

47. **La respuesta correcta es la (1).** Los científicos de la empresa privada Celera Genomics anunciaron la finalización del proyecto "Genoma humano". Este logro nos proporciona un mapa virtual de alrededor del 95 por ciento de todos los genes del cuerpo

explicaciones

humano. Este conocimiento puede ayudarnos a comprender cómo funciona nuestro cuerpo y a encontrar una cura para muchas enfermedades.

48. **La respuesta correcta es la (3).** Los combustibles fósiles son combustibles orgánicos naturales que contienen carbono y se encuentran en la tierra.

49. **La respuesta correcta es la (4).** Existen muchos problemas asociados con la generación de energía nuclear.

Prueba 4: Español: lenguaje, lectura

1. **La respuesta correcta es la (1).** Ésta es una escena entre un hombre con un problema personal profundo y la amiga calculadora. Expresa desesperación y sentimientos suicidas. En consecuencia es una escena cargada de emociones.

2. **La respuesta correcta es la (1).** En la línea 20, Lovborg expresa que Thea piensa que destruir el manuscrito es como el asesinato de un niño. En otras palabras, el manuscrito se compara con un niño.

3. **La respuesta correcta es la (3).** En la línea 52, Lovborg dice que terminará con todo. En las líneas 56 y 57, Hedda le pregunta si lo hará "de un modo maravilloso", es decir, si se suicidará de un modo maravilloso.

4. **La respuesta correcta es la (5).** En las últimas veinte líneas, las indicaciones expresan que Hedda toma el paquete del manuscrito y comienza a arrojar al fuego una o dos manos por vez. Según esta información, se puede inferir que las manos eran hojas de papel.

5. **La respuesta correcta es la (3).** Lovborg se acerca a Hedda confiadamente, desesperado y a punto de suicidarse. Perdió su precioso manuscrito. Ella no sólo tiene el manuscrito, sino que además le entrega una pistola para que se suicide. Obviamente, es una persona engañosa y maliciosa.

Sin embargo, el uranio es especial en el sentido de que es el único que es radiactivo. La exposición a un exceso de radiactividad puede causar cáncer.

50. **La respuesta correcta es la (5).** Una de las áreas de interés de los físicos es el movimiento y las fuerzas. Las otras alternativas serían estudiadas por botánicos, geólogos, biólogos y químicos respectivamente.

6. **La respuesta correcta es la (2).** El dicho se refiere a los amigos que pueden actuar algunas veces como enemigos reales. Eso es por cierto lo que ocurre aquí dada la traición de Hedda a Lovborg. Un enemigo no hubiera herido a Lovborg de forma más grave que lo que hizo su supuesta amiga.

7. **La respuesta correcta es la (1).** El hecho de que la saliva cruje antes de llegar al suelo indica que la temperatura es inferior a 50 grados bajo cero.

8. **La respuesta correcta es la (3).** Ambas mitades de la alternativa (3) establecen que el gélido e imponente Yukón es "enormemente gris y frío".

9. **La respuesta correcta es la (4).** La oración final nos dice que el perro sabía que "aquél no era un día para viajar". "Su instinto le decía más que el raciocinio al hombre a quien acompañaba".

10. **La respuesta correcta es la (4).** Consulte las líneas 39 a 41. La única alternativa más baja que 50 es 65° bajo cero.

11. **La respuesta correcta es la (2).** La alternativa (2) es la respuesta más probable. El hombre tiene, probablemente, un encargo de importancia que lo lleva a este territorio frío y desconocido. No se puede decir que morirá necesariamente ya que podría estar cerca de su destino. Es poco probable que sea un acampante o

fanático del aire puro. El relato dice que es un recién llegado, por lo que la alternativa (5) es también incorrecta.

12. **La respuesta correcta es la (5).** El autor describe al perro como "abrumado" y dice que "sabía que aquél no era un día para viajar". Se supone por lo general que los animales no son capaces de tener este tipo de ideas o sentimientos.

13. **La respuesta correcta es la (4).** Algunas palabras expresan que se trata de una persona que acaba de morir: alguien cerró los ojos de esa persona, le tapó la cara con un lienzo blanco o mortaja.

14. **La respuesta correcta es la (5).** Todo nos hace pensar que la persona que agonizaba estuvo acompañada de su familia y amigos en sus últimos momentos. Esas personas aparecen en este poema en los pronombres indefinidos: unos, otros, todos.

15. **La respuesta correcta es la (4).** Los versos 9 al 12, debido al desorden sintáctico, forman un hipérbaton. Las mismas palabras pueden ser ordenadas lógicamente así: sujeto (la luz), verbo (arrojaba), complemento circunstancial de lugar (al muro), complemento directo (la sombra del lecho).

16. **La respuesta correcta es la (1).** Dibujarse significa en este verso, aparecer, ver. La palabra rígida es una forma de expresar inmovilidad total. Por lo tanto, la persona que está rígida es porque está muerta.

17. **La respuesta correcta es la (2).** Luto: vestir de negro, duelo. Deudos: son los familiares que sufren por la muerte de su ser querido. Cortejo: es el grupo que acompaña hasta el cementerio para el momento del entierro. Las demás opciones dicen parte de la verdad, pero no reemplaza correctamente ni en el mismo orden, a las tres palabras subrayadas.

18. **La respuesta correcta es la (3).** Las preguntas que aparecen en esos versos son conocidas en poesía como preguntas retóricas, que no esperan respuesta alguna y sólo reflejan las inquietudes del yo poético o tal vez su profunda tristeza o frustración por el destino final de los seres humanos.

19. **La respuesta correcta es (2).** Mientras en las otras opciones se tratan algunos aspectos del pasaje – la inmigración, la ciudad de Nueva York, las madres – un título tiene que darle una pista sobre el punto general del pasaje. Desde que la selección es toda acerca de la idea de volver a empezar en un nuevo lugar, éste es el mejor título.

20. **La respuesta correcta es (3).** Para deducir el significado de cualquier palabra en particular en un pasaje que usted no puede saber bien, usted debe entender el contexto. Aquí, *sereno* es más cercano a *pacífico*. La opción (2), *caótico*, significa *desenfrenado* y *rebelde*, es opuesto, y la opción (4), *asustado*, no tiene ningún sentido en el pasaje. La opción (1), *embotado*, mientras significa *aburrido* o *descolorido*, podría trabajar en el pasaje pero no podría ser un sinónimo correcto para *sereno*. La opción (5), *predecible*, está relacionada, en que una vida *serena* es probablemente bastante predecible, pero estas dos palabras tienen los significados diferentes.

21. **La respuesta correcta es (1).** El segundo párrafo contradice la primera opción, significa es la respuesta correcta. Ruth realmente trabajó por sueldos bajos como una costurera, por que ella no era una persona profesional. La otra opción presenta declaraciones correctas que son soportadas por el pasaje. Su fondo europeo se menciona en

el segundo párrafo. Las otras opciones son soportadas por el último párrafo.

22. **La respuesta correcta es (5).** El pasaje entero sugiere que, aunque ella era una inmigrante, una madre soltera (desde la presencia de un padre no se menciona), y trabajó por bajo-pago, Ruth pudo permitirse el lujo de una vida decente, agradable en la ciudad de Nueva York en 1949. La opción (1) es incorrecta, porque el primer párrafo describe el albergue disponible como "escaso," significando había algún disponible. Aunque Susan estaba sola después de la escuela, nada se declara sobre este ser común, tanto la opción (2) es incorrecta. La opción (3) se contradice en el último párrafo en el cual el crimen no era un problema. La opción (4) no se relaciona a este pasaje.

23. **La respuesta correcta es (4).** Este pasaje se toma de una biografía en que el autor describe las vidas de Ruth y Susan en 1949 en términos de las verdaderas condiciones. No hay ningún esfuerzo claro para persuadir, entretener, o quejarse al lector.

24. **La respuesta correcta es la (3).** Se puede inferir a partir de la sección 3.1 que es una lista de los gastos en que un empleado incurre al realizar su trabajo para la empresa. Esto puede significar viáticos y comidas cuando sale fuera de la ciudad en representación de la empresa.

25. **La respuesta correcta es la (2).** La sección 6.1, parte (c), expresa que debe indicar la información del millaje del auto cuando se lo utiliza. Esto debe realizarse antes de salir con el automóvil y al regresar al garaje.

26. **La respuesta correcta es la (5).** Este requisito se enuncia en la primera oración en la sección 3.1. La parte (e) lo indica como ejemplo de un gasto relacionado con el trabajo.

27. **La respuesta correcta es la (1).** Una empresa que tiene tantos tipos de empleados, automóviles de la empresa y estacionamientos debe ser bastante grande. No hay evidencia para ninguna de las otras alternativas.

28. **La respuesta correcta es la (4).** A juzgar por el énfasis en el trato con los clientes posibles, tales como cuentas de gastos para los empleados, deben vender un producto o un servicio al público. Por lo tanto, la alternativa (4) es la única respuesta razonable.

29. **La respuesta correcta es (1).** El pasaje entero es acerca de un hombre que intenta escapar de algunos hombres que son sus enemigos. Él no está en una carrera, o intentando matar a alguien. Mientras él está nadando, nada se dice acerca del peligro del río. Y él no está buscando el barco que en la historia fue usado por los hombres para seguirlo en el agua.

30. **La respuesta correcta es (3).** Los *perseguidores* es el nombre derivado del verbo *seguir* que quiere decir, *caza, huella o buscar*, a menudo con un intento enfermizo. Los enemigos del hombre eran sus *perseguidores* porque ellos estaban fuera para cazarlo y hacerle daño.

31. **La respuesta correcta es (5).** Las palabras le dicen que el hombre esta siendo cazado pudo permanecer tranquilo y racional bajo tensión extrema. Él pudo pensar rápidamente, formula un plan valeroso, y lo lleva a cabo con éxito. Él no esta sujetó por el miedo o el lento pensamiento, y no nos dicen si es o no un delincuente. Mientras él parece ser inteligente ciertamente, no hay ninguna indicación que él sea terco, así la opción (4) es incorrecta.

32. **La respuesta correcta es (2).** El último párrafo le da la respuesta. Sugiere que hubiera estado asustadizo y callado durante esta prueba, y el hombre pensó que posiblemente estaba siendo seguido por los fantasmas. Cuando él oyó finalmente a los hombres hablar, igual en cierto modo mostró su "la malicia y peligro" el miedo fue disipado, y él se sentía más seguro a cerca de poder ganar su batalla, aunque él era "uno contra muchos," o excedido en número. "Sacre," a propósito, es una palabra francesa para tomar juramento.

33. **La respuesta correcta es (4).** Desde que el pasaje es una descripción de un hombre que esta siendo perseguido y corre por su vida porque hay otros que están intentando asesinarlo, la descripción más cercana sería que está *aterrorizado y triste*. Las opciones (1), (3) y (5) describen algo más feliz y no es por consiguiente lo apropiado. La opción (2) sólo es en parte descriptivo; mientras el pasaje es *oscuro*, no es *amable*.

34. **La respuesta correcta es (3).** Considerando que él estaba en una "situación terrible" (primero la frase), y "rodeado a cada lado," y también excedido en número ("uno contra muchos"), él tenía muy pocas opciones, si embargo, además de bucear bajo el agua y engañar a los hombres para que ellos pensaran que él estaba en el agua bajo su sombrero. Si él no hubiera tenido el sombrero, lo más probable es que el no hubiera podido huir, ni encontrar un lugar para esconderse, desde que él fue rodeado. Sus zapatos no habrían flotado, y no habría trabajado para salvarlo si ellos lo tenían. Y de la descripción, suena improbable que el grupo de hombres asesinos hubiera podido negociar con él.

35. **La respuesta correcta es la (2).** Una frazada es un símbolo de calidez, comodidad y hogar. Obviamente, el símbolo está siendo utilizado aquí de un modo irónico para indicar lo que se le está negando al abuelo.

36. **La respuesta correcta es la (3).** El padre no quería ser realmente cruel, como lo muestra el final, en el cual él muestra su amor por su padre.

37. **La respuesta correcta es la (4).** Se indica cuando Petey dice que hay que guardar la otra mitad de la frazada para *su* padre cuando él *lo* envíe lejos.

38. **La respuesta correcta es la (1).** Ésta es una historia triste y melancólica ya que sentimos la música triste y los momentos solitarios alimentados por los malentendidos y los conflictos.

39. **La respuesta correcta es la (2).** Al ofrecer cortar la frazada, Petey está diciendo que si éste es el modo en que tú tratas a tu padre, puedes esperar que yo también te trate del mismo modo.

40. **La respuesta correcta es la (1).** Debemos comprender que el abuelo no es sarcástico en lo que expresa; él honestamente trata de comprender el punto de vista de su hijo.

explicaciones

Prueba 5: Matemáticas: Parte 1

Importante: La palabra C̲A̲L̲C̲U̲L̲A̲D̲O̲R̲A̲ indica que debe ingresar en la calculadora lo que se presenta a continuación.

1. **La respuesta correcta es la (5).**

   La cantidad usada $= \dfrac{1}{3} + \dfrac{2}{5}$

   C̲A̲L̲C̲U̲L̲A̲D̲O̲R̲A̲ $1 \div 3 + 2 \div 5 =$ [Respuesta: 7.333; redondeado a **0.73**]

   Un método alternativo es el de sumar las fracciones y *luego* usar la calculadora.

   $\dfrac{1}{3} + \dfrac{2}{5} = \dfrac{5}{15} + \dfrac{6}{15} = \dfrac{11}{15}$

   C̲A̲L̲C̲U̲L̲A̲D̲O̲R̲A̲ $11 \div 15 =$ [Respuesta: 0.7333; redondeado a **0.73**]

2. **La respuesta correcta es la (5).** A partir de la página de fórmulas, use la razón trigonométrica, que relaciona un ángulo (8.3°) con el lado adyacente a éste (E) y la hipotenusa (5.6).

   $\cos 8.3° = \dfrac{E}{5.6}$

   Multiplique los dos lados por 5.6 para encontrar E:

   $E = 5.6 \times \cos 8.3°$

   {Revise que la calculadora indique "DEG" en el visor. Si no, presione:

   C̲A̲L̲C̲U̲L̲A̲D̲O̲R̲A̲   mode   4   }

   C̲A̲L̲C̲U̲L̲A̲D̲O̲R̲A̲ 5.6×8.3 sin (seno)= [Respuesta: 5.5413; redondeado a **5.54**]

3. **La respuesta correcta es la (4).** Revise las unidades:

   $\text{Costo} = \dfrac{12.85 \text{ dólares}}{\text{yardas}} \times 4\dfrac{2}{3} \text{ yardas} =$

   C̲A̲L̲C̲U̲L̲A̲D̲O̲R̲A̲ $12.85 \times [(3 \times 4) + 2] \div 3 =$ [Respuesta: 59.9666; redondeado a **59.97**]

4. Forma alternativa: 5̲ 3̲ . 6̲ _

   Encuentre el valor de F con la fórmula de conversión de temperatura.

   $F = \dfrac{9}{5}C + 32$

   Reemplace 12 por C:

   $F = \dfrac{9}{5} \times 12 + 32$

   C̲A̲L̲C̲U̲L̲A̲D̲O̲R̲A̲ $9 \div 5 \times 12 + 32 =$ [Respuesta: F = **53.6**° Fahrenheit]

Un modo de escribir la respuesta a esta pregunta de forma alternativa es: 4A.

5	3	.	6	
⊘	⊘	⊘	⊘	⊘
⊙	⊙	●	⊙	⊙
⓪	⓪	⓪	⓪	⓪
①	①	①	①	①
②	②	②	②	②
③	●	③	③	③
④	④	④	④	④
●	⑤	⑤	⑤	⑤
⑥	⑥	⑥	●	⑥
⑦	⑦	⑦	⑦	⑦
⑧	⑧	⑧	⑧	⑧
⑨	⑨	⑨	⑨	⑨

Otra forma de escribir la respuesta correcta es: 4B.

	5	3	.	6
⊘	⊘	⊘	⊘	⊘
⊙	⊙	⊙	●	⊙
⓪	⓪	⓪	⓪	⓪
①	①	①	①	①
②	②	②	②	②
③	③	●	③	③
④	④	④	④	④
⑤	●	⑤	⑤	⑤
⑥	⑥	⑥	⑥	●
⑦	⑦	⑦	⑦	⑦
⑧	⑧	⑧	⑧	⑧
⑨	⑨	⑨	⑨	⑨

5. Forma alternativa: <u>8</u> <u>1</u> <u>0</u> <u>2</u> <u>3</u>

Interés = 85% "del" capital; $I = 0.85 \times \$95{,}321.58$

CALCULADORA $.85 \times 95321.58 =$

[Respuesta: $81023.343; redondeado a **$81023**]

6. **La respuesta correcta es la (4).** A partir de la página de fórmulas,

$$\text{Interés} = C \times R \times T$$

$$1,000 = 2,000 \times R \times 3.5$$

$$\frac{1,000}{2,000 \times 3.5} = R$$

CALCULADORA $R = 1,000 \div (2,000 \times 3.5) =$
[Respuesta: 0.1428; redondeado a .143]

La pregunta pide la tasa de interés expresada como un *porcentaje*, por lo tanto, multiplique la respuesta por 100.

$$R \times 100 = .143 \times 100 = 14.3\%$$

7. **La respuesta correcta es la (3).** 141. Observe cada trabajo por separado para calcular la cantidad total de horas trabajadas en cada categoría de salario. En el primer empleo, Juan trabajó 3 + 4 + 8 = 15 horas a razón de $7.00, por lo tanto, la primera parte: 7 × 15 representa el empleo uno. Encuentre la misma información para el empleo dos: el total de horas trabajadas es 4 + 4 = 8. El salario es de 4.50 por hora, por lo tanto, 4.5 × 8.

CALCULADORA   7 × 15 + 4.5 × 8 = [Respuesta: los ingresos son de **$141**]

8. **La respuesta correcta es la (4).** El empacador necesita convertir el peso de cada caja a las mismas unidades para compararlas y ordenarlas de la más pesada a la más liviana.

D	$216 \text{ onzas} = \dfrac{216}{16} =$	13.5 libras
E	5.7 libras	
F	35 libras	
G	$77.4 \text{ onzas} = \dfrac{77.4}{16} =$	4.8 libras
H	10.3 libras	

Ordénelas desde la más pesada a la más liviana: F(35), D(13.5), H(10.3), E(5.7), G(4.8)

9. **La respuesta correcta es la (4).**

$$\text{Costo de los curos por año} = \frac{\$55}{\text{crédito}} \times \frac{30 \text{ crédito}}{\text{año}} = \$1,650 \text{ por año}$$

Costo de la universidad = Costo de los cursos + Aranceles universitarios + Otros

$$= 1,650 + 430 + 100 = \$2,180$$

10. **La respuesta correcta es la (1).**

$$\text{Cursos} = 1,650 + 0.0375 \times 1,650 = 1,711.875$$

$$\text{Aranceles} = 430 + 0.08 \times 430 = 464.40$$

$$\underline{\text{Otros} = 100.00}$$

$$\text{Total} = 2,276.275$$

(redondeado a $2,276)

11. **La respuesta correcta es la (4).**

$$\text{Cambio en porcentaje} = \frac{\text{Costos en 2003} - \text{Costos en 2002}}{\text{Costo en 2002}} \times 100$$

⌨ CALCULADORA $(2,276 - 2,180) \div 2,180 \times 100 = $ [Respuesta: 4.4036; redondeado a **4.4%**]

12. Forma alternativa: ⌐ 8 5 _ _

    Según la página de fórmulas, el área de un círculo es:

    $A = \pi r^2$, o sustituya A por 2.25 y divida los dos lados entre π,

    $r^2 = \dfrac{2.25}{\pi}$, y despejando la raíz cuadrada en ambos lados,

    $r = \sqrt{\dfrac{2.25}{\pi}}$

⌨ CALCULADORA $(2.25 \div \text{EXP})$ shift $X^2 = $ [Respuesta: 0.8462; redondeado a **0.85**]

13. Forma alternativa: 8 3 . 2 0

    Salario total = Salario habitual + Horas extra; Total − Habitual = Horas extra

    Horas extra: $48 - 40 = 8$

    Salario por 8 horas extra:

    $1.5 \times \$1.60 \times 8 = \$19.20$

    Salario por 40 horas de trabajo habitual:

    $1.60 \times 40 = \$64.00$

    Salario total = $\$64.00 + 19.20 = \$83.20$

14. **La respuesta correcta es la (3).** Calcule el saldo de la chequera sumando los depósitos y restando las extracciones. Según la información que se proporciona:

		Depósitos (+)	Extracciones (−)
9/1	Balance	$257	
9/2	Depósito	375	
9/6	Extracción		$150
9/10	Extracción		35
9/12	Depósito	42	
9/19	Extracción		140
9/26	Extracción		28
	Total	$674	$353
10/1	Saldo $674 − 353 = $321		

Con una calculadora, SUME el "saldo" y los "depósitos" y RESTE las "extracciones":

⌨ CALCULADORA $257 + 375 - 150 - 35 + 42 - 140 - 28 = $ [Respuesta: **$321**]

15. **La respuesta correcta es la (3).** Ya sabemos que el saldo al 1° de diciembre es de $421. Si se le resta un cheque por el monto de $193.47 le quedará: $421 − $193.47 = $227.53. Para obtener un saldo de $600.00 necesitará la diferencia, o $600.00 − $227.53 = $372.47.

🄲🄰🄻🄲🄾🄻🄰🄳🄾🄡🄰   600 − (421 − 193.47) = [Respuesta **$372.47**]

16. **La respuesta correcta es la (3).** El automóvil 1, que se dirige al norte, en 2 horas, recorre: 20 × 2 = 40 millas

El automóvil 2, que se dirige al este, en 2 horas recorre: 40 × 2 = 80 millas

La representación gráfica es:

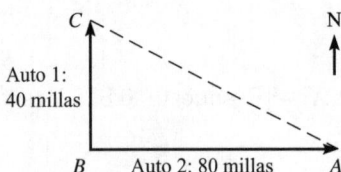

La distancia (AC), según el teorema de Pitágoras, es:

$AC^2 = 40^2 + 80^2$

Despejando la raíz cuadrada en ambos lados

$AC = \sqrt{40^2 + 80^2}$

🄲🄰🄻🄲🄾🄻🄰🄳🄾🄡🄰 $(40x^2 + 80x^2)$ shift X^2 =

[Respuesta: 89.4427; redondeado a **89.4** millas]

17. Forma alternativa, cuadrícula de plano de coordenadas (−5,0)

Use el teorema de Pitágoras de la página de fórmulas:

$AB^2 = AC^2 + BC^2$
Si sustituimos por los valores,
$AB^2 = 27^2 + 36^2$

🄲🄰🄻🄲🄾🄻🄰🄳🄾🄡🄰 $27X^2 + 36\,X^2$ = [$AB^2 = 2{,}025$]

Para encontrar AB, calcule la raíz cuadrada de este resultado:

🄲🄰🄻🄲🄾🄻🄰🄳🄾🄡🄰   2,025 shift X^2 = [Respuesta: **45**]

Todavía no ha terminado. Debe calcular las coordenadas del punto A.

Tanto el punto A como el B se encuentran en el eje de x y por lo tanto ambos tienen el mismo valor de y: $y = 0$. Pero el punto B está a 45 unidades a la derecha del punto A. Por lo tanto, el valor de x para la coordenada del punto A está a $40 - 45 = -5$, cinco unidades a la izquierda del punto de origen $(0,0)$.

El punto se encuentra en las coordenadas: A **(−5,0)**

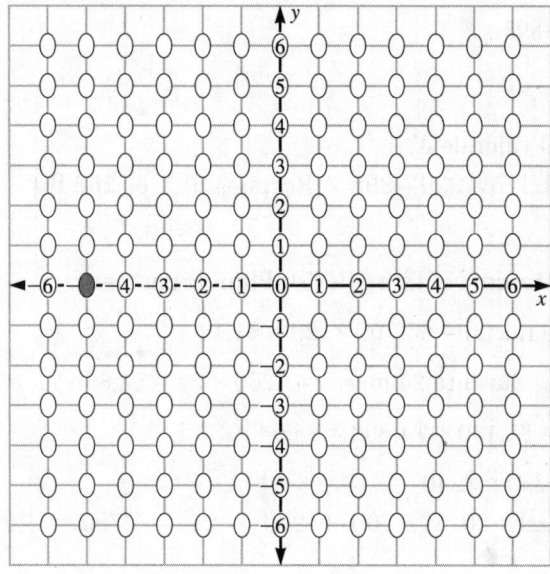

18. **La respuesta correcta es la (3).** Para calcular la altura promedio, sume las alturas y divida por 5:

$$5'\,11''$$
$$6'\;1''$$
$$6'$$
$$6'\;6''$$
$$\underline{6'\,4''}$$
$$29'22'' = 30'10'' = \text{(ya que } 12' = 1'')$$
$$\overset{\textstyle 6'2''}{5\overline{)30'10''}}$$

19. **La respuesta correcta es la (5).**

$$\text{El peso promedio del equipo} = \frac{\text{suma de los pesos}}{5}$$

Eliminar el peso de José y sustituir X por el peso de su reemplazante,

$$230 = \frac{X + 248 + 199 + 256 + 195}{5}$$

$$5 \times 230 = X + 898$$

Encuentre el valor de X,

CALCULADORA $5 \times 230 - 898 =$ [Respuesta: X es **252 lb**]

20. **La respuesta correcta es la (5).** Plan de cuotas

20% de pago inicial = $5,700 × .20 = $1,140

$200 por mes durante 24 meses = $200 × 24 = $4,800

Costo total = $1,140 + $4,800 = $5,940

$5,940 − $5,700 = $240

CALCULADORA   .20 × 5,700 + 200 × 24 − 5,700 = [Respuesta: **$240**]

21. Forma alternativa: 2 . 5 _ _

Hubo un error de 150 pies − 146.3 pies = 3.7 pies.

El porcentaje de error es el error dividido por la distancia real:

$$\frac{3.7}{146.3} \times 100$$

CALCULADORA   3.7 ÷ 146.3 × 100 = [Respuesta: 2.5290; redondeado a **2.5**]

22. Forma alternativa: 1 1 4 _ _

En 19 minutos, el minutero recorre $\frac{19}{60}$ del círculo completo (360°).

CALCULADORA   360 × 19 ÷ 60 = [Respuesta: **114°**]

23. **La respuesta correcta es la (4).**

$$\text{Costo promedio} = \frac{\text{Suma de las comidas fuera de su casa}}{4}$$

CALCULADORA   (5.49 + 6.49 + 5.19 + 7.99) ÷ 4 = [Respuesta: **$6.29**]

24. **La respuesta correcta es la (4).** Reste el costo de comer 10 veces en su casa al costo de comer en Wen's.

Costo en Wen's = 10 × 5.19 = 51.90

Costo en su casa = 10 × 2.50 = 25.00

La diferencia = 51.90 − 25.00 = $26.90

25. **La respuesta correcta es la (1).** A partir de la página de fórmulas, el volumen de un cubo es longitud × ancho × altura.

En la tabla, calcule y añada los valores correspondientes bajo **Volumen** y bajo **Costo/Volumen**

Marca	Costo ($)	Dimensiones (pulgadas)			Volumen (ft³) [l × a × h]	Razón [Costo/Volumen]
		Longitud	Ancho	Altura		
1. Kenmore	1,000	33	31	65	66,495	$1,000/V_1$ = **.015**
2. GE	1,100	31	31	67	64,387	$1,100/V_2$ = .017

El valor más conveniente para Ana era el de Kenmore, que tiene una razón de costo volumen de .015. (Cuanto menor es la razón, más bajo es el costo y más elevado el volumen. Ambos factores eran importantes para la elección de Ana.)

PARTE 2

26. **La respuesta correcta es la (4).** Las unidades de la respuesta deben expresarse en [dólares], por lo tanto, multiplique y simplifique unidades similares

$$2.65 \; \cancel{libras} \times \frac{4.25 \; \text{dólares}}{\cancel{libra}} = 2.65 \times 4.25 \; \text{dólares}$$

$$
\begin{array}{r}
2.65 \\
\times 4.25 \\
\hline
1325 \\
530 \\
1060 \\
\hline
112625
\end{array}
$$

4 decimales en la respuesta: $11.2625; redondeado a **$11.26**

27. **La respuesta correcta es la (1).**

$$\frac{2}{3} \; \text{de} \; \frac{1}{4} \; \text{significa} \; \frac{\cancel{2}^{1}}{3} \times \frac{1}{\cancel{4}_{2}} = \frac{1 \times 1}{3 \times 2} = \frac{1}{6}$$

28. **La respuesta correcta es la (3).** La fracción *combinada* de PCB y algas

se refiere a la fracción de PCB + la fracción de algas $= \dfrac{1}{12} + \dfrac{2}{5} = \dfrac{5}{60} + \dfrac{24}{60} = \dfrac{29}{60}$

29. **La respuesta correcta es la (4).** En números romanos:

M	1,000
CM	900
L	50
X	10
IX	9
Total:	1,969

30. **La respuesta correcta es la (4).** El factor importante es el espesor de la

caja y del naipe. Si dividimos $\dfrac{1}{2}$ por $\left(\dfrac{1}{100}\right)$, obtenemos la cantidad de naipes

por caja = 50 cards.

31. Forma alternativa: 1   3   /   6   _

Reste las dos fracciones. Primero transforme cada fracción en una mixta.
Luego, transfórmelas en una fracción impropia:

$$3\frac{1}{2} = \frac{7}{2} = \frac{21}{6}$$
$$-1\frac{1}{3} = -\frac{4}{3} = \frac{8}{6}$$
$$\frac{13}{6}$$

32. **La respuesta correcta es la (4).** Establezca una proporción:

$$\frac{\text{contribución}}{\text{mesada total}} = \frac{x}{100\%}$$

$$\frac{7.50}{30.00} = \frac{x}{100}$$

$$30x = 750$$

$$x = 25\%$$

33. **La respuesta correcta es la (4).** A partir de la página de fórmulas,

$V = \pi r^2 h$. Sustituya, $V = \pi \times \left(\frac{1}{2}\right)^2 \times 10$

(Recuerde que el radio es la mitad del diámetro, $\frac{1}{2}$ de 1 pie = $\frac{1}{2}$ pie.)

$$V = \pi \times \frac{1}{4} \times 10$$

$$V = 2.5\pi$$

34. **La respuesta correcta es la (3).** Observe las tres gráficas. Éstas muestran que

- la población agrícola *disminuyó* de 30 millones en 1940 a 8 millones en 1978.

- la cantidad de granjas *disminuyó* de 6.2 millones en 1940 a 2.8 millones en 1978.

- el tamaño promedio de la granja *aumentó* de 160 acres en 1940 a 400 acres en 1978.

35. **La respuesta correcta es la (3).** Para calcular la población por granja en el año 1975, encuentre la población agrícola total en el año 1975 en la primera gráfica y la cantidad de granjas en la segunda.

$$\text{Población promedio por granja} = \frac{\text{población agrícola}}{\text{número de granjas}}$$

$$= \frac{8 \text{ milliones}}{2.8 \text{ milliones}} = 2.86; \text{ redondeado a 3 personas por granja}$$

36. **La respuesta correcta es la (4).** El porcentaje de aumento se calcula dividiendo el incremento por el tamaño original y multiplicando por 100.

Tamaño promedio de las granjas en 1940 = 160 acres

Tamaño promedio de las granjas en 1978 = 400 acres

Incremento = 400 − 160 = 240 acres

$$\frac{240}{160} = 1.5 \times 100 = 150\%$$

37. Forma alternativa, cuadrícula de plano de coordenadas: (–3, –6)

(1) $x - y = 3$ (ecuación 1)
(2) $y = 2x$

Sustituya $2x$ por y en la ecuación (1):

(3) $x - (2x) = 3$; combine todos los términos similares.
(4) $-x = 3$; multiplique ambos lados por (–1).
(5) $x = -3$

Sustituya –3 por x en la ecuación (2),

$$(6)\ y = 2(-3) = -6$$
La respuesta es $(x, y) = (-3, -6)$

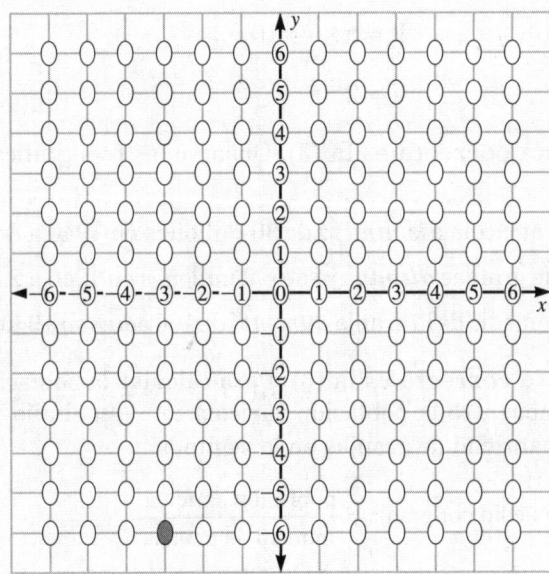

38. **La respuesta correcta es la (2).** Observe el 2do. renglón (hombres) y el 3er. renglón (mujeres). La información muestra que los hombres fumaban más que las mujeres por primera vez en el año **1991**. (ver 18.8 > 17.9)

39. **La respuesta correcta es la (3).** La definición de "promedio" es la suma de todos los valores dividido la cantidad de valores.

Aquí el promedio $= \dfrac{(19.4 + 21.6 + 22.2 + 24.6)}{4} = \dfrac{87.8}{4} = 21.95$

40. **La respuesta correcta es la (3).** La mediana se refiere al número central o al promedio de los dos números centrales si el total es un número par.

   Aquí se muestran 8 números entre 1900 y 1997.

   19.5   18.5   17.2   19.0   19.4   21.6   22.2   24.6

   En orden ascendente, los primeros 5 números son (los números centrales son el 4to. y el 5to.):

   17.2   18.5   19.0   19.4   19.5

   Y el promedio de los dos números centrales es: $\dfrac{19.0 + 19.4}{2} = \mathbf{19.2}$

41. **La respuesta correcta es la (5).** Lea la pregunta *atentamente*. Observe que la pregunta interroga sobre el enunciado que es *falso*. (La alternativa que *no* está respaldada por la información.) Además, recuerde que SOLAMENTE debe observar la información que abarca el período *de 1994 a 1997*.

   El 1er. renglón muestra que alrededor del 20% fumaba; en consecuencia alrededor del 80% *no* fumaba. Por lo tanto, la mayoría de los estudiantes *no* fuman. El enunciado E es incorrecto.

42. **La respuesta correcta es la (4).** Represente el número desconocido de mujeres con x.

   x niñas $+ 2x$ niños $= 90$ alumnos en total

   $$3x = 90$$
   $$x = 30 \text{ (número de niños)}$$
   $$2x = 60 \text{ (número de niñas)}$$

   30 mujeres + 60 hombres total 90 alumnos

43. Use la página de fórmulas. Para calcular el volumen de un prisma rectangular,

   $V = l \times a \times H$. Sustituya, $V = 30 \times 20 \times 10 = 6,000$.

Forma alternativa: 6 0 0 0 _

44. **La respuesta correcta es la (5).**

$$\frac{9}{13} = 13\overline{)9.00} \quad \begin{array}{r} .69 \\ \hline \end{array}$$

$$\frac{78}{120}$$

$$\underline{117}$$

$$\frac{13}{9} = 9\overline{)13.00} \quad \begin{array}{r} 1.44 \\ \hline \end{array}$$

$$\frac{9}{40}$$

$$\frac{36}{40}$$

$$\underline{36}$$

$$70\% = .7$$

$$\frac{1}{.70} = \frac{1}{\frac{7}{10}} = \frac{10}{7} = 7\overline{)10.00} \quad \begin{array}{r} 1.42 \\ \hline \end{array}$$

$$\frac{7}{30}$$

$$\frac{28}{20}$$

$$70\% = .7$$

El orden correcto es, $\frac{9}{13}$, 70%, $\frac{1}{.70}$, $\frac{13}{9}$, ó I, III, IV, II.

45. **La respuesta correcta es la (5).** $42.50 es el 15% menos del precio normal. Por lo tanto, $42.50 es el 85% del precio normal (100% − 15% = 85%). Si $42.50 = .85 × del precio normal, entonces dicho precio es = $42.50 ÷ .85.

46. **La respuesta correcta es la (2).** Divida cada resultado electoral por el total de votantes habilitados, 250, para obtener las fracciones para cada uno. Luego, multiplique cada resultado por 360° para obtener el número de grados para cada sector. Es fácil organizar su trabajo en un formato de tabla como el siguiente:

Candidatos	Número	Fracción	Tamaño del sector (grados)
A	25	25/250 = 1/10	1/10 × 360 = **36**
B	75	75/250 = 3/10	3/10 × 360 = **108**
C	125	125/250 = 1/2	1/2 × 360 = **180**
Sin votos	25	25/250 = 1/10	1/10 × 360 = **36**

47. **La respuesta correcta es la (5).** Encuentre la media (M) *para aquéllos que votaron* por A, B, o C:

$$M = \frac{A+B+C}{3} = \frac{25+75+125}{3} = \frac{225}{3} = 75$$

48. **La respuesta correcta es la (1).**

$$\text{Porcentaje gastado} = \frac{\text{entretenimiento} + \text{emergencias}}{\text{presupuesto total}} \times 100$$

El presupuesto total es la suma de todos los componentes de la gráfica circular:

Presupuesto total = 640 + 80 + 160 + 160 + 160 + 400 = 1,600

$$\text{Porcentaje gastado} = \frac{(160+160)}{1,600} \times 100 = 20\%$$

49. **La respuesta correcta es la (4).**
    Costo de la fiesta − Dinero para entretenimiento = Gasto excedente de la fiesta
    $300 − $160 = **$140**

50. **La respuesta correcta es la (2).** Para cada componente que cambió, la cantidad sumada es: Costos nuevos − costos anteriores:

Componentes del presupuesto	Nuevo monto (Anticipado)	Gasto adicional
Alimentos	$500	500 − 400 = 100
Renta	860	860 − 640 = 220
Otros	240	240 − 160 = 80
Total de ingresos adicionales requeridos:		**$ 400**

EVALUACIÓN DE SUS CONOCIMIENTOS

Marque los puntajes del último examen de ejemplo de GED en la tabla a continuación.

	Listo	Probablemente está listo	Posiblemente está listo	Posiblemente todavía no está listo
Redacción	38–50	26–37	18–25	0–17
Ensayo	4	3	2	1
Estudios Sociales	38–50	26–37	18–25	0–17
Ciencias	38–50	26–37	18–25	0–17
Español: lenguaje, lectura	30–40	21–29	14–20	0–13
Matemáticas	38–50	26–37	18–25	0–17

Si todos sus puntajes indican que está "Listo" o "Probablemente está listo", puede sentirse bien sobre su rendimiento y sobre su capacidad para aprobar. Presente el examen y obtendrá su diploma.

Si algunos de sus puntajes corresponden a la categoría de "Posiblemente está listo", especialmente los puntajes más elevados de esta categoría, puede intentarlo con tranquilidad. Tiene muchas posibilidades de aprobar. Y recuerde que si no aprueba un examen de GED o una parte de éste, no debe entenderse como un fracaso de por vida. Puede estudiar un poco más e intentarlo nuevamente. Si sus posibilidades parecen razonables, hágalo.

Si, por el contrario, "todavía no está listo" en alguna de las categorías, no piense que el fracaso es inminente, ni se sienta desanimado o pierda confianza en usted mismo. No existe límite máximo de edad para obtener el diploma de GED. Asegúrese de estar listo e inténtelo más adelante.

Si trabajó con todos los textos y ejercicios de este libro y aún tiene fallas en un área, es probable que deba buscar ayuda en otro lado. Probablemente no sea necesario que realice un programa de preparación integral para el GED. Puede elegir un curso secundario nocturno o para adultos sobre una materia particular que le proporcione justo lo que usted necesita. O puede pedir a un maestro o bibliotecario que le recomiende un libro que trabaje el área en la que tiene más dificultad. Después de estudiar un poco más, intente realizar uno o más exámenes de ejemplo nuevamente, con las hojas de respuestas adicionales que se encuentran en la parte posterior de este libro. Obviamente, tendrá un mejor rendimiento la segunda vez que realice un mismo examen ya que sabrá qué preguntas son más fáciles debido a que desarrolló más capacidad de discernimiento y conocimiento de los temas y de los métodos para resolver y escoger las respuestas.

A esta altura, debe tener una imagen real del examen de GED y de lo que se le pide. A menos que tenga graves deficiencias en un tema específico, debería estar listo para intentar presentarlo y aprobar. Le deseamos buena suerte en el examen y en su futuro como egresado secundario.

HOJA DE RESPUESTAS ADICIONALES PARA LA PRUEBA DE DIAGNÓSTICO DE GED

Prueba 1: Redacción, Parte 1

1 ① ② ③ ④ ⑤	11 ① ② ③ ④ ⑤	21 ① ② ③ ④ ⑤	31 ① ② ③ ④ ⑤	41 ① ② ③ ④ ⑤
2 ① ② ③ ④ ⑤	12 ① ② ③ ④ ⑤	22 ① ② ③ ④ ⑤	32 ① ② ③ ④ ⑤	42 ① ② ③ ④ ⑤
3 ① ② ③ ④ ⑤	13 ① ② ③ ④ ⑤	23 ① ② ③ ④ ⑤	33 ① ② ③ ④ ⑤	43 ① ② ③ ④ ⑤
4 ① ② ③ ④ ⑤	14 ① ② ③ ④ ⑤	24 ① ② ③ ④ ⑤	34 ① ② ③ ④ ⑤	44 ① ② ③ ④ ⑤
5 ① ② ③ ④ ⑤	15 ① ② ③ ④ ⑤	25 ① ② ③ ④ ⑤	35 ① ② ③ ④ ⑤	45 ① ② ③ ④ ⑤
6 ① ② ③ ④ ⑤	16 ① ② ③ ④ ⑤	26 ① ② ③ ④ ⑤	36 ① ② ③ ④ ⑤	46 ① ② ③ ④ ⑤
7 ① ② ③ ④ ⑤	17 ① ② ③ ④ ⑤	27 ① ② ③ ④ ⑤	37 ① ② ③ ④ ⑤	47 ① ② ③ ④ ⑤
8 ① ② ③ ④ ⑤	18 ① ② ③ ④ ⑤	28 ① ② ③ ④ ⑤	38 ① ② ③ ④ ⑤	48 ① ② ③ ④ ⑤
9 ① ② ③ ④ ⑤	19 ① ② ③ ④ ⑤	29 ① ② ③ ④ ⑤	39 ① ② ③ ④ ⑤	49 ① ② ③ ④ ⑤
10 ① ② ③ ④ ⑤	20 ① ② ③ ④ ⑤	30 ① ② ③ ④ ⑤	40 ① ② ③ ④ ⑤	50 ① ② ③ ④ ⑤

Prueba 2: Estudios Sociales

1 ① ② ③ ④ ⑤	11 ① ② ③ ④ ⑤	21 ① ② ③ ④ ⑤	31 ① ② ③ ④ ⑤	41 ① ② ③ ④ ⑤
2 ① ② ③ ④ ⑤	12 ① ② ③ ④ ⑤	22 ① ② ③ ④ ⑤	32 ① ② ③ ④ ⑤	42 ① ② ③ ④ ⑤
3 ① ② ③ ④ ⑤	13 ① ② ③ ④ ⑤	23 ① ② ③ ④ ⑤	33 ① ② ③ ④ ⑤	43 ① ② ③ ④ ⑤
4 ① ② ③ ④ ⑤	14 ① ② ③ ④ ⑤	24 ① ② ③ ④ ⑤	34 ① ② ③ ④ ⑤	44 ① ② ③ ④ ⑤
5 ① ② ③ ④ ⑤	15 ① ② ③ ④ ⑤	25 ① ② ③ ④ ⑤	35 ① ② ③ ④ ⑤	45 ① ② ③ ④ ⑤
6 ① ② ③ ④ ⑤	16 ① ② ③ ④ ⑤	26 ① ② ③ ④ ⑤	36 ① ② ③ ④ ⑤	46 ① ② ③ ④ ⑤
7 ① ② ③ ④ ⑤	17 ① ② ③ ④ ⑤	27 ① ② ③ ④ ⑤	37 ① ② ③ ④ ⑤	47 ① ② ③ ④ ⑤
8 ① ② ③ ④ ⑤	18 ① ② ③ ④ ⑤	28 ① ② ③ ④ ⑤	38 ① ② ③ ④ ⑤	48 ① ② ③ ④ ⑤
9 ① ② ③ ④ ⑤	19 ① ② ③ ④ ⑤	29 ① ② ③ ④ ⑤	39 ① ② ③ ④ ⑤	49 ① ② ③ ④ ⑤
10 ① ② ③ ④ ⑤	20 ① ② ③ ④ ⑤	30 ① ② ③ ④ ⑤	40 ① ② ③ ④ ⑤	50 ① ② ③ ④ ⑤

Prueba 3: Ciencias

1 ① ② ③ ④ ⑤	11 ① ② ③ ④ ⑤	21 ① ② ③ ④ ⑤	31 ① ② ③ ④ ⑤	41 ① ② ③ ④ ⑤
2 ① ② ③ ④ ⑤	12 ① ② ③ ④ ⑤	22 ① ② ③ ④ ⑤	32 ① ② ③ ④ ⑤	42 ① ② ③ ④ ⑤
3 ① ② ③ ④ ⑤	13 ① ② ③ ④ ⑤	23 ① ② ③ ④ ⑤	33 ① ② ③ ④ ⑤	43 ① ② ③ ④ ⑤
4 ① ② ③ ④ ⑤	14 ① ② ③ ④ ⑤	24 ① ② ③ ④ ⑤	34 ① ② ③ ④ ⑤	44 ① ② ③ ④ ⑤
5 ① ② ③ ④ ⑤	15 ① ② ③ ④ ⑤	25 ① ② ③ ④ ⑤	35 ① ② ③ ④ ⑤	45 ① ② ③ ④ ⑤
6 ① ② ③ ④ ⑤	16 ① ② ③ ④ ⑤	26 ① ② ③ ④ ⑤	36 ① ② ③ ④ ⑤	46 ① ② ③ ④ ⑤
7 ① ② ③ ④ ⑤	17 ① ② ③ ④ ⑤	27 ① ② ③ ④ ⑤	37 ① ② ③ ④ ⑤	47 ① ② ③ ④ ⑤
8 ① ② ③ ④ ⑤	18 ① ② ③ ④ ⑤	28 ① ② ③ ④ ⑤	38 ① ② ③ ④ ⑤	48 ① ② ③ ④ ⑤
9 ① ② ③ ④ ⑤	19 ① ② ③ ④ ⑤	29 ① ② ③ ④ ⑤	39 ① ② ③ ④ ⑤	49 ① ② ③ ④ ⑤
10 ① ② ③ ④ ⑤	20 ① ② ③ ④ ⑤	30 ① ② ③ ④ ⑤	40 ① ② ③ ④ ⑤	50 ① ② ③ ④ ⑤

Prueba 4: Español: lenguaje, lectura

1 ① ② ③ ④ ⑤   11 ① ② ③ ④ ⑤   21 ① ② ③ ④ ⑤   31 ① ② ③ ④ ⑤
2 ① ② ③ ④ ⑤   12 ① ② ③ ④ ⑤   22 ① ② ③ ④ ⑤   32 ① ② ③ ④ ⑤
3 ① ② ③ ④ ⑤   13 ① ② ③ ④ ⑤   23 ① ② ③ ④ ⑤   33 ① ② ③ ④ ⑤
4 ① ② ③ ④ ⑤   14 ① ② ③ ④ ⑤   24 ① ② ③ ④ ⑤   34 ① ② ③ ④ ⑤
5 ① ② ③ ④ ⑤   15 ① ② ③ ④ ⑤   25 ① ② ③ ④ ⑤   35 ① ② ③ ④ ⑤
6 ① ② ③ ④ ⑤   16 ① ② ③ ④ ⑤   26 ① ② ③ ④ ⑤   36 ① ② ③ ④ ⑤
7 ① ② ③ ④ ⑤   17 ① ② ③ ④ ⑤   27 ① ② ③ ④ ⑤   37 ① ② ③ ④ ⑤
8 ① ② ③ ④ ⑤   18 ① ② ③ ④ ⑤   28 ① ② ③ ④ ⑤   38 ① ② ③ ④ ⑤
9 ① ② ③ ④ ⑤   19 ① ② ③ ④ ⑤   29 ① ② ③ ④ ⑤   39 ① ② ③ ④ ⑤
10 ① ② ③ ④ ⑤   20 ① ② ③ ④ ⑤   30 ① ② ③ ④ ⑤   40 ① ② ③ ④ ⑤

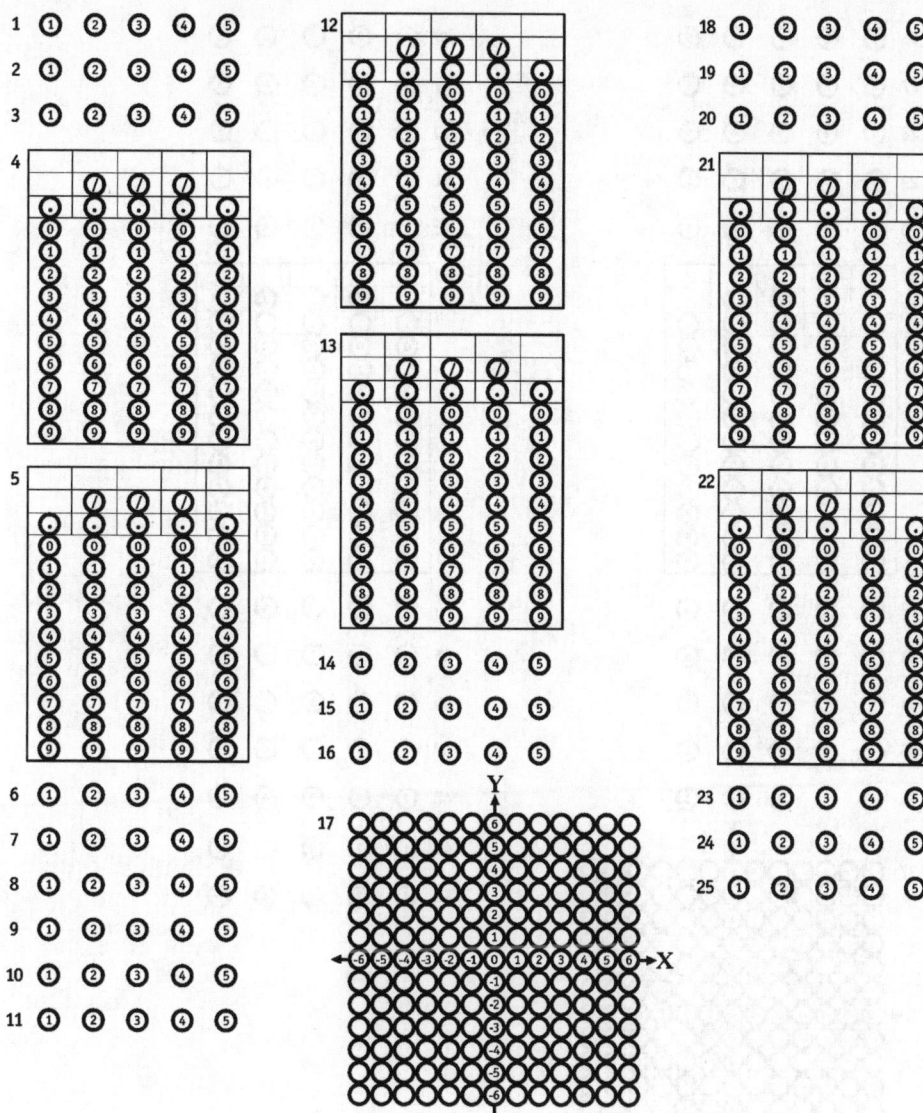

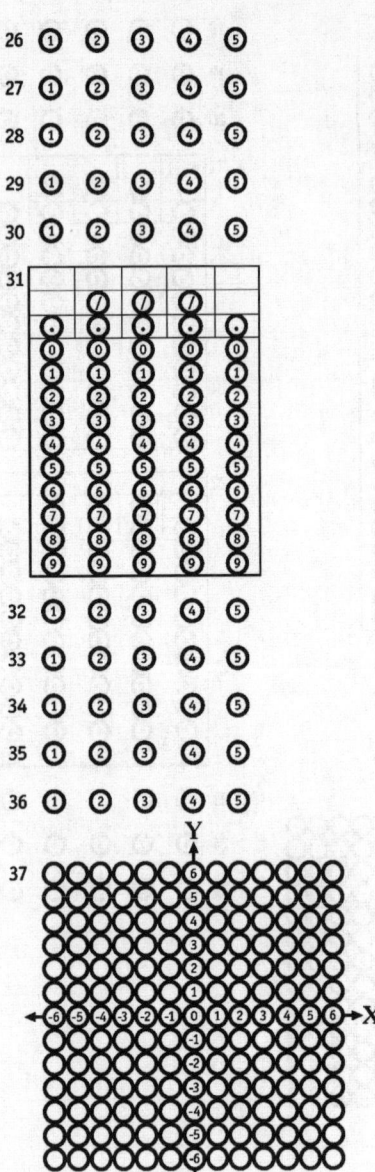

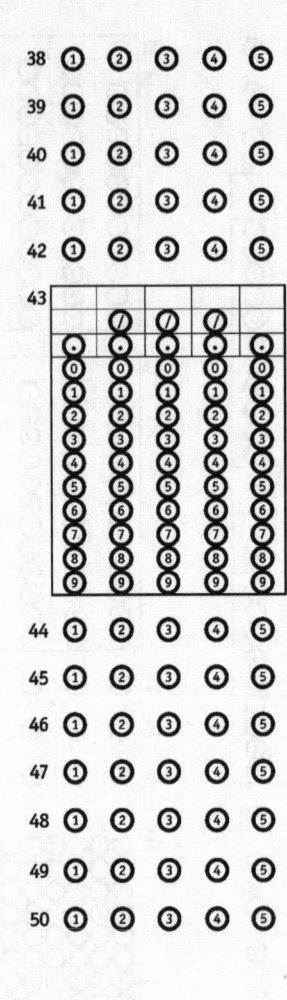

REDACCIÓN, PRUEBA DE ENSAYO, PARTE 2

_____
_____
_____
_____
_____
_____
_____
_____
_____
_____
_____
_____
_____
_____
_____
_____
_____
_____
_____
_____
_____
_____
_____
_____
_____
_____
_____
_____

REDACCIÓN, PRUEBA DE ENSAYO (continuación)

APÉNDICE

CONSTITUCIÓN DE LOS
ESTADOS UNIDOS DE AMÉRICA

Apéndice

CONSTITUCIÓN DE LOS ESTADOS UNIDOS DE AMÉRICA 1787

NOSOTROS, el Pueblo de los Estados Unidos, a fin de formar una Unión más perfecta, establecer Justicia, afirmar la tranquilidad interior, proveer la Defensa común, promover el bienestar general y asegurar para nosotros mismos y para nuestros descendientes los beneficios de la Libertad, estatuimos y sancionamos esta CONSTITUCIÓN para los Estados Unidos de América.

Artículo Uno

Primera Sección

Todos los poderes legislativos otorgados en la presente Constitución corresponderán a un Congreso de los Estados Unidos, que se compondrá de un Senado y una Cámara de Representantes.

Segunda Sección

La Cámara de Representantes estará formada por miembros elegidos cada dos años por los habitantes de los diversos Estados, y los electores deberán poseer en cada Estado las condiciones requeridas para los electores de la rama más numerosa de la legislatura local.

No será representante ninguna persona que no haya cumplido 25 años de edad y sido ciudadano de los Estados Unidos durante siete años, y que no sea habitante del Estado en el cual se le designe, al tiempo de la elección.

(Los representantes y los impuestos directos se prorratearán entre los distintos Estados que formen parte de esta Unión, de acuerdo con su población respectiva, la cual se determinará sumando al número total de personas libres, inclusive las obligadas a prestar servicios durante cierto término de años y excluyendo a los indios no sujetos al pago de contribuciones, las tres quintas partes de todas las personas restantes). El recuento deberá hacerse efectivamente dentro de los tres años siguientes a la primera sesión del Congreso de los Estados Unidos y en lo sucesivo cada 10 años, en la forma que dicho cuerpo disponga por medio de una ley. El número de representantes no excederá de uno por cada 30 mil habitantes con tal que cada Estado cuente con un representante cuando menos; y hasta que se efectúe dicho recuento, el Estado de Nueva Hampshire tendrá derecho a elegir tres; Massachusetts, ocho; Rhode Island y las Plantaciones de Providence, uno; Connecticut, cinco; Nueva York, seis; Nueva Jersey, cuatro; Pennsylvania, ocho; Delaware, uno; Maryland seis; Virginia, diez; Carolina del Norte, cinco; Carolina del Sur, cinco y Georgia, tres.

Cuando ocurran vacantes en la representación de cualquier Estado, la autoridad ejecutiva del mismo expedirá un decreto en que se convocará a elecciones con el objeto de llenarlas.

La Cámara de Representantes elegirá su presidente y demás funcionarios y será la única facultada para declarar que hay lugar a proceder en los casos de responsabilidades oficiales.

Tercera Sección

El Senado de los EE.UU. se compondrá de dos Senadores por cada Estado, elegidos por seis años por la legislatura del mismo, y cada Senador dispondrá de un voto.

Tan pronto como se hayan reunido a virtud de la elección inicial, se dividirán en tres grupos tan iguales como sea posible. Las actas de los senadores del primer grupo quedarán vacantes al terminar el segundo año; las del segundo grupo, al expirar el cuarto año y las del tercer grupo, al concluír el sexto año, de tal manera que sea factible elegir una tercera parte cada dos años, y si ocurren vacantes, por renuncia u otra causa, durante el receso de la legislatura de algún Estado, el Ejecutivo de éste podrá hacer designaciones provisionales hasta el siguiente período de sesiones de la legislatura, la que procederá a cubrir dichas vacantes.

No será senador ninguna persona que no haya cumplido 30 años de edad y sido ciudadano de los Estados Unidos durante nueve años y que, al tiempo de la elección, no sea habitante del Estado por parte del cual fue designado.

El Vicepresidente de los EE.UU. será presidente del Senado, pero no tendrá voto sino en el caso de empate.

El Senado elegirá a sus demás funcionarios, así como un presidente pro tempore, que fungirá en ausencia del Vicepresidente o cuando éste se halle desempeñando la presidencia de los Estados Unidos.

El Senado poseerá derecho exclusivo de juzgar sobre todas las acusaciones por responsabilidades oficiales. Cuando se reúna con este objeto, sus miembros deberán prestar un juramento o protesta. Cuando se juzgue al Presidente de los EE.UU deberá presidir el del Tribunal Supremo. Y a ninguna persona se le condenará si no concurre el voto de dos tercios de los miembros presentes.

En los casos de responsabilidades oficiales, el alcance de la sentencia no irá más allá de la destitución del cargo y la inhabilitación para ocupar y disfrutar cualquier empleo honorífico, de confianza o remunerado, de los Estados Unidos; pero el individuo condenado quedará sujeto, no obstante, a que se le acuse, enjuicie, juzgue y castigue con arreglo a derecho.

Cuarta Sección

Los lugares, épocas y modo de celebrar las elecciones para senadores y representantes se prescribirán en cada Estado por la legislatura respectiva pero el Congreso podrá formular o alterar las reglas de referencia en cualquier tiempo por medio de una ley, excepto en lo tocante a los lugares de elección de los senadores.

El Congreso se reunirá una vez al año, y esta reunión será el primer lunes de diciembre, a no ser que por ley se fije otro día.

Quinta Sección

Cada Cámara calificará las elecciones, los informes sobre escrutinios y la capacidad legal de sus respectivos miembros, y una mayoría de cada una constituirá el quórum necesario para deliberar; pero un número menor puede suspender las sesiones de un día para otro y estará autorizado para compeler a los miembros ausentes a que asistan, del modo y bajo las penas que determine cada Cámara.

Cada Cámara puede elaborar su reglamento interior, castigar a sus miembros cuando se conduzcan indebidamente y expulsarlos de su seno con el asentimiento de las dos terceras partes.

Cada Cámara llevará un diario de sus sesiones y lo publicará de tiempo en tiempo a excepción de aquellas partes que a su juicio exijan reserva, y los votos afirmativos y negativos de sus miembros con respecto a cualquier cuestión se harán constar en el diario, a petición de la quinta parte de los presentes.

Durante el período de sesiones del Congreso ninguna de las Cámaras puede suspenderlas por mas de tres días ni acordar que se celebrarán en lugar diverso de aquél en que se reúnen ambas Cámaras sin el consentimiento de la otra.

Sexta Sección

Los senadores y representantes recibirán por sus servicios una remuneración que será fijada por la ley y pagada por el tesoro de los EE.UU. En todos los casos, exceptuando los de traición, delito grave y perturbación del orden público, gozarán del privilegio de no ser arrestados durante el tiempo que asistan a las sesiones de sus respectivas Cámaras, así como al ir a ellas o regresar de las mismas, y no podrán ser objeto en ningún otro sitio de inquisición alguna con motivo de cualquier discusión o debate en una de las Cámaras.

A ningún senador ni representante se le nombrará, durante el tiempo por el cual haya sido elegido, para ocupar cualquier empleo civil que dependa de los Estados Unidos, que haya sido creado o cuyos emolumentos hayan sido aumentados durante dicho tiempo, y ninguna persona que ocupe un cargo de los Estados Unidos podrá formar parte de las Cámaras mientras continúe en funciones.

Séptima Sección

Todo proyecto de ley que tenga por objeto la obtención de ingresos deberá proceder primeramente de la Cámara de Representantes; pero el Senado podrá proponer reformas o convenir en ellas de la misma manera que tratándose de otros proyectos.

Todo proyecto aprobado por la Cámara de Representantes y el Senado se presentará al Presidente de los Estados Unidos antes de que se convierta en ley; si lo aprobare lo firmará; en caso contrario lo devolverá, junto con sus objeciones, a la Cámara de su origen, la que insertará integras las objeciones en su diario y procederá a reconsiderarlo. Si después de dicho nuevo exámen las dos terceras partes de esa Cámara se pusieren de acuerdo en aprobar el proyecto, se remitirá, acompañado de las objeciones, a la otra Cámara, por la cual será estudiado también nuevamente y, si lo aprobaren los dos tercios de dicha Cámara, se convertirá en ley. Pero en todos los casos de que se habla, la votación de ambas Cámaras será nominal y los nombres de las personas que voten en pro o en contra del proyecto se asentarán en el diario de la Cámara que corresponda. Si algún proyecto no fuera devuelto por el Presidente dentro de 10 días (descontando los domingos) después de haberle sido presentado, se convertirá en ley, de la misma manera que si lo hubiera firmado, a menos de que al suspender el Congreso sus sesiones impidiera su devolución, en cuyo caso no será ley.

Toda orden, resolución o votación para la cual sea necesaria la concurrencia del Senado y la Cámara de Representantes (salvo en materia de suspensión de las sesiones), se presentará al Presidente de los Estados Unidos y no tendrá efecto antes de ser aprobada por él o de ser aprobada nuevamente por dos tercios del Senado y de la Cámara de Representantes, en el caso de que la rechazare, de conformidad con las reglas y limitaciones prescritas en el caso de un proyecto de ley.

Octava Sección

El Congreso tendrá facultad: Para establecer y recaudar contribuciones, impuestos, derechos y consumos; para pagar las deudas y proveer a la defensa común y bienestar general de los Estados Unidos; pero todos los derechos, impuestos y consumos serán uniformes en todos los Estados Unidos.

Para contraer empréstitos a cargo de créditos de los Estados Unidos.

Para reglamentar el comercio con las naciones extranjeras, entre los diferentes Estados y con las tribus indias.

Para establecer un régimen uniforme de naturalización y leyes uniformes en materia de quiebra en todos los Estados Unidos.

Para acuñar monedas y determinar su valor, así como el de la moneda extranjera. Fijar los patrones de las pesas y medidas.

Para proveer lo necesario al castigo de quienes falsifiquen los títulos y la moneda corriente de los Estados Unidos.

Para establecer oficinas de correos y caminos de posta.

Para fomentar el progreso de la ciencia y las artes útiles, asegurando a los autores e inventores, por un tiempo limitado, el derecho exclusivo sobre sus respectivos escritos y descubrimientos.

Para crear tribunales inferiores al Tribunal Supremo.

Para definir y castigar la piratería y otros delitos graves cometidos en alta mar y violaciones al derecho internacional.

Para declarar la guerra, otorgar patentes de corso y represalias y para dictar reglas con relación a las presas de mar y tierra.

Para reclutar y sostener ejércitos, pero ninguna autorización presupuestaria de fondos que tengan ese destino será por un plazo superior a dos años.

Para habilitar y mantener una armada.

Para dictar reglas para el gobierno y ordenanza de las fuerzas navales y terrestres.

Para disponer cuándo debe convocarse a la milicia nacional con el fin de hacer cumplir las leyes de la Unión, sofocar las insurrecciones y rechazar las invasiones.

Para proveer lo necesario para organizar, armar y disciplinar a la milicia nacional y para gobernar aquella parte de ésta que se utilice en servicio de los Estados Unidos; reservándose a los Estados correspondientes el nombramiento de los oficiales y la facultad de instruir conforme a la disciplina prescrita por el Congreso.

Para legislar en forma exclusiva en todo lo referente al Distrito (que no podrá ser mayor que un cuadrado de 10 millas por lado) que se convierta en sede del gobierno de los Estados Unidos, como consecuencia de la cesión de algunos Estados en que se encuentren situados, para la construcción de fuertes, almacenes, arsenales, astilleros y otros edificios necesarios.

Para expedir todas las leyes que sean necesarias y convenientes para llevar a efecto los poderes anteriores y todos los demás que esta Constitución confiere al gobierno de los Estados Unidos o cualquiera de sus departamentos o funcionarios.

Novena Sección

El Congreso no podrá prohibir antes del año de mil ochocientos ocho la inmigración o importación de las personas que cualquiera de los Estados ahora existentes estime oportuno admitir, pero puede imponer sobre dicha importación una contribución o derecho que no pase de 10 dólares por cada persona.

El privilegio del habeas corpus no se suspendera, salvo cuando la seguridad pública lo exija en los casos de rebelión o invasión.

No se aplicarán decretos de proscripción ni leyes ex post facto.

No se establecerá ningún impuesto directo ni de capitación, como no sea proporcionalmente al censo o recuento que antes se ordenó practicar.

Ningún impuesto o derecho se establecerá sobre los artículos que se exporten de cualquier Estado.

Los puertos de un Estado no gozarán de preferencia sobre los de ningún otro a virtud de reglamentación alguna mercantil o fiscal; tampoco las embarcaciones que se dirijan a un Estado o procedan de él estarán obligadas a ingresar por algun otro, despachar en el sus documentos o cubrirle derechos.

Ninguna cantidad podrá extraerse del tesoro si no es como consecuencia de asignaciones autorizadas por la ley, y de tiempo en tiempo deberá publicarse un estado y cuenta ordenados de los ingresos y gastos del tesoro.

Los Estados Unidos no concederán ningún título de nobleza y ninguna persona que ocupe un empleo remunerado u honorífico que dependa de ellos aceptará ningún regalo, emolumento, empleo o título, sea de la clase que fuere, de cualquier monarca, principe o Estado extranjero, sin consentimiento del Congreso.

Décima Sección

Ningún Estado celebrará tratado, alianza o confederación algunos; otorgará patentes de corso y represalias; acuñara moneda, emitirá papel moneda, legalizará cualquier cosa que no sea la moneda de oro y plata como medio de pago de las deudas; aprobará decretos por los que se castigue a determinadas personas sin que preceda juicio ante los tribunales, leyes ex post facto o leyes que menoscaben las obligaciones que derivan de los contratos, ni concederá título alguno de nobleza.

Sin el consentimiento del Congreso ningún Estado podrá imponer derechos sobre los artículos importados o exportados, cumplir sus leyes de inspección, y el producto neto de todos los derechos e impuestos que establezcan los Estados sobre las importaciones y exportaciones se aplicará en provecho del tesoro de los Estados Unidos; y todas las leyes de que se trata estarán sujetas a la revisión y vigilancia del Congreso.

Sin dicho consentimiento del Congreso ningún Estado podrá establecer derechos de tonelaje, mantener tropas o navíos de guerra en tiempo de paz, celebrar convenio o pacto alguno con otro Estado o con una potencia extranjera, o hacer la guerra, a menos de ser invadido realmente o de hallarse en peligro tan inminente que no admita demora.

Artículo Dos

Primera Sección

Se deposita el poder ejecutivo en un Presidente de los Estados Unidos. Desempeñará su encargo durante un término de cuatro años y, juntamente con el Vicepresidente designado para el mismo período, será elegido como sigue:

Cada Estado nombrará, del modo que su legislatura disponga, un número de electores igual al total de los senadores y representantes a que el Estado tenga derecho en el Congreso, pero ningún senador, ni representante, ni persona que ocupe un empleo honorífico o remunerado de los Estado Unidos podrá ser designado como elector.

El Congreso podrá fijar la época de designación de los electores, así como el día en que deberán emitir sus votos, el cual deberá ser el mismo en todos los Estados Unidos.

Sólo las personas que sean ciudadanas por nacimiento o que hayan sido ciudadanas de los Estados Unidos al tiempo de adoptarse esta Constitución, serán elegibles para el cargo de Presidente; tampoco será elegible una persona que no haya cumplido 35 años de edad y que no haya residido 14 años en los Estados Unidos.

En caso de que el Presidente sea separado de su puesto, de que muera, renuncie o se incapacite para dar cumplimiento a los poderes y deberes del referido cargo, éste pasará al Vicepresidente y el Congreso podrá preveer por medio de una ley el caso de separación, muerte, renuncia o incapacidad, tanto del Presidente como del Vicepresidente, y declarar que funcionario fungirá como Presidente hasta que desaparezca la causa de incapacidad o se elija un Presidente.

El Presidente recibirá una remuneración por sus servicios, en las épocas que se determinarán, la cual no podrá ser aumentada ni disminuida durante el período para el cual haya sido designado y no podrá recibir durante ese tiempo ningún otro emolumento de parte de los Estados Unidos o de cualquiera de estos.

Antes de entrar a desempeñar su cargo prestará el siguiente juramento o protesta: "Juro (o protesto) solemnemente que desempeñaré legalmente el cargo de Presidente de los Estados Unidos y que sostendré, protegeré y defenderé la Constitución de los Estados Unidos, empleando en ello el máximo de mis facultades".

Segunda Sección

El Presidente será comandante en jefe del ejército y la marina de los Estados Unidos y de la milicia de los diversos Estados cuando se la llame al servicio activo de los Estados Unidos; podrá solicitar la opinión por escrito del funcionario principal de cada uno de los departamentos administrativos con relación a cualquier asunto que se relacione con los deberes de sus respectivos empleos, y estará facultado para suspender la ejecución de las sentencias y para conceder indultos tratándose de delitos contra los Estados Unidos, excepto en los casos de acusación por responsabilidades oficiales.

Tendrá facultad, con el consejo y consentimiento del Senado, para celebrar tratados, con tal de que den su anuencia dos tercios de los senadores presentes, y propondrá y, con el consejo y sentimiento del Senado, nombrará a los embajadores, los demás ministros públicos y los cónsules, los magistrados del Tribunal Supremo y a todos los demás funcionarios de los Estados Unidos a cuya designación no provea este documento en otra forma y que hayan sido establecidos por ley. Pero el Congreso podrá atribuir el nombramiento de los funcionarios inferiores que considere convenientes, por medio de una ley, al Presidente solo, a los tribunales judiciales o a los jefes de los departamentos.

El Presidente tendrá el derecho de cubrir todas las vacantes que ocurrán durante el receso del Senado, extendiendo nombramientos provisionales que terminarán al final del siguiente período de sesiones.

Tercera Sección

Periódicamente deberá proporcionar al Congreso informes sobre el estado de la Unión, recomendando a su consideración las medidas que estime necesarias y oportunas; en ocasiones de carácter extraordinario podrá convocar a ambas Cámaras o a cualquiera de ellas, y en el supuesto de que discrepen en cuanto a la fecha en que deban entrar en receso, podrá suspender sus sesiones, fijándoles para que las reanuden la fecha que considere conveniente; recibirá a los embajadores y otros ministros públicos; cuidará de que las leyes se ejecuten puntualmente y extenderá los despachos de todos los funcionarios de los Estados Unidos.

Cuarta Sección

El Presidente, el Vicepresidente y todos los funcionarios civiles de los Estados Unidos serán separados de sus puestos al ser acusados y declarados culpables de traición, cohecho u otros delitos y faltas graves.

Artículo Tres

Primera Sección

Se depositará el poder judicial de los Estados Unidos en un Tribunal Supremo y en los tribunales inferiores que el Congreso instituya y establezca en lo sucesivo. Los jueces, tanto del Tribunal Supremo como de los inferiores, continuarán en sus funciones mientras observen buena conducta y recibirán en periodos fijos, una remuneración por sus servicios que no será disminuida durante el tiempo de su encargo.

Segunda Sección

El Poder Judicial entenderá en todas las controversias, tanto de derecho escrito como de equidad, que surjan como consecuencia de esta Constitución, de las leyes de los Estados Unidos y de los tratados celebrados o que se celebren bajo su autoridad; en todas las controversias que se relacionen con embajadores, otros ministros públicos y cónsules; en todas las controversias de la jurisdicción de almirantazgo y marítima; en las controversias en que sean parte los Estados Unidos; en las controversias entre dos o mas Estados, entre un Estado y los ciudadanos de otro, entre ciudadanos de Estados diferentes, entre ciudadanos del mismo Estado que reclamen tierras en virtud de concesiones de diferentes Estados y entre un Estado o los ciudadanos del mismo y Estados, ciudadanos o súbditos extranjeros.

En todos los casos relativos a embajadores, otros ministros públicos y cónsules, así como en aquéllos en que sea parte un Estado, el Tribunal Supremo poseerá jurisdicción en única instancia. En todos los demás casos que antes se mencionaron el Tribunal

Supremo conocerá en apelación, tanto del derecho como de los hechos, con las excepciones y con arreglo a la reglamentación que formule el Congreso.

Todos los delitos serán juzgados por medio de un jurado excepto en los casos de acusación por responsabilidades oficiales, y el juicio de que se habla tendrá lugar en el Estado en que el delito se haya cometido; pero cuando no se haya cometido dentro de los límites de ningún Estado, el juicio se celebrará en el lugar o lugares que el Congreso haya dispuesto por medio de una ley.

Tercera Sección

La traición contra los Estados Unidos sólo consistirá en hacer la guerra en su contra o en unirse a sus enemigos, impartiéndoles ayuda y protección. A ninguna persona se le condenará por traición si no es sobre la base de la declaración de los testigos que hayan presenciado el mismo acto perpetrado abiertamente o de una confesión en sesión pública de un tribunal.

El Congreso estará facultado para fijar la pena que corresponda a la traición; pero ninguna sentencia por causa de traición podrá privar del derecho de heredar o de transmitir bienes por herencia, ni producirá la confiscación de sus bienes más que en vida de la persona condenada.

Artículo Cuatro

Primera Sección

Se dará entera fe y crédito en cada Estado a los actos públicos, registros y procedimientos judiciales de todos los demás. Y el Congreso podrá prescribir, mediante leyes generales, la forma en que dichos actos, registros y procedimientos se probarán y el efecto que producirán.

Segunda Sección

Los ciudadanos de cada Estado tendrán derecho en los demás a todos los privilegios e inmunidades de los ciudadanos de éstos.

La persona acusada en cualquier Estado por traición, delito grave u otro crimen, que huya de la justicia y fuere hallada en otro Estado, será entregada, al solicitarlo así la autoridad ejecutiva del Estado del que se haya fugado, con el objeto de que sea conducida al Estado que posea jurisdicción sobre el delito.

Las personas obligadas a servir o laborar en un Estado, con arreglo a las leyes de éste, que escapen a otros, no quedarán liberadas de dichos servicios o trabajo a consecuencia de cualesquiera leyes o reglamentos del segundo, sino que serán entregadas al reclamarlo la parte interesada a quien se deba tal servicio o trabajo.

Tercera Sección

El Congreso podrá admitir nuevos Estados a la Unión, pero ningún nuevo Estado podrá formarse o erigirse dentro de los límites de otro Estado, ni un Estado constituirse mediante la reunión de dos o más Estados o partes de Estados, sin el consentimiento de las legislaturas de los Estados en cuestión, así como del Congreso.

El Congreso tendrá facultad para ejecutar actos de disposición y para formular todos los reglamentos y reglas que sean precisos con respecto a las tierras y otros bienes que pertenezcan a los Estados Unidos, y nada de lo que esta Constitución contiene se interpretará en un sentido que cause perjuicio a los derechos aducidos por los Estados Unidos o por cualquier Estado individual.

Cuarta Sección

Los Estados Unidos garantizarán a todo Estado comprendido en esta Unión una forma republicana de gobierno y protegerán a cada uno en contra de invasiones, así como contra los disturbios internos, cuando lo soliciten la legislatura o el ejecutivo (en caso de que no fuese posible reunir a la legislatura).

Artículo Cinco

Siempre que las dos terceras partes de ambas Cámaras lo juzguen necesario, el Congreso propondrá enmiendas a esta Constitución, o bien, a solicitud de las legislaturas de los dos tercios de los distintos Estados, convocará una convención con el objeto de que proponga enmiendas, las cuales, en uno y otro caso, poseerán la misma validez que si fueran parte de esta Constitución, desde todos los puntos de vista y para cualesquiera fines, una vez que hayan sido ratificadas por las legislaturas de las tres cuartas partes de los Estados separadamente o por medio de convenciones reunidas en tres cuartos de los mismos, según que el Congreso haya propuesto uno u otro modo de hacer la ratificación, y a condición de que antes del año de mil ochocientos ocho no podrá hacerse ninguna enmienda que modifique en cualquier forma las cláusulas primera y cuarta de la sección novena del artículo primero y de que a ningún Estado se le privará, sin su consentimiento, de la igualdad de voto en el Senado.

Artículo Seis

Todas las deudas contraídas y los compromisos adquiridos antes de la adopción de esta Constitución serán tan válidos en contra de los Estados Unidos bajo el imperio de esta Constitución, como bajo el de la Confederación.

Esta Constitución, y las leyes de los Estados Unidos que se expidan con arreglo a ella, y todos los tratados celebrados o que se celebren bajo la autoridad de los Estados Unidos, serán la suprema ley del país y los jueces de cada Estado estarán obligados a observarlos, a pesar de cualquier cosa en contrario que se encuentre en la Constitución o las leyes de cualquier Estado.

Los Senadores y representantes ya mencionados, los miembros de las distintas legislaturas locales y todos los funcionarios ejecutivos y judiciales, tanto de los Estados Unidos como de los diversos Estados, se obligarán mediante juramento o protesta a sostener esta Constitución; pero nunca se exigirá una declaración religiosa como condición para ocupar ningún empleo o mandato público de los Estados Unidos.

Artículo Siete

La ratificación por las convenciones de nueve Estados bastará para que esta Constitución entre en vigor por lo que respecta a los Estados que la ratifiquen.

Dado en la convención, por consentimiento unánime de los Estados presentes, el día 17 de septiembre del año de Nuestro Señor de mil setecientos ochenta y siete y duodécimo de la Independencia de los Estados Unidos de América.

Enmiendas

(Las diez primeras enmiendas (Bill of Rights) fueron ratifiacadas efectivamente en Diciembre 15, 1791.)

Enmienda I

El Congreso no hará ley alguna por la que adopte una religión como oficial del Estado o se prohiba practicarla libremente, o que coarte la libertad de palabra o de imprenta, o el derecho del pueblo para reunirse pacíficamente y para pedir al gobierno la reparación de agravios.

Enmienda II

Siendo necesaria una milicia bien ordenada para la seguridad de un Estado Libre, no se violará el derecho del pueblo a poseer y portar armas.

Enmienda III

En tiempo de paz a ningún militar se le alojará en casa alguna sin el consentimiento del propietario; ni en tiempo de guerra, como no sea en la forma que prescriba la ley.

Enmienda IV

El derecho de los habitantes de que sus personas, domicilios, papeles y efectos se hallen a salvo de pesquisas y aprehensiones arbitrarias, será inviolable, y no se expedirán al efecto mandamientos que no se apoyen en un motivo verosímil, estén corroborados mediante juramento o protesta y describan con particularidad el lugar que deba ser registrado y las personas o cosas que han de ser detenidas o embargadas.

Enmienda V

Nadie estará obligado a responder de un delito castigado con la pena capital o con otra infamante si un gran jurado no lo denuncia o acusa, a excepción de los casos que se presenten en las fuerzas de mar o tierra o en la milicia nacional cuando se encuentre en servicio efectivo en tiempo de guerra o peligro público; tampoco se pondrá a persona alguna dos veces en peligro de perder la vida o algún miembro con motivo del mismo delito; ni se le compelerá a declarar contra sí misma en ningún juicio criminal; ni se le privará de la vida, la libertad o la propiedad sin el debido proceso legal; ni se ocupará la propiedad privada para uso público sin una justa indemnización.

Enmienda VI

En toda causa criminal, el acusado gozará del derecho de ser juzgado rápidamente y en público por un jurado imparcial del distrito y Estado en que el delito se haya cometido, Distrito que deberá haber sido determinado previamente por la ley; así como de que se le haga saber la naturaleza y causa de la acusación, de que se le caree con los testigos que depongan en su contra, de que se obligue a comparecer a los testigos que le favorezcan y de contar con la ayuda de un abogado que lo defienda.

Enmienda VII

El derecho a que se ventilen ante un jurado los juicios de derecho consuetudinario en que el valor que se discuta exceda de veinte dólares, será garantizado, y ningún hecho de que haya conocido un jurado será objeto de nuevo exámen en tribunal alguno de los Estados Unidos, como no sea con arreglo a las normas del derecho consuetudinario.

Enmienda VIII

No se exigirán fianzas excesivas, ni se impondrán multas excesivas, ni se infligirán penas crueles y desusadas.

Enmienda IX

No por el hecho de que la Constitución enumera ciertos derechos ha de entenderse que niega o menosprecia otros que retiene el pueblo.

Enmienda X

Los poderes que la Constitución no delega a los Estados Unidos ni prohibe a los Estados, queda reservados a los Estados repectivamente o al pueblo.

Enmienda XI (febrero 7, 1795)

El poder judicial de los Estados Unidos no debe interpretarse que se extiende a cualquier litigio de derecho estricto o de equidad que se inicie o prosiga contra uno de los Estados Unidos por ciudadanos de otro Estado o por ciudadanos o súbditos de cualquier Estado extranjero.

Enmienda XII (junio 15, 1804)

Los electores se reunirán en sus respectivos Estados y votarán mediante cédulas para Presidente y Vicepresidente, uno de los cuales, cuando menos, no deberá ser habitante del mismo Estado que ellos; en sus cédulas indicarán la persona a favor de la cual votan para Presidente y en cédulas diferentes la persona que eligen para Vicepresidente, y formarán listas separadas de todas las personas que reciban votos para Presidente y de todas las personas a cuyo favor se vote para Vicepresidente y del número de votos que corresponda a cada una, y firmarán y certificarán las referidas listas y las remitirán selladas a la sede de gobierno de los Estados Unidos, dirigidas al presidente del Senado; el Presidente del Senado abrirá todos los certificados en presencia del Senado y de la Cámara de Representantes, después de lo cual se contarán los votos; la persona que tenga el mayor número de votos para Presidente será Presidente, siempre que dicho número represente la mayoría de todos los electores nombrados, y si ninguna persona tiene mayoría, entonces la Cámara de Representantes, votando por cédulas, escogerá inmediatamente el Presidente de entre las tres personas que figuren en la lista de quienes han recibido sufragio para Presidente y cuenten con más votos. Téngase presente que al elegir al Presidente la votación se hará por Estados y que la representación de cada Estado gozará de un voto; que para este objeto habrá quórum cuando estén presentes el miembro o los miembros que representen a los dos tercios de los Estados y que será necesaria mayoría de todos los Estados para que se tenga por hecha la elección. Y si la Cámara de Representantes no eligiere Presidente, en los casos en que pase a ella el derecho de escogerlo, antes del día cuatro de marzo inmediato siguiente, entonces el Vicepresidente actuará como Presidente, de la misma manera que en el caso de muerte o de otro impedimento constitucional del Presidente.

La persona que obtenga el mayor número de votos para Vicepresidente será Vicepresidente, siempre que dicho número represente la mayoría de todos los electores nombrados, y si ninguna persona reúne la mayoría, entonces el Senado escogerá al Vicepresidente entre las dos con mayor cantidad de votos que figurán en la lista; para este objeto habrá quórum con las dos terceras partes del número total de senadores y será necesaria la mayoría del número total para que la elección se tenga por hecha.

Pero ninguna persona inelegible para el cargo de Presidente con arreglo a la Constitución será elegible para el de Vicepresidente de los Estados Unidos.

Enmienda XIII (diciembre 6, 1865)

Ni en los Estados Unidos ni en ningún lugar sujeto a su jurisdicción habrá esclavitud ni trabajo forzado, excepto como castigo de un delito del que el responsable haya quedado debidamente convicto.

El Congreso estará facultado para hacer cumplir este artículo por medio de leyes apropiadas.

Enmienda XIV (julio 9, 1868)

Todas las personas nacidas o naturalizadas en los Estados Unidos y sometidas a su jurisdicción son ciudadanos de los Estados Unidos y de los Estados en que residen. Ningún Estado podrá dictar ni dar efecto a cualquier ley que limite los privilegios o inmunidades de los ciudadanos de los Estados Unidos; tampoco podrá Estado alguno privar a cualquier persona de la vida, la libertad o la propiedad sin el debido proceso legal; ni negar a cualquier persona que se encuentre dentro de sus limites jurisdiccionales la protección de las leyes, igual para todos.

Los representantes se distribuirán proporcionalmente entre los diversos Estados de acuerdo con su población respectiva, en la que se tomará en cuenta el número total de personas que haya en cada Estado, con excepción de los indios que no paguen contribuciones. Pero cuando a los habitantes varones de un Estado que tengan veintiún años de edad y sean ciudadanos de los Estados Unidos se les niegue o se les coarte en la forma que sea el derecho de votar en cualquier elección en que se trate de escoger a los electores para Presidente y Vicepresidente de los Estados Unidos, a los representantes del Congreso, a los funcionarios ejecutivos y judiciales de un Estado o a los miembros de su legislatura, excepto con motivo de su participación en una rebelión o en algun otro delito, la base de la representación de dicho Estado se reducirá en la misma proporción en que se halle el número de los ciudadanos varones a que se hace referencia, con el número total de ciudadanos varones de veintiún años del repetido Estado.

Las personas que habiendo prestado juramento previamente en calidad de miembros del Congreso, o de funcionarios de los Estados Unidos, o de miembros de cualquier legislatura local, o como funcionarios ejecutivos o judiciales de cualquier Estado, de que sostendrían la Constitución de los Estados Unidos, hubieran participado de una insurrección o rebelión en contra de ella o proporcionando ayuda o protección a sus enemigos no podrán ser senadores o representantes en el Congreso, ni electores del Presidente o Vicepresidente, ni ocupar ningún empleo civil o militar que dependa de los Estados Unidos o de alguno de los Estados. Pero el Congreso puede derogar tal interdicción por el voto de los dos tercios de cada Cámara.

La validez de la deuda pública de los Estados Unidos que este autorizada por la ley, inclusive las deudas contraídas para el pago de pensiones y recompensas por servicios prestados al sofocar insurrecciones o rebeliones, será incuestionable. Pero ni los Estados Unidos ni ningún Estado asumirán ni pagarán deuda u obligación alguna contraídas para ayuda de insurrecciones o rebeliones contra los Estados Unidos, como tampoco reclamación alguna con motivo de la pérdida o emancipación de esclavos, pues todas las deudas, obligaciones y reclamaciones de esa especie se considerarán ilegales y nulas.

El Congreso tendrá facultades para hacer cumplir las disposiciones de este artículo por medio de leyes apropiadas.

Enmienda XV (febrero 3, 1870)

Ni los Estados Unidos, ni ningún otro Estado, podrán desconocer ni menoscabar el derecho de sufragio de los ciudadanos de los Estados Unidos por motivo de raza, color o de su condición anterior de esclavos.

El Congreso estará facultado para hacer cumplir este artículo mediante leyes apropiadas.

Enmienda XVI (febrero 3, 1913)

El Congreso tendrá facultades para establecer y recaudar impuestos sobre los ingresos, sea cual fuere la fuente de que provengan, sin prorratearlos entre los diferentes Estados y sin atender a ningún censo o recuento.

Enmienda XVII (abril 8, 1913)

El Senado de los Estados Unidos se compondrá de dos senadores por cada Estado, elegidos por los habitantes del mismo por seis años, y cada senador dispondrá de un voto. Los electores de cada Estado deberán poseer las condiciones requeridas para los electores de la rama más numerosa de la legislatura local.

Cuando ocurrán vacantes en la representación de cualquier Estado en el Senado, la autoridad ejecutiva de aquél expedirá un decreto en que convocará a elecciones con el objeto de cubrir dichas vacantes, en la inteligencia de que la legislatura de cualquier Estado puede autorizar a su Ejecutivo a hacer un nombramiento provisional hasta tanto que las vacantes se cubrán mediante elecciones populares en la forma que disponga la legislatura.

No deberá entenderse que esta enmienda influye sobre la elección o período de cualquier senador elegido antes de que adquiera validez como parte integrante de la Constitución.

Enmienda XVIII (enero 16, 1919)

Un año después de la ratificación de este artículo quedará prohibida por el presente la fabricación, venta o transporte de licores embriagantes dentro de los Estados Unidos y de todos los territorios sometidos a su jurisdicción, así como su importación a los mismos o su exportación de ellos, con el propósito de usarlos como bebidas.

El Congreso y los diversos Estados poseerán facultades concurrentes para hacer cumplir este artículo mediante leyes apropiadas.

Este artículo no entrará en vigor a menos de que sea ratificado con el carácter de enmienda a la Constitución por las legislaturas de los distintos Estados en la forma prevista por la Constitución y dentro de los siete años siguientes a la fecha en que el Congreso lo someta a los Estados.

Enmienda XIX (agosto 18, 1920)

El derecho de sufragio de los ciudadanos de los Estados Unidos no será desconocido ni limitado por los Estados Unidos o por Estado alguno por razón de sexo.

El Congreso estará facultado para hacer cumplir este artículo por medio de leyes apropiadas.

Enmienda XX (enero 23, 1933)

Los períodos del Presidente y el Vicepresidente terminarán al medio día del veinte de enero y los períodos de los senadores y representantes al medio día del tres de enero, de los años en que dichos períodos habrían terminado si este artículo no hubiera sido ratificado, y en ese momento principiarán los períodos de sus sucesores.

El Congreso se reunirá, cuando menos, una vez cada año y dicho período de sesiones se iniciará al mediodía del tres de enero, a no ser que por medio de una ley fije una fecha diferente.

Si el Presidente electo hubiera muerto en el momento fijado para el comienzo del período presidencial, el Vicepresidente electo será Presidente. Si antes del momento fijado para el comienzo de su período no se hubiere elegido Presidente o si el Presidente electo no llenare los requisitos exigidos, entonces el Vicepresidente electo fungirá como Presidente electo hasta que haya un Presidente idóneo, y el Congreso podrá prever por medio de una ley el caso de que ni el Presidente electo ni el Vicepresidente electo satisfagan los requisitos constitucionales, declarando quien hará las veces de Presidente en ese supuesto o la forma en que se escogerá a la persona que habrá de actuar como tal, y la referida persona actuará con ese carácter hasta que se cuente con un Presidente o un Vicepresidente que reúna las condiciones legales.

El Congreso podrá preveer mediante una ley el caso de que muera cualquiera de las personas de las cuales la Cámara de Representantes está facultada para elegir Presidente cuando le corresponda el derecho de elección, así como el caso de que muera alguna de las personas entre las cuales el Senado está facultado para escoger Vicepresidente cuando pasa a el el derecho de elegir.

Las secciones 1 y 2 entrarán en vigor el día quince de octubre siguiente a la ratificación de este artículo.

Este artículo quedará sin efecto a menos de que sea ratificado como enmienda a la Constitución por las legislaturas de las tres cuartas partes de los distintos Estados, dentro de los siete años posteriores a la fecha en que se les someta.

Enmienda XXI (diciembre 5, 1933)

Queda derogado por el presente el decimoctavo de los artículos de enmienda a la Constitución de los Estados Unidos.

Se prohibe por el presente que se transporte o importen licores embriagantes a cualquier Estado, Territorio o posesión de los Estados Unidos, para ser entregados o utilizados en su interior con violación de sus respectivas leyes.

Este artículo quedará sin efecto a menos de que sea ratificado como enmienda a la Constitución por convenciones que se celebrarán en los diversos Estados, en la forma prevista por la Constitución, dentro de los siete años siguientes a la fecha en que el Congreso lo someta a los Estados.

Enmienda XXII (febrero 27, 1951)

No se elegirá a la misma persona para el cargo de Presidente más de dos veces, ni más de una vez a la persona que haya desempeñado dicho cargo o que haya actuado como Presidente durante más de dos años de un período para el que se haya elegido como Presidente a otra persona. El presente artículo no se aplicará a la persona que ocupaba el puesto de Presidente cuando el mismo se propuso por el Congreso, ni impedirá que la persona que desempeñe dicho cargo o que actúe como Presidente durante el período en que el repetido artículo entre en vigor, desempeñe el puesto de Presidente o actúe como tal durante el resto del referido período.

Este artículo quedará sin efecto a menos de que las legislaturas de tres cuartas partes de los diversos Estados lo ratifiquen como enmienda a la Constitución dentro de los siete años siguientes a la fecha en que el Congreso los someta a los Estados.

Enmienda XXIII (marzo 29, 1961)

El distrito que constituye la Sede del Gobierno de los Estados Unidos nombrará, según disponga el Congreso:

Un número de electores para elegir al Presidente y al Vicepresidente, igual al número total de Senadores y Representantes ante el Congreso al que el Distrito tendría derecho si fuere un Estado, pero en ningún caso será dicho número mayor que el del Estado de menos población; estos electores se sumarán al número de aquellos electores nombrados por los Estados, pero para fines de la elección del Presidente y del Vicepresidente, serán considerados como electores nombrados por un Estado; celebrarán sus reuniones en el Distrito y cumplirán con los deberes que se estipulan en la Enmienda XII.

El Congreso queda facultado para poner en vigor este artículo por medio de legislación adecuada.

Enmienda XXIV (enero 23, 1964)

Ni los Estados Unidos ni ningún Estado podrán denegar o coartar a los ciudadanos de los Estados Unidos el derecho al sufragio en cualquier elección primaria o de otra clase para Presidente o Vicepresidente, para electores para elegir al Presidente o al Vicepresidente o para Senador o Representante ante el Congreso, por motivo de no haber pagado un impuesto electoral o cualquier otro impuesto.

El Congreso queda facultado para poner en vigor este artículo por medio de legislación adecuada.

Enmienda XXV (febrero 10, 1967)

En caso de que el Presidente sea despuesto de su cargo, o en caso de su muerte o renuncia, el Vicepresidente será nombrado Presidente.

Cuando el puesto de Vicepresidente estuviera vacante, el Presidente nombrará un Vicepresidente que tomará posesión de su cargo al ser confirmado por voto mayoritario de ambas Cámaras del Congreso.

Cuando el Presidente transmitiera al Presidente pro tempore del Senado y al Presidente de Debates de la Cámara de Diputados su declaración escrita de que está imposibilitado de desempeñar los derechos y deberes de su cargo, y mientras no transmitiere a ellos una declaración escrita en sentido contrario, tales derechos y deberes serán desempeñados por el Vicepresidente como Presidente en funciones.

Cuando el Vicepresidente y la mayoría de los principales funcionarios de los departamentos ejecutivos o de cualquier otro cuerpo que el Congreso autorizara por ley trasmitieran al Presidente pro tempore del Senado y al Presidente de Debates de la Cámara de Diputados su declaración escrita de que el Presidente esta imposibilitado de ejercer los derechos y deberes de su cargo, el Vicepresidente inmediatamente asumirá los derechos y deberes del cargo como Presidente en funciones.

Por consiguiente, cuando el Presidente transmitiera al Presidente pro tempore del Senado y al Presidente de Debates de la Cámara de Diputados su declaración escrita de que no existe imposibilidad alguna, asumirá de nuevo los derechos y deberes de su cargo, a menos que el Vicepresidente y la mayoría de los funcionarios principales de los departamentos ejecutivos o de cualquier otro cuerpo que el Congreso haya autorizado por ley transmitieran en el término de cuatro días al Presidente pro tempore del Senado y al Presidente de Debates de la Cámara de Diputados su declaración escrita de que el Presidente está imposibilitado de ejercer los derechos y deberes de su cargo. Luego entonces, el Congreso decidirá que solución debe adoptarse, para lo cual se reunirá en el término de cuarenta y ocho horas, si no estuviera en sesión. Si el Congreso, en el término de veintiún dias de recibida la ulterior declaración escrita o, de no estar en sesión, dentro de los veintiún días de haber sido convocado a reunirse, determinará por voto de las dos terceras partes de ambas Cámaras que el Presidente está imposibilitado de ejercer los derechos y deberes de su cargo, el Vicepresidente continuará desempeñando el cargo como Presidente Actuante; de lo contrario, el Presidente asumirá de nuevo los derechos y deberes de su cargo.

Enmienda XVI (1971)

El derecho a votar de los ciudadanos de los Estado Unidos, de dieciocho años de edad o más, no será negado o menguado ni por los Estados Unidos ni por ningún Estado a causa de la edad.

El Congreso tendrá poder para hacer valer este artículo mediante la legislación adecuada.

Enmienda XVII (1992)

Ninguna ley que modifique la remuneración de los servicios de los senadores y representantes tendrá efecto hasta despues de que se haya realizado una elección de representantes.